U0804265

2021年度 湖南省中小学教育教学优秀论文集

湖南省教育学会 ◎ 编

2021

湖南大學出版社
·长沙·

图书在版编目（CIP）数据

2021 年度湖南省中小学教育教学优秀论文集/湖南省教育学会编. —长沙：湖南大学出版社，2024. 7

ISBN 978-7-5667-3540-9

Ⅰ. ①2… Ⅱ. ①湖… Ⅲ. ①中小学教育—教育研究—文集
Ⅳ. ①G632. 0-53

中国国家版本馆 CIP 数据核字（2024）第 083125 号

2021 年度湖南省中小学教育教学优秀论文集

2021 NIANDU HUNAN SHENG ZHONG-XIAO XUE JIAOYU JIAOXUE YOUXIU LUNWENJI

编　　者：湖南省教育学会
责任编辑：刘湘琦　严　朔
印　　装：长沙新湘诚印刷有限公司
开　　本：889 mm×1194 mm　1/16　　印　　张：46. 75　　字　　数：1444 千字
版　　次：2024 年 7 月第 1 版　　印　　次：2024 年 7 月第 1 次印刷
书　　号：ISBN 978-7-5667-3540-9
定　　价：220. 00 元

出 版 人：李文邦
出版发行：湖南大学出版社
社　　址：湖南 · 长沙 · 岳麓山　　邮　　编：410082
电　　话：0731-88822559（营销部），88821327（编辑室），88821006（出版部）
传　　真：0731-88822264（总编室）
网　　址：http://press. hnu. edu. cn
电子邮箱：395405867@ qq. com

版权所有，盗版必究
图书凡有印装差错，请与营销部联系

《2021年度湖南省中小学教育教学优秀论文集》

编 委 会

顾　　问： 曾思齐

委　　员： 易晓辉　周庆元　范晓玲　陈皓辉　胡力丰

《2021年度湖南省中小学教育教学优秀论文集》

编 辑 部

主　　编： 郭荣学

执行编辑（排名不分先后）：

马仲明　彭介润　唐国庆　董仲文

杨银建　吴亚西　黄泽成　周振铎

焦功成　余　宪　谭兴茂　周大明

丁文平　黄沛华　胡明浩　黄祖训

袁剑锋　祝　宇　谢　龙

校　　对： 曾　弦　朱　静

目　次

中学编

小学编

幼教特教编

中 学 编

课堂、课题、课程“三‘课’联动”，用好课滋养学生一生

戴果丰

摘　要：弹指一挥间，我已从教23年，在高中语文教学的园地里摸爬滚打，在三尺讲台上历练了23年，积淀、成长、熔铸、塑形，与时偕行的我，从教育思想、教学技能，到教学风格、专业素养，日新日升，变化很大；唯一没有改变的，是我“崇德、求真、至善、尚美”的教育理想，是我誓要“用好课滋养学生一生”的那份坚定执着的初心。众所周知，教师的专业成长离不开“课堂”“课题”“课程”3个词：立足课堂扎实教，堪当良师；聚焦课题潜心研，可为名师；围绕课程创建树，能成大师。23年来，以“课堂”“课题”“课程”为中心，我沉潜用力、略无懈怠，依阶而进、拾级而上，总算是在语文教育的殿堂里初窥堂奥，捕捉到了语文教育之道的吉光片羽，在此就正于各位方家。

关键词：课堂；课题；课程

一、深钻课堂，让学生生命丰润

课堂是什么？课堂远不只是知识传授的殿堂，更是师生生命共历的一段人生。师生一起走进课堂，相互陪伴、共同分享，将生命连同情感、心智、学识，在这个生命的舞台上交流。课堂理应是一个仪式，一个生命彼此交融、相互成全的仪式，而绝不能让课堂成为单纯地教授教科书、分析试卷、演绎标准答案的过程。

观念是行为的先导。对一名教师而言，教育行为的失当往往源于陈腐错误的教育观念。记得多年前上一堂“比喻修辞法”的专题课，我精心准备、广泛搜罗，从古今中外30部优秀的文学作品中觅得40个特色各异、妙趣横生的比喻句，按内容编排成写人、绘景、叙事、传达心情、表述哲理5个方面，印发了一大张“比喻句妙用精赏”的学案进行教学。师生一起边赏边析，兴味盎然。没想到，就是这样一堂追求“实、活、精、深”的课，在评课时却有同仁批评说：内容固然精深，但既超教纲又超考纲，不符合学情，浪费了学生时间，加重了学生负担！

这件事给了我很大的震撼。教学观念的差异有时真是“不共戴天”。我发现，在“高考指挥棒”的导向下，总不免有些“敬业”的老师出于急功近利的“考试质量评价”意识，片面窄化、矮化了国家的教育方针和课程标准，将教育的终极目标完全锁定在“分数”上，自觉自愿地沦为纯粹的“应试培训师”，还沾沾自喜于对学生“高度负责”的“好心”！他们埋头苦干、拼命硬干，尽可能地让学生将更多的时间用于应试训练；而且决不让教学内容有任何超出考点的“旁逸斜出”。因此，题海漫漫、作业如山，学生不堪其苦，成了校园里名副其实的“圈养动物”！这些教师成了一台台“教书机器”，把一批活生生的当代青年教成了对生活早早丧失乐趣与激情的“读书机器”“佛系青年”。我能成为这样的“敬业”老师吗？决不！尤其是现在的教育经历了多年的课程改革和高考改革，越来越凸显“以能力和素养立意”，一名优秀的教师完全应该有能力实现应试技能与学科素养的双重兼顾、相互融合。

为了上好每一堂课，我从未放松自己的读书学习，每年订阅多种业务杂志，把买书读书作为人生一大乐事。现在家中藏书已逾5000册，以教育理论、语文教学专著、文学典籍为主。长期的泛读、扫读、精读，使我纠正了教学理念，完善了知识结构，开阔了视野与胸襟，陶冶了性情。我逐渐接近了苏霍姆林斯基所说的“在你所教的那门科学领域里，使学校教科书里包含的那点基础知识，对你

来说只不过是入门的常识，只是沧海之一粟”的境界，为教学注入了一股源头活水。正是在这样的读书背景下，我在语文教学设计上日益追求“用教参而不囿于教参”的个性化处理，总是在广泛占有资料的前提下精心选材备课，形成了自己“纵横拓展，征引自如”和“知能并重，激思启智”的课堂教学特色，深受广大学生的喜爱。例如，在教史铁生的《我与地坛》时，我向学生引入张海迪的《轮椅上的梦》、陆幼青的《死亡日记》和于娟的《此生未完成》；在教余秋雨的《道士塔》时，我引导学生探究并激烈辩论“秋雨散文”的特征及优劣；在教先秦两汉诗歌单元时，我在整合讲授几首古代爱情诗的基础上，精选当代婚恋小说和纪实散文，编印成“爱情·婚恋·人生”专章资料，引导学生探讨婚恋的奥秘，并指导命题作文《婚恋悲喜启示录》；在长沙、昆明两市的教育交流展示活动中，我主讲的现代文阅读课是将汪曾祺小说删改后形成的高考文本与完整的原作进行“文本细读”对比；在名师工作室的研究课上，我拿现代作家李广田的小说《枣》与浏阳本土作家陈文老师的乡土小说集《泥土生香》中的篇目进行对比赏析……

于漪老师说：“好课不过尽人情。一堂好课，应该眼中有人，胸中有情，腹中有书。”我谨记这一教诲，用一堂堂“尽人情”的课，去教“近效拿分、长效润身”的真语文，消除学生精神上的饥饿感。须知，学生的语文学习乃至精神生活，长期处于一种吃不饱的饥饿状态，无论是新知的习得、精神的成长，还是情感的滋润，都迫切需要得到满足。因此，我就用语文的甘露去浇灌、去滋养他们，让他们在语文学习中“如从山阴道上行，山川自相映发，使人应接不暇”。每届学生文理分班重组时，总有大批学生表达对我执教的语文课的深情留恋，有人写来感谢信说“上你的语文课是一种享受，在高三不能再次成为你的门下弟子，真是人生一大遗憾”；升入大学之后，常有学生发来问候短信说“真想再次走进您的课堂听一回语文课，您的课堂有魔力，您的身上有生机”……这些来自学生的需求和赞赏，给了我莫大的鼓舞与激励，让我更坚定了“好课不过尽人情”的信念。

二、精研课题，让教学思想丰实

“教然后知困”，面对学生鲜活的生命个体，如何因材施教，教学有法，但无定法，凭已有的常识、习惯和经验去应对，我感觉遇到的种种“问题”连绵不断，难以破解。怎么办？先行者指明了一条康庄大道：把重要的“问题”提炼成课题点，从日常教育问题的生成中，确定教育科研课题。这样就可以抓大放小、提纲挈领，从琐碎的工作实践中抽身而出，登高望远，找准一个恒定的研究着力点，让工作锁定一个主攻的方向。

我投身研究的第一个课题是“高中语文学科信息化资源库建设与应用”。那时“多媒体辅助教学”的理念方兴未艾，大屏幕背投影彩电作为终端显示器，声光绚丽，强烈地吸引和刺激着课堂上的师生。在这样的背景下，我们搜寻图片，收集音频，下载视频，整理专题或单元主题下的教参、学案，自制教学用 PPT，等等，忙碌而充实、辛劳而兴奋。现在回头去看，当时的研究自然多显“清澈见底”的浅陋，但是，我和课题组的成员还是收获良多。尤其表现在以下三点：一是增强了信息意识，养成了一种积极主动去搜集、整理、加工教学信息的习惯；二是开始生成从教育科研中审视自我、反思实践、升华规律、凝练思想的行动习惯，理论素养得到提高，我慢慢形成了“教育以生活为本位，语文以生命为原点”的教育思想；三是实践能力得以加强，踏踏实实积累了一些好的专题化教学资源。例如，受“作文题库”建设的牵引，我慢慢梳理完善了自己的“链接生活作文系列 20 题”，其中包括《我学习中的苦与乐》《眼泪的含义》《汗水的味道》《那个人深深影响了我》《要生活得惬意》《我的婚恋观》《冷眼向洋看社会》《人生哲思》等。这些作文题一旦被布置下去，就成为一次触及思想、触及灵魂的自我盘点、自我审视，很多学生写得情动于中，窥探到了自我的奥秘、人心的褶皱、社会的风云。又如，我们在反复甄别、遴选的基础上，收藏了 30 多部经典好电影，其中包括奥斯卡获奖影片《肖申克的救赎》（德拉邦特执导）、《泰坦尼克号》（卡梅隆执导）；韩国爱情文艺片《八月照相馆》、中国马俪文执导的剧情片《我们俩》；李安执导的《少年派的奇幻漂流》；等等。这些影片支撑了我语文教学中独特而厚重的“影视艺术欣赏”课，让我的开放性大语文教学进一步以这些新鲜的“关键内容”为学生扩充了一片“思想的天空”，成为学生终生怀念的一部分。

后来我参与了几个县、市、省级课题的研究，从中获得了很多经验与体会。其中对我影响最深的是在长郡卫星远程学校的统领下，承担了子课题“中学卫星远程教学双向互动交流的研究”的任务。通过这项研究，我们探索构建了“同步直播”“延时调控直播”和“整合利用直播课件”三种卫星远程教学的课堂教学模式，这些模式直接推动了学校教学质量的提升。正如人们常说的“经历是想象所永远无法体验的”，随着研究的深入，我深深体会到理论范式在教育科研中的重要作用。同时，我也真切地感受到，以课题为抓手是推动和引领一批骨干教师走向深度教研、提升理论素养、完成专业化自我建构的最佳途径。

现在，我正以课题组组长的身份承担长沙市规划课题“高中语文整本书阅读与跨媒介阅读相整合的教学策略与实践研究”。在以核心素养建设为旨归的新课程标准中，“整本书阅读”和“跨媒介阅读”是新确立的18个学习任务群中具有特殊位置的两个任务群。它们贯穿在必修、选择性必修和选修三个阶段，实现了全程、全覆盖。但关于这两个学习任务群的教学策略和实践研究，以及如何实现两者的融合，省内乃至国内仍是一片空白。投身这项研究对我来说既是挑战，也是荣幸。我把它和“海量阅读”项目下的书香校园建设有机整合起来，引导学生潜心阅读，回归经典，超越“刷题式”应试教育对高中语文教学的冲击，突破“碎片化阅读”流于浅陋的弊端，在多媒介营造的声色互补、声情并茂的学习情境中，通过生动活泼的形式和立体丰富的内容，引导学生进行深度阅读，让学生在潜移默化中发展语言能力、提升思维水平、培养人文素养、塑造良好的精神品质。这既符合核心素养的要求，又是我语文教育思想的一个重要落点。站在这项研究的最前沿，但开风气不为师，未来已来，前景一片灿烂。

三、开发课程，让学科素养丰厚

教师的完整职责有3个：传授知识、启迪智慧、点化生命。让教育成为一种生活，修己成人，立己达人，这才是我信仰和追求的教育真谛。

新课程方案和标准已经颁布，围绕学科核心素养建设，教师必须思考：如何跨越课堂学习，走向课程育人。坚持课堂、课题、课程三“课”联动，以课堂教学为阵地，以课题研究为引领，以课程建设为统领，宏观把握、立体推进我们的学科教学。

语文教学改革的重点是教学内容的课程化开发与重建。要论语文教学的成败，关键不在于三两堂课的优与劣，而在于教师三两年下来织成了一张怎样的课程网。课堂当然是一堂一堂分割的、琐碎的，但课程目标、学科素养却是连贯的、立体的，因此不应该用切割得极其琐碎的“依题讲题，就文解题”来定义一堂课的成功，而应该用“是否对学生的语文素养提升有用，对学生的精神成长有利”来衡量。缺乏课程意识的学科教学注定是目光短浅的，“为考而教”的病根，首先源于课程意识的缺失。南京师大附中特级教师王栋生痛心地呐喊：“频繁的考试如磅上秤猪，用拼命喂食的方法去增加体重。”主观上想扶助学生，客观上却戕害学生，事与愿违，呜呼哀哉！

正是基于这样的课程观，2009年以来，我独立开发了两册60万字的校本教材《“悦读·怡情·拓智”语文读本》，编写的目的在于引导学生“在阅读中了解世相，参悟人生”。这两册校本课程中设置的代表性章节有“难舍的乡村情怀”“情感之细，灵魂之美”“亲情友情伴我行”“爱情婚恋人生”“青春的优雅与风度”等等。许多学生捧读这两册书，爱不释卷，甚至恋恋不舍地把它带进了他们步入大学的行李箱。现在，担任名师工作室首席的我，任重道远。我更是把课程开发建设列为工作室的重中之重，将与45位同仁一起，齐心协力，分而任之，全力完成高中语文学科素养夯基培元系列《古诗文经典诵读》《中外散文小说文本细读》《浏阳地域文化读本》共3册校本化教材的编写。

3年前，一位名叫小颖的正在南开大学深造的我的才女学生忽然在网上通过QQ向我求助：“戴老师，在吗？求开导。老师，失恋了……感觉需要一些力量才能更好地走出来。”

经过一番沉思后，我回复她：“爱出者爱返，福往者福来。所有曾经释放出去的爱，都是在为另一份、另一段或另一种爱积聚力量，兑换福分。最初的爱刚好就是最真的爱，这样的幸运几人得遇？人要在爱中学会爱，在爱的体验中去甄别和确认何为恒久的、深挚的、不离不弃千金不换的真爱。”我告诉她：“即使是最终分手的爱情，也让我们增长智慧，空前深刻地去面对自己、发现自己；同时也学会空前清醒地去洞察人心、体谅人心，贴近人心那神秘和隐蔽世界的最深处。不管是‘我曾经爱过’，还是‘我还能爱’，都会让我们获得一种‘不白活一回’的精神生活的高峰体验。”我点醒她：“真爱无须过分努力地去挽留，只需沉静地去守护或者等待。”

精神煎熬中的小颖姑娘放下了许多，释然了许多。而作为老师的我也感动多多，既为这份师生情谊，更为语文老师傲岸的姿态和存在的意义。这一刻，我清楚：好课的终极评价权始终在学生手上，在学生的生命记忆里。

教无止境，学无止境。学习没有终点，思想没有尽头。“天在山边，走近山边天又远；月浮水面，拨开水面月还深”，人生事业正是如此，我们尽力追求却永难抵达梦想的终极目标，因而我们总是“在路上”。好在，永在路上行走的我，总能欣赏到头顶眼前的那一轮高悬的明月。

（浏阳市雅礼·浏阳市第二中学）

语文课堂提问的价值审视

陈 瑶

摘 要：提问是课堂教学活动中的重要环节，也是语文教学中的重要手段。语文教学应在师生平等对话的过程中进行，而这一平等对话最主要的途径是问答，通过一问一答，学生能在课堂中积极思考问题，激发问题意识，发散思维，培养探究学习能力。然而，提问也是一门学问，也存在有效与无效之分。提问设计的优劣直接关系课堂气氛、学生学习效果的好坏，不同方式的提问对于课堂效果的呈现具有不同的价值。本文审视语文课堂提问的价值，研究不同提问方式的价值，有利于教师在语文课堂教学中面对不同能力层次的学生、不同的课堂情境和不同的教学目的时，正确地选择提问方式，以实现课堂教学效果的最大化。

关键词：课堂提问；价值；有效提问；语文教学

一、绪论

（一）选题的理论及意义

提问是课堂教学活动中的重要环节，也是语文教学中的重要手段。然而，提问也是一门学问，也存在有效与无效之分。提问设计的优劣直接关系课堂气氛、学生学习效果的好坏，不同的提问方式对于课堂效果的呈现有着不同的价值。本文对语文课堂提问的价值进行审视，研究不同提问方式的价值，有利于教师在语文课堂教学中面对不同能力层次的学生、不同的课堂情境、不同的教学目的需要时，正确地选择提问方式，实现课堂教学效果的最大化。

建构主义学习观认为，学习是学生自己建构知识的过程。学生不是简单被动地接受信息，而是主动地建构知识的意义。因此，教师不能简单地对学生进行知识的“灌注”，而应该引导学生自主学习，主动建构新的知识。在语文教学过程中，教师可以通过提问让学生不断地发现问题、解决问题，从而培养自主探究的能力，更好地建构自己的知识体系。

人本主义的学习理论主张启发学生的经验和创造潜能，引导其结合认知和经验，肯定自我，并实现自我发展。在教学活动中，教师要充分发挥学生的主体性，其中最主要的形式就是通过提问，把问题抛给学生，让学生自己思考、把握。

布鲁纳的结构主义理论认为，儿童应该在教师的启发引导下，按自己观察事物的特殊方式来表现学科知识的结构，任何知识都可以用正确的方式教给任何儿童。实质上，这意味着问题需要与学生的能力相匹配，因此，如何正确地进行提问，就需要对课堂提问的价值进行审视和研究。

（二）国内外文献综述

实际上，早在古代，中西方的教育家就开始研究和倡导用提问的方式开展教学。苏格拉底的“产婆术”就是在问答过程中不断揭示对方话语中的矛盾之处，逐步引导对方最终得出正确答案，帮助他人产生知识。这一方法有助于激发和推动学生思考问题的积极性和主动性。而中国最早提出启发式教育的是孔子，他主张“不愤不启，不悱不发”，通过提问引导学生思考，如果思考不通，可以启发、开导。这种问答方式集中体现在《论语》一书中，在这种教育方式下，每个人都可以畅所欲言，提出质疑，互相争论。在这种一问一答的过程中，各种思想碰撞，激发了学生对问题的思考，提高了学生的逻辑思维能力，同时也有利于教师发现每个人的优点。

目前国内关于中学语文课堂中的提问的研究论文已经有一定数量，但是大多数都是从提高提问艺术的角度来研究，大多从课堂提问的现状和问题入手，寻求优化提问的策略，以提高语文课堂的效率，真正专门研究课堂提问的价值的文章并不多。总的来说，这些论文为本文的研究提供了一定的理论基础，拓宽了研究领域。

二、语文教师为什么要进行课堂提问

（一）课堂提问的含义及类型

提问是指在一定的情境下，教学的一方为促进学习而向教学的另一方抛出问题，并期望其积极反应并作答的一类教学行为。提问的类型有封闭式和开放式两种。

封闭式的提问：答案是唯一的、有限制的，提问时给对方一个框架，让对方只能在框架内选择回答。这类提问基本上可以在书本上找到答案，不需要学生想方设法开拓思维，主要目的是巩固学生的知识，吸引学生的注意力。

开放式的提问：答案是多样的，没有限制，没有框架，可以让对方自由发挥。这类提问具有一定的难度和灵活度，需要学生动脑思考、展开丰富的联想和想象，只要言之有理即可，能够很大程度地锻炼学生的开拓性思维和创新性思维。

（二）有效提问与无效提问

有效提问指的是提问紧扣教学目标，切合学生实际，能达到预期的教学效果。有效提问具有四个基本特征：目标明确、针对性强、启迪性强和新颖有趣。提问的有效与否直接关系到课堂氛围、教学效果的好坏。例如，在教学《小狗包弟》这篇文章时，教学重点和难点是体味作者对小狗包弟的感情态度的前后变化，深刻认识时代背景。老师可这样提问："同学们发现文中多处出现了描写作者心情的词语了吗？请同学们找出这些词语并体会作者的感情变化，思考一下作者为什么会有这样的感情变化。"这样的提问紧扣教学重点和难点，是有效的，能够引起学生对文章主旨、深层含义的探究和思考，从而真正地理解这篇文章。

无效提问与有效提问相反，指的是提问偏离教学目标，导致教学效果差，教学效率低下的问题。课堂上的无效提问不仅扰乱了正常的教学秩序，而且不利于学生的思维发展。例如，很多老师喜欢在课堂上问一些"是不是""对不对""好不好"的问题，而学生只是条件反射地回答"是""对""好"，其实他们并没有对问题进行思考，而老师也没有继续往下探究，只是制造了一种很热闹但虚假的课堂氛围，这样根本没有任何教学效果。

（三）课堂提问的重要性

《礼记·学记》中写道："善问者如攻坚木，先其易者，后其节目，及其久也，相说以解。不善问者反此。善待问者如撞钟，叩之以小者则小鸣，叩之大者则大鸣。"由此可见提问的重要性。

1. 增进师生交流，活跃课堂气氛

新手教师和专家型教师最明显的区别体现在课堂氛围上。一般专家型教师都能很好地把握教学节奏，极大程度地调动学生的积极主动性，把课堂交给学生，因此课堂气氛会比较活跃，而新手教师缺乏授课经验，只专注于自己讲课，很少和学生进行交流，因此课堂气氛较为沉闷。对于这种冷场的情况，教师应该合理地进行课堂提问，通过一问一答，让学生积极参与到课堂教学中来，这样课堂气氛就逐渐活跃起来了。可见，课堂提问对于增进师生交流、活跃课堂气氛具有不可替代的作用。

2. 集中学生注意力，激发学习兴趣

在课堂中，教师总会遇到学生注意力不集中、走神的情况，这可能是由于教师、学生自身或外界环境等原因造成的。对于这种情况，教师不能听之任之，应该采取相应的方法及时解决问题，而课堂提问就是最简单、最有效的方法之一。

当教师提问的时候，学生会集中注意力，专注于问题，大脑迅速运转，积极思考，探索答案。而对于个别开小差的同学，教师的提问也是一种善意的、委婉的提醒，一方面保护了学生的自尊心，另一方面能使他们的注意力集中在课堂学习上。同时，教师在课堂中通过提问能够肯定那些回答问题的学生，增强他们的信心，使他们获得一定的自我成就感，有助于激发学生对语文学习的兴趣，提高课

堂教学的效果。

3. 开阔学生思路，启迪学生思维

新课改明确了教师和学生在课堂教学中的地位与作用，学生是主体，教师起主导作用。因此，要改变教师“一言堂”的现象，把课堂交给学生，鼓励学生自己思考问题、解决问题。其中，课堂提问是最直接的教学手段。有效的课堂提问可以强调课文的重点，引导学生一步步突破难点，对学生的思维发展具有导向作用，能够实现有效的课堂教学。

4. 获得信息反馈，提高教学质量

除了作业和考试，课堂中的提问也是教师及时了解学生学习情况的重要手段，包括对课前预习和课后复习情况的检查。

课前的预习对于完成教学任务具有重要的作用，但是由于各种原因，学生的预习情况并不理想。因此，教师可以利用提问对学生进行抽查，提高他们对预习的重视程度，便于后续教学的高效开展。

孔子曰：“温故而知新，可以为师矣。”可见课后复习的重要性。许多学生在课后只是按要求完成老师布置的书面作业，并没有及时巩固每天学习的知识，只有极少数同学能够做到“温故知新”。教师对学生复习情况的提问抽查，能够及时获得信息反馈，了解学生对知识的吸收情况，有利于教师及时调整教学方案，更有针对性地进行教学，从而提高课堂教学的质量。

三、语文课堂中提问的现状

通过座谈调查，我了解到目前中学语文课堂中的提问存在许多问题或误区。

（一）提问的目的不明确

在中学课堂中，教师为了突出问题探究、鼓励学生思考解决问题，通常会设计几个问题供学生思考和回答。然而，大多数老师在提问的内容设计上缺乏考虑，有的问题跳跃性太强，导致学生的思维无法跟上。因此，教师提问的目的并不明确，无法促进学生思维能力的发展，达不到预期的教学目标。

例如，在学习《小狗包弟》这篇课文时，有的老师会让同学们先找出文章的文眼（“我怀念包弟，我想向它表示歉意”），然后问学生们为什么作者要向包弟表达歉意。学生往往面面相觑，答不上来，导致课堂气氛沉闷。显然，这样的提问放在这里是不合适的，因为学生们还没有深刻、完整地了解这篇文章，如何能在课堂开始就回答得出这么深层的问题呢？而且这个问题是本文的重点，需要老师带领学生一步步探究、挖掘，花费较多时间才能得出答案。因此，这个问题的设计是缺乏考虑的，不应该放在开始，要调整一下提问的顺序，才能达到预期的教学目标。

（二）提问的对象具有偏向性

中学的教学任务很重，课堂的节奏也比较快。在课堂中，为了加快进度，教师主要针对优等生提问，常常忽略其他学生。这一做法导致从表面上看学生的掌握程度还不错，但是实际上教学效果并不佳，学生的收获参差不齐，教学效率也不高。

这一现象尤其在公开课上表现得明显。我听过一些公开课，也实际接触过公开课，所以非常清楚这类课程背后的准备工作以及课堂呈现。在公开课前，老师会进行充分的准备，一遍一遍地模拟上课流程，也就是我们常说的“彩排”。为了保证课堂流程能够有序推进，一些老师会提前安排好部分优等生举手答问，当然，提问的内容是提前给好的。这样，最后呈现给大家的就是一堂所谓的“完美”的公开课。但是这种公开课的设计有意义吗？这纯粹是一种表演，真正思考过问题的只有那几个指定的学生，其他学生只是一群没有台词的群演，并不能从中学到任何东西，更别谈教学效率和教学质量了。

（三）教师提问的密度过大

为了响应新课标的要求，充分地发挥学生的主体作用，鼓励学生自主探究学习，因此老师加强提问，一节课甚至能提出几十个问题。然而，提问过于密集，学生的思考时间相应减少了，并不利于学生思维逻辑的发展。且其中一些问题过于简单，思考价值不高，而一些问题难度太大，极少有学生能回答出来。

在学习《别了，不列颠尼亚》这篇新闻稿时，最有特点的是作者采用了把历史场景和现实场景相融合的写作手法。有的老师是这样提问的："这篇短新闻写了哪几个现实场景？分别是在何时何地发生了何事？每一个现实事件又对应着怎样的历史场景呢？"可想而知，学生们肯定无法立刻作答。于是老师就会直接点几个同学回答，这几个同学能答出一部分，但是不完整，而且一边找一边答，吞吞吐吐，花费了很多时间。这种密集的提问无法让学生有足够的时间来思考问题，反而浪费了更多的时间，课堂效率自然十分低下了。

（四）教师的问题表述不明

一些老师在备课时没有做充分的准备，导致课堂中问题的内容表述不明，学生不知从何下手，回答的内容偏离较大，既没有达到预期的教学目标，还耽误了教学进度。

我听过一些老师的课，有时候提出的问题没有明确的方向，导致学生们很少能回答出来，最后不是花了很多时间，就是老师自问自答，这样也就失去了提问的意义。例如，在学习《别了，不列颠尼亚》时，老师提问："如何理解标题在结构方面的深层含义？"学生们都能想到"一语双关"，但是很少有人回答"句式倒装"，因此老师在这个问题上花了许多不必要的时间。其实，老师如果表述明确一点，引导学生往句式方面思考，那么学生也就不会像无头苍蝇一样摸不着头脑，从而影响教学进度和教学效果了。

（五）提问方式过于单一

在中学语文课堂中，提问的形式过于单一。一类是"是不是""对不对"，这种提问方式是最简单、最常用的；另一类就是教师经常提出的"本文分为几个部分"，学生往往只是按照参考书上的答案回答，缺乏思考。

前一种提问方式一般是老师的习惯用语，一些老师总是在课堂上习惯性地问学生"作者这样写好不好"，或者是"这个题这么做对不对"。学生们显然也熟悉了老师的提问方式，十分配合地做出肯定的回答。然而，这类提问方式缺乏深度，不利于学生思维的发展。后一种提问方式是语文老师在课堂上惯常使用的，介绍完作者作品后，一般会让同学们划分段落层次，这也是学生们习以为常的"套路"，因此大家事先会在参考书上找到答案，以便应对老师的提问。这两种提问方式在中学语文课堂中非常常见，却具有单一性，形成了一种固定模式。因此，这种方式很难培养学生的创新思维，更别提培养创新型人才了。

四、语文教师如何进行课堂提问

（一）提问内容要得当

提问内容是否得当是评判提问价值高低的重要因素。提问内容要目的明确、层次分明、新颖有趣，才能体现语文课堂提问的真正价值。

1. 目的明确

提问的目的要明确，是为了突出重难点，吸引学生的注意，还是激发学生的思考？只有明确了目的，提问的价值才能得以体现。

如果目的是突出重难点，那么提问一定要紧扣课文的重难点，最好是在引导语中明确强调，引起学生的注意，以便集中精神，认真思考。

如果提问的目的是吸引学生的注意力，那么可以多次重复问题，或者选择简单的知识点进行提问，这样可以活跃课堂气氛，也可以使学生逐步跟上老师的思路。

如果提问的目的是激发学生的思考，那么老师应该提出开放式或者难度较大的问题，以促进学生积极探索，开拓思维。例如，在学习《归园田居》时，老师可以让同学们就陶渊明的归隐思想进行深入探讨："陶渊明的归隐思想放在现代是否值得提倡呢？"这是一个开放性的提问，学生可以各抒己见，发散思维，实现心灵的碰撞，最终达到良好的教学效果。

2. 层次分明

问题设计要由简单到复杂，由表及里。简单表面的问题是最基础的，不需要太多思考，因此价值较小；复杂深层的问题需要学生认真思考和发散思维，因此价值较大。

老师在设计提问时一定要注意问题的层次、梯度。在课堂刚开始时，学生的注意力往往是不够集中的，可能还对课间活动意犹未尽。这时候老师要做的是集中学生的注意力，因此提问一定要选择较为简单的问题，让学生们能够回答上来，然后一步步跟上老师的脚步。问题应逐渐递进，逐步引导学生去探索更深层的内涵。有科学数据显示，学生注意力最集中的时刻一般在课堂开始的20分钟左右，因此老师应该把握好时机，在这时提出本节课的重难点问题，让学生们认真思考，逐个击破。这样学生们才能深刻理解，提问才是有效的。

就像钱梦龙先生说的："一般说来，问题的安排，要由易到难，先问一些比较容易、有趣的问题，让学生尝到一点解决问题的乐趣，然后逐步加大难度。这样，同学们就好似登山一样，过了一座山峰，又有一个更高的山峰在自己的面前了。"

3. 新颖有趣

提问要力求新意，吸引大家的注意，引发争论，达到锻炼学生思维能力的目的，才能实现问题的价值最大化。

例如，在学习《愚公移山》这篇课文时，同学们在小学就知道了这个故事，那么，如何能够让学生对这篇课文产生兴趣，或者理解其更深层的含义呢？如果老师只是按部就班、平平淡淡地来讲授这堂课，显然是达不到预期的教学目标的。相反，如果老师在课堂上提出一个角度新颖的问题："愚公并没有成功移山，因为两座大山最后是被神移走的，大家同意这个说法吗？为什么？"无论学生是否同意，他们总是有话说的，这样就能激发学生的兴趣，鼓励他们积极地思考问题，开拓思维。

（二）提问对象要适宜

一般来说，学生会被分成优等生、中等生和后进生三类，这并不违背"有教无类"的原则，而是为了更好地因材施教。针对学习能力不同的学生，老师应该采取不同的教学方法，在提问方面也应该注意，以满足不同程度学生的需求，并达到启发思维的目的。

1. 针对优等生的提问

优等生的基础一般较扎实，思考问题也更深入，能达到老师的提问目的。因此，应该提出分析辩证类的问题，进一步训练他们的思维能力，而选择简单的问题就会失去提问的价值。

例如，在上文提到的《小狗包弟》中的作者对小狗包弟表达歉意的原因，这个问题需要一定的综合分析能力。往往同学们只能答到"保全自己"这一层，很少会思考到"送走包弟就能保全自己吗"。在这种情况下，老师需要提供一些思路，引导优等生得出完整的答案，激发其他学生积极思考问题，更好地理解课文。

2. 针对中等生的提问

中等生的基础一般，基本能够完成每天的学习任务，在提问时，就应该注意增强学生对知识的理解，这样才能发挥提问的价值。

以上述"作者向包弟表达歉意的原因"这一提问为例，中等生基本能够体会到作者前后感情的变化，从而能感受到作者对包弟境遇的同情和送走包弟的后悔。在这个基础上，老师可以适当进行点拨，让他们逐渐理解作者是为保全自己而送走包弟感到歉疚，这样可以训练中等生的综合分析能力。

3. 针对后进生的提问

后进生的基础较差，甚至无法完成布置的作业，上课时注意力很难集中。因此，对他们应该提一些简单的问题，使他们的注意力集中。

一般来说，针对这类学生，可以提一些"是什么"，有明确概念的问题。一方面，这类问题他们可以从书中找到答案，能够明确地回答出来，有利于提升他们的自信心和学习积极性；另一方面，回答问题时，可以使他们的注意力集中在解决问题上，不至于走神。

像上文"作者对小狗包弟表达歉意的原因"一例，这个问题需要学生有一定的分析理解能力，可能这类学生很难得出恰当的答案，但是老师可以换一个提问角度，让他们先在文中找出描写作者前后感情变化的词句，再让中等生和优等生根据他们所找的内容一步步完善答案。这样可以照顾到每类学生，也可以提高后进生在课堂中的参与感和成就感。

（三）提问的方式、方法要灵活

1. 提问的方式

教师的提问方式不能千篇一律，针对不同的课堂环境，提问时应使用不同的语气、表情、态度。

例如在上文中提到的“陶渊明归隐思想在现代社会中是否应该提倡”这一问题，学生们脑海中肯定有很多想法，但是可能由于胆小害羞、不确定对错等原因不敢举手发言，致使课堂气氛比较严肃沉闷，不利于课程的推进。在这种环境下，教师应该用愉快友好的态度进行提问，表情不能太严肃，最好面带微笑，鼓励学生积极地思考问题，表达自己的观点。需要注意的是，提问时不能带有质问的语气，要给学生营造一种轻松、和谐的课堂氛围。

然而，在这种活跃的氛围中，可能会有个别同学趁机开小差，看似是在激烈讨论，实则是在讲闲话。对于这种情况，老师不能视而不见，一定得采取措施，制止这类与学习无关的行为。如果直接当着全班同学的面点名批评，会伤害学生的自尊心，激起他们的逆反心理，最好的方法是点名要求他们回答问题：“某同学，谈谈你对这个问题的看法。”这时候，老师要注意表情严肃、语气较强，让学生意识到老师对他们的态度，从而反思并改正自己的行为。

由此可见，针对不同情况采取不同的提问方式，才能充分体现课堂提问的价值。

2. 提问的方法

（1）“是不是”类

这类提问一般来说价值较小，但是在不同的情况下，能够起到不同的作用，具有独特的价值。

第一种情况，这类提问一般是老师的口语习惯，在课堂中无意识地问出来了，并不要求学生一定要回答。例如，在学习《愚公移山》一文时，老师可能会说：“同学们，大家都知道愚公移山这个故事，是不是？那么先请一个同学来给我们讲讲。”在这里，老师的提问并不需要同学们来回答，也没有引起大家的注意。如果学生熟悉这个老师的课堂，他们就对这类提问免疫了，因此这样的提问在这里是无效的，没有任何价值。

第二种情况，在课堂气氛较沉闷时，这类提问多用于活跃气氛。如果没有经验的老师讲课，很容易把语文课堂变成老师一个人的课堂，老师在讲台上滔滔不绝地讲授知识，学生只会机械地记笔记，甚至个别学生可能在打瞌睡。在得不到学生回应的时候，老师就应该适时提出“是不是”“对不对”这类选择性问题，一般学生都会比较配合地回答“是”“对”等肯定性答案。这样，课堂气氛就活跃起来了，有利于激发老师的热情，增强教学效果，也实现了提问的价值。

第三种情况，在学生普遍注意力不集中的时候，这类问题就起到吸引学生注意力的作用。一般课堂刚开始的五分钟和结尾的五分钟是学生注意力最松散的时候，前者是因为他们还没从课间活动中收心，后者是因为他们的思绪已经飞到课间活动上了。这时候，老师就应该及时提出这类问题，引起学生的回应，将他们的注意力重新吸引到课堂上，从而更好地推进接下来的教学内容。这样，提问也实现了它的价值。

（2）“是什么”类

这类提问的答案一般是比较明确的知识点，要求学生能够回忆起已经学过的概念、事实，基本上可以在书上找到。这种回忆性提问一般适合针对后进生，目的是巩固知识。他们的基础比较薄弱，通过这类提问，能够加强他们对知识点的巩固。但是，对于优等生来说，这类提问过于简单，他们对知识点的巩固程度已经很好，不用老师帮助夯实，所以这类提问对他们也就失去了意义。

一般在课文的第二课时，老师需要学生复习巩固上节课学习的知识，带领学生快速地回忆一些概念和知识点，这就需要抽查部分学生，对他们进行回忆性提问，得到反馈，更好地了解他们对上课内容的掌握情况，以便对后续的教学设计进行调整和完善。这类提问的答案一般是固定的、唯一的，所以老师能够直观地了解学生的学习情况。例如，在学习古诗词时，老师在第二课时一般会要求学生进行背诵，或者抽取几个诗句进行对答，学生能够正确回答就说明他们已经实实在在掌握了这些诗句。如果有些学生回答不出来，就说明他们还没有完全掌握这首诗，通过提问也能够加深他们对诗句的印象，帮助他们加强记忆。

因此，这类提问在语文课堂中是必不可少的。但这并不意味着可以反复使用，而应有所节制，适时发挥它最大的效益。

（3）“怎么样”类

相较于“是什么”类的回忆性提问，这类提问难度更大，广度也有所拓宽，需要学生对知识进行理解把握，构建一定的知识体系，目的是加强学生对知识的正确理解，因此具有一定的实用价值。

在语文课堂中，经常会遇到许多重复或者相似的知识点。为了提高课堂学习的效率，老师通常不会再详细地给学生们讲解这类知识，而是通过提问让学生联系已学知识进行解决。例如，在学习《背影》这篇课文时，其中有一段话是描写父亲背影的，为了让学生们高效地把握描写这一修辞手法，可以这样提问：“同学们，我们之前已经学过了描写这一修辞手法，请大家结合所学知识思考一下，文中这一段话是怎么样描写父亲背影的？又有怎样的作用呢？”通过这样的提问，学生可以将所学知识灵活地运用到其他情境中，进一步加强对这一知识的理解，从而极大地提高课堂的教学效率和质量。

这类提问更适合针对中等生提出，因为他们已经有了一定的知识储备，在老师的引导下，也能够做出较为完整的回答，达到预期的教学目的。因此，这类问题对于中等生理解知识具有较大的实际价值。

（4）“为什么”类

这是指老师提出的探究事物原因方面的问题。这类问题可以引导学生根据已学知识和老师提供的思路进行拓展，培养学生的探究和创造性思维能力，具有较大的价值。

例如，在《小狗包弟》一文中，第一段写的是艺术家和狗的故事，而后面的内容全是讲作者一家和小狗包弟的事情，那么这一段内容为什么要放在文章的开头呢？这样的提问就能使学生深入地思考问题，进一步地挖掘其内在含义，从而更加清晰地了解作者的写作意图，完全掌握这篇课文。

这类问题要求学生有一定的思维能力，因此比较适合针对中等生和优等生提出。中等生有一定的知识积累，能够尝试回答问题，即使很难完全解答，但是在老师的点拨下，也能够拓宽思维的广度，培养综合分析能力。而优等生经过认真思考后，对于这类问题也有自己的解决方法，能够补充一些新的观点，激发同学们对这个问题的思考。因此，对这两类学生来说，这类问题具有很大的价值。

（5）“为什么不”类

这类提问相较于“为什么”类提问，对学生有更深层次的要求，在“打破砂锅问到底”之后，需要学生辩证地看待问题，目的在于培养学生的辩证思维能力。因此，这是难度最大，也是价值最高的一类提问。

如在学习《梦游天姥吟留别》时，老师可以在学生们充分理解诗歌后，提出这样的问题：“许多人认为这首诗流露出一种及时行乐的消极思想，那为什么不是一种积极的思想呢？你是怎么认为的？”对于这个问题，学生会根据已学的知识和自己的情感体会，各抒己见，联想作者李白的人生境遇和诗歌风格，从而探究出诗歌中传达出的不同的思想感情。就像莎士比亚说的，“一千个读者心中就有一千个哈姆雷特”，每个人对于一件事物的看法总是千姿百态的，作为老师，不能遏制学生发散性思维的发展，而是应该鼓励他们积极思考。尤其在语文课堂中，大家对于同一篇文章肯定有自己独特的见解，老师应该在课堂中多设置这样的辩证性提问，让大家的思维进行碰撞，学会辩证地看待问题、解决问题，培养学生的批判性思维。因此，这类提问难度最大，价值也相对最高。

五、结语

提问是语文课堂教学活动中的重要环节，也是一门学问和艺术。结合国内外文献对课堂提问的研究，本文从价值方面对语文课堂中的提问进行了审视。

首先，本文对课堂提问的相关概念进行了简要阐述，并明确了课堂提问的重要性，给后续研究打好基础。

其次，通过座谈调查和亲身体验，我了解到了目前语文课堂中提问的现状，也发现了其中存在的一些问题或误区，并举例进行了说明。

最后，本文从课堂提问的内容、对象和方式方法三方面对其价值进行了深入的研究和探讨。针对不同的提问对象，在不同的课堂环境下，老师应该采取不同的提问方式和方法，这样才能充分地体现每个提问的价值，产生最大的效益。

本文在研究语文课堂提问方面还是有一些不足之处。课堂提问应该是双方的、相互的，包括老师对学生的提问和学生对老师的提问，而本文只对老师的提问进行了研究，并没有涉及学生对老师的提问。希望以后能有更多的人关注课堂提问的价值，对两者进行深入研究，以更完善地发展此领域。同时，我也希望本文能够给中学语文课堂教学提供一些新思路。

参考文献

[1] 布鲁纳. 教育过程 [M]. 绍瑞珍，译. 北京：文化教育出版社，1982.

[2] 丹东尼奥・贝森赫兹. 教师怎样提问才有效：课堂提问的艺术 [M]. 宋玲，译. 北京：中国轻工业出版社，2005.

[3] 周规源. 论语文课堂提问的整体优化 [J]. 当代教育论坛，2005 (18)：81-83.

[4] 刘娟花. 课堂提问的价值及其实现 [J]. 教育理论与实践，2009，29 (26)：52-53.

[5] 高建芳. 课堂提问在高等教育中的价值 [J]. 黑龙江教育学院学报，2011，30 (12)：62-63.

[6] 葛炯. 课堂教学中提问的组织与问题的构建 [J]. 现代教学，2006 (11)：38-39.

[7] 许书明. 钱梦龙充满智慧的“问答”艺术 [J]. 中学语文，2013 (28)：11-13.

[8] 王美. 问课堂教学那得清如许：中学语文课堂提问艺术探析 [J]. 现代语文（教学研究版），2016 (1)：76-77.

[9] 汪新华. 关于优化语文教师课堂提问的研究 [D]. 上海：华东师范大学，2008.

[10] 张卓君. 高中语文课堂提问艺术探究 [D]. 苏州：苏州大学，2009.

[11] 刘晓露. 专家型教师与新手型教师在语文课堂提问技能上的比较研究 [D]. 南昌：江西师范大学，2011.

[12] 张代美. 中学语文课堂有效提问策略研究 [D]. 哈尔滨：哈尔滨师范大学，2017.

（长沙市雅礼外国语学校）

中学语文微课资源库建设刍议

徐 佳

摘 要：微课是一种教学目标明确、教学内容针对性强、用时较短、突出学科某个知识点或技能的教学手段和方法，已被中学教育教学广泛使用。但是，目前存在微课资源零散、教学内容的选择与设计缺乏整体性、系统性等问题。本文试图从中学语文微课资源库建设的意义、中学语文微课资源库建设的原则、中学语文微课资源库建设的路径、中学语文微课资源库的应用等方面入手，结合自己多年运用微课进行教学实践的总结与反思，提出了建设中学语文微课资源库的设想。

关键词：微课资源库；中学语文；建设

微课作为一种新的教学手段和方法，已被中学教育教学广泛使用。单个的微课资源及其制作方法，无论是在学校还是在网络上都大量存在。但是，建设系统的、基于课程标准和学科素养要求的微课资源库却鲜见有人涉及。本文针对当前中学语文微课资源存在的不足，从中学语文微课资源库建设的意义、中学语文微课资源库建设的原则、中学语文微课资源库建设的路径、中学语文微课资源库的应用等方面入手，结合自己多年运用微课进行教学实践的总结与反思，提出了建设中学语文微课资源库的设想。

一、中学语文微课资源库建设的意义

随着教育信息化工程的推进，“互联网+”教育时代已然来临，对从事一线教学的教师提出了更高的要求。就目前中学语文微课资源来看，存在微课资源零散，教学内容的选择与设计缺乏整体性、系统性等问题，而建设中学语文微课资源库，是解决上述问题的有效途径。

建设中学语文微课资源库的意义体现在以下三个方面。

（一）有利于实现中学语文微课资源的科学性和系统性

当下的中学语文微课大多由语文教师自行制作，呈现出零散性、各自为政的特征，难以满足当下中学语文教学的需求。根据中学语文教学内容，明确知识点、能力点，整合优质微课资源，并依托网络平台设置科学的目录和智能检索，形成全覆盖、不交叉的微课资源库，有利于实现中学语文微课资源的科学性和系统性，实现资源共享，更大程度地提高中学语文微课的使用频率和效率。

（二）有利于解决中学语文微课制作和使用的单一性和局限性

微课制作和使用上的单一性和局限性表现为在中学语文教师的常规教学中，微课常被局限在课堂导入类视频和范读类音频的制作和使用上。微课的制作和使用的范围可以更广，方式可以更多样，它既可以成为课堂教学的一部分，也可成为学生课外自学的辅助资源。目前网络上的微课资源也是零散的，并存在某些知识点和能力点欠缺的问题，有的需要学生付费使用，这些问题都不利于微课的使用。当前新形势下，线上线下混合式教学模式的出现，也急需配套的微课教学资源。建设中学语文微课资源库，有利于解决中学语文微课的单一性和局限性问题。

（三）有利于实现差异个性化教学

学生之间存在差异。学优生接受知识较快，学困生接受知识较慢。学优生之间、学困生之间也存在差异，他们希望获得的知识点也不尽相同。在日常教学中，我们应更关注学困生的发展，而面对全体学生的课堂教学形式，无法满足不同学困生和学优生的不同需求。建设中学教学资源库，根据教学目标，在横向上实现知识点和能力点的全覆盖，在纵向上采取递进式的微课设置，即由易到难的多个微课，供学困生和学优生自主选择，可以在一定程度上实现差异化、个性化教学，缩小学困生和学优生之间的差距，进一步促进全体学生的全面发展。

二、中学语文微课资源库建设的原则

中学语文微课资源库的构建，需要以丰富、多元的微课资源为基础，形成教材知识点、能力点全覆盖的系统库目录。可以这样说，单个独立的微课就好似一颗珍珠，而微课资源库就像一串珍珠，建立微课资源库的目标就是要把已有的珍珠用一条线串起来。如果某部分有欠缺或不规范，就需要通过补充、改善单个微课来完善资源库。因此，中学语文微课资源库的建设需要从以下五个方面考虑。

（一）基于课程标准的原则

《普通高中语文课程标准（2017 年版 2020 年修订）》提出："以核心素养为本，推进语文课程深层次改革。"教师在进行语文学科课程设计时，应充分考虑发展学生思维力，提升其思维品质，加强语文学科教与学的实践性，"应增强学生学语文、用语文的自觉意识，积极利用信息技术以及身边的各种资源和机会"，促进学生语文学习方式的改变。同时，还要"提高教师水平，发展教师特长，引导教师开发语文课程资源……积极利用新技术、新手段，建设开放、多样、有序的语文课程体系"。

《义务教育语文课程标准（2021 版）》提出"努力建设开放而有活力的课文课程"，"密切关注现代社会发展的需要，拓宽语文学习和运用的领域"，注重"现代科技手段的运用"，"要尽可能满足不同地区、不同学校、不同学生的需求"，"开发与之相适应的课程资源"，"形成相对稳定而又灵活的实施机制"，"不断地自我调节、更新发展"。因此，中学语文微课资源库的建设需要以课标要求为纲。

（二）基于学科素养要求的原则

语文学科基本素养是学生在本学科内所具备的基本专业素养，包括语言的建构与运用、思维的发展与提升、审美的鉴赏与创造、文化的传承与理解等。这些学科素养的形成需要长时间的专业训练。然而，由于学生基础参差不齐，在传统的课堂教学过程中，某些知识点可能部分学生很快能接受理解，而部分学生则需要反复理解才能内化。因此，微课资源库的建设能提供系统性、多样性的微课资源，有利于学困生与学优生的均衡发展，从而提高学生的语文学科素养。

（三）规范性原则

当前，各类微课虽资源丰富，但大多缺乏明确的规范，教师有各自的制作习惯和使用习惯，导致中学语文微课的形式有时类似于时长不定的课堂教学片段，甚至就是完整的课堂教学实录。此外，大多数微课的教学目标以及知识点指向并不明确。因此，通过建设微课资源库来规范单个微课的质量和形式是非常必要的。

（四）系统性原则

中学语文学科内容体系庞杂，然而，当前的中学语文微课大多呈现为零散的知识点，即知识碎片，缺乏系统性和完整性，没有形成学科知识体系。因此，选定重点和难点，构建知识点体系目录，并整合已有微课教学资源很有必要。整合之后，每个微课既能呈现独立知识点，又能对应资源库目录，形成一个相对完整的知识体系。

（五）实用性原则

影响微课资源推广使用的因素往往集中在平台易用性、检索方便性和使用场景限制几个方面。因此，在规范化、系统化的基础上，语文学科的微课资源库建设要有针对性的部署和调整。拥有强有力的资源库网络平台支撑，才能体现检索的便捷性，从而有效发挥微课资源库的实用性。学生可以根据知识点、能力点的需要，随时检索获取微课资源。资源库的实用性还体现在当需要特定内容或类型的微课时，可以通过资源库的检索功能迅速找到所需资源。

三、中学语文微课资源库建设的路径

（一）提升教师能力，规范微课设计和制作要求

构建语文微课资源库，需要一批熟悉现代信息技术的教师，他们需要掌握 PPT 制作能力、录屏能力、操作摄像机和剪辑视频的能力。在建设资源库前，提升教师的微课设计与制作水平是基础，可依据校情，适时聘请专业教师对他们进行微课设计与制作的培训，提高教师制作微课的质量和使用频率。同时，可通过开展“微课制作比赛”和“微课课堂运用教学比武”等，鼓励教师在教学实践中制作和使用微课资源。

为便于建设资源库，需对微课设计和制作提出明确清晰的基本规范要求：一是以部颁“课程标准”为内容依据，要求充分合理运用现代教育技术手段及设备来设计制作微课，录制时长控制在 5—10 分钟；二是微课教学目标必须单一，即将解决单一知识点作为微课的目标，同时需在微课名称上体现知识点，以便于使用时检索；三是要求制作者使用学校提供的统一模板，封面内容显示学校名称、微课名称、教师姓名、教材版本、学段学科、年级学期等信息，封面时长控制在 5 秒左右。

（二）构建和完善资源库框架

微课资源库的构建需要借助交互式网络学习平台。在确定合作的网络平台、移动终端后，就可开始在专业技术人员的帮助下，在平台上构建框架，设置微课资源库目录，上传相关微课。

中学语文微课资源库可以分为阅读、写作、语言文字运用及相关教学内容四大部分，每个部分可以设置一级目录，可以让整个学科资源库拥有很好的容纳性，有利于持续发展。阅读部分可以包括小说阅读、诗歌阅读、散文阅读、信息性文本阅读等板块；写作部分按照各类文体形成下一级子目录；语言文字运用部分可包括修辞、语法、句式调整等各类常见语言文字考查题型；其他教学内容可包括中外作家作品简介、文化背景资料和优秀朗诵作品等。

首先需要对已有的微课（包括网络资源）进行资源整合，然后由专业技术人员将内容和形式都合乎规范的微课上传到对应知识点、能力点的子目录下；鼓励教师根据课标要求，根据资源库目录，发挥自身特长制作相应知识点、能力点的微课，之后评选并收集优秀作品来填充资源库，以完善、丰富资源库。中学语文微课资源库的建设不是个别教师可以单独完成的，它需要一个专业团队在专业教师指导下协作完成。

（三）由交互式网络平台提供技术支持

建设有利于提升课堂教学效果的微课资源库，需要有交互式网络平台提供技术支持。以我校中学语文资源库的建设为例，我校与某校园 APP 展开深度合作，要求该 APP 针对学校需求新建校本资源模块，并完善模块功能。

与交互式网络平台的合作可以为资源库微课的调用提供最便捷的条件，这需要专业技术人员建立跨安卓、IOS、MAC OS 以及 Windows 系统的连接，并实现校内局域网、校外互联网的无缝接入。最终，APP 和网页端能实现关键字检索、目录检索、按热度搜索、按浏览量或评论量检索等多种功能。

除校园 APP 外，还有希沃白板、电子班牌等设备可用来发布微课资源。这些交互式平台都能提供学生微课利用率及学习效果的相关数据分析，从而进一步分析总结出提升微课运用有效度的方法。这样既便于实现教师资源共享，也利于学生利用终端平台选择微课自主学习和个性化学习。

四、中学语文微课资源库的应用

微课资源是一种在微型时段内使用的辅助学习与教学的数字化学习资源。它具有短小精悍的特点，常常以移动终端作为载体，提供更多更灵活的运用方式和场景，实现线上线下教学相结合的混合式教学模式。

（一）多场景运用

微课的使用不仅仅局限于课堂，它可以为课堂增添内容，打破课堂的边界，使传统的教学内容突破课堂的限制，形成开放、灵活的场景。在接触新知识点前，学生可以通过观看相关微课，进行课前

预习；当遇到重点、难点时，学生可以选择多个零碎时间段反复观看，不断加深理解；教师可以以微课形式直接播放某些独立的知识点，比如作家作品简介。明确单一的目标与多场景的结合，有利于提高微课的应用效果。

（二）多时段运用

每一个微课都是一个独立的视频文件，学生不再局限于在课堂之内观看学习，还可以在课堂之外的其他时段，依托各个 PC 平台和移动终端自由观看微课资源，用于课前预习、课后巩固、课外拓展、迎考备考等各个阶段。

（三）进化型运用

在中学语文微课资源库的建设过程中，需要根据使用反馈、评价结果，随时调整完善资源库的结构和内容，实现资源库的进化。评价方式主要包括数据分析、学习成果、问卷调查及网络平台留言等。所有的评价结果最终会直接影响资源库目录的调整、内容的修改和增减，以保证整个资源库高效、持久、稳定地运行。

五、结语

在“互联网+”背景下，学生的学习场景、时间和方式与之前相比发生了变化。微课教学既有效补充了课堂教学，又减轻学生压力、满足了不同学生的学习需求，为他们高效高质完成学习任务提供了助力。笔者在中学语文微课资源库的建设上所做的探索，希望能为教育同行提供一些启示，充分发挥微课资源库在中学语文教学中的作用。

参考文献

[1] 胡铁生，詹春青. 中小学优质“微课”资源开发的区域实践与启示［J］. 中国教育信息化，2012（22）：65-69.
[2] 田秋华. 微型课程及其开发策略［J］. 课程·教材·教法，2009，29（5）：3-8.
[3] 梁传新. 基于可视化学习的微课资源共享共建研究与实践微探［J］. 教育现代化，2017，4（22）：40-41+44.
[4] 祁正栋，张雷，周小鸿，等. 我国微课发展现状、影响及对策分析研究［J］. 中国教育信息化，2020（2）：13-16.

（长沙市一中广雅中学）

初高中语文统编教材学习任务群衔接策略研究

陈双元

摘　要：《普通高中语文课程标准（2017 年版）》对学习任务群做了比较详细的规定，并将其作为语文核心素养培养的重要策略。为了使初中语文教学与高中语文教学衔接顺畅，必须在借鉴高中语文学习任务群设计的基础上，建立初中语文学习任务群，在学习任务群的设计和实施等方面与高中语文最大限度地保持一致，同时要突出初中语文的教学特点和要求。本文根据现有研究资料，结合作者自身初中语文课程教学经验，就初高中统编教材学习任务群衔接策略进行了研究。研究指出，学习任务群的衔接应该在设计思想和目标上保持一致，在教学方法上体现出学习任务群的特点和要求。只有这样，才能发挥学习任务群在初中语文教学中的作用，并真正实现初高中语文教学的有效衔接。

关键词：学习任务群；统编教材；衔接策略

初中阶段的语文学习和高中阶段的语文学习存在一定的差异。如何实现初高中阶段语文学习的有效衔接，发挥初中阶段语文学习的支撑和基础作用，使学生能够在夯实学习基础的前提下，在高中阶段全面提升自己的语文能力和水平，是初中语文教学中需要解决的重要问题。学习任务群是初高中语文衔接的重要形式和方法，而学习任务群作为高中语文教学的重要形式，也应该向下延伸到初中阶段，这就对初中语文学习任务群的设计和使用提出了更高的标准和要求。

一、初高中语文统编教材学习任务群内容设计衔接

1. 学习任务群类型设计衔接

初高中语文统编教材学习任务群的衔接主要体现在学习任务群的设计上。目前的新课改对高中语文学习任务群的设计提出了明确的要求，但对初中语文学习任务群并没有做出详细的规定，导致课改中存在不统一的情况。为了解决这一问题，需要在学习任务群的设计理念、内容划分等方面保持一致。综合分析高中语文新课标，可以发现设计了 18 个学习任务群，但是有 3 个学习任务群并没有设计学分，只是穿插在其他的学习任务群当中，所以实际上只有 15 个学习任务群。其中，必修部分包含 7 个学习任务群，共计 8 个学分；选择性必修内容共有 6 个学习任务群，共计 6 个学分；其他选修包括 6 个学习任务群，共计 12 个学分，学生可以根据自己的学习状况自由选择。从设计的角度来讲，学习任务群共涵盖了必修、选择性必修和选修 3 种形式。考虑到这种特点，初中学习任务群的设计也应该采用这种模式，也就是将学习任务群划分为必修、选择性必修和选修 3 种类型。这样才能保持初高中统编课程学习任务群设计的基本一致性，为学习任务群内容上的衔接创造良好的条件。

2. 学习任务群内容设计衔接

在初高中语文统编教材学习任务群衔接中，内容上的衔接至关重要。实现内容上的衔接是实现初高中语文学习衔接的关键。纵观高中语文新课改的内容，可以发现核心素养和学习任务群是新课改的核心内容，核心素养的培养体现出了语文课程目标和素质教育的发展要求，而学习任务群则是实现核心素养培养目标的具体化和实践化。结合高中语文新课改中的核心素养和学习任务群的设计，针对统编教材中初中语文学习任务群的设计内容，将初中语文学习任务群与核心素养培养目标设计如下（见表 1）。

表 1 初中语文统编教材学习任务群内容设计

核心素养	语文学习任务群
语言建构与运用	“词汇、语言知识的学习与积累”“兴趣阅读与交流”“古、现代汉语学习”“跨媒介阅读与交流”
思维发展与提升	“名篇名著的学习与讨论”“思辨性阅读与表达”
审美鉴赏与创造	“文学阅读与写作”“名著阅读体验”“现当代作家作品选择与阅读”“外国名作选择与阅读”
文化传承与理解	“当代文化参与”“中国传统文化经典学习”“中国革命传统作品研习”“传统文化学习与解析”“跨文化学习与分析”“传统文化艺术学习”

从上表可以看出，经过重新设计，初中语文学习任务群共计 4 个方面、16 个学习任务群，与高中语文学习任务群基本保持一致，但是在具体的学习任务群设计中进行了一定的调整，使之更加适合初中语文阶段的学习。

二、初高中语文统编教材学习任务群教学设计衔接

1. 突出学生的学习主体性

素质教育的发展要求教师在学习任务群的运用及教学中将学生作为教学主体，充分尊重学生的主体性特征。在初高中语文统编教材学习任务群衔接中，除了结构和内容上的衔接之外，更要在教学方法上进行衔接，尊重学生的学习主体性是衔接的重要形式。从新课改的内容中可以看出，学习任务群的设计分为三种类型，也就是必修、选择性必修和选修，其中选择性必修和选修都是由学生根据自己的学习状况进行选择的，这是尊重学生学习主体性的一个重要特点。在初中阶段的教学中，新任务群的设计和应用也应该充分尊重学生的主体性。比如说，根据学生的学习状况，让学生自己选择选择性必修和选修的学习任务群的内容进行学习。教师的学习任务设计也必须体现这一原则。在学习任务群的设计中，必须考虑到不同学生在学习兴趣和学习水平上的差异，通过设计多种形式的学习任务，满足不同学生的学习需要。在这一过程中，任务驱动型教学应该成为教师应用学习任务群的基本形式和方法。

2. 培养和提高学生的自主探究能力

高中阶段的语文学习与其他阶段的语文学习有明显的不同，虽然教师的地位和作用非常重要，但是学生成了真正的教学主体。学生的自主探究能力、学习能力在某种程度上决定了他们的学习水平。而高中学生自主探究能力的形成与提升并不是自然而然的，而是建立在初中阶段的自主探究探索的基础之上的。因此，在学习任务群的衔接中，应该将培养自主探究能力作为一种重要策略和方法，围绕学习任务群的设计和使用，以及学习任务的设计实施，给学生创造更多自主探究的机会，让初中生能够在自主探究的过程中不断提升自己的学习能力和水平。

一方面，围绕学习任务群的内容划分，在具体的学习任务设计中为学生留下充足的自主探索与思考空间，这一点必须依托统编教材的内容进行，适当考虑课外阅读材料。比如，从鲁迅的小说《故乡》中，让学生体会中国现当代作品魅力的同时，思考中国人的乡土情结及其体现，这就是典型的自主探究任务。然后，让学生在自主探讨的过程中进行讨论分析，或者让学生在课堂上阐述自己的答案，引导学生思考，深化对课文知识的认识和理解，学会从不同角度理解文章内容。另一方面，适当的讨论有助于提升学生的自主思考能力和水平。高中阶段主要以自主探究为主，在初中阶段就应该将讨论作为基于学习任务群的重要形式和方法。教师在教学的过程中可以采用小组合作教学的形式来实现学习任务的讨论与分析目标。在具体的讨论形式上，可以采用小组讨论、师生互动讨论等多种形式，讨论过程中需要有明确的主题，或者有明确的目标引导，围绕主题或目标展开，这样才能引导学生更加深入地了解课文的内容。

总之，初高中统编教材学习任务群的衔接主要体现在类型和内容结构等方面。在具体运用过程

中，教学上的衔接也非常重要，教师在统编教材学习任务群的设计及应用中必须充分将其体现出来，只有这样才能实现有效衔接，不断提高初中语文教学的针对性和实效性。

参考文献

[1] 位会娟. 初中语文学习任务群教学策略研究［J］. 中学生作文指导，2019（4）：127.
[2] 郑桂华. 学程设计与学习时序建设：任务群教学的突破口［J］. 中国教育学刊，2020（2）：59-64.
[3] 吴欣歆. 学习任务群：高中语文课程内容的重构［J］. 教育科学研究，2018（11）：76-81.
[4] 陆志平. 语文学习任务群的特点［J］. 语文学习，2018（3）：4-9.

（长沙市湘一芙蓉第二中学）

新课程背景下高中语文作文有效评改模式初探

杨宇献

摘　要：作文评改是作文教学中至关重要的环节，可谓重中之重。但因高中语文教学任务重、时间紧，作文评改往往变成了教师的独角戏。这是因为一方面，教师会通过旁批和总评进行细心指导，学生作文一交便可直接“躺平”；另一方面，学生对教师的评改意见不以为意，下次写作时仍我行我素。作文评改的结果经常是“教师费力不讨好，学生用时不长进”。针对上述现状，让学生成为作文评改的主体，增强作文评改的有效性势在必行。在新课程提升学生语文核心素养的背景下，提升学生的语言建构和思维发展能力，提高学生写作和评改的能力尤为迫切。

关键词：作文评改；有效模式；高中语文

作文教学在语文教学中占据半壁江山，其重要性于师于生都不言而喻。长期以来，高中语文教师面临着巨大压力，一方面，语文学科的特点决定了学生的语文成绩在高考中难以与数学、英语等学科媲美，难以达到社会各界的期望，因此作文教学备受诟病；另一方面，语文教师每月要批改一次考试作文，两周批改一次大作文，每周批改一次小随笔，作文评改成了他们的难题。可以看到，一方面，学生的作文在各方面都有所欠缺，评改耗力费时；另一方面，学生在听作文评改时频频点头，深有同感，可是下次作文又重蹈覆辙，收效甚微。本文就新课程背景下作文教学中有效评改的必要性和可行性进行分析，提出有效评改作文的模式：个人自我评改—小组互改互评—教师集中讲评—教师个性面评—自主二次写作。下面，结合一线学生的创作实例进行探讨。

一、高中作文有效评改的必要性

作文是学生语文核心素养的整体展示。学生要想写出一篇优秀作文，除了具备较强的写作能力外，还需要教师的点拨评价、学生的自我反思，并针对问题进行不断修改。一线语文教师都有同感，作文教学过程很多时候成了可怕的循环：写作—上交—评改—弃掷。教师全力以赴，学生只能被动接受，缺乏主动参与的热情。直面现实，我们需要深刻反思：我们的作文教学重写作、轻评讲；作文讲评模式化严重，忽视学生个性。因此，传统的作文评改方式在很大程度上成为制约高中作文教学质量提升的瓶颈。

《普通高中语文课程标准（2017 年版 2020 年修订）》明确提出了语文学科核心素养，能“运用基本的语言规律和逻辑规律，判别语言运用的正误，准确、生动、有逻辑地表达自己的认识”，在此基础上“自觉分析和反思自己的语文实践活动经验，提高语言运用的能力，增强思维的深刻性、敏捷性、灵活性、批判性和独创性”。

在新课程理念的指导下，高中语文教师在作文评改这一环节中应充分尊重学生的主体地位和个性特点，帮助学生主动习得语言，形成个体语言经验，培养思维品质，提升思维能力。

二、高中作文有效评改的模式

新课程背景下，语文教师应适度放手，适时把作文的评改权还给学生，让学生积极参与到作文评改过程中，创建有效的评改模式：个人自我评改—小组互改互评—教师集中讲评—教师个性面评—自主二次写作。

（一）个人自我评议

《普通高中语文课程标准（2017 年版 2020 年修订）》中明确提出，学生“在自主修改病句和分析句子结构的过程中”，“反思和总结自己写作时遣词造句的经验，建构初步的逻辑和修辞知识，提高语用能力，增强表达的个性化”。

因此，培养学生自评自改作文的能力应当是作文教学的重要目标。很多一线语文教师都十分重视学生自评自改作文，要求学生养成“回头看”的习惯。学生写完作文之后，主动修改评阅，通读一遍、细读两遍，圈点勾画，并不断修正完善，自我感觉良好方可提交小组，然后进入下一步操作。

（二）小组互评互改

有研究表明，小团体合作效率最高的当属4~6人的小组，因此根据自愿原则，将学生分为4人一小组，优秀生、后进生基本搭配得当。组内推举一位水平较高者任组长，负责组织协调及总体把握工作；推举一人负责手写记录，将互评互改的过程记录在册。小组成员按照“朗读—旁批—讨论—再读—总评”的流程，写出各自的总评，交付小组讨论，最后组内交叉复查，发现漏批或评语不当的，及时返回修改。组内可以评选出一篇优秀作文，供全班交流。好文不厌百回读，好文不厌百回改。学生可以在探究合作中辨明对错、学会表达，提升写作思辨能力。

（三）教师集中讲评

小组互评互改的过程中，教师可着手记录各档次作文情况，并跟踪记录小组互评互改的情况，统计小组长的反馈记录，收集小组长反馈的信息，获得第一手材料，以便集中讲评。

集中讲评既要评共性问题，也要关注个性表现。讲评之后，及时展示班级优秀习作与精彩评改，让学生了解自身的写作水平，确定自己在班级作文中的位置。这样，优秀者会更加精进，而落后的学生会更加努力。

在这个阶段，教师还可以巧妙地利用现代教育技术，将学生习作传到网络上。通过班级论坛，学生可以随时随地对文章发表观点，教师也可以在线点评。这个过程中，使用表情包和个性化语言有利于增强学生对写作的兴趣，提升他们的写作能力。

（四）教师个性面评

教师集中讲评之后，还有一部分学生对自己的作文或者评改者的点评有疑惑之处，这就是“不愤不启，不悱不发”的最好时机。教师可以约谈学生，进行个性面评。就像老中医问诊一样，病人的症状可能相似，但深究病因后才会发现差异之处，因此一人一方，单独问诊方可对症下药。同理，集中讲评之后，个性面评者可以到课代表处“挂号”，按号面评。师生约好一个时间，学生针对自己的作文提出疑问，师生一起探讨解决。对于落后的学生，可以分析失分的原因，提出修改对策；对于优秀的学生，可以探讨高分作文奥秘，以期更上层楼。此外，欢迎其他学生围观，如有好的建议，可以在面评之后及时提出，供大家学习借鉴。每次考试之后，经常有很多学生对作文评分不满意，实际上，唯有各个击破，通过个性化帮助，才能让每个学生满意。

（五）自主二次创作

以某次作文为例，来谈谈二次创作后学生作文的提升和蜕变。

三、作文评改片段

失德为重，社会责任你我肩担。（分论点）这件事情最终伤害孔雀的女子将会被追责。由此可知，任何违反社会规则的行为终将受到法律的制裁。身为一名公民，白衣女子没有尽到守法安分的基本任务，没有承担起应尽的社会责任。尽管孔雀暂无大碍，失去的仅仅是白衣女子的道德，但若置身国外，每个人都是国家的形象代表，如此一来，失去的则是国家的脸面。（紧扣材料分析，但未免只局限于材料本身）身为国家的一分子，我们应严格遵守社会规则，积极承担社会责任。同样，我们也应该如该次事件的网友们一样积极监督身边人的行为，共同营造和谐良好的社会环境。（未回扣分论点，游离分论点之外，比较散漫）

经过互评互改、集中讲评、个性面诊之后，学生进行二次创作。

二次创作片段：和谐环境，社会责任你我共担。（分论点）尽管孔雀暂无大碍，但白衣女子的行为同那些谋取私利而残忍割下象牙、为追求时尚而肆意剥下兽皮、为寻找新鲜而捕食野味的人们有何种区别？不过是五十步笑百步罢了。（紧扣材料分析，透过现象看实质）若社会上仍存在为一己私欲而破坏规则、无视生命的人，那么社会将混乱无序。和谐社会，何日可待？（假设反面论证，探讨后果）身为公民，承担社会责任是我们义不容辞的义务。对于自身，我们要严格履行社会责任，不做迫害生命的事情。对于他人，我们要监督他人的社会行为，制止和抵制违反社会规则的行为。（具体来谈怎么做，从两个方面来看待）同所有人一起共同营造和谐良好的社会环境。（回应分论点，紧扣共同担当社会责任）

二次创作不但调动了学生的写作热情，提升了学生的思维能力、思辨能力，而且积累了在一次性写作中无法获得的写作经验。学生的写作积极性高涨，不厌其烦地讨论、修改、二次创作甚至三次创作。

综上所述，高中作文有效评改模式中的个人自我评改有利于敦促学生“回头看”，提升自我反省、自我完善的写作能力和素养；小组互改互评增强了团队意识，提升了学生的探究能力；教师集中评讲不仅发挥了教师的示范引领作用，更提升了学生的审美鉴赏和创作能力。个性面评则是因材施教，一人一方，对症下药。二次写作则激发了学生自主创作意识，提升了思维的深度和广度。

如果有一天，学生的写作是源自内心深处强烈的愿望，他们能将写作视为个体生命必需而强有力的表达，我们的作文评改才真正达到了效果。语文老师，夫复何求！急切呼唤这一天的到来！

参考文献

[1] 中华人民共和国教育部. 普通高中语文课程标准（2017 年版 2020 年修订）[M]. 北京：人民教育出版社，2020.
[2] 乌申斯基. 乌申斯基教育学说 [M]. 南京：江苏教育出版社，1987.
[3] 宋耀远. 让学生成为作文评改的主人：新课标下高中作文评改创新模式初探 [J]. 课改研究，2016（12）：72-73.

（株洲市第一中学）

从《侍坐》看孔子的教育智慧

陈齐政

摘　要：《侍坐》表达了孔子礼乐治国的政治理想，其中也处处透露出他高超的教育智慧，在教育改革日新月异的今天，能给我们教育工作者诸多启示。

关键词：提问技巧；课堂氛围；称呼艺术；评价方式

《侍坐》原选录在人教版的高二选修教材《中国古代诗歌散文欣赏》第六单元"文无定格，贵在鲜活"中，新教材改版后，《侍坐》竟然出现在高一必修下册的第一单元第一课，可见其重要性。

《侍坐》是《论语·先进》的最后一章，也是《论语》中最长的一章，全文共315个字。该篇以"志"为话题，分为问"志"、述"志"和评"志"3部分。尽管只是一个看似不经意的教学场景，但字里行间却处处体现出孔子宽厚、大度、亲和的长者形象；尽管时间已经过去了2500多年，但我们依然能够感受和领略到古代先贤高超的教育智慧。

一、深广相宜的提问技巧

课堂的问题设置，或者说提问技巧很关键，问题过于简单，既有走过场和表演之嫌，又失去了提问的意义；而问题太难，会让绝大多数学生跟不上节奏，参与度降低，导致课堂变得乏味。理想的课堂提问模式应该是广度与深度的完美结合，即问题应该有趣味性、挑战性，又有充分的延展性、思辨性。广度指所设置的话题往往是灵活的、开放的、包容的，使大部分学生都有话可说，蕴含着多重的分析视野、多样的解决途径和丰富多彩的答案；深度则指在多重、多样和多彩的答案背后，提问者是有指向性的，答问者是有区分度的，虽不能以对错来分，但它能引人思考，发人深省，有回味和嚼味。

在《侍坐》中，孔子精心设计的话题是"如或知尔，则何以哉"，翻译成白话文就是"如果有人了解你，那么你的'理想（志向）'是什么"。这跟小学、初中老师要求学生谈"新学期的打算"或"我的理想"看似差不多，其实不然，从《侍坐》"以吾一日长乎尔，毋吾以也"等内容可以看出，在畅谈理想方面，孔子的学生一开始并不是侃侃而谈、各抒己见的，他们早已过了懵懂无知的年纪，最小的公西华也有18岁了，冉有31岁，曾皙39岁，子路51岁，至于理由——"不吾知也!"短短的四个字，"知音如不赏，归卧故山秋"，其背后隐含、体验或饱尝过的知己难求、人间冷暖、世事沧桑、政令得失、朝代兴替，或可知矣，所以，彼时的理想，结合战无止戈、白骨于野的社会现实，那自然而然是有一种深切的家国情怀的，或者说还有一种深沉的哲学思考意味。

对于老师抛出的这样一个有价值的话题，不管是正值青年的公西华、中年的冉有或者曾皙，还是接近暮年的子路，都是很感兴趣的。每个人心中都有自己的梦想。从文中我们可以看出，面对同一个话题，他们的答案是丰富多彩的。不同的性格、不同的人生阅历、不同的兴趣和价值观带来不同的回答，而不同的答案又体现着不一样的广度和深度：子路的"率尔而对"干净利落、张扬外露，彰显着将帅之才的英雄气概；冉有的回答体现了富而后教、礼乐治国的廊庙之才的政治家风范；公西华"愿学""为小相"的谦逊回答让我们看到了一个儒雅的宾客之才；而"异乎三子者之撰"的曾皙，将政治和道德理想融为一体，而出之以春风沂水、春光和煦和浅吟低唱，道出了"为师"心中最美好的人生境界，难怪孔子频频"点赞"。

正因为孔子提出了深度和广度两相宜的话题，才激活了一池春水，让学生卸下心里的包袱，畅所欲言，让师生的对话变得精彩纷呈；也正因为有了孔子的这一历史性提问，学生都愿以文韬武略、文治武功名垂青史，他们迥异的志趣、理想与追求才得以淋漓尽致地体现。

二、宽松和谐的课堂氛围

新型师生关系要求教师善于创设一种民主、宽松、和谐的课堂氛围，要求教师从传统的权威地位中走出来，鼓励全体学生都积极参与课堂，表达自己独特的理解、感悟和体验。2500 多年前的孔子就给我们做了一个很好的榜样和示范。

在本文中，我们看到孔子是一位和蔼可亲的老师，学生感受到的是真正的自由和无拘无束。首先，孔子一生著书立说，学识渊博，洞明世事，一直在宣传自己的思想主张，很受鲁国执政者的尊重，不但常有人向他请教治国之道，也常有人向他“索要”贤能弟子。孔子在当时具有权威和话语权，即使保持传统的“师道尊严”，也不乏纷至沓来的求学者，但当弟子“侍坐”在“六十耳顺”的孔子旁边的时候，他提问中的“如或知尔”指向灵魂深处，推心置腹，设身处地，换位思考，全无高高在上之感，让人倍感亲切。孔子就是这样先打消了学生的顾虑，让他们敞开心扉，畅所欲言。

其次，面对子路的轻率抢答，孔子着一“哂”字，人教版教材注释为“微笑”，这实在是意蕴丰富，值得玩味，除了文末交代的“其言不让，是故哂之”理由之外，还有其他层面的含义。一是行为层面，有对学生敢于回答问题的赞许；二是内容层面，有对其尽显将帅之才和英雄气概的肯定；三是性格层面，有对其作为最年长学生还如此粗疏直率、无半点儿隐瞒的调侃；四是师生关系层面，反映了师生二人密切程度非同一般，“道不行，乘桴浮于海，从我者，其由与”，毕竟，陪伴孔子颠沛流离 14 年之久的只有子路。如果当时孔子对子路横加苛责，后答者难免心生顾虑，畏首畏尾，气氛也不免紧张尴尬；然而孔子的责备是出于对学生的爱护。

最后，面对前三位学生的回答，曾皙却自顾弹琴，“鼓瑟希，铿尔，舍瑟而作，对曰：‘异乎三子者之撰。’”课堂上居然可以悠闲地弹琴，而且曾皙全无被老师点名答问后的紧张、惊慌和无措，只见他缓缓停下抚琴的手，抬眼，敛袖，铿然一声，待到琴音落尽，站起来向夫子深深一揖，方才回答，这般举动，多么轻松、淡然、从容，展示出了他的洒脱、自信，也可见孔子的课堂是宽松的、和谐的：杏树下，草地上，春风拂面，琴音悦耳，师生自由坦诚，袒露胸襟，畅谈治国安邦之道，何等美妙！课堂俨然成为精神愉悦的、畅快的交流场所。

由此观之，孔子是一位很高明的老师，创造了这样一种轻松、民主的氛围，使得这千古一课得以流传下来，也为个性发展、价值引领和诗意栖居等提供了肥沃的土壤，使得各种可能性得以实现。

三、亲切温暖的称呼艺术

教师称呼学生，在一般人看来，不就是叫出他们的名字吗？而且直呼其名不就是最寻常、最普遍和最能体现教师权威的做法吗？哪里来的艺术可言？实则不然，不同的称呼方式有时能收到意想不到的效果。对学生个体而言，称呼的方式有如下几种：一是我们所熟悉的姓名连称，二是只称名（双字姓名除外），或将“名”叠而称之，三是趣称、雅称或者特称（如称绰号）等。

我们发现，在《侍坐》一文中，孔子对学生的称谓是比较特殊的。他在称呼学生时，总是叫学生的名，而不是姓和字，比如他在称呼子路时为“由”，称呼冉有时为“求”，称呼公西华时为“赤”，称呼曾皙时叫“点”。孔子和颜悦色地启发学生们谈自己的看法，春风中吹来阵阵温厚、柔和、悦耳的声音，“求，尔何如”“赤，尔何如”“点，尔何如”，于是几位弟子再也没有了顾虑，相继发言，谈自己的治国理想。除他们外，孔子也亲切称呼其他弟子，这在《论语》的其他篇章都有体现，如“贤哉，回也”“由！诲女知之乎”“赐也！尔爱其羊，我爱其礼”“参乎！吾道一以贯之”等等。联系父母称呼自己小孩的乳名、恋人之间的昵称，可以想象，无论什么时候，作为教师，如果使用名称呼学生，或者叠呼名，加之以关爱的语气和让人兴奋的语调，这种看似“寻常之举”的做法，都可拉近师生之间的距离，增强教育教学效果。

社会生活很讲究人际交往，而“称呼”是人际交往的起点，比如当下常用的“帅哥”“美女”“总/董”“领导”等虽然比较泛化，但至少言者不亏，听者受用。学生也是生活在社会这个大环境之中的，他们也需要沟通，需要关爱，需要情感。同样，老师对学生的称呼也是老师渴望了解学生、渴望与其进行良好交流的开始，这种称呼在一定程度上能反映出一名老师的教育智慧和道德修养。对学生独特、恰当的称呼无疑能激发其性格中的积极因子，影响学生的情感表达，进而让学生产生一种强烈的亲近感与信任感。

可以看出，老师同时也要充当一个教育心理专家，应该找到适合每一名学生的称呼语，因为这种称呼是沟通师生感情、融洽师生关系的一剂良药。诚然，大教育家孔子与学生相处的艺术，与他讲究对学生的称呼艺术不无关系。

四、高明贴切的评价方式

在课堂教学中，教师应关注每一位学生，给他们广阔的思维空间，鼓励他们表达自己的看法。这就要求老师在课堂中恰当地运用评价语。在《侍坐》一文中，孔子对三位学生的志向进行评价，展现出准确、灵活、巧妙和整体性的特点。

孔子对子路豪气冲天的回答并没有表示赞许，而是“哂之”，微讽“其言不让”，太鲁莽，不谦虚。在孔子看来，子路可以管理一个千乘之国的军事，这并非言过其实，“由也，千乘之国，可使治其赋也”，但他过于自夸地表示能让百姓“且知方也”，个个有礼仪、懂修养，显得有些自负，是故“哂之”。

对于多才多艺、性格谦逊且擅长政事的冉求，孔子认为他完全有能力修明礼乐教化，“求也，千室之邑，百乘之家，可使为之宰也”。可是，冉求却显得过于谦虚了，称自己“方六七十，如五六十，求也为之，比及三年，可使足民。如其礼乐，以俟君子”。所以，孔子不免为他感到可惜。

对于仪表堂堂、风华正茂、才华横溢的公西华，孔子认为他完全可以成为一个出色的外交官，“赤也，束带立于朝，可使与宾客言也”。但公西华却谦逊更甚，说只能在一些祭祀、朝拜等仪式上担任一个小主持人，“非曰能之，愿学焉。宗庙之事，如会同，端章甫，愿为小相焉”。在孔子看来，这是大材小用了，他完全可以胜任更高的职位。

最后出场的曾皙，并未谈及治国安邦的理想，而是描述了一幅惠风和畅、熙熙乐乐的春游图，但孔子却忍不住心中的喜悦和激动，“吾与点也”，发出由衷的感喟。南京师范大学的郦波教授曾说：“信仰上的知己才是最高的知己。”那么孔子的理想，或者说信仰到底是什么呢？孔子曾谈到他的志向，“老者安之，朋友信之，少者怀之”，曾皙所描绘的那幅春游图正是孔子理想境界的生动写照。“三子者”所描绘的只是一个方面，而曾皙描绘了一个祥和的“大同世界”，它有着丰富的内涵、更雄伟的志向和更高远的境界：一是天朗气清，惠风和畅，自然环境美好；二是能如此悠闲游乐者，想必家给人足、国家安定、天下太平；三是不乏“知己”“同道”，“冠者五六人”；四是薪火相传，后继有人，“童子六七人”；五是“四美”兼备，“二难”难得却得，依然追求融合于自然，可见人格道德修养不凡。这些都契合孔子的理想，令他喜不自胜，由衷赞叹。

综合来看，《侍坐》一文体现了孔子在提问技巧、氛围营造、称呼艺术和评价方式等方面的智慧。同时，在平等对话、尊重学生、循循善诱和因材施教等方面也充分彰显了伟大思想家、教育家孔子的教育艺术，为我们提供了许多教育教学上的启示与借鉴。

（邵阳市隆回县第一中学）

立足语段训练　提高写作能力

——农村中学作文教学的策略

李旺堤

摘　要：本文纵观农村中学作文教学的现状，阐述了语段训练在农村中学作文教学中的重要意义，根据语段训练的内容要具体充实，段落长短要适度的一般要求，论述了语段训练的结构类型和实施过程。在语段训练的实施过程中，应注意语段训练与阅读积累的关系，以全面提高学生的写作能力。

关键词：语段训练；写作能力；农村中学作文

一、农村中学作文教学的现状

作文，在语文学科中占有重要地位，是学生诸多能力的综合反映，也是检验学生语文能力的重要指标。语文教学在普通教育工作中被认为是“老大难”，而作文教学又恐怕是语文教学中的“老大难”。纵观多年的农村中学作文教学，其中存在着较多不足。

（一）普遍忽视写作的基础训练

写作的基础训练包括文字书写、炼词成句、联句成段。学生在写作时常出现“提笔忘字”“动笔错字”等问题；词汇也相当贫乏，语言平淡呆板，甚至词不达意；学生的段落组织能力欠缺，思路混乱，文理不通。在中学阶段，老师们往往过分强调写作方法、技巧、谋篇布局和立意，却忽视了作文基础训练的重要性。

（二）缺乏必要的章法和程式训练

在指导作文时，大部分老师缺乏系统的理论指导，没有明确的训练要求和内容，也缺乏周密的训练计划和科学的训练方法。指导作文时，有的老师要么是“放羊式”，不加干预，任学生自由发挥；要么是“理论灌输式”，盲目追求所谓的“写作技巧”和方法；要么是“题海战术式”，把所有题材分门别类，加量地进行训练；要么是“投机取巧式”，为迎合阅卷老师，强调开头结尾的“绝技”。这样一来，容易导致学生写作时不再独立思考，而急于模仿和抄袭。久而久之，学生就失去了表达兴趣和欲望，对作文产生畏难情绪。

（三）忽视阅读、积累的作用，孤立地谈写作

农村的作文教学往往把写作与阅读当作两个分支，两个分支有时若即若离，有时形合实离，甚至出现写作与阅读割裂的情况。

二、语段训练的意义

语段是紧紧围绕训练主题而写的一个或几个比较具体、完整的段落。语段训练在作文中具有重要意义。

（一）语段训练是形成写作能力的基础环节

写作能力是综合性的能力，由若干类别及因素所组成，一类属于写作的一般能力，主要有观察力、思考力、想象力等。一类是写作的基本能力，可以分为两个方面：一是不同体裁特有的写作能力，如记叙类中，在人物描写上就有肖像、语言、动作、心理等诸项能力；二是不同体裁所共同要求的写作能力，主要有命题、立意、布局谋篇、语言表达和文章修改的能力。在一篇大作文中，各项能

力互相交叉、渗透，这对于初涉写作、对写作诸项能力还不熟练的初中生来说，会感到困难。每学期写7至8篇大作文，学生作文水平的提高却很有限，这反映出学生缺乏基础能力的训练。语段训练是单项能力的基础训练，它目标单一、具体，重点明确，操作简便，学生易于掌握，有助于快速提高写作能力。多个单项能力的提高，必然促成综合能力的整体提高，为整体写作打下坚实基础。

（二）语段是篇章的基础，写好语段是写好作文的基础

写作时应先从语段写起。关于这点，叶圣陶提出写作要从“短小文字”写起。刘勰说道：“夫人之立言，因字而生句，积句而为章，积章而成篇。”“章”即文章的段。文章的段能写好，就容易做好一篇文章。相反，若写语段都有困难，那么写作将难上加难。如写人的外貌，人是由多个部分组成的一个整体，要想把整个人物描绘出来，我们首先得学会描写其中的一个部分，如人物的身高、面容、手指等。写面容时，又需要写眼睛、鼻子等细节。只要学生学会了针对这些小部分进行语段描写，写一篇完整的文章就不难了，这正如一串项链，珠子准备好了，剩下的就是怎样串得更美观的问题。

（三）语段训练是农村中学作文教学的手段

农村中学的学生生活面较窄，接触的新鲜事物不多，课外阅读书籍缺乏，因此学生的写作能力普遍偏低，而语段训练具有目的明确、重点突出、分解难点、攻破难点、操作简便等优点，能有效地解决这些困难，大幅提高学生的写作能力。

三、语段的一般要求

怎样才能写好语段？写好语段应符合两方面要求：一是具体语段的特殊要求，如人物描写片段和语言描写片段各自的特殊要求；二是语段训练的一般或共同要求。在此，先对语段的一般要求作出简述。

首先，内容要具体、充实。《文心雕龙·章句》说：“章总一义，须意穷而成体。”“一义”，是指一章（即一段）中表达一个独立的意思，“意穷”是指把这个意思说得具体、透彻、完整。在写作中，内容空洞是最常见也最让人头疼的问题。学生在写人、记事、议论等文章中，总是三两句就写完了，缺乏翔实的描写。那么，怎样才能做到内容具体呢？要使内容具体，就要把所要描绘的“人”或“物”描写清楚，写出特征，写景时写出“如何美丽”。如一学生这样描写夏天的炎热：“正午的太阳像一个大火球，从高空直射下来，晒得地面发烫。早晨，树叶还挺神气地舒展着，现在枯萎卷起来了。小鸡也躲到墙脚，张着嘴，展开翅膀降温。平时凶猛的狗，现在也不神气了，舌头伸出来，大口大口地喘着粗气。”这样的天气少说也有四十度。上述对树叶、小鸡、狗的描写，具体地表现了夏天的炎热，使读者如身临其境。

其次，表达要清楚。一段话虽然由句子组成，但各句之间总有着内在的联系。所以，写段时条理一定要清楚。“诸句之间必有相符而不能或离者。是故前句之意，或以启下文，后句之意，或以足上旨，使去其一句，则阅之义晦；横增一句，则义因之不安。”这要求我们在写作时，不仅要有中心，还要注意句与句之间要有严密的逻辑关系，围绕中心，先写什么，再写什么，最后写什么，要有一定的顺序，言之有序，条理也就清楚了。如写《我们的教室》片段训练时，我要求学生按前、后、左、右、中的顺序描写。其中一学生写道：“在乌黑的油漆上方贴着‘勤奋好学’四个大字，教室的后面是黑板报，上面写着‘爱科学、学科室’六个大字，下面有各种科技作品，左、右两边是同学们的优秀作业。教室中间是摆得整整齐齐的桌椅。”学生的习作虽然简单，但条理非常清楚。

最后，段落长短要适度。段落是由一个或几个段落构成，在表达时，段落不能过长或过短。太长，思路容易混乱，内容容易分散或生枝节；太短，所叙述的内容不能说得具体、生动、完整。所以，段落应长短适度。长短适度，这样就容易分析清楚，大家看来一目了然，也就鲜明了。而这个“度”，又应如何把握？应根据所写内容和文字表达的需要来确定，相对完整、相对独立的意思可安排一个段落。

四、语段训练的实施步骤

（一）语段训练类型结构（见表 1）

表 1　语段训练类型结构

记叙类	写人：①肖像描写；②语言描写；③动作描写；④心理描写
	记事：①具体叙述；②概括叙述
	咏物：①写出特征；②托物咏志
	写景：①景物描写；②场面描写
议论类	论证内容：一事一议
	论证方法：①事实论证；②道理论证；③事理论证；④对比论证
说明类	说明内容：①事物特点；②功能用途
	说明方法：①数据说明；②比较说明；③比喻说明；④举例说明；⑤分类别说明；⑥诠释说明
其他类	仿写：①语段仿写；②语句仿写
	续写：①开头的续写；②结尾的续写 扩写：①语句的扩写；②语段的扩写 随笔：①读后感；②心得体会；③随想感悟

新版《初中语文教学大纲》对写作有如下要求："能写记叙文，简单的说明文，简单的议论文，选择恰当的表达方式，合理安排内容的先后和详略，条理清楚地表达自己的意思；经常进行片段训练，每学年各种练笔不少于 1 万字。"为贯彻落实新大纲对写作的要求，特拟定语段训练类型结构。

（二）操作程序

语段训练计划性、目的性强，训练内容明确，操作程序较清晰。拟定的语段训练可安排两年时间。每学期设置"作文周"，在特定时间内，对某一语段进行专门操练。每学期安排两个语段训练周，每周安排一种训练类型，如写人或记事。这样，初一上学期可完成写人、记事类训练，初一下学期可完成咏物、写景类训练；初二上学期可完成说明、议论类训练；初二下学期进行其他类训练；初三可训练文章的立意、构思、布局谋篇等。每一种类型的训练可分三个阶段进行：

1. 准备阶段

在进行语段训练的一周或两周前，将训练专题告知学生，再根据不同题材的需要，按下列方法做准备工作。

（1）搜集与训练专题相关的资料，如进行议论类、仿写类、扩写类、续写类等训练。搜集时应注意以下方面。①要多，要广。不仅要搜集同一题材的多种材料，还要搜集现实材料、历史材料、正面材料、反面材料、直接材料、间接材料。这样，写作起来就能游刃有余。②要真实。搜集材料一定要切合人物或事件本身，遵从人物的性格特征和事件发展的根本规律，这样才能描写得具体、细致，给人一种"如见其人，如临其境"的感受。③要典型。典型是指那些最能反映人物特征，说明事物特点，说清道理的材料。老师可启发学生按"集合题材""排列题材""筛选题材"的顺序进行。④及时摘录和剪辑。好记性抵不过烂笔头。在搜集时，如发现名言警句、谚语、格言、名词诗句、鲜活生动的口语、典型的人或事、精辟独到的见解、精彩的片段、颇具特色的顺口溜等，都应及时做好笔记或根据情况做剪辑。

（2）观察与专题相关的对象，如进行说明类、写人类、叙事类的训练。观察时要注意三个要领。①全。观察应开启全部感觉器官，通过眼、耳、鼻、舌、身的综合作用，对事物或人要有全面、立体的感受和认识。②细。对事物的整体及部分、部分及部分之间都应细致、深入地观察，应"拆穿来看，拆开来看”。③思。一粒砂里看世界，半瓣花上说人情。在观察时应学会质疑并积极思考，这样才能观察得深刻细致，从小处着眼，做出大文章来。

2. 指导练写阶段

在语段训练中，教师可用投影仪展示准备好的几个典型语段范例，和学生一边欣赏一边分析，从中总结出语段训练的要旨，再列举一些切合学生实际的语段训练题，让学生把所学的写作要旨渗透到自己的训练实践中。

如在进行景物描写的片段训练中，我先用实物投影仪出示教材课文《春》中的前四段："盼望着，盼望着，东风来了，春天的脚步近了……像眼睛，像星星，还眨呀眨的。"然后提问："从这段文字，可以看出作者是如何描写春天生机勃勃的特色的?"从而让学生知道写景物时要抓住景物的特征进行描写。接着，投影出一系列描写春的片段，让学生学会一些描写景物的方法。如把景物拟人化，"小草偷偷地从土里钻出来，嫩嫩的，绿绿的""桃树、杏树、梨树，你不让我，我不让你，都开满了花赶趟儿"；用比喻的方法描写景物，朱自清在《春》中这样描写小雨，"像牛毛，像花针，像细丝……"这样描写春天的花，"红的像火，粉的像霞，白的像雪"；用色彩描写景物；用比较的方法描写景物，如《济南的冬天》将济南和北平、伦敦的冬天进行比较，突出济南冬天的特点。再集体赏析学生收集的语言片段，最后，学生联系实际和所学的景物描写方法，选择合适的景物，围绕景物的某个特征进行写作实践练习。

3. 评改阶段

语段写作完成后，就到了评改阶段。评改时，可按下列步骤进行：

（1）自改自评。写完后，自己把所写语段默念一遍，改正明显的语病、笔误，补上遗漏的字词，删去多余的字词，并评价自己的语段是否符合训练要求。

（2）互改互评。"当局者迷，旁观者清"。自己发现不了的问题，有时旁人一眼即能看出。学生在互改时，将别人的习作与自己的习作比较，既能学到他人的长处，又能帮助他人克服短处，并引以为戒。

（3）教师做终端批阅。教师选出横比优秀的语段与纵比进步的语段若干，当堂宣读，师生再根据训练的要旨，同评共议，总结本次训练的得失，表扬优秀的，补救不足的。

五、语段训练应与阅读、积累结合起来

阅读、积累、写作是相互关联的。一个人作文水平的高低，与他的知识面、语言驾驭能力、掌握的写作技巧有密切关系，而这些能力的获取和提高，大多来自广泛的阅读。没有广泛的阅读，就没有丰厚的知识积累，没有知识的积累，就无法以量变求质变。阅读、积累对写作有重要作用，这点，古人早有定论。"读书破万卷，下笔如有神"就精辟地论述了阅读和写作的关系。陆游也说："汝果欲学诗，工夫在诗外。"因此，我们应多读书，多积累，广泛阅读，积累丰厚，自然就会萌动文思，激发写作的欲望，慢慢就会摸索出写作的门道。当然，阅读、积累也要掌握方法，否则会出现部分学生所说的"劳而不获"的情况。

在阅读时应注意三个方面。首先，学会选择所读书籍。阅读不适合自己阅读的书的后果比不阅读还坏。我们必须学会选择最有价值、最适合自己需要的读物。所以，学生在阅读时不能漫无目的，必须根据书籍目录或报刊、有关书籍的评价来选择读物，也可向老师、长辈们请教。其次，采用多种读书方法。阅读方法有精读、略读、浏览。对于名家名篇、文学名著、同龄人的优秀作文或对自己有重要意义的材料可采用精读方式，对其余书籍，如自然、科技、时事知识可采取略读与和浏览的方式阅读。这三种方法也可交叉运用。最后，养成良好的阅读习惯。良好的习惯是无形的帮手。在阅读时要学会做阅读笔记，在精彩之处做上记号，以便抄阅，也可在动情之处记上心得体会；在阅读时要学会思考，边思边辨；还要善于提出疑问，主动寻求解决问题的答案，这样阅读才会深刻而全面。

在积累时也要注意三点。首先，整理分类。可根据摘录的知识种类进行分类，如分成精彩片段

篇、名人格言篇、古文诗词篇、课外知识篇；也可根据摘录知识的内容进行分类，如绘景篇、记事篇、状物篇等。这样有助于横比和纵比，也便于查阅。其次，体味。体味是对搜集的知识进行细细体会。这是使他人知识为我所用的一个中间环节。体味得深，才能恰如其分地运用摘录的知识。否则，积累的材料会“无人问津”，或断章取义，生搬硬套地应用。最后，记诵。在体味的基础上，还必须把精彩的部分熟读成诵，如名人格言、古诗词、精辟论断等。这样的阅读不仅可以帮助学生形成鲜明的观点、提高分析能力、扩展课外知识，还能提高学生的语言表达能力。

（邵阳市新邵县太芝庙镇初级中学）

初中交际语境写作教学策略探究

唐　乐

摘　要： 本文基于交际语境写作理论，以语文核心素养和初中语文新课标为背景，为初中语文写作教学提供具体可行的写作教学策略。教学实施阶段主要从语境创设、写作目的、话题、读者几个要素展开论述。

关键词： 初中生；交际语境；写作教学

交际语境下的初中写作教学冲破了“文章写作”的藩篱。它注重对真实语境的还原，在教学中，教师通过创设真实或拟真的交际语境来激发学生的写作动机，唤醒学生交流的原动力，同时，帮助学生树立读者意识，丰富学生的情感体验，促进学生思维的发展，让学生真实地写作，写得有意义。

一、创设真实或拟真的交际语境

语境是指语言环境，而“交际语境”则强调语言环境的交际性。用荣维东教授的话阐释，即“（写作中的）交际语境，指的是为完成一个语篇交际目的所涉及的交际主体（作者）、交际对象（读者）、交际目的和交际话题等构成的一个问题场域”。写作本质上是一种交际行为，写作的初始动力往往源自渴望表达和交流的诉求。

因此，写作教学的首要目标是创设真实或拟真的交际语境。创设交际语境将外部的真实世界与文本写作联系起来，使写作真正回归现实生活。

（一）创设真实的交际语境

交际语境的创设可以分为两大类。一类是真实的交际语境，另一类是拟真的交际语境。前者主要是指学生在真实的交际语境场景中，面对实际生活中有待解决的写作任务而进行的写作。它具有随机性和偶发性的特点。例如，学校近期要组织有关保护环境的主题演讲比赛，要求每位学生写一篇演讲稿。这就是一个真实的交际语境场景，写作任务是写一篇演讲稿，对象是全体师生，目的是倡导他们共同保护环境，构建绿色校园。可以看出，这类写作无论是写作任务还是写作目的都是真实的，与学生的生活学习紧密相关。因此，这一类真实的交际语境要求教师善于发现并且有效利用资源。

再如针对这次新冠疫情，每一个学生都真实地经历着，最能感同身受。因此教师可以利用这一真实语境，引导学生进行创意写作。笔者为此设计了一个写作任务：

武汉疫情牵动着我们每一个人的心，各位小信使们，你们可以从以下写作对象中任选一位收信人，写一封书信。

可以是依旧奋战在“抗疫”一线的亲人朋友们，可以是逆行的白衣天使们，可以是坚守在武汉各行各业的平凡人，还可以是钟南山院士，用文字的方式向你心中的英雄致敬。当然，也可以给在疫情中不幸染病的患者加油鼓劲，可以给有关政府决策者提出你的建议等等。总之，只要是你想诉说的对象，你都可以自由选择，尽情表达。重在真情实感，“我手写我心”。

要求：1. 符合书信格式，字数不少于 600 字。

　　　2. 不得套作，抄袭。

这一写作任务设计基于交际语境写作原则，利用抗击疫情这一真实语境，在感同身受的基础上，唤醒学生情感表达的需要。同时设定多个可供选择的写作对象，让学生自由表达，选择最想说、最渴望倾诉的写作对象。这样的写作任务充分尊重学生的主体需要，克服了学生写作无话可说等问题。

（二）创设拟真的交际语境

当然，在学校的写作训练中，大部分的写作任务并不是实际发生的，而是虚拟的，那就需要教师创设拟真的交际语境，引导学生进入任务情境中。比如余映潮老师在执教汪曾祺的《端午的鸭蛋》这篇课文时，在“多向假设”读写任务设计中，借助课文创设虚拟的情境，让学生多角度转换身份。①假如你是课文中的小朋友，请介绍你记忆中美好的端午；②假如你是课文中的一位长辈，请向孩子们介绍端午节里的美食；③假如你是当地的厨师，请你给旅游的客人介绍咸鸭蛋的吃法。学生在理解课文的基础之上，就能很快地转换身份、代入角色，从各个角度去写作，学生自然也能得心应手。因此，交际语境的创设对写作至关重要。

在交际语境创设中，为了增强它的真实性，我们可以从交际语境要素入手，设计巧妙的教学活动和策略，帮助学生明确写作任务、对象、动机等。交际语境的创设为学生的写作提供了丰富的写作内容和真实的写作素材，让学生切身感受到自己是写作活动的主体，写作能够真正解决生活之所需，提高了学生的参与感和积极性，也解决了学生不知道“写什么”和“怎么写”的问题。

二、确立具体明确的写作目的

写作目的指“作者通篇所要达到的交际目的和意图”。交际语境下，写作可以出于多种交际目的，它是一个书面交际过程，它可以是为了劝说、传递经验、表达情感、分享知识等等。

因此，写作目的对写作行为具有导向性和选择性，具体表现在不同的写作目的直接决定写作者的写作话题内容、选材、文体和口吻。

（一）依托目的，决定写作话题

要始终依据写作目的来拟定写作话题。许多时候学生“无话可说”，就是因为写作目的不明确，无法选择恰当的写作话题、内容和素材，甚至出现写作内容、素材与写作目的相悖的情况。关于选材与目的之间的关系，周子房曾提出，写作材料的排序取决于写作目的。根据劝说型、描述型和说明型的目的来对材料进行排序，分别可以按照材料的重要程度、观察顺序、有意义程度，以及由简到繁的顺序来安排写作。总之，好的话题选择是写作成功的开始，而这一切都要建立在具体明确的写作目的基础上。

（二）依托目的，确定写作文体

基于不同的写作目的选择与之适应的文体来表达。如果学生写作是为了劝说，可以采用议论、说明等表达方式，可以选择建议信、论说文等文体来说服读者；如果学生写作是为了表达情感，可以采用记叙、抒情等表达方式，选用散文、诗歌等文体更能够引起读者的情感共鸣；如果学生想传递信息、知识等，可以采用记叙、描写等表达方式，选用消息、通讯等文体使读者快速接收信息……诸如此类的写作目的还有许多，总之，文体的选择要以达成写作目的为出发点。

（三）依托目的，选择写作口吻

与人对话会采用不同的语气，写作中，基于不同的写作目的，也应选择与之相适应的语言风格。但在初中写作训练中，学生缺乏这种意识，他们不会利用写作口吻的变化来表达不同的写作诉求。相反，他们的写作口吻要么平淡无奇，读起来寡淡如水，要么过于浮夸渲染，不符合写作者的身份，也让读者难以置信。因此明确具体的写作目的，对于学生认识写作口吻的重要性是极其必要的。比如在劝说他人时，应该采用平等、尊重的语气，既不咄咄逼人，又不卑不亢。采用适宜的写作口吻才有利于写作目的的实现。

关于写作目的的具体化和明确化，我们在这方面做得还不够。新课标在“课程目标与内容的制定”部分提出“写作时考虑不同的目的和对象”，但并未具体深入地给出指导方案，在初中写作教学中也未能得到较好的落实。因此，在交际语境写作理论的指导下，可以参照美国马萨诸塞州制定的《英语语言艺术课程标准》。

表1 语篇目的和方式

语篇目的	表达	文学	信息	劝说
修辞元素	说话者	听话者	信息（意义）	形式（体裁）
呈现方式	叙述	描写	说明	议论

从表1不难发现，美国马萨诸塞州在课标中明确规定了学生在写作中应考虑不同的语篇目的，将其分为表达、文学、信息和劝说四个方面。学生要根据语篇目的选取恰当的呈现方式来写作。为了实现表达或文学的语篇目的，可以采用叙述和描写的表现形式；为了实现传达信息的语篇目的，可以采用说明和叙述的表现形式；为了实现劝说的语篇目的，可以采用说明的表现形式。同时，要求学生明晰修辞元素，如在交际语境写作中，强调交际语境要素。为了实现语篇目的，必须要从说话者、听话者、信息和写作体裁这几个角度出发，选取恰当的文章呈现方式。在交际语境写作教学中，我们可参照国外的教学模式，培养学生基于写作目的去选择恰当的话题、文体和写作口吻的能力。

三、设计灵活开放的话题

“话题”就是谈话的中心，写作往往是围绕某个话题展开的，选择一个好的话题也就意味着向写作的成功迈进了一步。在交际语境写作中，话题显得尤为重要。选择一个恰当的话题，是成功对话的开始。怎样的话题才有利于交流沟通呢？

首先，话题要是作者所熟知并感兴趣的。在生活中，每天都有层出不穷的话题可以用来写作，比如亲情、教育、环境、道德问题等。在这众多的话题中，要选择最能触发学生写作灵感，让学生产生情绪波动的话题。其次，话题的设计要符合读者已有的认知范围，贴合读者的阅读兴趣，这样才能更好地实现交际目的。如果话题的选择超出读者已有的认知，则会出现交流障碍，无法达成写作目的。最后，话题的设计要能引发学生情感、认知上的冲突，从而促使学生深度思考。“好的话题应该从引发写作者的‘认知冲突’开始”，同样一个话题，好的设计能够引发学生的情感共鸣，让学生有表达的欲望。

大部分的写作训练往往以话题作文的形式出现。比如：

阅读下面的材料，按要求作文。

亲情，就像迷茫中的一块指路牌，为你指引前方的道路；亲情，就像一盏灯，照亮你应走的人生；亲情，就像一杯茶，可以温暖你的心灵……请以“亲情”为话题写一篇文章。

要求：①紧扣材料主题，内容具体充实；②有真情实感；③文体不限（诗歌、戏剧除外）；④不少于600字。

这是一篇以“亲情”为话题的作文，是学生最熟悉的。话题作文的设计初衷是用一段导引材料启发学生思考，使他们真情实感地写作。但由于设计过于简单，材料中也并没有能够为学生提供足够多的外部刺激，加上没有教师的积极引导，最终的实际效果与常规的命题作文别无二致，并不能真正体现话题作文的优势。

同样是以“亲情”为话题，王崧舟老师的“亲情测试”作文示范课则借助交际语境要素中的虚拟情境创设，让学生体验到了情感的冲突。王崧舟老师让学生写下自己最亲近的亲人的名字，当每次划掉名字的那一刻，就意味着一位亲人的离去。这种原本习以为常的亲情突然消失对孩子心灵产生的冲击，唤醒了学生沉睡已久的对于亲情的珍爱和触动心灵的生命体验。这时，王崧舟老师抓住时机，引导学生将这种刻骨铭心的情绪记录下来，使学生真情实感地写作。在“亲情”这一话题的设计中，王崧舟老师打破常规的话题设计模式，创设虚拟情境，拟真化地让学生体验到了“生命的告别”这一主题，让学生发自内心地体验了亲情的可贵，写出来的文字自然也是真情流露。倘若教师只是用简单的“亲情”为话题让学生写一篇作文，学生难以有这种深切的体验，更不会有这种生离死别的代入感。

这就启示教师在交际语境写作教学中，要设计灵活开放的话题，给予学生相对自由的表达空间。

从以上教学案例中也可以看出，最理想的写作状态是学生在教师的引导下，自发地生成写作话题、产生交流兴趣的过程。在交际语境写作中，话题不能离开具体的交际语境而独立存在，只有放在具体的语境中，引发作者与读者之间的对话，才有价值和意义。

四、注重作者与读者的互动交流

荣维东指出："写作是作者与读者之间运用背景知识，基于交际目的，针对具体语境而进行的意义建构和交流活动。"因此，在交际语境写作中，作者需要考量读者的心理需要和知识背景，使之贯穿于整个写作过程，形成一种对话交流机制。这不仅有益于写作内容的生成，同时也可以帮助作者基于读者的需要不断丰富写作内容、创新写作形式。

（一）读者身份的多样性

读者可能是明确的具体的某个人或某一群体，也可能是潜在意义上的群体。朱自清曾提出"假想的读者"。在他看来，写作过程本就应该有读者的参与，并且读者不应该局限于教师这一群体，读者对象的单一难免会造成写作缺乏动机、枯燥乏味。"假想的读者"旨在鼓励学生打破写作对象单一的现状，让学生可以根据写作需要的不同，假定任何人作为自己写作的对象，增强作者与读者之间的互动交流，提升写作的交际功能。交际语境写作丰富了这一理论，赋予了"读者"多重身份。根据不同文章需要，"读者"可分为"作者读者""他人读者""文化读者"和"理想读者"，这让我们对"作者"也有了全新的认识。传统的写作教学忽视了作者身份的多重性，实际上，面对不同的写作任务，学生完全可以扮演不同的角色，这样才有利于调动写作积极性，发掘写作的乐趣。

（二）作者与读者的互动性

在交际语境写作教学中，应该从情境创设、话题设计、学生主体、阅读对象、写作目的等多个维度来加强作者与读者之间的互动联系。如表 2 所示。

表 2　两种教学模式

	传统写作	交际语境写作
情境创设	桎梏于传统封闭的课堂当中，抽象而远离实际生活	打破空间的限制，营造贴近社会生活，服务于交际需要的场景
话题设计	话题设计过于空泛，指向性不强	话题设计贴近学生生活，指向明确，有针对性
写作个体	仅以"学生"身份写作	以不同的社会角色写作（记者、导游、志愿者等）
阅读对象	仅以"阅卷老师"为一般读者	以广泛的社会成员为写作对象（公民、游客、报刊读者等）
写作目的	以"获得高分"为目的	以交流表达、与读者的互动沟通为目的

两种教学模式的对比能让我们更直观地看出交际语境写作教学的优势。在交际语境写作教学中，教师会让学生在写作之前明确自己的写作身份，同时帮助学生一同探寻读者最想了解什么，哪些信息才能最大程度调动读者的阅读兴趣，采用怎样的文体才能最大程度减少读者的阅读障碍。由读者的兴趣来决定选材，尽可能让读者产生情感的共鸣。

（三）读者意识的培养

除了教师的有效引导外，写作任务的有效提示对于学生明确自我身份、培养"读者意识"有很大帮助。以美国 SAT 写作任务和西安市近年中考写作任务为例：

（1）美国 SAT 写作任务范例（2006）

仔细思考下面这段摘选的文字和题目。

背景：一些人认为竞争是通往成功的唯一途径，而另一些人则强调合作。在工作、游戏或比赛中的强烈竞争确实促使人们努力去竞争，以取得更大的成功。然而在一个复杂的世界里，合作更可能产生重要且持久的成果。

题目：人们通过什么获得更大的成功，竞争还是合作？规划并撰写一篇文章，从中您可以就此问题发表自己的观点。利用从阅读、研究、经验或观察中获得的理论和实例来支持您的立场。

（2）2018 年西安市中考作文题目是“阳光”。

要求：①紧扣材料主题，内容具体充实；②有真情实感；③文体不限（诗歌、戏剧除外）；④不少于 600 字；⑤文中请回避与你相关的人名、校名、地名。

以上两则写作任务设计重点截然不同。从美国 SAT 作文命题可以看出，命题者在任务设计时，选择贴近学生生活的话题，从而让学生更好地明确写作对象和目的。命题者有目的地帮助学生从学校角色这种单一的身份中解放出来，以社会公民的身份去思考有关社会、人生等现实问题，并且允许观点的多元化，命题者没有用自己的价值判断去主宰学生的思维，而是鼓励学生通过自己的分析和思考，以写作的方式进行一场自由的讨论，让每一位学生都能尽情地表达自己的想法和观点，促进学生自我意识、社会意识的养成。写作最终以解决人们的实际问题为落脚点，以有争议的话题为兴趣点，激发学生对于问题的探究思考。语言只是学生思想的载体，写作更多关注学生对于问题的认知和判断。

反观西安市中考作文题目，整体来说，首先，西安市中考写作任务在设计上缺乏语境，没能为学生提供一个具体、有代入感的语境。整个命题既没有明确的写作对象，也没有指明写作目的，因此很难触发学生的情感和兴奋点。其次，在写作任务的内容上，西安市中考写作任务侧重于对生活情感的关注，缺少对社会问题的分析，不利于学生思维的发展。此外，在命题结构上，它依旧以命题作文为主，给学生发挥的空间太少。在这样相对片面的写作任务训练中，学生的写作能力难以得到提升和突破。没有交际语境要素的限制，学生很容易用模板化的素材和内容来应付考试作文。教师的写作教学训练也会在追求高分的驱使下，日渐套路化、模式化。

中美两国作文命题的对比启示我们，在交际语境教学中，要善于发挥命题对学生的引导作用。命题指向性应具体而明确，内容可以包罗万象，涉及社会生活的方方面面；强调写作的实用性和开放性；凸显“读者意识”在写作中的重要地位，使学生提高语言表达能力的同时，提升自身的社会交际能力；鼓励学生以不同身份、不同角色去创造性地写作，加强作者与读者的互动交流，使学生跳出传统写作思维的禁锢。

参考文献

［1］余映潮. 听余映潮老师讲课［M］. 上海：华东师范大学出版社，2006：108.
［2］中华人民共和国教育部. 义务教育语文课程标准（2011 年版）［M］. 北京：北京师范大学出版社，2012.
［3］荣维东. 交际语境写作［M］. 北京：语文出版社，2016.
［4］荣维东. 交际语境写作：我国写作教学的发展方向［J］. 语文教学通讯，2013（12）：4-8.
［5］朱乔森. 朱自清全集（第 2 卷）［M］. 南京：江苏教育出版社，1988.
［6］周子房. 写作学习支架的设计［J］. 语文教学通讯，2015（Z3）：10-15+23.
［7］魏小娜. 对我国作文教学中“真情实感”的反思［J］. 课程・教材・教法，2011，31（11）：49-53.

（岳阳市岳阳经济技术开发区长岭中学）

重视思维训练　强化作文说理

胡　霞

摘　要： 文以载道，道理说不清，是因为思维不到位。因此，要重视思维训练，提升思维品质，使学生作文说理更有序、更丰富、更缜密，体现思辨性。

关键词： 作文说理；逻辑思维；发散思维；辩证思维

周敦颐在《通书·文辞》里说："文，所以载道也。"但从平时批阅高中生的作文和今年高考作文阅卷的情况来看，学生说理的能力还比较弱，主要表现在：一是部分同学靠一个论点和几个实例堆砌；二是部分同学有说理的意识，但仅限于在论据论点之间建立联系，在文章整体建构上逻辑混乱；三是部分同学说理角度单一、思维局限，甚至出现片面、偏激的认识。

从迎考的层面来说，作文没有思想，缺乏逻辑，势必难得高分；而从个人思维品质来说，逻辑思维的混乱、思辨性的缺失，势必影响个人表达，阻碍个体向更高层次的发展；而一个群体思维水平的低下，更是会影响社会的发展。

蒋仲仁先生认为，学生说不清理"不仅是语言的问题，其根源是思维"。新修订的《普通高中语文课程标准（2017 年版）》（以下简称《标准》）特别强调"思维发展与提升"，把"思维发展与提升"设置为语文学科核心素养之一。《标准》在介绍语文课程的基本理念时指出：语言文字运用和思维密切相关，语文教育者必须同时促进学生思维能力的发展与思维品质的提升。课程内容特别设置了"思辨性阅读与表达"的学习任务群，旨在引导学生学习思辨性阅读和表达，增强思维的逻辑性和深刻性，认清事物的本质，辨别是非、善恶、美丑，提高理性思维水平。该任务要求教师结合学生表达中遇到的实际问题，适时适度地引导学生展开必要的思维训练。

有鉴于此，我们要理清头绪，结合中学生的写作现状，从三个方面对学生进行思维训练，提升学生的说理能力。

一、重视逻辑思维训练，使说理有序

学生们常常觉得说理作文很难写下去，写完之后也不知道自己说了什么理，自己写的文章自己都不愿再多看一眼；教师也常常觉得学生的作文思路不清晰，逻辑思维混乱，说理无序。

逻辑思维是运用基本的语言规律和逻辑规则有序地表达自己的认识。

在进行写作训练时，为了让文章在整体上表现出有序性，我们让学生先理顺由作文材料引发的所有思绪，描绘作文蓝图，定下写作的框架，使作文在整体上做到合理有序。

具体可以通过设置分论点来使文章思维清晰，有理有序。如《为心中的那片海》开头为："每个人心中都有一片蔚蓝的大海，那是我们心中的美好理想，是我们不懈追求、想到达的愿景。我心中的那片海，便是实现教育的美好。"然后有同学将自己的思维整理成三个层面，设置了三个分论点：为了心中的那一片海，"我"不断沉淀学问，使自己丰盈；为了心中的那一片海，"我"满怀热情，播撒爱和希望；为了心中的那一片海，"我"不懈探索，寻找最真的教育。这样，这篇文章就做到了观点鲜明、层次清晰、说理有序。当然，如果分论点设置不好，也容易暴露思维的无序性。设置好分论点，使说理有序，要做到：分论点必须围绕中心论点来设置，不能割断与中心论点和材料的联系；分论点之间必须有内在联系，但又要避免重复或交叉不清；分论点之间要注意逻辑顺序，一般的思维顺序为"是什么""为什么""怎么样"，从低思维层次向高思维层次逐渐深入。如围绕中心论点"生活，应该是丰富多彩的"来设置分论点：

分论点一：生活丰富多彩是指生活是多元模式。（是什么）

分论点二：生活丰富多彩有利于人的全面发展。（为什么）

分论点三：生活丰富多彩要培养多方面的生活情趣。（怎么样）

这三个分论点之间就构成了严密的递进关系，思维缜密有序。

此外，要注意分论点之间的时间先后顺序，空间上的中外、远近顺序，程度上的由浅到深的顺序，认识上的由理论到实践、从具体到抽象的顺序。

写作时评类文章时，我们可以使用引（引材料，提观点）—议（析原因，论意义）—联（举类似，例后议）—结（寻对策，扣主题）的思维模式建构全文，有序行文，使分析充分而不乱。在写作驳论文时，可以先批驳某一种或几种错误的观点，然后再确立自己的观点，由驳斥到立论的思维方式同样能使文章说理层次清晰有序；因果对照等方法也能使说理有序。无论使用哪种方法，一定都要先冷静整理思绪，理清头绪，形成框架，切不可写一步看一步。

当然，写作除了讲究整体结构上的有序性，还要处理好例与理之间、句子之间、词语之间的逻辑性，使表达有序，此处不赘述。

二、重视发散性思维训练，使说理丰富

因为缺乏发散性思维训练，很多学生的习作在说理时思维深受局限，只能就某一个层面或角度重复地说，不能拓展思维，多向、反向或迂回地思考问题，致使说理单一、肤浅，呈现思维的局限性、直线性。

发散性思维指围绕一个中心，从不同的方面、不同的途径、不同的角度，经过积极的思考和联想，尽可能广泛收集与这一中心有关的材料和观念。在作文训练中使用发散思维，必定能使说理脱离单一扁平化，使思想变得丰富。

例如写“择一事，终一生”这个主题，很多同学的思维都是平面化的，单一地举几个例子告诉读者谁做到了“择一事，终一生”。这种文章是不够丰富的，我们可以尝试着去提问：为什么能做到“择一事，终一生”呢？一是因为热爱，因为兴趣而做的选择才能持久；二是因为笃定，才不会在前路犹豫徘徊；三是因为责任担当，有了这样的情怀和格局，在遇到困难时，才不会拘泥而退缩；四是因为有坚定的信念，在黑暗中摸索，心中仍相信不远的前方定有光明在等待，相信所有的努力与坚持都有意义；五是因为有沉静的性格、淡泊的品质，才会在各种诱惑下仍专注于此一事，并终一生。让学生把所有的思考有序地写下来，与主题建立联系，从这些角度去建构文章，文章会更丰富而深刻。

上述例证是用以果推因的方式，通过多向发散，让学生将思维打开，多角度去思考问题，从而摆脱思维方向的单一、思维空间的狭隘，体现思想的丰富性。

训练发散性思维时，除了进行多向的、横向的联系与推理，还可以采取逆向思维，反向思考，另辟蹊径，这样也能体现思维的灵动与敏捷。另外，为了使思维既开阔又严谨，论证角度可以多样，论证中心突出。我们在进行发散性思维，丰富说理后，还要用聚合思维将它们再次与中心紧靠，这样会令说理丰富又严谨。

三、重视辩证思维的训练，使说理缜密

学生在写作中呈现的思维特点有三个。一是主观性，即凭个人情感、主观喜好来评价材料现象；二是片面性，即说理片面，思虑不周，甚至非黑即白；三是程式化，即被约定俗成的观念、日常形成的观念约束。这样的说理很难把道理说通透，很难让人信服，甚至站不住脚。

辩证性思维是一分为二地看问题，是发展地看问题，权衡各种矛盾，表达全面不偏激。

我们要学会一分为二地看问题。一个事物或一个现象往往包含多个层面，我们在思考分析时，不能简单地就某一个方面进行判断评析，既要看到事物的正面，也要看到事物的反面，既要从有利因素中看到不利因素，也要能从不利因素中看到有利因素。例如，2021年东京奥运会，有些人成功了，有些人失败了，在固化的观念中，胜者为王，败者为寇，但是这样看问题过于偏激。在体育的竞技场上，必有成败之分，我们不能仅以成败论英雄，失败者并非只能失魂落魄，黯然退场，他们每一次向

更强者发起的冲击，每一次战胜自我的勇气，都值得被珍惜与铭记，他们又何尝不是英雄呢？

一分为二地看问题，既要思考事物之间的对立，也要思考事物之间的统一，既要看到它的现在，也要思考它的过去和未来，还要看到不同事物在一定条件下是可以互相转化的，它是发展变化的。例如，2021 年全国一卷作文为“生而强者不必自喜，生而弱者不必自卑，吾生而弱乎，或者天之诱我以至于强，未可知也”，这里的强弱之辩，便是要求学生能辩证地看待“强”与“弱”，它们既是对立的，也是可以互相转化的。我们可以这样写：“生而弱者不必自卑，每个人都有自己的弱点，而成长本来就是一个不断发现自己的弱点，克服甚至超越弱点的过程，苏轼说‘古之立大事者，不惟有超世之才，亦必有坚韧不拔之志’，拥有坚韧不拔之志的人，在成长过程中驰而不息，或可由弱变强。”这便是用发展的眼光来看问题，事物通过发展是可以互相转化的。

此外，注意用比较的方法权衡各种矛盾，在选取一方力量进行阐述时，其他方面也可以或者说应该涉及，与核心力量进行比较，体现思维的思辨性。例如，2015 年全国二卷：这三人中，你认为谁更有风采？有学生分析，笃学敏思的大李，锐意创新，阐释了生命科学的谜团；爱岗敬业的老王苦心练技，用勤奋完成了焊接大师的蜕变，他们都谱写了属于自己的人生凯歌，然而，跋山涉水的小刘用心灵捕捉世间奇山绿水，用镜头抓拍天空七色彩虹，他给这个行色匆匆，忽视美丽的苦涩时代注入了一泓清泉，彰显了时代最美的风采，这三个人中，小刘更具风采。

这样的分析就体现了思维的思辨性，在进行选择时，有对三者的比较，有权衡各自的优劣，而不是选择一个就全盘否定另一个，思维缜密，体现了高层次思维的品质特征。又例如，在写作“量身订制宿舍不可取”时，学生分析道：

诚然，按生活习惯、未来规划与星座划分宿舍会减少些许摩擦、磕碰，但同时也剥夺了未来生活中部分自我锻炼、自我成长的机会。君子和而不同，我们与不同思想的人交流，可以互相学习，使自己获得补益，胸襟也更为开阔；与来自五湖四海的同学相处，与不同习惯的人生活，才能使人学会自我调节，学会包容，也不断提升我们的生活技能。也许相处时矛盾不可避免，但这并不可怕。因为只有经历过磕碰、争吵，才能更好地锤炼一个人适应环境与克服困难的能力。另外，长期与同类型的人相处，难免会形成小团体，以至于不适应其他人，从而影响班级团结。试想，学生工作、成家之后还能找到“量身订制”的同事或者爱人吗？

这里就是用辩证的方法分析与说理，一分为二地全面分析，用发展的眼光看待问题，在权衡比较基础上表明态度，分析得合情合理，很好地体现了思维的思辨性特征。

参考文献

［1］付蕾，林丹燕. 发散思维在中学语文作文教学中的运用［J］. 教育理论与实践，2013，33（14）：53-55.
［2］全国考生. 最珍贵的风采［J］. 语文教学与研究，2016（12）：33-34.

（岳阳市华容县第一中学）

浅谈农村孩子语文写作能力现状及对策

——以临武县万水乡初级中学为例

谭世婷

摘　要：随着我国经济迅速发展，人们的生活质量日益提高。加上近年来各地实施的乡村振兴计划，使城乡差距渐渐缩小，但仍有部分偏远地区的农民为了养家糊口进城务工，因此出现了部分留守儿童。他们的教育问题是当今教育领域的热门话题。本文第一部分研究了临武县万水乡初级中学留守儿童语文写作能力的现状，分析其写作能力较差主要是受到家庭主要角色缺失、乡镇学校教师流动大、社会潮流因素等外部环境影响，以及对生活缺乏感知、阅读量不够两方面的内部因素影响。第二部分提出四点对策：一是激趣用巧、热爱生活；二是读抒双管、增加自信；三是教评结合、注重实效；四是形式多样、接轨创新，以此来丰富教师的课堂教学，提升农村孩子的写作能力。

关键词：农村留守儿童；影响因素；写作能力；对策

21世纪的我们见证了祖国的盛世辉煌，这是无数的中国人努力、奉献的结果。自从改革开放以来，我国经济高速发展，越来越多的人脱离了贫穷，实现了小康。然而，在一些偏远的山区，仍有很多人选择进城务工，留守儿童仍然存在，他们的教育问题亟待解决。而语文作为工具性和人文性统一的学科，在孩子的人生观、价值观、世界观的形成过程中，有着重要的指导作用。

要提升学生的语文素养，不得不提语文教学中的两大“拦路虎”——阅读与写作。

笔者查阅了国内学者对留守儿童进行研究的资料，主要分为三类：第一类是阅读类，例如刘芳的《农村留守儿童阅读现状及对策研究》、夏志梅的《农村留守儿童阅读能力的培养》等；第二类是写作类，如李晗旭的《浅谈留守儿童小学语文写作教学》、钱静的《语文教学中留守儿童写作能力的提高》等；第三类是对留守儿童心理问题的研究，如张文平的《农村留守儿童问题及对策研究》等。综上所述，学者们的研究都是分类进行的，将这几方面结合起来提高学生写作水平的研究较少。

众所周知，阅读与写作密不可分。本文将结合临武县万水中学学生的阅读与写作水平现状，探讨如何将二者融合，提升农村学生的语文写作素养。

一、农村留守儿童写作水平低下的原因

笔者所在的学校学生不多，共有259人，上届毕业生有118人，这届六年级毕业生有100人左右，本届新生只招到39人，他们的成绩和语文写作能力均相对较差，究其原因，主要有外部因素、内部因素两方面。

（一）外部因素

1. 家庭主要角色缺失

在农村，大部分家庭的孩子是留守儿童，其父母远在他乡务工，导致孩子被迫与爷爷、奶奶或姥姥、姥爷一起生活，还有的孩子被寄养在亲戚朋友家。父母无法直接履行监护职责，他们只能通过手机或网络与孩子进行沟通和情感交流，这往往会使孩子们感到爱的缺失，缺乏家的归属感，即使获得好成绩也没有人分享，导致学习缺乏幸福感，从而压抑了他们的表达欲。

通过批改学生的作业和与班主任的访谈，我们发现本校有接近1/3的学生来自单亲家庭。造成这种情况的原因一般是父母一方因病因难去世或父母离异。如初一年级陈某曾在日记中写道：“我的母亲十多年来只撒过一次谎，那就是说去打工，便再也没有回来过，我多羡慕别人家的孩子有母亲唠叨

啊……”像这样的学生有很多，这样的生活处境给学生内心造成了伤害，使他们的性格变得孤僻、封闭，进而产生了厌学心理。

2. **乡镇学校教师流动性大**

乡镇学校教师流动性大，原因主要有三个：一是乡下教学前景不容乐观；二是教学设备简陋，学生难以带动；三是付出的精力和薪酬不对等。笔者曾经带的班级，一学期换一位数学老师，三年便换了六位；而2021年这届初三，在初一时，仅语文教师一学期就换了三位。授课教师频繁更换，新任教师对学生的学情了解不深入，学生对新任教师的授课模式短时间难以适应等，使得教学效果事倍功半，达不到预期目标，这是其一。

其二，师资力量匮乏，教学研讨能力有限，青年教师教学经验不足，百事难自通。而教师需多学习、多研究、多积累、多反思，要根据本校学情，制定出一套适合学生的教学方法，做到有的放矢，提高学生成绩，但是对于乡镇学校的老师而言，交流学习的机会实在是太少，有时候做的都是无用功，导致很多教师不愿驻扎在乡镇教学。

3. **社会潮流因素影响**

覃林忠在他的《网络语言对初中作文教学的影响及其应对策略研究》一文中提道：“由于网络语言不够规范，因而学生在应用过程，体现出了随意性特征，加之不少网络语言是对传统文化观念的颠覆，将之应用到写作中，会影响到作文的文化内涵。”在大数据时代，各种词句鱼龙混杂，导致学生很多文章粗俗化、机械化、无语法化。

另外，这个阶段是学生人生观、价值观、世界观形成的黄金时期，身处乡镇的留守儿童没有父母的引领，使得他们情感缺失后产生孤独感，容易在社交平台上结交各种朋友；也有学生把自己埋在游戏中，浑噩度日。初中学生本身自控能力不强，加上外界诱惑众多，他们容易沉迷其中，这样的生活方式会给他们的心灵发展造成障碍。日复一日浸染影响，会使得他们缺少对生活的感知，写出来的文章千篇一律，毫无新意。

（二）内部因素

1. **缺乏生活感知**

笔者所在的位置在郴州市临武县万水乡，乡下有13个村，附近中学只有1所，住在山旮旯里的孩子离校较远，考虑到安全问题，只能读寄宿。农村学生在学校基本三点一线，教室、食堂、宿舍；活动只有两个，上课和下课，这种封闭式的管理模式，让这些孩子想象力和眼界受限，不愿花时间感知生活，精神生活相对贫乏，无素材可写，无情感可抒发，所谓“提笔无言”正是因此。

2. **书籍阅读量不够**

对于农村留守儿童而言，阅读是增长见识、提高文学素养的最佳途径之一。只有在阅读积累中输入，才可能有好的文章输出，二者结合才能达到最佳效果。学校的图书馆收藏书籍共9450本，涵盖内容较广，但能抽空阅读书籍的学生寥寥无几，阅读名著的更少。初一到初三共6个班，每个班上都设立了图书角，有些同学看书如走马观花，有些同学倾向于阅读内容有趣、易接受的文章等，但这种类型的阅读很少能引发学生深度思考，给写作带来的作用不大。

二、提升农村留守儿童写作水平的对策与应用

纸上得来终觉浅，绝知此事要躬行。虽然提升农村留守儿童写作水平并非朝夕之间就能有所得，但有“疾”就得对症下药，日久方显成果。针对这些写作水平低下的原因，笔者通过一段时间的写作教学实践，认为可以从以下4个方面加以改善。

（一）激趣用巧、热爱生活

前面提到，农村留守儿童生活单调，思维和眼界受限，对事物的感知比较片面。教师在激发学生兴趣时，引导他们拓宽自己的观察角度，让他们因为学会了“发现”，由内而外地感到兴奋。

1. **微观生活，发挥联想**

无论是课上还是课下，都应该“装”上一双发现美的眼睛。如走进教室，可以看到朋友穿什么

颜色的衣服，在做何事，状态怎样，自己能联想到什么；走出教室，天气状况怎样，微风轻拂脸颊的感受如何等。总之，校园里的花坛、蝉鸣、电线杆的长短皆可拿来当作素材，再结合自己的联想与想象，将内容誊写于纸上，不求量多句美，在于情感和用心。多多进行这样的写作练习就会有好句，如有一同学在日记中写道："每一天都看见班主任的女儿在办公室门口蹒跚学步，跌跌撞撞地向前奔去。人这一生谁不是从一个小孩子蜕变成一个大人的呢……"

2. **宏观世界，积极言论**

乡镇地区交通不发达，学校又多为封闭式的管理模式，导致学生鲜少有机会接触国事、社会热议话题，见识面狭窄；而周六周日休息日，有的学生帮家人做家务，有的学生则被网络游戏吸引，无法自拔。他们开阔眼界的机会较少，而这时候又是明辨是非能力形成的关键时期，留守儿童们如果没有正确引导，社会杂论容易使得他们的三观走偏。在校期间，各科任老师可多多和学生交流社会热点时事，引导他们关注生活、热爱生活，积极发表言论，不但可以很好地锻炼他们的逻辑思维能力，长期训练，还可使文章细节深度与思想深度融会贯通。

（二）读抒双管、增加自信

《全日制义务教育语文课程标准（实验稿）》中是这样定义阅读的："阅读是搜集处理信息、认识世界、发展思维、获得审美体验的重要途径。"阅读是提升留守儿童写作水平的一个很好的途径，但盲目地阅读效益不大，需有针对性地、循序渐进地、有指导性地阅读。

1. **书不散读，读必有方**

阅读的方法有很多，如诗词类可选用朗读法，体味其韵律、格调；文学大家的名篇佳作可采用精读法，品味其精彩、经典之处；若是为了理清行文脉络，可采用略读法、速读法或跳读法，快速提炼文章主旨或关键信息。中国上下五千年文化，历史文集数不胜数，不能只凭兴趣选择娱乐性的书籍，也得看一些有利于提升文学素养的书籍，如四大名著、《城南旧事》、《骆驼祥子》等优秀作品，具体可参考教参课本的名著导读与推荐阅读部分。教师在平时的授课中，可根据课后思考选相关的作品进行对比阅读。如人教版七年级下册的《紫藤萝瀑布》与同作者的《丁香结》《好一朵木槿花》等对比阅读，找出共同特点。

2. **情不泛滥，抒必有感**

读书一定要用脑，带着思考阅读文段，不可如蜻蜓点水般完成任务就撤。徐特立先生曾经提道："不动笔墨不读书。"读书应当做好读书笔记，常见的方法有：感想式、评价式、质疑式、摘录式等。通过"抒"写来表达自己的内心感想，这是其一；其二便是通过语言外露来"抒"发，教师可以举办读书分享会、以书会友、"推荐一本好书"演讲比赛等活动，鼓励学生多阅读、多写作、多分享，激发他们的阅读兴趣，引起大家的情感共鸣。

（三）教评结合、注重实效

《义务教育语文课程标准（2011年版）》（以下简称《课程标准》）指出："教师应认真钻研教材，正确理解，把握教材内容，创造性使用教材，启迪学生智慧，提高语文教学质量。"笔者在作文教学实践过程中也发现，单纯地教授学生作文写作技巧，这些技法过于抽象，课程也过于枯燥，且所选句例不具有完整性。

1. **教写有方，巧用课例**

教师引导学生进行一段时间的写作训练后，不难发觉学生的写作能力有所提升，尤其体现在作文的字数上，但这只是字数"量"多，细致分析会发现，大部分学生每日所记之事都较为常见，用词单调、平淡，缺乏"质"感。

在这种情况下，教师教授写作技巧时，不能局限在作文课上，可以灵活地使用教材，巧用课例，让学生学习作者表达自己的思想和情感时所采用的写作手法。这样教师既摆脱了生硬的写作技巧教学，学生充分体会作者思想情感后，也可主动地学习其写作方法。如在朱自清的《背影》中，作者分别从动作、语言、着装、心理等方面来描写父亲买橘的背影，教师引导学生体会作者父亲买橘不易的背后是深沉又感人的父爱，再开拓学生思维，让他们联想自己生活中的实例，学习使用作者的写作手法，再进行作文创作。经过一段时间的学习与训练，学生作文便可由最初的“量”过渡到“质”的改变，文章既有真情，又有思想性。

2. 多多鼓励，及时反馈

笔者所在的学校，除去进城读书的孩子外，剩下的学生大部分基础不牢，这时教师的引导需多些耐心。语句不通、错别字多、选材大众化是常有的现象。要想将平凡的事不平凡地写出来，教师便要多多留意学生文章的精彩之处，及时表扬、反馈。

叶圣陶先生曾经提道：“批改不易挑剔，要多鼓励，多指出优点，此意好。”这正与我国现在的义务教育课程标准相符，可见鼓励多么重要。笔者在实践过程中遇到了这样的案例，黄某在日记中写道：“这天，猛烈的寒风向我‘袭’来……”第二日，笔者请大家来分析“袭”这个字的妙处，学生们指出这个字写出了风的猛、烈后，纷纷学习，接着开始仿写，而黄某也因为老师的鼓励和大家的赞扬，创作更积极了。还有同学写食堂的饭菜“米粒分明，红绿颜色相间的搭配让人垂涎欲滴……”笔者和同学们直夸她形容颜色的词用得精湛，结果次日收到的作品中，有超过半数的同学用色彩词体现美食、美景等。

在作文教学实践中，用夸赞式、鼓励式方法进行作文点评教学活动，能激发学生的创作欲，及时给学生反馈，让他们获得成功的体验，从而爱上写作，悄然地提升写作能力。

（四）形式多样、接轨创新

教师面对着新时代的学生，教学方法也应当紧跟时代，《课程标准》也提出，语文教师应高度重视课程资源的开发和利用。将信息技术融于课堂，呈现一幅有声有色的画面，这样的教学模式是大势所趋。行走在教师岗位的新青年，必须刻不容缓地认真学习与应用实践这种新型教学模式。

1. 擅长平台、形式丰富

常见的教学平台有班级优化大师，实行积分制教学十分便利；课件101，各种教学课件值得参考；希沃白板，实现了网络资源共享功能等。教师在教学过程中可选择适合自己的教学平台，其中希沃白板的一键投屏功能值得一提，教师可以利用它进行作文评改，学生能够直观接收到老师的信息，可以很好地开展教学工作。

2. 接轨时代、整合创新

杨宗凯、杨浩等在他们的《论信息技术与当代教育的深度融合》一文提道：“教师充分整合信息技术与课堂教学，组织和开展‘以学生为主体’的学习活动，通过积极的引导和辅助，充分发挥学生的自主性和积极性，提升学习效果。”时代迅速发展，学生都喜欢新奇的东西，身处在寄宿制学校的留守儿童就更不例外，这些新奇的东西便是引子，可以激起学生的兴趣，鼓励他们大胆发言。教师要做的便是激励他们、夸赞他们，让孩子们找到自信，从而突破自己，逐渐有话可说，有观点可论。

三、结语

吴尊强认为：“学习习惯是指学生在一定情境下自动地去进行某些活动的特定倾向。”好的习惯都是慢慢养成的，从实践中得到快乐，进而再次带着思想实践，进而突破创新。

农村留守儿童情感缺失相对严重，学校是他们心灵的第二个港湾，我们应当悉心呵护。作为教师，日常写作是我们与学生进行情感交流的最好的桥梁，能够让我们更好地进入孩子们的内心世界，我们应该及时发现学生的优点，好学生是夸出来的。

本文是根据自己所在的乡镇中学进行的作文教学研究，希望通过这次研究，对农村留守儿童写作能力的培养起到抛砖引玉的作用。

参考文献

[1] 侯梦奇. 语文情感教育弥补留守儿童情感缺失的实践研究［D］. 太原：山西师范大学，2017.

[2] 秦敏，朱晓. 父母外出对农村留守儿童的影响研究［J］. 人口学刊，2019，41（3）：38-51.

[3] 覃林忠. 网络语言对初中作文教学的影响及其应对策略研究［D］. 桂林：广西师范大学，2007.

［4］刘敏. 中学生阅读水平提升研究［D］. 延安：延安大学，2015.
［5］刘芳. 农村留守儿童阅读现状及对策研究［D］. 太原：山东师范大学，2017.
［6］中华人民共和国教育部. 义务教育语文课程标准（2011年版）［M］. 北京：北京师范大学出版社，2012.
［7］叶圣陶，夏丏尊. 文章讲话［M］. 北京：中华书局，2007.
［8］杨宗凯，杨浩，吴砥. 论信息技术与当代教育的深度融合［J］. 教育研究，2014，35（3）：88-95.
［9］乔姝婷. 初中生作文网络语言使用现状与对策［D］. 哈尔滨：哈尔滨师范大学，2020.
［10］龙娟丽. 发掘农村写作资源，指导学生写好作文［J］. 新课程（中学），2013（2）：84-85.
［11］黄映松. 农村初中语文教学中留守儿童情感教育现状与策略研究［D］. 南充：西华师范大学，2020.
［12］郭慧. 苏霍姆林斯基情感教育思想及其对幼儿教育的启示［D］. 南京：南京师范大学，2015.

（郴州市临武县万水乡初级中学）

语文核心素养视角下的中国革命传统作品选读专题的教学研究

刘军成

摘　要：本文针对“中国革命传统作品选读”专题教学，引导学生阅读不同“身份”的革命人士的作品，传承中国革命文化，弘扬革命精神，促进学生思想上的提高和精神上的丰富，树立正确价值观。

关键词：中职语文；革命传统作品；教学设计

党的十八大以来，习近平总书记多次强调“一个国家、一个民族不能没有灵魂”“加强革命传统教育、爱国主义教育、青少年思想道德教育，把红色基因传承好，确保红色江山永不变色”。红色基因作为一种先进的思想文化元素，是经过了高度提炼和升华的重要民族精神，这种精神已经深深融入了中华民族的血液当中，并且影响着中华民族的发展。

2020 年年初，教育部正式颁布了《中等职业学校语文课程标准》（以下简称《课程标准》），首次对中职语文课程提出了针对核心素养的培养目标，并将革命传统作品选读以专题的形式首次纳入课程结构当中，这次的调整和改变更说明了中职语文在培养学生红色信念、树立正确价值观方面发挥着非常重要的作用。而当前关于革命传统作品选读的教学，教材分布零散、设计缺乏科学性，不利于学生形成系统认识。本文着重探讨中职革命传统作品选读的专题教学设计，以提升本专题教学的有效性。

一、整体教学设计

（一）专题分析

《课程标准》指出，“中国革命传统作品选读”专题的教学，旨在引导学生阅读和研讨革命传统作品，体会革命精神和革命人格，学习中国特色社会主义建设过程中涌现的英雄人物及其事迹，感受无私无畏的爱国精神，在注重培养语文核心素养的同时，进一步激发其热爱党和国家的情感。

在设计中，以教材为蓝本，将教学内容重组为四个活动任务（如图 1 所示），从艺术性、文学性和实用性等角度出发，感悟不同“身份”革命人士的作品。学生在学习这些“红色经典”作品的时候，将自己融入时代的洪流中，在理解这些特殊时代的政治背景之外，还聚焦于语文本身的教育活动，理解其中透露出的思想感情，体认其中蕴含的革命精神，凸显出更强烈的时代性、政治性和民族性。

（二）学情分析

本专题的研究对象是旅游服务与管理专业订单班一年级的学生，通过问卷调查和测评相结合的方法，对学生进行整体和个体的了解，以确定教学目标。

经过九年义务教育的学习，学生对自身的语文素养有较为清晰的认识，但涉世尚浅，语言理解和运用能力有待提高，需要借助课堂教学活动来激发学生的革命热情，帮助他们体认情感。同时，受快餐文化的影响，大多数学生对红色作品不感兴趣。在对 185 名学生的调查中，仅有 21% 的学生表示喜欢阅读革命作品，不喜欢阅读革命作品的学生人数高达 75% 左右，而且在这些同学中，认为革命作品距离所处时代太遥远、理解起来有难度的学生占了近乎一半。

综合分析来看，大多数中职学生语文知识储备不足，联想和想象能力有待提升，审美浮于表面，

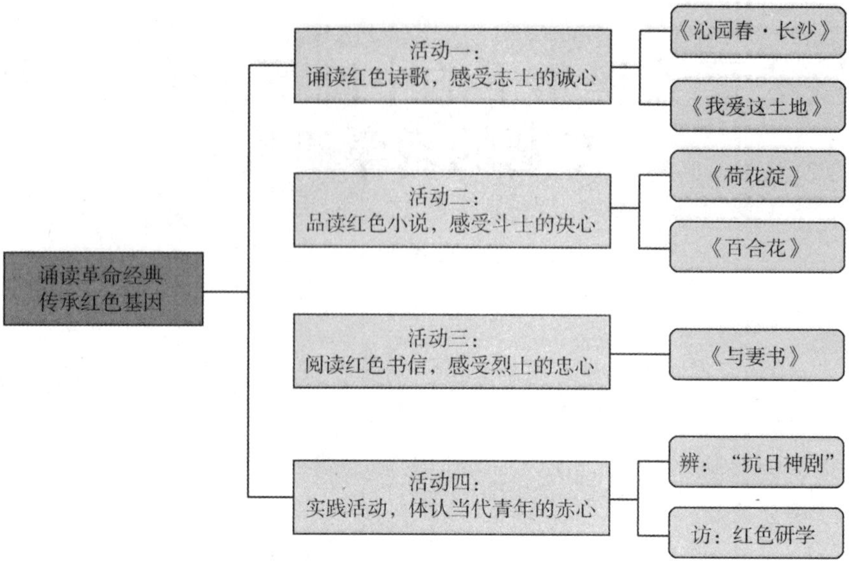

图1 四个活动任务

难以深入体会革命传统作品中的内在精神，传承和弘扬革命文化的能力不足。

（三）教学目标

《课程标准》明确指出，本课题旨在引导学生阅读中国革命传统著作，深入学习革命英雄和为民族解放事业英勇奋斗的群众的爱国精神和崇高品质。深入了解中国革命进程中涌现的英雄人物和事迹，感受他们大无畏的革命精神，实现中国共产党人的初心和使命；进一步提高语言运用、思维和审美能力；坚定理想信念，陶冶情操，形成正确的世界观、人生观和价值观。

结合专业培养的职业素质要求和职业面向，我们从表1所示的四个维度确定教学目标：

表1 四个维度

目标	目标内容	职业面向（代码）
朗读者	诵读革命先辈的名篇佳作，体会崇高的革命情怀	群众文化活动服务人员（4-13-01）
思考者	阅读革命传统的优秀小说，理解作品中革命志士和英雄人物的艺术形象，把握作品丰富的内涵，感受作品的精神力量和语言魅力	
品美者	阅读有关革命传统的书信，联系思想实际和见闻，深入理解内容，学习写作手法	营销员（4-01-02-01）
传承者	组织学生参观爱国主义教育基地，加深对活动背景和英雄人物思想境界的理解，深化学生对党领导人民进行革命的伟大历程的体认，提高学生口头交流、现场记录、文稿整理等能力和水平	导游（4-07-04-01）

（四）模式策略

以建构主义学习理论为实施策略，以"做中学"理论为教学模式，针对学生学习主动性不足的情况，开发闯关排名模式，以此提升学生学习兴趣；通过"一语三文"和"体验式"教学模式的双线并育设计，确保突出重点、突破难点的同时，实现语文的教学目标，提升学生的语言表达能力，如图2所示。

1."一语三文"教学模式

秉承"立德树人"的教育教学理念，树立以学生为中心的教学思想，采用"一语三文"的教学模式，从"语言的品味"推及"文章的赏味"，在文章的阅读中赏析"文学的意味"，在文学的分析中品读"文化的体味"，以此四个层面来丰富学生的语文体验。从研读不同的革命作品出发，通过品

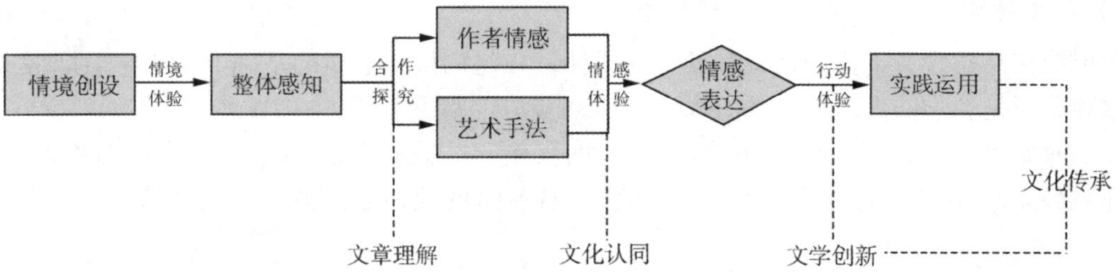

图 2　模式策略

读语言，体会文章的主题思想，进而形成对革命文学作品的体认，最终达到传承和弘扬革命文化的目的。

2. **体验式教学模式**

根据专题类型，选择基于情感表达的体验式教学模式。在学生学习过程中，创设多种语用情境，引导学生通过听、视、读、吟、画等丰富体验，运用亲历性、内隐性、生成性体验方法。通过“赏字—构景—悟情—感怀—总结”的层层深入，体会作品的意境美、语言美、画面美和情感美，通过作品演绎的方式，变课堂为舞台，将文字提炼转化为情感表达的输出，在实践中应用创新，逐渐提高学生的文化认同，增强文化自信，真正实现文化传承。

二、教学实施过程

利用线上平台+线下希沃白板软件双结合的设施，以学生的职业需求为目标，涵养语文核心素养为任务，在音画的构建中多层次地赏析语言和作品，通过“专业引兴趣，兴趣带学习，学习提素养，素养促发展”，体会作者的革命情感。课堂教学成为融文本、画面、朗读、音乐、表演等五维度为一体的教学形式，将抽象的想象变成具象、动态的画面镜头。在构景入境中解决赏析人物形象，感悟崇高革命情怀的教学重点，在悟情感怀中突破建构整体画面，在合作探究中感受作品的精神力量和语言魅力，体认红色文化，肩负传承使命的教学难点。

课前通过线上平台发布任务清单，学生自主学习，整体感知，初步了解课文；课中借助希沃白板软件展开教学，学生通过参与多个活动，抓住课文特征，渗入情感，培养文学素养；课后比较升华，拓展知识面，通过不同维度、不同难度的活动反馈情况，检测学生学习效果。

（一）专业激兴趣——游戏激趣，文本初涉

旅游专业的学生对旅游专业已经有了一定的认识，从专业的故事导入课文学习，既能有效培养学生的职业认识，更能有效激发学生的语文学习兴趣。用音、画等手段引领学生打开想象，使其沉浸其中。

在学习《沁园春·长沙》时，教师让学生观看《毛泽东故居》的宣传片，音画入境，引导学生从职业的角度了解毛泽东，学生带入已有经验感受毛泽东的个人魅力。此时教师因势利导，利用精心制作的游戏和图画检测学生对课前任务的完成情况和学习成果；接着引导学生在名家配乐朗诵的感染下，借助音画和自由诵读，自由体验作者创作时的心境，并将其有效转化为自己的体验，读活文字，感受到画面美。

（二）兴趣带学习——入境问道，作品演绎

对革命传统作品的学习主张学生在思维碰撞的过程中体验和认同，在亲历中达到认知和情感的多维度参与。学生通过绘制思维导图体验意境和画面的同时，通过合作探究将疑惑一一解开，将抽象难懂的内容以艺术的形式表演出来，融情入境，在真正理解作品的同时，体会作品表达的艺术美。

在活动二“品读红色小说，感受斗士的决心”中，学生理解作品有一定的困难，但学生表演欲望强烈，自我展示兴趣高。所以在教学中引导学生通过小组合作，动情诵读、自制剧本、创编演绎，体验作品中人物的情感。学生通过展演，合作探析，深入文本，探究其主旨，感悟其内涵。

（三）学习涵素养——文本研读，情感渗入

革命传统作品蕴含了丰富的情感和豪迈的情怀，在建构诗词情境的基础上，让学生把握并体悟其中的情感和思想是教学的重点。专题引入“五步环节法”展开教学。

环节一“赏字”：教师引导学生归纳作品中的关键字，发现其作用，学生形成对作品炼字的理解，教师顺势总结关键字的赏析方法。让学生在多画面的比较赏析中，建立起对关键字的深层次理解。

环节二“构景”：教师通过资源库和多媒体技术的使用，结合学生专业的发展案例，把冰冷的文字构建为立体的画面，使文字与音画相融合，提升学生的鉴赏技能。

环节三“悟情”：单单依靠课文，学生很难体认作者要表达的革命情怀，所以在此环节，为促使学生进一步感受语言魅力和作品形象，教师应提供优秀的跨媒介作品，打破时间和空间的限制，深化学生对感情的理解。

环节四“感怀”：不同小组根据自身优势和兴趣，选择合适的表达方式，将作品进行二次创作，内化入心，学生互评产生最佳画面、配乐、朗诵、创意组等。这样不仅能激发学生的学习热情，更能凸显学生的主体意识，促进多方面发展。

环节五“总结”：学生比较自己在课前与课中能力维度达成图，阐述学习收获。教师总结迁移，提升学生对于同类作品的鉴赏能力。

在层层深入的过程中，实现语文核心素养的渗透，达成教学目标的同时，解决学生感悟崇高革命情怀的教学重点，师生合作探究感受作品的精神力量和语言魅力，体认红色文化，从而突破肩负传承使命的教学难点。

（四）素养促发展——精神丰碑，时代传承

引导学生更好地传承和发扬革命文化，激发学生联系实际，深化对红色情怀的理解，认识到今天的幸福生活与无数仁人志士的献身密不可分。文化传承终须落实于实际的运用表达，如通过开展红色研学活动、校园宣讲互动等，将学习成果应用于生活实践，深化学生的思想深度，在引导学生形成正确的三观的同时，更好地弘扬红色文化，传承红色基因。

实践活动要结合专业特点，从实际出发。一是开展“辨：‘抗日神剧’”实践活动，在深度辨析的过程中形成正确的价值观，浸润文化认同与自信；二是开展“访：红色研学”实践活动，引导学生正确认识革命的意义和深远影响，熟悉了解历史，培育学习的兴趣，激发学生互帮互助的精神。

三、教学实施成效

（一）学生作业正确率提高，目标圆满达成

学生的“训练”题目正确率非常高，从统计的数据反馈看，90%的学生已掌握了红色作品的文学常识和赏析方法，学员必修完成率达到了90.57%。学生的学习兴趣得到了提升，以往存在的能赏但分析不足、能品但悟性尚浅、能读但情感不到位的问题得到了有效解决。每个学生拥有自己的专属信息收集渠道，可完成信息采集，并且通过闯关游戏、积分排名等形式，调动了学生主动性，将学习任务落实到人、到时间节点、到具体要求；小组合作探究，以集体带动个体参与学习，完成任务。学生的学习进度、学习时长、作业按时提交率、课程作品提交数等参数都有明显提高。

（二）学生学习满意度较高，能力转化效果明显

经过本专题学习，旅游服务与管理专业学生的文化底蕴、审美情趣尤其是情感表达能力有了明显提升。尤其是在本专题“辨：‘抗日神剧’”和“研：红色研学”中，班级学生积极参与，作为红色宣讲员、小小讲解员等宣讲红色人物故事，受到学校师生和观摩嘉宾的点赞和好评。充当红色宣讲员和社区志愿者，不仅传承了红色基因，更有效落实了革命文化的传承与弘扬。

四、结语

革命传统作品教学零散而枯燥，教师没有在课上进行关于革命传统作品方面的专题教学，学生获

取的知识比较零散，而且教师的革命传统作品教学方法传统，跨媒介教学实施较少，这不仅不利于深入推进语文新课程改革，更不利于学生体认革命文化、传承红色基因。

进行重新设计的专题教学，影音结合，景中悟情。学乐、朗读自行创作，师生互评打分，课堂教学成为融诗歌文本、画面、朗读、音乐、表演等于一体的教学形式，达到了以“用语文”为导向，内化素养的同时，以可视化行为加以呈现的学习效果；真正提高了学生的文化认同，增强了文化自信，渐进地实现文化的传承。

参考文献

[1] 中华人民共和国教育部. 中等职业学校语文课程标准（2020 年版）[M]. 北京：高等教育出版社，2020.
[2] 严久官. 中职旅游专业语文课程开发的实践探索 [J]. 职业教育（中旬刊）. 2019，18（15）：66-68.
[3] 尹福泉，易伟. 中职语文基础模块综合实践课程的开发与探索 [J]. 教育科学论坛，2019（33）：52-56.
[4] 张全民. 红色经典：中国革命传统作品学习 [M]. 上海：上海教育出版社，2018.

（岳阳市南湖新区湘北女子职业学校）

浅谈高中语文作业改革的意义和策略

李泽鹏

摘　要：在新课程改革背景下，作业不仅是学生巩固知识、形成技能的必要途径，更是他们发展核心素养的重要手段，是教育教学内涵的重点。我们应立足语文核心素养，推进高中语文作业改革，通过更新作业管理理念、创新作业设计形式、实施个性化的作业评价等策略，固本激趣，优化作业，使高中生的视野由课本走向自然，走向生活，走向社会，让他们在具有趣味性、层次性、实践性的作业中赢得更好的发展。

关键词：高中语文作业；改革策略；减压提质

一、高中语文作业改革的意义

高中语文作业作为高中语文教学的一个有机组成部分，在检验学习效果、巩固所学知识、促进学生语文能力形成和素养培育中发挥着重要作用。对高中语文作业的改革与创新直接关乎学习方式的切实转变、减负提质的真正实现，从而影响立德树人根本任务的有效落实。

新课程强调："改变课程实施过于强调接受学习、死记硬背、机械训练的现状，倡导学生主动参与、乐于探究、勤于动手。"[1]有效的高中语文作业，不仅可以巩固课堂要求掌握的知识，而且可以激发学生学习语文的兴趣，拓宽阅读视野，点燃思维创造的火花。

然而，受功利主义思想和应试教育的影响，当前很多高中语文作业设计仍不同程度地存在着形式单一、布置随意、评价封闭、题海训练、简单重复、重知识落实轻深度体验、主观能动作用弱、评价激励方式差等问题，这些问题加重了学生的学业负担，扼杀了学生学习语文的兴趣，而且不符合新课标学科核心素养的培养要求。它不仅会影响学生的身心健康，造成近视率攀升，身体素质下降，而且可能导致师生关系紧张，学生产生厌学情绪，从而影响学生的全面发展。因此，更新作业观念，完善作业改革制度，切实解决改革中的问题，是高中语文教师应用心探索和实践的重要内容。

二、高中语文作业改革的策略

（一）转变教师作业观，契合现代化

作业是学生自主学习的过程。在"双减"背景下，作业设计更加重要并值得教师深度思考，充分挖掘资源。长期以来，很多语文教师把作业当作学生课后巩固训练的重要形式，偏重学生的完成情况，不太考虑作业的长期教育价值，自然导致了作业功能的弱化。

因此，教师要改变"死记硬背、知识落实"的作业观，树立"能力培养、素质提高"的作业观，以落实立德树人的根本任务为出发点，以问题为导向，从学习功能的角度来认识作业的意义和价值，从关注"教"转向关注"学"。在设计和安排作业时，要考虑学生通过完成作业是否能提高实践能力和创新能力，是否能实现个性发展；同时，还要将作业的功能从简单的课程扩展转为作业育人和过程评价。

当教师的作业观改变了，数量过大、质量过低的作业怪圈才能被打破，从而逐步提升教育教学的质量，提高学生的学习能力和核心素养。

（二）改良作业内容，发展创新性

1. 贴近现实，实现生活化

陶行知先生说："生活决定教育，教育要通过自觉的生活才能踏进更高的境界。"教材中有很多

与生活背景、社会现实相关联的知识素材，题材多样，呈现方式丰富多彩，我们可以创设相关的情境，布置一些贴近生活实际的作业，激发学生完成作业的动机和兴趣，让学生感受到所学知识的趣味性和实用性，也引导他们去发现问题，培养他们解决实际问题的能力。

如在高考语文专题复习时，想让学生掌握汉字的相关知识，可让学生通过调查街头招牌、书籍报刊等，围绕生活中用字不规范的情况，开展汉字研究，也可通过搜集生活中常见的古诗、字谜、歇后语、对联、故事等资料来研究汉字特点。

生活有多宽，教育就有多广，让语文作业与生活实际接轨，学生可以真实而多元地体验成长的乐趣。当作业内容不再封闭僵化，不再局限于学科知识范围，学生的心回归了生活，学习就会变得更加生动、亲切，学生也能提高学习兴趣，用灵活的知识培养发展思维，在作业活动中体验到成就与尊严，体验到自己生活的价值和意义。

2. 化繁为简，凸显精确性

在教育实践中，不同学段、不同学科具有不同的学业要求，所产生的作业容量各不相同，然而，学生却需要同时面对这些来自不同学科的学业要求。[2]很多重复性的语文作业给高中生带来了负担，打击了他们的学习欲望，让他们机械般地做题、应试。

为此，我们要以“清减而丰盈”的作业来进一步打造有趣而高质的语文教学。我们布置的作业要分量适宜、精确有效，且有针对性，合理布置不同类型作业，减少作业管理的随意性，体现作业设计的专业性与科学性。教师更应根据教学单元和实际学情，挖掘教材里所学知识的重点和难点，将每个部分落实的标准明确于心，布置作业时针对重点知识进行设计，并且将难点分散在多次布置的作业中，从“大水漫灌”式的重复性作业转变为“精准滴灌”式的针对性练习，从而提高练习的质量和效果，真正减轻学生的负担。

3. 差异设置，确保层次性

高中生的身心发展存在着差异，实施简单的“一刀切”的高中语文作业模式，很难兼顾学生学习的个体差异。承认并尊重这种差异，就要通过弹性作业和趣味作业等富有专题性、拓展性、实践性的作业，为不同需求的学生提供素养提升的平台。这种由易到难、由简到繁、具有针对性的作业可以满足不同水平的学生的要求，在自己的“最近发展区”可以“跳一跳摘到桃子”。

比如《荷塘月色》一课，可设计如下作业：摘抄十个形容词并造句，供课外练笔使用；完成学案中关于通感、比喻等修辞的练习；搜集写荷的文章，举行咏荷、读荷、写荷的学习活动；前人对文中的比喻有褒贬两方面的评价，你的看法是怎样的？以上作业，学生可以自选二到三题完成。

例如，有些学生希望确保基础知识的掌握，减少有难度知识的作业量；优等生对知识领会较快，解答相应的基础性作业游刃有余，想从简单作业的机械练习中解放出来，拥有足够时间去做一些综合性、灵活性强的题。所以语文教师可以给学生提供丰富的作业“菜单”，如采取“自助餐”形式，分为必做题、选做题、拓展题几个层面；“套餐型”形式，分为模仿练习、变式练习、拓展练习。学生可以根据自己的学习基础、爱好和能力自由选择学习类型和板块，这样既体现了自主性，还发展了高中生的个性。

（三）作业形式创新，体现多元化

形式多样的作业旨在为每一位学生创造更多自我学习、自我表现、自我发展的机会。[3]同时，也让高中生的学习从课堂不断向课外、家庭、社会延伸，使他们的学习成为既增长知识又培养创新能力的源泉。

1. 提升个性，贯穿趣味性

《义务教育语文课程标准（2011 版）》指出，语文课程应引导学生在真实的语言运用情境中，通过自主的语言实践活动，培育学生的语文学科核心素养。所以，设计作业时，应当树立开放的语文教学观念，充分利用各种语文学习资源，灵活设计能激发学生兴趣的各种情境任务，让学生在完成情境任务的过程中学习语文、运用语文、提升语文。

在高考复习中，教师可多布置“画学科知识树”“绘思维导图”“知识专题海报交流”等思考创新型作业，让作业变得新鲜有趣，让写作业的过程变得有意义且高效，这样既减轻了学生的作业负担，也使学生的个性得到了发挥，从而真正达到减负增效。

我在高一课堂上曾经安排了“《西游记》重读计划”，学生们通过制作手抄报，设计西游路线，填写阅读表格等形式再次领略了《西游记》的精彩；暑期时为学生制定“绿色健康餐”，即每天健康运动一小时，假期内游览参观至少两处人文或自然景观，回校时在全班分享交流游览心得。这样的作业设计，不但可以提高学生的实践能力，还真正做到了让学生从课业负担中解脱出来，收获快乐与成长。

2. 借力技术，提高灵活性

《礼记》中有云，“时教必有正业，退息必有居学”，强调正式学习与课外练习同等重要。随着课堂上出现交互视频、交互授课，作业问题可以嵌入语文视频和课堂中，方便学生边学习边练习。教师可利用各种互动教学工具，结合图文并茂的测试课，为学生布置生动和可互动的练习题，不仅可以提高他们完成作业的兴趣，还可以加强他们对问题的理解和感知。

教师还可充分利用现代信息技术等，采用电子书籍包装等，革新工作类型和方式，逐步实现“智慧工作”，提高工作管理水平；也可利用QQ、微信等即时通信工具和社交媒体发布学习通知，共享在线学习样本，提供练习反馈，围绕作业任务，实现教师、家长、学生的三方互动，使作业辅导更具有交互性，以提高教师对作业的监控效度和学生学习的自主性。

3. 开拓思维，注重探索性

教师要以发展的视角看待学生的未来，对高中语文作业赋予新的内涵，正确掌握学生的核心素质要求和学业质量标准，不仅关注学生学习什么，如何学习，还应让学生通过完成作业来发展个性，培养实践和创新能力。

根据课文内容，作业可以让学生创作小品、戏剧，在组织排演中学习语文；可以通过制作手抄报、拍摄摄影作品、完成画作来诠释对课文的理解，充分锻炼学生用语文去解决问题的能力，不断激发学生的语文学习兴趣；可以布置调查性作业，紧密联系学生的日常生活实践，针对性地解决语文学科知识的实际问题。学生可以通过观察、收集资料、调查、访问了解现状，对不合理的问题提出建议和改进措施，加强学生的社会参与意识，培养学生关心社会、服务社会的良好素质。

高中语文探索性作业还可以通过学习小组的合作，对问题进行探索与研究，从技能、认知、思维等方面引导学生提高发现问题、解决问题的能力。[4]在此过程中，学生的发散性、开放性思维得以发展，学习方式由“接受型”转变为“主动型”，在研究过程中也学会了与他人分工合作，提高了人际交往能力。

（四）用心评估作业，增强实效性

在传统的学生作业评价中，教师更注重对学生完成作业的结果进行评价，忽略了对学生的鼓励和指导。如果我们在学生的作业评价中更加温暖和用心，用一些鼓励性批语和学生进行适当的沟通和交流，不仅可以让学生感受到老师的尊重和关心，还可以构建和谐的师生关系。

高中语文作业批改还应重视诊断性和激励性，教师在批改时采取眉批、画图指示、加注指示、横批、划线标错等方法进行科学评价，利用鼓励性的评语和可操作性的指导，形成常态化、自主管理的态势，促进教学质量的提升。通过“阅读护照”“诗词过级”等创新策略，融入更多与高考相关的反思性和评价性特质，多元评价促使学生高质量、高效率完成作业。

此外，采取以师批为主，面批、自批、互批相结合的手段，形成相互交流、互相学习的学习氛围。教师们按照启发、鼓励的原则，书写批改评语，评语力求准确、得当、具体，富有启发性、指导性和针对性，对学生的解题思路、能力、习惯、情感、品质等方面进行综合指导，帮助学生不断取得新的进步。

三、结语

爱因斯坦曾说过：“教育应当使提供的东西让学生作为一种宝贵的礼物来接受，而不是作为一种艰苦的任务要他去负担。”教者有心，学者得益，我们都应充分认识到高中语文作业不再是课堂教学的附庸，而是教书育人的延续和重要载体，它有着独特的、不可替代的育人功能。它是加强师生情感沟通、促进学生自我教育和社会化、发展学生个性的生命成长过程。我们只有围绕学生核心素养，坚持立德树人，深化教育教学改革，秉承以学生发展为本的理念来设计作业，才能让学生成为作业的主人，让作业成为师生的开心事，让作业的质量促进学生的健康成长。

“仰之弥高，钻之弥坚”，高中语文作业改革不是一朝一夕的事情，需要我们不断探索，锐意进取，且推陈出新，根据语文学科的特点优化作业设计，让作业成为学生自我策划、自我表现、自我超越的平台，使作业真正焕发魅力，让学生爱上作业，最终助力学生成长。我们都应积极探索语文作业改革的新理念、新路径，努力创造更多更好的实践经验，我也相信，在追寻减负提质作业改革的过程中，师生们将会看到更加美丽的教育风景，享受到更有意义的教育幸福！

参考文献

[1] 中华人民共和国教育部. 义务教育语文课程标准（2011 年版）[M]. 北京：北京师范大学出版社，2012.
[2] 林晓航. 浅析“差异化”教学模式在语文教学中的研究及运用 [J]. 考试周刊，2020（A0）：36-37.
[3] 雷浩. 影响教师教学反思的关键要素及效果分析 [J]. 教育发展研究，2015（10）：15.
[4] 高超. 中学教师作业观对学生练习负担的影响机制研究 [D]. 宁波：宁波大学，2014.

（郴州市桂东县第二中学）

浅谈农村初中语文教材文本解读的问题及对策

饶 丽

摘 要：文本解读是农村初中语文教师的基本能力之一，是进行教学设计的前提，是与学生进行对话与沟通的纽带。但是部分农村初中语文教师忽视文本解读，导致文本解读的偏离和曲解，影响了学生阅读思维和阅读能力的培养。我们可以从“作者视角、编者意图、学生主体、教师教学”四个角度去思考教师如何和文本进行对话，从而提高农村初中语文阅读教学的效果，提升学生的阅读能力与素养。

关键词：统编教材；文本解读；误区；解读角度

文本解读是语文教师必须掌握的基本能力，语文教师每次备课时最好重新读教材，赤手空拳去读，才能对文本有新的感知和认识，只有把文本吃透了，备课才有效果，才能有效地进行教学设计，才能在教学过程中提升学生的阅读能力与素养。但是，部分教师没有充分认识到文本解读的重要性，忽视文本解读，主要表现在以下三个方面：

一是教师对文本解读的认识理解不到位。对文本进行解读是拉近教师与教材、学生与教材、教师与学生之间距离的最佳方式之一。从农村初中语文教师的文本解读现状调查中获知，部分教师认为一堂成功的语文课在于教学设计的新颖、教学过程的有效、教学内容的完成，对教材进行重复解读则没有意义，也没有必要。部分教师在教学过程中，希望通过生动的教学语言、有创意的教学设计、独特的教学方法来带动学生的积极性，然而，在学生对文本还不熟悉、不清楚、不理解的情况下，很难激发学生学习的积极性与主动性。与此同时，部分教师缺乏对文本反复有效的研读，对文本的解读都是从教参、资料上搬移过来，没有自己个性化的理解。

二是教师对文本解读的方法和角度不正确。部分教师不知道什么是文本解读，不清楚文本解读的方法和角度，认为对教材进行解读就是一遍又一遍地看课文。特别是新进教师，没有系统学习过文本解读的相关理论知识，在教学中往往按照以往的惯例介绍作者、写作背景、写作内容、中心思想等，忽视文体特点，忽视教材重点，忽视教学规律，在教学中难免会造成文本解读的偏颇，影响学生阅读能力和素养的提升。

三是教师对文本解读的学生主体不重视。部分教师在解读文本时没有从学生角度去思考，没有选择适合学生理解的教学内容，很少关注学生的文本熟悉程度，没有在课堂中给予学生充足的时间进行文本阅读。在教学过程中，学生要么对课文内容不熟悉，要么对教师所讲授的内容不理解，还没有深入到文本中去，一堂课就结束了，对学生阅读知识和能力的培养没有起到任何作用。

那么，农村中学语文教师怎样深入文本，有效地对文本进行解读呢？我们要从统编语文阅读教材的特点出发，从多角度思考，从“作者视角、编者意图、学生主体、教师教学”四个角度进行文本对话，提升学生的阅读能力与素养。

一、作者视角——创作之源和文本之意

文本都是由作者创作出来的，作者的写作意图、作者视角下的文本含义就是文本解读的基础。教师可以对文本进行多元解读，但是这种解读不能任意拔高或者曲解作者本意，需要站在作者的视角看文本，去了解作者简介、时代背景、写作意图，避免在解读文本时主观臆断。比如《回忆我的母亲》是朱德同志怀着悲痛心情写下的一篇回忆性散文，作者选择了最能表现中国劳动妇女的琐事——煮

饭、种田、喂猪、养蚕、纺纱等日常小事，表现了母亲是“中国千百万劳动人民中的一员”的特点，不单单把人物放在家庭背景中来写，而是把母亲置于广阔的社会背景之中，母亲身上的优秀品质，正是我们中华民族的优秀品质。母亲的言行、鼓励、支持，是作者革命精神和革命意志形成的基础。作者在文中表达了对母亲的惦念，也表达了自己忠于民族、人民和党来报答母亲恩情的决心。读起来感觉平实无华的文章，忽然之间就高大立体起来。站在作者的角度去解读文本，能够更好地把握作者的创作之源和文本之意。

二、编者意图——教学目标与导向

文本编入语文教材后，它就被编者赋予了“语文教学的价值”。教材中文本的编排特点，是编者对语文核心素养、语文课程标准和教学目标的理解、规划和实施规划。编者将不同文本编入某一单元的主题下，有一定的规律体现和教学考量。例如，七年级下册第六单元的文本有《伟大的悲剧》《太空一日》《带上她的眼睛》《河中石兽》，这一组文本的主题就是激发学生探索自然世界和科学领域的兴趣和想象力。所以教师在解读教材之时，一定要站在编者的角度去思考编写意图，明确教学的正确目标和导向。教师要与整套书、整册书、每一单元逐一对话，了解教材的编写体例、知识结构和整体安排，明确每一单元的目标和重难点，然后再走进文本。例如教《带上她的眼睛》，教师要思考这篇文本最显著的特质是什么，把它置于本册书、本单元的意图是什么，单元导读提出的学习要求是什么，作为自读课文，编者设计的旁批和阅读提示给我们提供了怎样的教学导向，课外阅读的阅读内容和阅读策略如何做到课堂教学的有机延伸和有效补充，这些问题都有助于我们从编者的意图去解读文本，能更好地明确文本的教学目标与导向，清晰文本的语文教学价值。

三、学生主体——了解、尊重与促进

语文阅读教学的目的当然不仅是培养教师的文本解读能力，而且应该着眼于提高学生的语文核心素养。阅读教学最重要的就是组织学生和文本之间展开对话，培养学生感受、理解、欣赏和评价文本的能力。教师在教学过程中要从学生主体出发，考虑学生年龄、知识、经验、能力等方面的局限性，考虑学生解读文本的实际能力。首先，在教学过程中，教师要从学生主体出发，了解学生阅读的心理，从学生的知识水平出发，尊重学生的认知基础与生活经验，尊重学生的主动建构过程和结果，尊重学生阅读的“原初体验”，做好学生与文本对话的促进者。教师首先要找准学生获取新知识的“落脚点”，在解读文本时充分考虑学情。其次，根据学生的认知规律与文本对话，把学生对文本的疑惑和感兴趣的地方，和教师认为精彩和生动的地方结合起来，找准学生、教师与文本之间的“交融共鸣点”。例如，在统编课文《紫藤萝瀑布》中，作者表达了对紫藤萝顽强生命的赞美，这里可通过唤醒学生日常生活情境，把自己摆进去，教师要注意架好文本解读的桥梁，创设与文本类似的学生能体会的生活情境，让学生设身处地体会到生命的顽强，从而达到文本教育的目的。教师还要注意让学生与教师、学生与学生的解读体验、阅读感受充分交流，共同进步。

四、教师教学——课堂教学的指向与升华

教师在教学中对文本的解读，不再是简单的读者视角，而是阅读者和教学者的双重身份；教师在教学中对文本的解读，不再是单纯的自我理解和赏析，而是带着教学任务和教学目标的阅读和解读。教师在解读文本时要有明确的指向，从文本的文字、文学、文化入手，理解课文的内容，品味文章的语言，体会课文的写作特色，感悟文章的中心主旨等，多维度地与文本展开对话、交流、碰撞，从文本的罅隙中衍生更深的理解。教师对文本的解读，某种意义上说是一种整合，将作者视角、编者意图、学生主体有机融合，在教学中为学生的理解与创造预留更广阔的空间。因此，教师既要深入文本，又要用新的视角、方法超越文本。以《天上的街市》为例，从这篇课文的单元导语、预习、思考探究、积累拓展中判断，教学中首先要进一步巩固朗读和快速阅读的能力，其次是发挥联想与想象，感悟诗歌中大胆奇特的想象。教师可充分利用文本与牛郎织女神话原型做比较，探讨作者一改悲剧结局的意图，领悟文本中蕴含的深邃立意，作者描述着牛郎织女的幸福生活，也同样指向未来，相

信幸福、自由、美好的生活一定会实现。教师只有读出自己的发现，对文本有深刻的理解，走进课堂才会更有底气。

教师对文本进行解读还需要有包容和吸纳精神。任何人对文本的理解都不是权威的，人们在不断解读文本的过程中对教材赋予了新的理解和意义。集体备课就是一种非常有效的多元吸纳，教师在集体备课中交流互进，彼此分享，共建文本新的意义。例如欧阳修的《醉翁亭记》中，作者到底是表达“与民同乐”还是“忧虑”？当我们单兵作战无法理解文本的时候，一定要积极进行集体备课，吸纳备课组成员的不同见解，求证、释疑，共研、共建，与自身的解读形成互补，让文本解读真正发生。

作为一名农村初中语文教师，我们要不断提升解读文本的能力，架好学生与文本对话的桥梁，引领学生走进丰富的文本世界，提升学生的语文核心素养。

参考文献

[1] 黄友芹. 浅析初中语文文本解读的有效角度 [J]. 初中生世界，2020 (44)：32-33.
[2] 高碧珍. 中学语文文本解读存在的问题及其对策解析 [J]. 课外语文，2019 (6)：2-3.

（常德市桃源县漆河镇中学）

论“双减”背景下初中语文教学的减与增

向　骥

摘　要：2021 年 7 月，中共中央办公厅、国务院办公厅印发《关于进一步减轻义务教育阶段学生作业负担和校外培训负担的意见》，要求各地区各部门结合实际认真贯彻落实。对于初中语文教学而言，减轻学生作业负担绝不是简单的“一刀切”，而是要综合考虑学生语文学习的主、客观情况，做到课堂内外两手抓，不把减负当形式，为学生减负的同时，增强学生的语文能力，提高学生的语文素养。

关键词：“双减”；初中语文；教学；课堂作业；经典阅读

2021 年可谓中国教育的改革年。4 月，教育部办公厅发布《关于加强义务教育学校作业管理的通知》，将禁止留作业作为校外培训机构日常监管的重要内容，切实避免“校内减负、校外增负”；5 月，中央全面深化改革委员会第十九次会议审议通过《关于进一步减轻义务教育阶段学生作业负担和校外培训负担的意见》，明确对存在不符合资质、管理混乱、借机敛财、与学校勾连牟利等问题的机构要严肃查处；7 月，中共中央办公厅、国务院办公厅印发《关于进一步减轻义务教育阶段学生作业负担和校外培训负担的意见》，要求切实提升学校育人水平，持续规范校外培训（包括线上培训和线下培训），有效减轻义务教育阶段学生过重作业负担和校外培训负担……在这一系列的“重拳出击”下，校外培训机构偃旗息鼓，而随着新学期的开始，义务教育阶段学校的作业减负工作也快速向前推进落实。那么在“双减”背景下，初中语文教学是否简单地给学生少布置点儿作业就行呢？当然不是，如果这样，就把减负当成了改革的目的，忽视了国家这一系列措施背后的初衷，也违背了教育的规律、丧失了教育的意义。本文在分析当前初中语文作业设计现状的基础上，试图从课堂内和课堂外两个方面对作业问题的原因和作业减负的措施进行探讨，希望能为初中语文教学、初中语文作业设计提供一定的参考。

一、明确“负担”的含义

“负担”，意为承受的压力或担当的责任、费用等。毫无疑问，这是一个非常主观的词，同样的作业内容，对于不同学生是否造成负担、造成负担的大小肯定是不同的。所以我们在进行作业减负时，必须考虑到学生的语文水平和学习的实际情况，不能搞“一刀切”。

此外，于学生而言，教育不仅包括学校教育，还有家庭教育；同样，作为受教育者，学生感受到的负担，不仅来自学校、老师一方教育者，还来自父母这另一方教育者。所以，作业减负，不能只听到学生的叫苦连天，而对家长、老师的意见置若罔闻，不能搞“一言堂”。

二、明确造成“负担”的深层原因

作业负担重，根本问题不在作业多。

当学生被沉重的作业负担压得喘不过气来时，第一个遭受诘难的就是布置作业的老师。是老师想布置那么多作业？学生做的作业越多，老师批改的作业就越多，难道老师不想轻松一点儿？不是不想，而是不能。在当前的教育环境和人才选拔机制下，高考仍是普通人改变命运的重要途径，分数仍是学生和家长最关心的教育结果，而作业作为提高分数的有效手段，怎么能减？几乎每一个送子女去学校读书的父母都有一个共同的心愿——望子成龙、望女成凤。但教育本就是一个缓慢而隐性的过程，面对父母如此迫切的心愿，成绩成了衡量教育成果最显性的标准，也成了学校、老师交给父母最好的通知单，而作业作为巩固知识、提升成绩的重要抓手，怎么能减？社会对于人才的选拔机制不变，人们对于教育的内心期望不变，教育界的“内卷”就会一直持续，义务教育阶段的减负可能就难以真正实现。所幸现在国家已经意识到问题所在，开始对义务教育积极进行改革，大力发展职业教育，相信不久的将来，我们能看到不一样的中国教育。

以上说的这些当然不是靠某个学校、某个老师就能改变的，但是，学生作业负担重，也与教师的教学密不可分，教师课堂教学有效性的欠缺直接导致了学生的课后作业负担重。想一想，老师为什么要布置那么多作业呢？正是因为他在课堂上无法保证自己的教学效果，无法让学生在课堂上实现应有的提升，才会通过课后作业这种手段来实现课堂的延伸，实现课内对课外的“入侵”。这里并不是说老师不能或不应该布置课后作业，必要、适量的作业能就学生学习的情况提供及时反馈，是学生巩固课堂所学的必需，是保证课堂教学效果的必需。所以，要想课后让学生减负，对于每一个教师而言，就必须提升课堂的有效性。

三、真正减负，课堂内外两手齐抓

（一）课堂内做到“三增三减”

1. 增方法，减知识

新课改要求课堂教学中体现三维目标，即知识与技能、过程与方法、情感态度与价值观。纵观现在的初中语文课堂，虽然备课对于三维目标都有体现，但在具体的教学实践中，往往是知识与技能的部分较多，而过程与方法的部分较少，甚至没有。正是因为这样，语文课堂中零散的知识太多，而学生又缺少有效的方法将这些零散的知识整合起来形成体系，导致对知识的掌握不牢固，只能通过课后大量作业的反复练习来加强记忆，事倍而功半。“授人以鱼，不如授人以渔”，在语文课堂上如果能多教给学生一些学习的方法，让学生用方法去统摄知识，课堂的有效性就能提高，教师教得更轻松，学生也学得更轻松，也就不需要过多的课后作业来弥补课堂上的不足了。

2. 增美育，减灌输

同样地，当前语文课堂上情感态度与价值观的部分也是不够的，或者说情感态度与价值观目标的达成普遍较生硬、不自然，比如在学习课文时，课文的中心思想、作者要表达的情感多是由老师讲出来的，而不是学生自己体会出来的。这就是因为语文课堂上的美育不够。所谓美，不应该只是眼之所见、耳之所闻、口之所尝、鼻之所嗅、肤之所感这些感官上的体验，更应该包括情感之充盈、心灵之触动、精神之震撼这些更高的层面。所以，语文的美育，除了教会学生辨别感官上的美，还要通过文本和学生形成情感上的共鸣，完成心灵上的净化，达成精神上的共识。唯有如此，学生才能真正懂得美，才能真正懂得语文的美，也才能真正生发学习语文的兴趣和动力。学生学习的兴趣和动力多了，负担自然就少了。

3. 增思考，减套路

好的教育应该是解放思想的，而不是束缚思想的，好的语文教育也理应如此。受应试教育的影响，现在很多语文课堂也以考试为导向，产生了许多“答题模板”和“套话”。比如一提到比喻和拟人的表达效果，就一定会有“生动形象”，可能好些学生知道这么答，但不一定真的懂为什么是“生动形象”，仅仅是机械地写了下来。可能有老师会质疑，这些套路能帮学生在考试时拿高分，难道这样的教学不高效？从考试的角度来讲自然是高效的，但从语文素养提升的角度来讲，这并不高效，因为学生并没有因为掌握了这些套路而真正提升了自己的理解能力和鉴赏能力。那么，怎样才能增强学生的语文能力呢？让学生去思考，给他们提供思考的空间，必要时也给他们提供思考的指导。在思考的过程中，学生发现问题、分析问题、解决问题的能力得到提升，语文能力自然而然会增强。这里需要注意的是，教师不要用自己的思考代替学生的思考，尤其是现在很多老师会在备课时预设过多的问题，这就剥夺了让学生自己发现问题的机会。同时，教师也要关注在课堂教学过程中问题的生成，一方面，要引导学生自己去挖掘问题，有些学生在预习时参看一些教辅书籍就以为什么都懂了，其实不懂的地方一大堆；另一方面，这些问题才是学生的真正疑难之处，是教学的重点，抓住了它们，就可以提升课堂的有效性。

（二）课堂外作业设计应全方位、立体化考虑

1. 明确当前初中语文作业的现状

作业量大、形式单一、评价简单化是当前初中语文作业存在的主要问题。

受应试教育的影响，目前部分语文教师仍认为只有通过大量、重复的训练才能让学生巩固课堂所学知识、提高语文成绩，于是布置过多的语文作业，除了抄写生字词，还有配套的练习册；除了配套的练习册，还有印发的大量试卷。而除了老师布置的作业，有些学生可能还面临家长的“加餐”。

受制于中考这个指挥棒，相比于小学，初中语文的作业形式越来越单一，小学还有朗读、背诵、阅读、写作、实践活动等形式，到了初中，除了背诵，似乎越往高年级走作业形式越单一，且内容千篇一律。

作业本是老师了解学生学习情况的重要途径，但有些老师凡事都亲力亲为，作业必须自己批改，使得作业评价片面化、主观化，无法激起学生参与的积极性；另外，有些老师在批改作业时只判对错、打等级，缺少必要的评语，也没有就学生作业情况进行针对性的指导，难以满足学生对作业评价的期待，从而减少了学生完成作业的动力。

2. 初中语文作业应减量、提质、调结构

针对以上问题，初中语文作业的设计应该减量、提质、调结构。

减量与提质并举，减量是在提质下的减量，没有提质的纯粹减量只会让学生“放飞自我”，从而在学习上越来越怠惰；提质是减量下的提质，没有减量的纯粹提质无疑更会加重学生的作业负担，从而丧失学习语文的积极性。具体来说，老师在布置作业时一方面要有的放矢，做到每一项作业都有其指向性，不要为了布置作业而布置作业，另一方面要精选作业内容，做到既全面又有侧重，不重复、不缺失。

调结构主要包括三方面的内容：一指调整作业量、作业难度的结构，针对全班学生的学情，对不同水平的学生应布置不同时量、不同难度的作业，比如水平高的学生作业量可以大一点儿、难一点儿，水平较差的作业量少一点儿、简单一点儿；二指调整作业形式的结构，在原来的基础上减少书面作业的量，多增加一些观察型、阅读型、调查型、表演型等作业的量，以激发学生对作业的兴趣，促进其全面、均衡发展；三指调整作业评价的结构，适当减少教师评价，增加学生自评和互评，以教师评价为主，学生自评、互评为辅。

3. 初中语文作业应加强经典阅读

如果说阅读是提升语文素养的必要途径，那么读经典就可以在“必要”之外再加上“绝佳”二字。经典的文学作品以其精妙的表达、丰富的内涵成为语文教材取材的来源，更以其深厚的底蕴滋养了一代又一代的国人。虽然新课改后的语文教材增加了“名著导读”这一版块，也强调了经典阅读在语文教学中的重要性，但现在的初中生在文学经典作品的阅读上仍存在阅读时间少、阅读数量少、阅读兴趣不高、阅读太浅、缺乏阅读指导等问题。

针对阅读时间少、数量少的问题，学校和老师可以调整语文课程的安排，比如每周拿出一到两节课的时间专门给学生进行经典阅读，另外，在作业布置上可以有意识地增加阅读型的作业，无论是在校内还是校外，都给予学生在阅读上的时间保障。

针对阅读兴趣不高的问题，学校和老师可以适时地开展与阅读相关的活动，以提高学生阅读经典作品的兴趣，比如学校可以结合世界读书日开展读书节活动，老师也可以在班上开展名著阅读书目比拼等活动，以活动的形式带动阅读。

针对阅读浅、缺乏阅读指导的问题，一方面，老师得引起重视，不能把经典阅读当成可有可无、有时间就做、没时间就不做的事情，而是要有意识地引导、指导学生阅读经典作品；另一方面，老师自己也得加强学习，接受相关培训，以自己的专业素养、开阔的视野来为学生的经典阅读保驾护航。

教育是要塑造人，语文教育尤其如此，只要对教育的这个目的或意义坚信不疑，我们对于“双减”背景下初中语文教学应该减什么、增什么都能做到心中有数。

参考文献

[1] 呼啸. 关于初中语文课堂有效性教学的若干思考［J］. 文教资料，2011（15）：42-44.
[2] 顾晓芸. 初中语文作业设计现状与改进策略研究［J］. 学周刊，2021（14）：73-74.
[3] 巩尊灵. 初中生的文学经典阅读现状及改进措施研究［J］. 科教文汇，2011（35）：81-82.
[4] 蔡舒. 关于初中生经典阅读现状的调查报告［J］. 初中生世界，2017（4）：32-35.

（常德市湖师大附属德山学校）

诗歌群文阅读实现审美体验与创造

——以“文章合为时而著：由唐登临诗看时代气象”群文阅读教学为例

雍 溯

摘　要：诗歌是中华文化大花园中的一朵奇葩，也是语文课堂教学中不可缺少的重要资源。《义务教育语文课程标准（2011年版）》提到要重视培养学生广泛的阅读兴趣，扩大阅读面，增加阅读量，提高阅读品位。在语文教学中尤其要注重发展学生的思维，培养想象力，开发潜能，提高学生发现、分析和解决问题的能力，以及语文综合运用能力。而长期以来，诗歌阅读教学一直是以单篇教学为常态，单篇诗歌存在单一化、碎片化的倾向。和单篇的诗歌阅读教学相比，群文阅读能在较短的单位时间内，围绕同一个议题，选择多个文本进行阅读学习，能够弥补单篇诗歌教学的部分缺陷。本文以《文章合为时而著：由唐登临诗看时代气象》群文阅读教学为例，引导学生进行任务群阅读教学，由浅入深，不断提高学生综合阅读的能力，并通过审美体验促进创造力的发展。

关键词：古诗词；登临诗；群文阅读；教学实践

诗歌教学是语文教学中的一个重要板块，在中高考语文检测中有着不可替代的作用，检测的形式也越来越多样。在这种趋势下，诗歌教学对学生的要求也会越来越高。初中语文对诗歌板块非常重视，一方面表现为该板块在统编版教材中占了相当大的比重，另一方面表现为历年中考都对其进行考查，包括名句默写和古诗鉴赏，这部分考查共计10分，占中考语文总分的8.3%。因此，无论是从应试的角度，还是从提升学生语文素养的角度，诗歌教学都显得尤为重要。

纵观教学现状，在课堂上，不论老师在讲台上多么滔滔不绝，不少学生总是被教辅资料框住思维，缺乏主动思考和亲近古诗的能力。尽管新课改实施的时间不短，但长期以来，老师们似乎已习惯传统的单篇诗歌教学，这并不是说单篇阅读不重要，单篇精读一直重要，它是群文阅读的基础，缺乏扎实的单篇阅读基础，群文阅读就很难进行下去。可单篇阅读不能浮于表面，需要向群文阅读的方向升华。一些教师受自身知识层面不足的限制，只对诗歌文本进行简单翻译，很难引导学生体会诗歌本身的内涵；或者为了追赶教学进度，只从应试的角度出发，教授学生一些机械的答题方法，从而忽视了诗歌给学生情感方面带来的熏陶，仅将其作为工具，忽视了其人文精神。和单篇的诗歌阅读教学相比，群文阅读能够弥补单篇诗歌教学的部分缺陷。本文以“文章合为时而著：由唐登临诗看时代气象”群文阅读教学为例，引导学生进行任务群阅读教学，由浅入深，不断提高学生综合阅读的能力，促进审美体验与创造力的发展。

一、开拓阅读视野，用心选择议题

群文阅读是群文阅读教学法的简称，它是近年新兴的一种教学方法。“群文阅读教学法”指教师和学生围绕同一个议题，选择多个文本，在较短的单位时间内，通过集体构建达成共识的教与学的活动。一般来说，议题就是一组选文中所蕴含的可以供师生展开讨论的话题，议题就是选文的依据，议题的选择包括主题、题材、作者、艺术手法等内容。在群文阅读教学中，议题可供师生共同讨论，让学生有话可说。

纵观统编版教材和历年中考，诗歌板块多是怀古咏史、托物言志、山水田园、思乡怀人、边塞、送别等类型，稍有涉及登临诗，但不成系统，笔者通过课前调查，发现学生对“登临”比较陌生，甚至无法说出《登飞来峰》等诗歌的题材类型。笔者在大量阅读并结合学情的基础上，按照“题材分类法”，将议题定为“由唐登临诗看时代气象”。其中有两个关键词，一个是“唐登临诗”，一个是

“时代气象”。登临诗众多，既有同一时期不同诗人的登临诗，也有不同时期不同诗人的登临诗，有些诗人历经两个时期，甚至还有不同时期同一诗人的登临诗。在覆盖面特别广的情况下，想要进行全面的深度教学，有限的时间内显然是不能实现的。于是笔者选择融合“时代气象”这一关键属性，作为基本教学点设计教学，体会同一时代不同时期诗人在表情达意时的不同。

二、甄选经典作品，悉心整合文本

群文阅读教学是相对传统单篇阅读教学而言的，群文阅读教学法的关键就是“多文本”。蒋军晶教授指出，群文阅读教学法并不单纯只是教学生多学几篇文章，增加学生的阅读量，开展群文阅读是为了教授学生单篇阅读很难完成的阅读策略，因为单篇诗文往往呈现单一、碎片的观点和方向，在课堂上很难产生思维的火花。如何让诗歌不再单薄，一个重要的方法应当是让诗歌连起来。通过单篇阅读很难构建多元复杂的教学情境，但是群文阅读教学法可以做到。

文本是进行群文阅读教学的载体，文本选择是否恰当直接影响群文阅读的教学效果，因此，不论是教师自选，还是学生分组自选、教师指导，在实施的过程中教师的作用都至关重要。总的来说，选择恰当的文本对教师的阅读量和对文本的把握提出了较高要求。

有效整合文本是开展群文阅读的前提条件。学生阅读相关联的多个文本，通过梳理整合、勾连比较，可以促使学生在多文本阅读中关注其知识建构、文化走向、语言特征以及写作方法等，使学生能够从读懂单篇到读懂一类。在确定好议题后，笔者整合了一组不同诗人在唐朝的不同时期的登临之作，分别为初唐陈子昂的《登幽州台歌》、盛唐崔颢的《黄鹤楼》、安史之乱后历经中唐的杜甫的《登高》。先把三首诗歌“群”在一起进行勾连鉴赏，理解同时代不同时期登临诗的异同，感受时代气象，然后利用盛唐崔颢的《黄鹤楼》和李白的一则趣闻，拓展课外的李白的《登金陵凤凰台》与崔颢的《黄鹤楼》进行赏析，感知同时期不同诗人登临意趣的不同，以激发学生的阅读兴趣。

这种“群”的组合是在教师广泛而深入阅读的基础上，从诗歌的题材入手，把“登临”和“时代气象”课内外诗歌勾连起来，通过认识一篇而把握一类，从而发现诗句的魅力，既是属于诗人个人的，又是属于那个时代的，人和社会同频共振。

三、紧抓思维碰撞，精心设计活动

在选定议题、有效整合文本之后，精心设计学生活动尤为关键。在传统的教学中，教师在课堂中占据主导地位，在“群文阅读教学法”下，教师一般起引导作用，不再是知识的“灌输者”，要让学生独立思考，得到思维的锻炼，让学生通过巧妙组合多文本来引导他们自主探索，从宏观上比较分析不同文本的一个点，在交流讨论和展示中将自己碎片、单一化的发现和感悟同小组成员的理解和感悟进行比较、勾连、整合，最终吸收和生成。在学生充分讨论的基础上，教师需要通过精心设计巧妙的问题和学生活动来引导学生独立思考，并在组内产生思维火花。

在“文章合为时而著：由唐登临诗看时代气象”诗歌群文阅读教学设计中，笔者设计了下列活动，开展群文教学：

首先，以一个“猜一猜”小游戏为导入，激发学生兴趣，然后让学生自由诵读《登幽州台歌》《黄鹤楼》《登高》，让他们找出三首诗歌的共同点，明确这三首诗的题材——登临诗，并出示登临诗的定义，联系所学，回顾学过的登临诗。

其次，出示登临诗的一般创作思路，从而联系到要学的三首登临诗。三首登临诗产生于不同的时间地点，均艺术地再现了所望之景。教师引导学生完成表格，明晰三首登临诗的地点和景物。一切景语皆情语，学生通过用诗意的语言描绘画面，从点到面，抓住三首诗的感情基调均是忧伤悲凉的。此时教师提出一个关键问题：这三个诗人都是来自唐朝，而每一位诗人都处于唐朝的不同阶段，陈子昂来自初唐，崔颢来自盛唐，杜甫历经了盛唐和中唐。那来自同一时代不同时期的三位诗人的悲伤又有何不同呢？提出该问题后，学生兴致勃勃，笔者给学生提供三个资料包，让学生自行抽取，获得理解诗歌的依据。三个资料包分别是三首诗歌的创作背景和诗人生平。教师再带领学生回顾关键问题，学生结合资料包，抓住诗歌中有着丰富意蕴的字、词、句进行自读、合作交流。

最后，通过比较勾连最终吸收和生成：诗句的魅力，既是属于诗人个人的，又是属于那个时代的，人和社会同频共振，人在不同的时代里，所表达的情感会各有不同。初唐的陈子昂少有凌云志，作为大唐帝国建立后成长起来的知识分子，胸怀大志，梦想施展自己的政治抱负；盛唐的崔颢哀而不伤，在盛唐气象下慷慨而歌，无论悲喜，皆无拘束；而历经安史之乱，转入中唐，杜甫却道出了大唐帝国的钢骨折断之声，沉郁而又顿挫，忧愁而又感伤。

四、拓展课后文本，细心提升能力

学生完成精心设计的教学活动之后，继续完成自我集体建构，教师需要立即拓展同类诗歌，将品读延伸到课外，以巩固强化学习效果。上文提到初中统编版教材诗歌占比较大，学生有一定的诗歌阅读量，具备了一些鉴赏能力，也掌握了一些鉴赏方法，将同类诗歌拓展到课外，能够提升学生的语文核心素养，实现审美的体验和创造。

因此，学完本组群文诗歌后，笔者最后出示盛唐崔颢的《黄鹤楼》和李白的一则趣闻，布置课外将登临作品《登金陵凤凰台》与崔颢的《黄鹤楼》进行比较赏析，感知同时期不同诗人登临意趣的不同。

以上是笔者对诗歌群文教学实践的初探。群文教学是近几年来兴起的一种新型教学方法，老师们在实践时，要重视阅读的积累；在确定议题和整合群文时，要有一个合理并且科学的规划，不求多，只求精；对学生要加强引导，要充分发挥学生的主观能动性，在实践过程中让群文阅读的价值最大化。群文阅读教学法在实践过程中还缺乏更深层次的理论指导，还需要我们在今后的教学中进一步研究、积累和实践。

参考文献

[1] 中华人民共和国教育部. 义务教育语文课程标准（2011年版）[M]. 北京：北京师范大学出版社，2012.

[2] 蒋军晶. 让学生学会阅读：群文阅读这样做 [M]. 北京：中国人民大学出版社，2016.

[3] 王荣生. 阅读教学设计的要诀 [M]. 北京：中国轻工业出版社，2014.

[4] 王荣生. 语文课程教学概论 [M]. 北京：高等教育出版社，2007.

[5] 毛双宏. 登高能致远：以《登高》为例谈古诗文“群文”阅读教学 [J]. 语文教学通讯，2020（16）：39-41.

（长沙市高新区雅礼麓谷中学）

新时代中学环境教育四论

靳　星

摘　要：我国新时代中学环境教育一要学习贯彻习近平生态文明思想，适应生态文明建设对人才培养的需要；二要坚持立德树人，把环境道德教育摆在突出地位，强化环境教育的德育功能，认识环境品德是立德树人的重要组成部分，明确环境道德教育的基本任务；三要注重方式方法，在明理上下功夫，使学生不但知其然，而且知其所以然，同时在引导上下功夫，发挥好模范人物、教师和学生优秀事迹的示范引导作用，还要在养成上下功夫，帮助学生形成有利于环境的良好生活习惯；四要开发利用乡土资源，打造出环境教育校本课程特色。湖南师范大学附中博才实验中学开发实施的以水为媒，聚焦水环境保护地理环境教育校本课程，对此做了有益探索。

关键词：新时代；中学；环境教育

新时代我国中学环境教育必须体现应有的政治站位和价值追求，凸显立德树人要求，改进方式方法，打造校本课程特色。

一、学习贯彻习近平生态文明思想，适应生态文明建设对人才培养的需要

我国的环境教育起步于20世纪80年代第一次全国环境保护大会，从起步到现在可划分为三个阶段：一般面向环境问题的阶段、面向可持续发展的阶段和面向生态文明建设的阶段。伴随着国家重大改革发展战略的实施，前进的脚步清晰可见，尤其是党的十七大提出“四大建设”，将生态文明建设列入其中，并提出通过教育在全社会树立生态文明观念以来，其前进的脚步更加坚实有力。进入新时代，基于对经济社会发展与生态环境保护辩证关系的深刻洞悉，基于生态文明战略地位的提升，党和国家对环境保护日益重视，对环境教育日益重视，对基础教育的环境教育日益重视。今天，中学环境教育必须立足新时代生态文明建设高度，适应生态文明建设对人才培养的需要，唯有这样，才能体现中学环境教育应有的政治站位和价值追求。

立足生态文明建设高度，适应生态文明建设对人才培养的需要，开展中学环境教育，必须以习近平生态文明思想作为根本原则，学习贯彻习近平生态文明思想，尤其是习近平关于绿色发展理念系列重要论述精神。绿色发展理念作为习近平生态文明思想的组成部分，内涵丰富、博大精深，是一个有机体系，主要包括人与自然和谐共生的理念、敬畏尊重顺应保护自然的理念、发展与保护相统一的理念、绿水青山就是金山银山的理念、自然价值与自然资本的理念、空间均衡的理念、山水林田湖草沙是生命共同体的理念、良好生态环境是最普惠民生福祉的理念等。[1]我们要通过环境教育将绿色理念的种子从小植入孩子的心灵，使孩子逐步成长为既有保护生态环境之思想觉悟，又有保护生态环境之知识和技能，认同绿色发展方式，践行绿色生活方式的人。

为了帮助学生树立绿色理念，我主持开发了由一门校本选修课和系列野外实践考察构成的环境教育校本课程。该课程紧紧围绕水环境保护的主线展开，第一课堂与第二课堂相结合，师生互动，家校联动，重体验，寓教于乐，效果良好。

二、坚持立德树人，把环境道德教育摆在突出地位，强化环境教育的德育功能

教书育人，德育为先。在环境教育中也要坚持环境德育，即以环境道德教育为先，无论是学校环境教育还是社会环境教育，无论是大学的环境教育还是小学中学的环境教育都是如此。为什么？理由主要有两点。其一，立德树人，促进学生全面发展是学校教育的根本任务。全面发展，德是根本，是

解决培养什么人，为谁培养人，如何培养人的根本。它事关“三观”，“三观”是人的思想的总开关，如果一个人“三观”出了问题，他的本事越大，对社会、对民族、对国家造成的危害就严重。然而德的内涵十分丰富，其中便包括伦理道德，而伦理道德既指向人与人的关系，也指向人与自然的关系，是调节人与人、人与自然关系的规范的总和。无论是人与人的社会关系，还是人与自然的生态关系，实质上都是利益关系，或者说是以利益为基础和纽带的关系，尽管调节人与自然关系的行为规范和调节人与人关系的行为规范有区别，但并非截然分离，因为人与自然的关系处理不当必然会触及人的利益，对人造成危害，影响人与人的关系。人与自然的种际不正义，必然导致人类的代内和代际不正义，人类对自然界做了什么，也就对自己做了什么。由此可见，作为调节人与自然关系行为规范的环境道德是伦理道德的应有之义，立德亦要立环境品德，树人也要树环境品德良好的人，否则我们的伦理道德便是残缺的、不健全的。由此可见，环境道德教育是学校德育的有机组成，必须纳入学校德育工作的总体规划，做好顶层设计，并通盘考虑，有序推进。同时，必须把环境道德教育摆在学校环境教育的突出地位，强化环境教育的德育功能，在环境教育中将知识与技能的传授转化为情感态度与价值观的修养过程，否则环境教育就没有灵魂，就会失去方向。

其二，环境道德教育是中学环境教育的薄弱环节和短板。党的十八大以来，中学对于环境教育的重视程度越来越高，措施越来越实，取得的成效越来越显著，但也有许多不足，其中之一便是在环境教育中仍然普遍存在重知识和技能传授，轻情感态度与价值观修养的倾向。与此同时，学界对于中学环境道德教育的研究也相对滞后。据文献检索，截至 2020 年，研究中学环境道德教育或中学环境伦理教育的专著仅 2 部，期刊论文 34 篇，学位论文 36 篇，而研究环境教育的著作 62 部，研究环境教育的期刊论文 5014 篇，研究环境道德教育、环境伦理教育的期刊论文和学位论文分别为 347、146 篇，且已有研究中学环境道德教育的成果均存在这样或那样的问题，要么站位不高，要么缺乏深度或针对性，要么视野过于狭窄，有的甚至只是经验性的总结和介绍，难以发挥对中学环境道德教育应有的参照、启发和指导作用。这种状况必须改变。

为了把环境道德教育摆在中学环境教育的突出地位，强化环境教育的德育功能，除了提高对其重要性的认识之外，还要明确中学环境道德教育的基本任务。中学环境道德教育的基本任务可概括为如下五个方面。

育一种意识——对环境问题的忧患意识。培育中学生的环境忧患意识要从使他们关注环境问题开始，初中生要关注家乡所在区域和国家的环境问题，并有参与环境保护工作的强烈愿望，高中生则要在反思个人行为和人类活动对环境影响的基础上，从关注家乡所在区域和国家环境问题开始，进一步关注全球环境问题，并积极参与环境保护实践。无论是面对初中生还是高中生的环境教育，我们都必须做到：让学生了解环境问题表现的多元性，如气候变化、生物多样性减少、臭氧层空洞、荒漠化、环境污染等，而环境污染又有水污染、空气污染、土壤污染、噪声污染和光污染等；让学生了解到环境问题成因的复杂性，人为的或自然的原因都可能引起环境问题，今天我们所面临的环境问题主要是人为引起的，如粗放式的经济增长模式、不合理的消费方式等；让学生了解到环境问题后果的严重性，环境问题不但会影响到经济社会的可持续发展，而且会对人的生命安全和身体健康带来直接危害。我们进行学科渗透式环境道德教育，在讲授湘教版地理八年级上册第三章“中国的自然资源”第四节“中国的海洋资源”时，教师会设计“听，这是海哭的声音”的环节，通过垃圾污染、工业废水污染、石油泄漏污染等案例的展示，让学生深刻意识到海洋污染的严重性及海洋保护的迫切性。

育一种态度——敬畏和尊重自然的态度。中国特色社会主义进入了新发展阶段，构建新发展格局，必须坚定不移地贯彻包括绿色发展理念在内的新发展理念，使之内化于心，外化于行。如前所述，绿色发展理念包括敬畏尊重顺应保护自然的理念。敬畏和尊重自然是我们对自然应当持有的最基本的态度，对于自然，只能在态度上敬畏之，而不是鄙视之、蔑视之，尊重之，而不是无视之、轻视之，才能在行动上顺应之、保护之，而不是忤逆之、践踏之。比如我们进行主题体验式环境道德教育，在带领学生前往张家界进行“山水相依，绿色守望”湘西山区森林植被与水环境保护野外实践考察时，会设计“张家界的前世今生”板块，先让学生亲身感受张家界的壮观秀丽，教师再实地讲解这里以前是一片波涛翻腾的汪洋大海，经历了约 3 亿 8000 万年的漫长洗礼，才形成了今天闻名于世的砂岩峰林峡谷地貌，让学生深刻意识到大自然的鬼斧神工，培养学生敬畏和尊重自然的态度。

育一种情感——热爱自然的情感。2017年习近平在参加首都义务植树活动时强调，植树造林，种下的既是绿色树苗，也是祖国美好的未来。要组织全社会，特别是广大青少年通过参加植树活动，亲近自然、了解自然、保护自然，培养热爱自然、珍爱生命的生态意识。[2]人源于自然，自然孕育了人类，供养了人类，这种孕育和供养是无言的奉献。人与自然有着血脉之亲，这一血脉之亲无法斩断。热爱自然的情感是感恩之情、眷恋之情、崇仰之情，在中学，培育学生热爱自然的情感，除了要组织学生开展各种主题活动亲近自然之外，更要注重课堂教学，注重从学科教材中发掘相关资源，例如语文、美术、音乐等学科的教材中都有不少文学艺术作品是直接描写、讴歌自然的，教师可以通过对这些作品的讲授，提升学生对自然的审美情趣和鉴赏能力，从而激发学生对自然的向往与热爱。同样，地理学科也有很多的相关资源，比如我们学习湘教版地理八年级下册第五章“中国的地域差异”第三节“西北地区和青藏地区”时，就会在课前展示西北景观图片和王维《使至塞上》这首诗，配上轻音乐，让学生齐声有感情地诵读，在图片、诗句和音乐中感受西北的辽阔、壮丽，激发学生对西北地区的向往和热爱之情。

育一种观念——人与自然和谐共生的价值观念。人类一直与自然共生着，但在很长的历史时期中，这一共生是不和谐的，要么以人对自然界的屈从、逆来顺受，受自然必然性的盲目支配，对自然进行膜拜为前提，例如原始文明时期；要么以人类对自然掠夺性、破坏性开发引发区域性、全球性生态危机，蒙受自然界的惨烈报复为代价，例如农业文明和工业文明时期。不和谐的共生是脆弱的、不可持续的，要想实现人与自然的和谐共生，就必须建设生态文明。我们要通过环境教育使学生知道，人与自然和谐共生是人与自然关系的理想状态，是生态文明的本质特征，是生态文明建设的终极目标；生态兴则文明兴，生态衰则文明衰。正因为如此，我们非常重视通过教学帮助学生树立人与自然和谐共生的观念，比如在学习湘教版地理八年级下册第八章第五节“黄土高原的区域发展与居民生活”时，就通过黄土高原的环境变迁、经济发展、居民生活的历史与现实对比，形象地讲述了上述的观点。

育一种精神——环境保护人人有责的担当精神。天下兴亡，匹夫有责，环境保护便事关天下兴亡。在中学开展环境教育最终的落脚点是使学生在道德认知上明白环境保护人人有责的道理，从而帮助学生树立环境保护人人有责的担当精神。这个道理主要包括三点：一是环境污染人人难脱干系，每一个人都可能做出有害于环境的行为，比如乱扔垃圾；二是环境污染人人难逃其害，比如雾霾就无孔不入；三是环境保护人人都可以有所作为，比如节约用水、用电有时就是举手之劳。学生只有明白了这些道理，才可能将环境保护视为自己应尽的责任，并在日常生活中践行之。我们的环境教育就特别注重对学生上述担当精神的培养，比如在组织学生前往洞庭湖进行“关爱生灵，共护水源”洞庭湖湖区濒危动物与水环境保护的野外实践考察中，有计划地带领学生走进芦苇荡、踏上渔政船，深入了解环保专业工作者和志愿者的环保事迹，教育学生环境保护不仅是环保专业工作者和环保志愿者的事情，也是大家的事情。

以上五个方面的培育工作在学校教育中是一个持续连贯的过程，无论是对环境问题的忧患意识、敬畏和尊重自然的态度，还是热爱自然的情感、人与自然和谐共生的价值观念、保护环境人人有责的担当精神，应初步形成于小学教育阶段，基本形成于中学教育阶段，并在大学教育阶段得以全面形成和巩固，中学教育阶段在其中起着承上启下的重要作用。

三、注重方式方法，在明理、引导、养成上下功夫

一是明理。亚里士多德说：“人是理性的动物。”人是一种理智存在物，大多数人最终只会服从真理正义。马克思认为，理论只要彻底，就能说服人。所谓理论的彻底，即理论与实际相符，并且在逻辑上自洽，一以贯之。只有彻底的理论才能说服人，为人所接受。伦理道德与法律不同，法律对人的行为具有外在的强制性，而道德教育必须晓之以理，使人产生共鸣与认同，才能对人的行为产生规范作用。

中学生对“保护环境”“资源节约”“热爱自然”“珍惜生命”等词汇并不陌生，老师在课堂上

经常这样教导他们，并要求他们做到，但如果只是停留在一般的要求上，很容易被学生视为灌输说教，产生不了应有的教育效果。正确的方法是要明理，使学生不但知其然，并且知其所以然，在理性层面加以接受。以垃圾分类为例。2017 年，国务院印发《生活垃圾分类制度实施方案》，由此从中央到地方，垃圾分类开始全面实施，相关工作迈出了实质性的步伐。尤其是在学校，“垃圾分类从娃娃抓起”，各种关于垃圾分类的教育教学活动有声有色地开展，可是只告诉学生必须对垃圾进行分类以及如何进行分类是不够的，还必须让学生明白为什么要进行分类，以及不进行分类会造成什么样的严重后果，这些后果不但会对国家、城市、社区、公众带来危害，而且会对自己和家人带来危害，只有这样才能使他们自觉践行垃圾分类要求，形成垃圾分类习惯并影响家人。具体做法可概括为如下四个环节：一是使学生知道，我国已成为世界上“垃圾制造”最多的国家之一，且增速很快；垃圾包括生产垃圾和生活垃圾，其中生活垃圾占比很大。二是使学生知道，人人都是垃圾制造者，在教师指导下以班会讨论、撰写心得体会等方式让学生反思自己都在哪些方面制造了垃圾，哪些垃圾可以减少，哪些垃圾可以避免。三是使学生知道，由于垃圾处理不当，我们付出了沉重的代价，包括资源、环境、身体健康和生命安全等方面的代价，如随意地掩埋和焚烧垃圾会释放有毒物质，污染空气、水源和土壤，并进入人体导致各种恶性疾病。四是使学生知道，垃圾是“放错了地方的资源”，无论是生产还是生活垃圾中都有宝贵的资源，只有对垃圾进行分类，才可能有效地对垃圾进行无害化处理以及再生利用，最终转化为社会财富。只有这样围绕垃圾分类对学生展开环境教育，才可能在丰富学生环境知识的同时，培养学生视节约为荣，浪费为耻，视按规定进行垃圾分类回收为荣，乱扔垃圾为耻的荣辱观，提升学生的环境道德水平。

此外，明理还要注意三点。其一是注意情理交融。明理需要有缜密的逻辑，需要把理从纷杂的现象中抽离出来，进行提炼，使其中的关系透彻清晰，但“理也者，情之不爽失也，未有情不得而理得者也”[3]，明理要带有情感，有情感承载的理论观点才容易被人接受，有情感共鸣的教育才能收到好的效果。其二要注意通俗性。做到紧扣教材，因材施教，深入浅出，有的放矢，促进理论的生活化。其三要注意师生的互动交流，在师生互动交流中循循善诱，因势利导，激发学生的学习兴趣，调动学生的学习主动性。

二是引导。这里讲的引导是榜样的引导。榜样的近义词有模范、楷模、典型、标杆等。中学环境教育的对象是青少年，发挥好榜样的引导作用十分重要，因为青少年处在成长期，可塑性大，模仿力强，“近朱者赤，近墨者黑”效应尤其显著。为在中学环境教育中发挥榜样的引导作用，作为教育者的教师一要注重在评选出的“感动中国人物”、各级“劳动模范”“优秀党员”“道德楷模”等中发掘在环境保护方面的榜样人物，向学生宣传推介；二要以身作则，率先垂范，在践行环保上成为学生的学习对象；三要善于在学生中发现践行环保的先进人物或先进事迹并进行表扬奖励。

三是养成。这里讲的养成指对生态环境有益或无害生活习惯的养成。叶圣陶说：“什么是教育，简单一句话，教育就是养成良好习惯。”对生态环境有益或无害生活习惯的养成，一要着眼于小，润物无声，潜移默化，久久为功。二要重视对自然的感悟，让学生多走近自然、亲近自然，接受自然的熏陶。三要重视参与，组织学生参加形式多样、力所能及的环保志愿者活动。

四、开发利用乡土资源，打造校本课程特色

“学科渗透式”和“主题体验式”是中学开展环境教育的两种基本方式。如果说学科渗透式环境教育要重在对国家和地方教材的把握，那么主题体验式环境教育则要重在校本课程建设，重在开发利用乡土资源，打造校本课程特色，做到一校一特色，并长期坚持，不断拓展。湖南师范大学附中博才实验中学地理环境教育校本课程以问题为导向，研学并举，教学相长，效果良好，为中学地理环境教育校本课程建设做了有益的探索。该校地理环境教育校本课程由一门校选课和系列野外实践考察课构成，校选课编写了《人与自然之水环境》教材，野外实践考察课则分别为“山水相依，绿色守望”湘西山区森林植被与水环境保护，“关爱生灵，共护水源”洞庭湖湖区濒危动物与水环境保护，“耕耘希望，传承文明”紫鹊界稻作文化与水环境保护，“草原牧歌，放飞梦想”南山高山草原植被与水环境保护四个板块。四个板块的组合以水和水环境保护为主线，形成了一个有机的开放性整体。该校

地理环境教育校本课程是由地理学科牵头，相关学科协同进行的，其最大的特色或亮点就是始终紧紧围绕“水”与“水环境保护”做文章。之所以要“以水为媒”，聚焦水环境保护，根据该校自己的思考，原因主要有五点：一是地球是“水球”，水是生命之源；二是我国是淡水缺水型国家，并且分布不均，不少地方处在严重缺水或极度缺水状态，且水环境污染状况堪忧；三是湖南省一方面一湖四水，水资源丰富，另一方面水患频频，年年抗洪，水情就是省情；四是水是学生每天都要接触到的东西，每天都要饮水、用水，水与生活休戚相关；五是中学许多学科使用的国家和地方教材中大量内容涉及水，例如地理学科初高中湘教版教材与水相关的内容高达 47% 左右。该课程设置的基本目标是帮助学生树立“四观”：“绿水青山就是金山银山”的发展观，“山水林田湖草沙是一个生命共同体”有机联系的自然生态观，护水就是守护生命、守护家园的价值观，水环境改善需要综合施策的治理观。该课程开发实施的意义可归纳为三个旨在：旨在适应新时代生态文明建设对人才培养的需要；旨在落实立德树人，促进学生全面发展；旨在培养学生地理学科核心素养——人地协调观。

参考文献

［1］刘湘溶. 生态文明六章［M］. 北京：中国社会科学出版社，2020.

［2］新华网. 习近平：把造林绿化事业一代接着一代干下去［EB/OL］.（2017-03-29）［2021-01-30］. http：//www.xinhuanet. com/politics/2017-03/29/c_ 1120720192. htm.

［3］戴震. 孟子字义疏证［M］. 北京：中华书局，1982.

［4］习近平. 决胜全面建成小康社会夺取新时代中国特色社会主义伟大胜利：在中国共产党第十九次全国代表大会上的报告［M］. 北京：人民出版社，2017.

［5］刘湘溶，罗常军. 生态文明建设视域下的环境教育［M］. 长沙：湖南师范大学出版社，2017.

［6］曾建平. 寻归绿色：环境道德教育［M］. 北京：人民出版社，2004.

［7］韩梅. 中学地理学科中环境伦理教育研究［M］. 北京：北京师范大学出版社，2010.

［8］史威，李久生，朱捷. 论中学环境伦理教育存在的问题及解决途径：基于学科课程的交叉渗透［J］. 教学与管理，2013（24）：142-145.

［9］史威，朱捷，李久生. 论不同学科在中学环境伦理教育中的功能和地位［J］. 江苏教育学院学报（自然科学版），2012，28（2）：48-51.

［10］韩梅. 中学地理学科的环境伦理教育内容体系构建［J］. 课程·教材·教法，2009，29（6）：70-75.

［11］饶晗. 美丽中国建设视域下青少年环境道德教育研究［D］. 重庆：西南大学，2016.

（长沙市湖南师范大学附中博才实验学校）

初中地理课堂互动教学的实施策略研究

焦智婕

摘　要：在社会快速变迁的大环境下，教学模式也在持续发展和变化，互动教学不断被运用到课堂中，也逐渐被师生接纳和理解。互动教学作为新的现代教学模式，中学教师开始探讨如何让互动教学在课堂教学中发挥最大的作用。我们要关注互动教学的发展和趋势，结合当前的时代背景和教育现状，对互动教学进行灵活合理的运用，以应对教学中的诸多考验和挑战。

关键词：互动教学；初中地理课堂；实施策略研究

一、绪论

（一）研究背景

各相关要素在地理教学系统中互相联系、互相影响，要使整个系统的功能达到最优，必须有效地发挥各要素的作用；在初中地理教育中占据主导地位的是课堂教学，进行活动的过程就是教师的教学和学生的学习，学生在课堂上被教师引导，以师生互动的形式促进课堂教学，使学生各方面都得到发展，因此，有效的互动是优化地理课堂教学的重要方法。[1]

时代不断发展，每个时间段都有着不同且多样的教学模式，要满足地理课堂的教学需求，不能只使用单一的教学方法，因为单一的教学方法不能适应日益变化的社会发展需求，所以，教育者为了提高教学效率，不断尝试新的教学方法，使教学方法实现了创新和突破并且在不断提升。[2]“倡导学生主动参与、乐于探究、交流与合作的能力”，“教学过程中，应与学生积极互动”是《基础教育课程改革纲要（试行）》所指出的具体目标，这也要求地理学习方式改变，不应该以传统的“教师、教材、教案”为课堂中心，应该打造学生积极参与的互动课堂，必须以学生为主线，在这个过程中强调互动教学的有效性。[2]教师是为社会培养人才的，虽然目前课堂强调要以学生为主体，但是教师在课堂互动中发挥了很大的作用。受各种因素限制，教师依旧脱离不了传统的互动模式，难以从根本上改变教师与学生之间的关系，有时很难使学生处于主体地位，同时也很大程度上限制了学生与学生之间的互动，因此研究初中地理课堂互动教学实施策略具有现实意义。

（二）研究意义

互动教学方式多种多样，但是如何将互动教学发挥出最大效用，还需要进一步研究与整合。目前来说，对初中地理课堂有效性的互动实施策略的专门研究相对较少，特别是学生与学生之间的互动。本文有利于深化研究课堂有效互动，有利于丰富对初中地理课堂互动现状的认识，完备实施互动式教学有效性的方法和策略。通过文献法、调研法等方式为提升初中地理课堂交叉互动式教学提供了有效的策略。

有利于实施新课改，提高初中地理课堂的教学质量，培养学生学习兴趣与学科素养，促使教师不断提升专业技能。

（三）国内外研究现状

对教学系统中的人际关系的研究是国外对互动教学的主要研究对象，研究方向主要有教育学、心理学、教学论等，研究成果极为丰富；以问答的形式指导学生，从而使他们获得正确答案，这是苏格拉底所倡导的“启发式”教学。1933 年普莱西出版的《心理学与教育》讨论了青少年被教师、课堂等社会氛围所影响；研究时间早、研究范围广、有专门的研究领域是国外课堂互动研究的特点，其中有很大影响的研究主要有：互动策略研究、互动分类、师生互动、互动模式。[1]

国内师生互动相关研究起步较晚，起步于20世纪90年代左右，主要集中于师生互动的分类、互动模型和影响因素方面。[3]

二、初中地理课堂互动教学实施存在的主要问题

互动作为重要的行为方式在现代教学中被实施，从古至今，很多教育先贤都强调互动的作用；近现代以来，教学互动的作用与意义随着教育教学的发展逐渐体现出来，传统的授受式教学理念与模式开始被互动教学替代，互动教学逐渐成为主流。[6]然而，根据目前的课堂教学情况来看，初中地理课堂互动教学实施主要存在以下问题：互动教学应用不够普遍、互动教学应用难度大、学生不能发挥课堂主体地位。

（一）互动教学应用不够普遍

在传统观念中，教师是教育的引导者，作为“园丁”传播正能量，为学生讲解知识；在课堂教学中，教师主动发起教学，学生被动接受学习，这样的教学方式被长期应用在课堂中，这会使学生一直处于被动学习的状态，甚至会导致学生学习兴致下降。[9]

新课改要求在课堂上教师要处于主导地位，而不是占据主体地位。互动教学能很好地改变课堂上以教师为主体这一状况，但是互动教学在初中地理课堂中的应用仍然不够普遍。那么，哪些原因导致初中地理课堂中互动教学应用不够普遍呢?

首先，就整堂课而言，部分新教师在不熟悉教学过程的情况下，仍会选择传统的教学模式，比如讲授以及板书，一整堂课下来，没有与学生进行互动，从而造成了课堂以教师为主体的局面。在逐渐熟悉课堂后，新教师才会循序渐进地与同学进行简单的互问互答。只有当教师有足够的教学经验后，才能有效地将互动教学融入课堂中，互动行为也从简单的教师问学生答，逐步升级到学生提问学生回答或者学生提问教师和学生共同讨论回答。

其次，就互动次数而言，部分教师为了响应新课改的实施，在课堂中实施了互动教学，但是每堂课互动的次数少、时间短，并且教师提问的问题只依赖课本，这就导致互动教学并没有在课堂中发挥出它的作用。互动应该是双向的，而不是单边的，这样的互动学生参与度不高，学生对地理课堂的兴趣并没有得到提高，也不利于学生创新性思维的发展。

最后，地理这门学科涉及范围较广，要把互动教学应用到初中地理课堂中，需要教师拥有极高的教学素养以及广博的知识面。因此，对于新教师或者教学经验不足的教师来说，把互动教学有效地运用到课堂是一项极大的挑战。

因此，要改善互动教学在课堂中应用不普遍这一问题，需要鼓励教师们把互动教学带入课堂中，并且发挥出互动教学的最大效用。

（二）互动教学应用难度大

互动教学在初中地理课堂中应用难度较大，主要受以下几个方面影响：学生差异、耗时较长、互动不均等、课堂氛围等。

同一年龄段的学生在心理上和生理上都存在着差异，教师不仅要考虑每个学生的知识能力，还要考虑学生对外界认知存在的差异，所以教师在设计课堂互动教学时，需要考虑很多因素。教师要考虑到知识水平较低的学生，让每个学生都参与，如果课堂互动设计超过了学生能接受的水平，可能会造成学生学习兴趣下降，甚至导致整堂课效率低下。当然，教师也要考虑到知识水平较高的学生，需要设计难易程度不同的互动，保证知识水平较高的学生对课堂的兴趣。在生生互动时也要注意学生之间的差异，要让每个学生都参与到活动中来。因此生生互动时，教师也要起主导作用，特别是要考虑到学生心理上的差异，部分学生可能过于活跃，部分学生可能过于内向。对于过于活跃的学生，教师要适当干预互动过程，避免互动朝着课堂以外的方向发展；对于过于内向的学生，教师要鼓励他们积极参与互动。

耗时较长。首先，就教师的课前准备来说，要将互动教学较好地融入初中地理课堂，需要花费很

大的心思来设计。除了要考虑学生差异外，还要保证互动形式不单一等。在课堂教学时，相对于师生互动而言，生生互动由于各种不可控因素，特别是学生的自律性不强，会导致课堂所耗费的时间较长，所以生生互动形式应以讨论为主，这样能节约时间，也便于老师控制课堂。

互动不均等。在互动教学时，由于课堂时间有限、教学任务重等原因，课堂的互动大多为选择性互动。教师会下意识地寻找平时课堂上比较积极的学生或者知识水平较高的学生，而课堂上比较内向或者知识水平较低的学生常常会被忽略。

课堂氛围。如果教师不能很好地调动课堂氛围，那么互动教学将无法进行或者达不到预期效果。而且一般来说，初中课堂相对于小学课堂会更加沉闷，如何调动课堂氛围，使互动教学变得积极有效，是教师们需要攻克的难点。

（三）互动教学的效率较低

绝大部分学生表示愿意参与课堂互动，但是互动教学的现状仍然是互动少且互动效率低，多数教师把原因归结于学生的学习动机不强、对地理缺乏兴趣、学生性格难以参与等，把原因归因于自己的只有少数教师。互动是双方的互动，课堂互动教学效率低下，教师和学生都有不足的地方，教师作为课堂互动教学的设计者，除了要充分理解课本上的知识和在现实生活中的应用，还需要了解每一个学生。

三、提高初中地理课堂互动教学效率的对策

如上所述，初中地理课堂互动教学正面临着很多问题，这些问题或多或少影响了课堂互动教学的效率，为了提高初中地理课堂互动教学的效率，笔者提出了相应的对策。

（一）鼓励教师实施互动

互动教学虽然能够适应新课程改革提出的以学生为主体的课堂教学，但是互动教学给教师带来的更多的是压力，而不是动力。

首先，在精神层面，学校应给予教师安全感，而不是一味地要求教师实施互动教学。学校可以组织会议或者活动，让老教师和新教师一起了解互动教学，培养教师的互动意识，提升教师设计课堂互动教学的能力，以此来鼓励教师在课堂中实施互动教学。

其次，地理学科相对于其他学科来说，更接近大自然，由于时间场地的限制，没有办法实施各种实践活动，这就需要学校完善基础设施建设，特别是多媒体教学设备。教师可以通过多媒体动画演示，让学生讨论。再比如，为了让学生们意识到地震危害的严重性，教师可以通过互联网寻找相关的视频素材，运用多媒体播放给学生观看，学生分组对地震危害以及防范措施进行归纳总结，这样既能加强学生们的防灾减灾意识，又能给学生们树立正确的人地协调观念。

（二）正确运用互动教学

1. 正确选择互动内容

教师除了要思考怎样互动，还要考虑合适的互动内容。设计互动内容要注意以下三点：首先，注重生活化与趣味性。互动内容要贴近生活并且生动有趣，能让学生的注意力集中在课堂上，制造良好的课堂氛围。其次，深挖教材。教材是课堂的根本，有效利用教材上的活动和阅读专栏能丰富课堂互动内容。此外，地理教材图片较多，有的图片没有直观表达出信息，需要教师提取图片中隐藏的信息，把这些信息加以利用，会达到意想不到的效果。最后，注意重点和难点、枯燥与生动、新旧知识的整合。由于课堂时间限制，互动的重点应该是教学的重点和难点，运用学过的知识引出新的知识，运用多媒体生动形象地展示枯燥的知识。

2. 设计合适的互动问题

据笔者观察，初中地理课堂经常会出现教师提问后无人回答的现象。这主要是由于教师问题设计得不合理。一个好的提问应有利于体现“教师为主导、学生为主体”这一观念。设计互动问题，应注意以下四点：其一，了解学生差异。要结合学生的实际情况，依据教学目标以及学生的知识水平，有针对性地提出符合学生认知特点的问题。要使每个学生都得到发展，教师需要以学生的“最近发

展区”为导向来设计问题。其二，要具有启发性。为了提问而提问，会使互动教学流于形式。其三，注重问题的生活化、趣味性。让学生学对生活有用的地理，有利于提高学生学习地理的积极性。其四，开放与具体相结合。开放式问题有利于启发学生思考，但是问题也要具体明确，避免学生无从下手。

3. 合理规划课堂互动时间

首先，教师在提出互动内容后，要给学生时间思考。其次，由于课堂时间限制，教师可以设计一些思考量小的活动，这样既可以激发学生思考，也可以很好地控制互动时间。

（三）评价多元，启发思考

《普通中学地理课程标准》提出：“学校主管部门、学校领导、教师要特别重视反映学生发展状况的过程性评价，实现评价目标多元化，评价手段多元化。”学校建立校内评价体系，记录学生的成长，全面反映学生的成长过程，要做到“定量评价与定性评价相结合、终结性评价与形成性评价相结合、鼓励新评价与反思性评价相结合”。[13]

互动式教学模式仍处于探索阶段，在教学过程中，教师应迅速总结和评价教学效果，合理解决师生沟通过程中存在的问题，从而使互动式教学模式在初中课堂上发挥最大效用，使交互教学模式在我国教学方向上取得长远发展。[9]

评价机制是衡量教育成果和学习效果的好手段，因此要注意客观性和准确性。教师可以结合多种形式进行评价，活动目标是促进全体学生的进步，也要注意学生的个人差异。学生个性不同，评价方式也要有所差异，对优等生的评价方法是加强监督，使其更加完善，也要不断鼓励后进生，使他们不失去学习地理的兴趣，从而全面提高学生的学习兴趣。[5]

（四）提高互动效率

大多数初中地理教师认为学生是课堂活动和互动效果没有达到预期的原因，教师认为学生的个性和表现水平影响互动效率，但学生并不是唯一的原因，互动涉及两个主体，影响互动的因素也应该包括两个主体。[1]

教师可以从以下四个方面提高课堂互动效率。

第一，教师与学生的心理和生理都存在一定的差异，所以互动的表达一定要建立在学生的基础上，要让学生知道教师在课堂上表达了什么，并且要让学生记住表达的内容，尽量让互动表达生动有趣。

第二，联系实际生活。学生对日常生活中的事更感兴趣，把实际生活带入互动教学可以提高学生对地理的学习兴趣，互动教学效率也相应地提高，并且能让学生学到对生活有用的地理。

第三，提高生生互动比重。学生与学生之间相互提问，相互回答，能够提高学生对地理问题的思考，也能够促进同学之间的良性竞争。

第四，互动均等。课堂互动的不均会导致参与互动的学生不多，甚至总是固定的学生参与活动。为了尽可能提高学生的参与度，设置合理的分组讨论很重要，教师要依据学生的知识水平、性格特点等合理分配小组成员。

（五）全面了解初中生的心理特征和认知水平

初中生心理发展的幼稚性、封闭性和客观性，反映了中学生心理发展特点的复杂性，因而决定了教育工作者工作任务的艰巨性，并增加了教育的难度。[14]

步入中学，初中生迎来了新的科目，他们对这些既感兴趣又陌生。在接触新事物初期，他们充满自信且好奇，但随着中学学习内容的展开、深入和学习任务的不断增加，以及难度的不断加深，他们学习上惯有的思维能力不适应有深度和有广度问题学习的需要，所以心有余而力不足。[14]所以，教师必须及时给予学生适度的关注和关爱。

每个学生的认知水平不同，教师可以结合不同学生的不同认知水平设计教学提问或者安排有难易梯度的问题。例如，在学习湘教版七年级上册第四章第四节“世界的主要气候类型”的热带雨林气候时，可以设计三个问题：①热带雨林气候的分布是怎样的？②热带雨林气候的气候特征有哪些？③

热带雨林气候的植被有哪些？第一个问题难易程度较低，学生可以根据热带雨林气候分布图直接回答出，因此可以安排平时学习成绩中下等的同学回答；第二个问题难易程度较高，需要结合“气温和降水”的知识点来回答，综合性以及归纳性强，因此可以请平时学习成绩中上等的同学回答；第三个问题难易程度为中等，需要学生根据热带雨林气候景色图以及热带雨林资料归纳回答，因此可以请平时学习成绩中等的学生回答。

四、初中地理课堂互动教学案例设计

（一）互动教学的实施步骤

为了开展互动教学，教师在课堂前认真准备，在课上认真沟通讨论，课后反思自我，发现问题，进行适当处理，使课堂氛围变得愉快和谐，学生也能感受到地理知识的内在魅力。[12]

1. 课前设计有效互动

近年来，合作学习、互动式学习、讨论式教学等概念经常被提及，这种教学和学习模式不但丰富了，也给教师带来了困扰：联系和区别存在于不同点的互动方式之间，每种交互方式和使用场景各有哪些优点，如何选择运用，使它们在教学中发挥出作用等。要解决这些问题，教师需要了解不同互动系统的内在逻辑和激励作用，真正理解有效互动设计的意义，同时需要注意，教师需要建构和训练交互设计方法，形成交互设计的心理和心理脚本。

2. 课上教学及时点拨

在传统教育中，教师占据课堂的大多数时间，被动学习是学生的常态，部分学生的学习热情被逐渐消耗。[2]教师应用好的方法引导学生，疏通互动的渠道。在地理教室授课中，需要注重教师和学生之间良好的合作关系，学生在“学”中的主体地位想要被发挥出来，需要由教师在“教”中的主导地位来引导。例如，在学习很难的课程时，老师可以先从学生熟知的常识中介绍这一课的知识，在说明过程中，教师可以进一步向学生引入相关的地理知识，也就是说，在交互授课的过程中，教师寻找和学生的互动渠道是很重要的，理想状态是，在教师的引导下，让学生动起来。[4]

（二）以“天气与气候”为例的教学设计

【课标要求】

（1）区分“天气”和“气候”的概念，并能正确运用；

（2）识别常用的天气符号，能看懂简单的天气图；

（3）用实例说明人类活动对空气质量的影响。

【课标解读】

本条课标的行为动词有运用、识别、说明。识别和说明属于了解水平，了解行为动词的基本特征是复述，即把学过的大气热力环流原理，通过回忆，按问题的要求陈述出来。运用水平程度较高，需要综合使用已掌握的知识，选择或创造适当的方法解决问题。学习天气和气候不能只停留在表面，更重要的是运用所学知识解决生活中的问题或者给日常生活带来便利。这部分内容在课本上比较抽象、宏观，但是它与我们的日常生活又是息息相关的，因此课程标准的活动建议指出“运用多媒体收看和记录天气预报内容，模拟天气预报”，教师可运用多媒体辅助教学。

【教材分析】

本节的知识导图如下：

- 天气和气候
  - 天气
    - 概念
    - 描述
    - 特点
    - 天气预报
      - 卫星云图
      - 天气符号
      - 途径
    - 空气质量
  - 气候
    - 概念
    - 特点

【学情分析】

天气和气候的特点通过概念的学习能很清晰地展示出来，通过时间特点和突出特点能很明显地总结出天气和气候的区别。课标对该知识点的要求是能正确运用，因此难度适中。学生进入初中后，虽然已经在逐步培养抽象思维，但是对概念的理解能力、归纳总结能力还有待提高。因此，需要运用图表或者多媒体辅助教学，让学生更加直观地区别天气和气候。

【教学目标】

1. 知识与技能

（1）理解天气与气候的概念、特点及区别。

（2）识别常用的天气符号，能看懂简单的天气预报图。

（3）能通过天气预报图和卫星云图，结合当地的实际情况，粗略地判断近期可能出现的天气情况。

（4）能举出日常生活中的实例，说明气候对生产和生活的影响。

2. 过程与方法

（1）通过网络、报纸、图书等学会调查和分析资料，在快乐的氛围中对所学知识进行渗透。

（2）通过多媒体设备开展教学活动，增强学生对此部分知识的直观感知，便于学生理解。

3. 情感态度与价值观

学习本节课，让学生更加关注各种地理现象以及各类经济活动，使学生逐步树立保护环境的意识。

【教学重点、难点】

教学重点：1.“天气”与“气候”的区别。

2. 学会阅读卫星云图和简单的天气预报图。

教学难点：综合分析天气形势图和天气预报图。

【教学过程】

一、导入

教师：同学们，这一周要开展篮球赛和足球赛，大家最关注的是什么呢？（天气）这节课我们就来学习天气和气候。

二、自主学习

（一）学习目标

1. 区分天气和气候，并能正确运用。

2. 识别常用的天气符号，能看懂简单的天气图。

3. 用实例说明人类活动对空气质量的影响，并树立保护环境的意识。

（二）自学指导

阅读教材67至69页（4分钟），思考以下问题：

1. 什么是天气？什么是气候？

2. 天气预报的主要内容有哪些？

3. 卫星云图上的绿色、蓝色、白色分别表示什么？

（三）自学检测

1. 天气是指某个地方距离地表较近的大气层在短时间内的具体状态。

气候是指一个地方多年的天气平均状况。

2. 天气预报的主要内容：气温（最高和最低）、阴天或晴天、降水的可能性、降水强度、风力的大小、空气的能见度等。

3. 在卫星云图上，绿色表示陆地，蓝色表示海洋，白色表示云区。

三、合作探究

探究一：天气与气候的区别

（过渡）教师：通过预习，我们已经了解了天气和气候的概念，那它们之间有什么区别和联系呢？这就是我们接下要讨论的问题。

合作探究一：区别天气与气候

教师：请同学们根据天气和气候的概念，结合老师给出的天气和气候的阅读材料，小组合作完成黑板上的表格。（小组合作 5 分钟）

请同学上台圈出材料中跟天气和气候时间有关的词语。

教师：同学们都找出来了天气和气候的区别，但很多同学可能不知道天气和气候的联系，那老师给你们一点儿小提示，在表 1 的空白处填上天气或者气候。

表 1

	天气	气候
时间	短时间（“天/周/小时”）	长时间（“月/季/年”）
特点	多变	稳定
联系	（　天气　）是（　气候　）在某段时间内的具体表现； （　气候　）是对长期以来（　天气　）变化规律的总结和概括。 提示：在空白处填上天气或者气候	

（过渡）教师：我们已经了解了天气和气候的差别，知道了天气是短时间的，比如说今天的天气是多云（根据当天的天气说），那我们平时可以通过哪些途径来了解天气呢？

学生：天气预报、云、谚语等。

教师：这其中最常用、最准确的就是天气预报，这里有一段天气预报视频，请大家观看。

【播放城市天气预报视频】

合作探究二：天气预报

教师：天气预报是通过卫星云图等天气资料分析得来的，所以我们首先要学会看卫星云图。

1. 卫星云图

卫星云图显示了各个地方的天气状况。

这张图上有不同的颜色，通过预习，我们已经有所了解：

绿色——陆地，白色——云区（有云区的地方就代表有降水的可能性），蓝色——海洋（湖泊河流等也用蓝色表示）。

2. 常见的天气符号

教师：看天气预报时我们最关注的就是天气的阴、晴、雨等，我们可以用相应的天气符号表示天气状况，下面给大家 1 分钟，请大家速记教材 68 页的常用天气符号。

学生活动：用开火车的形式回答课件上的天气符号。

3. 风力与风向

教师：除了最受关注的阴、雨、晴之外，部分人还会关注风力与风向，也就是风的强弱和来向。风的符号由风杆和风尾表示，它们能说明风向和风力。

①风向

教师：风向指的就是风吹来的方向，我们已经学过用箭头表示风向（举例），但是如何利用风的符号看风向呢？

（在风杆上风尾的相反方向画一个箭头）

②风力：

1~6级风：每一道长风尾表示风力为2级，每一道短风尾表示风力为1级。

7级风：因为风力比较大了，所以直接增加一道长风尾。

当风力到8级时，用风旗表示，风力最大可以达到17级。

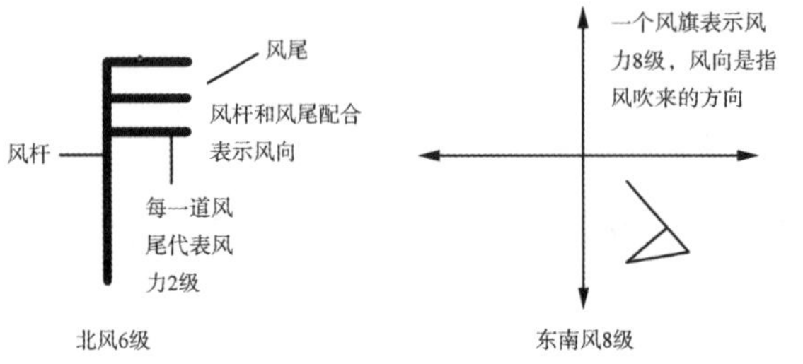

例题（略）

【活动1：小小播报员】

教师：学习了这么多关于天气和气候的相关知识，接下来让我们也走进直播间，挑战天气预报员。

（学生播报教材70页图4-5“世界主要城市天气预报”）

【活动2：说一说】

读教材70页图4-4并完成活动题，让学生结合自己的亲身体验，说一说为什么不妥。

（过渡）教师：随着大气污染越发严重，除了关注气温降水之外，人们也越来越关心大气环境质量，许多国家发布天气预报的同时，也公布每天对大气环境监测的结果，即发布“空气质量日报”。

4. 空气质量日报

教师：这是前几天截取的石门“空气质量日报”，请同学们结合课本69页的阅读内容，思考下列问题。

①空气污染指数，反映了空气被污染的程度，指数越大，说明空气污染越严重。

②空气污染指数是由多个项目计算得出，包括可吸入颗粒物（PM2.5）、氮氧化物、二氧化硫。

讨论：保护大气环境，我们可以做什么？（3分钟）

四、课堂小结

略

五、当堂检测

略

参考文献

[1] 蔡娜. 高中地理课堂有效互动的策略研究［D］. 武汉：华中师范大学，2017.

[2] 黄家新. 多屏互动在高中地理教学中的应用研究［D］. 武汉：华中师范大学，2019.

[3] 李婧熠. 高中地理课堂师生言语行为互动研究［D］. 郑州：河南大学，2020.

[4] 陈培体. 高中地理课堂互动教学模式探讨［A］. 教育部基础教育课程改革研究中心. 2020年“互联网环境下的基础教育改革与创新”研讨会论文集［C］. 教育部基础教育课程改革研究中心：教育部基础教育课程改革研究中心，2020：2.

[5] 周付安. 教学中的三种基本互动类型及其设计要义［J］. 北京教育（高教），2021（3）：50-52.

[6] 朱京曦. 智能时代教学互动的内涵回归［J］. 中国远程教育，2021（3）：45-52.

[7] 丁震. 课堂互动教学模式在高中英语教学中的运用［J］. 英语广场，2019（9）：167-168.

[8] 丁珍珍. 高中语文课堂教学中师生互动意识的培养研究［A］. 福建省商贸协会、厦门市新课改课题小组. 华南教

育信息化研究经验交流会论文汇编（六）［C］. 福建省商贸协会、厦门市新课改课题小组：福建省商贸协会，2020：5.

［9］刘嘉娴. 互动教学在高中化学教学中的应用策略探析［A］. 教育部基础教育课程改革研究中心. 2020年“基于核心素养的课堂教学改革”研讨会论文集［C］. 教育部基础教育课程改革研究中心：教育部基础教育课程改革研究中心，2020：2.

［10］张振领. 当前高中地理教学存在的问题及破解对策［A］. 福建省商贸协会、厦门市新课改课题小组. 华南教育信息化研究经验交流会论文汇编（八）［C］. 福建省商贸协会、厦门市新课改课题小组：福建省商贸协会，2020：2.

［11］黄曙光. 浅谈高中地理高效课堂的构建策略［A］. 教育部基础教育课程改革研究中心. 2020年“基于核心素养的课堂教学改革”研讨会论文集［C］. 教育部基础教育课程改革研究中心：教育部基础教育课程改革研究中心，2020：3.

［12］赵莉. 探究高中地理高效课堂的构建［J］. 科学咨询（教育科研），2020（7）：187.

［13］徐澄君. 走进新时期的《全日制普通中学地理课程标准（实验）》［J］. 中学地理教学参考，2004（Z1）：19-21.

［14］姚丹. 新时期初中生的心理特征与教育对策［J］. 教育探索，2002（8）：41-42.

（常德市石门县澧斓学校）

浅谈中学政治课教师教学的亲和力

田凌子

摘　要：中学政治课是立德树人的关键课程，中学政治课教师承担着立德树人的主要职责。中学政治课教师具备良好的亲和力，能够提升课堂的活跃性，增强学生的参与度。鉴于此，中学政治课教师教学的亲和力提升应该从“引导教师把准职业定位”“强化教师自身职业认同”“加强教师职业评价体系”三个方面进行。

关键词：中学政治课教师；教学亲和力；重要性

一、绪论

（一）研究背景及目的

对中学政治课教师教学的亲和力研究，有利于深化对思政课教学的认识。思想政治理论课的教学不仅仅是知识传授，更重要的是对受教育者开展思想教育，由此可见，它与其他课程有着本质的区别。中学政治课学科的相关研究文献很少，比较薄弱，对其进行研究有利于拓展中学政治课学科研究领域。研究中学政治课教学的亲和力，是中学政治学科顺应时代潮流的体现，也是中学政治学科敢于抓住机遇和挑战的体现。思想政治课是学生树立正确的世界观、人生观、价值观的重要课程，提升中学政治课教学的亲和力，有利于教师更好地培养学生适应社会不断发展变化的能力，日后学生走出社会，也能找准自己的人生目标。

此外，受应试教育的影响，政治课教学大多是理论知识的传授，教师生硬地灌输，学生积极性不高，教学效果不佳。对中学政治课教学的亲和力研究，有利于优化课堂教学，帮助教师更好地完成教学任务。亲和力在教师教学课堂上扮演着重要角色，教师具备良好的亲和力，能提升课堂的活跃性，增强学生的参与度；也有助于获得学生的信任，从而达到较好的教学效果。

（二）研究现状

1. 国内研究现状

在知网上以“亲和力”为关键词检索，共3143篇文献，其中学术期刊2196篇，博士论文42篇，硕士论文182篇，学位论文224篇。绝大多数都是关于亲和力的单方面研究，而中学政治课教师教学的亲和力研究仅占少数。主要研究包括以下方面。

一是关于中学教师亲和力的研究。沈华和辜勤学提出“中学教师亲和力的构建机制包括三个方面：人格效应是形成亲和力的前提和基础；专业功力是形成亲和力的实质和核心；沟通力是形成亲和力的桥梁和纽带”。李香红认为“教师要善于塑造仪态美，播下亲和力的种子，营造轻松幽默的课堂氛围，让亲和力感染每一位学生，懂得奉献更多关爱，使得亲和力得到升华，用微笑欣赏学生，放大亲和力的愉悦作用”。曾小鸟在《谈教师亲和力的构建》中提出“构建教师亲和力的因素包括：教师的幽默感、教师的脾性、教师的知识体系和教师的逻辑性”。由此可以看出，教师的亲和力由多方面要素综合而成，加强教师教学亲和力建设是一个系统工程，必须综合用力。

二是关于中学思政课教师的亲和力研究。李平主要研究高校思政课教师的教学亲和力，他认为“提升思想政治理论课教师的亲和力是增强高校思想政治理论课教学实效性的有力保障，是增强高校思想政治理论课实效性的途径”。对高校思想政治课教师的亲和力的研究对中学思想政治课教师亲和力建设有较大的借鉴意义。燕连福和温海霞认为“新时代推动思想政治理论课改革创新，不断提升其亲和力，关键在于发挥教师的主导作用”。

三是关于教师亲和力的价值和作用研究。桂斌和杨萍在文中提到教师教学亲和力对增强教学效果，提高教学质量具有重要作用。曹靓认为“提升思想政治课的亲和力在促进思想政治教育的实效性方面具有积极意义。作为思想政治教育过程的主导者，教师不仅以自身的亲和力展现着课堂亲和力，而且从思想政治课亲和力的生成和提升角度来看，教师更是关键力量”。这一观点强调了教师教学亲和力建设的主体在教师。

综上所述，国内关于中学政治课教学的亲和力研究大多集中在高校，高校方面已经有了相对成熟的研究，反观中学部分的研究，就显得没有那么完善和成熟了。

2. 国外研究现状

在知网上以“亲和力”为关键词进行检索，相关外文文献共 29. 86 万条，集中在生物领域和医学领域。

国外对“亲和力”的研究比我国早，从化学、生物领域开始，然后慢慢延伸到其他领域。比如，美国社会心理学家 Albert Mehrabian“正式提出亲和力和最早关于亲和力的研究”。1979 年，Andersen 基于其博士论文的文章《教师亲和力——教学有效性预测因子》发表，这是研究教师亲和力的首篇公开发表的论文。

国外没有学者从思想政治课这个视角对亲和力进行研究。西方国家关于思想政治教育亲和力的研究主要集中于德育、人本主义。从苏格拉底到卢梭的教育理念，到近代的人本主义教育学，或多或少都涉及亲和力的内涵和特征。

（三）研究内容

本文研究内容主要包括中学政治课教师教学亲和力相关概念界定、中学政治课教师亲和力培养的重要性，以及提升中学政治课教学亲和力的基本途径。

（四）研究方法

本研究立足马克思主义基本原理，以思想政治教育原理为指导，从唯物辩证法的角度，利用具体的研究方法发现问题、分析问题和解决问题。具体研究方法有三种：文献综述法、综合分析法、观察法。

二、中学政治课教师教学亲和力介绍

教学活动是教师与学生双向活动的信息交流和情感交流，教师的人格魅力既能营造较好的教学氛围，又能较好地将教学内容传递给学生，从而提高教学质量。其中，教师的亲和力是教师人格魅力的重要体现。中学思想政治课是中学时代德育的重要课程，加强中学教师亲和力建设，对于提高中学思想政治理论课教学效果至关重要。研究中学思政课教师亲和力建设，必须首先弄清楚相关概念，在此基础上才能开展相关研究。

（一）亲和力

亲和力最初是化学领域的一个概念，后面逐渐延伸到人文领域。在《现代汉语词典》（第 7 版）中，亲和力的解释为：两种或两种以上的物质结合成化合物时互相作用的力，指使人亲近、愿意接触的力量。由此看出，亲和力的概念包含两个方面，其一是一种相互作用的力量，其二是拉近距离的力量。人作为社会性的存在，必不可少地要与相关的人和事发生各种交往，在交往中，如果植入情感因素，就能增强亲和力，达到事半功倍的效果。

（二）中学教师亲和力

亲和力对于中学教师而言，是实践教育中的一种无形的教育力量，是学生与老师相互作用的力量，也是拉近师生距离的关键力量。中学教师的亲和力可以看作是一种包容度、影响度、感染力，教师较强的亲和力能够使学生与老师之间产生亲近感，并且在这样的教学环境中，学生能够自发地认同教师所教授的内容。所以，教师富有亲和力也是提高教学效果的一个重要条件。陶行知先生曾说过：

"没有爱就没有教育。"中学教师的亲和力实际上就是在实施教育教学过程中"爱"的艺术体现，对自己所从事的教育事业和对学生"爱"的滋润。

（三）中学政治课教师亲和力

作为中学必修科目的思想政治课程，是德育与智育相统一的课程，也是帮助中学生树立正确人生观、世界观、价值观和培养优良品德的关键课程。从古至今，中华民族都十分重视德育工作，强调把德育摆在首要位置。目前而言，中学生的德育教学关键是思想政治课教学，所以，思想政治课是立德树人的关键课程，思想政治课教师是立德树人的关键教师，承担了德育教育的主要任务。郭长华从教育的视角认为："思想政治工作者的亲和力是思想政治工作者自身必备的品质，也是思想政治工作者彰显出来的独特的凝聚力和吸引力。"中学思想政治课教师的亲和力是指中学思想政治课教师在实施教学实践中遵循学生身心发展的规律，坚持立德树人的教育理念，在和谐的教育环境下，将自己的人格魅力与教育教学内容、教学目标有机地融合，使学生在思想政治课中自觉地接受和认同教师的施教，并将其内化为自己的知识，外化为自己的行为。

三、提升中学政治课教师亲和力的重要性

中学政治课教师的亲和力是教师应该具备的人格魅力，也是走上神圣的三尺讲台的基础。思想政治课是立德树人的关键课程，因此，加强中学思想政治课教师教学亲和力培养，对于实现思想政治课的教学目的具有重要作用。

（一）有利于构建和谐的师生关系

新课程提倡老师要把学生看作平等的朋友和教育活动的合作者，尊重他们，善于倾听他们的意见，构建和谐的、民主的、平等的师生关系。思想政治课教学活动的顺利开展和课堂教学目标的实现都离不开和谐的师生关系。唯有构建了和谐的师生关系，学生才愿意接受施教，才能生发对学习思想政治的兴趣。所以，学生的课堂学习效率在一定程度上与师生关系是否融洽、和谐有关，同时，也与思想政治课教师教学的亲和力息息相关。亲其师才能信其道，增强教师的亲和力，教师发自内心地去爱学生，才能真正地亲近学生、关心学生、理解学生，深入学生的学习和生活。这反过来也促使思政课教师不断加强学习，把枯燥无味的课本知识用生动形象的方式教给学生。因此，中学思政课教师提升教学亲和力，有利于激发学生对真理的追求，也有助于构建和谐的师生关系。

（二）有利于提高教师的综合素质

随着社会的发展，我国教育不断深化改革，对广大教师的专业化提出了更新、更高的要求，教师只会传授知识是远远不够的。新时代的教师要面对更多挑战。亲和力的提高，是多年的教学实践沉淀的结果，所以，我们更要在实践中丰富自己的理论知识，同时又把理论应用于实践。

中学的思想政治课具有很强的政治性，教师必须拥有良好的政治素质，拥有良好的综合素质，全面发展自己，同时加强其他学科与政治学科的联系，形成多元化的教育课程，增强自己的知识储备，开阔自己的视野。只有这样，才能为学生树立好的榜样，才能做到真正的言传身教。加强中学思想政治课教师亲和力建设，能够丰富中学思政课教师的人格，促进教师在以学科教学素质为核心素质提升的基础上，拓展素质，实现综合发展，从而顺利实现思想政治课教学目的。

（三）有利于提高思政课育人效果

习近平总书记强调"思政课教师队伍责任重大"。中学思想政治课是中学贯彻立德树人根本任务的关键课程，能够推动中学生德、智、体、美、劳全面发展，促使中学生成为具有担当的人。目前部分思政课教师亲和力不足，上课依旧过于死板，导致学生产生排斥、厌烦心理，进而导致思政课育人效果不佳，由此可见，中学思政课教师要具备基本的教学亲和力。

思政课教师要充分认识育人理念、思政课程教育的重要性，将德育落到实处，完成思政课程育人任务。党的十八大以来，习近平总书记和党中央对学校思想政治教育以及思想政治课教师队伍建设的重视程度前所未有，习近平总书记亲自主持召开了全国学校思想政治理论课教师座谈会，对思想政治理论课教学和思想政治理论课教师队伍建设提出了具体指导和新的要求。加强中学思想政治课教师教

学亲和力培育，既是贯彻落实习近平总书记关于学校思想政治理论课和思想政治理论课教师队伍建设系列重要论述的要求，也是落实立德树人根本任务，培育德、智、体、美、劳全面发展的社会主义事业建设者和接班人的需要。当一名教师具备足够强的亲和力，其教书育人也会达到很好的效果。中学生思政课教师的亲和力的培育必须以习近平新时代中国特色社会主义思想，聚焦立德树人的根本要求，不断加强亲和力建设，使中学思想政治课教师的亲和力与教育内容融为一体，增强思想政治课教学的亲和力，提高思想政治课教学效果，引导中学生正确认识中国共产党领导的政治优势和中国特色社会主义的制度优势，自觉培养正确的三观。

四、提升中学思政课教师教学的亲和力的基本途径

十八大以来，党中央高度重视思想政治教师队伍和思想政治理论课建设。习近平总书记说过：“办好思想政治理论课关键在教师，关键在发挥教师的积极性、主动性和创造性。”而中学思想政治课教师教学的亲和力对其在课堂传授的知识和学生接受程度有直接影响，由此可见，提升中学思政课教师教学的亲和力事不宜迟。

（一）引导中学思政课教师把准职业定位

随着教育改革的深入开展，中学教育不管从规模还是内涵来说，都在不断进步与发展。现在的教育注重结构的调整，注重多元化培养学生，注重培养和引导学生特色发展。这种发展趋势给中学教师带来了新的机遇和挑战。1966 年发表的《关于教师地位的建议书》中提到，教师职业是专门性职业，必须经过专门的教育和培训、掌握专业知识和技能、按照一定的标准完成规定的任务。教师要投身于教育事业，并为之奋斗，完成教书育人的任务。“思想政治教育的本质是政治性，它揭示了思想政治教育本质的内容是什么。”思政课教师必须在角色实践过程中充分体现角色的这一本质属性。所以，要引导中学思想政治课教师把准自己的职业定位。教师只有正确地认识自己，才能在教学过程中发挥自己的价值，也为学生的全面发展起到积极的主导作用。

中学思想政治课教师在中学生健康成长中具有不可替代的作用。首先，中学思想政治课教师是中学生健康成长的引路人。中学生处于急需接受教育的阶段，他们的成长需要具有一定能力的人来带动，帮助他们成长为具有健全人格、正确三观的人，最终成长为对家庭、国家和社会有用的人。因此，作为中学思政课教师，只有准确定位自己的角色，不断提升自身水平，才能培养出优秀的学生。其次，是社会经济发展的需要。随着社会的不断发展，各种不良诱惑越来越多，如何帮助中学生抵制社会不良现象的负面影响，中学思想政治课教师担负着重要使命。而中学阶段是学生三观树立的关键时期，思政课又是树立正确三观的关键课程，思政课教师更应该清醒地认识到自己崇高的使命和重大的责任，把准自己的定位，将学生引领到正确的路上。

综上，作为中学思政课教师，只有准确定位自己的角色，才能培养出符合社会需求的学生。

（二）强化中学思政课教师自身职业认同

中学思想政治课教师的职业认同感，是指中学思想政治课教师对其职业的承认与接受，这不仅反映了中学思想政治课教师对工作的喜爱程度，还直接影响到他们平时在思想政治课教育教学活动中的投入与获得的教育教学效果，这也关系到中学思想政治课教师队伍的稳定性。由此可见，强化中学思政课教师自身职业认同，对中学思政课教师教学亲和力的提升具有重要的现实意义。

中学思政课教师的职业认同与其他课程相较而言有其特殊性，它不仅是对教师这种职业的承认和接受，还包括对思想政治课教育教学内容的认同与信仰。教师是人类文明的传承者，思政课是一类价值观导向性最明显的课程，也是能够帮助学生树立正确的价值导向的关键课程。思政课教师要确立正确的职业价值观，充分认识思想政治教育的价值所在。因此，对中学思想政治课教师的职业认同来说，它不单单涉及对教师这种职业是否喜爱，更涉及对于思政课教学内容的认同和自身的信仰问题。所以，强化中学思政课教师的自身职业认同，不仅是对教师这种职业或其教学活动进行认同，更是对马克思主义、中国特色社会主义、党的路线方针政策等价值取向的认可和接纳。

（三）加强中学思政课教师职业行为评价

教师是推动社会主义现代化强国建设的不可缺少的重要力量，是落实立德树人根本任务，培养

德、智、体、美、劳全面发展的社会主义建设者和接班人的关键。中学思想政治课教师作为中学生的工程师，不仅要教好书，更要育好人，各方面都要为人师表。在我国，绝大多数思想政治课教师都热爱和敬重自身职业、关爱学生、为人师表，但是也有极个别人理想信念模糊，甚至做出严重违反师德的行为。这严重损害了教师队伍的形象，影响学生的身心健康成长。长期以来，教师职业行为评价的维度过于狭隘。因此需要加强中学思政课教师职业行为评价，明确新时代教师职业规范，针对主要问题，划定基本底线。这是对广大思政课教师的警示，也是贯彻师德师风建设的关键举措。

加强中学思政课教师的职业行为评价，首先，要健全体制机制，完善评价的合理流程。加强各主体的协同联动性，形成各方共同支持的合力。由于中学思政课教师的独特性，需要突出的课堂教育教学效果和实践中的育人成果，所以在评价中要强化其教学实绩的百分比，而不是唯论文制。这有利于激发中学思政课教师注重实践，不断自我总结，自我改善。综上，加强对中学思政课教师职业行为的评价，是建设专业能力过硬、育人水平超高的高素质教师队伍的重要措施，也为思政课教师严格进行自我约束、规范职业行为、加强自我修养提供基本依据。

几个月的教学，我也尝试过很多提升自身亲和力的方法。人们常说微笑能拉近人与人之间的距离，乐观、积极、向上、充满笑声的思想政治课堂氛围能给学生带来良好的情绪体验，同时，教师具有坚持不懈和勤于进取的形象也能感化学生，使他们追求卓越。具体而言，让自己的外表展现出亲和力，暖色系的衣服也能给人一种亲近的感觉；常带微笑进入课堂，情绪是可以传递的，你的快乐学生能感受到。

其次，教师的人格魅力也显示在对学生的尊重和热爱上，互相尊重是前提条件，学生得到老师的尊重和关爱，才会全身心投入学习中，在此过程中，教师的亲和力也得到了体现。在新的历史背景下，新情况、新问题、新知识层出不穷，教育观念、教育内容、教育方法要适应形势发展变化的需要，与时俱进，改革创新。要拓展学生的创新意识，增强学生的实践能力，就不能只运用传统式教学，教师一味灌输知识，没有做到以学生为主，忽视了学生的主体性，削弱了学生的独立思考能力和动手能力。所以，作为新时代的中学思政课教师，我们要更新观念，提高思想政治课的教学艺术。新时代中学思想政治课教学要与时代相结合，要培养学生的好奇心，激发他们的求知欲，帮助学生形成自主学习、独立思考的意识，培养和锻炼学生的实践动手能力。我们更应该把课堂还给学生，让其在课堂中占有主体地位，构建一种教学相长、和谐相融的师生关系。此外，要注重特色教育和创新能力的培养，关注学生的全面发展，为他们的进步提供创新的动力。

有了较好的理论基础，我积极运用到实际生活中。很多学生对思想政治学科的初印象是枯燥、乏味、背记的知识点多，难以理解。所以，在教学中我会着重培养学生对于思想政治的兴趣，让学生在快乐中学习。八年级政治课的首要目的是让学生明白在社会中的角色以及相对应的责任。听起来很空、很枯燥，但是如果我们利用好学生身边的事情，比如遵守秩序，可以利用学生食堂排队就餐、周五分向放学，也可以让学生身临其境，“当”小交警指挥；在道德方面，八年级上册涉及尊重、礼貌和诚实守信，采用情景表演等，让学生身临其境，感受到道德层次的洗礼，一来可以吸引学生的兴趣，让枯燥的课堂生动起来，二来又可以让学生明白在不同的情境中有不同的角色，也有不同的责任。学生有期待、有兴趣，既学到知识，又发挥了学生的主体性，同时增加了自己的亲和力。总而言之，中学思政课教师在教学过程中要不断提高教学艺术、更新教学观念、坚持以学生为主，增强思政课教学的实效性。

中学思政课教学教育中还存在很多问题，如中学思政课教学亲和力不足，学生参与度不高，课堂效率大大下降等。鉴于此，本研究针对中学思政课教师亲和力的相关内涵、重要性和提升途径进行论述，明确了中学思政课教师亲和力的重要性和迫切性，多维度地提出提升中学思政课教师亲和力的有效策略。

增强中学思想政治教育亲和力，不是一蹴而就的，需要广大教育工作者齐心协力，不断探索、完善。中学思政课教师更要充分挖掘自身的亲和力，满足学生成长发展的需求，与学生实现心灵上的沟通，了解学生真正面临的问题，才能给予解决方案。

参考文献

[1] 马克思恩格斯全集（第四十二卷）[M]. 北京：人民出版社，1979.

[2] 本书编写组. 中国共产党第十九次全国代表大会文件汇编 [M]. 北京：人民出版社，2017.

[3] 教育大辞典编纂委员会. 教育大辞典 [M]. 上海：上海教育出版社，1990.

[4] 沈壮海. 思想政治教育有效性研究 [M]. 武汉：武汉大学出版社，2002.

[5] 胡田庚. 新理念思想政治（品德）教学论（第二版）[M]. 北京：北京大学出版社，2014.

[6] 陈万柏，张耀灿. 思想政治教育学原理 [M]. 北京：高等教育出版社，2016.

[7] 刘凌臣. 平易近"生""生"必学之：高中思想政治教师亲和力培养的路径研究 [J]. 中学政治教学参考，2021 (1)：73-75.

[8] 张湖北，赵艳. 教师亲和力提升策略研究 [J]. 中学政治教学参考，2021 (10)：73-75.

[9] 刘建军. 新时期思想政治教育的目标模式 [J]. 中国人民大学学报，2001 (5)：79-85.

[10] 吴晶，胡浩. 习近平在全国高校思想政治工作会议上强调　把思想政治工作贯穿教育教学全过程　开创我国高等教育事业发展新局面 [J]. 中国高等教育，2016 (24)：5-7.

[11] 梁冰. 提升新时代高校思政课亲和力和针对性的对策选择：学习中国共产党的十九大报告体会 [J]. 思想政治教育研究，2018，34 (4)：87-91.

[12] 李平. 提升教师亲和力是增强思想政治理论课实效性的有效途径 [J]. 学校党建与思想教育，2010 (8)：40-41.

[13] IACONELLI R，ANDERMAN E M. Correction to：classroom goal structures and communication style：the role of teacher immediacy and relevance-making in students' perceptions of the classroom [J]. Social Psychology of Education，2021.

[14] JONG H L. Relationships among students' perceptions of native and non-native EFL teachers' immediacy behaviours and credibility and students' willingness to communicate in class [J]. Oxford Review of Education，2020，46 (2)：153-168.

[15] GANZO A A. Motivating students to learn：does teacher immediacy matter? [J]. International Journal of Sciences：Basic and Applied Research，2016，29 (3)：288-295.

[16] FALLAH N. Willingness to communicate in English，communication self-confidence，motivation，shyness and teacher immediacy among Iranian English-major undergraduates：a structural equation modeling approach [J]. Learning and Individual Differences，2014 (30)：140-147.

（常德市石门县澧斓学校）

试论情境教学在中学历史课堂中的运用

胡　爱

摘　要：情境教学是国家课程改革发展的必然要求，也是历史课堂教学中实现教学目标、提高学生学习兴趣、培养学生综合能力以及实现以学生为主体的新教学理念的重要手段和途径。因此，中学历史教师可通过创设语言情境、表演情境、问题情境、图片和音像情境等方式来展开课堂教学。

关键词：情境教学；中学历史课堂；作用；类型与方法

一、情境教学的探索现状

情境教学指教师根据教学内容，从教材和教学需求出发，创设课堂情境，激起学生高昂的学习情趣、浓厚的学习兴趣和学习欲望，引导学生在情绪高涨的氛围内，高效地获取知识，提高教学质量，完成教学的目标。新课程标准改革后，要求教师充分发挥学生主体作用，调动学生活力。情境教学的出现，正是适应了教学改革的进程。“因此，随着教学改革的不断深入，情境教学已经日趋显示出它的勃勃生机。”[1]

在国外，有关情境教学的研究历史已久。法国教育家卢梭在其论著《爱弥儿》中记载了情境教学的事例；杜威在《学校与社会》中提出“生活是真正的教育家……要把社会搬到学习和课堂中”的观点，这一观点使人们开始注意到情境在学生成长和教育中的重要性。

国内，1990 年李吉林发表的专著《情境教学实验与研究》是我国情境教学理论研究的第一本重要著作，打开了我国情境教学的新局面；高文的《教学模式论》对情境教学的基本要素做了详细的讲解；沈思义、秦思才主编的《当代教学方法》对情境教学方法进行了系统整理；锦华主编的《优秀教师课堂掌控的艺术》重点探讨了情境教学的意义。

此外，直接涉及中学历史课堂情境教学的研究论著也较多，近些年来，在我国具有代表性的有：

在著作方面，张一平主编的《初中历史新课程教学法》对课堂教学模式进行了归纳、分类，为理解情境教学提供了帮助；袁兆桐在其主编的《新课程有效教学疑难问题操作性解读》中，提到教师在运用情境教学法时要充分做好实物演示、多媒体操作等方面的准备，以情激情，才能诱发学生的主动性。在公开发表的论文中，陈瑞在《情境教学法在初中历史教学中的一次尝试》中结合实际教学经验论述了情境教学法的收获；容莉的《试论情境教学在新形势下的延伸与运用》综合概述情境教学在我国的形成、发展历程；于秀兰的《情境教学法在初中历史教学中的应用研究》全面分析了情境教学在历史课堂教学中的必要性；李娜在《浅析初中历史教学法中情境教学法的作用》中认为，教师要深入了解情境教学法的优势和方法，才能达到预期的效果。

本文结合已有研究成果及自身教学实践与体会，对情境教学在中学历史课堂中的作用、类型及方法等进行探讨。

二、情境教学法的内涵及作用

（一）情境教学法的内涵

在中学历史教学中，教师不仅要传授给学生知识，更重要的是培养学生丰富的学习情趣、浓厚的学习兴趣和强烈的学习欲望。因为求知欲或学习兴趣是学习动机中最现实、最经常、最活跃的因素。[2]兴趣对一个人的求知、学习的过程是极其重要的。苏联教育家赞可夫认为，“智力活动就是在情绪高涨的氛围里进行的。这种氛围会给教学带来好处，同时也有助于完成教学任务”[3]，经过中学历史课堂的实践，我们深刻地体会到运用情境教学法可以培养学生浓厚的学习兴趣，从而达到“教”与“学”的统一，取得良好的教学效果。

那么，什么是“情境”？情境是具体的自然环境或具体的社会环境。[4]情境教学法，是在教授课程时，教师根据教材创设与授课内容相适应、配合的具体情境，激起学生求知的欲望，帮助学生理解教材，提高课堂效率的一种方法。冯卫东也认为，“情境教学法是指在教学过程中，教师有目的地引入或创设具有一定情绪色彩的、以形象为主体的具体生动的场景，以引起学生一定的态度体验，从而帮助学生理解教学内容，并使学生的认知水平、智力状况、情感状态等得到优化与发展的教学方法”。[5]新课程下的历史教学，主张让学生通过身临其境的体验来感悟历史，回味历史，让学生有更多的情感体验、主观认识、独立思考与判断。所以，历史教师在中学历史课堂中运用情境教学法，要充分认识历史的科学性与艺术性，根据历史知识的特点、学生的学情，借助图片、音乐、复原像、模型、视频等各种教学手段和教学用具，通过语言渲染和多感官协同作用，让同学们产生如临其境的感觉。

（二）情境教学法在中学历史课堂中的作用

1. 适应新课程标准提出的要求

教育部2017年颁发的《普通高中历史课程标准》强调“以立德树人为历史课程的根本任务……使学生能够从历史的角度关心国家的命运，关注世界的发展，成为德智体美全面发展的社会主义建设者和接班人”[6]。运用情境教学法，符合课程标准，对于课堂历史教学具有重要意义。比如，在课堂中运用问题情境教学法，可以使学生在问题情境中主动获取相关历史知识，掌握并运用学习历史和认识历史的技能与方法。又如，教师运用现代信息技术模拟历史情境，可以改变传统教学过度依赖教师，过度依赖教科书，过度注重知识记诵的学习方式，使学生进行体验学习。所以，情境教学方法的运用，既适应了新课程标准提出的要求，也适应了教学改革的发展。

2. 极大地提高学生学习历史的兴趣和积极性

教师根据历史的艺术性与客观性，针对中学生思维活跃、充满好奇心的特点，采用不同的教学方法，创设良好的教学情境，可以引起学生对新知识的探究，能够激发更强的求知欲，让学生走进历史，更真切地感受历史、体验历史。生动、形象的情境，符合中学生的心理特征，可以提高学生学习历史的积极性。例如，教师可以利用多媒体展示图片资料或者穿插一些小故事，让学生带着兴趣学习历史。

［案例］我在讲解七年级下册“宋元时期的科技发展”火药的发明及演变时，先展示了一张术士炼丹的图片，再向学生讲述中国古代一位术士在炼丹过程中发生爆炸而意外地发明了火药的故事，由此带出火药的演变史。在讲述过程中，我再适时展示出宋代突火枪和元朝火铳图片，提升学生的学习兴趣，加深印象，这样也保证了学生能在稍具趣味性的学习氛围中了解到火药的演变史，最终达到了寓教于乐这一目的。

此案例中，教师利用一组图片，结合生动语言讲述，调动了学生积极性，让学生在高昂的兴趣中思考问题、学习历史。

3. 帮助学生理解知识，培养学生的综合能力

运用情境教学，鼓励学生自己动手、动脑，锻炼学生。学生学习历史不再是通过死记硬背、机械记忆，而是可以通过想象、回忆课堂中的情境，慢慢地对重点和难点有自己独到的理解，从而掌握知识。情境教学可以帮助学生发散思维，拓宽知识面，培养学生的知识迁移能力。

［案例］我在给七年级学生讲述唐朝诗人白居易的诗歌特点时，先绘声绘色地讲述白居易作诗后念给一个不识字的卖菜老婆婆听，从而保证自己的诗歌通俗易懂的故事。很简单的一个小故事，用来加深学生印象。那么，学生在日后做题过程中，遇到考查白居易的诗歌特点的题目时，会很自然地回想起老师上课时的情境，就会更易理解白居易诗歌平易浅显、明畅通俗的特点。

在此案例中，教师将知识性和故事性结合在一起，通过讲故事的方式使学生了解了白居易诗歌的

基本特征，收获了知识，发散了思维。

4. 有利于培养学生的爱国情怀与正确的价值观

历史教学对提高学生的人文素养和综合能力有着极其重要的作用。初中历史教学除了要满足学生的知识需求外，更重要的是要满足学生的精神需要，帮助他们形成健康向上的精神世界。[7]情境教学法强调以人的情感把控教学过程，把情感教育融入情境里，从而在中学历史教学过程中实现教学目标，让学生们在获取知识的过程中，感受德育教育，学会做人。

通过情境，学生认识到落后就要挨打，要以史为鉴。同时，他们也懂得了民族兴亡与个人奋斗息息相关，他们建设祖国、为中华民族的复兴而艰苦奋斗的爱国热忱被极大地激发。

三、情境教学运用的类型及方法

（一）表演情境教学法

表演情境就是让学生“入戏”，沉浸式体验历史的进程。自己或班上的同学通过演绎历史角色，让历史人物走出课本，走入课堂，让历史人物更加丰满、立体。这样，学生对历史人物就会产生亲切感，从而对历史产生更深层次的思考。在表演中，学生运用肢体语言和表情语言，往往能起到此时无声胜有声的效果，令人记忆深刻。在设定的历史情境下，学生通过表演历史上的某一人物，在语言、心情、形态、外表、肢体动作等方面全面地模仿历史人物，能够刺激学生的感官，使之更能感受到历史人物所处的环境，自然而然地体会其情感。

［案例］在讲授八年级上册“戊戌变法”的“百日维新”内容时，我事先安排学生自导自演历史短剧，让他们分角色扮演康有为、李鸿章、翁同龢、荣禄等历史人物，再现当年康有为被请到总理衙门“问话”的情形。

学生表演完后，我对他们进行充分肯定，并提出问题：“同学们可以从刚才的表演中感悟出什么?”

学生1：康有为很有魄力，敢于变法。

学生2：康有为的变法主张遭到了顽固派的阻挠和反对。

学生3：前面我们学习了商鞅变法、孝文帝改革、王安石变法，今天又学习了戊戌变法。这些变法和改革都遭到了顽固派和保守派的阻挠和反对，这说明自古以来变法、改革之路就不是一帆风顺的，而是充满了各种阻力，说明改革是需要勇气的。

学生4：民族危急之际，康有为力主变法。今天，为了使我们的祖国更加繁荣昌盛，应该更加深入地进行改革。

在上面的案例中，通过让学生模拟情境，激发了学生学习的积极性和探索的欲望，将生硬、抽象的书本知识转换为鲜活的情境，学生感受到了历史的真实性，真切地体会到了康、梁变法的艰辛和重要性。

表演情境教学法要求教师选取合适的题材进行表演，学生事先要对课文进行精细的研读，设身处地地去思考每个人物的心理活动。比如，学生角色扮演宋太祖杯酒释兵权的故事，先要揣摩宋太祖担心武将专横跋扈、兵变政移，将领们在宋太祖的威逼利诱下交出兵权的心理活动，再从动作、神态、语言上去模仿、扮演他们。利用角色扮演，创设情境，改变了以往的“灌输式”或“填鸭式”教学，使得课堂更具特点，提高了学生参与度，教学质量也会自然地提高。

需要注意的是，事物都有两面性。表演情境有它无可代替的优点，但也有易颠倒知识与表演主次的缺点。所以历史教师在中学历史课堂中运用表演情境时，一定要注意选择合适、恰当的题材来演绎，有所侧重，不要让知识成了绿叶。

（二）语言情境教学法

在课堂教学中，运用最广泛、最方便、最直接的教学手段就是语言。语言情境指教师通过语言渲染的情境。

如果课堂只靠直观的教学情境，容易使教学简单化，不利于学生抽象思维的培养，也不能满足学生更高层次的知识追求。在创设语言情境时，教师应注意通过语言的意义、声调、情感色彩激起学生的情绪、情感以及想象活动，来提高学生感知效应，以激发学生或强烈爱国、或疾恶如仇、或奋勇担当等情感。

［案例］我在给初中八年级学生上“社会主义工业化的起步”一课时，导入部分朗诵毛泽东的《水调歌头·游泳》。首先，我用轻快、明亮的声音朗诵“才饮长江水，又食武昌鱼”，通过语言的快节奏表现出毛泽东风尘仆仆巡视各地的轻快、兴奋的心情；再用慷慨激昂的声音念出“不管风吹浪打，胜似闲庭信步，今日得宽馀”，配合我的手势动作，向同学们展示出壮阔的大江景象；用铿锵有力的语言朗诵“一桥飞架南北，天堑变通途”，激发出学生的想象力，他们仿佛置身于武汉长江大桥之上，远望大桥凌驾南北，看浩荡江水波涛汹涌，领悟大桥的雄伟壮观，让学生们深切地体会到一桥贯通南北的伟大意义和社会主义工业化建设的突飞猛进。

在上述案例中，老师融入自己的情感，通过或快或慢，或高昂或低沉的语言节奏，配合体态语言进行情景描绘。学生被老师的语言感染、打动，注意力都跟着教师走，课堂效果自然就提升了。

上好一堂课的关键除了教师的语言，情感也是必不可少的部分。所以，教师运用语言情境教学法时，需要反复琢磨教学内容表达的感情，多次尝试、练习语言表达，包括怎么样控制语速、融入情感等，才能更好地将情感传达给学生，充分发挥出语言情境的作用。

（三）问题情境教学法

“教师要认识到，任何一种教学方法的实施，都在一定程度上与问题的提出和解决有十分密切的关系。因此，教师在分析教学内容的基础上，要以问题引领作为展开教学的切入点，结合教学内容的逻辑层次，设置需要在教学过程中解决的问题。”根据新课标，问题情境教学法即以问题为中心的教学，程序包括“导入问题—发现问题—解决问题”。老师设计几个与教材相关的问题，引起学生求知欲，逐步引导学生打开思维，学会提取信息，分析问题，寻找解决办法，从而培养学生独立思考的能力。

［案例］我在给七年级学生讲授科举制的产生及影响时，给出了三段材料。材料一：一位唐朝官员说：“国家取士，远法前代，进士之科，得人为盛。”材料二：唐太宗看见新科进士鱼贯而出的情景时，高兴地说：“天下英雄入吾彀中矣。”材料三：“科第之设，草泽（普通百姓）望之起家，簪绂（世家大族）望之继世。”学生思考并回答问题。

问题1：“材料中的制度是指什么制度？最早出现在哪一朝代？由谁创立？”我先指导学生提取材料信息，根据“进士之科”一词可知制度是科举制，最早出现在隋朝，由隋炀帝创立。

问题2：“材料中的选官制度与魏晋南北朝时期的选官制度相比，有什么区别？”回忆上学期内容，魏晋南北朝时的选官制度是九品中正制。教师引导学生分析。九品中正制使得上层权贵垄断官吏的选拔权，选官重视门第，不太注重才能，世家大族的子弟通过门第即可进入仕途。科举制则是通过考试来选拔人才，注重考察人才的学识。

问题3：“根据以上材料，你认为科举制的创立起到了什么作用？”对于这个问题，我给了学生足够的思考时间，鼓励学生发表自己的看法，并讲出理由。学生回答问题后，我再进行引导，依据材料二中唐太宗的“天下英雄入吾彀中矣”，归纳总结出科举制的创立加强了皇帝在选官和用人上的权力；根据材料二的“草泽望之起家”，对比隋朝之前的九品中正制，可以得出官吏选拔的范围由世家大族扩大到寻常百姓家，所以科举制扩大了官吏选拔的范围，这也就调动了普通人的学习积极性，从而推动了教育的发展。

教师针对中学生好奇的特点，用问题激起学生探究问题的欲望，带领学生分析问题，从而解决问题。同时，创设问题情境，也加强了师生互动，活跃了课堂氛围。

不过，在运用问题情境教学法时，要注意两个问题：其一，问题的难易程度要层层递进、由浅及深。先设基础题以提高学生的自信心，鼓励所有同学共同参与答题，后设难题，打开学生思维；其二，选取材料要准确，很多网络上、参考书上的材料题与课本知识联系不够紧密，在运用时要注意筛选。

（四）图片、音像情境教学法

图片、音像情境就是利用图片、投影、电影、音乐、录像等多媒体教学手段和教学用具，形象、直观地重现历史情境。运用多媒体技术，从图、文、声、色等方面刺激学生大脑神经，加强学生的视听感受，让学生有身临其境的感觉。[7]通过情境氛围，提高学生的历史学习兴趣，加强学生对知识点的记忆，感知历史，陶冶情操。

［案例］我在讲授八年级上册“甲午中日战争与瓜分中国狂潮”时，向同学们展示了“时局图”。这时，学生们好奇地问道：“图上的熊、鹰、太阳都是什么？”接着，我向他们分析道：“熊代表俄国，横霸无忌地占领着东三省；犬代表英国，香肠代表德国，香肠和犬的尾巴缠绕到一起，表示英国和德国势力争夺山东；鹰是指美国，飞过太平洋来中国抢夺食物。整个这幅图，这么多国家都来到中国抢食，就表示着这些国家对中国土地觊觎已久，想要把中国瓜分豆剖。”这一图片的展示顿时让学生对新课产生了浓厚的兴趣，极大地增强了其求知欲。

此案例中，教师让学生观察图片，刺激了学生的感官，引发学生联想，引导学生将历史、地理知识联系起来，强化了时空观念，调动了学生的积极性。

不断发展的科学技术，为教师打造优质课堂提供了一个良好的物质基础。随着科技日新月异，影视资料也越来越丰富，比如反映清史的影视剧就有《康熙微服私访》《康熙王朝》《雍正王朝》等，反映三国历史的电视剧和电影有《三国演义》《赤壁》《铜雀台》等，反映一战的有《战前37天》《西线无战事》《加里波利》等。当然，对影视作品的使用需要相当谨慎。现在很多电视剧、电影为了博取观众眼球，篡改历史，所以教师在选材时要注意史实的正确性和价值观的正确引领。

（五）实地情境教学法

实地情境教学法指老师将学生带出课堂，走进实地进行考察。实地情境一般包括历史遗迹、遗址、博物馆、纪念馆、展览馆、爱国主义教育基地等。实行实地情境教学法，让学生在玩中学，在玩中感悟历史，学生开始慢慢注意身边的历史，培养学生的人文情怀和家国情怀。学生要了解和认识历史，需要了解、感受、体会历史的真实境况和当时人们所面临的实际问题，进而才能去理解历史和解释历史。

实地情境教学法要求我们结合历史教材去充分利用乡土资源。比如湖南省浏阳市有浏阳市博物馆、胡耀邦故居、谭嗣同故居、文家市秋收起义纪念馆、王震故居等资源，教师可引导学生走出课堂，实地感受历史的厚重感。

［案例］我在讲授“毛泽东开辟井冈山道路”时，利用文家市的地区优势，带领学生来到了里仁学校（现秋收起义纪念园）和高升岭高地。秋收起义后，起义部队被迫退守文家市。1927年9月20日，毛泽东在里仁学校发表讲话：“我们当前力量还小，还不能去攻打敌人重兵把守的大城市，应当先到敌人统治薄弱的农村，去保存力量，发动农民革命。”他在文家市里仁学校重新制定了由农村包围城市，最后夺取政权的革命路线，史称“文家市决策”。

1930年8月，红军兵分四路合围文家市。国民党戴斗垣仓促应战，派兵驻守高升岭，我军数次冲锋均被击退，最终朱德率军队从五神岭接应，在两面夹击下，我军拿下高升岭，把敌人压到山下的文家市街上，痛击敌军，获得文家市大捷。讲授过程中，我配合语言描述毛泽东发表里仁学校讲话的场景，适时告诉学生文家市战役中双方陈兵布阵的大致方位，配合体态讲解。学生看到斑驳的石块，目睹锈迹斑斑的兵器，走过依稀可见的战壕，听着老师的讲述，仿佛亲临历史发生现场。

在上述案例中，我将学生带到文家市决策地里仁学校和文家市大捷原战场，我们穿越时空界限，真切地体会历史的真实境况，感受历史。这样的实地教学往往能起到更强烈、更深刻的教育作用。

随着新课程改革的不断深入，情境教学在中学历史课堂中愈发得到重视。情境教学在中学历史课堂中的运用，符合新课程改革的要求，体现了以学生为主体的教学理念。这种教学方式的变化为学生创造了一个良好的学习环境，避免了过度依赖老师、过度依赖课本的情况，极大地提高了学生们学习历史的兴趣和积极性。情境教学法的运用也将抽象的知识形象化，有利于帮助学生理解知识，培养学生的综合能力。同时，也有助于培养学生的情感态度与价值观。教师运用不同的情境教学法可以使学生有不一样的体验，也使历史课堂更加丰富、生动、形象。但是，如何高效地运用情境教学，发挥情境教学的最大效益，需要我们不断探索。

参考文献

[1] 李吉林. 情境教学实验与研究 [M]. 北京：人民教育出版社，2007.
[2] 雒启坤. 中学历史创新教法·课堂组织艺术 [M]. 北京：学苑出版社，1999.
[3] 锦华. 优秀教师课堂掌控的艺术 [M]. 沈阳：万卷出版公司，2014.
[4] 高敏. 中学历史情境教学研究 [D]. 大连：辽宁师范大学，2005.
[5] 冯卫东. 情境教学操作全手册 [M]. 南京：江苏教育出版社，2010.
[6] 中华人民共和国教育部. 普通高中历史课程标准 [M]. 北京：人民教育出版社，2017.
[7] 于秀兰. 情境教学法在初中历史教学中的应用研究 [D]. 济南：山东师范大学，2013.
[8] 张一平. 初中历史新课程教学法 [M]. 北京：首都师范大学出版社，2010.

（浏阳市文家市镇文家市初级中学）

突出主题教学　渗透学科素养

——以“三国两晋南北朝的政权更迭与民族交融”教学实践为例

赵东明

摘　要：统编版教材容量大，内容覆盖面广，补充了许多新内容，一些表述发生了变化，教材涉及的内容多且时间跨度大。传统的教学方式难以完成教学任务、落实学科素养，教师必须更新教学理念和方式，根据课程标准，结合教材与学情确定教学主题，围绕主题渗透学科素养，这样更有利于达成教学目标、构建高效课堂。

关键词：主题教学；学科素养；策略

主题教学指以某一学科知识为中心，依据某个主题来整合教学内容并创设情境，将课内与课外、教与学有机结合，构建成知识体系的教学模式。

新课程背景下，主题教学成为一个热门话题，引起了众多专家、学者的关注。冯一下教授主张：“上课要有课魂，历史课灵魂是以史料、史法等为载体的主宰和指导历史课堂教学的思想、理念或观点。”[1]王继平教授指出：“科学的教学‘主题’，决定着教学目标的方向性、教学程序的科学性、教学材料选择的合理性、教学效果的有效性。有了课堂教学主题，历史学习就不至于变成繁杂的累积和枯燥的说教。”[2]黄牧航教授将中学历史主题教学分为单元式主题教学、学科式主题教学、学习领域式主题教学3个层次，并据此分析了高考命题的趋势。[3]叶小兵教授主张进行单元教学的整体设计，从而将某一节课的准备纳入单元教学的序列之中，从整体上构思单元学习主题的教与学。

一、突出主题教学、渗透学科素养的必要性

1．课程标准的明确要求

课程标准指出：“新教材更新了教学内容，精选了学科内容，重视以学科大概念为核心，使课程内容结构化，以主题为引领，使课程内容情境化，促进学科核心素养的落实。”课程标准旗帜鲜明地主张课堂教学要以主题为引领，要落实学科核心素养。因此，开展主题教学、渗透学科素养符合课程标准的明确要求。

2．完成教学任务的有效途径

统编版教材容量大，内容覆盖面广，与旧教材相比，补充了一些新内容，某些表述发生了变化，一些课涉及的内容多且跨度大。每一课篇幅少则4页，多则6页，设置了引言、正文、历史地图、插图、学习聚焦、历史纵横、学思之窗、思考点、史料阅读、问题探究、学习拓展等环节。《中外历史纲要（上）》就有10个单元29课，按照传统教学的方式，1课的内容经常需要2课时甚至3课时才能讲完，基本的教学任务都难以完成。教学压力迫使教师转变教学观念，而主题教学是完成教学任务的有效途径。

3．提升学科能力、学科素养的客观需要

立德树人是教育教学的根本任务。科学的教学主题能够丰富课堂教学内涵，增强育人功能。以“主题”为中心的历史课堂，能够帮助师生整合知识点，构建知识体系，激发学生的学习兴趣，有效突破重难点，实现历史认识的升华，落实历史教学的育人功能。因此，主题教学是提升学科能力、落实核心素养的客观需要。

在教学中，确定主题至关重要，它是教学设计的依据，是课堂教学的灵魂，是达成教学目标的关

键。所以，主题教学对提高课堂教学意义重大，是构建高效课堂的有效途径。

二、如何突出主题教学

1. 立足课标与教材慎选主题

主题教学就是要以鲜明的主题来统领教学。一课往往有可能存在多个主题，如何确定一个最为恰当的主题？确定主题的依据是什么？我认为可以从课标、课本、学生的兴趣点、高频考点、学术前沿、老师擅长的角度等方面着手，尤其要考虑课程标准和教材内容。

课程标准要求我们进行教学设计时，要分析每个学习专题的重点内容、核心概念和关键问题，采用多种手段突出重点、突破难点，通过对关键问题的理解，带动对整个学习专题的探讨和认识。比如“三国两晋南北朝的政权更迭与民族交融”一课，课标要求：“通过了解三国两晋南北朝政权更迭的历史脉络，认识三国两晋南北朝的民族交融、区域开发的新成就。”从能力要求的层次看，民族交融、区域开发要求掌握的能力层次比政权更迭的历史脉络高；从标题看，包含了“政权更迭”与“民族交融”，从两者的逻辑来看，政权更迭客观上推动了民族融合；从内容的分布看，民族交融分布在3个子目中。新课程要求树立正确的历史观，能够认识中华民族多元一体的历史发展趋势，形成对中华民族的认同感和正确的民族观。基于此，我将本课主题确定为“魏晋南北朝的民族交融顺应了历史潮流，促进了统一多民族国家的发展”。

2. 围绕主题大胆取舍教学内容

课程标准要求教师应该完整、准确地把握课程内容及教学要求，教师需要对教学内容进行有效的整合，围绕关键问题进行取舍。在分析和整合教学内容的基础上，教师再将教学的重点提炼出来。第五课的教学，我围绕民族交融这个主题，对教材内容进行了取舍，要求学生自主梳理政权更迭线索，探究政局动荡与民族交融的关系。我略讲了士族专权，因为这部分会在讲解九品中正制的评价时涉及。对于南方的开发，我强调南方少数民族与汉族的交融推动了南方经济的发展，把教学的重点确定为民族交融的典型——北魏孝文帝改革。

3. 充分利用教材资源深化主题

高一教学时间非常有限，教师补充过多的课外资料，很容易加重学生的学习负担，降低其对学科的兴趣。所以，教师需要围绕主题，慎选材料，优先考虑教材中的资料。比如讲述“南方的开发”这一子目，可以运用“学思之窗”中《宋书》的资料，让学生了解当时南方经济的发展；讲明少数民族内迁是一个由有序到无序的阶段时，可以用“晋归义羌侯”金印的图片予以验证；学习北魏孝文帝改革时，引用“史料阅读”中《魏书》的有关记载，“问题探究”中《资治通鉴》卷40的有关文献和“学习拓展”中的有关材料，全面评价孝文帝改革。

4. 以点带面适当拓展主题

在教学中，教师需要通过对内容的整合，引导学生深度学习，拓展其历史认识的广度和深度。第五课正文高度评价了孝文帝改革，但在“学习拓展”中，又指出改革在短时期内产生了明显的副作用，要求学生体会历史发展的复杂性和曲折性。通过学习，学生明白孝文帝改革是民族交融的典范，但并不是历史的全部。为了让学生对此有全面、客观的评价，对民族交融有更深的思考，教师提问：孝文帝改革的副作用有哪些？产生的原因是什么？从改革的副作用中能得到哪些启示？经过讨论，关于原因，学生得出如下结论：改革损害了鲜卑贵族的利益；改革措施过于激进；没有考虑社会的承受能力；不加选择地全盘吸收汉文化；包括腐朽的士族制度；没有保留本民族的特色。通过这一环节，学生对于历史发展的复杂性和曲折性有了新的认识。

5. 通过反思完善主题教学

确定教学主题一定要慎重，要考虑知识的预设性和生成性。但在教学中，教学设计和教学效果的达成往往存在差距，老师应该及时进行教学总结和反思，主题的选定、教学的内容和方式不应该一成不变，历史老师通常教几个班，有充分的时间调整教学主题，可以修订、完善，甚至更换。比如，教师最先拟定第五课的主题是“动荡的政局客观上推动了民族交融和南方地区的开发”，上完一个班之后，教师觉得效果不理想，过程不流畅，没有达到预期效果，几经修改，最后确定主题为“民族交融对于统一多民族国家的发展的积极影响”。

三、在教学中渗透学科素养

核心素养是学科育人价值的集中体现，有助于学生形成正确价值观、必备品格和关键能力。要让学生具有较高的学科素养，客观上要求教师将学科素养的培养与教学主题相结合，从而实现两者的有机融合。

1. 构建时空观念

正确的时空观有助于学生把握特定背景下的历史事实，提高学习效率，构建完善的知识体系。让学生在阅读教材的过程中，绘制朝代更迭时间轴，再指导学生运用本课丰富的历史地图，以“三国鼎立形势图”“西晋末年内迁少数民族分布与北方流民南迁示意图”“东晋十六国形势图”“北齐北周陈对峙形势图”等五幅地图明确各个政权的空间范围。学生通过自主学习，利用时间轴和各个时期的形势图，对这一时期的朝代变迁形成了清晰的认识，加深了对政局动荡的直观感受。同时，学生在整理时间轴的过程中，也锻炼了归纳、概括能力。

2. 贯穿史料实证

史料实证是学科核心素养之一，对于其他素养的形成有着不可替代的作用，是其他学科核心素养达成的必要途径。史料是历史教学的必要前提和基础。历史教学要做到言之有据，就必须从史料出发。论从史出要求我们获取的史料一定要可信、典型，要切合主题，要立足学生的学习能力，不能太偏太难，还要考虑课堂的容量。在第五课的教学过程中，教师共选用了15则材料，其中6则材料直接选自统编版教材，8则来自课外。其中两则涉及这一时期的政治局势，4则有关政局动荡的原因；两则提及江南地区的开发，6则围绕民族交融，做到了绝大多数结论来自学生对史料的解读。

3. 突出历史解释

学生自主阅读史料，老师设置相关的问题，将知识问题化，问题逻辑化，层层深入，让学生挖掘史料内涵，对历史进行理性分析和客观评判。在分析政局动荡的原因时，教师补充材料。然后教师又利用教材内容，让学生从不同的角度认识这一阶段的时代特征，补充了气候对政治局面产生重要影响的视角，对历史现象的前因后果进行了分析，拓宽了学生的视野。教材正文着重介绍了北魏孝文帝改革的积极作用，教师在教学中又引入“学习拓展”中“短时期产生了明显的副作用”的观点予以补充，从不同的角度解读孝文帝改革，从而使学生对孝文帝改革有了更加理性的认识。

4. 坚持唯物史观

在唯物史观的引领下，把握重要的历史事件、历史人物和历史现象，构建历史发展的前后联系，认识历史发展的整体趋势，是教学的重要内容。魏晋时期新思潮流行，尤其是道教和佛教广泛传播，这与当时的政局有密切的联系，体现了社会存在决定社会意识的基本原理。孝文帝以坚韧不拔的方式推动改革，并取得了令人惊叹的成就，体现了杰出历史人物对历史发展的推动作用。江南的开发是各族人民共同努力的结果，是民族交融的产物，印证了人民群众是历史的创造者。孝文帝改革出现短期的、明显的副作用，表明历史的发展具有复杂性和曲折性，但是历史的潮流和趋势是不可阻挡的，改革既需要勇气，也需要必要的妥协，学习和借鉴外来的先进文化也要有所选择，要从国情和实际出发，取其精华，弃其糟粕，不能照搬，要注意保护好本民族的特色和精华。

5. 涵养家国情怀

家国情怀是历史学科核心素养的最终落脚点。培养学生的社会责任和人文情怀，将立德树人的教育根本任务落实到教学过程中，引导学生树立正确的三观是教学不可或缺的内容。在分析魏晋南北朝政局的特点时，教师引入材料：春秋战国时期共有战争661次，平均每年约1.2次；秦汉时期有战争682次，平均每年1.6次；魏晋南北朝时战事最多，共有1677次，平均每年有4.6次。（据《中国古代战争的时空分布》整理。）在此基础上，教师指出缺乏强大的中央政府，导致战争参与的民族多、规模大、延续时间长、损失惨重，使学生认识到维护国家统一，建立强有力的中央政府的必要性；认识到社会的稳定有利于国家的发展、社会的进步、人民的幸福，强大的国家是个人幸福的基石；我们要倍加珍惜今天来之不易的和平与稳定。通过分析民族交融的积极意义，学生理解了民族间的友好往来、良性互动的价值，认识到中华文明的辉煌是各民族共同努力的结果，只有在民族平等、民族团结的基础上才能实现各民族的共同繁荣和中华民族的伟大复兴。

总之，在新教材的运用中突出主题教学、渗透学科素养，是必要的，也是可行的。对于一线历史教师而言，这既是对原有教学方法和理念的挑战，又是推动专业成长和提高教学技能的机遇。教师应立足课标，紧扣教材，准确把握事件的逻辑关系；立足核心素养，在主题教学中渗透素养，立足现实，体察知识中蕴含的时代精神；立足学术前沿，密切跟踪学术动态；立足高考，探寻知识的重点和难点；立足学情，充分展示自身专业特长。这些都有助于教学主题的选取，学科素养的落实。

参考文献

[1] 冯一下. 对推进“历史课灵魂”研究的一些想法 [J]. 历史教学（上半月刊），2016（1）：15-18+52.
[2] 王继平. 论历史科“主题化”课堂教学：以高中历史课堂教学为例 [J]. 历史教学问题，2012（3）：119-121.
[3] 黄牧航. 论中学历史主题教学的三个层次：兼论 2005 年来广东省高考历史科的命题主题选择 [J]. 中学历史教学，2011（4）：4.
[4] 叶小兵. 单元的设计：历史教育专家叶小兵教授听课随笔之十三 [J]. 历史教学，2006（8）：74-75.

（长沙市明德中学）

历史学科核心素养视域下的高中历史教学

王丰富

摘 要：随着新课改的进一步推进、新课标的颁布以及高考指挥棒的导向作用，核心素养的培养已成为大家的共识，然而落地不易，一线老师还是有些茫然。本文拟从五大历史学科核心素养的培养上，结合教学案例，谈谈自己的体验与收获，以期抛砖引玉，求教于方家。

关键词：历史学科；五大核心素养；孤证不立；无意史料

随着新课改的深入推进、新课标的颁布以及新高考的导向作用，核心素养的培养已成为大家的共识，然而落地不易，对于如何培养核心素养，一线老师其实还是有些茫然的。我想结合近几年来的所看、所思和教学实践，就高中历史学科时空观念、家国情怀、史料实证、历史解释、唯物史观五大核心素养的培养，谈谈自己一些粗浅的做法，以期抛砖引玉，求教于方家。

一、唯物史观核心素养的培养

有人说："历史是任人打扮的小姑娘。"确实，历史纷繁复杂，真相扑朔迷离。如何揭开历史的重重迷雾、探寻出历史的真相？我们需要科学的历史观、方法论，而唯物史观正是这样一种揭示人类社会历史及其发展规律的科学的历史观与方法论。然而，怎么培养这种历史观？在教学中，我处处留心落实。比如在上人教版必修二第4课"古代经济政策"一课的封建土地所有制形成这个知识点时，我不是只要学生记住战国时封建土地所有制形成这个结论，而是引导学生一起探讨它是如何一步步形成的，我归纳出如下的图示（见图1），最后提问："战国时期封建土地所有制形成的根源是什么？"引导学生理解生产力决定生产关系这个唯物史观原理，并水到渠成地介绍唯物史观的其他基本原理。

图1 战国时封建土地所有制的形成

再比如在上人教版必修三第1课"'百家争鸣'和儒家思想的形成"的背景时，我不会直接从政治、经济、思想文化等方面去分析，而是会先引导学生："咱们要分析其背景，可以依据哪个唯物史观的原理去分析？"学生就会想起来：社会存在决定社会意识，一定时期的思想文化是一定时期政治经济的反映。这样学生就真正理解并懂得运用唯物史观的原理去解决问题，从政治、经济、思想文化等角度去分析背景。

二、史料实证核心素养的培养

史料实证是进行历史研究、教学、学习的核心方法。由于历史的不可逆性，我们对历史的解释也必须建立在史料证据的基础上。傅斯年先生曾说："史学就是史料学。"史料是我们通向历史认识的桥梁。让学生了解史料的分类，帮助他们掌握搜集史料的途径与方法，学会辨析史料的真伪，才能去伪存真，形成对历史的正确、客观的认识。下面这道2017年全国一卷第26题即是对此的印证。

记述	出处
“秦王（李世民）与薛举大战于泾州，我师败绩。”	《旧唐书·高祖本纪》
“薛举寇泾州，太宗（李世民）率众讨之，不利而旋。”	《旧唐书·太宗本纪》
“秦王世民为西讨元帅……刘文静（唐朝将领）及薛举战于泾州，败绩。”	《新唐书·高祖本纪》
“薛举寇泾州，太宗为西讨元帅，进位雍州牧。七月，太宗有疾，诸将为举所败。”	《新唐书·太宗本纪》

表2为不同史籍关于唐武德元年同一事件的历史叙述。据此能够被认定的历史事实是

A. 皇帝李世民与薛举战于泾州

B. 刘文静是战役中唐军的主帅

C. 唐军与薛举在泾州作战失败

D. 李世民患病导致了战役失败

四则材料都提到唐军与薛举作战，且战败，形成证据链，故C项正确。“秦王（李世民）与薛举大战于泾州”与“刘文静（唐朝将领）及薛举战于泾州”不一致，可知A项和B项可排除。四则材料只有一处叙述李世民患病，孤证不立；且“太宗有疾，诸将为举所败”只能说明李世民患病对战役失败有一定影响，但不足以说明李世民患病导致战役失败，故D项错误。此题其实就是考查史料实证，要求学生对史料进行整理与辨析，能够去伪存真，能够掌握“孤证不立”等史学方法。

而2021年湖南省适应性考试试题第2题就是对此题的“高仿真”。平时我在历史教学中就有落实史料实证意识，比如必修二第一课“发达的古代农业”一课讲铁犁牛耕这个知识点时，一般只会问学生铁犁牛耕何时出现，但我想的是可以借此教会学生历史研究的方法，培养其史料实证核心素养。所以我问：“牛耕何时出现？我们怎么知道牛耕在春秋出现？”以此激发学生去思考历史研究的方法。学生首先想到考古发掘。我肯定他们，并展示这张考古发掘的图片“春秋牛尊”（见图2）。我进一步发问：“考古学家怎么通过这个牛尊知道当时农民用牛耕田？”细心的学生注意到了鼻环，兴奋地说：“鼻环！鼻环！”我及时表扬他们的细心观察。得到表扬的学生更有劲头了。我又追问：“还有别的途径吗？”学生想到了查阅文献。我展示如下文献：

夫范、中行氏不恤庶难，而欲擅晋国。今其子孙将耕于齐，宗庙之牺为畎亩之勤。——《国语·晋语九》

图2 春秋牛尊

我继续追问：“除了文物、文献，还有别的途径吗？”这下学生答不出了。我告诉学生：“名字是历史的回音。名字往往会烙上时代的痕迹。大家熟悉的大教育家、思想家孔子，有两个学生，一个叫司马耕，字子牛。一个叫冉耕，字伯牛。牛与耕相连作为人的名和字，而孔子是春秋晚期人，这从侧面印证了春秋时牛耕的出现。”原本枯燥乏味、学生不甚感兴趣的经济史内容，这样一讲，学生听得兴致勃勃，不仅记住了史实，更学到了历史研究的方法，培养了史料实证核心素养。

同时，我还会补充史料分类等史学素养知识，让学生知道有意史料和无意史料的区别。有意史料经过了作者的加工，带有主观故意的可能；无意史料的作者没有主观故意，记录时更接近历史事实。所以我们需要辨析史料的真伪，与其他史料进行互证。我还告诉学生，历史需要实证的精神，有一份材料说一句话，但也可能一份材料还说不了一句话，例如孤证不立。

三、历史解释核心素养的培养

历史解释是指以史料为依据，对历史事物进行理性分析和客观评判的态度、能力、方法。[1] 历史解释建立在时空观念、史料实证等核心素养基础之上，能综合体现学生的历史学科核心素养。然而，

历史是过去的事情，很难还原绝对真实，所以意大利历史学家克罗齐认为“一切历史都是当代史”，还有人说“历史是任人打扮的小姑娘”。唯物史观也认为，历史认识是史学主体即历史认识者经由严格批判（考证）的史料中介而对历史客体即已经发生过的历史事件或过程的能动反映。所以我们要培养学生理性分析、客观评价的能力。如学完“南京条约”后，我让学生试着用多元史观解读近代史上的通商口岸问题：从革命史观看，通商口岸是西方列强对华商品输出和资本输出的基地，是中国半殖民地化加深的明显标记；从现代化史观看，通商口岸促进了中国自然经济的解体，是中国近代工业的诞生地和相对集中的地区，推动了近代城市的崛起；从整体史观、全球史观看，通商口岸加强了中国和世界的联系，使中国纳入资本主义世界体系；从文明史观看，通商口岸是中国了解和学习西方近代化工业文明的窗口，也是中国传统农业文明最早开始走向近代工业文明的地方；从社会史观看，通商口岸的出现促使思想观念、社会礼仪、生活习俗发生巨变。旨在通过不同视角的分析，锻炼学生辩证看待、多角度分析、解释历史的能力。同时，我也开设了“大家来做口述史”的校本课程，在前期访谈的基础上，引导学生转录文本，依据采集的口述史料来进行历史解释。

四、时空观念核心素养的培养

时空观念是在特定的时间和空间联系中，对事物进行观察、分析的意识和思维方式，应该说是最具历史学科特征的核心素养之一。由于一直以来人教版高中教材用的都是专题史编写体例，所以学生的时空观念相对来说是不完整的，时空混乱的现象时有发生。所以我经常要学生自己动手整理时间轴，如上完中国近代史后要学生动手整理民主革命时间轴，如图3：

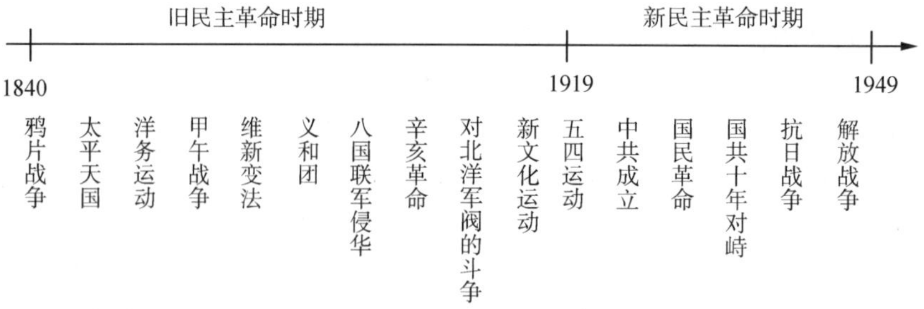

图3 民主革命时间轴

如学完希腊罗马的历史后整理时间轴，如图4所示。

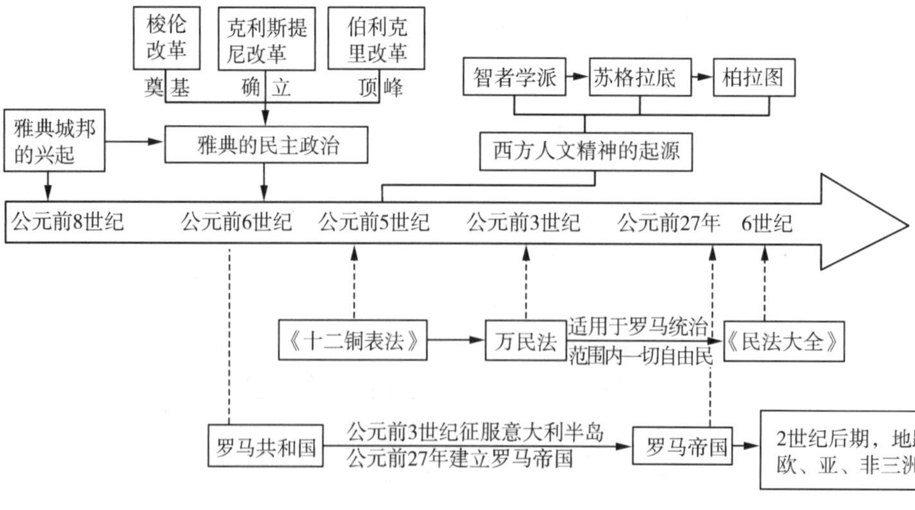

图4 希腊罗马史时间轴

此外，在一轮复习时，我也打破专题史体例，采取通史复习模式，以帮助学生理清时序，培养时空观念。

五、家国情怀核心素养的培养

家是最小的国，国是千万家，每个人的生命体验都与家国紧相连。徐雁说得好：“家国情怀是一个人对自己国家和人民所表现出来的深情大爱，是对国家富强、人民幸福所展现出来的理想追求。它是对自己国家一种高度认同感和归属感、责任感和使命感的体现，是一种深层次的文化心理密码。”作为老师，我们要担负起为国育才的重任，而作为历史老师，我们历史课程在这方面更有着得天独厚的优势：高中学生的自主意识与思维的批判性明显加强，他们反感生硬的譬喻、简单的贴标签和纯粹的道德说教。正如梁启超先生所说，“史学者，学问之最博大而最切要者也，国民之明镜也，爱国心之源泉也”[2]，历史学科蕴含着大量具有爱国主义精神和家国情怀的英雄人物，可以潜移默化地感染学生。比如我上人教版必修一“甲午中日战争和八国联军侵华”时，播放了电影《甲午风云》片段，当看到因为炮弹已经打完了，邓世昌和全舰官兵拼死撞向敌舰“吉野”，不幸被鱼雷击中，全部壮烈牺牲时，学生眼里噙着泪花。我想邓世昌和全舰官兵视死如归、坚毅的表情已永远地镌刻在学生的心中。又如讲授必修一“统一大业”香港回归时，我播放了当年邓小平与撒切尔夫人谈判的视频，邓小平那一句“主权问题是不可以谈判的”掷地有声，让人倍感扬眉吐气，学生情不自禁地鼓掌叫好。之后我播放了纪录片《中英香港政权交接仪式》片段，再现真实场景，兴奋自豪之感充溢在学生胸中。讲澳门回归时，我播放了当年迎接澳门回归的主题曲《七子之歌·澳门》：“三百年来梦寐不忘的生母啊！请叫儿的乳名，叫我一声‘澳门’！母亲！我要回来，母亲！母亲！”稚嫩的童音，唱出了对祖国母亲的深深依恋、对回归的殷切渴盼，我和学生们都禁不住泪流满面。润物细无声，维护国家统一的信念已悄然植入学生心田。又比如讲必修二“近代中国经济结构的变动”中洋务运动一目时，我补充介绍了湖南人左宗棠，介绍他“身无半亩，心忧天下”的人生追求，还介绍了他为了维护国家的统一，在69岁高龄抬棺出征收复新疆，令人景仰。再如杜甫的“孤舟一系故园心”，苏武的饮雪吞毡，十九年持节不屈……这些都是家国情怀的重要体现，都是我们厚植家国情怀的极好素材。

正因为注重核心素养的培养，我作为备课组长，推动备课组的老师也积极践行、落实核心素养的培养，所以取得的教学效果令人欣慰。刚刚毕业的2021届高三，在平时的大型联考中几乎每次都斩获历史学科均分第一名（比如株洲市联考），在最终的高考中，我校历史学科均分更是超过省平均分十多分，位居全省前列。

最后，谨以叶小兵教授的这段话与各位同仁共勉：“历史教育最重要的不是让学生记住历史知识，记住的知识将会基本忘光、归零。而历史教育培养学生的历史认识、历史视野、历史思维等综合品质，将会伴随一生、终身受益。”

参考文献

［1］中华人民共和国教育部. 普通高中历史课程标准（2017年版2020年修订）［M］. 北京：人民教育出版社，2020.
［2］梁启超文集［A］. 饮冰室合集. 文集之九［M］. 北京：中华书局，1989：10.

（株洲市南方中学）

乡土文化在高中历史教学中的应用初探*

——以宜章县为例

肖思慧

摘　要："乡土"指的是人们长期生活和居住，并与其有着密切关联性的地方。它在空间和意义上因人而异，虽然人们对其耳熟能详，但它也被认为是抽象的概念。乡土文化，是指在一个特定地域内发端、流行并长期积淀发酵的文化，带有浓厚地方色彩。它可以看作是人类物质文明、精神文明和生态文明的总和。而所谓乡土文化教育，则是通过一定的方法，将乡土文化整合成教学资源，融入历史教学活动中，建构高中生实际生活与现实历史之间的联系，从而引起和激发学习兴趣、情感共鸣，以达到培养中学生乡土意识和改善环境、服务国家的目的。本文以宜章县的乡土历史文化为例，探索、发掘其在高中历史教学中的运用。

关键词：乡土文化；高中历史；教学应用

首先，随着新一届高考改革的到来，基础教育专业课程体制改革也在不断深入。开展乡土文化专业课题研究已经成为一种发展趋势，也将成为扩大学校文化、丰富课程内容的重要举措。新版中小学历史专业课程标准明确提出了将培养与提升学生历史科目文化素养作为主要目标。历史学科的教学目标从重视三维培育转变为五维，即五大核心素养的培养，其中，爱祖国和家乡的家国情怀培养就是需要注重的素养目标之一。在这一大背景下，开展乡土文化教育的途径与方法研究是必要的，需要奉行一种创造性地运用自己家乡传统和农村文化资源开展教学的新课程理念，并持续不断地使课堂教学充满丰富的新意，让高中教育焕发出勃勃的生机。其次，宜章县文化独具特色，比如地方语言繁多复杂，是西南官话与本土方言并存的双语区。但直至现在，大多数高中学生都没有接受过乡土文化方面的教育，学生对此十分陌生。关于宜章特色的历史文化基本没有系统的资料，应用和实践也非常少，因此，开展乡土文化的教学实践和应用就显得十分重要。

一、乡土文化运用于高中历史教学的现状

宜章是一个拥有历史文化名人、红色革命文化遗存的地方，在长期的历史中积累了丰富的乡土文化资源，并具有一定的特点和优势。但目前在高中历史教学实践中对乡土文化的应用无论是深度还是广度都没有充分挖掘。大部分历史教师通过说教的方式授课，导致历史科目不能吸引学生的兴趣，也不能满足学生的求知欲。这与学生的学习情况极不符合，学生的认知水平被严重低估，因此无法发挥学习历史科目的真正价值。具体不足有以下三点。

（一）乡土文化的实践教学基地开发与利用不够

首先，许多历史文化馆、革命遗址等没有与当地学校之间建立长期的友好联谊，也没有形成良性互动。学校在思想政治文化课程上既没有对地方革命历史教育的基本知识内容和目标提出要求，也没有真正形成一种理论和实践有机结合的多层次、全方位的思想政治教学模式。其次，在对青少年学生进行爱国主义教育时，现在的教学框架无法满足全面认识不同历史阶段的事件及人物活动的需求。最后，在实际教学操作中，乡土文化引入课堂受老师个人经历、知识结构等主观原因影响较大，导致乡土文化在实际的课堂教学中利用率较低。

* 本文为湖南省郴州市十三五规划2020年度课题"高中生乡土文化教育的途径和方法研究：以宜章县为例"，批号CJKGL202041。

（二）现场实践教学形式单一，效果难以保证

从现状分析来看，乡土文化资源的内涵挖掘还比较基础、零碎且不够系统，乡土文化在实际的教育和教学中的利用情况不仅方式有限，而且过于单一。宜章在近代涌现了一大批先进的知识分子和革命先辈，如邓中夏、曾志、颜秉仁、胡襄、毛科文等，他们积极参与了推动中国近代化的起义与革命。然而，大多数情况下，教师在利用乡土人物进行教学的时候，往往只是采取空泛的讲解方式，或者只是在讲到某一知识点的时候，顺便提及历史人物的籍贯，没有在内容上做到多样化、系统化地利用，实践创新不够。这种方式不仅缺乏震撼性和吸引力，也无法充分满足广大青年学生对于求知的愿景，且严重低估了他们的认知水平，难以实现对于青少年理想信念与爱国情怀的教育这一主要目标。教师在课堂上简单提到的一段乡土历史或者史实，它可能就是革命先辈们艰苦奋斗的一生，如果我们能以乡土人物参与的重大历史事件为线索来深入了解近代的起义与革命，不仅能吸引学生的学习兴趣，还能让熟悉的人物引起学生的情感共鸣，增强代入感，促使他们进一步理解和掌握中国近代史的知识，从而达到培育学生核心素养目标的效果。

（三）历史和现实脱节，缺乏针对性

在充分利用乡土文化资源开展爱国主义教育时，最大的问题是未能充分利用这些文化资源，没有将其与现实相结合，无法发挥其最优化的发展潜力。

在实践过程中，尽管我们在课堂中会引入乡土文化的教学，如在讲解土地革命时期的革命斗争时，包括井冈山革命根据地的创建、中共的武装反抗斗争和红军长征等重要内容，我们会讲解宜章的红色历史，包括朱德和陈毅领导的“湘南暴动”、第五次反围剿失败之后，红军战略转移时彭德怀率领军队攻占宜章城，以及跟随毛泽东、朱德等人参与长征到达陕北的宜章女革命家吴仲廉等等。但教师往往仅注重对乡土文化本身的反映和讲解，忽略了与现实的衔接，对当前现实问题的思考与启发不够充分。对于这段历史，作为后辈的我们应该如何理解，如何从中汲取对现实社会的启发与收获，也是一个重要议题。

拓展乡土文化知识是为了让学生铭记历史文化，鉴古知今，增强文化自信，培养学生坚定的理想信念，不忘初心，牢记使命，承前启后，继往开来。但如果乡土文化与现实脱节，它就只是停留在过去的历史，这就违背了乡土文化学习的初衷，丧失了其教育意义，缺乏现实针对性。理论脱离实际，是无法彻底解决任何问题的。

二、历史课程中开发与运用乡土文化的对策初探

一方面，历史课程中蕴含着丰富的现代科学教育理论和信息技术资源，但需要丰富多样、充实而具体的知识内容和乡土知识的融合。历史课程的开发应将国家课程、地方课程和校本课程三者有机结合，如果仅仅局限于书本知识，就会使得知识体系被束之高阁，缺乏贴近现实的亲切感，内容也会单一和空洞。

另一方面，历史课程中对乡土文化的应用参差不齐，这是因为不同教师的关注点和研究兴趣不同。在课堂中，合理科学地运用乡土资源来教学，不仅可以言传身教地培养学生的爱国主义情怀，还可以加深学生对历史知识的理解，提升运用能力。因此，在历史课程中开发与运用乡土文化十分值得关注。宜章地区的乡土文化资源丰富多样，适合应用于高中历史课堂教学尤其是近代以来的部分。下面将从以下几个角度来探究高中历史课堂如何充分利用乡土文化知识。

（一）立足教材，创设情境，挖掘和渗透乡土文化中的爱国主义教育

大多数高中学生在学习乡土文化的时候，采取的方式还是和初中一样的死记硬背。虽然这样可以机械地记住历史知识，但是这样的学习方式太过枯燥，会导致学生的学习兴趣减退，不能达到提升学生历史核心素养的目的。所以，要改变这一现状，最好的方式是进行情境化授课，在授课的时候将乡土文化融入其中。这种授课方式可以让学生从抵制心理中走出来，主动地投入历史学科的学习中。

例如，我们在讲解近代中国的重大历史事件时，可以利用著名的历史人物、历史事件、革命活动以及相关地点的历史遗址等来创设情境和梳理线索；在宜章地区，可以列举如星火广场上的朱德和陈

毅纪念塑像、中夏公园里的邓中夏纪念碑、邓中夏故居、湘南暴动纪念馆、革命烈士李文香墓等具有特殊重要历史纪念意义的中国革命遗址和纪念馆，还可以介绍一些宜章本土的历史人物，如邓中夏、吴仲廉、曾志、李文香、胡襄等。另外，还可以提及毛泽东曾经到过宜章地区做调查，写成了《湖南农民运动考察报告》一文，这是毛泽东思想萌芽时期的代表性著作。此外，朱德、陈毅领导红军在此发动了“湘南暴动”，他们身上都具有伟大的民族情怀、敢为人先的人格魅力以及无私奉献的革命精神，直接且深刻地影响着我们的后辈们。通过情境创设和想象，可以传递和继承这种革命精神。下面我们从两个教学实例来看这种应用。

1. 以乡土人物经历为线索，创设情境

在我国普通高中历史课堂教学中，老师们要立足于教科书，充分挖掘和利用当地乡土资源，培养和激发学生的爱国主义热情。新课改后，培育学生的核心素养变成了授课的重点，要发挥学生在课堂上的作用，使学生成为课堂的主体。鉴于此，在学习近代史中中国先进知识分子向西方学习、救亡图存的相关内容时，我们可以按照时间线索的顺序，让学生沉浸式地以乡土人物所处时代或个人的经历来印证和分析重大历史事件。以宜章历史名人胡襄为例，首先，交代他生活的时代背景：“鸦片战争后，中国逐渐沦为两半社会，地主阶级抵抗派和洋务派的救国方案纷纷失败。”接着，过渡到胡襄的个人经历，他早年于长沙求学时，深受谭嗣同、唐才常等维新人士影响，开始宣传“改良朝纲、变法图强、救国救民”的主张。其后，随着慈禧太后发动戊戌政变，戊戌变法走向失败，这使他进一步认识到清政府的腐朽，于是愤而加入了革命团体武汉共进会，进行反清革命的宣传与鼓动工作。四川保路运动发生后，他写文章斥责清政府卖路求荣的行径，声讨清政府的腐败统治，并积极参与推翻清政府统治的辛亥革命。后来，他在中华民国国民政府军务部总务科从事文秘工作。胡襄是宜章的历史文化名人，与学生生活在同一片乡土，以他为视角更能引起学生的共鸣与学习兴趣。教师可以以他的这段经历来见证重大历史事件如维新变法、戊戌政变、革命团体的成立和革命思想的传播、革命起义、辛亥革命、中华民国成立等。另外，通过体会胡襄个人的事迹与生平，学生能够理解个人命运与国家前途命运紧密相连，促进学生对历史知识的学习、理解和把握，联系现实，增强对国家和民族的自豪感，并加深对中国特色社会主义制度优越性的认识。这样更自然地达到了培育学生核心素养的目标。

2. 开展乡土人物的角色扮演，创设情境

前面是通过以宜章乡土人物个人经历和生平为线索，见证重大历史事件并创设情境，除此之外，还可以采用人物角色扮演的方式来创设情境，让学生穿越时空、模拟人物，感受有温度的历史。例如，在教学“五四运动”这一部分时，教师可以课前指导学生收集关于五四学生代表、宜章的特色文化名人邓中夏在五四运动中的参与情况、斗争方式、主要发言信息等，以邓中夏为人物线索，以小见大来分析和学习五四运动。在交代基本背景后，开始创设情境，进行故事角色扮演。学生自主通过对历史人物所处时代背景的了解，揣摩人物的性格特点，并扮演他，感受当时以邓中夏为代表的中国先进青年知识分子为国家前途和命运抗争的心路历程，从而深层次理解与掌握五四运动的重大历史意义。最后，让学生在课堂上与其他同学交流并分享自己的心得，联系现实，明确自己作为当代青年学生肩负时代发展和民族振兴的责任和担当。

通过这两种学习方式，可以更好地让学生参与到课堂中，不仅提升了学生的历史核心素养，还引导学生认识并了解自己家乡的名人；学生也能从中感受到中国民族民主革命之路的艰难曲折，达到启发学生不懈探索、努力拼搏的目的。

（二）运用多媒体，实现乡土历史场景再现

借助于多媒体集文字、图片、声音、影视、录像、视频等多种功能于一体的特点，教师们就可以将历史真实、生动、具体、形象地呈现在每个学生面前，让学生置身其中，激活课堂氛围，激发学生的探究动力，提高学生对历史知识的学习积极性。

如在讲解从“南昌起义”到“年关暴动”再到“井冈山会师”这一段历史的时候，笔者通过虚拟的历史场景，请学生思考：“南昌起义失败后，中国共产党是否放弃并投降反动派？”然后，运用

多媒体展示南昌起义军队转移路线图，并引导学生分析“其路线走向对中国革命形势的影响”。在教学“年关暴动”时，笔者通过播放宜章县城星火广场的朱德和陈毅同志雕塑画像图片，再现了那一幕波澜壮阔的历史场面，这引起了学生们的共鸣，也激发了学生继续学习的兴趣。然后，笔者指导学生将课前所查阅的一些相关革命和战斗资料进行分组演示，并挑选出各个小组的代表一起上台宣传讲述，概括其中的知识重点，进一步促进大家对“南昌起义”之后具体历史知识的学习。

在教授“五四运动”时，笔者通过多媒体课件展示了五四运动中青年学生抗议北洋政府等相关图片，然后放映《建党伟业》中关于“五四运动”的部分，特别是邓中夏激情昂扬的街头演说，让学生身临其境产生共情，从中获得感悟，培养学生爱国主义的情感价值观。借助多媒体，呈现丰富的红色信息资源，不但拉近了历史教育和学生的距离，让学生真正参与其中，而且也唤起了学生自主性的学习动机和意愿。

（三）通过实践，整合资源，开展多元化教学

实践经历和体验活动是我们实现高中历史文化资源有效转化的直接途径。高中历史课程的老师一定要重视利用和整合乡土资源，如加强对乡土人物历史的挖掘。可以按照时间先后顺序将历史名人编成一部人物传记，作为备课参考资料，编写时注重与当时的历史大事件相联系。另外，还可以编写与教学相联系的乡土文化，如红色故事，穿插历史事件、纪念馆、遗址和历史文物的图片，图文并茂，尽可能做到全面具体，不断完善，并做好目录索引以备查阅。

除了资源整合外，还需实践，如开展各种形式多元的教学活动，强化对乡土历史文化的教育，让高中生在学习历史时可以感受轻松愉快的实践活动气氛，从中受到熏陶。这可以有效培养和提高学生的思维能力，帮助他们树立正确的价值观念。如在课堂上，教师们可以开展以传统乡土文化为内容和主题的知识竞赛、主题讨论会、故事讲座、文化演说会等活动；课后，也可以举办关于乡土文化探寻的手抄报活动和摄影大赛等，吸引学生自主探索乡土文化，营造一种良好的传统乡土文化学习氛围，深化广大学生对于乡土文化的认识和理解；在重大的历史纪念日，教师们还可以适当地组织全校学生到乡土历史遗址、爱国主义基地、烈士陵园、红色神龛等进行观览和实地考察；还可以组织学生在清明节给革命烈士扫墓、送花束等。这样的活动既能丰富学生的阅读经历，又能深化学生对于乡土文化的认知。

通过积极开展乡土文化资源在我校中小学历史教学中的综合开发与利用的研究探索，改进了教师的课堂教学方式和手段，增强了历史课堂教学的吸引力和说服力，达到了提升历史课堂教学有效性的目标；实现了学生的理论学习和实践教育的有机结合，增强了学生对优秀乡土文化的认同意识和理解能力，坚定了他们的理想信念；同时，也激发了学生的爱国主义热情，培养了学生健康的情感态度和社会主义核心价值观。

参考文献

[1] 叶蔓. 延安红色文化资源在初中历史教学中的应用［D］. 重庆：重庆师范大学，2019.
[2] 王丽艳. 烟威地区红色教育资源在初中历史教学中的应用：基于情感教育的视角［D］. 济南：曲阜师范大学，2019.
[3] 李从春. 六安地区乡土史料在中学历史教学中的应用研究［D］. 上海：上海师范大学，2020.
[4] 杨秀文. 高中历史教学学生主体意识的培养［J］. 青年与社会，2014：214.
[5] 宜章县志编纂委员会. 宜章县志（1989—2000 年）［M］. 长沙：湖南人民出版社，2005.
[6] 宜章县地方志编纂委员会. 宜章县乡镇简志［M］. 北京：中国文史出版社，2017.

（郴州市宜章县养正中学）

浅谈初中历史课堂教学中如何有效实现对学生的情感教育

钟白莲

摘　要：本篇论文旨在探讨初中历史课堂教学中如何有效实现对学生的情感教育。在情感切入方面，通过选好切入点，进行课前情感渲染，引导学生积极参与；在情感实施方面，设计紧凑有趣的授课形式，激发学生兴趣、凝聚注意力；在情感激发方面，利用历史图片、故事等作为“花瓣”，为课堂“绿地”增添生机，增加色彩；在情感提升方面，以充满激情的历史文学文化收官，进一步激发学生的情感共鸣，提升情感教育的效果。通过以上方法，可以有效地实现对学生情感的教育，激发他们对历史学习的热情和情感投入。

关键词：情感教育；课堂气氛；教学资源

情感态度和价值观教育是新课程改革下历史课堂教学的一个重要环节，也是中学历史课堂教学目标与要求的一项重要内容。在课堂教学中，历史教师如何充分挖掘教学资源，灵活运用各种教学形式与方法，对学生进行有效的情感态度和价值观教育，帮助学生树立正确的人生观、价值观和历史观，培养学生的爱国情操和民族情感呢？下面，笔者就以“金与南宋的对峙”一课为例，谈谈如何有效实现对学生的情感教育。

一、情感切入：选好切入点导入，进行课前情感渲染

课堂导入是历史课堂教学的重要手段，它体现了历史知识的连贯性，突出教学重点、难点，起到承上启下、启发学生思维、激发学习兴趣、集中课堂学习注意力、渲染课堂教学氛围等作用。课堂导入的方式多样，情感导入的方法亦不少，如联系社会现实导入，以与历史事件有关的人和事导入，以反映历史史实的诗词文化导入，以历史事件在今天的影响和意义导入等等。由于初中学生的学习主动性不是很强，注意力不是很集中，投入也不是很快，他们的学习方式也还停留在形象直观的层面上，纯知识性的导入往往显得枯燥乏味，容易让学生产生厌倦情绪。因此，教师在每个环节上都需要下功夫，针对这个年龄段学生的特点精心设计。首先要设计好导入语，选择能调动学生积极性、激发学习兴趣的切入点。

在教授“金与南宋的对峙”一课时，我选择了南宋著名诗人林升的诗作《题临安邸》作为导入，给学生以生动形象感，营造好情感氛围。林升在《题临安邸》中写道：“山外青山楼外楼，西湖歌舞几时休。暖风熏得游人醉，直把杭州作汴州。”我出示了如下思考题：这首诗是讽刺哪个朝代的统治者的？为什么？通过诗词导入，我引导学生明白：正是因为南宋统治者苟且偷安，无心收复失地，所以南宋王朝自建立起就偏安江南一隅，与北方的金长期形成南北对峙的局面，最终灭亡于北方蒙古族建立的元朝之手。通过这样的导入，学生可以认识到：一个国家、一个民族乃至个人在任何时候都要与时俱进、开拓进取、发奋图强，才能永远立于不败之地。这样一来，通过课前导入，教师既达到了统领全课，为新课讲授做铺垫的目的，又对学生进行了情感教育熏陶，培养了学生积极进取的人生态度。

二、情感实施：设计好授课形式，使课程紧凑，提兴趣、凝注意力

科学合理的教学形式和方法不仅能吸引学生注意力、调动学生参与课堂学习的积极性，而且对于完成教学任务、实现教学目标和提高教学质量至关重要，同时，还在一定程度上对学生智力、情感发

展以及人格形成产生重大影响。初中学生的注意力容易分散，因此教师需要花一番功夫在备课上，选择合适的授课形式，让整堂课一环扣一环，紧凑不松散，紧紧抓住学生的注意力，让学生与教师互动，让每个学生都积极参与其中，从而在潜移默化中接受情感教育。

在本课的教学中，我始终以问题探讨为主线，引导学生探讨，从中对学生进行情感教育。如在讲授“女真的崛起”这一部分时，我设计了以下问题，“为什么说女真族是一个古老的民族?”“女真族的生活习俗是怎样的? 女真族又是怎样强大起来的?”“1113 年，完颜阿骨打成为女真部落联盟的酋长，他对女真族社会的发展有哪些贡献?”通过引导学生一一探讨、解答这些问题，我让学生认识到：统一是一个国家、一个民族强大的基石；女真族是我国一个有着悠久历史的民族，对东北地区，尤其是黑龙江地区的开发做出了重要贡献，祖国的悠久历史是各族人民共同创造的，从而培养学生坚决维护国家统一和民族团结的历史责任感与使命感。在讲授“金灭辽及北宋”这部分时，我先让学生概述金灭辽及北宋的过程，然后补充讲述“东京保卫战”的故事，并设计了这样一道题：“在金军的进攻面前，北宋统治集团中的投降派和主战派各有何表现? 广大军民是怎样保卫东京的?”通过引导学生对北宋王朝各个阶级、不同阶层在面对金军进攻时的态度与表现进行对比，我帮助学生认识到：人民群众才是推动历史前进的真正动力；反掠夺、反奴役的正义斗争是符合广大人民利益的，必然得到人民的支持，而掠夺战争和投降派的可耻行为必定受到人民的谴责和唾弃。在接下来学习“靖康之变”这一部分时，我又展示了这样一道题：“从东京保卫战的胜利到‘靖康之变’的发生，你得到什么启示?”通过组织学生讨论、分析对比，我引导学生达成如下共识：统治者的昏庸是国家衰亡的根本原因；任何国家乃至个人都要自强不息，不畏强暴；最大的敌人往往不是别人，而是自己，从而培养学生在困难和挫折面前毫不退缩、勇往直前、自强不息的精神品质和积极进取的人生态度。再如，在讲授“南宋的偏安”这一部分时，重点讲述“岳飞抗金”这部分内容，我设计了以下问题，“正当岳飞抗金取得重大胜利时，朝廷却下令岳飞班师，岳飞痛心疾首，泪流满面，说：‘十年之功，废于一旦！所得州郡，一朝全休！’假如是你，你会怎样做? 岳飞又是怎么做的? 原因是什么?”“宋高宗和秦桧为什么要杀害岳飞，破坏抗金的大好形势?”“岳飞为什么永远受到人民的尊敬?”通过师生共同探讨，我引导学生认识到：在封建社会，忠于朝廷和忠于国家是一致的，忠于国家就必须忠于君主，岳飞也摆脱不了这种时代局限，他是封建忠君的一个典型，我们不能以今人的标准去苛求古人；岳飞虽死，但他领导的抗金斗争是正义的事业，符合人民的利益，永远会受到人民的尊敬和怀念；而投降派和秦桧等为一己私利，屈膝投降，陷害忠良，损害人民的利益，必然永远遭到人民的谴责和唾弃。通过这样的教学方式，学生得到了良好的情感教育，树立起“舍小我为大我”、以国家和民族利益为重、报效国家的信念，培养了正确的是非善恶观念和科学的人生观、价值观。

在本部分教学内容的最后，我展示了一个问题，组织学生讨论，“有同学说：‘我在一本书上看到，岳飞镇压过洞庭湖边的农民起义军。另外，他太忠于皇帝了，郾城大捷后，他不该退兵，应该把金兵打败，再杀掉秦桧。因此，岳飞并没有什么了不起。’你同意这种看法吗? 为什么?”通过引导学生全面、客观地评价岳飞，我进一步让学生认识到：岳飞虽有其时代和阶级的局限性，但他抗金符合人民反抗女真贵族掠夺的愿望和利益，推动了历史的进步，永远受到人民的尊敬，他的报国精神值得学习。这再一次照应了主题，强化了对学生的情感教育。

三、情感激发：以历史图片、故事为“花瓣”，让课堂“绿地”生机盎然，增加色彩

情感激发贯穿于历史课堂教学的全过程，它包括以下内容：首先，利用教学导语，激活学生情感。成功的导语在课堂教学中具有先声夺人的作用，使学生一开始便受到强烈的情感渲染，从而激发学生的学习兴趣，激活学生的情感。其次，通过真情抒发，感染学生情感。作为一名历史教师，必须具备真挚的情感，并将其渗透和体现于教学之中，才能避免课堂教学枯燥乏味，也才能感染学生，让学生产生积极的学习情感。最后，创设教学情境，陶冶学生情感。历史教学有许多资源可挖掘利用，特别是现代教学手段，更能使课堂教学生动有趣，如多媒体展示图片、配音乐、播放视频、开展课堂游戏等，这些在增强课堂教学的直观性、形象性，培养学生对历史的学习兴趣，特别是在烘托课堂气氛、提升对学生的情感教育等方面发挥了重要作用。而运用历史故事、图片等进行情感教学是其中一

种重要的方式。

在讲授“金与南宋的对峙”这节课时，我采取了讲述历史故事、配以适当图片的方式帮助学生学习，增强课堂教学的直观性。如，我在讲授“女真族的崛起”这部分时，出示了“女真族演变图示”“金都遗址——会宁”“完颜阿骨打像”“女真文字”等图片，加深学生对这部分知识的理解，并让他们认识到：女真族历史悠久，对我国东北地区尤其是黑龙江地区的开发做出了重要贡献。在接下来讲授“金灭辽及北宋”与“靖康之变”这部分时，我展示了以下图片：“主战派李纲像”“开封铁塔”“靖康之变图”“宋徽宗像”“宋钦宗像”等，并穿插讲述了大学士陈东为民请命，请求重用李纲的故事，让学生深刻认识到抗战派李纲保卫东京，深得民心，必然受到人民的拥戴；而宋徽宗、宋钦宗贪生怕死、屈膝投降，导致亡国，而且身受其辱，是咎由自取，必然遭到世人的谴责和唾骂。“岳飞抗金”是本课的重点，在讲授这部分知识时，我相继展示了“岳母刺字图”“岳飞像”“还我河山”“岳家军”“郾城大捷图”等图片，并结合生动的故事讲述，让学生深受震撼，他们为岳飞誓死收复失地的决心和精忠报国的事迹深深感动，内心涌起报效国家的爱国情感。接着，我出示“岳飞墓”图片，对联“青山有幸埋忠骨，白铁无辜铸佞臣”，岳飞墓前石柱上的另一副对联“正邪自古同冰炭，毁誉于今判伪真”和“岳王庙”“岳飞塑像”等图片，配合相关的问题解答，深化了本课的主题：岳飞抗金符合人民的愿望，永远受到人民的尊敬和怀念；而奸臣秦桧陷害忠良，损害人民的利益，永远遭受世人的唾弃。学生的人生观、价值观和是非观再一次得到提升。

四、情感提升：以充满激情的历史文学文化收官，煽旺情感之火

情感态度与价值观的培养既是情感教育的重要内容，也是情感教育的终极目标。在历史教学中，做好情感教育是学生了解和学好历史的关键，也是历史学科发挥人文教育功能、满足社会需要的重要途径。情感升华是指通过教师在课堂教学中潜移默化的情感渲染、激发，师生之间的情感交流、沟通与体验，使学生受到强烈的心灵震撼，产生情感共鸣。精巧的课堂总结不仅有助于学生理清知识脉络，加强对所学知识的理解记忆、构建完整的知识树，突显教学重点、难点，还可以进一步拓展学生的历史思维，升华情感教育，为后续学习打下基础。

在“金与南宋的对峙”这节课中，我采用了名作欣赏的形式做课堂总结，如展示了岳飞的诗词《满江红》，并配上一段古典音乐和充满激情的配乐朗诵。通过诗词讲解总结课堂内容，引领学生感受岳飞诗词的意境和作者的人格魅力。这再次强化了学生的爱国情感和良好的道德情操。特别是诗词中的“莫等闲，白了少年头，空悲切”这句，更让学生感同身受，坚定了从现在起发奋图强、学好扎实本领，将来报效国家的理想和信念。这加强了本课的情感教育，也呼应了开头。

最后，教师点题，升华情感：中华民族的历史源远流长，在这悠悠的历史长河中，各民族用自己的勤劳和智慧创造了独具特色的民族文化。虽有矛盾与冲突，但和平交融始终是民族间交往的主流。

由此可见，在历史课堂教学中，我们历史教师只有充分挖掘、利用历史资源，灵活运用多种教学形式与方法，注重对学生的情感教育，而不仅仅是纯粹的知识灌输，那么学生的历史学习兴趣、学习成绩就会得到提升。学生的思维得到拓展提升，学生的深刻思想就会有效地形成，学生理解问题、分析问题、解决问题的能力也会得到加强，学生的素质相应地会得到提高。这样，一个个有思想、有头脑、个性飞扬、深深地根植于民族情感之中的学生就会被塑造出来了。历史教师的责任确实重大，今后的历史教学千万不能只停留在提高学习能力的层面上。

（湘潭市第三中学）

家庭教养方式对中学生主观幸福感的影响

龙超钥

摘　要： 本研究探讨家庭教养方式对中学生主观幸福感的影响。我们以邵阳市区中学生为样本，采用总体幸福感量表（GWB）中国修订版和家庭教养方式问卷（EMBU）对中学生进行了测量。结果显示，父母教养方式中的情感温暖、保护维度与中学生的主观幸福呈显著正相关，而惩罚、拒绝、过度保护和干涉等维度则呈负相关。此外，教养方式中的情感温暖和理解对主观幸福感有一定的预测作用，显示了家庭教养方式对主观幸福感的重要影响。为促进中学生的心理健康，提升其幸福感，我们需要关注家庭教育，注重温暖、理解的教育方式，建立良好的亲子关系，促进学生身心健康。

关键词： 主观幸福感；家庭教养方式；心理健康；中学生

主观幸福感是个体依据自身设定的标准对生活质量所做的总体评价与体验，包括生活满意度、正性情感和负性情感三个基本成分，是反映个体心理健康水平的一个重要心理学指标[1]。国内外的研究主要集中在主观幸福感与人格特质、社会支持、学业压力、体育运动等方面的关系，并涉及对一些特殊群体的研究，比如留守儿童、少数民族和聋哑儿童等。这些研究得出了许多重要的结论。

家庭教养方式指父母在抚养、教育子女时通常使用的方法和形式，是对父母各种教养行为特征的概括，也是一种相对稳定的行为风格[2]。中学生群体和父母接触时间较多，父母的教育方式对孩子有着潜移默化的巨大影响。

现有研究表明家庭教养方式对主观幸福感有重要影响。良好的家庭教养方式能提升学生的主观幸福感，而对于主观幸福感，男女之间的差异不大。此外，母亲的教养方式对学生的影响比父亲的影响更大[3]。另外，有研究显示，家庭教养方式中的拒绝、过度保护两个维度与主观幸福感呈负相关，而情感温暖则与主观幸福感呈正相关[4]。

本研究旨在探讨父母教养方式对孩子的主观幸福感产生的影响，并在已有研究的基础上，进一步探讨和分析家庭教养方式对主观幸福感的影响及其预测作用。

一、对象与方法

（一）研究对象

选自邵阳市95名中学生，其中男生36人，女生59人；初中生55人，高中生40人；独生子女33人，非独生子女62人；城市户口41人，农村户口54人。(见表1)

表1　数据基本统计

	男	初中生	独生子女	农村
是	36	55	33	54
否	59	40	62	41

（二）研究工具

1. 总体幸福感量表（GWB）中国修订版

总体幸福感量表（General Well-Being Schedule，GWB）最初由美国国立卫生统计中心制定，是一种定式型测查工具。原量表共有33题，1996年，段建华对该量表进行了修订，GWB中文版共18题，分为6个因子：对健康的担心、精力、对生活的满足和兴趣、忧郁或愉快的心境、对情感和行为的控制、松弛与紧张（焦虑）。量表各项目与总分之间的相关性介于0.48和0.78之间；分量表与总表的相关性介于0.56和0.88之间；内部一致性系数方面，男性为0.91，女性为0.95；重测信度为0.85。

2. 家庭教养方式量表（EMBU）中文版

家庭教养方式量表（EMBU）是测量父母家庭教养方式的时候最常用的量表。从父亲教养方式中提取6个主因素，分别为情感温暖、理解，惩罚、严厉，过分干涉，偏爱被试，拒绝、否认，过度保护。从母亲教养方式中提取5个主因素，分别为情感温暖、理解，过分干涉、过分保护，拒绝、否认，惩罚、严厉，偏爱被试。各主因素的同质性系数最高为0.88，最低为0.46，平均为0.75；分半信度范围为0.5到0.91，平均为0.76；重测信度范围为0.67到0.89，平均为0.776[5]。

二、结果与分析

（一）主观幸福感的差异比较

以性别等因素作为变量，对不同被试在主观幸福感上的得分进行差异检验（t 检验），结果见表2。

表2 主观幸福感的差异研究

		主观幸福感得分（$x \pm s$）	t	p
性别	男	80.22±9.27	1.533	0.129
	女	77.12±9.80		
独生子女	是	77.67±9.89	−0.461	0.646
	否	78.63±9.57		
年级	高年级	77.60±9.47	0.597	0.552
	低年级	78.80±9.82		
城乡	城市	78.44±10.20	−0.126	0.900
	农村	78.18±9.29		

结果显示，不同性别的人主观幸福感得分之间没有差异，而独生子女与非独生子女之间也没有差异，年级和城乡因素对主观幸福感的得分影响也不显著。

（二）家庭教养方式的差异比较

表3是家庭教养方式的因子分和均分统计。从表3中可以看出，母亲在情感温暖、理解，过分干涉保护、拒绝否认，偏爱等因子得分均明显高于父亲。

表3 家庭教养方式因子分、均分

项目		F1	F2	F3	F4	F5	F6
父亲	总分	51.66	17.47	19.47	11.35	9.08	10.76
	均分	9.15	5.15	3.32	3.32	2.64	2.58
母亲	总分	54.94	33.71	12.25	12.89	11.91	
	均分	10.10	5.95	3.38	3.55	2.75	

从家庭教养方式的不同变量的研究可以发现，父亲教养方式中偏爱（FF4）维度存在独生子女和非独生子女差异，过度保护维度（FF6）存在男女性别差异。

表 4 父亲教养方式的差异研究

		F1	F2	F3	F4	F5	F6
性别	t	1.476	1.335	1.031	0.783	1.779	2.072*
	p	0.143	0.189	0.305	0.436	0.079	0.041
独生子女	t	1.679	-1.190	-0.455	3.031**	-0.305	-0.686
	p	0.097	0.237	0.650	0.003	0.761	0.494
年级	t	1.595	-0.106	-0.267	1.380	0.189	0.580
	p	0.114	0.292	0.790	0.172	0.851	0.563
城乡	t	-1.160	1.158	-1.179	-0.932	0.981	-0.003
	p	0.249	0.250	0.241	0.354	0.329	0.998

* $p<0.05$, ** $p<0.01$, *** $p<0.001$

表 5 母亲教养方式的差异研究

		F1	F2	F3	F4	F5
性别	t	0.571	2.145	1.122	1.667	1.235
	p	0.569	0.036	0.265	0.101	0.221
年级	t	1.613	-0.654	-2.009	-2.747	2.927
	p	0.110	0.515	0.048	0.008	0.004
独生子女	t	1.194	1.114	-0.932	0.391	3.985
	p	0.236	0.268	0.354	0.696	0.000
地区	t	-1.403	-1.946	-0.202	0.846	-1.404
	p	0.164	0.055	0.840	0.400	0.164

（三）主观幸福感与家庭教养方式的相关分析

从父亲方面来看，父亲的情感温暖、理解（F1）与学生的主观幸福感呈显著正相关；父亲的惩罚（F2），干涉（F3），拒绝（F5）与学生的主观幸福感是负相关。

从母亲方面看，情感温暖、理解（M1）与主观幸福感呈显著正相关；而过分干涉、过分保护（M2），拒绝、否认（M3），惩罚、严厉（M4）与主观幸福感存在着负相关。详见表 6 和表 7。

表 6 主观幸福感与父亲教养方式之间的相关分析

项目	F1	F2	F3	F4	F5	F6
R	0.415**	-0.077	-0.014	0.058	-0.146	0.005
P	0.00	0.476	0.859	0.609	0.16	0.962

* $p<0.05$, ** $p<0.01$, *** $p<0.001$

表 7 主观幸福感与母亲教养方式之间的相关分析

项目	M1	M2	M3	M4	M5
R	0.414**	-0.125	-0.162	-0.179	0.167
P	0.00	0.228	0.133	0.082	0.139

* $p<0.05$, ** $p<0.01$, *** $p<0.001$

（四）家庭教养方式与主观幸福感的逐步回归分析

以主观幸福感的总分为因变量，以父母教养方式各因子为自变量进行回归分析，有两个因子进入中学生主观幸福感的回归方程。这两个因子是 FF1 父亲情感温暖、理解，MF1 母亲情感温暖、理解。如表 8 所示。

表 8 家庭教养方式与主观幸福感之间的逐步回归分析

内容	B	Beta	R^2	t	P
FF1	55.637	0.415	0.172	4.375	0.000
MF1	56.602	0.414	0.171	4.358	0.000

三、讨论

（一）主观幸福感

本研究调查发现，中学生的主观幸福感在性别、独生子女、年级、城乡等四个变量中，都没有显著性差异，尤其是独生子女、年级、城乡之间。然而，不同的研究得出的结论并不相同，比如严标宾、郑雪、邱林的研究指出女性的主观幸福感要高于男性；而李旋飞的研究结果显示，性别和家庭所在地对主观幸福感没有显著影响；郑志萍的研究表明，是否为独生子女对青少年主观幸福感无显著影响。

在性别和年级两个变量上，青少年主观幸福感无显著差异，可能是由于本研究中样本量较少；城乡这一变量无显著差异，可能是由于随着社会不断发展，城乡之间的差异缩小，在这方面对于青少年的影响会越来越小。在目前三孩政策的大背景下，独生子女会越来越少；但不同的出生次序（长子、次子、幼子）、不同的子女组合（兄弟、兄妹、姐弟、姐妹）对个体的幸福感可能会存在一些影响。目前这方面的相关研究较少，后续的研究中可以进一步考虑家庭结构、出生次序等对于中学生主观幸福感的影响。

（二）主观幸福感与家庭教养方式的关系

在家庭教养方式的各维度中，母亲在情感温暖方面的得分高于父亲，同时，过分干涉、保护维度的得分也高于父亲。这与我们的一般观念相符：与父亲相比，母亲对子女的关心、温暖呵护较多，同时也会更多地干涉子女的生活，对子女的保护也较多。李文燕的研究也显示出这样的结果。与此同时，在父亲的教养方式中，过度保护（FF6）存在男女性别差异。可能是因为相比儿子，女儿更需要“有力量者”的保护，而父亲无疑充当着这个角色。

父母的情感温暖、理解与子女的幸福感呈显著的正相关。从父母处得到更多温暖和理解的子女，会有更高的幸福感。同时，惩罚、干涉、拒绝、过度保护等维度与主观幸福感呈负相关，这些消极的教养方式会使子女幸福感降低。这些结论与管夏瑜、洪慧敏的研究结论是一致的。霍尼认为，儿童的异常行为都始于儿童时期那种制造焦虑的家庭环境。如果父母对儿童的反应是冷漠的、表面的，甚至是充满攻击性的，不能给儿童真正的爱，就会造成儿童的消极情绪。霍夫曼等关于惩罚这一教养方式对儿童社会化影响的研究发现，惩罚会使子女产生自卑、无助和不安全感，这些负面情绪都会降低子女的主观幸福感。

四、对策及建议

父母的情感温暖与理解，对中学生的主观幸福感有一定的预测作用。良好的教养方式能够使子女拥有更高的幸福感，尤其是情感温暖与理解这一方面更是显著。父母给子女一个情感温暖、理解的环境，施予理智的爱，子女出现心理问题的可能性会小一些；而不当的教养方式则会增大子女出现心理问题的可能性。

2012 年修订的《中小学心理健康教育指导纲要》指出，要积极拓展心理健康教育渠道，建立学校、家庭和社区心理健康教育网络和协作机制。家庭教育是教育过程中非常重要的一环，它对学生的心理健康有重大的影响。父母是孩子的第一任老师，父母的教养方式极大地影响到孩子的幸福感受，对于孩子的性格、情绪等也都有重大的影响。积极正面的家庭教育方式，才能让孩子感觉到温暖与理解，也更有利于青少年的身心健康发展。

在教育理念不断发展的时代背景下，为促进中学生的心理健康，提升其幸福感水平，我们需要关注家庭教育，注重温暖、理解的教育方式，建立良好的亲子关系，促进学生身心健康。

参考文献

[1] 陈陈. 家庭教养方式研究进程透视 [J]. 南京师大学报（社会科学版），2002（6）：95-103.
[2] 段建华. 总体幸福感量表在我国大学生中的试用结果与分析 [J]. 中国临床心理学杂志，1996（1）：56-57.
[3] 管夏瑜，洪慧敏. 家庭教养方式与大学生主观幸福感的相关研究 [J]. 中国电力教育，2011（2）：185-186.
[4] 李文燕. 初中生情绪智力、父母教养方式与主观幸福感的关系 [D]. 太原：山西师范大学，2012.
[5] 李旋飞. 初中生家庭教养方式和主观幸福感的关系 [D]. 海南：海南师范大学，2019.
[6] 李宗国，张鹤，焦燕. 青少年家庭教养方式、应对方式对主观幸福感的影响 [J]. 中国健康心理学杂志，2016（6）：840-844.
[7] 严标宾，郑雪，邱林. 大学生主观幸福感的跨文化研究：来自 48 个国家和地区的调查报告 [J]. 心理科学，2003（5）：851-855.
[8] 岳冬梅，李鸣杲，金魁和，等. 父母教养方式：EMBU 的初步修订及其在神经症患者的应用 [J]. 中国心理卫生杂志，1993（3）：97-101.
[9] 岳颂华，张卫，黄红清，等. 青少年主观幸福感、心理健康及其与应对方式的关系 [J]. 心理发展与教育，2006（3）：93-98.
[10] 张燕. 大学生主观幸福感与父母教养方式的关系研究 [J]. 辽宁教育行政学院学报，2008（9）：51-52.
[11] 郑志萍. 家庭环境、父母教养方式与青少年主观幸福感的关系研究 [D]. 天津：天津师范大学，2011.

（邵阳市第十七中学）

练好“读观行思”四种功夫，助推学生建设心灵品质

蒋志武

摘　要：人与人之间的差别主要是心灵品质的不同。一个人的心灵品质决定了他的境界、格局、心胸和气魄。育人重在育心，教师的主要职责不仅是教授知识，更是化育人心，引导学生培养良好的心灵品质。一个学生的心灵品质建设好了，思想武装好了，好习惯、好成绩等都可能随之而来。学生的心灵品质不是被赋予的，而是逐步引导和培养形成的。在日常的教育教学中，我们应该指导学生认真练好“读观行思”四种功夫，通过点滴积累，他们的心灵品质自然会逐步提升。

关键词：心灵品质；读观行思；功夫

人们常说“攻城为下，攻心为上”。在教育的大道上，如果我们能够武装学生的思想并提升他们的心灵品质，好习惯、好成绩等都将随之而来。教育要达到“无为而治”的理想境界，可以通过各种形式和方法来武装学生的思想，培养他们的心灵品质，这也就是所谓的“攻心”。当学生的心灵品质建设好了，精神成长起来了，他的态度会跟着改变；一旦态度改变，习惯也会改变；习惯改变后，性格也会随之改变；性格改变，他的人生也会跟着改变。

“心灵不会是一块闲置的空地，你不种庄稼，它就长杂草。”在青少年的心田里，你种下什么，它就长出什么。在近几年的工作中，我越来越深刻地认识到教师的工作重在化育人心，我们一定要帮助学生建设心灵品质，重视学生的精神养育。一个学生一旦心灵富足丰盈了，精神成长饱满有力了，他的生命状态自然积极向上，他就能勇敢地面对人生路上的风霜雨雪。生活中的万事万物，点点滴滴，都是教育的素材和机会。我着重引导学生练好“读观行思”四种功夫：一起去诵读时文经典，去链接贤人智者的博大心胸；去观看励志正向的故事，吸收伟大美好无私的能量；去主动行动、主动担当，在付出中收获和成长；去反思自身每天的言行，去除心中的不明和贪欲。每天持之以恒地练习，这四种功夫就能助推学生建设心灵品质，不断扩大他们的境界和格局，促进他们的精神成长，让他们成为自己人生的主人。

一、读：汲取时文经典的正念

“读”是要练的第一种功夫。每天的清晨是“读”的黄金时间。晨读伊始，学生全体站立，整容定气，齐诵宏文。清朗其声音，均审其节调。诵读的内容既有语文课本上的经典篇目，也有额外推荐的时文美文。学生们恰似一株屹立在天地间的大树，从文字里汲取营养，努力向下扎根，向上生长。每天清晨“读”的功夫能激发学生们青春的热情，唤起学生情感上的共鸣，激发他们心灵的澎湃力量，让他们与文字背后的那颗滚烫的心对话，与书中的人物同喜共悲。

晨读的现场，庄严而有力量。全体同学以挺拔的身姿、响亮的声音共同传达着愉悦而饱满的精神，慢慢地、深深地感受文字带来的心灵滋养，享受纵情“读”的无限乐趣。时间长了，功夫久了，他们一个个精神舒畅，心平气和。同时，积极向上的集体能量场能让学生感到愉悦，在心上涌起一份庄严感和自豪感。如我推荐学生读王阳明先生的《教条示龙场诸生》《示弟立志说》，看着学生们一次次发自内心地诵读，看着他们的目光越来越坚定清澈，我知道他们的内心被触动了：我立志成为怎样的人？如何成为这样的人……当圣贤的字字句句如清泉般汩汩流入学生们的心田，他们开始醒悟并深刻地思考了。

清晨大声诵读之余，我教导学生要把“读”的功夫像吃饭睡觉一样去练，将书本视为自己的精

神食粮和心灵家园。为了帮助学生拓宽阅读渠道，我要求学习小组以合作共享的形式轮流购买每周的阅读刊物，或彼此购买不同的书籍交换去“读”。“读”让孩子们站在巨人的肩膀上汲取精神的养料，获取人生的智慧。我还鼓励每个学生把自己读到的好文章复印后，在班级开辟专门的“心灵驿站”角张贴出来和大家分享，一起交流“读”后心得。书本将孩子们的心紧紧凝聚在一起，“读”的功夫让他们的心灵世界变得更加崇高丰盈、强大而美好。

二、观：吸收积极正向的心力

“观”是要练的第二种功夫。青少年的情感、意志、行为和品格都处于形成时期，因此，让他们“观”优秀榜样是实现自我教育的有效方法。实施榜样教育时，我们可充分利用古今中外名人不同寻常的成长经历，激发学生自我教育的积极性；还可充分利用身边的“凡人小事”教育学生，让他们学习有方向，有目标。“志不立，天下无可成之事。”我们一定要通过课堂教育和课外教育相结合的方式，因势利导，让学生们在“观”优秀作品中吸收正向的心力，从而更加深刻地认识自我，把握住自己生活的航向，确立人生的志向。

在高中忙碌紧张的日子里，我会抽出中午读报课的时间或自习课的部分时间，让学生们去“观”名人的故事，“观”有教育意义的视频。例如，《感动中国》年度人物是我每年必给学生看的内容，师生一起静观两节课。同时，我会要求孩子们备好纸和笔，用心看，随时记，“观”后彼此分享最触动自己的地方，联系自身谈收获和体会。又如，对于东京奥运会闪闪发光的金牌得主，我会找到相关资料，丰富学生们的认知，开阔他们的视野，让他们不仅“观”到奥运冠军眼前的鲜花和掌声，更“观”到他们背后的艰辛和付出、汗水和泪水。

“观”他人的故事，照自己的人生。我们不仅看到了一个个人、一件件事，更要感受他们的内心。这样“观”的方式既丰富了学生们的学习和生活，又能激励学生，提升他们的心灵品质。让他们明白：不能胜寸心，安能胜苍穹？成功的人都有一颗强大的心，历经磨难而愈发坚忍；伟大的人物都有一颗广博的心，利他人也利天下，不断奉献。人生没有过不去的坎，成败取决于你是否勇敢，能否坚持。人生真正的价值在于你一生做了多少有意义的事，造福了多少人民。如果学生们在每天“观”的功夫里逐渐强大自己的内心，打破自我局限，他们的人生目标会越来越清晰，行动会越来越坚定。

三、行：体证担当付出的收获

“行”是要练的第三种功夫。如果说前面的“读”和“观”是输入，这里的“行”就是输出。如果说前面的“读”和“观”是由外到内的吸收，这里的“行”就是从内到外的释放。正知才有正见，真知方有真行。“行”的功夫指学生们在集体里乐于担当、奉献，在践行时体证担当付出的收获。

“奉献即是道，干活就是赚。”我告诉学生，主动上前一步，去练好“行”的功夫。班级是一个大家庭，大大小小的事不少，“行”的功夫要做到六个字——“先之”“劳之”“无倦”！“先之”就是率先垂范，做好班级榜样，给班级带来正能量，去影响身边人。大到筹划一次活动，小到打扫一次卫生，当机会来了，人人主动去做，带头去做。“劳之”即愿意付出自己的劳动，为班级服务争光，和班里每个同学一起去建设、担当、奉献。“无倦”就是做事时不抱怨，不烦躁，用心去做，这样忙碌而不疲惫，疲惫而不感到痛苦，乐此不疲。我们每个人心中都有无限宝藏，只有通过“行”才能开发心中的宝藏，多行多得，“行”得越多，内心的宝藏被开发得越多。

活动是锤炼心灵的大舞台。无论是学校的大型活动，还是班级的内部活动，我们都要鼓励学生高度重视，竭尽所能，各“行”所长。例如校运会时，我会要求人人都去“行”，或参加运动项目，或负责写稿宣传，或做好后勤服务等，制作一张表，将每个人的工作列出来，每项工作设定一个组长，由组长分头召集人员，分工合作，尽可能地让每个学生得到不同程度的锻炼。人人参与，个个行动。运动会结束后，班级召开总结大会，一一还原学生们“行”的风采，或用视频，或用照片，或用书面文字，或口头表达。这个还原的过程将进一步增强孩子们的集体荣誉感，滋长他们“行”的喜悦，也展示了他们的内心。

学生们在“行”中有了不同程度的体证和收获，他们的心灵品质也得到建设和提升。例如，黄同学在毕业感言上深情地说道：“高中三年真的不只是读书。”他本来是从农村来的一个沉默寡言的小男孩，在高中三年丰富多彩的“行”的体验中，他变得开阔爽朗，如今在外人面前已是一个敢说敢唱的小伙子了。还有张同学在大学里兴奋地给我打电话，说她参加系里的竞选，面对台下黑压压的人群，竟一点儿也不紧张，她特别感谢高中时众多“行”的机会锻炼了她。因为“行”的功夫，学生们的心灵切实有了收获；因为“行”的功夫，学生们的生命更加蓬勃向上。

四、思：坚持心灵深处的反省

“思”是要练的第四种功夫。学生们每天都在“行”，在奔跑，在忙碌。但如果少了“思”的功夫，就会忙在事上，变成“冥行妄作”，很容易陷入焦躁、疲惫的状态。而有了这份“思”的功夫，他们的“行”会更明晰，更有力。我指导学生们每天抽点儿时间和自己静静待一会儿，与自己的内心不断对话，对一天的言行进行自我评价、自我反省，从而更加深刻地认识自己，在觉察中提高，在反省中改变。这种“思”的功夫可以培养学生自我教育的能力，更有助于提升学生的心灵品质。

练好“思”的功夫就是提笔不断反省，与自己的内心对话，端坐灯下，回想一天的学习生活，一遍遍叩问自己：我今天说了哪些话？做了哪些事？哪些有进步？哪些还有不足？你真的有那么好吗？怎样做才更好……顺着一个个问题，孩子们心灵的闸门徐徐打开，笔下的文字或是欣喜感动，或是自责愧疚，或是鞭策激励。有时在班里遇到孩子们犯错的情况，我不再做无力的说教，只要求他们拿出反省本，让每个人静下心来，回到那个当下，将那时自己的起心动念、言行一一细数，要他们回头审视那时的自己犯了哪些错，为什么会有这些错，今后怎么做……这种“思”的功夫帮助他们不停地反求诸己，不停地自我教育，这是一种迅速提升自我心灵品质的方法。“思”得多了，学生们的思维模式和潜意识就改变了，心灵的底色也随之改变，展现出来的生命色彩和生命状态就会完全不一样。王阳明也曾说过，与其等别人来责“己过”，不如“自悔来得真切”。一次次锻炼“思”的功夫，一篇篇反省日记，带领学生逐渐超越过去的自己，心灵品质不断增长。

俗话说：“授人以鱼，只供一饭之需；授人以渔，则终身受用无穷。”我们被动地教育学生，可起一时作用，而学生主动去自我反省，教育自己，可为自己未来的发展铺平道路。练好“思”的功夫，坚持心灵深处的反省，指导学生不断明心净心，在心上垂直攀登，让心灵品质达到更高层面。青少年品格教育专家朱晓平在他的著作《青少年品格必修课》里提到要播下品格的48颗种子，我认为当学生们的心灵在反省中日渐澄澈时，许多优秀品质自然会呈现。

法国作家雨果说：“世界上最广阔的是海洋，比海洋更广阔的是天空，比天空更广阔的是人的心灵。”心灵的成长关系人一生的幸福！后生美质，须令晦养厚积；静水流深，方能舒展生命。我们要培养的绝不是汲汲名利的精致的利己主义者，而是厚德载物、自强不息的谦谦君子。真正的成功是以健全的心灵品质，依道而行，实现目标的同时，拥有幸福和圆满的人生。每一个学生心中都蕴藏着无尽的宝藏，引导他们练好“读观行思”四种功夫，不断开发，不断积累，持之以恒，久久为功，将有助于他们开发心中宝藏，塑造心灵品质，绽放舒展自如的生命姿态，赢得真正的成功！

参考文献

[1] 陈钱林. 教育的本质［M］. 成都：天地出版社，2020.

[2] 王阳明. 致良知：是一种伟大的力量［M］. 北京：东方出版社，2016.

[3] 朱晓平. 青少年品格必修课［M］. 北京：中国妇女出版社，2019.

[4] 北京知行合一阳明教育研究院. 文化自信与民族复兴（第2版）［M］. 北京：机械工业出版社，2018.

（长沙铁路第一中学）

以幸福之态修炼教育之行

——浅谈教师如何提高自身修养

谭招娣

摘　要： 教育，是心灵的事业。让我们学会悦纳自己、丰富自己、成全自己，让自己的心灵始终饱满、温润、宁静、敞开，始终保持精神的愉悦、智慧的明亮；始终充满教书的睿智、育人的情怀，这既是对教育的责任和担当，也是对自身修养的不断提高。始终以幸福的姿态来修炼我们那颗慈爱心、那双智慧眼、那腔宽容胸、那手绝活和那副担当肩。

关键词： 自身修养；慈爱心；智慧眼；宽容胸；绝活；担当肩

教师的主要工作就是教学。所谓教学，就是教师先学，或者边教边学。教师在教育的实践过程中，才能真正成为教师；教师也只有在教育修炼中，才能成为更优秀的教师。在过程中历练，在教育中修行，唯有不断提高自身修养，改进教育行为，保持心灵的自由、精神的强大，我们才能成为一名有理想信念、有道德情操、有扎实学识、有仁爱之心的新时代的“四有”好教师，我们才能感受到“为师之道”，体验到“教育之美”。

一、修炼一颗“柔情似水”的慈爱心

苏霍姆林斯基建议我们：要像爱护最宝贵的财富一样爱护儿童对我们的信任，关心他们的成长和幸福，关心他们的完满的精神生活。习总书记教导我们：“要对学生充满仁爱之心。”这是教育者不可或缺的素养，然而以一颗“柔情似水”的慈爱心来对待孩子，可能恰是我们许多老师难以做到的。我们经常说“爱的教育，严的管理”，总是把内心的“爱”表现为外在的“严”。记得初涉教坛的我，就是以这种心态对待学生的，站上讲台，我变得泼辣、决绝，对犯错误的学生暴跳如雷，动辄呵斥、训诫，来维护那所谓的荣耀和尊严，以为这种方式可以让学生“长记性”。我们总打着“这样做是为他们好”的幌子，其实伤害的是孩子们幼小的心灵。佛门有一句话叫“菩萨心肠，霹雳手段”，尽管“霹雳”是一种手段，但毕竟是一剂猛药，能不用尽量不用，有时，文火慢炖，效果会更好。

前几年，我接手了一个七年级新生班，其中有一个学生在小学就出了名的调皮。在第一个星期，他的表现还算好，但在第二个星期，“狐狸尾巴”就露出来了。被教育时，他总是一副无所谓的样子，我也联系不上家长。我在家访时了解到：他的妈妈在他出生时就去世了，爸爸常年在外务工，对他的学习和生活很少过问，他跟着单身汉伯伯生活，一犯错，他伯伯就不问青红皂白一顿毒打。有一次，他因和几个社会青年到小江里电鱼，被带到派出所，派出所批评教育后，联系了他伯伯接他回去，一连几天都无人去接，派出所只好联系学校，要我去接他。他见到我的那一刻，热泪夺眶而出，这是我第一次见他哭泣。我跟他边走边聊，发现他其实并不是一个坏孩子，只是一个缺少关爱的孩子！现在，他参军入伍了，每次回家探亲时总是先来我家，一提到那次经历，他总是感动不已。

我们经常用“刀子嘴，豆腐心”来形容那些心地善良而言语刻薄的人，在孩子的教育中，我们更需要“豆腐嘴，豆腐心”，千万不能让尖酸的语言取代了温柔的心，也不能让世俗的功利取代了仁爱心。如果我们作为老师，缺乏了柔软、慈悲、仁爱之心，那么孩子们的心里也难以培养这样的情怀。正如叶圣陶先生所说：“教育技巧的全部秘密就在于如何爱护儿童。”而印度诗人泰戈尔的一句诗道出了教育的秘密：“不是铁器的敲打，而是水的载歌载舞，使粗糙的石块变成美丽的鹅卵石！”铁器的敲打令石块破碎，或使其棱角更加分明，锋芒更加逼人；而看似柔弱的水，却能在无声无息的流淌中，在载歌载舞的行进里，在温婉细腻的冲刷下，让石头变得更光洁、圆润。教育如水，其中蕴

含的柔情是教师发自内心的慈爱。

二、修炼一双“目光如炬”的智慧眼

苏霍姆林斯基说：“学习的愿望是一种精细而淘气的东西，形象地说，它是一株娇嫩的花。”这就要求我们修得一双目光如炬的慧眼，来细心观察和保护这一株株花，让它们的生命和美绽放。正如习总书记所强调的：“好老师一定要平等对待每一个学生，尊重学生的个性，理解学生的情感，包容学生的缺点和不足，善于发现每一个学生的长处和闪光点，让所有学生都成长为有用之才。”曾听过“啐啄同机”的故事，讲的是小鸡即将破壳而出时，先轻啐蛋壳，探问外面的世界，老母鸡听到响动，就会赶紧从外轻轻啮叩蛋壳，接引新生命，这样的“啐啄”必须抓住时机“里应外合”，不能早一秒或迟一分。其实，我们老师就是那只孵蛋的母鸡，时刻用一双见微知著的眼睛看学生，在他们需要帮助时，在他们从混沌的“问题”里叩敲“蛋壳”时，及时去点拨他、引领他、滋养他。

有一次，给一位同事代课时，我发现一个坐在教室角落里的学生一直埋头画个不停，当我走近他时，他赶快将画盖住，怯生生地看着我，当我问他可否看看他画的画，他不作声。这时旁边一位学生小声告诉我，“他每一节课都在画画，老师总批评他，张老师都生气地把他的画没收了”。我转过头对那个小男孩说：“原来张老师办公桌上那幅画是你画的呀！画得真好！”他脸上顿时露出羞涩的笑容。那天中午我刚走出办公室，只见这个小男孩手里拿着一幅画站在门口，我接过画，边看边夸奖他，并语重心长地说：“要是你上课能认真听讲，学习更多的知识，你会画得更好！”他重重地点了点头。后来，听他的班主任张老师说，这个男生文化成绩进步很大，作为美术特长生被省重点高中录取。当时，那幸福的成就感如一股暖流涌上我的心头。

“有什么样的眼光，就有什么样的学生。”如果我们始终睁大眼睛去发现孩子的长处，始终眯缝着眼睛去看待孩子的短处，那么，每个孩子都天真可爱。苏东坡和佛印参禅的故事告诉我们，你心中有佛，眼中所见皆是佛。苏霍姆林斯基说：“教育不是灌输，而是点燃智慧的火焰。”我们要用那双善于观察的慧眼，洞察孩子心里的变化与渴求，在不露痕迹、悄无声息中给他们滋养。

三、修炼一腔“虚怀若谷”宽容胸

我们要像对待荷叶上的露珠一样，小心翼翼地保护学生的幼小心灵！荷叶上的露珠晶莹而圆润，美丽而可爱，敏感而脆弱，我们既要学会欣赏露珠，也要学会怜爱、呵护这些露珠，以宽容的胸怀对待孩子们如露珠般的心灵。

我记得在担任四年级班主任时，班上有一个男孩因拿了小卖部一包小零食，店老板要将其“挂牌游行”以示惩戒。我极力阻止了他，并对班上其他孩子解释说，那是一场小误会，再单独对这个犯错的孩子进行批评教育。后来，这个小男孩的表现越来越好，学习也很努力。现在他正就读于一所师范院校，他在给我发来的信息中说，他之所以选择读师范，是因为我对他的宽容和关爱！

“人非圣贤，孰能无过。”尤其对于成长中的孩子，我们也知道，学生犯了错误，大多会后悔，希望得到宽容和谅解。这时，如果我们能够宽容以待，就能让他们真切体会到理解和尊重。相反，如果我们对他的过错一味计较、指责，不但会令人反感，而且可能激起逆反心理，使他一错再错。因此，责人不如帮人。习总书记告诉我们：“尊重学生的个性和主体地位，理解学生的观点与情感，包容学生的缺点和不足。”是的，所谓“仁者无敌”，“仁”的核心就是宽容。我想，人之所以伟大，正是因为人性闪耀着宽容的光芒。教师的心有多大，教室就有多大；教师的心有多大，学生的发展潜力和创造力就有多大！

四、修炼一手“如有神助”的绝活

我们在教育实践中一定要不断提高教育技巧。要成为新时代的好教师，就必须有扎实的学识。要有学识魅力，就要用真理的力量感召学生，以深厚的功底赢得学生的信赖。我们要不断学习，修得一手绝活儿。我在读初中时，总是混淆历史朝代先后顺序，后来历史老师教了我们一首简练易记的顺口溜，至今我还能倒背如流：“夏商和西周，东周分两段。春秋和战国，一统秦两汉。三分魏蜀吴，二晋前后延。南北朝并列，隋唐五代传。宋元明清后，王朝至此完。”每个人都有自己的局限性，但我们可以有自己最精通的“绝活儿”，最擅长的本领，并将其发挥到极致，我们就可以“一指制敌”，征服学生，在学生的心里留下深刻印象。

练就这些绝活儿需要去学习、去修炼。作为学科老师，一方面我们要掌握学科内容，熟悉学科体系，传授学科知识；另一方面，我们不能只做本学科的“传声筒”“照相机”。站上讲台，我们应该成为所教学科的“形象代言人”。学生智力生活的境界和性质，在很大程度上取决于教师的精神修养和兴趣，取决于我们的知识渊博和眼界广阔程度。因此，我们教师的“绝活儿”不能只停留在技术层面，而应上升到自身的完善与不断的自我修炼。我们要在观念、品格、学问、读书、思考与实践上不断地修炼自己，让自己成为智慧型的老师。当我们具备学习、处世、生活、育人的智慧时，才能不断超越自己，影响学生。教师的专业成长是教育能力不断积聚修炼的过程，也是不断地发现更美好的自己、不断创造和展现更美好的自己的过程。

教学不是毫无热情地把知识从一个头脑里传输到另一个头脑里，而是师生之间每时每刻都在进行的心灵接触。我们所修炼的教学技艺吸引着学生的眼球，激发学生的学习兴趣，更重要的是，我们修炼的内在人格魅力滋润着学生的内心，改变学生的人生。

五、修炼一副“舍我其谁”的担当肩

苏霍姆林斯基说：“我们的使命就在于要使我们每一个学生选择这样一条生活道路，能给予他生活的欢乐，给予他一种自尊感。”作为教师，我们应当对自己的职业有深刻的认同，自觉地承担工作责任，主动理解生活。正如习总书记所要求的：“做老师就要执着于教书育人，有热爱教育的定力、淡泊名利的坚守。”优秀的老师心中要有国家和民族，要明确自己肩负的国家使命和社会责任。

“桃李不言，下自成蹊。”教师的幸福感必能影响学生的幸福观，且与学生共成长。致力于精神培育的我们，无论什么时候都应保持一种积极健康、求真向上的状态，不断激发和引领自己，向着新的一天、新目标前进。尽管今天的教育现状和大环境还存在一些问题，让我们行走得有些艰难，然而大环境不正是由小个体构成的吗？我们每个人都是中国教育的一部分，每个人的沉重构成了它的沉重，每个人的美好营造了它的美好。

我校有一位即将退休的老教师，由于一场车祸，腿骨折了，还未痊愈，他就强烈要求来上课。学校领导劝他在家休养，他说：“如果领导真的关心我，就让我去上课吧，我不能影响孩子们的中考呀，跟孩子们在一起会让我忘记伤痛！”这是一位充满教育情怀和使命担当的老教师朴实而又深情的告白。只要站上讲台，我们就可以为孩子们展现尽可能美好的世界、丰富幸福的生活、温暖坚定的信念。我们行走在教育的路上，要关注自己内心的脉搏，关注自己的精神走向，关注自己所从事的事业，关心自己面对的那一张张懵懂的面孔，那一双双闪光的眼睛，那一个个花朵般的孩子，因为他们承载着美好的希望。让我们成为孩子们心中的那束光，展现教师的责任与担当。

时光流转，我们依然初心不改；岁月轮回，我们依然保持热情。我们心里燃烧着坚强的力量，脚下踏着坚定的步伐，行走在幸福的教育修行之路上！

参考文献

[1] B. A. 苏霍姆林斯基. 给教师的建议［M］. 武汉：长江文艺出版社，2014.
[2] 谢云. 幸福教师五项修炼［M］. 上海：华东师范大学出版社，2013.
[3] 陶行知. 陶行知文集［M］. 成都：四川教育出版社，2007.
[4] 朱永新. 新教育之梦［M］. 北京：人民教育出版社，2003.
[5] 苏霍姆林斯基. 苏霍姆林斯基选集［M］. 北京：教育科学出版社，2001.

（株洲市攸县皇图岭镇高枧中学）

互联网环境下中职学生智能手机管理的难点及策略研究

彭 英

摘 要：在科技飞速发展的今天，智能手机在校园中越来越普遍，我们可以看到许多中职学生都拥有自己的智能手机，它方便了中职学生与父母的联系，也为网上查阅资料、听网课、网上购物提供了便利，但是也带来了一系列的弊端、危害和管理上的问题。本文结合中职学生的实际，深入地分析了现阶段智能手机进入中职学校的现状，探讨了中职学校在智能手机管理方面所面临的困难和原因，并提出了一些行之有效的办法和对策，以加强中职学校智能手机的管理。

关键词：学校管理；策略；智能手机；中职学生

随着互联网的发展和科技水平的提高，智能手机在校园中越来越普遍。应用功能越来越强大的智能手机给学生与家长的联系提供了便利，同时为学生了解世界和网上学习开辟了新途径。但是，智能手机也对学生的身体、心理、学习以及经济开支产生了一系列负面影响，还引发了很多校园安全和学校管理方面的难题。尤其对于中职学生这一群体，智能手机使用率高、依赖性大、娱乐性强，因此带来的弊端可能远远大于益处。如何引导中职学生正确使用智能手机，以及如何优化中职学校智能手机的管理策略已经成为社会、家长和老师迫切关心的话题。本文的目的就是通过调研，分析中职学生的手机使用现状，探究中职学生智能手机管理方面的困难和原因，从而找出管理的有效策略。

一、中职学生使用手机的现状

（一）调查目的

了解中职学校学生使用手机的现状，探究中职学生智能手机管理方面的困难和原因。

（二）调查对象

2021年5月—2021年8月，分别选取位于岳阳地区的两所职业学校共300名学生进行了问卷调查。

（三）调查方法

设计调查问卷，发放问卷并收集回复、整理数据、分析结果。

（四）调查结果

表1

调查项目	选项				
1. 是否有智能手机	有	无			
	98%	2%			
2. 有几台智能手机	1台	2台或以上			
	64.9%	35.1%			
3. 购买智能手机的渠道	线上购买	实体店购买			
	68%	32%			

续表

调查项目	选项				
4. 购买手机时最看重	品牌	性能	价格	款式	其他
	11%	53%	3%	11%	22%
5. 在校期间每天使用智能手机的时间	1h 以内	1~2h	2~3h	3~4h	4h 以上
	7%	26%	11%	16%	40%
6. 在校期间，智能手机放在哪里	宿舍	随身携带	交给老师		
	37%	45%	18%		
7. 外出时没有带智能手机会出现什么症状	必须回去拿	不安	焦虑	无所谓	
	18%	23%	45%	14%	
8. 使用智能手机最常做什么	查阅学习资料	聊天	玩游戏	网购	其他
	3%	28%	34%	15%	20%
9. 智能手机是否影响学习	是	否			
	72%	28%			
10. 一个月手机花费多少	50 元以下	50~69 元	70~100 元	100 元以上	
	12%	34%	36%	18%	
11. 使用手机后是否出现眼睛疲劳的问题	是	否			
	75%	25%			
12. 使用手机后是否出现颈椎酸痛的问题	是	否			
	53%	47%			
13. 父母是否支持使用智能手机	非常支持	非常反对	一般（看到会管一管，但是不会太严厉）		
	13%	23%	64%		
14. 是否支持学校对智能手机进行管理	是	否			
	9%	91%			

（五）结果分析

1. 智能手机在中职学校普及率高

在所调查的学生中，92% 的学生拥有自己的智能手机，并且 35. 1% 的学生拥有不止一部智能手机，这足以说明中职学生使用智能手机的现象非常普遍。

2. 中职学生对智能手机的依赖性强

在本次调查中，在校期间，40% 的学生每天使用智能手机的时间超过 4 小时，每天使用智能手机超过 2 小时的学生比例高达 67%。其次，在校期间，45% 的学生随身携带手机，37% 的学生把手机放在寝室，仅有 18% 的学生把手机交给老师管理。此外，当外出忘记带智能手机时，23% 的学生感到不安，45% 的学生感到焦虑，还有 18% 的学生一定要回去拿。这些数据足以说明中职生在校期间使用手机的时间很长，而且对手机非常依赖，甚至到了难舍难分的地步。

3. 中职学生使用手机的娱乐性强

在本次调查中，仅有 3% 的中职学生使用智能手机来查阅资料，大部分中职学生使用智能手机玩游戏、网上购物、微信聊天、刷抖音、看小说等。可见，智能手机成了很多中职学生娱乐的工具，他们使用手机的动机不是学习，而是娱乐。

4. 智能手机吸引力大且购买方便

数据显示，中职学生购买手机最注重的是手机的性能，比例高达 53%，此外，款式和品牌也是很多中职学生购买智能手机时考虑的主要因素，考虑到价格的学生少之又少，仅占总人数的 3%。这些数据说明，智能手机强大的应用性能、新颖和时尚的款式成为吸引学生购买的主要原因，而手机的价格已经普遍大众化，被大多数学生所接受。

本次调查数据显示，68% 的学生通过线上购买手机，32% 的学生在实体店购买，说明购买手机的途径越来越方便。

5. **中职学生使用智能手机的负面影响大**

调查数据显示，72% 的学生认为使用智能手机对学习有影响，28% 的学生认为使用智能手机对学习不会产生影响。

在此次调查中，12% 的学生每个月手机花费 50 元以下，34% 的学生手机花费 50 ~ 70 元，36% 的学生手机花费 70 ~ 100 元，18% 的学生手机花费 100 元以上。这些都说明了中职学生每个月手机花费的金额还是比较多的，从经济方面讲，这加重了他们的经济负担。

调查数据显示，75% 的中职学生使用手机以后会出现眼睛疲劳，53% 的学生出现颈椎等部位的酸痛，这些数据表明，智能手机的使用对学生的身体产生了很大的消极影响。

6. **智能手机管理难度大**

调查数据显示，13% 的学生父母非常支持学生使用手机，23% 的父母非常反对学生使用手机，64% 的父母看到孩子使用手机时会管一管，但是不会太严厉。此外，当被问及是否支持学校对智能手机进行管理时，仅有 9% 的学生持支持的态度。学生的反对态度加之智能手机应用功能强大，吸引力大，购买渠道方便，加大了中职学校智能手机管理的难度。

二、中职学生手机管理的困难和原因

（一）中职学生自身原因

首先，很多中职学生没有明确的学习目标，对学习不感兴趣，缺乏自信，甚至还自暴自弃，他们利用手机来打发时间，逃避现实，手机成了他们的精神寄托。其次，部分中职学生以自我为中心，缺乏纪律观念和道德观念，他们抵触学校的规章制度，一旦受到批评教育或者手机被没收，很容易冲动，甚至做出不理智的行为。最后，部分中职学生自我管理能力差，自控能力缺失，抵制诱惑的能力不够，他们知道手机的弊端，但是一旦受到诱惑，便产生从众心理，看到别人玩手机，自己也控制不住……这些因素都加大了中职学校管理手机的难度。

（二）家庭因素

学生出现问题大多是因为家庭教育的缺失，有的家长自身沉迷于手机，孩子耳濡目染，形成不良习惯；还有的父母文化水平低，也没有正确的教育方式，只会通过简单粗暴的“棍棒教育”来解决问题，长期下去，孩子可能会有心理问题，进而导致孩子通过网络虚拟世界来逃避现实；还有的父母在手机管理上不能与学校老师达成共识，他们认为给孩子手机是为了方便彼此联系，甚至会因智能手机被“统一保管”以后，投诉学校甚至向学校索赔。以上家庭因素也加大了中职学校管理智能手机的难度。

（三）学校管理因素

很多中职学校采取的手机管理方式过于严厉，缺乏合理科学的疏导工作，过于强调限制而忽视了疏导的重要性。这种“只堵不疏”的做法容易引发正值青春期的中职学生的逆反心理，从而导致手机管理的很多难题。此外，在教学工作中，有的老师教育方法陈旧，缺乏现代教育理念，上课内容乏味，导致基础本就不好的中职学生更加厌学，这也进一步加大了手机管理的难度。

（四）社会环境的影响

随着信息时代的来临，我们周围充斥着来自媒体、网络、社会环境的各种信息。中职学生正处于心理尚未完全成熟的年龄阶段，缺乏分辨是非的能力，网络上的不良信息会影响他们人生观和价值观的形成，同时也可能导致攀比之风、从众心理、拜金主义和享乐主义。此外，有些中职学生本身自控能力不足，心理素质不够强大，当受到网络中诸多诱惑干扰时，他们难以抵抗，因此智能手机成了他们消遣娱乐、放松自我的避风港。以上各种社会环境的因素也加大了中职学校智能手机管理的难度。

（五）手机自身的功能强大

智能手机的应用功能强大，款式也越来越新颖和时尚，学生可以利用智能手机视频和语音通话、查阅资料、网购、收听音乐、缓解压力等。随着各种软件的普及，智能手机还方便了学生上网课。因此，很多学生以学习或者与家长保持联系为幌子，拒绝带非智能手机进入校园，这样也加大了校园里智能手机管理的难度。

三、校园内使用智能手机的弊端

（一）从经济方面讲，加重了经济负担

在校园内使用智能手机，中职学生很容易陷入攀比之风。有些学生为了满足自己的虚荣心，追求高端的品牌手机；还有一些中职学生购买游戏软件里面的虚拟货币；还有学生开通一些时尚的手机业务，比如炫酷彩铃，这也会增加手机话费。

（二）从心理上讲，不利于心理的健康发展

中职学生缺乏人生阅历，心智没有完全成熟，网络上的某些不良信息容易影响他们人生观和价值观的形成，不利于心理的健康发展。

（三）从安全上讲，给校园带来安全隐患

由于缺乏社会经验和辨别是非的能力，一些中职学生在使用智能手机时存在安全问题。有的学生利用智能手机盲目交友，甚至接触一些社会上的不良人员，给校园带来安全隐患；有的学生利用智能手机与别人互换个人隐私信息，造成个人信息的泄露；还有的中职学生浏览一些不良网站，甚至利用智能手机做一些违法乱纪的事情，引发社会性问题。

（四）从学习上讲，影响中职学生学习

很多中职学生沉迷于智能手机，不管是上课、自习还是课余，都机不离手，做一些与学习无关的事情，严重影响了学习，真正把手机当作学习工具使用的中职学生很少。

（五）从身体健康上讲，影响身体发育

长期低头玩手机会对身体产生很大影响，严重的甚至会引起头痛、记忆下降、听力受损、神经紊乱等身体问题。中职学生正处于身体发育的关键期，一旦沉迷于手机，容易缺乏运动、饮食作息不规律，从而影响身体的健康发育。

（六）从学校管理上讲，加大了管理难度

智能手机作为贵重物品，容易诱发偷盗事件，影响校园治安；此外，智能手机也为作弊提供了方便。

四、中职学生使用智能手机的有效管理策略

（一）中职学生自我管理策略

1. 制定合理的目标

学生给自己制定合理的目标，例如每天什么时候、玩多长时间手机、在什么条件下使用手机、在什么条件下坚决不碰手机，目标由易到难，玩手机时间由长到短，刷短视频次数由多到少。目标制定好以后，可以邀朋友或家人督促自己，也可以通过日记的形式督促自己履行目标。每次小目标完成以后，可以适当奖励自己，给予自我肯定。

2. 严于律己，增强自律意识

学生要明确自身沉迷于手机的危害，卸载一些软件，退出一些无关紧要的群，设置信息免打扰功能，关掉软件推送等。此外，不把手机带入教室，或者把充电器给老师或同学保管，也是远离手机诱

惑的好办法。必要的时候，还可以通过心理暗示法、注意力转移法、自我激励法等方法来帮助自己增强自控能力，抵制手机诱惑。

3. **充实自己，转移注意力**

培养一项有益的兴趣爱好，例如健身锻炼、养植物、看书、与同学进行沟通等等，这些活动能够缓解压力与疲劳，增加幸福感，还可以弥补精神空虚，从而转移对手机的注意力。此外，参加社团活动也是中职学生锻炼自己的好机会，可以提高社交能力，增强自我价值感，使自己更加自信，进而促进心理健康。在手机管理上，这些活动也起到积极的作用。

4. **主动学习**

许多中职学生缺乏学习动力、学习能力和方法，因此中职学生可以在老师的帮助下，制订学习计划，有效地完成学习任务，发挥主动性，不断地完成学习目标，摆脱对手机的依赖。

（二）与家长取得认识上的完全一致

1. **召开家长会**

通过平时与家长见面，或召开家长会，或者通过微信交流、电话交流、家访等方式，与家长探讨学生在学校使用手机的优缺点，使家长意识到智能手机带来的弊端和负面影响，从而获得家长的全力配合与支持。

2. **家长不给孩子配备高端的智能手机**

建议家长不给孩子配备高端的智能手机，最好给孩子用功能简单的非智能机，这样既可以方便与孩子联系，又减少了家庭开支，同时还可以避免学生利用智能手机做与学习无关的事情。

3. **家长限制孩子在家看智能手机的时间**

放学回家以后，家长要跟孩子约定好玩手机的时间，培养孩子的规则意识和契约精神。家长要有原则与底线，决不能轻易让步。

4. **与孩子多交流沟通**

了解孩子的内心世界，多陪孩子参加一些有意义的亲子活动，尽量拉近与孩子的距离，从而缓解孩子的孤独感，转移孩子的注意力。

（三）学校与老师采取科学的方式管理手机

1. **加强思想教育**

首先，老师可以召开主题班会，使学生全面而深刻地了解智能手机带来的问题，以此来获得制定智能手机管理办法的主动权。其次，举行辩论赛，通过辩论，让学生充分认识到使用智能手机弊大于利，从而远离智能手机。此外，在语文课上，也可以通过命题作文“中学生使用智能手机的弊端”的写作，让学生加强认知。

2. **安装公用电话**

在学校教学楼和宿舍安装公用电话，方便学生与父母联系，这样可避免学生以与家长保持联系为借口将智能手机进入学校。

3. **学校电脑室对学生开放**

学校电脑室对学生开放，为学生上网查阅学习资料提供方便，这样也堵住了“带智能手机上网学习”的借口。

4. **设置屏蔽仪**

在教学区设置屏蔽仪，屏蔽手机的信号，限制学生使用手机。

5. **学校制定严格科学的规章制度**

学校要严格制定手机管理制度，并进行宣讲贯彻，旗帜鲜明地表明严禁学生带智能手机进入教学区，一旦发现，将“统一保管”。同时，还要统一教师的思想认识，克服随意性和盲目性，确保有明确的规章制度可供其遵循。

6．学校多组织活动

让学生去做自己喜欢的事情，发展社团，让他们在手机之外寻找乐趣。

7．老师加强与学生的沟通交流

有的学生离开手机会感到恐惧和无助，担心和同学没有共同话题而被孤立。老师要充分了解学生的这种心理，通过和学生谈心等方式，增加学生与现实世界的交流，减轻他们的孤独感。

8．注意对违规学生的教育方法

中职学生对新事物有着强烈的好奇心，加之处于青春期，极易产生逆反心理。不能一味地限制学生使用手机，而要注意疏导策略，讲究教育技巧。通过说服的方式，引导他们正确看待、合理使用。这样不仅可以帮助学生合理使用智能手机，还可以使学生在认知水平和思想素质上有所提高，这才是教育的目的所在。

9．对违规使用手机的处理程序要公平公正

首先，要对学生说明暂代保管的校规依据；其次，把手机卡退给学生，尊重学生的隐私；同时，明确取回手机的时间和领取人，以体现尊重学生和以人为本的理念，并注意公正性。

（四）国家要将“禁止中小学生带智能手机进校”合法化

每个人对智能手机进校园的看法不同，一些家长并不赞同“禁止中小学生带智能手机进校”这一做法，他们觉得这侵犯了学生的权利，但是他们并不明白自由是建立在规则的基础上的。还有一些学校和老师认为，现在没有明文规定或者相关的法律条文支持“禁止中小学生带智能手机进校”，因此，在智能手机管理方面感到犹豫。国家出台相关具体法律法规，可以培养学生遵守法律的意识，也为学校和老师提供可以参照的法律依据，这在智能手机管理方面非常重要。

总之，对于中职学生而言，使用智能手机弊大于益。学生、家长、老师、学校、社会以及国家应该共同努力，加强管理、正确引导，尽最大努力规范中职学生在校使用智能手机的行为，让他们充分享受智能手机带来的巨大便利，同时又不让智能手机影响他们的正常生活和学习。

参考文献

[1] 莫尼. 浅谈新形势下如何做好中职班主任的管理工作［J］. 教育界，2013（28）：55.
[2] 司书娜. 耿国华. 智能手机环境下，怎样让中职生回归课堂［J］. 教育学文摘，2015（11）：27.
[3] 战桂芳. 试论如何做好中职生手机管理工作［J］. 职业，2017（28）：52.
[4] 潘晓静. 浅谈中职学生的手机管理［J］. 职业，2014（9）：37.
[5] 李秀丽. 浅析中职生上网成瘾的心理动因［J］. 职业技术教育研究，2016（12）：51.
[6] 李茂良. 班级管理之手机管理［J］. 广东职业技术教育与研究，2016（5）：160-162.
[7] 卢立涛，段茜. 破解学校“手机困局”［N］. 中国教育报，2019-03-27（005）.

（岳阳县职业中等专业学校）

学生劳动教育现状及对策研究

——以一所乡镇初级中学为例

祝娟丽

摘　要： 劳动是一切美好生活的源泉，实现中华民族的伟大复兴需要全国人民辛勤劳动。我国社会主义发展进入新时代，党和国家对劳动教育更加重视。为了深入了解学校劳动教育情况，本研究采用问卷调查法、访谈法等方法，发现我校学生存在轻视劳动、实际劳动能力差、学生家庭劳动教育薄弱以及家长成才观念单一等问题。同时，也发现社会和学校存在劳动实践方式单一的问题。针对这些问题，本研究提出了一些对策。

关键词： 劳动教育；问题及对策；中学生

一、研究背景及原因

党和国家高度重视劳动教育。2018年9月10日，习近平总书记在全国教育大会上深刻指出“要努力构建德智体美劳全面培养的教育体系，形成更高水平的人才培养体系”，“培养德智体美劳全面发展的社会主义建设者和接班人”。2020年3月20日，中共中央、国务院印发《关于全面加强新时代大中小学劳动教育的意见》并指出：“劳动教育是中国特色社会主义教育制度的重要内容，直接决定社会主义建设者和接班人的劳动精神面貌、劳动价值取向和劳动技能水平。”我们可以看出，中学生劳动教育不仅是自身发展的要求，也是新时代发展的要求。

然而，在现实学校中，劳动教育在家庭和学校并没有得到足够的重视，学校部分学生的劳动意识比较淡薄，劳动习惯也不好。为了更好地开展劳动教育，促进学生的全面发展，本文通过学生问卷调查、走访调查等方法，发现我校学生劳动教育存在的问题，并引导学生树立正确的劳动观念，培养良好的劳动习惯。

二、研究方法

本次研究采用的主要方法是问卷调查法，通过问卷调查了解我校学生在劳动观念、劳动能力等方面的实际情况，找出问题，提出对策。从学生自身、学生家庭、学校以及社会劳动四个维度进行调查，以全面了解学生的劳动现状。调查内容包括学生对劳动的态度及对劳动影响个人发展的理解、学生会做的家务种类、学生家庭对劳动教育的看法及实施情况，以及学生参与社会劳动实践的情况等。

为了具体地了解我校学生劳动教育的现状，确保调查的真实性和科学性，本次调查选取我校学生抽样调查。我们随机抽取240名学生发放调查问卷，其中七年级学生80名，八年级学生80名，九年级学生80名。共发放调查问卷240份，回收问卷240份，有效问卷240份。问卷回收率100%，有效问卷率100%。本次调查采用不记名的方式，问卷随机发放，以提升调查的信度和效度。

本次研究采用的方法还有访谈法，通过访谈了解学生的实际劳动能力，保证研究的真实性。访谈对象为本校七、八、九年级各10名学生，访谈主要内容是了解学生实际掌握的家务种类及具体方法。

三、研究结果

（一）我校学生劳动教育的良好现象

1. 我校学生劳动价值观念较强

通过“你对劳动的态度”的调查，我们了解到我校大部分学生的劳动价值观念较强。71%的学生认为劳动是高尚的，他们喜欢劳动，认同“劳动最光荣、劳动最崇高、劳动最伟大、劳动最美丽”的观念，理解并认可劳动的意义；24%的学生对劳动没什么感觉，可能平时也劳动；只有5%的学生认为劳动是低下的，他们不喜欢劳动。

2. 大部分学生劳动态度端正

通过“你觉得有必要对初中生进行劳动教育吗”的调查，我们了解到我校大部分学生劳动态度端正，83%的学生认为劳动教育很有必要，说明我校大部分学生对从事劳动的态度是积极主动的。

（二）我校学生劳动教育存在的问题

1. 尽管学生们劳动价值观强，但实际上却存在轻视劳动的现象

在“你认为劳动与自己的发展有关系吗”的调查中，有27%的学生认为劳动与自己的发展有关系，而有55%的学生认为劳动与自己的发展关系不大，能起一定的作用，还有18%的学生认为劳动和自己的发展没有关系，劳动是在浪费时间。这些数据说明我校学生虽然劳动价值观念强，但是实际上轻视劳动，认为劳动对自己的发展起不了很大作用。

在“你是否认为一份理想的工作一定是从事非体力劳动的工作”的调查中，我校有65%的学生认为理想工作一定是从事非体力劳动，35%的学生认为理想工作不一定是从事非体力劳动。这说明我校有很大一部分学生内心对体力劳动是非常轻视的。他们对体力劳动的观念片面且认知不足，平常从事的体力劳动仅仅是为了满足自身需求，并且他们喜欢非体力劳动的工作。我校学生对于劳动的价值观念停留于表面，很可能理论与实际情况不相符合，劳动观念及认知存在一定的偏差。

2. 我校学生实际劳动能力差，依赖性强

在“你在家里做过哪些家务”的调查中，我校有66%的学生会整理自己的房间和物品这样简单的劳动，但是随着劳动复杂程度的增加，掌握的人数骤减，如会养殖种植（如种水稻）的学生仅有5人，占比2%。这说明学生实际动手能力较弱，稍微复杂的劳动都需要依靠父母来完成，学生对父母的依赖性较强。

在“你每天家务劳动的时间”的调查中，我校有76%的学生每天劳动时间在0.5小时以内，有13%的学生每天劳动时间在0.5至1个小时，11%的学生每天劳动时间多于1个小时。从调查数据可知，我校当前相当一部分学生在家基本上是不做家务的，另外一部分学生在家虽然做家务，但是劳动时间很短，而且只做一些简单易学、容易操作的劳动。这说明学生的劳动能力较弱。

3. 家庭劳动教育比较薄弱，存在代劳现象

在“在家里，父母是否对你进行过相关的劳动教育”的调查中，我校64%的家长偶尔会介绍一些相关的劳动教育，可能只有在需要的时候才介绍一下，还有18%的家长从没介绍过相关的劳动知识。可以看出家庭对劳动教育的关注比较少。

在“在你家中，家务活大多数由谁来做”的调查中，我校只有7%的学生在家里承担大部分的家务，61%的学生家里都是爸爸妈妈做家务，还有一部分学生家里的家务由祖辈来做，只有10%的家庭是家里人一起做家务。这说明在我校学生家庭中，家长为孩子代劳的现象比较普遍，大部分家长只要求孩子把学习搞好就行，家里其他事情基本由父母包办。

4. 家庭成才观念单一，忽视劳动教育

在“你的父母对于你参与家庭劳动持什么样的态度”的调查中，我校有41%的学生家长认为学生做不做家务都无所谓，只有14%的学生家长会每天给学生安排一些家务，还有26%的学生家长只要求学生打理自己。

在“你父母是否说过类似于‘只要学习好就行了，家务事都不用你操心’这样的话”的调查中，我校有74%的学生家长都表达过只要学生搞好成绩，别的都不用操心的意思，只有26%的学生家长没有说过这样的话。根据这两项调查可知，我校大部分学生家长认为学习比劳动更重要，有些家长甚至可能给学生灌输“读书是唯一的出路”等观念，学生受此观念的影响，容易出现轻视劳动、不尊重劳动和不珍惜劳动成果等错误的思想与行为。

5. 学校劳动实践方式单一，开展的劳动实践活动少

在“你所在的学校组织过哪些社会实践活动”的调查中，我校大部分学生参与的活动是志愿者活动，少数学生参与了爱心护学岗活动，如帮助维护交通秩序和到敬老院看望老人，其余的活动没有人参与。这说明我校的劳动教育方式较单一，开展的劳动实践活动不够丰富。基于此，摆在我校劳动教育面前的问题便是如何开发多元化的劳动教学内容，丰富教学内容与模式，提高学生们的劳动兴趣。

6. 社会提供的劳动教育氛围不强

在“社会实践，你是否积极参与”的调查中，我校有43%的学生虽然能按规定完成社会实践任务，但是积极性不够，只有22%的学生非常积极、出色地完成任务。学生不积极参与社会劳动，除了自身原因外，还有一个原因就是社会营造的尊重劳动、热爱劳动的氛围不够强。

四、劳动教育对策

1. 转变劳动观念，增强劳动意识

调查发现，部分学生存在轻视劳动的问题，未能树立正确的劳动观念。为了改变这种观念，我们必须重视劳动教育，使其认同劳动光荣的价值观念。首先，要摒弃轻视劳动的错误观念，尊重每一位劳动者，珍惜每一份劳动成果。其次，要认识到劳动无贵贱之分，对于任何劳动者，都应从内心深处尊重他们，认可他们付出的努力辛勤。最后，增强劳动意识，以劳动为荣，学会从劳动中体验生活和乐趣，形成愿意劳动、勤于劳动、乐于劳动的思想意识，实现自身的全面发展。

2. 加强劳动学习，提高劳动素质

通过这次调查，我们发现学生普遍存在实际劳动能力差、劳动依赖性强的问题。为了提高学生的劳动素质，我们要充分利用学生在校学习的机会，加强劳动教学。开设劳动课程，让学生学习大国工匠、劳动模范、感动中国人物等劳动事迹，更加全面、深入地了解他们的成长历程和优秀品质，感受这些劳动者创造出的不平凡的劳动故事。学校还可以建立劳动实践基地，把劳动教育从理论上升到实践，让学生在实践中学习劳动方法，提升他们的劳动能力和劳动素质。

3. 家校联动，提出劳动任务

调查发现，学生家长存在代劳现象，且不重视劳动教育，学校缺乏相应的劳动课程，导致学生的劳动任务难以明确。因此，家长应纠正劳动包办、代劳的错误观念，积极鼓励孩子参加日常的家务劳动，适当参与生产劳动，同时安排周期性的劳动任务，营造热爱劳动、劳动光荣的家庭氛围，让孩子在劳动中快乐成长。学校可以开设劳动课，包括课内和课外两部分，课内劳动由学校安排，在校内完成；课外劳动应与家庭对接，在家庭和社会中完成。这需要家校联动，共同确立学生的劳动任务，督促学生实现劳动目标。

4. 全程监督，做到知行合一

践行劳动，贵在落实。当家校联动，明确劳动任务后，应对学生的劳动落实情况进行全流程监督。在监督中，对劳动的每个环节进行评估指导，做得好的方面给予表扬，以增强学生的劳动激情，提升他们的劳动成就感；对需要改进的方面提出改进意见，促使学生在劳动中把劳动理论与实践相结合，并在实践中提高劳动水平，增加劳动的收获感，做到知行合一。

劳动教育经久不衰、历久弥新，新时代对劳动教育提出了新的要求，也带来了新的机遇。在调查中，我们发现了一些问题，并提出了问题的对策，希望能为劳动教育提供一些参考。随着新时代的不断发展，对初中生劳动教育的研究将会不断丰富和完善，同时，劳动教育也会越来越深入，这必将助力中国梦的实现！

（浏阳市高坪镇高坪初级中学）

中学心理健康教育活动课程案例开发研究

赵美姿

摘　要：中学心理健康教育活动课程案例开发研究，在实践层面上，旨在开发系列中学心理健康教育活动课程案例，为区域心理健康教师提供可以共享的课程资源；在认识层面上，旨在总结区域中学心理健康教育活动课程开发的经验、思考以及可供借鉴的有效措施。

关键词：心理健康教育活动课程；案例开发；中学生

一、课程案例开发的背景与理念

中学生正处在身心发展的重要阶段，随着生理、心理的发育，他们在自我认识、情绪管理、升学择业、生命教育、人际交往、学习心理等方面会遇到各种各样的心理困惑或问题。因此，中小学阶段的心理健康教育对孩子的成长起到了至关重要的作用。

自 2012 年教育部印发《中小学心理健康教育指导纲要（2012 年修订）》（以下简称《纲要》）以来，各地心理健康教育方兴未艾，然而，我国尚未统一制定心理健康教育课程教材，能充分满足中小学生实际需求的课程资源和有效活动方式仍然不够。

其中，心理健康教育课是落实《纲要》的重要途径，《纲要》对此提出了指导性意见，“应以活动为主，可以采取多种形式，包括团体辅导、心理训练问题辨析、情景设计、角色扮演、心理情景剧、专题讲座等”。但如何操作这些形式并使其有效发挥作用，并没有丰富的经验可供借鉴，需要一线心理健康教师进行实践并不断总结。

本课题的提出正是为了解决这个实际问题，我们设想通过实践基础上的反思、分享、督导、拓展和丰厚，开发一系列中小学心理健康教育活动案例，让这个过程成为提升心理健康教育教师实践能力的“练兵场”，同时为区域心理健康教师提供可以共享的课程资源。

二、课程案例开发的规划与思路

（一）实践层面

（1）开发系列中学心理健康教育活动课程案例。

（2）开发系列中学心理健康教育活动课程故事。

（3）设计系列中学校园心理剧剧本。

（4）鼓励老师将成果应用于所在学校和所教学生。

（二）认识层面

（1）总结形成区域中学心理健康教育活动课程开发的经验、思考以及可供借鉴的有效措施。

（2）教师可以据此更新和重组知识，增加教学的实践经验，从而提升教学能力、增长教学智慧。

（3）教师可以更加有效地将教育理论与他们自己日常的教育实践联系起来，促使教师成为研究者，从而不断提高教育教学质量。

三、课程案例开发的探索与实践

（一）研究方法

1. **体验式培训研究**

这是一种培训方式的创新研究，摒弃那种“我说，你听”的静态培训方式，让参培者既看到如何做，又理解为什么这么做。

2. **下水式实践研究**

让参培者在体验中“学”，既尝试操作，又积累经验，是一种动态的教师成长方式。

3. **叠加式拓展研究**

在现有的心理健康教研活动基础上不断延伸扩展，巩固教师先前的实践经验，同时不断拓展新领域的实践。

4. **支线式发展研究**

在整体把握心理健康教育主线（活动开发及课程设计）的同时，刻意练习需要深化的技术，让主线保持源头活水。

（二）研究实践

通过实践的反思、分享、督导、拓展和丰厚，开发一系列中学心理健康教育活动案例，让这个过程成为提升心理健康教育教师实践能力的“练兵场”，同时让实践的成果为区域心理健康教师提供可以共享的课程资源。

1. **课程故事**

天心区的心理课程故事创造了一个心理健康教育教师成长的良好载体，用故事呈现最真实的体会、最精彩的细节和最动人的情感，实现了校校参与。

2. **活动案例**

在各学区片片长的精心组织下，心理健康教育活动案例比赛精彩纷呈地开展了，不仅中小学心理健康教师100%参加，且几乎每一位教师都热情洋溢地、自觉地认真参加比赛。每个片区的比赛既是一次主题集中探讨，也是一次心理技术展示盛会。在“创新杯”心理健康活动案例决赛中，14位上场的心理健康教师，从主题的选择、活动的设计以及对自己所组织活动的反思，几乎没有重复的。14位选手的精彩呈现让心理健康教育活动的专业性、创造性和实操性在整个赛场蔓延、浸润、充盈，比赛过程成为一个团体辅导技术应用的荟萃天地，精彩纷呈，各美其美。

3. **校园心理剧**

经过近两个月的构思、设计、排演和完善等一系列工作，学区举办了第二届中小学校园心理剧竞赛。全区共有58所学校参加了本次竞赛。评委观看了视频、审阅了剧本，并研讨了细节，最终评出特等奖3个，一等奖12个，二等奖24个，三等奖17个。

课程故事、活动案例、校园心理剧三位一体，为全区心理健康教育教师的成长提供了更有效的路径，并创造了新的教学载体。

（三）研究成效

1. **案例资源开发研究促进了中学心理健康教育教师专业成长**

（1）提高了教师设计活动、开发课程的能力。

（2）提高了教师组织课程和组织活动的能力。

（3）促进了中学心理健康教育教师课堂反思能力。

2. **案例资源开发研究促进了中学生心理健康**

开发的案例资源形式多样、主题丰富。比如，引导学生发现自己的沟通模式，培养他们在人际交往中的语言表达技巧；通过开展男女性别平等活动，帮助学生逐渐摆脱固有的性别认知，摆脱身上的标签，拥有更广阔的可能性；为不同学段的毕业生提供考前团体辅导，帮助毕业生调整心态、增强信心，制定目标，积极乐观地迎接考试；带领孩子们寻找生命的美好，努力成为更好的自己。学校的心理老师通过不同形式的心理活动，让学生良好适应，激发他们的生命活力，充分发挥其身心潜能。

3. **案例资源开发研究推进了区域心理健康活动的发展**

从课程故事到“1+x”专业技能，再到心理健康活动案例，天心区心理健康比赛一次又一次地为心理健康教育教师的成长提供了良好的平台，形成了活动组织好、活动过程好、活动氛围好、活动队伍好、活动设计好、活动效果好的“六好”格局，营造了良好的区域心理健康教育氛围。

（长沙市雅礼外国语学校）

浅谈初中班主任德育激励策略的有效实施

骆艳芳

摘 要：德育工作一直是初中班主任的重要工作内容，对于保证学生的积极、健康发展意义重大。就目前我国初中德育工作的基本现状而言，一般的德育手段已经很难满足学生的发展要求了，因此，班主任需要结合学生的实际学习和生活情况，在德育工作中采取有效的激励策略。本文对初中班主任德育工作的目标实施激励策略的原则，以及实施激励策略的方法进行了分析，提出四点激励策略：1. 树立全新的德育理念，关注学生的情感价值观；2. 以激励点评为突破口，加强德育工作；3. 采取适当的奖惩手段，强化德育效果；4. 结合学生的实际生活，制定相关激励策略。

关键词：德育工作；激励策略；初中班主任

初中阶段正是学生身心迅速发展的阶段，在这个阶段，如何对学生进行有效的德育就显得至关重要。目前，初中德育存在德育认识不足、德育形式单一的问题，大部分教师试图利用理论讲解等方式进行教育，但德育效果不好。因此，初中班主任要充分认识到德育工作对学生发展的重要意义，转变德育观念，采取多样化的激励策略，强化对学生的引导，帮助学生形成完善的道德品质，最终提高班级管理水平。

一、初中班主任德育工作的目标

初中班主任应结合学生的实际道德水平，在德育工作中实施有效的激励策略来加强对学生的引导，目标是让学生积极主动配合班主任的德育工作，以饱满的热情参与德育活动，并在这个过程中提升自己的道德水平，完善自己的价值观。目前我国初中德育的实际情况显示，传统的德育理念在很大程度上已经不能满足当前学生德育的需要了，这就需要班主任实施激励策略，采取丰富的激励措施，提高德育工作的效率。[1]

二、初中班主任在德育工作中实施激励策略的原则

为了保证激励策略的顺利实施，班主任在实际的德育工作中，也需要遵循一定的原则，具体如下。

适度原则。班主任在德育教育活动中设置激励策略时，需要遵循适度原则，制定切合实际的德育激励策略，避免激励过度，产生适得其反的效果。此外，班主任还需要对学生的实际学习情况和生活习惯进行分析，并以此为依据，制定激励策略，保证激励策略符合学生实际的德育需求。

及时性原则。班主任在实施激励策略的时候，还需要遵循及时性原则，对激励方案中的各项内容进行准确把握，以学生生活中的真实事件或者社会上比较有影响力的时事作为德育案例，对学生进行教育。此外，班主任在开展德育工作的时候，还需要采取合适的方法激发学生的参与积极性，在发现学生在学习或者生活中有正面表现时，要及时表扬学生，或者给予一定的物质奖励，鼓励学生再接再厉，从而使学生逐步养成正确的道德观念。

全面性原则。新课程标准也强调了教师在教育工作中需要尊重学生的个体差异性，注重因材施教。因此，初中班主任在德育工作中设置激励策略也需要遵循全面性原则，对不同学生的表现进行详细分析，全面衡量学生的个性，所设置的激励策略不能千篇一律，避免打击学生的积极性，导致德育工作无法产生最佳的效果。[2]

三、初中班主任德育激励策略的有效实施

1. 树立全新的德育理念，关注学生的情感价值观

教师的教育理念决定着教师的教育行为，因此，初中班主任要想提高德育工作的水平，首先需要做的就是树立全新的德育理念，善于利用激励策略，提升学生的情感价值观。第一，班主任要分析新的教育背景，了解新课程标准对初中德育工作的要求，从而树立平等、民主的教育理念，在具体实施德育策略的时候，注意和学生站在平等的高度，以提高学生的配合度，避免学生对德育工作产生逆反心理；第二，班主任要尊重学生并适当给予学生自我表达的机会，实现从管理者到引导者和倾听者的转变，及时了解学生内心真实的想法，在此基础上制定激励策略，并对学生进行有效引导；第三，班主任要注重教育理念的开放性，将学校这个小课堂转移到社会这个大课堂中，积极开展多样化的社会实践活动，让学生在参与活动的过程中完善自己的情感价值观念。

班主任在德育工作的激励策略的制定上，要鼓励学生积极参与，如专门召开班会，让学生积极发言，想一想自己想要什么奖励。班主任统计了学生的意见后，在制定德育的激励政策时将其融入，充分尊重学生的主体地位，保证学生的参与度。

2. 以激励点评作为突破口，加强德育工作

我国传统的初中德育工作一般是从学生在日常生活和学习中遇到的各种问题出发，结合学生的道德行为，对学生进行教育。这种德育方式虽然也可以取得一定的效果，但一般都是在事情发生了以后才进行教育，在一定程度上不符合德育工作的及时性，且班主任在对学生进行引导的时候，也是以批评教育为主，语言比较生硬，容易激发学生的逆反心理，导致德育工作效果不佳。为此，班主任需要寻找合适的激励点，将其作为突破口，从正能量的角度对学生进行道德方面的引导，结合学生身边的实际案例，帮助学生建立正确的行为准则。[3]

例如，班主任在班会上组织学生观看汶川地震的纪录片，通过直观的灾难爆发场景，给学生带来视觉和听觉上的刺激，然后鼓励学生表达内心的想法。学生都表示非常感动，因为他们看到了中华儿女在灾难面前表现出来的大义和正确的情感价值观。在学生表达了自己的想法后，班主任可以将大的灾难事件与生活中的小事联系起来，并向学生提出问题，如“当你在马路上行走的时候，发现有老人摔倒，你是否该扶起老人”，让学生以小组的方式展开讨论，并以激励的方式告诉学生要采取积极且正面的方式处理生活中的突发情况，在保护好自己的同时，养成助人为乐的好习惯。此外，教师还可以开展一个小活动，让学生相互关注，发现身边的同学做了好事以后，要大胆表扬，满足同学内心渴望被关爱、希望被关注的想法，同时也在潜移默化中提高自己的道德水平。

3. 采取适当的奖惩手段，强化德育效果

班主任采取激励策略，可以在很大程度上提高学生的学习积极性和主动性，帮助学生养成良好的道德习惯。为了将激励策略的作用发挥到最大，班主任还需要采取适当的奖惩手段，规范学生的学习态度和生活习惯，强化德育效果。班主任要加强对本班学生的分析，学会站在学生的角度上换位思考，并结合学生的实际学习情况和道德水平，制定奖惩措施，推动激励策略的有效实施。[4]

例如，班主任在日常的学生管理工作中，发现班级中有部分学生在上课的时候开小差，注意力不集中，还总是影响其他学生学习，此外，有部分学生不能按时完成作业，甚至在考试的时候作弊等。针对这些情况，班主任要制定适当的奖惩措施。对在课堂上学习态度端正的学生，奖励一个小徽章，而对学习态度不端正、经常影响其他学生学习的学生，则需要进行批评教育。在这个过程中，学习态度有待端正的学生会觉得十分羞愧，也认识到了自己的行为是不对的，进而逐渐端正了自己的态度，养成了良好的学习和生活习惯。在奖惩策略实施一段时间以后，班级中的所有学生都会获得小徽章，德育效果明显。

4. 结合学生的实际生活，制定相关德育激励策略

对学生进行德育是初中班主任的重要工作，对促进初中生的人格完善和道德水平提升具有重要的现实意义。因此，班主任要结合学生的实际生活，充分利用学生现实生活中的案例，发挥榜样的激励

作用，对榜样的行为进行分析和讲解，帮助学生形成正确的人生观和价值观。班主任要从学生的日常生活点滴入手，对他们在生活中的积极表现进行表扬，最大限度地满足学生的荣誉心理，激励学生在之后的生活中朝着更高道德水平发展。另外，班主任还应以身作则，规范自己的言行举止，特别是在上课以及和学生交流的时候，发挥自己对学生的积极影响，以深化德育效果。[5]

例如，班主任在日常的学生管理工作中，发现有的学生主动捡起教室中的垃圾；在垃圾桶满了以后，有的学生主动去倒垃圾；有的学生自发维护教室中的展览角、图书角等。为此，班主任可召开班会，对这些学生的行为进行积极表扬，并给予一定的物质奖励，如奖励一个笔记本、文具盒等，呼吁其他学生注意维护教室环境，养成良好的生活习惯。一段时间后，班主任就会发现，在榜样激励和物质激励的影响下，学生开始自发维护教室环境，积极为班级建设贡献自己的智慧了，可见，德育的效果较好。

综上所述，德育在中学教育工作中发挥着不可替代的作用。班主任要转变教学观念，注重提升学生的思想道德水平，善于采取激励策略，弥补传统德育工作中的不足，提高学生对德育工作的配合度，以此深化德育效果，完善学生的人格和道德品质。

参考文献

[1] 石飞虹. 探讨初中班主任德育中如何有效实施激励策略 [J]. 新课程，2021 (25)：231.

[2] 李启英. 浅谈班主任德育教育中如何有效实施激励策略 [J]. 作家天地，2021 (12)：164-165.

[3] 沈达峰. 激励策略在初中班主任德育中的有效实施 [J]. 吉林教育，2021 (10)：87-88.

[4] 顾琳琳. 初中班主任德育中激励策略的实施路径探讨 [J]. 吉林教育，2021 (10)：89-90.

[5] 王仁攀. 初中班主任德育教育中如何有效实施激励策略 [J]. 学周刊，2020 (32)：161-162.

（长沙市明德天心中学）

构建“求远”课程体系，厚植学生人生基础

——建宁实验中学校本课程体系的探索和发展

易向军　成英姿

摘　要：《湖南省义务教育课程计划（2014 年修订版）》指出：国家通过设置供选择的分科或综合课程，提供各门课程课时的弹性比例和地方、学校自主开发或选用课程的空间，增强课程对地方、学校、学生的适应性，鼓励各地发挥创造性，办出有特色的学校。建宁实验中学于 2014 年建校，恰逢《湖南省义务教育课程计划（2014 修订版）》颁发之年。我校把研究性学习、社会实践、劳动及技术教育和地方课程中的科技和社团活动、校本课程中的社团活动、体艺 2+1、学校自主开发课程有机结合，形成了具有建宁特色的“求远”校本课程体系。在多年实践过程中，我校走出了一条模仿、创造、发展的道路。

关键词：综合实践活动；课程体系；五育四节

一、构建“求远”课程，促进学生发展

（一）学校建校之初，“综合实践”课程的跟随和模仿

2014 年，株洲市综合实践活动基地开始筹建，办公地点设在刚建校的建宁实验中学校园内。实践基地的老师们在摸索和实践中，提炼出了一系列的精品课程，如水火箭、丝网花、多米诺骨牌、木工、豆腐制作、香囊制作等，并在我校开展试点授课。学校还根据师资情况，开设了足球、乒乓球、羽毛球、舞蹈、合唱、素描、水彩、剪纸、学科奥赛培训等课程，全校学生自主报名，自愿参与，开课时间为周一、周二、周三的第 8 节课。因为课程开设在国家规定的每天第七节课之后，所以被称为“7+1”课程，也被称为综合实践课程。

在当年以智育为先的时代背景下，建宁的学生通过体育锻炼，培养动手能力、动脑能力，全面提升了综合素质。在 2014 年和 2015 年举办的株洲市第一届、第二届综合实践与创新大赛活动中，得益于相应的课程训练，建宁的学生几乎包揽了各奖项和奖牌。

同时，学校也建立了“四大节”的雏形。体育节在 9 月底举行，主要包括入场式表彰、年级广播体操比赛、田径运动会等；艺术节在 12 月底举行，主要有艺术作品展（包括书法、绘画、剪纸、摄影作品的展示）、年级的元旦迎新文艺汇演等；科技节在 3 月举行，主要有小制作、小发明、小论文的收集和评比；文化节在 4 月举行，主要包括学科竞赛、学科讲座等。

（二）学校拔节生长，“求远”课程的创新和发展

株洲市实践基地学校的老师们于 2016 年暑假离开建宁，于是我校自行组织，继续开展综合实践课程。在这一阶段，我们延续了部分原有课程，如丝网花、水火箭等，取消豆腐制作等课程，新增了机器人、无人机、电脑程序设计、电脑绘图、生物技术等新的课程。由于学校规模的扩大，场地受限，师资和设施设备的更改，我们决定将初一、初二综合实践课分开进行，初一年级的课安排在周一、周三的第 8 节课，初二年级的课程安排在周二、周四。

随着学校规模扩大，开课场地进一步受限，开课需求不断增加，育人要求也在不断提高，这促使我们进一步优化课程。

目前，为落实“双减”政策，结合“五育并举”，我校制定的“建本明智、宁静致远”校训“让每一个孩子拥有丰盈的人生”为办学理念和校情，学校建立起生命教育、人文素养、高雅艺术、

科学探索和劳动实践5个校本课程序列。拓展了每年一届的体育节、艺术节、科技节、文化节，让更多的学生能展示个性特长，也让这些课程成为全面评价学生发展过程的舞台。为了弥补师资不足，学校引进外部优秀师资作为补充。此外，学校利用实验室、会议室、食堂、教室等空间建立了一批复合型活动室，培养了一批专业教师，为教师的进一步发展提供了更多可能性。

二、应对时代需求，培养创新人才

“求远”校本系列课程的建立，丰富了学校德智体美劳育人课程体系，扭转了对学生的单一评价体系，使学生的发展有了更大的舞台和空间；自主探索系列课程成为学校全面育人的抓手，成为为党育人、为国育才的有效途径。

我校依托“求远”课程中的科技类课程，以不断完善内容和形式的学校科技节为抓手，旨在培养学生的科学素养。

（一）以赛事活动为指南，构建学校科技系列课程

2017年，我校承办了株洲市第三十七届综合实践创新大赛。在整个科技节的承办过程中，我们熟悉了大赛的流程和规则，并培养了一批管理人员。随后，我校自办的科技节一年比一年成熟，规模也逐年扩大，学生的参与面也逐步增加。

在熟悉相关项目和流程后，我校的“求远”校本课程中增加了相应的训练内容，并将相应项目纳入了2018年的科技节。株洲市科学技术协会和教育局每年举行科技发明与创新大赛，我校也将其融入科技节赛事中，以赛促学。

（二）以科技赛事为抓手，培养面向未来的创新人才

随着年级班额的扩大，我校的科技节从2019年开始固定由每一届初一年级承办。除2020年因疫情停办一年以外，到2021年已经是第六届。以“传承拓荒精神，犇向科技殿堂”为主题的科技节，是我校建校以来活动时间最长、活动项目最多、参与人员最广的一次。

1. 提前制作类

放寒假的时候，以寒假作业的形式布置制作内容，包括科技创新发明作品、论文、科技DV、科幻画、手工制作等，开学后以班级和年级为单位收集作品，并由教科室组织学术委员会和学科教师进行评比。由于学生的知识水平有限，作品质量不是很高，但参与面令人满意。

2. 展板普及类

我校是湖南省知识产权试点校，普及专利意识是一项重要的工作。学校安排初一道德与法制教研组老师提供专利知识和知识产权的相应内容，并由初二物理组老师提供军事、国防、航天系列（2020国家成果展示—爱国主义教育）内容做成系列展板。学生、老师和家长的反响非常好。

3. 科学素养大赛

竞赛内容由生物组、地理组、物理组、化学组、数学组、政治组（专利与知识产权）、教科室（创新类）教师结合学科知识捉刀出题，着重培养科学思维和创造力。参与对象为初一年级全体学生，比赛形式为笔试。

4. 综合实践创新现场类比赛

大赛项目从最初的2个项目逐渐增加到今年的10个，主要项目包括丝网花、创意剪纸、水火箭比准、魔方竞速、纸船承重、机器人巡道、无人机障碍赛、投石机攻城、创新多米诺、纸飞机飞远等。有些项目是班级集体项目，有些是个人项目。

教科室制定每个项目的评比细则，由项目主评委和评委老师担任现场比赛评委。通过几年的科技节活动，我们培养了一大批优秀的指导教师，他们都能独立胜任现场比赛评委的工作。参赛学生进行现场比赛，没有赛事的学生由班级组织观赛，人人参与其中，播撒了更多科技创新的种子。

5. 科技游园活动

学校在2021年举办了第一届科技游园活动。教科室制定了方案，具体活动由初一年级承办。从

项目设定、人员场地安排、宣传资料准备、各类奖品的设置购买和发放，最后把活动上传到学生的综评平台，学校各部门、年级组的所有老师和学生、部分家长都有参与。

三、凸显育人效果，坚定开设信心

作为一所于2014年才开办的学校，建宁实验中学的校长唐厚睦将“公民素养、精英气质、创新意识、国际视野”确定为学校的育人目标，因此，学校着力构建全面培养学生综合素养的课程体系，从最初的借用、模仿，到后来的发展、创新，最终以培养全面发展的学生为目标。在历届学校领导的带领和全体教师的努力下，学校教学质量和育人水平逐年提升，如今已成为株洲市公办学校的佼佼者。同时，学校的“求远”校本课程也从建校之初就一直和教育教学管理共同发展；学校的足球队、羽毛球队几乎包揽了株洲市“三好杯”历年冠军，在2018年全国青少年校园足球赛初中组男子比赛中，我校足球队荣获全国第八名，创株洲市最好成绩；“建宁之夜”文艺汇演成为天元教育的名片；艺术教育和体育教育，包括艺术节和体育节活动教育系列，在株洲市教育局组织的创新教育项目评比中，2018年荣获市级二等奖，2019年荣获天元区特等奖、株洲市一等奖。

近年来，学校的科技创新大赛成绩突飞猛进。2019年，在珠海举办的一带一路科技发明展上，学校荣获金奖；2021年，我校2003班徐琛苏同学在湖南省第42届青少年科技创新大赛上获得一等奖，并获得参加全国比赛的资格。此外，学校学生还获得了全国小梅花戏曲金奖、创意编程大赛全国一等奖等。

沉甸甸的成绩坚定了学校继续开设校本课程的信心和决心。同时，这些成绩反映出学校一直致力于校本课程的建设和育人质量的提升，也是众多优秀教师默默奉献的结果。在教育“双减”政策的大背景下，学校通过构建丰富多彩、学生喜闻乐见的综合实践课程体系，极大地丰富了学生的人生。

四、反思构建历程，谋求持续发展

1. 基于师情，坚持课程建构的自主性和开放性

随着学校的不断发展，具有各类才能的老师不断增加，课程也在不断进行筛选和优化。在课程的设置和开展过程中，我们注重了两个自主性，即指导教师自主开发课程和学生自主选择课程。如2020年下学期，学校面向初一年级开设了30个特色社团活动课程，到2021年增加到了37个特色活动课程。课程开设数目在增多，但也有调整和变化。老师们在每年9月份提前上交课程设计和计划，经教务处审核即可申报开课。除非特殊情况，所有艺体、信息技术老师必须承担一门课。如果课程质量不高，或者学生不喜欢参与、没有学生选择，该课程就会被淘汰，而深受学生喜爱的课程，如丝网花制作，每一期都是满员，就会一直保留并成为特色课程。这种双向选择成为不断优化课程的手段。

2. 基于学情，坚持课程发展的实践性

我们的综合实践系列课程更注重学生在课程中观察、动手、实践、合作等能力的培养。例如，我们一直开设生物技术课程，让学生运用所学生物学知识制作甜酒、馒头、泡菜、腐乳等；让学生在劳动实践基地种植时令蔬菜等，使他们体会到“生物即生活，学习即生活”的道理。

3. 基于时代，坚持课程发展的连续性

在课程发展过程中，我们保留了不少优秀的传统课程，如绘画、剪纸、丝网花、创造与发明、羽毛球、篮球等，并不断增加新的课程，如机器人、无人机、民乐、管乐等。针对学生可能出现的心理问题，校本课程列表中增加了心育课程，如人际交往等。在此基础上，很多教师积累了丰富的教学经验，并能依据学生的要求和时代发展需求，设计自己的特色课程。正是由于课程的连续性发展，学校的“求远”校本课程规模也在逐年扩大，也基于此，学校才能举办大规模的体育节、艺术节、科技节、文化节，并且所有的活动皆为精品。所有的学生都有参与的机会，只要愿意，建宁就有学生出彩的舞台。这些活动也成为建宁实验中学乃至天元教育的名片。

4. 基于发展，课程面临的困难和挑战

（1）师资受限。教师的学科教学任务重，要求高。特别是在“双减”背景下，学校进一步成为

育人主阵地后，教师们花在教学上的时间更多。应对学科教学尚且不易，他们很难再花更多的心思去开发其他的课程，而聘用社会资源教师的稳定性又不够。

（2）开课空间受限。随着学校的不断发展，班额增多，学校目前已经没有了音乐、美术的专业教室，学生计算机房只有两间，学校已经没有空余的教室供开课使用。目前开设的室外课也因为过于拥挤而存在安全隐患。学生实践活动的场地严重不足。

（3）学生的认识不足。不少学生对相应的校本课程还停留在好玩的阶段，没有认真去学习感悟。学校的空间多重利用，财产管理难度增加。学生在全开放的空间学习，学校要花一定的精力去落实学生的去向。学生的科技发明创新作品仍然停留在较低水平。但这些也正是我们继续努力的方向所在。

当前教育也迎来了巨大的变化，在“双减”的同时，如何实现减负增效，如何进一步改变和实现学校和教师的职能，我们的课程又该如何适应新形势，如何克服新困难，这些问题都需要学校管理层静下心来学习思考。

综上所述，正如李振涛教授所言，思考今日教育的初心和起点，不再是“我们要给学生什么样的教育”，而是“我们要给学生什么样的人生”。这是一枚硬币的两面，一面是你想给他们什么样的人生，就会给他们什么样的教育；另一面是你给了他们什么样的教育，就会让他们度过什么样的人生。建宁实验中学一直致力于给予学生丰盈的人生，因此我们给予他们德智体美劳全面发展的教育，努力开设提升学生核心素养的课程。“道阻且长”，但我相信“行则将至”。

（株洲市天元区建宁实验中学）

“特岗计划”实施存在的问题及对策研究

——以湖南省平江县为例

黄健美

摘　要：“特岗计划”是国家对中西部农村义务教育实施的特殊政策。本文以湖南省平江县为例，通过调研发现：“特岗计划”的实施为农村基础教育状态的改善做出了贡献，但特岗教师队伍建设中也存在如流失率较高、性别比例失调等问题。针对问题，采取切实有效的措施，才能让“特岗计划”在农村义务教育的发展中发挥更大的作用。

关键词：“特岗计划”；问题；对策；湖南省平江县

一、“特岗计划”的实施现状调查

（一）“特岗计划”实施以来取得的主要成效

通过对教育局、学区相关领导以及部分学校领导和特岗教师代表们的访谈，笔者了解到“特岗计划”有其不可替代的优势。平江县“特岗计划”实施 12 年以来，主要已取得如下成效。

1. 优化农村师资结构，提高农村教师队伍整体素质

平江县位于湖南省东北部，地处湘鄂赣三省交界处，是我国国家级贫困山区县。教师工资待遇低、城乡条件差异大等原因致使当地教师职业吸引力大大减弱，农村教师队伍“断层”等问题长期存在。教师招不满、紧缺学科招人难和教师减员人数多等突出问题长期普遍存在。

“特岗计划”政策的实施在一定程度上缓解了这一局面。特岗教师大都是大学本科或专科毕业生，大多数在学校受过专门的学科训练，他们的加入对改善农村教师年龄、学历和学科结构，提高农村教师队伍整体素质，促进农村学校的发展以及城乡教育的均衡都具有深远意义。以下列举两条比较具有代表性的访谈记录。

笔者：您认为“特岗计划”这一政策自实施以来取得了哪些成效，给贵县的教育教学工作带来了哪些帮助？

平江县教育局基础教育科 L 主任：平江县域人口多，长期以来，普及义务教育的压力很大。受经济条件的影响，办学条件较为艰苦。师资力量不足，教师待遇受地方财力影响，从教意愿不强，尤其是年轻教师到农村中小学任教的意愿不高。多年以来，农村学校，特别是小学，45 岁以上的教师占大多数，普遍存在“爷爷奶奶教小学，叔叔阿姨教初中，哥哥姐姐教高中”的情况。特岗教师主要是应届大学毕业生以及毕业 3 到 5 年内的年轻人，他们的加入使得整个农村教师队伍大大年轻化，优化了我县农村教师队伍的年龄结构。

平江县教育局人事股 Z 股长：平江县师资来源以前主要是师范生毕业分配，农村学校则主要由民办及代课教师组成，缺少音体美等科目的专业教师，“特岗计划”较好地解决了这一问题。近年来，我县农村学校通过“特岗计划”，不仅在语文、数学、英语等主要科目上补充了相当数量的特岗教师，而且在物理、化学、生物、地理、历史、政治，特别是音乐、体育、美术、信息技术这些紧缺学科上，特岗教师们的到来使学校有了受过专门训练的教师，从而优化了我县农村学校教育的学科结构。并且有相当部分的特岗教师成长很快，3 到 5 年后便可成为所在学校的骨干教师和学科带头人，引领着学校的教育教学改革。

2. 缓解县财政压力，促进城乡教育均衡发展

公平问题是人类社会永恒的话题。城乡基础教育中存在的不公平问题主要表现在城乡优质教育资源的配置不均衡。农村中小学师资的短缺，主要体现在教师数量的短缺，尤其是优秀教师数量不足等方面。要想解决这些问题，离不开财政的支持。由于财政困难，为减少人头费开支，贫困地区往往采取低薪聘请代课教师的方法来维持教学基本工作的运转[1]。平江县作为一个国家级贫困县，受财政压力的影响，教师数量缺编的现象长期存在。“特岗计划”以中央财政为主的专项资金注入，在帮助农村中小学解决教师缺编问题的同时，有力地缓解了地方财政压力。

平江县教育局原局长W：特岗教师们的加入，给我县农村学校带来了新气象和活力。外地教师数量增多，学生们的普通话水平提高了，尤其是音体美这些课程及学生的课间活动，在年轻的特岗专业教师们的努力下真正开展起来了，而且开得有声有色，可谓“久旱遇甘霖”。这些课程和活动的开展在一定程度上缩小了城乡教育之间的差距。另外，通过“特岗计划”，我县的教师队伍得到补充，“特岗”政策每年可为我县教育财政节省约3000万元的经费，有力缓解了我县财政压力，为我们贫困县域的教育做出了很大的贡献。

3. 拓宽就业渠道，缓解高校毕业生就业压力

当今，伴随着我国高等学校的扩招，大学生就业面临困难，特别是农村大学生，家庭经济条件的拮据和人脉关系的薄弱使得他们缺乏在城市立足的资本。“特岗计划”给这些农村大学生提供了就业的路径，并使他们有机会成为有正式编制的教师队伍中的一员，有保障性的工资和福利，因此对广大农村学生来说是个不错的选择[2]。“特岗计划”制定了包括3年服务期满“去留自由”、解决编制问题、考研加分等一系列优惠政策，吸引了部分高校毕业生，在一定程度上拓宽了就业渠道，让高校毕业生有了更多的就业选择，缓解了就业压力。

平江县M小学L老师：现在大学生那么多，工作真的不好找，特别是有编制的工作，竞争更是激烈，“特岗”招聘相比公务员考试和市区教师招聘来说录取概率还是相对较大的。而且3年服务期满之后可以解决编制问题或者选择考回家乡或离家近的地方，这样的政策真的很人性化。现在有一份稳定的工作不容易，就先努力做着吧。

（二）“特岗计划”实施过程中存在的主要问题

1. 特岗教师到岗率较低

由于农村教师工资待遇低、工作和生活环境欠佳，以及设岗学校地处偏僻、离家远等原因，特岗教师的到岗率一直较低。平江县教育局主管特岗教师的T主任表示：平江县的特岗教师招聘和“特岗计划”实施情况在湖南省来说情况是最好的，但也存在招聘缺口大、有岗无人报、录用之后不到岗等问题。如2017年，县教育局统计各校需求情况之后，上报了380个岗位计划，实际却只招到308人，到岗率仅为81.05%。这种招不满人的情况差不多每年都存在，一些紧缺学科如数学、物理、化学、生物、地理、科学等更是很难招到合适人选。此外，在招聘过程中，外地籍教师所占比重较大，有些老师在到岗前不了解学校情况，看到学校环境之后选择放弃。还有一些考生同时报名很多考试，特岗教师招聘只是其中之一，考上“特岗”和其他职位之后选择放弃“特岗”，导致名额被占用，学校只能通过“定岗”等其他途径来弥补招聘缺口，甚至只能聘请代课教师，这使学校的教学工作安排十分被动。

笔者曾就择业这一话题与一位在政府部门工作的朋友交流过看法，这位朋友提到，他当年毕业的时候也是同时报名了很多考试，包括“特岗”“选调”和公务员省考等，他同时考上了公务员和“特岗教师”，面对选择，他表示自己当时是毫不犹豫地选择公务员而放弃了“特岗”，明确表示“特岗”只是自己的“保底选择”，公务员前途更加光明。然而，他没有意识到考上而不到岗这种行为会给学校及学区的教学工作带来麻烦。

2. 特岗教师流失率较高，队伍稳定性存在隐忧

平江县大多数学校地处偏远，交通不方便，加上教师待遇不高、农村学校条件艰苦、婚恋困难等原因，新招聘的年轻教师很难安心扎根农村教育，很容易流失。特别是近年来长沙、浏阳、岳阳、汨罗等相邻市县加大了教师招聘力度，更是给该县教师队伍的稳定性带来巨大冲击，导致该县教师“有计划招聘，无计划流失”的现象十分严重。据平江县教育局提供的统计数据，2012年至2016年，该县共外流 691 名教师。

作为目前平江县补充中小学教师的主要渠道，"特岗计划"招聘是面向全国各地考生的，2012 年至 2016 年，平江县共聘特岗教师 1405 人，其中外县籍 1120 人，占比达 79.7%。外籍教师在到岗之后面对的学生大部分是由爷爷奶奶照顾的留守儿童，这些爷爷奶奶普遍不会说普通话，而外籍老师们初来乍到，也很难听得懂当地方言，言语不通在很大程度上给老师与学生及家长之间的沟通造成障碍，从而影响工作效率，给外籍教师们的工作带来挫败感。加之风土人情等方面的差异，让一些外籍老师，尤其是性格较内向的外籍老师在与同事相处过程中比较难以"打成一片"，这些外籍老师往往需要一段较长的时间才能融入学校这个大集体。另外，有些老师抱着对教育的满腔热情来到设岗学校，真正走上工作岗位之后，却发现教书并不像自己想象的那么容易，很多设岗学校地处偏僻，有些学科全校就一名老师，教学上遇到困惑，无人可以共同探讨，尤其对那些大学时非师范专业的考生来说，短短几天的岗前培训根本不足以解决他们在教学中遇到的困难。言语不通带来的交流困难以及工作、生活上的困境，导致很多老师难以安心从事教学工作，在 3 年期满后立即想办法调动，甚至有很多老师教了一年两年就不惜违约，想尽一切办法考往离家近的学校或是干脆放弃教师这一职业。

调研过程中，笔者从平江县教育局提供的数据中了解到，该县谈岑学区的余坪镇和岑川镇毗邻汨罗市、岳阳县，交通相对便利，工作生活条件保障相对较好，该学区 2009 年至 2014 年共招聘特岗教师 126 人，其中外县籍教师占比超过 70%，现已调走 72 人，其中辞职、改行和调往外县的有 42 人，占 33%。

据统计，平江县 2009 年至 2014 年共招聘特岗教师 1293 人，3 年后转正的有 1136 人，占总数的 87.86%，流失 157 人，即平江县 2009 年至 2014 年特岗教师 3 年任期内的流失率为 12.14%。

那些 3 年后转正的特岗教师，大部分本地籍的老师目前还在岗，但这并不意味着所有转正了的特岗教师就将扎根于乡村教育，有相当部分的特岗教师，尤其是外地籍教师在转正之后，一有机会就会选择离开所在学校，去到离家更近的学校或福利更好的其他单位。据悉，平江县从 2009 年实施"特岗计划"开始至 2018 年，共招聘特岗教师 2326 人，目前还在岗的特岗教师总数为 1902 人，即平江县"特岗计划"实施 9 年间，特岗教师队伍的总流失率为 19.48%。在留任总人数中，3 年任期内的特岗教师为 1012 人，占比为 53.21%。从往年的巩固率数据来看，有相当部分特岗教师暂时还在岗位上，是因为尚在 3 年服务期内，违约成本较高，或是暂时还没有找到更好的工作岗位。因此，我们可以预见，特岗教师队伍的稳定性存在隐忧。

3. 特岗教师面临专业发展等方面的工作困境

"特岗计划"在招聘教师的过程中只要求考生取得相应学科的教师资格证，并未限定报考人员为师范毕业生，因此每年考上"特岗"的教师中都有相当部分非师范专业生。这些非师范专业毕业的教师在大学期间没有系统学习过教育学、心理学等相关理论，仅靠几天的岗前培训就匆匆上岗，在工作过程中，这些老师们会遇到比师范毕业老师更多的挑战。教学经验少甚至没有任何经验，来到不熟悉的农村，对当地的基本情况缺乏了解，与同事、学生和家长无法有效沟通与交流，不知道怎样发挥自身特长，也不知如何更好地将教学内容、方法与学生原有基础相结合，是大多数特岗教师面临的现实问题。

近年来，在相关政府部门的关心和平江教育人自身的努力下，平江县教育局每年都会通过岗前培训、名师工作室、暑期培训、国培计划送教下乡等方式来促进特岗教师们的专业发展。这些培训在很多方面已经取得显著成效，但由于教师，尤其是乡村教师们工作任务繁重，参加培训的时间和机会少，能够随时交流的同学和同事少等原因，很特岗教师依然面临着专业发展等方面的工作困境。在缺乏专业支持，遇到困惑与挑战无法及时解决的情况下，特岗教师们很容易产生无力感和挫败感，如果这些挫败感无法及时排解，会影响特岗教师们的工作自信与激情，甚至导致他们最终选择离开乡村教育。

4. 特岗教师面临生活困境

"特岗计划"设岗学校大部分离乡镇中心较远，交通不便、信息闭塞等问题给老师们带来生活上的不便利。部分学校由于住校老师少，离家远的特岗教师们午餐可以在学校和学生及同事一起在食堂吃，但晚饭就只能自己动手做，这对那些在家里被优待惯了的年轻教师们来说是锻炼，也是挑战。除此之外，语言不通、交流不畅，离家远，思乡情绪无法排解等问题也给特岗教师们的生活带来困境，这些生活上的困境严重时又会影响到他们的工作激情和效率。

在访谈过程中，曾经在一所偏远学校待过三年的C老师表示："特岗"3年期间，全校就她1位住校老师，一到学生放学，同事们都回家的时候，她总是感到孤单又害怕，只能早早地锁上校门和房门，或者到邻近的同事或家长家里借宿。

5. 特岗教师性别比例失调，女性特岗教师面临"婚恋难"问题

"特岗计划"在实施过程中存在的另一个突出问题就是男女性别比例严重失调。从县教育局提供的数据来看，平江县招聘的特岗教师刚开始的两年性别比例相对协调，但近几年来，女性特岗教师占比连年超过80%，9年间所招的女性特岗教师总数占比为84.25%。

男女教师比例的严重失调还会造成女性特岗教师的"婚恋难"问题。平江县C学校的F校长提出：由于特岗教师女多男少，加之工作任务繁重，休息时间少，社交圈子小，很多女教师平时交往的群体多是女性同事，很难有机会找到合适的对象。有些学校甚至没有男老师，有些生活中稍重的体力活都没人帮忙做。有些女教师离家远，思乡情切，有时候好不容易相互熟悉、变得要好起来的同事过了一两年又调走了，只身一人在偏远山区无依无靠，使得这些女性特岗教师们很难安心留任，所以很多老师都想尽办法调离乡村学校，或者在家乡找了对象之后就选择辞职，离开任教的乡村学校。性别比例失调，女性特岗教师的"婚恋难"问题反过来又影响着特岗教师队伍的稳定性。

二、"特岗计划"实施过程中存在问题的原因分析

（一）来自政策本身及其落实力度的因素

1. 来自政策本身的因素

"特岗计划"是我国补充农村师资力量的一项创新之举，其提出和实施为我国农村基础教育带来的贡献无法否认。但作为一个教育改革和发展过程中应运而生的过渡性"计划"，该政策也无可避免地存在一些需要完善的地方。正因如此，虽然该政策在实施过程中受到了社会各部门的肯定，但也面临着一些不同的声音。如在该政策的教师招聘条件中，很明显可以看出，相对于师范专业的规范训练来说，更加注重的是考生的学历，这会导致一大批优秀的师范类专科生因为学历不占优势而错失在教师职业岗位上发光发热的机会。而被录取的很大一部分非师范类毕业生因为没有接受过正规的师范教育，教学常规技能不够，无法很好地适应教学工作，教育教学能力不是特别好，这会导致他们较之师范类毕业生更容易产生挫折感。而这种不适应和挫折感会影响教学效果和特岗教师队伍的稳定性，进而对农村中小学学生的成长产生影响。"特岗计划"不分地域，面向全国招聘教师，平江县近5年通过"特岗计划"招聘了一大批外县籍青年教师，本县籍教师占比偏低。不分户籍区域的政策导向能促进各地风俗文化之间的交流，使得我国农村基础教育更具有生机，农村学生的普通话水平得到提高，这些从长远来看都会对农村教育产生积极的影响。但是从平江县近几年流失特岗教师统计数据来看，非本地籍教师的流失比例远远高于本地籍教师。完全不分地域的招聘不利于特岗教师队伍的稳定性，会增加农村教育的投资成本。另外，"特岗计划"规定的服务期限是3年，而一名新上任的教师从生疏到得心应手需要3到5年的时间，很多特岗老师3年一满就想尽办法调动，这样很容易让设岗地区及学校变成教师培训的"中转站"。

2. "特岗计划"政策宣传不够

"特岗计划"的目的是吸引优秀人才到乡村学校任教，然而，在实施过程中，有些地方对师范教育和乡村教育的宣传力度严重不足。从调研情况来看，很多特岗教师表示，"特岗计划"在各级师范类院校，特别是省级院校的宣传力度薄弱。很多老师表示，他们是通过培训机构或人事考试网站了解并报考的"特岗计划"。一些学校的就业宣传只会提及"特岗计划"，但不会将其作为重点来进行宣传；很多学校对于"特岗计划"的宣传力度远远低于西部支教等政策，如笔者本人在大学毕业面临择业时就只见学校很多地方张贴了西部支教的宣传内容，而"特岗计划"的宣传资料就很少。宣传

不够会导致很多优秀且有志于农村教育的高素质师范毕业生对该计划的相关政策缺乏了解。另外，受地缘经济影响，部分校长对特岗教师所能发挥的作用及专业成长认识不足，很多农村家长也因信息闭塞而对“特岗计划”鲜有了解，这些原因导致从学校到家庭都对特岗教师缺乏足够的认可和支持。

3. 农村义务教育阶段的教育经费投入还需进一步增加

近年来，我国农村教育的情况有了较大改善。但长期以来的城乡二元结构和义务教育分级管理使得义务教育也呈现出城乡二元结构现象。这种城乡差距主要表现在：（1）城乡教学设施分布不均，以湖南省平江县为例，县城学校在办学设备和教学仪器条件上基本都能满足自身发展要求，而部分农村地区办学条件得不到保障，教学基础设施薄弱，这种差异造成了城乡之间教学质量的差异；（2）财政投入不均。在多渠道筹措义务教育经费的财政制度下，城乡义务教育财政的投入水平差距在拉大[3]，很多特岗教师在乡村学校认认真真、辛辛苦苦工作，但由于教学设施、学生基础、财政投入不均等因素，导致他们再怎么努力，取得的成绩也无法与县城的老师相比，而“特岗”任期满后编制的不确定性又让他们缺乏职业安全感，这种落差感和不安全感让老师们一有机会就想“进城”或者考公务员，不愿意错过任何“升迁”的机会。

4. 特岗教师的管理和服务体系需进一步完善

政策的实施需要有健全的监督机制来加以保障。虽然我县在实施“特岗计划”过程中，明确了各部门的工作职责，但是由于缺乏无为问责和过错追究的制度，以及缺少社会监督机制，特岗教师及农村学校的意见反馈渠道不通畅，导致“特岗计划”在实施过程中出现以下问题。（1）部分地方管理部门不作为，对“特岗计划”重视不够。（2）教育人事部门与农村学校沟通不畅，不能保证学校的学科教师需求，导致特岗教师入职后被安排教其他科目，出现严重的“所教非所学”现象。

（二）来自社会的因素

1. 特岗教师群体的社会关注度不够

特岗教师工作的学校大多位于偏远乡村，村里的青壮年们迫于生存压力大，都会选择外出打工，将孩子留给（外）祖父母照顾。祖辈的农村人大多没怎么上过学，也不关心教育政策，对于“特岗计划”这一政策更是少有关注和了解。在一次家访过程中，笔者曾跟几位家长沟通，他们都不知道特岗教师与其他教师有什么区别，有些地方甚至很多学校老师也不知道特岗教师与师范生有什么区别。

2. 社会上部分人的价值取向存在偏差

有些人评价一个人的价值往往只看一些外在的表象，比如权力、金钱、地位等。特岗教师在很多人的眼里不过是一些“无能”的人，工资低，没什么发展前途，上了大学却走不出农村，没什么出息。一些特岗教师面临婚姻难题，就是因为特岗教师的社会地位不高。若人们不纠正这种“功利”的价值观，特岗教师就无法得到应有的社会地位，继续面临尴尬的社会生存境遇。

（三）来自设岗学校的因素

1. 部分设岗学校特岗教师的生活环境堪忧

一些地处偏远的村小学校，校园环境艰苦，村民对教育漠不关心，学校因经费紧张而无法建设新环境，也无法改善教师们的生活条件。有些学校在特岗教师到来之前没有住校老师，连浴室都没有，只能在房间里洗澡或者到附近村民家中洗，生活的不便可想而知。

近年来，在平江县教育局、学区和设岗学校的努力下，部分学校建设了主要解决特岗教师住房问题的公租房及周转房，但在一些条件困难的学校，特岗教师们目前依然只能两人共住一间宿舍，并与住校学生共用公共浴室。

2. 在教学工作安排等方面还需更加“以人为本”

在一些学校，由于严重缺编，教师“青黄不接”，校领导和一些老教师们抱着年轻人精力旺盛，应该多担责任的观念，给新上岗的特岗教师们安排大量工作，让他们时常感到不堪重负，更无心力通过课后学习等方式来进行自我提升。

3. **缺少特岗教师专业成长平台**

很多特岗教师在初上岗时是很有激情和上进心的，但是他们经验有限，工作中难免遇到困难和挑战，而当他们遇到困惑时，没有合适的人可以及时提供帮助，因此很容易产生挫败感，这种挫败感会影响教师们的工作热情和专业成长。特岗教师入职后的跟踪培训机会也少，农村学校也缺少可以自学的条件，缺乏专业成长的平台。如笔者第一年担任特岗教师时，在一所村小工作，全校只有一位英语老师，我遇到教学上的困惑时，很难找到人求助解疑；学校条件有限，也很难找到可以帮助我专业成长的教学设施，只能自己“摸着石头过河”。

（四）来自特岗教师自身的因素

1. **入职动机不纯粹，仅将“特岗”职位作为职业跳板**

个别考生只将“特岗”这一职业当成谋生手段，而不是出于对这份职业的热爱，更不是为了支持乡村教育的发展。这样会导致他们把这份职业的崇高诉求抛诸脑后，仅关注自身发展，把“特岗”职位当成职业生涯的一个过渡阶段或者一个跳板，一旦有更好的选择，就会另谋出路。

2. **服务农村教育的意识不够，志愿较低**

部分特岗教师习惯了城市的优越生活条件，有些农村出身的大学生也一心想跳出“农门”。这些到偏远学校任教的教师心理上容易产生落差，城市环境的熏陶已经使部分人的价值观念与农村文化价值脱节，很难有激情去投入乡村学校的教育教学工作中，更别说扎根农村了。

3. **部分特岗教师在为人处事方面不够成熟**

在农村，民风相对城市来说较为淳朴，但同时人际关系又比较复杂，部分教师有亲戚关系，都在同一个“圈子”里面，而特岗教师们初来乍到，又都很年轻，部分独生子女个性也比较突出，刚走上社会，思想比较单纯，在为人处世方面就显得不够成熟，遇到工作任务分担及沟通等方面的问题，不懂得用平和的心态处理，其中有些个性冲动的教师容易与学校领导、同事、家长发生矛盾，从而给工作、生活带来困扰。

三、“特岗计划”实施的改进对策和建议

（一）政策支持

1. **加大“特岗计划”政策在高校的宣传力度，吸引更多优秀人才报考**

高等院校，尤其是师范类院校，可以通过官网、宣传窗口、毕业班宣讲会等形式宣传“特岗计划”政策。还可以成立“特岗计划”工作小组，选拔优秀特岗教师返回大学母校进行宣传，介绍“特岗计划”的重要意义和发展前景，交流从教心得，发挥优秀同辈群体的榜样作用。同时，在师范院校的校园招聘会上设立专门针对“特岗计划”的咨询台，让更多优秀的师范毕业生了解“特岗计划”，吸引有志于服务农村教育的高素质师范毕业生报考“特岗计划”，为农村义务教育做出贡献。

2. **加大经费投入，拓宽融资渠道，提高福利待遇，留住优秀人才**

政府可以加大对“特岗计划”政策的经费投入，提高特岗教师的工资和福利待遇，以此来缓解特岗教师，尤其是男性特岗教师的生存压力，留住优秀人才，缩小男女性别比例差。

平江县教育局（原）W局长在接受采访时建议政府将特岗教师作为支边扶贫的重点培养对象，提高他们任期内的工资待遇，同时加大农村中小学学校教师周转房建设。W局长还建议政府出资帮特岗教师购买意外保险，让他们有一份特殊保障，用人文关怀留住人才。

此外，可通过鼓励民间投入、创新公共服务供给等方式拓宽融资渠道，提高“特岗计划”的社会认知度和认可度。同时，设立“特岗”专项公益基金，向社会各界筹资，保证“特岗基金”公开、透明、有效地运行。还可以鼓励企业捐赠，既为特岗教师筹资，又提高企业自身的社会声誉。将筹集的“特岗基金”投入偏远乡村特岗教师们工作生活条件的改善上，着力解决偏远地区特岗教师的食宿问题。

3. **调整、健全特岗教师招聘制度**

在招聘报考条件中，调整准入门槛，提高特岗教师的整体水平。现有的“特岗”招聘条件更注

重考生的文凭高低，而不够关注其是否具备教师所必备的一些基本素质。师范院校毕业的专科生在本科生报名之后有缺口才能报考，并且只能报考小学岗位。在这种情况下，平江县近年来所招聘的特岗教师中师范类毕业的老师占比极小，不足30%。建议在今后的招聘中对报考条件进行调整，加大对师范专业毕业生的招聘力度。对于一些师范专科院校的优秀毕业生，可与非师范专业本科毕业生同等竞争，避免一些优秀的专科师范毕业生因为文凭的劣势失去竞争机会，被拒之门外，也可避免招进来的非师范专业生上岗之后需要较长的适应期，增加培训成本。

同时，建议每年拿出一定比例专门招聘本地籍教师，并将这些本地籍教师安排在村小及教学点，以此来控制过高的流失率。

此外，建议通过一些优惠条件，放宽对男性特岗教师的招聘要求，提高待遇，吸引更多优秀的男性师范毕业生报考特岗教师，降低特岗教师男女性别比例差。

4. 改善特岗教师专业发展机制

学校应与上级招聘部门多沟通，尽力招到最符合需求的专业教师，在安排校区工作时，更多地结合学校实际情况与教师本身特长，争取人尽其才，尽量避免“所教非所学”的现象。在学区、学校大力提倡名师工作室、“老带新”等形式的新老教师结对帮扶制度，鼓励老教师引导和帮助新教师快速成长，也让新教师为老教师的教学方式注入一些活力。在原有基础上，继续开展有针对性的职后培训，加大教师之间的交流学习，让在村小的特岗教师们加快融入教师群体的步伐。

5. 完善配套政策，进一步完善免费师范生培养制度

建议国家把师范教育放在更为突出的位置来加以发展，重新构建好省市两级师范学校，大力培养基础教育阶段教师，坚持面向农村地区和农村教育，加强师资培养工作，为农村教育储备更多高素质的人力资源。具体建议如下：（1）实施并完善师范生免费定向培养机制，引导师范毕业生“哪里出资培养，毕业后便回哪里服务”；（2）各县按计划申请聘任教师，优先各县聘任，并与市、州内调剂政策相结合，最后在全省统一调剂聘用，以此来确保合格的免费定向师范毕业生有编有岗。

（二）社会支持

1. 合理引导、宣传，让社会更好地了解和支持特岗教师队伍

只有在社会对“特岗计划”关注的基础上，才能实现有效的沟通和理解。可通过网络、广播、报刊等媒体和各高校就业指导部门对“特岗计划”政策进行宣传，让社会加深对特岗教师这个群体的了解，加大社会对特岗教师以及特岗教师对其自身的身份认同。对于表现突出的特岗教师，学校、学区和社会要对其进行表彰，给予荣誉，宣传他们的光荣事迹，并号召其他教师向他们学习。

2. 社会要给予特岗教师宽容和关爱之心

特岗教师的到来无疑会为农村教育事业注入新鲜“血液”，他们普遍接受过高等教育，家长、社会对他们抱有比较高的期待。但我们也要看到，特岗教师绝大部分都是刚毕业的年轻人，他们缺乏教学经验，需要成长的空间，因此，要允许他们犯错误，因为这是成长中不可避免的过程。

（三）设岗学校支持

1. 加强人文关怀，改善生活环境

建议学校争取上级部门的支持，着力为特岗教师们提供人文关怀，修建食堂和职工宿舍，切实关注特岗教师，尤其是未婚青年特岗教师和外地籍特岗教师的生活，完善生活设施，为住宿的特岗教师提供电视、网络、热水器、厨卫用品等基本设施，让特岗教师在远离家人和家乡时，能感受到异乡的温暖，将更多精力投入教学工作中，保障农村义务教育阶段的教学质量。

2. 合理安排教学任务，减轻特岗教师工作负担

学校领导在安排教学任务时，应该更多地了解新进教师们的专业特长和个性特征，结合学校具体情况合理安排教学任务，适度减轻特岗教师们的工作负担，让他们有更多的时间来进行教学反思，提升教学效果和班级管理质量。特别要注意人尽其才，尽力避免“所教非所学”的现象，提高工作效率和教学质量。

3．为特岗教师的专业成长提供机会和平台

建议学校在原有基础上，加大名师工作室的建设力度，鼓励老教师和新教师“师徒结对”，对新进特岗教师在备课、上课、学生管理等方面进行指导和帮助，以使特岗教师尽快掌握相关教学技能。引导和帮助新上岗的特岗教师尽快适应教学岗位，并在教学过程中互相学习和提高。提供一定的培训经费，为特岗教师提供更多的展示平台和机会，比如说课比赛、优质课比赛等，使得这些年轻的特岗教师能有更多的机会展现自己，通过竞争和比赛提高自己，使他们更有工作干劲，从而留住这些特岗教师。

（四）特岗教师自身努力

1．积极乐观，迎接挑战

很多时候我们无力改变环境，只能改变自己的心态。既然选择了在农村学校任教，就要努力适应农村的生活环境，始终保持乐观的心态，积极投身于教育事业，运用自己学到的知识去努力适应和改变农村的教育环境，而不是一味地抱怨农村这里不好那里不好。要主动去了解当地的风土人情，逐渐适应当地人的生活习惯，多和领导同事交流沟通，尽快融入自己所处的环境。换个角度思考，把农村生活看作人生中一段不可多得的经历，当作一笔宝贵的财富，好好珍惜。在工作和调研过程中，笔者发现有很多特岗教师心态积极，勇于迎接各项挑战。他们虽然平凡，但是都在自己的工作岗位上发光发热，有很多老师通过努力成为行业内的佼佼者。笔者也见过一些老师不能很好地调整心态，时常抱怨却又下不了决心改变自身或工作环境，导致生活和工作状态都很糟糕。同样的环境，不同的心态导致截然不同的结果，可见积极心态的重要性。

2．规划教师生涯目标，不断提高专业发展水平

不论做什么，“人无远虑，必有近忧”。作为一名特岗教师，应时刻记着自己身上担负的责任，为农村的教育事业贡献力量，做到“既来之则安之”，既然选择了特岗教师这一职业，就要热爱农村教育事业，充满热情地投入这一事业中来，为自己做出的选择负责，踏踏实实地做好自己的本职工作。同时要规划好自己的职业生涯目标，不断提高专业发展水平。建议特岗教师们可以给自己的未来发展定1年、3年、5年等期限的目标，并努力去达成。

3．在为人处事方面不断提升和完善自我

毕业走向工作岗位之后，不同于在学校或在家里，身处社会，首先要学会做人，其次要学会做事。在工作岗位上一定要踏实，不要总是以高校毕业生自居，而应站在新的起点，虚心向老教师请教；切忌孤傲清高，意气用事，也不要总是抱怨待遇低、环境差，努力去改变那些能够改变的，接受那些不能改变的；认真备课、努力上好每一堂课，认真写好教学总结和反思；多听优秀教师的课，向他们请教，学习授课技巧以及教育管理学生的方法，做一个用心的好老师；遇事多点儿自省，少点儿计较，多换位思考，不断自我完善，塑造出一个更优秀的自己，迎接我们的将是更加美好的教育生活。

参考文献

［1］刘理，涂艳国．中部地区农村中小学教师队伍现状问题调研报告［J］．教育发展研究，2005（7）：8-11.

［2］武晓伟．我国西部农村学校“特岗计划”的思考：以贵州省威宁县为例［J］．湖南师范大学教育科学学报，2013（6）：48-53.

［3］王少峰．义务教育公平研究文献综述［J］．经济社会体制比较，2014（3）：213-218.

［4］宋朝．我国“特岗计划”政策的实施研究［D］．济南：山东师范大学，2012.

［5］冉旭．农村“特岗计划”实施现状与对策建议［D］．兰州：西北师范大学，2013.

［6］孙同帅．农村教师“特岗计划”实施的现状调查与对策研究［D］．荆州：长江大学，2012.

［7］张健龙．S县“特岗计划”实施现状、问题及对策研究［D］．石家庄：河北师范大学，2014.

［8］秦怡．关于“特岗教师计划”政策执行现状的调查研究［D］．大连：辽宁师范大学，2011.

［9］杨廷树．贵州省W县“特岗教师计划”实施中的问题及建议［D］．长春：东北师范大学，2010.

［10］孟倬帆．教师“特岗计划”实施的现状、问题及对策研究：以河南省Y县为例［D］．郑州：河南大学，2016.

［11］王孜，王现彬.“特岗计划”实施过程中存在的问题及对策：以广西地区为例［J］.北京教育学院学报，2016，30（02）：19-25.
［12］张雯闻.“特岗计划”政策执行问题分析及发展展望［J］.遵义师范学院学报，2017，19（04）：90-93.
［13］邱晓琴.高学历教师为何“水土不服”［J］.教育文汇，2014（10）：8.
［14］涂苏琴，张翌鸣.农村教师“特岗计划”的实施及优化对策：以江西省为例［J］.教育学术月刊，2011（7）：80-82.
［15］王汉宗.农村特岗计划实施中存在的问题及建议：以宁夏西吉县为例［J］.教育探索，2014（3）：87-88.
［16］于冰，于海波，唐恩辉.农村特岗教师队伍建设存在的问题及其对策：基于中西部6省的调查与分析［J］.广西社会科学，2014（9）：217-220.
［17］贾涛.农村特岗教师计划的实施：问题与对策［J］.教育理论与实践，2010，30（23）：3-5.

（岳阳市平江县芙蓉简青学校）

“教会、勤练、常赛”初中体育教学模式实践研究

粟雄贵

摘　要：随着教育改革的推进，我国教育不仅重视文化课教学质量，对体育教学也愈加重视，体育学科在初中教学体系中的地位日益提升。然而，就目前来看，我国初中体育教学仍存在着许多问题，如学生体育运动技能水平差，课余学练时间短、次数少，竞赛形式单一以及参与热情不高等。为了进一步提高初中体育教学质量，本研究根据初中体育教学特点，构建了体育“教会、勤练、常赛”一体化发展新模式：一是在课堂上设计“教会”，二是在日常生活中推进“勤练”，三是在全员范围内实施“常赛”。

关键词：初中；体育；体育教学

2018年，习近平总书记在全国教育大会上强调要“树立健康第一的教育理念”，开齐开足体育课，帮助学生在体育锻炼中享受乐趣、增强体质、健全人格、锻炼意志。作为义务教育阶段的初中，更要贯彻总书记指示，将要求转化为可落实的具体方式。与此同时，教育部制定且提出了“教会、勤练、常赛”的具体要求，这一要求也成为初中体育落实具体措施的依据。本研究结合初中体育教学实际，根据“教会、勤练、常赛”的具体要求，开展初中学生体育实践研究，努力打造初中学校体育一体化发展新高地。

一、“新问题”导向：初中体育教学问题剖析

（一）教育方式不合理，运动技能掌握差

目前初中体育教学模式中，多数学生欠缺对体育运动技能的掌握与熟练，仅仅学习体育常识性知识，未真正达到自身擅长1至2项体育运动技能的目标。多数农村地区的初中部忽略了体育课教学，甚至不设立体育课程。例如，常出现其他课程老师以“体育课不重要”为由将体育课占用的现象。此外，少数体育教师忽视了体育运动的重要性，在进行简单的运动拉伸后，放任学生自由活动，采用一种“放羊式”的教学模式。在这种体育教学模式下，体育教师弱化了运动技能的教学目标，盲目认为自由活动能够达到增强学生体质的效果，导致初中生无法真正了解体育运动的规则，从而导致学生对体育运动技能的掌握不牢固。

（二）运动技能练习少，体育课价值难发挥

针对目前初中生的学习现状，学校与家长十分注重文化课的学习，往往认为体育课是排解学习压力的次要课程。但学生十分珍惜和热爱为数不多的体育时光，多数学生在课堂中表现积极，主动学习体育运动技能，积极参与练习。然而，这种对体育的执着仅存在于体育课堂，体育课程结束后，学生们又投入文化课的学习中，致使学生体育运动技能练习的时间短、次数少，无法真正巩固和提升体育技能，也无法发挥出体育对学生身心健康的提升作用。

（三）体育竞赛形式单一，学生参与热情低

在“健康中国”和“全面健身”战略的影响下，各初中体育教学部逐渐转变了教学方案，将体育竞赛形式引入体育课堂中，如每年定期举办综合体育竞赛（运动会）和专项体育竞赛等。然而，当前的体育竞赛形式较为单一，学生的参与热情不高，在运动会中报名的只是学校内的一小部分热爱

体育的学生，大多数学生敬而远之。长此以往，体育竞赛仅仅受少部分热爱体育运动的学生关注，大部分学生参与的积极性和主动性降低，进而影响体育运动技能的整体教学质量。

二、“新方案”统领：初中体育教学新模式构建

“教会、勤练、常赛”涉及初中体育运动技能教学的多个方面，综合学校体育教学模式以及体育教育理念，以改进体育课堂教学模式为目标，利用“教会、勤练、常赛”新理念，在“课堂、日常、全员”这几个方面重点发力，进而落实体育课堂教学新模式，推动“教会、勤练、常赛”在学校体育运动技能教学领域中的全面实现。

（一）一体化设计，“教会”关键在课堂

“教会”是学生“勤练”和“常赛”的前提，“教会”是指体育教师“传”体育运动技能规则、“授”体育运动知识、“解”学生困惑之处。体育教师要遵循教育规律，循序渐进、由浅入深，不仅帮助学生“学会”体育运动技能，还要指导学生“会学”。

1. 统筹规划，夯实体育课堂主阵地

以体育课程标准为依据，一改以往体育教学项目过于宽泛的误区，根据初中学校特色、学生和体育老师专业特长等，合理安排初中各年级每学期体育排课时间，统筹规划学生必学、必考的体育运动项目。这样，学生在步入初中后就能开启体育运动的课程，通过长时间的学习、训练、竞赛，基本掌握1至2项体育运动技能。例如，在初中部对各年级学习体育运动技能项目的安排如下：初一学习足球、跳绳；初二学习足球、跳绳、篮球；初三学习足球、篮球、排球，如表1所示。

表1　初中各年级活动安排

年级	活动
初一	足球、跳绳
初二	足球、跳绳、篮球
初三	足球、篮球、排球

合理安排各年级的体育运动项目，由专业体育教师进行实战比赛指导以及技术教学，为学生进一步提升体育运动技能打牢基础。

2. 合理安排，制定分班专项教学

由于初中各年级男女生之间的项目兴趣、运动体能等存在着较大差异，因此可以采取男女分班专项体育教学的形式，统一调配各年级男女，单独编班，组建体育课堂班级。男生班和女生班由不同的体育教师上课，高年级男生班主要学习和训练足球、篮球等体力消耗大的项目，低年级男生班以及女生班主要训练跳绳等律动性强的项目。这种临时编班的体育运动教学方式，只需在学期初做好排班安排，便能有效提高教师对不同项目的把握，提高学生自主参与的积极性，使得学生更加热爱体育课，并更加专注地学习体育运动技能。

3. 直面需求，打造专项走班教学

为满足各年级不同学生对于体育运动项目的需求，缩短学生之间学习、训练运动技能的差距，减少教学分散性，在学练程度不同的情况下，可设置体育专项走班教学模式，在同年级之间甚至打破年级界限，以“自助点餐”方式，让学生自行选择喜爱的体育运动技能项目，最终选定适合自身的1至2项体育运动项目。例如，学校统一安排在周一的大课间时间分发体育运动技能项目调查表，表中有供学生自由组合学练的十几门运动项目课程。各年级学生在学期初便选定自己喜爱的1至2项运动项目，学校在整合调查结果后，在每周一下午，让学生到规定区域开展体育专项走班课程。这样能够大大提高学生对学练的兴趣，为学生进行专项学练打下坚实基础。

4. 稳步推进，逐步完善课程评价

要实施“教会”这一举措，就必须落实课程评价，形成良好的检验闭环。学校应以“注重发展、

重视过程、兼顾反馈”的原则为体育教学制定评价标准，并且从学生的体能、健康行为和体育素质 3 个方面进行综合评价。体能是指对学生进行体能训练，按照本年级主要学习的两项体育运动技能项目进行测试，通过运动技能展示与日常考核相结合，将两项体育运动项目的分数按 30% 的比例进行整合。健康行为是指学校根据《国家学生体质健康标准》，制定相应的测试项目，主要评价学期初和学期末的成绩增量，按照测试成绩的 40% 比例进行整合。体育素质是由学生个人体育课出勤、练习程度、作业、竞赛参与度以及体育品质组成，由班主任、体育教师、小组成员以及自身通过日常体育运动技能项目学练情况给出相应的分值，并以 30% 的比例进行整合。通过完善课程评价方式，可以促使学生更加主动地参与日常体育运动技能学练。

5. 聚集拉动，打造课外精尖课程

除国家规定的学习课程之外，学校应每周安排一次校本、社团课程，为学生提供更多的体育运动项目课程，这些课程要打破常规的班级学习限制，各年级学生可以共同学练多元的体育运动项目。除常规的乒乓球、足球、武术等，学校还特别安排校外专业指导老师、教练开设射箭、趣味田径以及美式橄榄球等项目，让学生有了更多的机会选择喜爱的运动项目。

同时，学校应设立多个体育运动项目社团，吸引喜爱体育运动、有特长的学生参与。社团每周由专业体育训练员组织专项训练，合理利用学生业余时间安排训练的内容，使学生通过长时间系统性的训练提升项目能力水平，为后期竞赛提供运动强项支撑。

（二）一体化推进，“勤练”实施在日常

掌握体育项目的基础知识是进行运动实践的基础，而运动实践又是通过长期练习才能逐渐进步的运动能力，因此勤练是强化自身知识、熟练掌握体育技能的重要方式。另外，初中教育要实现“双减”，更要平衡学生的文体教学，办齐、不挤占体育课程是基础，课内外、校外联动是延伸，要增设专项体育训练，带动更多的学生参与体育锻炼，提升他们的专项体育能力，从而实现体育勤练目标。

1. 创新大课间组织，带动体育兴趣

有效“拾起”每天的大课间运动实践，重新规划课间项目，可根据各年级体育课程进度进行针对性设计，改变传统枯燥的“跑步+做操”模式，构建具有创新性的“1+X”大课间模式，其中“1”代表常规项目，即做操，而“X”则根据每个年级的体育教学进度，让学生通过民主投票的方式自选项目，各年级体育老师针对学生选出的项目进行大课间设计，由班主任及体育委员组织练习。将大课间与体育课项目结合，不仅起到了项目复习、练习的作用，还能成为“勤练”的关键一环。另外，大课间有充足的活动时间以及全员的参与，可以设计更多更具趣味性的活动，提升学生体能的同时，还能有效带动学生对体育的兴趣。

2. 优化活动大比拼，强化体育技能

针对每天下午的课外活动，要告别过去没有组织和安排的混乱活动，根据各年级体育练习情况，由教导处统一安排，利用课外活动时间开展体育项目训练。可根据各班体育课程教学项目进度，适当融合趣味性环节，整理出体育课练习计划，由班主任和体育课代表带队，组织全班学生在操场开展体育项目练习，逐步发展成为“勤练”的重要一环。

3. 巧用碎片化时间，夯实教学成效

初中生绝大多数时间在校度过，除了上课时间，早上课前、课间十分钟等均是可发挥体育价值的“夹缝”时间。尽管这类时间呈现碎片化，无法开展系统的体育活动，但是可以在教室、走廊以及教学楼下开展各班级体育项目练习。例如，在楼下的学生可以进行跳绳练习，教室的学生可学习体育知识，楼道的学生则可进行排球颠球练习。如此轮流进行，不仅能起到体育锻炼的作用，还能兼顾理论知识的巩固。合理的“巧练”也是“勤练”的睿智考量。

4. 细化体育作业，促进专业成长

随着体育课程在初中课程体系中地位的提升，仅靠校内每天有限的练习远远不足以满足要求。体育课也要像语文、数学和外语科目一样，布置校外活动“作业”，才能有效衔接校内外教学，巩固体育能力。通过合理设计课后体育作业，可实现课内外体育课程学习的闭环，如图 1 所示。

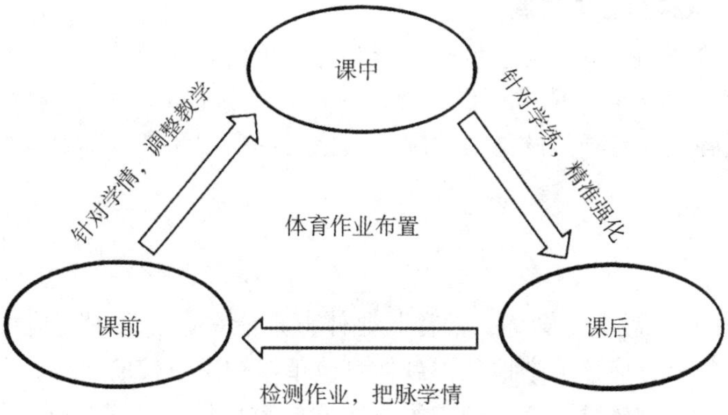

图 1　课内外体育课程学习闭环

作业布置的目的是帮助学生在每天晚上、周末以及放假期间，能够自觉动起来、练起来，在熟练课上体育项目的同时，兼顾校外体育锻炼。

（三）一体化实施，"常赛"核心在全员

"常赛"是要将体育比赛常态化，经常组织班级、校级运动会。落实"常赛"制度，发掘体育教育价值，能够帮助学生在竞赛活动的基础上不断发掘自身潜能，提升运动能力，也能帮助学生在竞赛奖励的激励以及比赛规则的约束下，逐步形成正确的体育行为规范，养成良好的体育道德品质。

1. 利用体育课堂赛，夯实基础动作

体育课是学生学习与巩固运动项目能力的主要场所。在体育课程中，教师遵循人人平等的教学参与原则，结合日常教学中涉及的体育项目，重新设计教学流程，立足实战标准，展开教学设计，并在每个课堂中预留出一定的时间，让学生自由组队，开展体育项目竞赛，让学生在竞赛的过程中发现自身不足，感悟各个基础动作的基础性与重要性，使学生在日常练习过程中能够针对自身的弱项展开练习，发挥以"赛"促"学"的正向引导作用。

2. 利用班级常规赛，实现量化考核

运动不仅可以塑造强健的体魄，也能使学生在运动的过程中感受快乐，并见证自己的成长。根据季节特点和各班级体育项目学习进度，充分动员家长志愿者，协调力量，利用周末、节假日组织学生来校开展班级比赛活动，并制定完善常态化的比赛流程和积分机制，最终实现班级量化考核，学期末汇总至学校，对表现良好的学生和家长进行表彰。通过这种家校联合参与的方式，带动学生的参与积极性，也从根本上提升了赛事频率、场次以及学生表现机会。这是"常赛"环节中极为重要的一环。

3. 利用年级月月赛，激发学生兴趣

除了体育课的班级定期赛之外，我们可以从成绩优异的学生中选出一批年级体育代表队，在以往项目规则的基础上制定新的规则，开展年级项目对抗赛，每月举行一次。参与学生与项目根据每月情况自行确定，鼓励各年级通过日常比赛调整代表队成员，促使各年级形成合理的代表队选拔机制，从而带动更多学生参与体育竞赛。

4. 利用学校定期赛，鼓励全员参与

学校可将学校运动会、体育联赛等体育相关活动纳入学年工作计划，确保全员参与。通过扩大报名人数、限定每人报名次数的方式，尽可能覆盖更多学生。同时建立公正合理的运动员选拔机制，塑造积极向上的校级竞赛氛围。

5. 利用外出交流赛，展现特色优势

要充分展现本校的特色优势，与周边初中学校合作，在主要的几个体育项目上建立长期交流与探讨机制。通过校与校之间的联系，组织开展一系列友谊赛，通过学生参与、家长陪同、教师组织的实施路径，实现与周边校区的年级对抗赛，并组织学生与家长现场观看助威，激发学生的参与热情与训练积极性，建立"赛事不断、健康无限"的长期友谊赛机制。

6. 利用上级部门赛，推动整体发展

随着我国对足球、篮球项目的重视，足球、篮球特色学校等项目的实施，与足球、篮球相关的项目活动丰富起来。教育部门立足“精中选优、强强对话、交流提升”的基本发展理念，经常性地组织各校进行竞赛，检阅各校体育项目的落实情况，充分展现高端体育竞赛对学生的导向引领作用，推动整体发展。

三、结语

初中体育教学过程中，“教会、勤练、常赛”是体育技能掌握、练习与应用的主要环节。体育教师是初中体育教学的实施者，应该清晰地认识到体育改革对初中学校的要求，要以培养健康的社会主义接班人为目标，充分意识到体育在整个初中教育阶段的重要性，切实加强认知，在“教会、勤练、常赛”上展开教学创新，强化初中体育教学成效，实现初中学生文体全面发展。

参考文献

[1] 武云飞. 更具一体化操作性的“学、练、赛、评”教学模式探究：以初心和创新向建党100周年的光辉时刻献礼[J]. 体育教学，2021，41（06）：49-54.

[2] 姚瑞. “学、练、赛、评”一体化的研究进展[J]. 体育师友，2021，44（03）：70-72.

[3] 黄凤，俞承宽. “学、练、赛、评”一体化教学模式培养学生体育核心素养的研究[J]. 青少年体育，2021（3）：93-94.

[4] 顾德新，吴嗣勇. 精准·精巧·精妙：体育课堂“学、练、（赛）评”一体化设计的教学思考[J]. 体育教学，2021，41（03）：13-15.

[5] 张文蒙. “学练赛评”一体化的多维解读[J]. 当代体育科技，2020，10（36）：251-253.

（邵东市城区第二初级中学）

“双减”政策背景下体育中考改革与发展研究

——以长沙市体育中考为例

唐 强

摘 要：在“双减”政策背景下，本文以长沙市体育中考的发展历程为主线，采用文献资料法，从平衡、兴趣、全面发展三个方面对长沙市体育中考的价值进行重新定位；对体育中考中出现的考试“训练”化、项目设置“无效”化、学生“应试”化等几个方面的弊端进行深入思考。结合体育中考的价值定位与改革中要避免的因素，笔者认为长沙市体育中考的发展应回归教育的本位，重视学生的主体地位，结合地缘特色，推动青少年体育锻炼与文化学习协调发展，实现新时代学校教育的育人目标。

关键词：“双减”政策；体育中考；价值定位；改革；发展

2021年7月，中共中央办公厅、国务院办公厅印发了《关于进一步减轻义务教育阶段学生作业负担和校外培训负担的意见》（以下简称“双减”），[1]意见从减负角度对校内作业负担和校外培训负担两大难题做出了具体而明确的要求。作为初中阶段升学考试的必考科目，体育中考在国家、社会、家庭、学校等多层面的关注度日益凸显。云南省首次将体育中考设为100分制，提升了体育中考地位，这也是对体育中考导向性的一次初步探索。近年来，长沙市体育中考在国家教育方针政策指导下，以实现素质教育为目的，培养学生的运动兴趣和爱好，从体育中考的项目设置、分数调整等方面实施了改革。但改革后，体育中考的基本属性没有改变，在学生和家长的意识中，体育中考仍然被视为通往上级学校的阶梯，学校的体育教学模式仍以中考为目的。本文通过分析长沙市体育中考模式的改革历程，以“双减”政策落实为契机，对体育中考的导向作用进行研究与剖析。

一、长沙市体育中考改革与发展历程

我国体育中考自1979年4月上海崇明中学试行体育加试以来，经历了局部试验阶段（1980—1991年）、全国试点阶段（1992—1996年）、全面实施阶段（1997—2006年）、全面推进阶段（2007年至今）。[2]在四个阶段的探索过程中，各区域结合自身的特色制定了符合自身教育情况的初中体育升学考试模式。湖南省从1998年开始实施《湖南省初中毕业生升学体育考试工作实施方案》（湘教体〔1998〕1号）；2002年又制定了《湖南省初中学生毕业开学体育考试工作实施方案》（湘教体字〔2002〕8号）。一系列方案的制定实施开启了湖南体育中考的改革序幕，长沙市作为湖南省教育中心，一直走在体育中考实施与改革的前列。[3]2009年，湖南省根据《中共中央国务院关于加强青少年体育增强青少年体质的意见》（中发〔2007〕7号）精神，下发了《关于进一步加强初中毕业升学体育考试完善中招制度的通知》（湘教通〔2009〕65号），长沙市结合中央和省级精神，将初中毕业升学体育考试作为初中毕业生学业考试科目，[4]与生物、地理两个科目合成呈A、B、C、D、E五个等级计入升学成绩。2021年，长沙市中考由等级制改革为分数制，作为过渡年份，提前科目在原计分规则基础上按A等级赋10分，B等级赋8分，C等级赋6分等原则计入总分；2020年12月31日，长沙市人民政府发布《长沙市人民政府办公厅关于调整初中学业水平考试与高中阶段学校招生有关事项的通知》（长政办发〔2020〕53号），规定将提前科（体育、生物、地理各40分）总分120分计入中考成绩，同时增加游泳、1分钟跳绳、立定跳远等项目。[5]通过多年的实践与探索，长沙市希望利用体育中考的杠杆，深化学校体育改革，促使学生积极参加体育锻炼，养成经常锻炼身体的良好习惯，为学生搭建健康成长平台，从根本上扭转学生体质与健康水平持续下滑的趋势。

表 1　2008—2022 年长沙市初中毕业升学体育考试方案

年份	考试分值	项目设置	评分方式
2008	50	2+2Y	统一考试（36 分）+平时成绩（14 分）
2009	50	1+2Y	统一考试（36 分）+平时成绩（14 分）
2010	50	1+X+Y	统一考试（44 分）+平时成绩（6 分）
2011	50	1+X+Y	统一考试（44 分）+平时成绩（6 分）
2012	50	1+X+Y	统一考试（44 分）+平时成绩（6 分）
2013	50	1+X+Y	统一考试（44 分）+平时成绩（6 分）
2014	50	1+X+Y	统一考试（44 分）+平时成绩（6 分）
2015	60	2+X	统一考试（60 分）
2016	60	2+X	统一考试（60 分）
2017	60	2+X	统一考试（60 分）
2018	60	1+2X	统一考试（60 分）
2019	60	1+2X	统一考试（60 分）
2020	60	1+2X	统一考试（60 分）
2021	60	1+2X	统一考试（60 分）分数制过渡
2022	40	1+2X	统一考试（40 分）分数制

备注：项目设置中的数字代表必考项目的门数，字母 X 代表学生自选项目，字母 Y 代表每年由长沙市教育局在考前抽签决定的选考项目。[6]

（一）长沙市体育中考探索阶段（2008—2014 年）

从表 1 中我们可以看出，自 2008 年长沙市首次实施初中毕业升学体育考试制度改革以来，十几年间，体育中考在项目设置和评分方式方面都做出了重大的调整。体育科目测试成绩按一定比例与生物、地理一起成为一个升学录取维度。体育中考在提前科目中所占的比例是学生、家长和学校重视的重要因素，2008 年至 2014 年，体育中考的分值为 50 分，和生物、地理所占的比例相同。2008 年与 2009 年，体育评分方式由统一考试的 36 分和体育课成绩、体育锻炼成绩、《国家学生体质健康标准》测试成绩综合的 14 分组成；2010 年至 2014 年，体育评分方式改为由统一考试的 44 分和初一学年体育成绩、初二学年体育成绩、《国家学生体质健康标准》测试成绩综合的 6 分组成；在考试项目上，2009 年取消了身高体重项目，加入了体现学生身体素质和运动技能的测试项目。项目设置上形成了由必考项目、选考项目和自选项目相结合的考试办法，体现了因人而异、区别对待的原则。

（二）长沙市体育中考稳定阶段（2015—2021 年）

2015—2021 年，体育中考在分值上做出了重大调整，总分由 50 分提升到 60 分，生物和地理的分值没有改变，体育所有分值体现在统一测试项目上，取消了平时成绩。2010 年，体育中考项目设置第一次出现了由学生自行选择一项的方式，部分学校却剥夺了学生自主选择测试项目的权利。调查发现，部分学校的篮球和足球特长生在学校统一组织下，被迫选择排球作为自选项目。据刚结束的 2021 年长沙市体育中考情况来看，有 97% 以上的学生在球类自主选择项目中选择了排球，只有极少部分学生选择了足球和篮球，这导致一些篮球特长生和足球特长生被迫选择排球而出现体育中考不合格的情况。在学校统一模式操作下，改革失去了原本的意义，体育中考“应试”的烙印越来越明显，体育课为了提高升学率，将促进学生体质健康教育变成了应试教育——中考考什么，学校就教什么，学生就练什么。固定化的考核形式对学校体育教学工作的开展有利也有弊，自 2013 年以来，选考项目由实心球改为男生引体向上、女生仰卧起坐后，5 年时间都没有改变，直到 2018 年，实心球才作为力量素质考核的选择项目，重新纳入体育中考素质测试项目。

（三）长沙市体育中考多元发展阶段（2022—）

2021 年 7 月，长沙市教育局发布《关于 2022 年长沙市城区初中毕业升学体育考试增加考试选项的通知》，决定 2022 年长沙市城区体育中考项目将增加 200 米游泳、1 分钟跳绳和立定跳远等项目，学生在体育中考项目上有了更多的选择性。在访谈过程中，基层体育教师反映男生引体向上对于体型稍胖的学生而言并不十分公平，但实心球、1 分钟跳绳和立定跳远作为可选项目，不同体质的学生可根据自身情况选择，增加了考核公平性；在球类自选项目方面，排球在 3 大球类中是场地要求、教学要求和考试组织最简单的，要解决在应试机制的驱使下篮球和足球在学校教学中失去原有地位的问题；尽管增加了 200 米游泳项目，但如何解决项目的偏向性仍然值得深思。

二、“双减”政策背景下体育中考的价值定位

“双减”政策旨在构建良好的教育生态与建设高质量教育体系，不仅仅是为了减轻学生的负担。[7]作为中学生学业评价体系的一部分，体育中考对学校体育的发展与学生体质健康水平的提高都具有重要的导向作用。因此，在“双减”政策的导向作用下，体育中考具有新的价值意义。

（一）以平衡为基础的价值定位

体育中考的目的不在于影响学生成绩，而是以考试为杠杆，改善学生的体质健康状况，培养学生终身锻炼的习惯。但在升学机制的影响下，体育中考的价值平衡被打破，功利性价值被过度放大，社会、家庭、学校等层面仅将体育中考作为提高升学概率的手段。在“目标激励机制”的作用下，体育中考应该实现“健康第一”与“升学第一”的统一，“快乐体育”与“达标体育”的平衡。[8]只有实现以平衡为基础的价值定位，长沙市体育中考的目标才能与“双减”政策的目标相契合，真正将其从应试教育的生态转变为素质教育的生态。

（二）以兴趣为核心的价值定位

“双减”政策的“减法”是减轻学生的负担，但同时也要对学生的学习和生活结构进行优化与提质，做好促进全面发展的“加法”，[9]“加法”以培养学生的兴趣为核心，体育活动应成为学生多元发展的主要选择。在此前提下，体育中考的价值导向应破除原有的“考试考什么，学生学什么”的模式，在发展学生兴趣的基础上，重新定位项目设置、评价形式。虽然 2022 年长沙市体育中考项目中增加了两项素质考试项目，但仍需努力实现学生能够根据兴趣选择考试项目的目标。

（三）以全面发展为目标的价值定位

无论是体育中考还是“双减”政策，两者最终的目标都是培养全面发展的人。“双减”政策出台后的各种举措，为体育中考提供了更多的“空间”与“时间”；以体育中考为导向的机制作用，也促进了“双减”政策的有效落实。两者的统一与协调，使学生有目标、有价值、有动机进行体育运动，从而增强体质，促进健康。在“双减”政策的要求下，学校应充分利用课余时间，采用课后服务的模式培养学生的兴趣爱好，促进学生德、智、体、美、劳全面发展。学校培养学生的价值定位可以为体育中考改革明确目标，为设置体育中考项目、构建评价体系指引方向。

三、“双减”政策背景下体育中考改革的几点思考

为促使学校、学生和家长重视体育，我国已经明确要提高体育中考的分值，逐步实现体育科目的分值和语数外科目的分值一样。长沙市体育中考在改革的十几年里一步步完善，项目设置方面更加符合学生全面发展的需要，特别是在 2018 年增加实心球选测的基础上，2022 年又将增加立定跳远和 1 分钟跳绳，其必要性得到了学生、体育教师、家长和社会的广泛认可，对学生的身体素质和心理健康的发展起到了积极的推动作用。2022 年体育中考分值虽由 60 分改为 40 分，但分数制改革使体育科目单独计分并纳入总分，其价值意义明显增强。但体育中考的改革不能一蹴而就，也不能盲目，体育中考改革应该避免以下几方面的因素。

（一）体育中考改革应避免考试“训练”化

“双减”政策的核心目标是为学生减负，而体育中考的“升学机制”作用，在学生、家长、学校

层面明显占据主导地位，两者具有显著的矛盾性。体育中考的导向作用是否会将学校教育环境带到“越减越重”的困境，与“双减”政策背道而驰？国务院办公厅印发《关于强化学校体育促进学生身心健康全面发展的意见》要求，深化教学改革，加强课外锻炼，落实“每天锻炼一小时”。[10]实际上很多体育中考项目很难通过“每天锻炼一小时”来实现目标。绝大部分学校、学生为应对体育中考，体育课成为“训练课”，课间操成了“体能训练”，课后服务成了“体育补基”。据《2021年大众健身行为与消费研究报告》显示，76%的家长认为有必要报体育考试项目培训班，校外培训机构还推出了“暑假集训班”等套餐。[11]校外培训机构的介入是否使学生面临过度进行体育训练的不良处境？训练化的体育中考模式使学校体育教学背离了“培养全面发展的社会主义建设者和接班人”的教育目标，体育中考的制度也将脱离正轨。

（二）体育中考改革应避免项目“无效化”

“双减”政策的基本策略是通过减轻学生学业负担，培养他们的兴趣爱好，使学生能够得到充分的自我发展。然而，当前体育中考的项目设置出现了严重的失衡现象。在历年长沙市体育中考球类项目的选项中，排球成为体育中考中最为“火爆”的选择项目，平时在学校，学生最喜欢的篮球和足球却成了体育中考的冷门项目，这种学校体育与中考体育的反差是现阶段的普遍现象。除了考试评价机制的影响，场地器材与学校师资也是造成这一差距的主要原因。因此，“排球”成了中考的无效项目，中考结束后，基本再无学生会练习排球垫球或进行排球比赛、游戏等。“无效”中考项目的出现，使其与学校体育教学的初衷相违背，也阻碍了实现“培养学生体育意识，鼓励学生养成终身体育习惯”这一目标，从而降低了学校体育改革的长期效益。[12]

（三）体育中考改革应避免学生“应试化”

“兴趣是最好的老师”，它不仅是体育运动形成长期效益的有效助力，也是形成终身锻炼习惯的有效手段。“双减”政策要求开展丰富多彩的文体活动、兴趣小组以及社团活动。因此，培养学生的运动兴趣既与“双减”政策相契合，又与体育中考的长期效益相适应。从目前体育中考的现状来看，体育中考的“应试化”现象非常明显，学生在准备体育中考的过程中，为了考试而锻炼，其运动技能、身体素质都能够得到大幅度提升。但进入高中和大学后，学生的运动能力明显下降，这说明大部分学生在高中和大学阶段没有继续进行体育锻炼，初中阶段的体育锻炼仅停留在体育中考“应试”阶段。[13]因此，体育中考应寻求考试与兴趣的平衡点，开设与学生兴趣相契合的运动项目作为考试项目，这不仅有利于培养学生体育运动兴趣，也有利于避免“应试”教育带来的负面影响，有效激发体育中考的长期效益。同时，学校与政府部门要积极探索并建立落实校内和校外一小时体育锻炼的长效机制。[14]

四、“双减”政策背景下体育中考的发展趋势

“双减”政策的出台与逐步落实将改变我国基础教育的环境，学校教育也需要肩负起责任。从1979年至今，我国在探索与落实体育中考制度的四十多年中，体育中考在教育领域越来越受到重视，今后体育中考的发展方向，也将影响初中教育的方方面面。综合长沙市体育中考的发展历程、价值定位与改革特点，体育中考的发展应当回归教育本位，重视学生的主体地位，并与区域地缘特色相结合。

（一）体育中考应回归教育本位

中共中央办公厅、国务院办公厅印发《关于全面加强和改进新时代学校体育工作的意见》，国家体育总局、教育部《关于深化体教融合促进青少年健康发展的意见》等政策的相应出台，不仅在政策层面提升了学校体育的地位，也在执行层面得到了有效落实。例如，云南省教育厅分阶段将体育中考的分值提升到了与语文、数学、外语等主科同等的地位，开创了“第四主科”的新局面。这种模式促使各地方、各学校重新重视学校体育，真正落实“健康第一”的教育思想，开足开齐体育课，

使“每天锻炼一小时”得到有效落实。长沙市学校体育在这方面已经有了很好的基础，在“双减”政策的激励下，体育中考的价值将进一步凸显，对学生的身体健康、心理健康将产生深远的影响，成为发展素质教育、促进学生全面发展的重要手段，从而让教育回归本位。

（二）体育中考需重视学生的主体地位

学生是教育的对象，同时也是学习的主体。体育中考的改革与发展应基于学生的实际状况和现有水平。就长沙市体育中考现状而言，特殊学生体育中考的成绩评定一直存在争议。残疾学生通常获得满分，有二甲以上医院开具证明申请免考的学生按项目 60% 的分值计算。因此，部分学生获得体育免考资格后，更加不愿参加体育活动，甚至长期以“病假”为由缺席体育课。对于这部分学生而言，体育的健身与康复功能没有发挥任何作用。另外，体育特长生在现有体育中考模式下也面临尴尬，体育特长生在完成自己体育专业训练的同时，还需要练习中考体育项目，对他们而言，体育中考成为额外负担。因此，体育中考的发展在以学生兴趣为基础的同时，也应该重视学生的主体地位，针对不同群体采用多样化的评价方式，实现评价的多元化。

（三）体育中考应与地缘特色相结合

体育不仅具有运动属性，还蕴含众多的文化价值。无论是校园文化还是体育文化，都离不开人文地理环境的影响。增设体育中考项目是目前体育中考改革的主要途径之一，如何增设体育中考项目，增设什么类型的体育中考项目，对学校体育发展具有重要意义。例如，南方地区体育中考增加游泳项目，北方地区增加了冰雪项目，少数民族地区增加民族传统体育项目，这是体育中考与地缘特色相结合的具体表现。体育中考与地缘特色的结合不仅有利于区域特色体育文化的发展，也提高了学生与家长对体育中考的认可度，是去“应试化”，增“兴趣化”的有效手段。深圳、上海等南方地区将游泳设置为体育中考项目，长沙市也将在 2022 年体育中考中增加游泳项目，虽然执行会遇到挑战，但体育中考与地缘特色相结合的方式表明体育中考正朝着合理化、多元化等方面发展。

五、结语

在“双减”政策的推动下，长沙市学校体育教育与体育中考的发展需要改革与创新，这将对提升教育质量产生积极影响。一方面，学校体育教育要抓住“双减”政策落实的契机，优化体育学科教学体系，丰富活动形式，提升学生的体质；另一方面，体育应作为减轻学生负担的手段，为体育中考助力的同时，发展学校体育的长期效益机制。体育中考的改革与发展，不仅要重视自身存在的问题，而且应该具有长期发展的视野，推动青少年体育锻炼与文化学习协调发展，实现新时代学校教育的育人目标。

参考文献

[1] 叶水涛. 落实“双减”需要多方发力 [J]. 江苏教育，2021（62）：37-38.

[2] 陈德钦. 我国中考体育考试的审视 [D]. 重庆：重庆师范大学，2012.

[3] 吴军，戴小红. 体育中考指南 [M]. 长沙：湖南教育出版社，2013.

[4] 李小伟. 中招体育考试：在加大力度与勉力应付中摇摆 [J]. 体育教学，2008（6）：4-6.

[5] 新京报. 湖南长沙城区体育中考明年起新增跳远、跳绳、游泳等项目 [EB/OL].（2021-07-20）[2021-09-05]. https：//www. bjnews. com. cn/detail/162677079114111. html.

[6] 徐玉明. 初中毕业升学体育考试改革对学校体育影响的研究 [D]. 长沙：湖南师范大学，2010.

[7] 樊未晨，苏菁菁.“双减”之下教育还要迎接哪些挑战 [N]. 中国青年报，2021-09-06（005）.

[8] 李阳，赵刚. 体育中考制度与学校体育发展的隐忧与突围：基于目标激励机制的思考 [J]. 体育学研究，2020，34（4）：46-52.

[9] 郑天虹，王鹏，吴晓颖，等. 快乐的运动场，“寂寞”的课桌椅 [N]. 新华每日电讯，2021-09-07（010）.

[10] 国务院办公厅印发《关于强化学校体育促进学生身心健康全面发展的意见》[EB/OL].（2016-05-06）[2021-09-11]. http：//www. gov. cn/xinwen/2016-05/06/content_5070968. htm.

[11] 张小可. 今年暑假体育类培训火爆 [N]. 中国体育报，2021-09-07 (001).
[12] 于文谦，季城. 体教融合背景下体育中考的热效应与冷思考 [J]. 西安体育学院学报，2021，38 (03)：360-365.
[13] 周凰，古雅辉，刘昕. 中考改革背景下学校体育发展的热效应与冷思考 [J]. 北京体育大学学报，2017，40 (07)：68-75.
[14] 李小伟. 深化中考体育改革 促进学生全面健康成长 [J]. 中国学校体育，2021，40 (05)：2-3.

（长沙市明德天心中学）

浅谈如何上好体育教学竞赛课

卢 韬

摘 要：体育教学竞赛是体育教育工作者展示自己教学能力，体现自己教学特色，表达自己教学理念的一个舞台。青年教师教学竞赛已成为展示和提升青年教师教学能力的重要平台，竞赛理念先进、规则科学合理、结果公平公正是其效能最大化的重要保证。[1] 如何上好一堂体育教学竞赛课，是每一个体育教学工作者都需要面对的问题，既是挑战，也是机遇。

关键词：体育教学；教学竞赛；竞赛课

每一位体育教师在其执教生涯中都会一次或多次代表本校参加上一级或者更高级别的体育教学竞赛，这是一种荣誉的体现，也是展示个人教学能力、教学特色、教学理念的一个重要机会。在教师教学竞赛中，通过同行之间的比拼与竞争，参赛者在时间的把握、课堂的活跃度、重难点的把握、组织管理等方面教学经验不足或基本功不扎实的弱点也会暴露出来。我们应该如何上好一堂精彩的体育竞赛课呢？本文将从以下几个重点内容来进行阐述。

一、课程结构要合理

《普通高中体育与健康课程标准（2017 年版 2020 年修订）》指出，体育与健康课程的设计理念是保证基础、强调选择、关注融合、重在运用。保证基础是指促进学生体能、运动技能和健康教育知识、技能与方法的学习与提高，为终身体育的理念和健康文明生活方式的形成奠定基础；强调选择是指学生根据自己的兴趣与爱好选择运动项目进行学习，深刻体验运动中的成就感，提高自尊心和自信心，获得个性发展；关注融合是指注重体育与健康教育内容、体能与技能，以及学习与锻炼、比赛等方面的有机结合，提高学生融会贯通的能力；重在运用是指将体育与健康知识、技能和方法运用到学习、锻炼、竞赛和日常生活中，提高学生的体育与健康实践能力。

一堂竞赛课的设计也应该以此为据，来保证课程的结构合理。首先，要保证基础，也就是要体现出本堂课需要掌握的技术、技能与方法，要保证有足够的练习强度和密度。在选择方面，我们要保证孩子的课堂主体地位，给孩子们学习、练习方式的自主选择权，这样可以做到因人而异，体现差异化教学，事半功倍。关注融合与重在运用可以同步实现，尤其是在近年来新的发展趋势下，强调体育课“练”为“赛”的思想，在体育教学竞赛课中，孩子们学以致用，凸显出学练为赛，也可以提高体育教学竞赛课的气氛。

二、观念要新

体育教学模式的发展经历了很多阶段和尝试，现代体育教学主要有高密度练习，以赛带练，以赛育德、育情等模式，就需要我们及时去了解新教材、新课标、新思想的动态，时刻要更新观念，与时俱进，不能用多年前的“指挥棒”来引导新时代的孩子们，不仅观念陈旧，也会让课堂毫无新意，缺乏生动活泼，让老师的准备和努力变得黯然无光。例如，2020 年 11 月 19 日在长沙市长郡中学公开课展示活动中，长郡中学老师在智慧体育课堂展示中，将轻器械团扇操作为一种时尚体育引入课堂，充分利用多媒体的教学效果，通过三维演示让孩子们直观了解练习队形变化，给我们带来了一堂全新的体育课，也颠覆了我们对于传统体育教学的认知。这是在一种新观念下的创举，也是推动体育教学的有效动力。

三、素材要新

一般体育教学竞赛内容分为两类：第一类是规定主题，同课异构；第二类是自己选择主题，自由发挥。但无论是哪一种竞赛课，都离不开“创新”“创意”，有时候还需要“创造”。我们如果不想让一堂竞赛课乏善可陈，就需要新的素材，包括器材、音乐、辅助贴、辅助线等，要做到既契合本堂课的主题，又要标新立异。首先，应该做好本堂课的主题导入，导入要结合孩子们所熟知的运动员、重大的运动赛事或者影响比较深远且有教育意义的案例等，第一时间吸引住孩子们的注意力，让他们积极参与。如笔者参加2019年金鹗杯比赛的课程内容是排球正面双手垫球，我导入的是家喻户晓的“铁榔头”郎平的事迹，以及2019年女排世界杯上中国女排十连胜锁定冠军的事迹，让孩子们通过郎平以及女排世界杯夺冠所展现的团结、勇敢、顽强、拼搏的女排精神，来激发自己的学习欲望与爱国情怀，为本堂排球课的教学做好铺垫。

其次，在准备热身活动或者徒手操等时要有创新意识。无论选择什么方式的准备活动，都要结合本堂课的内容去设计，做到既要通过热身来减少受伤的概率，又要在热身中提前介入，让孩子们在无形中对本堂课内容的学习做一次类似的尝试，为之后的基础练习埋下伏笔。我在慢跑热身中采用了螺旋跑、加入喊女排口号等方式来调动孩子们的积极性；在自编徒手操环节，我使用自编的排球垫球动作与健美操的动作相结合的方法，让孩子们提前体验到了排球正面双手垫球的插、夹、压、提等重点内容，为后面的教学做好铺垫。同时，游戏和比赛设计环节依然要做到与教学内容相呼应，环环相扣。个人认为一堂竞赛课的第一个高潮部分一定是游戏和比赛的部分，既可以遵循孩子们爱玩的天性，又可以缓解竞赛课中老师和孩子们面对评委老师、在旁观摩听课的老师产生的紧张感，有效提升孩子们的学习兴趣与配合程度。

四、师生互动要好

近些年，教学模式虽然一直在发展，但学生的主体地位始终不变，而且越来越提倡孩子们的个性发展。但是在实际课堂教学中，让孩子们玩得开心与做好课堂管理之间的平衡是相当难以把握的。尤其是在竞赛课上，陌生的学情与陌生的环境很容易导致各种尴尬的情况，这个时候师生的互动就显得尤为重要。如果教师能及时通过与学生之间的互动，建立起良好的沟通桥梁，那么这堂课就成功了一半。

五、教学效果要好

体育课的目标是让孩子们运动能力、健康行为和体育品德三个方面的学科核心素养协调和全面发展。一堂体育课的教学效果就是体育教育的生命线。孩子们在这堂课中学到了什么，学会了什么，以后怎么应用在生活当中，这些问题可以检验一堂课的教学效果。孩子们通过学习，应该在精神、情感和品质上得到正面积极的培养，学会如何利用某些技术动作掌握和提升某些运动技术，并让它们在课堂比赛、课后练习和终身体育意识培养上发挥作用。例如，在湖南省第十四届中小学体育与健康课教学竞赛获奖课展示活动和2020年11月的长郡中学教学活动开放日上，体育展示课的老师们都运用了腕带心率表来实时全程监测孩子们的心率，随时随地看到运动强度；又如一堂“足球直传斜插二过一”的课上，孩子们的学习效果、在比赛中的表现可以直观地看到，又或是在一堂以培养团结品质为主的体育课中，小组合作、团结协作也可以在课堂里直观地体现出来。一堂竞赛课教什么，怎么样去教，要做到有的放矢，对症下药，让孩子们掌握这堂课的重点且学以致用。以排球正面双手垫球为例，这个技术包含了移动、插入球下、蹬地、夹肘、压腕、提肩臂等技术动作。一堂课只有四十五分钟，我们需要针对不同的学情来决定这堂课的重点内容，如果一堂新授排球正面双手垫球课就将所有技术动作都纳入教学，那么效果一定是事倍功半。孩子们掌握不了，老师们也教不完，整堂课下来时间仓促，能够真正掌握技术的孩子屈指可数，这就需要我们从以上技术动作中选择几个进行有针对性的教学。如学习原地排球正面双手垫球，只需要重点掌握插、夹、压、提这几个技术动作，这就找到了本节课的重点。我认为难点是在掌握一定层次的重点学习内容的前提下，能够将分解的、单独的学习内容串联起来，形成完整的技术教学。我们应该着重把握好重难点层次递进关系，要求孩子们在掌握好学习的重点内容之后，通过反复练习，循序渐进，最后再进行技术成型和难点的展示。难点的练习和展示可以放在小组展示和后面的比赛中使用，这样更能体现孩子们对本节课重点的学习情况和难点把握情况。

六、结语

以“健康第一”为理念的教学仍然是体育工作者的工作重心。要提高教学质量，就必须重视培养青年教师的教学能力，而青年教师参加教学竞赛是提升教学能力的一个有效途径。[2]主动学习和积极参加体育教学竞赛，是对自身教学经验的不断自查和总结提升，体育教师，尤其是青年体育教师要在教学竞赛中不断成长、更新理念，为体育教育事业贡献更大力量。

参考文献

[1] 原弘. 以青年教师教学竞赛引导课堂教学改革和质量提升［J］. 中国大学教学，2017（11）：77-81.
[2] 赵小鹏，薛利敏. 教学竞赛对提升高校青年教师教学能力的研究［J］. 渭南师范学院学报，2016，31（22）：9-14+66.

（汨罗市第五中学）

中考体育制度下中学体育边缘生存在的原因探析

——以长沙市天心区中学为例

张 艳 杨海文 陈忆星

摘 要：前些年青少年体质监测显示，青少年的健康状况每况愈下，因此教育部对中学生体育的重视程度不断增加。不仅把体育纳入中考范围，还逐年增加所占分数的比例。但是，在平时的体育课堂教学活动中，仍然有部分学生不愿意参与体育锻炼，不喜欢上体育课。我们把体育品德和运动能力等发展水平与体育教学不相适应、完成不了体育学习任务、体育成绩也在达标边缘的学生称为体育边缘生。[1]本文将针对长沙市天心区五所公办中学不愿意参与锻炼、上体育课的学生进行问卷调查，并结合文献研究分析其原因，针对如何提高这群体育边缘生的体育兴趣提出相应策略，希望能为中学体育教师开展课堂教学提供相应帮助和建议。

关键词：中考体育；体育边缘生；存在原因

一、研究目的

随着人民生活水平大幅度提高，青少年的体质和健康问题已经成为教育部门重点关注的问题。2020年教育部召开“教育2020‘收官’新闻发布会”，介绍了“十三五”期间体育、美育、劳动教育等有关情况。目前，全国各地都已经普遍推行体育中考全覆盖，体育科目在中考中的分数占比也在逐年递增。同时，国家还出台了一系列政策措施，包括增加每周体育课时量、阳光大课间、保证学生课余活动时间等。尽管国家和学校都越来越重视体育，但还是有很多学生不愿意参与运动，仍然缺乏锻炼，很难完成体育学习任务。这种情况不仅会导致近视率和肥胖率持续增加，也给体育教师开展课堂教育教学和学校体育工作带来了挑战。本研究旨在通过问卷调查和访谈法，探索这类学生的特点和成因，为一线体育教师开展体育教学工作提供具体策略，并提高和改善体育边缘生的体质和健康状况。

二、研究方法

（一）文献资料法

通过百度、中国知网和湖南省电子图书馆等渠道获得与本研究相关的大量资料和参考文献。这一过程对于了解本研究相关课题的研究动态和撰写论文具有重要意义和价值。

（二）问卷调查法

本研究通过对长沙市天心区五所公立中学不喜欢体育运动的学生发放调查问卷，对中学生体育活动现状进行了研究与分析，在此基础上提出了针对边缘生的课堂策略，旨在改善这些边缘生的状况。

三、结果与分析

（一）研究结果

1. 长沙市中学体育边缘生的体育价值观

如表1所示，对长沙市天心区五所公办中学不喜欢参与体育运动的500名学生进行的调查显示，76.4%的学生明确认识到体育运动对身体健康的重要性，然而，仍有16.6%的学生不清楚，还有7%的学生认为体育锻炼对于他们来说毫无意义。这些数据显示，大多数学生还是非常清楚和认同体育锻炼对身体健康的重要性，部分学生对体育锻炼在增强身体素质方面的价值有着不完全的认识，这可能归因于两个方面，一方面是学校在体育锻炼强身健体方面的宣传不够，另一方面是体育老师在课堂上未能充分讲解体育锻炼增强身体素质的理论知识。

表1　体育边缘生对体育锻炼价值观的态度统计

程度	重要	不知道	不重要
人数	382	83	35
百分比（%）	76.4	16.6	7

2. 长沙市中学体育边缘生的运动参与动机

学生参与体育学习的动机有很多，比如兴趣爱好、增强身体素质、应付考试、突破自己等。对体育边缘生进行调查，结果发现如表2所示，有17.8%的学生虽然不喜欢体育锻炼，但为了增强体质健康，还是会参与，有72.2%的学生参与运动仅仅是为了应付体育中考，还有10%的学生是迫于家长和老师的要求，被迫参与。学生不愿意甚至想逃避上体育课的学生原因有很多。大部分逃课的学生认为上体育课太累了，老师传授的内容枯燥无味，体育课总是围绕着体育中考项目在训练，变成了"训练课"；部分学生是因为缺乏体育运动天赋，各方面协调性要差一些而导致没有信心，从而丧失对体育的兴趣；也有少量学生因为存在生理上的缺陷而害怕参与体育锻炼。

表2　体育边缘生运动参与动机统计

参与动机	增强体质	应付体育	被迫参与
人数	89	361	50
百分比（%）	17.8	72.2	10

3. 长沙市中学体育课和校园体育活动开展基本情况

按照教育部相关规定，各地区中小学校水平一到水平三应一周安排四节体育课，水平四每周安排三节体育课，而水平五的每周两节体育课。各班级即使当天没有体育课，也要有效保证学生每天一小时的课外体育活动。另外，中小学还得每天组织30分钟以上的大课间体育活动，充分保证学生每天参与锻炼的时间。从表3可以看出，五所学校中只有一所学校按规定每周设置了三节体育课，其余均为两节，甚至出现体育课因为天气、学校各种安排等不能如数完成的情况。通过访问学生，发现还是存在体育课被其他课占用，使得学生参与体育锻炼的机会越来越少的情况。根据表4可知，每所学校都安排了大课间体育活动，但经常组织体育课余活动的还不是很多。学校在抓紧文化科目学习的同时，应多组织相关的体育课余活动来丰富学生的校园生活。

表3　学校体育课开展情况统计

	学校每周开展两节以上的体育课	每周的体育课能正常完成	体育课时间经常被其他课占用
人数	286	475	25
百分比（%）	57.2	95	5

表4　学校课外体育活动开展情况统计

	学校有安排大课间体育活动	学校经常组织体育课余活动
人数	500	78
百分比（%）	100	15.6

（二）中学体育边缘生产生的原因

根据相关文献和问卷调查分析，体育边缘生总体可归为四大类，分别是思想型、生理型、心理型和混合型。

1. **思想方面的影响**

这部分学生没有意识到体育锻炼对自身健康的价值和意义，所以不重视，主要受家庭和学校两方面影响。一方面，现在孩子生活环境优渥，在家中一般是独生子女，家长对孩子特别看重，不让其参与任何家庭劳动，怕孩子累着和受伤；另一方面，初中升入高中不断加大的升学压力，让学校和家庭忽略了体育运动的作用。教育部安排初中阶段一周不得低于三次体育课，但大部分学校压缩至两节。尽管现在体育已经被纳入中考，但还有少部分老师因天气或者以学业紧张为由占用体育课。学校对体育锻炼价值的宣传力度不够，以及体育老师在课堂上的讲解不到位都对学生产生了影响。

2. **生理方面的影响**

生理缺陷、协调性差、体质偏弱、耐力不足和肥胖等因素都会造成学生对体育运动的逃避。这个阶段的孩子开始有好胜心，开始关注周围人的眼光和对自己的评价，如果这件事情不能让他感到自豪，甚至会引来议论和嘲笑，他就会退缩，从而慢慢地疏远，最终望而却步。还有部分学生暂时无法克服身体原因，没有找到自己喜欢和适合的运动项目。

3. **心理方面的影响**

初中生进入青春期开始产生叛逆心理，体育课组织纪律性要求高，特别是中学体育课，一般都紧扣中考项目反复练习，循规蹈矩的体育课使有叛逆心理的体育边缘生觉得枯燥无味，让他们更加不愿意参与，甚至还会扰乱课堂纪律。

4. **混合多方面的影响**

这类学生一般存在两个或两个以上方面的影响，例如有的思想上不重视、心理排斥体育运动，有的则因为身体等不利因素产生心理自卑。混合型体育边缘生一般表现为沉默、孤僻，不愿意参加集体活动。

四、结论与建议

（一）结论

根据问卷调查和访谈观察等，可以把体育边缘生理解为体育品德和运动能力等方面的发展水平与体育教学不相适应，完成不了体育学习任务的学生。中学体育边缘生在体育课堂上主要表现为缺乏学习兴趣、纪律性差、体育能力差、身体素质低、意志力薄弱、自卑感强烈等方面，久而久之，会严重影响学生的学习和生活。这种情况不仅给体育教师的教学工作带来阻碍，也影响青少年自身的身体健康。中考是孩子人生的一个重要节点，2021年长沙市中考已经采用总分制度，体育中考测试项目的总分值由原来的60分划分等第变为40分，直接纳入学生初中毕业升学考试总分，中考竞争的激烈使每一分都特别重要，因此，作为体育老师，我们有必要对体育边缘生进行激活，可以从以下几个方面着手。

（二）建议

1. **树立健身意识，保障锻炼时间**

要想这类边缘生主动参与体育锻炼，首先，要给他们树立正确的体育价值观；其次，学校要将体育工作落到实处，保证学生的体育课和课后活动时间，让学生有充足的时间参与体育活动；最后，体育教师要将体育锻炼带来的好处和价值贯穿于课堂，增加课堂的趣味性，不仅要让学生体会到运动带来的乐趣，更要让学生了解到每个体育动作技能给身体带来的好处。不同体育项目与动作，对人的机能有不同的影响，要让学生了解自己的身体机制，帮助他们形成终身体育意识。

2. **表扬学生优点，激发锻炼兴趣**

每个学生都有自己的发光点，我们要让他们认识到自身优势。有些生理性体育边缘生因为生理缺陷而感到自卑，产生不愿意参与体育运动的想法，害怕自己出丑。这时候，作为老师，我们应该及时关注学生的心理变化，给予正面和积极的肯定，帮助其增强自信心，消除自卑感；同时，也号召其他体育成绩好的学生为他们提供帮助，增进同学之间的友情，让他们共同参与，体会到集体运动带来的成就和快乐。

3. **选择合适内容，增加课堂活力**

面对青春期中学生群体，教师在教学内容上要选择学生感兴趣的，教学手段和方法也要适应和符合这类学生的身心发展特点。虽然体育对于学生升学很重要，但体育老师不能把体育课当成训练课，仅围绕中考项目进行训练，枯燥乏味又机械重复的体育课会令学生丧失对体育课的兴趣和积极性。在体育课堂上，老师备课要充分，因为教师课堂内容设计得是否生动有趣，教师讲课是否风趣有活力，直接决定了学生参与程度的高低。

参考文献

[1] 吴雀文. 激活小学体育边缘生的方法探析 [J]. 体育教学，2012，32（08）：29-30.
[2] 张秀梅，曹红菊. 刍议体育边缘生产生的原因及对策 [J]. 中国教师，2010（S1）：329.
[3] 毛振明. 体育教学论 [M]. 北京：高等教育出版，2005.
[4] 王术刚. “边缘生” 的成因及优化策略 [J]. 潍坊教育学院学报，1999（3）：68-69.
[5] 杨武杰. “边缘生” 的教育和培养 [J]. 文教资料，2007（18）：172-174.
[6] 陈婷，王安东. 浅析中学体育课的边缘化 [J]. 体育世界（学术版），2008（2）：45-46.
[7] 王波，康冬. 程朱理学与传统体育边缘化的关系研究 [J]. 体育文化导刊，2008（6）：40-41.

（长沙市明德天心中学）

素质教育下的中学美术教学策略

黄梦瑶

摘　要：随着时代的进步、科技的发展，人类的教育观念正在逐渐更新，素质教育得到普遍关注。学生的全面素质成为当代教育的核心目的，中学美术教育作为美育不可缺少的重要组成部分，要求教师不断更新教学理念，打造出高效独特的美术课堂。柏杨认为："初中美术教育是培养学生素质修养的主要途径，要在教学过程体现对学生整体能力的提升。"[1]初中美术教育作为培养学生素质修养的主要途径，可促进学生审美情操、创新能力以及自身素养等方面的全面发展。初中美术的教学目标是激发学生主动探索和发现美的能力，来提高美术课堂的教学效果，同时提升学生的审美素养。

关键词：素质教育；中学美术；教学

一、素质教育实施下的美术课程

教学观念正在转变，当今社会迫切需要全面型、综合型人才，因此，艺术教育的地位开始发生转变，在社会教育发展中起着不可替代的作用。"推进初中素质教育要将培养学生的创新精神与实践能力作为工作重点。"[2]倡导素质教育下的新课程改革，给中学美术教学带来了新的教育理念，教师不再一味追求绘画的完美，开始结合美术学科自身的特点，不断更新教学模式来提升受教育者的艺术素养。在素质教育方面，中学美术教师教育的理念不断创新，教学形式开始多元化。老师不仅仅传授知识和绘画技法，在实际的教学过程中，教学模式也开始转变。中学美术教学区别于其他学科的教学，除了传授学生基础知识、基本技能外，更侧重于培养学生的审美能力。独具一格的教学形式往往会带来出乎意料的课堂效果，能有效吸引学生的注意力，提高他们的学习兴趣，促使学生在最短时间内熟练掌握艺术的相关特征和规律。而传统教学手段直接示范教学或者呆板地讲解课程内容知识点，往往忽视了学生的创造性和自主探究的学习能力。

巧妙的教学设计应与多媒体相结合。调查发现，刚进入初中的学生对美术有着浓厚的兴趣与好奇，并不是因为他们有着扎实的美术功底，而是相对于其他学科，美术课堂生动又有趣味性，学起来轻松又好玩，没有应试压力。但经过一段时间的固定形式教学后，比如传统的先教绘画技术，然后不停地练习，在原作基础上临摹，学生对美术的热情可能会被逐渐磨灭。巧妙的教学设计、多样化的教学课堂形式，是引导学生自主探究的最好途径。在校内外的美术课堂教学实施中，我们可以采用分层教学的形式，最大限度地提升学生自主探究学习的能力。如，在学生实践活动中，教师可以提供不同的主题内容，让学生有选择地分层练习，也可以根据不同的材料来进行创作，这样能充分激起学生自主探究的积极性。如，"黑白世界"一课涉及对点、线、面的运用，教师可以选择春、夏、秋、冬不同的主题来进行分组练习，用马克笔描绘出不同的场景，再对比分析其特征。教师也可以运用一些特殊的材料，比如树叶、线、纽扣等来装饰画面，产生与平面手绘不同的视觉效果。

二、调节"教"，提高"学"的情景创设

"在课堂教学中，教师需要给学生提供一个宽松的学习环境，这样才能让学生在课堂学习中充分表现自己的一些想法，更好地调动起学生的主观能动性，实现学生能力的发挥。"[3]大多数的初中美术课堂中，教师常常会采取传统的以学待用的教学方式，这种教学手段从某种程度上来看，虽然基本上能培养学生的美术素养，但这种传统的教学手段往往容易导致学生呆板地学习，被迫地接受知识，

学生欠缺主动性，课堂效果不尽如人意。这时候，我们可以尝试用新的教学形式来取得更好的教学效果，“以用带学”，通过调节“教”，提高“学”的情景创设，根据自身实践需要来带动学生自发学习，使学生更主动、更深入地投入美术课程学习，从而形成对美术课的期待感。在不断实践探索中，教师应搭建多元化艺术构想和灵活的活动形式，最大限度提升学生的参与度。

如何做到“以用带学”呢？首先，创造情景。例如，在进行“标志设计”一课的教学时，我们开展关于同一主题不同标志形象的辩论赛，使学生了解标志形象的内涵，明确自己的设计想法，最后完成本班的班级标志设计。其次，使用激励性策略。很多学生在课堂上为自己的动手能力不够强而发愁，也有学生因害怕出错或者不够出彩而想要放弃的，这时候采用激励性策略尤为重要。例如，在七年级美术“画画你我他”这节课，在开场白中采用“今天你们不要画歪眉斜眼的小伙伴哦”一类的话语从反面激励学生，让学生知道什么样的五官位置是错误的，是不能表现在作品中的。在“用”的方面给学生明确的目标，利用反面示范直截了当地激励学生达到自己想要的标准。最后，多维度的活动评价。在教学活动评价中，与前两方面产生呼应的同时，对本课知识点进行升华总结并运用。

在一般的教学过程中，教师首先给出一些贴近生活的案例，让学生了解美术在生活中是如何运用的，其次，给出一些反面案例，让学生明确自己要达到的标准。例如，在“我喜爱的书”一课中，先展示一些设计水平不同的《水浒传》封面，让学生选择分析，辨别字体设计的优劣之处，再引导学生分析不同变体字的创意手法，示范后给出一个创作主题。这时，学生的审美能力得到提升，在辨别的基础上创作，更能准确表达自己的创意想法，让学生对自己的作品产生认同感，产生自信心，从而提高美术课堂的学习效率，提升审美素养。

三、教育创新的参与度和实践性

孙月磊认为：“在美术课堂中融入学业游戏要根据教材内容可做游戏的因素，采用学生喜爱的游戏规则，来提高学生对美术学习的兴趣。”[4]趣味的美术实践活动凸显学科自身的特征，有别于其他文化科目。趣味，是激发学生全面参与活动的关键因素，能让学生自主感受美的乐趣。

合理运用多媒体、希沃白板等技术手段，使课堂变得活跃，富有趣味性。多元化教学手段的实施是形成行之有效的教学策略的关键。将信息技术手段、多媒体运用、校内外多元化教学资源与中学美术课堂有机结合，形成丰富的课堂内容。例如，在“我喜爱的书”一课中，先运用 Flash 动画展示学校图书馆环境，并提问“你喜欢哪一本书的封面”；接着运用电子白板游戏对封面进行分类，环环相扣，将主动权完全交到学生手中，使整个课堂充满趣味。在“黑白画”一课中，我们可以直接运用电子白板技术，让学生在台前演示，加强学生间的互动性，和传统的多媒体演示相比，缩短了时间，更好地把握住了课堂的节奏，学生也在趣味中出色完成教学任务，达到了趣味教学的目的，取得了极好的教学效果。

美术学科与我们的生活紧密相关，学生的情感态度是美术教学融入生活的基础。随着课程的更新和不断深化改革，教师不断提升自身专业素养，创建具有特色的新颖的课程教学。

教学上，将美术学科内容运用于学生的生活实践中，创新美术课堂的同时，又富有意义。美术教学不仅仅是教学生课本知识，美术课程内容的外延某种程度上同师生生活实践活动的外延相等。沈赛飞认为：“教师在教学过程中要关注学生的思维和情绪状态，联系生活。”[5]

在美术课堂教学中，我们应善于从学生有限的生活实践经验出发。例如，在七年级“民间美术”的剪纸教学中，我们可以对课程进行调整，将其放在元旦节前教学，这样学生可以直接将剪纸带进元旦节晚会装扮教室；在“画家乡的风景”一课中，教师可以让学生通过平行透视和两点透视的知识来绘画校园，先带学生欣赏校园的美景，列举出最熟悉的场景进行观察，举一反三的同时，与生活紧密相连，也是学生实践能力在生活中的重要体现。

四、注重学科融合，拓展美术空间

一直以来，国家要求中学教育转变育人方式，探索如何通过跨学科教学融合不同的学科来实施综合素质教学，以促进学生的全面发展。这要求教师整合不同的教学内容与方法，完善课堂教学，健全完善德、智、体、美、劳的全面育人体系，目的是培养学生能从多角度评价、多维度思考，拓展发散性思维，激发创造精神，为培育人才创造良好条件。如何形成独特的育人模式已成为当前普通中学教学改革的关键课题。

美术学科与语文学科看似是两个完全不同类别的学科，但在教学中它们又有着相辅相成的紧密联系。在美术教学中，我们将语文课相关知识融入进来，可以使美术课堂更深入；在语文教学设计中，融入美术元素，视觉上变得美观，课堂变得更加生动有趣。这样的整合使学生的思维得到有效发散，充分激发了学生的想象力和创造力。例如，在七年级“千姿百态的水”一课中，在认识完水的形态可以用造型元素点线面概括后，我们往往会给出活动主题，然后让学生根据看到的水的形态来进行创作，整个课堂中规中矩，没有亮点。但如果我们换一种形态，在总结水的形后，结合一些图片，让学生选择一首有关水的诗句，创作一幅体现水之意境的作品。学生在理解水的形态的基础上，结合诗意的情景展开想象，并用画笔呈现出来。这样，让学生从观察水的形态，到联想与水相关的诗句，从观察到想象再到创作，一步步地深入，不仅突出了课程的重点，拓宽了学生思维，还实现了学科间的完美融合，极大地丰富了课堂内容，提升了教学质量。

再以美术与音乐课的整合为例。例如，在七年级“画家笔下的色彩”一课中，讲抽象画时，最常见的教学形式是教师出示不同画家的抽象画作品，引导学生观察，然后分析画面情感以及他们是如何表现不同情感的。如果我们先根据音乐欣赏相关点线面形态的视频导入新课，然后请学生听舒缓的、急促的不同节奏的音乐，同时用点线面来表现情感，这样学生会更加积极主动地参与，课堂也会更加生动，富有趣味。因此，美术学科不仅仅能与其他学科完美融合，也能与其他学科“互补”，取得“双赢”的良好效果。

总而言之，新时代要求人才综合素质的提高与能力多元化，这就需要教师不断提高自身素养与专业素养；优化教学结构，调整自身教学策略，有机整合各资源的优势，为学生营造一个浓厚轻松的学习气氛，提高学生自主探索的能力和发现美的主观意识。同时，不断培养学生的综合实践能力，提高美术课堂的学习氛围，从而提升他们的整体审美素养。

参考文献

[1] 柏杨. 初中美术教学方法探讨［A］. 教育部基础教育课程改革研究中心. 2019年“互联网环境下的基础教育改革与创新”研讨会论文集［C］. 教育部基础教育课程改革研究中心：教育部基础教育课程改革研究中心，2019：713-714.

[2] 黄真明. 人的科学发展理念视阈下我国初中素质教育问题研究［D］. 信阳：信阳师范学院，2016.

[3] 张乃贵. 开发教学资源挖掘教学价值：对一道课本例题教学的思考［J］. 中国数学教育：高中版，2012（1）：84-85.

[4] 孙月磊. 浅谈初中美术游戏教学［J］. 传奇. 传记文学选刊（教学研究），2013（7）：109.

[5] 沈赛飞. 浅谈初中美术课堂教学策略：以学定教，学以致用［J］. 美术教育研究，2011（4）：154.

（长沙市长郡双语实验中学）

主题语境下实施高中英语课程思政的意义及策略

郜　焕

摘　要：实施高中英语课程思政对于拓展学校思政教育渠道、发挥协同育人效应、落实立德树人根本任务具有重要意义。本文通过对高中英语课程思政实施的意义与现状分析，有针对性地提出了一系列应对策略。

关键词：高中英语；课程思政；意义及策略

2016年12月7日，习近平总书记在全国高校思想政治工作会议上指出："思想政治理论课要坚持在改进中加强，提升思政教育亲和力和针对性，满足学生成长发展需求和期待，其他各门课都要守好一段渠、种好责任田，使各类课程与思想政治理论课同向同行，形成协同效应。"英语课程作为高中阶段的基础教育课程，如何在全面贯彻党的教育方针、全面落实立德树人根本任务中发挥自身独特的作用，并做出应有的贡献，是一个值得研究的、很有现实意义的重要课题。

一、高中英语课程思政实施的重要意义

《普通高中英语课程标准》明确提出"英语课程是全面贯彻党的教育方针，落实立德树人根本任务，发展英语学科核心素养，培养社会主义建设者和接班人的基础文化课程"，"英语学科兼具工具性和人文性融合统一的特点，英语课程的育人功能是其人文性的突出表现"。因此在高中英语课程教学中有机融入理想信念、科学精神、奉献精神、职业道德等思政教育，培养德智体美劳全面发展的时代新人，显得尤为重要，其意义主要表现在：

首先，实施课程思政是普通高中学校培育和践行社会主义核心价值观的根本保障。习近平总书记指出："要把立德树人融入思想道德教育、文化知识教育、社会实践教育各环节，贯穿基础教育、职业教育、高等教育各领域，学科体系、教学体系、教材体系、管理体系要围绕这个目标来设计，教师要围绕这个目标来教，学生要围绕这个目标来学。"为此，高中英语教学要围绕立德树人根本任务，把培育践行社会主义核心价值观融入教书育人全过程。

其次，实施课程思政是普通高中学校推进改革创新的行动指南。高中学校思想政治工作关系"培养什么人、如何培养人、为谁培养人"的问题。在高中教育教学中，要将"课程思政"的理念贯穿教育教学的全过程，克服"教书不育人""重知识轻素质"的现象。

再次，实施课程思政是普通高中学校提高教育教学质量的重要举措。普通高中学校有其自身办学特色和培养目标，在注重知识传授和能力培养的过程中，要加强正确价值观的引领，使学生在掌握知识、提高能力的同时，拥有爱国敬业、诚信友善、乐观豁达、谦虚包容、勇敢进取等品行。

二、高中英语课程思政实施的现状分析

目前，虽然各普通高中学校已逐步推进课程思政育人工作，但并不是所有教师都已将课程思政理念入脑入心，部分课程是为思政而思政，并没有深度挖掘课程内容中的思政元素，导致思政元素与课程融合得较为生硬。造成这种现象的原因是多方面的：在教育理念方面，部分教师还不能正确认识知识传授与价值引领之间的关系；在队伍建设上，部分教师的育德意识、能力有待提升；在人才培养上，课程的思政教育资源没有得到充分挖掘。对英语教师而言，英语是高考的主要考查学科，在高中阶段更是教学任务重，教学压力大，英语教师需要面对巨大的高考升学压力。因此，在英语课堂教学

中，很多教师更注重学生语言知识的积累和语言技能的培养，关注点是提高学生的分数和应试能力，对英语教学的思政教育功能考虑较少。有些英语教师认为，各学科教师应各尽其责，思政教育是班主任和思政教师的任务，不应成为英语课程的教学任务，他们也没有思考过如何把英语课程内容和思政教育有机结合，缺乏课程思政教育意识与手段等。

三、高中英语课程思政实施的策略

（一）树立思政意识，提高教师思政育人能力

英语教师是实施课程思政的主体，是课堂教学的第一责任人。他们的思政意识、素养和能力对于课程思政教学改革而言至关重要。习近平总书记指出："传道者自己首先要明道、信道。"因此，高中英语教师要提升课程思政意识，认识到自己肩负的思政教育职责，加强学习思想政治理论，向思政教育专家学习请教，提高自身思政意识，培养英语课程思政教学设计、组织与实施能力，做到学科教学与思政教育相统一，努力培养学生的社会主义核心价值观，增强学生的价值判断能力、选择能力和塑造能力。

（二）明确思政目标，分类设计思政教学内容

笔者所在学校高一英语备课组结合新教材，制定了每个单元的思政目标。以第一单元"Back to school"，Reading"Realizing your potential"为例，我们将思政教育目标设定为：引导学生正确认识人生目标对人生实践的重要作用，帮助学生制定合适的高中学习目标。备课组在集体备课环节，经过研讨，设计了本单元思政教育教学内容。一是学习理解类活动内容模块。通过课堂提问，让学生对文本内容有深入的理解和领会，能正确看待机遇和挑战，用积极的心态面对挑战，让他们对"什么是个人潜能""如何发掘个人潜能"进行进一步思考，由此对学生进行"理想信念"的教育。二是应用实践类活动内容模块。教师通过引导学生学习篇章中出现的词汇，由词汇拓展到句子，通过造句等活动，渗透思政教学元素，激励学生们认真努力生活，为了理想信念不断进取。三是迁移创新类活动内容模块，如让学生写一篇演讲稿来说明自己的潜能等，这些活动进一步突出了"人与自我"的主题语境特色。在活动开展过程中，学生直视自己的内心，客观认识和评价自己，认真规划自己未来的学习生活。

（三）挖掘思政元素，积极开展思政育人活动

教材是教师开展各项教学活动的重要基础。笔者所在学校的高一英语教师备课组充分挖掘新教材内容，根据语篇主题语境，提炼其中的思政元素，设计并开展一系列针对性强的教学活动，积极引导学生正确的人生观和价值观的形成。比如，在讲授必修三第四单元海明威的名著《老人与海》节选时，教师向学生提问："羸弱的老人为什么纵使遍体鳞伤也不放弃，最终战胜大鱼，拖回来一副骨架?"通过讨论、分析和引导，让学生学习老人面对困难坚韧不拔的意志品质，了解一个人能被摧毁但不能被打败的内涵与真谛。此外，英语教师要不断加强对中国传统文化的学习，能将所掌握的中国文化用英语规范地表达出来。比如，在讲到必修三第二单元"sport"时，教师引导学生学习教材中有关太极拳的语篇，从而让学生了解中华传统武术对于强身健体和磨炼意志品质的重要作用，也更加了解这一灿烂的中华瑰宝。在讲授必修三第三单元"Festival and Custom"时，教师让学生参与写春联、剪窗花等一系列活动，并鼓励学生在这些活动中用英文讨论、讲解。教师设计的活动有给本校的外国友好学校的学生写英文信，介绍中华武术或中国节日。这些活动可以培养学生用英语表述中国文化的能力，也可以培养学生的文化自信，增强学生的民族自豪感。

（四）打造思政平台，拓展课程思政教学空间

网络平台在资源分享、学生互动等方面有极佳的效果。因此，教师要学会利用网络平台摆脱时间和空间的限制，将与单元主题相关且具有正能量的教学资源，通过班级英语QQ学习群、微信群等平台分享给学生，让学生们读文章、看视频、听音频。这样可以让学生在提升阅读理解和听力水平的同时，获取一些积极的价值观点。比如，我校高一英语备课组老师会把"习主席的新年贺词双语全文"和"中美安克雷奇会谈现场英文交传""天和一号发射成功""天问一号成功着陆火星"等双语新闻

的网页链接等材料分享给学生，在英文视听内容中植入思政育人元素，又将这些内容依托网络平台实现资源共享，让学生在浸润式的环境中接受价值引领。教师用心地引导和评价，才能让网络平台助力于思政教育。

（五）创设思政环境，丰富思政教育教学形式

英语教师应组织学生围绕时事政治、社会热点等主题，开展主题鲜明的英语演讲，结合教材和辅助教材的主题语境，开展英语诵读、写作、话剧、歌曲演唱比赛等活动，创造思政教育的良好氛围。这些活动不仅能提高学生的英语应用能力，还能提升学生们的思想境界。比如，在英语书法大赛中，要求学生临摹励志的名人名言，兼具文学性与思想性；组织学生开展以“牛津英语教材语篇中的思政因素”为主题的研究性学习，学生们认真研读课文和配套拓展课外读物，收集美文佳句，并撰写读后感，收到了良好的效果；组织“用英语讲中国故事”比赛，让学生感受中英文双语之美的同时，体会中华传统文化，接受爱国主义教育。这些活动将知识扩展、能力提升、思想熏陶和价值引领融为一体，充分体现了英语课程的思政功能。

总之，开展高中英语课程思政的研究与实践探索，对于促进普通高中课程思政建设、拓展学校思政教育渠道、落实立德树人根本任务等方面意义重大，英语教师应不断提高自身的思政意识和能力，在对学生进行语言知识传授和语言技能培养的过程中，有机地融入思政育人元素，引导学生形成正确的人生观、价值观和世界观，真正做到润物耕心，育才养德。

参考文献

［1］高德毅，宗爱东. 课程思政：有效发挥课堂育人主渠道作用的必然选择［J］. 思想理论教育导刊，2017（1）：31-34.

［2］刘晓阳. 大学英语“课程思政”的实施路径研究［J］. 吉林工商学院学报，2018（5）：126-128.

［3］王海花，郭玲霞. 思想政治一体化教育中“课程思政”的探索与实践：以中学英语教学为例［J］. 现代交际，2018（18）：131-132.

［4］徐佳. “课程思政”理念指导下的跨文化能力培养：以“大学英语”课程为例［J］. 文教资料，2021（6）：113-114.

（株洲市九方中学）

浅谈信息化背景下的高中英语词汇教学

——以希沃白板5软件应用为例

余焕新

摘　要：本文基于信息化的大背景，利用希沃白板5软件，探究高中英语课程标准下英语词汇教学应该如何利用信息技术展开，以及具体词汇学习的有效性，以求有利于学生英语学习和巩固词汇，增强学生的语言学习能力。

关键词：信息技术；高中英语；词汇教学

教育部在2018年1月印发了《普通高中英语课程标准（2017年版）》（以下简称《课标》）。《课标》中强调了教师要优化学生的学习方式，积极主动地为学生设计结构化、情境化、过程化的活动，以促进学生英语学科核心素养的形成和提升。

当前时代的发展与社会的进步，推动着教育体制的改革与创新。就高中英语教学来说，词汇教学是教学的基础内容，同时也是重点和难点。本文基于信息化的大背景，利用希沃白板5软件，探究如何利用信息技术展开高中英语课程标准下的英语词汇教学，以及具体词汇学习的有效性，以求有利于学生英语学习和巩固词汇，增强学生的语言学习能力。

一、高中英语词汇教学现状

目前基于信息技术的外语教学改革依然不容乐观，大部分学科教师主要是运用音频、视频和PPT等进行教学。《教育信息化2.0行动计划》也指出，教师基本具备信息技术应用能力，但是信息化教学创新能力尚显不足，信息技术与学科教学深度融合不够。

在传统的词汇教学中，老师通常使用的方法有翻译法、直观法，老师分析音标、领读单词，学生齐读和记忆，学生学习词汇和使用词汇的方法较为单一，没有情境化，不利于学生语言能力的培养和英语兴趣的提高。而利用信息技术的课堂教学可以大大地改善这一现象。

二、利用信息技术开展词汇教学的应用举例

（一）通用工具助力互动生成

希沃白板5软件中有一系列的通用工具，能够让课堂教学呈现师生交互。在译林版高中英语模块十一第三单元“Project My father, my hero”课例中，笔者利用希沃白板5中的“遮罩”“蒙层”功能，实现课堂交互。

与利用PPT教学相比，“遮罩”在希沃白板5授课模式下，可以不按顺序点开。在课堂上，学生回忆词汇时，老师可以根据学生的回答，有针对性地点开目标词汇的遮罩，呈现词汇，如图1所示。如图2所示，笔者利用“蒙层”功能，对描写人物的形容词进行拓展，根据学生的回答，利用“橡皮擦”工具，慢慢擦除单词，可让学生加深对前缀或后缀的印象。

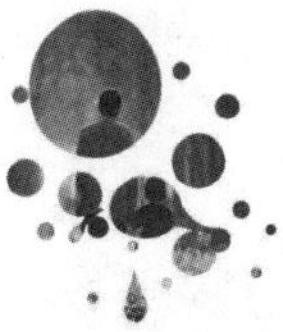

Chinese meaning	adj.	n.
坚持不懈（的）		
慷慨（的）		
谦虚（的）		
勤勉（的）		
热情（的）		

图 1　表格遮罩——调性拓展

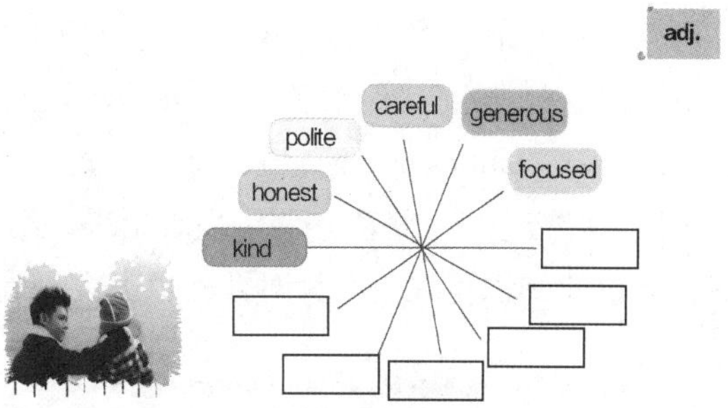

图 2　蒙层——词缀拓展

希沃白板 5 中的“音频”“视频”及“打点”功能，不仅能有效突破课堂重点和难点，提高课堂教学的效率，而且对学生的听力、口语和交际能力的提高大有好处。

在播放视频时，应用“截屏”功能，就可以将当时的播放内容截图，还可以对图片进行存储，再将其放置到课程当中，最后，根据课堂实际需要，给学生做总结和展示。

在新译林版高中英语必修二第四单元“Integrated Skills：Recommending books to the school library”课例中，笔者通过视频打点功能（如图 3 所示），再回顾听力视频中的难点，利用听力材料，突破数字表达的词汇难题。奥巴马的开学演讲视频中有长难句和优美句，笔者通过截屏功能，在视频播放过程中截取相应的图片，方便之后进行长难句分析和美句欣赏，如图 4 所示。

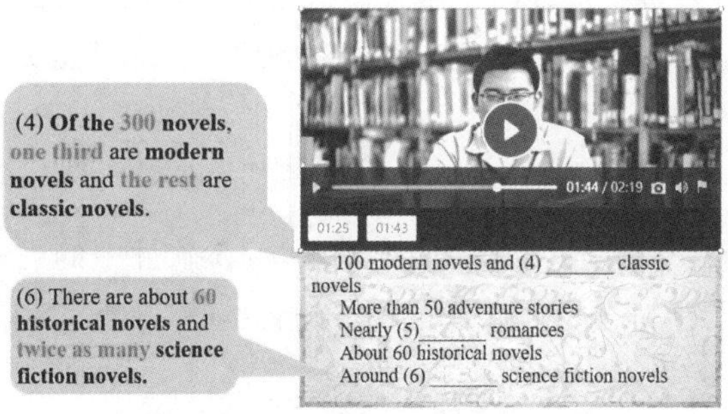

图 3　视频打点——突破难点

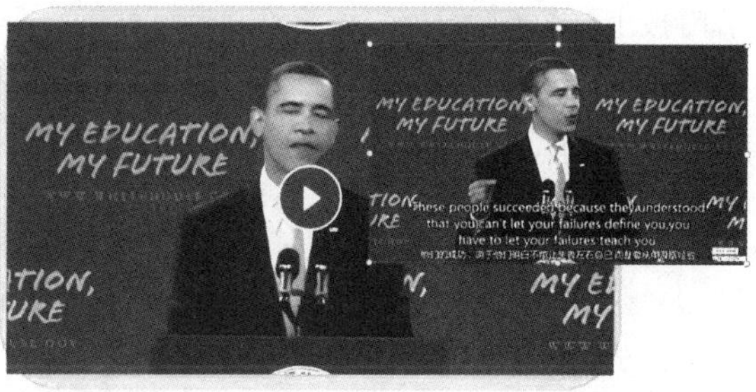

图 4　视频截图——分析长难句

思维导图是希沃白板 5 软件中的又一强大功能。软件中的思维导图主要分为三种类型：树状图、鱼骨图和组织架构图。在制作思维导图时，老师可以根据课堂内容需要选择不同的思维导图样式。利用思维导图，老师可以在一节课开始时，让学生明确学习目标，有针对性地进入课堂教学，也可以在一节课结束时，进行知识梳理和概括，如图 5 和图 6 所示。

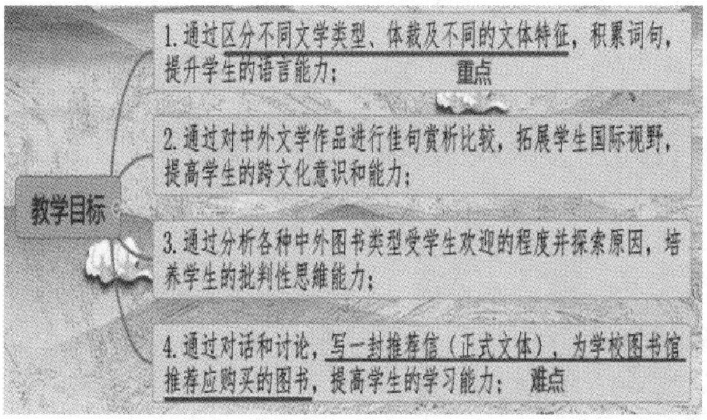

图 5　思维导图——明确目标

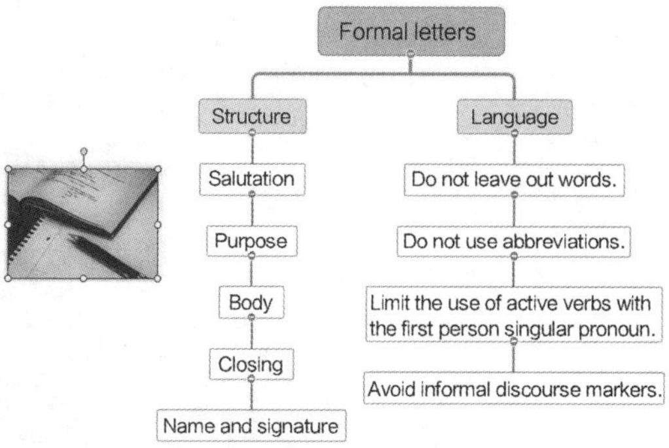

图 6　思维导图——总结归纳

通过思维导图，教师可以更好地帮助学生，让记忆更加深刻。同时，老师在添加思维导图的分支时，可以整合其他功能一起使用，利用通用工具，如遮罩、备注等，也可以嵌入多媒体素材，如图片，也可以超链接到其他页面或网页等。在新译林版高中英语必修一第三单元“Integrated Skills: Describing the qualities of a good friend”的教学中，笔者使用思维导图梳理文章结构，如图7所示，在分支中嵌入“备注”，将段落文字呈现出来，结合“遮罩”功能和笔工具，提炼各个段落的关键词和论据，不仅让知识呈现更有针对性，也大大提高了课堂效率。

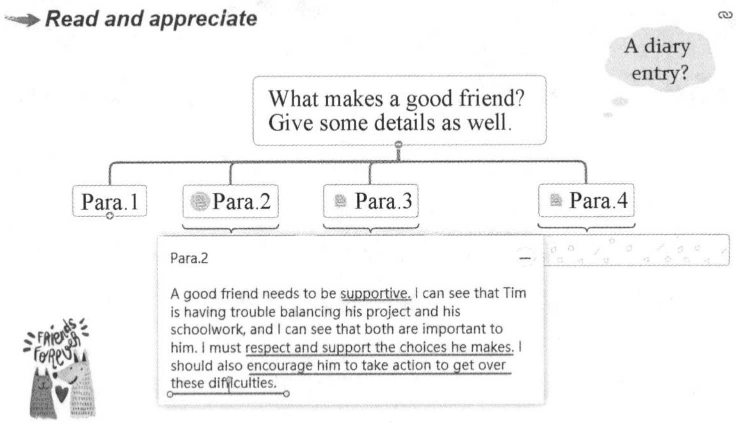

图7 文章结构梳理

在小组合作的展示和总结环节，笔者通过手机同步传屏功能，将学生合作探究的成果拍照传到电子白板上，同时使用放大镜和聚光灯功能，使学生的注意力聚焦到放大或者亮着的地方，尤其是关灯的效果，能够更好地集中学生的注意力，激发学生的兴趣。

（二）学科工具助力提质增效

学科工具让我们的课堂变得更加高效。在上一个课例中，笔者运用了希沃白板5软件中的“英汉词典”功能，巩固学生提炼出的词汇，让学生明晰读音，并生成单词卡进行相关词组、例句和近反义词的拓展，将词汇教学落到实处。

单词拼写是英语教学中的重点，老师在巩固词汇时，可以通过“四线三格”进行目标词汇的再呈现，并强调书写规范。例如，在译林版新教材必修二第三单元“Extended Reading A precious family dinner”一课的复习环节中，笔者将前面教学环节中的难点词汇用“四线三格”排列出来，引导学生按照词性将单词分类，并结合“聚光灯”功能，巩固提升词汇学习的效果，如图8所示。

图8 “聚光灯”功能

在巩固词汇时，老师还可以利用“单词听写”功能，即时布置听写任务，同时还可以设置听写的朗读方式、音效、书写时间和朗读次数，即时反馈、即时评价，如图 9 所示。

图 9 “单词听写”功能

（三）课堂活动助力激情引趣

课堂活动使我们的课堂更加有趣、更具互动性。在以上词汇教学的课例中，笔者还利用了希沃白板 5 软件中的多种课堂活动，为课堂教学激情引趣。例如，通过“选词填空”的课堂活动和音频打点功能，让听力训练具备更高的交互性，也有助于营造课堂氛围，让“词性对比”的教学更具针对性；通过“超级分类”和“趣味分类”的课堂活动，使词汇学习情境化、实用化；通过“判断对错”的课堂活动，发起小组竞争，学生两两 PK，这样的活动帮助老师们实现了课堂中的游戏式教学，让课堂妙趣横生，如图 10、图 11 和图 12 所示。

图 10 “选词填空”

图 11 “超级分类”和“趣味分类”

图 12　“判断对错”分组竞争

信息技术的发展在教育领域发挥着巨大作用，运用希沃白板 5 授课系统软件，从最初的板书教学，到结合移动授课，提升了课堂的反馈，教师的授课方式也变得更加丰富、高效，且更具互动性。而随着信息化的推进，还有许多优秀的软件和实用的功能等着我们去发掘，去营造更好的课堂氛围，创设更好的课堂情境。

参考文献

[1] 教育部关于印发《教育信息化 2.0 行动计划》的通知［EB/OL］.（2018-04-18）［2021-03-14］. http：//www. moe. gov. cn/srcsite/A16/s3342/201804/t20180425_334188. html.

[2] 中华人民共和国教育部. 普通高中英语课程标准（2017 年版）［M］. 北京：人民教育出版社，2018.

[3] 刘邦奇. 智慧课堂（第 2 版）［M］. 北京：北京师范大学出版社，2019.

[4] 赵俏梅. “大数据时代外语学习线上线下混合教学研究”［J］. 中小学英语教学与研究，2020（7）：28-30+35.

（浏阳市雅礼·浏阳市第二中学）

浅谈基于学生思维品质培养的初中英语阅读课活动设计

王　静

摘　要：思维品质的培养在英语学科核心素养中是一项十分重要的内容，而英语阅读教学是促进学生思维能力发展的关键环节。一堂有效的阅读教学可以培养学生的理解能力，有效提升学生的逻辑性、批判性和创新性等思维能力。本文以一节初中英语阅读课为案例，探究如何在阅读教学中设计教学活动，达到提高学生思维能力的目的。

关键词：思维品质；阅读教学；活动设计

一、引言

思维品质是人在思维活动中的智力特征的表现，人与人在思维的逻辑性、批判性、创造性等方面是有差异的。初中英语课程标准教学的新课标提出，英语课程教学应当担负起培养学生基本英语素养和促进思维能力发展的任务。

纵观目前初中英语阅读教学，课堂很多时候成了教师讲语法知识点，学生抄笔记，最后教师检测学生字面直译的浅层教学活动的场所，阅读课的语言思维功能被忽视；教师的问题设置也多以展示性问题为主，忽略了预测、推断、概括、创新、探究、质疑等思维活动，学生的思维不能被有效地激活，大大降低了阅读的思维含量。因此，在阅读过程中培养学生的思维品质是当下英语阅读教学所要突破的难关。

二、基于思维品质发展的阅读课教学

在学习英语的过程中，语言能力的提升必然伴随思维的发展。因为语言既是思维的工具、思维的载体，也是思维的一种形态。那么学生学习语言，必然就在学习思维。

问渠那得清如许，为有源头活水来。阅读教学是学生思维发展的源头，而思维品质则是阅读的活水，任何脱离思维品质发展的阅读都是无效阅读。

在阅读教学中，我们该如何开展好基于思维品质发展的阅读课教学呢？首先，教师在研读文本后，要设置切实可行的思维目标；其次，在设置教学活动时要充分考虑各个环节是否涉及思维过程的考查，包括预测文本、对比分析差异、理解作者写作意图、小组同伴讨论等，以最大限度地激起思维火花的碰撞；最后，基于思维品质培养的教学活动还要循序渐进、层层深入，通过巧设问题链推进引导学生一步步加深对文本内容的理解，以培养其思维能力，促进深层有效的阅读。

三、基于思维品质发展的阅读课例分析

笔者以人教版新目标七年级下册 Unit5 中 Section B 的阅读课教学为例，探讨教师如何通过对文本的深层次思维解读，设计教学思维目标和问题链，扎实推进落实对学生的思维品质的培养，实现有效的初中英语阅读教学。

（一）教学内容

本节课授课内容选自七年级下册 Unit5 的 Section B 2a-2c。这是一篇通过调查学生对濒危动物的了解，引出保护濒危动物——大象的语篇阅读。从文章内容来看，该文本是学生所熟悉的话题。该阅

读文本总共有三段文字：第一段主要描述大象在泰国的重要性和地位，关键词为“important”；第二段描述大象是具备多种能力的聪明动物，关键词为“smart”；第三段讲述大象所面临的困境以及原因，最后呼吁人类要保护大象，关键词为“endangered”。本节课教学内容的选材旨在培养学生的动物保护意识和人文素养。

（二）思维目标

教师在教学目标设计过程中，根据思维品质内涵进行思维目标的设计，通过一系列连贯性的活动与问题链设计，打开学生思路，提高学生在逻辑性、批判性、创造性等方面的思维能力。

（1）学生理解文章，能掌握一定的阅读策略，如读前预测、指代关系、选择最佳标题、归纳段落大意、分类讨论等，在此过程中培养学生的逻辑性、批判性思维，不断提升学生的思维品质。

（2）学生树立濒危动物的保护意识，借助文本联系生活实际，迁移生活经验，引导学生发散思维，培养学生批判性思维和创新性思维能力。具体如图1所示。

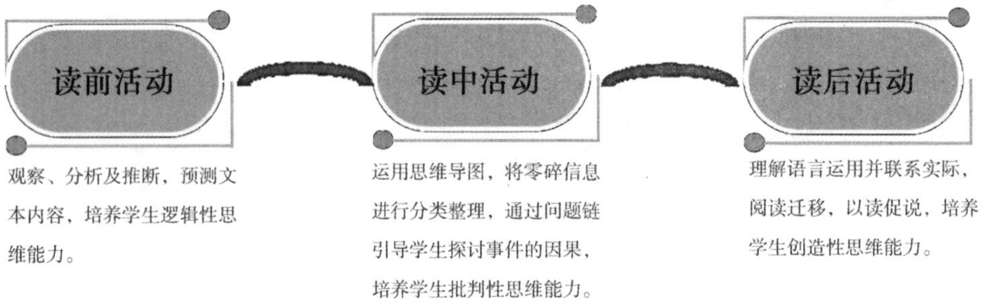

图1

（三）教学设计

文本内容解读完成后，教师应当根据解读的需要精心设计教学活动。在本节阅读课中，教师围绕教学思维目标，按照“阅读前、阅读中、阅读后”三个步骤来开展课堂教学，流畅自然。下面结合阅读课堂实例，具体阐述基于核心素养中思维品质培养的阅读课活动设计。

1. **读前活动**

（1）布置前置任务，激活背景知识

教师在课前通过教学软件给学生推送前置讨论任务：Q1. Many animals are in danger. Name some of them. Q2. Why are they in danger? Tell me some reasons（原因）。通过布置任务让学生自主搜索濒危动物的相关知识，并在平板讨论区列举相关动物名称，探索其濒危原因。课上，教师首先提问：“We have learned so many animals in this lesson. And I ask you to search some endangered animals. Can you tell me some animals in danger?”学生踊跃回答，逐渐打开思路。接着，教师又提出第二个问题：“Today we will learn a kind of endangered animal, can you guess which animal it is?”教师以此来引导学生预测话题内容。学生展开想象，踊跃发言，此时教师可给出一些提示：“I can give you a hint: It's the biggest animal on the land.”学生最终得出答案：“It's the elephant.”

【设计意图】

教师在课前布置学生自主收集并讨论濒危动物的相关信息，这样的活动设计不仅激活了学生的背景知识和相关语言，培养了学生自主探究解决问题的能力，让学生获得了知识，开阔了视野，同时也为课堂的顺利导入做好了铺垫，引发学生对阅读话题的思考和预测，产生阅读期待。

（2）巧设语言情境，预测文本内容

阅读前，教师导入情境“I got an e-mail with a picture of an elephant on it last weekend.”，接着继续提问“Do you know who sent it to me? Can you guess what the e-mail say?”，引导学生预测邮件的作者和内容（如图2所示）。

图 2

【设计意图】

创设合理、适宜的情境，让课堂在生动的情境中展开。这样能让学生获得一种真实的参与感和体验感，激发学生的阅读兴趣，让学生能够“用语言做事情”。教材文本是一封“website article”（网络文章），据此，笔者创设了教师收到一封邮件并向学生们展示邮件内容的语言情境。

读前预测可以培养学生的想象力和逻辑思维能力，无论结果是否正确，预测都能使学生产生强烈的阅读期待，为后面的文本解读做好铺垫。

2. 读中活动

（1）快速阅读，明确意图，选择主标题

教师结合学生的预测，布置以下阅读任务：①Who writes the e-mail? ②Why does the writer write it? ③What is the subject（主题）of the e-mail? 让学生快速浏览全文，获取此邮件的发送人和发送原因等信息，同时把握文章主要内容，为邮件选择最合适的主题。

把握作者意图、理解文章主旨是阅读教学的目标之一。通过阅读首段的首句，学生能很快答出“Who: Students from Thailand,” 和 “Why: They want to save the elephants.”。教师继续让学生在阅读文本给出的四个选项中选择最佳主题。有了前两个问题的铺设，学生通过快速浏览文本，很快就能选出“ Let's Save Elephants.” 是最佳邮件主题。

【设计意图】

本环节让学生进行整体阅读，把握作者写作意图并为邮件选择标题。学生快速阅读后归纳语篇主旨大意，提高了归纳总结的思维能力。这三个问题让学生在课堂开始时就打开了思维，也让学生明确了本堂课需要把握的重点。

（2）运用策略，分解结构，匹配关键词

教师让学生讨论课文的结构特点，把握文章主线，运用一定的阅读策略建立段落之间的意义联系，从而开展语篇阅读整体教学。

教师：“Please go through the article and match each paragraph with the key words—important, smart, endangered.”（如图 3 所示）

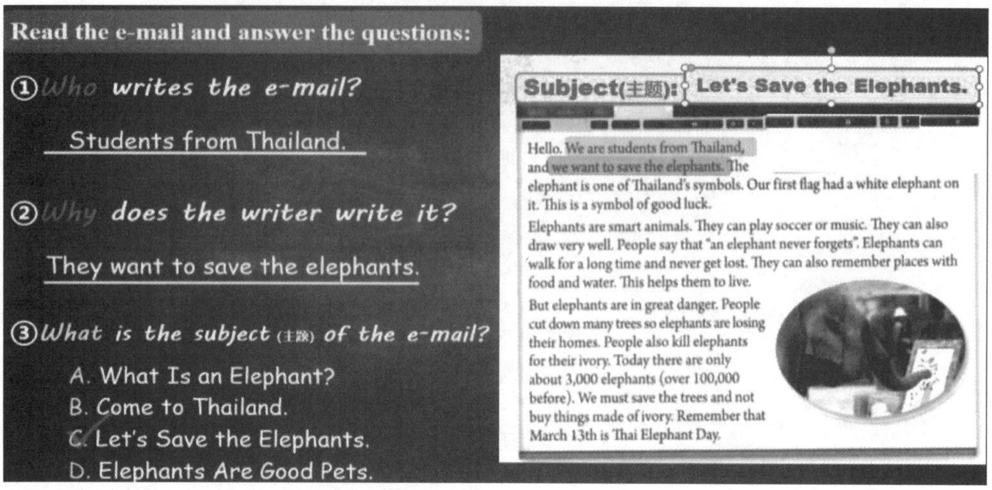

图3

【设计意图】

阅读文本的各段间都是以一定的逻辑关系进行意义衔接和连贯。学生通过整体阅读与快速阅读，找到文本框架的逻辑结构后，就很容易定位每段的中心句。同时，教师在此阶段渗透阅读策略的教学，告知学生注意每段的句首、句尾、插图等，引导学生在有限时间内运用有效的阅读策略快速定位答案。通过这些活动，学生的归纳、分析、概括等逻辑性思维能力得到了提高。

（3）巧妙设问，限时训练，进阶思维力

研读文本后，笔者以考查学生不同能力，逐步发展高阶思维力为目标，精心设计了以下五个问题，利用101智慧课堂推送给学生，在平板上完成限时随堂测（如图4所示）。

教师："Read the e-mail carefully and finish the following exercises."（Students finish them on the tablet in 8 minutes）

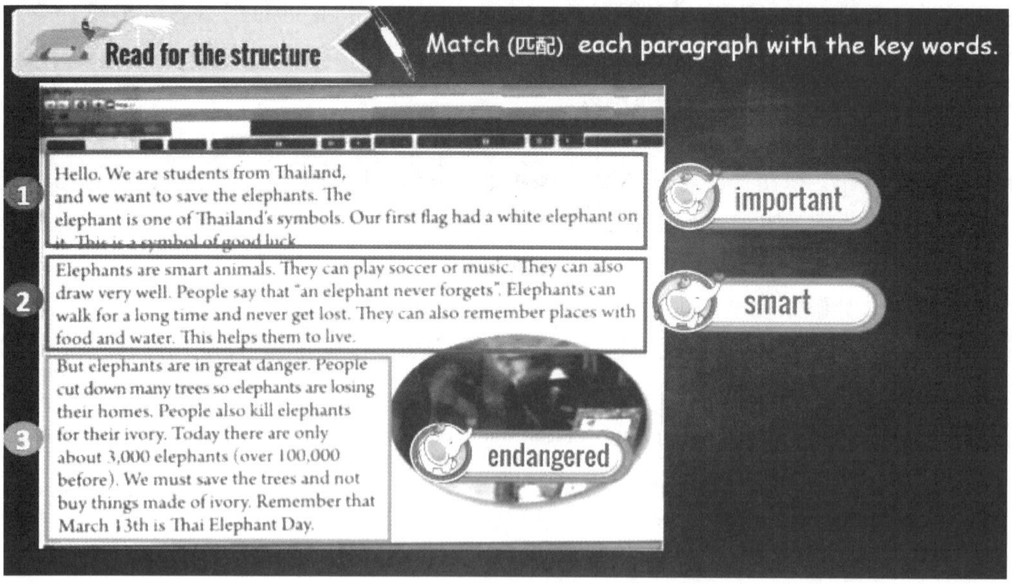

图4

【设计意图】

问题是学生思维的触发器，提问本身就是一种逻辑思维方式。因此，教学环节中的问题要成为一条贯穿前后的线索。在问题设计上，教师要引导学生进行不同层次、不同深度的思考。由于展示型问题主要考查学生的表层理解，而较少涉及学生思维品质的开发，所以笔者将问题设计主要集中在参阅型与评估型问题两种类型上，力求在有限时间内最大限度地锻炼学生的思维能力。（见表1）

表 1　问题设计

问题归类	问题
参阅型问题：教师围绕课文中有价值的、可以延展的关键点提出问题，学生回答这样的问题，得经过筛选、比较、分析、总结课文内容等综合思维活动，才能给出答案	Q1：Which fact is TRUE about how important elephants are in Thailand? A. The elephant is a symbol of Thailand. B. The flag of Thailand has a white elephant on it. C. The first flag is a symbol of good luck.
	Q2：How many things can elephants do according to paragraph 2? A. 3　　B. 5　　C. 7
	Q3：People say that "an elephant never forgets" because ________. A. elephants are smart and can draw very well B. elephants always walk for a long time and get lost C. elephants can remember where to find food and water
	Q4：Which of the following is **NOT** mentioned in the last paragraph? A. Abilities of the elephant. B. Actions to help save the elephant. C. Reasons why elephants are endangered.
评估型问题：教师提出超出课文内容的开拓性问题，在课文中没有现成的答案，学生要结合文本内容并联系生活实际才能得出答案，考查学生深层思维能力	Q5：Why do you think the students put this article on the website（网站）? A. To show that elephants are important in Thailand. B. To ask more people to help elephants in Thailand. C. To tell people to remember Thai Elephant Day.
展示型问题：主要是就课文中的词句、细节理解等方面提出问题，考查学生依据短时记忆和表层理解来快速找出答案的能力	

（4）问题牵引，解读细节，升华情感线

教师以随堂测反馈的大数据掌握学生答题情况后，以五个问题的讲解为牵引，有的放矢地带领学生层层深入，解读文本。在此过程中，教师不断提问、追问，一步一步引导学生思考文本内涵，分享实际经验，渗透情感教育。

Para. 1

教师让学生细读文章第一段，分析 Q1。

教师要对文章中的一些重点词组和句型进行分析，把文本阅读和语言处理结合起来。正确选项 A 考查了"a symbol of = one of ... 's symbols"的语言知识点；错误选项 B"The flag of Thailand has a white elephant on it"需要回到文本找出正确句子"the first flag of Thailand had a white elephant"来对比分析不同之处为"first flag""had"，同时辅以文化背景解释来加强学生的国外文化输入，即泰国的第一面国旗上是有白象的，因为在当时它有着特殊的地位，被视为珍贵之物。错误选项 C 需要教师运用阅读中的回读策略来引导学生联系上下文，获取指示代词"this"的指代内容，即"the white elephant is a symbol of good luck"，而不是第一面旗是好运的象征。

【设计说明】

学生要回答第一题，需要定位原文，对比分析文本细节与题干的不同。同时，教师针对学生阅读理解中的薄弱环节——代词的理解与运用，要鼓励学生通过前后文阅读，找到代词"this"回指的内容，培养学生对文本前后逻辑关系的理解能力。

Para. 2

教师让学生细读第二段，分析Q2和Q3。

以下为课堂实录片段：

T：Can you tell me what elephants can do according to paragraph 2?

Ss：Yes.

T：What are they?

S1：They can... They can also... Elephants can... and... They can also...

T：So，how many things can elephants do?

Ss：Five.

T：Yes，you're right.

T：There is an idiom "... have a good memory like an elephant" in English，and what does it mean?

S1：Elephants can remember many things.

T：For example? What can they remember?

S2：They can remember where to find food and water.

T：Your answer is right.

【设计说明】

教师让学生边读文本边数个数，既有浅层的复述，又有较高的思维层次。这样做不仅有助于学生深入理解语篇，例如捕捉到"also"这个词的逻辑意义，而且能够增强学生的高阶思维能力，提升学生的联想力和创造力。教师在第三题的分析中适时拓展文本内涵，引入相关谚语，加深了学生对文本的理解。

Para. 3

教师让学生细读第三段，分析Q4与Q5。

教学过程如表2所示。

表2　教学过程

教学环节	教学过程	学生活动
分析Q4	教师指导学生运用阅读策略排除法完成Q4（因为大象的能力在第二段中有描写）	选出"A. Abilities of the elephant."选项
	教师继续追问：The last paragraph tells us elephants are endangered，and what are the reasons why elephants are endangered?（解读选项B）	Ss：People cut down many trees. /People also kill elephants for their ivory.
	T：What is the result? Look at the picture，what does the picture say?	S：Before there were over 100,000 elephants，but now there are about 3,000 elephants.
	T：It's very cruel（残忍的）to kill elephants for their ivory. Do you know other cruel things people do to them?	（开放的答案） Ss：People cut down many trees. /People ride them.
	T：Do you know how people train them?（学生观看一段大象在马戏团被残忍训练的视频） T：After watching this，how do you feel?	（开放的答案） Ss：I feel very sad. /It's a shame for people to do this...
	T：Will you watch the animal show? Will you ride the elephants when you travel in Thailand? Will you buy things made of ivory?	Ss：No.
	T：What can we do to help them? Give me some actions help save the elephant.（解读选项C）	（开放的答案） Ss：We mustn't watch the animal shows. / We shouldn't ride the elephants.

续表

教学环节	教学过程	学生活动
分析 Q5	T：And I think that's the reason why students from Thailand put this article on the website.	Ss：Yes.

【设计意图】

以问题引导学生细读文本，理解课文。对问题4中B和C两个选项的解读推动着对第三段文本的分析，在分析中抽丝剥茧，层层递进。教师数次提问，追问："what are the reasons? And more reasons? What is the result? What does the picture say? Do you know other cruel things people do to them? Do you know how people train them? What can we do to help them?"有些问题的答案不是预设的、固定的，这样学生就有一定的思考空间。由问题引领师生、学生之间交流互动，让学生摆脱了课文文本的束缚，能够结合自身实际和社会现实，表达个性化的见解。

将抽象的数字整合为直观的数据图，同时辅以图片提示和视频拓展，既激发了学生的联想性思维，又训练了学生的发散性思维。学生深入文本后，也能自然流露对被人类残忍对待的大象的痛惜之情，最后对保护大象的行动会自然而然地产生共鸣。

3. **读后活动**

一堂有效丰富的阅读课，不仅要求教师在文本范围内培养学生的认知和理解能力，还要能让学生走出文本，结合自身实际和社会现实，学会用语言做事情，为世界的美好做出自己的努力。阅读后，教师对学生进行了如下引导：

T：Not only elephants, there are still many other animals we should help. What can we do for these animals? Let's write an e-mail to send someone helpful.（为学生提供框架参考，如图6所示）

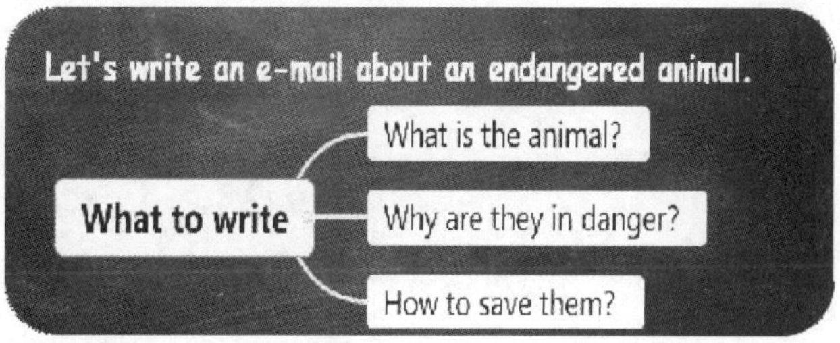

图 6

【设计意图】

读后语言输出活动是提升学生思维品质的重要环节。以读促写，通过书面形式检测学生对文本的理解，不仅能检测学生对语言知识的掌握程度，还能引导学生关注文本的结构特色。在引导学生理解文本的基础上，设计开放性的活动，拓展文本，回归生活，让阅读不再停留在读的层面，而成为让学生动起来，充分结合自己的生活经验去解决实际问题，并承担起一份社会责任的教学过程。

四、结语

阅读是培养学生思维品质的重要途径。在初中英语阅读教学中，教师要明确核心素养中思维品质的培养目标，即想要让学生通过这节阅读课在思维能力方面得到怎样的锻炼；接着，通过"点—线—面"的方式找到最切合文本思维逻辑的点，提炼出一条串联起课堂教学的主线，最后达到全面提升学生思维品质的目的。在教学过程中，教师可以通过问题链引导学生从语篇内容（what to write），到语篇的文体和语言特点（how to write），再到语篇的意义（why to write），多层次深入解读文本。总之，教师要让学生通过预测、推断、概括、比较、探究、创新等思维活动，发展逻辑性、批判性和创造性思维，为学生的终身英语学习奠定坚实的基础。

参考文献

[1] 鲁子问. 英语教育促进思维品质发展的内涵与可能［J］. 英语教师，2016（5）：6-12.
[2] 葛炳芳，葛俊婷. 英语阅读教学中语境的层次性与语言能力培养策略研究［J］. 中小学外语教学（中学篇），2019（3）：1-8.

（长沙市雅礼外国语学校）

基于读写综合设计思路的写作教学实践探索

吕 兰

摘 要：阅读教学与写作教学是英语教学的两大主要板块，其重要性不言而喻。但目前读写教学或孤立进行，或铺垫与输出失衡，导致学生写作水平不尽如人意。本文试图通过案例诠释提出读写综合教学的三个设计思路以及具体的实践策略，以期提升教学效果。

关键词：读写综合；文本结构；话题语言；情感态度

一、引言

《义务教育课程标准（2011 年版）》提出义务教育阶段英语课程的总目标是：通过英语学习让学生形成初步的综合语言运用能力，促进心智发展，提高综合人文素养。要达成这一目标，提升阅读和写作能力是关键：阅读是语言输入的重要来源，学生通过阅读积累词汇，获取语言结构和篇章知识，提升理解力与创造力；而写作是语言输出的重要形式，它让英语知识不断得到巩固并内化，体现学生综合运用语言的能力。

二、读写课存在的问题

阅读教学与写作教学间存在着必然联系，两者相互作用和影响。因此，我们在教学中要抓住两者间的内在联系，结合话题和教材内容，构建相应的互动模式，使两者相互补充，相得益彰。但在实际教学中，很多时候阅读教学和写作教学是脱节的，这就导致学生因缺少必要的写作素材和篇章结构知识而对写作失去信心。学生还会因此缺失阅读为写作服务的观念，不能有意识地从阅读中积累词、句表达，学习谋篇布局的策略。信息输入不足，总体写作能力自然无法提升。

当然，也有不少老师尝试将阅读和写作整合，统筹进行教学，但或多或少存在以下几个方面的问题。(1) 课堂读与写时间分配不当。在有限的课堂教学时间内，学生不仅要阅读文本，输入词汇、句式、主题、结构、文体等，还要根据写作任务进行构思、斟词酌句，开展输出活动，甚至需要在写作后开展自评、互评或者师评。课堂活动多，精确把握时间就非常重要。若阅读时间不够，铺垫没有到位，就很难有高质量的输出；但如果阅读时间过长，挤占写作空间，课堂也就成了传统意义上的阅读课，读写综合就无从谈起。(2) 读写话题不一致。读后语言输出活动设计的第一要素便是紧扣阅读话题，否则阅读就无法提供充足的支架和铺垫，影响学生完成写作任务的同时，也不利于学生建立阅读服务于写作的观念。(3) 阅读量与写作质量失衡。读写综合实质上是输入与输出的有机结合，两者需处于平衡状态。若输入量太少，则无法保证输出的质量；若输入量过多，则剥夺了学生独立思考的过程，最终导致输出活动显得肤浅，缺少深意。

因此，阅读和写作教学活动设计需要全盘统筹。明确两者相辅相成的关系，学生的读与写才能都有收获和提升。

三、读写综合设计思路

1. 以读促写

有效的语言输入可以为学生提供语言范本，供学生学习、借鉴和模仿，从而获得语言知识、技能及相应的语言训练。阅读材料可以为写作搭建内容、语言和语篇结构等框架，为顺畅达成预设的教学目标做好铺垫。

2. **以写定读**

Swain认为，语言习得不能仅仅依靠单纯的语言输入，学习者应该要有使用语言的机会。写作恰恰是综合语言能力运用的重要方式之一。为了保证写的质量，阅读的目的必须明确。写作目标不同，阅读任务设计的铺垫内容也应不同，要避免面面俱到。教师可以进行逆向设计，先考虑“写什么、怎么写”，再决定“读什么、如何读”，即输出和输入要保持一致。

3. **先议后写**

阅读输入一定的写作素材与开展迁移写作这两个活动往往需要讨论环节来过渡。在口头表达和讨论中，学生能碰撞思维，从同伴的发言中进一步获取灵感，同时关注表达内容的拓展性和逻辑性，内化课文素材，为后续的写作做好语言和内容准备。

下面以笔者执教的一堂读写综合课为例，进一步阐释读写综合思路指导下的教学策略。

四、读写综合策略实践

本堂课的教学内容为人教版新目标九年级全一册 Unit 13 阅读课“Save the sharks!”的单元话题“Save the earth”，体现了英语学科核心素养中人与自然的主题语境。本节课的阅读文本是一篇呼吁拯救鲨鱼的倡议书，由三个段落构成：第一段呈现人们吃鱼翅的现象，引出问题；第二段分析现象，用数据等事实佐证问题；第三段解决问题，呼吁人们保护鲨鱼。考虑到文本的文体特点以及新冠疫情的社会背景，笔者将读后写作任务设计为写一封保护野生动物的倡议书。学生阅读时需要分析此类文体的结构特点和语言特色，体悟情感，为后续写作做准备。

1. **分析与模仿文本结构**

文本结构是文章句与句、段与段、段与整体之间内在联系和外在形式的统一，既体现作者行文思路，也是作者为表达主旨而对写作材料进行精心构思安排的结果。学生只有从宏观上抓住文本结构，才能读懂文章，行文才具有条理性和层次性。写作的一个必经过程是从模仿到熟练，再到创新，因此利用教材现有的文本进行结构仿写无疑是提升写作能力的重要途径。

[教学片段1]

笔者首先以调查问卷形式（如图1所示）引入鲨鱼话题，激发学生进一步了解鲨鱼的兴趣，让学生带着求知欲去阅读教材文本。随后要求学生速读全文，确定段落大意，明确文章框架结构（如图2所示），为后面的仿写做好结构上的铺垫。

Q1. Where do sharks mainly live? ______________________

Q2. What do sharks usually eat? ______________________

Q3. Sharks are ________ the food ***chain.***

A. at the bottom of　　B. in the middle of　　C. at the top of

Q4. Every year, about ________ million sharks are caught and traded.

A. 50　　B. 70　　C. 90

图1

[教学片段2]

在备课时，笔者发现除本文以外，七年级和八年级教材中也分别出现了以保护动物为话题的文本：七年级下册 Unit 5 Section B 阅读文本（保护大象）；八年级下册 Unit 7 Section B 阅读文本（保护熊猫）。因此，笔者以课前学案形式要求学生进行群文阅读，完成这两篇文章的结构分析（如图3、图4所示）。学生在细读鲨鱼文本，感知语言与情感，明确文体和写作任务后，通过核对答案，获得更多可选文本框架，可根据自己的储备信息和思路自主挑选。通过小组讨论，大部分同学倾向于使用 Problems（what）—Reasons（why）—Solutions（how）的行文框架。

Para. 1 *problems*		
Para. 2 *facts*		
Para. 3 *solutions*		

图 2

Para. 1	*facts and reasons*
Para. 2	*solutions*

图 3

Para. 1	*importance of elephants*
Para. 2	*elephants' abilities*
Para. 3	*reasons and solutions*

图 4

2. **提炼与活用话题语言**

如果我们把文本结构比作文章的"骨架"，那么话题语言则构成了文章的"血肉"。结构清晰的文章，还需内容充实、表达精炼优美，才具有可读性。教师要引导学生赏析文本，深入发掘文本内容和文字中蕴藏的含义，理解语言内涵，充实篇章框架，打下扎实的写作基础。

[教学片段 3]

在明确鲨鱼一文的文本框架后，笔者引导学生理解目标词汇，尤其是连接词的使用，关注值得借鉴的好词佳句，并基于文本语言适当拓展。师生讨论后归纳出写作语言，如图 5 所示。

If …, it will bring danger to …

… so why eat them?

Help save …!

Without doubt, protecting animals is protecting ourselves.

Take actions now, not later! Time is running out!

图 5

[教学片段 4]

在小组讨论分析野生动物濒危的原因和解决方法前，教师先采用问题链形式，引导学生回答一系列关联的问题，为规范表达做出示范。比如教师提问"What happened to sharks and elephants according to the passages? What do you think of it?"，然后根据学生的回答，整理出小段文字："Too many wild animals are killed for their body parts and traded. It's not only cruel, but also harmful to the environment!"。

写作前的分组讨论让学生有意识地从三篇文本中汲取语料素材，根据实际表达需要灵活运用目标语言，使文本信息和精确表达有机结合，提高语言输出质量。同时，学生也不断从他人发言中获得更多资源，丰富写作内容。先读后议再写，层层铺垫，任务难度降低，写也就水到渠成了。

[教学片段 5]

倡议书的目的是呼吁特定人群做出某些行动，它的语言应该具有很强的感染力。因此笔者在各教学环节中恰当给出押韵的语句，比如"Animals kill for need , but humans kill for greed. " "We are losing our nature , how can we have a bright future." "It's our duty to protect animals' beauty." "Let's fight for the right of animals." 等，让学生了解倡议书的语言特点，并能运用到写作中去。

3. **引导和内化情感态度**

英语学科核心素养要求学生树立人类共同体意识，学会做人与做事，成长为有文明素养和社会责任感的人。因此，写作前的输入不仅仅应该包括语言、文本结构、信息知识，也应涉及情感等方面。学生只有体悟到了文本所传递的情感态度和价值观，才能在写作中融入自己的真情实感，才能真正产生写作的内驱力，才能创作出有感染力的佳作。

要写保护野生动物的倡议书，学生无疑有话想说，有话能写，在情感上更容易产生共鸣。那如何在课堂教学环节中引出这种情感共鸣和认同呢？笔者通过开展以下环节，达到了颇佳的教学效果。

（1）分组竞赛（如图 6 所示）。各组领取小组动物图标（鲨鱼、熊猫、大象等），答对问题可为本组动物赢得小爱心。这样的活动在激发学生参与课堂教学的积极性的同时，也为学生创设情境，让其身临其境地为保护野生动物建言献策。

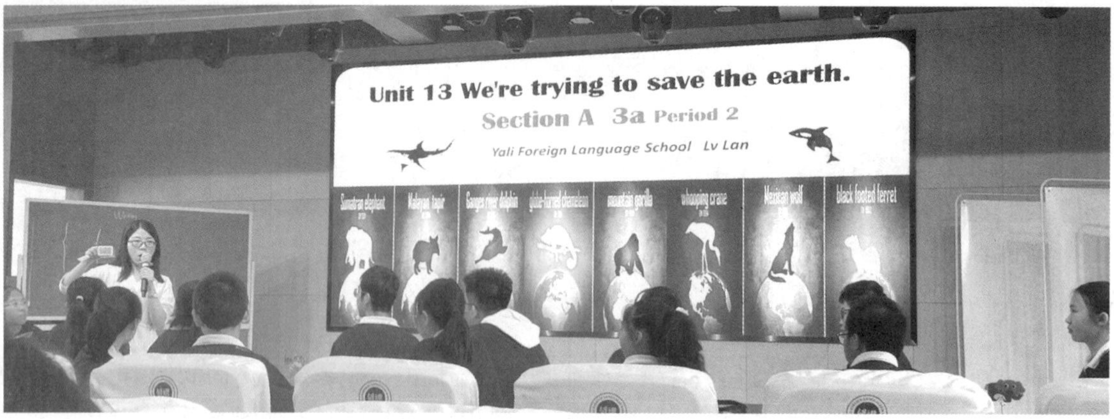

图 6

（2）视频观看与图片呈现（如图 7 所示）。“看”是学科核心素养中语言能力的五大技能之一。通过观看两个震撼对比视频（BBC 野生动物宣传和已灭绝野生动物），以及鲨鱼、大象惨遭人类屠戮的图片，学生能更直观地感受到保护野生动物的紧迫性和必要性，产生态度上的认同，并将这种认同内化为写作动力。

图 7

《普通高中英语课程标准（2017 年版）》强调要突出学生在评价中的主体地位，倡导学生积极开展自评和互评，加强生生之间、师生之间评价信息的互动。及时的自评、互评和师评活动不但能检测课堂写作目标的达成情况，还能提升学生的自我纠错能力，让学生意识到自身不足，不断提高写作能力。而评价目标明确，评价才能有据可依、有的放矢、精准到位。基于此，笔者在最后的作文点评环节设计了如图 8 所示的参考性评价表。学生在互评阶段能对同伴文章进行全面、客观、有针对性的评价，同时，在评价过程中也能再次巩固一篇好的倡议书应该具备的要素。

The writing of my classmate can be appreciated in the following ways:		
	The writing has	*The writing doesn't have*
a. an attractive title	______	______
b. a clear body	______	______
c. reasonable reasons	______	______
d. useful suggestions	______	______
e. a powerful ending	______	______
f. beautiful sentences	______	______
g. language mistakes	______	______
What impresses me most is ______________.		

图 8

五、结语

阅读教学和写作教学密不可分。我们应把握住两者间的内在联系，在教学中引导学生关注文本结构、话题语言和所传递的情感态度与价值观，为写作做好充分铺垫，即以读促写；同时，阅读活动设计也要有侧重点，根据输出目标调整读的内容，不必拘泥于教材现有编排，即以写定读。读写综合课教无定法，我们只要把握以读促写、以写定读的大方向，再结合具体文本特点和学情，设计恰当的读写教学活动即可。

参考文献

[1] 中华人民共和国教育部. 普通高中英语课程标准（2017 年版）[M]. 北京：人民教育出版社，2018.
[2] 中华人民共和国教育部. 义务教育英语课程标准（2011 年版）[M]. 北京：北京师范大学出版社，2012.
[3] 常万星. 英语写作教学中教材范文的有效应用 [J]. 中小学外语教学（中学篇），2019（1）：18-23.
[4] 崔刚. 阅读的层次与课文教学 [J]. 基础教育外语教学研究，2013（2）：3-6.
[5] 王蔷. 在英语教学中开展读写结合教学的意义与实施途径 [J]. 英语学习（教师版），2020（5）：26-32.
[6] 程晓堂，赵思奇. 英语学科核心素养的实质内涵 [J]. 课程·教材·教法，2016（5）：79-86.
[7] 楼成芳. 英语阅读教学中读与写联动活动设计探析 [J]. 中小学外语教学（中学篇），2016（1）：50-54.

（长沙市雅礼外国语学校）

新高考背景下农村高中英语教学探索

许洋洋

摘　要：2021年8省份普通高校招生考试迎来了重大变革，“3+1+2”高考模式席卷而来。新高考模式下，英语科目的考试形式由曾经的必考变成了从六门语种（英语、俄语、日语、德语、法语和西班牙语）中任选一门作为外语科目参加高考。然而，无论是考试选科上的调整还是英语试题上发生的变化，对于条件有限的农村高中而言，都是巨大的新挑战。机遇与挑战始终是共存的，因此本文通过分析挑战下的教学探索，旨在帮助学生解决过去的英语学习问题。

关键词：新高考；农村高中英语；教学探索

传统的英语应试教育并不注重学生的口语表达能力和实践，但在新高考背景下，高中英语学科核心素养为“语言能力、文化意识、思维品质、学习能力”；再加上此次高校招生考试改革也让高考命题发生了变化，主要表现在阅读和写作分值的增加，其中新题型“读后续写”提升了整个试卷的难度，对学生的要求也大大提升，使得农村高中英语教学改革成为必然。让农村学生不受条件限制，有更好的办法学习英语，提高英语成绩，这对于教师与学生而言，无疑都是一种挑战。为适应新高考，英语教师要主动改变教学策略，用更好的教学方法指导学生学习。

一、新高考背景下高中英语教学面临的挑战

在以往的高考中，考点大多在课本中，需要学生扩展的内容并不多，教师教学主要是以课本上的内容为主，以试题为主。但是随着新高考背景下英语对学生能力的要求越来越高，传统的教学方式已经不能满足当下的英语学习，这就需要教师改变教学方式，做到既可以满足学生的应试需要，又要帮助学生提升英语口语能力、实践能力。对于很多农村高中生来说，英语课光是达到应试教育的目标就有一定难度，想要达到新高考的目标，则更是面临重重挑战。

二、新高考背景下高中英语教学的策略

1. 加强心理辅导，端正英语学习态度

不可否认，新高考选科模式的推出给所有考生带来了机遇，尤其是英语成绩不好的同学，可以选择另一门语言作为高考总分加分的途径，但这也给成绩中等的学生造成了困惑，换一门语言是否能取得高分？就目前国内教育的师资情况来看，小语种老师极度缺乏，农村学校开设小语种课程更是难上加难。面对巨额的培训费用以及未知语言学习上的困难，做出学新外语语种选择的农村家庭并不多。我们教师应加强对学生的心理辅导，端正学生学习英语的决心。一直以来，城乡教育差距最为明显的就是英语学科，早期的学习环境就让语言学习拉开了差距。但如果学生放弃学英语了，那么不仅会导致知识的缺失，还可能造成视野、思维方式、文化的缺失，更会缺少跟全球大多数人进行交流的工具。特别是在一些科学领域，很多文献的首发语言往往是英语，而众多公司在招聘人才时也都将英语水平作为门槛之一，因此，把英语教学视为学习负担的看法是不对的，不符合中国教育现代化的进程。而且，从生活中我们也可以看到，英语好的学生获得的机会也往往更多。

2. 减少死记硬背，培养学生思维品质

死记硬背、机械刷题的现象在所有学段都存在，尤其在高中阶段。以前几年的英语真题写作题为例，2018年全国Ⅰ卷考题为替即将去中国做客的外国友人Terry写一封建议信，2019年全国Ⅰ卷考题为替李华写一篇去伦敦当志愿者的申请信，2020年全国Ⅰ卷考题为写一篇英文短文介绍自己尊敬爱

戴的人。我们不难发现，过去的写作试题，不管学生会不会都能写二三十个单词，因为学生可以直接背下许多套语句进行套用，而2021年新高考中的读后续写题，以往背诵的内容都不能直接套用了，可见今后的试题发展方向就是要避免学生死记硬背和机械刷题。英语具体考查的是学生的听、说、读、看、写能力，目的在于引导学生进行交流、思考和学习，强调培养学生的思维品质。作为教师，我们应避免学生往死记硬背的方向发展，要引导他们将每日所学实实在在地变成能够使用的语言工具。如让学生每日在听写本上随意写下一句代表自己心情的句子，引导学生进行多层次的描写等，让英语这门语言真正运用于生活中。

3. 推崇分层教学，提高学生参与度

农村学生英语水平参差不齐的现象尤为明显，高中英语新课标鼓励教师改变以往的教学方式，进行分层教学，把学生的优劣势更加具体化，教师与学生都要在学习中寻求创新，找到更加合适的方法。这样可以增强学生学习英语的信心，使英语学习的方式更加合理。教师要采用分层次教学的方式，更有针对性地指导学生学习。

例如，教师在教学高一英语译林版必修一“Unit 1 Back to school”时，对学生的要求应有所不同，有些学生的英语口语表达能力很强，学习该单元就显得游刃有余，但是有些学生的英语表达能力并不强，在学习该单元时会碰到许多语法问题。这时候教师可以对学生进行分层教学，对基础差的同学设定以单元核心单词为目标，中等水平的学生挑战完整句子，而口语比较强的则可以通过口头表达形式展示所学内容，英语尖子生还可以带动其他学生参与讨论，如“How to develop good habits”“How to make the most of our school time”等。运用有效的分层教学可以事半功倍，使学生有信心参与课堂，进而提高他们的口语能力、应用能力和整体水平。

4. 巧用多媒体，呈现科技多元化课堂

随着近几年来国家对农村教育加大投入，农村学校的硬件设施在短短几年内得到了显著改善，即便是非常偏远的学校，基本上每间教室也都安装了多媒体。然而，大部分农村教师对于多媒体的运用效率并不是很高，主要是多媒体课件的制作、影像资料的处理会加重老师平日的教学负担，大部分老教师不会使用多媒体教学，而年轻的教师在使用多媒体教学时又很难控制课堂秩序，这就导致大部分教师都不愿运用多媒体授课的现象。在这个追求变革的时代，我们也要成为适应新时代的教师，消除传统英语教学中“资料洗澡”的现象。随着新高考背景下对英语要求的提升，多媒体教学的作用更为凸显，教师可以用多媒体为学生查阅更多的英语资料，供学生参考，帮助学生开阔视野。

例如，在学习新译林版选择性必修一“Unit 3 The art of painting”时，因该章节涉及一些画或者一些其他艺术内容。我们可以通过互联网轻松地把书本上的梵·高、莫奈、达·芬奇等外国著名艺术家的绘画作品展现在电子屏幕上，将美术与英语完美融合。对于农村高中学生而言，他们很少有机会去美术馆欣赏作品，而课堂上现代多媒体的运用不仅丰富了英语课堂教学，也为他们的生活增添了色彩。

5. 提高自主学习能力，培养学习兴趣

布鲁姆曾说过：“学习最大的动力，是对学习材料的兴趣。”教育的目标就是让孩子自己发光，无论在哪个学段，都应该让学生把学习变成主动的事情，而不是被动地完成任务。面对高中阶段复杂的词汇、句型以及语法，单调的教学只会让学生感到外语学习的挫败感，而高中教师需要将中小学教师的趣味教学及竞争机制融入课堂，为难度系数较大的知识增添趣味性。如2021年，“盲盒文化”在中国大行其道，教师可以结合生活热点，巧妙地将“盲盒文化”引进课堂。比如，教师可以将一周的知识点整理进盲盒，学生进行盲抽，抽中的学生对抽中的内容做出相应解答，解答完毕后向全班公布以供温习，而答对的学生可以课后去奖品盲盒中抽取自己的奖励。新时代的学生具有明显的网络化特征，教师也应努力更新课堂内容，引进多种元素，打造魅力课堂。学生会发现，课堂上也处处充满新鲜的小惊喜。

6. 融合情境化主题意义探究，打造高效英语课堂

主题意义探究是学习者建构意义的过程，而情境是学生实现意义建构的平台，是主题意义探究的

“场”。高中英语课堂通常以大量语法知识为基础，基于枯燥的语法句法，我们应建立情感色彩浓厚的情境与语境，在学生已有的知识框架上引导学生进行情感体验，让学生对教材有更透彻的理解。作为主题意义探究情境的创设者，让知识情境化、生活化是每一位英语教师努力的方向。

例如，定语从句作为高中英语语法板块中的重要内容，无论是在文章中还是试题中都随处可见，我们可以将定语从句放置到大主题中进行运用，如我们可以以“班级”为主题，让同学们用大量定语描述班里的同学，再引导学生将这些包含定语的句子改写成从句。在知识输出部分，也可让学生用定语从句描述自己的某位任课老师。针对已掌握的知识结构，教师再创设思辨的情境和评价的情境，让其他学生猜测描述的是哪位任课老师，并评判描述是否准确，最后引导学生巧妙地运用所学知识写英语作文，从班级到角色再到集体梦想，在交流探讨中激发学生对班级的热爱。

三、结语

“教育的根是苦的，但果实是甜的。”教育之路是不断前行的过程，没有既定的终点，未来还将顺应时代改革的浪潮而不断变化。当下新高考的改革对于学生和教师而言都是一种进步，是不可阻挡的。教师与学生唯有积极应对，以更加开放的心态去迎接这种挑战，去寻找更加合理的方式进行教学，才能够使未来的英语教学取得更好的结果。

参考文献

[1] 万玉凤. 教育部考试中心发布《中国高考评价体系》[N]. 中国教育新闻网，2020-01-07.

[2] 常琴琴. 新高考背景下高中英语教育的挑战与探索分析［J］. 考试周刊，2021（12）：95-96.

[3] 黄佳康. 基于留守学生的高中英语学困生转化策略研究［J］. 英语画刊（高中版），2020（30）：110.

（岳阳市云溪区第一中学）

初中英语分层教学策略探究

缪香萍 朱斯雨

摘 要：英语是初中阶段学生升学考试占分比重较大的一门学科，也是学生追求进一步发展所必须掌握的一项重要语言技能。随着教育改革的不断深入，英语教学越来越注重分层教学，即根据学生水平因材施教，以发展学生的能力，培养学生学习英语的兴趣，激发他们的学科潜能。因此，在教师提高英语教学水平的过程中，以分层教学满足不同学生的学习需求是一项势在必行的重要措施。本文就初中英语分层教学的策略展开论述，希望能和同行深入交流和探讨。

关键词：分层教学；策略探究

一、介绍

为了适应中国高速发展的进程，中国需要培养英语理论型人才和英语应用型人才。中国教师一直在积极探索如何提高教学水平，以满足学生个性的发展需求，从而促进学生全面发展。传统的教学方式大多是输入式教学，主要是教师口头传授语法知识，学生被动学习，缺乏主动思考。此教学模式忽视了学生之间的差异，很难调动学生的积极性和学习热情，不符合新时代的教学理念，也难以提高课堂教学质量。因此，为了发挥学生的主体性，课堂教学应面向全体学生，促进学生个性发展，激发潜能，实施初中英语分层教学，坚持因材施教的理念，进一步深化教学改革，满足学生的英语学习需求。

二、初中英语分层教学的积极意义

英语教育肩负着提高学生综合人文素养的任务，对老师而言，具有较高的教学质量基础要求，要让学生掌握运用英语的能力。然而，不同的学生在英语水平上存在差异。在班级教学过程中，教师统一布置任务要求，有些任务对后进生难度太大，容易挫伤他们的积极性，但如果任务过于简单，优等生又无法得到挑战。因此，根据学生现有基础、努力程度、上进心等因素，我们应该进行分层教学，合理布置不同层次任务，使每个学生在自己原有的基础上得到最佳发展。此教学模式符合新课标的教学原则，有利于人才的培养。通过这种方式，学生可以锻炼自己的英语听说能力，对于学习能力强的学生，可以深入学习，接受更有挑战性的任务；对学习较慢的学生，可以布置简单的任务，让他们逐步进步。教师了解到学生的个性差异后，可将学生分层，根据实际情况采用不同的教学策略，提高整体英语教学质量，使学生得到全面的提高，提升个人素养，让学生在自己的能力范围内得到不同程度的发展。

1. 认真对待学生个性的发展，充分激发学生的个性潜能，引导学生主动学习

如今，教学更多关注学生个体，目的在于让其慢慢拥有创新思维，激发自我学习的意识，主动学习。初中英语要求学生掌握简单的听、说、阅读和写作技能。教师应该了解学生，因材施教，采用适宜的教学方法能让学生明确学习目的，让其自主投入精力，将所学知识和个体自身兴趣点结合起来，比如，对音乐和体育感兴趣的学生，可以鼓励他多听英文歌曲和看体育节目，增加与英文的主动接触，慢慢提升学习水平，缩小与优秀学生的英语差距。

2. 为培养不同类型社会适应能力的应用型人才奠定基础

根据普通高中和职业高中的分流政策，学生们面临着兴趣选择和发展道路的需求变化。不同类型的学生对英语学习的要求也不尽相同，学生要根据自己的实力和兴趣进行选择，努力实现更好的人生

发展。比如，如果学生想从事偏学术性的工作，就要掌握一定的英语技能，能进行简单对话、英语写作和翻译等，以便将来查阅文献、深入研究。一方面，分层英语教学可以让学生在适宜的范围内追求更好的发展，避免长期面对过高难度而失去信心，有助于建立学生的学习自信心；另一方面，有针对性的教学能帮助学生认清自我和现实，不断提高自身能力，激发潜能。

三、初中英语分层教学存在的问题

分层教学是为了更好地根据学生的个体差异进行因材施教，满足个性化发展的要求和不同的学习需求，而不是使学生整体化、标准化。目前的分层标准往往基于单一的英语考试成绩，学生被分为三个层次：基础好的、基础中等和基础偏弱的，教师再据此制定教学内容、教学要求和作业安排。对于有良好基础的学生，老师经常鼓励他们发挥自己的长处，使他们感到更自信。然而，对于基础薄弱的学生来说，他们理解力偏弱，学习方法掌握不够，学起来吃力些，教学速度过快可能会导致他们产生负面情绪和自卑感。因此，在关注学生情绪、激发学生潜能的原则下进行科学的分层教学，是取得令人满意的教学效果的重要举措。我们应根据个体学习能力、学习兴趣等综合进行分层教学。然而，教学过程中如果过分强调标签式的分层，可能会对学生产生负面影响，很难达到预期效果，甚至适得其反。

1. 分层教学的指导思想不合理

在教学实践中，初中英语教学仍坚持传统的教学理念，过分关注学生的考试成绩。按学生的成绩将学生分类，虽然教学内容和任务能做到因人而异，但学生中学阶段受应试教育和升学压力的影响，其他方面的素质往往被忽视，综合运用知识的能力相对薄弱。合理分层是分层教学的核心，提出不同的学习要求，布置不同的学习任务，关系到分层教学理念和任务的实现。分层教学不应该被大纲要求束缚，而应考虑学生的差异，寻找适合不同学生的教学方法，以便不断开发学生的潜能。

2. 分层教学评价方法不当

在应试教学过程中，有些教师仍然只注重知识教学，缺乏创新思维；在目前的农村教学实践中，少部分教师把学生的满意度作为评价标准，这就导致教师降低教学要求以满足学生，降低对学生的要求来获得学生的满意度。评价方法不当会影响教学质量，削弱教师的教学热情。教育的本质是促进人的发展，而不合理的分层教学不利于对学生的综合评价，与真正的分层教学理念相违背。

四、初中英语分层教学的改进策略

（一）实施科学的分层教学

学生之间的个体差异很难彻底消除。通过分析个体的优势和不足，采取有针对性的措施实施分层教学来缩小学生之间的差距变得尤为重要，因为这样做可以让各个层次的学生都发挥自己的长处。在具体实施教学的过程中，要全面考虑学生的需求，选用有针对性的教学内容、教学目标和作业，确保学生学到知识。此外，教师应该在教学过程中平等地对待学生，采用适应异质性群体的教学方法，创造一个无歧视的、和谐的学习氛围，让学生在轻松愉快的环境中学习。例如，要求优生默写20个生单词，对于后进生则调整为10个单词，实现无压力地学习。

（二）根据实际情况建立灵活的分层教学目标

初中英语教学应设定分层目标，如三级、四级和五级，使分层教学成为提高学生能力的有效手段，让学生在最新发展区获得更大的拓展，满足不同阶段、不同层次学生的需要，为有良好基础的学生提供深化和拓展的机会。分层教学的实施有利于提高教学质量，让学生找到适合自己的发展道路，而不是简单地放慢或加快教学速度。比如，在教学中，对于基础较弱的班级，在备课方面设置略低于教学大纲的学习目标，重点加强学生的基础知识，逐步使学生学会基本的英语运用。总之，我们需要根据学生的现实情况和客观条件及时调整教学方向和教学目标，以便不同层次的学生可以共同进步，以此提高初中英语的整体教学质量。

（三）根据学生状况选择适当的教学方法

在分层教学过程中，教师可以分析学生的能力水平，确定学习目标，并采用不同的教学方法和措施。对于基础弱的学生，我们应该注意巩固学生的基础知识，扩充他们的词汇量，使学生能够适应正常的英语教学。在课堂上，教师应多利用知识讲解，适当引入简单的情景话题，同时让优生带动他们，通过师徒结队的方式激发其学习积极性，课后布置基础性知识作业。对于基础好的同学，教师应多培养他们的综合应用能力，通过有难度、探究式、启发式的发问，促进其思维发展，同时，鼓励优生用英语自由表达自己的观点，增加师生间的互动，布置难度大点儿的作业；让其适当指导基础较差的学生，锻炼语言输出能力。

（四）采用科学的评价方法，激发学生的积极性

在分层教学中，要进行合理评价。基础较差的学生的学习过程更值得教师的关注，教师应及时表扬和鼓励他们的微小进步，以激发他们的学习动力，鼓励他们继续前行，并且客观公正地评价他们平时的表现，包括课堂表现、任务完成度和学习成绩等，帮助他们建立自信。对于成绩较好的学生，教师应以结果评价为主，辅以学习过程评价，避免过度夸奖导致他们自满，同时提出更高的教学要求，使学生能够正确定位并对自己提出高标准要求。

五、结语

分层教学符合“因材施教”的教学理念，能满足不同水平学生的学习需求。通过设定符合学生发展要求的教与学的目标，采取多样化的教学方式和不同层次的教学方法，辅之以适当的评价方式，我们可以实现以学生为本的教学改革，激发学生的学习热情，从而提高初中英语教学的整体质量。

参考文献

［1］楼美平. 新课改下初中英语教学的问题与对策分析［J］. 中外交流，2017（4）：85-86.
［2］朱美华. 浅谈初中英语教学的改革［J］. 读与写：教育教学刊，2012（11）：99+144.
［3］郑美玲. 分层教学的历史发展与当代审思［J］. 教育评论，2016（4）：144-146.
［4］WEI X Y. On teacher-student interaction in teaching process［J］. Educational Theory and Practice，2018，76（04）：31-36.
［5］HAI Y Z. Application of stratified teaching method in English extensive reading teaching［J］. Journal of Qinghai Teachers College，2015，11：173-176.

（郴州市桂阳县第二中学）

高中英语“以读促写”教学模式的实践探索与思考

吴 灿

摘 要：《普通高中英语课程标准（2017年版）》明确指出，应将阅读和写作等训练有机结合在一起。本文针对目前高中英语教学中读写分离的现状，进行“以读促写”教学模式的探索，通过自身实践分析其效果，为高中英语教学中实施“以读促写”提供参考和借鉴。

关键词：高中英语；以读促写；探索与思考

一、问题的提出

《普通高中英语课程标准（2017年版）》指出，在语言运用中，各种语言技能不是单独使用的，有可能同时使用理解性的技能和表现性的技能。因此，教师既要关注具体的技能训练，也应该关注技能的综合运用，设计听、说结合，读、写结合，读、说、写结合等综合运用任务活动。在语言技能教学中，将专项训练和综合训练相结合，例如在听力训练中融合图形、问答、讨论、笔记等多种形式，在阅读训练中通过图形预测、信息提取、续写或总结来避免孤立的单项技能训练。

阅读和写作是语言学习的核心能力和重要环节。许多语言教学专家都强调阅读和写作是不可分离的，提倡阅读与写作相结合的教学理念，通过阅读促进写作。然而部分高中教师还没有意识到读写结合对提升学生综合运用语言能力的重要性，他们仍然只进行传统阅读，关注对文章的语言现象和知识的单一学习，忽视了阅读和写作的有机结合。这种做法未能充分利用教材资源，导致了书面阅读与写作任务的脱节。随着高考新题型的到来，读写脱节正成为学生能力的短板。

阅读是语言的入口，写作是语言的出路。当谈到阅读和写作之间的关系时，韦伯认为，从某种意义上说，阅读是写作的“文章”，阅读材料为“文章”提供了道具。

总的来说，“以读促写”的教学模式包括话题引入、语言输入、语言输出、展示与评价等环节。在引入部分，教师可以通过图像、电影、对话、头脑风暴等，鼓励并激发学生的学习兴趣，让学生积极参与到学习活动中来。在语言输入部分，教师可以充分利用阅读材料设计多样的阅读理解、填空、判断等题型，以便学生快速理解阅读材料和文章结构，在内容和结构方面为写作铺垫基础。在语言输出部分，教师可以设置游戏、小组讨论等活动，测试学生对内容和文章结构的掌握情况，并为写作打开思路和获取材料。在展示与评价部分，教师可以展示优秀学生的“漂亮文章”，不仅鼓励优秀学生，也引导学生共同参与；也可以选择“普通文章”，展示学生实际写作中所遇到的普遍问题。展示和评价可以让所有学生都参与其中，对提升教师的教学效果、促进学生有效学习具有重要意义。

二、“以读促写”教学案例分析

笔者将结合自己讲授的一节“以读促写”公开课，来分析和阐述如何引导学生通过阅读提取文本信息并据此进行写作活动的教学实践。

（一）课例背景

本课是“宁乡市高中英语青年教师教学比武”活动中获得一等奖的课例，由本人执教。按照比赛要求，我们需根据主题完成“读写结合”教学，教学时间为25分钟。

（二）教材分析

本课程示例选自《牛津高中英语》（译林版）模块一第二单元，学生的最终任务是完成一篇关于成长烦恼的文章。此教材每个单元围绕一个话题展开学习，本单元的话题为成长的烦恼。在单元的Project 部分，学生需要先阅读一篇关于“成长问题”的文章，然后以文章为例完成相关话题的文章写作。

（三）学生分析

本课授课对象为高一年级学生。这群学生刚进入高中阶段一个多月，英语基础知识不是很扎实，特别是在单词拼写、短语应用和连词成句等方面必须加强训练。鉴于教学时间有限，课程内容必须尽可能简化，从简单到复杂，为学生提供持续的学习支持，帮助他们逐步掌握知识。

（四）教学过程

Step 1 **（导入）引入话题**

1. 教师呈现电视剧《家有儿女》的照片，引导学生看图片并回答以下问题：

What is it?

What are the TV series about?

2. 顺势引导学生进行头脑风暴：

What are your growing pains?

学生们热情参与，顺利将话题引向成长烦恼。一节好课一般以引人入胜的话题开场，成功的引入不仅能激发学生的学习兴趣，还能使学生积极参与学习活动。一个有效的导入设计应该关注文本内容，联系实际，挖掘出能够满足学生需求的材料。

该阶段的活动设计立刻激活了学生在该主题方面的相关背景知识和经验，为阅读材料的学习铺平了道路，也为最终的写作提供了材料。

Step 2 **（阅读）语言输入**

1. 略读

在略读阶段，教师要求学生快速浏览文章内容，回答学案上的以下两个问题：

(1) What different kinds of growing pains are talked about in the article? (　　)

A. Physical changes

B. Psychological changes

C. How to fit in society

D. All of the above

(2) Which picture shows the right structure（结构）of the passage? (　　)

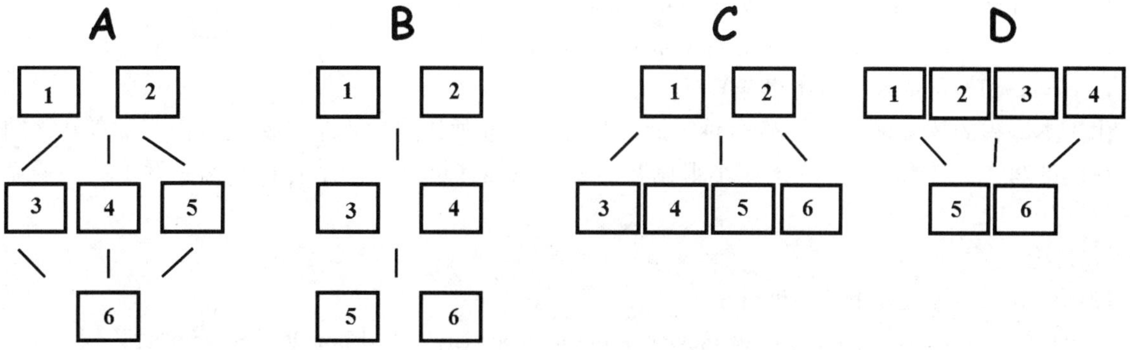

定向阅读可以提高学生的阅读速度和阅读能力。略读训练旨在让学生掌握文章的主要内容，把握文章的总体结构，使学生理解文章的主要内容。通过向学生提供一些材料和信息，让学生对文章有总体理解，包括文章的“总—分”结构，也为最终写作提供了结构模板。

2. 寻读

老师要求学生阅读文章“总—分”结构中的“分”部分，即第三、四、五自然段。填写表1中的相关信息：

表1

Physical changes	They grow taller and their voices get ________.
________ changes	Boys become ________ but may not make good choices in their behaviors. ________ want to share strong feelings with someone.
Social changes (How to fit in society)	Teenagers badly want their parents' love yet feel ________. Teenagers want to be part of the group yet desire ________.

学生通过阅读进一步加深了对文章内容的理解，理解“成长问题”中“心理变化”“身体变化”和“社交变化”的区别，为后续相关主题文章的写作提供了丰富的内容基础。与此同时，学生继续加强对文章结构的理解，明确每个主题句（论点）和支持句（论据）之间的关系，即在写作时要找到多个支持句（论据）来支持主题句（论点）。这也为后续的写作活动提供了有效的结构支持。

Step 3（游戏、讨论、写作）语言输出

1. Quick Response 游戏

将《家有儿女》中的剧情照片、动态图等影像信息与“成长的烦恼”话题结合起来，设置情境，让学生在轻松、愉悦又具有竞争性的氛围中将“具体化的成长烦恼”归类到其所属的“烦恼的种类”中。

Choose the correct type of growing pains. (Type1—Physical changes, Type 2—Psychological changes, Type 3—How to fit in society)

(　　) Voices get deeper.

(　　) Sometimes feel lonely.

(　　) Want to be part of the group yet desire independence.

(　　) Feel no one else can understand you.

(　　) Badly want parents' love yet feel distant.

(　　) Grow taller.

(　　) Pay too much attention to the appearance.

(　　) Be concerned about not having enough friends.

(　　) Suffer from acne（青春痘）.

由于本课程的教学时间只有25分钟，此部分有助于教师快速检查学生对文章内容的理解，同时也为后续的写作提供语言材料。采用小组比赛的方式既能促进学生团结合作，又激发了他们的竞争意识。

2. 讨论

教师引导学生围绕以下话题进行小组讨论：

Which type of growing pains causes teenagers the most anxiety? And how to deal with it?

本环节引导学生讨论本课的主要话题，然后提出适当的建议以帮助解决问题。小组讨论活动激发了学生的表达欲望，拓宽了学生的思维视野，又降低了难度，为后续的写作任务铺平了道路。

3. 写作

教师引导学生进行写作输出。

Write a report on growing pains

祝贺学生们安全、顺利地度过了一个月的高中生活。然而，我们中的一些人并不高兴，他们正面临着一些烦恼。班主任请你以“成长的烦恼”为题写一篇作文，帮助同学们顺利度过青春期。内容包括：

（1）哪种成长烦恼最困扰学生？

（2）这种烦恼有哪些表现？

（3）如何解决这个问题？

注：可适当添加细节，确保文章内容连贯完整。

Growing Pains

How time flies! Now we are students in the senior high school and our life is pretty colorful. However, some of our classmates are not so happy. It seems that they are going through severe growing pains.

I think ________________ causes the teenagers the most anxiety. Some students always ________________. Some frequently ________________, while others often ________________.

Here are my suggestions to improve this. For one thing, ________________. For another thing, ________________. In addition, ________________.

No matter what happens in our growth, they are parts of our lives. Let's accept them actively and do not let the pains prevent us from happiness.

本写作任务的主题与学生生活密切相关，作文的结构、语言和内容与阅读材料的内容密切相关。本写作任务旨在让学生从结构中学习，从阅读材料的语言和内容中学习，能立即将所学转化为写作成果，完成从语言输入到语言输出的过程。

由于教学对象是高中一年级学生，他们的英语基础相对薄弱，而且教学时间有限，老师设计任务时简化了任务难度，给学生提供文章片段作为写作提示，帮助他们更好地完成写作任务。

Step 4 **展示和评价**

老师选取一篇学生写的文章，以投影形式呈现在学生面前，让学生进行评价和赏析。

教师所展示的“精彩美文”，可以让学生阅读和欣赏同龄人的写作成果，发现、理解和学习美的事物，还能激发他们的竞争意识，鼓励他们努力让自己的作文脱颖而出。

“教学评一体化”使以学生为学习主体的学习过程更为完整。“同伴评价”使每位同学都能参与其中，评价的内容和维度也使所有参与评价的学生进一步明白了努力的方向。这种方式有效整合了教师的教、学生的学和学的成效这三个相辅相成、密切关联的课堂关键要素。

Step 5 **总结**

教师以课文原文内容“The good news is that these kinds of growing pains do not last. In the end everything turns out OK.”结束本堂课。

“成长的烦恼”是每个学生都会遇到的问题，教师要引导学生对“成长的烦恼”形成正确的态度，升华课堂。

三、教后反思

“以读促写”符合第二语言习得中的“输入—内化—输出”过程，能很好地培养学生的读写能力。虽然教学时间有限，但本课很好地完成了既定的教学目标。学生在课堂上表现出极高的参与度和学习热情，表现出深厚的求知欲，师生间的互动也很好。

“以读促写”可以减少学生对“写”这一难题的恐惧，增强他们的写作动机和意愿，从而进一步提高他们学习英语的积极性和专注力，可以有效提高学生的语言技能和水平。

参考文献

[1] 毛秋萍，陆东平. 高中英语读写整合教学模式探析［J］. 基础外语教育期刊，2020（3）：82-87.

[2] Suzanne S. Webb. The resourceful writer：readings to accompany the Harbrace college handbook［M］. 3rd ed. New York：Harcourt Brace Jovanovich，1994.

[3] 卢爱华. 围绕话题，重点训练，明晰主线：谈初中英语阅读教学活动的设计策略［J］. 中小学外语教学（中学篇），2014（8）：1-7.

[4] 林舒迪. 高三英语写作教学中以读促写的实践［J］. 中小学外语教学（中学篇），2016（4）：32-36.

（宁乡市第七高级中学）

在语篇解读中培养学生的思维品质

何灵芝

摘　要：语篇教学是实现课程目标的核心环节。在课堂教学中，教师认真研读和分析语篇，引领学生深度解读语篇的丰富内涵，以提升学生的思维品质。本文以2021年高考英语真题语篇解读为例，探讨在英语教学中如何通过语篇解读提升学生的思维品质。

关键词：语篇解读；思维品质；高中英语

一、引言

语言是思维的工具，语言学习能促进思维的发展与提升。《普通高中英语课程标准（2017年版2020年修订）》（以下简称《标准》）指出，深入研读语篇，把握主题意义，挖掘文化价值，分析文体特征和语言特点及其与主题意义的关联，是教师落实英语思维品质目标、培养学生英语思维品质、创设合理学习活动的重要前提。语篇教学是相对于词汇和句子结构为中心的教学而言的。英语教学的重要目的是要使学生能用英语来获取信息和交流思想，语篇为信息的获取和思想的交流提供了最充分的情境。情境之于知识，犹如盐之于汤。因此，英语思维品质的培养应以语篇情境为载体，教师在实际教学过程中，需要从宏观和微观层面去分析解读语篇，培养学生的英语思维品质。本文以2021年高考英语真题全国Ⅰ卷为例，分析如何在课堂教学中通过语篇解读培养学生的英语思维品质。

二、2021年高考英语真题（新高考全国Ⅰ卷）语篇分析

高考英语全国卷贯彻落实《深化新时代教育评价改革总体方案》的要求，坚持“方向是核心，平稳是关键”的原则，依据普通高中英语课程标准和中国高考评价体系，落实立德树人的根本任务，充分发挥高考的育人功能和积极导向作用。

2021年高考英语真题（新高考全国Ⅰ卷）共有9个语篇（听力除外），围绕人与自然、人与社会、人与自我三大主题，全面考查英语综合运用能力，取材广泛、体裁多样，涵盖应用文、记叙文、说明文和议论文四种不同文体类型，话题紧密贴合学生生活的各个方面。这些语篇的设置进一步体现了考试对德智体美劳全面发展的引导作用，加强了对中华优秀传统文化、革命文化和社会主义先进文化的考查，充分发挥了文化铸魂的育人功能。A篇是主题为人与社会的应用文，介绍了罗马四家性价比高的旅社。B篇是主题为人与社会的记叙文，讲述了特殊职业——翻谱员Robert Titterton的故事。C篇是主题为人与自然的说明文，介绍了美国联邦鸭票计划的由来。D篇是主题为人与社会的议论文，介绍了对情商概念的误解以及如何利用它为人们指引方向。七选五是主题为人与社会的记叙文，介绍了作者和丈夫在巴黎一周的生活体验。完形填空是主题为人与自我的记叙文，讲述了作者在一家烘焙厂工作三天，体验到了劳动赚钱的辛苦，懂得了劳动的价值和应当尊重劳动者的道理的故事。语法填空是主题为人与自然的记叙文，介绍了风景如画的黄山景区。应用文为英语报《Youth》创刊十周年投稿。读后续写是主题为人与自我的记叙文，介绍了双胞胎姐妹在母亲节为妈妈做惊喜早餐的真实故事。

纵观9个语篇，主要考查学生的逻辑思维、批判性思维和创新思维能力。下面以阅读理解D篇为例进行语篇分析。

D篇为四个自然段的议论文，第一段提出论点“what”：“Many people now misunderstand emotional intelligence as almost everything desirable in a person’s makeup that cannot be measured by an IQ test，such as character, motivation, confidence, mental stability, optimism and 'people skills.' ”即对于情商，人们往往将其误解为一个人的积极品质。接下来第二、三段论述了“why”：“We prefer to describe emotional intelligence as a specific set of skills that can be used for either good or bad purposes. The overall effects of the publicity have been more beneficial than harmful.”即作者的意图、情感态度和价值取向，列情商高的医生和骗子，论证了情商高针对不同的人群有不同的影响，对情商的关注利大于弊。最后第四段论述了“how”：“It is our hope that in coming decades, advances in science will offer new perspectives（视角）from which to study how people manage their lives.”即作者的立场、观点和写作或表述风格，最后作者提出希望科技上的进步能够提供一些全新的视角，让情商更好地服务于人们的生活。

从微观层面来看，教师可根据不同文体特点，从段落内部分析句子与句子之间的逻辑关系，或者进行长难句分析。如第一段，“Popularization has in some cases changed the original meaning of emotional（情感的）intelligence. Many people now misunderstand emotional intelligence as almost everything desirable in a person's makeup that cannot be measured by an IQ test, such as character, motivation, confidence, mental stability, optimism and “people skills.” Research has shown that emotional skills may contribute to some of these qualities, but most of them move far beyond skill-based emotional intelligence.”总共三个句子，第一句提出现象：对情商的普及有时候改变了情商的原始含义。第二句陈述结果：人们误以为情商就是一个人个性中积极的部分。第三句表明作者观点：情商不只有积极的一面。作者第一段和最后一段最后一句都用了“may”这个情态动词，表明作者的分析相对客观理性。第二个句子为长难句，也是第32题“What is a common misunderstanding of emotional intelligence”的信息来源，“misunderstand emotional intelligence as almost everything desirable in a person's makeup”中的“makeup”为熟词生义“个性”，所以答案为“D. It refers to a person's positive qualities.”。

又如语法填空中的最后两段易错题61、62和64题。

What comes next is the endless series of steps. You can't help wondering how hard it __61__ (be) for the people then to put all those rocks into place. Though it is the only unnatural thing on your way up the mountain, still it highlights the whole adventure __62__ offers a place where you can sit down to rest your __aching__ (ache) legs.

As the song goes, this long and winding road “will never disappear”, and it will always stick in the visitor's memory. It sure does in __64__ (I). While you're in China, Mount Huangshan is __a__ must to visit!

乍一看去，61题容易错填为“is”，因为上下文都是一般现在时态，但这就忽视了句中的时间状语then。第62题容易错填为“which”，因为从语法形式上看是可以的。“形式—意义—使用”三维动态语法观要求学生从逻辑意义上思考，这样最终答案只能是“and”。第64题容易错填为“me”，这就忽视了此处代词指代的是上文的“the visitor's memory”，所以应该填“mine”。从语法填空语篇分析可以看出，微观层面的语法逻辑意义和使用是教师在平时的课堂教学中应当予以重点关注的。

三、高考语篇分析对课堂教学的启示

新教材和新高考更加注重考查学生在正确思想观念引领下，综合运用多种知识或技能解决生活实践中的应用性问题，并且创造性地形成成果或者结论。语篇解读对学生的能力提出了更高的要求。研读语篇是读者对语篇的主题、内容、文体结构、语言特点、作者观点等进行深入解读。然而，在平常的课堂教学中，语篇分析更多地停留在浅层次的查读和跳读获得的表层信息（literal comprehension），即浏览捕捉重要线索，找出语篇中心思想。这样就忽视了深层理解（inferential comprehension），即尝试去理解作者的意图和立场，也忽视了评价性理解（critical comprehension），即根据语篇内容和结构特点，发表自己的见解和观点。教师在课堂教学中，对后两个层次的指导不足也会影响学生语篇解读能力的发展。下面以译林牛津英语新教材第一册第一单元Reading为例，简述语篇分析的三个层次。

《Realizing your potential》是一篇校长给初入高中的学生做的演讲稿，让他们明白初高中的不同以及如何在高中三年发掘自己潜力，实现人生价值。

第一步：预测文本，激活思维。

通过词云图和标题，Peer work 两两合作，预测校长可能会在演讲中谈到的问题。

第二步：初读全文，提炼主题，宏观解读。

引导学生速读全文，找出每段主题句（如图 1 所示）。

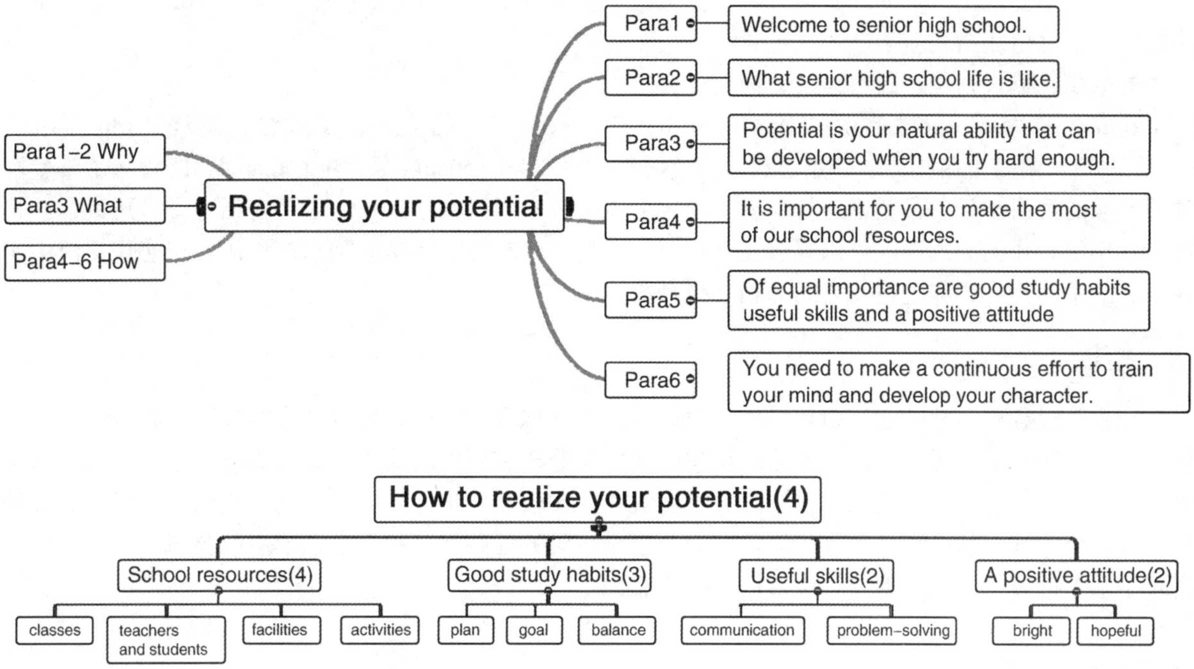

图 1

总结主题句之后，学生小组合作，探究作者的行文逻辑，即第一、二段简介高中生活中会充满挑战与机会，学生需要明白挖掘自身潜力的重要性，第三段解释什么是潜力，第四段到第六段介绍发挥自我潜能的策略，也是文本的主旨所在。

第三步：再读全文，聚焦语言，微观解读。

从文体演讲稿入手，分析语言特点。How does a good speech keep audience（听众）interested all the time? Questions, Examples, Quotation 引用, Rhetorical devices 修辞格, Parallelism 排比, Metaphor 比喻, Repetition 重复，等等，接下来教师问："What do you think of Mr. Xu's speech? And why?"。

1. 使用排比（parallelism），演讲朗朗上口，押韵有气势

（1）Today is the start of a new term, the start of a three-year journey and the start of a promising future.（名词短语排比）

（2）The path before you leads to a world full of challenges: a new environment, new knowledge and new ways of thinking.（名词短语排比）

（3）I have confidence in your ability to make a difference to your family, to your community and to your country.（介词短语排比）

（4）It is important for you to make the most of our school resources, take advantage of your classes, learn from your teachers and classmates, and make use of our school facilities.（动词短语排比）

（5）Carefully plan your study, set clear goals and balance your schoolwork with other activities.

（6）Be confident, do your best and make us proud!（祈使句排比）

2. 结尾引用了老子的名言

As Lao-Tzu wisely said, "A journey of a thousand miles begins with a single step." You need to make a continuous effort to train your mind and develop your character. 引经据典，增强说服力。

微观语篇的解读需要根据不同文体的不同语言特点，去分析用词、句法、语法现象。显性语篇衔接词汇有连词、副词、介词短语等；隐性衔接有指示代词、人称代词、词汇复现、时态语态等。修辞、特殊句式，甚至标点符号的使用等都隐含着作者的用意。另外，我们还需要从读者意识的角度思考作者的写作目的、语调等。

第四步：聚焦主题，延伸拓展，内化语言。

聚焦文本主题词“potential”，教师根据人的八大智能理论，用软件做成短视频微课，为学生后面的知识迁移运用搭建支架。

第五步：创设情境，迁移运用，固化语言。

让高一新生做一次主题为“How to realize my potential”的演讲，要求结构围绕“why，what，how”展开，语言上用排比、引用、比喻等修辞格。从 Your potential 到 My potential，既检测了学生本堂课所学的演讲技巧，又紧密地将情境与学生的生活、学习联系起来，让学生有话可说、想说，并且敢说。小组合作的方式不仅可以促进相互学习，还使基础较好的同学起到示范作用，在协作交流中实现水平的平均提升，促进彼此之间的相互提高与进步。

四、结语

在教学过程中，教师通过引导学生观察语言与文化现象、分析和比较其中的异同、归纳语言及语篇的特点、辨识语言表达的形式和语篇结构的功能，分析和评价语篇所承载的观点、态度、情感和意图等英语学习活动和实践运用途径，培养学生观察、比较、分析、推断、归纳、建构、辨识、评价和创新等思维方式，从而提高思维品质。同时，思维品质的提高又有利于增强学生的英语语言能力、提高自主学习的效率，同时促使学生形成跨文化意识。

参考文献

[1] 中华人民共和国教育部. 普通中学英语课程标准（2017年版2020年修订）[M]. 北京：人民教育出版社，2020.
[2] 张献臣. 中学英语阅读教学的痛点分析与对策 [J]. 中小学外语教学（中学篇），2019（6）：1-7.
[3] 中华人民共和国教育部. 中国高考评价体系说明 [M]. 北京：人民教育出版社，2020.

（长沙市明德中学）

用英语讲好中国故事　弘扬中国文化

——以用英文介绍中国丝绸之路教学为例

周　薇

摘　要：《普通高中英语课程标准（2017 年版）》中提出，学生进入高中后应进一步扩大对中外文化知识的学习范围，丰富学习的内容，学会用英文讲述好中国的故事。在实际教学中，很多学校注重开设国际理解课程，学习西方的文化节日和传统习俗，但忽视了对中国文化传统的学习和渗透。新课改、新高考更加注重中国元素、传播中国文化。本文以一堂竞赛课"用英语介绍中国的丝绸之路"为例，结合丝路精神，阐述用英语讲中国故事的重要性，展示如何在实际教学中融入中国元素，传承中国智慧，弘扬中国文化，体现增强民族自信的新课程标准理念。

关键词：中国故事；文化自信；丝绸之路

一、讲好中国故事，弘扬中国文化的必要性

《普通高中英语课程标准（2017 年版）》（以下简称《课标》）要求学生"学习并初步运用英语介绍中国传统节日和中华优秀传统文化，使用英语简述中国文化基本知识"。在英语教学过程中，教师不仅要向学生传授英语知识，注重学生语言能力和思维品质的培养，还应该融入中国元素，讲述中国故事，传承中国智慧。因此，把中国传统文化纳入日常教学计划中就显得尤其重要。

从近几年高考英语全国卷语法填空及应用文的话题考点来看，中国元素和中国文化出现的频率很高，具体话题见表 1。因此，扩大对中国传统及文化知识的学习，丰富学习内容，学会用英文讲述好中国故事，不仅是新课标的要求，更顺应了新高考的趋势，有重大的现实意义。

表 1　近几年高考英语全国话题考点

2020 年高考英语全国卷Ⅰ卷语法填空	中国航天器在月球背面着陆
2020 年高考英语全国卷Ⅱ卷语法填空	中国新年的装饰及寓意
2020 年高考英语全国卷Ⅲ卷语法填空	中国古代画家去漓江旅行的故事
2019 年高考英语全国卷Ⅰ卷作文	申请伦敦美术馆中国画展志愿者
2018 年高考英语全国卷Ⅰ卷作文	向新西兰朋友介绍中国餐桌礼仪
2017 年高考英语全国卷Ⅱ卷作文	邀请外教参加中国剪纸艺术展

二、理论背景

我校自 2015 年开始致力于建设学术型课堂、学术型高中，培养创新型人才，并于 2017 年全面推进信息加工教学模式。教学理论是教师从事教学活动的基础，而教学模式则是教师从事教学活动的具体路径和方法。教学模式种类繁多，信息加工教学模式注重充分发挥学生加工和处理信息的能力。学习语言就是从提取信息、加工信息到运用信息。信息加工教学模式提倡对信息进行粗加工、精加工，巩固信息，非常适合运用到英语教学中。因此本文以"用英语介绍丝绸之路"作为信息加工教学模式的切入点，充分利用教材的原文进行改写改编，运用多种教学活动，旨在加强学生对课文中各类信息的加工、整合、归纳、运用能力，从而夯实学生的语言功底，用准确的英语介绍中国文化传统。

本节课运用这一理论的总体思路分为三步，如表 2 所示。

表 2 信息加工总体思路步骤

信息加工三步骤	学生学习活动	学习要求	学习形式	学习目的
课前信息粗加工	阅读两篇相关文章	识记、获取、整理相关背景知识	1. 做好读书笔记，如查字典，分类整理生字词等 2. 读文章，画思维导图	1. 提升自学能力 2. 培养信息检索整理能力 3. 做好课前知识等准备
课中信息细加工	听、说、读、写、看、演等多维立体学习	由认知、理解，逐步迁移到知识的运用	1. 竞赛 2. 师生问答 3. 小组合作等	1. 加深对丝绸之路的认知和理解 2. 建构相关知识框架 3. 尝试运用所学，完成语言任务
课后信息精加工	完成发言稿写作任务	迁移，创新语言综合运用能力	自主学习和小组合作结合	1. 打磨作文 2. 深化对“丝绸之路精神”的理解 3. 增强民族自豪感

三、教学设计

（一）教材分析

本文以牛津模块九第四单元中用英语介绍丝绸之路“the Silk Road”这一教学内容为例，结合新时代的“一带一路”精神，通过创设真实的情境，引导学生用英语介绍中国的丝绸之路和丝路精神。本堂课将围绕“用英语介绍中国的丝绸之路”这一教学目标，通过听力、阅读等多方面语言输入，实现说和写的语言输出。笔者要求学生课前阅读关于中国古代丝绸之路的两篇文章，积累相关知识和表达，形成自己的“丝绸之路导图”。在课堂上，教师通过知识竞答，引入话题；以在听、说、读等开放式任务型活动中获取有关丝绸之路的信息，灵活运用所积累的词汇表达，总结丝绸之路的历史信息和历史影响。课堂活动以学生为主体，让学生当“文化导游”，有创意地介绍丝绸之路上的历史遗迹，体验历史和文化之旅。教师示范，以亲身经历引导学生思考丝绸之路精神，拓展主题，然后过渡到“一带一路”，带领学生富有感情地朗读相关主题的演讲，感悟丝路精神，升华主题；最后，创设情境，让学生用英语介绍中国的丝绸之路。

（二）学情分析

首先，学生对丝绸之路有一定的了解，但是要用英语介绍它还需要深入学习。因此，教师需要对学生进行较为丰富的语言知识输入，搭建知识技能支架。其次，高三学生时间紧，任务重，教师应合理开发教材，推荐相关优秀文本资料给学生，方便学生借鉴、迁移和创新表达。最后，高三学生的思维能力整体较好，能基本胜任自我整理、自我加工信息的自主学习要求。学生课前自主学习，构建基础知识，课上与小组成员讨论，分享自己的感受，发表自己的看法。但最终进行的现场演讲对学生的要求比较高，教师需要进行有效引导。

（三）教学思路

1. 教学目标

根据新课标要求，结合教学内容和高三学生特点，本文预设了以下教学目标：

（1）积累并整理丝绸之路的相关词汇及表达；

（2）理解并能简要介绍丝绸之路的历史背景及重要意义；

（3）思考感悟丝绸之路精神；

（4）写一段丝绸之路的简要发言稿并现场演讲。

2. 教学重难点

（1）在阅读和听力过程中，引导学生提取信息、提炼信息、整理信息，培养学生的逻辑思维能力；

（2）本话题涉及词汇量大，在口语教学中，要着重引导学生反复操练，运用所积累的词汇，用英语得体地介绍 the Silk Road。

（四）教学步骤

Step 1 Warming up——**导入主题**

A quiz to test students' background knowledge about the Silk Road.

【设计意图】

本教学环节以丝绸之路知识抢答的方式检测学生对丝绸之路已有的了解，快速导入本堂课的话题。

Step 2 Listening for basic information——**感知主题**

Activity 1 Listening for historical information about the Silk Road.

【设计意图】

本教学环节对于原教材设计的表格进行了改编整合，听力内容也进一步删繁就简，重点引导学生获取丝绸之路的历史发展和基本信息，侧重了解丝绸之路的起源、兴衰，再过渡到新时代“一带一路”倡议的提出。从古丝绸之路到现在的“一带一路”，让学生感知课堂主题。

Activity 2 Retelling the historical information about the Silk Road.

【设计意图】

本教学环节引导学生介绍丝绸之路的历史信息，以思维导图的方式，简单明了地呈现丝绸之路的发展史。通过老师示范引领，学生对照思维导图模仿合作，培养运用英语复述听力信息的语言能力，为完成最后的语言任务做好语言知识的铺垫。

Step 3 Reading for the importance of the Silk Road——**理解主题**

Activity 1 Understanding the various impact of the Silk Road.

1）What are the goods traded along the silk road?

2）Why is it called the Silk Road?

3）Apart from trade，what other areas does the Silk Road have an impact on?

【设计意图】

本教学环节通过检查学生课前阅读效果，以提问和抢答方式引导学生更加深入地了解丝绸之路在经济、科技与文化方面的重要影响，理解丝绸之路不仅是中国古代的一条双向的商业贸易路线，联通亚欧大陆，甚至远至北非，在繁荣贸易的同时，也极大促进了东西方的文化交流。它是一座商贸之桥，也是和平纽带和文化交流通道。在这个环节中，指出丝绸之路中主要交易的商品是丝绸，它也是由此得名。教师引领学生了解更多的历史背景知识，如辛追墓中出土的48g 的丝绸禅衣，带领学生感受中国古代人民的智慧，也为最后一个环节的写作积累素材。

Activity 2 Exploring historic sites along the Silk Road.

UNESCO World Heritage sites

Site：the Mogao Caves

Size：492 caves 45,000 murals and about ________ sculptures.

Historical importance：

· the ________ and longest used treasure house of Buddhist art in the world；

· showcasing the evolution of Buddhist art

Time of construction：starting in AD 366，over 10 centuries

Year of UNESCO listing：1987

Site: Big Wild Goose Pagoda
Size: a 64.5-metre pagoda with 7 storeys
Historical importance:
· a combination of Indian and Chinese building styles;
· housing ancient Buddhist texts
Time of construction: AD 652
Year of UNESCO listing: 2014

【设计意图】

本教学环节突出丝绸之路对中国佛教产生的深远影响。通过情境创设，动感、直观、生动地展示了丝绸之路传承给我们的宝贵精神财富。小组以“文化导游”的身份，动态地展示丝绸之路上的世界文化遗址——敦煌莫高窟，体现学生课前自主学习，小组收集信息、加工信息、阐释信息的能力。同时也提高了同学们对于丝绸之路文化影响力的理解，提升了他们的学习兴趣。然后，教师以图片、设问的方式带领学生一起了解另一世界文化遗址——西安大雁塔。

Step 4 Reflecting on the Silk Road Spirit——**升华主题**

Activity 1 Discussing the Silk Road spirit.

Question: What is the Silk Road in your heart?

【设计意图】

教师介绍自己拍摄于大雁塔的照片，谈到自己对于丝绸之路的理解。教师通过情境创设，激发学生进行小组讨论，谈谈自己对于丝绸之路的认知和看法，这种基于事实的观点阐述，有利于加深学生对该主题的理解。

Activity 2 Appreciating a speech excerpt.

Over 2,000 years ago, our ancestors, trekking across vast grasslands and deserts, opened the transcontinental passage connecting Asia, Europe and Africa, known today as the Silk Road. These ancient silk routes opened windows of friendly engagement among nations, adding a splendid chapter to the history of human progress. Spanning thousands of miles and years, the ancient silk routes embody the spirit of peace and cooperation, openness and inclusiveness, mutual learning and mutual benefit. The Silk Road spirit has become a great heritage of human civilization.

2000多年前，我们的先辈筚路蓝缕，穿越草原沙漠，开辟出联通亚欧非的陆上丝绸之路；古丝绸之路打开了各国友好交往的新窗口，书写了人类发展进步的新篇章。古丝绸之路绵亘万里，延续千年，积淀了以和平合作、开放包容、互学互鉴、互利共赢为核心的丝路精神。这是人类文明的宝贵遗产。

【设计意图】

通过小组讨论，自由发言，学生加深了对该话题的理解。本教学环节学生通过大声朗读“一带一路”国际合作高峰论坛开幕式上的演讲节选片段，进一步学习理解和感悟丝绸之路精神，感受新时代的一带一路的“和平合作，开放包容，互学互鉴，互利共赢”的主题。在朗读和感悟丝路精神的过程中，增强学生的家国情怀和民族自豪感，坚定文化自信，升华课堂教学主题。

Step 5 Writing an introduction to the Silk Road——**任务完成**

Activity Group writing and delivering a speech.

我校将举办中意高中生文化交流活动，请你写一篇发言稿，简要介绍中国丝绸之路，内容如下

（开头已给出）：

Part 1：history and development of the Silk Road

Part 2：famous sites along the Silk Road

Part 3：the importance of the Silk Road

My Dear Italian friends,

Welcome to China!

About 700 years ago, your ancestor, Marco Polo came all the way to China, and witnessed the development of the ancient Silk Road. Today it is our great honor to tell you something about this remarkable road. ________________________

【设计意图】

通过以上听、说、读等几个方面的训练和铺垫，本教学环节通过创设情境，让学生以小组为单位，写一段发言稿，介绍中国的丝绸之路，积累高考英语应用文写作的话题及表达。

Step 6 Homework——课后任务

Activity Finishing off other parts of the speech and polish it.

四、整体反思

教师应该注重培养学生提取信息、提炼信息、处理信息的能力，也要将情感态度与价值观融入教学内容之中。学生通过英语学习，用英语讲述中国文化历史，发展自己的语言能力和思维品质，增强家国情怀和民族自豪感。

培养学生用英语讲述中国故事的能力，以及增强文化自信和家国意识是一个循序渐进的过程，需要教师有计划、有侧重地将中国元素融入实际教学中，将中国故事渗透课堂听、说、读、写环节的方方面面。在今后的教学中，笔者认为还有以下几个努力的方向。

1．开设校本课程，研发校本教材

教师应整理教材上关于中国文化、中国元素的话题，并在有必要时进行相关话题的补充；要充分利用各类英文报刊，增加新鲜的讲述中国故事、体现中国发展的文本练习。例如，我校高三英语备课组在2021年编写的二轮复习资料中，有一个时文选读的部分，主要选取体现中国文化传统、发展与成就的时文。教师从权威杂志和新闻报道中自主选取材料，改编为220词左右的语法填空练习，包括北京冬奥会吉祥物、三星堆考古新发现、联合国中文日、精准扶贫等11个话题，既开阔了学生的视野，加深了学生对中国文化的理解，也有助于学生坚定文化自信，增强民族自豪感。

2．将中国元素融入日常教学

教师要鼓励学生课后通过多种渠道获取与中国文化相关的英文表达和知识。对中国元素的学习应该贯穿课上和课外，学生要多维度、多渠道地涉猎、学习。从近几年语法填空的话题考点来看，我们既要关注中国传统文化知识，也要积累中国政治、科技、经济、教育等领域的时文，扩展知识面，努力让学生做到可以用英文向外国好友介绍中国的发展和成就，也能讲述中国的传统和习俗。

3．学习的形式多样化

教师要恰当利用信息技术，结合音频、视频等，给学生创设真实的、有意义的情境，让学生在活动中学习，并爱上学习。教师课上可以利用时文听力、视频、演讲、朗诵、故事讲述等多种教学活动。同时，在实际教学中，教师应该注意教学过程中的层次性，把握好难度和深度，关注学生的接受能力。

参考文献

[1] 中华人民共和国教育部. 普通高中英语课程标准（2017年版）[M]. 北京：人民教育出版社，2018.

[2] 教育部考试中心. 普通高等学校招生全国统一考试英语科考试说明（第一版）［M］. 北京：高等教育出版社，2015.
[3] 王蔷. 从综合语言运用能力到英语学科核心素养：高中英语课程改革的新挑战［J］. 英语教师，2015（16）：6-7.
[4] 史李梅. 信息加工英语教学模式下的师生互动策略探讨［J］. 科教平台，2007（25）：129-130.
[5] 马冬虹. 外语教学中文化因素研究［D］. 上海：上海外国语大学，2007.

（株洲市第二中学）

阅读英语原版小说　培养学生读后续写能力的教学实践

——以 *Mama's Bank Account* 为例

武伟云

摘　要：读后续写是随着我国高考改革，由教育部考试中心研制的英语高考新题型，是评价英语学科素养的重要途径。该题型通过读写结合，检测学生的英语书面语言理解与表达能力，要求学生能够梳理故事文本结构，分析故事发展的线索，想象故事发展的情节，续写故事的发展和结局。要真正培养学生读后续写的能力，将英语原版小说阅读融入高中英语课堂的阅读教学实践是新课程改革的必然趋势。整本书阅读可以帮助学生探索整本书的主题、内容、人物关系等，同时深度理解作者所建构的价值和意义、作品的结构美和语言美等。英语原版小说作为宝贵的英语课程学习资料，不仅是扩大学生阅读量的重要载体，更是提升学生自主学习能力和培养学生读后续写能力的重要素材，这也充分体现了英语学科核心素养。

关键词：英语原版小说；续写能力；教学实践

一、概念的界定

2012 年，王初明教授提出读写结合的重要实践载体——读后续写理论。他大力推崇读后续写这种促学二语的写作任务。读后续写指的是，学习者阅读一篇未完的故事，随后将其补全。学习者在读后续写任务中，通过自身与阅读文本的互动，实现与前文的协同，从而产生促学效应。读后续写充分考查了学生的想象力与语言应用能力，能够提升学生的综合能力，培养学生的英语学科核心素养。2016 年，浙江省高考最先采用读后续写题型。从考试结果来看，绝大多数学生表示在面对读后续写时遇到了很大的困难。这说明读后续写教学存在一定的问题，需要我们在实践中去探究行之有效的教学策略。

英语原版小说阅读融入高中英语课堂的阅读教学实践是新课程改革的必然趋势。整本书阅读可以帮助学生探索整本书的主题、内容、人物关系等，同时深度理解作者所建构的价值和意义、作品的结构美和语言美等。英语原版小说作为宝贵的英语课程学习资料，不仅是扩大学生阅读量的重要载体，更是提升学生自主学习能力和培养学生读后续写能力的重要素材，这也充分体现了英语学科核心素养。

二、课程目标

《普通高中英语课程标准（2017 年版 2020 年修订）》明确指出："读是理解性技能，写是表达性技能，二者在语言学习过程中相辅相成、相互促进。学生应通过大量专项和综合性语言实践活动，发展语言技能。"同时，实施建议部分明确指出，写作部分主要考查学生的写作能力，其中包括写作的流利性、准确性和得体性，故事续写是主要的考试形式之一。2020 年新高考英语"读后续写"评分标准中的第七档要求评分时主要从内容、语言表达和篇章结构三个方面考查，具体为：续写内容的质量、续写的完整性以及与原文情境的融洽度；所使用词汇和语法结构的准确性、恰当性和多样性；上下文的衔接和全文的连贯性。《考试说明》读后续写阅卷角度的第一、第二条对写作内容做了说明，"与所给短文及段落开头语的衔接程度；内容的丰富性和对所给关键词语的覆盖情况"，要求考生做到写作内容的通顺、合理、丰富。内容的通顺合理要求考生有缜密的逻辑思维能力，内容的新颖丰富要求考生有创新思维能力。《考试说明》读后续写阅卷角度的第三、第四条对书面表达做了说明，“应用语法结构和词汇的丰富性和准确性；上下文的连贯性”，可见语言的准确性、连贯性和丰富性是写作的关键，这给学生提升读后续写能力提供了努力方向和有效途径。

三、阅读规划

具体的阅读规划可参考表1。

表1

教学阶段	学习任务	教学内容	教学主题	课时
导读阶段	学习任务一：Chapter 1	构建小组，自读互助互促，自主阅读；认识作者；构建小说人物关系思维导图；小组交流主角“妈妈”的性格特点；小组话剧表演	呈现文本的作者、主要人物关系以及分析主角的性格特点	1课时
品读阶段	学习任务二： 自主阅读 Chapter 2、4、6、9、12、13、14、15、16、17；建构阅读方法；赏析刻画人物特点的语言	自主阅读；小组交流分享刻画人物特点的语言，让学生归纳其特点；展示优秀笔记，形成阅读笔记小板报	引导学生品读文本中有趣诙谐的情节；赏析地道丰富的语言；学会使用丰富的语言刻画人物形象	12课时
展读阶段	学习任务三： 自主阅读 Chapter 3、5、7、8、10；建构阅读方法；自主展演，分享阅读收获	自主阅读和展演；学生品读文本中有趣诙谐的情节；引导小组合作想象不一样的故事情节，尝试读后续写；分享读书心得	学生展演文本中有趣诙谐的情节；小组合作想象不一样的故事情节；尝试给故事构思一段不一样的情节	7课时

四、文本背景

Mama's Bank Account 的作者是美国作家凯瑟琳·福布斯（Kathryn Forbes）。她的原名是凯瑟琳·麦克莱恩（Kathryn Mclean），出生于美国旧金山。19世纪晚期，她的祖母从挪威移民至美国加利福尼亚州，她的父母都是美国人。福布斯本来是一家广播电台的编剧，平时喜欢创作一些小故事。1942年，她以笔名凯瑟琳·福布斯在《读者文摘》（*Reader's Digest*）发表了《妈妈的银行账户》《妈妈的房客》两个短篇故事，深受读者们的喜爱。这给了福布斯极大的鼓舞，她以自己的家庭经历为背景，描写了移民生活的艰辛，后来又写了十几个类似的小故事。这些故事于1943年结集成书，便有了这本备受欢迎的《妈妈的银行账户》。全书共有17章，每一章节为一个独立的小故事。这些故事都以孩子的视角，记录了这个移民家庭里一个个或有趣，或紧张，或诙谐，或感人的画面。这些画面也勾勒出一个勤劳勇敢、朴实能干、充满智慧和爱心的妈妈形象，传递了一份善良、乐观、坚强、无畏的精神力量，值得读者们细细品味和感受。20世纪40年代末，由于身患慢性肺气肿，她完全停止了创作。1966年，她在旧金山去世。虽然英年早逝，她的作品却并没有因此而销声匿迹，相反，《妈妈的银行账户》不断再版、重印，书中的17个真情故事打动了一代又一代的读者。

五、语言特点

Mama's Bank Account 是根据《普通高中英语课程标准（2017年版2020年修订）》编写的译林版新编高中英语教材推出的同步配套悦读丛书之一，原版原著，注重题材的丰富性和语言风格的多样性。该节语言原汁原味，控制语言品质的同时，也控制了语言难度，尽量满足高中学生通过阅读原著提升自主阅读能力、开拓视野、提升综合素养的需求。通过一个学期和学生共读这本书，细细品读之后，我们发现这部原著作品的语言有以下特点。

（1）“重复”显性格

巧用重复的词汇，帮助文本聚焦中心内容，让文本内容始终围绕中心思想。结合 *Mama's Bank Account* 主要分享人物语言的重复和词汇的复现。例如：

Chapter 1：And when Mama nodded，we could relax a little and reach for schoolbooks and homework. For Mama would look up then and smile. **“Is good,”** she'd murmur. **“We do not have to go to the bank.”** ... She pursed her lips. **“We don't,”** she reminded us gently，“**want to have to go to the bank.”**

... She looked around at us proudly. “Is good,” she smiled，“See? **We didn't have to go down to the Bank.**

（Chapter 1 主要围绕妈妈一直撒谎说在城里的银行有存款，让孩子们不用担心钱，给孩子们一种安全感的事情展开。）

Chapter 4：He was a giant of a man，my Great-uncle Chris，and his voice was a **bellow**... Whenever he limped **furiously** through our house，we children scattered... When he was there，**fuming with his great impatience**，**roaring** at them，**scolding** them... One moment everything would be peaceful and quiet；then，without warning，there would be **a stamping and a roaring** and we knew that he was back in town... We would nod timidly. “Oranges!” he **would shout** at Mama. “Give them more oranges.”... **Grumbling and snorting**，he would go down to the wholesale district and send us up boxes of orange... When the Aunts reproached him timidly，he's **glared**... “You think I am afraid to die?” he **raged at** them. He sat right up and **roared**...

（Chapter 4 主要刻画了 Uncle Chris 这一人物形象。作者运用丰富的同义替换、同根派生词、词汇复现等手法呈现了 Uncle Chris 的急躁、专横、坏脾气。）

（2）“说话”有情感

在阅读原著的过程中，学生可以接触到大量真实生动的语言。在平时的教学中，笔者主要引导学生自主阅读，一起探究、积累一些描写人的动作、刻画人物心理情感以及性格的语言，让学生丰富自己的续写语料库。在 *Mama's Bank Account* 中就有很多这样的语言，例如本文里含有各种带情感的“说”的动词以及修饰各种“说”的副词。这些词生动地表现了说话人当时的心理状态，掌握好各种“说”不但可以准确理解人物的心理，而且可以给英语写作添加亮点，下面就让我们来看一些书中出现的跟“说”有关的动词。

Chapter 1：“Is good，” she'd murmur. “We don't have to go to the Bank.”（喃喃细语）

Chapter 1：“We don't，” she reminded us gently，“want to have to go to the bank.”（轻声地提醒）

Chapter 2：“Such talk，” she scolded and made coffee for Aunt Jenny to stop her grumbling.（训斥，责骂）

Chapter 3：“Is enough?” she asked hopefully.（满怀希望地问道）

Chapter 3：“Is so good of you” she said gratefully.（感激地说）

Chapter 3：“Hospital rules，” the nurse said firmly. “You must wait here.”（坚定地说）

Chapter 3：“We must think of some way，” she worried，and we children sat very still.（担忧地说）

Chapter 4：“Stand still!” he would command.（命令地说）

Chapter 4：“You think I am afraid to die?” he raged at them. He sat right up and roared. “Get out! Get out!”（怒气冲冲地说）

Chapter 5：“Ladies，” she snapped，“do not contradict their elders. I say they are all the same.”（严厉地说）

Chapter 8 “What did you bring?” I whispered，hoping anxiously that it would not be something to compete with the delectable meat balls.（轻声地说）

Chapter12：“Please，” Mama pleaded，“we would make you happy here.”（乞求地说）

（3）“动作”绘画面

记叙文中经常出现许多动作描写，而连续相接的动词能够带给读者动态的画面感，给人身临其境的感觉。动作之间通常由一些并列连词和从属连词连接，构成动作链，在 *Mama's Bank Account* 里面就有很多画面感十足的动作链。

Chapter 3：Dr. Johnson looked at his watch，lifted his hat politely，and hurried out of the hospital.

Chapter 3：She held my hand tightly as we walked to the streetcar and never said a word all the way home.

Chapter 3：Then Mama tied te big apron around her waist，filled the bucket with hot water，and started to scrub the kitchen floor.

Chapter 6：I held out the slip of paper that was my transfer，dropped it，retrieved it and dropped it again.

（4）“表达”很地道

因为中英文化存在的差异，写作实践中，学生很容易输出中式思维的语言表达。为了帮助学生逐步改变中式思维表达的现象，在整本书阅读时，笔者要求学生积累大量地道的表达，形成自己的续写语料库。要输出地道的语言，必须从大量的原著阅读语料中吸取营养，并且思考每种地道表达背后的意义和逻辑，要做到知其所以然。整本书的原著阅读为理解地道的表达提供了很好的语境，也为在具体的语言情境中灵活准确运用语言提供了范本。如：

Chapter 1：

· But **the first awareness** was of Mama.

· I saw Mama stand a little straighter，as if to get a kink out of her back.

Chapter 4：

· And no sooner had Mr. Thirkelsen weathered that storm and got his breath back than Uncle Chris took him out to the kitchen and talked him right out of Aunt Trina's dowry money.

六、人物分析

人物是小说的灵魂，是故事情节发展的主导者。书中的每个人物都有典型的性格特征。在阅读中，教师引导学生从情节、语言等方面去分析人物，归纳其性格特点。*Mama's Bank Account* 的主角是“妈妈”。这本书里的每一篇小故事都温暖人心，这些故事也勾勒出一个勤劳勇敢、朴实能干、充满智慧和爱心的妈妈形象，传递了一份善良、乐观、坚强、无畏的精神力量。“妈妈”一次次让我们在微笑中落下眼泪，一个个故事让我们感受到“妈妈”那份飘扬在“家长里短”的爱。第一章我们了解到作者一家移民美国后生活艰难困苦，但乐观的妈妈为了不让孩子们担心害怕，没有安全感，就编了一个善意的谎言，称他们家在银行里有存款，让孩子们不再害怕。为了不让这善良的谎言被揭穿，妈妈带着孩子们勤俭节约，精打细算，使家中每个月的钱够用。在困苦的移民生活中，妈妈充满智慧、坚强地面对每天的挫折和挑战。爸爸需要做手术时，妈妈知道怎样跟贪婪的医生太太打交道；房客欠下租金落跑时，妈妈总是能够找到补偿的方法来应对；家里的“小淑女们”在学校惹了麻烦，只有妈妈才能化解尴尬；性格孤僻的姨婆陷入困境时，只有妈妈知道如何帮助她度过晚年；当姨妈妈们都讨厌 Uncle Chris 时，只有妈妈站在他那边支持他，理解他……这些平凡又琐碎的亲人之间的磕碰、相争相让、搀扶和取暖，构成了一泓文字的深潭，在清澈平静的潭水之下，我们能看见妈妈身上散发出来的蓬勃力量，看到一位母亲如何用乐观、智慧和信念支撑一个温暖的家，看到贫穷的移民后代如何在美国这块土地上扎根和繁衍，努力地融入美国主流社会。

七、佳句赏析

语言是文学的第一要素。每一本不朽的文学著作都是语言艺术的体现。文学语言形象生动、丰富多样，教师在解读语言特点时，要结合读后续写的要求，引导学生赏析作者是如何运用语言文字来表现人物情感、塑造形象、描绘事物、展现场景的。

· Chapter 1：

I remember that every Saturday night Mama **would** sit down by the scrubbed kitchen table and **with**

much wrinkling of usually placid brows count out the money Papa had brought home in the little envelope. (Page 1, Lines 14-17)

我记得每逢星期六晚上，妈妈总是坐在厨房里洗刷得干干净净的桌子边，把平常颇为舒展的眉头皱起，点数爸爸在一个小信封里带回来的钱。（这一句塑造了妈妈勤劳温和、勤俭持家的形象。）

（1）句中 would 表示过去经常做的事或者习惯性的动作。如：

A. When we worked in the same office, we **would** often have coffee together.

我们过去在同一间办公室工作的时候，经常一起喝咖啡。

B. On summer evenings they **would** sit out in the garden.

夏天的晚上他们老是坐在外面的花园里。

（2）with much wrinkling of usually placid brows 为"with+名词"的结构，表示一种状态，作伴随状语。如：

A. With the cheering of the crowd, the President got off the car.

随着群众的欢呼声，总统下了车。

B. The lake was placid and still under the moonlight.

月光下，湖面平静，没有一丝波纹。

Chapter 11:

It was **as if** her tongue had been dipped in the **acid** that Mr. Schiller kept in a rubber-topped bottle on the back of the shelf because a drop of it could **sear off your flesh.** (Page 110, Lines 3-5)

她的舌头仿佛蘸了席勒先生放在架子后面的橡皮头瓶子里的酸性溶液一般，因为她说的每一句话都像那酸性溶液一样能灼烧你的皮肤。（这句话把席勒太太的刻薄斥责比喻成酸性溶液，生动形象地刻画出了席勒太太尖酸的嘴脸。）

（1）句中 as if 引导的句子作 was 的表语从句，as if 意为"好像，仿佛，犹如"，相当于 as though。它们经常引导一个状语从句或表语从句。二者引导的从句中的谓语部分经常使用虚拟语气，说明与事实不符或相反。如果从句所陈述的内容符合事实，也可以使用陈述语气。如：

A. I feel as if I were in a terrible dream.

我感觉好像做了一个噩梦。（虚拟语气）

B. He walks as though he is drunk.

他走起路来好像喝醉了似的。（陈述语气）

Chapter 5:

Only after Papa said that it would be nice to be your own boss and have a place of your own, instead of being a carpenter—only after we children and Nels had coaxed and pleaded—did Mama reluctantly agree to the move across the Bay. (Page 29, Lines 20-23)

直到爸爸说自己当老板，拥有自己的地盘总比当个木匠好，我们和纳尔斯对妈妈又是恳求又是巧言相劝，妈妈才勉强同意搬到湾区对面去。

（1）本句为部分倒装结构，当"only+状语/状语从句"位于句首时，主句用部分倒装。如：

A. Only then did she tell him about the attack.

直到那时，她才把袭击的事告诉他。

B. Only with joint efforts can we solve the problem of global warming.

只有共同努力，我们才能解决全球变暖问题。

注意：only 后接句子主语时，句子不倒装。如：

Only the lawyer can understand this agreement. 只有那位律师才懂得这份协议。

Chapter 4:

For one thing, Uncle Chris was head of the family, **and** he never allowed them to forget. **Then too**, Mama was the only one who spoke up for Uncle Chris... **Ah**, **but** the Aunts were brave **when** they discussed their absent Uncle.

这一段里运用了有效的逻辑词汇，让文章内部逻辑更为紧凑，通过起承转合让故事情节条理清晰。常用的逻辑衔接词包括一些副词、连词和短语，如 luckily，but，however，sometimes，after a long time，for one thing,… one moment，then 等。写作时，我们要关注句间逻辑和段间逻辑，适当的衔接过渡词可以使段内逻辑环环相扣，段间逻辑过渡自然顺畅。

八、书评

在目前的读后续写教学实践中，学生出现的问题主要是抓不准文本的中心思想，输出的内容结构逻辑不合情理、语言乏味。而一篇优秀的续写作品需要完整的行文结构和丰富的语言表达，二者相辅相成、不可分割。笔者根据这一高考新题型的教学困惑，尝试和学生一起进行整本书阅读，并且选择了适合高中生阅读的《妈妈的银行账户》。这本书写的是一个挪威家庭远渡重洋，移居美国的故事。这个家庭有父母和五个孩子，亲戚是四个姨妈和一位舅公。作为一家之主的爸爸是个木匠，妈妈是家庭主妇。这是一本很温暖的书，讲述了与妈妈有关的 17 个故事。移民生活远非家人想象的那般甜蜜美好，仅靠木匠爸爸挣钱养活一家 7 口人，其艰难程度自不待言。维持生计、照顾家人、融入异乡生活……这一切都是这个普通家庭需要经历的事，作为家庭主妇的妈妈，也一直在思考，如何在贫困中让一家人，尤其是孩子们活得更有尊严和品质。于是，她虚构了一个银行账户，每当家里遇到难关时，这个银行账户总是能让儿女们感到心安。多年以后，其中一个女儿把自己写故事收到的第一笔稿费交由母亲存到她的银行账户。这时，妈妈才告诉女儿“银行账户”的秘密——根本就没有什么银行账户，她这辈子从来没有进过银行。虽然是个谎言，但“妈妈的银行账户是一样美妙的东西，我们都为此感到自豪，它给了我们温暖和安全感”。和世上许多母亲一样，面对日常的琐事和挫折，书里的妈妈始终以智慧和坚毅来化解，守护和温暖着整个大家庭，在移民生活里经历了大半个世纪的白昼与黑夜、繁荣与萧条。

书中的 17 个小故事，每一个故事都有一个主题和关键词，篇幅短而小情节精彩饱满。作者还特别选取家中次女“我”的眼睛去感知家里的一切，读者仿佛跟随着“我”和这个家庭一起成长：房客欠下租金跑了，妈妈教会大家宽容面对；面对妹妹的病，妈妈难掩惶恐，但一家人在互相依靠和取暖中更明白真情可贵；在所谓的“淑女”学校，“我们”几个女孩子受到不公对待，妈妈却让我们活得有自尊；为了让儿子读高中，妈妈与家人千方百计凑学费，儿子最后成为一名医生，也成为全家人的骄傲和荣耀……这些小故事里蕴藏着诸多我们成长中所需的品质，比如遇事要坚强、要宽以待人、家人之间要互相理解信任、坦然面对失败和挫折等。作者是生活中的有心人，她用细腻的笔法将那些我们也经历过、感动过的细节编织在了一起，她笔下的母爱也因此显得格外温馨而伟大。

我印象最深的一句话是：“只要有妈妈在，家里就充满了战胜困难、共渡难关的勇气。”书里那位伟大的妈妈用自己的智慧，让孩子们生活在无忧无虑的、有安全感的家庭里。这本书由一个个小故事构成，结构完整、语言丰富。因此可以作为提升学生写作能力的阅读素材。在阅读英语原著小说的过程中，学生能够在老师的指导下学会自主绘制人物关系思维导图，构建行文情节结构，欣赏积累丰富的语言表达，在读后续写的输出活动中对原著小说中的好词好句信手拈来。

九、阅读策略

学生在日常英语学习中，接触的主要是单篇文章，缺乏短篇小说、文学著作的学习方法，也就难以准确把握 *Mama's Bank Account* 的写作特点和阅读方法。多元的教学方法虽然可显著提高学生对原版著作的学习兴趣，但学生作为学习的主体，是整本书阅读的践行者，有效的阅读方法才能帮助他们更清晰完整地理解 *Mama's Bank Account* 的人物形象和主题意义。

（一）自主合作阅读

Mama's Bank Account 对于高中生来说趣味性不错，但生词和地道的表达比较多，如果缺乏教师正确的引导和同伴的合作互助，学生难以独自进行整本书阅读。英语学习是一个循序渐进的过程，整本书阅读更需要学生持之以恒。因此，教师应引导学生构建阅读小组，制订切实可行且具体细化到每周的阅读计划，充分利用自习课的时间阅读，而不需要占用大量的主体学习时间段。英语课堂可运用多

元化、现代化教学方法进一步提高学生的阅读兴趣，有效帮助学生理解 *Mama's Bank Account* 中主角的人物形象以及小说主题内涵。

（二）精读与略读相结合

精读节奏缓慢，与大脑处理信息的节奏不匹配，虽易于理解所读信息，但不利于记忆，而略读是利用人脑的图像超强记忆能力摄入文字，能在短时间摄取大量文字信息，长期坚持，可锻炼良好的视觉感知能力。基于 *Mama's Bank Account* 故事性强的特点，可采用略读的方式进行快速阅读。快速阅读前要求学生先阅读有关专家点评、内容梗概，从而抓住重点内容进行整本书阅读。而后，可从分析故事情节的角度来梳理文本的主要内容。精读，是针对整本书中的重要章节，进行全面、深入、精细的理解，掌握篇章结构、情节内涵，将宏观的略读与微观的精读有效结合，从而提高阅读效率。

（三）分析性阅读

引导学生在文本阅读时对人物形象进行分析性阅读。学生经过思考、查阅资料，学习兴趣及效率会更高，也会对人物形象提出不同的见解，从而加深对作品的理解程度。问题是思维的起点，教师要引导学生发现问题、分析问题，并让学生进行深度思考，这是使学生终身受益的能力。教师要营造出让学生发挥主动性和积极性的学习氛围，培养学生敢于提问的能力；在鼓励学生质疑时，更要教会学生如何质疑。正如叶圣陶先生所说“在该提出问题的地方提出问题，然后对问题进行分析”。在阅读 *Mama's Bank Account* 时，应引导学生带着批判的眼光去阅读，并将遇到的疑问拿到阅读课中分小组进行讨论，激发学生的积极性，使学生对 *Mama's Bank Account* 的每一个故事和每一个人物形象理解得更加深入。

十、读后续写

·学生习作——给 Chapter 3 续写结尾：

Next morning, it is high time that we went to the hospital to see Dagmar. To children's astonishment, Mama held a brand new mop and a brush. After gaining the admission, a nurse led us to Dagmar's ward. The quietness of surroundings aroused our worries about Dagmar's situation. Upon walking into the ward, on the bed sat a cute girl, smiling as bright as the sunshine on a winter day, which cleared up the tension of all my family. After a while, the small ward was buried in the sweet atmosphere full of love and laughter.

While children were chatting happily, Mama tiptoed out of the ward, grasped tightly a brush and a mop, and then she returned to the former desk. “Such dirty floors.” Mama said. “Yes. Thanks to a cleaner yesterday, otherwise the floor would be much dirtier.” The nurse answered, still not looking up. A satisfied smile flashed on Mama's face. Then she began to grasp the mop and scrub the floors as busy as a bee. Every inch of the floor became as clean as a mirror. Mama slightly placed the new mop and threw away the worn one. Seeing the clean floors, exhausted but terrific, Mama smiled like a flower in blossom. On the way back, I asked Mama why she scrubbed the floors again, Mama replied earnestly, “The hospital has swept away Dagmar's pain, and I am willing to sweep the dust of the floors for the doctors and nurses.”（513 班丁佳丽同学作品）

·学生习作赏析：

这篇续写情节设计合乎逻辑。第一段主要承接上文故事情节——焦急的妈妈想办法去看一眼生病的妹妹 Dagmar，得知妹妹好些了才安心下来。小作者接下来叙述的情节是，第二天我和妈妈带上抹布和刷子再次去医院看望 Dagmar，妈妈为感谢医院对妹妹的悉心照顾和治疗，再一次为医院拖地，用实际行动对医生、护士表达感激之情。小作者紧扣妈妈的个性特点，在字里行间巧妙地刻画了妈妈善良、懂得感恩的品质。行文有效地使用了连接成分，如 next morning，to children's astonishment，after doing…；upon doing…，after a while 等，这些衔接过渡词汇的合理使用使全文结构紧凑。

这篇续写语言地道丰富，描写细致入微，生动形象地向读者展现了作者情感的变化。通过动作、表情描写“Upon walking into the ward, on the bed sat a cute girl, smiling as bright as the sunshine on a winter day, which cleared up the tension of all my family”表现我们看到妹妹好一些之后特别高兴，同时内心又充满感激；“Then she began to grasp the mop and scrub the floors as busy as a bee. Every inch of the floor became as clean as a mirror. Mama slightly placed the new mop and threw away the worn one.”这一段通过动作链描写展现了妈妈的欣喜和感激；最后通过语言描写“Mama replied earnestly, ‘The hospital has swept away Dagmar's pain, and I am willing to sweep the dust of the floors for the doctors and nurses.’”展现了妈妈内心的感激之情，至此，故事画上了圆满的句号。

该学生具有较强的语言功底，词汇丰富，也使用了丰富的语法结构，包括强调句型、倒装句、非谓语结构、形容词作状语等。

十一、教学案例分享

本次教学以 *Mama's Bank Account* 的 Chapter 1 教学实践为例，设计了一节整本书导读课。本教学案例从以下 6 个活动环节入手，为开展高中英语整本书拓展阅读教学提供具体的、可操作的实践案例。

Step 1 An introduction to the writer 搜读明背景

1) Brief introduction

2) The writer's life

3) Works

Step 2 Skimming for the main idea 略读知大意（见表 2）

表 2 Mama and Her Bank Account

Elements	
Setting	A family was living in the USA in the early 1900s
Characters	Mama, Papa, Nels, Katrin, Christine, Dagmar
Plot	In the Katrin's childhood, her family worked hard and supported each other so that they never needed to get money from Mama's bank account. When she was older, Katrin found out that the bank account did not exist. Mama made up the bank account to make the children feel secure
Theme	A mother gives her children deep love and does whatever she can to protect them

Step 3 Analyze Mama's personality 寻读找细节

Work in groups and find some sentences describing Mama and analyze her personality.

1) Action description:

A. Mama would **count out** the money Papa and **brought** home in the little envelop. (**well-organized**)

B. Mama gave him **a bright smile** and wrote down a number. (**optimistic**)

C. Mama reached across the table and **touched Papa's sleeve**. (**considerate**)

2) Appearance description:

A. Papa seemed shorter and Mama's hair was silver now.

3) Dialogue description:

A. “We do not have to go to the Bank Account!” She reminded.

Step 4 Appreciate the beauty of the language 品读赏语言

在整本英语原著品读课上，教师应引导学生回归作品，细读文本，品读语言之美，探索字里行间的内涵，体会故事人物的细腻情感和品格形象。在 *Mama's Bank Account* 中的 Chapter 1 中有不少关于“说”的动词以及修饰各种“说”的副词。这些词生动地表现了说话人当时的心理状态，掌握好各种“说”不但可以准确理解人物的心理，而且可以给英语写作添加亮点，下面就让我们来找出 Chapter 1

中出现的跟“说”有关的动词。

Chapter 1：“Is good，” She'd **murmur**. “We don't have to go to the Bank.”（喃喃细语）

Chapter 1：“We don't，” she **reminded** us **gently**，“want to have to go to the bank.”（轻声地提醒）

Chapter 1：“I will work in Dillon's grocery after school，” Nels **volunteered.**（主动说）

Chapter 1：“Is good，” she **smiled.** “see?” We did not have to go down to the Bank.（笑着说）

Chapter 1：“And when I didn't—couldn't—answer，Mama **said earnestly.**（认真地说）

此外，在 *Mama's Bank Account* 一书句式灵活多变，交替使用长短句、倒装句和连续疑问句等句式，每一种句式都生动地展现了不同的故事场景和人物性格或情感，字里行间散发着语言变幻之美。如：

Chapter 1：Should our efforts fail，we still had the Bank Account to depend upon.（倒装句：强调妈妈的存款给孩子们的安全感。）

Chapter 1：“Is good，” she smiled，“See? We didn't have to go down to the Bank.（简单句：刻画了妈妈乐观的性格。）

Step 5 Critical reading for continuation writing 研读促读写

原著研读主要是文本情节，探究问题，发展学生思维。在英语原著研读教学中，可以借助学生提出的问题以及教师预设的问题，培养学生的批判性思维和创新思维品质。当学生在阅读中遇到实际问题时，教师可以将这些问题转化为教学资源，引导学生进一步思考解决问题的多种可能性，激活学生思维，挖掘他们的想象力，进一步探究主题，并联系生活实际。例如，学生读到 *Mama's Bank Account* 第二章 Mama and Idle Roomer 结尾的时候，好奇地问：“Where did Mr. Hyde go? What happened to Mr. Hyde?”在疑惑中，学生们积极思考，展开想象。有的学生说海德先生因为支付不起房租，可能去流浪了；有的学生说经济大萧条时期，他在流浪的时候可能遇到了危险；也有学生说他可能幸运地找到了一份工作，赚了钱，然后又回到作者家归还了租金……在学生们愤悱之时，老师便引导学生给 Chapter 2 续写结尾。以下是一位同学的续写作品：

After leaving Mama's house，Mr. Hyde wandered around the street aimlessly. Suddenly，someone shouted，“It is the guy who cashed our neighborhood.” **Panicked and scared**，he began to run **crazily** and behind him was joined y a growing crowd of people. **So exhausted** was he that he immediately **rushed** into a nearby orphanage，hiding himself in a grim corner. He **rested** against the wall，**swallowed** for air and **patted** his chest **breathlessly**. All of a sudden，a little ragged girl **dashed out**，who held a book in her chest，looking at him up and down with confusion. “Hello! What are you doing here?” Mr. Hyde didn't answer but noticed the book—*Dombey and son*，wearing a broad smile，“Are you interested in the book? It's also my favorite.” Hearing this，the girl's face shone with joy. “Could you please read it for me?” She pleaded. Mr. Hyde nodded with a smile.

As the sunlight shed a soft glow on their faces，the two immersed themselves in the sweet stories. Just then，the president of the orphanage walked out of her room and captured the warm scene. She approached them ad asked Mr. Hyde gently，“Would you like to stay here to read stories to all the children. I'll pay you!” Surprised and excited，Mr. Hyde thanked her with tears blurring his vision. One day，Mr. Hyde came back to Mama's house and sent the check in Mama's hand，saying，“Thank you for giving my dishonesty.” Mama was deeply touched by Mr. Hyde and smiled **heartily**，“You give us a lot. And you owe us nothing!”

Step 6 Demonstrated-reading for sharing 展读利分享

经过前面五个活动的体验后，教师可以利用阅读小组合作，鼓励各小组分享他们对原著主角的分析和阅读收获。同时，学生也可以在展读课前几天，以小组为单位自主决定课上要展示的内容和形式，教师可提供必要的建议或帮助。

Group 1：角色扮演主要情节：一家人围坐着桌旁看妈妈数钱的画面

Group 2：阅读笔记分享

Group 3：人物关系思维导图展示

Group 4：我眼里的“妈妈”

Group 5：分享阅读心得

通过阅读英语原著，同学们有了不同的收获。下面分享同学们的阅读心得：

A 同学：

从前我的作文平庸无奇，毫无亮点；现在我的作文经常受到老师表扬和鼓励。从前的我，被动地学习英语；现在的我，饱含热情地学习英语，英语成绩也越来越好，而这一切改变都是从阅读《妈妈的银行账户》开始的。在英语老师的推荐下，我第一次走进英语名著阅读，这本书极大地激发了我学习英语的兴趣。现在的我十分享受阅读的过程，每当我读到喜欢的语言，就如同捡到珍宝，想着下一次自己写作时使用它们。一本书的内容是有限的，但对我的影响却是无限的。原著阅读为我打开了一扇通往英语世界的窗。我发现我的写作表达能力也在慢慢提升，我的深度理解能力、自主学习能力也在阅读中潜移默化地增强。

B 同学：

通过阅读《妈妈的银行账户》，我对如何刻画人物性格，表现人物形象有了更为深刻的理解。小说运用了大量细腻生动的情感描写来表现人物的喜怒哀乐。在描写人物动作时，小说经常以动作链的形式铺开，这对我丰富自己的文章内容有很大的帮助。同时，小说中的各种“说”更是丰富了我的语料库，如“murmur”“whisper”“snap”“roar”等动词。此外，小说还通过大量形容词或副词修饰动词进行润色，如“I blushed more fiercely”，同时还以社会环境作为人物活动的背景。这些亮点都大大拓宽了我的写作视角，让我受益匪浅。

十二、结语

阅读英语原著是学习英语语言和英语文化最重要的途径，它的价值不仅在于语言的熏陶与积累，还在于对读者心灵的滋养。在阅读英语原版小说的基础上创造性地构思续写内容，可以培养学生的创新思维能力，将所学的知识消化后融入续写中，将理解和输出紧密结合，潜移默化地促进学生读后续写能力的提升，是提高外语学习效率的有效方式，对学生未来的人生发展也具有深远的意义。

参考文献

[1] 中华人民共和国教育部. 普通高中英语课程标准（2017年版2020年修订）[M]. 北京：北京师范大学出版社，2020.

[2] 程晓堂，赵思奇. 英语学科核心素养的实质内涵[J]. 课程·教材·教法，2016（5）：79-86.

[3] Kathryn Forbes. Mama's Bank Account [M]. 南京：译林出版社，2020.

[4] 吴瑜. 读后续写在高中英语阅读教学中的运用[J]. 中小学外语教学（中学篇），2018（6）：37-40.

[5] 仝亚军. 例谈读后续写情节构建的问题与策略[J]. 中小学外语教学（中学篇），2018（7）：44-49.

（醴陵市第四中学）

例谈以建构知识体系为导向的单元小结课

马 罗

摘 要：本文在《普通高中数学课程标准（2017 年版 2020 年修订）》倡导的基于数学学科素养目标的“单元—课时”教学设计理念的指导下，开展了以建构知识体系为导向，以“圆锥曲线的方程”为例的单元小结课教学探究，进行了培养知识系统建构能力的实践，总结出单元小结课的设计应注意以下几点：知识梳理要突出重点，方法归纳要突破难点，问题设计要打通堵点。

关键词：建构知识体系；单元小结课；问题链设计；教学

一、引言

美国认知心理学家杰罗姆·布鲁纳强调结构的重要性，他在《教育过程》一书中指出，“获得的知识，如果没有完满的结构把它联系在一起，那是一种多半会被遗忘的知识。一连串不连续的论据在记忆中仅有短促得可怜的寿命”。[1]

《普通高中数学课程标准（2017 年版 2020 年修订）》（以下简称《课标》）将单元教学作为落实核心素养的有效途径，因为单元教学更强调学习内容和方法的共性和整体性，对学习内容有更上位的认识，更强调整体学习目标，更突出关键能力和核心素养。知识系统中的各知识点本身蕴含着数学思维方法，各知识点之间蕴含着逻辑关系，并且能有效突出单元教学特征，所以知识系统建构过程是发展核心素养的过程。[2]《课标》还指出，教学中“不仅要关注每一节课的教学目标，更要关注单元的教学目标”，这要求每节课的教学要有全局观念，教师要从单元的高度认识这节课在本单元中的地位和作用，研究该内容与本单元其他内容的联系，这样才能更好地帮助学生理清知识的来龙去脉，构建数学知识体系，认识数学本质。[3]

基于以上想法，本文开展了以建构知识体系为导向，以“圆锥曲线的方程”为例的单元小结课教学探究，进行了培养知识系统建构能力的实践。由于单元小结内容受限于课堂时间，教师无法面面俱到地复习，因此，我在设计本节单元小结课时，对单元内容进行了筛选，选择了教材中的问题“圆锥曲线的‘统一性’体现在哪些方面？你如何理解圆锥曲线的‘统一性’”作为授课内容，使用“先行组织者”手段，在激发学生学习兴趣的同时，围绕圆锥曲线的“统一性”建构提出一系列问题，以“问题串”引导学生思考圆锥曲线知识系统中问题的解决策略，思考各知识点间的逻辑关系，并类比迁移，归纳出研究圆锥曲线的基本框架和路径，从而促进学生理性思维和核心素养的发展。

二、“圆锥曲线的方程单元小结课”教学探究

（一）教学目标

（1）通过归纳本章知识结构，建立知识的“多元联系”，构建圆锥曲线的知识体系；

（2）通过“问题串”引导学生深刻理解圆锥曲线的“统一性”；

（3）学会“回顾—建构—整合—拓展—提升”单元小结学习流程，构建研究数学对象的基本路径与方法，并迁移到其他内容的学习中。

（二）重点难点

（1）教学重点：回顾本章学习路径，构建本章知识结构图；以“问题串”引导学生积极思考，

理解圆锥曲线的“统一性”，体会圆锥曲线的“统一性”的应用。

（2）教学难点：理解圆锥曲线的“统一性”。

（三）教学过程及设计意图

环节一：梳理圆锥曲线知识结构

问题1：你能用表格或框图画出本章的知识结构图吗?

师生活动：把这一环节作为课前任务一提前布置给学生，在课堂上，教师评价学生完成情况，展示学生制作的表格式图表，并提供其中一位同学的图表（如图1所示）。图1是用表格的形式从“定义”“图像”“标准方程”“几何性质”及“应用”等5个方面进行归纳总结。

从单元小结的视角引导学生根据教材提供的框图式知识结构图（如图2所示）梳理本章内容：“平面截圆锥”得到3条曲线——椭圆、双曲线和抛物线，从画图实践操作中得到了3条曲线的个性化定义；通过建立适当的坐标系，得到了相应曲线的标准方程；通过方程研究曲线的性质及应用。

名称	定义		图像	标准方程	几何性质					应用
	个性定义	统一定义			范围	顶点	对称性	离心率	渐近线	
椭圆										
双曲线										
抛物线										

图1

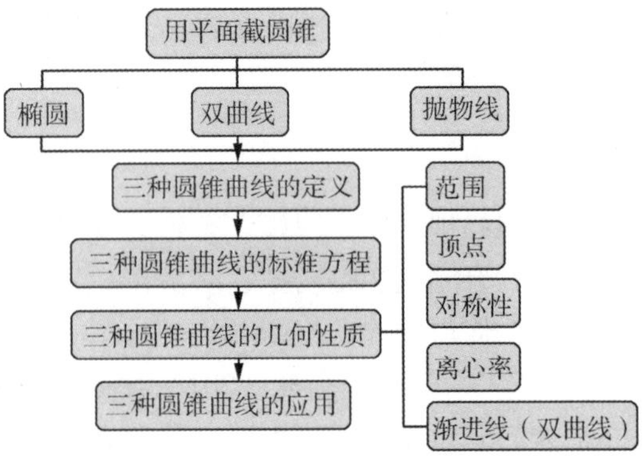

图2

启发学生通过两张图表共同回顾圆锥曲线的学习路径：背景—定义—方程—性质—应用。

［**设计意图**］“本章知识结构”以框图形式呈现本章知识要点、发展脉络和相互联系，有结构图（内容的逻辑关系），也有流程图（内容的发展顺序），具体内容是本章主要知识点、内容反映的数学思想和方法。框图实际上是再一次更细致地呈现基本教学套路，它既反映了本章内容的结构、核心知识和研究路径，也是本章内容的思维导图，可以帮助学生在学完全章后形成清晰的数学认知结构。因此，本教学环节引导学生自主建构圆锥曲线知识结构图。

采用“归纳法”呈现学习内容，引导学生自己归纳圆锥曲线的知识体系；回顾圆锥曲线的学习路径：背景—定义—方程—性质—应用，使用“先行组织者”手段，从方法论角度，对如何构建研究路径等加强指导，以提高教科书的思想性。

环节二：聚焦圆锥曲线的“统一性”

问题2：圆锥曲线的“统一性”体现在哪些方面?

师生活动：先由学生思考、回答，然后教师归纳总结圆锥曲线的统一性体现在以下3个方面。①来源统一：圆锥曲线是平面截圆锥所得的截线，并通过信息技术展示曲线形成的动态过程。②定义统一：教材以“具体例子+拓展性素材”的方式，明确了圆锥曲线的“统一定义”——平面内与一个定点F和一条定直线l（l不经过点F）的距离之比等于常数（即圆锥曲线e）的点的轨迹是圆锥曲线。③研究过程与方法统一：教材多次引导大家用几何眼光观察圆锥曲线，再用坐标法研究其方程、几何性质及应用。

［**设计意图**］这一环节既有回顾，又有整合，起到提纲挈领的作用，为接下来理解圆锥曲线的“统一性”埋下伏笔。

环节三：理解圆锥曲线的“统一性”

问题3：如何理解圆锥曲线的“统一性”?

师生活动：由于这个问题涉及范围较广，学生可能难以回答，教师会基于“问题3”设计一些

“追问”，以引导学生思考。

追问 1：圆锥曲线的几何特征都是通过什么形式表示的？

名称	图像	标准方程	几何性质			
			范围	顶点	离心率	渐近线
椭圆		$\frac{x^2}{a^2}+\frac{y^2}{b^2}=1$ $(n>b>0)$	$-a\leqslant x\leqslant a$ $-b\leqslant y\leqslant b$	$(a, 0)$ $(-a, 0)$ $(b, 0)$ $(-b, 0)$	$0<e<1$	
双曲线		$\frac{x^2}{a^2}-\frac{y^2}{b^2}=1$ $(a>0, b>0)$	$\|x\|>a$	$(a, 0)$ $(-a, 0)$	$e>1$	$y=\pm\frac{b}{a}$
抛物线		$y^2=2px$ $(p>0)$	$x\geqslant 0$	$(0, 0)$	$e=1$	

图 3

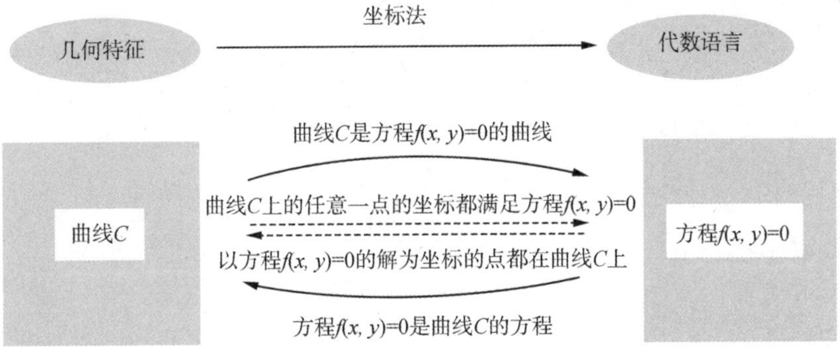

图 4

师生活动：教师以表格式知识框图（如图 3 所示）为工具，展示如何用代数语言来刻画圆锥曲线的几何特征的特点，引导学生关注坐标法是几何特征与代数语言之间的桥梁，引导他们进一步理解“曲线与方程”的关系是坐标法研究几何问题的理论基础（如图 4 所示）。

[设计意图] 坐标法是研究圆锥曲线的根本大法，数形结合是根本思想，可以让学生深刻感受“研究对象在变，研究套路不变，思想方法不变”的特征，对这些内容进行再概括，这有利于学生进一步理解坐标法的真谛。

对于“曲线的方程”“方程的曲线”概念的处理，按照教师教学用书中的要求，在圆锥曲线方程的推导中，采取“结合具体曲线呈现相关内容”的方式，最后在本章小结中对“曲线与方程的关系”进行归纳，并指出“利用坐标系建立曲线与方程的这种关系是解析几何的基础，在今后的学习中可以进一步体会到”，以降低学生理解该概念的难度。

追问 2：用代数方法研究圆锥曲线的性质及应用时，其处理方法具有怎样的“统一性”？

师生活动：引导学生回顾本章学习过程，总结研究圆锥曲线性质时，处理方法的“统一性”，即对每一种曲线的研究都是按照“曲线的几何特征—建立曲线的标准方程—通过方程研究曲线的性质—应用”的过程展开的。

[设计意图] 通过回顾圆锥曲线性质的探究过程，让学生进一步加深对坐标法及其重要性的认识，从圆锥曲线性质的角度更好地理解圆锥曲线的“统一性”。

追问：用代数方法研究圆锥曲线的应用时，处理方法又具有怎样的“统一性”？

师生活动：把“2018 年全国Ⅰ卷第 19 题第（2）问”作为课前任务二提前布置给学生，先让学生独立思考，再在课堂上进行交流与分析，最后教师明确给出解题思路，展示解答过程。

2018 年全国Ⅰ卷第 19 题：设椭圆 C：$\frac{x^2}{2}+y^2=1$ 的右焦点为 F，过 F 的直线 l 与 C 交于 A，B 两

点，点 M 的坐标为（2，0）。

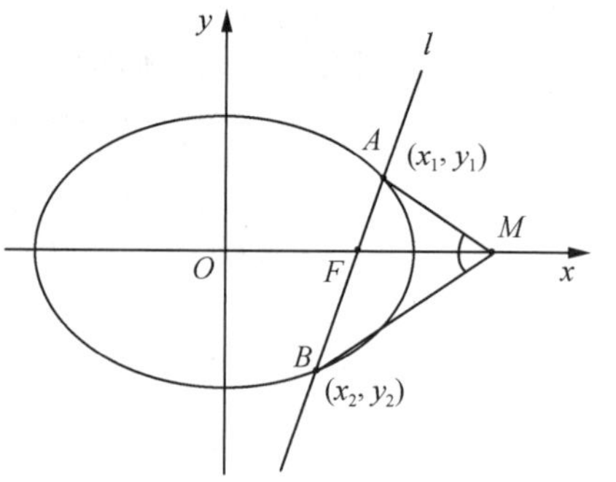

（1）当 l 与 x 轴垂直时，求直线 AM 的方程；

（2）设 O 为坐标原点，证明：$\angle OMA=\angle OMB$。

解：①当 l 与 x 轴重合时，$\angle OMA=\angle OMB=0°$，

当 l 与 x 轴垂直，OM 为 AB 的垂直平分线，所以 $\angle OMA=\angle OMB$

②当 l 与 x 轴不重合时，可设 l 的方程为 $y=k(x-1)$ $(k\neq0)$，$A(x_1, y_1)$，$B(x_2, y_2)$，则 $x_1<\sqrt{2}$，$x_2<\sqrt{2}$，直线 MA，MB 的斜平之和为 $K_{MA}+K_{MB}=\dfrac{y_1}{x_1-2}+\dfrac{y_2}{x_2-2}$。

由 $y_1=kx_1-k$，$y_2=kx_2-k$ 得

$$k_{AM}+k_{MB}=\frac{2kx_1x_2-3k(x_1+x_2)+4k}{(x_1-2)(x_2-2)},$$

得 $(t^2+2)y^2+2ty-1=0$，则 $y_1+y_2=\dfrac{-2t}{t^2+2}$，$y_1y_2=\dfrac{-1}{t^2+\Delta}$，

$$\because k_{MA}+k_{MB}=\frac{y_1}{x_1-2}+\frac{y_2}{x_2-2}=\frac{2ty_1y_2-(y_1+y_2)}{(ty_1-1)(ty_2-1)}=\frac{2t\dfrac{-1}{t^2+2}-\dfrac{-2r}{t^2+2}}{(ty_1-1)(ty_2-1)}=0$$

将 $y=k(x-1)$ 代入 $\dfrac{x^2}{2}+y^2=1$ 得

$(2k^2+1)x^2-4k^2x+2k^2=0$。

$\therefore$，$x_1+x_2=\dfrac{4k^2}{2k^2+1}$，$x_1x_2=\dfrac{2k^2-2}{2k^2+1}$

则 $2kx_1x_2-3k(x_1+x_2)+4k\dfrac{4k^3-4k-12k^3+8k^3+4k}{2k^2+1}=0$

$k_{MA}+k_{MB}=0$，故 MA，MB 的倾斜角互补，所以 $\angle OMA=\angle OMB$，综上，$\angle OMA=\angle OMB$。

通过对 2018 年全国Ⅰ卷第 19 题第（2）问的解答，归纳总结出程序化的“三部曲”解题策略：几何问题译为代数问题—代数运算与推理—代数结论译为几何结论。进一步理解用代数方法研究圆锥曲线的应用时，其处理方法的“统一性”，深度感受数形结合的思想。

［设计意图］以发展学生数学学科核心素养为导向，创设合适的教学情境，提出数学问题，引导学生以独立思考、自主学习、合作交流等多样化的方式开展数学学习，是《课标》的基本理念。本教学环节以高考原题为载体，培养学生“先用几何眼光观察，再用代数方法解决”的思维习惯，体会其中蕴含的数形结合思想；通过归纳总结出程序化的“三部曲”解题策略，加深学生对处理方法“统一性”的理解。

环节四：应用圆锥曲线的“统一性”

追问 3：你能从圆锥曲线的统一定义找到圆锥曲线共有的几何特征吗？

统一定义：我们把平面内与一个定点 F 和一条定直线 l（l 不经过点 F）的距离之比等于常数（即圆锥曲线 e）的点的轨迹叫作圆锥曲线。当 $0<e<1$ 时，轨迹为椭圆；当 $e>1$ 时，轨迹为双曲线；当 $e=1$ 时，轨迹为抛物线。

师生活动：教师与学生共同回顾圆锥曲线的统一定义，重点关注统一定义中蕴含的圆锥曲线共有的几何特征。定义中的定点 F 为焦点，直线 l 为该焦点对应的准线，$\dfrac{\text{到点的距离}}{\text{到线的距离}}=$常数（离心率 e），启发学生运用几何特征拓宽解题思路：如果题目中出现了统一定义中的几何特征，你会不会考虑用统一定义解题呢？不妨再来分析一下 2018 年的这道高考题。

解法二：①当 l 与 x 轴重合时，$\angle OMA=\angle OMB=0°$，

②当 l 与 x 轴不重合时，由椭圆方程易知右焦点 F（2，0），对应的右准线 l_1：$x=2$，过点 A 作 $AA_1\perp l_1$，垂足为点 A_1，过点 B 作 $BB_1\perp B_1$，垂足点为 B_1，由统一定义可知，$\frac{|AF|}{|AA_1|}=\frac{|BF|}{BB_1}=e$，即 $|AF|=e|AA_1|$，$|BF|=e|BB_1|$，

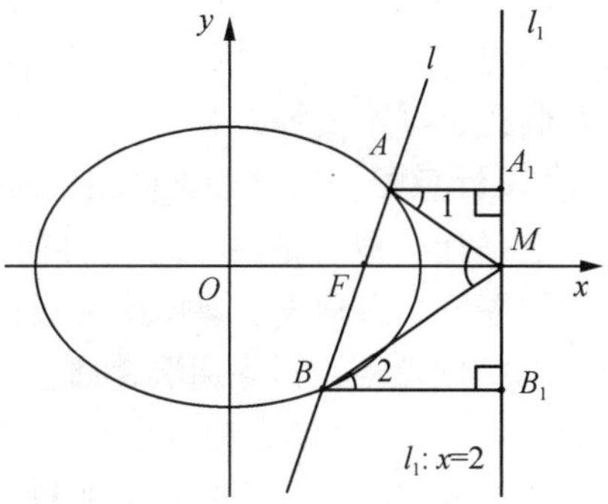

由平行线分线段成比例定理可知 $\frac{|A_1M|}{|AF|}=\frac{|B_1M|}{|BF|}$，

$\therefore \frac{|A_1M|}{|AA_1|}=\frac{|B_1M|}{BB_1}$，即 $\tan\angle 1=\tan\angle 2$，

又，$\angle 1=\angle 2\in\left(0,\ \frac{\pi}{2}\right)$，$\therefore\ \angle 1=\angle 2$，

即 $\angle OMA=\angle OMB$。

综合①②得 $\angle OMA=\angle OMB$。

［**设计意图**］比较两种解法，第二种计算量更少。在学习圆锥曲线时，不仅要从代数角度入手提高运算能力，还要努力提高几何图形分析能力，充分挖掘题中的隐含条件，关注统一定义的应用，在数形结合上下功夫，不断积累控制代数运算的难度和技巧的方法。

通过一题多解，对比学习，使学生逐步形成数学思维方式和探究技能，促进其数学知识和技能的持续结构化，使学生的知识结构不断完善，理性思维不断成熟。

追问 4：如果把椭圆方程换成双曲线方程或抛物线方程，其他条件不变，结论是否仍然成立？

师生活动：先让学生小组讨论，再进行全班交流，最后教师给出三种圆锥曲线的图像（如图 5 所示），引导学生关注统一定义，通过 e 刻画的是三条圆锥曲线共有的几何特征，得出两角仍然相等的结论。

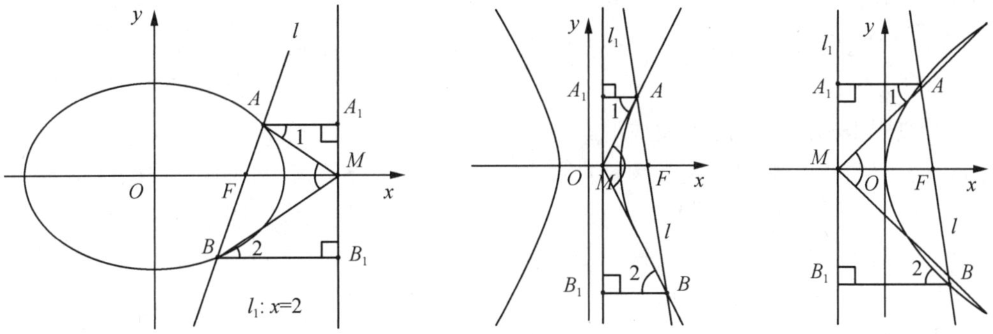

图 5

［**设计意图**］将椭圆换成双曲线或抛物线，引导学生通过“看”和“思”进一步理解圆锥曲线统一定义的内涵及应用，助力学生通过“探究—重构”发展逻辑思维，并在此过程中凸显数学的理性精神，给人以震撼性的愉悦感。

追问 5：2018 年全国Ⅰ卷第 19 题，针对第（2）问的结论还可以提出哪些问题？

师生活动：先由学生独立思考，再由学生进行分享，最后教师提炼 2018 年全国Ⅰ卷第 19 题第（2）问的结论的本质特征，总结学生提问并拓展提问思路：

（3）证明：$\frac{|AF|}{|BF|}=\frac{|AM|}{|BM|}$；

（4）延长 MA 交 y 轴于点 C，延长 MB 交 y 轴于点 D，证明：$|OC|=|OD|$，$|CM|=|DM|$，$S_{\triangle FCM}=S_{\triangle FDM}$；

（5）若点 A 关于 x 轴的对称点为 A'，证明：M，A'，B 3 点共线。

归纳总结之后进一步引导学生思考：在其他条件不变的情况下，若点 M 不是准线与 x 轴的交点，

结论是否仍然成立？通过动态几何软件 GeoGebra 演示点 M 在 x 轴移动的动态过程，让学生在数形结合中得出“不成立”的结论。最后给出课后思考任务：有兴趣的同学还可以继续探究，如将曲线换成双曲线、抛物线等，进一步发散思维。

[设计意图] 对照圆锥曲线的统一定义，展开联想，在回忆、再认识、深化中建立良好的知识结构，这是让“概念植根心灵”的有效手段，能使思维过程更为清晰。立足例 1 解决的根本，通过对例 1 的探究，多角度、多层次地设问和质疑，通过“一题多解”打开思路，找到巧法，通过“多题一解”归纳总结，找到通法，通过“一题多变”发散思维，做到举一反三，助力学生提高学习效率，远离“题海”。这道高考题是解析几何的典型问题，通过对其进行充分挖掘，可以为不同数学水平的学生提供良好的学习体验和学习机会，加深学生对圆锥曲线“统一性”的认识，培养学生从定义出发分析问题条件和结论的思维习惯，引导学生从特殊到一般的角度思考问题。

环节五：归纳单元小结学习路径

请同学们带着下列问题回顾本节课的学习内容：

（1）你能从本节课的学习中总结出“单元小结”的学习路径吗？

（2）你能归纳一下本节课我们从哪些角度进行了单元小结吗？

（3）你认为圆锥曲线的“统一性”体现了哪些数学思想方法？

师生活动：以提问的形式让学生在独立回顾、思考总结的基础上进行全班交流，最后教师点评、总结，强调数形结合思想在全章的统领作用，让学生类比“单元小结”的学习路径，思考教材中剩下的 6 个问题。分享著名数学家华罗庚的名言：“数缺形时少直观，形少数时难入微。”让学生与数学家一同感受数学中数形结合的魅力。

[设计意图] 若将理解圆锥曲线的“统一性”视为一个“小系统”，则在建构这个“小系统”后，希望学生能类比并自主完成教材中的其他 6 个小问题及其“小系统”的建构，进而形成更完整、更丰富的“大系统”——圆锥曲线的研究系统。本节课充分体现了圆锥曲线知识的联系性与整理性的关系，为今后其他单元的学习与总结提供了经验和研究范式。

环节六：布置课后学习任务

任务 1：类比本节课的学习路径，从教材中剩下的 6 个问题中选取 1 个问题，以小组为单位进行讨论，并提交学习报告。

（1）你能说说用坐标法研究圆锥曲线的具体过程吗？

（2）在椭圆、双曲线、抛物线 3 类圆锥曲线的研究中，椭圆是研究的第一类圆锥曲线，对双曲线、抛物线的研究，我们采用的是类比的方法，你能说说具体的类比内容吗？

（3）椭圆、双曲线、抛物线的几何特征是什么？这些几何特征在研究圆锥曲线中有什么作用？

（4）圆锥曲线的几何性质主要包括哪些方面？如何用代数方法研究这些几何性质？

（5）如何用直线与圆锥曲线的方程判断它们的位置关系？

（6）数形结合在圆锥曲线的研究中具有重要作用，你能举例说明吗？

任务 2：探究题。

（1）教材第 108 页例 3：如图 6，设 A、B 两点的坐标分别为（−5，0），（5，0），直线 AM、BM 相交于点 M，且他们的斜率之积是$\frac{4}{9}$，求点 M 的轨迹方程。

（2）教材第 121 页探究：如图 7，点 A、B 的坐标分别为（−5，0），（5，0），直线 AM、BM 相交于点 M，且它们斜率之积是$\frac{4}{9}$，试求点 M 的轨迹方程，并由点 M 的轨迹方程判断轨迹的形状。

（3）（湖南师大附中 2022 届第一次阶段性测试第 15 题）：设直线 $y=x$ 与双曲线$\frac{x^2}{a^2}-\frac{y^2}{b^2}=1$（$a>0$，$b>0$）相交于 A，B 两点，P 为 C 上不同于 A，B 的一点，直线 PA，PB 的斜率分别为 k_1，k_2，若 C 的离心率为 2，则 $k_1 \cdot k_2=$________。

从以上 3 道题中你有什么发现？你能找到一般的结论吗？能否根据该一般性结论编写一道数

学题？

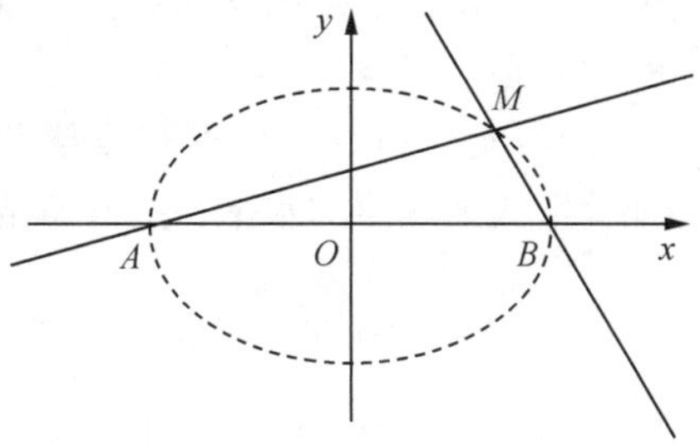

图 6

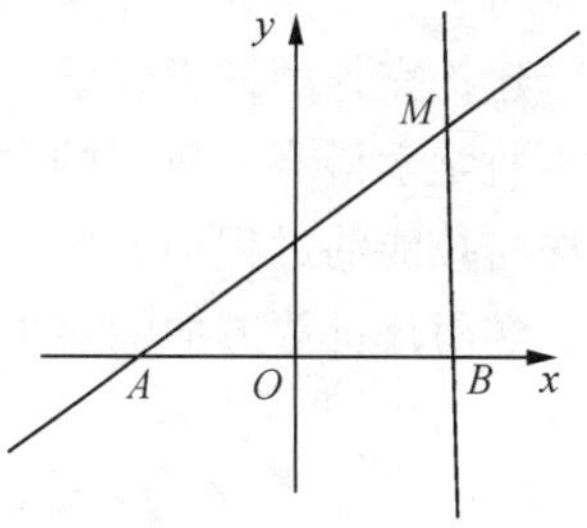

图 7

［**设计意图**］基于心中有“标”、目中有“人”、训练有“法”、设计有“道”的原则，将作业设计作为教学设计的一部分，贯穿课堂的始终。本节课课后作业分为两部分，一部分以“小组合作提交学习报告”的形式完成，增强了作业的多样性、层次性和拓展性，实现了学习方法的迁移；另一部分以“题组归纳”形式完成，引导学生发现，把教科书上的例题及探究题反过来，就是圆锥曲线的一条性质：椭圆、双曲线上的点［长轴（或实轴）端点除外］与长轴（或实轴）的两个端点连线的斜率之积是定值。此外，通过湖南师范大学附属中学 2022 届第一次阶段性测试第 15 题，引导学生进一步发现，以上性质还可推广：椭圆、双曲线上关于原点对称的两点 A、B，与曲线上异于 A、B 的任意一点 C 连线的斜率之积是定值。引导学生在目的明确的前提下对知识进行迁移与应用，深化学生对单元小结课学习路径的理解。

三、“圆锥曲线的方程单元小结课”教学启示

单元小结课通过全面系统地回顾、归纳和概括本单元主要知识，提炼主要数学思想方法和单元学习路径，进而理清知识脉络，建构知识体系，[4]并将知识、思想和方法融入环环相扣的问题链中，在问题探究的过程中加以归纳总结，使其动态化，系统化，网络化，结构化，在建构完整知识体系的同时，形成动态思维导图。[5]因此，单元小结课的设计主要是知识的梳理、方法的归纳和问题链的设计。

（一）知识梳理，突出重点

在本文的单元小结课设计中，教师采取图表形式对知识进行梳理和信息加工，实现知识结构可视化，知识脉络清晰化。在知识梳理过程中，教师根据学生的认知特点，以提升学生数学核心素养为目标，对具有内在关联性的教材内容进行了整合与重组，通过优化后的教学内容聚焦知识关联，突出本章教学重点。

（二）方法归纳，突破难点

本文的教学设计案例引导学生在知识梳理过程中实现学习路径的提炼，使用“先行组织者”手段，从方法论的角度加强对建构研究路径的指导。在问题探究与解答的过程中进行方法的归纳与总结，让学生在此过程中深度感受圆锥曲线一章中“研究对象在变，研究套路不变，思想方法不变”的特征，进一步理解程序化“三部曲”（几何问题译为代数问题—代数运算与推理—代数问题译为几何结论）的解题策略，突破本章学习难点。

（三）问题设计，打通堵点

案例中，以圆锥曲线一章内容的结构和核心知识为线索，通过反映知识来源，展示知识的独特性、发展性和关联性，体现知识应用性的问题链，[6]引导学生回顾全章内容，深化对本章核心内容及其反映的数学思想和方法的理解，梳理具有重要地位且具有一定难度的知识结点——“堵点”，形成对本章内容更加全面的认识，完成对本章知识体系更完整的建构。[7]

“圆锥曲线的方程单元小结课”教学设计案例，在整体视角下确定教学目标、把握课程内容、选择教学方法，以“教师为主导，学生为主体”的课程理念，通过由浅到深、层层递进的问题链设计，

不断引导学生从低阶思维（记忆、理解）到高阶思维（应用、创新）发展，让学生有更多的机会主动参与、自主学习、合作探究、亲身实践和自我建构。这样的设计符合学生的认知规律，有利于学生把握知识本质，建构完善的知识体系，形成和发展数学学科的核心素养。[8]

此外，基于数学学科素养目标的“单元—课时”教学设计与实践研究，也可有效帮助教师在掌握教学设计方法与技能的过程中，提升数学理解水平，提升学生认知规律的水平，提升学情分析、情境与问题设计、学习评价等方面的能力。

参考文献

[1] 布鲁纳. 教育过程［M］. 邵瑞珍，译. 北京：文化教育出版社，1982.
[2] 中华人民共和国教育部. 普通高中数学课程标准（2017年版）［M］. 北京：人民教育出版社，2018.
[3] 邢硕炜. 整合·探究·拓展：高中数学单元主题教学之“三部曲”［J］. 中学数学，2020（13）：9-10.
[4] 向立政，周远方. 把握课型特点　改变建构方式　促进认知升华：探寻小结课教学的有效价值取向［J］. 中国数学教育，2012（22）：2-4+8.
[5] 周远方，田新，杨郑国. 探中抽知　串知成链　动态生成　有效构建：“函数的应用小结”的课例与评析［J］. 数学通讯，2010（6）：15-20.
[6] 徐章韬. 数学单元小结课的认识及其教学设计［J］. 课程. 教材. 教法，2016，36（12）：61-65.
[7] 章飞. 将数学知识系统的建构纳为数学对象［J］. 数学教育学报，2008，17（5）：65-68.
[8] 羌达勋. 主题教学视角下数学单元教学设计：以“平面解析几何”为例［J］. 数学教学通讯，2020（36）：3-5+8.

（长沙市第一中学）

基于 STEM 的初中数学跨学科学习框架研究

陈丽娟

摘　要： 当前，初中跨学科学习能力与水平已成为衡量初中教学水平的重要标志。数学作为理科学习的基础理论与重要工具，在推进初中数学跨学科学习方面具有重要意义。本文基于 STEM 的教育理念，研究构建初中数学跨学科学习框架。首先，阐释基于 STEM 的初中数学跨学科学习的研究背景；其次，总结国内外研究现状；最后，在 STEM 教育理念基础上提出初中数学跨学科学习框架并进行研究分析，为进一步开展初中数学跨学科学习研究提供理论借鉴。

关键词： STEM；初中数学；跨学科学习；框架研究

一、研究背景

（一）基于 STEM 的跨学科教育蓬勃发展

当前，学科融合正成为世界范围内学科教育与发展的趋势，STEM 教育作为跨学科教育的经典教育模式，在全世界蓬勃发展。美国政府相继发布《K-12 年级科学教育框架》[1]《2015 年 STEM 教育法》等一系列法规政策，在大学教育模式、学科教育融合以及教育融合政策制度等方面阐释了 STEM 教育理念的原则、标准、方式、制度等。与此同时，国内 STEM 教育热潮也逐渐兴起，《中国 STEM 教育白皮书》于 2017 年 6 月发布，为进一步规范和推进我国 STEM 教育发展提供理论基础与行动指南。中国教育科学研究院于 2018 年 5 月发布《STEM 教师能力等级标准（试行）》，该标准对培养教师的 STEM 教学素养给出了指导意见。[2]

（二）教育改革重视培养学生的跨学科素养

《国家中长期教育改革和发展规划纲要（2010—2020 年）》明确提出“跨学科、跨领域的科研与教学”的相关概念。[3]此外，2014 年，教育部出台《关于全面深化课程改革落实立德树人根本任务的意见》，明确指出要加强设计和优化“核心素养体系”，开展跨学科教学活动，用以提高学生综合学习能力。[4]由此可见，我国教育改革已经逐渐开始重视培养学生的跨学科学习能力。数学学科具有天然而强烈的跨学科性质，与科学、技术、工程领域均具有密切的关系。因此，初中数学新课程改革不仅要求数学教师转变单学科教学理念，更要求教师重视学生多学科融合学习，进一步加强数学学科与其他学科的融会贯通。[5]

（三）初中数学学习急需渗透 STEM 教育理念

当前，基于课程设置、教学大纲等现实因素，我国跨学科的 STEM 教育模式主要集中在小学阶段，通常以课外活动、科学普及以及兴趣班等形式渗透 STEM 教育理念开展跨学科学习。而中学数学学习主要以课堂单科学习为主，跨学科学习较少，这与新时代教育改革的需求和目标相差甚远。新一轮教学改革要求提升学生的综合学习素养，数学作为自然学科的基础理论与方法工具，必然离不开跨学科学习。培养学生的跨学科学习素养是新时代推进中学教学改革发展的必然要求。因此，开展基于 STEM 的初中数学跨学科学习框架研究，既符合时代要求，又意义深远。

二、国内外研究现状

（一）国外研究现状

1986 年，美国国家科学基金会发表《大学的科学、数学和工程教育报告》，首次提出了 STEM 教育理念。[6]2004年，德国萨克森州教学大纲强调“跨学科教学”概念，明确规定教师要进一步强化跨学科教学能力。[7]2011年，美国国家研究理事会发布《K-12科学教育框架：实践、跨学科概念、核心概念》，提出科学教育应包含“科学与工程实践”“跨学科概念”和“学科核心观念”三个维度。[8][9]2015年，法国政府启动初中改革方案，明确提出从初中五年级起就开设跨学科学习实践，以达到学科知识融合效果。[10]由此可见，国外研究尝试在四门学科中渗透STEM教育理念，培养具有多学科知识的综合型人才，以此来提升综合国力。[11]

（二）国内研究现状

我国的STEM教育虽然起步相对较晚，但逐渐受到重视。2012年，《上海教育环球教育报》首次重点介绍STEM教育，指出我国的STEM教育研究主要集中在理论探索、环境构建和技术应用等方面，并且大多借鉴美国的STEM教育模式。2017年《中国STEM教育白皮书》发布，详细阐述了当前我国STEM教育发展的基本情况、发展现状和未来规划，明确提出要提高教师的跨学科学习素养。陈琦强调，中学数学要注重跨学科学习，分析了数学跨学科学习的未来发展趋向；[12]潘谦军提出科学课程中数学思想方法的整合教学，阐述了科学教学与数学思想方法整合应用的问题；[13]柏素霞将我国中学数学新课程标准与STEM理念进行对比分析，对数学跨学科学习素养培育进行了思考与实践。[14]

综上所述，虽然跨学科学习的理论与实践研究在国内外文献中频繁出现，但是基于STEM的初中数学跨学科学习研究并不多。本文基于STEM教育理念开展初中数学跨学科学习框架的研究，不仅有助于促进教师在初中数学教学时运用多学科融合的思想，使教学内容更具联系性和广度，同时也为进一步开展初中数学跨学科学习研究奠定理论基础。

三、研究框架分析

（一）概念界定

1. STEM

STEM由科学（Science）、技术（Technology）、工程（Engineering）和数学（Mathematics）英文单词首字母组合而成。其中，科学是反映客观世界基本规律、推进人类文明交替演进的知识体系；技术是人类根据科学理论、生产生活经验总结而成的解决实际问题的方法工具体系；工程是在科学与技术的基础上创造更加满足人民生产生活需求的人工物体体系；数学是抽象事物客观规律的量化表现与解决数量问题的方法工具。STEM教育理念不是简单机械地将科学、技术、工程等学科知识与数学学科知识堆砌起来，而是取各学科之长，有机整合各学科的相对优势，进一步激发学生的学习兴趣。

2. 初中数学

初中数学，即初中学段的数学学科，主要涵盖数形概念及运用、方程（组）与不等式、函数及其图像、概率运用等基础理论与应用知识，是升华小学数学知识、链接其他学科、铺垫高中数学的基础数理知识。

3. 跨学科学习

跨学科学习意味着交叉融合，就是要取各学科之优势，以弥补常规教育之不足，就是要有机整合多门学科的理论、方法、思维方式等，使学生产生跨学科理解，有效掌握多学科知识，并能够融会贯通。

（二）跨学科学习框架构建及分析

构建跨学科学习框架是以初中数学知识为中心，通过运用技术、科学、工程类学科的知识与方法，对实践活动进行加工设计，使学生能够通过数学工具广泛地探索多学科领域知识，培养学生多方面的智慧和能力。基于STEM的初中数学跨学科学习示意图如图1所示。

1. 基于技术类学科与初中数学的跨学科学习研究

一方面，充分利用学校针对初一学生设置的社团编程课，引导学生通过开展独立编程以解决数学问题，启发学生的信息编程思维与兴趣，将信息技术有机融入数学实践；另一方面，充分利用学校的

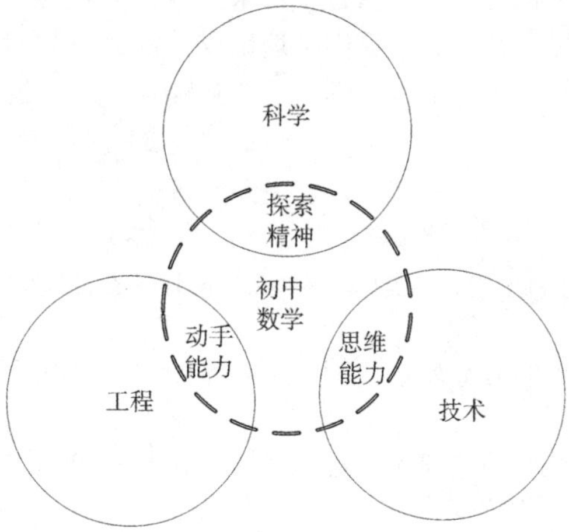

图 1　基于 STEM 的初中数学跨学科学习示意图

多媒体资源，开展信息多媒体数字教学活动，打破“黑板+粉笔”的传统学习模式，利用多媒体工具将数学知识形象地展现并传递给学生。

2. 基于科学类学科与初中数学的跨学科学习研究

一方面，引导初二学生开展物理数学兴趣学习活动，整合物理与数学的相关知识，学生利用数学工具对物理现象、运动规律、经典理论开展数学建模、逻辑推导、数值变换等数学运用；另一方面，引导初三学生开展化学数学兴趣学习活动，整合化学与数学的相关知识，使学生利用数学工具对物质性质、组成、结构以及变化规律开展数学建模、逻辑推导、数值运算等数学运用。

3. 基于工程类学科与初中数学跨学科学习研究

一方面，通过实验实操学习，让学生亲自动手，体验运用知识来解决实际问题；另一方面，设置综合性的社会实践学习活动，以亲身探索为主线，引导学生利用数学工具协同解决问题，在获取数学知识的同时，提高动手能力。基于 STEM 的初中数学跨学科学习研究框架如图 2 所示。

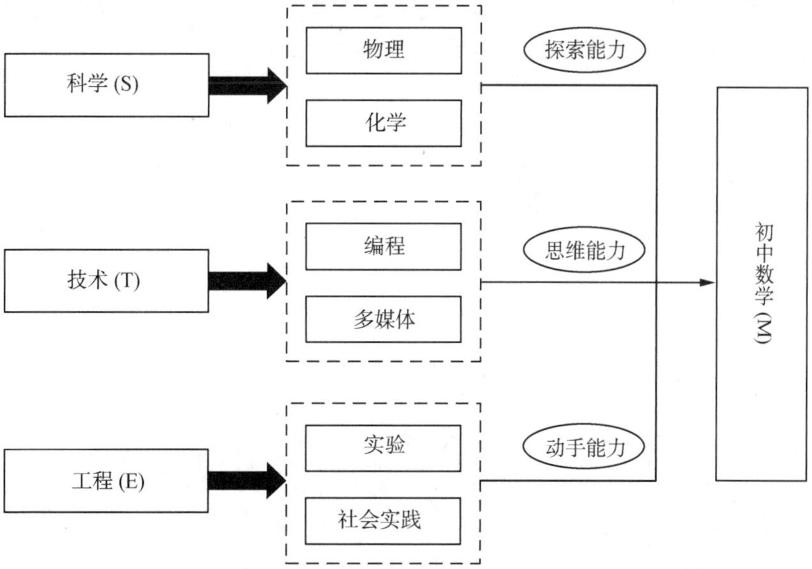

图 2　基于 STEM 的初中数学跨学科学习研究框架

四、结语

本文基于 STEM 教育理念构建初中数学跨学科学习框架，在一定程度上丰富和深化了初中数学学习内容，拓展延伸了初中数学学习模式，具有重要的理论与现实研究意义。一方面，初中数学 STEM

学习，将数学与科学、技术、工程这些学科结合，为学生提供了新的学习模式，为进一步丰富学生学习内容、拓展延伸学习模式、提升学习效果提供了理论支持。另一方面，基于STEM的初中数学跨学科学习研究，不仅有助于提升教师的跨学科教学素养，还能促进教学模式的创新，为学生提供更加深入、多元、高效的学习方式与环境。

参考文献

[1] 胡恺岩，王祖浩. 开启新一代的科学教育：美国《K-12年级科学教育框架》述评［J］. 化学教育，2012，33（9）：123-125+136.

[2] 田慧生，王素，曹培杰，等. 中国STEM教育白皮书发布：提高学科的本质认知和科学素养［J］. 苏州教育信息化，2017（5）：3-4.

[3] 李芳芳. 跨学科素养的高中物理教学策略研究［D］. 扬州：扬州大学，2018.

[4] 刘启迪. 打好中国学生发展核心素养的文化基础［J］. 当代教育科学，2017（5）：3-6.

[5] 肖敏. 共生理念下的跨学科教学探讨［J］. 物理之友，2019，35（7）：9-11.

[6] 朱学彦，孔寒冰. 科技人力资源开发探究：美国STEM学科集成战略解读［J］. 高等工程教育研究，2008（2）：21-25.

[7] 杜惠洁. 德国教学设计的理论与实践研究［D］. 上海：华东师范大学，2006：93-95.

[8] National Research Council. A Framework for K-12 science education：practices，crosscutting concepts，and core Ideas［M］. National Academics Press，2012.

[9] National Research Council. Appendix G-crosscutting concepts［EB/OL］.（2013-04-01）［2016-03-25］. http：//www. nextgenscience. org/sites/default/files/Appendix%20G%20-%20Crosscutting%20Concepts%20FINAL%20edited%204. 10. 13. pdf.

[10] 欧洲时报. 法国推进初中教改：重外语、跨学科教学校方享更多自主权［EB/OL］.（2015-03-12）［2016-03-25］. http：//ouzhou. oushinet. com/france/20150312/186123. html.

[11] 李芳. 国外近十年STEM教育的研究现状与可视化分析：基于WOS文献的共词分析［J］. 教育信息技术，2018（9）：46-50.

[12] 陈埼. 初中数学跨学科教学浅议［J］. 宁波大学学报（教育科学版），2006，28（3）：149-150.

[13] 潘谦军. 科学与数学共舞知识与方法齐飞：摭谈科学教学与数学思想方法的整合［J］. 新课程研究. 2009（5）：62-64.

[14] 柏素霞. STEM教育融入初中数学的思考与实践［J］. 文理导航，2019：3.

（长沙市长郡湘府中学）

高中数学课堂教学中转化思想的应用举例

钟志高

摘　要：数学是一门基础学科，贯穿了学生的整个学习生涯。随着学生学习阶段的不断提高，数学变得更加复杂，学生会明显感觉到数学变得越来越抽象，在数学上取得好成绩也更难了。数学在高中教育中的重要性变得尤为突出。思维转变贯穿于解决问题的各个方面，而题海战术已不再适合现代高中生的学习要求。思维转变是数学领域中的一种普遍的观念，它的基本功能是将问题从一种形式转换为另一种形式，这对学生解决一些复杂的问题非常有帮助。本文从分析转化数学思维的概念本质和应用重要性问题入手，详细分析转化数学思维在我国高中数学学习领域的实际应用，这有助于减轻高中学生重复学习高中数学知识的心理压力，进一步深化数学知识。

关键词：转化思想；高中数学；应用

一、转化思想的概念、本质特征和开始

（一）转化思想的概念

在数学领域，转化思想是最常用的思维之一。转化思想指的是在研究一个复杂的或新的问题时，通常会简化这个新的或复杂的问题来解决它，是数学代数和几何问题中非常重要的数学思想。

（二）转化思想的本质特征

转化思想是为了抓住问题的实质，使复杂的问题简单化。转化思想的一个基本特征是将新知识和方法迁移，简化计算并拓展思路，把隐含的数量关系变成明显的数量关系。同时，转化思想可以带来新的思维视角，找到解决问题的关键。越来越明显的是，学生难以适应这种情况，教师要逐渐重视数学思维，只有将数学思维应用到实践和学习中，学生才能真正学会学习。

（三）转化思想的开始

高中数学知识往往枯燥且抽象，许多学生可能无法正确理解某一主题或某个知识点的基本含义，导致成绩越来越差。转化思想的实际应用主要是将认识转化、量变、身份、数形、动静、局部和整体从陌生转化成为熟悉，将要解决的实际问题直接转化成已经解决的实际问题，这种问题的解决过程会改变学生的思维方式，对解决高中数学问题至关重要，因此，只有仔细理解问题的含义，才能准确理解问题的数量和关键词，从而顺利解决问题。

二、转化思想在高中数学中的运用

（一）转化思想在函数中的运用

例 1　已知函数 $f(x)=4x^2-ax+1$ 在 $(0,1)$ 内至少有一个零点，试求实数 a 的取值范围。

方法 1：设 $f(x)=4x^2-ax+1$，对称轴为 $x=\frac{a}{8}$，注意到 $f(0)=1>0$，故对称轴必须在 y 轴的右侧。

（1）当 $0<\frac{a}{8}<1$ 时，即 $0<a<8$，

有$\begin{cases}\Delta=a^2-16\geqslant0,\\ f(0)>0\end{cases}\Rightarrow\begin{cases}a\leqslant-4\text{ 或 }a\geqslant4,\\ a\in R\end{cases}\Rightarrow a\leqslant-4$ 或 $a\geqslant4$，此时 $4\leqslant a\leqslant8$；

（2）当$\frac{a}{8}\geqslant1$时，有$f(1)<0\Rightarrow5-a<0\Rightarrow a>5$，此时有 $a\geqslant8$。

综合（1）（2）得实数的取值范围是 $[4,+\infty)$。

方法2：（1）当 $\Delta=a^2-16=0$，解得 $a=4$ 或 $a=-4$。

当 $a=4$ 时，$f(x)=4x^2-4x+1$ 的零点为 $x=\frac{1}{2}$，符合题意；

当 $a=-4$ 时，$f(x)=4x^2+4x+1$ 的零点为 $x=-\frac{1}{2}$，不合题意。

（2）当 $\Delta=a^2-16>0$ 时，解得 $a>4$ 或 $a<-4$。

又因为$f(0)=1>0$，所以$f(1)=4-a+1<0$ 或$\begin{cases}f(1)=4-a+1>0\\ 0<\frac{a}{8}<1\end{cases}$

解得 $a>4$，综合（1）（2）得实数 a 的取值范围是 $[4,+\infty)$。

综上所述，答案可以通过不同的方式得到，但是不同方法得到答案的时间不同，计算的程度也不同。如果直接用方法2解决这个问题，就需要数字和形状的结合，还需要分类讨论，因此，为了更方便地找到最佳答案，我们可以转化思路，以使其更简单。

（二）转化思想在解三角形中的运用

例2 已知向量$\overrightarrow{OA}=(\cos\theta_1,2\sin\theta_1)$，$\overrightarrow{OB}=(\cos\theta_2,2\sin\theta_2)$，若$\overrightarrow{OA}=(\cos\theta_1,\sin\theta_1)$，$\overrightarrow{OB}=(\cos\theta_2,\sin\theta_2)$，满足$\overrightarrow{OA}\cdot\overrightarrow{OB}=0$，则 ΔOAB 的面积 $S_{\Delta OAB}$ 等于________。

分析：可取 θ_1，θ_2 的某些特殊值代入求解。

解：由条件$\overrightarrow{OA}\cdot\overrightarrow{OB}=0$ 可得 $\cos(\theta_1-\theta_2)=0$。利用特殊值，如设 $\theta_1=\frac{\pi}{2}$，$\theta_2=0$ 代入，则 $A(0,2)$，$B(1,0)$，故面积为1。

使用转化思想，使得求解三角形的常见问题变得更加直接和简单。

（三）转化思想在不等式中的运用

例3 若对任意的 $x\in[1,2]$，都有 $x^2-2x+a\leqslant0$，则 a 的取值范围是________。

方法1：令$f(x)=x^2-2x+a$，由题意有$\begin{cases}f(-1)=(-1)^2-2\times(-1)+a\leqslant0\\ f(2)=2^2-2\times2+a\leqslant0\end{cases}$

解得 $a\leqslant-3$。

方法2：当 $x\in[1,2]$，$x^2-2x+a\leqslant0$ 恒成立等价于 $a\leqslant-x^2+2x$ 恒成立。

令$f(x)=-x^2+2x\ (x\in[1,2])$，则 $a\leqslant f(x)_{\min}$ 恒成立，而$f(x)_{\min}=-3$，

所以 $a\leqslant-3$。

从例3可以看出，不等式恒成立问题直接解答很困难，这时我们需要对其进行转化，方法1利用一元二次函数图像转化为解不等式组；方法2将其转化为函数的值域问题，进一步转化为单方面的最值问题。应用转化思想对复杂问题进行简单化、熟悉化转化，从而更快地解决问题。

（四）转化思想在数量关系中的运用

为了使这个问题更直观、更清晰，我们给大多数关于定量抽象关系的抽象概念直接赋予了图形几何学的意义，如果我们能将其从图形处理相关的定量问题直接转化成一个定量的抽象关系，就可以采取更简单、更通用的解决方案，这就是转化思想中的数形结合变换。

例4 求函数$f(x)=2-4a\sin x-\cos 2x$ 的最大值和最小值。

分析：令 $\sin x=t$，转化为关于 t 的二次函数在闭区间上的最值问题。

解：

$y=f(x)=2-4a\sin x-(1-2\sin^2 x)=2\sin^2 x-4a\sin x+1=2(\sin x-a)^2+1-2a^2$。

设 $\sin x=t$，则 $-1\leqslant t\leqslant 1$，并且 $y=g(t)=2(t-a)^2+1-2a^2$。

当 $a<-1$ 时如图 1。

有 $y_{最大}=g(1)=3-4a$，$y_{最小}=g(-1)=3+4a$，

当 $-1\leqslant a\leqslant 1$ 时，$y_{最大}$ 为 $g(-1)$ 和 $g(1)$ 中的较大者，即 $y_{最大}=3-4a$ $(-1\leqslant a\leqslant 0)$ 或 $y_{最大}=3+4a$ $(0\leqslant a\leqslant 1)$。

当 $a>1$ 时，有

$y_{最大}=g(-1)=3+4a$，$y_{最小}=g(1)=3-4a$。

通过改变元素，将下三角问题转化为熟悉的二次函数问题。

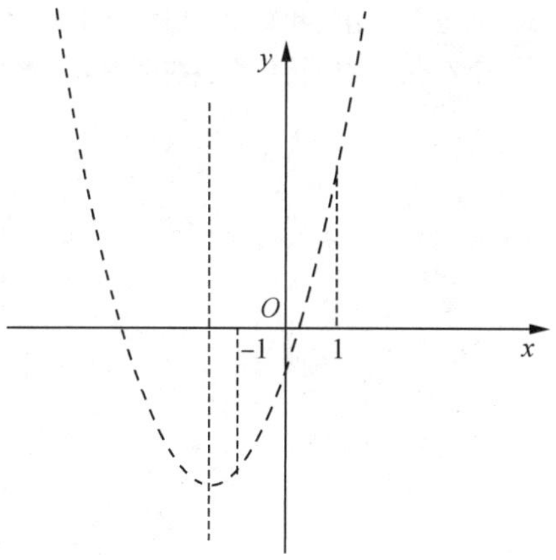

图 1

三、如何提高转化思想在高中数学中的使用率

（一）把错题本转化为学生自我教育的动力

针对学生在不同阶段作业中出现的错误，教师通常会在学生复习和改正错题时，对整体或个别错误进行及时的批改，从而有效地提高学生及时纠正错误的能力。首先，通过分组讨论，教师可以及时分析学生的问题，对错误率超过 40% 的学生进行全面指导；其次，教师还应提供个人专业辅导，尤其是对于错误率低于 20% 的学生；最后，教师需要不断改进科学教学方法和实践活动。

（二）将错题集作为教学资源

错题集反映了学生在解题过程中遇到的难点。教师需要从中挖掘潜在的错误，总结经验，并进行相应的培训。通过长期的训练，学生不仅可以提高自己分析错误的能力，还可以学到正确的知识。此外，教师需要教会学生面对错误，并培养他们严谨的学习态度。

（三）转变思维角度，扩展解题思路

对思维转变的理解基本体现在数学证明问题上。以数学概率问题为例。假设一名运动员进行了 a、b、c3 次射击，命中 3 个靶心的失误概率分别为 0.7，求至少一名击靶运动员同时击中一个靶心的失误概率。一般情况下，只有 1 次射击或 3 次射击都没有命中，就可以认为失败了，这是学生通常的思维方式。这样的分析需要一系列复杂的计算，在解决问题的过程中可能产生很多错误，从而导致错误的结果。如果问题反过来，假设 3 次都不命中，将问题集中在一个点上，并逆向解决问题。通过这种转换方法，学生可以快速理解问题的关键点，将问题转化为已知条件，灵活地解题。

四、结语

总之，转化思想在高中数学教学中占据重要位置，在解决高中数学问题中起着非常重要的作用，对于学生获得数学基础知识也非常重要。因此，数学教育不仅需要教师不断改进教学方法，更需要通过有效的教学策略培养学生的独立数学逻辑思维能力。教师不仅可以在数学课堂上通过使用各种多媒体教学来不断简化数学知识点，让数学知识更容易被学生理解，还可以创设新的情境提高广大学生的学习兴趣。虽然这些新的教学策略都可以在当前新课程教学改革的总体要求下帮助教师更好地开展工作，但教师必须继续探索教学方法，因为教育的步伐没有停止。

参考文献

[1] 任天友. 谈高中数学中转化思想的应用［J］. 人力资源管理，2010（3）：147+149.

[2] 程金兵. 浅谈高中数学思想方法在教学中的应用［J］. 科学大众（科学教育），2011（10）：67.

[3] 钱佩玲，邵光华. 数学思想方法与中学数学［M］. 北京：北京师范大学出版社，2000.

[4] 张乐. 高中数学教学中转化思想的应用探究［J］. 中学生数理化（学研版），2015（7）：93.
[5] 宋玉军. 高中数学有效运用数形结合思想的教学研究［D］. 长春：东北师范大学，2005.
[6] 何玉春. 化归和转化思想在高中数学教学中的体现和应用［J］. 中小学教学研究，2000（3）：40-41.
[7] 李花花. 例谈转化思想在高中数学教学中的应用［J］. 中学生数理化（高中学研版），2011（2）.

（岳阳市平江县第三中学）

高中数学试卷讲评课有效性探究

唐 旋 陈春燕

摘 要：在高中数学的教学过程中，往往通过考试来检验教学效果以及学生对知识的掌握程度。考试不仅是反馈教学情况的最普遍、最直接的方式，还能帮助学生了解自己的知识能力水平，引导学生自觉主动地查漏补缺，完善知识体系和思维系统。因此，高中数学试卷讲评课在高中数学教学中扮演着重要的角色。有效的数学试卷讲评课能在提高学生学习效率的同时提升教师的教学能力。试卷讲评课的质量直接影响教学效果及学生成绩的提升速度。然而，非常多的高中数学教师以及学生都不重视试卷讲评环节，仅把数学试卷讲评课当成对答案、讲试题的时间，导致试卷讲评课效果不佳。怎样才能取得良好的试卷讲评效果呢？这已经成为高中数学教育者们需要探讨的重要课题。

关键词：高中数学；试卷讲评；有效性

一、目前高中数学试卷讲评课的现状

（一）从教师教的角度分析

1. 教师对试卷讲评课的备课不够积极

在讲评试卷之前，部分高中数学教师没有进行充分准备。他们课前没有分析教学大纲与考纲，没有分析考情，也没有准备教案，通常只简单准备好试卷，在课堂上即兴讲解。

2. 只注重解题过程，忽视了方法指导与思维训练

教师在讲评试卷时，往往将重心放在了错误率较高的题目上，带领学生一起重新分析题目，讲解题方法与过程，以确保学生能够正确解答，但往往忽视了思维训练，也忽视了引导学生思考为什么做错以及如何正确思考。

3. 不顾试题主次，平均分配时间

教师讲评试卷时没有分析试卷的重点和核心考查点[1]。他们不顾主次地从第一题开始依次讲解，而不突出重点或解决难点。他们不仅讲解学生会的题，也讲解学生掌握不足的题，讲评不具有针对性，导致时间浪费，学生听着乏味。

4. 教师满堂灌，学生缺少参与

教师在进行试卷讲评课时，通常觉得一节 40 分钟的课不够用。一份高中数学试卷通常有 8 道单选题、4 道多选题、4 道填空题和 6 道解答题。通常教师会全力讲解，学生拼命做笔记，几乎没有足够的时间思考，参与度不高。

（二）从学生学的角度分析

1. 讲评前学生缺少自我纠错环节，缺乏自主学习能力

学生对知识点陌生、对知识点理解不透是阻碍学生自主纠错的重要因素。教师可以倡导学生小组合作纠错，共同填补知识漏洞，实现合作共赢。

2. 试卷讲评时学生缺乏积极思考，参与度不高

学生等着教师公布答案并讲解题目思路，已成为目前高中数学试卷讲评课的常态。有的学生在老师讲完后并没有理解，但碍于面子，不主动询问而选择沉默，导致错题再错，没有达到有效讲评的效果。

3．网上阅卷系统带来的不利影响使学生无法找到答题失分原因，导致学生无法确定听课重点

现在很多高中都采用网上阅卷的方式来批改试卷，这种阅卷方式给学校和教师都带来了很大的便利，但是也存在一些弊端，比如学生的答题卡上没有任何标记，他们不清楚自己每题的得分情况、失分原因，无法准确进行自我评价。

4．试卷讲评后学生缺乏试后反思意识和针对性训练

部分学生在讲评课后没有思考错误的原因，试后反思不够深入。他们没有针对自己的薄弱知识点进行巩固深化，不能举一反三，导致错题利用率低。

二、评讲数学试卷应遵循的原则

（一）试卷讲评之前的备课环节应充分

一堂有效的高中数学讲评课要具备明确的教学计划与目标。教师在进行试卷讲评之前，应当充分了解试卷本身，研究试卷所涵盖的知识点，纵观全局，对试卷的重点、难点、易错点进行详细分析[2]。根据学生的答题情况制订出有针对性的教学计划。

（二）数学试卷讲评应具有及时性

俗话说得好：打铁要趁热。刚考完考试时，学生对试卷的内容印象深刻。大部分学生会在考后和同学一起探讨解题方法，这种积极的交流会促进学生对题目的思考。此时老师进行试卷讲评，学生会积极地参与试卷分析，课堂效果远远优于考试过后几天学生兴趣消失殆尽才讲评。

（三）数学试卷讲评课要以学生为主体进行教学

在数学课堂中要体现学生的主体地位，教师是组织者、引导者。在数学试卷讲评课中也要以学生为主体，注重对他们的思维训练。教师要引导学生积极思考，主动参与试卷分析；激发学生的学习热情，使学生掌握学习的主动性。这样可以让教学内容更加真实有效。

（四）注重讲评后学生纠错、反思、巩固练习的有效进行

有些学生在听课时只是把试卷中的题听会了，但是并没有真正理解；还有的学生只是更正答案，并未进行反思总结与巩固练习。这导致一段时间过后，未及时消化的知识就被遗忘了，下次遇到同类型的题目时，依然用原先错误的解题方法解答，出现错题再错的现象。所以，讲评课课后的反馈练习至关重要。这是对数学知识点的再学习和巩固思考的过程。[3]教师应在试卷讲评课课后布置学生进行课后反思，并督促学生认真完成反馈练习，使学生在有效的试卷讲评课中快速提升。

三、高中数学试卷讲评的有效性探究

通过与多位高中数学一线教师交流讨论，老师们认为，一堂有效的高中数学试卷讲评课应该同时具备以下几点：教学目标清晰明确、教学内容重点突出、教学过程以学生为主体、课后延伸有效且到位。高中数学试卷讲评课思维导图如图1所示。

高中数学试卷讲评的有效性探究实例片段如下。

【考情分析】教师整体分析考情后，用多媒体展示考试中出现的典型错误或错误率较高的题，有针对性地引导学生辨析。

教师：这是选择题的第五题，共5分，我们班有33个同学拿到了5分，还有27个同学答题错误，得分率有点儿低，所以今天我们就对这个考题进行深入探讨，这样下次再遇到类似问题时，我们能做得更好一些。

【考题再现】5．已知二项式$\left(x-\frac{2}{x}\right)^n$的展开式中的常数项为第4项，则展开式中$x^2$的系数为(　　)。

A．-60　　B．60　　C．-60　　D．160

教师：这一题考查的知识点是二项式定理，我们来共同回顾一下二项式定理的有关知识（学生

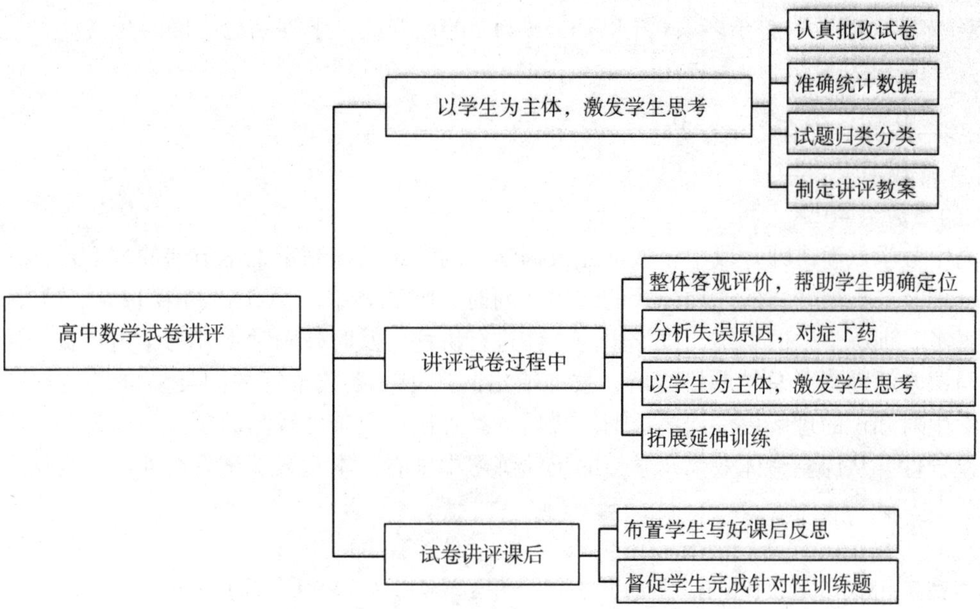

图 1　高中数学试卷讲评课思维导图

回顾知识点，教师补充后引导学生思考此类型题的解法）。

教师：本题中 $\left(x-\dfrac{2}{x}\right)^n$ 展开式的通项是什么？

学生：$T_{r+1}=C_n^r x^{n-r}\left(-\dfrac{2}{x}\right)^r=C_n^r(-2)^r x^{n-2r}$。

教师：题目中要求常数项是第 4 项意味着什么？

学生：意味着 $T_4=C_n^3(-2)^3x^{n-6}$ 为常数项。所以 $n-6=0$，即 $n=6$。

教师：题目中要求展开式中 x^2 的系数，所以要使什么的值等于 2 呢？

学生：使 x 的指数为 2，即 $n-2r=2$，所以 $6-2r=2$，则 $r=2$。

教师：得到 r 的值之后将它回代到通项中，最终求得结果为多少？

学生：$C_n^2(-2)^2=4C_6^2=60$。

师生小结：本题先用二项式定理的通项公式将它的通项 T_{r+1} 写出来，再根据条件中的常数项为第 4 项，所以 $r+1=4$，即 r 取 3 的时候 x 的指数要为 0，所以得到 $n=6$。同理，求 x^2 的系数也要使通项中 x 的指数为 2。所以 $n-2r=2$，求出 $r=2$，再把 $r=2$ 代回通项的系数中，得到系数为 60。故选 B。

【对比分析】教师：在这次考试中还有填空题第 14 题与本题考查的是同样的知识——二项式定理与性质相关知识。只有 17 名同学拿到了 5 分，43 位同学得 0 分。答题情况较糟糕，现在请你在理解第 5 题的基础上尝试更正第 14 题。（请两位同学到黑板上板书，教师巡回指导。）

【考题再现】14. 若 $\left(3\sqrt{x}-\dfrac{1}{x}\right)^n$ 的展开式中各项系数之和为 64，则展开式的常数项为__________。

学生完成解答后教师点评总结，为积极参与的同学们点赞，并对内容进行深化引导：通过对试题的变形及解决，你学到了哪些方法？从这两个问题中，你发现了什么规律？

【当堂检测】布置有针对性的变式训练，进一步巩固知识。

1. $\left(x^2-\dfrac{1}{x}\right)^n$ 的展开式中，常数项为 15，则 n 的值为（　　）。

A. 3　　B. 4　　C. 5　　D. 6

2. 二项式 $(1+\sqrt{x})^6$ 的展开式中有理项系数之和为（　　）。

A. 64　　B. 32　　C. 24　　D. 16

【难点突破】（选做）关于多项式 $\left(1+\frac{2}{x}-x\right)^{6}$ 的展开式，下列结论正确的是（　　）。

A. 各项系数之和为1

B. 各项系数的绝对值之和为 2^{12}

C. 存在常数项

D. x^3 的系数为40

上述高中数学试卷讲评片段中，教师先根据学生的考试情况制定了本节课的教学目标，把重点放在二项式定理及二项展开式的通项公式的运用；同时，将试题中的第5题和第14题归类，一步一步引导学生思考，训练学生的思维，以学生为主体进行讲评，及时鼓励学生并为学生点赞，使学生更加积极地参与课堂活动[4]。总结题目之后，教师给出两道难度系数中等的同类型题目当堂检测以巩固知识，让学生对知识的理解更深入、透彻。最后，教师出一道难度较高的题作为选做题，充分注重学生学习的差异性。从课堂整体效果及学生的反馈练习中来看，本堂数学试卷讲评课是真实有效的。

参考文献

［1］简璐. 提高高中数学试卷讲评课有效性的策略［J］. 中学教学参考，2020，(23)：15-16+28.

［2］刘雯斐. 基于数据分析的高中试卷讲评课研究［D］. 济南：山东师范大学，2019.

［3］张爱霞. 表现性评价在初中数学课堂的应用思考［J］. 数学大世界（上旬），2016（10）：16.

［4］王雯. 提高数学试卷讲评课的有效性的策略研究［D］. 上海：上海师范大学，2014.

（郴州市安仁县第一中学）

在生活中寻找数学

——基于生活化的高中数学教学探究

王正喻

摘　要：新课程改革的逐渐深化给高中数学教学提出了更高的要求，要加强对学生的观察能力、思维能力及创造能力的培养，就需要教师创新教学模式，坚持以学生为教学中心，延伸数学知识的深度与广度，让数学教学更加贴近生活，进而促进学生的全面发展。生活化教学是指在数学教学活动中引入生活化元素，进而激发学生的学习兴趣，培养学生利用数学知识解决生活问题的能力，最终达到学以致用的目的。本文对高中数学生活化教学策略进行研究，意在提高高中数学教学质量。

关键词：生活化教学；高中数学；策略研究

对于高中阶段的学生来说，数学课程十分枯燥且抽象，有部分学生在学习过程中并不能正确了解与掌握所学知识。因此，教师在教学过程中需要结合生活实际去引导学生，对课程教学模式进行创新优化，进而有效提高课程教学质量与效率，避免学生在学习过程中产生抵触情绪。生活化教学可以拉近知识与学生之间的距离，不论是学习能力强还是学习能力差的学生，都可以在学习过程中正确了解所学知识，并牢牢掌握所学知识。

一、生活化教学的必要性与可行性

（一）生活化教学的必要性

数学来自生活而应用于生活。在实际生活中，数学知识无处不在，只有让学生在生活中感受到数学知识的奥秘，才能真正地激发学生学习数学的热情。对于高中生而言，很多数学知识点过于抽象，不容易被理解，无形中加重了学生的学习负担，在高压的学习状态下，学生可能出现诸多不良情绪，阻碍个人成长。如果教师能将高中数学与现实生活紧密结合起来，不仅能让学生更容易理解数学知识，还能在探究中提高学生学习的能动性，有助于学生养成自主学习的习惯。根据不完全统计，在高中数学教学活动中，积极开展生活化教学，加强对生活情境的创设，能有效调动学生学习的积极性，对学生的个性化发展起到积极的作用。

（二）生活化教学的可行性

抽象性是高中数学的主要特征，这就需要高中生具备更强的理解能力。但学生个体间存在较大的差异，传统的教学方式无法满足所有学生对知识的渴望。所以，教师在教学活动中有必要生活化数学知识，通过生活实例加强对学生的引导，鼓励学生主动思考与探究，进而更好地理解与吸收所学的内容。此外，在新课改背景下，高中数学教材的编排更贴近生活，可以让学生在学习中逐渐领悟“数学源于生活而服务于生活”的道理。综上而言，高中数学教学引入生活化教学模式势在必行，既符合学生的年龄特点，也符合新课改的要求。

二、高中数学生活化教学的有效措施

（一）创设生活化情境

传统高中数学课程教学中经常会出现这样的问题：教师在教学过程中总是重点对教材内容的优化进行总结分析，导致课堂教学质量直线下滑，并且部分学生还会因为这样的教学氛围产生厌学情绪。

为了解决这一问题，教师需要在教学过程中结合实际情况去设计教学优化制度，例如应用生活化教学模式去创设教学情境，营造出良好的课堂学习氛围。教师还可以结合生活化教学模式，将一些教学案例整理出来，进而有效提高学生对所学知识的理解能力。在教学过程中融入生活案例不仅可以激发学生参与课堂学习的兴趣，还可以保证教学内容得到拓展，保证学生能够了解更多知识，并学会如何灵活应用所学知识。[1]例如，教师对学生进行“正态分布”知识点引导时，需要为学生设计相应的教学情境，来提高学生对所学知识的认识，激励学生产生研究问题的兴趣。教师可以拿成绩单为例向学生提出问题：“若要组织三百名学生参加数学竞赛，应如何按成绩单挑选，同时还要将学生分成四个小组，那么每个小组人数为多少?”通过这样的问题引发学生讨论，不仅可以营造良好的学习氛围，还可以保证学生在学习过程中对知识产生探索兴趣。长此以往，学生就会养成主动参与、积极思考的习惯，并提高自身学习能力。

（二）实现数学问题生活化

在教育事业深化改革背景下，教育部门对学生的数学学习提出了要求，指出学生不仅需要在学习过程中具备基础数学知识应用能力，还需要养成相应的数学眼光，发现生活中的数学，并合理解决生活中的数学问题。在实际教学过程中，教师需要结合实际情况去引导学生，将一些生活实际案例带入课堂，通过这样的方式来激励学生，使学生在学习过程中能够对知识与生活的联系产生一定认知。[2]例如，教师在对学生进行“变化率”知识点引导时，可以利用多媒体教学设备为学生展示高台跳水和气球膨胀现象，以这样的方式将学生的注意力吸引到课堂中。与此同时，教师让学生在观看视频的过程中思考问题，进而有效提高学生的综合能力。在引导过程中，教师还需要结合实际情况为学生整理分析问题的思路，使学生可以通过已经掌握的知识对当前所学知识进行分析，进而有效提高学生的主观能动性，保证学生在学习过程中能够更加准确地了解知识与生活的联系，进而深度观察生活。这样在教学过程中就能够进一步优化课程教学内容，提高学生的综合能力。

（三）布置生活化的作业

高中教师在教学中经常会出现这样的问题：在教学过程中经常关注课堂引导，忽视布置课后作业的重要性。教师在为学生布置课后作业时，经常会出现让学生大量做练习册的情况，导致学生对课后作业产生抵触情绪，完成作业就像在完成任务，不利于课程教学工作的有效开展，也不利于学生对知识的掌握。教师在课后作业设计过程中，需要结合实际情况，为学生布置一些与生活联系较为密切的作业来提高学生对所学知识的理解与认识。[3]例如，教师在布置与“三视图”相关的作业时，就需要设计与教材内容相关的知识点，并将知识点与生活进行联系后，整理出作业供学生深入了解所学知识，如让学生在日常生活中探索身边都有哪些能够显示出不同三视图的物品，并让学生通过三视图的方式将其画出来。这样学生既可以更加深入地了解所学知识与生活之间的联系，还能在日常生活中活学活用，进而有效提高课后作业的完成率，保证学生在课后作业完成过程中能够牢牢掌握所学知识。

三、结语

在当前教育事业不断深化改革的背景下，高中数学教师在教学中应有效提高课程教学质量与效率，采用生活化教学模式。在实际教学过程中，教师需要不断总结教学经验，结合实际情况制订相应的教学计划与策略，营造出良好的课堂学习氛围，避免学生在学习过程中产生错误的课程认识，加深学生对所学知识的理解与应用。

参考文献

[1] 杨作德. 在生活中寻找数学：高中数学生活化教学实践［J］. 数学学习与研究，2020（3）：146-146.

[2] 周冬梅. 基于生活化理念的高中数学教学探究［J］. 新课程：中学，2019（12）：32-32.

[3] 赵凤岭，孙金强. 基于生活化理念的高中数学教学实践［J］. 新课程，2019（24）：1.

（娄底市双峰县第二中学）

基于“最近发展区”视角下“负数乘法”的教学研究

樊厚军

摘　要：“有理数的乘法”的设计教学一直是广大教师比较难处理的一个教学点。笔者查阅了多个版本的教材教学设计，也咨询了教师们对这个知识点的教学设计，结果不尽如人意。教师该如何创造性地使用教材，让数学教学更凸显数学思维？本文就谈谈笔者在教学中处理这一问题的心路历程。

关键词：最近发展区；转化思想；教学研究

一、问题来源

湘教版七年级数学上册中关于有理数的乘法、异号相乘的讲解，是通过图 1 中的案例进行说明的。

【动脑筋】如图 1，我们把向东走的路程记为正数，如果小丽从点 O 出发，以 5km/h 的速度向西行走 3h 后，小丽从 O 点向哪个方向行走了多少千米？

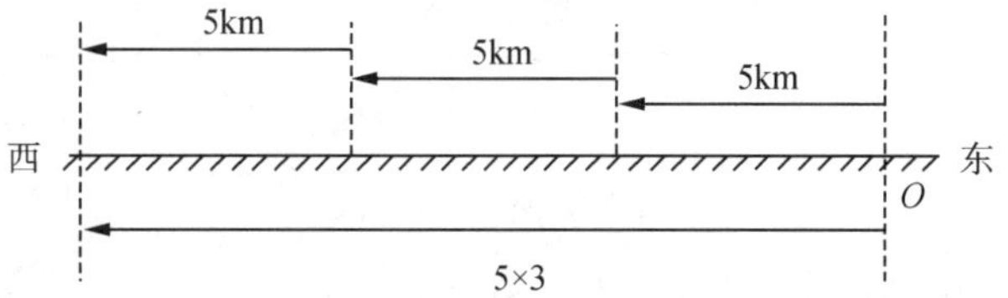

图 1

从这个案例得出（−5）×3=−15，进而得到负数乘以正数的法则。而对于正数乘以负数，教材是这样引导的：非负数的乘法与加法是用分配律联系起来的，因此，当数扩充到有理数后，要规定有理数的乘法法则，当然也要求它满足分配律，以便把乘法与加法联系起来。如果它满足分配律，那么就会有 3×（−5）+3×5=3×［（−5）+5］=3×0=0。这表明 3×（−5）与 3×5 互为相反数，于是有 3×（−5）=−（3×5），最后得到异号乘法法则。

关于两个负数相乘，教材是这样安排的：类似地，我们有（−5）×（−3）+（−5）×3=（−5）×［（−3）+3］=（−5）×0=0。这表明（−5）×（−3）与（−5）×3 互为相反数。因为（−5）×3=−15，而−15 的相反数是 15，所以（−5）×（−3）=15，即（−5）×（−3）=15=5×3。这种推理实际上用的是乘法的分配律。

然而，这样假定“数系运算通性”继续有效的推理，明显是不严谨和不科学的，因为乘法的分配律在小学正数范围适合，然而进入有理数数域后是否适合还是个未知数。

教材关于“负数乘法”的教学设计不够严谨，引发了笔者的思考，现撰写成文，就教于方家。

二、研究过程

1. 对不同版本教材的研究

为了把两个负数相乘向学生讲解清楚，我又查阅了人教版和北师大版数学教材，这两个版本的教学设计没有太大区别。北师大版的教材是这样设计的：将第一个因数（−3）固定，第二个因数逐渐减少 1，观察积的变化，再“猜一猜”从而得到乘法法则。

议一议：

(−3) ×4=−12

(−3) ×3=________

(−3) ×2=________

(−3) ×1=________

(−3) ×0=________

猜一猜：

(−3) × (−1) =________

(−3) × (−2) =________

(−3) × (−3) =________

(−3) × (−4) =________

这种模式对初一的学生来说比较容易接受，毕竟初一学生的数学思维处于形式运算的前期，但这种由猜想得到的结论可靠吗？答案明显是否定的。数学是培养逻辑思维的一门学科，作为一名数学教师，我们应该在平时的课堂教学中把数学的严谨性、逻辑性体现得淋漓尽致，使学生感受到数学的推理严谨、言必有据和条理化。

2. 对不同教师教学设计的研究

关于有理数乘法的教学，普遍存在这样3种教学设计。第一种是实例讲解（如图2所示）：蜗牛一直以每分钟2cm的速度向左爬行，现在蜗牛在点0处，3分钟前它在点0________边________cm处？

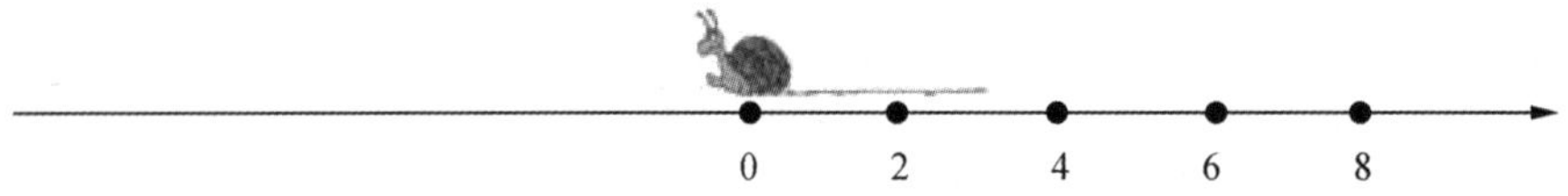

图2

把向右记为正，3分钟以前记为（−3），列式为（−2）×（−3）=+6。这样的实例可能是出于教学要联系实际的想法设定的，在教学中也取得了较好的效果，但学生其实是很难理解的，即使老师讲解得再清晰，学生还是云里雾里的。第二种是按照教材上的设计，在假定“数系运算通性”有效的前提下，用分配律来解释。第三种处理方式是，有些教师认为讲了举例推理学生也不懂，可能越讲学生越糊涂，干脆就让学生自己看书，只要学生掌握法则，会运用法则进行计算即可，完全忽略了知识的形成过程。

至于为什么负负得正，大部分教师是没有讲清楚的。

3. 由最近发展区理论得到启发

在学习有理数的乘法之前，最近学习的是加法运算和相反数，能否把乘法与这两者联系起来呢？

数学是一门逻辑性很强的学科，知识点之间往往有着密切联系，因此数学新问题的解决往往离不开已经掌握了的旧知识，转化思想是解决数学问题的一大法宝。转化不仅是一种重要的解题思想，也是一种最基本的思维策略，更是一种有效的数学思维方式。所谓的转化思想，就是在研究和解决有关数学问题时，采用某种手段将问题转化，进而解决问题的一种方法。一般总是将复杂问题通过变换转化为简单问题；将难解的问题通过变换转化为容易求解的问题；将未解决的问题通过变换转化为已解决的问题。

由此我得到启发：既然学生已经学习了有理数的加法，那么减法可以转化为加法来计算，而且小学学乘法时就是把乘法转化为加法来计算的。进入初中后，数域扩大了，乘法是否也可以转化为加法来解决呢？有了这个想法后，我便开始逐步分析研究。

三、研究成果

第一次研究过程：从相反数视角研究，以失败告终。

两个有理数（0除外）相乘，无非两种情况，要么同号相乘，要么异号相乘。小学已经学会了两个正数相乘，进入初中后，只需弄清两个负数相乘和一正一负相乘就可以了，两个负数相乘比两个异号数字相乘要难理解得多，因为两个异号数字相乘，其中至少有一个数是正数，比较接近小学的两个正数相乘。因此，笔者从两个异号数字相乘着手研究。

1. 研究异号两数相乘

在小学阶段，两个正数相乘可以转化为加法来计算，譬如 $3\times2=3+3$ 表示2个3相加，也就是说，一个数乘以几，就可以表示几个这样的数相加。因此 $(-3)\times2$ 理所当然地就表示2个-3相加，即 $(-3)\times2=(-3)+(-3)=-6$，同样 $2\times(-3)$ 也表示2个-3相加，即 $2\times(-3)=(-3)+(-3)=-6$，从而得到异号两数相乘的法则“异号得负，并把绝对值相乘”这一结论。

2. 弄清楚异号相乘满足交换律

$(-3)\times2=-6=2\times(-3)$

3. 搞清楚负数的另外一层含义

因为 $-3=(-1)\times3=3\times(-1)$，所以求一个数的相反数，相当于用这个数去乘以$-1$，这是从乘法的角度去理解相反数。

4. 最后得到“负负得正”的结论

$(-3)\times(-2)=(-1)\times3\times(-2)$（根据负数的另外一层含义得到）

$=(-1)\times(-2)\times3$（根据异号相乘的交换律得到）

$=2\times6$（根据负数的另外一层含义得到）

由此得到两个负数相乘的法则：“负负得正，并把绝对值相乘”。

表面上看，这样的推理好像没什么漏洞，但经过反复推敲和琢磨，我发现 $(-3)\times(-2)=(-1)\times3\times(-2)$ 是有推理瑕疵的，准确来说应该是 $(-3)\times(-2)=[(-1)\times3]\times(-2)$，此处中括号可以去掉，但把3和$-2$交换了位置，实际上是先计算3与$-2$的积，用到了乘法的结合律，这与教材上的“假设运算律有效”的推理如出一辙，因此本次研究以失败告终。

第二次研究过程：从 $(-3)\times2$ 与 -3×2 的关系研究，大功告成！

首先还是从两个异号数字相乘着手研究。

1. 研究异号两数相乘

在小学阶段，两个正数相乘可以转化为加法来计算，譬如 $3\times2=3+3$ 表示2个3相加，也就是说一个数乘以几，就可以表示几个这样的数相加。因此 $(-3)\times2$ 理所当然就表示2个-3相加，即 $(-3)\times2=(-3)+(-3)=-6$，同样 $2\times(-3)$ 也表示2个-3相加，即 $2\times(-3)=(-3)+(-3)=-6$，从而得到异号两数相乘的法则“异号得负，并把绝对值相乘”这一结论。

2. 搞清 $(-3)\times2$ 与 -3×2 的关系

由最近所学的有理数的加法 $(-3)+5=-3+5$ 得到启发，即当两个有理数相加，第一个有理数是负数时，这个负数的括号是可以直接去掉的，不影响两个有理数之和的结果。那么，两个有理数相乘时，第一个因数是负数时，这个负数的括号也可以直接去掉吗？

$(-3)\times2$ 表示-3与2的积，结果为-6；-3×2 表示3与2的积的相反数，结果也是-6。虽然意义不同，但最后计算的结果是一样的。

由于 $(-3)\times2=-6=-3\times2$，即两个有理数相乘时，第一个因数是负数时，这个负数的括号也可以直接去掉，也可以理解为一个负数乘以另外一个有理数等于这个负数的相反数乘以另外一个数，再求相反数。

3. 最后研究两个负数相乘

因为 $(-3)\times(-2)=-3\times(-2)=-(-6)=6$，从而得到 $(-3)\times(-2)=6$。由此得到两个

负数相乘的法则“同号得正，并把绝对值相乘”这一结论。

四、教学建议

（一）针对负数乘法的教学

1. 先复习两个正数乘法的方法，作为新课的引入

譬如 3×2=3+3 表示 2 个 3 相加，也就是说，一个数乘以几，就可以表示几个这样的数相加。

2. 探究负数的乘法

探究 1：一正一负相乘

（-3）×2 表示 2 个-3 相加，即（-3）×2=（-3）+（-3）=-6，同样地，2×（-3）也是表示 2 个-3 相加，即 2×（-3）=（-3）+（-3）=-6，从而得到异号两数相乘的法则“异号得负，并把绝对值相乘”这一结论。

探究 2：（-3）×2 与-3×2 的关系

根据（-3）×2=-6，-3×2=-6，所以（-3）×2=-3×2，从而得到：一个负数乘以另外一个数，等于这个负数的相反数乘以另外一个数，再求相反数。

探究 3：两个负数相乘

因为（-3）×（-2）=-3×（-2）=-（-6）=6，从而得到（-3）×（-2）=6，顺理成章，由此得到两个负数相乘的法则“同号得正，并把绝对值相乘”这一结论。

（二）针对教师备课

1. 如何使用教材

教材只是一种重要的教学资源，除了教材之外，还有很多其他的教学资源，譬如网络资源、参考书籍、教学软件资源等。既然教材只是其中一种资源，教师就要坚决杜绝对教材的盲目崇拜和依赖，要从“教教材”到“用教材教”，最终走向“创造性地使用教材”。

2. 数学教学要凸显数学思维

虽然很难给“数学是什么”下定义，但是数学的客观性、抽象性、联系性、发展性与应用性等，都决定了数学固有的学科本质。既然数学学科有其固有的学科本质，作为数学的传播者，我们理应尊重其学科本质。“数学教育”的根本目的是教会学生如何思考问题，而要教会学生思考问题，就要在数学课堂上挖掘蕴含在数学知识发生发展过程中的数学思想方法。这就要求在平时的教学中，教师要把数学思想方法渗透教学的全过程，使学生不仅学好概念、法则、定理等内容，而且能体会数学知识的发生、发展过程，把握蕴含在其中的数学思想方法，提升数学应用意识、创新意识等数学核心素养。[1]

教师应深入研究学生的最近发展区，寻找知识点之间的内在联系，从而自然地生成新知，寻求自然教学之道。这样才能够满足新课改的要求，使不同的学生在数学学科上呈现不同的发展。

参考文献

[1] 章建跃. 数学教育随想录（下卷）[M]. 杭州：浙江教育出版社，2017.

（株洲市石峰区田心中学）

高中数学教学中的概念教学研究

许小超

摘　要：高中数学含有大量的基础性概念知识，包括公式、定理等。在以往的教学模式中，很多高中数学教师让学生通过死记硬背完成对这些概念知识的记忆，再通过大量练习来加深对其的理解与应用。这样会导致学生知其然却不知其所以然，最终难以进入数学的大门。在素质教育背景之下，高中数学教师应当做好数学教学中最基础，同时也是最重要的高中数学概念教学，让学生在高中阶段可以在教师的引导和帮助下，奠定良好的学习基础。

关键词：高中数学；概念教学

一、引言

在新课程改革的教育大背景下，教育领域发生了很大改变。不同教育阶段、不同学科的教学目标都有所改变，而这种改变促使许多教师在日常教学中不断改进，高中数学教学也不例外。高中数学教师对于课堂教学环节正在不断地进行改进，但是教学效果并没有明显提高。这虽然与学生学习高中数学的能力以及基础有所欠缺有关，但更重要的原因是教师的教学策略存在很大的问题。例如，在基础性的高中数学概念教学中就存在诸多问题。因此，为了使高中数学教学效率与质量得到显著提升，教师需要采取相应的措施来让高中数学概念教学更有效。

二、高中数学概念教学存在的问题

（一）教师对概念教学不够重视

在数学这门学科中，概念知识是学习的基础，而更加重要的是培养各种数学学习能力。然而，很多高中数学教师对于数学概念的教学并不重视。通常情况下，高中数学教师只是简单地向学生讲述这些数学概念，让学生对其有初步了解，然后将教学重点放在让学生反复进行大量的习题练习之上。很少有教师深入详细地讲述概念的具体内容，如推导过程等。这种教学模式容易导致高中生对数学概念理解模糊，容易混淆；同时，这种教学模式会导致学生对于所学的数学知识还没有透彻理解，就又要学习新的数学知识，最终对于所学的数学知识的理解只停留在表面阶段，只会按照教师所教过的单一的解题思路和方法来完成习题解答。一旦面对不熟悉的数学问题，学生就会无所适从，不能正确地解答。

（二）教师对概念和定义混淆不清

高中数学教材中所涉及的数学知识之间存在一定的相似之处，或者和之前所学的数学知识存在联系。此外，学生也将学习到很多基础性的理论知识，而这些理论知识之间也会有较为明显的相似之处，其中容易混淆的便是定义和概念。很多数学教师自身难以清晰地分辨这两者之间的差异。实际上，定义与概念之间最大的差异便是概念只是反映了事物以及现象所具有的一般的本质特征，而定义则是对概念及其相关延伸内容进行简要说明。尽管两者之间存在一定的相似之处，但也具有较为明显的差异。很多高中数学教师在进行概念教学时，往往会错误地将教学重心放在各种定义上，而忽略了更为基础的概念教学。因此，要有效地进行概念教学，教师首先需要明确地认识到两者之间的区别，并深入全面地了解教材中的相关数学概念，这样才能为学生提供高质量的概念教学。

三、高中数学概念教学策略

（一）抓住概念的实质

在进行概念教学时，教师不仅要向学生讲解概念内容，更应为学生深入解释概念的内涵。此外，在进行内容教学时，教师不能只是简单机械地向学生传达一个概念的具体内容，不能照本宣科地将教材中所描述的概念内容原封不动地向学生进行讲述，这种浮于表面的教学没有实际的教学意义，教学效率及质量必然低下。为了进行真正有效的概念教学，教师需要先对概念的内容进行了解，然后再从学生的角度出发，通过多样化的方式讲解这些数学概念，帮助学生更好地理解相关内容。例如，在教学函数的相关概念时，教师可以先向学生讲述以及强调其中的关键词，如函数的定义域、值域、单调性、奇偶性、解析式等，让学生知道这些概念与函数的相关内容。之后，结合实际的事例来对概念进行讲解，将抽象的数学概念具体化，以加深学生的记忆与理解。以函数的奇偶性为例，函数的奇偶性的概念是“对于函数定义域内的任意变量x，都一直会有$f(-x)=-f(x)$，那么该函数为奇函数；而若恒有$f(-x)=f(x)$，那么该函数为偶函数”。这个概念容易记忆，但是较为抽象，难以理解，所以教师就需要列举实际的函数事例。如函数$y=x+\frac{1}{x}$便是奇函数，该函数的图像以及赋予变量x一个具体数值时所得到的y的实际值均满足$f(-x)=-f(x)$；而函数$y=x^2+\frac{1}{x^2}$则为偶函数，其函数图像以及赋予变量x一个具体数值时所得到的y的实际值满足$f(-x)=f(x)$。在此过程中，教师需要详细解释数学术语，帮助学生理解。利用实际的案例进行讲解，学生对于概念的理解以及记忆会更加深刻。

（二）课堂情境导入

对于抽象深奥的高中数学课堂教学而言，教师结合教学内容导入环节，为学生创设教学情境，使得抽象的数学知识具体形象，对后续教学起到了至关重要的作用。高中生面临高考这一重要挑战，本就学习压力巨大，再加上高中阶段的数学知识枯燥单调，且大多数高中数学教师的教学方式单一，缺乏趣味性，导致学生在学习高中数学概念时效率十分低下。因此，高中数学教师需要转变以往的教学模式，通过科学有效的教学手段提升教学的趣味性，激发学生的学习积极性。在进行高中数学概念教学时，运用情境完成相关知识的导入便是一种行之有效的教学方法。这种教学方法可以有效地降低学生的学习难度，帮助更多的高中生走出学习数学的困境，同时也有助于他们更高效地学习其他科目。以等差数列为例，高中阶段学生所学的等差数列涉及的数学概念很多，较为基础且常用的概念有公差的计算方式“$d=a_n-a_{n-1}$”、通项公式“$a_n=a_1+(n-1)d$”，以及前n项和公式“$S_n=\frac{n(a_1+a_n)}{2}=na_1+\frac{n(n-1)}{2}d$”等。在具体进行这部分概念的教学时，教师可以让学生回忆课间操活动或跑操时班级所排的队列。由于每一排的人数是按照班级人数均分的，所以每一排人数之间的人数差为零，也就是说，将排队的人数等效为等差数列时，该数列的公差为零；若是排队时，每一排的人数都比前一排人数多一人或两人的话，那么等效出来的等差数列的公差便为1或2。在这样的教学情境下完成等差数列公差概念的导入，学生更容易理解和接受，从而提高后续的通项公式以及前n项和求和公式的教学效率与质量。

（三）通过实践教学，强化概念的记忆与应用

对于数学概念这种理论性更强的数学知识，想要学生深刻记忆并熟练地应用，反复进行巩固练习是必不可少的。教师常用且较为有效的巩固练习方式是让学生进行大量的题目训练，让其在解题的过程中更好地理解概念的内涵，提升他们运用概念的能力和熟练度。然而，大量机械性的题型训练会让学生产生厌恶感。因此，尽管大量的习题训练有百般好处，教师也不能随意使用，不能为了训练以及巩固练习而巩固练习。同时，教师布置的训练题也应当具有针对性。高中数学涉及的数学知识类型较

多，每一部分数学内容中所含有的数学概念的种类以及数量也十分丰富，不同的数学概念的题目类型也不相同。以三角函数为例，虽然高中阶段学生所学的三角函数通常只有正弦函数、余弦函数以及正切函数，相关知识也以这三种函数自身的特点以及与其他函数之间的关联性为主，但是在一定程度上也会有所不同。例如三角函数的单调性以及周期性这部分内容中的相关数学概念与三角函数的图像之间具有一定的联系，所以在考核这部分概念的记忆与应用时，教师设置的题目应当以函数图像为主；若是考查学生对于诱导公式、倍角公式、两角和与差这部分内容的相关概念，教师应当以大量的计算题为主，切忌将这两种截然不同的题目类型放在一起训练，导致学生出现概念的混淆，从而影响教学效率。此外，题目的数量不宜过多。对于每一个概念，教师应当设置 5 道题左右，不宜过多，避免学生陷入无意义的机械式训练；同样也不能过少，以免学生无法适应多样化的题型。

四、结语

综上所述，概念教学是高中阶段数学教学的重要内容，教师应当注重概念的教学，结合实际教学情况，丰富概念课的教学方法与手段，并灵活地将其进行有效运用，从而帮助学生深刻地理解以及运用这些数学概念，进而促进高中数学教学效率与质量的提升。

参考文献

[1] 何成达. 高中数学概念教学方法策略［J］. 考试周刊，2020（94）：67-68.
[2] 贾衍华，阎慧敏. 高中数学教材中概念教学例谈［J］. 高中数理化，2018（12）：20.
[3] 张林. 浅谈高中数学中概念课的教学策略［J］. 数理化学习（教研版），2017（6）：53-54.
[4] 王瑞肖. 核心素养下高中数学概念教学研究［J］. 高考，2019（1）：80.

（邵阳市绥宁县第一中学）

例析在初中物理概念规律课中培养科学思维的策略

邓大义 罗一平 尹志军*

摘　要： 初中物理基础知识中最重要的内容是物理概念和物理规律。使学生形成概念、掌握规律是初中物理教学的核心问题，其本质是培养学生的科学思维。

关键词： 物理教学；概念；规律；科学思维

一、引言

物理概念是客观事物关于物理的共同属性和本质特征在人们头脑中的反映，是客观事物的抽象。初中物理课程中的各种物理量、物理运动形式、物理现象、物理模型、物理性质、物质材料和装置及研究工具中包含了大量的物理概念。物理规律是一类物理现象及物理过程本质的、内在的联系在人们头脑中的反映。物理概念及规律是物理推理、判断和应用的基础所在，它们存在于初中物理课程的各章节知识内容之中。如何帮助学生形成概念、掌握规律，是物理教学必须解决的问题。

顾明远教授指出，“教育的本质是培养思维，培养思维的最好场所是课堂”；彭前程先生强调，“科学思维即为大脑对于科学信息的加工活动”。在物理概念规律教学中如何培养学生的科学思维？本文结合课题组的实践研究，从物理概念规律新授课的教学环节探讨培养学生科学思维的优化策略，目的在于促进学生物理核心素养的提升。

二、创设情境，激发兴趣，启迪思维

兴趣是最好的老师，也是学生学习的原动力。初中学生正处于直观形象思维向抽象逻辑思维过渡的阶段，仍需直观形象的感性经验的支持。因此，在物理概念、规律课的教学引入环节，可利用游戏、实验演示、多媒体优化导入等，给学生营造一个良好的教学环境，激发学生学习兴趣，让学生通过观察、亲身体验，获得感知，引发思考，从而培养科学思维。

1. 游戏导入

案例一：在“光的直线传播”的教学中，教师拉上教室的窗帘，关掉灯，以小组为单位，每组发一个手电筒，让同学们体验手影游戏，如图1所示，并让学生讨论手影是怎么形成的，试着说明理由。这既激发学生“打破砂锅问到底”的求知欲望，又让学生在体验活动中学会了观察，明确了学习目标，引导了他们的思考方向，为后续新课起到了铺垫的作用。

图1　手影

2. 演示导入

案例二：在“大气压强”的教学中，大气是看不见摸不着的，大气压强更是不易亲身感受的，因此教师演示实验导入会更直观。

（1）教师出示一个开口的空矿泉水瓶，用手“捏”矿泉水瓶，学生看到矿泉水瓶被压扁。

（2）给矿泉水瓶塞上胶塞，用注射器向外抽气，矿泉水瓶也被压扁，如图2所示。

---

* 邓大义：常德市武陵区教研室；罗一平：常德市第十一中学；尹志军：常德市第五中学。

（3）给步骤（2）中压扁的矿泉水瓶内打气，矿泉水瓶又恢复了。

学生通过观察大气压作用效果的演示实验，获得存在大气压的直观感知（此时也有学生会说出喝饮料、橡皮碗挂钩、覆杯实验等，证明大气存在压强）。

3. 多媒体导入

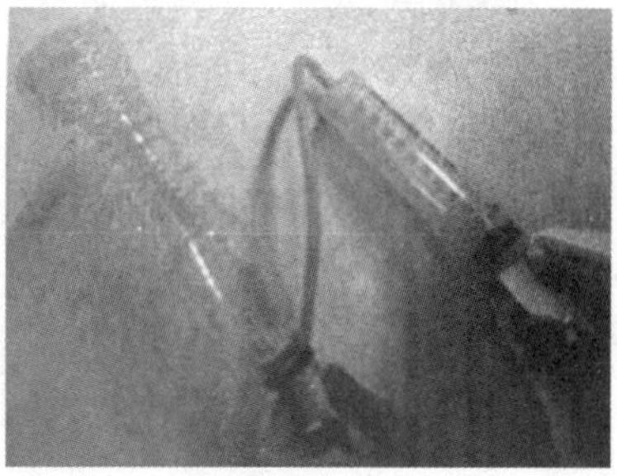

图2 矿泉水瓶

案例三：在“牛顿第一定律”的教学中，教师播放自录视频。视频内容为小明玩滑板车（包含小明蹬地，使滑板车运动和站立在滑板车上不蹬地，滑板车却还在运动的内容）。小明在滑板车上用力蹬地面，滑板车就运动起来，甚至还能转弯前进；而即使小明站在滑板车上不蹬地，滑板车也能继续前进，引出问题和讨论。

（1）滑板车能够运动的原因？

（2）滑板车能够转弯的原因？

（3）运动与力之间的关系是什么？

物理源于生活。借助趣味视频导入，将生活场景在课堂再现，既能激发学生的求知欲望，又能启迪学生由直观形象思维转向抽象思维，从而提出本节课的核心问题：力与运动的关系是什么？

三、思维加工，形成定义，建构新知

在物理概念、物理规律课教学中，新授课的实验、提问、讨论、交流等应围绕着如何概括出“共同属性”，抽象出“本质特征”来优化教学情景，引发认知冲突，激励学生思考，纠正错误的“前概念”，建构新知，从而培养学生的科学思维。

案例一：在“光的直线传播”的教学中，导入手影游戏后，学生带着问题进入新授课学习，此时通过观察实验激光笔发出的光射入空气、水、玻璃时的现象（如图3所示），结合前期经验（小学

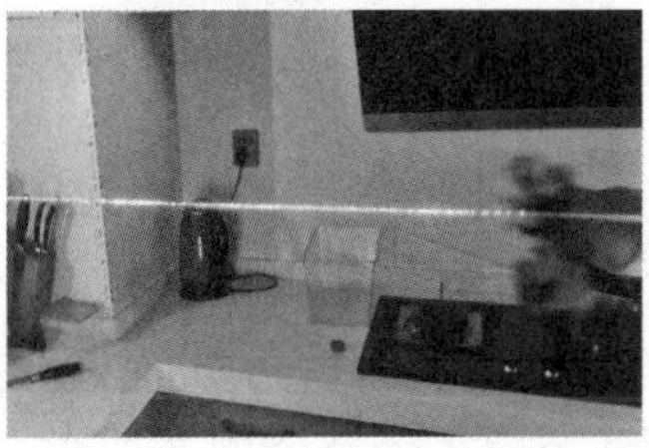

光在空气中传播

光在水中传播

光在玻璃中传播

图3

科学课学习），学生容易说出“光是沿直线传播的”；但当教师再次将激光笔发出的光射入糖水（未拌均匀）中以及光从空气斜射入水中时（如图4所示），此时学生观察到的现象与他们的经验（前概念）不一致，引发了学生的认知冲突，激发思考；接着教师引导学生通过观察、比较、分析概括“同种”“均匀介质”的本质属性并最终形成定义，即光在同种均匀介质中沿直线传播；在此基础上，让学生分析讨论、拓展应用所学解释生活中光的现象，建构影子的形成、日食月食的形成、小孔成像现象等是光沿直线传播形成的新知。这种循序渐进的实验情境，既符合学生的认知规律，也符合初中生年龄特点，利于学生科学思维的培养。

光在未拌均匀的糖水中传播

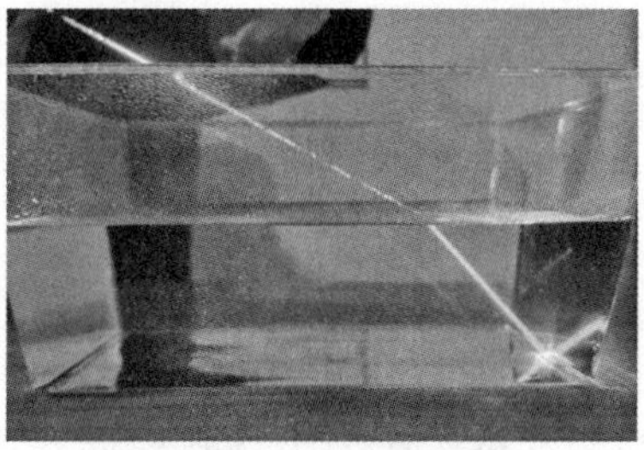

光从空气斜射入水中

图4

案例二：在“大气压强”的教学中导入演示，引导学生对比思考：第一次是手用力把矿泉水瓶压扁，第二次是谁用力把矿泉水瓶压扁呢？（此时，教师可以提出，矿泉水瓶外面并没有物体，学生很快反应过来，矿泉水瓶外侧是空气。）

教师：难道是空气把矿泉水瓶压扁了？为什么抽气前瓶子没有被压扁呢？

学生1：矿泉水瓶外侧只有空气，压扁矿泉水瓶的也只能是空气。

学生2：如果空气对矿泉水瓶有压力，那么抽气前矿泉水瓶内外受到空气的压力相等，所以矿泉水瓶没有被压扁。

学生3：抽气后瓶内空气变稀薄，压强变小，瓶外空气压强大，把瓶子往里压，所以变扁。

教师：如何证明自己的观点是否正确呢？

学生1：如果往瓶内充气，瓶子应该鼓起来。（教师按学生的要求去做，当看到矿泉水瓶鼓起来时，全班爆发出热烈的掌声，这是渗透实验论证观点的科学思维培养。）

教师：人的身体处在空气中，为什么没有感受到大气压强的作用呢？

学生2：人的身体各部分受到的大气压强相等，几乎相互抵消，所以感受不到。如果某一侧受到的大气压强发生变化，我们就会感受到大气压强的作用（为流体压强与流速关系学习埋下伏笔）。

教师：如果想要“观察”到大气压强的作用，应该怎么办？

学生（讨论）：当某物体两侧的气压不相等，即存在气压差时，大气压作用产生的现象就能呈现出来（学生认识到自然界的稳定与平衡，为后面的马德堡半球实验、吸盘、吸饮料等一系列实验现象找到本质原因）。

学生对观察到的实验情况进行分析、对比、推理、论证、抽象等思维加工，得出了抽气使矿泉水瓶被压扁、吸盘、吸饮料等实验现象的本质是大气存在压强，从而形成大气压的定义：大气对浸在它里面的物体存在着压强，简称大气压，由此建构了日常生活中的吸盘、吸饮料等现象的本质是大气压的作用的新知。

四、实验探究，明确方法，揭示规律

物理是一门以实验为基础的科学，人教版初中物理八年级和九年级教材的85节课共设129个实验（实验、演示、扩展性实验、想想做做），平均每节课1.5个实验。实验教学的直观性对培养学生的科学思维起着不可替代的作用。在开展实验教学时，教师应尽可能地提高实验的可见度和可操作性，探究性实验教学应根据具体教学内容，明确探究目标，优化探究环节（7个环节中选取1、2个或多个），让学生结合实际条件灵活选用控制变量法、等效替代法、转换法、类比法、科学推理法等方法进行学习，尽可能让学生亲身经历实验过程，观察实验现象，思考实验原理，通过自主、合作学习以及探究式学习得出实验结论（概念、规律）。

案例三：在“牛顿第一定律”的教学中，借助视频导入，引出“力与运动的关系”后，教师演示实验，如图5所示，学生观察实验条件、实验现象（将观察情况填入表1中）。

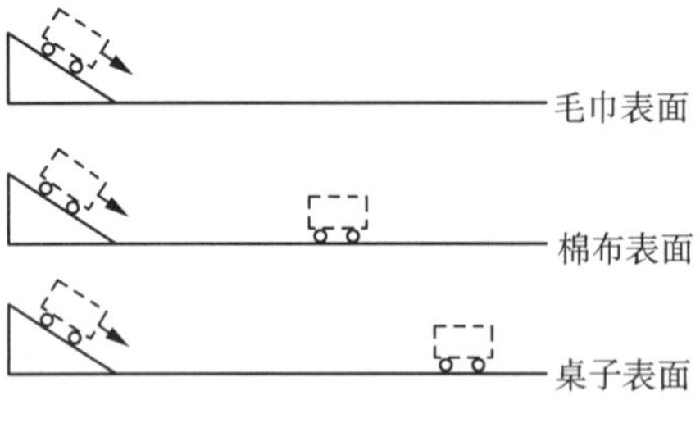

图5　力与运动的关系实验

表1　实验数据

实验次数	表面材料	小车速度变化快慢	小车所受阻力大小	小车前进的距离
1	毛巾	快	大	短
2	棉布	较快	较大	较长
3	木板	慢	小	长

教师：为了比较同一小车在3种不同材料表面的运动情况，还应采取什么措施？

学生1：要控制变量，让小车从斜面同一高度滑下，保持小车在不同材料表面运动时的速度相同。

教师：观察现象，结合实验数据（如表1所示），你有什么发现？

学生2：同一小车从斜面顶端滑下，在毛巾、棉布、木板表面上开始水平运动时的速度相同；毛巾、棉布、木板的粗糙程度不同，小车受到的阻力不同。表面越粗糙，小车所受阻力越大，因此小车在毛巾表面运动的距离最短。

教师：在相同条件下（小车在3种不同表面上开始运动时的速度相同），小车在3个平面上时，水平方向没有受到推力或牵引力作用，仍然向前运动。这说明“物体只要运动就得受力”的观点是怎样的？

学生3：是错误的。

教师：事实说明“物体只要运动就得受力”的观点是错误的，即力不是维持物体运动的原因。

教师：在3种表面上，由于存在摩擦，小车最终都要停下来。表面越光滑，小车受到的阻力越小，速度变化越慢，小车前进越远。请同学推想一下，如果表面非常光滑，小车受到的阻力为0，小车会怎样？（此时让学生充分讨论）

学生：小车将一直运动下去，不会停（教师补评，引入伽利略的观点），也不会转弯（教师补评，引入笛卡尔的观点）。

教师此时引导学生将“实际实验”和“科学推理（基于实验结果的推理）”结合起来，推理得出，若表面理想光滑（没有阻力），小车将做匀速直线运动。同时引出古人对“力与运动的关系”的研究史，如图6所示。

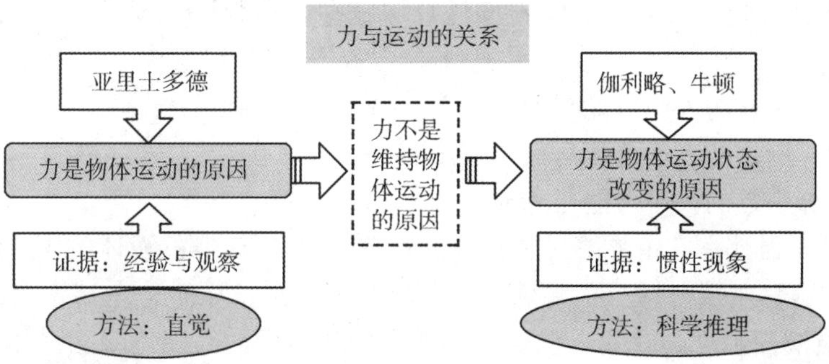

图6　力与运动的关系

伽利略利用实验探究和科学推理，对亚里士多德的观点提出了质疑，正确揭示了运动和力的关系；牛顿在伽利略、笛卡尔的研究基础上总结出了“牛顿第一定律”，即一切物体在没有受到外力作用时，总保持匀速直线运动或静止状态。

本环节针对学生认知冲突中的思维障碍，创设实验情境，引导学生观察现象，分析实验数据，启发学生通过比较建模、推理，从有限次的实验结果科学推理得到理想实验规律，即“一切物体在没有受到外力作用时，总保持匀速直线运动或静止状态”，最终突破了学生的思维障碍，纠正了以往经验性的错误认知。

案例四：在“液体的压强”的教学中，教师让同学们以组为单位，自选器材（底部、侧部带橡皮膜的矿泉水瓶；不同高度和同高度钻有小孔的矿泉水瓶；自制教具），感知液体压强的存在，并在操作后简述实验过程、实验现象及实验结论。

学生实验后的汇报如表2所示。

表2　学生实验汇报

一、自选实验器材，感知液体压强的存在				
器材（水槽、水、接水托盘、烧杯及各种自制教具）			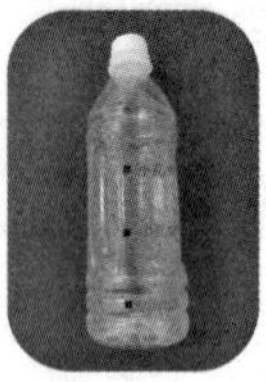	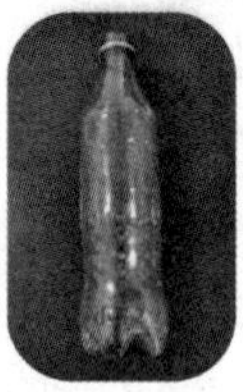
实验过程	1. 矿泉水瓶中盛满水 2. 在水槽中下压矿泉水瓶	矿泉水瓶中盛满水	矿泉水瓶中盛满水	矿泉水瓶中盛满水
实验现象	1. 底部橡皮膜向下凸 2. 底部橡皮膜向上凸	侧面橡皮膜向外凸	竖直方向上3孔，越低水喷得越远	水平方向等深，3孔水喷出远近相同
实验结论	液体对器底有压强，液体有向上的压强	液体对器壁有压强	液体压强可能与深度有关	深度相同，压强可能相同

教师：同学们通过实验得出了“液体内部任意深度存在压强”的结论，那么液体内部压强的大小与哪些因素有关呢？

学生1：液体内部压强的大小可能与深度有关。

学生2：液体内部压强的大小可能与液体密度有关。

学生3：液体内部压强的大小可能与方向有关。

教师：介绍微小压强计，它主要由封有橡皮膜的探头和装有染色液体的U形管组成，两者通过一根橡皮管相连。U形管左端密封，右端开口。当橡皮膜受到挤压时，左端密封的空气也受到挤压，从而使U形管内左右液面出现高度差。观察U形管内两端液面的高度差就能得知探头处压强的大小。接着给每组增加器材（微小压强计；带刻度的透明盛液桶、水、盐水），请同学们设计实验并验证上面的3种猜想。

学生：小组分工、设计方案，实验观察，记录数据，讨论交流、分析概括，得出结论（如表3）。

表3　实验数据记录

二、第________小组实验数据记录表格。验证猜想：液体压强大小与________有关						
实验装置	实验次数	液体种类	探头方向	探头深度/cm	U形管内液面高度差/格	实验结论
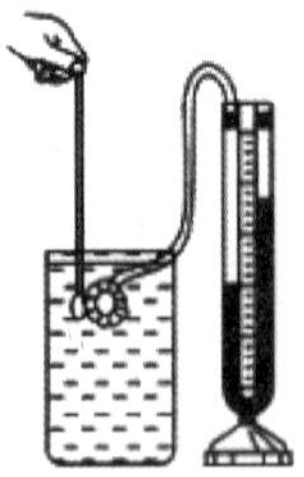	1	水	朝上	3	2.6	液体内部的压强： 1. 与深度有关，随深度增加而增大； 2. 与方向无关，向各个方向都有压强； 3. 与液体的密度有关，同种液体，深度越深，压强越大
	2	水	朝上	6	5.4	
	3	水	朝上	9	8.2	
	4	水	朝下	9	8.2	
	5	水	朝左	9	8.2	
	6	水	朝右	9	8.2	
	7	盐水	朝右	9	8.9	
	8	盐水	朝左	9	8.9	

教师：请1到4小组代表汇报，展示学生实验表格，5和6小组补充，引导分析实验，得出结论。液体压强的大小取决于深度和液体密度。实验过程中，为研究液体压强与深度的关系，应控制液体、方向相同；研究液体压强与密度关系时，应控制深度相同。

本环节教师创新实验器材（自制教具），让学生自选器材，观察橡皮膜凸起，感知液体内部存在压强，并由实验引出液体内部压强的有关因素，让学生猜想可能的情况，并二次增加实验器材，让学生小组合作设计实验方案，验证前面的猜想。课堂以学生为主体，突出科学探究的猜想、方案设计环节；灵活运用转换法、控制变量法，并借助模型建构，归纳推理得出液体内部压强的规律，有效地促进了学生科学思维的培养。

五、回归生活，联系实际，解决问题

物理来自生活，是生活中的“万物之理”。“从生活走向物理，从物理走向社会”是物理学科课程的基本理念，回归生活、联系实际、解决问题是培养学生科学思维的有效途径。在新授课的知识应用环节，教师应优化问题设计，即课堂再现生活中的真实问题情境，让学生分析、解释、解决，既可以巩固新知，更培养了知识迁移应用能力和科学思维能力。如学习“牛顿第一定律”“液体的压强”后，让学生试着区分生熟鸡蛋，了解公安人员确定犯罪嫌疑人的质量的方法。

1. 怎样区分生熟鸡蛋

教师：在不剥开的情况下，如何区分生熟鸡蛋？

学生：观察并尝试区分（每组 2 个鸡蛋，一生一熟）。

学生 1：把鸡蛋放在桌上，用力把鸡蛋迅速转动，待鸡蛋离手后，观察它的转动情形。如果鸡蛋转动得很顺利，则为熟鸡蛋；反之，则为生鸡蛋。

学生 2：这是因为熟蛋转动时，蛋白蛋黄一同转动，故转得顺利。生蛋转动时，只有蛋壳受力，而蛋白和蛋黄几乎未受力，由牛顿第一定律（惯性定律）可知，蛋白和蛋黄因为惯性，几乎静止不动。于是，鸡蛋的转动就被拖慢了。

2. 怎样确定犯罪嫌疑人的质量

教师：某市 110 接到市民报案。公安人员在勘查案发现场时提取到犯罪嫌疑人在平整松软的土地上留下站立时的脚印，每只脚与地面的接触面积约为 $220cm^2$，由此可确定该犯罪嫌疑人的质量约多少千克？（$g=10$ N/kg）人的身高大概是脚长的 7 倍，犯罪嫌疑人脚长 26cm，由此确定该犯罪嫌疑人的身高是多少？

学生：$26\times7=182$（cm）。犯罪嫌疑人的身高约 1.82 米。

教师：能否知其胖瘦？当压强相等时，公安人员使用的小物块产生的压强等效替代犯罪嫌疑人产生的压强，从而求出犯罪嫌疑人的质量。

学生：用质量 M kg 的小物块压在平整松软的土地上与犯罪嫌疑人同样深（压强等效替代），测出小物块与土地的接触面积，求出小物块的压强 P，再由（$P\times220\times10^{-6}\div10$ N/kg）即可推出犯罪嫌疑人的质量，并推知其胖瘦。

利用物理知识解释、解决生活中的问题，突出了知识和方法的迁移，能有效培养学生的科学思维。如在学习光学、物态变化章节后，解释生活中的“雨后彩虹”“海市蜃楼”“霜、雾、露、雪”“下雪不冷化雪冷”等现象，让学生更有成就感。

六、归纳总结，形成结构，培养习惯

在进入物理课堂教学新授课的应用环节后，经验丰富的教师总是能引导学生说出本节课学到了什么，让学生畅所欲言学到的知识、方法、解决的问题……这是对学生发散性思维的培养。此时教师和学生一起优化课堂小结，提炼思维导图，形成知识结构，能有效培养学生良好的学习、思维习惯，提升学科素养。如探究“凸透镜成像规律”后，教师可引导学生总结出凸透镜成像规律思维导图，如图 7 所示。

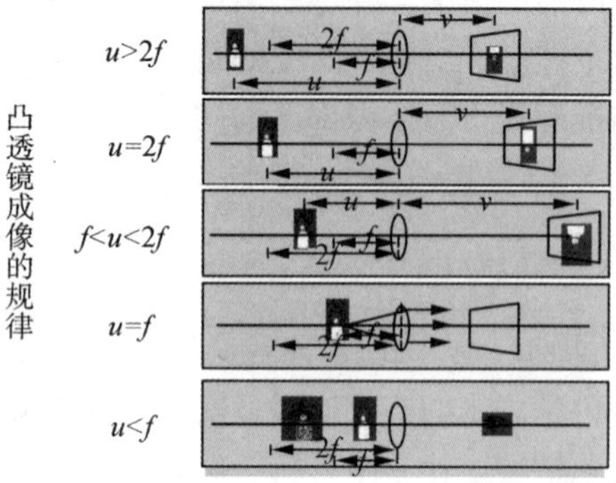

<table>
<tr><td rowspan="2">物距（u）</td><td colspan="4">像的性质</td><td rowspan="2">应用</td></tr>
<tr><td>倒立或正立</td><td>放大或缩小</td><td>实像或虚像</td><td>像距（v）</td></tr>
<tr><td>$u>2f$</td><td></td><td></td><td></td><td></td><td></td></tr>
<tr><td>$u=2f$</td><td></td><td></td><td></td><td></td><td></td></tr>
<tr><td>$f<u<2f$</td><td></td><td></td><td></td><td></td><td></td></tr>
<tr><td>$u=f$</td><td></td><td></td><td></td><td></td><td></td></tr>
<tr><td>$u<f$</td><td></td><td></td><td></td><td></td><td></td></tr>
</table>

图7 凸透镜成像规律

物理概念规律教学中，教师应让学生不断地积累、总结、反思与修正，尤其是在建构知识体系的过程中，培养学生的自主学习能力，使其学会学习、善于总结，能够运用思维导图厘清凸透镜成像的条件、性质（倒立或正立、放大或缩小、实像或虚像）及在生活中的应用，破解知识的碎片化问题；并引导学生根据像距或成像情况逆推物距，开发学生潜能，培养学生的发散思维与逻辑思维能力，实现知识的横向联系。

在初中物理概念、规律课教学中，教师要针对不同环节采用不同优化策略，在导入环节可创设情境，激发兴趣，启迪思维；在新授环节应引导学生进行思维加工，形成定义，建构新知；在探究环节应通过实验探究，明确方法，揭示规律；在应用环节应回归生活，联系实际，解决问题；在课堂小结时应归纳总结，形成结构，培养习惯，有效培养学生的科学思维能力，从而提升学生的物理学科核心素养。

（常德市武陵区教研室）

新课教学过程中学生科学思维和科学探究能力的培养

——以“液体的压强”为例

刘湘中

摘　要：在新课教学中，有的教师仍采用传统课堂教学模式，这种教学模式难以达到真正提升学生核心素养的教学目标。本文以人教版初中物理八年级下册的“液体的压强”为例，探讨如何实现高效课堂，提升学生的科学探究和科学思维能力。

关键词：创设情境；实验探究；能力培养

新课教学过程中，物理老师通常让学生自主阅读教材，然后直接把教材上的概念、规律和公式等告诉学生，让学生背物理概念、规律和公式，再带让学生用题海战术练习。这种教学方式在短时间内可以让学生得分，但缺乏对提出问题、证实问题、解释和交流问题能力的培养，导致学生缺乏在物理情境中提炼有效信息和建立模型的能力，也无法在实践中提升探究能力，难以真正达到提升学生核心素养的教学目标。如何落实高效课堂教学，达到提升学生科学探究和科学思维能力的目的？本文以人教版初中物理八年级下册的“液体的压强”为例，与大家探讨如何实现高效课堂，提升学生科学探究和科学思维能力。

一、创设情境：在体验中获得感知

物理教学中创设情境的常用方法有：通过演示实验创设物理情境，通过学生实验创设物理情境，通过播放视频创设物理情境，通过图片的展示创设物理情境，通过表格数据创设物理情境，通过习题创设物理情境，通过语言文字表述创设物理情境，通过学生的生活体验创设物理情境等。

在人教版初中物理八年级下册第2节“液体的压强”中，教材的编排者首先提出问题，通过学生的生活体验创设物理情境，得出结论，再提出新的问题，通过演示实验及生活体验，得出新的结论。

1. 提出问题

静止在桌面上的水杯，对支撑它的桌面有压力，因而对桌面产生压强。杯中的水对杯底也有压强吗？

2. 通过生活体验创设物理情境

想想做做

家里的洗菜池中没有水时，要提起池底出水口的橡皮塞很容易；洗菜池装满水时，要提起橡皮塞就比较费力，这说明水对池底的橡皮塞有向下的压力，水对橡皮塞有压强。

液体内部对侧面、对上方有压强吗？

学生对此“想想做做”的情境都有生活体验，因此可不做实验，为后面的探究和推导留下充足的时间。

3. 得出结论并提出新的问题

水对橡皮塞有压强，说明杯中的水对杯底有压强，解决了教材中所提出的问题，同时又向学生抛出了新的问题：液体内部对侧面、对上方有压强吗？如下画线部分文字所示。

想想做做

家里的洗菜池中没有水时，要提起池底出水口的橡皮塞很容易；洗菜池装满水时，要提起橡皮塞就比较费力，这说明水对池底的橡皮塞有向下的压力，水对橡皮塞有压强。

液体内部对侧面、对上方有压强吗？

4. 通过演示实验创设新的物理情境

课前做好实验准备，演示教材图 9.2-1 实验，此处教师还可展示生活中向不同方向喷水的喷泉的照片（如图 1 所示）。

图9.2-1 液体从容器侧壁的孔中喷出

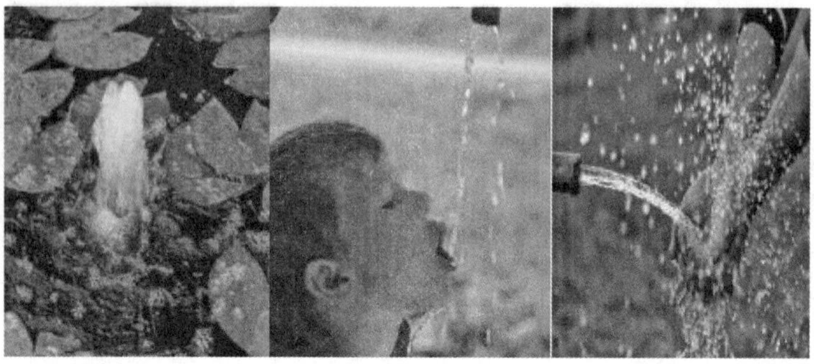

图 1

5. 得出结论

教师：液体从可乐瓶侧壁的孔中喷出，说明什么？

学生：由实验现象说明液体对容器侧壁有压强。

教师：生活中的喷泉向上喷水的现象，说明了什么问题？

学生：液体内部向上也有压强。

教师：生活中的喷泉从下方的管中喷水和侧壁的管中喷水，说明什么问题？

师生总结：液体内部各个方向都有压强。

二、提出猜想：在探究中寻找定性关系——问题和证据

既然液体内部各个方向都有压强，那液体内部的压强可能跟哪些因素有关呢？教材中演示了实验——探究液体内部的压强。

1. 提出猜想

教师提出问题：液体内部的压强可能和哪些因素有关？

学生猜想：

①液体内部的压强 P 和方向有关。

②液体内部的压强 P 和液体中的深度 h 有关。

③液体内部的压强 P 和液体的密度 $\rho_{液}$ 有关。

2. 实验探究

（1）设计方案

实验器材：液体压强探测仪、铁架台、水和盐水等。

教师：液体内部压强 P 可能和方向有关，深度 h 有关，液体的密度 $\rho_{液}$ 有关，研究多变量之间的关系，通常采用什么研究方法？

学生：控制变量法。

教师：实验时具体如何控制不变量，研究其中一个物理量和压强 P 的关系？

学生：

①控制深度 h 一定，探究同种液体内部压强和方向的关系。

②控制液体密度 $\rho_{液}$ 一定，探究液体内部压强 P 和深度 h 的关系。

③控制液体深度 h 一定，探究液体压强 P 和液体密度 $\rho_{液}$ 的关系。

（2）进行实验

实验一：控制深度 h 一定，探究同种液体（水）内部压强和方向的关系。如图 2 所示。

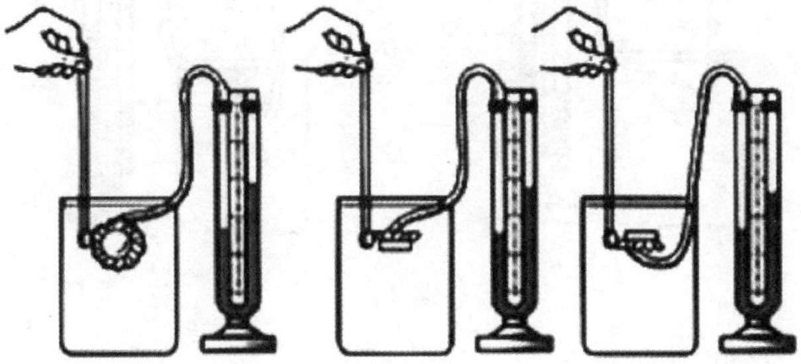

图 2

教师：相同容器里面装相同质量的水，如何探究液体内部的压强是否和方向有关系？

学生：让探头在同一深度处指向不同的方向，观察压强计 U 形管中左右两边液柱的高度差。

学生实验：发现在同一深度处指向不同的方向，观察压强计 U 形管中左右两边液柱的高度差不变。

教师：在同一深度处指向不同的方向，观察压强计 U 形管中左右两边液柱的高度差不变，说明什么问题？

学生得出规律一：在液体内部的同一深度，向各个方向的压强相等。

实验二：控制液体密度 $\rho_{液}$ 一定，探究液体内部压强 P 和深度 h 的关系。如图 3 所示。

教师：在液体密度 $\rho_{液}$ 一定的情况下，如何探究液体内部压强 P 和深度 h 的关系？

学生：在同一装水的容器中，多次让探头插入水中的深度不同，观察压强计 U 形管中左右两边液柱的高度差。

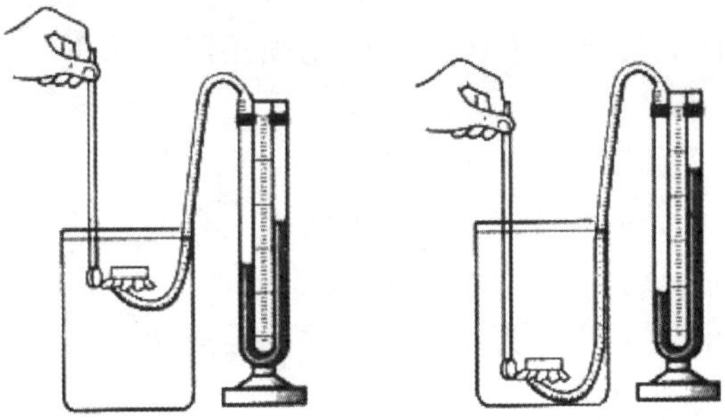

图 3

学生实验：发现在同一装水的容器中，探头插入水中越深，压强计 U 形管中左右两边液柱的高度差越大。

教师：在同一装水的容器中，探头插入水中越深，压强计 U 形管中左右两边液柱的高度差越大，说明什么问题？

学生得出规律二：在同种液体内，深度不同，压强不同，且深度越深，压强越大。

实验三：控制液体深度 h 一定，探究液体压强 P 和液体密度 $\rho_{液}$ 的关系。如图 4 所示。

教师：如何探究在液体内部的同一深度处，液体压强 P 和液体密度 $\rho_{液}$ 的关系？

学生：在两个相同的容器中装入密度不同的水和酒精（ρ 盐水 $> \rho$ 水），多次让探头插入两种液体中的深度相同，观察压强计 U 形管中左右两边液柱的高度差。

学生实验：发现探头插入两种液体中的深度相同，压强计 U 形管中左右两边液柱的高度差不同，且压水中的高度差大一些。

教师：探头插入两种液体中的深度相同，压强计 U 形管中左右两边液柱的高度差不同，且压水

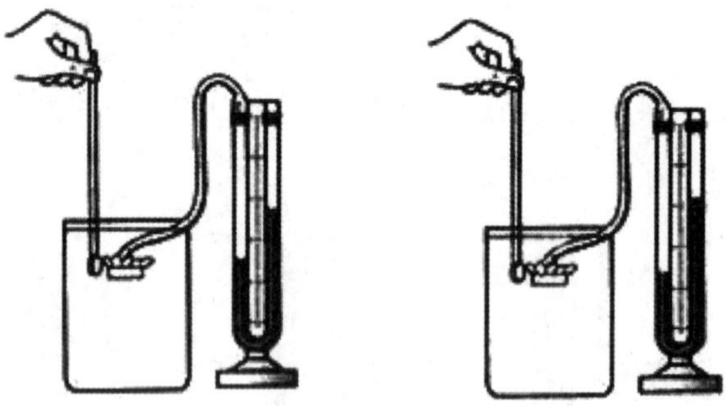

图 4

中的高度差大一些，说明什么问题？

学生得出规律三：液体内部的压强还跟液体的密度有关，在深度相同时，液体的密度越大，压强越大。

（3）得出规律

教师：根据以上实验得出的规律一、规律二、规律三，说明液体内部压强的规律。

学生总结：液体内部的压强 P 与液体的密度 $\rho_{液}$ 及液体的深度 h 有关，与方向无关；且液体密度越大，深度越深，则液体的压强越大。

教师：以上实验只能定性得出影响液体内部压强的因素，液体内部的压强与液体的密度、深度是否有一定的定量关系呢？

学生各抒己见。

三、数学证明：在演绎中得出定量关系——解释

通过实验探究，我们得到了液体内部的压强 P 与液体的密度 $\rho_{液}$ 及液体的深度 h 的定性关系，但不知道液体内部的压强 P 与液体的密度 $\rho_{液}$ 及液体的深度 h 的定量关系。

如教材中的描述：“我们研究容器中液体内部的压强跟液体的深度、液体的密度之间的定量关系。”

按教材中图 9.2-3 定量推理如下。

设想：一个水平放置的平面，面积为 S，这个平面以上高为 h 的液柱对平面的压力 F 等于液体的重力 G。如图 5 所示。

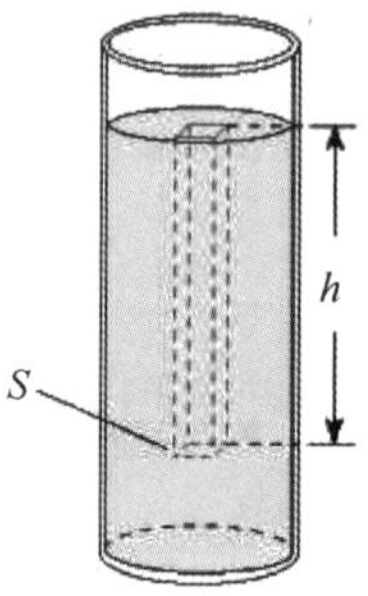

图 5

教师：如何计算高为 h 的液柱对面积为 S 的液面的压强？

学生：根据压强的定义式 $P=\dfrac{F}{S}$。

教师：高为 h 的液柱对面积为 S 的液面的压力 F 如何计算？

学生：高为 h 的液柱对面积为 S 的液面的压力 F 等于液柱的重力 G。

教师：如何求高为 h 的液柱的重力 G？

学生：根据重力 $G=mg$ 计算。

教师：如何计算高为 h 的液柱的质量？

学生：根据密度公式 $\rho_{液}=\dfrac{m}{V}$，求得 $m=\rho_{液}V$。

教师：如何求高为 h 的液柱的体积？

学生：根据圆柱体的体积公式 $V=Sh$。

学生演绎推理得出：$P=\dfrac{F}{S}=\dfrac{G}{S}=\dfrac{mg}{S}=\dfrac{\rho_{液}gV}{S}=\dfrac{\rho_{液}gSh}{S}=\rho_{液}gh$。

师生总结：液面下深度为 h 处液体的压强为 $P=\rho_{液}gh$。

四、合理外推：修正与推广——交流

此部分任务可不在课堂上完成，让学生在课后通过查找相关资料或同学之间相互讨论，完成以下问题。

（1）压强公式 $P=\rho gh$ 适用于静止且密度均匀液体内部压强的计算，是否适用于流动或密度不均匀液体压强的计算？

学生课后自主学习后总结出如下规律：对于静止和密度均匀的液体来说，无论液体的形状如何，盛放液体的容器形状如何，都可以用 $P=\rho gh$ 来计算液体在某一深度的压强；由于流动的液体的压强还和液体的流动速度有关，所以不适用于流动液体内部压强的计算。

（2）压强公式 $P=\rho gh$ 是否适用于静止且密度均匀气体内部压强的计算，是否适用于流动或密度不均匀气体压强的计算？

学生课后自主学习后总结出如下规律：气体压强的产生机理和液体压强的产生机理是相同的，都是作用在单位面积上的压力，因此 $P=\rho gh$ 也适用于静止且密度均匀气体内部压强的计算，但由于气体产生的压强和气体流动的速度有关，所以 $P=\rho gh$ 不适用于流动气体压强的计算。

（3）压强公式 $P=\rho gh$ 适用于放在水平面上的质量分布均匀的形状规则的固体吗？

学生课后自主学习后做出如下推导：将一密度均匀、高为 h 的圆柱形铝块放在水平桌面上，桌面受到的压强 $P=\frac{F}{S}=\frac{G}{S}=\frac{\rho gSh}{S}=\rho gh$ 。所以 $P=\rho gh$ 适用于放在水平面上的质量分布均匀的形状规则的固体。

五、构建情境：在思辨中建立模型

以例题、习题构建物理情境，既可以让学生了解一些科普知识，也能培养学生在实际情境中提取有效信息以及建立物理模型的能力。

如教材中以“海斗号”无人潜水器及“蛟龙号”潜水器构建情境，向学生科普物理知识，并设计了例题。

例题 有人说：“设想你在5km深的蛟龙号潜水器中把一只脚伸到外面的水里，海水对你脚背压力的大小相当于1000个人所受的重力！”海水压力真有这么大吗？请通过估算加以说明。

解：以7km深处的脚背为对象模型，因为是估算，海水的密度取 $\rho=1\times10^3\text{kg/m}^2$，$g$ 取 10N/kg。脚背的面积近似取 $S=130\text{cm}^2$，7km处海水的压强约为 $P=\rho gh=7\times10^7\text{Pa}$，脚背受到的压力 $F=PS=9\times10^5\text{N}$。

以60kg的成年人为对象建模，一个60kg的成年人所受的重力 $G=mg=6\times10^2\text{N}$，假设脚背所受压力的大小相当于 n 个成年人所受重力，$n=\frac{9\times10^5N}{6\times10^2N}=1500$。因此，脚背受到的压力大约为1500个成年人所受重力。

思考 帕斯卡在1648年表演了一个著名的实验：他用一个密闭的装满水的桶，在桶盖上插入一根细长的管子，从楼房的阳台上向细管子里灌水。结果只用了几杯水就把桶压裂了，桶里的水从裂缝中流了出来，如图6所示。几杯水怎么有这么大的力量呢？

图6

学生：由于细管子的容积较小，几杯水灌进去，其深度 h 很大了，根据 $P=\rho gh$ 可知，水能对水桶产生很大的压强。据 $p=\frac{F}{S}$ 可知，这个很大的压强 P 就在各个方向产生很大的压力 F，把桶压裂了。

教师引导学生形成思想方法：在处理液体内部的压强和压力问题时，一般先根据液体内部的压强

公式 $P=\rho gh$，求出所在位置的压强 P，再根据压强的定义式 $P=\frac{F}{S}$ 求出某一受力面积上受到的压力。对液体内部的压强的考查重点在于对影响液体压强因素的定性和液体内部压强公式的定量计算，目的在于培养学生的科学探究能力及科学思维能力。

六、构建体系：在总结中理清脉络

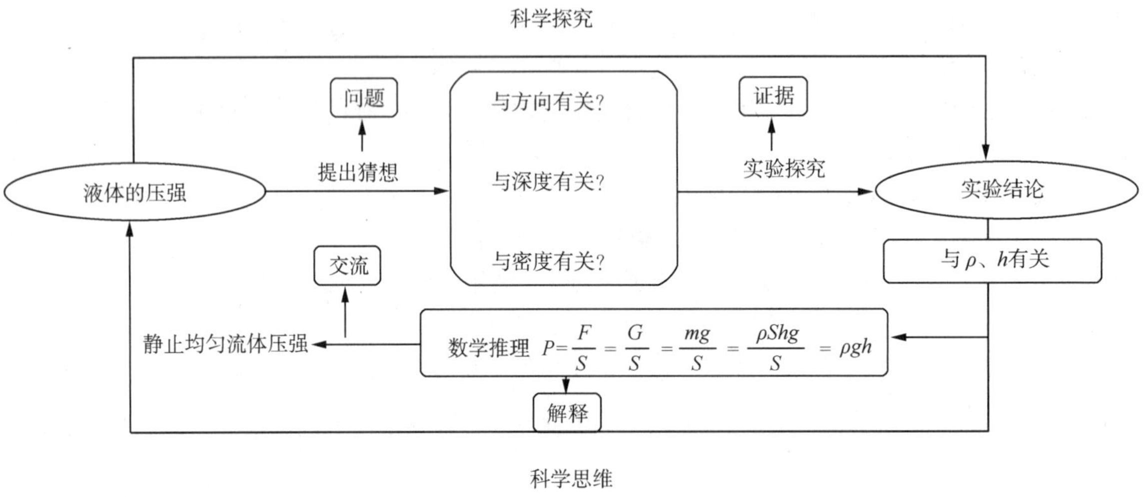

图 7

七、联系实际：在体验中形成能力

教材第 38 页“动手动脑学物理”第 4 题：

工程师为什么要把拦河坝设计成下宽上窄的形状？三峡水电站的水库大坝高 185m，当水库水位为 175m 时，坝底受到的水的压强是多大？

分析：本题以拦河坝为情景，把压强公式 $P=\frac{F}{S}$、$P=\rho gh$ 和实际应用联系在一起；第一问从定性的角度考查学生对 $P=\frac{F}{S}$ 和 $P=\rho gh$ 的理解，第二问从定量的角度考查学生对 $P=\rho gh$ 的理解，旨在在生活实践中培养学生的科学思维能力，让物理与生活完美结合，即“从生活走向物理，从物理走向社会”。

教材第 38 页“动手动脑学物理”第 3 题：

如图 8 所示，容器中间用隔板分成左右两部分，隔板下部有一圆孔，用薄橡皮膜封闭，橡皮膜两侧压强不同时其形状为一凹面。它可以用来做“探究液体压强是否跟深度、液体密度有关”的实验。

（1）若要检验“在同种液体中液体压强跟深度有关”这一结论，应该怎样实验？说出实验步骤和应该看到的现象。

（2）若要检验“在深度相同时液体压强跟密度有关”这一结论时，应该怎样实验？说出实验步骤和应该看到的现象。

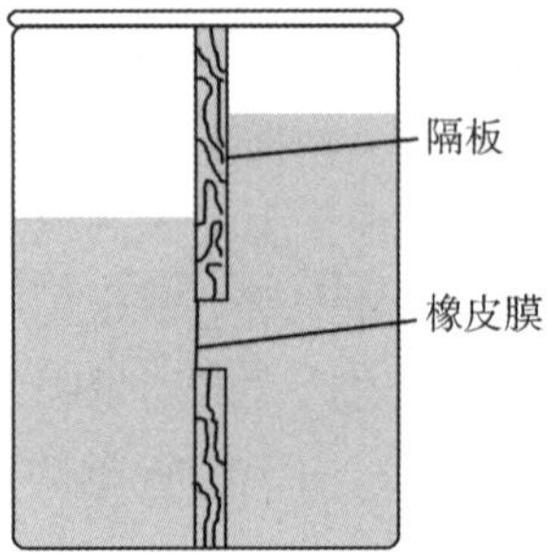

图 8

分析：本题以实际情境为载体，考查了学生从实际情境中提取有效信息的能力，培养了学生把情境中的有效信息和液体内部的压强结合在一起建立模型的能力，实现了对学生借助液体内部压强公式进行科学探究能力的培养。

本文以人教版初中物理八年级下册的“液体的压强”为例，从教材编写者的意图出发，展示了从问题到猜想，从猜想到实验，从实验到数学推理，从数学推理到合理外推的科学探究过程，完美地体现了从问题到证据，从证据到解释，从解释到交流的科学探究过程。本文注重从物理情境中提取有效信息的能力的培养，注重把有效信息和物理规律结合在一起建立物理模型能力的培养，在科学探究中、在模型建立中、在科学推理中逐步培养学生的科学思维能力。

（株洲市攸县黄图岭高枧中学）

自主创新实验在高中物理教学中的应用

温美玲

摘　要： 实验是在高中物理教学中很重要，但又易被忽视的一个部分，而自主创新实验更是鲜有教师进行研究。然而，自主创新实验有时可以帮助教师解决一些用语言文字解决不了的学生理解方面的问题。本文就自主创新实验在高中物理教学中的应用展开研究。

关键词： 自主创新；实验；高中物理教学

实验探究是物理核心素养中非常重要的一个部分，但它也是高中物理教学中经常被忽视的一个部分。就目前一线教师课堂教学现状而言，大多数教师应付式地完成演示实验，甚至有一部分教师从不在课堂上做实验，而是用实验视频来代替，[1]就更不用说自主创新实验了。

自主创新实验，主要指除了教材上的演示实验和学生实验以外的，由教师、学生独自或教师和学生共同研究出来的，教材上没有给出或没有要求的实验。与常规实验相比，自主创新实验可以提升学生的动手能力和学习物理的兴趣。

事实上，自主创新实验是必要的，它可以提高学生对物理这门学科的兴趣，甚至能帮助学生理解晦涩难懂的物理情境或物理知识，也可以让学生明白物理与生活实际是紧密结合在一起的，从而提高学生学习物理的热情。自主创新实验在很多章节都可以进行运用，只要我们肯研究，就可以设计出精彩的实验，为一线教师的课堂添彩。

一、微观原理可视化

实验：毛细现象。

实验器材：一次性杯子若干，纸巾若干，带颜色的水。

实验操作：用两个一次性杯子装上不同颜色的水，中间放一个空杯子，将纸巾搭在相邻杯子上，纸巾与液面接触。

在“毛细现象”这节课刚开始的时候，教师在教室中搜罗上面罗列的器材，并且按照实验操作要求将实验做好放在讲台上。如果实验材料足够，学生可以分组动手做实验，并请几位同学描述自己看到的实验现象（实验现象一）。接下来，教师上课讲解内容，介绍完“毛细现象”的基本原理之后，提醒学生观察纸巾和杯子所发生的变化，再一次请学生描述自己看到的实验现象（实验现象二）。整堂课即将结束时，再观察实验现象，教师再一次让学生描述（实验现象三）。最后，同学们一起分析总结，从而更好地理解毛细现象的原理。微观世界的原理，在我们手边材料的帮助下，清晰地展现在教师和学生的眼前，不仅很好地体现了实验探究这一物理核心素养，也提高了学生表述物理情境的能力，让学生明白物理就在身边。

在研究扩散现象、测量分子直径等问题时，教师都可以用身边材料进行实验，将微观世界的原理放大给学生看，让他们更好地理解和运用。

二、复杂原理简单化

实验：弹力的方向。

实验器材：木板，钢珠，钉子三颗，塑料直尺，痱子粉。

实验操作和现象：撒出一些痱子粉，将直尺在弹性限度内弯曲，钢珠放在直尺自然状态位置，释放直尺，与钢珠发生碰撞，钢珠运动留下痕迹。

这个实验运用在弹力的方向这节课之中。学生们很容易理解绳子、弹簧的弹力方向，但是因为接触面的弹力是微小形变，理解起来比较困难，如果我们用这个实验来辅助，学生理解起来就很容易了。

教师在实验之前先提问："同学们，我们已经知道了绳子和弹簧的弹力方向，那么请问，大家觉得接触面给物体的弹力应该沿什么方向呢?"让学生自主回答。老师引导，同学们给出了各种不同的答案，老师再带着大家一起完成实验，让学生看看接触面的弹力到底沿着什么方向。实验成功后，教师强调实验重点，向学生解释清楚为什么钢球留下的痕迹方向就是钢球所受弹力方向，因为钢球初始状态是静止的，直尺与钢球接触，给钢球力的作用，钢球就会向所受弹力方向运动，因此钢球的痕迹方向就是钢球所受弹力方向。学生明白这一点之后，就可以再进行实验。教师引导学生进行总结，钢球留下的痕迹总是与直尺平面垂直。如果直尺弯曲，痕迹方向就与接触点的切面垂直，这样可以让学生很快理解接触面对物体的弹力方向。

相较于课本上给出的弹力方向的定义，即物体所受弹力的方向与实力物体形变方向相反，我们通过实验观察到的结论对学生而言更简单直接，有助于学生更高效地吸收这一知识。把微小形变这样一个难以观察和理解的复杂问题简单化，其实我们在讲解静摩擦力大小、最大静摩擦力大小和曲线运动条件等问题时，都可以设计自主创新实验，帮助学生理解物理情境，牢记物理概念，从而灵活运用。

三、抽象原理形象化

实验：旋转的花瓣。

实验器材：两节干电池，两块强磁体，氯化钠溶液，一次性杯子，一些颜色鲜艳的干花花瓣，导线若干。

实验操作：两节干电池串联，去掉与电源正极相连的电线绝缘层，绕成合适大小的线圈，放入装好氯化钠溶液的一次性杯子里；一次性杯子放在强磁体上，撒一些干花花瓣在溶液表面，与电源负极相连的电线放入线圈中间，与溶液接通形成回路。

实验现象：干花花瓣在回路形成后，开始在溶液中以与负极相连的导线为圆心旋转。若改变电源正负极，则花瓣旋转方向改变；若调换磁体 N、S 极，则花瓣旋转方向改变；若同时改变电源正负极和磁体 N、S 极，则花瓣旋转方向不改变。

在"通电导线在磁场中受到的力"这节课中，教师以上述实验作为引入，让学生认真观察实验现象，引发学生的思考。教师在讲述完安培力的概念和方向判断之后，提问：上课开始时我们的小实验中，花瓣为什么会旋转呢？学生会结合刚刚学习的安培力的知识进行分析和表述，热情高涨。时间充裕的话，可以让学生上台来改变电源正负极，调换磁体 N、S 极，进一步观察花瓣的运动状态，最后让学生自己得出这个小实验的结论。

电磁学部分的教学对学生和老师来说都是一个难点，理论性强，学生没有与之匹配的生活场景，很难理解带电粒子或导体的运动状态。因此我们设计这样一个自主创新实验来吸引学生，在实验和教师的合理设问下，将理论知识和实验情境联系在一起，并培养学生的分析能力及迁移能力。

在讲解电动机、发电机等知识点时，我们也可以用身边的材料制作自主创新实验，将电磁学部分那些抽象的物理概念形象化，在学生脑海中形成画面，从而提高学生的物理建模能力，[3] 在未来遇见复杂抽象的物理情境题时，可以有能力快速分析出物体的运动过程，从而解决难题。

四、结语

像以上这样的自主创新实验，用身边的材料就可以完成，不需要学生们特地去实验室，也不需要学校为此做很大的投入，成本低，却可以解决一些物理问题。最重要的是，这些小实验形象可视，本来需要费心解释的点，一个小实验就完全讲得清，而且给学生留下深刻的印象。自主创新实验将学生从理论中解脱出来，让他们更轻松地学习物理，喜欢上物理，最终获得理想的成绩。同时，在教师和学生们自己动手进行自主创新实验的过程中体现了物理学科的核心素养。

自主创新实验在实现过程中也存在一些问题：一线教师大部分教学任务较重，而研究自主创新实验需要时间，会给教师增加额外负担；在课堂中做实验时不一定可以达到理想的实验效果，可能会失去自主创新实验存在的意义；对于纪律较差的班级，在实验时，课堂容易失控，影响实验效果。

参考文献

[1] 吴畅. 提高高中物理实验教学有效性的策略研究［J］. 湖南中学物理. 2018，33（09）：69-71.
[2] 蒲满意. 浅析提高初中物理实验教学有效性的若干策略［A］. 中国教育发展战略学会教育教学创新专业委员会论文集卷四［C］. 2019：206-207.
[3] 任艳华. 高中物理模型的归纳与分析［D］. 西安：陕西师范大学，2015.

（宁乡市第一中学）

结合湘西地区特色情境进行热学的模型构建

王 接

摘 要：模型构建应当结合现实情境，使学生能够在学到知识的同时，了解生活处处是物理，进而解释周围环境的物理现象，做到学以致用。物理知识多数源于生活实际，将湘西地区的特有民族区域情境融入教学设计环节中，不但体现了物理学科通过现实情境构建物理模型的特点，也给学生展示了物理知识如何活学活用。本文通过结合湘西地区的民族区域特色情境来进行课堂创设，以培养学生的物理模型构建能力。在此教学实践过程中，笔者发现基于模型构建结合湘西地区的民族特色创设出的教学设计存在巨大价值。

关键词：高中物理；热学；特色情景；模型构建

在新教材的高中课程安排中，不难发现，编者把热学内容放在了高中阶段的最后一本选择性必修第三册，这充分说明热学内容的难度不容小觑。在此，笔者也在思考，为什么学生在学习热学知识的时候感到那么困难呢？问题出在哪里呢？笔者认为，首先，学生初中学习的热学知识比较简单，而且多数是一些现象和常识性的问题，学生的思维深度没有得到充分训练，建模能力没有得到有效的培养，导致学生在学习物理知识时，只停留在表层和基础概念上，缺少构建基本物理模型的观念和能力，从而导致高中学习热学知识的时候感觉吃力。

Hewitt 教授在 1982 年接受密里根教学奖答辩的时候说："我们身边的世界充满着物理学。"这位教授指出，物理学如果只是存在于特定的实验室或者教科书中，那就大错特错了，物理学应该存在于世间的每一个角落。因此作为一位物理教师，首要任务应该是激活、引导出隐藏在学生大脑中的物理学。物理学来源于生活实际，生活实际问题是学生曾经直接或间接接触过或切身经历过、参与过的。教师让学生通过周边的实际生活情境来感知物理现象，逐步培养学生发现和解决问题的能力，已经成为学科中探究性学习的重要组成部分。这里所讲的展现生活实际问题创设情境不同于问题创设，它注重学生已感受到的生活实际。因此笔者充分发挥湘西地区的民族区域优势，结合当地民族区域的实际生活情境来帮助学生建立物理情境，构建基本的物理模型，从而培养学生学习热学的兴趣。

多位教育学专家认为，受教育者的成长是在真实的生活实际中实现的，教育的关键是关注受教育者真实的生活和需要。生活中存在着非常多有价值的和有意义的物理现象，这些现象是受教育者能获得实实在在成长的主要知识和力量源泉。物理授课不仅要贴近学生的日常学习和生活，更要结合生活实际，增强学生对物理学科的感性认识，并激发其学习兴趣。用受教育者所处的生活实际来设置物理教学情境，更符合受教育者的认知特性，受教育者的实际生活是建立物理观念和形成物理规律的基础。在物理教学中，教师能利用的实际生活的例子十分丰富，包括现实中可能用到的各种生产技术，也包括学生日常生活中可以感知到的物理常见现象，还包括与物理知识相关的社会问题等。

如"分子动理论的基本内容"一节，笔者结合苗族银器匠人对苗族银饰加工前要进行加热处理，播种的稻子成熟时散发的香味、油菜花盛开时飘来的香味，还有湘西地区山坡上青草散发的芳草清香、茶油坊的油香等现象，带领学生走入分子动理论的课堂。

如"气体的等温变化"一节，笔者在教学中融入湘西地区的学生喜欢玩的一种玩具——竹筒枪（如图 1 所示），以及湿纸团的玩法。

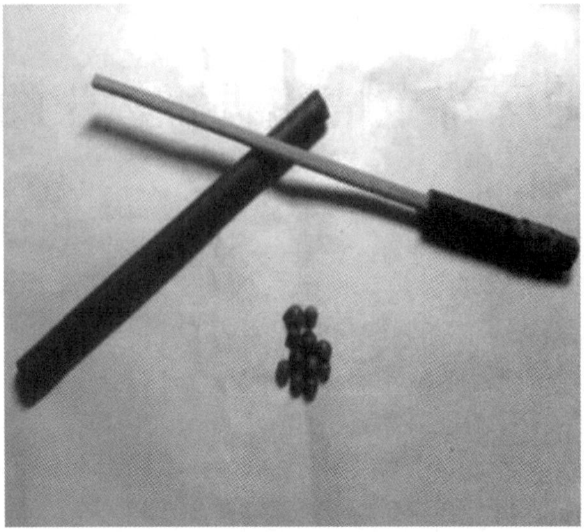

图1　成品竹筒枪

将一个湿纸团塞进竹筒，用竹撞针将其送到出口端位置，接着再将另一个湿纸团装进竹筒，用竹撞针插入，一拍，纸团就飞出去了。

在这里，笔者向学生说明，竹筒枪的内部构成了一个密闭的容器结构。笔者让学生按照竹筒枪的结构构建出一个简化的模型，并分析为什么当进口端加入纸团且用竹撞针压下之后，前方出口端的纸团就会被激发飞出。笔者把学生常见的情景融入教学情境中，帮助学生更好地理解其中的物理含义。

构建好竹筒枪的简化模型后，笔者让学生再分析竹筒枪内部的变化。学生分析得知，在竹筒枪内部温度保持不变的情况下，当竹撞针压下时，就会挤压竹筒枪的竹管，使其内部体积变小，再由波意耳定律（等温变化）可知，竹筒枪内部的压强会逐渐增大，则气体对出口端纸团的力也逐渐增大，从而达到出口端纸团与竹筒枪内壁的静摩擦力，于是出口端纸团被推着向前运动。如果使用者快速挤压进口端的撞针，使得竹筒枪内部的密闭气体迅速缩小，内部气压对出口端的压力会迅速增大，超过出口端纸团与内壁的摩擦力，进而使得出口端纸团获得较大的力并加速飞出。

在“气体的等压变化”和“气体的等容变化”两节中，笔者结合湘西地区的特色设施，让学生从中体会到生活处处是物理，并能通过所学知识解释遇到的热学相关现象。大多数湘西地区的农村村民会在房屋旁边修建沼气池，通过沼气池内的厌氧菌的发酵作用分解牲畜的排泄物，从而产生沼气，供日常使用。（如图2所示）

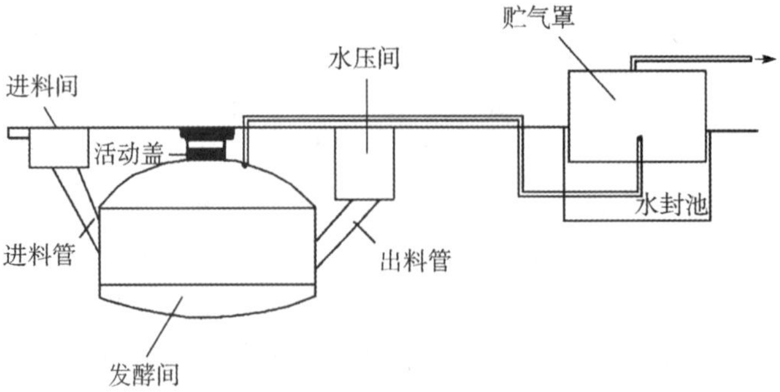

图2　浮罩式沼气池

在发酵间里有一个密闭容器罐，用来容纳厌氧菌以及牲畜的排泄物，以产生沼气（可用于等容变化）。沼气的产生会使发酵间里的气体增多，压力也会增大。

假若通往贮气罩的导管被堵塞了，发酵间不再产生新的沼气，那么村民们就会在发酵间的活塞盖上增加一些大石块，用来压住活塞盖（增加压力）。

笔者通过向学生提问“为什么发酵间的活塞盖上要压大石块?”（为了保持发酵间液面上方容积

不变）引导学生思考其中蕴含的物理知识。

贮气罩用于储存沼气（可用于等压变化）。贮气罩的罩子质量不变，假若通往贮气罩的导管被堵塞了，发酵间的沼气不能进入贮气罩内，贮气罩出口导管也会关闭。夏天的时候，早晨气温低，贮气罩里容纳的气体体积小，到中午温度升高时，贮气罩里容纳的气体体积会增大。笔者引导学生对贮气罩的罩子进行受力分析，再对贮气罩内部的气体进行等压变化的分析。根据盖-吕萨克定律，我们可以计算出中午高温下贮气罩内部所容纳的气体体积。

此外，假设发酵间的排泄物发酵产生的沼气增多，通过输气管道有 0.2V 的压强为 5 倍的大气压气体进入贮气罩，之后封闭气管，让学生判断这一过程是否与之前分析的过程一致，以及需要考虑什么因素的影响。在温度不变的情况下，学生需要分析贮气罩内的气体体积增加了多少，贮气罩上升了多高，以及贮气罩还能容纳多少个体积的这种压强的气体。

笔者引导学生进行深入思考并分析其中的气体体积变化、压强变化和温度的变化情况，通过控制一些物理量不变，让学生在现实情境中构建出符合要求的物理模型，分析和理解这些事物之中所蕴含的物理知识，使得学生熟悉物理知识在生活中的具体应用方式。

学生周边可应用的实际情境很丰富，教师可以挖掘周边事物来诠释说明和总结物理规律，让现实生活与物理课程紧密结合，应用的次数和机会多了，学生理解更加清晰，接受起来也更容易。

当然，生活周边的实物所蕴含的物理规律并不总是简洁明了，过程或者变化规律可能较为复杂，但这并不能阻止教师把它们运用到教学中。只要时时留意，不断总结，并稍加修饰，就能发现有能用于物理教学的现实景象。以学生周边的生活情境丰富教师的课堂，不但可以使课堂气氛更加热闹，还能加深学生对物理概念和规律的理解，进而帮助学生构建恰当的物理模型。根据新课标的提示，物理课程应当贴近学生生活，要符合学生的认知特点，激发并保持学生的学习兴趣。通过探索物理现象，揭示其中蕴含的物理规律，并将其应用于生活生产实际，可培养学生终身探究的乐趣、良好的思维习惯和初步的科学实践能力。

物理学科注重动手能力，实验在高中物理学习中占比较重，这些实验能够验证规律和概念，激发学生的学习兴趣，帮助学生在大脑里构建清晰的物理情境，促使学生创建出符合要求的物理模型，进而促进学生创新思维的发展。

笔者采用演示实验的形式创设情境，证明教师在课堂中进行演示和示范操作，并给予正确的启示，指导学生对实验结果进行观察和思考，可达到一定的教学目标。物理演示实验是多功能的，设置情境在演示实验中扮演着重要角色。这里所说的演示实验不仅包括教学大纲规定的实验，还包括学生在学习物理知识的过程中遇到的、有参考意义的且条件允许的实验。在授课中，教师应该指导学生对物理现象及过程获得必要的感性认识，这是形成物理观念、掌握规律的基础。

笔者在课堂上给学生展示喷雾器的使用方法，并提问学生其中所蕴含的物理学知识（为了避免县城的学生不了解农用喷雾器，可以结合养花用的喷壶）。

如，夏天昼夜温差较大，一同学家里的农用喷雾器放在室外的院子里。我们认为喷雾器的器身不发生变化，容器的器壁不绝热。早晨气温为 10℃，容器内的压强与外界大气压一致；到了中午温度高达 45℃时，容器内的压强增加了多少？让学生利用所学物理知识分析解释，并给出结果。

教师还可以带个农用喷雾器、养花喷壶进入课堂，让学生分析农用喷雾器、养花喷壶在加压打气的过程中的变化，类比篮球、足球打气过程，思考可不可以做类似分析，应该怎么样分析，是不是单纯用等容变化就可以分析，农用喷雾器、养花喷壶内的温度会不会变化，要不要考虑打进去的气体的质量等问题。通过这些递进的问题引导，让学生联系生活实际，深入思考，构建符合要求的物理模型，进而解决问题，并将所学知识运用到生活中的物理学问题中。这种学习过程将激发学生深入思考的能力，培养学生周全考虑问题的能力，让学生对生活和生存的环境充满好奇。

在设计演示实验创设情境时，要注重体现新意，让学生感受到前所未有的新奇，发出一种“哇，还可以这样呀”的惊叹，同时确保实验器材确实在生活中常见。演示实验要启发学生参与实验操作，让学生观察实验中所产生的现象，并进行猜想，实验结束后再引导学生分析实验现象，并进行归纳，进而构建简化的物理模型，提升学生的模型构建能力。

通过这些具有湘西地区特色的情境，笔者帮助学生了解和掌握气体的三种不同变化——等容变化、等压变化和等温变化，以及理想气体状态方程的应用。笔者通过生动的实例情境，帮助学生在学习过程中建立起有效的气体物理模型，使学生能够更好地学习，掌握热学知识，也让学生能够更加熟悉大自然，热爱大自然。

（湘西土家苗族自治州凤凰县高级中学）

论物理教学与生活本源

周建清

摘　要：物理来源于生活，服务于社会。教育家陶行知说过“用生活来教育，为生活教育”，指明了物理教育的方向。物理学是一门自然科学，学习它离不开生活实际。为了让物理教学变得鲜活而有生命力，我们应该让物理教学回归生活的本源，让学生在体验中感知、在生活中发现、在实践中应用、在研讨中提升。“从生活走向物理，从物理走向社会”，让我们的学生离开校园后，也能在多年后偶然回首时，想起年少时边玩边学的快乐，回味物理学给生活带来的方便和美好。

关键词：物理教学；生活实践；本源体验

“智力中没有一样东西最初不是源自感觉”。在我们很小的时候，无论看见什么都会感到好奇，然后就想方设法去探索其中的奥秘。婴儿用嘴唇认识世界，幼儿用双手了解世界，充满了主动性和积极性。孩子们亲身体验，了解了糖是甜的，醋是酸的；知道了气球是软的，开水是烫的……这些认知来自身体力行，令他们印象非常深刻，很难忘记。

我们也发现，孩子慢慢长大，上学了，他们了解这个世界的手段变多了，观察、阅读、倾听、经历等能帮助他们得到想要的信息，加上电视、网络等现代多种媒体的迅猛发展，使他们足不出户就能知道天下事。随着学习任务日益繁重，他们埋头学习，生活圈子变得越来越小；又因为当前评价手段较为单一，即使缺乏对现实世界的体验，也能很好地完成学习任务，所以他们似乎根本没有去关注身边的物理世界。于是我们哀叹：是什么使我们的学生变成了“纸上谈兵”的一代？

教育部早就意识到这种问题的严重性，2011 版义务教育物理课程标准就明确指出“义务教育物理课程旨在提高学生的科学素养”；物理课程目标（三）“情感态度价值观目标”的第 2 条为：“有将科学技术应用于日常生活、社会实践的意识、乐于探究日常用品或新产品中的物理学原理、乐于观察、实验、制作、调查等科学实践活动。”培养物理学科核心素养是物理学科育人价值的集中体现，主要包括物理观念、科学思维、科学探究、科学态度与责任四个方面。在这种背景下，作为物理老师，我们总希望学生明白：他们通过书本学习到的那些科学文化知识其实都来源于生活，在实践中学习和应用，才是掌握物理知识的最好途径，才能将所学到的知识应用到生活中去，让物理知识为生活服务，为社会服务。

杜威在《民主主义与教育》中写道：“最好的一种教学，牢牢记住学校教材和实际经验二者相互联系的必要性，使学生养成一种态度，习惯于寻找这两方面的接触点和相互的关系。”那么，物理教师在教学中应该怎样培养学生联系生活本源学习物理的意识和能力呢？可以从以下四个方面着手。

一、新课学习，在体验中感知物理学

正如歌德所说：“经验是永久的老师。”笔者每一堂课都尽量让学生在体验中感知相关的知识。如在学习八年级的第一课“长度的测量”时，我先让学生测出自己的中指指甲盖的宽度，手腕到大拇指的指尖的长度，伸出的大拇指指尖到中指指尖的距离，一侧肩膀到另一侧指尖的长度等。然后让学生各显神通，利用自己的“身体尺”去测量身边物体的长度，看谁测得更准。学生活跃起来了，他们测出黑板的长度、教室里一扇窗户的宽度、物理课本的长度。后来，一个学生高兴地告诉我，她陪妈妈上街买衣服需要测量腰围，当时没有尺，她就用自己的身体尺“一拃”，帮助妈妈解决了问题，妈妈惊讶之余，对她赞不绝口。又如在“质量的测量”一节的教学中，我让学生用天平测量自己随身携带的物品的质量。一个学生兴奋地告诉我，他去集市买零食，就用当时在课堂上称过质量的钥匙串检验出集市的秤不合标准，并以此推算出了物品的实际质量，把集市的买主都惊呆了！作为他们的老师，我听到这类消息时，真的感到非常欣慰。

二、课后拓展，到生活中应用物理学

萨迪说过："有知识的人不实践，等于一只蜜蜂不酿蜜。"只有将所学知识应用起来，知识才能创造出更大的价值。在课后拓展中，我会有意识地布置一些实践作业，让学生使用课堂上掌握的知识发展能力。如在学完"电能和电功率"之后，我让学生回家阅读家用电器的说明书，查找它们工作时和待机时的功率。没多久就有家长打电话向我反馈，之前孩子一回家就开电视，即使不看也不关，现在人一走开就主动关掉了电视机，并且马上断开了电源的开关，孩子还煞有其事地跟爸妈交代说，待机也费电，要养成好习惯。家长满是感谢，我听了也非常高兴。又如，在学完"凸透镜的成像规律"后，我布置大家回家做透镜烧纸的实验，学生们兴趣盎然地做了。他们发现当太阳光汇聚在一点时，点燃效果更好，于是理解了"焦点"的意义。不少学生还有新的发现，在同样的条件下，黑色的纸比白色的纸更容易点燃，于是联想到不同季节穿什么颜色的衣服更舒服；理解了太阳能电池板为什么都是黑色的；理解了没喝完水的矿泉水瓶为什么不能乱扔等。一些学生在学习了物理知识后，有了很多奇思妙想，他们带着自己的金点子，参加学校组织的"奇思妙想闯七关"比赛，多人次获得一等奖。通过这些课后拓展，孩子们发现生活中随处都能用到物理知识，学好了物理能使生活变得更美好，他们学习的热情就更加高涨了。

三、外出旅行，到实践中捕捉物理学

俗话说："耳听是虚，眼见是实。"物理知识出自生活，服务于社会。为了更好地领会物理学的奥秘，我们最好到社会实践的现场去观摩体验学习。每一个学期，学校都会组织学生进行社会实践活动，我就利用这个机会，提前留意沿途和目的地的一些建筑、设备和风光，引导学生从中感悟物理学的神奇之处。在这些活动中，学生们欣赏了"平面镜成像"所形成的水中美丽的倒影；通过观察和测量，体验到了清澈的池水真的比看起来浅一些；走在刻着纹路的台阶上，联想起增大接触面的粗糙程度是为了增大摩擦力；看着五颜六色的花朵，想到了它们是因为反射了特定颜色的光；高架桥两旁的玻璃墙，是为了给附近的居民减弱噪声而专门设计的；盘山公路拐弯处的大凸面镜是为了扩大视野，保证驾驶安全；江面上停泊的挖沙船，当沙子卸掉之后，船身会上浮是因为漂浮的物体重力减小，浮力也跟着减小，导致排开水的体积变小。我还带着他们围绕在维修运送沙子的传送带的技术人员身边，观察他们如何操作才能让皮带不打滑；告诉他们起重机上巨大的滑轮组，是为了省力又能改变力的方向；河堤岸建成斜的，是为了增大受力面积，减小水对它的压强。见到一根长水管，学生们情不自禁用它验证了骨传导的效果真的比空气传导效果好，并测试了在一端敲击，隔多远能听到两次声音，隔多远才能听到三次声音；在过山车上，学生们感受着离心力、体验着能量的转化，还提出一些新的问题，有的问题需要用高中甚至大学的知识来解决，每一次的外出研学，孩子们兴趣盎然，都会紧紧地跟着我这个"孩子王"。我们把每次外出当成比拼物理知识的大擂台，既感受到学习物理的用途，又轻松和愉悦。

四、潜心钻研，在研究中提升物理学

物理课程标准明确指出"有将科学技术服务于人类的意识"。我对学生学习物理的要求不仅仅是应对作业和考试，还要求他们自己开展进一步的研究。如在学完"熔化和凝固"之后，我让他们回家测量冰和猪油熔化过程中的温度，并据此进行一些小课题研究。很多学生认真完成了实验，绘制出了熔化图像，发现猪油和冰的熔化图像并不一样。有两个学生还根据这次实验的经历合作完成了一篇《猪油和冰并非一家亲》小论文，在市青少年科技创新大赛中荣获一等奖。一个学生在学习了"冰水混合物的温度是0℃"后，为妈妈制作了一个携带新鲜肉类的零度保鲜盒，经实践证明效果良好，获得了亲朋好友的高度赞扬。很多同学在研究中对物理学产生了浓厚的兴趣，用所学的知识让生活变得更加美好，这正是我们所期待的教学效果。

正如陆游所言："纸上得来终觉浅，绝知此事要躬行。" 在实践中学到的物理知识，是那么鲜活、那么有趣、那么有生命力。物理学也不再是纸上那些遥远而枯燥的文字、计算，变成了他们生活的一部分。很多次，当我的学生跑过来告诉我他修好了电吹风，发短信给我说在回家的路上坐上了一辆电气环保汽车，给我的QQ留言说在海边旅游看到山上"种满"了风力发电机，我都和他们一样充满了喜悦。每当这时候，我就非常庆幸我任教的是一门与生活联系得如此紧密的学科，也欣慰地看到，物理教学是这样充满着生机和活力！

物理学与我们的生活息息相关，是一切科技的基础，包括力学、声学、光学、热学、电学、电磁学、原子和原子核物理学等方面的学习和研究，对社会发展和促进科技进步的作用也非常大。在当前"双减"政策下，改变学生以往的学习方式，让生活服务于物理教学，让教育回归本真，实现减负增效更加值得我们去探索。从教多年，我的很多学生已经走出校门，走向社会，成为社会的有用之才，偶尔聚会时，他们会提到，每每环顾四周，总能在某个角落找到初中时期学习物理学的情境，也情不自禁联想起年少时在实践中学习物理的场景，感受着物理知识让我们的生活变得舒适美好。物理学把我们带入了轻便智能的新时代，作为孩子们的老师和朋友，我倍感欣慰。

参考文献

[1] 中华人民共和国教育部. 义务教育物理课程标准（2011版）[M]. 北京：北京师范大学出版社，2012.

（株洲市枫叶中学）

当代迁移理论及其在化学教学中的应用探索

杨 佳

摘 要：迁移理论是教育心理学研究的关键内容，从广义上看，是“一种学习对另一种学习的影响”，从狭义上看，“迁移是过去的学习经验对现在学习的影响，或是现在学习对未来学习的影响”。目前，迁移理论的应用研究有助于认知人类学习的本质与学习规律，更重要的是，可以有效指导学生和教师自我反思，改善教学过程。本文通过简要介绍当代迁移理论基础，再系统分析，确定影响迁移的重点因素，从而找出提升学习效果的有效迁移的方法，最终形成正确的学习途径；正确对待“干扰因素”在迁移中的作用，使教师能够更好地应用迁移理论进行中学化学教学，以学生发展为中心，培养学生的有效迁移能力，提高学生的科学素养。

关键词：迁移；化学教学；知识结构

迁移是心理学的术语，指在特定的情境中获得的知识技能或态度，对另一种情境中的技能知识或态度产生影响，简单来说就是“一种学习对另一种学习的影响”。迁移与学习密切相关，通常新的学习建立在原有基础上。通过迁移理论的应用研究，我们能进一步熟悉人类学习的本质、规律，也可以指导学生和教师改进自己学习和教学中的问题，使学习更有规律性，教学更有条理性，从而达到最佳教学效果。

一、当代迁移理论及其教学启示

传统迁移理论主要研究人们的动作技能和简单想象，并未深入探讨知识技能学习的本质，无法说明迁移的普遍性。所以本文将介绍几种当代迁移理论，联系近代学习理论，探讨影响因素。

1. 当代迁移理论简介

（1）认知结构迁移理论

奥苏贝尔于1963年提出这一理论，指出一切有意义的学习都是基于原有认知结构产生的，不存在不受原有认知结构影响的有意义学习。认知结构简单来说就是一个人长时间储存在大脑记忆系统中的陈述性、程序性的有效理论知识，其中包括自动化习得的学习技能和受意识控制的策略。迁移的实质是塑造良好的认知结构。

（2）产生式迁移理论

产生式迁移理论是思维的适应性控制（Adaptive control of thought，ACT）理论的扩展，是美国心理学家安德森（J. R. Anderson）针对认知技能的迁移提出的。根据这个理论，技能的学习分为两步：首先，陈述性知识以快速的方式进入学习者的学习网络，然后经过变式刻意的练习转换为产生表现模式的程序性知识。两项技能之间的重叠程度决定了学习迁移的量。

（3）认知策略迁移理论

学习所使用的个体调节自身的学习、记忆和思维认知的能力就是认知策略，是一种特殊的内部调节技能。认知策略迁移理论的研究使得这个理论获得快速的发展，认知策略迁移理论的具体思想，是关于认知的策略练习要达到在多种情况或情境下都能及时应对变化的程度，重点是学习的个人认知策略迁移和反省认知水平。有关个体的认知观点强调学生必须按照不同情境使用不一样的认知行为过程，包括对自身认知的过程。这个过程需要我们保持意识性，并主动监测和调整认知过程的发展。

2. 当代迁移理论评价及教学启示

认知结构迁移成功解释了陈述性知识学习和迁移情况理论学习。在学生学习新知识时，认知结构有辨别性大、利用性高、稳定性强等特点，可以促进新知识的学习迁移。

产生式迁移理论是根据智慧技能的迁移着重提出的理论，由于技能的学习有一个陈述性的阶段，故而它也把认知结构的相关迁移理论包含进来。产生式迁移理论的缺陷是它不能说明每个人怎样去调节甚至控制他们的策略方法。

整个认知结构发展水平和一般智慧技能获得的实际水平会影响认知策略的学习与迁移功能，也就是说，学习者受原有知识背景的约束，新内容越新颖、丰富，迁移就越容易产生。另外，可以从学生的动机水平分析出他们的策略倾向，而且还可以判断他们的策略效果的有效性。

以上提及的三种迁移理论，都以知识的分类为准，真实体现人类在学习过程中，产生了学习迁移的种类和特征，为认识迁移铺平了道路。它们重在剖析迁移的内在机制，对推动学习的高效迁移做了充分的理论准备。

二、化学教学中促使学习有效迁移的途径

根据对迁移理论和影响学习的迁移分析数据，我们得出以下结论：老师在教学中要保证知识迁移的成功，需要先向学生传授陈述性知识；当这些学生了解的化学知识和认知与教育心理学家奥苏伯尔标准认知结构特点大致相同时，教师要帮助学生习得程序性知识，这样能够有力地完成有关智慧技能的各项指标任务——智慧技能；在最后一步中教师还需要教会学生全面使用各种策略知识，对这些知识进行训练，然后与反省认知训练融会贯通，让学生能自己学习、自己使用学习技能。

1. 注重概念、原理教学，构建合理知识结构，奠定知识迁移基础

美国教育心理学家布鲁纳认为，领会基本的原理和观念是通向训练迁移的一条道路。基本概念和原理在化学领域至关重要，而且在教材中起着统帅整本书走向的作用。化学老师在实际教学中，一要注重概念、原理的习得方式，即在学习新知识前，先给学生提供大量具体的例证，让学生以比较、辨别、抽象等形式，自己概括得出事物关键特征。是否具体例证的丰富性和事物关键特征的清晰准确性是概念顺利迁移的前提。二要注意学生对概念的真实掌握情况，是否明确概念的内涵与外延、概念的使用范围；是否能够抓住概念的关键特征；能正确区分一些相似概念，比如同位素、同素异形体、同分异构体和同系物这四个概念，分子式、结构式、结构简式和最简式这四个定义等；是否能从本质辨别原电池和电解池。三要注意概念间的相互联系，鼓励学生设计思维导图（如图 1 所示），将知识串联起来。例如，在学习酸、碱、盐时，这是中考的重点与难点，学生学起来比较吃力，教师可鼓励学生绘制思维导图，将酸、碱、盐的化学性质有机结合起来。经过这样的拓展，学生逐渐建立起更为复杂的知识网络，使头脑中的知识系统化，有利于知识的记忆和巩固。

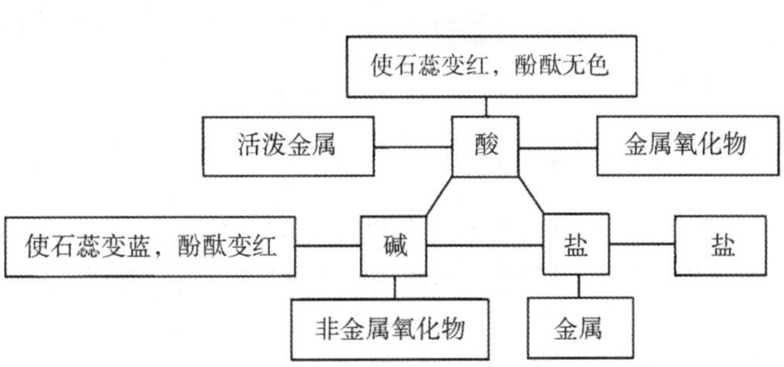

图 1

教师要选择合适的教学主线，围绕知识间的内在联系，引导学生从一个知识点发散联想到另一个知识点，找出知识点之间的联系与区别，由知识点连成知识线，由知识线连成知识网，建构比较完整的、合理的知识结构。比如，在“二氧化碳的实验室制取与性质”教学活动中，教师应先让学生回顾氧气的制备过程，并提问：根据氧气制备的原理，在制备二氧化碳时应选择什么收集装置？在这个过程中，学生通过合作讨论，锻炼知识迁移能力。

2. 教授策略性知识，指导学习方法，形成迁移能力

教学过程需要选取适当的教学方法，合理练习技能的运用，才能让学习技能者在有限的时间内掌

握好知识技能。例如，在“原子的结构”教学过程中，教师应让学生回忆分子和原子在概念上的差别，从微观的角度说明化学变化的实质，以此锻炼其迁移能力。然后播放相关微课视频，原子的外形是什么样的？它是由什么构成的？原子核是由什么构成的？通过引导学生深入思考，使其明白原子如同一个空心球，由几个小粒子围绕大粒子进行运动。在这期间，教师依托多媒体技术优势，把抽象的知识直观地展示给学生，让其充分参与到知识形成的过程中，学会变通，举一反三，从而培养其知识迁移能力。

3. 引导学生自我反思评价，发展迁移能力

学习者应当有意识地、积极主动地进行自我回顾、自我分析、自我评价和自我完善，从而发现自身存在的问题，进而寻找改进的方法，不断总结学习经验，调整学习方法，最终实现自我发展与提高，这是促进迁移能力发展的一个有效方法。由于学生对自身的学习与感受还无法做到自觉反省，因此，教学中教师应要求学生记录自己每天的学习情况，即写学习日志，内容包括每日学习的重点、难点，容易混淆的概念，学习的体会和认识，等等。通过学习日志，帮助学生有目的地进行自我反思评价，扩建知识结构，改进学习策略，进一步发展迁移能力。

4. 联系生产、生活实际，创设迁移情境，在知识应用中提高迁移能力

化学与生产生活息息相关，深刻地影响着社会的发展、科技的更新、人们生活标准的提高。普通中学生平时在生活中会遇到一些与化学有关的生活问题，所以对中学化学老师来说，平时的教学中应该联系实际理论，帮助学生拓宽眼界，延伸思考空间，有效地运用所学知识理论解决问题。例如，在“金属的化学性质”的教学活动中，教师应从生活中常见的金属入手，拿出事先准备好的镁条、铜片、铝片、铁丝等，向学生提问：如果加热这些金属，会出现怎样的情况？让学生回忆铁在空气中能否被点燃，然后组织学生开展实验活动，并观察实验现象和结果。在这个过程中，学生通过自主探究活动，能更好地掌握本节课的重点和难点，为后续的学习奠定基础。在这期间，教师可从具体的生活现象入手，组织学生根据生活实例来比较金属的活动性，为后一课题金属的防锈方法做铺垫，让学生意识到生活实践和化学学习的密切联系，从而培养其化学知识迁移能力。

生活离不开化学，化学亦源于生活，从化学与生活的契合点入手，在解决实际问题中应用知识，可以激发学生的学习动机，促使学生主动探索知识，在应用中实现知识的迁移，提高迁移能力。例如，学生学习“气体的溶解度”这一知识点时，教师可带着一瓶碳酸型饮料（如可乐）进入课堂，摇晃可乐后打开瓶塞，分享喝下可乐后喉咙的感受，来分析气体的溶解度受温度、压强的影响；从燃烧蜡烛这一普通的实验来引导学生观察实验现象，认识物理变化和化学变化这两个概念；从日常生活中的实例，如燃气泄漏切忌打开油烟机、油锅起火用锅盖盖灭、用嘴吹灭蜡烛等事实中概括出灭火的原理和方法等。教师要充分挖掘生活中的“教材”，准确把握好学习内容与生活的联系，努力创设真实而有意义的教学情境，从化学视角寻找切入点，帮助学生获得新知。

三、正确对待迁移中的“干扰”因素，避免负迁移

学生接受新知识或解决新问题时，往往会联想到已有的概念和体验，产生迁移现象。当原有经验对新学习内容起促进作用时叫正迁移；反之，当原有经验对新学习内容起干扰或抑制作用时，则称为负迁移。

例如，学生学习单质钠的性质时，教师提出问题：“钠与硫酸铜溶液能否起反应？”学生异口同声地说“能”。接着，教师让学生写出反应的化学方程式。学生根据金属活动顺序，把钠排在铜前面，认为钠能把铜从硫酸铜溶液中置换出来，类似于 $Fe+CuSO_4=FeSO_4+Cu$。不假思索地写出：$2Na+CuSO_4=Na_2SO_4+Cu$。但事实是，钠能与硫酸铜溶液反应，但不能置换出铜。

学生出现错误的原因在于学生的先有经验对新知识学习造成干扰，原有一般规律对新知识的学习产生负迁移。如果过一段时间，再让学生书写钠与硫酸铜溶液反应的方程式，部分学生又会写出生成铜的错误方程式。这个事例反映出“干扰”因素具有隐蔽性和顽固性，只有通过不断练习才能消除。

“授人以鱼”不如“授人以渔”。我们在平时要帮助学生熟练掌握与灵活运用理论，进一步转化成学生自身的能力，让其能自觉有效地产生正迁移，能充分利用迁移理论来改善学习情况，使学生系

统地掌握化学知识、方法和规律，促进科学素养的提升。

参考文献

[1] 邵瑞珍. 教育心理学. 第八版 [M]. 上海：上海教育出版社，2002.
[2] 刘知新. 化学教学论. 第二版 [M]. 北京：北京高等教育出版社，2008.
[3] 毕华林，元英丽. 化学教育新视角 [M]. 济南：山东教育出版社，2004.
[4] 王祖浩. 中学化学课程评价的反思与探索 [M]. 吉林：东北师范大学出版社，2004.
[5] 袁振国. 当代教育学 [M]. 北京：教育科学出版社，2006.
[6] 邵秀珍. 初中化学教学中如何培养学生的迁移能力 [J]. 试题与研究，2021（20）：115-116.
[7] 瞿素芳. 初中化学学生迁移能力培养的教学策略研究 [D]. 苏州：苏州大学，2016.
[8] 许莹. 深度学习视域下初中生化学学习迁移能力提升策略研究 [D]. 兰州：西北师范大学，2020.

（长沙市湖南师大附中博才实验中学）

化学教学中开展深度学习之“深”“度”思考

——以“物质的分类及转化”为例

贾绍明

摘　要：促进学生的深度学习，可从教学设计、教学活动、教学评价等三个方面下功夫，努力做到了解学情“深入”、活动体验“深层”、学习反思“深刻”，并使之分别与教师设计“最适度”、教学活动“有梯度”、教学评价“多维度”相结合，从而更好地提高课堂教学效益。

关键词：化学教学；深度学习；“深”“度”思考

深度学习概念最初来自机器学习领域，后被教育工作者引入教学领域。所谓“深度学习”，是指在教学中学生积极参与、全身心投入，获得健康发展的、有意义的学习过程。北京师范大学郭华教授提出了“深度学习”的五个特征，为判断深度学习是否真实发生提供了依据。但“深度学习”中“深度”之“深”究竟“深”在何处，“深度”之“度”又如何把握，这些都需要一线教师在课堂教学中不断地实践、不断地体会、不断地总结。现以新人教版（2019）化学必修第一册第一章第一节“物质的分类及转化”为例，将笔者对“深度学习”之“深”、“深度学习”之“度”等问题的思考做如下梳理。

一、“深”“度”之一，是教师在深入了解学情基础上的最适度教学设计

“物质的分类及转化”一节中，学生首先要学习的是化学物质的“分类方法”，主要包括树状分类法和交叉分类法，作为单质与化合物分类的补充，还引入了同素异形体、酸性氧化物、碱性氧化物等概念，这些内容又是后续学习“物质的转化”的基础。从教材来看，有关酸、碱、盐的分类建立在假设学生在初中阶段已获得认识的基础上。而事实上，调查表明，94%的学生此前连酸、碱、盐的概念都不了解，更何谈分类！为慎重起见，笔者又查阅了初中化学教材，还与老师们进行了交流，结果表明，初中课本中确实没有出现酸、碱、盐的概念，只有常见的酸、碱、盐等具体物质的学习内容。虽然不同学校、不同教师在这一内容的处理上有所不同，但绝大多数教师都没有涉及酸、碱、盐的概念，也没介绍相关物质的分类。显然，新版必修一与初中教材存在脱节之处。解决办法有两个，其一，先安排时间做好衔接教学，补上学生所缺的知识；其二，将分类与转化设计为挑战性学习活动，教师给予适当提示，帮助学生及时清除学习中的障碍。笔者认为选择前一种策略更好。本节中另一处“悬浊液”“乳浊液”与此类似，都属于学生的头脑中只有感知而没有建立起概念的情形。

学情决定教学的起点，只有在课前深入了解学情（现有水平），对照学习目标（未来发展水平）才能找准学生的最近发展区，让教学设计更适度、更有针对性，“深度学习”也才能获得强有力的支撑。况且，学生是学习的主体，再优秀的教师都不能代替学生学习，了解学情有利于建立良好的师生关系，有助于更好地激发学生的学习兴趣。在深入了解学情的过程中，若发现学生知识储备不够，教师也可适当布置课前学习（预习）任务，要求学生认真做好课前准备。

二、“深”“度”之二，是学生在梯度沉浸式教学活动中获得深层次体验

“深度学习”的教学过程是以学科核心素养为引领，在一个个章节和单元中，围绕学习主题，设置具有挑战性的学习任务，通过一个个学习活动来展开的。尹博远教授指出，这些活动要“具有针对性、真实性、建构性、进阶性和驱动性”。笔者认为，不论是联系实际、激发学习兴趣的虚拟情境类活动，还是课堂上的自学、小组共学、理论研讨，抑或是实验探究等现场操作类活动，都应该确保

学生能在活动中多梯度沉浸、获得深层次体验，并最终指向学科核心素养的形成。

例如，“物质的分类及转化”中有关“分散系”和“胶体”，上承物质的分类方法，下启物质的转化，需要准确把握知识的脉络及教学深度，否则容易对学生造成不必要的困扰。为此设计的教学活动主要包括以下内容。

（1）肉眼分辨油水、食盐水和泥水，判断它们各自是否属于溶液、悬浊液或乳浊液，并说出理由。

（2）学习分散系的概念，了解其分类，比较溶液、悬浊液或乳浊液的异同点。

（3）讨论：你看到的稀豆浆或牛奶，属于什么分散系？请用实验证明。

（4）学习胶体的概念，把握其实质，了解其分类并列举生活中的实例。

（5）制备氢氧化铁胶体并探究其性质。

活动（1）和（2），旨在培养学生的“宏观辨识与微观探析”素养，活动（3）（4）（5）重在培养学生的“证据推理与模型认知”“科学探究与创新意识”等核心素养。

教师应当明白，上述学习活动过程对学生的感官刺激是富有层次的，既有看又有听，既有表达又有操作，重要的是，学生的思维始终处于活跃状态，有助于形成良好的质疑解惑氛围。这种带着疑问来、带着答案走、再带着疑问来、又带着答案走的局面，最能激发学生探索的心理需求，驱动学生主动参与课堂学习。

例如，有学生在观察到氢氧化铁胶体的丁达尔效应实验现象后，用激光笔对准饱和氯化铁溶液，发现也有“光的通路”（只不过不太明亮而已），他马上追问缘由，这时教师没有急于突破课堂求知的边界，用学生尚未学过的“盐的水解”“可逆反应”等知识来解释，而只是点拨学生，让他们知道该现象说明从溶液到胶体，再到浊液，并不存在不可逾越的鸿沟。这就是把握传授知识“深度”和“广度”的具体体现，教师应该在教学活动的展开过程中逐渐学会收放自如。

三、“深”“度”之三，是师生做出基于深刻反思的多维度教学评价

化学教学中的“深度学习”，要求配合开展持续性的学习评价，在学习过程中或学习结束后，通过多种方式对学生的主动参与情况、全身心投入情况、学习目标达成情况等方面进行反馈、分析、诊断或点评。引导学生深刻反思自己，是促进深度学习的有效途径。

课堂学习评价主要包括“课堂提问、探究实验方案、操作、现象描述和结论总结”等方面的反馈，它是及时的、简要的、散射状、随机性的。以探究实验为例，教师对学生提出的可行性方案做出分析，对实验操作的正确性予以评价，对实验现象的描述进行纠偏，对实验结论的总结加以提炼，这些是来自教师对学生深度学习所做出的评价。分组学习中，学生就某些问题进行讨论、分享、思辨，那是来自同学之间的相互评价。笔者认为，对“深度学习”持续性影响最大的当属学生自己的深刻反思，能不能在“深度学习”过程中不断调整自己的状态、优化自己的习惯、提升自己的思维，主要看内因。

例如，“物质的分类及转化”中有关“物质的转化”，转化的前提是原料物质的性质，转化的条件是相关反应发生的条件，转化的结果是得到目标物质。所以，在教学中设置了两大学习任务。任务一，组织学生回忆、归纳酸、碱、盐的主要性质（通性），列举典型的反应，书写化学方程式，说明其所属类型，然后教师点评、同学互评、自我纠错。任务二，以钙、碳两元素为例，体会从单质到盐的转化步骤及规律，活动结束后用两个思考题评价学生学习的效果。其中一个思考题是用三种方法制备氯化镁，另一个是讨论有多少种常用方法可以制得盐。有关方程式书写的反思，学生不但要知道对错，还要找到错误的原因。在硫酸钙、碳酸钙的制备过程中，教师还会追问“步骤上能否三步并作两步走”等，都是想让学生通过反思知其所以然。

上述教学案例表明，“深度学习”之“深”，包括学情了解之深、活动体验之深、学习反思之深等多重深意；“深度学习”之“度”，包括设计最适度、活动有梯度、评价多维度等多种内涵，所以课堂教学中“深度学习”有效、高效的关键不仅在于“深”处的挖掘，也在于“度”上的把握。

参考文献

[1] 郭华. 深度学习的五个特征 [J]. 人民教育，2019 (6)：76-80.
[2] 郭华. 深度学习之“深”[J]. 新课程评论，2018 (6)：11-16 .

（长沙市周南雨花中学）

浅谈思维导图在高中化学阶段性复习中的应用策略

——以“钠及其化合物”教学为例

朱 赛

摘 要：思维导图是一种有效使用大脑的思考方法，在国内外，不管在教师教学还是学生学习过程中，都有广泛的研究与使用。笔者以“钠及其化合物”一课的教学为例，介绍思维导图在高中化学不同阶段复习中的运用策略，详细解读在三个复习学段中如何培养学生的元认知能力，帮助学生构建知识体系，提高学习效率，落实学科核心素养培养，增强学生适应现代生活和未来发展需要的能力。

关键词：思维导图；化学复习；教学与学习方法；学科核心素养

化学学科知识点多，既有事实性的，也有概念性的；既有无机化合物知识，也有有机化合物知识；既有原理理解、运用，也有实验、计算。想在烦琐的知识点复习中取得较好成效，教师需要很好地引导、启发和规范，学生更需抽丝剥茧，全局掌握，把握知识点的关联脉络。

一、问题提出

随着社会发展、时代进步，新高考对化学学科的考查，不再拘泥于基本概念的记忆、基本理论的理解，更注重化学概念与理论基础的延伸和拓展，也不再标榜考试大纲，更侧重引导学生注意社会实际问题，能用化学视角观察现实问题，将学科知识与生产生活中的各类化学问题密切联系，注重化学学科与环保、能源、生命、科技等方面的关联。新高考对学生的能力提出了更高的要求，特别注重获取信息、处理信息、运用信息解决实际问题的能力的培养。而学生在学习错综复杂的化学知识点时，常常手忙脚乱，不知所措，还停留在死记硬背的阶段。要改变这种复习效率低下的局面，就必然需要引入一种对教师教学与学生学习都有益，并很好使用的介入方法。学科思维导图能很好地对知识进行整合、归纳、总结、提炼，形成知识网络框架，学生能随时更新自己的知识库，笔者在实际化学复习当中，也感受到了它的好处。因此，掌握好学科思维导图的运用，是终身学习时代的必然要求，也是现代化学教育教学的需要。

二、学科思维导图

思维导图是由英国学者托尼·布赞（Tony Buzan）在20世纪60年代创造的一种笔记方法，它是一种有效的思维模式。应用于记忆、学习、思考等的思维“地图”，有利于人脑的扩散，思维的展开，因此在全球范围广泛应用。但是在学科教学方面，历经50多年的发展，思维导图也没有被学校广泛应用，还停留在协助教师准备讲义，或以关键词笔记和标注的方式，在教师备课和复习中产生作用的阶段。基于化学学科知识的特性，学科教学中必须强调“理解性记忆”和“结构化思考”，在复习课中，我们也不能只追求传统思维导图的“图像记忆”和“自由发散联想”层面，要更多地强调深度理解抽象和复杂的知识点，与思维可视化研究团队提出概念图、知识树、问题树等图示方法的优势特性无缝嫁接，将结构化思考、逻辑思考、辩证思考、追问意识等思维方式进行融合。化学学科思维导图成为一种基于系统思考的行之有效的教学策略。这种教学策略的实施，当然需要学生全程配合并参与，才能有效培养学生提取信息、构建知识、批判性思考等的能力，才能培养他们的自主意识，提升他们的自我监控能力和调节能力，转变学生的学习动能。

三、学科思维导图在复习课中的实际运用

普通高中化学课程包括必修、选择性必修和选修三类，必修课程（必修一和必修二）是全体学生必须修习的，同时，学生可以根据个人需求与升学考试要求选择修习选择性必修课程，它包括“化学反应原理”“物质结构与性质”“有机化学基础”。随着学段的提升，知识体系越来越错综复杂，前面学习的内容可能是后面学习内容的铺垫，也可能前面是原理学习，后面是对原理的运用、拓展，对学生能力的培养及要求也不同。所以在化学教学过程中，针对不同的学段，教师要对学生进行培训，让学生充分理解绘制思维导图的方法和意图，以及怎样运用它帮助自己在学习的过程中不断完善知识体系，构建合理且有针对性的知识网络，使思维能力得到不断提升。

（一）“钠及其化合物”第一学段的复习

此次复习，是在学生学完必修一第三章“金属及其化合物”之后的一个阶段性总结复习。此时学生是高一新生，对化学学科的学习还停留在好奇、观望、慢慢适应阶段，在这时，复习主要是提高学生兴趣，帮助他们养成学习习惯。在复习课之前，教师先对学生做一次关于学科思维导图绘制的培训指导，帮助学生认识到学科思维导图是从一个确定的知识中心概念发散出来的自然结构，通过不同线条、颜色、图形符号、化学特定的符号语言以及与化学学科相关的图像，遵循一套简单、基本、自然、易被自己接受的规则标准，逐步建立的一个有序的、发散的、美观的知识网络图。同时，学生也要结合概念图、问题树等形式帮助自己理解和思考，使思考更有层次、更有深度。经指导，学生结合课本、课堂笔记以及自己的复习资料，用不同颜色的笔，用有代表意义的关键词绘制知识网络，在绘制过程中如有疑虑，可形成自我问题清单，在学科思维导图中标记，方便在课堂上解决。教师在上复习课前，收齐每位学生的思维导图，理解学生绘制的思路，解决学生的疑问，让自己的备课更有针对性和侧重点。

课堂中，教师可以鼓励一部分学生用不同的展示形式，例如，在讲到单质钠的性质时，学生可以用提前准备好的金属钠从煤油中取出，做切割动作，同时展示钠与水的实验、钠与硫酸铜的实验，让学生在自我总结中用实验佐证，亲身感受体验，使记忆更深刻。在学生展示的同时，也要解决其他学生可能提出的疑问，如：金属钠能与水反应也能与酸反应，把金属钠投放到盐酸中，是先与水反应还是与先与酸反应呢？钠的氧化物过氧化钠与水反应过程中滴加酚酞会有变红的现象，但是为什么有时候在反应过程中红色会消失呢？遇到疑问的地方，可以采用师生互评、生生互评的模式，把学生们有疑惑困扰的地方充分讨论进而解决，也让学生制作的思维导图更加全面、有逻辑性、有深度。最后，教师点评强调，把学生绘制过程中存在的问题一一罗列进行解决，同时将有代表的思维导图进行班级、年级展示，倡导大家学习，并强调此次做的思维导图要保留，粘贴在自己的教材里，方便下一阶段的学习。

（二）“钠及其化合物”第二学段的复习

此次复习节点，应该是在学生学业水平考查的时候。学生又经历了一年的化学学习，学习兴趣已经很浓厚，关于“钠及其化合物”知识又更加丰满，当回过头看自己高一的学习表现时，心中肯定五味杂陈，觉得自己制作的思维导图原来是低级版本，一定要绘制出高级版本来。此次上复习课的思路跟第一次的形式相似，第一次主要是感受体验获得，而此次是从原理角度深刻剖析，让学生的理解更加有深度。

学生在总结金属钠的化学性质过程中，可以总结活泼金属化学性质的一般规律：①可以与非金属单质反应；②可以与水反应；③可以与某些盐反应；④可以与酸反应。根据一般规律，学生就会类推钾、镁、铝等金属的化学性质，同时也可以根据实验现象以及所学知识，一并将金属活泼性以及所对应的碱的碱性强弱进行比较（这是必修二的元素周期律相关知识）。同时，也有学生对苏打和小苏打在遇酚酞后显红色，以及苏打颜色要深些的原理进行了解释：盐遇酚酞显红色，是因为苏打和小苏打是强碱弱酸盐，会发生水解，水解之后溶液呈碱性；苏打溶液颜色深些是因为它水解程度大、碱性强（这是选修四化学反应原理中的盐类水解知识）。学生在不断补充完善知识点中乐此不疲，认识知识

是融会贯通的，具有连续性，学习也是不断积累的过程，只能厚积才能薄发，我们要顺其发展，理顺思路，向更深的知识层面探索。最后，教师再让学生保留这次的版本。

（三）“钠及其化合物”第三学段的复习

到了高三，化学进入了一轮全面的复习。当我们再次进行“钠及其化合物”这节课的复习时，学生和教师应该都心中有数了，这时已经学完选修五的有机化学，学生这时发现还可以补充钠与有机物的反应：钠与乙醇、钠与苯酚、钠与乙酸反应等，并能根据原理，比较出钠与水、与酸、与乙醇反应的快慢了；同时，也发现苯酚能与碳酸钠反应，但不与碳酸氢钠反应的原因。在完善知识体系的过程中，学生的思维能力得到进一步提高，他们获得了成就感，增强了复习的自信心，将零散的知识点通过自己的努力构建成一个庞大的知识网络。此时教师应该组织学生接触与“钠及其化合物”相关的化学工艺流程相关题目，并对解决这类型题的方法进行总结，给学生的高级版本的思维导图一个画龙点睛之笔。当然，在这个高级版本学科思维导图后，学生还可以继续升级成超级版本，这个超级版本需要学生在平常的化学题目和经历见闻、新闻时事、科技创新中进行总结，例如将“钠及其化合物”与生活、环境、能源、资源、生命健康等有效联系起来，形成源于知识又高于知识的科普学科思维导图。

四、学科思维导图在元素及其化合物中复习的优势

元素及其化合物是高中化学的重要知识板块，学生对这一部分知识的理解记忆仍有待提高。通过教学实践、学科思维导图的阶段性复习策略的运用，笔者认为学科思维导图对学生的化学学习很有帮助，学生很愿意配合并实施，最终拿着自己的学习成果会有学习幸福感。其他元素学习（例如铝、镁、铜、铁等）都可以借鉴，而且在学生能力范畴之内，可以作为第一手学习和复习资料的知识网络图，很好地使元素及其化合物知识给学生带来的困惑和压力迎刃而解，将化学学科核心素养培养有效落到实处。其实，每次化学学科思维导图的建立，都是对学科核心素养的一次升华，最后的超级版本，就是落实学生的科学态度和社会责任。整个培养落实过程是学生主动学、自我调节、自我意识的认知活动，有明确的学习计划、学习目标，学生在掌握自主学习方法的同时，触类旁通，树立了正确价值观，培养了品格和能力，也在潜移默化中达到立德树人的根本育人目标。

参考文献

[1] 陈菲. 运用思维导图提高高中生元认知能力的实践研究：以人教版化学必修一为例［D］. 南昌：江西师范大学，2021.

[2] 梁晓康，廖锐星. 宏观把握微观掌握：利用思维导图上好化学复习课［J］. 化学教育，2008（5）：33-35.

（株洲市第一中学）

例谈基于真实情境的化学主观题命制的基本方法

——以一道高三工业流程题的命制为例

王长龙

摘 要：基于真实情境的教—学—评观念已得到广大教师认同，目前教师们在创设情境进行教学方面进行了很多探索，但针对高考复习的基于真实情境的原创试题命制探索较少。本文通过一道工业流程题的命制过程，介绍了基于真实情境的化学主观题命制的基本方法。

关键词：情境；原创；命题；化学；高考

“情境”是当前与“核心素养”具有同样热度的词，教学中，我们创设情境，引入教学内容，引导学生在情境中学习和思考，在真实情境中培养学生分析问题、解决问题的能力，培育学生的核心素养。对于如何创设情境进行教学已有非常多的研究成果，但基于情境命制化学试题的研究相对较少。本文根据对高考试题的分析，结合笔者自己的命题经验，探讨针对高三复习的化学主观题命题的基本方法。

一、什么是情境?

情境与情景非常相似，但情境更偏向于思维，情景偏向于景。1989年，科林斯、布朗、杜吉德等人首次提出“以情境为背景的活动有益于形成新知识”[1]。在《普通高中化学课程标准（2017年版2020年修订）》（以下简称《课程标准》）中，“情境”一词共出现了60多次。在教学中采用情境教学，可以提高学生学习科学的兴趣，能帮助学生了解科学和日常生活、科研生产之间的联系，促进学生对科学的欣赏。倡导基于真实情境的教学，就是要培养学生解决实际问题的能力。作为教—学—评的最后一个环节，必然也要通过基于真实情境的试题来评价教与学。

二、基于情境的主观题结构

通过对历年高考真题的结构分析归纳，我们总结出主观题基本上由以下几个部分组成。

1. 情境介绍

以文字、图片等载体简要介绍命题情境，情境主要来自工业生产、学术探究、环境保护、实验探究等，以体现本题的价值导向。

2. 新信息告知

高考真题的情境因为陌生度高，实际情况往往比较复杂，要通过文字、表格、图形等载体把超出中学范围的知识、不要求学生背记的内容提供给学生。

3. 情境主体

不同题型的情境主体呈现方式略有不同，并且具有鲜明的特点。工业流程题往往以流程图的形式给出，实验探究、学术探究等往往简要描述探究的步骤，有机合成则常以合成路线图的形式呈现。情境主体是具体问题的设问依据。

4. 问题填空

一道主观大题的设空数量一般为6~9个，往往体现由易到难的规律。设问的角度根据情境、知识、核心素养综合考虑，以体现题目的综合性，更好地达成考查、选拔目的。

三、原创化学试题命制的基本思路

《课程标准》在命题框架中要求准确把握“素养”“情境”“问题”“知识”四个要素的定位与联系，提出了如图1所示的框架。

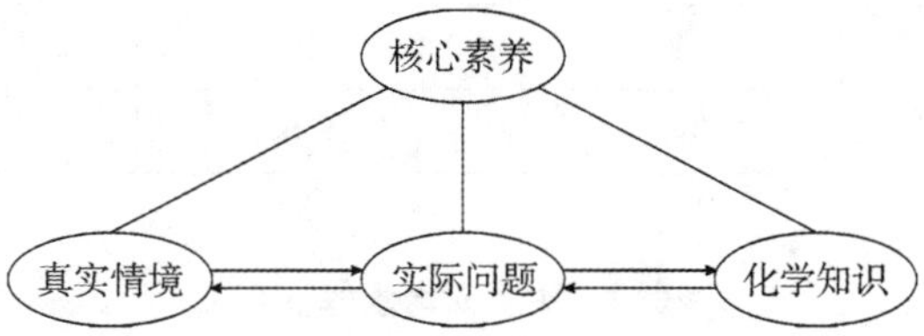

图1

实际命题时，既可以从真实的情境中发现问题，提取适合考查高中学生的知识，也可以从要考查学生的化学知识出发，寻找合适的情境。不论从哪个角度出发，只要基于真实的情境合理地简化，都能比较合适地考查学生的化学核心素养水平。《课程标准》对命题程序给出了建议，笔者根据自己的经验，总结了常用的两条基本的命题思路。

思路1：确定考查的知识点—寻找合适的情境素材—情境素材提炼—组织图文—反复试做—成题。

思路2：确定情境素材—素材提炼—确定合适的考查知识点—组织图文—反复试做—成题。

在实际命题过程中，笔者主要采用思路2，因为平时有浏览科技公众号、科技新闻的习惯，比较容易积累命题的情境素材。

四、一道原创工业流程题的命制

笔者从自己命制一道原创题的过程出发，简要介绍基于真实情境的高中化学主观题命制的基本方法。

1. 确定情境素材

某天笔者看到一篇有关废旧显示屏的调查新闻，其中提到铟作为制造液晶显示屏的材料之一，使用量、浪费量都很大，我马上联想到铟是第五周期第 IIIA 元素，是主族元素之一，而平常练习中以铟为素材的习题比较有限。通过网络搜索，笔者发现与铟有关的题主要是比较简单的选择题，考查的知识主要是核素、元素周期律等简单知识。因此我决定以铟的冶炼或回收为素材，命制一道流程题。

从铟的制备角度来看，我找到了一篇电解制备铟的文献[2]，一篇从废旧液晶显示屏回收铟的文献[3]，还有一篇铟冶炼废渣回收铟的文献[4]，综合考虑文献内容、高中知识、素养考查等，最终选择从废旧液晶显示屏回收铟的文献作为命题依据。

2. 素材提炼与确定考查知识

确定了命题的科技文献后，我反复阅读文献，提取出与中学化学知识联系紧密的部分，标记好超出课标要求的内容、关键数据，简化工业步骤。

首先是要简化文献中的流程，并以学生熟悉的流程图的形式画出来，如图2所示。

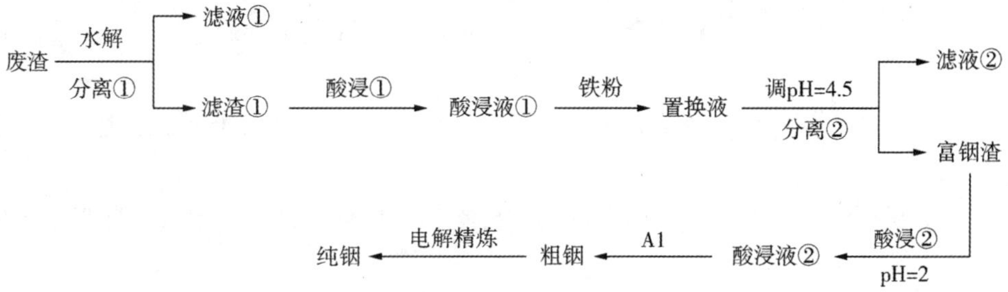

图2

其次是信息的提取和整理。文献中有很多数据，根据考查知识的必要，选择学生可能要用到的数据作为信息。文献中还有一些专业用词，有些是与中学知识稍有出入的，可以转为学生熟悉的词语，也可以作为考查学生理解能力的素材，直接用工业用词。最终我提取的信息如表1、表2、表3所示：

表1 废渣中主要元素平均含量（%）

元素	In	Fe	Cl	Cd	Pb
含量	10.2	14.32	4.6	0.65	0.08

表2 主要元素水解pH

元素	In	Cd	Fe
水解pH	2.9	6.5	3.0

表3 主要步骤的工艺参数

步骤		水解	酸浸①	酸浸②
工艺参数	酸度	pH=5.0	硫酸酸度65~75g/L	pH=2.0
	温度	≥60℃	60~75℃	40~60℃
	固液比	3~4∶1	5~7∶1	3~5∶1
	反应时间		1~2 h	0.5~1 h

设问考查的化学知识主要来自提取出来的与中学化学知识联系紧密的部分。工业流程题中经常考查的知识点有物质分离、流程分析、化学原理、陌生方程式书写、计算、电化学等，结合本文献的具体内容，我设计的问题如下。

（1）下列关于铟（In）的性质预测正确的是____________。

A. 铟的某种核素有64个中子，其符号表示为$^{103}_{39}In$

B. 氢氧化铟具有两性

C. 铟与氯气反应可生成$InCl_3$

（2）酸度为65g/L的硫酸物质的量浓度为__________。（保留两位小数）

（3）分离①在中学实验对应的分离方法是__________，水解除去的主要元素是__________，滤液②中的主要金属元素是__________。

（4）写出酸浸②中发生的主要离子反应方程式__________。

（5）已知$K_{sp}[In(OH)_3]=1.41\times10^{-33}$，水解时为使滤液中$c(In^{3+})$小于a mol/L，应控制$c(OH^-)$大于__________。（用含a代数式表示）

（6）粗铟电解精炼为高纯铟时，阳极的电极反应主要为__________，随着电解的不断进行，电解液中$c(In^{3+})$会逐渐________（填“增大”“减小”或“不变”）。

本题共设9空，总分14分。考查的知识点包括核素、单位换算、物质分离、流程分析、陌生方程式书写、溶度积计算、电化学等；考查面广，难度适中，综合性比较强。

3. **组织图文**

经过反复阅读文献和分析后，情境介绍、新信息、情境主体基本清晰起来，接着可以组织图文，形成题干的基本框架。

组织图文的时候要注意语言尽量简洁、准确、科学，把关键信息清晰地表达出来，避免烦冗，不要给学生造成不必要的干扰。

最终形成的题目初稿如下。

铟（In）是第五周期 IIIA 族元素，在液晶显示屏等很多高新领域有广泛应用。某企业利用冶炼废渣回收金属铟的流程如下：

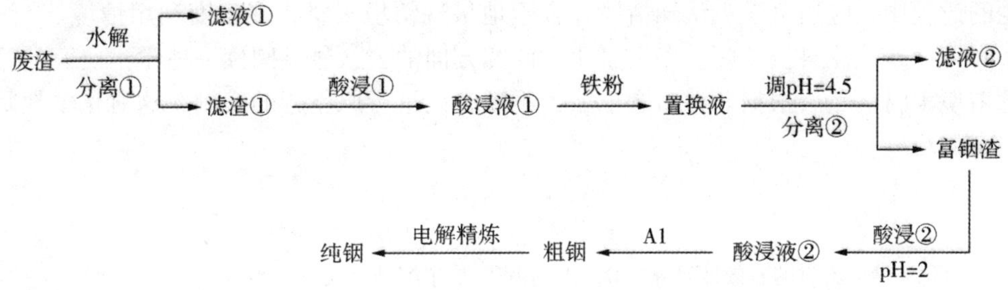

图 3

已知：

表 4　废渣中主要元素平均含量（%）

元素	In	Fe	Cl	Cd	Pb
含量	10.2	14.32	4.6	0.65	0.08

表 5　主要元素水解 pH

元素	In	Cd	Fe
水解 pH	2.9	6.5	3.0

表 6　主要步骤的工艺参数

步骤		水解	酸浸①	酸浸②
工艺参数	酸度	pH=5.0	硫酸酸度 65~75g/L	pH=2.0
	温度	≥60℃	60~75℃	40~60℃
	固液比	3~4：1	5~7：1	3~5：1
	反应时间		1~2 h	0.5~1 h

请回答下列问题：

（1）下列关于铟（In）的性质预测正确的是 C 。

A. 铟的某种核素有 64 个中子，其符号表示为 $^{103}_{39}In$

B. 氢氧化铟具有两性

C. 铟与氯气反应可生成 $InCl_3$

（2）酸度为 65g/L 的硫酸物质的量浓度为 0.66mol/L（2 分） 。（保留两位小数）

（3）分离①在中学实验对应的分离方法是 过滤或抽滤（1 分） ，水解除去的主要元素是 氯或 Cl（1 分，答镉也给分） ，滤液②中的主要金属元素是 铁或 Fe（1 分） 。

（4）写出酸浸②中发生的主要离子反应方程式 $In(OH)_3 + 3H^+ = In^{3+} + 3H_2O$（2 分） 。

（5）已知 $K_{sp}[In(OH)_3] = 1.41\times10^{-33}$，水解时为使滤液中 $c(In^{3+})$ 小于 a mol/L，应控制 $c(OH^-)$ 大于 $\sqrt[3]{\frac{1.41\times10^{-33}}{a}}$ 。（用含 a 代数式表示）

（6）粗铟电解精炼为高纯铟时，阳极的电极反应主要为 $In - 3e^- = In^{3+}$（2 分） ，随着电解的不断进行，电解液中 $c(In^{3+})$ 会逐渐 减小（1 分） （填“增大”“减小”或“不变”）。

4. 反复试做与成题

原创一道大题涉及很多方面，难免出现错误，这时候就需要有局外人来试做。命题人也要跳出命题思路，从做题人的角度反复试做，检查题目中的错误、不严谨的地方，推敲文字，美化排版。

随着课程改革的稳步推进，化学学科试题必将继续坚持在真实情境下命题。我们在基于真实情境命制原创题的过程中，应适合学生认知情境，合理地呈现情境素材，多角度利用情境。[5] 作为一线教师，我们平时可以多关注科技新闻，多浏览化学研究方面的公众号，阅读一些学术研究的简报，积累丰富的命题情境素材。然后根据两种命题思路，不断尝试进行原创题的命制，这对化学教师的专业成长也具有一定的帮助。

参考文献

[1] 陈美奇. 高中化学情境素材的有效性研究 [D]. 哈尔滨：哈尔滨师范大学，2019.
[2] 卢兴伟，彭巨擘，任美珍，等. 电解精炼法制备高纯铟 [J]. 矿冶，2018，27 (6)：54-57.
[3] 武剑，黄王英，洪锋. 废弃 LCD 的处理及其铟的回收技术 [J]. 四川环境，2013，32 (6)：122-128.
[4] 李恒江，杨亚军，吕会民. 铟冶炼中间废渣回收铟的工艺研究与应用 [J]. 世界有色金属，2018 (4)：30-31.
[5] 单旭峰，宋修明. 真实情境的高考化学命题理论与实践 [J]. 中学化学教学参考，2019 (9)：1-5.

（株洲市九方中学）

基于单元学习活动的课堂教学初探

——以“自然界的水”为例

张 艳

摘 要：通过整合单元知识构建从知识到素养的桥梁；通过活动或解决问题，全面达成学习目标；利用真实情境引导学生解决问题，培养其学科思维；面向全体学生，注重学生的全程参与，以全面助力学生核心素养的养成。

关键词：绿水青山；单元整体教学；联系生活；素养养成

单元整体教学设计是“中观”教学设计，促进由“知识为本”到“素养为本”的转化，既能兼顾课程整体目标，也能突出教学的方向性和结构性，是落实三维目标的重要手段，是“双减”之后课堂增质的有力保障。

怎样做好单元整体教学设计，目前国外国内的研究如火如荼，关键是要培养学生的核心素养和能力。一个单元的知识和技能整合的信息量很大，如何才能帮助学生在有效的时间内达成单元复习课中的学习任务，完成教学任务呢?

以生为本的单元整体教学应遵循学科知识的逻辑结构和学生的学情，以贴近学生生活的情境主题与任务进行导入，有机组合单元教学的内容，重在培养学生的学科核心素养。其中，针对单元的知识结构和学生在单元学习活动中的实际情况，确定单元整体教学中的教学目标、教学内容、学习方法尤为关键。本文以人教版九年级化学上册第四单元为例，对单元整体教学中的单元学习活动设计进行了研究。

一、教学背景

“自然界的水”是人教版九年级化学上册教材第四单元的内容。在学习本单元内容之前，学生了解了身边常见的两种物质——空气和氧气，探索了物质微观构成的奥秘，了解了化学实验的基本操作。本单元内容包括水资源的概况、水的净化、水的组成等系列知识以及化学基本概念中的化学式和化合价。自然界的水是生活中常见的物质，学生已有相关知识和技能储备。本单元需要在学生已有的旧知上构建新的知识体系，巩固学生的化学基本操作，持续性训练学生的化学思维模式，也逐步建立化学基本概念和原理的系统知识。

二、基本目标与思路

（一）基本目标

在知识与技能方面，其一，熟悉自然界的水的状况，构建净化水的常见方法、水的组成等系统的水资源知识；了解常见的净化水的方法及原理；能熟练判断元素的化合价，写出常见物质的化学式。其二，学会分析生活事例和实验中的现象，培养学生利用化学原理解决现实问题的能力。其三，能用学到的化学知识解决日常生活中关于水的问题，并具备进行知识整合和运用的能力。

在过程与方法方面，通过对身边水资源的情境创设，激发学生探究的欲望和学习兴趣；通过小组合作学习，培养学生的交流和表达能力，让学生学会交流合作，能从探究中发现问题，并找到解决问题的方法，形成良好的学习习惯和学习方法。

在情感态度与价值观方面，通过对自然界的水的分析和基本化学原理的了解，创设生活中的化学情境，激起学生学习化学的欲望。渗透一切事物都是“一分为二”的辩证唯物主义观点，体会“科学是把双刃剑”，只有掌握其规律，才能趋利避害。发展善于合作、勤于思考、严谨求实、勇于创新和实践的科学精神。

（二）设计思路

学生在学习第四单元自然界的水之前已初步了解了身边的水资源状况等基本常识，也已具备化学实验的基本操作技能，通过前期的学习，已经初步建立起归纳和总结化学知识的技能。在思维能力方面，学生尚处于从经验向理论转变的过渡期，抽象逻辑思维依然占优势，需要感性认知的支持，因此，教师需要创设情境进行推理、证据收集、方案设计的科学探究与实践，助力学生科学思维的养成。所以，我们在单元整体教学中设置了四条主线（如图1所示），通过创设学生所熟知的生活情境线，以水为载体，对学生进行热爱家乡的教育和社会责任核心素养的培养。通过播放家乡美丽的古庙河视频，展示家乡的山清水秀，人和自然的和谐之美，对学生进行美育渗透，体现家国情怀，也由此激发学生的探究欲望，用自然界的水的保护和利用的知识线，让学生懂得如何保护水资源，知悉保护好水资源是每个公民的义务，渗透“绿水青山就是金山银山”的理念教学，培养学生的科学态度和社会责任。

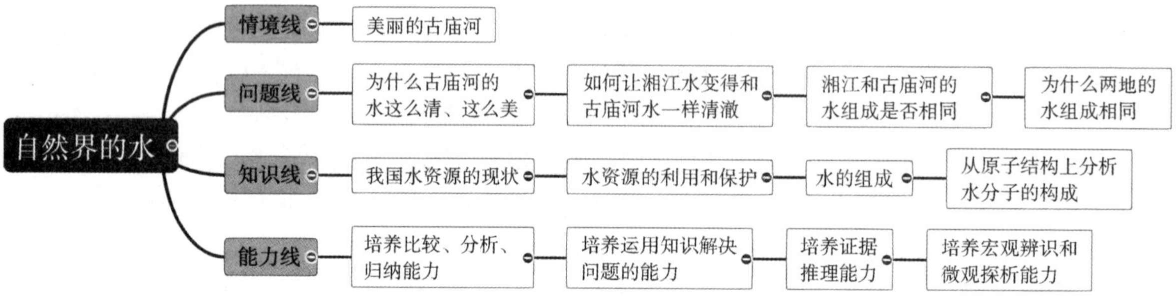

图1 四条主线

三、课堂展示

（一）创设情境：展示家乡之美，引起情感共鸣

师：播放视频“美丽的古庙河”。

生：（播放视频“美丽的古庙河”后，学生发出惊讶的声音。）我们家乡还有这么美丽的小河，我们平时没有发现，课后一定要去好好欣赏。

评析：从身边不同的水引入新课，增强学生的好奇心，让学生发现身边的美，渗透美育，并进行热爱家乡的教育，树立保护好绿水青山的理念。

师：为什么古庙河的水这么清、这么美？

学生分析家乡水资源好的原因，宣传环保政策、公民的环保行动，得出水资源保护的原理与方法。

师：（展示湘江长沙段的水质照片，比较两幅不同状态水资源的图片。）请问两张图片中的水资源有哪些不同？如何让湘江水变得像古庙河水一样清澈？

学生分析开发建设和保护环境的关系，生产生活会产生哪些污染水资源的问题，以及水资源被污染后带来的不良后果，探讨应该怎样利用所学知识来保护好水资源。

师：湘江水与古庙河水的组成是一样的吗？

学生探究水的组成，了解世界各地的水的组成和结构是相同的，得出物质的结构是一定的，不会因地域不同而改变。

师：为什么它们的组成相同？

学生从原子结构上分析水分子的构成，培养学生微观探析的核心素养。

（二）合作学习，互动启智

师：现在我们分四个小组，利用所学的第四单元自然界的水的知识对两地的水进行分析总结。

学生进行分组合作学习，总结归纳知识，探究问题答案。

合作学习的要求：

（1）相互检查组内学案的知识提纲，分析学案中错误的原因，找出最佳答案；

（2）运用知识提纲探究解决本组问题的方法；

（3）发言人准备好约 2 分钟的本组总结。

培养学生合作分工的能力和运用知识解决问题的能力；培养学生的表达能力，能大胆地表达自己小组得出的研究成果和新的想法。

（三）展示合作学习的成果，提升学习能力

学生分小组进行展示，每组的发言人展示本组合作学习成果。

问题一：为什么古庙河的水这么清、这么美？展示该组学案。

师：1. 请本组同学对发言人的知识归纳及解决问题的方法进行补充完善。2. 其他组同学对该组的成果展示进行评价，并阐述你的观点。

问题二：如何让湘江水变得像古庙河水一样清澈？展示该组学案。

师：1. 请本组同学对发言人的知识归纳及解决问题方法进行补充完善。2. 其他组同学对该组的成果展示进行评价，并阐述你的观点。

问题三：湘江水与古庙河水的组成是一样的吗？播放学生的知识归纳微课。

师：1. 请小组同学对发言人的知识归纳及解决问题的方法进行补充完善。2. 其他组同学对该组的成果展示进行评价，并阐述你的观点。

问题四：为什么两地的水组成相同？展示该组学案。

师：1. 请本组同学对发言人的知识归纳及解决问题的方法进行补充完善。2. 其他组同学对该组的成果展示进行评价，并阐述你的观点。

评析：在这个环节中，合作学习有效，讨论充分，每个学生都积极参与，踊跃发言，敢于表达自己的观点，提出了很多的新观点、新看法，很好地培养了学生的创新思维。

这个环节主要培养学生的表达能力和思辨能力；建立总结归纳知识的模型，培养学生模型认知的核心素养。同时，在讨论活动中培养学生的科学精神和社会责任，为做一个合格的公民奠定基础。此外，有效利用单元整体教学达成知识、技能的整合，也是提升学生学习能力的有力保障。

（四）学以致用，解决真实情境中的问题

学生分组展示成果后进行巩固提升。

师：请大家运用知识解决问题。

评析：学以致用，培养学生以生活的背景，以水的保护或污染为情境，以化学知识的应用为载体，整合多模块的基础知识和实践研究的基本思想与方法，培养学生理论联系实际，分析和解决生活与化工生产的各种实际问题的能力。

师：1. 保护好家乡的绿水青山，你有什么措施？2. 要把湘江的水变得像古庙河的水一样清澈，你有什么方法？

评析：本环节的设置重在培养学生的爱国主义精神，用大自然之美陶冶学生情操，渗透美育。引导同学们关注自然、社会、日常生活中的化学问题，学以致用，形成社会责任感。

（五）作业布置

调查身边自然界的水，写出调查小报告。

四、教学反思

（一）单元整体教学的基本要素

单元整体教学，首先要规划教学主题。学习目标的确定、单元知识系统的建构、整体教学模式的生成、师生和生生互动交流环节的预设、知识的点拨深化和拓展应用都是单元整体教学中的必备要素。这些都需要教师根据学生的学情而逐一确定。然后要巧设问题，规划课时，在课堂实施过程中根

据学生的生成进行优化调整。教师在设计问题引导学生学习前，要从三个方面考虑：1. 核心问题，即完成教学主题的中心问题；2. 驱动问题，即引导学生开展探究活动的问题；3. 内容问题，即事实性知识和基础技能。

（二）单元整体教学的素养养成

在单元整体教学中，运用以下四个关键点可以起到事半功倍的效果，达成真实的素养课堂。

其一，要从情境化的问题引导进行驱动。教师通过创设情境进行宏观辨识，师生共同观察、探讨、分析雨后的湘江河水和湘西花垣的水资源的不同，创设探究情境，引导学生运用所学知识进行分析、比较，培养学生探索解决问题的能力及归纳总结知识的能力，也培养学生运用知识解决问题的能力。同时，渗透了“一分为二”看问题的辩证唯物主义观点，让学生发现家乡之美，热爱家乡，建设好家乡。

学生活动预设对落实教学目标具有重要意义。其中，情境化的问题引导可以协助疏通单元整体教学的知识脉络，帮助提高学生学习兴趣。以人教版九年级化学第四单元的单元整体教学为例。本单元知识包括自然界的水和化学基本概念中化学式与化合价的相关知识。知识点之间既相互独立，又有着千丝万缕的联系。我们通过情境化的引入、家乡情感的渗透，协助学生构建知识系统。

其二，要从学生喜闻乐见的实验引入。学生对新的知识和技能从认知了解到熟练掌握的过程中，通过带学生走进科学探究的实验室，让学生自己动手做实验，效果比播放实验视频或采用其他教学手段辅助更好。探究式学习是真实而具有内驱力的教学方式之一。

其三，运用单元思维导图进行知识的整合、重难点知识的再现、薄弱知识的突破。这节课内容的设置从学生已有的旧知中引入新知，让学生初步学会收集证据，对水的资源、净化和组成以及化合价和化学式进行分析、总结和归纳，学会解释证据与结论之间的关系，培养学生模型建构和证据推理的核心素养。

其四，单元整体教学设计是能力提升的保障。课堂中暗藏一个重点内容，让学生认识物质是在不断变化的，掌握使其发生变化的基本操作技能，并能运用于日常生活。通过对自然界的水进行多维度分析和总结，培养学生的科学精神和社会责任。

单元的整体教学既是对学生知识体系中的旧知与新知的承前启后，也是对每个单元中化学观念和学科思维养成的有机整合。我们通过单元知识整合，打通知识到素养的通道；通过活动和问题解决，全面达成学习目标；用真实情境，引导学生解决问题，培养学科思维；面向全体学生，注重学生全程参与，从而全面助力学生核心素养的养成。

（长沙市明德天心中学）

利用劳动实践基地将生物教学与劳动教育相融合

周开明

摘　要：将生物学科实验、实践活动贯穿在劳动实践过程中，将初中生物现行教材内容与劳动实践内容相融合，将生物学科素养培养目标整合到劳动教育课程中，以此促进学生德智体美劳的全面发展。

关键词：劳动实践基地；生物教学；劳动教育；融合

学科融合是学校劳动教育的重要路径。我校通过租地的方式把当地农民的闲置土地利用起来，作为劳动实践基地；在基地的活动中采用劳动教育与多学科教育教学相结合的方法，将立德树人贯穿到教育教学中，让立德树人和“五育”并举落地、落细、落实，用德智体美劳来全面评价学生的成长，完善学生综合素质评价体系。其中，与生物学科教学的融合取得了一定的成效。

一、生物教学与劳动教育相融合的意义

教育必须为社会主义现代化建设服务、为人民服务，必须与生产劳动和社会实践相结合，培养德、智、体、美、劳全面发展的社会主义建设者和接班人。将生物学科素养培养目标整合到劳动教育课程中，使生物学的理论知识渗透劳动实践，可以培养学生的生命观念、理性思维、科学探究能力和社会责任感，全面提升学生的生物学科素养。

1. 通过观察生命现象，感受生命的奇妙，培养生命观念

水稻种植离不开种子，种子的生长离不开生物与非生物环境。水稻从种子萌发、生长和发育到成熟的全过程都与教材中种子的结构与功能相适应，物质与能量转化等相一致，特别是“水稻根尖结构的观察”和“水稻花的观察和解剖”进一步突出了生物的结构与功能相一致。

2. 通过综合运用知识尝试解决问题，培养理性思维

稻苗生长过程中农药的使用。实际生产中，并非一发现虫子就打药。从发现虫子，到发生虫害，需要一个过程。在这个过程中，如果虫子逐代繁殖，到水稻收获前虫口数并未达到导致水稻大幅减产的程度，可以不施农药，只需加强肥料的调控，使稻苗老熟到虫子不适口的程度，就可达到目的。在这个过程中，我们组织学生记录、调查，有意识地去引导学生分析，学生乐于接受。

3. 通过有计划的探究活动，培养科学探究能力

关于稻与稗的鉴定讨论会，首先学生要对稻田中的稻苗和稗草进行细致的、全面的观察，自主掌握区分二者的要点。观察后，学生要对相关内容进行记录，教师引导学生从外形特征上进行区别，重点关注叶鞘上方边缘有疣基毛。

“探究稻与稗的不同点”

目的要求：找出稻与稗在外部形态结构上的区别，以便于在实践中清除杂草稗。

材料用具：稻苗、稗苗每组各 2 棵，放大镜 1 把，解剖盘一个。

实验过程：

1）观察稻苗与稗苗，主要观察在色泽上有何区别。

2）观察稻苗与稗苗的根系。

3）观察稻苗与稗苗的叶片，并将叶从茎上剥离，区分叶鞘和叶片，重点观察两者在叶鞘位置上的不同之处。

4）对观察结果如实进行记录。

5）通过观察实验，写出你认为的区分稻苗与稗苗的关键点。

6）在稻与稗的鉴定讨论会上描述你的观察发现，并对稻与稗的区别方法进行归纳。

7）实物练手。从稻与稗苗的混堆中找出稻和稗，并按种类分成两堆。

4. 通过关注国家政策及解读社会热点问题，增强社会责任感

我们从当前国家政策解读开始，组织“粮食安全与国家战略”宣讲活动，增强学生的粮食危机意识，并进一步加深学生对珍惜粮食这一理念的认识，最后以访问袁隆平水稻博物馆及缅怀袁爷爷活动结束。

二、生物教学与劳动教育融合于劳动实践全过程

初中生物实验、实践活动很多都涉及种子的萌发、播种、栽培、养殖等，都可以贯穿于劳动实践全过程。

1. 播种阶段

基地主要以水稻种植为主。所以我们设计了“测定种子的发芽率”“水稻种子的解剖”和“水稻种子的萌发实验”。第一及第二个实验学生有基础，而第三个实验紧扣劳动实践，只要求学生能够保证种子正常萌发即可，主要是锻炼学生的农业操作技能。以上活动在播种前完成，随后就是田间播种操作。

2. 生长阶段

水稻的生长过程包括秧苗期、拔节期、抽穗期、扬花期和灌浆期、成熟期。

水稻育秧后，可以抛秧，也可以手工直插，或萌发后直播。为了增加学生的劳动体验，减轻学生的劳动负担，我们让学生分组手工直插一部分秧苗，其他大部分用穴盘育秧后，由学生进行抛秧种植。

1）穴盘播后，我们安排学生进行了水稻根生长的测量，并对水稻根尖的结构进行了观察。

2）在种植后，由实验组学生分组每天对水稻的生长状况进行如实记录，并将发现的问题报告实验班主任或指导老师。记录的内容如立苗期（抛秧后秧苗由倾斜变为直立所需的天数），分蘖数、有效分蘖数，有效穗数，发现的病虫情况，生长状况如叶色等。连续记录直至成熟，培养学生的科研精神和耐心。

3）在扬花期对水稻的花朵进行观察与解剖。一方面可以提高学生的解剖技能，另一方面可以加深学生对花的结构的认识。

4）在灌浆的中后期比较水稻籽粒的变化。特别是将灌浆中的稻粒取样后挤破，并用碘液检测稻粒中白浆的成分为淀粉，以此加深学生对植物光合作用的产物中有机物主要成分的认识。

5）稻田生态系统的调查与分析。从播种开始，学生记录有鼠、鸟甚至蚂蚁对稻种的危害；插秧后，稻田中的杂草生长状况；等等。特别是此时开展稻与稗的鉴定讨论会，让学生通过对稻与稗的根、茎和叶的不同特点的观察与比较，进一步巩固分类学知识。同时，也为杂草清除活动做知识准备。

6）稻苗生长中农药的使用。稻苗发现虫害时，何时打药，需不需要打药，由学生下田通过抽样调查虫口解决。即当害虫数量达到一定量且有可能会危害水稻时才用药，否则不用药。用药的过程由聘请的农民完成，学生不参与。

7）水稻成熟期的学生活动。灌浆后期，学生会发现稻苗的叶子开始变黄，且稻穗开始变弯，此时我们针对学生的提问开展讨论：“怎么判断稻子成熟了”。根据日常农作经验，一般是等到稻苗发黄，稻穗中 95% 以上稻粒完全饱满黄透为标准。在学生讨论中，老师引导学生得出稻苗发黄，稻叶中缺少了叶绿素，光合作用变弱，稻粒饱满，营养物质已储足，适合采收的结论。

3. 收获阶段

安排学生在老师的带领下手工收获，学生获得劳动体验的同时，知道要珍惜粮食。收获后，用收

获的粮食煮一餐饭，体会一粒粮食从播种至收获，收获后从口腔到消化的整个过程。此过程是整个活动的高潮。

三、生物教学与劳动教育相融合的方法

生物学科本来就是一门与劳动实践联系非常紧密的学科，学科知识来源于劳动实践又应用于劳动实践。现行的初中生物教材很多内容都可以与劳动实践教育过程相融合。以下为典型实例。

（1）水稻种子属单子叶植物，现行人教版初中《生物学》教材（以下简称《教材》）第三单元第一章第二节“种子植物”，其中有实验“观察种子的结构”；第二章“被子植物的一生”，第一节“种子的萌发”有实验“种子萌发环境条件”和“测定种子的发芽率”。安排以上活动与以上章节紧密相接。

（2）《教材》第一单元第一章第二节“调查周边环境中的生物”。在劳动实践中，我们安排了稻田生态系统的调查与分析。一方面对学生的调查方法进行了巩固，另一方面与第二章“了解生物圈”第一节“生物与环境的关系”和第二节“生物与环境组成的生态系统”进行了紧密连接。

（3）《教材》第三单元第二章第二节“植株的生长”。我们通过活动“水稻根尖结构的观察”来与教材相连接；通过“水稻花的观察和解剖”来与教材第三节“开花与结果”相连接；通过水稻灌浆中后期的“了解水稻籽粒的变化”来与第四章“绿色植物是生物圈中有机物的制造者”相连接。

（4）《教材》第四单元第二章“人体的营养”，我们安排了收获阶段，通过用自己采收的粮食煮一餐饭来相接。

（5）此外，我们通过“水稻的前世今生”知识汇报会和“稻与稗的鉴定讨论会”，与《教材》第六单元“生物的多样性及其保护”、第七单元第二章“生物的遗传与变异”内容相连接。

实践证明，通过以上将生物学科教学与劳动教育相结合的方法，大大提高了学生参与劳动实践的积极性，也有效促进了学生对生物学科知识的迁移和应用，让学生在习得劳动技能，培养劳动习惯和劳动观念的同时，增强了观察、实验以及综合运用知识解决问题的科学探究能力和理性思维能力；通过亲自参与种植、维护等活动，学生有机会观察生命现象，感受生命的奇妙，促进生命观念的形成。由此，将生物学科素养培养目标整合到劳动教育课程中，促进了学生德智体美劳的全面发展。

参考文献

[1] 中共中央 国务院关于全面加强新时代大中小学劳动教育的意见［J］. 教育科学论坛，2020，1（5）：3-6.
[2] 人教版初中《生物学》七年级上册［M］. 北京：人民教育出版社，2012.
[3] 人教版初中《生物学》七年级下册［M］. 北京：人民教育出版社，2012.
[4] 人教版初中《生物学》八年级上册［M］. 北京：人民教育出版社，2013.
[5] 人教版初中《生物学》八年级下册［M］. 北京：人民教育出版社，2013.

（浏阳市高坪镇高坪初级中学）

“三主课堂”模式在高中生物教学中的应用探索

赵坤兰　李一杰

摘　要：“三主课堂”模式是指以问题为主线、学生为主体、教师为主导的一种新型课堂教学模式。在“三主课堂”模式中，教师设计系列问题，引导学生合作探究、自主学习完成学习任务，能较好地培养学生主动学习、合作交流及创新能力。

关键词：三主课堂；问题主线；免疫调节

2017年教育部颁发的《普通高中生物课程标准（2017年版）》（以下简称《课标》）指出养成生物学科核心素养是高中生物课程学习的宏观目标。生物学学科核心素养包括生命观念、科学思维、科学探究和社会责任四个维度。学科核心素养是学科育人价值的集中体现，是学生通过学科学习而逐步形成的正确价值观念、必备品格和关键能力。[1]

为优化教学方式和落实生物学科核心素养，长沙市一中生物教研组一直在思考和探索。结合教研组高建军老师负责的已结题的湖南省“十二五”规划课题“‘二级导学’模式在高中生物教学中实施策略研究”已有的研究成果，[2]长沙市一中生物教研组再次出发，基于人本主义理论和建构主义理论，提炼出“三主课堂”模式。“三主课堂”模式旨在激发学生的学习热情和创造力，突出学生在教学过程中的主体性地位，强调知识建构，注重教师在教学过程中的主导作用，帮助学生突破现有的知识基础，发展其潜在的学习能力，使学生不断获得新的发展，得到新的提升。

一、“三主课堂”教学模式的内容

“三主课堂”在实践中又被称为“54321”模式，即教师提前设计教学5环节、课堂上下放“4权”给学生、学习过程体现“3主”、教学过程贯彻2大理念、最终实现1个目标。5个部分相互联系，不可分割，如图1所示。

“1”指的是1个总目标：让学生学会自主学习。

“2”指的是2大理念：新的学习方式、生物学科核心素养。

“3”指的是“3主”，即问题主线、学生主体、教师主导。在课堂教学过程中，学生是主角，而教师只是帮助学生，引导学生探求真理的引路人。课堂上教师需要密切结合学生的实际情况，设计问题和学习任务，让问题贯穿课堂，把问题和任务作为课堂的一条主线，真正让学生自主参与到教学活动中，同时达到突破重点、难点的目的。

“4”指的是下放“4权”，即思维权、动手权、动口权和归纳权。课堂中学生的参与度至关重要，学生才是学习的主体，这也就提倡教师在课堂教学中要充分给予学生思维、动手、动口、归纳表达的权利。

“5”指的是教学“5环节”，课堂教学必定是学生学习的核心，我们经过理论探索、课堂教学实践，最终确定了教学5环节，即目标导向（有思考）—创设真实情境（有生活）—任务驱动（有探究）—内化提升（有拓展）—创新应用（有实效）。

“三主课堂”中的教学5环节和“4权”的下放，是对新的学习方式和生物学科核心素养两大理念的较好落实，同时也促使学生在学习过程中形成积极主动的学习态度，养成自主学习的习惯，为学生的全面发展、终身发展打下了基础。

二、“三主课堂”教学模式的探索实例

现以省级公开课“免疫调节”为例，介绍如何设计教学5环节，下放“4权”，体现“3主”，探

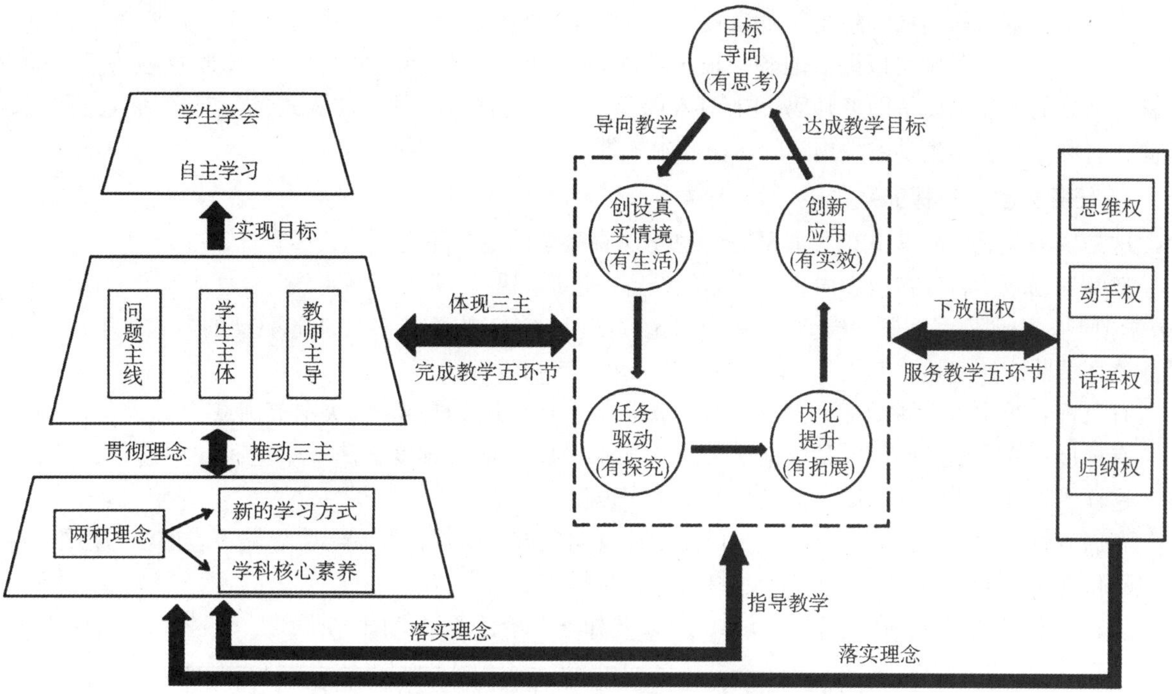

图 1　三主课堂——54321 新课堂模式流程及关系图

讨该模式的应用。

1. **目标导向（有思考）**

教学目标应是课堂教学活动实施的依据和导向，即教师明确教学目标和教学重难点，有针对性地展开教学；学生了解学习目标，有目的、有计划地展开学习。

教师在备课时，要根据教育部颁发的普通高中生物学课程标准中的内容要求、学业要求和学业质量标准，围绕培养学生的学科核心素养的要求，结合实际上课的具体内容，来制定每一节内容的具体教学目标。如“免疫调节（一）”的内容教学目标设计如图 2 所示。

一、基于生物学科核心素养的教学目标

1. 生命观念

①结构与功能观：免疫系统的结构与功能相适应；T 细胞、B 细胞、记忆细胞等能特异性识别，这与它们细胞膜上的受体分不开。

②稳态与平衡观：机体受到病原体的侵入，稳态被打破，免疫调节是维持稳态的一种方式。

③物质与信息观：淋巴因子、抗原作为信息分子，均需要受体的识别。

2. 科学思维

①模型与建模：通过自主构建体液免疫过程模型，训练建模的科学思维。

②归纳与概括：体液免疫是特异性免疫的原因及二次免疫更高、更强、更快的归纳总结。

3. 社会责任

关爱生命，掌握被毒蛇咬伤后急救的方法。

图 2　教学目标设计

2. **创设真实情境（有生活）**

生物学科能力要求是指学生在学习生物学课程的过程中能形成稳定的心理特征，包括科学思维方式和解决生物学问题的基本能力，因而真实情境下的问题解决是课程改革的趋势所向，也是提升学生学科核心素养和学科能力的重要途径。

如在“免疫调节”这一节中创设的情境如下：娄底的龙先生被眼镜蛇咬伤，当地没有相应的抗蛇毒血清，紧急送往湘雅医院注射血清救命。注射的抗蛇毒血清中的物质起什么作用？再如“其他植物激素”一节，教师可以课前准备一根未熟的香蕉，课上以提问“如果我很想吃这根香蕉，同学们有什么好的方法可以帮助老师吗”来引入课堂。创造这样真实的、体验式的、有生活气息的问题情境，有利于激发学生学习生物学的热情和求知欲。

3．任务驱动（有探究）

这是“三主课堂”模式的核心部分，也是课堂教学的主要环节。

教师根据教学目标在教学内容的关键处设置一道道问题，即“问题主线”，通常是借助模型建构（数学模型、物理模型、概念模型）、小组讨论、实验设计、辨析等多种任务驱动的方式来解决问题。设计该环节时应该坚持“三有”：有目标、有梯度、有启发性。

有目标：每个探究活动都是为了突出本节重点，以及突破难点，解决本节疑点。

有梯度：探究活动的设计是依据学生的认知水平逐步加大难度，使整个进程层层递进，环环相扣。这样既保证了教学的深度，又能培养学生多方面的技能。

有启发性：每一个任务的设计都尽可能地体现问题的思辨性，开阔学生思路，发散学习思维，使学生不仅能透彻理解知识，还能从中总结规律，掌握方法。

如在“免疫调节（一）”这一节课中，设置如下三个任务（如图3所示）。

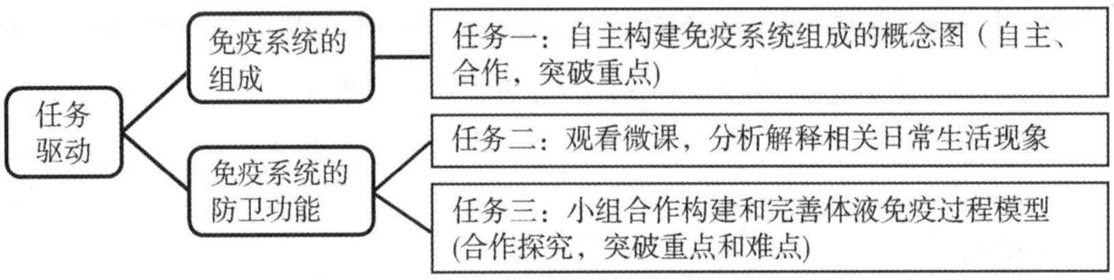

图3　任务驱动的三个任务

在任务完成过程中，要充分体现学生是课堂的主人，即“学生主体”。学生在教师布置任务后，可以进行小组合作探究，有针对性地解决相应疑惑，在这个过程中，学生可以通过讨论、思辨、建模、咨询等多种方式不断进行“提问—解决—再提问—再解决”的循环来解决疑惑，收获知识，让学生的主体地位在整个教学活动中体现得淋漓尽致，体现教师充分下放了4权中的思维权、动手权、话语权。

如上述提到的“任务一”中，让学生阅读教材后动手构建免疫系统的组成概念图，构建后请学生用语言来表述免疫系统的组成，而不是由教师进行讲述，教师在课堂只是起到穿针引线的作用。在“任务二”中，观看微课后通过设置问题启发学生的思维：“人如果大面积烧伤，往往需要植皮，这是为什么？伤口感染后会化脓，脓液是什么？”设置的问题既与所学的知识密切相关，又与生活实际紧密联系，有效落实了生物学科核心素养中的社会责任。在“任务三”中，通过提问：“如果前两道防线都被攻破了，机体又将如何应对病原体的侵袭呢？”启发学生思考，让学生自主合作，利用软件构建体液免疫的过程，再让学生结合自己的模型阐述体液免疫的过程，充分下放动手权、话语权。在此过程中，学生如果暴露出问题，教师便引导纠正，师生共同完善体液免疫的过程。

值得注意的是，无论是新授课还是复习课，教师扮演的都是一个组织者、促进者的角色，即教师主导。教师不仅要善于设疑，适时地设计一些“思维陷阱”，引导学生开阔思维，灵活思考；也要善于观察学生的思维变化，在学生思维遭遇“瓶颈”时，进行适度点拨、引导，点拨可以是组织学生之间进行观点交流、沟通，寻求思路契合点，也可以是给学生提供一定的问题铺垫，帮助学生打开思路；当然也要注意不能任由学生过度地发散思维，远离主题。

4．内化提升（有拓展）

该环节是在上述任务完成后，教师引导学生对方法、规律、易错易混点进行总结，突破重点、难点、疑点和易混点，进一步挖掘知识内涵，解决疑惑，构建系统、完整的知识体系。

例如，“体液免疫（一）”这一节内容中，在安排学生阅读教材构建免疫系统组成的概念图后的

"内化提升"设计为"引导学生总结免疫器官、免疫细胞、免疫活性物质三者之间的内在联系，如何理解、记忆淋巴细胞的名称"。再如，在第三个任务中，学生构建完了体液免疫的过程之后，教师提出问题："如果相同的抗原再次侵袭，机体会如何应对?"引导学生掌握"二次免疫"的过程，完善体液免疫的过程，并让学生构建二次免疫的数学模型，引导学生归纳、总结二次免疫的特点："更高、更快、更强"。紧接着引导学生全面归纳、总结体液免疫的特异性体现在哪些方面，学生总结：体液免疫过程中，抗原和抗体的结合体现了特异性，此外，免疫过程中存在一些具特异性识别作用的细胞。这样的设计充分体现了"4 权"中的"总结权"。

5. 创新应用（有实效）

学习要善于应用。应用知识不仅能帮助学生巩固知识，还能促使学生进行知识迁移，拓展提高。知识应用的形式多种多样，可以是习题精练，即让学生在课堂中进行适当的、必要的练习，对相应的知识内容进行概念变式，也可以是真实情境再现，首尾呼应，还可以是在新情境下的应用。

例如，"体液免疫（一）"这一节内容的设计是情境迁移："注射的抗蛇毒血清中的物质起什么作用? 如果不小心被响尾蛇咬了，注射眼镜蛇的抗蛇毒血清能救命吗?"设计意图是让学生进一步消化吸收教学内容，巩固知识，掌握技能，利用本节课已经学习的"特异性"解决实际问题，做到当堂理解，当堂应用，举一反三。

三、"三主课堂"模式应用中的几点体会

1. 课前要精心设计好问题和任务

用"三主课堂"模式进行教学，学生很受益，但同时也对教师提出了更高要求。教师需要针对学生的学情，精心设计任务或者问题，来呈现知识点，驱动课堂，让学生主动思考，主动参与课堂。"三主课堂"模式中，不再是由教师将知识点呈现给学生，更多的是以任务和问题的形式，让学生自己去探索知识。例如前文提到的"免疫调节（一）"，教师可以提前设置教学思路，如图 4 所示。

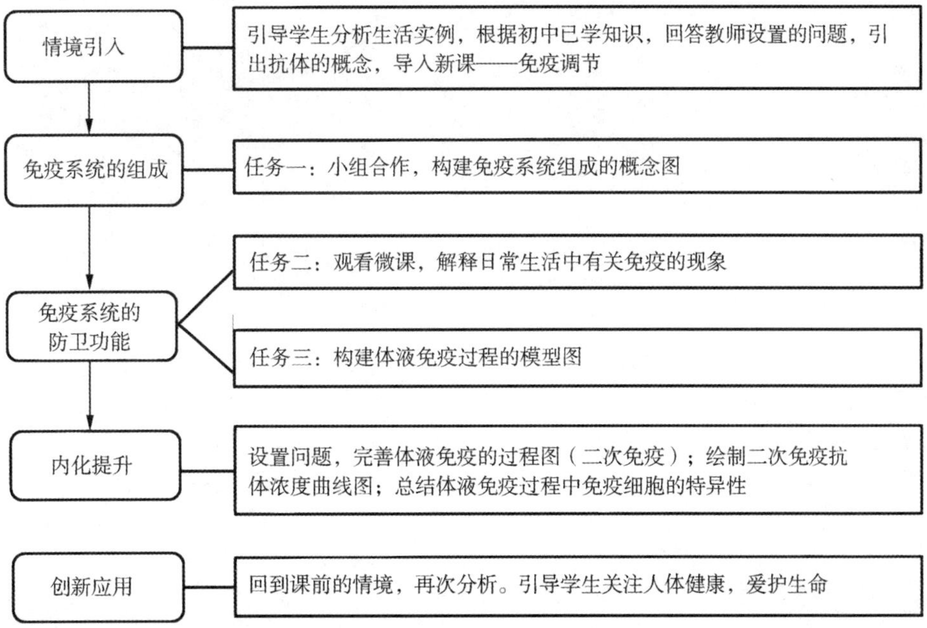

图 4 教学思路

2. 活动中要以学生为主体

教师设置的任务和问题，需要针对学生，争取让所有学生参与，而不是自问自答，自导自演。例如，上文提到的体液免疫过程的模型，教师可以制作学案，放手让所有的学生去构建，构建完了之后，让学生来阐述过程，而不是教师自己说；阐述完以后，让学生来相互评价，而不是教师一个人点评，要勇于将课堂交给学生。

3. **教师要重视倾听和指导**

“三主课堂”是开放式的课堂，要求教师将“权力”下放给学生，设置一系列的问题和任务来驱动课堂，这可能会产生很多生成性的问题和生成性的结论。因此，教师要做好充分的准备，预设课堂的种种可能，在课堂上要时刻关注学生，关注学生的表达，关注学生的思维，指导学生参与到自己设置的活动中去，落实设置的任务和问题。

4. **以学生为主体不是指“以学生为全部”**

“三主课堂”上，学生是课堂的主体，但是，也不能否定教师的主导作用，教师是课堂走向的关键，是课堂的风向标，是课堂的主导；课堂上也并不是所有的知识呈现全部由学生说出，由学生来探究，还是要有详有略，要注重落实。“三主课堂”活动的设置不应该是为了活动而活动，不是为了追求课堂的热闹，不是追求“形式”，而注重的是落实科学概念、培养科学思维，最终达成一个总目标——让学生学会主动学习。

灌输式的教学时代已经远去，教学应充分挖掘学生的潜力与智慧，更具探究性，更显趣味性。只有融学于探，学探并重，达成其最终目标——培养学生的自主学习能力，使学生学会学习，才能使教育真正发挥培养人、塑造人、成就人的价值。

“三主课堂”模式在长沙市一中生物教学中已逐步铺开，各年级均在结合实际使用该模式，现已取得阶段性的成果，师生反馈：学生的学习积极性有所提高，学生感觉在课堂能充分展现自己，更愿意融入课堂，学习能力也得到了提升，这在一定程度上得益于“三主课堂”教学模式。

参考文献

[1] 中华人民共和国教育部. 普通高中生物学课程标准（2017年版）[M]. 北京：人民教育出版社，2017.
[2] 高建军. 浅谈学案导学及生物二级导学的实施策略 [J]. 中学生物教学，2013（12）：4-5.

（长沙市第一中学）

情境教学中情境素材的来源初探

覃吉荣

摘　要：生物学学科核心素养是学生在分析和解决真实情境中的实际问题时所表现出来的价值观念、必备品格和关键能力。要在课堂教学中渗透学科核心素养，教师在备课时选择恰当的情境教学素材就显得非常重要了。情境素材来源其实很广。

关键词：情境教学；情境素材；来源

2020年下学期，湖南省普通高中开始全面使用新课标、新教材。新课标中明确指出，普通高中的人才培养目标是进一步提升学生综合素质，着力于学生发展核心素养。《普通高中生物学课程标准（2017年版）》明确指出，生物学学科核心素养是学科育人价值的集中体现，是学生在解决真实情境中的实际问题时所表现出来的价值观念、必备品格和关键能力。要在课堂教学中渗透学科核心素养，教师在备课时选择恰当的情境教学素材就显得非常重要了。

使用新教材以来，老师们普遍接受了“无情境不教学”的观点，但同时也困惑，每节课、每个概念的教学都需要设置情境，哪来这么多情境呢？甚至有时出现了为了情境而情境的情况，情境材料本身不真实、不科学，或者与教学内容几乎没有什么联系，有的情境甚至有哗众取宠之嫌。我认真研读了课程标准、课标解读和教材，听取了多位老师的授课，在我看来，情境素材其实来源很广。

一、情境素材可以来源于教材

新教材编写的原则就是在情境中发展学生的生物学学科核心素养。新教材共设置了导学类、辅学类、评价类、实践探究类、素养发展类5大类21种小栏目。比如，导学类有教材中各章节的章首页栏目，这个栏目由章导入引言、章配图和科学家名言3个部分共同组成，共同发挥了创设这个章节起始学习情境的重要作用。教材的正文中包含了问题探讨、思维讨论两个导学类栏目，这两部分创设的教学情境学科特点明显，紧随时代的步伐，具有较强的新颖性和兴趣性。老师在课前若能吃透教材，充分利用教材这一实现课程目标的有效载体，利用教材中给出的真实情境，对教学内容进行结构化设计，是有助于学生掌握知识、发展能力的。

例如，必修一“细胞的基本结构”一章中，章导入引言阐述了人工合成胰岛素耗时长，而将胰岛素基因转入易于培养的细菌，时间短，产量高，这样可以激发学生的兴趣；章配图为细胞亚显微结构模式图，立体直观，吸引学生的眼球；科学家名言引用了翟中和院士的“我确信哪怕一个最简单的细胞，也比迄今为止设计出的任何智能电脑更精巧”，这就会让已享受过人工智能的优越性的学生有探索的欲望。第一节的问题探讨“为什么活细胞不能被台盼蓝染色，而死细胞能被染色”，第二节的问题探讨“细胞内是否也具有C919一样多个不同的部门？这些部门也存在制造C919飞机类似的分工与合作吗”，第三节的问题探讨“克隆牛的性状与母牛乙几乎一模一样，这说明了什么”，整章通过这些导学类栏目所设置的情境串联起来，让学生很想了解细胞各部分的结构到底是怎样的，让学生想知道为什么科学家会觉得哪怕一个最简单的细胞，也比迄今为止设计出的任何智能电脑更精巧。而这样的整章情境的创设和分析中也渗透了结构与功能观。

新教材中辅学类、评价类、实践探究类、素养发展类栏目中也有很多可以用来作为建构新概念的情境材料。比如，评价类栏目中有些课后习题也可以成为很好的情境材料。“主动运输与胞吞、胞吐”一节课后习题“拓展应用”部分以强耐盐植物柽柳作为真实情境，让学生设计实验探究柽柳吸收无机盐离子的方式，这个问题呼应了本节的主要教学知识点和主要教学内容，充分培养了学生的科学思维和科学探究能力，帮助学生真正有效地实现从基础理论知识到科学探究素养的快速有效转化。

二、情境素材可以来源于学生真实的生活体验

朱正威先生曾经说过：“科学概念的形成需要有丰富的事实支撑，这些事例要能够来自学生生活时的经验，由他们收集起来就更加具有生气了。”而且，生物学本身也是阐述人类生命现象和人类生命本质的一门学科，与人类的生命本质息息相关。若充分使用学生在日常的生活和工作中真实的人生体验作为教学情境的素材，不仅能够激发学生的积极性和学习动机，引导学生从人文和社会的角度去关注其日常生活及工作中的生产实际，还会使学生产生知识与情感上的共鸣，成为促进学生主动地完成知识向能力及综合素养转化的催化剂。夏季凉拌西红柿时出现的汁液，腌制腊肉时要放较多的盐等学生亲眼所见的素材，放在细胞基本结构的分析中，让学生建立细胞结构和功能观变得更自然；糖尿病患者的症状和治疗，“三高”人群的出现和预防治疗等学生所闻的素材，在人体内环境稳态与调节中是既有理论高度又有实践意义的；叶绿体色素提取实验中，因毛细吸管制作麻烦，学生发现盖玻片用来替代效果好；进行洋葱根尖有丝分裂实验前，一学生偶然发现从校园扯的韭兰观察效果比洋葱更好……这些学生素材可成为实验探究课的情境素材，因为这些素材来源于学生的真实体验，所以更能促进学生思维和学习模式的转变。

三、情境素材可以来源于科研论文

教材“生物科技进展”“生物科学史话”栏中常有生命科学史的介绍，老师在平日阅读《生物学教学》《中学生物学》《生物学通报》等杂志时也会看到一些生物学最新进展的论文。老师们可以对科研历史、科研论文中的情境进行合理挖掘开发，设计与其他情境相关的探究性活动，在重温科学家真实探究的过程中，培养学生的思考能力和对实验设计及数据的分析能力，有助于学生的科学探究意识和综合素质的提高。“青霉素”“色盲”“青蒿素”“IPS 细胞”“体细胞克隆猴”等名词最早都是在科研论文中出现的，而这类科研论文因其学术的真实性和科研的导向性，作为情境材料，不但能开阔学生视野，激发其好奇心和求知欲，更有助于学生了解科学技术与社会的相互关系，并逐步理解科学的本质。

四、情境素材可以来源于社会热点事件

老师在生活中可多关注社会热点事件，“新闻周刊”“寰宇视野”“是真的吗”等电视节目中常有一些与生物学有关的热点问题，也有一些表述日常观念和科学概念相矛盾的问题。这些问题具有前瞻性、时效性，可以作为一种情境性的素材呈现在课堂上。老师们也可根据自己的素材情况来开展各种形式多样的探索实践活动，增加学生的参与性和学习兴趣。如近几年的全球气候大会，图瓦卢、斐济等岛国的代表带泪的呼吁视频在课堂上呈现时，学生表现出震惊，他们对温室效应的理解和改善措施将不再停留在背诵层面；家长常常给同学们备的钙片到底有多大的作用在“是真的吗”栏目视频中呈现，让学生恍然大悟。

五、情境素材可以来源于某些整合情境

在上复习课时，明确的学科核心素养培养导向需要多个情境的融合，这类情境的整合度较高，这时，也可以将生活情境整合后作为素材使用。教师可通过任务驱动学生在情境中应用学习资源，展开自主探究或协作交流，实现从知识到素养的转化。在高三复习时，我曾听过长沙外国语学校的一堂课，以家里来了客人，用自家酿造的酒为情境将微生物发酵一节内容完美地串在一起，让学生在一节课中完成对知识体系的构建，拓展了科学思维。这样整合后的教育情境内容围绕一个主题，可以有效地帮助教师引导主要教学知识点和主要教学内容复习，实现学生在课堂中对零散生物学知识的有效总结和整合，聚焦各个学科的概念，帮助他们提炼和发展自然生物学的知识，形成新的生命观念。

新课程的实施特别强调学科核心素养发展的课程功能和目标，以基于问题情境与问题研究为平台的建构性教学成为课堂教学的重要形式。创设教学情境也成为教师必备的专业技能，教师要善于收

集、发现、积累，甚至创造各类适合于教学的素材，以丰富课堂教学。无论是哪种情境，都必须以问题为导向，通过发现问题和解决问题来发挥情境的价值，从而达到启迪和激发学生的思维，发展学生核心素养的效果。

参考文献

[1] 朱正威. 科学概念的教学是有规律的 [J]. 生物学通报，2011，46（03）：19-20.
[2] 中华人民共和国教育部. 普通高中生物学课程标准（2017 年版）[M]. 北京：人民教育出版社，2017.
[3] 普通高中教科书（人教版）教师培训手册 生物学 [M]. 北京：人民教育出版社，2020.

（长沙市望城区中小学教师发展中心）

“三新”及走班制背景下中学生物备课组建设的探索

邓久波

摘 要：本文以新课标、新高考、新教材“三新”背景下生物走班教学所面临的问题为切入点，结合学校的实践经验，从个人和团队合作方面探索中学生物备课组建设的方略。

关键词：“三新”；走班制教学；生物备课组

2014年9月，国务院出台了《关于深化考试招生制度改革的实施意见》，标志着我国新高考改革制度正式启动；[1] 2018年9月，湖南省新高一年级的学生作为新高考改革的第一届，正式实施“3+1+2”模式和选科走班制；2021年第一届选科走班的学生参加高考；2020年秋季，湖南省开始使用高中新教材，至此，“三新”——新课标、新高考、新教材在湖南省全面落地实施。我校从2018年开始酝酿应对新高考的改革方案，2019年5月，高一年级学生选科走班正式运作，采取“不走班、走一科、走两科”3种模式并存，行政班按首选科目物理和历史分成两大类，每一类按选考科目一科相同或两科相同聚合编班；教学班则按选考和学考两大类，实施选考科目教学分层，学考科目教学不分层。本年级一共有5个物理行政班，3个历史行政班；生物班一共有5个生物选考班，3个生物学考班。校长直言：“下好先手棋，领先一步，才有可能步步领先。我们率先试水新高考，全面启动全员选科走班，才能掌握主动权，以奋进的姿态，倒逼学生‘小鬼’当家，倒逼教师产生‘危机感’，倒逼学校重构‘育人生态’，让学生、教师、学校对自己的成长和发展负责。”“三新”及走班制的执行，使生物学科一跃成为四选二科目里选择人数最多、最受学生欢迎的科目，一方面直接提升了生物学科的地位，另一方面也给生物学科组和生物教师带来了前所未有的挑战，因此，需要统筹安排，加强备课组的建设，及时化解改革推进中遇到的挫折和困难。

一、生物走班制教学面临的困境

新高考第一届走班制的实施使生物学科一跃成为选科里面选择人数最多的学科，生物教学班的规模扩大且类型增多，由此衍生出一些新的问题和困难。

（一）新组建班级学生参差不齐

新高考特别是走班制，本意是希望学生结合自己的兴趣特长、未来的职业发展、人生规划自主选择所需要的、感兴趣的科目。然而，在现行的“三新”背景下，依然存在相当大的博弈成分。此外，规模不是很大的学校，以8至10个班的教学规模而言，更无法开齐“3+1+2”模式下的12个类型的组合班，某一个组合可能仅能凑齐一个班，大多数组合只能执行选课走班。如果要兼顾管理和教学，把同选某一组合的学生作为一个行政固定班，这里面的学生从高到低各个层次的都有，年级的分层教学更是难以施展。在高一分班结束后进行的回访调查中发现，有18.2%的学生是从两个较弱科目中选取生物这一相对不是特别讨厌的科目，有22%的学生认为生物学科本身难度小一些，容易考出一个优秀的成绩，也有40%左右的学生并不是真正喜欢这门学科。无论是6选3，还是4选2，最终选择的并不一定是自己的优势学科。

（二）“三新”背景下，学生管理和高考难度加大

从选考、学考及行政班（不需走班）和走班两个角度来看，生物班有4种类型，分别是不需走班的生物选考班、不需走班的生物学考班，需走班的生物选考班、需走班的生物学考班。相对而言，

行政班的学生不需要走班，管理容易；而走动班的学生来自不同班级，无论是收发作业还是集中测试、辅导，都存在一定的困难。“走班制”教学模式的一个突出特点是流动性大，[2]因此学生管理难度增大是不可避免的。

按照新高考实施方案，生物学科从全国理科综合卷的90分一跃成为6个选考科目均衡的100分。在分值提高的同时，试卷的结构和难度也发生了较大变化。从实施新高考的省份来看，以2020年山东卷为例，相比于2020年的全国Ⅰ、Ⅱ、Ⅲ卷，不仅题量增加、题型改变（出现不定项选择题），试题的阅读量、背景信息的专业化，给试题增加了不少难度。人教版高中生物学2019版相比于2007版，更是对高中生物学内容进行了较大层次的整合，分为必修1、2及选择性必修1、2、3。“三新”政策的落地实施，给学生带来了巨大的挑战。

（三）“三新”背景下，学生选科更会选教师，越来越“挑剔”

走班教学一段时间后，就冒出一些新的问题和矛盾。一部分同学在选科及分班问题上纠结，更有一些同学私自去自己向往的走班课堂听课学习。难道是学生越来越挑剔了？透过现象看本质，抛开教师的个人魅力和吸引力，不得不反思，是不是同一学科不同老师的课堂差距比较大，抑或一个班级学生层次不一，甚至差距太大，导致“吃不饱和消化不了”两种情况并存。学生这是在用脚步给各位老师的课堂投票吗？这些新出现的问题导致教学成绩起伏、家长投诉等连锁反应，都有可能给老师的教学工作带来不小的影响，教师的职业危机感随之而生。

二、“三新”及走班制背景下中学生物备课组建设方略

一项新的政策，从制定到实施再到适应，是一个需要不断磨合的，较为长期的过程。如何办出高质量的中学生物学课程，把一所学校的生物学科建设得更加有特色；能否吸引学生、吸引多少学生、组建多少个生物班，如何发挥备课组促进学生核心素养和生物学科核心素养提升的作用，不让选择生物学科的同学和家长们失望；只有从教师个人和团队合作两个关键层面主动出击，加强备课组建设，提升教育教学成效，才能破解危机，全面推进国家教育教学改革。

（一）自主合理的角色定位，制订个人发展规划，提升专业水准

“三新”及走班制的实施，倒逼教师产生“危机感”。教师应该做好自己的教师职业生涯规划，才能在烦琐而又重复的日常教育教学中保持充足动力。高中生物教师一般是3年一轮回，每一位老师均应明晰自己的1年、3年、5年目标。在不同的教师生涯阶段里，还应有准确、合理的角色定位，力争在对的时间做对的事情，并做到极致。

每一名中学生物组教师，都必须认真制订好学年和学期的个人教学、教研工作计划，少一些假、大、空的套语，多一些实实在在的想法、目标、措施、反思。在计划里，既要注重集体的规范要求，也要注重个性化的发展。除了落实学校诸如听课、研讨会、教学反思、公开课的基本要求之外，每个老师必须依据自己的教龄、专业特长找准自己发展和努力的方向，并邀请经验丰富的教师把关、指引。在目标的激励下，教师才不会感到迷茫，真正地把教书育人当成一份事业去拼搏。

21世纪自然科学研究飞速发展，新修订的教材无论是内容还是素养、目标方面都有较大更新，值得每一位一线生物教师重新学习及研究。刚毕业走上讲台的年轻教师，不能很好地把握和处理中学阶段那些繁、难、偏等问题，而习惯于多年如一日反复进行教育教学的老教师，易陷入固有思维和视角，很少接触各领域研究新进展。备课组的每一位教师均应主动探讨某些棘手和疑难杂症问题，收集和完善资料，构建最新、最专业的学科笔记，做一名学识扎实、自身强硬的教师。鼓励教师们主动加入“内质网互评平台”、各级别的名师工作室及“内细胞团”“生物圈”“汉水丑生”等中学生物教师圈内自发组织的一些团体。此外，随着数字化公共资源建设的完善，下载阅读CNKI、万方数据库及其他外国文献资料已经变得更加便捷，全国各省市的大型图书馆，如广州图书馆、湖南省图书馆可办理读者会员，免费阅览各平台电子期刊论文。

（二）强化备课组的常规管理

备课组常规建设不容忽视，只有把日常工作高效地做起来，才能解放组员，游刃有余地开展每天

的教学和教研工作。无论是学年教学计划制订，还是教学设计（课件）、试卷出版、错题整理、资料汇编，组员必须分工明确，相互配合，不孤军作战，同时拒绝教师“惜授”现象。

备课组最重要的工作是进行集体备课，凝聚集体智慧，力求为每一节课做出优质的教学设计。查阅10篇以上已经公开发表的教学设计做参考，结合专业拓展和国家、社会、生活方面的时事热点，精准设计好每一堂课的特色之处，确保最终呈现给学生的课堂既有共性又有个性。共性表现在集体备课对教学目标的把控、教学重难点的突破、课堂上精选讲评的习题等方面，个性表现在个人授课风格、依据班级学情进行的对备课组教学设计的适当取舍、个性化辅导等方面。每一位老师都是有魅力的教师，每一堂课都是适合学生的高效课堂。

（三）集团化办学形成联动机制，“抱团取暖”，创新备课组建设平台

“摸着石头过河”的情况下，更需要“抱团取暖”。名校集团化办学风靡全国，施行联动发展战略下的教学进度、教学资料、考试内容、教师教研、教师评价的高度统一，这类“捆绑”式、“抱团取暖”式的发展模式，对于新学校及薄弱地区学校的发展起到了很好的引领和保障作用。

例如，笔者所在的城市，以“四大名校”带头构建的各自拥有着十余所学校的集团化办学，在当地乃至全国都产生了极大的反响。而在名校集团化联动办学机制下的各备课组建设，也得到了很好的资源支撑、监督和发展的平台。但是不同层次的学校，生源、校风等多方面存在一定的差距，因此要拒绝简单、生硬的“拿来主义”，而要在协调互动中，让彼此都得到长足的发展。相信在不久的将来，集团化发展会进一步走出省界，走向全国，甚至联通世界各发达国家和地区。学科备课组的建设也不再是几个教师围坐一起进行探讨，而是不同层级的学科教师、专家都可能会联动起来，顺畅交流，共享资源。

（四）通过团队协作，加强备课组的特色建设

1. 打造一扇联通世界生命科学专业领域发展前沿的门

2020年9月11日，习近平总书记在北京主持召开科学家座谈会上发表重要讲话，指出：“要把教育摆在更加重要位置，全面提高教育质量，注重培养学生创新意识和创新能力。要加强数学、物理、化学、生物等基础学科建设。”生命科学越来越受到国家的重视。在目前依然以终结性考试评价作为升学的重要参考依据的背景下，学生对外界的关注依然受到限制。我们需要构建这样一道门，让学生能触及最新的生命科学研究进展，激发他们的学习热情，更深入地了解生命科学。

每一位备课组成员依据自己的专业特长和兴趣爱好，专门建立目前研究较为热门的“克隆进展”“干细胞研究”“基因测序”“诺奖评选”等项目，从各大数据库平台和研讨会上收集研究进展的素材，在课堂（教材相应章节）进行一系列的渗透和拓展，在科技节以专题讲座、海报展览等方式予以呈现。比如针对每年评选出的诺贝尔生理学或医学奖，备课组在第一时间收集相关素材，在校园进行详细展示，同时以此为背景，原创一些考题，为学生们了解世界研究前沿搭建桥梁，激发和培养学生对生命科学研究的兴趣和向往。

2. 走自己的路，打造特色活动和课程

随着中学师资力量的逐步增强，中小学教师的高学历比例不断提升，硕士甚至博士任教初中、高中已经成为普遍现象。活动和课程是体现学校特色的一个绝佳突破口。动物学、植物学、生态学等专业方向毕业的老师，大可以发挥自身优势，开展冬、夏令营等野外实践和考察活动；微生物学、食品与营养专业方向毕业的老师，可以结合生活实际开展发酵食品、水、环境安全等方面的研究性活动；生物化学、细胞生物学等专业方向毕业的老师，可以开展一些组织培养等小课题研究；遗传学等专业方向毕业的老师，可以开展作物种植及新品种的培育。每一个项目的开展，都不是一蹴而就的，需要反复探索，不断反思，全方位提升项目的规格和品质。

笔者所在的学校今年筹建了校园植物种植基地和温室大棚，我所在的备课组利用这一新的资源优势，逐步开发了草莓、油菜、西瓜、玉米、豌豆等种植实验，结合开展秋水仙素诱导多倍体、市售膨大剂、催熟剂对植物果实的影响等实验，还将进一步开展兔子、家鸽饲养以及菌类种植。植物、动物、微生物等专业毕业的老师作为第一负责人，将学科教学、科研、劳动实践结合起来，在校园里掀起一股浓郁的生物风。

3. 利用互联网和信息技术，将备课组特色推向社会

随着信息化建设特别是互联网融入生活的点点滴滴，我们应该大方地通过多样的平台展示个人和备课组的建设成果。建立并经营好备课组及教师个人的微信公众号、今日头条等互动平台，构建更加开放、互动、共享的氛围，将备课组的特色和教师个人的特色传播出去，满足不同层次选课同学的多样化需求，拉近师生之间的距离，通过生物学科这一纽带串联起师生的学习、生活、梦想。

参考文献

[1] 胡雪. 新高考背景下走班制研究［J］. 文理导航，2020（3）：90.
[2] 高浩然. 新高考改革背景下的走班制研究［J］. 教学管理与教育研究，2020（4）：101.

（长沙市周南梅溪湖中学）

小　学　编

小学生美术能力与兴趣评定量表的编制*

罗 羽 李 阳 黄嘉欣 朱小林 范晓玲**

摘 要：采用调查法和测量法，为初步了解小学生美术能力和兴趣状况提供可靠而有效的评定工具。通过专家评定和学生自评数据分析，最终问卷由2个分量表、8个分测验和24个题目构成，自编率为83%，项目质量符合测量学的要求，量表信、效度良好。

关键词：美术能力；美术兴趣；小学生；经典测量理论

一、背景

本研究针对小学生中的一、三、五年级学生对美术的兴趣以及能力进行调查，并对兴趣和能力较低的学生进行一系列干预训练，目的主要包括三个方面：一是验证美术兴趣和能力较低的小学生是可以通过有效干预训练而得到改善的；二是证实本训练方案对小学生美术兴趣和能力较低学生的有效性；三是为美术学习能力和兴趣的干预实践提供有针对性的建议与对策，为小学美术教师提供针对美术兴趣和能力较低学生的有效的教学方法。

从学生的心理过程分析，学习既是一个认知过程，又是一个情感过程，情感与认知相互支持，和谐统一，是学生能够自主学习的基本因素。美国教育家布鲁纳说："学习的最好动力是对学习材料的兴趣。"在非智力因素中，兴趣是最活跃的因素。如果学生产生了学习兴趣，就算是最枯燥、最无味、最艰难的知识和技能也可以在愉悦的氛围中被学生所理解、掌握。美术特级教师陈寿鹏认为，激发学生的学习兴趣是艺术教育成功的关键。可见，兴趣是学习的原动力。

从教育心理学角度看，所谓的"兴趣"是指在学习中带有情绪色彩的积极的内在心理倾向与情绪力量。我国古代教育家孔子在《论语·雍也》中说过："知之者不如好之者，好之者不如乐之者。"这里所说的"好"与"乐"就是一种愉悦的心理，一种积极的认识和创造倾向，就是一种兴趣。周恩来总理在谈到文化教育时，就曾经强调过"寓教于乐"，要求将深刻的教化蕴含在无穷的乐趣中，以期获得最佳的教育教学效果。因为兴趣为孩子们提供了学习的动力，而对知识的获得又转而引发了孩子们探寻更多未知事物的兴趣。

自主学习理论认为，学生是学习的主人。学生的学习活动不是一个被动接受的过程，而是一个主动参与的过程。只有在主动参与的学习活动中，学生才能充分发挥自身的主观能动性，调动自身的创造潜能。"乐学"应成为教学效果的根本追求。

二、方法

（一）量表结构的确定

根据美术兴趣与能力理论、小学生心理发展特点，以及小学美术教育教学现实情况与经验，由美术专家反复讨论、推敲和审定，量表最终设置了美术兴趣与能力两个维度，每个维度均由4个因素构成，其中美术兴趣由喜欢看、喜欢听、喜欢说、喜欢做4个因素构成，美术能力由审美感知力、审美理解、审美表现和审美判断4个因素构成。

---

* 本文为湖南省教育学会"十三五"规划教育课题"3~12岁少儿学习素养测评与干预研究"的研究成果。

** 罗羽、李阳、黄嘉欣：湖南省长沙市育才双新小学；朱小林：湖南教育科学研究院副研究员，通信作者；范晓玲：湖南师范大学教育科学学院教授，通信作者。

（二）项目的编制过程

首先，采用开放式问卷，邀请5名美术教师、美术教研员和美术培训教师分别写出表现学生美术能力和美术兴趣的典型行为表现，并对问卷结果进行整理。其次，采用文献法，查阅并收集有关小学生美术能力和美术兴趣测评的相关文献，对文献进行梳理。再次，将问卷整理结果与所收集的项目进行合并和逻辑分析，形成结构式问卷项目。最后，采用访谈法，邀请几位资深小学美术专家进行座谈，对项目逐一讨论、审核和修改，形成53个项目的《小学生美术能力和兴趣评定量表》初稿。

（三）被试取样和项目筛查

采用方便取样法，首先抽取55名小学美术教师和教研员对《小学生美术能力与兴趣评定量表》的项目进行符合率评定，进行项目初选，其中，项目很符合的比率为25.5%～83.64%，较符合的比率为20.0%～70.5%，符合率为73.6%～100%；平均数为2.93～3.53，标准差0.49～0.78；项目通俗性为0.76～0.93，项目区分度为0.27～0.81；项目在临界值上有4个项目无显著差异，2个项目在0.05水平差异显著，47个项目在0.01水平差异显著，由此形成由47项目构成的第二稿。然后再抽取50名小学美术老师和教研员进行第二次测试和项目分析，形成由30个项目构成的第三稿。最后抽取1所学校共563名学生进行测试，其中，1～6年级人数分别为90、88、89、92、100和104。

三、结果

（一）项目筛查

1. 专家预测的项目分析

综合各项指标和专家讨论意见，删除了17个项目，形成30个项目的第二稿。

2. 专家再测的项目分析

如表1所示，专家评定的项目很符合的比率为38%～96%，比较符合的比率为4%～58%，总的符合率为96%～100%；但项目4、8、9的很符合率低于50%。项目通俗性为0.84～0.99，项目与总分的相关为0.08～0.78，其中项目5、11、15相关不显著。经专家再次讨论并修改这几个项目，形成学生的测试问卷终稿。

表1 《小学生美术能力和兴趣评定量表》专家评定的项目分析

项目	很符合	较符合	均值	S	P	r
X1	66	32	3.64	0.52	0.91	0.41**
X2	84	16	3.84	0.37	0.96	0.45**
X3	62	38	3.62	0.49	0.91	0.56**
X4	44	56	3.44	0.50	0.86	0.68**
X5	94	6	3.94	0.24	0.99	0.18
X6	96	4	3.96	0.20	0.99	0.41**
X7	96	4	3.96	0.20	0.99	0.41**
X8	42	58	3.42	0.50	0.86	0.72**
X9	38	58	3.34	0.56	0.84	0.78**
X10	44	56	3.44	0.50	0.86	0.66**
X11	84	16	3.84	0.37	0.96	0.08
X12	82	18	3.82	0.39	0.96	0.51**
X13	90	10	3.90	0.30	0.98	0.34*
X14	92	8	3.92	0.27	0.98	0.30*

续表

项目	很符合	较符合	均值	S	P	r
X15	78	22	3.78	0.42	0.95	0.20
N16	64	36	3.64	0.48	0.91	0.67**
N17	68	32	3.68	0.47	0.92	0.64**
N18	68	32	3.68	0.47	0.92	0.64**
N19	64	36	3.64	0.48	0.91	0.67**
N20	54	46	3.54	0.50	0.89	0.79**
N21	58	42	3.58	0.50	0.90	0.75**
N22	50	50	3.50	0.51	0.88	0.71**
N23	70	30	3.70	0.46	0.93	0.45**
N24	64	36	3.64	0.48	0.91	0.36*
N25	88	12	3.88	0.33	0.97	0.55**
N26	62	38	3.62	0.49	0.91	0.60**
N27	68	32	3.68	0.47	0.92	0.60**
N28	94	6	3.94	0.24	0.99	0.29*
N29	64	36	3.64	0.48	0.91	0.55**
N30	50	50	3.50	0.51	0.88	0.71**

* $p<0.05$, ** $p<0.01$, *** $p<0.001$

3. **学生测试的项目分析**

对学生的测试结果进行项目分析，结果如表2所示。项目通俗性为0.68~0.86。项目与总分的相关为0.33~0.67，均于0.01水平相关显著；学生高低分组的临界值为9.81~32.69，均于0.01水平差异显著，表明项目具有良好的区分效果。

表2 学生测试结果的项目分析

项目	均值	S	P	CR	r
X1	3.20	0.87	0.80	13.77**	0.47**
X2	3.07	0.96	0.77	15.00**	0.49**
X3	3.06	0.98	0.77	15.84**	0.49**
X4	2.96	1.01	0.74	20.59**	0.55**
X5	3.30	0.87	0.83	16.12**	0.53**
X6	3.01	1.00	0.75	15.19**	0.53**
X7	3.44	0.85	0.86	11.33**	0.46**
X8	2.70	1.05	0.68	23.22**	0.58**
X9	2.98	1.05	0.75	21.85**	0.60**
X10	2.92	1.02	0.73	24.75**	0.58**
X11	3.12	0.96	0.78	21.60**	0.60**
X12	3.25	1.03	0.81	9.81**	0.33**
X13	3.43	0.86	0.86	13.00**	0.53**
X14	3.07	0.98	0.77	24.86**	0.65**

续表

项目	均值	*S*	*P*	*CR*	*r*
X15	3.12	1.05	0.78	18.34**	0.56**
N16	2.91	0.98	0.73	27.30**	0.63**
N17	2.86	1.02	0.72	23.37**	0.58**
N18	2.73	1.03	0.68	25.74**	0.62**
N19	2.85	1.01	0.71	25.54**	0.60**
N20	2.87	1.00	0.72	26.53**	0.63**
N21	2.90	1.00	0.73	32.69**	0.67**
N22	2.84	0.99	0.71	24.56**	0.62**
N23	3.04	1.03	0.76	23.52**	0.64**
N24	3.10	1.00	0.78	19.37**	0.57**
N25	3.04	1.00	0.76	19.41**	0.54**
N26	2.79	1.02	0.70	25.21**	0.64**
N27	2.82	1.07	0.71	26.62**	0.60**
N28	3.18	0.96	0.80	17.62**	0.60**
N29	2.91	0.98	0.73	19.20**	0.58**
N30	2.95	1.06	0.74	20.14**	0.51**

* $p<0.05$, ** $p<0.01$, *** $p<0.001$

（二）量表的信、效度分析

采用同质性信度对《小学生美术兴趣与能力评定量表》进行分析，结果表明，总分的 Cronbach's α系数为 0.93，分半信度为 0.86；兴趣分量表与能力分量表的 Cronbach's α 系数分别为 0.85 和 0.89，分半信度均为 0.86。

采用相关法分析分测验、分量表和总量表的关系，结果如表 3 所示。各个测验间的相关为 0.42~0.66，兴趣分测验与兴趣分量表的相关为 0.79~0.88，能力分测验与兴趣分量表的相关为 0.56~0.69；兴趣分测验与能力分量表的相关为 0.57~0.67，能力分测验与能力分量表的相关为 0.80~0.88；兴趣分量表与能力分量表的相关为 0.76，各分测验与总量表的相关为 0.72~0.84，兴趣与能力分量表与总量表的相关分别为 0.93 和 0.95。结果表明，各个分测验间的相关低于分量表间和总量表的相关。

表 3 《小学美术兴趣与能力评定量表》分测验、分量表与总量表间的相关

	喜欢看	喜欢听	喜欢说	喜欢做	感知力	审美理解	审美表现	审美判断	兴趣	能力
喜欢看	1									
喜欢听	0.59	1								
喜欢说	0.57	0.53	1							
喜欢做	0.61	0.61	0.60	1						
感知力	0.54	0.47	0.58	0.57	1					
审美理解	0.53	0.51	0.59	0.57	0.71	1				
审美表现	0.52	0.53	0.60	0.63	0.64	0.66	1			
审美判断	0.45	0.42	0.51	0.48	0.58	0.62	0.61	1		

续表

	喜欢看	喜欢听	喜欢说	喜欢做	感知力	审美理解	审美表现	审美判断	兴趣	能力
兴趣	0.83	0.79	0.81	0.88	0.65	0.66	0.69	0.56	1	
能力	0.60	0.57	0.67	0.67	0.86	0.86	0.88	0.80	0.76	1
总分	0.76	0.72	0.78	0.82	0.82	0.82	0.84	0.74	0.93	0.95

四、讨论

《小学生美术兴趣与能力评定量表》在编制过程中结合了小学生美术学习的心理特点和美术素养的结构与内涵。首先，根据文献阅读选取了美术素养中的能力和兴趣维度作为问卷编制的主要内容，并设计访谈提纲，访谈了美术教研人员和一线教师，获得了学生在学术兴趣和美术能力和兴趣方面表现良好的典型行为。其次，结合前人提出的美术兴趣和能力的理论结构，初步确定了美术兴趣和能力各个维度的结构，其中美术兴趣包括了喜欢看、喜欢听、喜欢说和喜欢做4个维度，美术能力则包括美术感知、美术理解、美术表现和美术判断4个维度。再次，通过多名美术专家的讲座和审核确定了《小学生美术兴趣与能力评定量表》的初始项目，符合测量学量表编制过程效度的要求。

《小学生美术兴趣与能力评定量表》的项目不仅经过了专家预测和实测的项目分析及项目修改，而且还进行了学生的实测项目分析，形成了30个正式项目，专家评定的项目通俗性为84%以上，区分度为0.40以上；学生评定的项目通俗性为68%以上，区分度为0.30以上，符合测量学的要求。

采用内部一致性信度对量表的信度进行检验，结果表明总量表的α系数为0.93，兴趣分量表的α系数为0.85，能力分量表的α系数为0.89；各分测验与总量表的相关在0.72以上，表明量表的内部一致性信义良好，结构效度优良。

五、结论

《小学生美术兴趣与能力评定量表》的项目质量符合测量学的要求，《小学生美术兴趣与能力评定量表》的信效度良好。

参考文献

[1] Lewis R. Aiken. Psychological Testing and Assessment [M]. Allyn and Bacon, Inc, 1988.
[2] 凌文辁，方俐洛. 心理与行为测量 [M]. 北京：机械工业出版社，2004.
[3] Edward G. Carmines, Richard A. Zeller. Reliability and Validity Assessment [M]. SAGE Publications, 1976: 50-51.
[4] Sandra A. Mclntire, Leslie A. Miller. 心理测量（第二版）[M]. 骆方，孙晓敏，译. 北京：中国轻工业出版社，2009: 185-190.

（长沙市育才双新小学）

挖掘运用人力资源　推动书法课程落地

齐四维

摘　要：在16年书法课程的探索中，我们充分认识到课程资源开发必须重视挖掘人力资源，运用好管理者资源、专业教师资源、学生资源以及书法教研系统、书法社团和家长等社会资源，协调处理好各种资源的关系，这样才能使书法课程走上正轨，达到预期目标。在这些资源中，核心资源是专业教师资源，引进、培养和大胆使用书法教师是重中之重。在目标引领的基础上突出评价导向，为书法教师搭桥铺路，促进提升，同时给压力、促效果。当然，学生作为主体和对象，也应十分重视，教师应多做研究，掌握书法教学规律。

关键词：小学书法课程；人力资源；书法专业教师

沩江河畔的宁乡市金砺小学，秉承崇文重教之旨，涵养诗书文墨之气，立校16年来一直开设书法课程，普及书法教育，积累了一定的经验，取得了一定的成绩。在多年的实践中，我们深深地体会到，要坚持开设书法课程，提升书法课程质量，关键是把“人力资源的挖掘运用”放在首位，协调处理各种关系，调动各种积极因素，这样才能形成合力，达到预期目标。

一、目标引领，浓厚课程氛围

自古以来，书法艺术就是中国文化的一道亮丽风景，近几十年以来，受电脑普及和应用思想的双重影响，我国教育的功利主义倾向越来越严重，没有被纳入考试范围的书法课程受到挤压，致使书法教育越来越弱化，全民书写能力急剧下降，书法文化已有断代失传的危险。随着我国由高速发展向高质量发展转型，对人才的综合素质提出了更高要求，从2011年开始，国家陆续部署倡导加强书法教育，先后出台了普通高中学生综合素质评价方案和初中学生综合素质评价方案，这些方案把书法纳入综合素质评价范畴，各地也逐步把书法纳入中考、高考范围，全国书法教育迎来了一个崭新的发展时期。

正是在这种背景下，学校管理层超前决策，于2005年起即逐步开设书法课程，并在16年中坚持不断完善，确立书法特色立校的目标。我们力图阻止书法教育的萎缩，实现书法教育的回归。学校管理层确立目标后，着力让教师、家长、学生等相关人员接受和内化这一目标，把这份追求变成共同愿景，产生内驱力，共同促进书法教育的健康发展。

制定书法教育发展规划，引领书法教育发展。学校在16年书法课程开发过程中，确立了三个五年计划，实现了三步跳。在第一个五年计划期间，学校侧重课程设置，由硬笔书写入手，进而普及软笔书法；在第二个五年计划期间，学校侧重教师队伍建设，加强教学研究，逐步创立长沙市规范汉字书写示范学校、湖南省书法教育联盟学校、湖南省中小学教师（书法）培训基地；在第三个五年计划期间，学校侧重学生发展和评价的研究，并成为教育部书画等级考试指定考点、教育部书画等级考试书画特色示范学校。在目标的引领下，学校书法专业教师队伍从无到有，从弱到强。现有书法专业教师5名，其中4位为湖南省书协会员，有的成为长沙市书协、宁乡市书协骨干成员。

学校逐步开辟书法专用场地，优化书法教学环境。自2005年确立书法特色学校目标后，学校利用常规教室开设书法课程，并开辟一间书法教室供书法兴趣小组使用。自2019年起，学校下大力气提升书法教室硬件水平，专门在新建的课程中心配置了四间标准书法教室，室内笔、墨、纸、砚、垫、帖、一体机、空调等一应俱全。置身其中，如入艺术殿堂，唤起师生学习书法的心理共鸣。学校给书法教室安装了班班通设备，实现了多媒体教学。现代教育技术手段的运用，既丰富了课内视听，也大大提高了书法技法传授的直观性与趣味性，让学生对汉字线条与结构的认识更具体、更真切，为提高书法训练效果创造了良好的物质条件。学校设立了书法教师专用办公室，为书法教师研习练功创造优越的环境；还设立了书法陈列室，为师生观摩切磋书法技艺创造了良好条件。

学校投入大量财力物力，营造浓厚的书法文化氛围。湖南省中小学教师发展中心编写的《中小学书法教育教学》中写道："良好的书法学习氛围，如诗墙联廊，优秀书法作品展示墙等对学生书法学习有着积极的影响。"围绕达成书法特色学校这一目标，学校重视书法文化氛围的营造，让每一个角落、每一块墙壁都体现书法因素。校园张挂了20多幅名家对联，修建了办学理念文化墙，请书法名家题写赋记和理念、校名等；设立了上百块书法宣传窗，校刊《五彩石》开辟了书法专栏，各班设计硬笔书法专栏，大量张贴师生书法作品。鄢福初、李再湘、夏时等书法名家的书法示范，为孩子们打开了视野，树立了榜样。学生目之所及皆佳构，天天浸润在书法氛围里，这种文化熏陶，潜移默化，影响深远。这种环境氛围的塑造，对我校书法课程的开展起到了很好的促进作用，也对本区域的书法教育起到了示范引领作用。目标的确立、环境的优化、氛围的塑造使我校逐步走上书法教育的正确轨道，书法课程的开发有了强力保障。

二、评价导向，落实课程教学

教育评价十分重要，它包含对学生和教师的评价，也包括对学校的整体评价。本文中的评价导向主要指向师生的评价。《中小学书法教育教学》中提道："中小学书法课程评价，除基本的鉴赏、甄别功能外，我们更加重视评价的发展性功能。这些发展性功能主要有导向功能、诊断功能、调动功能、激励功能、反思功能、交流功能、记录功能。"在具体的实施过程中，我们主要通过评价的导向功能，促使书法专业教师、语文教师及其他教师落实书法课程的普及与质量提高。

排除各种阻力，落实书法课程。我校以软笔为主、软硬笔兼抓的原则开设书法课程。首先，我们把书法作为学校必修校本课程来开发，各年级均开设软笔书法课，其中一、二年级每周1节，四至六年级每周2节；每个年级每周开设1节硬笔书法课，安排在语文课时中。其次，学校坚持差异发展原则，把书法作为社团选修课程，每周安排了2课时的训练；为了让有书法兴趣和书法天赋的孩子获得更优的发展，学校设立书法兴趣小组，为他们开设了精修课程，每周另外安排了6节书法训练课，这样算下来，兴趣小组的学生每学年训练时间达到300小时左右，6年下来接近2000小时，为他们的成长提供了时间保障。

尝试评价改革，推动课程实施。学校建立了教师书写考核制度，将教师的书写训练情况和水平列入教师岗位目标考核内容，作为评价教师的重要依据；学校建立师生考级制度，先后动员师生参加全国书法教育专业委员会的书法考试和教育部书画等级考试；学校根据综合素质发展的要求，设立了书法证考核认证制度，鼓励学生参与校内考核认证。各班每月收集学生硬笔作品进行评比并张贴，每期对学生软笔、硬笔作品进行前测和后测，评定书写等级，运用增值评价对进步显著的学生给予奖励。每学期以班为单位开展全优作业评比，对书写规范、工整、优美的班级进行表彰。在对学生学习效果进行奖励的同时，根据年终教学总评价给予书法专业教师、语文教师多方面的奖励。

教育评价导向，推进教师培训。我们要求教师人人会写字，并把书写能力纳入教师评价体系。学校在校内面向全体教师持续强化三笔字训练，强调教师要成为学生写字的标杆，起好示范引领作用。软笔书法有很强的专业要求，我们面向社会，招聘了一批书法技能相对优秀的教师，学校对他们提出了特殊的要求：每天练字不少于1小时；书写要成为师生的楷模；入校3年内要成为省市级书协会员。书法教师非常用功，每个人都确定了自己的奋斗目标和阶段性训练计划，每天至少坚持了1小时的书写练习，确保了自身书写水平的提升。学校把课堂教学研究纳入教师评价，还确立了书法教研制度，要求每位书法教师每学期在校内至少主讲1节研究课，互相听课20节，每学期外出观摩学习听课不少于24节。此外，鼓励教师开展课题研究。李再湘老师主持了省"十一五"规划重点课题"书法课程对中小学生育人功能的挖掘与研究"，我校多位教师参与了研究。在李老师的悉心引领下，教师开阔了眼界，积累了经验，优化了教育要素，促进了学校整体水平的提升。同时鼓励教师参加高端培训，开展学术研讨。凡是上级组织的书法培训，书法老师都积极参加，龙大明和罗文静老师参加了中南五省全国中小学教师国培计划，现有5位书法教师中，有4位参加过省级以上培训；还要求书法教师主动向书法名家进行业务咨询，寻求业务指导。这些高端培训和研修，促进了教师专业成长和学校书法教育的快速发展。对于技能提高显著、发表论文及加入湖南省书协的书法专业教师，学校每年给予重奖。

三、尊重个性，突出特色培训

学生是课程教学的主体，也是教学的对象，是学校和专业教师研究的重点。书法课程实施过程中，学校充分尊重学生个性，坚持差异性发展的原则，对学生的不同形态进行研究并采取相应措施。在课程实施过程中，教师应该根据主体对象的特殊性，因材施教，才能达到预期的教学效果。

这里所指的“个性”有两个层面，其一是全体学生中，每个学生都应进行书法教育，在这个层面的普及教育中，应遵循学生个性进行教学。《中小学书法教育指导纲要》明确指出“中小学书法教育要让每一个学生达到规范书写汉字的基本要求”，但这并不是要求每个学生写的字都达到一个统一模式风格或书体。为此，我们采取相对统一的方法进行课程教学，依教师的专长对一个班级采取以一种书体为主的教学方式，个别学生有特殊要求的，也可以选择别的书体教学。所以我校学生既有习颜体、欧体的，也有学其他书体的。通过两年硬笔、6年软笔学习，学生基本能达到课程要求。

个性发展的第二个层面，主要是针对书法兴趣小组的学生。要求专业教师善于发现他们的优势和不足，为他们量身定做，确定每个学生书法发展的方向，并且根据具体情况作出调整。这是因为有的学生严谨踏实，精细工巧，适合练习精整风格的楷书、隶书，有的学生活泼好动，手性灵活，适合学习灵动飘逸的行书、草书。汉代赵壹在《非草书》中说：“凡人各殊气血，异筋骨。心有疏密，手有巧拙。书之好丑，在心与手，可强为哉?”书法教师在教学中都能顺应学生的个性特色进行教学，所以学校学生书法面貌丰富多彩，教学效果突出，特别是在各级书法比赛展览中，更是屡有大的收获。

据不完全统计，近十多年来，我们为一万多名学生普及了书法教育，让书法薪火得以传承。在常德举行的“神笔小将”全国青少年书法大赛现场决赛中，周偕程获得三等奖，唐羽昔荣获优秀奖；湖南省中小学师生书法篆刻大赛中，师生均获省一等奖；长沙市“经典诵读、讲、写”笔墨中国书法大赛中，师生多次获得长沙市特等奖和一等奖；参加长沙市中小学校园文化艺术节，获得一等奖的人数屡次领跑宁乡市；每年的宁乡市现场书法比赛中，金砺学子脱颖而出，一等奖获得人数多次位居宁乡市第一；在2021年教育部书画等级考试中取得骄人成绩，一共参考336科次，其中合格155人，良好170人，优秀6人，通过率达98.5%，位居全省前列。

四、近引远联，争取各方支持

作为一个寄宿制民办小学，要推进书法课程，仅仅依靠校内的力量是远远不够的。我们在16年的实践中，深深体会到校外书法教育资源的引入是很重要的。校外书法教育资源大致包括教育行政方面，特别是书法教育教研系统资源，当地书法艺术家、艺术团体资源，以及学生家长资源3个方面。

学校经常邀请湖南省书协、长沙市书协、宁乡市书协的书法家来校开展讲座和举办活动。

学校重视与家长进行沟通，争取家长的理解支持，每年举办书法作品展览，邀请部分家长参加。家长会上，推出家长走进书法课堂的活动，家长和学生一起走进书法，参与书法课堂，感受书法的魅力；每年的“体艺2+1家长会”成果展示中，游廊悬挂学生书法作品，学生当场写书法作品，家长现场观摩，直观感受书法教学成果，博得家长一致认可；每年元旦“迎新贴春联”活动一直是学校的传统活动，班班贴上春联，校园笼罩在喜气洋洋、墨香浓浓的氛围中，家长来校接孩子时，对孩子的春联作品赞不绝口；师生多次参加下乡书写春联活动，争做传播传统文化的使者；学校积极推进“我家春联我来写”的实践活动，得到了家长的大力支持。一到春节，部分学生在家写春联贴春联，让书法延伸到生活中，赋予了书法更深的意义。学校书法文化得到家长的认可，这让我们感受到书法课程的魅力，也看到了书法教育的美好未来。

在课程论中，很多学者除重点研究课程目标外，还特别重视研究课程资源，而人力资源是课程资源中最核心的因素。书法教师是极为重要的资源，是课程实施的首要资源。学生也是书法课程资源，即课程的主体，为课程实施提供了依据和对象，也在课程实施中发挥一定的能动性。教育管理者则是课程实施的导向者，掌控课程实施的目标、效果。其他社会资源，如家长资源是辅助资源，是促进整个课程实施系统良性运行的不可或缺的因素。因此，我们在多年书法课程实施过程中，针对各种具体情况，采取各种不同措施，协调和运用好各种课程资源，使书法课程走上了健康发展的道路。

（宁乡市金砺小学）

玩转艺术魔方　滋养生命成长

——芙蓉区“声呐·呓语”校园艺术文化角 DIY 活动案例解析

赵　青

摘　要：秉承“让艺术滋养学生诗意人生”的教育理念，芙蓉区教育局致力于构建美育生态大课堂，以美育活动为突破口，以加强校园艺术文化环境建设为着力点，促进校园艺术文化角发展成为学校美术实践的多维空间和滋养师生生命幸福成长的摇篮，促进人文、和谐、幸福的校园文化美育环境的优化。本文将对典型案例芙蓉区“声呐·呓语”校园艺术文化角 DIY 活动的实施策略、亮点，以及理论和实践研究成果进行解析。

关键词：校园文化建设；人文素养；美育

新时代美育强调“以美育人、以美化人、以美培元”，固本培元，提高学生审美和人文素养亦成为芙蓉区美术教育改革践行的方向。近年来，芙蓉教育秉承“让艺术滋养学生诗意人生”的教育理念，以美育活动为突破口，根植人本发展，积极探索丰富美育新内涵，创新教育新模式，形成系列具有文化厚度、生命温度和艺术品质的美育品牌活动。本文以“声呐·呓语”芙蓉区中小学校园艺术文化角 DIY 活动为例，解析芙蓉美育玩转艺术“魔方”，滋养学生身心成长的幸福密码。

一、思想与做法

（一）活动目的

活动旨在加强校园文化建设，发挥学生在校园文化建设的主体作用，让艺术充满校园，滋养生命成长，促进人文、和谐、幸福的校园文化美育环境的不断优化。

（二）活动理念

“让校园文化空间能呼吸会说话”——做触动灵魂的校园文化空间，做能交流互动的美育空间。

“校园空间我做主”——让每位学生成为美育空间的创造者、校园文化的传播者。

（三）活动实施

1. 策划指导阶段：2020 年 4 月—2020 年 9 月

活动以“中国·印象”为主题，全区中小学自愿参与，局属 31 所中小学自愿报名参与了该项活动，各校制定活动组织方案，确定育人目标、场地空间以及活动组织形式，并面向全体学生组织了教育教学辅导，围绕主题引导学生产生人文共鸣，征集设计创意。

2. 创作实施阶段：2020 年 9 月—2020 年 10 月

学校甄选设计方案，确立小组创作实施方案，组织学校美术实践艺术坊、社团或美术班学生集体创作，引导学生选用恰当的媒材和艺术表现形式，利用校园三维空间进行人文视觉表达。

3. 评选宣传阶段：2020 年 11 月—2020 年 12 月

各校组织形式新颖的校园艺术文化角的参观和体验活动，注重人文传递的“声呐”效应，让更多学生在感知、共鸣、升华中提升审美和人文素养。发布活动新闻，参加区域评选。

4. 研讨推广阶段：2021 年 6 月—2021 年 9 月

加强活动后期的反思、提炼、交流和分享，通过媒体推介、学生作品展、优秀案例征集、研讨活动等多渠道推介活动教育教学成果。

（四）研究计划

基于活动开展人文素养培育行动研究及人文培育目标达成研究。全体学校参与研究，并确立16所核心研究校，研究方法包括行动研究、案例研究、观测研究、评价研究等。研究校需要提交的资料包括活动方案、活动教案、学生人文发展观测表、人文性过程性评价表，以及新闻、活动图片、小视频等过程性佐证资料。

二、创新与特色

（一）主旨引导与人文升华

“声呐·呓语”校园艺术文化角DIY活动面向人文和谐发展，以“中国·印象”为主题，引导学生从大处着眼，小处入手，找到贴近学生生活实际，能让学生产生心灵共鸣的选题内容，引导其选择富有感染力的美术语言和表现形式来表现。围绕活动主题“中国·印象”，结合学校文化特色，各参赛校组织了主题创作辅导，让校园文化艺术空间“说”中国故事，铸中国魂。从青花瓷、中国龙、汉服、中华童谣、虎头鞋、二十四节气等中华传统文化元素，到光盘行动、社会主义核心价值观、智慧联通、蓝天保卫战等当代中国脉动，从传承中国传统文化到彰显中国时代精神，孩子们用艺术的方式写意了眼中的“中国·印象”，述说了心中的家国情怀和文化自信。

（二）空间创设与美学熏陶

创设学习环境中，以校园艺术角为教育情境、空间背景，展开问题驱动式学习，让每位学生成为美育空间的创造分享者和学习体验者，让艺术充满校园。走入校园，锡箔纸、瓦楞纸、瓶子、光盘等废旧材料在芙蓉学子的指尖绽放，剪纸、版画、创意美劳、绘画等艺术形式精彩纷呈，从平面表达到三维呈现，从艺术角空间创造到与学校整体文化环境的和谐统一……学生通过学习、探究、实践、协作、创造、交流等方式，将所学习的知识在实践中迁移和运用，成为校园“美”的缔造者。学生在认识美、体验美、感受美、欣赏美、创造美和传播美的过程中，不断提升美术核心素养，实现社会价值。

（三）环境会话与意义建构

基于活动开展学生人文素养培养行动研究（如表1所示），研究学生人文素养培育的实施策略（如表2所示）。确立了新时代背景下学生人文素养的培养目标：培育具有审美情趣、生命热忱、仁爱精神、家国情怀、文化自信、国际视野、协作意识、社会担当、人文积淀的时代新人，并制定了学校人文素养评价标准，实践论证了新时代背景下学生9大人文素养核心培养目标的科学性和可行性。

表1 人文素养培养行动研究活动一览表

研究任务	人文素养培育核心目标	主题活动	学校
9大核心人文素养培育独立性活动研究	审美情趣	“发现校园的美”校园艺术文化角DIY活动	大同瑞致小学
	人文积淀	“小小画笔绘出中华情”校园艺术文化角DIY活动	育英二小
	人文积淀	“我们去哪里”校园艺术文化角DIY研学之旅活动	大同三小
	生命热忱	“光盘加油站”校园艺术文化角DIY活动	育英西垅小学
	仁爱精神	“微观世界”校园艺术文化角DIY活动	燕山二小
	家国情怀	“我的家，我的国”校园艺术文化角DIY活动	浏正街小学
	文化自信	“月亮粑粑——剪绘童谣”校园艺术文化角DIY活动	蓉园小学
	国际视野	“玩转葫芦娃，文明之花满校园”校园艺术文化角DIY活动	大同小学
	协作意识、家国情怀	“长沙印记”校园艺术文化角DIY活动	五一中路小学
	社会担当	“智慧联通未来”校园艺术文化角DIY活动	大同古汉城小学

续表

研究任务	人文素养培育核心目标	主题活动	学校
人文素养培育融合性研究	生命热忱、仁爱精神、协作意识、社会担当、审美情趣	“我和动物做朋友”校园艺术文化角 DIY 活动	大同二小

表 2　学生人文素养培育融合性研究典型个案

研究课例	“我和动物做朋友”校园艺术文化角 DIY 活动辅导课		
学校	大同第二小学	研究负责人	姜玲
学生人文素养培育发展研究			
核心研究点	生命热忱、仁爱精神、协作意识、社会担当、审美情趣		
基于什么样的问题发现、推出此课	源于“万物并肩而不伤害，道并行而不相悖”的理念，近些年来，由于世界生态环境的变化，野生动物的分布范围日益缩小。动物是人类的朋友，是自然生态系统的重要组成部分，是大自然赋予人类的宝贵自然资源。我们国家强调“人与自然是命运共同体”，提出的“万物和谐”精妙地道出了人与自然的紧密联系。呼吁大家同心协力，共建万物和谐的美丽家园		
人文素养的培养目标是什么	启真——认识人与大自然的关系，热爱生命，热爱生活。 培元——对动物的关注和爱护，保护它们的生存环境。 臻美——形成健康积极的审美价值取向，关切人类的生存、发展和幸福		
核心研究点的评价标准是什么	1. 追求真善美，能在生活中拓展和升华美。 2. 能关切人类的生存、发展和幸福。 3. 注重团队合作，积极参与合作，能与组员分工协作完成任务。 4. 维护正义和社会秩序，主动为社会作贡献。 5. 能结合自己的知识、技能和方法等，欣赏、感受和想象学习生活中的艺术美；具有艺术表达的兴趣和意识		
培养策略是什么	1. 通过欣赏、感受、想象，创造出与生活相关联的艺术造型。 2. 综合媒材的巧妙运用，创作中的团队分工协作。 3. 用创作的艺术形象表达出对动物、对自然、对生命的热爱		
学生学习过程中的状态如何？老师是如何引导的	大多数学生平时是关注并喜爱动物的，因此对这个学习内容兴趣浓厚。教师通过播放视频、图片，让学生了解动物是我们人类的朋友，是自然生态系统的重要组成部分，是大自然赋予人类的宝贵自然资源，呼吁大家一起跟动物做朋友，乐在其中，爱护动物和生态环境都要从自己做起。 在制作艺术角的过程中，要抓住动物特征做成立体造型，学生遇到材料上、技术上的困难，老师要及时关注并给予鼓励，一起探讨协助，提升学生的自信心。在团队协作的过程中，学生能根据自己的长处进行合理分工，每个学生都能对自己负责的部分有所思考，全力以赴参与创作		
学生人文素养培育达成的情况	1. 了解了人与自然的紧密联系。感受人和动物之间的友情，丰富自己的情感体验，懂得爱护大自然中的各种生命，保护它们的生存环境，关注人与自然的和谐共生。 2. 利用了废纸箱、废报纸、版画、KT 板、卡纸、瓦楞纸、卫生纸、丙烯颜料、超轻黏土等材料进行创作。学生分工协作，能结合所学的美术知识和方法技能，通过欣赏、感受、想象，创造出与生活相关联的艺术品，用艺术的形式来表达爱护动物、保护家园的美好愿景，形成了健康的、积极的审美价值取向，提升了艺术品位。 3. 形成了健康积极的审美价值取向，关心人类的生存、发展和幸福		
人文目标达成评估	审美情趣★★★★★　生命热忱★★★☆☆ 仁爱精神★★★★★　家国情怀★★★★★ 文化自信★★★★☆　国际视野★★★☆☆ 协作意识★★★★★　社会担当★★★★★ 人文积淀★★★★★		

续表

研究课例	“我和动物做朋友”校园艺术文化角 DIY 活动辅导课
研究结论及反思	  通过艺术角的创作活动，学生认识到不管科学技术水平如何提高，大自然的生存法则是不会改变的。只有“万物和谐”，我们的家园才会美好。“我和动物做朋友”艺术角的创作就是要宣传保护动物，号召师生关注生态环境，捍卫人类的美好家园，爱护人类自己。学生能结合所学的美术知识和方法技能，运用综合媒材，通过欣赏、感受、想象和团队协作创造出与生活相关联的艺术造型，用艺术的形式来表达爱护动物、保护家园。学生在活动中逐渐形成健康和积极的审美价值取向，美术核心素养得以提升

探索培育学生人文素养的新模式，研究形成“ESPRIT 美育活动人文涵养教育模式”成果。各校结合学校常态工作、文化特色及学生特点、教育需求，巧妙设计活动内容和形式，将课堂教学、美育活动和校园文化建设有机结合，让校园视觉文化由静态呈现向多维动态呈现延伸和拓展，让校园视觉艺术能呼吸，会说话。如实验小学打造集互动性、实践性、观赏性为一体的美术创作体验空间；五一中路小学发挥老城区学校地域优势，开启古城长沙采风之旅；大同三小结合学校陶泥特色，利用博物馆、长沙铜官窑等社会美育资源，组织实践研学活动；马坡岭小学将学校端午节节气活动与校园“岭航方舟”景观 DIY 活动结合，针对不同年龄段的学生设计了系列活动课程，让全校协同参与。

（四）多维评价与分享推广

树立育人为本的评价导向，注重对美育活动人本发展需求和人文培育策略的评价，评委组不仅从作品的文化内涵、主旨创意、艺术表现、形式美感、媒材创新、空间表达等维度进行评价，还从学生主体发挥、活动美育价值、教育教学形式、艺术角长效性等方面对活动组织进行综合评审，如表 3 所示。在一等奖、二等奖奖项之外，增设了最佳美育价值奖、最佳人文底蕴奖、最佳视觉表达奖、最佳创意媒材奖、美育创新研究奖等个性奖项，引导各校形成正确的育人导向。

实施全方位、全过程性评价，动态观测人文素养培育发展和达成情况。以人的发展为评价目标，注重主体的发展性、动态性、多样性等生命属性，关注“情境”“协作”“会话”“意义建构”等学习环境要素的作用力和相互作用力，以评价推动教育生态优化，促进个体生动地发展。

表 3　人文主题性美术活动过程性评价表

活动名称：长沙印记　　　　活动内容：打造“长沙印记”校园文化空间

学　　校：长沙市芙蓉区五一中路小学　　　　参与学生：全体

			诊断性评价 （分析、目标）	形成性评价 （状态、发现、调整）	总结性评价 （达成、反思）
教师	教育理念		1. 促进学校、家庭、社会形成“三位一体”的教育合力。在这个农民工务工子弟达到 80% 以上的城乡接合部学校，拓宽家长对美育的认识，并使之具备一定的美术素养，持续地影响自己的孩子。 2. 让文化走入美术教育活动，滋养学生生命	1. 依托家校联合，形成教育合力。 2. 试图让美术创意活动的整个发生过程和成果展示对学生、老师以及家庭进行全方位渗透	让艺术、文化以带有创意的美术实践体验为载体散播至学生的整个生活环境，又由此反哺，形成全方位的熏陶
	教育策略	人文共鸣激发	我校处在长沙老城区中心，受到长沙文化的影响。孩子喜欢画画，喜欢画长沙的古建筑，也喜欢手工制作，基于校情，以学生为主体，确定整个活动大主题——“长沙印记”，让学生从描绘长沙古建筑中寻找到生活在长沙的“小确幸”	“长沙印记”在打造过程中激发了学生对绘画和手工制作更深意义的理解，给孩子一个开放的艺术空间，任孩子天马行空地玩，他们能在玩中探索时空，懂得规则，学会沟通	“长沙印记”能给所有孩子带来美的启示，以及对长沙的幸福理解
		人文创意表达	1. 以“长沙印记”为主线设置一幅大型场景画：爱晚亭、太平街、天心阁等长沙标志性古建筑，培养学生的家国情怀。 2. 将涂鸦艺术与手工制作整合，拓宽学生文化视野。 3. 创新媒材，把“妈妈的快递箱”（纸箱）变废为宝，实现环保与艺术相结合。 4. 制作长沙星空系列书签，写长沙祝福，写长沙生活感悟，把艺术与生活联系起来	1. 以长沙古建筑为依托，确定表现的形式，在活动中激发学生探索的兴趣，在培养学生人文情怀中也提升了学生的协作能力。 2. 学生在制作过程中玩转纸箱，遇到问题放手让学生思考解决，大大增强了他们解决问题的兴趣和热情，提升了实践能力与审美品位	1. 创意无限，提升了他们的实践能力与审美品位。 2. 学科融合紧密，在情境中涵养了学生的人文精神。 3. 活动体现两型文化，学生的环保意识得到了提高。 4. 提升学生对于古建筑文化内涵的理解
		人文传递生发	1. 鼓励全员参与，组织学生参观、现场进行讲解与观看。 2. 传递长沙文化，做骄傲的长沙文明人	学生能在这个空间中热爱长沙、热爱校园、热爱生活、热爱美术	1. 教师和学生的人文素养在活动中得到了提升。 2. 让校园文化角真正实现育人的功能
	教育状态		1. 美术团队在整个活动中将起到策划、组织、培训、统筹、分工、协调等作用。 2. 全力做到目标明确、方法得当、效果良好、总结到位，全力提升特色项目优势和影响力	1. 在整个过程中，团队起到很好的组织引导作用。 2. 争取良好的社会资源。 3. 为今后工作的开展奠定了基础	增强了团队的创新意识、创造能力和组织能力

续表

		诊断性评价（分析、目标）	形成性评价（状态、发现、调整）	总结性评价（达成、反思）
学生	人文素养	在体验学习活动中，在提高创新创造能力的基础上，培养家国情怀、协作能力	1. 通过动手，对“长沙印记”主题中渗透的文化有了一定的了解，通过欣赏，对文化墙传递的幸福教育有了一个体验平台。 2. 在动手的过程中，很好地锻炼了协作能力	1. 在活动中体验到团队协作的重要性。 2. 体会到美术的感染力，让学生在日常生活中去关注、探索并汲取新的文化知识
	艺术素养	让学生体验并感悟到 DIY“变废为宝”的环保两型文化、涂鸦艺术、学科融合的魅力	活动中，学生能主动将美术与环保整合，呈现较完整的作品，最后呈现一个融视觉艺术、综合艺术、造型艺术为一体的动态学习空间	创新能力和动手能力得到大大增强
	核心素养	1. 激发学生创新意识和环保意识。 2. 培养学生的团队合作精神	学生美术素养差距缩小，是老师需要继续认真考虑的问题	1. 创新意识和环保意识都得到提高。 2. 团队合作能力得到了锻炼
其他因素（外因）环境	构成因素	1. 争取学校的经费支持。 2. 争取家长的配合	一个丰富的活动由很多方面组成：老师、学生、家长的配合等缺一不可。活动中，大家团结紧密	得到了学校的经费预算支持，家长也提供了大部分的制作材料
	机制运转	校园活动、文化建设的需要	1. 学校跨学科的思维碰撞会。 2. 利用楼梯间的平台进行展示	纳入校园文化活动体系，常态化开展
	效能拓展	家校联合更紧密	过程中，除了家校联合更紧密，亲子关系也得到加强	通过这个活动，学生、家长、教师获得的成就感无可比拟

（五）研训交流与成果推广

加强研训交流和成果推广。通过组织主题培训讲座、决赛 PK、研讨分享会、成果展等方式，赋能教师发展，推广教育成果。2021 年 9 月，校园艺术文化角 DIY 活动研讨交流会正式举行，分为经验分享、专家点评、视频回顾、嘉宾访谈 4 个环节，4 所学校代表进行了经验发言，15 位校园艺术节 DIY 活动一等奖获得学校的老师和行政代表，结合实践经验和反思解答了各校现场提问。在分享、交流、碰撞、反思中，教师教育理念不断升华，教育方法不断创新，策略不断完善。2021 年 6 月，“声呐·吃语”校园艺术文化角 DIY 活动学生成果在全市小升初微机派位会议展示，领导、嘉宾、家长代表聆听了学生讲解，参与了现场体验活动，给予了高度评价。

三、效果与反思

（一）促进学生人文和谐发展

当艺术融入文化，浓浓的人文底蕴汇聚于民族精神脊梁，体现于芙蓉学子阳光、健康的气质和积极、善美的价值取向，汇聚于和谐善美、阳光幸福的校园文化。活动充分利用情境、协作、会话等学习环境要素，发挥学生的主动性、积极性和情感共鸣，使知识和经验转化为具有生命意义的个体知识和素养，实现了情感的激发、美感的养成、自我心灵的觉解、人性境界的提升，促进学生人文素养的完善和发展，有效促进了学生审美情趣、生命热忱、仁爱精神、家国情怀、文化自信、国际视野、协作意识、社会担当、人文积淀等人文素养的发展。

过程性观测发现，校园艺术文化角 DIY 活动为学生创设了知识迁移的有效情境，他们不仅需要设计、制作出一件件富有创意的美术作品，而且要思考和探索作品的文化定位和文化要素、单个“艺术品”的组合构建方式、空间环境的陈列形式、作品陈列的安全性和持久性等综合因素，需要团队的碰撞、沟通、分工、协作。活动中学生将知识、能力转化为解决实际问题的核心素养，协作能力明显提升。

（二）激活教师美育改革驱动力

教师是美育活动的策划者、组织者、实施者、辅导者和管理者。活动不仅促进美术教师个人的专业发展，还帮助其树立人本教育观，创新教法和学法，提升教育教研能力。基于活动研究形成了系列具有学理性、创新性、实操性、推广性的理论研究成果，如学生人文发展观测指南、美育活动人文发展性评价工具、“ESPRIT 美育活动人文涵养教育模式”等。同时，基于活动，教师教育信息化运用意识、技术和能力得到提升，用视频软件记录和编辑美育活动成为教师常态，教师可以鲜活生动地记录下活动片段。

随着人文教育观的转变和民主平等的教育关系的建立，教师的人文教育情怀不断被激发，人文素养不断提升，教育视野格局也得到提升。从各校提交的一张张《人文发展性评价表》，我们可以看到教师教育视野更广阔，教育理念更人本，对校情、学情更关注，对教育的普及和辐射更务实，对教育的把控更宏观，团队合作更默契，人文教育领导力不断增强。

（三）形成美丽、人文、和谐、幸福的校园文化环境

依托活动，区域建设了一批具有人文内涵、美育价值和艺术张力的校园文化艺术空间。一件件作品融入了学生飞扬的创意和审美感悟，浸润着浓浓的人文底蕴，让校园环境充满视觉呈现的艺术美感和文化感染力，视觉艺术的唯美表达让校园艺术文化角成为学校一道道亮丽的风景线。学生成为校园文化阵地的真正主人。

基于活动实践研究，学校美育教育改革意识和统筹推进能力不断加强。校园艺术文化角 DIY 活动与学校文化有机融合，彰显了学校文化特色，如端午节活动、篮球文化节、自然教育活动、戏曲文化节等；多学科美育教育资源有机整合，美术、戏曲、文学、科学等人文学科在此有机相融。美育活动由学科行为转化为学校、社会、家庭协同聚力，美育成了多方共识，美丽、人文、和谐、幸福共同构成了芙蓉校园的交响曲。

（长沙市芙蓉区科普艺术体育心）

基于“四生课堂”小学美术课堂教学模式建构与实施

——以“水墨游戏”为例

姚 烨

摘 要：小学美术“四生课堂”教学，以激活师生生命活力，优化课堂教学，提升学生综合素养为价值取向，以“双向五维五环节”构建小学美术学科“四生课堂”教学模式。实践表明，参与“四生课堂”学习，可以提高学生美术学科学习的兴趣化，助力学生艺术思维的系统化，拓展小学美术课堂教学方法的多样化，促进学生美术学习的生活化。

关键词：小学美术；四生课堂；教学模式；模式构建

培养学生美术学科核心素养是学校教育落实“立德树人”根本任务的迫切需要，也是顺应时代和社会发展的要求。[1]好的美术教学模式对学生培养美术学科核心素养非常重要，然而传统美术课堂教学主要落实的是知识和技能。怎样把知识与技能转化为学生素养？在“四生课堂”教学理论指导下，通过长期教学实践，我校构建出利于培养小学生美术学科核心素养的“四生课堂”教学模式。

一、“四生课堂”的基本含义与特点

“四生课堂”指的是具有生命性、生长性、生成性和生活性的课堂教学活动模式。生命性即关注教学主体（教师与学生）的生命存在，尊重师生的主体地位，充分发挥二者在教学活动中的积极作用；生长性即让学生不仅有知识的增长，更有能力的提升和健全个性的养成；生成性即课堂教学活动超越预先设定的思路和设计，关注课堂中动态的生成，是对预设的补充和修正；生活性一指课堂教学内容应当贴近学生的生活，二指将现实生活的知识信息融入课堂教学，来充实、拓宽和深化教学内容。“四生课堂”具有独特的运行结构、教学理念、教学特色和实践策略，[2]它突显儿童主体地位，注重激发学生生命性；基于儿童身心发展规律，着眼学生整体生长；以开放理念来看待教学过程，注重过程生成；紧密连接生活，教学内容彰显生活性。“四生课堂”是培养学生核心素养以及“全面发展的人”的最佳途径。

二、小学美术学科“四生课堂”教学模式建构及实施路径

基于“四生课堂”理论，以“双向五维五环节”构建小学美术教学模式。

（一）以“双向”理顺课堂教学中的师生关系

“双向”即师生双向。小学美术教学，坚持教师和学生的教与学的关系是民主、平等、和谐的。课堂充分调动教师和学生的积极性，学生是自主学习的主体，教师陪伴学生学习，答疑解惑，进行指导。师生彼此配合协调，双向互动，并行共进。如“水墨游戏”教学过程中，教师的激趣引导与学生的参与回应，教师的引导提点与学生的体验发现，教师的指导评价与学生链接生活的创作等。

（二）以“五维”彰显学生美术学科素养生长质量

五维，即主体之维（师生）、目标之维（学科核心素养）、内容之维、过程之两维（空间+时间）。[3]小学美术“四生课堂”教学模式的五个维度相互联动、呼应、融汇、生成，如“水墨游戏”一课中，师生围绕对水墨作品的图像识读、审美感知、创意实践和文化理解等教学目标，作用于美术教学内容，在一定时间和空间范围内展开连续性的教与学活动。

（三）以“五环节”实现美术课堂教学的基本流程

根据“四生课堂”理论，小学美术课堂教学过程中要紧扣五个环节，即以美激趣—兴趣激情、引导提点—尝试探索、引领拔高—赏析品味、链接生活—自主创作、拓展延伸—作品展评。“水墨游戏”教学过程就是这样实施的。

1. **以美激趣和兴趣激情**

这一环节的主要任务是激活师生的生命性，激活学生学习的兴趣。张传燧教授指出：“生命是课堂教学的基础和前提，课堂教学的立足点、出发点、依靠点和着眼点都在生命。课堂的生命性意味着课堂教学应遵照生命的特性，依循生命的规律，开发生命的潜能，促进生命的发展。”[2]课上老师请学生将墨滴入水中并观察墨在水中的流动、扩散、形成肆意的形状，感受水与墨交融产生的千万种奇幻、华丽的姿态，导出课题。“以美激趣”的导入，是教师切合小学生的心理年龄特点，根据教学任务，围绕教学目的而设计的，注重学生对各种美的探索体验。学生利用身边的各种素材体验美，亲身体验感受，在轻松愉悦、和谐优美的氛围里发现美，真实地感受美的存在。以美启智、以美怡情、以美激趣，当学生的兴趣被激活，有了创造美的动力，课堂便有了活力。

2. **引导提点和尝试探索**

这个环节的主要任务是促进美术表现能力的生长。《普通高中美术课程标准》指出“探究性地获取知识与技能，是学科核心素养本位美术教学的基本特征”。这一环节关注学生学习过程中的生成。

美国佛罗里达州立大学陈怡倩教授指出“知识获取的过程是从理性思维与在实际操作的流程中获得新知，从观察中发现问题，然后解决问题。学习者在这个强调集结理论与实践、以解决问题为本、动手操作的过程里，一直是手、耳、眼、脑并用，激发触觉、视觉来学习特定的概念与知识。这些感官感知有效地促进学习的思考力来解决问题、分析整合、批判验证”。[5]在对水墨画工具材料的初识和探索中，重视培养学生积极主动学习的习惯，给予充分的时间，让孩子们深度把玩。如对毛笔的认识了解，教师引导孩子们用手，甚至是脸去接触、感受，发现毛笔柔软而又富有弹性的特点；还引导孩子们把笔打湿，在手心里用不同的力度去画。学生通过尝试发现，原来毛笔的用法和平常的笔大有不同，它的笔尖、笔肚，甚至是笔根，每一个部分都可以用来作画。又如对纸张的认识了解，教师也让学生通过摸、揉、甩，甚至舔一舔，滴水观察水遇生宣即渗透等方法，让学生玩够，充分感受宣纸的特性。还有对墨汁、砚台等其他工具的认识，孩子们都展开了深度探索。通过这个过程，学生内化了知识，对水墨画工具有了充分的认识体验，再用这些工具来绘画，就会和自己的个性相结合，并逐渐将学习经验内化。对于隐藏的深层文化，教师在学生探索过程中适时地介绍了水墨画工具的传统制作工艺，让学生对中国传统文化有一定认识和情感，加深了学生的文化理解。

《普通高中美术课程标准》要求“引导学生通过观察、感知、体验、思考、探究和创造等具有美术学科特点的学习活动，形成美术学科核心素养，促进全面发展”。在如何用笔用墨的探索环节，教师通过尝试、比较、悬疑等方法让学生感受笔墨干湿、浓淡、粗细的变化，学生在探索的过程中学会基本的用笔用墨方法。之后教师放手让学生大胆去体验，大胆尝试生活中常见的工具材料，并寻找不同的玩法，学生在玩中探索发现，找到技巧。教师为学生提供特殊的“笔”，如小树枝、绑扎在一起的棕榈叶、吸管、牙刷和海绵等，让学生用点、甩、撒、印等不同的方法尽情去玩，去体验、感受水墨在生宣纸上的丰富变化。玩够、玩尽兴后，教师引导学生总结、提炼方法：这一笔很有特点，你是怎么画出来的？你这一笔为什么有墨色变化，是怎么做到的？鼓励学生观察、比较、分析，让学生自己归纳，对学生进行理性思维和实践能力的训练。通过自己的尝试探索和教师的引导提点，学生们给课堂带来新问题和新结果，也就是新生成。在具有生成特性的课堂中，学生勇于探究的精神、批判性思维和美术表现能力等核心素养得到真正的生长。

3. **引领拔高和赏析品味**

这一环节的主要任务是促进学生图像识读、审美判断及文化理解能力的生长。其实大多数学生都看不明白名家作品，教师要帮助他们看懂，首先要培养他们基本的图像识读能力。图像识读又紧密地关联着审美判断，因为只有看懂了才会产生感受，引发审美判断。而审美判断之后，才能引申出一个重要的能力——文化理解。[4] 在“水墨游戏”一课中，欣赏当代著名画家吴冠中的作品时，教师首先让学生用视觉直观欣赏：从这幅画上，你一下就能看见什么？画中是怎样的线和点呢？这些线和点像什么？让学生对图像进行观看、识别和解读。看明白之后，再进入画境深层赏析。带着对作品的理解，让学生再一次仔细地观赏，进行感知、评价、判断——它是美的吗？美在哪里？这里就有一个文化理解的问题需要继续探究。中国水墨画讲究神似，对景物的描摹不求完全再现，而如相中之色、水中之月，给观赏者无限的遐想空间，有了初步的理解，学生才会对作品产生文化认同。从欣赏大师作品中变化的笔墨，到感受画面中表达出来的画意，体味水墨画的意境，层层深入，这也是图像识读、审美判断及文化理解逐步内化为学生基本素养的生长。

4. 链接生活和自主创作

这个环节的主要任务是引导学生基于生活，进行艺术的再创作，发展学生的创意实践能力。《义务教育美术课程标准（2011 年版）》强调：“在教学活动中，教师应该注重将美术课程与生活实际相连。”为了使学生的学习与他们的经历产生更广泛的联系，将所学到的知识与现实生活相融合，从而更好地表达自己的所思与所想，在自主创作环节，教师先让学生欣赏同龄人用变化的笔痕来表达自己情感的优秀作品，引发学生回忆起生活中自己印象深刻的情境，感受当时内心的体验，并思考用什么墨痕来表现。作业要求学生进行一次充分的、有构思的创作，运用变化的笔痕表达自己的所见、所思、所感。将教学置于真实的现实生活情境中，基于学生的生活经验来展开，让学生学以致用，形成内化的认知结构，促进创意实践能力的生长。

5. 拓展延伸和作品展评

这一环节的主要任务是进一步加强学生的审美判断和文化理解能力。我国近代美学家、教育家蔡元培先生说：“美育者，应用美学之理论于教育，以陶冶感情为目的者也。”培养审美判断能力，能帮助学生塑造审美观念，提升审美情趣。学生完成作业后，鼓励大家交流学习体会，大胆分析同学作品的用笔和用墨，如中锋、侧锋、顺锋、逆锋和墨色层次的不同变化等，通过这些形式语言的辨析，加深学生的审美体验，提高学生的审美理解能力；引导学生谈对他人作品的感受、想法，引发情感的共鸣。学生通过对作品进行品评，提高了审美能力，陶冶了性情，美化了心灵。在课程最后，教师拓展中国书画中的装裱知识，让学生了解我国特有的保护和美化书画作品的传统工艺，拓宽了学生的视野，加深了他们对中华文化的理解，坚定了中华文化的立场，树立了文化自信。

三、小学美术“四生课堂”教学的思考

（一）提高学生美术学科学习的兴趣化

常规的美术课堂，一般让学生看视频看图片，老师再讲解和示范，接着学生完成作业。这样的流程以完成教学内容和教学目标为主，更关注完成教学任务，并没有考虑到学生的兴趣和耐力，久而久之，学生的学习热情会被重复的模式磨灭。而“四生课堂”上的美术教学注重创设情境、以美激趣、巧设游戏等，提高学生学习的兴趣。

（二）助力学生艺术思维的系统化

传统小学美术教学过程中对知识与知识的联结重视不够，学生在这个学期和下个学期、低年级学段和高年级学段学的知识比较零星，衔接得不够紧密。如水墨画主题，学生在三年级学完后，四年级再学，之前的知识好像又都忘记了，可见学生对于知识点之间的联系、对于艺术的认知理解的融通性也不够。虽然从小学一年级到六年级学了 6 年美术，但多数学生没有形成系统的艺术思维，走进美术馆或观看生活中的艺术作品，多数学生仍然看不明白。而“四生课堂”上的美术教学，以整体性视野看待学生发展，注重学生对美的感受体验、社会认识和思维方法训练三者相结合，助力学生艺术思维的系统化。

（三）拓展小学美术课堂教学方法的多样化

传统美术教学方法以单向的灌输为主，缺少双向的有效沟通。课上教师设计的问题往往比较简单、粗浅；讨论法也用，但不经常用，用也只会简单进行，往往只是概括，没有批判性或创造性的生

成；40分钟的课堂，教师讲授的时间长，留给学生操作和实践的时间短，不利于学生探究精神、创造性思维和学习能力的生成。“四生课堂”上的美术教学更多地采用交互式教学方法、布置丰富多彩的美术作业等，拓展教学方法，促进学生对学习活动的积极参与。

（四）促进学生美术学习的生活化

传统的小学美术教学，通常是以课本上的作业要求为教学目标，进行教学设计，没有创设一些贴近学生生活实际的问题情境，没有把美术知识与生活中的实际问题相联系。教学也通常围绕“技”的层面进行，并没有进入“道”的层面，即让学生真正理解知识，并且运用智慧去综合性地发现问题，在真实的生活情境中解决问题，导致课堂与生活相分离，知识与生活应用相分离。“四生课堂”上的美术教学把美术与学生的生活、学习活动联系起来，引导学生走进生活，观察生活，紧密连接生活，感悟生活，美化生活，创造生活。

小学美术“四生课堂”是在长期的课堂教学改革实践中，把发展小学生美术学科核心素养作为为价值取向，依据美术课程与教学理论，构建出的具有“双向五维五环节”特征的教学新模式。小学美术“四生课堂”的构建与实施促进了学生发展适应社会所需要的能力、品格和价值观念，使美术教学更加科学有效。

参考文献

[1] 中华人民共和国教育部. 普通高中美术课程标准（2017年版2020年修订）[M]. 北京：人民教育出版社，2020.
[2] 张传燧. 基于学生发展核心素养培育的“四生课堂”建构研究 [J]. 陕西师范大学学报（哲学社会科学版），2017（9）：146-157.
[3] 左鹏，张传燧. 指向小学生英语学科核心素养培养的“四生课堂”建构与实施：基于语篇教学的分析 [J]. 湖南第一师范学院学报，2021（6）：33-39.
[4] 尹少淳. 核心素养大家谈 [M]. 长沙：湖南美术出版社，2018.
[5] 陈怡倩. 统整的力量：直击STEAM核心的课程设计 [M]. 长沙：湖南美术出版社，2017.
[6] 教育部基础教育课程教材专家工作委员会. 义务教育美术课程标准（2011年版）解读 [M]. 北京：北京师范大学出版社，2012.

（长沙市高新区麓谷小学）

引生活之源丰富小学美术绘画中的情感表达

周秋洁

摘 要：在传统美术教学中，画面饱满、色彩丰富、线条流畅、细致刻画是判断一幅美术作品完善的基本标准，但学生能将其与生活相联系，从而进行个性创作和情感表达，才是美术教育的真正意义所在。笔者希望通过运用多样性的生活素材，从丰富学生的情感体验，加强情感训练，拓展思维模式，激发情感表现进行教学探究，从而为美术教学中生活化的艺术表达和艺术化的情感生活提供一些实践经验。

关键词：生活；美术绘画；情感表达

爱绘画是孩子们的天性，孩子们通过丰富的想象力和绚丽的色彩，表达他们的自我认知和情感世界。但在小学美术教学中，想让孩子们创作出具有生命力和打动人的绘画作品，而不是刻板的美术作业，需要教师引导孩子们从生活中挖掘素材，激发他们的情感，引起他们的情感共鸣，从而创作出具有个性的绘画作品。因此，笔者希望通过探究生活元素在美术教学中的运用，进一步丰富学生美术绘画中的情感表达。

一、日常生活与绘画创作密不可分

1. 绘画素材来源于生活

俄国文艺理论家车尔尼雪夫斯基在《艺术对现实的审美关系》一书中较系统地提出："艺术来源于生活，而又高于生活。"美术是视觉造物，想要画出好的绘画作品，要善于发现生活中的美。生活处处隐藏美，我们需要引导学生们擦亮发现美的眼睛。例如，四年级上册的"城市美容师"一课，笔者通过问题导入："有这样一群人，往往在城市还未苏醒的时候开始默默工作，他们似乎拥有魔法，使我们的家园一尘不染，他们是……"让学生结合生活实际揭示城市美容师的课题，再通过抛出问题"他们都是怎样给城市美容的"，让学生们回忆生活场景中所见过的城市工人们工作的情景，有的学生说清扫街道、护理栏杆、擦洗高楼窗户，有的说修剪树枝、处理垃圾等。通过这一个个生动的生活原型或现象激发学生的创作灵感和兴趣，帮助他们养成关注生活中点滴的良好习惯，从而培养他们的情感感受力。有时候，学生往往不知道画什么，正是因为缺乏对日常生活点滴的观察和感知训练。

2. 绘画创作是对生活的艺术表现

美术课与学生生活紧密联系，课程重点在于引导学生养成细心观察生活，留意生活中的美的良好习惯。但有时候学生想画物品、人物或场景时，却不知道如何去画，或者陷入模式化的刻画中。如三年级上册"老师好"一课，其实每位同学对于不同的老师，都有自己的感受和印象深刻的事情，在学生描述的过程中也可以感受到他们想描绘的老师的丰富形象与各异表情，但往往在实际创作过程中，同学们刻画的老师形象和环境背景都大同小异，面容表情也比较单一，大部分都是面带微笑，拥有相同脸型或发型，场景则是在教室中。笔者认为，教师在学生创作过程中，缺乏引导学生对所绘形象特征的把握和对生活素材的艺术表达，使学生未能很好地把自己对生活的感受和认知，用自己的艺术符号表现出来。绘画没有固定的图像符号，它具有创作者明显的个性特征和情感体验。

二、情感表达在美术创作中的作用与意义

情感是激发学生创造力的重要基础。一千个读者会有一千个哈姆雷特，我们生活在同一个环境

中，但是每个人的生活经历都有所不同，情绪情感也会有所差异，某些事物对于一些人群产生的是愉悦的感受，但另一部分人群可能会有不同的体会，又或者不同人对同样事物产生的情绪情感强弱也会有差别。即便是同一个人，受环境的影响，对于某一件事物某一时间段所产生的情绪也会有所不同。也正是由于人类情感的丰富性，才会有梵·高的《星空》、蒙克的《呐喊》、毕加索的《格尔尼卡》等触动人心的绘画作品。此外，绘画还是内心情感的释放方式，学生通过涂、画、色彩表现，可以放大或显露他们想要传递的内心感受。绘画的情感释放可以让他们保持愉悦的心情和健康的心理。同时，绘画交流加强了生生之间、师生之间的情感纽带，加倍传递和分享快乐。

三、生活元素在丰富美术绘画中情感表达的措施探究

1. 培养随心添画，用画记录生活的习惯

绘画创作的基础是生活元素的积累，低年级美术课程中就有“红绿灯”“新发现”“男生女生”“自画像”等贴近生活的美术内容。对于这一阶段的孩子，他们的绘画热情非常高，对他们需要绘画的东西也充满好奇。但是，他们对事物的认知能力尚浅，绘画基础在初步建设阶段，提出最多的问题是“老师，请问汽车怎么画”“老师，我不会画眼睛和头发”“老师，草莓上的籽怎么画”……学生不敢动笔，不会下笔。教师在这一阶段，需要鼓励学生多回忆，比如反问学生：“你回忆一下，小汽车有哪些不同的外形特征呢？汽车身上都有哪些部件呢?”“你想刻画的是哪位同学或是哪位老师的眼睛呀？对他的五官你印象最深刻的是什么呢?”“你觉得草莓上的籽和你见过的什么东西相似呢?”通过引导性回忆让学生将自身的主观感受表达出来，并逐步培养他们多看、多感知的绘画习惯，让学生学习观察想要绘画的对象，并尊重保留学生这一时期的原生态绘画，让学生在随心添画中养成发现美、记录美的绘画习惯。

2. 通过生活化的教学情境加强绘画中的情感训练

学生对绘画创作的情感不会也不可能时时有，事事有。并且，随着年龄的增长，学生对于生活中的情感感知能力也会随着对学习生活的适应而有所降低。经过几年的绘画训练，高年级学生已经有了较好的绘画基础和绘画技巧，他们往往喜欢选择最省时省事的办法快速地完成绘画内容，所以这一时期的绘画作品开始出现程式化、模板化的倾向。这一时期，教师需要适时营造生动的、具有感染力的教学情境，再次激发学生们的创作热情和绘画兴趣，对于学生的绘画创作，不光只注重绘画技法的传授和绘画结果，而更应注重他们的绘画体验过程，注重情感的产生。

例如四年级的“窗口”一课，无论是窗户的外形还是窗外的风景，都可以衍生出丰富多彩的绘画作品。但在教师没有做情感引导的班级里，学生大多喜欢画方形的窗框，并且画的窗外景物大多是夜空、小树、山坡、云朵和太阳，刻画的物体形象也都比较雷同。通过和学生交流，笔者了解到，学生一方面觉得这样完成绘画作业比较轻松，也比较节约时间；另一方面觉得在较短的时间内，想出并刻画不一样的窗外风景比较麻烦，而他们所画的形象已经非常熟练，信手拈来。据此，笔者在后面的教学过程中，适当添加了作品赏析，通过展示多位画家不同风格的“窗口”，让学生分析、想象画家创作时的心情，思考他的窗口又有哪些景物是你也喜欢的，古典的窗口又有什么不同等问题，并不再强调完成作业，而是让同学们先假设在为自己理想的家装饰美化，思考小小梦想家想要打造什么风格的窗户呢，闲适的时候，你想透过窗户看到窗外什么样的景色等问题。虽然在绘画过程中，学生仍然会有一些想画却画不出的东西，或者有些内容画得比较稚嫩，但是作品中慢慢开始有了自己的想法。比如，有位同学在窗口添加了一只挠窗户的猫，猫旁边还有猫窝，窗外是夜晚的街景，他的灵感来自家里养的宠物。还有位同学问我：“老师，有没有欧式古典的窗?”有同学会主动说：“有，欧式古典的窗喜欢配华丽的窗帘，还喜欢用很多花卉和藤蔓做窗框的装饰。”“哇，那我回去搜下图片!”“我知道，还有一种窗户，由五颜六色的玻璃拼成的图案……”课堂中，同学们有了很多好奇和创作灵感。笔者也将这种思维引导用于“时间告诉我”“草丛中”“生命的甘露”等课程，有了情感的培养和充足的时间，学生作品中个性化的内容逐渐增多，他们也愿意思考和探索与课程内容相关的其他创作事物。

3. 抓住特定时机，通过不同生活素材丰富学生的情感体验

在某一特定时期或特定事件的情况下，学生在某一阶段对于绘画创作的情感会有所增强，教师需要善于借助特定时机，启发引导，帮助学生及时生成创作情感。例如，2020 年疫情期间，大部分学生在家度过了一个漫长而又艰难的寒假，学生在这一时期的情绪状态可能是焦虑、不知所措的。教师可以巧借网络媒体的抗疫报道和社会生活中的正能量事例，使学生感受到生命的可贵和家园社会的美好，将其作为创作素材，运用于“美丽家园”“剪纸故事”等美术课程中。

4. 引导学生将生活元素转化为美术形象和符号

美术绘画最终还是要将生活元素用绘画语言表现出来。例如，三年级上册的“花陶罐”一课，学生在日常生活中接触形形色色陶罐的机会可能并不多，也比较零散。在这一节课中，笔者以拟人的手法赋予各式各样的陶罐不同的人物特征，比如“长脖子的陶罐”“胖肚子的陶罐”“大嘴巴的陶罐”等，并在陶罐花纹装饰中让学生给各式陶罐穿上漂亮的“花衣服”，使学生把陶罐的绘画形象与熟悉的事物特征相结合，较快地吸收并创作出丰富有趣的陶罐形象。

5. 巧借多种绘画材料，培养学生发散思维，敢于抒发情感

义务教育阶段美术课程设计围绕造型・表现、设计・应用、综合・探索、欣赏・评述四个方面制定了丰富多样的活动内容，其中包含了版画、编织、陶泥、剪纸等多种材料的学习与应用，教师应充分利用不同的绘画材料，激发学生长久的绘画兴趣，使他们保持对美术创作的好奇心与想象力，培养他们对于材料使用的发散思维，丰富绘画语言，借用不同材料表达情感。例如“我们去旅行”这一课的美术活动，教师可以让学生搜集旅游照片、景区门票、导游地图或指示图，采用绘画、剪贴、拼接等多种手法，创作丰富多彩的旅行线路图；再如六年级的“废物新用”，教师利用平时生活中不起眼的纸杯、易拉罐、纸巾筒、小树枝、石头和超轻黏土，和同学们一起展开奇思妙想，开设创意无限的编花篮、图腾柱、中国空间站、小奖杯、园林造景等课程，让学生了解美术可以丰富多样，天马行空，从而喜欢美术，热爱美术，进行独特的美术创作。

低年级学生有很高的绘画热情，但有些生活素材想画画不出，笔者尝试通过问题引导，帮助学生回忆生活素材，观察训练；三、四年级的学生有一定的绘画基础，也了解几种不同的绘画技法，但绘画中模式化的形象开始增多，笔者尝试情境融入，通过培养生活中的绘画情感，强化他们的绘画感知力和探究广度；五、六年级的学生无论绘画技法还是造型能力都相对成熟，对于绘画的好奇和兴趣没有中低年级段学生那么浓厚，笔者通过丰富创作途径、打破思维定式，拓展创作形式与思维，一技多用，一物多能。通过笔者的尝试与实践，同学们对于美术课的热情都有了较大提升，并且课堂中询问老师怎么画的情况有所减少，画面内容也开始丰富多样，最重要的是，学生们对于所画形象有了更多的细节刻画，高年级学生对于相同事物也多了不同角度的情感思考与创作。但是，对于学生个性创作与课堂时间的综合把控还需进一步实践和探索。

四、结语

生活，从来不缺少美。绘画创作，也离不开生活之源和情感抒发。美术课堂，需回归学生的日常生活，从生活中寻找灵感与激情，用生活丰富绘画，用绘画美化生活。

参考文献

[1] 仲晓春. 引生活的一弯清泉灌溉美术之花 [J]. 教育艺术，2021（7）：56.
[2] 杨三军. 论直觉与情感对儿童绘画的积极作用 [J]. 山东教育学院学报，2008（4）：20-22.
[3] 黄蒙. 情感元素在绘画艺术创作中的呈现 [J]. 时代报告（奔流），2021（7）：64-65.
[4] 华敏. 让孩子在绘画中流露真情：小学美术“走向表达”的教学尝试 [J]. 全球教育展望，2008（2）：91-93.
[5] 吴江. 小学美术“走向表达”的教学尝试 [J]. 新课程研究（下旬刊），2018（12）：95-96.
[6] 岑慧虹. 浅谈小学美术生活化教学的实施策略 [J]. 美术教育研究，2015（4）：171.

（株洲市荷塘区六〇一中英文小学）

当绘本遇见美术课

——儿童绘本在小学美术教学中的应用

陈丽芹

摘　要：从小学美术课堂的现状出发，低年级学生普遍的状态是想象力缺乏、动手能力弱，不能将绘画和自身的生活联系在一起，作品呈现缺少创意和个性，但学生兴趣高涨、乐于参与；小学高年级学生的状态是美术课参与性弱，多数只是听、看，不愿意参与绘画和动手制作，但欣赏水平有所提高，同时进入了写实期，对美的需求增多了。美术课堂是传达学生的生活经验，把美术核心素养融入学生的生活中，成为学生对外输出的一种工具，帮助他们创作出有情感、有体验、有意义、有美感的艺术作品，成为一种情感记录与再现的工具。基于这种现状，更新我们的课程资源势在必行。儿童绘本是符合儿童身心发展规律，具有美术学科特点的课程资源。儿童绘本的故事内容简单明了，画面形象生动，特别符合小学生对事物的认知程度。利用儿童绘本的优势，伴随有效的教学应用，在美术课堂上通过欣赏绘本、了解绘本、创造绘本丰富了美术课，给课堂带来了活力与智慧。将儿童绘本融入美术教学，通过看画、读画、作画来提高小学阶段学生的美术核心素养，开阔学生的眼界，促进小学美术教学活动的开展。

关键词：小学美术；儿童绘本；美术核心素养；教学应用

一、儿童绘本在小学美术教学中的优势

绘本（picture book），顾名思义，是一种独立的具有极强文字性和艺术性的图书形式。本文所指的儿童绘本，不是指卡通和连环画等面对大众的图画书，而是指由国内外著名作家和画家创作的，主要面对低年龄段人群的优秀绘本。

“美术课程以对视觉形象的感知、理解和创造为特征，是学校进行美育的主要途径。”在九年义务教育阶段全体学生必修的基础课程中具有不可替代的作用。让学生感受美、认识美，培养学生的审美意识和美的创造能力，是美术课的目的所在。而小学生正处于思维转型的关键时期，他们仍然无法用抽象的句子来表达情感与事物。在很多时候，具体的画面才能更好地表达出小学生内心的想法。儿童绘本以画面为主，辅之以解释说明的文字，正是帮助小学生进行思维过渡的最佳选择。

儿童绘本具有清晰直观的画面，趣味性较强，能在最短的时间内吸引学生的注意力。所以利用绘本实施美术教学具有显著优势，主要体现在以下四个方面：第一，利用儿童绘本实施美术教学，可以有效提高学生的审美能力；第二，儿童绘本画面清晰、色彩艳丽，故事内容生动形象，符合小学生的认知规律，能满足学生的学习需求；第三，儿童绘本中蕴含了丰富的美术知识和原理，涉及画面透视、均衡、色彩等知识点；第四，儿童绘本种类多种多样，有不同的艺术绘画种类。儿童绘本有助于拓宽学生视野，增长学生知识，提高学生的艺术鉴赏能力，因此把儿童绘本引入课堂，会带给学生美的享受。

二、儿童绘本在小学美术教学中的具体应用

1. 运用儿童绘本，引导学生看画，激发学生的美术学习兴趣

小学美术教师在备课时，可以先搜集一些符合本节课教学主题的绘本，然后根据教材内容对其进行适当调整，将绘本与美术知识点结合在一起，使之更加契合学生的兴趣，以便在课堂中迅速吸引他们的注意力，促使学生主动参与学习活动。根据小学生的年龄特点，美术教师可以选择一些富有童真

和童趣的绘本素材，同时注重其故事性，并结合教学课程内容选择合适的绘本进行展示，引导学生从阅读、鉴赏入手，通过调动他们的参与热情来触发其学习的积极性，同时借助绘本引导辅助学生顺利走进新课程的学习中，有助于打造灵动活泼、有趣有效的教学环境，切实凸显出儿童绘本在导学课程中的作用。如，在教学“色彩”知识时，如果单纯给学生讲解色彩知识，不但让课堂显得枯燥乏味，而且学生不易理解。教师可以启发孩子们寻找绘本故事《小蓝和小黄》中的亮点，就是小蓝与小黄重叠融合成了绿色，这和人教版三年级美术教材上的“魔幻的颜色”相吻合，即红黄蓝三原色会调出其他颜色。整篇绘本以简单易懂的情节呈现了色彩的变化，让学生更直观地体验了色彩的神奇，学生纷纷感叹三原色的神奇魔力，激发了对本节课的学习兴趣，为接下来的课堂学习奠定了良好的基础。

2. 运用儿童绘本引导学生读画，提高学生审美能力

在儿童绘本阅读教学中，学生是审美主体，绘本是审美对象。绘本蕴含丰富的审美因素，包括语言美、图画美、意蕴美等。在绘本阅读教学中培养学生的审美能力，就是借助绘本让学生感受美、欣赏美、享受美和体验美。例如绘本故事《勇敢做自己》讲了小鱼儿丹尼在回家的路途中遇到各种各样的小鱼，它们各有特色，各不相同的故事。绘本通篇使用了线描的手法来表现各种鱼身上不一样的鱼鳞，如有排列有序的鱼鳞、有错落有致的鱼鳞、有别具一格的鱼鳞等。这些鱼儿在大海里遨游，如同华丽的花朵，展现了浓烈的装饰画效果。绘本中的每一幅图画都可以成为一个很好的装饰画范本。因此，在人教版一年级“鱼儿游游”的执教过程中，教师可以让孩子们通过观察画面中的鱼的花纹，感受装饰图案的排列规律，尝试自己用线条来装饰鱼儿，在教学中循循善诱，激发学生对鱼的审美能力，并进行线描画。

3. 运用儿童绘本引导学生作画，启发学生思维

在美术课堂教学中，使教师经常感到担忧的问题是：随着学生对美术课的不断学习，学生的审美能力和美术表现能力在不断提高，但在创作过程中，想象力和创造力却发挥得不尽如人意。在以激发创造能力为目标的绘本课程教学中，教师可以充分利用儿童绘本内容的有趣性、情节的创意多变性等特点，对学生进行循序渐进的引导和启发，让学生在对儿童绘本内容和情节的欣赏中发现创作方法和规律，并在此基础上举一反三，充分发挥他们的创造能力。每一本儿童绘本都是一个精彩的故事，其中每一张富有张力的画面都能让学生目不转睛。教师在展示绘本的过程中，不仅让学生读画，还要让学生会用手中的画笔描述出其中的故事，让学生在倾听故事的过程中提高自己的想象能力和创作能力，在美术课堂上享受一场视听结合的盛宴。比如在学习人教版二年级上册“画出你的想象”一课的时候，教师可利用绘本《小仙女艾丽斯》作为教学的载体。艾丽斯有无穷无尽的魔法，将爸爸的饼干“变”成她的；用魔棍指挥树叶飘落下来，并用魔棍在水中画出神奇的图画；让自己隐形，还能将难吃的燕麦粥变成香喷喷的蛋糕……首先，教师可将没有文字注释的图片展示在学生面前，要求学生依靠视觉感受来理解绘本中的故事内容。接着，教师再为学生阅读里面的故事情节，并且让学生闭上眼睛，将刚才看见的画面在脑海中重现一遍。虽然绘本中的画面是静止的，但是经过学生的想象、加工，也会出现精彩纷呈的情景。在此基础上，再让学生动手描绘自己特别的一天。就这样，学生通过绘本画故事，不仅提高了自己的观察能力，还画出了不同的情景，启发了思维，创造出满意的作品。

4. 运用儿童绘本渗透德育教学，塑造学生品格

儿童绘本中的图画在为学生提供视觉体验的同时，也在潜移默化地影响着孩子们品格。例如绘本《犟龟》的故事告诉我们，不管做什么事情，只要持之以恒、坚持不懈，那么都会成功。无数的儿童绘本让学生体会人间亲情、友情，同时也让孩子们有了善良、勇敢、坚强等美德，成为一个心中有国、眼里有爱的高情商学生。

三、儿童绘本提高专业的美术核心素养

在美术教学中，往往会遇到一些美术专业知识，如果单纯由老师讲解，学生很难理解，而在儿童

绘本中，依托故事情节，学生就很容易理解了。在不同年级的美术课堂中，教师可以挑选部分单元，选择与之有相似绘画表现技法的绘本进行深入的观察、学习，然后运用到自己的美术教学中。

1. 透视表现技法的应用

透视是小学美术高年级教材中的难点，不同的视点产生不同的透视现象，是学生理解的难点。借着儿童绘本中的画面，我们可以分析不同的视点带来的视觉效果。例如在执教人教版六年级“远去的路”时，教师可以用绘本《我的爸爸叫焦尼》中最后一个画面——妈妈搂着孩子看火车在黑夜中消失，讲解透视中的消失点、视平线等关系；再如执教人教版一年级“我在空中飞”时，教师可以用绘本《绚丽的自然》引导孩子们俯瞰整个村庄的场景，感受这一宽阔的视野，让孩子们了解什么是俯瞰，就是从极高处往下看。

2. 色彩表现技法的应用

色彩是绘画中极其重要的语言。以人教版为例，二年级开始，几乎每学期都有专门的色彩知识的课，如“流动的颜色”“魔幻的颜色”“色彩的冷与暖”“色彩的对比”等。对绘本故事而言，颜色是非常重要的语言。画家往往会更加巧妙地运用颜色来说故事。比如绘本故事《蚂蚁和西瓜》中，红西瓜瓤、绿西瓜皮形成了强烈的色彩对比，以面积的大小不同出现在一个画面中，黑色的小蚂蚁做点缀，使看书的孩子不由得注意画面呈现出的感觉，感受到对比色的调和、醒目、舒服。绘本的创作者巧妙地运用色彩知识，为孩子在色彩的理解上了精彩的一课。教育的目的不是教师让学生掌握什么枯燥的知识，而是让学生自己学会去观察去发现，乃至学会去运用。

3. 构图表现技法的应用

构图知识也是小学美术教学的难点。以人教版教材为例，从低年级教材中的“点线面”到高年级教材中的“学构图”都是专门讲美术要素的。除了这样的专门单元，构图的知识更多的是融入各个单元的知识里。很多教师觉得构图知识讲起来晦涩，学生易走神，课堂难组织。此时，可借绘本来化难为易。如绘本故事《团圆》的封面上画着一家人躺在床上，爸爸和妈妈两个人一起抱着一个小女孩睡觉，以这种均衡的构图形式突出团圆的主题，增强了艺术的感染力。

4. 空间留白技法的应用

画面的留白既是一种技巧，又是设计的手段，也是儿童绘本常用的表现方式，能为读者提供想象的空间，具有无中生有和无中胜有的效果。例如，在《苏和的白马》的留白中可以读到大草原“天苍苍，野茫茫”的悠远意境；在《苏菲生气了》的留白里可以看到，当我们生气的时候，可以通过运动、聊天、看风景、娱乐等方式让自己高兴起来。当学生有了这种体验，再来理解中国画中的“计白当黑”，也就容易多了。

5. 丰富的绘画形式表现的应用

儿童绘本中有太多的表现技法，除了水粉画、水彩画、水墨画、油画、版画、蜡笔画、铅笔画等，还有照片拼贴、彩纸撕贴以及电脑制作等。这种多样化的形式既让绘本更加吸引人，同时也为美术教学提供了重要资源。在《熊与山猫》这一绘本中，选用黑色版画形式来叙述故事，版画的厚重、色彩的灰暗低沉、刮擦、单一的色调画出了熊失去朋友的悲痛，释放出熊孤单、压抑、悲伤的情绪，最后用一点儿粉色来表现释怀，这样的表现形式真的是太优秀了。

随着新课程改革的不断深入，儿童绘本被更多地运用于小学美术教学中。作为一名美术教师，应该充分利用优秀的儿童绘本资源，并将其融入美术教学中，引导学生在看画、读画、作画中提高美术核心素养，为美术教育事业做出应有的贡献。

参考文献

[1] 顾丹. 儿童绘本在小学美术教学中的运用［J］. 美术教育研究，2016（20）：144.
[2] 陈敏薇. 绘本在小学美术教学中的运用思考［J］. 才智，2015（2）：229.
[3] 谷大勇. 浅谈结合儿童绘本的小学美术教学［J］. 美术教育研究，2012（16）：50-51.
[4] 王智慧. 浅谈“儿童绘本”在小学美术教学中的应用［J］. 美术教育研究，2013（6）：106-107.

［5］朱惠. 浅谈在小学美术教学中“儿童绘本”的应用［J］. 教育界（基础教育），2018（11）：118-119.
［6］俞雪梅. 绘本在小学低年级美术课堂中的应用［J］. 祖国，2019（8）：283-287.
［7］钟希. 基于绘本的小学生绘画兴趣的激发［J］. 美术教育研究，2019（12）：106-107.

（张家界市澧滨小学）

美术课堂中的“识图”与“识读”的观课延续

——对“图像识读”在“导探评”美术课堂教学中的观课思考

王 媛

摘 要：“图像识读”是美术学科五大核心素养中美术学科独有的素养之一，是视觉形象的基本，为学生核心素养提质奠定基础。我在四节同课异构课堂听课过程中发现，教师选择了不同的教学策略与教学形式，但均凸显了综合素养“图像识读”的重要作用。异构课的主体设计从对“导探评”三个环节的思考出发，对“图像识读”在小学美术课堂教学的地位与基础、课堂实效、教学现状和策略运用等展开探讨，阐述了基于学生的审美心理展开“图像识读”，不仅仅是为学科奠定基础，也是为学生自身的审美架构、正确的审美观念形成奠定基础。

关键词：美术课堂；核心素养；图像识读

“图像识读”给人的第一印象就是作品欣赏。粗看湘教版中小学课程的编写，初中的“欣赏·评述”课型更多些，知识化的解读也就相对复杂些。而对于小学美术来说，独立的“欣赏·评述”课型较少，时常是结合了不同的课型相伴呈现的，所以教材中专题赏析名家名作的课型并不多，这样是否就没有“图像识读”了？

美术学科教材的特点就是图文并茂。情景图、作品图片甚至超过了文字版面，而这些图像恰好反映出教材编写者选图的“别有用心”——或许我们认为普通的教学用图，被我们忽视的图片，恰好是教材编写者的“含蓄”表达，承载了更多需要细研的教学内容，一旦忽视，可能就自然而然地错过了对学生进行真正的识读素养的培养。若教的设计缺失，学的方向也就不够清晰，正因如此，“图像识读”毫无悬念地被推进到了培育方向的首位。

如果赏析的目的和作用仅限于“观看”，就会使“图像识读”在素养培养上收效甚微。怎样锻炼学生敏锐的识读“嗅觉”？首先要认识到，教师在解读教材中的“图像识读”，不局限于简单的“识图”，更明确“识读”需要架设在对教材深入读透的基础之上，除结合教学用书，还需要理解教材用图的用途，并有效拓展了解相关作品的引用用意。

一、从异构观课反思“图像识读”的重要地位

在各校听课时，我听到的四节同是湘教版小学美术五年级下册的“星光灿烂”一课的“异构”设计制作课。该课是“设计应用”学习领域中的单元课，设置了三个学习活动。

三个活动都是围绕纸平面形成不同的凹凸变化来表现形象，形成近似浮雕的视觉效果，又超越浮雕的艺术效果。四位老师不约而同地选择呈现的是活动一的内容：运用折叠手法创造出具有浮雕效果的作品，属于折叠纸浮雕范畴，是简易立体构成练习基础课。折叠方式的强调是将学生作为非专业纸塑或纸雕的制作者，引导学生运用压痕塑形的方式首先发现基本型的异同，并了解折叠中的对比关系，了解纸浮雕成形原理，达到让学生从熟练识图转向识读的目的。

教材中的纸浮雕的成形原理以实物图片加制作图例组合呈现，内容聚焦“凹凸折”的识图与学习，对于教师指导的要求提高了：怎样了解成形原理？是模仿学习还是探究方法？如何引导学生掌握方法？是模仿还是创新？怎样创新……

不容忽视的还有指导学生识图，引导学生熟悉并掌握统一规范的折叠线、切割线图示，这也是学生高效完成作品的重要条件。教材也为之设置了小训练，综合教师教学辅助，为教学目标的达成铺设道路，对于强化学生识图、领悟折叠纸浮雕的成形原理有极大的帮助，也对学生设计意识和设计能力

的培养铺设了桥梁。学生在了解折叠纸浮雕成形相关知识的基础上，就能够进行造型设计，自然就不会停留于单纯的复制和模仿上了。

二、从异构观课审视“图像识读”的素养基础

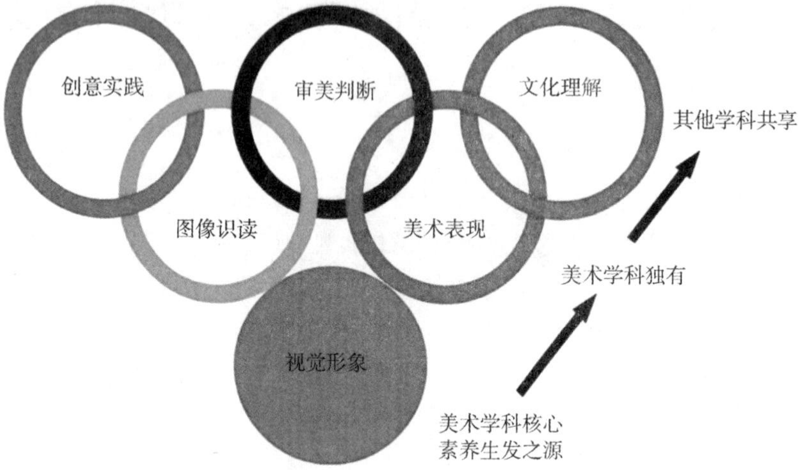

图1 美术学科核心素养的“五环”图示

尹少淳教授解读“图像识读”一词时，是从客观行为的角度对其进行解释的：“（图像识读）是对美术作品、图形、影像以及其他视觉符号的观看、识别和解读。”[1]通俗地说就是通过观察图像，认识图像内容，从而结合作者的表现方法和创作意图等方面去欣赏图片。如果图像是信息的载体，那么就有可能被识别和解读。

从“图像识读”素养的核心为识别与解读：“感受特征、解读意义、识别类别和掌握信息。”“图像识读”“美术表现”“审美判断”“创意实践”“文化理解”并称美术学科的五大核心素养（如图1所示），是面向全体公民设定的美术学科基础技能素养，“图像识读”和“美术表现”是美术学科特有的素养，也是区别于其他学科共有性的素养，稳固了“图像识读”在五大核心素养中的基础地位。学生的图像识读能力提高了，才能促进其他四个核心素养的提高。

而四堂课“异构”在于识图上的指导，即教师如何指导学生厘清“凹凸折”，学生如何探究提升“凹凸折”的创新思维，教师选择不同的教学策略与运用不同的教学形式收效如何……对这些问题的回答正是对教师在日常教学中“图像识读”素养培育的最好反馈。同样值得思考的问题还有，小学阶段“图像识读”核心素养的作用和应用实效是什么。

三、从异构观课探讨“图像识读”的教学实效

对比四位老师的四种设计，应用“导探评”教学策略和环节处理方式相异，产生的教学效果也迥然不同。下面以石峰区美术学科课题“基于美术核心素养的导探评式课堂教学的实践研究”分结构试分析以上四节课的美术课堂教学结构及其以“图像识读”为主题的课堂教学呈现。

设计一：XF李老师

“导”学环节引导学生联系生活，对株洲沿江风光带的一些浮雕作品进行说明，让学生更加了解浮雕（可惜停留在交流，没有图片的呈现，对不是很熟悉或没有看过这些浮雕作品的孩子来说，是无效教学）。

“探”究环节中加入了制作过程的微课，一定程度上丰富了课堂教学形式，也对学生的兴趣提升帮助较大。学生本应根据微课内容进行学做，但由于微课视频内容的原因（微课非老师自己制作，课前没有仔细研究微课内容），学生观看后更加糊涂了，这时老师也发现此问题，及时调整教学方法，选择自己演示制作来完成教学新授环节（可惜没有体现本课探究环节的主旨，整节课学生只完成了教材中的基础成形方法）。探究怎样产生出不同的变式环节，因时间制约，学生反馈得较少。此

外，在选择纸材上也没有充分对教材范图进行识读，薄白纸、工具的缺少制约了教学效率。

“评”议环节时，学生作业因教师的教授局限于教材中的内容，对教材深挖不足，难度的下沉让每位学生仅仅停留在教材图例的挑战制作，获得基础成功感，作品创新度不足，造成本应予以重点关注和大肆鼓励的优质“弱势群体”作品被忽略，这部分学生也就不再“勇往直前”，而是淹没在大群体中。即使学生作业完成率再高，也因没有达到本课最终的基本成形到变式拓展创新的目的，造成“评”的收效不大。

观课延续：本课在探究“认一认”和“连一连”的环节设计中，教师引导学生认识凹凸折线和裁切线，并让学生根据教材中的四个实物图进行连线分析，是对“图像识读”进行最好训练和培养的时机，但教学方式选择的都是用讲解配合自己的范品完成的，学生共答也造成了提趣性较低。“导探评”各环节中，优势学生识读机会多次被教师替代，学生被动学习，自然让“图像识读”缺乏自主性。

设计二：BX 周老师

在“导”学时，教师利用视频吸引学生欣赏天空中的星星，引入本课时的学习内容，对情绪提升有一定的效果。

在“探”究环节中，先让学生根据教材进行自学，教师在巡视中进行材料补给，让学生制作有保障。自学过后，再让学生跟着视频学习制作。（微课选取示范基础形的视频，对于细节部分讲解比较细致，各环节配有图例图片，对于识图后的学习，配合影音结合的教学有一定的促进作用）。教师即时反馈学生制作中存在的问题，如折线与原图例出现相反的情况、边缘折线折反位置的情况等，进行补充讲解。

对于教学的“评”，因学生探究环节较长，缺失集中的评议环节。通过教师设计的多次学生基本型挑战和变式创意突破环节，学生经历了探究体验的过程，拥有了独立思考的空间，也突出了对学生识图能力的培养。

观课延续：本课设计在探究各环节教学中，先从自我识读出发，引导学生质疑，设计学生解答，提出重难点问题——凹凸折线和裁切线的辨别与实操，再借助视频让学生深入自学，教师针对巡视中的典型问题集中进行讲解，推出基本形挑战，引导发现不同变式的探究……流程中，“导探评”各环节识读机会是自学与点拨相机呈现，教师不断抛出问题，任务驱动式迫使学生主动学习，自然就让学生的“图像识读”能力潜移默化地提升了。看似“评”得不完整，但实质在“探”的环节中已经完成了本课的反馈。

设计三：JL 邹老师

邹老师以学生熟悉的儿歌直接“导”入新课，通过将平面与立体的作品进行对比，让学生了解纸浮雕的概念。

“探”的设计中，多次让学生打开书阅读，让学生带着问题预设自学，留给学生充分的自学和思考时间。在解决重难点“凹凸线”如何折和如何剪的方式中，老师使用了三张纸来演示制作这三个不同的折叠方式，并通过基本型的引导发散思维的方式，从简单到提升难度过程中达成学生进行创意制作的目的。

在“评”价环节，学生作品中基本形和变式创新作品均有，可惜的是，老师在学生递交作品时进行了单独点评，忽略了面向全员评价的重要作用：如果让学生都清楚和了解自己的问题所在，就能更好地让学生发掘、思考、解决问题，进而推进赏析能力的培养。

观课延续：图像识读教学是美术学科最为首要培养的基础技能，本课设计突出了识读的重要作用。邹老师先引导学生通过识别“图示”来了解如何折叠，再进行示范演示，虽然对于概念模糊的孩子来说，并没有起到突破难点的作用，但从中发现，将“图示”和实物“范图”进行对比结合识读，是有效解决“图示”独立呈现的最佳方法。其实，在借用教材中设置的小训练时，就有力地说明了“范图”辅助识图的最佳途径（设计基础形学习和四个拓展变化图的找朋友活动，通过两种图例对比直观地了解和学习凹凸折）。

设计四：YMT 向老师

向老师是兼教美术的语文教师，尤为突出的是语文学科教学风格，教师语言和日常的教学关注全面，语言有激励和鼓舞性。在引导辨析中抓重点非常准，在指出学生问题时也非常有针对性。“导”学时机智地将教材中的前课“同一幅画”作为引子，引导学生说出了多种星星呈现形式，既对学科进行了复习，又是核心素养中“文化理解”的延伸和拓展。

“探”究环节引导学习制作过程中，可惜的也都是老师教做，学生跟做，教师结合自己多次板画图例进行被动教学，结果还是有大部分学生没有掌握制作方法，学生面对图例，基本是不能识别的。所以演变成一部分学生教师亲自教，一部分发展的“小老师”互助解决，可以说费时费力，实效也不佳。这明显是课前对教材教参的研读和预设不足。所以大部分学生停留在基本型的交流制作中，后期的作业只能完成教材中的基本型及列举型的制作，创新类的作品较少。

最后的“评”议环节，没法找到很突出的评价方面和点评方向，作业评价目标和方向都有所缺失。在工具准备上，因是用较薄的手工纸制作，不仅色彩和质感都要逊色一些，而且韧性也没有卡纸好，学生在制作完成后很难定型，无形中也增加了制作难度。

观课延续：当课堂教学过程中，教师课前预设的方法和手段不适合时，可以说难点突破的方式出现了偏差，也说明这个知识点对学生来说是有一定难度的，没有更好的方法可以替代，该如何调整呢？不如在这时引导学生自己想更好的办法来解决难点，既可以让学生有充分思考的机会，又培养了学生探究问题的习惯。但教师课前的教参研读和预设应是进行所有课堂教学的首要前提。

四、从异构观课了解“图像识读”的教学现状

四位老师的教学设计中，两位选择了学生识图，两位选择了教师识图再带学生做，收效差别很大。纵观新湘教版教材，手工课型的课题比重较大，应该考虑的是对于学生综合素质的培养更为广而全的一种编排。对于各年级来说，每册基本都有手工课程设置，识图应该是学生的基本技能了，识图制作应该没有问题，但从一轮观课后，我感受到了危机——对于“图像识读”的日常关注，老师们忽视了什么？

（一）教学选择造成手工课程通病

教学是多元多向传递的活动，以学生活动为主才有助于学生的思维发展。学生作为主体，是教学中最为活跃的动态要素，也是教学质量水平最终的体现者和获益者。在课时安排允许的前提下，应保证让学生在自主、合作、探究等学习方式中完成学习任务。美术课堂讲授时间比较短，实操的时间较长，这无疑对有限的教学时间提出了高要求：要达到预设的目标，需要教师对课堂教学进行精心的谋划和布局，但现实课堂完成不了教材设计课时的情况屡见不鲜。一般有以下三种情况。

一是照搬型设计。在进行美术课堂教学设计时，照搬他人现有的教学形式或沿用前人的教育经验。学生按照照搬型教学设计设定的步骤逐一配合，殊不知，学情不同，策略不唯一，教学会逐渐陷入僵化状态，还可能导致学生失去本来应该具有的思维和灵气，降低教学质量，导致教学陷入模式化。

二是周到型设计。担心自己没有讲透，害怕学生没听懂，就把所有内容全安排在教学内容中，“眉毛胡子一把抓”，做不到精讲，留给学生实操的时间少之又少，课堂收效自然就小。

三是放任型设计。课前没有仔细研究教材，课上一起学，想到哪就教到哪，发现问题即时调整；或者让学生自学，会的孩子教不会的孩子，看似是教师放任学生自己探究，但漫无目的的探究实际上达不到辅引的目的，更谈不上精准指导。湘教版教材中手工课型很多，材料准备较多，学生工具如果带不齐，教师又没有思考根本的解决方法，忽视要求，部分老师有时会直接跳过略上或不上，自然就不能做到课程精讲、讲透、识图培养的目标，久而久之，形成恶性循环，所以高年级学生识图能力欠缺也不足为奇。

（二）教学策略导致环节设计忽视

操作实践是“设计·应用”学习领域最突出的特征。“星光灿烂”一课恰好属于“设计·应用”学习领域、纸材手工类的高年级教学课例。本课的“凹凸折”在以往手工教材中是以实物范图呈现

的，但图示及概念是从本课第一次接触，选择何种形式的教学策略攻克这一难点，需要教师课前对教材进行解读。在“星光灿烂”的授课中，四位老师选择了不同的教材处理方式。

XF 李老师选择了先用微课视频来解决，但由于课前对视频的内容没有仔细斟酌，播放一遍以后，学生越看越糊涂，作为有经验的专业美术老教师，他发现了问题，当即选择让学生跟做来弥补。这种方法是短时间可以完成手工类制作的最快捷的方法，也是教学课时已经过半的情况下最好的选择，但也是最坏的选择，让学生跟做，教师代替了学生的识别和解读，很难达到“授之以渔”的识图创作要求。BX 周老师选择了多种形式结合来突破这一问题。首先以欣赏星空带入情境，引出本课，接着学生根据教材自学，跟着视频再学习，教师即时反馈学生制作中的问题，通过活动设置达到基本型挑战和变式创意突破，虽然花费时间长，但学生拥有独立思考的空间，真正体验了探究的过程。JL 邹老师通过将平面与立体的作品进行对比，让学生了解纸浮雕，设计多次让学生翻开书阅读，带着问题预设自学，留给学生充分的自学和思考时间。在解决重难点“凹凸线”时，用实物加图例的范品（示范用纸上有线条折叠和凹凸线的图示）在学生面前进行演示制作，让学生理解“凹凸折”。YMT 向老师以课件与范画图示的方式来解决本课难点，虽然也使用微视频，但与 XF 李老师一样没有前期预料到学生的接受程度和方法的适宜程度，所以基本演变为教师用传统的方法来弥补完成本课教学任务。

“图像识读”素养呈现离不开图像，而“图示”和实物“范图”建立在理解成形原理的基础之上，没有通过实践的理性知识，很难得到巩固，因而也体现不出价值；而实践与操作没有理性知识的支撑，也会是盲目而低效的。

五、从异构观课思考“图像识读”的策略运用

实实在在的课堂反馈体现了“读图时代”背景下“图像识读”的重要地位。提升学生识图能力素养离不开课堂，日常的随堂欣赏是最为合适的读图训练、读图建构知识体系的有效途径，识图不仅仅在手工课型中应用广泛，在多种课型中也有广泛应用。

（一）运用识图程式进行“图像识读”

“图像识读”是根据原有的知识水平去观察，初期看到的内容更为直观。对于低年级学生来说尤为重要，既可以再现真实，还可以训练习惯。在教学中可以培养学生一定的欣赏识图程式：观察—感受—赏析—评价，如图 2 所示。

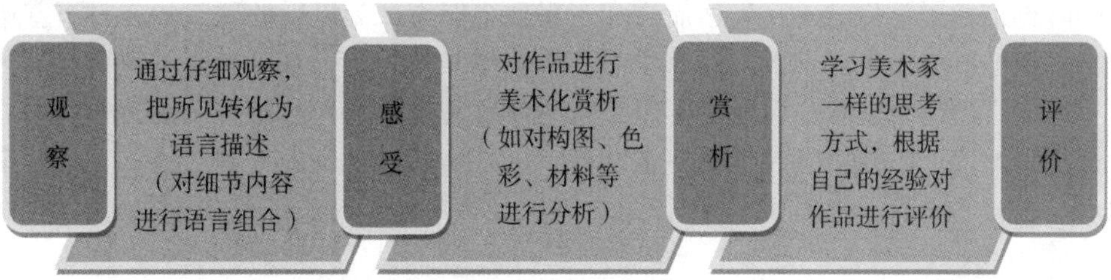

图 2　欣赏识图程式

比如“星光灿烂”一课，教材中的图示与范图是相辅相成的，在引导学生欣赏时不能孤立某个图来讲解，发现制作成形原理的最好方法就是识图。可以先引导学生观察“凹凸折”图示，描述内容，再对比分析图中产生新发现，以及与旧知的联系，再解释这种联系和自我理解，最后实操与识图相结合，尝试制作。通过欣赏识图程式，学生在分析认识解释的过程中，提高了图像识读能力，并将欣赏所得的技巧方法和内容等用到自己的创作中，同步提高了个人的“美术表现”能力。

“星光灿烂”一课最为突出的还有对比赏析。本课在比较中学习方法，让学生赏析“图示”和“范图”间的相同之处，通过比较，以图演变操作，使作品由二维到三维空间进行构建，发展学生的思维和判断力，以提高学生的图像识读能力。运用对比欣赏，赏析艺术作品的艺术风格，或者通过对比解决教学中的难点。对比赏析在评价学生作业时也适用，通过对比欣赏，从中找出创作的优劣，促

进、吸收，再整理自己的“创意实践”，从而提高自己的图像识读能力。

（二）结合教学活动辅助“图像识读”

“图像识读”的基础是“识”，进阶是“读”，也是对小学生来说最难培养和训练的部分。因为小学生的阅历限制，解读不深刻，知识限制导致难体会情感，专业知识局限了绘画技巧运用等，在教学设计中，我们需要“俯下身子”，以孩子的视角来预设教学环节，创设多样的活动情境，引导开展美术课堂识图能力的探秘体验，营造富有情境的活动，引发学生学习兴趣，从中感受学习美术的乐趣。

在日常生活中，学生时常会用到美术学科的自主欣赏，美术教师应在课堂上积极培养学生的自主欣赏能力，从而提高学生的美术图像识读能力。在湘教版五年级下册国画课“水墨诗心”教学中，指导赏析教材中齐白石《蛙声十里出山泉》这幅作品，引导学生观察这件作品采用的美术表现形式，体会画面中是如何表现声音的，蛙声表达何种含义；引导学生观察欣赏图片所表现的主题，结合多幅作品让学生明确这节国画课的学习内容。教师根据教学主题选择突出课题的图片进行场景创设，让学生探讨得出画面所隐含的主题和所需突破的教学难点。

“图像识读”与绘画、表演的教学不是孤立的，而是相互作用的。借助艺术学科间的共通性，将绘画、表演等美术实践的“外力”赋予作品识读，更易认识与理解艺术作品，实现知识的融合。如六年级上册“秦陵兵马俑”的教学中，教师可带领学生模仿兵马俑的各种动作，再融入表演，带领学生观察，让学生对兵马俑造型有更深层次的了解与把握。通过对动作表演和作品的分析讲解，激发学生的赏析欲，让学生自由表达各自的感想；教师因势利导，让他们动手画一画，激发学生的创作欲，进而起到既定的赏析效果。

教学设计中将灵活多样的“图像识读”教学方式与各种生动有趣的教学手段、媒介（音乐、视频、动画）等相结合，选择符合学生年龄特点的资源，充分挖掘课题中趣味化、生活化的元素，吸引学生主动参与美术欣赏的交流中来，感知艺术形象，体验艺术情感，让学生逐步成为美术欣赏的主体。

（三）结合小组互助增效“图像识读”

小组合作形式也可以让“图像识读”收获多倍效益。学生间的研讨、争执、交流，结合自身知识和生活体验感受作品所表达的思想与情感，使他们真正进行自主学习和思维碰撞，让不同层次的学生在共同学习中各得其所，在不同的欣赏观点中生成对图像的识读，在互相讨论的过程中获得积极的情感交流，同时也培养了学生的语言表达能力和逻辑思维能力，为以后的欣赏评述打下基础。

在培养美术核心素养的大背景下，美术学习的平台越来越广泛。基于学生的审美心理展开图像识读，站在儿童审美心理的角度看，引导学生以美术的语言表现作品；结合有效的教学策略，引导学生学会观察、识别、解读，不仅仅是为学科奠定基础，也是为学生自身的审美架构、正确的审美观念形成奠定基础。

参考文献

[1] 尹少淳，段鹏，黄露，等. 基于核心素养的美术教学［J］. 新课程评论，2019（2）：7-13.
[2] 尹少淳. 美术核心素养大家谈［M］. 长沙：湖南美术出版社，2018.

（株洲市石峰区曙光学校）

健康体能训练对提升小学生体质健康水平的研究

李 喜

摘 要：健康体能训练在传统教育模式中一直被忽视，被认为只是活动筋骨的辅助教育方式。本文从健康体能训练对小学生体质的影响、健康体能训练的主要内容、如何实施健康体能训练等方面探讨了健康体能训练对小学生的重要性以及具体做法。希望体育教育理念能深入人心，广大教师能在教学实践中给予重视，给予应用，为学生的人生发展打下良好的基础。

关键词：小学生；健康体能训练；体质健康

一、健康体能训练对小学生体质的影响

随着社会的进步，经济的发展，电子产品已经是所有人生活中离不开的东西。这种现象对中学生的教育有利有弊，利在学习知识更方便，弊在容易沉迷，小学生正处于身心发育的关键阶段，由不成熟向成熟过渡，缺乏自制力和意志力。网络上的诱惑无处不在，很多学生沉迷网络，影响科学知识的学习和身体素质的锻炼。如果一直这样发展下去，对孩子未来数十年的发展非常不利。所以，增强体质，加强体育锻炼已迫在眉睫。提高学生的体质水平是体育教育的首要目的，也是给家长和学校交出的最直接的答卷。但是，如何通过健康体能训练来完成提高学生体质水平的目标呢？

有了目标，就要想办法去实现。小学生是一个特殊的群体，身体的快速发育和心理发育的滞后导致了不同程度的叛逆。他们思维活跃却缺乏意志力，所以，在教学中，我们不能一成不变地使用单一的或者固定的几种活动形式，学生很容易感到枯燥乏味，不愿意继续进行下去。要着手改变，通过变更活动方式，增加趣味性，来使学生主动参与到活动中来。同时，趣味性要适度，如果过于追求趣味性，反而适得其反，令其产生排斥心理，感觉此类活动很“幼稚”。小学生的好动性在健康体能训练中能产生积极作用。竞争意识在小学阶段已逐步形成，可以借用学生好动的心理，辅以竞争意识的引导，通过比赛的形式刺激学生的胜负欲，使学生主动参与体能锻炼，完成教学任务，达到提高体质水平的目标。有一点需注意，在竞争意识的引导过程中，要适度，同时辅以团队意识、合作意识的引导，创造和谐的教学氛围，增强学生的团队意识。

对小学生的体育教学要参照小学生当前的体能和身心接受能力，不能有过重的负荷，应制定阶段性的目标，循序渐进，选择适合当前学生的运动形式，避免过重的力量训练对学生的身体造成伤害。对学生进行体质训练是一项长期任务，不是一朝一夕就可以完成的，即使运动方式、教育理念很完美，没有长期的坚持也是徒劳的。[1]根据年级教学计划制订合理高效的体能训练教学计划是非常有必要的。

二、健康体能训练的主要内容

适合小学生的体能训练方法较多，包括身体形态、力量素质、灵敏素质、耐力素质、速度素质等，都对小学生的体质锻炼有积极影响。

（一）身体形态

身体形态包括人身体的宽度、高度、围度等形态的指标。这些指标是对小学生外观体态的一个基本标准，反映了人体骨骼、内脏、肌肉等各个组织器官之间的关系。小学生正处于骨骼发育时期，不良的行为习惯会对学生的身体形态造成负面影响。适当的体能训练，可以矫正不良姿势导致的骨骼非正常发育。

（二）力量素质

力量素质反映的是肌肉在工作或处于压力状态下承受外在阻力的能力。对小学生进行力量素质的训练，可以有效提升小学生的力量，帮助小学生拥有健康的体魄。不过值得注意的是，对小学生的力量素质锻炼中，应该注意适度原则，因人而异，给他们最适合的力量素质锻炼。

（三）灵敏素质

灵敏素质是对小学生在运动中的反应能力的综合体现。灵敏素质的主要生理特征是机体通过神经将光化学信号传导到肌肉，肌肉通过收缩对外在刺激做出一个相应的反应动作，对信号的反应速度、信号的传导速度、肌肉收缩能力条件共同对灵敏素质产生影响。对小学生的灵敏素质的培养，能够促使小学生以更灵敏的反应完成各项任务。

（四）耐力素质

耐力素质对小学生来说是一项不可忽略的体能锻炼项目。对一项运动保持长时间的特定强度或者特定质量，是小学生体能耐力的一种体现。尤其是在八百米跑或者跳绳等运动中，耐力素质十分关键。

（五）速度素质

速度素质体现的是小学生的运动速度。小学生处于速度素质发展较弱的时期，在体能训练中，我们要注重小学生的速度素质的训练，有效提高小学生的速度素质。速度素质是运动中十分重要的一个能力，对速度素质的有效提高手段包括接力跑、短距离跑等项目。

三、健康体能训练的主要策略

（一）合理制定体能训练目标

制定一个合理的体能训练目标对小学生体质健康的训练有很大帮助。教育工作者应该注重训练内容，训练内容的选定直接影响着体能训练的有效性。倘若体能训练一成不变或者不适合小学生的训练强度，都会对体能锻炼的效果产生负面影响。体能训练的开展也要遵循人体的生长规律、学生的发展规律来进行。体能训练的基础目标是对身体形态的锻炼，完成基础训练后，再重点对速度素质、灵敏素质、力量素质等展开训练。

（二）科学安排体能训练负荷

利用科学的体能教学方法对小学生进行体能训练十分重要。体育老师或者体育教练，应该根据小学生的各项素质指标，制定合理科学的训练目标，参照小学生的实际身体素质，科学安排训练负荷。例如在对速度素质进行训练时，不可在基础训练中就要求速度过高的训练，应该从小学生的基本情况入手，首先从速度较慢的训练开始，随着小学生速度素质不断加强，对速度要求也越来越高，一步一步提升小学生的速度能力。在运动之前，一定要做好拉伸运动，并在进行体能训练后，给小学生留够充足的恢复时间，避免身体出现运动损伤。在运动环节中，也要给小学生留有足够的放松和休息时间，避免小学生在长时间的体能训练中出现身体状态和精神状态不佳的现象。

（三）精心设计体能训练评价

体能训练评价是对小学生体能训练情况的一种体现。小学生通过分析体能训练评价，可以有效了解自己在体能训练中的不足之处以及改正的方法。体能评价是对运动员身体运动能力及运动状态的一种评价。近年来，教育工作越来越重视小学生的体质健康，一般开展立定跳远、耐力跑、短跑、实心球后抛等项目。这些考核方法都有清晰明了的评价标准，例如在对立定跳远的评价中，我们要求跳三次，取最佳成绩，在测试之间会安排休息时间。对体能的评价不应该只关注竞技能力，而忽略了动作的标准程度，因此体能训练的结果评价应该遵照动作标准度和竞技成绩两项评定标准进行。

健康体能训练对学生素质培养起着关键的作用，它不仅能够增强学生的体质，让学生以健康的身体状况面对学习生活中的多项任务，还能够增强学生的心理素质。要合理制定体能训练目标，科学安排体能训练负荷，精心设计体能训练评价等，进一步完善体能训练方法，提高小学生的体质。同时，合理开展体育活动。加强学生体质是体能训练的关键性任务，需要老师、学生、家长的共同努力。

参考文献

[1] 尤佳丽. 现代竞技体育体能训练的几点思考 [J]. 传播力研究，2018，2 (13)：191-192.
[2] 胡建平. 青少年儿童体能训练与身体发展敏感期的契合研究 [J]. 运动，2017 (21)：9-10.
[3] 茹巧凤. 少年运动员体能训练方法 [J]. 武术研究，2017，2 (2)：138-140.
[4] 陶永仲. 浅谈现代体能训练发展趋势及训练体系的创新 [J]. 当代体育科技，2016 (15)：58-59.
[5] 陈小平，褚云芳，纪晓楠. 竞技体能训练理论与实践热点及启示 [J]. 体育科学，2014，34 (2)：3-10.
[6] 任杰. 新理念下的体能训练方式：身体功能训练方法 [J]. 科教导刊 (上旬刊)，2017 (13)：30-31.
[7] 阳家鹏，向春玉，徐佶. 促进青少年有氧体适能和体育锻炼行为的路径：动机理论的观点 [J]. 体育与科学，2015，36 (4)：115-120.

（长沙市芙蓉区曙光路小学）

小学体育“走班”模块教学实施与建议

谭 锐

摘 要：教育部办公厅印发《关于在义务教育阶段中小学实施“教育、艺术2+1项目”的通知》（教体艺厅〔2011〕4号），决定在全国义务教育阶段学校实施“体育、艺术2+1项目”，湖南省长沙市天心区教育局积极响应，自2016年起全面实施“体艺2+1项目”，并将其纳入全区教育教学工作计划和各学校年度绩效目标考核。各学校积极响应，就如何切实地让学生掌握除跳绳之外的第二项体育技能，长沙市天心区实验小学经过学习研究和实践，做出了在体育课上进行体育“走班”模块教学的尝试。这改变了传统体育课堂教学中的一项体育技能用几个课时教学的蜻蜓点水的方式，让学生经过长期、系统、专业的学习来掌握一项体育技能。本文主要谈一谈天心区实验小学“走班”模块教学是如何实施的以及相关的实施建议。

关键词：体育教学；走班；模块教学

一、问题的提出

传统小学体育课堂，每年级每周4学时，在课堂上，所有的体育内容都要教，如田径、体操、篮球、足球、跳绳等，且大多数内容都要在4学时内教授完毕，如受天气、学校活动等影响，有些内容甚至没办法教完。这也导致很多学生“上了6年体育课，什么也没学会”。为解决此问题，体育“走班”模块教学在天心区实验小学应运而生。

二、研究对象与方法

（一）研究对象

本文研究对象为天心区实验小学参与体育“走班”模块教学；调查对象为天心区实验小学的学生及体育教师。

（二）研究方法

1. 文献资料法

通过中国知网、万方、维普网等数据库查阅有关文献资料，了解现有期刊中关于小学体育“走班”模块教学的研究。

2. 访谈法

对天心区实验小学参与体育“走班”模块教学的学生以及体育教师进行访谈，了解体育“走班”模块教学的实施情况。

3. 问卷调查法

选择天心区实验小学参与体育“走班”模块教学的学生家长，共发放电子调查问卷240份，回收有效问卷240份，有效回收率100%。

4. 数据整理法

运用Excel对回收的调查问卷进行整理归纳和统计学处理。

三、体育“走班”模块教学的定义

体育“走班”模块教学，类似于大学课程的“选修课”。学生可以和家长商量，自主选择教师，自主选择内容。体育“走班”模块教学将学校同一年级的学生安排在同一时间上课，打破原有的行政班级，组合成按自选运动项目划分的专项班级，形成一种长期的选择性专项化体育教学模式。

四、结果与分析

（一）实施体育“走班”模块教学的必要条件

1. 确保体育课时量

从2019年开始，小学体育每周课时量由一、二年级5节，三、四年级4节，五、六年级3节改为了统一的各年级每周4课时。“主科”占用体育课、学校活动占用体育课等现象不再出现，体育课时量得到了充分保证，有利于授课教师制订合理详细的教学计划。

2. 体育教师人数多且专业多样

现在城市小学的体育教师基本都是专职教师，且在大学里都学习了一门相关专业。体育教师能够将自己专业的内容教给学生，且更擅长教授自己的专业技能。学校在聘任老师时，一定要考虑专业的多样化，否则在学生选择模块教学内容时没有多样化的内容可选。

3. 具有丰富的教学资源

教学资源包括体育场地设施以及信息化的教学资源。现代化的学校建设越来越完善，学校能够配备田径场、足球场、篮球场、健美操房、舞蹈教室等场地，体育器材也能准备充分。教室里也有多媒体设备，体育教学资源不再低效、简单、枯燥，教师的教学手段也更加多元化，可选择性大大增强。

4.“走班”模块教学内容必须具有专业性、连贯性、延续性

为了有利于学生掌握一项体育专业技能，培养学生终身体育的意识，要求每个年级设置的模块教学内容是相同的。任课教师可以跨年级授课，但是最好不跨专业授课。

（二）体育“走班”模块教学如何实施

1. 确定“走班”模块教学的实施对象

由于一年级的孩子年龄小，好奇心强，自控能力较差且理解能力较弱，教师也难以管理，故此阶段的学生按照常规的行政班级上课。在课堂中，他们学习基本的课堂常规要求，以及走、跑、跳、投等各种基础能力，为下一阶段“走班”做准备。六年级因为即将毕业，为了方便管理，也以行政班的形式上体育课。二至五年级则按照“走班”课程以专业班的形式上课。

2. 根据教师特长，设置专业

体育“走班”模块教学，需要结合教师专业、场地设施、学校发展特色三个方面考虑专业设置。天心区实验小学根据教师特长设置了足球、篮球、啦啦操、田径、花样跳绳五项内容（见表1）。如果专业设置过少，学生就没有合适的专业可以选择；专业设置过多，体育教师数量和相应的体育场地设施则要增加，成本过高，就无法持续发展。

表1 天心区实验小学二至五年级“走班”模块教学开班情况表

年级	“走班”模块教学开设课程
二年级	田径*1、篮球*2、足球*3、健美操*2、花样跳绳*1
三年级	田径*1、篮球*2、足球*2、健美操*2、花样跳绳*1
四年级	田径*1、篮球*1、足球*2、健美操*1、花样跳绳*1
五年级	田径*1、篮球*1、足球*1、健美操*1

3. 全校排课，优先体育

同年级的学生要进行“走班”模块教学，就必须保证同一年级的体育课安排在同一时间段，所以，学校要排一个“走班”时的课表。如果学校有大型活动，或者临近期末需要按行政班上课时，学校则需要提前排一个不“走班”时的课表。与此同时，体育组内部要根据教师特长以及教学特点，进行分工分课，确保每位老师的课时量相同。比如天心区实验小学三年级有7个行政班，要开设8个

专业班，则要在体育组内部安排8位体育老师在这一时间段内上课。当以上三点都完成之后，将体育教师个人课表制订出来即完成体育排课工作。

4. 学生选择专业

新学年、新学期前两周，各班级按照行政班课表上课。学校进行“走班”模块教学模式的宣传，告知家长和学生该年级可以选择的专业项目。学校会提前告知每个班级可以选择该项目的人数，比如三年级2班有5个足球课名额，让学生和家长沟通商量，第二周时在自己班级内部“选课抢课”，各班级再将数据上报，体育组进行汇总，再由学校公布“选课”结果以及各专业班上课地点。

（三）体育“走班”模块教学实施效果

1. 教学时间有保障

体育“走班”模块教学实施之后，由于班级的行政班模式被打破，有老师想占用体育课，则需要跟该年级所有的任教体育老师商量，所以不得不放弃换课，学生则有更多的时间在体育课上学习专业技能。

2. 学生学会专业技能

学生一个学期至少上16周“走班”课，每周4课时，则一学期有64课时的专业课，体育教师也是上自己擅长的专业内容。在学习时间和教学质量得到保障的基础下，学生能真正学会专业技能。

3. 以学生为主体，照顾学生兴趣

学生选择的是自己喜欢的专业，在“选课”时，呈现出了激烈的“争抢”盛况，生怕选不到自己喜欢的专业，因此学生在上课时的积极性很高，比在行政班上课时更投入，效果非常好。天心区实验小学在开展体育“走班”模块教学后，在每个班抽10位家长进行随机问卷调查，结果显示，家长对“走班”课程开设认同度较高，总体满意度达到96%，其中“非常满意”占80%，“很满意”占16%（见表2）。

表2 天心区实验小学家长对“走班”课程满意度情况（N=240）

	非常满意	很满意	一般	不满意	非常不满意
百分比%	80	16	4	0	0

（四）体育“走班”模块教学实施的困惑

1. 专业选择的性别差异明显

天心区实验小学开设了足球、篮球、健美操、田径、花样跳绳这5个专业班。根据每一个年级的报名结果可知，选择足球、篮球这两个项目的学生里，男生占了绝大多数，只有极个别女孩子选择了足球、篮球。相应地，健美操这个专业里，就很少看到男孩子的身影（见表3）。学生的性别差异影响了他们的兴趣爱好，如果学校“走班”模块教学专业设置不合理，则会让很多孩子选不到自己喜欢的专业。

表3 天心区实验小学“走班”模块教学足球、健美操专业男女人数比例

	足球男子	足球女子	健美操男子	健美操女子
百分比%	90	10	96	4

2. 无法满足每一个孩子的需要

学校根据体育教师的特长开设了专业班之后，每个专业班肯定需要确定相应人数。下发到每个行政班的人数是固定的，有些班级的学生可能没选择到自己的第一意向，需要服从调剂。有些学生可能不喜欢调剂后的专业。

3. 课程调整困难

“走班”时，其他课程的老师无法找体育老师换课，当体育老师有事要请假时，也无法找其他课程的老师换课，只能由没课的老师代班，没课的老师如果对该专业不熟悉，会导致上课效果不佳。如果体育组有集体活动，则只能由学校发通知暂停“走班”，恢复行政班上课，再进行换课。

4. 专业性过强，其他基础素质不佳

学生绝大多数时间学习的是同一个专业知识，会导致其他方面的基础能力不足，限制了孩子的全面发展。

5. 期末考评难度大

学生期末考试时是按照行政班进行考试打分，但是他们绝大多数时间是以“走班”模块教学的形式上课。这就导致临近期末时，各专业老师需分别进行测试，之后再指定老师将成绩汇总成行政班模式，这加大了体育老师的工作量。

五、体育“走班”模块教学实施的建议

（一）每一学年重新“选课”

学生是需要全面发展的，小学阶段的学生没有必要过早走向专业化发展的道路，“走班”模块教学的目的是培养学生的兴趣爱好、终身体育的意识以及掌握一项技能。一学年的时间，完全足够学生掌握一项基础的技能。为了让孩子全面发展，可以让孩子在升年级之后选择一项新专业。

（二）提升教师的综合素质

教师需要掌握不止一项专业技能，要掌握至少二至三项技能。学校应在加强体育教师专业培训的同时，鼓励他们积极分享培训的收获，让不同专业的老师在一起共同学习与进步，使学校体育教师成为“一专多能”“多专多能”的人才。这样在进行“走班”专业设置时，内容可以更丰富，也能在个别体育教师需要请假时找到代班教师上课且能保证上课质量。

（三）充分利用校内体育场地

“走班”教学模式的实施需要专业化的教师配备，同时也需要相应的场地设施。足球、篮球、田径等项目所需要的活动空间较大，故篮球场、田径场、足球场是需要配备的，但是像健美操、体育舞蹈、花样跳绳等项目可以在校内合适的空地上进行授课。如遇不能上室外课的天气，可在教室内进行该项目的规则讲解，也可结合项目的实际特点在室内进行技能实践教学。

（四）发展学生的体能和健康素养

“走班”模式的目的是让孩子选择自己喜欢的项目，激发他们的学习兴趣，让他们切实掌握一项或者多项体育技能，但是在形式上偏向于“专业”发展。在进行有专业特点的技术动作教学时，教师也应在学习的过程中加入“课课练”的元素，确保孩子在学习专业技能的同时，也能让身体素质得到全方位的发展，体能得到提高。在不进行“走班”教学时，体育教研组可开展集体备课，让教师在教室里为学生讲授身心健康理论知识，让学生掌握基本保健知识和方法。

（五）利用现代化信息技术开展选课及多样化评价

在进行选课前，学校提前告知家长选课时间、选课项目的限制人数。在进行选课报名时，家长在规定时间段内用选课系统进行选课，后台会根据每班的选课情况进行归纳整理，快速准确地生成名单，减少老师的工作量。在后期“走班”教学过程中，也可用轻松教务系统对孩子的表现情况进行实时评价，形成过程性评价。在学期末进行测评时，可根据过程评价、测试成绩等为孩子提供多样化的评价。

（六）多开展具有专业特点的课外活动

既然学生学会了一项专业技能，学校就可以给学生提供平台展示自己，这样会让学生更有学习的动力以及成就感，可以使“走班”模块教学很好地延续下去。

参考文献

[1] 龙克威. 体育走班制教学之路径探索［J］. 湖南教育（A版），2020（12）：30-32.
[2] 吴志辉. 小学体育模块教学初探［J］. 新校园（阅读），2016（8）：87-88.

（长沙市望城区长郡月亮岛学校第三小学）

学生体质健康测试数据深度分析和有效利用

朱东阳　刘牧蓉　刘家璇

摘　要： 学生体质健康测试是每年学校体育工作的重点，各级教育部门对于数据上传也有严格的时间要求。国家学生体质健康数据测试，主要是了解学生体质、健康发展状况，督促学生积极参加体育训练，培养良好的体育训练习惯，督促学校开展体育活动，督促学生家长引导小孩积极参加体育活动。测试数据能够直观地反映很多问题，体育老师可以根据数据有针对性地组织学生进行练习，制定教学目标等。本文采用数据统计法、文献资料法等研究方法，根据学校体测数据资料进行分析并有效利用分析结果促进体育教学发展。

关键词： 体质健康测试；数据分析；数据利用

体质是指人身体的素质，是人体健康状况和对外界的适应能力。体质测试是通过人体完成一些测试项目，根据测试数据来判定人体素质的好坏。本文以长沙市一中金山桥学校全体学生体测数据为样本，结合学生平时表现状态，进行深度分析，为以后的教学提供参考依据。

一、研究对象与方法

（一）研究对象

以2020—2021学年长沙市一中金山桥学校2880名在校小学生体质健康测试结果为研究对象。

（二）研究方法

1. **数理统计法**

根据上级教育部门以及学校要求，对全体在校学生进行体质健康检测，并将所得数据上传至市中小学生体质健康平台，再从体质测试平台下载评分结果，用Excel软件转存数据，建立数据库，按照需要对数据进行统计分析，结合他人研究思路并加以创新。

2. **文献资料法**

通过知网搜索关键词“体质健康测试”“数据分析”，选取相关文章10余篇，对文章进行分析。

3. **其他研究方法**

包括实验法、逻辑分析法、访谈法等方法。

二、研究结果与分析

（一）各年级总体测试成绩结果与分析

表1是2020—2021学年学生体质测试总评价结果，统计结果显示，从一年级至六年级总平均分越来越低，四、五年级数据有少许跳动，但是没有影响整体变化；仅有一年级超过了全校平均分，其他年级均拖后腿；总平均分靠前的两个年级，其优秀率和良好率明显高于其他年级；六年级得分最低的原因主要在不及格率超过一成；各年级大多数学生仅仅在及格线以上，优秀率不足，仅有一年级的优秀率高于不及格率，整体提升空间很大。各年级学生均有不及格的，在体育教学中应当将其作为重点提高对象，将不及格学生全部发展为及格学生；仅以及格学生为主体部分，将其发展为良好学生，那么我校的整体情况将有质的改变。

表 1　年级间学生测试总评

年　级	总平均分	优秀率	良好率	及格率	不及格率
一年级	78. 89	5. 21%	35. 31%	59. 17%	0. 31%
二年级	74. 19	2. 04%	21. 46%	69. 20%	7. 30%
三年级	74. 44	1. 28%	13. 27%	82. 65%	2. 81%
四年级	75. 34	7. 72%	23. 46%	60. 49%	8. 33%
五年级	73. 00	2. 59%	14. 81%	76. 30%	6. 30%
六年级	72. 30	0. 94%	21. 23%	66. 51%	11. 32%
全校	75. 69	3. 62%	24. 59%	67. 15%	4. 64%

（二）各项目年级间测试成绩结果与分析

1. 体重指数 BMI 测试成绩结果与分析

表 2 是体重指数测试结果，统计结果显示平均分较高，各项数据均优于表 1，特别是优秀率均达六成以上，可以看出各年级学生大多数体型比较标准，但是各年级仍有一定的不及格率，2016 级和 2019 级尤为突出。一年级学生刚刚进入校园，也有 4. 17% 的不及格率，反映了健康锻炼不能仅仅在校园进行，在生活的每一个环境中，学生都需要养成良好的习惯。

表 2　体重指数 BMI 测试成绩结果对比

年　级	平均分	优秀率	良好率	及格率	不及格率
2020 级	95. 04	79. 37%	11. 15%	5. 31%	4. 17%
2019 级	93. 14	72. 7%	10. 51%	9. 78%	7. 01%
2018 级	93. 2	68. 53%	21. 57%	7. 36%	2. 54%
2017 级	94. 51	78. 4%	6. 48%	9. 26%	5. 86%
2016 级	90. 41	60. 52%	21. 77%	9. 23%	8. 49%
2015 级	95. 38	80. 66%	9. 43%	6. 13%	3. 77%
全校	93. 85	74. 46%	12. 79%	7. 55%	5. 2%

2. 肺活量测试成绩结果与分析

表 3 是 2020—2021 学年学生体质测试肺活量测试成绩分年级对比，最突出的特点是 2019 级学生不及格率有将近 25%，2015 级优秀率有 27. 36%，一个是超高的不及格率，另一个是超高的优秀率，形成鲜明对比；2017 级不及格率也有 14. 2%；刚刚迈过及格线的学生超总数的一半，良好率和优秀率不足。

表 3　肺活量测试成绩对比

年　级	平均分	优秀率	良好率	及格率	不及格率
2020 级	73. 23	13. 02%	15. 83%	70. 83%	0. 31%
2019 级	57. 81	2. 77%	5. 4%	67. 3%	24. 53%
2018 级	69. 16	8. 38%	12. 69%	70. 3%	8. 63%
2017 级	68. 24	9. 26%	20. 37%	56. 17%	14. 2%
2016 级	71. 27	8. 49%	10. 33%	75. 65%	5. 54%
2015 级	77. 92	27. 36%	18. 87%	50%	3. 77%
全校	68. 55	10. 12%	13. 11%	67. 15%	9. 63%

3. 50米跑测试成绩结果与分析

表4是2020—2021学年学生体质测试50米跑测试成绩分年级对比，一年级得分最高，比其他年级至少高出10分以上，其优秀率与及格率相当，如果及格率能够跟良好率互换，才能达到满意程度；五年级数据最差，虽优秀率略高于三年级和六年级，但是不及格率接近两者之和，严重拉低了年级平均分。从一年级至六年级平均分几乎依次递减，50米跑项目是可以通过练习来提高成绩的，这反映了学校体育课的教学质量有待提高。

表4 50米跑测试成绩对比

年　级	平均分	优秀率	良好率	及格率	不及格率
2020级	82.46	39.17%	15.31%	41.87%	3.65%
2019级	72.1	15.77%	15.47%	57.52%	11.24%
2018级	71.68	4.31%	14.97%	75.13%	5.58%
2017级	68.77	9.57%	10.8%	66.05%	13.58%
2016级	56.44	5.17%	1.85%	63.1%	29.89%
2015级	63.82	3.77%	4.72%	74.06%	17.45%
全校	73.05	19.47%	12.72%	57.41%	10.4%

4. 1分钟跳绳测试成绩结果与分析

表5是2020—2021学年学生体质测试1分钟跳绳测试成绩分年级对比，其中一至五年级水平相当，都处于及格区，但基本呈现上升趋势，反映了学校体育课的积极作用；不及格率也呈上升趋势，反映了在平时教学中还是要多照顾潜能生；六年级数据直线下降，明显不正常，已经有了良好的基础就应该更上一层楼；通过四五年级间的数据比对可发现，各方面差距不大，但是不及格率有提高，为六年级数据的直线下降埋下伏笔。

表5 1分钟跳绳测试成绩对比

年　级	平均分	优秀率	良好率	及格率	不及格率
2020级	68.93	6.67%	7.19%	85.52%	0.63%
2019级	73.55	10.07%	10.8%	76.06%	3.07%
2018级	71.79	9.9%	9.39%	76.4%	4.31%
2017级	74.14	27.47%	12.65%	50.62%	9.26%
2016级	75.14	26.2%	14.76%	49.08%	9.96%
2015级	59.01	4.72%	4.72%	66.98%	23.58%
全校	70.88	12.02%	9.52%	73.16%	5.31%

5. 坐位体前屈测试成绩结果与分析

从表6中数据可以看出，越是高年级，柔韧素质越差，得分从77分直降到66分；按照每班45人计算，不及格人数从接近两个班有1人不及格到平均每6个人中就有1人不及格，增速之快令人触目惊心；从整个学校来看，仅有低年级还算令人满意。

表 6 坐位体前屈测试成绩对比

年 级	平均分	优秀率	良好率	及格率	不及格率
2020 级	77. 09	19. 69%	16. 46%	63. 23%	0. 63%
2019 级	73. 77	12. 99%	16. 64%	65. 84%	4. 53%
2018 级	71. 82	12. 44%	16. 5%	62. 44%	8. 63%
2017 级	69. 62	6. 17%	11. 11%	75%	7. 72%
2016 级	67. 97	4. 43%	12. 92%	74. 91%	7. 75%
2015 级	66. 82	11. 32%	16. 98%	53. 77%	17. 92%
全校	73. 08	13. 46%	15. 6%	65. 5%	5. 45%

综合表 1 至表 6 的数据分析，几乎半数项目成绩呈现逐年倒退趋势，五、六年级学生与一、二年级学生相比，在学校多锻炼几年反而越练越差，特别是六年级的 50 米跑、坐位体前屈、1 分钟跳绳三个项目的不及格率分别为 17. 45%、17. 92% 和 23. 58%。因此，体育教学方法必须做出针对性改变。

（三）男女生各项目成绩结果与分析

1. 不及格率分析

从表 7 数据可以看出，不同项目上不及格率多少都有差异，差距比较大的有 50 米×8 往返跑、肺活量和 50 米跑，这三个项目通常来说男生成绩要比女生好，但是在不及格率上明显女生要占优势，极差最大有 8. 63%；柔软素质一般是女生比男生要好，但是数据显示男生比女生好。

表 7 男女生各项目不及格率对比

	体重指数 BMI	肺活量	50 米跑	坐位体前屈	1 分钟跳绳	1 分钟仰卧起坐	50 米×8 往返跑
男生	5. 89%	11. 72%	12. 34%	4. 87%	6. 1%	6. 74%	13. 31%
女生	4. 47%	7. 43%	8. 36%	6. 06%	4. 47%	7. 08%	4. 68%

2. 优秀率分析

从表 8 数据中得出，50 米×8 往返跑、肺活量和 50 米跑三个女生较弱势的项目，其优秀率都要比男生高；1 分钟跳绳项目居然男生优秀率要比女生高。

表 8 男女生各项目优秀率对比

	体重指数 BMI	肺活量	50 米跑	坐位体前屈	1 分钟跳绳	1 分钟仰卧起坐	50 米×8 往返跑
男生	73. 41%	5. 76%	16. 93%	8. 22%	13. 71%	8. 72%	14. 52%
女生	75. 56%	14. 71%	22. 13%	18. 96%	10. 24%	5. 4%	15. 32%

综合表 7 和表 8，说明学生在生活中有优势的项目在考核当中并没有由于标准的不同而得到更高成绩，在体育教学中需要针对评分标准，提高对学生的练习要求。男生相对女生可能更加活泼，在课堂上按照老师要求进行练习的频率少，导致出现成绩比女生差的现象。

三、结论与建议

（一）结论

（1）除体重指数外，其他各项目均有超过一半学生处在及格区域，良好和优秀学生太少。

（2）各年级各项目平均分及总平均分基本上处于 65~80 分。

（3）学生体质健康状况呈现波浪形下降趋势。

（4）跳绳项目是唯一个能够看到进步的项目，但是没能够始终保持优势。

（5）男女生之间差距比较大，女生健康状况整体要比男生好，但是男女生相对优势项目最终成为考试弱项。

（二）建议

1. 给学校的建议

（1）建设提高学生体质的家校平台，将体测数据及时告知家长，让家长第一时间了解孩子的身心健康状况。

（2）学校应该更加重视体育在学校的发展，充分保障学校体育教师实施体育教学和开展训练的必要条件。

（3）提高体育教师待遇，保障体育教师的合法权益，提高体育教师在学校的地位。

（4）不要将体育教师当作“万金油”。虽体育组男性教师最多，但也没必要各种活动都必须让体育教师到场，以免增加体育教师负担，降低体育教师的教学效果。

（5）学校必须给体育教师配备相应体育教材，促进体育课堂规范发展。结合本人经验，我们在进行体育活动时，提高的并不仅仅是体育技能，还有身体的各项素质，现阶段，体育课按照体育大纲来上课，由于老师们缺乏对大纲的整体把握，导致上课缺乏系统性。

2. 给教师的建议

（1）深入学习体育与健康课程标准，提高自身思想认识，改变自我观念，加强自身学习，提升自我教学水平，制订行之有效的教学计划，改进教学方法，落实课堂效果。

（2）根据学生性别差异，在不同运动项目上制定不同的评价标准，学生根据标准进行练习，以期所有学生均能得到提高，得到全面的发展。

（3）刚刚跨过及格线的学生是班级主体部分，要充分调动其学习积极性，让他们学会自主练习；班上不及格的学生是教师要重点关注的对象，要单独制订练习计划，因材施教。

（4）体测结束后，要将测试成绩通报给学生，并与学生一起对数据进行全面分析，让学生了解自身水平。

（5）体重指数不及格的，教师要将测试数据分享给家长，在家长的配合监督下，让学生更好地完成居家锻炼。

（6）柔软素质是最容易练习的项目，教师可以每次课都利用最后一分钟放松时间进行坐位体前屈的拉伸，坚持一个月的时间，就能够看到学生明显的进步。

（7）体育课堂以运动为主，学生难免会有受伤的情况，体育老师要在做好相应保护的情况下让学生进行力所能及的锻炼，并且严格控制好运动量，循序渐进，逐步提高学生的综合运动能力。

（8）体育教师应做好学校、家长、学生沟通的纽带，积极配合学校政策与家长进行有效沟通，确保家长熟知学校政策并积极配合；为学校体育发展积极出谋划策，多提供有实际意义的建议，为学生全面发展做好本职工作；多组织体育比赛，通过比赛和教学提高学生对体育的兴趣和热情，提高学生对运动的关注，一个学生不擅长某项运动，也许在其他项目上能找到自己的价值。举办不同项目的班级比赛，能提升所有学生的体育热情。

3. 给学生的建议

（1）学生是课堂的主体，身体健康是一切的基础。学生要在课堂上积极配合，积极主动地进行锻炼，端正自己的态度；课余积极参加学校组织的各项体育比赛，找到自己比较擅长的运动，课后积极进行锻炼。

（2）在家也要积极参与体育活动，养成锻炼的好习惯。

4. 给家长的建议

（1）根据学校或者体育教师反馈的成绩，有针对性地陪孩子一起锻炼。周末多进行亲子体育活动，既帮助孩子更快认识自我，找到适合的发展方向，还能解决孩子青春期的各种情绪问题。

（2）注意家庭饮食习惯，合理促进孩子健康发育，防止肥胖或者营养不良。

参考文献

［1］张瑞，迟归扬．小学生体质测试数据的研究：以太阳城学校为例［J］．学校体育学，2019（9）：70-72．
［2］曹海信，李寿邦，戚世媛．西安石油大学学生体质健康测试结果分析与对策［J］．牡丹江师范学院学报（自然科学版），2019（4）：61-64．
［3］朱宝蓉．中学生体质健康数据在体育教学中的应用分析［J］．体育风尚，2019（10）：101-103．

（长沙市一中金山桥学校）

大数据助力乡村小学开展校外体育活动研究*

——以长沙市 A 小学寒暑假智能跳绳应用为例

张爱平 朱红波 周来 张玉娟

摘 要：2020 年 10 月，中共中央办公厅、国务院办公厅印发的《关于全面加强和改进新时代学校体育工作的意见》指出：要合理安排校外体育活动时间，着力保障学生每天校内、校外各 1 小时体育活动时间，促使学生养成终身锻炼的习惯。学生校内体育活动容易组织，但学生校外体育活动很难保障，最大的难题在于监管。本研究以时间较长的寒假、暑假为例，以地处乡村的长沙市 A 小学为研究对象，应用智能跳绳，运用大数据技术，持续研究 78 天，聚焦研究大数据如何助力乡村小学生开展校外体育活动。研究发现，有了大数据技术支撑，学生的校外体育活动监管难题迎刃而解，学生的运动兴趣随之提高，体质健康水平明显提升。

关键词：大数据；智能跳绳；校外体育锻炼

一、问题的提出

学生的寒暑假持续时间长，如果缺乏家长监管，学生往往缺乏体育锻炼，很容易沉迷手机游戏，近视率、肥胖率、安全事故发生率均明显上升。为了让体育锻炼成为学生寒暑假每天必做的事情之一，让体育锻炼成为学生的一种生活习惯，长沙高新区 A 小学分别在 2021 年寒假和暑假布置了每天 3 分钟或 500 次的跳绳体育锻炼任务。

怎样知道每位学生是否完成了当天的跳绳体育锻炼任务是一个难题。以前，老师一般通过家长在班级微信群或 QQ 群拍孩子跳绳照片或拍视频打卡的方式来监管。这样做不太合理，一方面，单从一张照片很难确定学生当天是否跳满了 3 分钟；另一方面，如果要求学生家长每天拍 3 分钟的跳绳视频在班级群打卡，视频容量太大，微信群一般发不出。同时，打卡也加重了家长的工作负担，教育部也有明文规定，禁止学校要求家长每天发孩子的照片或视频进行打卡。

为了解决学生寒暑假跳绳体育锻炼监管难题，A 小学引入智能跳绳，依托长沙市中小学生人人通平台，对学生寒暑假跳绳体育锻炼情况进行了为期 78 天的跟踪研究。选择该平台是因为学生跳绳结束后，数据会自动上传，十分方便。

二、研究方法

1. 文献分析法

查阅资料，了解目前智能跳绳技术的发展情况，了解智能跳绳用于校外体育锻炼的应用研究情况，为本研究提供理论支撑和基础。

2. 案例研究法

本研究选取 A 小学为案例，以全校学生为研究对象，在 2021 年寒假和暑假，持续开展研究。A 小学是一所乡村小规模学校，截至 2021 年 6 月，该校一共有 6 个年级，每年级各 1 个班，总人数为 122 人。各班人数如表 1 所示。

* 本文系湖南省教育科学规划课题“面向智能时代的乡村学校教学方式变革研究”（课题编号：XJK20BJC037）阶段性研究成果。

表 1 A 小学各班人数

年级	一年级	二年级	三年级	四年级	五年级	六年级	合计
人数	15	18	27	21	25	16	122

3. 实验法

分别在寒假、暑假开始前和结束后，对全校学生进行一轮一分钟跳绳成绩测试，参照《国家学生体质健康标准》，给予优秀、良好、合格、不合格四个等级的评价。分别比较学生个体在寒假、暑假前后一分钟跳绳次数的变化，以及全校学生群体寒假、暑假前后优秀率的变化。同时，依托长沙市中小学生人人通平台，对全校学生每天在家跳绳数据进行监测和分析，了解数据背后的规律。

4. 行动研究法

立足 A 小学，在跳绳实践行动中研究，在研究中反思，在反思中改进提升。

三、智能跳绳与大数据融合发展的现状分析

跳绳运动起源于中国汉代，历经数千年的发展，现已成为当下最受大众欢迎的健身运动项目之一，也是一项世界性的表演项目和体育竞技项目。[1]

跳绳项目具有不受人数限制、器材经济且携带方便、运动效果明显等诸多优势。如果使用普通跳绳，在跳绳比赛时，需要运动者或者裁判员人工数数。有时因跳绳者跳得太快，而导致误差产生。

随着技术的不断发展，看似简单的跳绳设备已由人工计数方式逐渐走向电子自动计数方式，又从电子自动计数方式走向了现在的智能化方式。据了解，当前智能跳绳技术已经相当成熟。研究者打开销售软件，搜索“智能跳绳”，其品牌和经销商家不计其数；价格最便宜的是几十元，最贵的有几百元，普通老百姓一般都能承担得起；类型有有绳和无绳两种，其中无绳智能跳绳是用一个长 10~20 厘米的短绳，一端连一个负重小球，另一端固定在跳绳手柄上，让健身者没有了绊绳的烦恼。

在本研究中，学生采用的智能设备技术参数如表 2 所示。

表 2 技术参数

传输方式	蓝牙
通讯距离	≤10 米（无障碍空间）
供电方式	锂电池
充电方式	USB 充电

该智能跳绳有以下优点：①通过蓝牙连接手机，有倒计时、倒计数、自由跳、云 PK 等多种玩法；②跳绳时，不用人工数数，智能计数、语音报数，运动音乐伴随运动者坚持运动；③卡路里消耗、运动分析曲线、塑身效果等数据跳完后立即显示，让运动者看得见成绩；④具备健身燃脂、跳绳打卡、体质检测、社交分享等功能，一绳多用；⑤该智能跳绳与长沙市中小学人人通平台直接连通，跳绳数据能自动上传至长沙市教育局中小学生人人通平台，进入学生个人成长档案；⑥班主任、体育老师和学校管理员每天都能实时监测，没跳的能及时提醒。

据了解，目前厂家又开发出了新一代智能跳绳，技术参数如表 3 所示。

表 3 新一代智能跳绳技术参数

主要材质	手柄材质 PC/ABS 塑料；绳体材质 TPU
通讯距离	≤10 米（无障碍空间）
传输方式	蓝牙
供电方式	两节 7 号干电池
产品清单	主手柄 * 1、副手柄 * 1、4.0mm 钢丝绳 * 1、竹节绳 * 1、收纳袋 * 1、说明书 * 1、卡扣 * 2

该产品有以下功能：①支持蓝牙连接；②能精准计数，连接成功后，数据实时上传云端；③支持计时跳、计数跳、勋章挑战、模拟段位赛、家庭亲子跳等多种跳绳运动模式；④支持智能运动打卡，实时运动，实时完成体育家庭作业反馈，跳绳数据能收集至长沙市中小学生人人通平台；⑤采用双绳套装，普通跳绳、花样跳绳、竞速跳绳、比赛均不误。显然比第一代智能跳绳更加高级，功能更多。

以上两款智能跳绳能通过蓝牙与互联网技术，将产生的即时数据统一上传至某个综合数据库服务器，后台能对全长沙市所有中小学生某时、某天、某月、某年的数据进行综合分析，可见智能跳绳技术与大数据技术已经能够完美融合。

如今，一些企业还开发出了智能跳绳教学设备，该设备包含50根智能跳绳，数据采集器及智能教学设备各一套。该设备采用无线通信，增加无线传输距离和组网规模，可实现50人在无人工计数的情况下同时测试或竞赛，是一个能够单机工作和联网工作的智能跳绳测评系统。[2] 2021年1月13日，真人桥小学首次前测研究数据采用了类似系统，该校采用的是奔腾宝贝智能教学设备套装，在短时间内完成了全校122位学生的1分钟跳绳测试。该套设备最大的优势是可以连接大电子显示屏，50位学生的即时跳绳次数都可以显示在大屏幕上。看着时刻变化的跳绳次数，参与者和观看者都十分兴奋。1分钟跳绳结束后，50名同学的跳绳成绩按由高到低，立刻完整显示在大电子显示屏上，也可以导出运动者跳绳成绩表格，数据既准确又高效。该套设备正是基于大数据的理念开发出来的产品，跳绳时产生的数据能即时采集、传输、处理、分析。

综上所述，可以利用智能跳绳产生的大数据来研究某个区域或某所学校的跳绳情况，促进中小学生校外体育活动开展，该技术已经完全成熟。

四、实施途径

1. 活动前有动员

长沙市十分重视学生寒假、暑假体育锻炼。2021年寒假，长沙市教育局举行了中小学生“绳彩飞扬 快乐寒假”跳绳比赛，号召中小学生从2月1日至2月28日，历时28天，每天坚持跳绳3分钟。2021年暑假，长沙市教育局又举行了“童心向党，重走长征路”第二届“绳彩飞扬 快乐暑假”跳绳比赛，号召中小学生从7月10日至8月28日，历时50天，每天坚持跳绳500次。活动结束时，寓意学生完成了25000里长征，融党史教育于跳绳体育锻炼中。A小学立刻动员全体师生家长，在寒假和暑假顺势布置了跳绳体育锻炼作业，让全体老师和家长达成了在寒暑假让学生坚持体育锻炼的共识。

2. 活动中有监管

在活动实施过程中，我们发现，让学生坚持跳绳1天或10天很容易，但要持续坚持跳满28天、50天则很难。有的学生不知不觉忘记跳绳了，有的学生因随家人外出旅行没带跳绳而不能天天坚持，有的学生因伤病不得不中途终止跳绳……如何让学生在整个寒假和暑假期间尽可能做到每天坚持跳绳呢？A小学的班主任和体育老师每天晚上7点，依托长沙市中小学人人通平台的大数据技术，在班级微信群反馈当天的跳绳任务完成情况，表扬每天坚持的学生；如发现当天有学生没完成跳绳任务，则立即单独提醒家长。

在不打卡的情况下，老师怎么知道学生是否完成了当天的跳绳任务呢？长沙市是全国首批智慧教育示范区，开发了“长沙市中小学人人通平台”，如果学生使用智能跳绳，跳绳结束后的数据能直接上传至长沙市中小学人人通平台，家长和老师都能在手机上查看到孩子当天的跳绳情况（没有智能跳绳，则需要手动输入当天的跳绳个数）。有了大数据技术支撑，原本鞭长莫及的学生校外跳绳体育锻炼情况变得容易监管。以2021年暑假为例，长沙市中小学生人人通平台数据显示，A小学106位学生中，有86位同学做到了每天坚持跳绳，完成了50天的跳绳任务，顺利“会师”终点；少数学生因伤病、外出旅行等原因没跳满50天。

此外，学校管理员依托大数据，每天监控每位学生和各班的跳绳情况，每隔10天进行一次阶段小结，为学生加油鼓劲。

3. **活动后有评价**

为了鼓励同学们每天坚持跳绳，A 小学采取了一些激励措施。寒假跳绳比赛时，凡 1 分钟跳绳达到《国家学生体质健康标准》优秀等级的，学校立即奖励学生一根智能跳绳；暑假跳绳结束后，凡在家坚持跳满了 50 天的同学，都获得了由小奔体育微信小程序颁发的电子“完赛证书”，在 2021 年秋季开学第一课举行集会，隆重表彰暑假跳绳体育锻炼优秀学生，并颁发纸质获奖证书和智能跳绳奖品。

五、实施效果

1. **提升了学生跳绳运动水平**

为了切实了解智能跳绳应用的效果，在寒假、暑假开始前和结束后，A 小学对全体学生都进行了测试。研究发现，实施了 28 天寒假跳绳体育活动后，全校学生 1 分钟跳绳的优秀率由 7.38% 提升到了 63.93%；实施了 50 天暑假跳绳体育活动后，优秀率由 57.55% 提升到了 93.40%。

具体情况如表 4 所示。

表 4　A 小学智能跳绳应用效果

监测时间	实验人数	优秀者	运动强度	优秀率	备注
2021 年 1 月 13 日	122 人	9 人		7.38%	这是寒假跳绳体育锻炼作业布置前的测试数据
2021 年 3 月 2 日	122 人	78 人	每天坚持跳绳 3 个 1 分钟	63.93%	从 2 月 1 日至 2 月 28 日，学校布置了寒假跳绳体育锻炼作业，这是寒假刚刚过后的测量数据
2021 年 5 月 31 日	106 人	61 人		57.55%	六年级 16 人因即将毕业未列为暑假跳绳研究对象；这是一至五年级暑假开始前的测量数据
2021 年 8 月 28 日	106 人	99 人	每天坚持跳绳跳满 500 次	93.40%	从 7 月 10 日至 8 月 28 日，一至五年级学生布置了暑假跳绳体育作业，历时 50 天，这是暑假后的测量数据

监测还发现，2021 年 3 月至 5 月，没有布置每天校外跳绳体育锻炼作业，研究发现，学生的跳绳优秀率下降了 6.38%，这说明要让学生保持良好的体质健康水平，需要督促学生每天坚持体育运动。

2. **提升了学生的体质健康水平和运动水平**

以 A 小学为例，2020 年度该校没有利用智能跳绳进行校外体育锻炼，学生在国家小学生体质健康测试中优秀率为 0；2021 年度，该校 127 位学生中，国家体质健康测试达优秀标准的有 36 人，优秀率达 28.3%，远远超过了该区的平均水平，超过了很多城区学校。2021 年 4 月，该校学生参加区篮球赛，在仅有的 4 个比赛项目中夺得 3 项冠军、1 项亚军，其中五六年级男生队、三四年级男生队、三四年级女生队均夺得冠军，五六年级女生队夺得亚军。

3. **提升了学校的影响力**

尽管 A 小学是一所乡村小规模学校，但在长沙市 2021 年度中小学寒假、暑假跳绳竞赛中，获得全市团体总分第 4 名，得到了长沙市教育局的表彰。A 小学成为长沙市第一批推广智能跳绳的乡村小学，学校通过奖励的方式，给达到优秀标准的学生奖励了一根智能跳绳，没有加重学生家长的经济负担。实践证明，在智能时代，如果恰当使用大数据技术，可以有效缩小城乡差别，切实提升乡村小规模学校的教育质量。

4. **为大数据技术促进体育教学改革提供了典型案例**

2020 年 10 月，中共中央办公厅、国务院办公厅发布的《关于全面加强和改进新时代学校体育工作的意见》指出，学校体育是实现立德树人根本任务、提升学生综合素质的基础性工程，是加快推进教育现代化、建设教育强国和体育强国的重要工作，要把学校体育工作摆在更加突出的位置；要合理安排校外体育活动时间，着力保障学生每天校内、校外各1小时体育活动时间，促使学生养成终身锻炼的习惯。研究发现，学校校内1小时的体育活动时间容易保障，但校外体育活动很难保障，最大的难题在于监管。从本研究可以看出，应用智能健身设备，有大数据技术支撑，校外体育锻炼监管难题可迎刃而解。

六、研究反思

2021年7月，中共中央办公厅、国务院办公厅印发的《关于进一步减轻义务教育阶段学生作业负担和校外培训负担的意见》指出：学校和家长要引导学生放学回家后完成剩余书面作业，进行必要的课业学习，从事力所能及的家务劳动，开展适宜的体育锻炼，开展阅读和文艺活动。[3]本研究发现，在实施“双减”政策的背景下，给学生布置适当、适宜的校外体育锻炼作业是促进学生体质健康发展的有益措施，是非常必要和紧迫的，可以督促孩子从繁重的作业堆中走出来，降低近视、肥胖、心理疾病的发生率。本研究得到以下3点启示。

1. 学生校外体育活动需要家长支持

为了保障学生的跳绳数据及时上传至长沙市中小学生人人通平台，学生在家完成寒假、暑假跳绳体育锻炼任务时，需要从家长的手机微信上打开“长沙教育服务”平台，并打开手机蓝牙，每天需要使用家长手机时间约3分钟，如果家长不支持配合，老师就监管不到。

2. 学生校外体育活动需要大数据技术支撑

如果没有智能跳绳，学生每天的跳绳数据不能真实产生，学生可能不会产生持续的、浓厚的运动兴趣；如果没有长沙市人人通平台的支撑，学生的跳绳大数据就不能及时收集，学生寒假、暑假在家跳绳体育锻炼根本无法监管。

3. 学生校外体育活动需要老师的监管与评价

智能跳绳和大数据技术的应用可以让教师从传统的收集和统计学生家庭作业等烦琐工作中解放出来。[4]并不是每一位学生天生都能自律，如果没有大数据技术支撑，没有老师及时监管、督促与评价，部分学生就会渐渐忘记在家跳绳健身了。学生的寒假和暑假持续时间较长，有了大数据的支持，体育老师和班主任在手机上每天都能查阅到本班学生在家的跳绳锻炼情况，每天可以进行总结、反馈、评价，用过程性评价促使学生每天坚持，鼓励学生进步；活动结束后学校依托大数据进行终结性评价，用评价表彰先进，激励后进，也可以分析校外体育锻炼活动的实施效果。

4. 学生校外体育活动还需要更加智能

本研究也发现了一些不足，例如学生每天的跳绳数据虽然可以查阅，但还不能智能推送到学生家长和教师手机上；学生跳绳时需要连接上家长的智能手机，如果家长不在身边，即使学生在家完成了当天的跳绳任务，平台上依然没有学生的数据。如果每天晚上7点，依托大数据小结情况，发现当天有学生没有完成跳绳任务，家长和老师手机上都能自动收到提醒消息，则效果更好；如果大数据平台每隔10天能自动形成学生的运动简报，总结孩子的进步和不足，则效果更佳。希望科技工作者进一步深入研究，让智能跳绳融入物联网等新技术，让学生的校外体育活动数据不依赖手机也能自动上传至大数据平台，让校外体育活动监管更加科学、更加智能、更加便利。

七、研究结论

引入智能健身设备，有大数据技术支撑，学生的校外体育活动监管难题迎刃而解，学生的运动兴趣随之提高，体质健康水平也明显提升。长沙市中小学人人通平台和智能跳绳的有机结合，是智能技术与大数据技术应用的一个典型案例，有力提高了学生在假期中体育锻炼活动的参与率，提升了学生的体质健康水平。实践证明，大数据助力乡村小学生开展校外体育活动已经能够实现，那么，在城市小学则更容易实现。

未来，建议政府、学校、家庭和企业等多方进一步加强合作，在确保数据安全的前提下，进一步联通各个信息孤岛，让智能健身设备，如智能跳绳、智能运动穿戴手环、体育器材智慧共享小屋等，提升中小学生的运动兴趣和运动效能，产生更多更有价值的大数据，更加智能地提醒学生进行体育锻炼，精准指导学生科学健身，精准提升每位学生和某所学校的体质健康水平，促进城乡教育一体化。

参考文献

[1] 蒋政，郑艳，陈成，等. 跳绳智能化发展研究 [J]. 数码世界，2020 (10)：282.

[2] 马庆修，龙海珠，黄稳城，等. 花样竞技跳绳计数装置 [J]. 科技创新. 2021 (3)：19.

[3] 关于进一步减轻义务教育阶段学生作业负担和校外培训负担的意见 [EB/OL]. (2021-07-24) [2021-09-08]. http：//www. gov. cn/zhengce/2021-07/24/content_ 5627132. htm? ivk_ sa=1024105d.

[4] 张泽林. 基于智能跳绳设备开展家庭体育作业的应用研究 [J]. 教育信息技术，2021 (6)：68.

（长沙市高新区真人桥小学）

“三育三课”背景下“一校一品”啦啦操特色学校的工作路径

陈　艳

摘　要：根据教育部最新颁布的《体育与健康》改革指导纲要文件精神，各学校要结合自身发展特点，形成“一校一（多）品”体育特色学校，帮助学生在体育锻炼中享受乐趣、增强体质、锤炼意志。长沙高新区第二实验小学作为啦啦操项目传统学校，以“三育”为目标，以“三课”为抓手，重在打造“一校一品”啦啦操特色校。本文试图在啦啦操特色学校的创建中提取经验，为广大中小学校提供参考。

关键词：一校一品；啦啦操；特色学校；工作路径

“一校一品”是当前国内素质教育改革推进过程中基于构建学校特色，且对学校对自身资源进行合理改造、综合应用的重要表现形式。“一校一品”体育大课间活动课程建设，以大课间为依托，以德体艺为三维，以整体提升啦啦操活动的教育效果，以培养德智体美劳的社会主义建设者和接班人为核心目标。

一、“三育三课”啦啦操活动的学科内涵

“一校一品”啦啦操是基于学校教育提升教育质量，实现全面立德树人教育综合改革活动的教育改革新事物。其目的与初衷是提升基础教育活动质量，具体而言，是为了实现学生个体德智体美劳的全面发展。当前全国中小学均在持续推进“三育三课”建设，诸多中小学亦取得了不俗的成绩。但是，在“三育三课”建设中，要准确把握“一校一品”生长点，准确理解“一校一品”特色建设的核心要点，即把握“三育”目标和“三课”内容。

“三育”是“一校一品”啦啦操特色学校建设的核心育人目标，通过啦啦操特色学校的建设，培养德智体美劳全面发展的社会主义建设者和接班人。根据啦啦操项目的特点，重点发展“三育”，即以啦啦操育德、以啦啦操育体、以啦啦操育美。“三课”是“一校一品”啦啦操特色学校建设的主要抓手，通过“课堂改革”“大课间提质”“课后服务创新”三课改革，打造“一校一品”啦啦操特色学校。

二、打造“一校一品”啦啦操特色学校的背景

啦啦操是中小学体育运动体系中深受小学生喜爱并能广泛进行的运动之一。发挥啦啦操活动的多种优势，能够有效培养小学生啦啦操技能、体能和心理素质。同时，我校是全国啦啦操示范校和五星俱乐部，学校完全具备相应的教学条件。在“一校一品”建设进程中，以“三育三课”为背景，大课间为载体，突出学校特色，可以有效培养学生形成热爱运动的良好习惯。

（一）教学基础广泛，可以引导学生全面提升

啦啦操课程教学普及于1~6年级，通过发挥啦啦操活动的审美性、身体协调性优势，引导学生挖掘啦啦操活动的趣味性，从而提高学生的身心素质，培养学生养成主动参与体育锻炼的好习惯。在体育教学中，学校普遍将啦啦操课程教学作为常规课程教学，大部分学生都能掌握啦啦操的手形、步法等基本技术动作。因此，学校在“一校一品”建设进程中，选择啦啦操活动作为特色项目，挖掘啦啦操活动所蕴含的审美内涵和文化理念，引导学生对啦啦操课程教学及价值获得全面认识，从而充分发挥啦啦操课程教学的特色优势。

（二）教学实效突出，有助于学生养成体育参与习惯

啦啦操活动凭借其审美性、身体协调性优势，体现出极强的观赏体验感。科学、合理地开展啦啦操课程教学，充分发挥啦啦操活动的优势，能够培养学生积极、健康的运动习惯；同时，诸多啦啦操运动技术技能教学可以通过各种线上视频辅助工具完成，将信息技术有效运用于啦啦操课程教学活动中，不仅可以提高学生对啦啦操动作学习的标准性，还能加深小学生对啦啦操运动的动作组成的理解和认知。所以，通过“一校一品”建设，创新设计有学校特色的啦啦操课程教学，能够提升学生对体育文化和运动的认知。

（三）体育大课间活动完善，校园影响力突出

小学大课间活动是体育教育工作的一项重要内容，几乎每一所小学均有自己的大课间活动及活动内容，它是小学体育教育工作中的一项标配。小学生通过课堂教学习得的各种啦啦操技术技能，不断地在大课间活动中出现，能够构建技能学习、实践感知和大场面活动等“全环节”啦啦操运动体系，丰富学生对啦啦操运动的认知感、体验感。学生在参与啦啦操活动的过程中，通过团结互助的方式，在过程中体会协作一致的意义，为德育工作的开展提供了实践的平台。啦啦操活动作为一个动感的体育项目，还可以演变成校园文化的重要标签与符号。

三、“三育三课”背景下“一校一品”啦啦操特色学校的工作路径

通过校园体育“一校多品”创建活动的实施，形成多个有特色的校园体育品牌项目，营造浓郁的校园体育文化氛围，切实发挥体育在立德树人、强身健体方面的育人功能，为创建“一校一品”明星项目打下坚实基础。

“一校一品”啦啦操活动建设的目的是全面提高学生的身体素质，立足学校体育人文素养发展需求，充分考虑校园体育的特点、需要，发挥学校力量，为提高学生综合素质奠定基础。“一校一品”啦啦操课程教学，以大课间为载体，深度挖掘啦啦操活动的特色优势，注重激发学生的主观能动性，为学生体质健康和全面发展提供动力。

（一）“三育”育人目标

“一校一品”体育课程建设的目的在于通过校园体育课程建设，着重解决学生体质问题。“一校一品”啦啦操课程建设，能促进学生兴趣的养成，为学生体质健康和啦啦操学习提供重要基础。所以，在“一校一品”啦啦操活动进程中，通过学习“育德、育体、育美”理念，为学生道德品质培养、身心素质教育提供必要的支撑。

1. 以啦啦操“育德”

“体者，载知识之车而寓道德之舍也。”这句话形象地说明了体育和德育之间的联系。结合啦啦操活动的实际特征来看，道德认同和价值认同是啦啦操活动顺利开展与延续的基本保障。应当在啦啦操活动从优势项目向学校特色、学校品牌发展的进程中，让学生不断获得啦啦操活动的精神体验和文化认知。因为，学校育人首先是育德，德育工作不仅是一种思想认知，更是一种行为遵循。在推进“一校一品”啦啦操活动时，要注重发挥啦啦操活动对于德育工作的载体作用，培育学生的良好习惯，离不开体育活动的持续刺激，通过学生的队列队形演练、动作的整齐性演练、道具的支配演练等多形式的、有限次数的重复，形成一种相对固定的活动模式，这个过程就是体育行为习惯养成的过程，也是德育中人的行为规范养成的内容。

2. 以啦啦操“育体”

“一校一品”啦啦操大课间活动建设的主体是学生，整个活动既关注学生的啦啦操学习，也对学生的体育兴趣和体能提出了基本要求，而在基本功练习、身体灵敏度、协调性、反应速度等综合素质方面的要求更具体。

3. 以啦啦操“育美”

美育与体育的结合，体现在“健”与“美”上。学生在体育运动中，可以受到很多美的教育。

而啦啦操项目又正是集肢体动作、协调能力、面部表情于一体的综合性项目，各种优美动作和节奏感都含有美育因素。学生在啦啦操的基本手型、步法中得到美的享受，从而产生追求美的欲望。另外，充分尊重学生的成长规律及性别特征，考虑男女生性别比例，内容与动作设计可以刚柔相济，动静结合，使啦啦操运动的具体内容接近孩子，这也是培养学生追求健康美、阳光美的一种重要方式。

（二）“三课”教学改革行动

“一校一品”啦啦操大课间活动是结合学校硬件和软件资源，以教学特色、学生特长为目标，遵循学生学习规律的重要教学实践。以“一校一品”啦啦操活动为突破口，不断改变学生对体育的认知，为学生积极参与体育锻炼提供重要支撑。在开展“一校一品”活动时，要考虑新课标和教师教学经验，从活动的内容、基本场地设施以及教学资源等多个方面全方位思考。我校开齐、开足了体育课，学校每周开设4节体育课，既符合国家政策，也达到教育部建议义务教育阶段的学校每天开设1节体育课的柔性要求。

1. 以“体育走班制教学”为抓手的啦啦操课堂教学改革

“走班制教学”指同一年级的体育课排在同一时间授课，且上课时不依照行政班授课而是按照学生的自选运动项目授课，在年级内打破班级束缚，进行可选择性的专项化体育教学形式。

依赖师资力量和场地设施充足的优势，我校大胆创新教学过程，采用“体育走班制”和“行政班级授课制”相结合的教学模式，学生可以自主选择、多项目选择。“体育走班制教学”具有以下基本形式和特征，需要以下条件共同协作完成，如表1所示。

表1 “体育走班制教学”基本形式和特征

教学因素	形 式	条 件	难 度
上课形式	同一年级的课排在同一时间，打破行政班模式，按学生的自选内容进行教学	把同年级班级按照选课项目重新组合，排列成新的走班制教学模式（6个行政班，有6个特色项目选择）	一般难度
开始年级	3~5年级（6年级两个班）	小学1、2年级进行体育常规与普修学习，为走班课奠定基础	一般难度
学生选择	学生在选课系统中选择两个项目，默认第一选项，调剂第二选项	学生对6个特色项目有整体了解；老师对学生的选课进行适当引导；涉及调剂项目，及时沟通	高难度
教师安排	按照教师的专项和学生问卷，确定项目内容	足球、男篮、女篮、田径、啦啦操、健美操	一般难度
场地要求	根据学校设定的项目进行合理的场地划分	学校的场地设施基本对应走班课内容，有特殊情况及时衔接	一般难度
考评形式	各教师根据专项特点和要求，制定相对应的考核评价内容	基础性评价；技能评价；德育渗透，包括体育精神、学习态度等	中高难度
与社团联系	学生可以在自选项目上进行较长时间的专项化学习，由熟悉此项运动到熟练掌握此项运动，打破“浅尝辄止、半途而废”的无效教学，同时也为竞技体育奠定基础，输送人才		

“体育走班制”的教学，使学生在不同水平阶段学习相应的基本运动技能内容，如水平二阶段的学生从基本的手形、步法开始，扎实练好基本功的同时，辅以一些协调性和简单的组合动作练习。不同阶段的学生采用不同难度、层次的啦啦操练习，这样就使教学呈现螺旋上升式的基本运动技能教学特点，为日常教学和专项运动技能的学习奠定扎实基础，也重点解决了“蜻蜓点水”般的浅层学习、“缺乏系统”的偏向学习，以及“学段脱节”的断层学习。

2. 以“素质操”为抓手的大课间提质活动改革

我校是全国体育联盟校，借助体育联盟这一丰富的教学资源和权威的专家指导，我校积极开展素质操的训练，全校所有班级利用行政班授课时间，人人学习，人人参与。短短8分钟的练习，从动作的准备阶段到核心力量阶段，再到双人合作、三人合作，甚至多人合作，学生都能积极、勇敢地完成成套动作，特别是多人叠罗汉阶段，从下面的“底座”到上面的“尖子”，学生都能有序完成，哪怕失误了，学生们都能自觉自主地重新再来，毫无怨言。每练完一次，学生都大汗淋漓，洋溢着自信。也正因融入了素质操的展演，我校的体育大课间被评为市级一等奖，这一练习既做到了日常化，也深受学生喜欢，同时受到广大家长们的支持，自愿加入素质操的练习中。

3. 以“啦啦操社团”为抓手的课后服务创新改革

啦啦操社团是以提高专项运动技能技巧为目的的团体组织，重点为参加各项啦啦操、体操比赛的学生而专门成立的，也是我校体育活动的重要组织形式之一。专项啦啦操项目的技术性、集体性、训练的难度性和场地等特征要求，决定了啦啦操社团存在和发展的必然性。

我校体育社团根据学生情况分为篮球、足球、田径，每周训练5次，每次1.5小时，各小组训练期间为独立个体，有完善的社团制度、社团章程、社团加入以及退出机制，各小组制订相应的训练计划、阶段目标。通过“体育社团”这一组织形式，我校社团取得了诸多优异成绩，特别是以啦啦操社团为代表，曾多次代表学校参加全国、省市比赛，几乎包揽每次比赛的各级别金银牌。学校也通过比赛发现具有运动天赋的学生，注重发展其体育特长，为竞技体育输送人才。也正是对教学过程的不断探索，在充分把握学情、注重个体差异的同时，合理把握竞技体育的发展，使学生享受竞赛乐趣，同时也更加牢固地掌握专项运动技能。培养学生的体育与健康素养，真正做到不仅“教会、勤练”，也“常赛”。

（三）建立“一校一品”特色课程内部组织运行机制

根据学校“一校一品”建设的终极目标要求，首先，成立一个学校教育综合改革小组，确立组织内部的负责人员，以及职责分工；其次，提升教师的教育改革理念。当今基础教育的重要任务是立德树人，是为将来培养人格健全的人，具有终身学习意识的人，不能以培养孩子文化成绩作为唯一教育标准，这就要求教师转变教育理念，不断接触和学习新的教育理念及教育模式；最后，学科（文化课）教师和非学科教师（音体美）协同工作，“一校一品”建设并不能一蹴而就，也无法保证永恒不变，在建设过程中，只有全体教师共同发力，才能够在基本稳定的开展模式上不断创新，不断满足教育发展的需要。

四、结语

大课间活动是素质教育进一步深入的产物，也是针对学生体质健康而普遍实行的一项体育教育活动。“一校一品”特色活动需要广大基层教师发挥创造力，有勇于教育改革的恒心，根据各个学校自身的资源优势，结合新课标要求，因地制宜地开展体育教学工作，形成“一校多品”“一生一长”的体育教学改革实效。我校以啦啦操特色项目为媒介，有机匹配其他体育运动项目，灵活运用于大课间活动中，以创新的教学模式为抓手，以培养德智体美劳全面发展的社会主义建设者和接班人为核心目标，不断促进学生身体健康，提升学生的运动审美能力，也不断运用啦啦操活动进行相应的德育工作，实现德体艺三维教育发展的局面。

参考文献

[1] 宁本涛，樊小伟. 成融合气象，育中国少年：“全国五育融合研究论坛”综述［J］. 基础教育，2020（2）：107-112.

[2] 邓光华，姜圣清. 创建体育特色学校的校本课程研究：成都师范附属小学篮球校本课程的建构与实施［J］. 体育教学，2018，38（6）：15-16.

[3] 毛振明. 体育教学改革新视野［M］. 北京：北京体育大学出版社，2013.

[4] 任海. 聚焦生活，重塑体育文化［J］. 体育科学，2019，39（4）：3-11.

［5］赵富学，程传银，尚力沛．体育学科核心素养研究的问题及其破解之道［J］．体育学刊，2019，26（6）：88-93.
［6］隋海林，赵刚，李阳．学校体育“一校一品”模式的认识盲点与优化路径研究［J］．广州体育学院学报，2017（1）：97-102.
［7］吴翔，吴向东，陈伟者．以运动为抓手，以德体教育为两翼：“一校一品”篮球课程教学策略研究［J］．2020（8）：28.

（长沙市高新区第二实验小学）

少儿趣味田径项目融合小学体育田径课程的 SWOT 分析

李峥嵘

摘　要：在体教融合提出“更新教育观念，深化教学改革，把体育教育摆在最突出位置”的背景下，国家赋予了小学体育事业新时代新使命。国家推出少儿趣味田径项目，旨在提高青少年各项身体素质，培养和挖掘优秀青少年运动员，积累田径后备人才。本文运用文献调查法、逻辑分析法、SWOT 分析法对少儿趣味田径项目融合小学体育田径课程的内部优势、自身劣势、发展机遇和挑战进行分析，结合 SWOT 分析矩阵并提出融合路径：加强教师培训，更新教学观念；加强正确使用器材意识并创新自制器材；加强宣传工作；根据“项目”“年龄”“性别”的异同进行融合。将少儿趣味田径项目融合小学体育田径课程，可促进体教融合的落实，深化学校体育的价值，推动田径竞技体育后备人才的培养。

关键词：少儿趣味田径；融合；SWOT 分析

2020 年 10 月，中共中央办公厅、国务院办公厅指出：更新教育观念，深化教学改革，使学校体育同教育事业改革开放发展要求相适应，实现以体育智、以体育心具有独特功能。[1] 2021 年“双减”政策提到提高学生体育时间，教育局规定中小学每天体育活动时间不能低于 1 小时。田径作为历史悠久的体育项目，是学校体育课堂必不可少的内容。因体育课组织形式、内容单一，学生兴趣及积极性无法提高，因此无法达到增强学生体质的效果。2009 年国家体育总局陆续颁发《关于举办少儿趣味田径运动的通知》《关于召开中小学田径教材与教学方法研讨会的通知》《关于中小学开展国际田联少儿趣味田径项目的推荐通知》等文件，对少儿趣味田径项目进行宣传推广，此项目对短跑、耐力跑、跳跃、投掷进行技能比拼，培养团结协作能力，为积累田径后备人才奠定基础。本文在体教融合、“双减”政策及国家推广背景下，对少儿趣味田径项目融合小学体育田径课程的策略进行研究，具有时代价值和理论意义。

一、少儿趣味田径项目现状与前景

（一）少儿趣味田径项目获得重视

2009 年，我国引入少儿趣味田径项目；2010 年，在北京举行首届全国少儿趣味田径运动会，各省也提高了重视度；2015 年《少儿趣味田径运动》一书的出版，推广了教育部出台的《中小学体育器材设施配备标准》、国家体育总局《关于少年儿童田径竞赛指导意见》等政策；2010 年到 2019 年，参加全国少儿趣味田径项目的学校及人数逐年上升，比赛带动少儿趣味田径项目发展，获得越来越多学校的重视（见表 1）。

表 1　2010 年—2019 年全国少儿趣味田径开展概览表

届数	年份	比赛地点	参加人数
首届	2010 年 10 月 23 日	北京	26 所学校；400 多名学生
第二届	2011 年 10 月 21 日	北京	20 余所学校；400 多名学生
第三届	2013 年 10 月 26 日	北京	30 所学校；500 多名学生
第四届	2014 年 10 月 27 日	南京	26 所学校；400 多名学生

续表

届数	年份	比赛地点	参加人数
第五届	2015年10月22日	北京	22所学校；300多名学生
第六届	2016年10月24日	北京	24所学校；500多名学生
第七届	2017年11月18日	深圳	41所学校；632名学生
第八届	2018年11月5日	长沙	37所学校；600多名学生
第九届	2019年11月2日	长沙	36所学校；820名学生

（二）少儿趣味田径项目开展情况

2020年9月，国家体育总局、教育局联合印发《关于深化体教融合 促进青少年健康发展的意见》（以下简称《意见》），提出加强学校体育工作，开启开足体育课，帮助学生在锻炼中享受乐趣、增强体质、锤炼意志[2]；2021年7月，孙春兰副总理在座谈会上说，“深化教学改革，把体育教育摆在最突出位置”[3]。随社会经济发展，人们的生活质量不断提高，体育教育越来越受到重视。开展少儿趣味田径项目可促进体教融合，此项目针对不同参与水平学生生理、心理承受能力特点开展，回归到传统田径走、跑、跳、投内容上，体现出少儿趣味田径项目的趣味性、娱乐性、系统性。短跨接力、十字跳、投掷软式标枪这些项目规则通俗易懂、易操作，适合所有年级学生参加，但有些难度系数较高且身体无法完成的大负荷运动，只适合高年级学生参加，如跪投实心球（1公斤）（如表2所示）。

表2 少儿趣味田径项目开展各水平参与表

项目	水平一 （一、二年级）	水平二 （三、四年级）	水平三 （五、六年级）
短跨接力 （栏间6米）	√	√	√ （栏间6.5米）
十字跳	√	√	√
投掷标枪	（100g软式标枪）√	（300g儿童标枪）√	（300g儿童标枪）√
越过障碍掷准	√	√	
一级方程式	√	√	√
速度绳梯	√		
撑竿跳远		√	√
耐力跑		√ （6分钟）	√ （8分钟）
跪投实心球 （1公斤）			√

二、少儿趣味田径项目融合小学体育田径课程的SWOT分析

田径课堂中引入创新元素，可提高学生的积极性。下面运用SWOT分析法对少儿趣味田径项目融合小学体育田径课程的优势、劣势、机遇、挑战四个板块内容进行梳理分析。

（一）少儿趣味田径项目融合小学体育田径课程的优势

1. 丰富课程教学内容，发挥学生的主体地位

传统课程运用单一教学方式、手段围着走、跑、跳、投等项目进行简单教学，在教学过程中，学

生因注意力集中时间短、教学内容枯燥，容易失去对课堂的兴趣、积极性。而少儿趣味田径项目把走、跑、跳、投内容趣味化，在“玩游戏”的同时完成体育教学内容，[4]学生可自行在组内或组间组织比赛，充分发挥主体地位。但融合时，两种模式不可剥离，应相辅相成，以传统模式为主、趣味田径模式为辅，两种模式融合不仅解决传统体育教学的枯燥造成积极性不高的问题，还丰富了教学内容，发挥了学生主体地位，让学生爱上田径课。

2. 享受兴趣，增强体质，培养学生的团队意识

运动习惯可分成运动兴趣—喜爱并擅长的运动项目—运动习惯三个轨迹。个体“天然”的兴趣是参加体育活动的前提，若没有兴趣，则失去了参加运动的动力。[5]传统体育课堂教学效果不好，学生动作规范性不足，[6]少儿趣味田径项目可弥补该不足，同时，以艳丽颜色抓住学生眼球，以泡沫材料降低学生对课堂的抵触感，还可以通过游戏增强学生体质。[7]低年级学生参加集体活动意识较模糊，他们在自己和集体的关系上的意识较薄弱，高年级的学生则可更好地培养集体的荣誉感。少儿趣味田径项目是一项 5 男 5 女参加的团体项目，需要团队齐心协力完成，每个人都可帮团队获得总分积累。两种模式融合，既可增强体质，又可从低年级开始培养学生的团队意识。

3. 确切落实体教融合及深化学校体育价值，多元推进田径竞技体育后备之才积累

学校体育“以体育人”，提高学生身体素质，锤炼其意志，帮助他们形成积极的价值观。融合一方面提高了教学参与，提升了教学效果，确切落实“体育+教育”融合、深化学校体育的价值；另一方面为推动田径项目发展，培养竞技体育后备人才打下了基础。

（二）少儿趣味田径项目融合小学体育田径课程的劣势

1. 学校领导及体育教师缺乏对体育课堂形式的重视

有的学校教育重视学生的全面发展，但对体育课的重视度还是低于对文化课的重视度；对趣味田径项目普及到课堂缺乏关注及重视，体育教师的上课方式还是以传统模式为主，不太重视创新。若学校领导和体育教师加强对体育课堂形式的重视，两种模式融合可以把“枯燥”的田径以趣味形式开展，更新上课方式，加强教师对体育课堂的控制。

2. 投入融合时器材损耗较大，缺乏资金

少儿趣味田径项目的器材由以泡沫为主的软式器材构成。此项目材料日常损耗较大，会加重经费负担，从而导致推广与引入受阻。融合需要资金支持，但大多数学校经费来源单一，学校各个学科日常开展项目多，一旦引入少儿趣味田径项目器材，势必会对学校资金带来一定压力。综上所述，融合资金的压力必定会让融合受阻。

3. 对少儿趣味田径项目宣传不够

2009 年国家开始宣传少儿趣味田径项目，2010 年开始举办首届全国少儿趣味田径运动会，2014 年以来，国家陆续颁布文件来规范和充实全国少儿趣味田径项目的开展。推广少儿趣味田径项目需大力宣传，提高社会对项目的认知和了解，从一线城市开展，到三线城市普及。体育课堂进行两种模式融合更需要开展具体的宣传，提高学生的认知，获得家长的认可、领导的支持、体育教师的重视、社会的关注，将趣味田径项目的宣传工作加强、落实。

（三）少儿趣味田径项目融合小学体育田径课程的机遇

1. 国际田联以及国家对少儿趣味田径的大力推广与扶持

少儿趣味田径项目自引入以来，从表 3 可以看出，国家体育总局多次下发相关文件对其进行推广宣传。为了更好地普及少儿趣味田径项目，政策扶持是不可或缺的重要动力，也为融合打下基础。

表3　国家体育总局推广少儿趣味田径项目颁发文件表

时间	文件	传达主旨
2009年5月	《关于举办少儿趣味田径运动的通知》《关于召开中小学田径教材与教学方法研讨会的通知》	国家体育总局、国家教育局通过文件对少儿趣味田径这一项目进行介绍并展开观摩，让人更好地了解的趣味田径具体方法
2009年10月	《关于中小学开展国际田联少儿趣味田径项目的推荐通知》《中国教育学会体育专业委员会“十一五”规划重点客体立项通知书》等	文件表明了国家对少儿趣味田径的重视程度
2014年12月	《少年儿童田径竞赛指导意见》	国家体育总局明确指出，要建立科学合理的少年儿童竞赛体系，培养其对田径的兴趣，从而更好地储备人才，进一步推广了少儿趣味田径
2016年9月	《小学体育器材设施配套标准》	教育局将少儿趣味田径的整套软式器材作为小学体育设施配套标准

2. 体教融合政策推出，提高体育教育台阶

进一步深化体教融合，提升对体育课的重视程度，是为了学生在增强体质时享受乐趣，提高学生自主锻炼的积极性、主动性，帮助学生提高能力、体验成功。将少儿趣味田径项目融合到小学体育田径课程中，这一举措恰到好处地深化了体教融合。

表4　关于促进体教融合颁发相关文件表

时间	文件	传达主旨
2020年8月31日	《关于深化体教融合　促进青少年健康发展的意见》	树立健康第一的教育理念，面向全体学生，开齐开足体育课，帮助学生在体育锻炼中享受乐趣、增强体质，实现文明其精神、野蛮其体魄
2020年10月15日	《关于全面加强和改进新时代学校体育工作的意见》	以服务学生全面发展、增强综合素质为目标，推动青少年文化学习和体育锻炼协调发展
2021年6月30日	《体育与健康》教学改革指导纲要（试行）	改革目标在体育教学活动中注重游戏与比赛竞争要素，在体育锻炼中激发兴趣、形成志趣、享受乐趣

（数据来源：中华人民共和国中央人民政府、中华人民共和国教育部官网）

3.“双减”政策推出“促进”少儿趣味田径项目开展

2021年7月，中共中央办公厅、国务院印发“双减”文件，旨在减轻学生负担。“双减”政策的推出，对于家长和教师来说是一种机遇。政策提出减轻家长负担，增加中小学艺术、体育学习时间来促进学生身心的健康成长，提高了学校教育作用，教师应注重“以学生发展为中心”，以切实提升学校育人水平，为学生全面发展精心设置课堂，努力提高教学质量，从实处关注、关爱学生等方面来为学生成长保驾护航。在这个背景下，两者融合不仅可以提升学生在校的学习效率，优化教师教学方式，真正满足学生的发展需求，也可以落实“双减”政策，提升课堂教学质量。

（四）少儿趣味田径项目融合小学体育田径课程的挑战

随着趣味田径项目的普及与引入，把少儿趣味田径项目推广到体育课堂中进行融合势在必行。按传统模式教学，学生积极性与兴趣不太高，完全按照少儿趣味田径项目教学，可行性也不太高。在这种情况下，需要将两者融合，利用少儿趣味田径项目来提高教学效果。但融合过程对体育教师提出了非常高的要求，体育教师要十分了解少儿趣味田径项目、掌握体育课堂，对学生生理、心理发展状态了如指掌；体育教师要综合考虑少儿趣味田径项目需要在什么时候融合、在哪里融合、融合哪些项目等，同时要对传统田径有充分了解。综上所述，两种模式融合时机的掌控对体育教师是一种挑战。

三、少儿趣味田径项目融合小学体育田径课程 SWOT 矩阵

两者融合要综合考虑非常多的因素，少儿趣味田径项目虽具有吸引学生兴趣、丰富教学内容等优势，但加强体育教师重视程度、加大器材资金投入、宣传工作与融合时机分析是融合首先要解决的问题。体教融合、“双减”政策的推出，给少儿趣味田径项目的推广到融合带来了良好的机遇与挑战（见表 5）。

表 5　少儿趣味田径项目融合小学体育田径课程的 SWOT 矩阵战略

外部环境	内部因素	
	优势（S）	劣势（W）
机遇（O）	1. 丰富课程教学内容，发挥学生的主体地位 2. 享受兴趣、增强体质，培养学生的团队意识 3. 确切落实体教融合及深化学校体育价值，多元推进田径竞技体育，储备后备人才	1. 学校领导及体育教师对体育课堂形式的重视不够 2. 降低损耗，加大资金投入有难度 3. 宣传力度不够
挑战（T）	1. 国际田联以及国家大力推广与扶持 2. 体教融合政策推出，提高体育教育台阶 3. “双减”政策推出，促进少儿趣味田径项目开展	项目融合时机难掌握

四、少儿趣味田径项目融合小学体育田径课程的路径

（一）加强体育教师外出学习与培训，更新教学观念

随着体教融合，学校对体育工作关注与重视度提升，学校体育教师对体育课创新关注度也在提升。体育教师不仅需要通过网络平台来夯实自己的理论知识，还需要通过外出学习、竞赛与培训的形式，实时更新学习观念来充实自身，用创新的形式和新颖的内容来使体育课充满魅力，促进两者融合。

（二）加强学生正确使用器材宣讲，自主创新自制器材

为解决项目融合器材损耗较大、缺乏投入资金的问题，体育教师需要加强学生正确使用及爱护体育器材意识宣讲。项目器材大多数以泡沫为主，使用不恰当容易损坏，如在训练越过障碍掷准项目时，学生喜欢抓着鱼雷道具末端向前投掷，导致尾端脱落。出现这种情况时，体育教师应对规则进行重新巩固，同时加强对体育器材正确使用的宣讲，提高学生正确使用器材的意识。与此同时，体育教师可在课中或者课后组织学生利用绿色环保材料如废弃纸、硬纸盒、泡沫等自主创新自制器材，这样既可提高学生对体育课堂的参与度与成就感，又可增加趣味项目的器材，减少学校经费投入，将绿色环保教学落到实处。学校还可根据实际情况添加一些不易损坏、孩子们喜欢、真正能提升学生素质的器材。

（三）组织学生比赛，加强学校宣传工作

为促进两种模式融合，学校可多组织年级间的趣味田径竞赛，提高学生的积极性，增强竞争意识，也加强学生对项目的认知和参与度；学校加强宣传，教师在课堂进行口头宣传，介绍项目构成、规则；学校加强项目展板宣传，利用器材、运动员比赛时的挂图等，丰富校园文化的同时，做好宣传工作。

（四）少儿趣味田径项目的融合时机掌控

1. 少儿趣味田径项目与体育课堂的传统项目融合

表6 传统体育器材与少儿趣味田径项目器材对比表

项目	器材	安全性	趣味性	团队意识
跨栏类	传统体育器材	1. 高度：男子，106cm；女子，84cm 2. 材料：铁栏架，不太适合低年级学生使用，学生恐惧易绊倒，极其容易受伤	枯燥无味	个人赛，无法增强团队意识
跨栏类	少儿趣味田径项目器材	1. 高度：高，25cm；低，55cm 2. 材料：泡沫，专门为少儿制定，不高，若绊倒弄散，可自行拼接	栏架可自行拼接，以泡沫为主，增强学生兴趣、积极性、安全性	采取团队接力方式，增强团队协作能力，个人为团队加分
投掷类	传统体育器材（标枪、实心球）	1. 标枪重量：男，800g；女，600g 2. 实心球重量：4kg 3. 很难拿起，对场地有严格要求，受伤可能性较大，利用率低	练习方式单一、枯燥	个人赛，无法增强团队意识
投掷类	少儿趣味田径项目器材（标枪、鱼雷）	1. 标枪重量：100g；鱼雷：100g 2. 泡沫制成，轻、安全、便携	投掷标枪掷远到一定区域累计，越过障碍物掷准到固定区域，提高学生训练的挑战性	采取团队累计得分制，增强团队协作能力，个人努力可为团队加分
跳跃类	传统体育器材（沙坑）	对沙坑有一定要求，也存在安全隐患	练习方式单一，枯燥无味	个人赛，无法增强团队意识
跳跃类	少儿趣味田径项目器材（撑杆、垫子）	撑杆跳远由撑杆跳高演化而来，借助撑杆发展学生跳跃的两个基本能力——高度和远度。撑杆的杆是由泡沫制成，利用撑杆来跳到垫子上，减少危险指数	利用撑杆跳远提高学生的兴趣以及项目的挑战性	采取团队累计得分制，增强团队协作能力，个人努力可为团队加分

从跨栏、投掷、跳跃三类项目，对传统体育器材和少儿趣味田径项目器材进行对比，得出从安全性、趣味性、团队合作三个方面来说，少儿趣味田径项目器材较安全、趣味性较高，可培养学生团队意识，因此比传统体育器材更合适少儿使用（见表6）。

表7 少儿趣味项目融合小学体育田径课程项目表

趣味田径项目	训练内容	传统田径项目
短跨接力	跨栏+接力	跨栏、100米接力、50米往返跑接力等
十字象限跳	连续跳跃	单脚连续跳跃、跳绳、立定跳远、立定三级跳等
投掷标枪	投掷	投掷沙包、实心球、标枪、垒球等
越过障碍掷准	投掷	投掷沙包、实心球、标枪、垒球等
一级方程式	短跑+绕杆+短跨	100米、200米、50米往返跑，绕障碍物跑，跨栏等
速度绳梯	连续跳跃	单脚连续跳跃、跳绳、立定跳远、立定三级跳等
撑杆跳远	跳远	立定跳远、立定三级跳、急性跳远等

续表

趣味田径项目	训练内容	传统田径项目
6 分钟耐力跑	耐力跑	400 米跑、800 米跑、1000 米跑等
跪投实心球	投掷	投掷沙包、实心球、标枪、垒球等

在传统单一的技战术教授中引入少儿趣味田径项目，可提高学生对技战术的掌握；在弯道跑教学中引入弧形绕杆跑，在投掷中标记落地累计得分，可提高学生的积极性及教学效果。[8]速度阶梯、一级方程式在学生起跑、跳跃的小腿力量、爆发力、反应、位移速度、灵敏素质、神经系统等方面有促进作用，对学生 50 米跑成绩提高有显著作用；十字象限跳、速度阶梯刺激学生大小腿肌肉收缩来提高学生腿部力量，对提高学生跳绳速度有重大意义；[9]十字跳可以促进学生立定跳远，提升下肢力量。[10]项目可根据授课内容融合趣味项目（见表 7），如上跨栏、接力类型课时，可以在课中融合短跨接力、一级方程式，可以丰富学生学习跨栏与接力的形式，增强学生的兴趣；上投掷类型课时，可以在课中融合投掷标枪、越过障碍掷准、跪投实心球，增加学习投掷的趣味性；上跳跃类型课时，可以在课中融合十字跳、速度绳梯、撑杆跳远，来提高学生学习跳跃的积极性。

2. 少儿趣味田径项目与体育课堂的“性别差异”融合

男生一般喜欢选择运动强度较大、需要与人配合的对抗性体育项目；而女生则喜欢运动量小、灵巧型、可以独立完成的体育项目。融合时要考虑到性别差异，比如男生爆发力比女生强，喜欢运动强度比较大的项目，在训练时会更倾向于练习投掷标枪、越过障碍掷准、跪投实心球、一级方程式等项目；而女生身体协调性比男生强，喜欢运动量小、可以独立完成的项目，在训练时可能会更倾向于练习十字跳项目。所以在课堂准备或者结束部分，可以根据性别差异将男生、女生分开进行练习，加强身体素质。

3. 少儿趣味田径项目与体育课堂的“年龄差异”融合

教师要根据学生的敏感期发展学生身体素质（见表 8）来安排项目练习。如：7~8 岁的一、二年级学生是动作速度和平衡能力发展的敏感期，对这个年龄段的学生，在教学过程可以增加短跨接力、速度绳梯、十字跳项目来增加趣味性；9~10 岁的三、四年级学生第二信号占主导地位，处于速度、柔韧、速度耐力、灵敏敏感期，在这个阶段可以适当安排短跨接力、耐力跑、一级方程式项目，提高学生的速度耐力以及灵敏性；11~12 岁的五、六年级学生是爆发力、速度素质的敏感期，在教学过程中可以增加跪投实心球、投掷标枪等项目，加强学生的力量和身体素质。

表 8　儿童少年运动员身体训练的内容安排

年龄阶段（岁）	身体训练内容
5~8	以一般协调能力为主，注意有氧能力和柔韧性训练
9~10	以灵敏性和速度素质为主，进行速度力量训练
11~12	以爆发力和速度素质为主，适量增强有氧耐力

（注：数据来源于田麦久主编的第二版《运动训练学》，高等教育出版社，2017 年）

五、结语

随着体教融合、“双减”政策的提出，我国体育教育工作越来越受到重视。重视学生身体素质的提升应成为教学的首要任务，作为“运动之母”的田径是小学体育课堂的一项重要内容，本文将少儿趣味田径项目融合到体育课堂中，贴合实际地进行 SWOT 分析，得出融合的利弊，并提出相应路径来化解融合的劣势，促进融合战略发展，通过融合帮助学生“享受乐趣、增强体质、锤炼意志”，为我国田径培养竞技体育后备人才。

参考文献

[1] 关于全面加强和改进新时代学校体育工作的意见［N］. 人民日报，2020-10-16（01）.
[2] 关于深化体教融合 促进青少年健康发展的意见［EB/OL］.（2020-09-21）［2021-01-03］. http：//www. sport. gov. cn/n316/n336/c963639/content. html.
[3] 中国教育新闻网. 加强新时代学校教育工作 更好发挥体育综合育人功能［EB/OL］.（2021-09-14）［2021-08-10］. http：//www. sohu. com/a/477320270_ 243614.
[4] 刘利巧. 国际田联“少儿田径运动”在北京市部分小学推广应用研究［D］. 北京：北京体育大学，2008.
[5] 付道领. 学生体育运动习惯决定体育人口发展水平［J］. 中国教育学刊，2014（4）：107-108.
[6] 杨丽华. 田径教学模式在互联网+变革中的发展与再思考［J］. 文体用品与科技，2021（14）：91-92.
[7] 唐海风. 少儿趣味田径教学对小学生身心健康影响的研究［D］. 南京：南京体育学院，2021.
[8] 吴艳. 少儿趣味田径项目融入体育课堂常规教学的意义［EL/OB］.（2020-04-10）［2021-01-04］. http：//www. chinaqking. com/yc/2020/2213634. html.
[9] 颜伟仪. 趣味田径运动对7~10岁少儿身体素质影响的研究［D］. 哈尔滨：哈尔滨体育学院，2021.
[10] 李开梦. 少儿趣味田径在中小学体育教学中实施的价值研究［D］. 哈尔滨：哈尔滨体育学院，2021.

（长沙市天心区南塘小学）

小学语文低段识字教学中的美育渗透策略

周雅婷

摘　要：在小学语文低段教学中，识字教学尤为重要。根据汉字音、形、义三个方面的特点，充分挖掘、把握汉字的音韵美、形态美、意蕴美和演变美，将其融入日常的识字教学当中，目的在于提升小学低段识字教学的效果，切实提高低年级学生的识字能力。

关键词：低段语文教学；识字教学；审美情趣；美育渗透

识字教学是小学低段语文学习中最为基础也是最为重要的内容，如何提升小学低段识字教学的效果，切实提高低年级学生的识字能力，成了目前备受专家、学者们青睐的课题。鲁迅先生曾指出："意美以感心，一也；音美以感耳，二也；形美以感目，三也。"[1]因此，充分挖掘汉字本身的审美情趣和文化意蕴，将其融入日常的识字教学中，既有助于激发学生学习汉字的兴趣，提升识字教学的效果，也可以从小培养学生的审美感知能力。

一、在朗读中，感知汉字的音韵美

"汉语言文字是滞留的音乐。"[2]汉字的"阴平、阳平、上声、去声"四个音调，赋予了汉字铿锵有力、错落有致的特点；汉字的变调和押韵，为汉字增添了抑扬顿挫、轻重有序的独特魅力。所以感知汉字的音韵美，是语文学习必不可少的一环。这一点在统编教材的编排中也有所体现，例如一年级的《古今对》《人之初》和二年级的《神州谣》《传统节日》等篇目，都采用了对韵的形式，读起来朗朗上口。

体验汉字音韵美的最好方式便是朗读。自古以来，中国文人对诗文的朗读就非常重视，认为这是陶冶心性的重要方式。曾国藩在《字谕纪泽》的家书中提出："先之以高声朗诵，以昌其气；继之以密咏恬吟，以玩其味。"并认为："非高声朗诵则不能得其雄伟之概，非密咏恬吟则不能探其深远之韵。"[3]在小学语文低段的教学中，教师要积极丰富朗读形式，通过齐读、分角色朗读、师生对读、表演式朗读等多种多样的朗读形式，使识字的过程更具趣味性，同时让学生在大声朗读中对汉字的音韵特点有更为深入的体悟。

例如，统编教材二年级下册第23课《祖先的摇篮》中就出现了"摘野果""掏鹊蛋""捉红蜻蜓""逮绿蝈蝈"等多个动宾短语，那么教师可以利用短语的结构特点，采用师生对读的形式，再在朗读过程中搭配相应的动作，让学生掌握汉字读音在有趣的活动中成为一件水到渠成的事情。

师：摘——

生：野果。

师：掏——

生：鹊蛋。

师：捉——

生：红蜻蜓。

师：逮——

生：绿蝈蝈。

这样的形式借助了动宾短语形式上的特点，在反复朗读中，充分展现了汉字的音韵之美；同时增添了师生之间的互动感，让教学过程显得活泼有趣，学生的参与度大幅度提高，识字教学的效果也更为显著。

二、在书写中，探究汉字的形态美

常言道“字如其人”，从字形角度来看，汉字不仅仅是一种用来记录文化的工具符号，更是一种具有人文性的艺术形式。但是有部分低年级的学生，接触握笔写字不久，并未领会到汉字书写的重要性，缺乏规范书写的意识，因此经常出现用圆圈代替“口”字或用一个弧形来代替横折钩的现象。

由于低年级学生具有极强的“向师性”，教师美观、规范的书写会对学生起到很强的示范和引导作用。因此，教师首先要注意自身板书的规范性，通过板书直观地展示汉字的形态美。并且在板书的过程中，教师可以通过一些朗朗上口的小口诀，如“横要平，竖要直，撇有峰，捺有脚”“提钩要尖折有角，行笔轻快要牢记”，加深学生的印象，让学生更加清楚地知道每个笔画该如何正确书写。

其次，汉字作为象形表意文字，区别于其他文字，最突出的特点便是“因义构形”。所以，教师在开展识字教学时，应对汉字字形的结构原理及形义之间的关系有一个正确、科学的讲解，并将审美常识贯穿于教学之中。这不仅可以提高识字教学的效率，还能在潜移默化中提升学生的审美情趣。

三、在情境中，感悟汉字的意蕴美

中华文化博大精深，汉字作为中华文化的根基和纽带，有着深厚的文化底蕴，起到了串联古今的重要作用。教师在教学过程中，要有意识地将识字教学融入词句中来，为字词构建情境，让学生在字词学习的过程中，真切地感悟到浸润在汉字深处的意蕴之美。

例如，在教授统编教材一年级下册《春夏秋冬》一文时，教师可以提前让学生走出房间、来到户外，去寻找春天，让学生对于所要学习的内容有一个初步的感悟；课堂上再借助多媒体设备，播放“春风轻轻吹拂草地，花儿随风舞动”的视频，强化学生的感受。并引导学生在观看过后，尝试着将自己所见之景与所学的汉字联系起来。

因为是自己亲眼见过、亲身感受过的事物，学生们自然会兴趣盎然，积极表达，随之产生的很多奇妙想象可能是老师都想象不出来的。如学习“风”字时，有的学生说：“风姑娘走过，小声地讲了一个笑话，所以小花小草笑得弯下了腰。”还有的学生说：“风是没有形状的，但是风吹过的时候，植物都会跟着摇摆。所以风字的撇和捺表示的就是花草被风吹拂的模样。”通过创设情境，学生由汉字联想到了极为丰富的画面，当再看到“风”时，学生脑海中可能会想到风吹草地、柳枝轻摆的春天风光，也可能会想到风掠湖面、波光粼粼的怡人之景。这时，汉字就不再是枯燥、独立、没有温度的工具符号了，而是美的化身和载体，其中蕴含的意蕴美在教学中也得到了切实的体现。同时，这样的教学过程也能加深学生对于汉字的记忆，从而很好地完成识字学习任务。

四、在思考中，探寻汉字的演变美

汉字作为世界上唯一现存且仍在广泛使用的古老文字，主要经历了甲骨文、金文、小篆、隶书、楷书、草书、行书几个阶段。虽然经历了六千多年的演变，但是汉字仍然在字形上保留了古人最初造字时的用意。因此，带领学生探寻汉字的演变之美，实际上也是在挖掘汉字自身的历史意蕴和美学意蕴。

落实到日常的识字教学中，教师可以展示所教的汉字自甲骨文起的演变过程和汉字图片，以帮助学生理解汉字最初的造字方法和所代表的意义，建立起抽象汉字与所代表的实际事物之间的联系，从而强化学生对于汉字的认识和记忆。

例如，在统编教材一年级下册第11课《彩虹》一文的学习中，学生难以理解为什么“彩虹”的“虹”字是虫字旁，经常将“彩虹”错写为“彩红”。为了区分二者，教师可以在教学中先展示“虹”字的演变过程（如图1所示），再加以解释说明：在科学技术没那么发达的古代，古人无法对雨后出现彩虹这一自然现象做出正确的解释，他们就根据彩虹的形状，猜测“虹”是一种能呼风唤雨的巨兽，在雨后弓着身子喝水。所以，在甲骨文中“虹”是个象形字，形似一只首尾都有头的“大虫”。也许是书写困难的原因，到了小篆中，“虹”字演变成了左“虫”右“工”的形态。左边的虫字旁代表了虹的形状，右边的“工”做声旁，“虹”字也从最初的象形字转化成了形声字。

“虹”字的这种写法也被保留了下来，经过不断演变，最后成了我们现在看到的样子。

图 1 “虹”字的演变

通过展示演变过程，学生可以更为轻松地理解“虹”的内涵，从而不会再将“虹”字和形似的“红”字混淆了。

同理，在教授统编教材二年级上册识字单元“贝的故事”一文时，也可以抓住“贝”作为象形字的特点，用图片的形式按照甲骨文、小篆、楷书的顺序依次呈现“贝”字的演变过程（如图 2 所示）。让学生能够直观地感受到“贝”字最初的形态和现在的结构之间的联系。

图 2 “贝”字的演变

识字教学是小学语文低段教学中最为核心的教学内容之一，教师在教学中如果能准确把握汉字本身具备的音韵美、形态美、意蕴美和演变美，将汉字包含的美学意蕴和文化意趣渗透到日常的识字教学中，并且结合低段学生的认知能力和年龄特点，采用灵活多样的教学手段开展识字教学，那么既可以增强学生识字的兴趣和热情，提升识字教学的效率，还可以提高学生的审美能力和审美情趣。

参考文献

[1] 鲁迅. 鲁迅文集（第九卷）[M]. 北京：人民文学出版社，1991：344.
[2] 张红梅. 浅析小学语文教学中如何渗透美育 [J]. 山东教育，2016（11）：12.
[3] 曾国藩. 曾文正公家书 [M]. 北京：中国书店出版社，2017.
[4] 付海兴. 诗词中的意境美研究 [J]. 语文教育，2016（12）：55.
[5] 陈艳丽. 汉字审美在语文教学中的价值和意义 [D]. 济南：山东师范大学，2005.
[6] 胡培培. 让美育充盈低年级识字课堂 [J]. 小学教学参考：语文出版社，2015（10）：92.

（长沙市湖南第一师范学院第一附属小学）

小学低年级语文朗读教学的建议浅谈

粟　甜

摘　要：在小学语文教学中，朗读是学生理解文本的重要方式，培养学生的朗读能力贯穿于小学语文课程标准的每一个阶段性目标之中。朗读如此重要，因此在低年级语文教学中，教师应该重视朗读指导，帮助学生打好朗读基础。本文主要总结了低年级语文朗读教学的几点建议。

关键词：小学语文；低年级；朗读教学建议

朗读是学生学习语文、理解文本的重要方式，朗读教学在语文教学中有着非常重要的意义。于永正先生认为："朗读法是教语文的根本之法，也是学语文的根本之法。"[1]在《义务教育语文课程标准》中，"正确、流利、有感情地朗读课文"[2]贯穿在各学段目标里，细细品味，不难发现这实际上体现了培养学生从学习朗读到学会朗读的具体要求。部分学生在小学中高年级，仍存在很多朗读问题，如读不正确、读不流畅、拿腔拿调，很重要的一个原因是低年级的朗读基础没打好。

管建刚老师认为："语文不好的学生语感都不好。语感不好的重要原因是朗读不好。"[3]在低年级语文教学里，老师应该真正让学生有朗读学习的过程，扎扎实实帮助学生打好朗读的基础。但是反观低年级语文课堂现状，朗读指导比较少，比较空，缺乏有效性。教师往往注重重点词句的朗读指导，而缺少对文本整体性的把握。在这样的比较碎片化的朗读学习中，学生能在课堂上绘声绘色地读某些句子，但流畅地读整篇课文却很有难度。朗读教学不仅仅是指导学生读好词句，还要落实到整体篇章。因此，本文结合自己的教学经验，谈几点低年级朗读教学的建议。

一、书读百遍，其义自见——学生自由朗读要充分

朗读是欣赏课文优美语言文字、感悟真挚情感的重要手段。在低年级朗读起步阶段，要给学生自由朗读整篇课文的时间。实际上，在很多课堂上，教师一般只给予学生3分钟左右的自由朗读时间。学生整体读书声弱下来后，教师就示意停止，开始进入下一个教学环节。虽然看上去教学更紧凑，但基础偏弱的学生可能一遍都没读完。为了改变这一现象，在新授课时，我一般会要求学生先自由朗读课文，初步感知大意，同时也会提出初读课文的要求，如读准字音、读通句子、把难读的语句多读几遍。

《要下雨了》《小蝌蚪找妈妈》《青蛙卖泥塘》等课文篇幅较长，角色对话也多，课堂上如果只有几分钟的朗读时间，很明显是不够的。低年级学生识字量少，朗读速度较慢是现实，如果让学生完全零基础地在课堂上初读感知整篇课文，将会对课堂效率产生较大影响。低年级不布置书面家庭作业，所以学生在家自主学习的时间较充足，因此教师可以布置预习作业——大声朗读课文3到5遍。预习作业不做拔高的要求，只是让学生有充分的时间与文字接触，让学生能根据自己的朗读节奏自由地读字词、读句子、读整篇课文，初步感知内容。

在课堂上，低年级教师不必对课文做过多的分析讲解，要留出较多的时间让学生大声地自由朗读课文。即便是布置了朗读预习作业，教师在课堂上也要再次给予学生读整篇课文的时间，至少要完整读2遍：学生可以先站着读一遍，坐下后再读一遍。这样学生读课文的目标明确了，教师也能较全面地把握全体同学的朗读情况。对于读得慢的学生，教师要像呵护幼苗一样耐心地等待他们，即便是读10分钟，也是值得的。要让学生有机会在课堂上身心投入地读课文，感知文意。自由朗读是学习语文的基础，一定要让学生"亲自"参与。整篇课文读正确、读流利了，对生字学习、内容理解都大有裨益。

二、言传身教，以身示范——教师示范朗读要落实

学生在自由朗读课文后，教师还要示范朗读。学生的模仿能力强，能直接从教师的示范中学习经验。尤其是在一年级的教学中，教师要全篇完整地读给学生听，带着学生读。低年级阶段，可以让学生了解“节奏”“轻重音”“呼吸调整”等朗读技巧，但无须过分强调。让学生在模仿教师朗读的过程中自然而然地读好课文。为更好地示范引领，教师在课前也要把课文多读几次，做到正确、自然、流畅、有感情地朗读课文。在教师的示范朗读下，学生慢慢就能模仿教师的语速和语调，甚至是面部表情和体态了。学生读得不好的地方，老师要多进行几次示范带读。在一次次情感朗读的过程中，让学生逐渐触摸到文章的主旨要义。

虽然现在信息技术教学手段的普及能让老师便捷获取课文录音和动画视频，但媒介的声音、画面都比较机械，而教师作为与学生学习最亲近的人，其现场朗读的声音、形象更具感染性，更有情感黏合力。“不要让课文录音，取代了教师范读，形成了教师手握鼠标，学生紧盯大屏幕的教学模式。”[4]多媒体的运用在课堂上只是辅助教学的作用，不要让课堂成为教师播放 PPT 的场所。老师和学生捧着书本入情入境地朗读，亲身感受语言文字的魅力，这样的语文课堂才是最美、最书香浓郁的。

三、精准点拨，有的放矢——朗读教学指导要有效

学生在自读、跟读后，教师还要有针对性地指名读。老师能从指名读中很好地了解学生个人朗读情况。课堂时间有限，让学生站起来单独朗读的机会不多，因此教师对学生个人朗读的指导要更精准有效。实际教学中，很多教师对学生的个人朗读评价比较随意。“读得一般，还要加油。”“读得不错。”“读得很好。”这样的评价语既没有指导性，也没有激励性。

教师要怎样给予学生朗读有效指导呢？首先，教师的评价语要言之有物。学生朗读的优点要大声夸出来，不足之处要提出有针对性的建议。正确性是评价标准中最基础的，也是最重要的。“你朗读得很正确。”“你的朗读有进步，但某某字音没读准，请跟着老师读。”这样的评价语能让学生从小养成读正确的习惯，不错读、不回读、不跳读。除此之外，还可以从流畅性、语音、语调、语速等多个维度去具体评价，如“你的声音很洪亮。”“你的朗读有轻重缓急的变化。”“你的语调要上扬一点儿。”类似这样有指向性的精准评价语能让学生明白自己朗读的优点在哪，需要改进的地方是什么，同时，其他学生也能获得朗读学习经验。

其次，鼓励的话语不能少。低年级是培养学生朗读自信的关键阶段。如果学生在某方面有不足，教师提出建议前，要给予一些温暖的肯定。如，“你的声音很甜美，如果再洪亮一点儿，全班同学都会被你吸引的。”“你朗读时，站姿挺拔，如果语速稍微慢一点儿，就更好了。”实在读得不好，要让学生跟着老师读，有学习的机会。如，“跟着老师读，你可以读得跟老师一样好。”这种以鼓励为主的有效评价指导，能让教师的主导性和学生的主体性得到彰显，让朗读教学更有成效。

四、寓教于乐，形式多样——朗读学习兴趣要激发

低年级的学生天真可爱、十分活泼，丰富多彩的朗读活动更能激发他们的学习兴趣。在教学中，教师要善于利用课本中不同风格的文章开展朗读活动。《姓氏歌》《人之初》《神州谣》《场景歌》等歌谣类型的文章节奏感很强，可以让学生摇头晃脑地拍手读；《小蝌蚪找妈妈》《动物王国开大会》这类对话较多的文章，适合分角色朗读；《小猴子下山》《狐假虎威》《狐狸分奶酪》这类趣味性较强的文章，可以让学生带头饰表演读；《朱德的扁担》《难忘的泼水节》《雷锋叔叔你在哪里》这类思想教育性较强的文章，适合教师用语言渲染铺垫，让学生声情并茂地朗读。

除了课堂，教师还可以在语文课堂之外组织开展形式多样的朗读活动。如在班队课中，开展“我是小小播音员”的活动，让学生挑选自己喜欢的文章，在讲台上绘声绘色地读给大家听。还可以动员家长开展“家庭朗读日”活动，促进家校朗读联动。甚至还可以走出校园，推荐学生参加社区等组织的“朗读者”类节目。丰富多彩的朗读活动能让学生明白，不仅仅在课堂上要读好课文，在生活中也可以用朗读来丰富课余生活，提升语文素养。

琅琅书声稚口出，动听最是诵读音。在低年级语文教学中，教师要认真教朗读，有效指导学生“学朗读”，让学生“会朗读”，发挥智慧，让学生“爱上朗读”。把朗读的种子种在孩子心田，让琅琅书声相伴孩子的成长。

参考文献

[1] 于永正. 我是怎样教语文［M］. 北京：教育科学出版社，2014：69.
[2] 中华人民共和国教育部. 义务语文课程标准［M］. 北京：北京师范大学出版社，2012：8-12.
[3] 管建刚. 一线带班［M］. 福州：福建教育出版社，2018：110.
[4] 张子静. 简析小学语文朗读教学存在的问题和应对策略［J］. 科技创新导报，2015：112.

（长沙市天心区龙湾小学）

浅谈小学中段微写作构思支架的搭建

甘昭妍

摘　要：微写作是篇幅短小、语言简明、主题鲜明、题材多元的一种写作样式。微写作已经在语文教学中得到了广泛使用，不过在实际教学中，小学中段学生却存在不会构思、无从下笔的问题。本文提出了思维导图支架、问题支架、材料支架这三种构思支架，旨在帮助学生学会多角度深入思考，保持思路畅通，言之有物。

关键词：小学中段；微写作；构思支架

在实施微写作的过程中，小学中段学生由于认知经验的有限性、思维能力的局限性，在教师的引导下，虽然能很快知晓“写什么”，但对于“怎么写”却一直想不明白。为学生提供思维支架，帮助学生保持思路畅通，更符合小学中段学生的思维特点。微写作构思支架是显性的学习支持系统，有提示、建议、触发、指导写作的功能，用于帮助学生完成自己无法独立完成的写作任务。

根据研究，笔者提出了以下三种微写作构思支架。

一、思维导图支架

小学中段学生思维受限、缺乏写作素材，很大程度上是因为思维没有打开，发散性不够，从而无法链接已有的知识经验。因此，教师可以借助思维导图支架帮助学生打开思维，让学生感受到处处皆文章。思维导图支架是通过提供有效的图形思维工具，帮助学生进行发散性思维。思维导图支架可以分为两种，一是普适型的思维导图支架，二是针对性的思维导图支架。

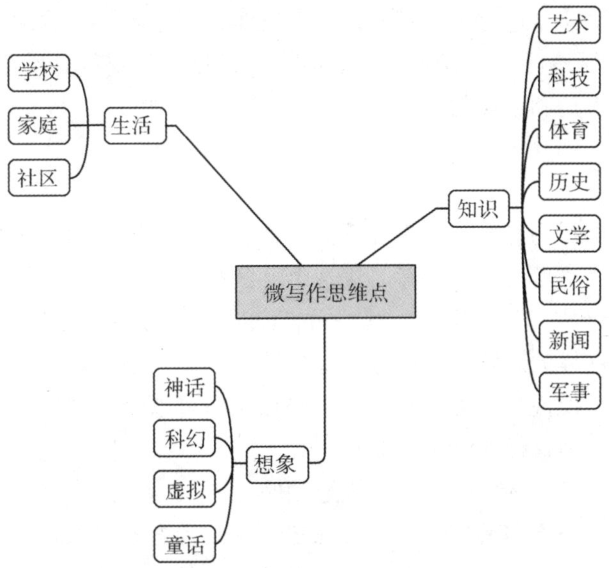

图1　普适型思维导图支架

普适型的思维导图支架如图1所示。看到微写作命题时，我们可以充分调动自己的生活经验，想想在学校、家庭、社区里存在哪些和命题相关的现象，发生了什么与命题相关的故事；也可以充分调动自己在书本、电视、生活中学到的知识，比如，可以联想本领各异的能人异士、五花八门的艺术作品、令人赞叹的科学技术、颇具风情的民俗文化、催人泪下的文学作品、激动人心的体育盛事、热门的新闻报道、传奇的历史故事等；还可以尽情展开想象的翅膀，联系自己知道的童话、神话、科幻故事和虚拟场景，把现实变丰满，把童趣写出来。普适型的思维导图支架应用范围很广，学生遇到无从下手的微写作命题时，可以从中得到诸多灵感。

接下来我们以“害怕的情绪描写”为主题，看看针对性思维导图支架是如何运用的。

在学生对微写作命题进行元认知审视后，可以组织学生开展讨论：在生活中你遇到过什么令你害怕的事情呢？假如你做了一个噩梦，你会梦到哪些可怕的事情呢？你读过、看过的东西会让你害怕吗？教师可以和学生共同生成图2思维导图支架。

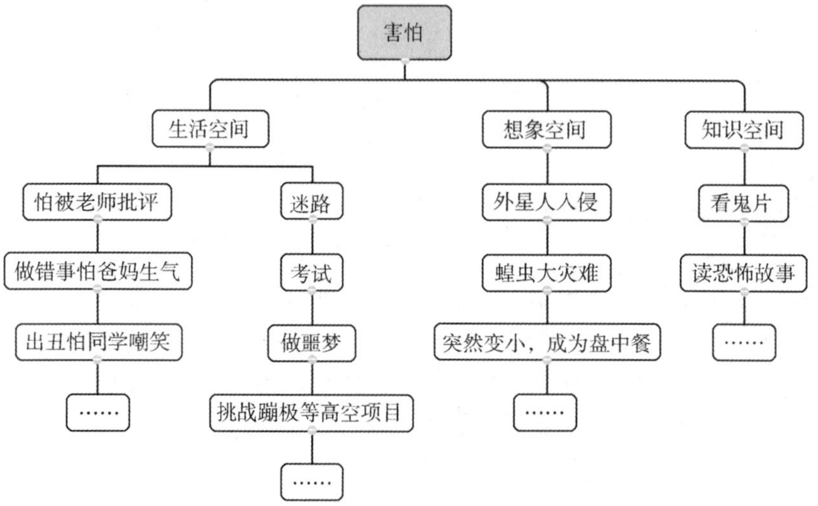

图2 针对性思维导图支架——“我害怕了”

在不同的班级会形成不同的思维导图，因为学生的已有知识经验不同，思维内部链接不同，但无论如何，学生在思维导图支架的引导下，有了多种选择，思维也渐渐打开，会迫不及待地开始写作。

有学生写的是和朋友在家玩游戏时，不小心打碎了妈妈新买的香水，一直在害怕的心情中等待妈妈回家，想象着妈妈暴怒的模样，坐立难安；有学生写的是有一次在陌生的商场与爸妈走散了，身上没有手机，特别害怕回不了家；还有学生写到蝗虫大灾难，自己无处可躲时的害怕。这次微写作，连班上几个“写作困难户”都写得有滋有味，乐此不疲。可见，只要教师给学生架好了支架，帮助学生打开思维，学生就会有表达和创作的欲望。

二、问题支架

问题支架是指当学生出现构思困难、条理不清时，教师可以通过问题循循善诱，帮助学生理清写作思路，启发学生的灵感，给学生深入思考、表达个性的机会。

我们仍以“害怕的情绪描写”为主题，写一写自己最害怕的一次经历，写清楚心理感受。

这时候教师可以搭建这样的问题支架：你经历过的哪件事情最令你害怕？你害怕什么？害怕的心理、动作是怎样的？能具体说说吗？害怕时你做了些什么？可以缓解你的害怕情绪吗？事情结束之后你的心情如何？于是有了下面这样的学生作品。

惊心动魄

天黑沉沉的，一团云像一个邪恶的魔鬼，挡住了皎洁的月光。周围是一片黑黢黢的树林，时不时传出一阵似狼非狼、似狗非狗的叫声，叫得我心惊肉跳。我紧握着拳头，手心冒出一阵冷汗，手臂上起了鸡皮疙瘩。我不敢往后望，屏住气息往前走。可能是感觉背被碰了一下，我回过头，朝后面一看。突然，我看见一团黑影慢慢地向我靠近。我赶紧转过身，闭着双眼，不顾一切地向前跑。摔跤了，连滚带爬地继续向前奔跑。我心想：鬼啊，不要吃掉我！不要吃掉我！我跟你无冤无仇，为什么要追我，呜呜……

跑啊跑，我终于离开了这条恐怖的小路，后来才知道那天吓我的是一条大黑狗。真是虚惊一场啊……

有了问题支架的引领，微写作怎么写瞬间在学生脑海中清晰起来，学生只需顺着问题支架深入思考便可解决思路受阻的问题。而问题支架除了帮助学生打开思维，还有一个作用，就是帮助学生自我审查，使自己的微写作结构变得更加严谨。

三、材料支架

材料支架是学生开始写作之前呈现给学生的，可以启迪学生思维的相关文字、图片或者视频等。比如：同样是指导学生进行“害怕的情绪描写”，教师可以提供以下材料支架。

材料一：他三千根发丝根根竖起，额头冰凉，眼冒金星，被无名的恐惧死死揪住。

材料二：她拼命地奔回船上去，躲在网下面，屏住呼吸，一动也不敢动，只听到自己的心怦怦地剧烈跳动，伴随着似乎要碎裂了般的疼痛。她紧紧地闭住眼睛，脸皮下面的一条条隆起的筋肉不断地抽搐着。

材料三：夜晚，当我踏入黑黑的没有开灯的屋子时，我害怕极了，连大气都不敢出，心怦怦直跳，怀里像揣了个蹦来蹦去的小兔子，脑子里一片糨糊，耳朵里发着幽灵之音，面前仿佛站着一个如尘烟一般的朦胧鬼影。

教师可引导学生仔细品读这三则材料并讨论：以上材料是怎么写害怕的？学生不难发现，材料一通过人物外貌、神态描写害怕；材料二借助动词、动作描写害怕；材料三通过联想描写害怕。因为有了材料支架的支撑，学生一下子就有了灵感，知道该怎么写了，而文字材料本身就是写作的范例，学生可以在群文阅读中汲取更多的养分，运用到自己的微写作中去。

教师还可以提供类似于图3的图片作为材料支架，唤起学生的生活经验，让害怕具体化。学生一看便知可以写看完鬼片后独自在家睡觉时害怕的心情。“害怕的东西”是什么模样也可视化了，这对于写作难的学生来说就是一根“救命稻草”。

同时，教师也可以在影视剧中找到优秀演员对“害怕”这种情绪的演绎，引导学生一起观察他们的动作、神态、语言，想象他们的心理活动，这样的材料支架不仅有趣，而且具有一定的启发性。

图3 材料支架——“我害怕了”

前文所述的三种支架是面向整体的支架，如果在具体的写作过程中，学生思路受阻，教师也可以对症下药，搭建面向一部分学生甚至是面向个体的支架，引导学生使用写作手法扩展微写作内容，提升微写作质量。比如，学生在描写害怕的情绪时，平平无奇，没有吸引力，教师便可以为其搭建写作方法支架，帮助其灵活构思，如表1。

表1 写作方法支架——“我害怕了”

支 架	作 用
你能不能给读者留下一些悬念呢	可以激发读者的阅读兴趣，增加神秘感
如果动静结合地写，可能会有意想不到的效果哦	可以使当时的场面栩栩如生，震撼人心
是不是可以描写一下当时周围的环境，情景交融呢	可营造氛围，引发读者共鸣

因为有以上方法支架的支撑，学生的思维再次活跃起来，写起来会更有方向性，效果会更好。

需要注意的是，构思支架主要用于解决学生写作思维受限的问题，如果直接在学生的元认知体验之前搭建了构思支架，那么可能会在一定程度上限制学生的思维，学生的微写作容易出现思路固化的问题。所以构思支架应该在学生对微写作进行审思后再来搭建，帮助毫无头绪的学生找到思维出发点，修正构思的错误，起到雪中送炭的效果。总之，构思支架的建构一定要视学生的思维状态而定，能在学生遇到瓶颈时，帮助他们摆脱思维的桎梏。

参考文献

[1] 管刚建. 我的作文训练系统 [M]. 福州：福建教育出版社，2011：54-59.
[2] 邱道学. 笔尖上的成长：小微写作范例与解析 [M] 香港：华文出版社，2014：27-29.
[3] 王光志. 创新读写结合中的“微写作教学模式研究”[J]. 中国教育学刊，2018 (4)：133-136.
[4] 王文婷. “微写作”融入课堂，提高学生表达能力 [J]. 小学语文教学参考，2019 (4)：83-84.
[5] 郭虹君. 小学语文微写作教学策略探究 [J]. 教师新概念·教书育人，2019 (1)：61.

（长沙市天心区青园梓枫小学）

铺垫史地知识，助力诗词教学

——古诗词教学探讨

禹学丰

摘　要： 小学古诗词教学存在仅从字词意思讲解等现象，而要真正读懂一首诗词，我们不仅应该了解它创作的时代背景及诗人个人的人生经历，甚至还应拓展学习诗人更多的诗词，才不至于以偏概全。因此，在古诗词教学中，教师应有“史、地、诗词是一家”的意识，使三者有效联动，帮助学生打破时空的阻隔，有效展开与诗词的对话，更好地读懂诗词，并提高古诗词鉴赏能力。

关键词： 诗词教学；史地知识；有效联动；应用准则

统编版小学语文教材中，古诗文比例大大增加，整个小学阶段一共要学习124篇古诗文，比原来的人教版教材增加了55篇。由此可见，古诗文的学习是一项非常重要的内容。但反观古诗词教学，我们会发现古诗词教学的课堂上存在以下现象：只要求学生背诵要求背诵的和考试范围之内的古诗词；理解诗词的方式就是多读；老师仅仅从字词意思进行讲解；看见写景的诗就认为诗人在歌颂祖国的大好河山，然后把“赞美祖国的大好河山”作为总结诗歌情感的标配词；等等。

但实际上，每首古诗词的创作都有它的时代背景，每首诗的后面都藏着故事。这些背景、故事都能帮助我们更好地读懂古诗词，从而更贴近作者的精神世界。因此，要真正读懂一首古诗词，应该了解它创作的时代背景以及诗人个人的人生经历，甚至拓展学习诗人更多的作品，才不至于盲人摸象，以偏概全。因此，在古诗词教学中，我们应该形成这样的意识，那就是“史、地、诗词是一家”，铺垫必要的历史和地理知识能够帮助学生打破时空的阻隔，引领学生有效展开与古诗词的对话，更好地理解古诗词并提高古诗词鉴赏能力。

一、实例举证，“史、地、诗词是一家”

请先看以下两则例子。

唐代杜甫的《绝句》：“两个黄鹂鸣翠柳，一行白鹭上青天。窗含西岭千秋雪，门泊东吴万里船。”如果老师不去了解古诗的创作背景，很可能就会把这首诗当作一首写景诗，读读背背即可。但如果我们去了解一下诗人的创作背景，就会知道，当时由于“安史之乱”，杜甫一度避往梓州，第二年，叛乱得以平定，杜甫回到了成都草堂。他看到从东吴（古时吴国领地，今江苏省一带）到成都的交通已经恢复，一派生机勃勃，便情不自禁地写下了这首即景小诗。整首诗明丽、轻快，是因为诗人心里高兴。那么在指导学生朗读时，老师就可以以讲故事的方式把这段历史背景铺垫一下，这比生硬地指导“大家语气再轻快一点儿，再高兴一点儿”，效果好得多。

李白的《早发白帝城》：“朝辞白帝彩云间，千里江陵一日还。两岸猿声啼不住，轻舟已过万重山”。这首诗的创作背景是，李白流放途中西行至巫山时遇赦，他惊喜交加，随即乘舟东下江陵。从白帝城（今重庆奉节）到江陵（今湖北荆州）约1200里，可是李白却认为“朝发白帝，暮到江陵”，空间之远和时间之短形成了鲜明的对比。教学时，我就是抓住“千里”与“一日”这一矛盾冲突点，让学生充分地交流讨论，想象诗句的画面，再关联作者自身经历，抛出问题：“你们什么时候也有过这样的体验?”于是，学生在老师设计的“语境”中学诗词、悟诗情，古诗的朗读此时也无须指导了，学生理解了，自然能读出诗人内心之愉悦。这样的学习自然深刻。

由以上两个案例，我们可以发现：古诗词的学习如果仅仅是读准字音、理解字词意思、了解诗人表达的情感，还不能说是真正学懂了这首诗。如果能补充、铺垫必要的史地知识，史、地、诗词三者有效联动，打通诗词和学生之间的通道，在“语境”中学诗词、悟诗情，学习会更高效。

二、史、地、诗词，三者有效联动

1. 史地知识，提供背景支撑

教学杜甫的《春望》，如果想要学生真正读懂这首诗，那补充创作背景知识就非常必要。这首诗写于“安史之乱”时期，当时杜甫被叛军抓住，关押在长安一年之久。在关押中，他便写下了这首忧乱伤春之作：“国破山河在，城春草木深，感时花溅泪，恨别鸟惊心……”

战火连天的长安，早就没有了昔日的繁华，本是春意盎然的春天，此时却杂草丛生。虽然花儿开了，花瓣上沾着晶莹的露珠，本是很美好的事物，被关押的杜甫此时却觉得仿佛是花儿在流泪，鸟儿也在担惊受怕……因为叛军毫无人性，肆意杀戮老百姓，此时的杜甫也如惊弓之鸟，提心吊胆，他不知道他的家人是否还活着，他的命运又将如何……有了这样的史地知识铺垫，学生学习这首诗就会设身处地，感受其情。老师以讲述故事的方式铺垫背景，比一句句单调地去解读诗句来得更加自然而生动。

2. 史地知识，指向内容补充

杜甫有一组著名的写景诗《江畔独步寻花》，三年级上册的语文教材收录了其中一首（其六）：“黄四娘家花满蹊，千朵万朵压枝低。留连戏蝶时时舞，自在娇莺恰恰啼。”

这组诗创作于杜甫定居成都草堂之后。杜甫从长安逃离出来以后，一直过着颠沛流离、穷困潦倒的生活，最终来到了四川成都。他在浣花溪畔建了草堂，暂时有了安身的处所，虽然这只是一间简朴的草堂，但此时的杜甫已经非常知足了。于是，他心情大好，写下了著名的《江畔独步寻花》这一组诗。此时的杜甫，看到美丽的花儿，听到鸟叫声，再也不觉得是花儿在流泪，鸟儿在担惊受怕……“一切景语皆情语”，诗人心境不同，看到的景色便大相径庭。古诗词借景抒情，以景寓情，对景物的描写其实旨在表达内心情感，因此，这首写景诗藏着作者愉悦欢喜的情感，朗读应该是轻松、快乐的。

3. 史地知识，指向情感融合，彰显价值观引导

青年时期的杜甫曾有一段漫游经历，那时的杜甫潇洒不羁，对未来充满了信心，身上充满了浪漫主义色彩。著名的《望岳》便是他漫游齐赵时写下的。读这首诗，可以充分感受到他的凌云壮志——“会当凌绝顶，一览众山小”，他的自信、他远大的政治抱负在诗句中一览无余。

学这首诗时，我鼓励学生联想其他诗人表现伟大抱负的诗句。学生们立马就想到了以下诗句，如李白的“天生我材必有用，千金散尽还复来”“乘风破浪会有时，直挂云帆济沧海”；文天祥的“人生自古谁无死，留取丹心照汗青”；辛弃疾的“了却君王天下事，赢得生前身后名”……这些诗句与诗人的人生经历密切关联，与其刻板地去解释意思，进行思想教育，不如在课堂中自然地铺垫史地知识，以讲故事的方式补充介绍诗人的经历。这样的教育方式育人于无形，然后在反复的诵读中，学生自然能够感受到诗人的坚毅刚强以及远大的政治抱负和胸怀，从而激发爱国热情，树立正确的人生价值观。

4. 史地知识，指向方法习得，迁移运用

五年级上册的语文教材中有杜甫的《闻官军收河南河北》，这首诗是杜甫生平第一快诗。这首诗中有很多地名，比如剑外、蓟北、巴峡、巫峡、襄阳、洛阳等。教学时，我先让学生找出这些地名，然后跟学生“拎清”地名，让他们了解这些地名背后的深意，并把“剑外忽传收蓟北”的历史背景讲给学生听，有了这些史地知识的铺垫，学生再来理解这首诗，理解杜甫的家国情怀就事半功倍，水到渠成。而且通过这首诗的学习，学生也习得了学习古诗词的一种方法——在学习古诗词时，不要小看人名、地名，对这些人名、地名多一些了解，能够更好、更准确地理解古诗词。当天的作业，我就布置学生用这种方法拓展学习王昌龄《从军行七首》（其六）。

教学中，我们要善于捕捉契机，巧妙整合资源，有效地引导学生进行方法的迁移运用，提高他们学习和鉴赏古诗词的能力。

三、把握史地知识应用准则

在古诗词教学中，史地知识的巧妙切入，可以帮助学生拉近与古诗词、诗人的距离，更好地读懂诗词，但也需要把握三个基本应用准则，那就是适时、适度、适切，既不能一读而过，流于形式，也不能喧宾夺主，偏离主题。

1. 史地知识切入要适时

“适时”主要指铺垫史地知识要看时机。比如教学边塞诗时，就会涉及唐宋边境之扰，诗词中提到的地名就很有代表性，比如玉门关、阳关等，这些知识点是学生的认知盲区，那么就要提前对学生的“认知空白处”做好预设；如《闻官军收河南河北》中杜甫的“喜欲狂”，他的这种喜悦要想让学生充分感知，就必须让学生了解杜甫的个人经历与他的家国情怀，否则，学生对这种“喜悦”的感知就会停留在表层。所以，老师对学生“情感淡漠处”也要有预设，适时切入史地知识，才能丰富学生的精神世界，体会到诗词所蕴含的丰富情感。小学生的思维特点决定了他们对感性的、具体的内容更容易理解，所以，我们要找准切入的时机，精准投放，才能加深学生的阅读感悟，训练学生的思维能力。

2. 史地知识切入要适度

史地知识的铺垫也不是越多越好，要掌握一个合适的“度”，否则变成资料堆积，信息量太大，会对学生造成认知压力，他们反而会“拒绝”接收信息，正所谓过犹不及。

比如二年级下册语文教材中的李绅的《悯农》（其二）：“春种一粒粟，秋收万颗子。四海无闲田，农夫犹饿死。”引导学生理解“粟、闲田”后，我直接抛出“矛盾”：四海之内没有闲置的田地，为什么农夫们还饿死了呢？然后，将杜甫的诗句“朱门酒肉臭，路有冻死骨”和“四海无闲田，农夫犹饿死”相结合，孩子们对当时的唐代社会就有了初步的印象：底层劳动人民生活非常困苦，备受欺压。这首诗的教学我仅关联相关诗句，简单补充一些背景知识，而没有过多地做铺垫，因为教学对象毕竟是二年级学生，教学一定要切合学生的认知特点和理解能力，做到深入浅出。

3. 史地知识切入要适切

“适切”主要指铺垫的形式要去资料化。在诗词教学中，我们常见的做法是把诗人简介和创作背景放在 PPT 中显示出来，然后老师念一遍或者指定学生读一遍。其实，这样的呈现方式，学生并不会买账。因为这样的信息传达是干巴巴的、没有温度的。多年的教学经验告诉我们：越重视知识讲授的课堂，学生越不喜欢；越轻松自然、幽默风趣的课堂，学生越喜欢且对学习充满了兴趣。因此，教师备课时要钻透文本，做好文本解读，做好预设工作，这样课堂上的史地知识切入才会自然、精准，用一种非刻意的方式让学生自然而然地融入语境中学习。

“史、地、诗词是一家”，不可分割。如果在古诗词教学中加上一些史地知识作佐料，将古诗词教学过程设计得更加叙事性一点儿，让学生仿佛在经历诗人所处的年代和生活，我想学生应该更能读懂诗词，读懂诗人通过诗词所传达出来的感受和情感，也会更加热爱古诗词。

（长沙市天心区天鸿小学）

初尝板块教学　重组习作单元

——论习作单元的整体教学新法

杨文娟

摘　要：习作单元整体教学如何展开新的模式，以达到更高效、更全面的教学效果？本文尝试采用板块教学模式，重组单元课文，以五年级下册语文教材中的习作单元为例，进行深入研究。主要采用“选取典型事例”“突破细节描写”“关注侧面描写”这三个板块进行教学尝试，实现了习作单元教法的全新尝试。

关键词：习作单元整体教学；板块教法；写人习作

习作教学一直是语文教学中的老大难问题，统编教材加大了习作比例，中高年级每册教材中编排了一个习作单元，习作单元的整体教学成为一种全新的教学尝试。

五年级下册的习作单元是一个很好的研究范例。这个单元编排了两篇精读课文《人物描写一组》《刷子李》、两篇习作例文及习作，单元语文要素要求学生能初步运用描写人物的基本方法，尝试把一个人的特点写具体。

可是教师该如何正确把握习作单元，找准策略进行整体教学呢？

一、初想——梳理统编教材

以写人的习作单元为例，在教学设计时，将统编语文教材中的所有写人类习作进行梳理，见表1。

表1　统编语文教材中的写人类习作

级、册、单元	表达要素	习作话题	习作要求
二下第二单元		一个好朋友	写一写你的好朋友，他是谁？长什么样子？你们经常一起做什么
三上第一单元	体会习作的乐趣	猜猜他是谁	选择一个同学，用几句话或一段话写一写他。你选的是谁？他有哪些特别的地方？选择一两点写下来。写的时候，注意开头空两格
三下第六单元	写一个身边的人。尝试写出他的特点	身边那些有特点的人	由“小书虫”等形容人的词语想到了谁？为什么会想到他？围绕这几个问题，选一个人写一写。写完后取个题目，用上表示人物特点的词语，如“家有虎妈”
四上第二单元	写一个人。注意把印象最深的地方写出来	小小“动物园”	想一想：你的家人和哪些动物比较像？什么地方像？每天生活在这个“动物园”里，你感觉怎么样？给家里的每个人都写上一段

续表

级、册、单元	表达要素	习作话题	习作要求
四下第七单元	学习从多个方面写出人物的特点	我的“自画像”	向新来的班主任介绍自己。写之前想一想：你的外貌有什么特点？你的主要性格特点是什么？你最大的爱好和特长是什么？你还想介绍自己的哪些情况？可以用什么事例来说明
五上第二单元	结合具体事例写出人物的特点	“漫画”老师	想想你的老师在外貌、性格、喜好等方面有什么突出的特点。再选择一两件能突出其特点的事情来写
五下第四单元	尝试运用动作、语言、神态描写，表现人物的内心	他____了	生活中谁陶醉、感动、生气、伤心、兴奋……的样子让你印象深刻？把题目补充完整。回想一下，当时发生了什么事？事情的前因后果是什么？把这件事写下来，特别要把这个人当时的表现写具体，反映出他的内心
五下第五单元	初步运用描写人物的基本方法，尝试把一个人的特点写具体	把一个人的特点写具体	选择一个人把他的特点写具体，可以选取最典型的事例来表现人物的特点。写的时候，运用本单元学过的描写人物的方法，把人物的特点写具体
六上第八单元	通过事情写一个人，表达出自己的情感	有你，真好	看到“有你，真好”这句话，你想到了谁？为什么觉得有他“真好”？哪件事或哪几件事让你感触比较深？当时的场景是怎么样的？把事情写具体，融入自己的情感

通过分析表 1，我们发现了教材内关于写人类习作编排的内在规律。一是话题有维度，9 个习作话题分别涵盖了好朋友、同学、自己、家人、老师、身边的人。这些话题贴近学生生活，易于激发学生习作的兴趣，让学生有话可写、有话想写。二是训练有梯度，从三年级开始体会习作写人乐趣的“乐写”，到四年级学会多方面写人的“能写”、五年级运用方法的“会写”，再到六年级能通过写人表达自己情感的“写好”，9 次习作训练将“写人物特点”一贯到底。

而五年级下册的写人习作更是 9 次训练中唯一一个以习作单元进行整组教学的，五年级的学生通过逐步积累，已拥有一定的写人技巧，同时有能力去提升表达技法。

二、细探——重组单元板块

强化提升学生的习作素养，一定要对当前的教学方式进行创新与改变，所以，对习作单元教学进行探究、实施对课程资源的有效利用是非常有必要的。

1. 定位单元各项内容

表 2　五年级下册写人习作单元内容

分　类	数　目	定　位
导语	2 条	明确语文要素、习作要求
精读课文	2 篇	学习表达方法
交流平台	1 个	梳理总结表达方法
初试身手	1 次	尝试运用表达方法
习作例文	2 篇	进一步感悟、积累经验
习作	1 篇	呈现本单元的学习成果

通过表2，我们可以看出整个单元从学习方法、梳理方法、尝试运用方法、进一步感悟，再到最后呈现，各项内容联结在一起，是一个有机的整体。而交流平台是与精读课文相勾连的，融汇了两篇课文的写作难点，它的着力点是梳理和总结精读课文的习作要素，因此，我们先对交流平台进行了研读与分析。

经过反复研究，我们关注各项内容之间的联系，重视单元整组把握，适当调整了教学顺序，决定采用板块式教学。

板块一：选择典型事例；

板块二：突破细节描写；

板块三：关注侧面描写。

2. 制定板块教学操作图

板块式教学的篇目又该如何重组，重组后是否能将单元习作化难为易，循序渐进地解决学生在习作中遇到的问题？我们提取精读课文，以它们为载体，尝试调整教学顺序，去习得方法，就有了表3的板块教学操作。

表3 板块式教学 课时安排

<table>
<tr><th>分类</th><th>内容</th><th>板块</th><th>课时</th><th>教学内容</th><th>呈现形式</th></tr>
<tr><td>通读感知</td><td>精读课文</td><td></td><td>1</td><td>人物描写一组：《刷子李》</td><td>提前自学、预习、采用学习单</td></tr>
<tr><td rowspan="5">读写推进</td><td rowspan="5">精读课文</td><td>板块一：
选择典型事例</td><td>1</td><td>人物描写一组：《两茎灯草》《刷子李》</td><td>初试身手+链接习作：观察你周围形形色色的人，列出典型事例表现他们的特点</td></tr>
<tr><td rowspan="3">板块二：
突破细节描写</td><td>1</td><td>人物描写一组：《摔跤》</td><td rowspan="2">初试身手：课间十分钟，观察一位同学，用动作描写写一写他</td></tr>
<tr><td>1</td><td>人物描写一组：《两茎灯草》</td></tr>
<tr><td>1</td><td>人物描写一组：《他像一棵挺脱的树》</td><td>初试身手：课间十分钟，观察一位同学，用外貌描写写一写他</td></tr>
<tr><td>板块三：
关注侧面描写</td><td>1</td><td>《刷子李》</td><td>初试身手：课间十分钟，观察一位同学，用侧面描写写一写他</td></tr>
<tr><td rowspan="2">例文习得</td><td>交流平台</td><td></td><td>1</td><td>交流平台</td><td></td></tr>
<tr><td>习作例文</td><td></td><td>2</td><td>《我的朋友容容》
《小守门员和他的观众们》</td><td></td></tr>
<tr><td>习作实践</td><td>习作</td><td></td><td>2</td><td>形形色色的人</td><td></td></tr>
</table>

单元教学先安排一个课时的通读感知，布置学生提前预习，课前和课堂都采用学习单的形式进行反馈呈现。而后再进行读写推进的三个板块教学，尝试攻破习作单元难点。根据习作突破点设计开展相对应的小练笔，并将小练笔穿插于每个板块教学之后，匡正并夯实学生习得的写人技法，为后面教学的落实打下基础。进而利用交流平台进行梳理总结，在习作例文的学习时，让学生进一步习得方法，最后进行习作实践。

三、巧施——尝试板块教学

1. 板块一：以例释教——选择典型事例

本板块链接《两茎灯草》和《刷子李》，两文中经典的选材直击人物特点，让读者记忆深刻。在课文的组合教学中，采用经典人物形象导入的方法先激发学生的兴趣，再引导学生感悟人物的鲜活形象都是在一个个典型的事例中烘托而出。

本板块我们突破三个教学难点。

“准”——这是学生能较好把握的一个点，选择了准确的事例，文章就成功了一大半。

“小”——在严监生家财万贯的背景下反衬出两茎灯草的“小”，在刷子李黑裤子上的一个白色小点上同样描绘了典型事例选取之面的“小”。

“变”——临死前的严监生久久不得断气的原因是众人因两根手指的纷纷猜测，这极富变化起伏的情节，为人物吝啬形象的塑造增添了不可缺少的力量。而《刷子李》中同样采用变化的情节，使得刷子李技艺高超的形象在情节的变化中丰满起来。

教学后，链接“习作”中“叔叔记忆力超群”的事例选取练习，通过举一反三，学生试用课堂上所学的“准、小、变”，讨论交流，让事例选择更能突显人物形象。

2. 板块二：身临其境——突破细节描写

本板块链接三篇典型课文《摔跤》《他像一棵挺脱的树》《两茎灯草》，这三篇文章在细节描写上的侧重点各不相同，因此又分为了“动作描写”和“外貌描写”来教学。

动作描写——重点讲解《摔跤》及《两茎灯草》，其中《摔跤》通过品读一系列的人物动作，学生在丰富的表达中感受小嘎子的机灵和胖墩儿的沉稳老练。课堂上策划组织一个情景再现活动，让“表演者”和“观演者”都能融入课文的情景中，引导学生思考这两个人的动作描写能不能换。紧扣学生的回答进行评价，进而让学生发现写作的奥秘：不同个性的人有不同的动作表现，人物那些连贯的动作要能集中并准确地体现人物特点，这就是第一种动作描写手法——连贯动作准确写。

《两茎灯草》中有一段非常经典的动作描写，严监生临终前只因点了两茎灯草，所以便伸着两根手指头不肯垂下。我们可以引导学生充分感受“伸着两根手指”这一动作描写的奥秘：通过旁人的不断猜测和严监生的同一动作之间的互动，品悟他吝啬的个性特点，一次次将“两根手指”的动作逐步放大，守财奴的形象便逐步刻画得入木三分，从而呈现第二种动作描写的手法——重点动作放大写。

动作描写设计了两个课时，每节课后都马上链接“初试身手”的第一题：课间十分钟，观察一位同学，分别用两种动作描写的手法去写一写他。

外貌描写——着力于《他像一棵挺脱的树》，老舍对车夫祥子的外貌进行了细致刻画，简洁的语言使一个历经艰辛的青年形象跃然纸上。在品读中，引导学生去发现作者并非只抓了常规外貌描写中的眼耳口鼻，还选取了最能体现人物特点的独特外貌来集中描写，例如“铁扇面似的胸”“直硬的背”“出号的大脚”等。通过这一系列独特而集中的人物外貌来反映人物特点，提炼出人物外貌描写的方法——独特集中写。

而后再次带领学生精读课文、纵观全篇，文章由祥子的身材入笔，从整体的体格到穿着装束，再到细致的肖像描写，这样依次描写，祥子结实健美挺脱的形象呼之欲出，这正是外貌描写的方法——整体有序写。

课后，走进“初试身手”：观察一位身边同学，用外貌描写写出人物特点。

3. 板块三：循序引导——关注侧面描写

《刷子李》一文既具有选取典型事例的特点，还运用了侧面描写的方法，可谓是一篇宝藏课文，作家冯骥才只选择了一件极富戏剧性的小事来描写刷子李的本领，而这一切是通过徒弟曹小三的视角来完成的。因此，在本板块教学中，引导学生从课文中找出曹小三出现的情节点，同桌合作交流为什么他恰巧在此时出现。学生在交流中能惊喜地发现，原来曹小三的出现是为情节的变化推波助澜的，这不就是侧面描写之推动情节吗?

也正是因为有了曹小三的震撼与心服口服，刷子李高超的技艺才得以淋漓尽致地表达了出来，这样以人衬人的侧面描写手法，侧重在借他人间接写出主要人物特点，引导学生感悟侧面描写还能突显人物。

教学后，继续链接“初试身手”，学生尝试使用本课学习的侧面描写来反映同学个性特点。再次为习作做好铺垫。

4. 板块黏合：自主感悟——发现其他描写方式

有了前面板块教学的铺底和小练笔的实践，再让学生走进习作例文，用学到的方法去进一步感悟，这个教学环节相当于板块黏合剂，它的选文恰到好处地把前三个板块的知识点整合在一起，又能适当地补充其他，让板块更完整。

引导学生借助批注自主阅读，感悟板块教学中收获的方法，在习作例文中再补充性地学习细节描写的方式还可以有语言、心理等。学生是带着生活经历进入课堂的，这两篇文章都是告诉孩子们用身边事讲身边人。而所有的一切教学都指向最终的落脚点“习作：形形色色的人”。

综上所述，本文以语文五年级下册习作单元整体教学为切入点，基于五年级学段、学情特点，进行了大胆的重组教学尝试。从认真研读单元教材为始，进而进行单元各项内容定位，重视单元整组把握，适当调整教学顺序，巧妙运用板块教法，循序渐进地夯实学生习得的写作技法。习作单元整体教学的板块教法的有效开展，强化提升了学生们的语文核心素养，积极提倡自主、协作、探究式的学习，为学生构建了生动而有趣味的语文课程。

这样的教学方式不仅能够对教学内容进行有效整合，对学生的知识面进行拓展，实现语文知识的学习目标，并且对教师在提升素养、探索多元化的教学方式、推动学生核心素养的全面发展等方面提出了更多要求。

（长沙市天心区仰天湖小学）

让略读课文教学“实副其名”

——《在柏林》课例评析

梁 璇

摘 要：部编版小学语文教材最大的特点是构建了“精读”“略读”“课外阅读”三位一体的阅读体系，更加关注阅读能力的培养，强化阅读方法、阅读思维的训练。其中略读课文有它肩负的任务和使命。如何让语文略读教学“实副其名”？教师应该明确教学内容，清楚自己在教学过程中的角色定位，最终把学生引向更为广阔的学习园地，让学生在积极主动的阅读活动中，进行思维的训练，体验情感的熏陶，受到思想的启迪，享受审美的乐趣。

关键词：略读课文；教学；角色定位

部编版语文教科书与原人教版相比，最大的特点是构建了“精读”“略读”“课外阅读”三位一体的阅读体系，更加关注阅读能力的培养，强化阅读方法、阅读思维的训练。虽然每单元只有 1 至 2 篇略读课文，且大部分内容不纳入考试范畴，但不乏一些文质兼美、备受语文教师青睐的略读课文，经过教师深度剖析，精雕细琢，登上公开课、教研课的“舞台”，其教学策略与精读课文教学并无两样。

关于略读课文如何学、如何教，叶圣陶先生在《略读指导举隅》中就有明确的论述，“就教学而言，精读是主体，略读只是补充；但就效果而言，精读是准备，略读才是应用”“精度指导必须纤屑不遗，发挥净尽；略读指导却需提纲挈领，期其自得”。[1]从叶老所描述的精读与略读的对比中可见，略读课文教学内容不必事无巨细，精雕细琢，应该关注学生从精读课文习得的语文知识的迁移。把略读课文当作精读课文来教就违背了教材编写的初衷，是一种“实不副名”的教学。如何让略读课文教学“实副其名”，落实其肩负的任务和使命，是值得一线教师探讨与研究的问题。

本文以部编版语文教材六年级上册的略读课文《在柏林》为例，选择了两位教师的教学课例进行对比分析，一则是我校名师吕淑婷的观摩课实录，另一则是优质教研课实录。仔细对比研究，可以发现后者是传统教研课的代表，即把略读课文当作精读课文来教，教师占据绝对主导地位。而吕老师的观摩课，在教学内容的设计与实施中都打破传统，实现突破，是“实副其名”的略读课文教学课例。吕老师非常明确略读课文教学目标，清楚自己在教学过程中的角色定位，最终把学生引向更为广阔的学习园地，让学生在积极主动的阅读活动中，进行思维的训练，体验情感的熏陶，受到思想的启迪，享受审美的乐趣。下面将结合两位老师《在柏林》一课的具体教学过程探讨略读课文的教学。

一、略读课文教学方法探析

叶圣陶先生说略读的“略”字，一半系就教师的指导而言：还是要指导，但是只需提纲挈领，不必纤屑不遗。[2]换言之，略读教学离不开教师的指导，是教师的导与学生的学相配合，共同完成的教学活动。李志清和孙玉环也明确指出，略读教学不等于略读，光让学生略读是不够的，还要授之以法，循法而学。[3]所以教师在教学过程中要关注阅读方法的指导，让学生习得、掌握和运用阅读方法，自学自悟，这才是略读课文教学的核心。

语文阅读方法教学，一般来说有“鉴赏者取向式”阅读、“语文教师备课式”阅读两种模式。[4]在中小学语文阅读教学中，通常采用的是第二种“语文教师备课式”阅读，即教师企图将自己所习惯的阅读样式和读法“移交”给学生，所谓的培养“阅读能力”就是希望学生达到教师备课的水准。以《在柏林》优质教研课为例，这位教师上课的具体流程如表 1。

表1 《在柏林》优质教研课具体流程

一、激趣导入，揭示课题	1. 谈话激趣，发现不同：《在柏林》与本单元前两篇课文《桥》《穷人》有什么不同
	2. 出示课题，了解背景：介绍二战中的柏林
二、初读课文，整体感知	1. 快速浏览文章，概括小说的时间、地点、人物和事件
	2. 提出问题：故事发生在列车车厢，为什么标题是"在柏林"？ 学生带着问题学习，课尾再进行探讨
三、研读课文，重点探究	1. 剖幽析微——寻找文章的反常之处 （1）火车为什么缓慢？ （2）车厢里为什么尽是女人和小孩？ （3）老妇人的声音怎么会盖过车轮的咔嚓咔嚓声呢
	2. 阐幽明微——探寻结局 （1）学生齐读课文第3自然段。 （2）小组交流，分析老兵的形象。 （3）再读小说开头反常的情境，揭开谜底： 战争残酷，老妇人失去了三个儿子，老兵要上前线，只能把老妇人送进疯人院
	3. 以微知著——感悟战争之痛。 （1）教师出示交流问题，学生分组交流。 ①战争的痛，车厢里的人感受到了吗？ ②战争的痛，你感受到了吗？ （2）再读课文标题，体会其深意
四、语言训练，课堂回顾	1. 课堂语言实践训练。（机动） （1）设身处地想一想，说一说：你想对老兵说什么？ （2）读一读，记一记：与战争有关的古诗词。 2. 教师总结，收束课程：这节课，我们学习了一篇短小精悍的微型小说，感受到了战争的残酷，所以我们要呼吁和平，同时也要更珍惜我们的和平生活

由上表可见，该教师讲《在柏林》的主要环节包括：解题—作者及写作背景介绍—划分段落，概括情节—按程式分析人物形象—分析小说写作特点和语言特色—总结。这就是"语文教师备课式"阅读，也是传统精读课文的主要教学环节。但是，学生在自主阅读中，真的能够达到教师备课的阅读能力吗？答案显而易见，别说是小学生了，就是我们老师自己在阅读的时候，也不会按照这样的模式去阅读一篇文章，那么，我们为何要在课堂教学中对这种模式趋之若鹜呢？因此，我认为该老师在阅读方法的教学上不免有点儿落入俗套。

作为对比，吕老师在这一点上略胜一筹，她重点关注了学生的阅读取向——阅读能力与阅读方法的培养。中小学生因语文经验不足而通常有差异的异态阅读取向，甚至有时是"为阅读而阅读""为考试而阅读"的"变态"阅读取向。[5]如何让小学生回归阅读取向的常态，教师要有明确的认知，拿《在柏林》来说，就是要让学生把它当作小说来读。尤其是对于小学生，第一次接触小说，就更应该引导他们区分小说与故事、记叙文的不同之处。吕老师的教学始终没有离开"情节、人物、环境"小说三要素，详见表2吕老师的教学流程。

表2 《在柏林》吕老师教学流程

一、初识战争	1. 战争让你想到了哪些词语
二、多情节	1. 自由朗读课文，读完后，以四人小组的形式合作完成学习单上的第1题（概括主要情节）
	2. 一组学生分享捕捉到的情节点，其他同学补充

续表

三、小视角	1. 默读课文，完成学习单上的第 2 题（谈谈印象最深的画面）
	2. 学生汇报，可以抓住一个画面详细说说
	3. 教师概括：透过小视角，聚焦小人物，书写大时代
四、情绪奇	1. 摆一摆：学生通过摆放情节的高低起伏来表示阅读时的心情
	2. 关键情节：车厢里一片寂静，静得可怕。——让人感受到“悲伤”的情绪
五、巧构思	1. 点评结尾：一切戛然而止，短短 11 个字的结尾带来巨大的震撼和无尽的思考
	2. 总结全文：文章正是通过丰富的情节、微小的视角和巧妙的构思才使小说源于生活而高于生活
	3. 推荐阅读：课有尽，而学无涯，推荐阅读《铁丝网上的小花》

通过学习单第 1 题思维导图的训练，学生可以梳理出课文的情节；让学生谈谈印象深刻的画面，其实是让学生结合特定的环境去思考人物。这与记叙文中从人物的外貌、动作、神态、语言等分析人物形象的取向是截然不同的，显然，吕老师很好地注意到了这一点。

明确了学生的阅读取向之后，吕老师在阅读方法的教学指导上也就水到渠成了。走进吕老师的课堂，可以看到，学生很“忙碌”，自主学习、讨论、展示占据课堂大部分时间，每一环节的设置都建立在学生充分思考、讨论的基础上，方法看似有些舍近求远，让学生兜了很大的弯子，在迷雾中摸爬滚打，殊不知“山重水复疑无路，柳暗花明又一村”的喜悦让人印象更为深刻。吕老师看似给学生使了各种“绊脚石”，这些“绊脚石”却正是学生掌握阅读方法需要认真思考和突破的难题。所以，学生看似在杂乱无章、漫无边际地摸索，但最终都会回到教学的正轨上来，因为吕老师整堂课一直紧握着一根无形的线——小说的阅读方法。由于阅读方法与阅读取向是一致的，每种文体都有特定的阅读方法，例如记叙文从六要素出发，说明文要分析说明对象和说明方法，议论文要关注论点、论据和论证过程，所以吕老师在明确了学生的阅读取向之后，就可以非常清晰地指导学生掌握阅读方法，这也是课堂“乱而有序”的秘密。

二、教师在略读课文教学中的角色定位

新课标指出：阅读教学应引导学生钻研文本，在主动积极的思维和情感活动中，加深理解和体验，有所感悟和思考，受到情感的熏陶，获得思想的启迪，享受审美的乐趣。[6]毫无疑问，阅读教学中学生才是唱主角的，他们的阅读体验是别人无法给予和替代的，而教师的任务是激发学生的学习主动性和积极性，“以学定教”“顺学而导”才是略读课文教学的正确打开模式。教师根据学生的原有知识水平，并以此为基点，针对学生不明白的地方进行引导，对学生的兴趣点、兴奋点进行引导。[7]教师扮演着课程的设计研发者、积极推动者和引导者的角色。如何做到既能启发引导学生，把语文知识传递给学生，又不剥夺学生的主体地位，这需要教师的匠心独运、精心谋划，所以说，略读课文教学更能体现一位语文教师的专业素养，巧妙的情景设计、适时的点拨，也会成为略读课堂的亮点。吕老师在《在柏林》的教学中充分扮演了这三个角色，所以教学过程中有两个非常突出的亮点。

第一个亮点是教学设计不按常理出牌，出人意料。现在很多教师都抱怨学生越来越不爱听课，不爱学习，把责任都归结到学生的头上，殊不知，学生很聪明，对老师的上课套路摸得一清二楚，久而久之就产生了“审美疲劳”。吕老师在课堂导入时，首先板书“战争”二字，让学生说一说联想到了哪些词语，同学们根据自己的阅读经验，在“战争”二字的右边写枪林弹雨、血流成河、炮火连天等词语。这既调动了学生参与的积极性，同时也为下文的分析埋下伏笔。当学生研读完整篇课文后，吕老师再次回到“战争”二字，让同学们描绘从文中看到的画面，没有枪林弹雨、血流成河，而是身心的双重摧残、家庭支离破碎……与开篇导入形成鲜明的对比，并极大地渲染了战争给一个家庭带来的灾难，推而及之是无数个这样的家庭的灾难，使得今日享受太平的学生读后仍心有余悸，带来巨大的心灵震撼，认识到战争在剥夺人生命的同时，也无情地将人们的精神摧毁。我们可以从最初热闹的课堂到最后教室的鸦雀无声中，感受到学生心理的变化，吕老师把这篇课文送进了同学们的心里。

第二个亮点是对文章写作手法的高度精准概括。当前一线教师的通病就是捧着一本教参走天下，教师用书就是教学活动的指南针，它说往哪里走，绝不偏离丝毫。这种照本宣科的教学，是教学的常态，也是教学的病态，试想，一个没有独立思考和鉴赏能力的教师又怎么能培养出思考和鉴赏能力健全的学生呢？《在柏林》这篇小说篇幅仅400多字，作者奥莱尔避开了枪林弹雨、战火纷飞的血腥战场，独具匠心，从战争的后方截取了一个令人刻骨铭心的场景，吕老师从文本挖掘出“多情节”“小视角”“构思巧”三个特点，作为这堂课教学设计的三个重要落脚点，看似简略，却并不简单，这背后是老师钻研文本、深思熟虑、精心提炼的心路历程，也体现出一位优秀教师的专业素养。所以，这篇略读课文教学看似简约却不简单，学生粗知却不浅知。

三、重视略读课文的拓展与迁移

略读课文的教学就是在教师的指导下，学生尝试运用精读课习得的方法自主阅读，并适度向课外拓展、延伸，最终实现向课外完全独立阅读的过渡。[8]所以略读课文教学中，教师要引导学生从不同的角度去理解课文，利用相关的文献资料，丰富学生的认知，并就课文的内容，引发学生进一步的探索兴趣。在吕老师的《在柏林》教学中，最后引用了大量的历史数据来告诉同学们这到底是一场怎样的战争，20亿人卷入战争、9000万伤亡、2200万平方千米作战面积、61个国家数以万计城市变为废墟……一个接一个的数字叩响着他们的心灵，让他们对这场战争有了深刻的认识，同时也激发学生深入了解和探索的好奇心，最后推荐学生课后阅读《铁丝网上的小花》。吕老师的教学视角并没有局限在这一堂课，而是打造了一座联系课外阅读的桥梁，把孩子引向更为广阔的阅读天地，正如吕老师在课堂结束时所说：“课有尽，而学无涯。”

参考文献

[1][2] 叶圣陶. 叶圣陶语文教育论集[M]. 北京：教育科学出版社，2014：14-16.

[3] 李志清，孙玉环. 浅谈略读课文的教学[J]. 延边教育学院学报，2009（5）：122-123.

[4][5] 王荣生. 语文课程与教学内容[M]. 北京：教育科学出版社，2015：80-82.

[6] 中华人民共和国教育部. 义务教育语文课程标准[M]. 北京：北京师范大学出版社，2012.

[7] 顾优女. 提升小学略读课文教学有效性策略研究[J]. 浙江海洋学院学报（人文科学版），2012（3）：91-94.

[8] 朱文君. 略读课文，教给学生什么[J]. 小学语文，2008（10）：25.

（长沙市开福区清水塘北辰小学）

青生于蓝，写在于导*

——全程导写让表达成为生命的常态

肖勇胜

摘　要：写作教学一直处在高投入低效率的状态，是语文教学中的最薄弱的环节。学生写作中存在着文体结构混乱、语言空洞华丽、套路程式化严重、缺乏鲜明个性、主题不明且深度和新意匮乏等突出问题。这些问题不解决，必将阻碍学生写作能力的提高，甚至影响语文能力全面发展。“夫青生于蓝，绛生于蒨，虽逾本色，不能复化。”写作教学也应“反归真，回归自然”。语文教师应为学生创造一个言语表现的平台，通过师生间的交流，培养学生的言语个性和精神创造力，使写作教学成为主体间的言语生命的互动，让写作成为生命的一部分。

关键词：写作教学；言语个性；生命常态

刘勰在《文心雕龙》中写道：“夫青生于蓝，绛生于蒨，虽逾本色，不能复化。”我们的写作教学也应该“反归真，回归自然”。人是伴随着啼哭来到这美好世界的，这一声啼哭也是言语的表达，而且是同一个意思，那就是：你好！全世界！我来了！我们的原始生命里本身就具有言语表达的意识，表达是生命的一种常态。在当代语文教学中，写作教学一直是一门重要的学科。小学开始，我们的学生就要学习作文，从最初的三言两语，到完整地记述一件事情、讲述一个道理。在这个逐渐深化的过程中，学生经历了形象思维以及逻辑思维的广泛训练。写作是一门应用性很强的学科，为什么我们重视了语言文字的运用，可这种与生俱来的言语表达意识在大部分学生中无法激发，并在学习与生活中难以焕发出它应有的活力呢？我想其主要原因是我们自身缺乏这种“表达本位”意识，没有引导学生将阅读、生活、表达三者有机融合起来，而且我们给予学生表达的机会与时间太少太少。

潘新和先生认为，学习写作，目的之一就是使学生不断提高言语表现技能，从而更好地适应言语社会、完善言语人生。写作能够使鲜明准确的观点、感受转化为真实存在的信息，社会中的其他言语主体接收到这些信息，且能够感知、加工，从而达到信息的派生。潘先生重视言语表现技能的同时，也肯定写作的应用性作用，重视言语技巧和技能的习得，认为写作教学的目的之一就是使学生将写作能力更好地应用于社会。除应用性之外，潘先生还重视写作课程对学生思维能力的培养。他认为，写作课程要承担起培养学生逻辑思维、形象思维、想象力、创造力的重任。

近两年，我以部编版小学语文教材为蓝本，开展了“以表达为本位的单元整体教学”尝试，并对课堂教学模式做了些许变革。现在我以部编版语文三年级下册第五单元即习作单元的第二篇课文《我变成了一棵树》为例，来阐述这一课堂模式。我将课堂分为以下三大板块。

一、“爱善表达”——发现问题

言语必然是指向“表现本位”的。“由于书面语境化的文字往往是基于现实语境化的语言之上的，所以语言能力是会向文字能力迁移的，说的能力有助于写的能力的形成。反之亦然，由于书面文字是口头语言的加工与提炼，文字对语言有一定的相关性和包容性，所以，文字能力也会向语言能力迁移，写的能力也有助于说的能力的提高。”[1]所以，在教学实践中，说、写结合是必然的趋势。

我们每两周依据单元的人文主题，每天确定一名学生上台演说，由学生评价，重点引导学生发现其表达内容及形式存在的问题。通过“爱善表达”发现问题——某一问题的论述清楚与否，是否有

* 此文为湖南省教育科学“十三五”规划 2018 年度一般资助课题“基于学生核心素养发展的深度课堂构建与实践研究”成果

条理性，可以看出一个学生的逻辑思维状况如何。用简练的言语论述某一观点，是对逻辑思维的训练过程；评价，是对形象思维的训练。学生表达过程中的动人情节、奇幻想象，无不包含了创造性思维和想象联想的灌注。在执教《我变成了一棵树》一文时，课堂伊始，学生以“奇妙的想象”为话题，在“课前三分钟——爱善表达”环节讲述大家熟知的《西游记》中《三借芭蕉扇》的精彩情节：“孙悟空会72变。有一次他到铁扇公主那儿借芭蕉扇，可铁扇公主不愿意借给他，他灵机一动：手一抖就变成了薄纱似的翅膀，脚一顿便化作了细长的足，再轻轻一转身，全身便冒出了绒毛，呀，为了实现自己的心愿，他竟然变成了一只——小飞虫！……”接着，我引导学生重点评价：孙悟空变成小飞虫的原因是什么？他是怎么变成小飞虫的？学生反思自己的表达，而同学的评价更能帮助他意识到自己表达的优点及存在的问题。这时，我趁势而导：“如果你也会变，你想变成什么呢？为什么呢？你又会怎么来写自己的变化呢？来，让我们走进《我变成了一棵树》，看看作者是怎么来描写自己的变化的。”

写作课的教学目的是多元的，不是单一的。写作课是了解学生思维状况以及锻炼思维敏锐力的最好方式，对思维的训练，可以说是全方位的。“爱善表达”这个环节不仅让学生感受了“变”所带来的乐趣，也唤醒了学生的想象，学生课堂参与热情高涨。学生的内在言说欲望更是在表达和评价的过程中得到激发，问题也自然生成了，为课堂的小练笔“创编自己的想象故事”起到了导向作用。这一环节的设计，能帮助学生走进想象的世界，感受想象的神奇，继而关注自我内心，大胆想象。任何一种事物都只能将它还原到它所处的整体环境当中，而不是孤立地去认识和研究它。

二、依托文本——习得方法

子曰：“不愤不启，不悱不发。”此时介入文本，学生是会带着问题专注去阅读的。我们可以适时引导学生“依托文本——习得方法”。需要强调的是，这里的“方法”不再只是常规的写作技巧与方法，更多的是指写作的内涵与品质。“存在的生命是由存在的写作来完成的”[2]，“不能外化为表现的阅读都是浪费生命”[3]，潘新和先生将不能指向“表现—存在”本位的阅读称为“消极阅读”，将指向“表现—存在”本位的阅读称为“积极阅读”。他反对阅读是一种自给自足的独立能力的说法，认为我们应通过各种方式方法去品读感悟，了解作者为什么要这么写，有何妙处。因为“阅读应该是会在潜意识里改造人的活动，这种活动是不可能不显山露水的，会从人的言行举止中无意识地表现出来”。文本之方法即写作的内涵与品质，主要体现在以下五个方面。

1. 写作动机的激发

写作教学的源泉是激发学生的言说欲。潘新和先生说：“写作教学，在任何时候，唤起、激发与培育言语动机都是首要的。”[4]没有动机，写作便无从谈起，人的言说欲是言语最本质的动机，写作行为发生的主因就是言说本能。在写作活动开始之前，除了获取素材、调动写作情绪之外，教师对学生进行的积极诱导是非常重要的。心理诱导就是老师调动各种方法进行心理引导、明示、暗示和启发，让学生在已有知识结构的基础上进行拓展和延伸，达到由此及彼的课堂教学方法。例如在《我变成了一棵树》的“爱善表达”中，我们引导学生评价发现“为什么要变”，潜移默化地让学生感受到想象是从个人内心的需要与愿望开始的，是与自己的生活相关联的。

2. 写作素养的培养

第一，是写作心智素养，潘新和先生在其编著的《写作：指向自我实现的人生》以及《高等师范写作三能教程》中指出，写作的心智素养包括人格、语言、采集、思维、想象等。人格素养，要做到求真立诚，把心交给读者，养气修己，超越功利的思想；语言方面，强调要通过言语表现培养思维意识，以语感为首要，坚持“辞达”；对于资料的采集，要持有怀疑的精神，善于发现创造；活跃文思，跨越思维的定式；想象方面，要做到新奇与合理的统一。第二，是写作体式素养，“对于写作学习来说，文体感的形成是至关重要的，文体感制约着语感”，[5]语文教学内容包括听、说、读、写这四大部分。因此，体式素养也是根据语文教学的内容来分类的，有文体和语体，一个是书面，一个是口语，其中书面的文体中还包含阅读的体式和写作的体式。在语文教学过程中，切不可混淆每一篇文章的文体，导致忽略每一篇文章的特殊性，因为这种特殊性不仅体现在内容上，更体现在内容的载体——文体上面。

3. **选题**

对于写作教学的方法，潘新和先生提倡从“无”到“有”，他认为写作教学应是言语上的自悟能力，教无定法，但是最终的目标是使学生得到言语能力的提升。最好的教学效果是教师进行言语生命的引领，学生自己悟出其中的道理，而不是技能的传授。在我们的写作教学中，往往重视审题，忽视了教学生如何去“出题”，认为出题都是教师的事、考官的事。这是应试教育带来的不良影响，应付考试，使教师忘记了教作文的根本目的。学生自主命题不仅激发了学生写作的动机和兴趣，同时也训练了学生的逻辑思维和创造力、想象力。当然，完成一次学生自主命题以及作文写作的活动，需要比以往教师试卷命题的写作训练方式投入更多的时间和精力，因此，这种写作培养方式需要师生共同的努力。

4. **读者意识**

写作活动必须包含读者，因为交流与沟通是写作的目的。霍兰德说：“写作要把读者与文本之间的沟通当作己任。”[6]文章为读者而生，写作必须有读者意识。潘新和教授指出，写作行为的进行，必须包含着潜在读者的预设，并且要将这个预设的读者贯穿整个写作过程。即作者本身要将自己假设为读者，对作品进行不断的检验，验证其可读性，设想不同的读者阅读的时候会产生何种不同效果，检验这些效果是否符合自己写作的初衷。

5. **评价方法**

在写作教学中，文章的评价也是非常重要的一个环节，只有接受正确且及时的评价才能达到写作水平的真正提高。教师的评语十分重要。潘新和教授认为，对于文章的整体评价，幼稚的真诚远远胜于成熟的虚伪。也就是说，言语生命的真实体现及原发性，远比奉旨作文的虚假性要珍贵得多。所以，教师应该怀着欣赏的态度去看待幼稚的真诚，鼓励真实的、发自内心的写作行为，让文章写作不再是应付教师作业的一种被动接受的差事，而是同学、自身、师生之间的主动交流。

语文教学将阅读限制在“读懂”或者说知道表层意义这个层面上是没有任何意义的，只有将阅读外化成为言语表现，也就是说写的层面才是有成效的。阅读是学识和学养的积累，言语表现就是基于阅读所积累的学养和学识，最终检测阅读水平的正确方式就是写作。在教学的过程中，应不断发掘学生的言语个性，发掘他们的兴趣所在，发现他们的言语天赋与潜能，使他们能够找到最适合自己的、能得到最大发展的表现方式。

三、运用方法——解决问题

我们没有理由要求学生精通各种写作方式，更重要的是需要精通一种最能发挥自己优点的写作体式。这就要求语文教师不能将写作教学模式化，应当培养独特性，随顺言语生命的自然与自由。20世纪60年代，写作过程化教学产生于美国，学者们多从信息加工心理学的角度来研究写作发生的心理机制和过程。“信息处理”和“问题解决”的过程被看作写作过程，针对这样一种问题解决的形式，Hayesh 和 Flower 等学者提出了写作过程的认知模型，模型的一般结构如图 1。

学生写作的全部过程都在这个模型结构内，学生从大脑中提取有关写作任务的长时记忆：主题、读者和修辞，依据写作要求生成文章的基本思路，在此基础上，组织材料和语言，完成初稿，接着对文章进行述写，之后老师对其进行评价，最后学生结合评价修改。“计划”这栏，学生写作是有教师介入并经过反复修改和完善而成的，活动都是双向的。“复查”项目，“评价”后有“修改”，所以，写作过程化教学就是在学生写作阶段，教师要参与进来并及时传道授业解惑，学生完成初稿后，教师要积极进行评阅，指导学生修改。

课程标准对于语文教育具有总的指导作用，课程标准的更新也意味着语文教学在实施、评价等方面应该随之更新、变化。最新版《义务教育语文课程标准》对比老版课程标准，基本理念没有变，有所改进的是课程目标与内容、实施建议和评价建议。总体目标与内容方面，新课标对于写作提出了明确的要求：“能具体明确、文从字顺地表达自己的见闻、体验和想法。能根据需要，运用常见的表

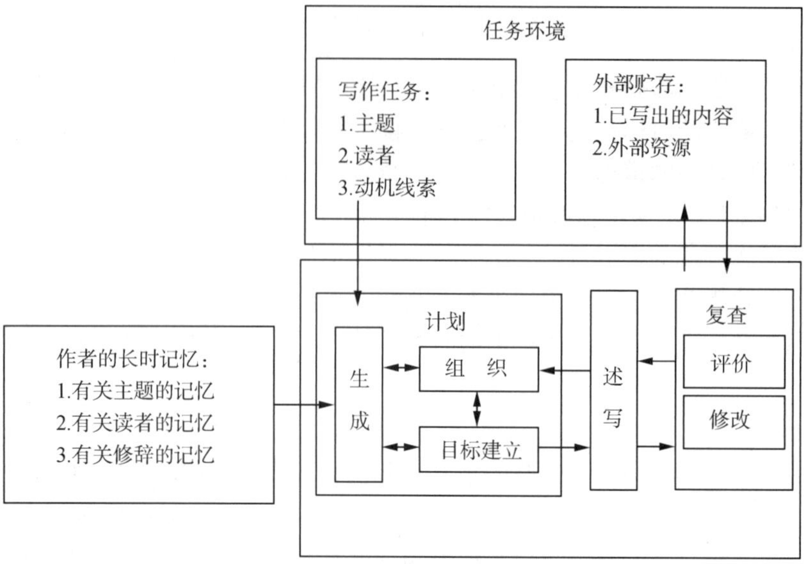

图1 写作过程的认知模型

达方式写作，发展书面语言运用能力。”[7]运用方法，通过“爱善表达”、缩写、扩写、仿写等言语实践活动，形成自己的表达范式。树立写作本位、单元整体的教学观，整个单元总目标的落脚点在于完成与该单元人文主题相互关联的习作。而无论是精读课文还是略读课文，都是竭尽全力去发掘其可用的语文要素来落实单元终极目标。联系生活，尝试表达，在表达中品味生活，在生活中进行表达实践，发现自身表达的不足，这是脚踏实地将生活与言语实践结合的生命常态；以阅读体验者与生活体验者双重身份品味文本写作之法的精妙，这是阅读与生活的架通融合；借鉴阅读中习得的写作之法，在实践中提升自己的表达能力，这是阅读与表达的完美结合。由此，三位一体的充分发展人的言语生命意识的课堂教学模式得以构建。这样的课堂教学模式从一开始就让学生走在语言实践的路上，它给予了学生更多的语言表达的时间与机会，这不仅有助于全面提升学生的语文素养，长此以往，更有助于学生在学习实践中实现从“学会”到“会学”的学习方式的转变。这必将使学生受益终身。

这种模式在实施中有个最大的问题，就是因为教材编排的局限性，有些单元的习作与单元课文的写作能力点关联性不大，教师自己必须用心研读教材，并且发掘文本中隐含的写作方法，应用到表达中来。而这是否符合学段目标、单元目标呢？到底该如何选择适合学情的教学内容与目标呢？这对我们一线老师来说是个大考验。2019年部编教材的使用，恰好解决了这个问题。我们只需要紧扣单元的语文要素，选择合适的内容组织教学，引导学生发现自己表达的不足，从而让学生迫切地、自主地到文本中寻求解决之道，并运用到自己的言语生命实践中来。

潘新和说：“‘以写为本，以素质求发展’的‘大写作’教学观，可望成为语文能力教学层面的主导性观点。”[8]他对语文学科的研究是从写作教育开始的。操作性是语文学科的理论特点，这样的语文学科教学是不能够原原本本地照搬一种理论进行操作的，它需要的是在实践中超越，在操作中建构，从而形成不断发展的理论，这样才是真正的语文学理论。

我们麓谷二小“深度课堂的构建与实践”课题组成员在“以表达为本位的单元整体教学”的基础上继续深入探索，针对这种特殊的习作单元衍生出了这样一个新概念——“学为中心，全程导写”。其大致操作为：我们确立好“学为中心，全程导写”的单元习作教学观，厘清编排意图，确定好单元学习目标，再“观照学情，以学定教”，利用“初试身手”环节，让学生进行操练；教师靶定学情，选好起点，在学情的基础上，“确定内容，学习表达”，老师在这一关键点依据学情进行分级导学，学生迁移学法，尝试运用，多层次修改；在之后的习作环节中，为使学生能达到“主动习作，爱善表达”的高阶目标，教师根据学习目标引导学生对自身作品进行评价，让他们在修改体验过程中，感受生命表达带来的快乐。一篇文章经过多重修改后，学生最终形成成果，达成单元习作目标。在这一过程中，教师“确定目标，选择内容，全程导学”，学生在“听、说、写、读中全程修改”。

“以学定教”“修改即写作”，“将表达实践进行到底”，这是“学为中心，全程导写”的核心理念。

“让表达成为生命的一种常态”，是为了适应人的发展，顺应人的天性，尊崇言语对生命的启发，这就是用活的语言做活的教学，让学生在语文的学习过程中不断确立自我。纵观本次习作单元课程教学，我们从始至终在进行习作实践，全程都在进行有目的性、有针对性的习作指导，评价交流修改更是贯穿整个学习过程。在这种“阅读—生活—表达”三位一体、相互融合的体验式学习过程中，学生习得知识、获得方法，能力得到提升，言语生命活力得以彰显，有了乐于写作的强大动力。在《论语·雍也》中，孔子说：“知之者不如好之者，好之者不如乐之者。”张载亦在其《经学理窟·义理》中论道：“人若志趣不远，心不在焉，虽学无成。”在此动力推动下，我们围绕习作目标进行多样的实践活动，并进行分级导学，引导学生拾级而上，逐步形成自身的习作素养，才真正破解写作之难，走出习作教学之困。

参考文献

[1] 潘新和. 语文：表现与存在［M］. 福州：福建人民出版社，2004：1195.
[2] 潘新和. 语文：表现与存在［M］. 福州：福建人民出版社，2004：538.
[3] 潘新和. 语文：表现与存在［M］. 福州：福建人民出版社，2004：1218.
[4] 潘新和，郑秉成. 言语生命动力学写作教学法的思考［J］. 中学语文教学，2010（4）：4.
[5] 潘新和. 语文：表现与存在［M］. 福州：福建人民出版社，2004：532.
[6] 金元浦. 接受反应文论［M］. 济南：山东教育出版社，1998：354.
[7] 中华人民共和国教育部. 义务教育语文课程标准［M］. 北京：北京师范大学出版社，2012.
[8] 潘新和. 语文：表现与存在［M］. 福州：福建人民出版社，2004：519.

（长沙市高新区麓谷第二小学）

蒙以养正，打下坚实的书写童子功

——二年级学生硬笔书写能力提升的策略研究

黄　健

摘　要： 小学二年级是识字写字的关键时期，也是进行书法教育的黄金时期。如何充分利用这一关键期，整合教学资源，采取有效策略，提高学生的书写能力，提升学生的书写素养？本文结合教学实践，拟从四方面入手：一、引进微课，增强书写意识；二、巧用儿歌，强化书写姿势；三、重视比较，写好基本笔画；四、多元评价，提升书写素养。

关键词： 书写意识；书写姿势；基本笔画

我批改三年级语文抽测试卷，看到学生的作文时，有一个很大的感受：书写不工整，卷面不干净。上初一的学生回校看老师，谈及学习，最大的感叹：哎，书写不好看，语文作文总是得不到高分。家长常说，我家孩子从一年级开始就在培训班学写字，怎么到六年级，字写得还是不尽如人意？耗时花钱，怎么没半点儿效果？也有家长抱怨，孩子在培训班写得一手好字，但在课堂练习、日常考试中，书写又回到解放前，不能把校外培训练字学到的东西灵活运用到平时作业中。鉴于书写在应试教育下的重要作用，越来越多的家长和学生开始意识到书写的重要性。

当下，小学生的硬笔书法书写教学现状并不乐观。虽然2013年年初，教育部推出了《中小学书法教育指导纲要》，将书法教育纳入中小学教学体系，书法在中小学课程体系中获得法定课时。但基于现实，硬笔书法教学没有专门的课程，教学时间也得不到充分的保证。另外，教师缺乏专业的硬笔书法指导素养，或对于硬笔书法教学有认识上的偏差，使书法教学不能落到实处，不能收到很好的教学效果。

《义务教育语文课程标准》中明确提出低年级书写要求："努力养成良好的写字习惯，写字姿势正确，书写规范、端正、整洁。"[1]如何有效实现《课程标准》的要求，如何使硬笔书法教学落到实处，从小培养学生良好的写字习惯，是值得研究的问题，更是有意义的探索。

一、引进微课，增强书写意识

汉字，横平竖直，撇捺舒展，具有无与伦比的美感。汉字，承载的是中华五千年博大精深的文化。了解汉字的前世今生，洞悉汉字背后的故事，就是展开中华汉语文化的长卷，与中国文化精神内核进行一次邂逅。

运用多媒体课件，引进微课，是激发学生书写兴趣的重要途径。如在教学"月字旁"的表意功能时，我这样引入微课。

老师：奇怪了，表示人体部位的字，明明与月亮无关，但为什么是"月字旁"呢？（你知道吗？）汉代王充在《论衡》中说："不学不成，不问不知。"我们一起来看看。

老师：终于明白"月字旁"和"肉字旁"的前世今生了。（出示人体图）请学生找找名称中带"月字旁"的字的人体部位。"月字旁"的字这么多，写好"月字旁"的字也很重要。

一下课，有学生与我交流："'月字旁'和'肉字旁'的小篆书写完全一样，是不是这样写？"也有学生推荐："从《汉字的故事》《汉字树》这两套书中可以知道常见汉字的演变过程，探索汉字的奥秘。"在课堂中，让学生观看微课，追根溯源，感知汉字的演变过程，感受中华文化的博大精深，从而更加热爱汉字，激发学习书法的兴趣。

看到学生兴趣浓厚，后半学期，我利用每周二夕会时间播放汉字微课《想象力汉字》系列视频，每周五夕会时间与学生共同阅读《有故事的汉字》，与他们分享感受，交流质疑。虽每次不到 8 分钟，但学生们看得仔细，听得认真，想得积极。半个学期坚持下来，学生认识了不少汉字，了解了汉字的造字本义，了解了某个偏旁带来的字串。甚至有家长反馈：学生遇到街边的招牌，会有意识地比画，模仿得像模像样，有时还冷不丁提问：为什么会写得这么好看？

耳濡目染中，学生学习汉字，传承文化，感受祖国汉字的魅力，激发了学习兴趣，增强了书写意识。

二、巧用儿歌，强化书写姿势

正确的书写姿势能促进我们的身体健康，让书写活动变得轻松自如。错误的书写姿势，会让人误入歧途，学习效果大打折扣。字如其人，字如其态。塌着腰的人，写出来的字站不起来；趴着写出来的字，一般是歪斜的；紧张的人写出来的字，一般是拘谨的……正确的书写，需要有正确的姿势。

兵马未动，粮草先行；书写在即，姿势先行。在学习写字的初级阶段，我把书写姿势作为教学的重点和难点抓实抓好抓细。在每一次书写前，我向学生传输一个观念：姿势重于笔画！笔画可以写不到位，可以写得不那么漂亮，但书写姿势一定要正确、规范、大方。所以每次写字前，我先要学生复习背诵《写字姿势儿歌》：

学写字，摆姿势。头正肩平脚着地，三“一”原则要记牢。

眼离书本一尺远，胸离桌边一拳远，手离笔尖一寸远。

正确的握笔姿势，讲起来容易，做起来难。在一定程度上讲，这考验着教育者的耐心和毅力。有的学生教过十遍八遍，还是无法掌握；有的家长给孩子购买形形色色的握笔矫正器，作用也非常有限。技巧是在反复训练中形成的，在一遍遍背诵《握笔姿势儿歌》中，学生逐渐掌握了正确的握笔姿势：

拇指食指握成圆，指尖相对不相连；

中指抵在笔杆下，后面两指往里卷。

手腕手指会发力，指实掌虚要牢记。

每天的反复练习，老师和家长反复督促纠正，班级 95% 的学生掌握了正确的握笔姿势和书写姿势。但写了一段时间，有学生抱怨“每次练习久了，手指有些生疼”，也有学生不知道怎么靠手腕用力，全凭手臂挥来挥去。仔细观察，查找资料，我整理出一套“写字手指操”。在写字课前两分钟，我带着学生活动手部肌肉，舒展手部筋骨；有时也在练习过程中律动，缓解书写带来的疲劳。手指操共四节，每节 4×8 拍：

第一节：用大拇指指尖，轮流和四指相碰，先从前碰到后，再从后碰到前；

第二节：双手合十，五指分开，对压指节；

第三节：左手轻抚右手手腕，右手肘碰桌面，手拿铅笔，转动手腕，先逆时针画圆，再顺时针画圆；

第四节：右手放松状态下，顺时针摆动手腕，在空中画横着的数字“8”，再逆时针摆动手腕，画“8”。

书写后坚持做，学生逐渐明白用手腕书写是怎么一回事了。正确的书写姿势、握笔姿势、控笔用力，让学生养成书写前的良好习惯，为写一笔好字，打下了坚实的基础。

三、重视比较，写好基本笔画

一年级学生学习完汉语拼音就直接学写生字，手感没那么好的学生，每个生字写得都不好，要不横不平，要不竖不直，更别说撇捺的舒展。久而久之，学生对书写没了信心。翻看六年级语文试卷，书写存在的最大问题，不是结构章法，而是笔画不规范、不扎实。

低段写字教学的重点在于笔画训练。扎扎实实地写好每一个笔画，弄明白哪种笔画在什么情况下使用（如撇的短撇、平撇、斜撇、竖撇等的区别），是非常重要的事情。写好基本笔画，如同浇筑地基，要耗费相当长的时间。在语文课堂教学中，我经常引导学生书写容易出错的生字；在书法课堂教学中，引导学生学习系统的书法知识和技能，两者互相配合，相得益彰。

在课堂教学中，我经常引导学生观察范字的基本笔画与主笔。

1. 观察范字。这个生字的主笔是什么？书写要注意什么？

2. 观察同学写的生字。这个字，主笔写得怎样？笔画写到位了吗？好在哪里？哪里需要修改？

每天让学生书写 10 分钟，反复练习，反复对比，看看是否有进步。为了更好地巩固书写基础，我在班级开展“基本笔画练习月”活动，精心设计四张基本笔画练习作业，每张练习 7 天，每天练习 10 分钟。一周练习下来，我发现班级中，95% 的学生的横、竖书写规范，但斜捺、平捺的书写存在问题。于是课余，我反复示范平捺：先找好方向，做到能按照“平—斜—平”的方式写出线条，然后把线条调整柔软，最后加上轻重变化。

经过一个月的基本笔画书写月的训练、三个月的课时作业练习，吴欣默同学的测试对比如图 1。

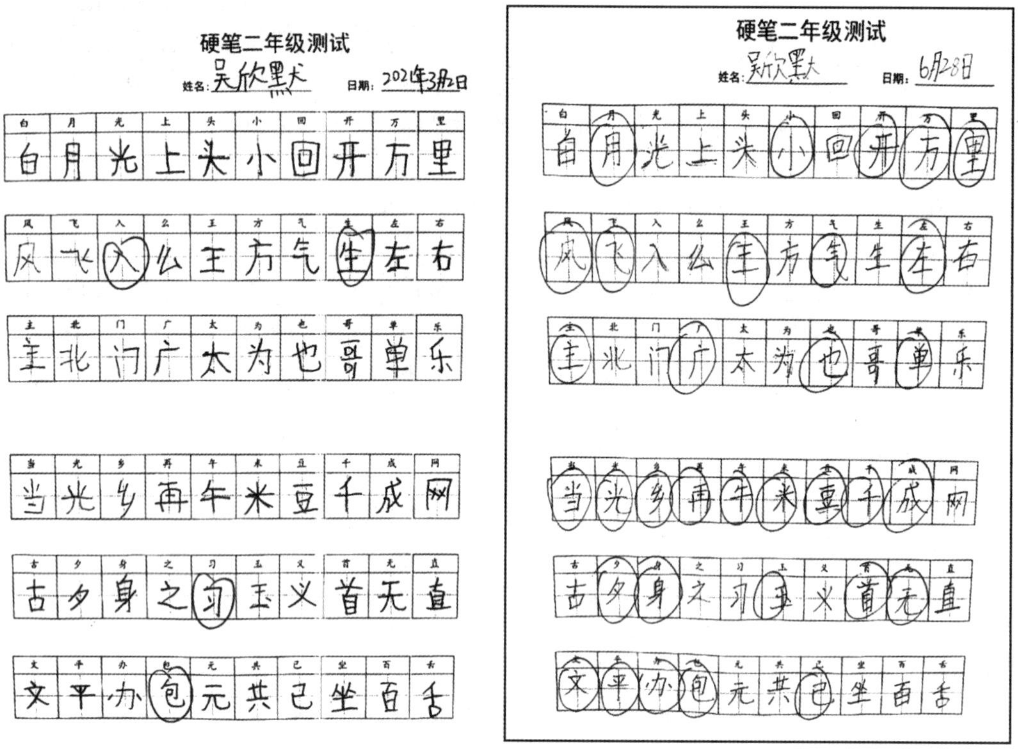

图 1　吴欣默基本笔画书写训练前后对比

2021 年 3 月 2 日开学初的汉字测试，吴同学基本笔画不到位，笔锋不明显，如撇捺和钩画都没有明显出尖，字形偏大，主次关系不明显，主笔不突出。6 月 28 日临近期末的汉字测试，吴同学注意了笔画的长短、顿笔、弧度、斜度、挑锋等，撇捺和钩画有明显笔锋，结构比以前明显紧凑，大部分字收放有明显进步。后期，为了让基本笔画更加灵活自然地书写，吴同学需要增加适当的控笔训练，合体字结体也需要加强练习。

经过一学期的练习，大多数同学不同程度地提高了书写水平，提升了书写技能。

四、多元评价，提升书写素养

由于学习能力、学习态度、学习认知等方面的不同，学生学习书法的效果是不一样的。多元有效的书写评价，有助于激发学生书写的兴趣。

课堂是进行硬笔书法教学的主阵地，有效的评价可以锦上添花。课堂中，我常采取三次评价，授人以渔，强化学生写字要点、写字方法的认知和掌握。第一次评价，教师围绕范字，结合书写口诀、书写要求，指导具体的评价方法，让学生学会自己去评价；第二次评价，由学生根据评价方法，进行小组内合作，在相互评价、合作、探究中掌握评价方法、书写要点，尝试运用书写口诀自主评价；第三次评价，基于前两次方法和经验进行自我评价，根据评价进行二次练写。三次评价，每一次评价在前一次评价的基础上提升，学生在一次次评价中强化对写字规律的认知，掌握写字要领，提升书写水平。

如，在教学笔画“撇”时，引导学生总结笔画口诀（表 1），这既是写字口诀，更是写字方法、评价方法，让学生明白要怎么写才好，怎么写才有美感。

表 1　笔画口诀

笔　画	名　称	口　诀
	竖撇	身体竖直往下行，中部往左拐弯撇出尖
	斜撇	起笔轻顿左下行，身体长长左撇开
	短撇	短小且直左下撇
	横撇	身体像横左撇开
	横折撇	横画停顿左下撇

课外，亲子互相评价、学生互相评价也是重要的评价方式。如，胡益玮、周子健给妈妈批改基本笔画训练。听家长反馈，孩子批改作业仔细认真，指出写得好的笔画，也指出需要改进的笔画。学生当老师，给家长批改作业，在反复评练中，熟悉运用评价方法，提升了书写鉴赏水平。

书写技能是评价书写好坏的一个方面。但写字初期，书写态度、书写审美、书写习惯等也是评价书写的重要方面。有学生由于前期手部精细动作发育一般，书写技巧掌握程度一般，但书写态度好，值得肯定；有学生书写卷面干净整洁，卫生习惯好，需要肯定；家长以身作则，积极配合班级工作，认真练习，令人动容。

每天下发的书写作业纸是活页，在班级“基本笔画练习月”活动中，我开展了“坚持打卡练习”“亲子练习”“封面设计”“整理作业”“书写笔画比赛”等各种活动，以书写为切入点，以点带面，多角度、多方位奖励学生良好的行为习惯，提升学生的能力素养。也以此为契机，指导学生完成封面创作、小小书法家介绍、目录、书写作业、后记等创作、编辑、整理工作，引导学生完成“基本笔画练习”第一本“书”的创作，为后续学生书籍创作、作品整理打下扎实的基础。学生封面设计大赛优秀作品见图 2。

图 2　学生封面设计大赛优秀作品

当然，一手漂亮的书写，结构（如穿插避让、形体变化、疏密分布、收放自如、恰当构图等）、章法（合理规划、整体布局、间距合理等）也是非常重要的。基于学情，二年级的教学重点是基本笔画，笔画练扎实了，才能在后来的书法教学中，引导学生系统学习书法知识和技能；在书写练习中，引导学生感受结构、章法的魅力，一笔好字才能水到渠成。

纸上得来终觉浅，心中悟出方知深。引导学生拥有较强的书写意识，掌握正确的书写姿势，流畅地写好基本笔画，拥有持续练字的兴趣，是我们需要研究的永恒主题。写字教学是一个浩瀚的天地，是一门艺术，还有许多未知的秘密等着我们边实践边感悟边发掘。我相信，只要持之以恒，发现问题，解决问题，总结经验，充分利用提升书写技能的有效策略，我们一定能更好地提升学生的书写素养，同时，学生也能更好地传承中华传统文化，提升文化自信。

参考文献

[1] 中华人民共和国教育部. 义务教育语文课程标准［M］. 北京：北京师范大学出版社，2012.

（长沙市芙蓉区八一路小学）

课前提示语

——语文学习的指路明灯

唐静静

摘　要：小学语文统编教材中高年段的部分课文前出现了学习提示语，这些提示语实用性和趣味性兼备，紧扣孩子现有知识储备，循序渐进，注重孩子知识体系、能力体系的构建，致力于提高孩子的综合素质。针对这些新特点，结合教学实践，我认为课前提示语对教学的启发及孩子自主阅读能力的培养有重要意义。

关键词：统编教材；提示语；课内外阅读能力培养

在课程改革的浪潮下，在新课标的引领下，统编版语文教材（小学段）做了较大调整与修订，而中高年段略读课文中的课前提示语作为新教材的有机组成部分，呈现出了一些特色。与旧版教材不同的是，新教材略读课文的文前几乎都安排了阅读提示语，部分重要的阅读策略单元，精读课文前也多次出现提示语，这些提示语侧重于指导孩子阅读、探索文本的方法，紧扣单元主要学习任务，注重孩子语文能力的养成。这不仅对教师教学提出了更高的要求，也为孩子的学习能力、学习习惯划出了一条更高的标准，无论是教还是学，它都有着非常重要的启示作用。基于这样的编排，教师在教学时应从孩子年段特点、文本特点、能力训练梯度等几个维度入手，准确把握提示语，并以其为基础，设计教学。

一、善用提示语，联系生活，唤醒孩子情感经验，深化对文字的体会

既有生活经验是感受文字的基础。三年级上册的语文教材里有个很好玩的单元，主题是推测与猜想，一共安排了三个故事，第一篇以《总也倒不了的老屋》为推测范例，鼓励孩子顺着情节大胆猜想，在课后题中，又给看似无序的猜想提供了依据，帮助孩子理清自己猜想的思维过程：从自己被别人打扰过的生活经验中猜想老屋不断被小动物们请求的反应；从身边乐于助人的小伙伴猜想老屋会不会拒绝下一个前来的小动物……让孩子们明白，这就是猜想的依据。在此基础上，《胡萝卜先生的长胡子》一文前出现了非常简单的提示语：读下面的故事，边读边想接下来可能会发生什么事情。根据提示语，紧扣“读”和“想”两个关键词，读是想的根基，在教学时，我先指导孩子从读中去发现。故事中的胡萝卜先生吃着小朋友们也都爱吃的果酱面包，也会和小朋友一样把果酱沾到脸上，一下子就拉近了和孩子之间的距离；插图中，胡萝卜先生那长长的胡子飘飘荡荡的，无论是用作小男孩的风筝线，还是鸟妈妈的晾衣绳，都是生活中常见的情景。在人物场景都十分贴近生活的前提下，孩子们自然也就顺着这样的生活场景想下去了。课堂上，孩子们想到用胡子来跳皮筋、跳绳；用胡子来绑头发、拔河；还可以用胡子来绑箱子运货……提示语中没有过多要求，只要读，然后想，没有一个标准答案，一千个读者可以赋予它一千种不同的后续情节，这猜想背后就是孩子们不同生活经验的呈现，这样的自由度，给予了孩子广阔无边的想象天地，也是对前文习得的猜想逻辑的一次实践。接下来一篇《不会叫的狗》，安排了三种结局，孩子们对这样的故事形式感到很新奇，把文前的提示语一读，原来和上一个故事不一样，是要猜结局，结局怎么猜呢？还是指向了读，读完猜完，如何知道自己的猜测是符合故事发展的？教学时一点拨，孩子们就会发现，原来又要回到读上去，在仔细的阅读中去寻找蛛丝马迹，当作自己猜想的依据，读和想紧密相依。细读之后再打开思路，孩子们更加惊奇地发现，原来，故事远不止这三种结局，只要有理有据，自己也能当作家，给故事安排与众不同的结局，进一步巩固了猜想预测的基本方法，落实了本单元的语文要素。

四年级下册第三单元诗歌主题单元也是很好的例子，在系统地学习了三首现代小诗后，《在天晴了的时候》一诗前的提示语中出现了这样的内容："结合自己喜欢的诗句和同学交流读后的感受。有兴趣的同学，还可以用诗的形式写写自己看到过的雨后天晴的景象。"这首诗歌的教学过程中，我便是以提示语为指导，告诉孩子们可以口头交流，和同学谈谈感受，也可以以文字作为窗口，写小诗。我班上的孩子比较内敛，大部分选择以写诗的形式来表达自己对生活的观察和情感，于是这个单元结束后，我顺势让孩子们关注生活中的其他细节，如果有感悟，便可写成小诗。孩子们写出了很多充满童趣又富有哲理的诗句，最后我将这些诗句结集成册，给孩子们出了一本属于他们自己的诗集，这对孩子们来说意义重大。不论是感受交流还是鼓励写自己的小诗，都不是生硬的学习任务，而是在尊重孩子们情感体验的基础上，给孩子提供抒发内心情感的途径。

可见，文前的提示语即使简洁，也重点突出，要完成的能力训练十分明晰，重视之，善用之，是能给教师的教、学生的学指明方向的，将这些提示语和孩子们的生活情感经验关联起来，对提升孩子的阅读感受力可谓如虎添翼。

二、宏观认识提示语，结合孩子现有能力特点，循序渐进，帮助孩子构建相对完整的阅读能力体系

新课标中指出：阅读是运用语言文字获取信息、认识世界、发展思维、获得审美体验的重要途径。具有独立阅读的能力，学会运用多种阅读方法，是小学阶段对孩子们阅读能力的基本要求。[1]根据这一纲领，统编教材中高年段每一册都安排了以培养阅读能力为主要学习任务的阅读策略单元。从三年级的"边读边预测，顺着故事情节去猜想"，到四年级上下册分别提出"边读边从不同角度去思考，并提出自己的疑问""阅读时提出自己的问题并试着解决"，再到五年级"阅读要有一定的速度""学习阅读古典名著的方法"，最后到六年级的"根据不同的阅读目的，选择恰当的阅读方法"，我们不难发现，整个教材的编撰都是基于孩子的年段特点，步步提升，最终构建成一个完整的阅读能力体系，而课文就是这些能力的实践载体，课文前面的提示语，不仅是对本单元已习得能力的归纳，更是对孩子学以致用的提醒与总结。

在整个中高学段，宏观上能感受到对这种能力培养的循序渐进，聚焦到某个年段的某个单元，对文前的提示语进行梳理后，这样的感受更为明确。以四年级为例，上册教材中，首先在单元导读页提出了"阅读—思考—质疑"这个学习框架，接着在单元内第一篇精读课文《一个豆荚里的五粒豆》的开头安排了这样一句提示语："读课文，积极思考，看看你可以提出什么问题。"紧接着第二篇精读课文《蝙蝠与雷达》的提示语进一步促进孩子阅读后的思考："你的问题是什么呢？把它们写下来，和同学交流。"借助文旁的批注、文后预设出孩子可能提出的问题及课堂上同学间的交流，引导孩子关注更有指向性的提问——针对课题和课文内容等不同角度提出疑问。而第三篇精读课文《呼风唤雨的世纪》则在提示语中利用文旁批注和问题清单继续帮助孩子将思维发散开去，把提问的方向延伸到了除内容外的写法、用词、读文后的相关知识拓展等方面。最后，以略读课文《蝴蝶的家》作为实践材料，给出提示语："读文并提出自己的问题，试着给问题分分类，再选出你认为最值得思考的问题，尝试解决。"对思考和质疑提出了更高的要求——有价值。

一条清晰的教与学的逻辑线呈现在眼前，在三年级"推想与猜测"能力的基础上，提问对孩子来说并不是难事，但面对新提出的思考提问要求，如何让孩子完成能力的自然提升呢？第一处提示语的载体是《一个豆荚里的五粒豆》，和三年级策略单元那些简单的故事不同，这篇温馨的长文并不那么容易读懂，虽然提示语并没有给提问设置任何条框，但在阅读过程中，文本自身的特性会不自觉地将孩子质疑的关注点从情节引向文意的理解。以我自己的课堂为例，有孩子在初读课文后便提出疑问："为什么裂缝中那颗豆子刚发芽，妈妈就叫它小花园？不是应该有很多很多花花草草才能叫花园吗？"随着阅读的深入，孩子会不自觉地继续产生疑问："为什么豌豆要开花了，母亲就慢慢开始相信她的孩子会好起来？为什么看到紫色豌豆花的那天简直像一个节日？"这些被文章本身的暗线牵引着提出的问题，在看似无拘束的提示语的引领下，无形中把孩子和下一步指向性提问之间的距离拉近，自然而然地唤醒孩子以往的阅读推想经验，给孩子搭建了一座学习提问方法的桥梁，水到渠成地

将孩子们在课堂上天马行空的提问慢慢归拢到有目的、有方法的质疑上去。

紧接着在《蝙蝠和雷达》一课中，正式借由提示语和课后习题引出提问可以针对课题和内容等方面，并借用课文旁的批注帮助能力较弱的孩子，激发孩子的思考。值得关注的是，在本课提示语中，除了旁注，还提到了别人读完文章之后提出来的拓展性问题，如："蝙蝠发出的超声波碰到了飞蛾、蚊子会怎样?"孩子阅读后发现，这些问题和课文本身的内容并没有直接关系，而是一种发散，继而明白，原来在读完一篇文章后，还能将思路顺着这篇文章延伸到其他文章，还能由这篇文章里的知识点拓展出很多知识点，形成一个知识面。在实际的教学中，孩子们也确实尝到了这样做的甜头，不少孩子在课后翻阅了大量科普类课外读物，了解了很多人类从动物身上得到的启示。

两篇课文学完之后，配合课后的问题分类清单，孩子们对如何从不同角度提问已经有了初步的把握，此时安排《呼风唤雨的世纪》一文，是对前面两课提问方法的实践巩固，也是激发孩子们深度思考判断的一块基石。这篇课文的提示语要求孩子读文后写下自己的问题，并和同学交流。交流什么呢?除了交流前文已经提到过的对内容、写法等方面的见解和疑惑，课后习题还和提示语呼应，对学生的阅读质疑能力提出了新的要求——对理解课文最有帮助。很多孩子刚摸出提问的门道，知道从不同角度去切入，提得最多的就是"某个词语是什么意思"这样很浅显的问题。面对这样的情况，教师在教学中要引导孩子们去发现，有的问题弄不清楚并不影响阅读，而有的问题却对理解文意、提升自己的阅读能力、增加自己的阅读收获有着重要的意义。如"忽如一夜春风来，千树万树梨花开"是什么意思?"千里眼""顺风耳"在现代是指哪些东西?为什么要把地球称为"地球村"?对这些问题的梳理，可以帮助孩子理解课文的内容。而平时知识面广、阅读量大的孩子还会提出：哪些科技在给我们带来便利的同时，也给人们造成了伤害?为什么现代的"千里眼""顺风耳"这么方便，我们还要学写信，还有人寄信?这样的问题，能促使人不断思考。我们要保留这种高质量的提问，用有限的精力去解决最有价值的问题，不断丰富自己。

最后，略读课文《蝴蝶的家》的提示语在前面所有训练的基础上，鼓励孩子挑选自己提出的最值得思考的几个问题并尝试解决。这样编排，形成了一个完整的能力训练闭环，在指导孩子学习时，如果关注到了这样的编排逻辑，无疑是事半功倍的，而文前提示语就是这条逻辑线最明了的呈现。

三、运用提示语指导孩子阅读方法的同时，把目光投向更广阔的阅读天地，培养孩子自主拓宽阅读面和知识面的意识

语文学习要重视培养学生广泛的阅读兴趣，扩大阅读面，增加阅读量，提高阅读品位。多读书，好读书，读好书，读整本的书。关注学生通过多种媒介的阅读，鼓励学生自主选择优秀的阅读材料。[2]加强对课外阅读的指导，开展各种课外阅读活动，创造展示与交流的机会，营造人人爱读书的良好氛围。统编教材中的提示语也充分体现了这一学习要求。六年级下册外国文学名著单元和五年级下册中的中国古典名著单元都安排了不少中外名著的节选阅读，但节选只能是管中窥豹，此时，如果将目光放在文前提示语上，便会豁然开朗。在《红楼春趣》一文前，提示语先是简略介绍了《红楼梦》一书在我国流传甚广的背景，接着介绍了本文节选的大致内容是宝黛等人在大观园里放风筝的故事，然后提出阅读要求，大致读懂即可；最后引发思考，宝玉给你留下了什么样的印象。在实际教学中，我也是按照这样的理解设计的教学过程。根据提示语的安排，先让孩子自主交流对《红楼梦》一书的了解，有的孩子听过宝黛的爱情故事，有的孩子在电影、戏曲中接触过其中的部分情节，可见这本书的流传之广。面对这样一本拥有巨大魅力的文学巨作，教师要激发孩子的阅读期待，为阅读整本书打下心理基础，埋下阅读期待的种子，接着为孩子扫除对名著阅读的畏难心理，告诉他们大致读懂即可。如何读懂呢?用上之前学过的阅读方法，不影响理解的地方可跳过、联系上下文等，这又是对阅读方法的一次学以致用，并且要求孩子将这样的实践训练由课内转向课外，进行更有难度的阅读挑战。最后，借由本课节选，品味出书中人物的魅力——宝玉给你留下的印象，进而引导孩子关注其他自己感兴趣的人物，再在孩子们进行整本书阅读交流反馈时重点关注，以期达到本单元"快乐读书吧"中阅读正本名著这一目标。

六年级下册《骑鹅旅行记（节选）》一文前，也是如此，开头就说明了本书的文学地位——享

誉世界的儿童文学作品；再用小男孩尼尔斯变成小狐仙之后，他的世界发生的变化吸引孩子们的注意力；最后用节选中没有的情节“鹤之舞表演大会”“大海中的白银”等情节来激发孩子们课后阅读整本书的兴趣。像五年级下册《月是故乡明》一文的提示语中让有兴趣的孩子去收集一些思乡的古诗等等。提示语关注学生阅读材料，力求拓展学生阅读面的例子不胜枚举，如灯塔一般给师生都照亮了方向。

总之，作为教师，对教材的各个板块都要细心关注、深入研究，课前提示语虽然短小精炼，却蕴藏着丰富的教学内容，如果教师能够充分重视并系统运用起来，那么我们的统编版新教材一定能够发挥更大的作用。

参考文献

[1][2] 中华人民共和国教育部制定. 义务教育语文课程标准［M］. 北京：北京师范大学出版社，2012.

（长沙市芙蓉区浏正街小学）

借助课后习题，实施精准教学

刘乾支

摘　要：本文通过对小学语文统编教材课后习题的研读，探讨如何借助课后习题把握教学目标，实施有效教学。通过案例展示将课后习题转化为学习活动的做法，以帮助一线教师重视和正视课后习题，让课堂教学更有实效。

关键词：统编教材；课后习题；转化；学习活动

统编版教材主编陈先云说过：“在编排体例上，从三年级开始，每个单元一般从阅读与表达两个方面各安排一个训练要素，每册有两个重点训练要素。每个单元的教学目标直接体现在单元导语中，每个课后思考练习题围绕单元的训练要素出题。”由此可见，课后练习往往明确提示语文听说读写能力培养的具体训练点，是确立教学目标和重难点的依据。如果认真去研究课后习题，会发现习题注重想象、表达、思维等能力的训练。但我们要的不是答案，而是将课后习题融入教学过程，然而，让很多老师感到困惑的是，如何把课后习题转化为学习活动呢？下面结合课例说说我是如何使用统编教材课后习题以及如何用课后习题设计学习活动的。

一、明晰意图，定准目标

统编教材的精读课文后面有课后习题，略读课文是导读提示，都跟单元导语前后贯通，研读和用好课后习题，能帮助我们落实单元训练要素，实施精准教学。

比如四年级上册课文中，第一单元导语是“边读边想象画面，感受自然之美”，第1课《观潮》课后习题2是“说说课文是按照什么顺序描写钱塘江大潮的，你的脑海中浮现出怎样的画面，选择印象最深的和同学交流”；《盘古开天地》一文课后有3个练习题，分别是“边读边想象画面，说说你心目中的盘古是什么样的”，“从课文中找出你认为神奇的地方，说说盘古开天地的过程”，“课后收集中国的神话故事读一读，然后讲给同学听”，都是为落实单元导语“了解故事的起因、经过、结果，学习把握文章的主要内容”和“感受神话中神奇的想象和鲜明的人物形象”的要求；《爬山虎的脚》课后习题3是“找出课文中你觉得写得准确、形象的句子，抄写下来”，紧扣本单元阅读要素“体会文章准确生动的表达，感受作者连续细致的观察”；《为中华之崛起》课后习题1是“默读课文，想想课文讲了哪几件事，再连起来说说课文的主要内容”，就是为了突破单元导语“关注主要人物和事件，学习把握文章的主要内容”这一训练要求……

可以说，统编语文教材的课后题为老师们解决了“教什么”这一大难题。教师在解读文本时，要有单元整体观念，首先从单元导语出发，厘清单元知识体系，抓住单元核心训练目标，再根据课后习题确定每篇课文的分目标。

二、巧用习题，优化教学

“教什么”解决了，那么“怎么教”呢？这仍旧是很多老师的困惑。经过对很多课堂的观察，下面谈谈如何用好课后习题，将课后习题设计为学习活动。

1. 扎实训练，积累语言

《义务教育语文课程标准》第一学段对朗读的要求是：学习用普通话正确流利、有感情地朗读课文。翻阅统编教材，课后第一题基本是对读的要求，特别是低段朗读训练尤其多。例如二年级上册第12课《坐井观天》，课文故事性强，是一篇充满儿童情趣的寓言故事。课后练习题1就是“分角色朗读课文，读好下面的句子”，结合一年级学生的特点，根据题目要求分三步实施朗读训练。首先正确流利地朗读课文，读通顺，读流利。预习加上课堂上的自由练读，做到读正确，借助拼音自主识字；第二遍读通顺，做到不添字不漏字；第三遍读流利，想想课文主要写了什么。之后，理解课文内容，体会人物感情，读好人物对话。品读课文时，可组织多种形式的朗读，在反复的言语实践中，发现小鸟、青蛙的语气各有不同，从而指导学生读好其中的疑问、感叹、劝说等语气，还可尝试让学生戴头饰、做动作进行表演。整个课堂以读为主，各种形式的朗读贯穿其中，朗读能力得到扎扎实实的训练，还让学生在会心一笑中明白寓意。

除了朗读要求，课后习题中不乏语言文字训练内容，例如二年级上册第11课《葡萄沟》的课后习题3“读读下面的句子，照样子写一写”，这是很好的语言范例和语用迁移练习。第一步，我们可以让学生读好例句，读出葡萄的多，读出对葡萄的喜爱、对葡萄沟的赞美；第二步，发现这个长句子是先写葡萄的多，再列举葡萄的各种颜色，最后总写葡萄的“美丽”；第三步，观察要求补充的句子是要我们填写其中哪一部分，再动笔写句子，读一读；当然，还可以有第四步，提供图片等帮助，让学生完整地写一个这样的句子。这样的语言学习就是从积累到运用，扎扎实实由课本中的语言内化成了自己的语言。

2. 立足文本，学习表达

叶圣陶先生说：“作者思有路，遵路识斯真。”教师拿到一篇课文，首先应充分考虑作者的写作思路，理出文章的线索。而课后练习正是可以凭借的抓手，可以以其为教学的切入点。

例如四年级下册《海上日出》课后习题1“默读课文，说说海上日出的景象”。这道题目的关键词是“说说”，怎么说是关键。我们可以分成三步来“说”。第一步，概括说。请学生默读课文，思考海上日出给你留下了怎样的印象，然后用一句话表达出来。先请同学们找文中原句回答，大家就会找到课文结尾的句子“这不是很伟大的奇观吗”，再请同学们换成自己的说法——海上日出是很伟大的奇观。从这一步概括说，就体现出了“读课文—找原句—换说法”这些教学活动。第二步，展开说。仔细读过课文，学生就会知道，课文写了不同天气情况下日出的景象；再次请学生默读课文，分别找出相关自然段；接下来请大家交流，根据交流可以得知第2、3自然段描写晴天时的日出，第4自然段描写多云时的日出，第5自然段写天边有黑云时的日出；然后让学生自由朗读第2、3自然段，思考：如果把海上日出这一奇观分享到朋友圈，该抓拍哪几个画面，才能让大家看到日出的过程呢？这样，同学们经历了一个边读边想象画面的过程。之后，同桌交流，用自己的话说说晴天时海上日出的景象，照样子，再说一说多云时和有黑云时日出的景象。这样，第二步展开说，就体现出了“读课文—找不同日出景象—描述画面”这些教学活动。第三步，连起来说。把前两步连起来，用“总分”段式把海上日出的景象说一说。教师可以提供表达支架：“海上日出是很伟大的奇观。晴天的时候……有时太阳走进了云堆中……有时天边有黑云……”学生可以先自由练习，再与同桌互相说一说，最后自荐，进行分享。这样一处理，课后第一题就转化为了教学活动，而且扎扎实实训练了“说”的能力。

3. 设计活动，训练思维

四年级下册第19课《小英雄雨来》课后习题2“给其他五个部分列出小标题，再说说课文的主要内容”，题目中已经示范了第一部分的小标题“游泳本领高”。思考这个题，我们需要注意学生的起点，前后勾连已知和新知。学生已经在三年级和四年级上册学习过“概括主要内容”的方法，所以这一题的训练可以分成以下几个步骤的学习活动：第一步，通过预习通读全文，发现文章与平时学习的课文有什么不同，然后复习“主要人物+主要事件”概括主要内容的方法，学生自主阅读，先概括每部分的主要内容，交流修改。第二步，出示课后第2题，让学生观察和比较第一部分的主要内容与小标题，发现小标题更精炼地概括了主要内容，并省略了主要人物，只留下主要事件。用这个方法指导学生阅读第二部分，集体列出小标题。第三步，学生独立阅读后面四个部分，试着列出小标题，小组交流讨论，再展示小标题，全班辨析。第四步，借助小标题简要概述课文主要内容。这个过程始终是学生的学习活动，而老师也起到了很好的指导作用，让学生掌握了列小标题的方法和提炼长文章主要内容的方法，从而实现长文短教。

统编版的课文增加了为证明某个观点而到文中去寻找依据的练习。除了一些思维习题外，更显著的特点是统编教材启发学生借助图表等方式来梳理和呈现思维过程，如《一只窝囊的大老虎》后提供了一份样表，梳理了部分“我”的心情及原因，要求学生列举出“我”的心情变化，找出为什么会有那样的变化。这类习题让学生通过分析、综合、概括、抽象、比较等一系列过程，将感性材料进行加工，并转化为理性认识，有利于学生语文思维的发展。

当然，课后题并不是唯一的教学资源，教学时还是要通盘考虑，哪些需要重点转化，哪些不需要转化，当成作业处理一下即可。我们要重视课后题，但不要被课后题牵着鼻子走。

参考文献

[1] 殷根娥. 课后练习：高效课堂教学的指路明灯 [J]. 小学语文教师，2018（C1）：56-59.

（宁乡市教育三中心）

问渠那得"文"如许，为有源头活水来

——统编教材五年级语文下册习作单元课例解读

唐　婷

摘　要：习作单元教学课程是统编教材中小学语文数字课堂在编写理念和体系上的一次突破，它充分体现了鲜明的读写结合的基本特征。我们五年级语文备课组面对新版教材的内容，大胆地尝试和突破，化整为零、变繁为简、变难为易，借助于精读课文、初试身手以及各个单元习作主题的彼此融通，突出了对于习作关键能力的培养。

关键词：习作单元；课例；思考

习作单元是统编小学语文教材编写体系上的一次创新，它体现了鲜明的读写结合的特征，阅读介入写作，指向写作目标，即以读促写，学会写作本领，呈现出一次习作教学从发生到终结的训练全程，这是以往教材从未有过的。我们五年级语文备课组面对新教材，大胆尝试和突破，化整为零、化繁为简、化难为易，借助精读课文、初试身手以及单元习作主题的彼此融通，突出习作关键能力的训练。现以统编语文教材五年级下册习作单元描写人物为例，谈谈我们组的一些实践与思考。

一、教材解读把握准

统编语文教材五年级下册第五单元是习作单元。本单元的语文要素是"学习描写人物的基本方法"，习作要求是"初步运用描写人物的基本方法，具体地表现一个人的特点"。

通过梳理统编语文教材描写人物的习作单元（见表1），可以看出教材对描写人物的要求逐步提升。三年级教材安排过"选择一两点印象深刻的地方，用几句话或一段话介绍自己的同学"，"用一件事表达人物某一方面的特点"；四年级教材安排过"写一个人，注意把印象最深的地方写出来"，"学习从多个方面写出人物的特点"。本单元在此基础上引导学生进一步学习写人的方法，即选择典型事例，通过对人物语言、动作、外貌、心理等的细致描写，具体地表现出人物的特点。可以看出，统编教材中习作内容的编排呈现序列化，旨在促使学生习作能力呈螺旋式上升。

表1　统编语文教材描写人物习作单元梳理

年级	单元话题	习作要素和教材要求
三年级	上册：猜猜他是谁	体会习作乐趣 教材：用几句话或一段话写一个同学
	下册：身边那些有特色的人	写一个身边的人，尝试写出他的特点
四年级	上册：小小"动物园"	写一个人，注意把印象最深的地方写出来 教材：给家里每个人都写上一段
	下册：我的"自画像"	从人物语言、动作等描写中感受人物的品质 学习用多种方法写出人物的特点
五年级	上册："漫画"老师	结合具体事例写出人物特点
	下册：把一个人的特点写具体	初步运用描写人物的基本方法。尝试把一个人的特点写具体。选择典型事例来表现一个人的特点

二、教材写法习得准

1. 勤仿写

统编教材的选文不论是从语言、内容、结构、思想上来说，都特别美。精读课文的作用除了承担语文要素及文学赏析、思想教育等提升的媒介功能外，更重要的还在于本单元语文要素技能的示范与传授。围绕此次习作单元的语文要素和习作要求，教材安排了《人物描写一组》《刷子李》两篇精读课文，这两课的教学目标应集中指向培养习作能力。因此，在课文教学中，我们对文本的典型句段开展了仿写的小练笔。例如《人物描写一组》中的《摔跤》一文描写了小嘎子和小胖墩儿进行摔跤比赛的情形，我们安排了抓住一个人在特定的情境中的一系列动作进行描写的小练笔；《人物描写一组》中《两茎灯草》一文描写了严监生临死时伸着两个指头不肯咽气的情形，我们安排了抓住一个人在特定情境中的经典动作进行描写的小练笔；《人物描写一组》中《他像一棵挺脱的树》对初入行的年轻后生祥子进行了外貌描写，我们安排了通过一个人的外貌描写表现一个人的身份和特点的小练笔；学完《刷子李》后，我们布置了观察一位技艺高超、有特点的人，进行描写练笔的作业。这些小练笔把本单元的语文要素化整为零，分散地帮助学生消化吸收，减轻了学生习作的负担。

在阅读教学中，找到指向习作的精准知识，再进行精准训练，把知识转化为习作能力，就搭建了一座基座稳固的支架。

2. 乐观察

习作单元是特别注重实践的单元，因此教学中要着力凸显实践性，给学生提供自主实践与深度体验的平台。学完《刷子李》后，我们让学生观察形形色色的人，从观察身边熟悉的同学、亲人，到周末去菜市场、商场、马路等地方观察不同职业的陌生人。可以用手机拍照或录成视频记录他们的一言一行，储备习作的素材。教材的初试身手中也布置了利用课间十分钟观察一位同学，试着写一写他的作业。

学生在参与的过程中细心观察、亲身感受、真切体验，从而产生积极的情感和表达的欲望。

3. 善整理

指导学生有目的地观察搜集积累资料后，书面记录下能够为本次习作服务的作文素材，并进行整理。首先，是学生的个人整理，准备好记录本，对自己的观察对象的特点做好记录，完成一个简单的人物形象的思维导图；然后，是合作小组的组内整理，抓住人物的外貌、语言、动作等特点进行归类整理。在习作时，这些整理的习作素材就能很好地为习作服务。人物观察记录表见表2。

表2　人物观察记录表

观察对象			观察地点	
观察记录	内容	感受、看法		
	事例			
	动作			
	神态			
	语言			
	……			
人物鲜明的特点				

三、习作指导引领准

有了前期阅读教学的铺垫，习作指导课就水到渠成了。一堂好的习作指导课要做到激荡情绪、激发思维、激活语言，下面以王献老师的习作指导课为例进行详细分析。王老师这堂课的目标：一是引导学生留心观察身边的人，注意特点鲜明的人，学会通过多种途径收集人物典型的事例和相关材料，了解人物的特点；二是引导学生借助生动鲜活的具体事例，学习课文中运用外貌、动作、神态、语言和心理等细节描写突出人物某一方面特点的方法，尝试运用侧面烘托的手法，这也是本课的重难点；三是激发学生写作的兴趣，培养学生写作的自信心，以及培养学生在习作中说真话、表真情的习惯。

1. 情境导入，激发兴趣

良好的情境能使学生产生浓厚的兴趣，激发学生主动、自觉地参与教学活动的积极情绪，从而培养学生自主学习的能力。

一开课，王老师就出示了前期同学们搜集的形形色色的人物图片，有家人、同学等熟悉的人，还有身边有一面之缘的各行各业的人，一下子就抓住了学生的心，也引出了本次习作的主题：形形色色的人。接着，她又相机提问：你观察了谁？印象最深的是什么？他最大的特点是什么？王老师的提问直接扣住了本堂课的教学重点之一，抓住人物特点进行描写。

2. 明确要求，启发思维

学生明确习作要求是写作的第一步。只有明确要求，才能做到符合要求，紧扣要求来下笔，而不会离题万里。如果把要求罗列出来，告诉学生即了，那么学生的学习只会处于被动的状态。

王老师先是布置学生自主读要求，接着画出关键词，让学生学会自主判断、筛选、把握。对于个别不能从提示中抓住要求的学生，王老师引导他们思考怎样能突出人物的特点，学生说由典型的事例来突出，老师又问事例怎样能写具体，学生便回答运用多种描写方法。通过这样的师生对话，学生悟出习作要求就是抓住典型事例，运用多种描写人物的方法，具体地表现人物的特点。

3. 紧扣“典型”，引导选材

我们在研讨的过程中觉得选典型事例是一件很简单的事，没想到在试教过程中发现很多学生无法判断事例是否典型。因此，王献老师利用了课文中的范例“叔叔记忆力超群”来帮助学生选择典型的材料：事例一“他读完一本故事书，能把所有的细节都记住”和事例四“那幅地图他只看了一遍，就能一点儿不差地画下来”，很好地表现出叔叔记忆力超群的特点。这让孩子们明白，与众不同之处就是他的特点。这也就很好地突破了另一个教学重点——抓住典型事例进行描写。

4. 借助导图，明确写法

在这一环节中，王老师抛出一个问题：如何把人物的特点写具体？这也是习作环节中的重难点，王老师是这样做的。首先，她利用小组合作研讨提出了交流要求：把课前准备的观察思维导图拿出来，运用本单元习得的人物描写的方法，结合自己的观察，谈谈怎样把你选定的人的特点写具体。在展示环节，第一位同学表达时只讲空洞的理论，王老师非常自然地引导：“我更想知道你选了谁，你想怎么把他/她写具体？”一下子拓宽了学生思维的深度与广度。接下来，学生各抒己见，不断有思维的碰撞。在轻松的环境下，学生学会了运用外貌、动作、神态、语言和心理等细节描写突出人物特点。

5. 例文引路，有法可依

在习作前，通过提供可借鉴的范例，让学生从中领悟写作的方法。为学生的写作指明了方向，使学生在写作时有“法”可依。王老师在课堂上使用班上同学的范文，既让学生感受到观察经历相似的亲近感，又能使班上那些词语或材料匮乏的同学从中得到一些灵感。展示后，同学间细致的点评，使学生明白哪里要概述，哪里要注重细节刻画，怎样交互使用正面描写和侧面描写来突出人物特点，也巩固了描写人物的方法。

6. 点拨命题，画龙点睛

俗话说：“题好一半文。”题目是习作的眼睛，也是人们对习作的第一印象。描写人物的习作题目容易直接以人物称呼为题。而王老师为学生提供了一些新颖的思路，如用人物特点命题；以自己受到的教育或启迪和影响为题；等等。从学生完成的习作也可以看出，他们受到了启发，题目新颖有趣，吸引人。

“老师怕教作文，学生怕写作文”是小学语文教学普遍存在的问题。但有了我们这次习作单元的探索与尝试，读写结合，融会贯通，长线教学，我们惊喜地发现，教作文也不是那么难的事情。真可谓“问渠那得‘文’如许，为有源头活水来”啊！

参考文献

[1] 温儒敏，陈先云. 义务教育教科书教师教学用书语文五年级下册［M］. 北京：人民教育出版社，2020.

（株洲市天元区天台小学）

统编版小学语文高学段教学活动中课程资源开发与应用之“以文带文”的选文策略研究

胡丹丹

摘　要：小学语文统编版教材的总主编温儒敏教授提出：群文教学更有利于调动学生的自主学习内驱力。也就是说，“1+X”模式的“以文带文”阅读教学活动给学生创造了自主学习与探究、分析和创造等高阶思维的条件，更易落实语文要素，培养语文综合能力。“以文带文”的阅读教学模式，既强化了语文要素的学习与语文能力的训练，又以点带面地拓展了学生阅读量，激发了学生阅读兴趣，也给学生多元化、个性化阅读提供条件，从而达到“人文主题”与“语文要素”同步并行，实现语文学科核心素养的培育。如何依托单元教材的单篇文本选择合适的拓展阅读素材来落实语文要素与人文主题，是我们达成培养目标要做的前期准备工作。下面我以统编版教材六年级上册、下册各单元篇目为研究蓝本，通过逐一划分各单元文本体裁，明确各单元语文要素，分析各单元文本主题等方式，来确定“以文带文”的选文方向和策略。

关键词：以文带文；策略；整合；主题；语文要素

一、小学高学段语文阅读教学活动中“以文带文”的必要性

《义务教育语文课程标准》里明确提出，语文教学要注重语言的积累、感悟、运用，注重基本技能的训练，尤其要注重激发学生的好奇心、求知欲，发展学生的思维，培养想象力，开发创造潜能，提高学生发现、分析和解决问题的能力及语文综合应用能力。但叶圣陶先生说：“语文教材无非是个例子。”要通过这些个例子去落实语文要素可能并不难，但《义务教育语文课程标准2011年版》在阅读教学实施建议中提出，要重视培养学生广泛的阅读兴趣，扩大阅读面，增加阅读量，提高阅读品味。显然，课本里这些个文本例子无法有效地落实这些培养目标。学生可以通过教材文本的学习掌握一定的语文能力和学习技巧，但教材中没有足够多的阅读素材让学生去迁移、总结、运用刚学会的这项语文能力，而受小学阶段学生的记忆曲线等生理心理因素影响，没有足够多的迁移训练，这项技能就极有可能模糊存在于记忆中，尔后被淡忘掉。由此看来，只有教材文本和拓展阅读素材相互补充、配合运用，才可以帮助教师去训练学生的迁移运用、研究创新等高阶思维，才能强化、运用本单元语文要素，培养学生融会贯通、举一反三的思维能力，并且落实人文主题这个“语文味儿”的熏陶。既然拓展阅读素材有着如此重要的作用，那如何依托单元文本选择恰当适宜的拓展阅读素材值得好好考量，选文策略就更该严谨以待了。

二、小学语文高学段阅读教学活动中“以文带文”的策略探究

依据小学高学段学情，“1+X”模式的“以文带文”阅读教学，可以是以单篇带单篇，以单篇带多篇，以单篇带整本书，字数上灵活多变，可以依据教学内容、班级学情、教学时长自由选择。但应参考以下几个选文角度或选文方向。

（一）依据单元文本体裁，找准文章联结点

“一切文学作品的思想内容都要通过这样或那样的体裁来表现。”如，小说通过塑造人物形象反映社会现实；说明文则运用一系列说明方法把事物说明白；议论文则是对人或事物发表自己的见解、主张、看法或亦褒亦贬，态度鲜明；等等。每一类文体都有它自身的体裁特点，每一类不同的文体体裁都承载着落实它特有的语文要素的任务。

如，六年级上册第四单元为小说单元，它要求学生关注情节、环境，感受人物形象。小说通过跌宕起伏的故事情节，依托环境的侧面烘托让人物形象更立体、更丰满。小说单元的学习需要引导学生通过对小说中情节的把握和环境的分析掌握剖析人物形象的方法，从而把握人物形象，学会评价人物。而要让本单元的语文要素落地生根，选择小说类的拓展阅读素材再合适不过了，这样的类文阅读素材才能有针对性地让学生形成小说单元整体意识，实现整合性阅读，扩大阅读面，强化小说类文本阅读体验，感受小说的文体特点和魅力，才能真正强化和有效落实小说类语文要素。

再如，六年级上册第五单元的散文单元。散文，这一文学体裁的最大特点为“形散神聚”，即表达形式散漫，但表达中心唯一。而本单元的两篇课文例子的阅读要素和写作要素均指向于“怎样围绕中心意思来写”，要在教学活动中落实“围绕要表达的中心意思，从不同方面或选取不同的事例，可以让中心意思表达得更全面更充分”这一语文要素，唯有让学生接触更多的像《小站》这样的“形散神聚”的阅读例子，才能强化其对散文的认知，实现课外阅读课内化，从而让学生获得散文的学习和鉴赏能力。

所以，在“以文带文”时，面对特殊文体单元，首先应考虑它的体裁。选择与单元文本相关联的体裁来拓展阅读素材，能更好地帮助学生形成语文体裁意识，落实单元语文要素，形成迁移运用、融会贯通的语文学习能力，提高语文素养。

（二）聚焦同一作家作品，走向更深层次

文学作品源于生活，往往反映作家的某种心路历程或情感态度，所以，了解一位作家或某个作家笔下的人物往往从作家作品开始。从一篇文章中去判断一个作家的人物品质或人生态度，可能是个性化行为，不具有普遍性，缺乏说服力，从而显得失之偏颇。因此，评价作者或作者笔下的人物时，我们应该聚焦作家的多篇作品，综合分析，得出共性，才能全面、客观地了解作者，了解作者笔下的人物。同时，更深层次地理解社会背景，剖析社会现实，才能让学生共情于作者和作者笔下的人物，让人物更立体，让理解更全面、更深刻。这样的拓展阅读即为深层次阅读，极其需要给学生提供足够多的作者资料和作家作品来为训练理解鉴赏能力铺路，同时，也必须以学生的语文综合能力为依托。学习的过程即为语文能力形成的过程，依据作家作品进行拓展阅读活动能做到一举两得，不仅落实了语文要素，还潜移默化形成了语文能力。

如六年级上册第八单元第一篇课文《少年闰土》，通过本篇文章，我们见识了鲁迅笔下少年闰土的淳朴机敏，见多识广，字里行间也尽是少年鲁迅对少年闰土的崇拜与羡慕。在完全不了解鲁迅先生的文人风骨及其作品的社会价值的学情下，教师要通过本单元的教授打开整个小学阶段学生第一次接触鲁迅先生的大门，引导学生走近鲁迅，走进鲁迅。在对鲁迅一无所知的情况下，学生单读《少年闰土》部分可能会得出“孤陋寡闻的鲁迅”这一人物评定观点，而这样的人物评价显然是失之偏颇的。所以，教师教授这一课时，必须带领学生聚焦鲁迅先生的《故乡》整本书，比较分析“少年闰土”和“中年闰土”的形象，引导学生深层次探究导致闰土变化的社会环境及原因，学生才能真正理解鲁迅先生为什么被“横眉冷对”，仍“俯首甘为孺子牛”，感受鲁迅先生的人格魅力，鲁迅先生的人物形象才能更全面、更立体。由此可见，片面的阅读犹如断章取义，只见鲁迅先生的“孤陋寡闻”，而群文阅读、整本书阅读让我们看到了鲁迅的“铮铮傲骨、敢为人先”。从“孤陋寡闻”到“伟大”，只是单篇与整本书的阅读区别，可见，只有“多读书，读同类书，读同一作者书”才能做到多角度、全面客观地分析评价人物及作品主题思想，也就是说，只有借助作家作品的多篇阅读素材，才能对作家或作家笔下的人物形成全面而客观的深层次评价。

再如，六年级下册第四单元第十课《古诗三首・石灰吟》，要理解诗人于谦不同流合污、铁骨铮铮的高尚情操，仅凭《石灰吟》未免显得单薄而苍白，无法对于谦这位诗人的形象形成定论。当我带领学生诵读于谦的《咏煤炭》之后，学生自主地抓住了“但愿苍生俱饱暖，不辞辛苦出山林”这一句与《石灰吟》整首诗进行联结和分析，建构了对于谦的整体认识，形成了较全面的于谦人物思维导图。这为日后解读于谦的诗词打下了基础，也让学生形成了赏析诗词这一语文能力。

（三）构建主题阅读，培育语文核心素养

主题阅读，顾名思义，即选择同一主题的阅读材料而进行大量阅读的方法。它可以有效地加深阅

读记忆，也能多角度、更全面地理解同一主题思想，有效地形成框架性思考。在小学语文高学段阅读教学过程中，可以尝试主题阅读教学模式。进行主题阅读教学活动，首先就要确定好单元主题，在同一单元主题的统领下，建立主题阅读单元教学模式。如非连续性文本阅读是此学段最典型的主题阅读，还有成长类主题的整本书阅读、多本书阅读活动等等。主题阅读更尊重学生的阅读规律，立足文本又走出文本，实现了课内外阅读大融合，创造了更多的阅读活动，给学生更丰富的阅读体验，形成系统化的课内外阅读。

如我在教授《石灰吟》等这一类托物言志诗时，就放大了“托物言志”这同一主题，以课文的三首诗词为切入点，引导学生对托物言志的诗词进行了梳理与解读，从而让学生形成了“借梅花喻顽强，托青松比高洁，蝉的气度风韵就是‘我’的玉洁冰清”这样的主题阅读体验，强化了学生对托物言志的理解，对托物言志形成了框架式概念，并运用主体思维创作托物言志诗，在潜移默化中强化和运用所学。实践出真知，学生记得牢，体验深，还能有所悟，真正有效地在教学过程中落实了“借助合适的表达方式进行表达”这一语文要素，让学生获得了这一方面的语文能力。

当然，除了同一主题的同向阅读外，还可以进行相对主题的对比阅读活动。

相对主题的对比阅读可以更好地促使学生进行探究性学习，将多篇内容上和形式上有一定联系的文章放在一起，引导学生进行比较、分析、整合，得出主题上的强大的冲突、强烈的反差和鲜明的对比，更能激发学生的求知欲及阅读兴趣。

如六年级上册第七单元《书戴嵩画牛》这一课是要让学生懂得实事求是，不凭空想象猜测，得出实践才能出真知的道理。围绕这一主题思想，我们可以给学生提供很多类文进行阅读，如《书黄荃画雀》《卖羊图》等，更可以提供“纸上谈兵”“刻舟求剑”等反案例文本。通过这样的比较阅读分析，学生更能全面而深刻地把握主题，形成“实践出真知”的认识，并能在分析对比中获得分析信息、比较阅读、总结结论的综合性学习能力。

（四）细化语文要素，形成语文综合能力

依据单元文本选择阅读拓展素材，考虑文体、主题是基础的，细化本单元阅读要素、习作要素是前提。不单单如此，还得根据单篇文本及课后思考题，筛选出这篇文章所涉及的语用点来作为选择阅读拓展素材的方向。

1. 阅读要素

要给六年级上册第二单元的《开国大典》选择拓展性阅读材料的话，我们首先应该考虑的便是本单元的语文要素，本单元的阅读要素为“了解文章是怎样点面结合写场面的”，有目的地去选择“点面结合”的阅读素材才可以落实这个语文要素，完成教学目标。点面结合的鲜明例子有《荷塘月色》《祖父的园子》等，学生在阅读这类点面结合的文章后，能充分感受到点面结合对写景类文章的润色效果，从而进行有效的输入输出。

2. 习作要素

每个单元的语文要素分为阅读要素和习作要素。在落实阅读要素的基础上，形成一定的阅读能力后，其最终的目的是让学生进行有效的输出，而输出则是习作要素的落实。

六年级上册第二单元的写作要素是“尝试运用点面结合的写法记几次活动”。而本单元的课文例子《长征》《狼牙山五壮士》《开国大典》《灯光》等都离学生生活实际甚远，不能给学生拨开一个学习面，打开行文思路。因此，我们在选择拓展阅读素材时，就可以选择一两个点面结合的活动描写片段，如贴近学生生活实际的“课间活动十分钟”片段、“玩竹节人”的游戏片段等，让学生充分感受到点面结合能让他们的生活活动场面写作更丰富、更真实、更吸引人。从而让学生愿意去尝试用点面结合这一写法写一写自己的游戏过程，为后面的写作要素的落实做好铺垫。

3. 各个小小语用点

各个不起眼的语用点形成语文要素。在教学过程中充分抓住文章各个语用点，能更好地落实语文要素。六年级上册第四单元的《桥》和《在柏林》这两篇课文都在小说结尾处才揭示人物之间的关系，出人意料的故事结局震撼人心，耐人寻味，也更好地深化了小说的主题。所以抓住“出人意料的小说结局”这一语用点选择阅读材料，亦能巧妙地落实小说类语文要素，既尊重学生的个性化解读文本，个性化表达，又形成个性化阅读体验，真正让阅读落到实处，帮助学生生成阅读智慧。

再如六年级上册第八单元《少年闰土》中第一自然段“白描”这个语用点，也值得进行阅读训练，毕竟白描这一写法在我们小学语文课本里寻常可见，且它也是本单元语文要素“分析人物形象”的关键语句和媒介，所以抓住这一语用点可以多角度地，轻松地落实语文要素。

总之，为兼顾语文学科教学中的人文主题和落实语文要素，提高学生的语文综合能力，提升学生综合素养，真正实现语文课程的多重功能和奠基作用，我们必须在日常教学中打破单一性、分散性教学，并借助各种支架培育学生的语文综合素养，提升学生的语文综合能力。同时，更要严肃甄别拓展阅读素材，“以文带文”，借助海量阅读、层次阅读、比较阅读、类文阅读等来培养学生分析、综合、创新等高阶思维能力，从而培育学生的语文核心素养。

参考文献

[1] 中华人民共和国教育部. 义务教育语文课程标准［M］. 北京：北京师范大学出版社，2012.
[2] 杨永. 基于深度学习的群文阅读教学路径探微［J］. 教学与管理，2019（14）：36.
[3] 于泽元，王雁玲，石潇. 群文阅读的理论与实践［M］. 重庆：西南师范大学出版社，2018.

（株洲市天元区泰山学校）

“双减”背景下农村小学语文家庭作业的创新性设计

贺真金

摘　要：“双减”背景下，学生过重的作业负担要减轻，农村小学语文家庭作业在设计上内容形式枯燥单一、作业布置教师成为主体、家长参与度较低的现状需要改变。为了提升农村小学学生的语文素养，促进学生素质的全面发展，改善目前语文家庭作业设计的现状，提出了作业内容上趣味性与多样性结合、形式上以自主合作探究为主、评价方式多元化的思考建议。

关键词：“双减”；农村小学；语文家庭作业；创新性

随着我国经济的飞速发展与现代化进程的不断推进，大量农村青壮年远离乡村故土，外出打工，因此在农村小学形成了一个特殊的孩童群体——留守儿童。这些留守儿童大都与祖辈一起生活，年迈的监护人对于孩子的学业辅导、监督能力有限，儿童难以形成正确的学习观。由于缺乏家庭辅导，得不到家长的有效监管，留守儿童的学习存在困难，尤其是语文学科，大部分留守儿童成绩一般。

家庭作业设计是教学环节中重要的一环，对于激发留守儿童学习兴趣、促进学生全面健康发展至关重要。《教育大辞典》中解释，课堂作业是教师上课布置的，学生需要在课堂上完成的作业与练习，家庭作业则是教师布置给学生在课外时间独立完成的学习活动。家庭作业与课堂作业既有区别又有联系，家庭作业的完成时间在课外，是课堂作业的延伸；家庭作业与课堂作业都是在教师的指导下进行的，二者一起构成了完整的教学活动。

2021 年 7 月，中共中央办公厅、国务院办公厅印发的《关于进一步减轻义务教育阶段学生作业负担和校外培训负担的意见》指出，减轻义务教育阶段学生作业负担的关键是全面压减作业总量和时长，提高作业设计的质量。加德纳的多元智能理论认为：“每个学生的智力都各具特点，并有独特的表现形式，有自己的学习类型和学习态度。”每个学生的个性、喜好、特长都是不同的，有的学生热爱美术，有的学生擅长表演，有的学生长于口头表达，有的学生钟情写作等，各有所长，各有所爱。可见，提升家庭作业的设计质量是落实减轻作业负担的关键举措，也是促进学生德智体美劳五育并进的重要途径。

因此本文从农村小学的家庭作业布置出发，以留守儿童的语文学科学习为视角，探索在“双减”背景下小学语文家庭作业的创新性设计策略。

一、乡村小学语文家庭作业布置现状

以上云桥镇侯市小学为观察对象，会发现语文教师们经常苦恼于学生家庭辅导缺失、家长监管不力，导致家庭作业完成质量不高、学生学习效率过低、学生语文素养不高等问题。诚然，家庭因素是学生家庭作业质量低的原因之一，但不可否认的是，教师在语文家庭作业布置中存在的问题也是学生家庭作业质量低的主要原因。在教学实践与观察中可以发现，现阶段小学语文家庭作业布置存在以下几个现状。

（一）家庭作业以书面作业为主

现在农村小学语文家庭作业主要是书面作业，这些家庭作业由抄写生字、抄写词语故事、背诵抄写重点段落、完成课后练习题以及配套基础训练等方面组成。家庭作业紧紧围绕着课本基础知识进行设计，教师布置家庭作业的目的就是让学生在重复的抄写中巩固课堂所学。这种机械性的书面抄写作业只强调学生的“写”，几乎没有调动“听”“说”“读”其他感官的参与，缺乏创新性的作业难以激发学生学习的兴趣，不但耗费了学生的精力，还增加了学生的负担，甚至会使学生产生厌学情绪。

以书面作业为主不仅内容上枯燥无味，在形式上也十分单一。虽然书面作业在一定程度上可以强化学生的记忆，有利于夯实读写技巧、巩固基础知识，但是学生不断地重复书写，渐渐摸清教师布置作业的“套路”，认为家庭作业不过就是抄写每天新学的字词、背背刚学的古诗课文，于是对家庭作业产生抵触情绪，敷衍了事，导致家庭作业事倍功半。从学生的发展来看，作业的价值并不仅在基础知识的巩固，更重要的是培养学生的思维能力、实践能力等，家庭作业内容上的枯燥、形式上的单一，不利于学生发散思维的形成、创新能力的培养，对学生身心发展有不好的影响。

（二）家庭作业布置忽视学生主体地位

《义务教育语文课程标准》明确指出，学习和发展的主体是学生。但是在农村小学语文家庭作业布置上，教师却成为布置作业的主体。教师往往考虑的是布置怎样的家庭作业能让学生记忆字词句，这是从教师的需要出发，也是从功利的应试观出发，没有考虑学生愿意做哪样的家庭作业，学生的全面发展到底需要怎样的作业，忽视了以学生发展为中心的理念。

《义务教育语文课程标准》中对语文课程的性质有明确的界定：“语文课程是一门学习语言文字运用的综合性、实践性课程。语文课程的基本特点是工具性与人文性的统一。”语文除了要求学生掌握语言文字的运用，还需要注重学生的情感体验与人格培养。但就目前的农村小学语文家庭作业布置情况来看，教师往往只注重学生知识是否巩固、作业的独立完成能力的强弱，忽视了学生情感、道德发展上的需求，对于学生合作探究等能力的培养更是少之又少。语文还具有很强的实践性，我们的生活中无处不需要语文，但目前的语文家庭作业却囿于语文教科书、语文教参等，与生活联系不紧密，与其他学科的联系也较少，学生无法从语文学习中得到足够的生活实践体验。

（三）家长参与度较低

家庭作业是学校学习的延展，也是家校沟通的桥梁。但是农村小学学生多为留守儿童，家长在外地打工，与家庭联系本就较少，更别提与学校教师的沟通了。部分家长没有认识到家庭作业的重要性，很少与教师沟通学生作业完成情况，对于家庭作业的关注度与参与度不够。常常要等到学生出现拖欠作业或其他负面行为时，教师主动联系，家长才会参与到孩子家庭作业中来。其实家长对孩子学习的适当介入，能够提升其的学习成就感，而且远在外地的父母对孩子学习的关注也有利于亲子情感的发展，有利于家庭氛围的和谐亲密。

二、乡村小学语文家庭作业创新性设计

（一）作业内容上趣味性与多样性结合

1. 趣味性高，符合小学生心理发展特点

打破语文作业机械抄写的现状，就是要创新性地设计出趣味性高的家庭作业，激发学生的学习兴趣。语文家庭作业的创新性设计要符合小学生心理发展的特点，小学生专注能力较低，易被新鲜事物转移注意力，也爱表现自己，因此要突出作业的趣味性，从而提高学生的学习效率。作业内容需要拓展，要将学生的生活实践与学习经验紧紧联系起来，根据不同学段孩子的心理特点设计孩子需要并乐于完成的家庭作业。

低年级学段语文学习以识字、写字为主，教师如果布置大量抄写生字、给生字扩词类的作业，不仅不符合“双减”政策的要求，学生也抄得十分辛苦，甚至可能会陷入敷衍厌学的负面情绪。低年级语文教师可以开动脑筋，打破单一重复的模式，设计如类似游戏、顺口溜、童谣儿歌的口头表达类家庭作业，增强儿童识记字词的兴趣与能力。在一年级下册“青、清、请、情、晴、睛”等形近字的学习中，如果教师不想办法帮助学生加以辨析，学生很容易将这些形近字混淆。而单纯的抄写很难起到辨析的作用，但是将家庭作业设计成“自己编儿歌，一起诵童谣”的形式，就很方便学生记忆辨别了。如“禾苗（ ）（ ）天气（ ），河水（ ）（ ）花儿红。小小（ ）蛙好战士，大大眼（ ）捉害虫。（ ）你保护小青蛙，爱护环境好心（ ）”。基于文本设计童谣，学生理解文义，学习起来兴趣浓厚；小学生乐于表现自己，而童谣朗朗上口，易于成诵，也适合学生表演朗诵，

展现自我风采。

2. 形式多样，分层布置展现特长

内容的趣味性需要多样的作业形式来加持。语文是一门内涵丰富的学科，如果紧紧围绕教科书上的字词句展开作业布置，会让语文学习陷入狭隘的境地，因此学科的融合有利于拓展语文家庭作业的形式。

以高年级为例，高年级学生语文学习的难点是写作，很多老师为了加强学生的写作能力，让学生不断地抄写、背诵课文里精彩的段落、字词，更有甚者要求学生默写课文。其实提高学生写作能力的方式有许多，练笔只是其中一种，而围绕练笔又可以设计出许多形式的作业，如仿写、续写、补白、详化细节等等。在学生充分掌握课文内容的情况下，可以不做过多的抄写练习，选择适当的练笔方式反而是学生“跳一跳”就能摘到的“苹果”。

教师关注不同的学情，实现作业的分层布置，给学习有困难的学生提供基础性作业，给中等学生设置发展类作业，让学有余力的学生进一步发展思维能力，尽力让每个层次的学生都能在作业中得到个性化的成长，不断收获成功的自信。

（二）完成方式上以合作自主探究为主

1. 师生合作，共同设计

新课改倡导合作、自主、探究的学习方式，在家庭作业设计中，也应该体现这一点。教师要将作业设计的自主权交还给学生，让学生的主体地位得到展现，满足学生发展的需要。

如教授《我要的是葫芦》这一篇课文前，教师与学生共同设计预习家庭作业，每个学生根据各自的兴趣、爱好提出自己的想法，可以将作业设计为朗读对话、故事表演、创作连环画、设计识字卡片等，让愿意读课文的学生读透课文，让喜欢表演的学生演绎故事，让热爱绘画的学生观察变化，让喜欢想象的学生续编故事等。这种具有自主性的作业设计，不仅达到了预习课文、了解课文大意的设计目的，而且更重要的是，可以充分发挥学生的特长，给了学生展现自己、发展自己的机会。

2. 学科交叉，动手实践

小学语文课程的教学目标有三个维度：知识与技能、过程与方法、情感态度与价值观。家庭作业除了重视语文知识的积累，同样不能忽视学生在学习语文时的情感体验。然而，可贵的情感体验在单调的书面作业上难以得到，需要语文教师积极创设关于语文的生活实践、社会实践，为学生建构起知识与社会的桥梁，让学生在实践的作业中促进学科知识的内部迁移，学会掌握和运用语文的方法，获得切实的情感体验，了解真实的社会生活，最终得到全面的发展。

（三）评价方式多元化

加强作业管理还需要改变作业评价的方式，现阶段的语文家庭作业评价方式主要是教师评价，只判断学生作业是否正确，这种评价反馈没有为学生指出错误原因，也没有指明更正方法，是传统而低效的评价方式。

农村小学创新性的语文家庭作业评价需要教师、学生、家长三方携起手来，共同给予学生正确而有效的反馈。学校里的教师评价方式，教师与学生约定合适的修改符号，低年级可以使用爱心、红星、笑脸、哭脸等符号表示作业完成情况，给予学生及时的反馈与正确的指导，并以发展的眼光看待学生、激励学生，让家庭作业的评价成为师生交流情感的一种媒介。学校还可以将优秀作业进行校内展览，以优促优。

教师的评价具有导向作用，但学生自评、生生互评的作用也不可忽视。在课堂上评讲家庭作业时，让学生自己讲解自己的作业，自评可以训练学生的口头表达能力，而且由于孩子们心理水平相似，又易于其他同学理解并从中得到启发。对生生互评的方式，教师也应认真对待，学生从自己的理解角度和审美批判角度来评价同学的作业，在这一过程中可以学习他人的长处，同时提高自己的学习与审美能力。学生自评和生生互评的形式可以让学生认识到自己才是学习、作业的主人。学校里多样的评价方式可以鼓励学生进行积极的自主学习、合作学习，也是学生乐于接受的一种形式。

家校联合评价对于农村留守儿童而言或许是一个加强亲子关系的契机，父母在外打工，但是由于互联网的发达和手机的普及，家长与学校、学生的沟通变得容易了。教师要抓住这一便利，努力使在外的父母参与到学生的学习中来，并且让他们在家庭作业方面扮演督促者、评价者的角色，积极配合学生完成实践交互式作业，与学生一起体验成长，同时提醒他们在评价时以鼓励为主，努力发现孩子的点滴进步。家长评价学生的另一益处就是家长更容易关注学生的成长进程，强化了家庭教育的功能，有利于留守儿童与父母生活情感的沟通。

在“双减”背景下，农村教师更应该积极更新教学理念，改进传统的教学方法，农村小学的语文家庭作业创新性设计是建设开放而有活力的语文课堂的一个方面，通过作业的创新性设计，努力关注学生语文素养的提升，也注重学生的情感需求与实践能力，最终指向学生的全面发展。与其哀叹学生语文素养过低，家庭作业质量不高，学生学习效率低下，不如尝试创新，让学生在完成家庭作业的过程中积累知识、发展能力、体验生活、体悟情感。

参考文献

[1] 顾明远. 教育大辞典：增订合编本［M］. 上海：教育出版社，1998.
[2] 许先花. 如何提高小学语文家庭作业设计的有效性［J］. 中小学教育，2012（1）：91.
[3] 杨蒙. 减负背景下小学语文家庭作业的创新性布置［D］. 长沙：湖南师范大学，2014.
[4] 温儒敏. 关于2011年版课程标准的对话［J］. 语文建设，2012（7）：4-9.
[5] 李娜. 让小学语文作业设计呈现更高成效［J］. 科学大众（科学教育），2016（4）：66.

（株洲市攸县上云桥中学）

浅谈小学语文古诗词教学的改进策略

李双剑

摘　要：古诗词是中华民族的宝贵文化遗产，是中华民族屹立于世界之林的特色之一。在小学语文的教学中，古诗词教学的目标是让学生通过学习积累经典古诗词，了解中国古代文化，弘扬民族精神，丰富小学生的文学素养，增强民族自豪感。但是，在古诗词的教学中，还存在不少问题，针对这些问题，笔者提出了相应的创新策略：启发想象，品味意境；比较阅读，激活思维；欣赏朗诵，理解背诵；开展活动，陶冶情操。

关键词：小学语文；古诗词；教学；创新

众所周知，古诗词是中华民族宝贵的文化遗产，也是中华民族屹立于世界之林的特色之一。在小学语文教学中，古诗词教学的目标是让学生通过学习积累经典古诗词，了解中国古代文化，弘扬民族精神，同时，丰富小学生的文学素养，增强民族自豪感。学习古诗词，是小学生认识中华传统文化的绝好途径，也符合教育部颁布的《义务教育语文课程标准》所提出的培养小学生“认识中华文化的丰厚博大，吸收民族文化的智慧”的要求。

本文中，笔者将主要论述目前在小学古诗词教学中存在的问题，以及针对这些问题的创新策略。

一、小学古诗词教学存在的问题

1. 传统的应试教育遗留问题制约着小学古诗词教学的有效开展

虽然素质教育已经被倡导了很长时间，但有的老师还是深受应试教育的影响，这些老师在教学时，仍然偏重于让学生做大量的习题，却忽略了学生对诗意的感受。如果教师的“教”忽略了激发学生学习古诗词的兴趣的一面，一味强调学生通过学习古诗词来提高机械记忆能力，那么他们的“教”将无法塑造出“感性的人”，甚至可能让学生在生活和喧闹中，忘记了诗歌是什么。尽管有的老师也会刻意强调朗诵古诗词，但那些诗词对他们而言只是课文，或许他们自己都没弄明白要如何讲授诗词的意蕴和情感。

2. 教师在教学中重知识积累，轻感性体验，引导过多，学生缺乏自主理解

目前我国的古诗词教学还停留在满足应试教学需要的阶段，导致教学内容出现偏差，影响整个小学古诗词的教学。很多小学语文教师在教学中只注意诗词的背诵默写，忽视了学生的兴趣因素。其实，兴趣才是最好的老师。在目前小学古诗词的教学中，教师的教学手段单一，整个教学的过程枯燥无味，学生对于课堂教学缺少参与的积极性，最终逐渐丧失了对古诗词的兴趣。与此同时，有的教师在教学中只注重对内容的讲解，缺少对诗词意境的分析，其负面影响也不容小觑。每首诗词都有着独特的意境，或者是一种心情，或者是一种感悟，或者是一种情怀，然而现在很少有教师耐心地引领学生去想象，去构建诗中的意境。总而言之，诗词的学习不只是在内容上，还要注重对诗词的感悟，教师在讲解基础知识的同时，还应传授诗词鉴赏和审美的方法。

在诗词教学的课堂上，常常看到这样的情景，教师心中有答案，但学生的回答同教师的理解或答案不符，于是教师就开始千方百计地引导学生，渗透自己的思想，试图将学生引到“标准答案”上来。在新课改的大背景下，教师应是教学中学生学习的伙伴，是学生学习活动的组织者和引导者，而不该成为教学的主宰和中心。

其实，诗词是凝聚着作者个性魅力的作品，对诗词的解读讲究“以意逆志”，学生的理解也可见仁见智。为什么学“春蚕到死丝方尽，蜡炬成灰泪始干”就一定要引导分析出是对无私奉献精神的

赞美？学“高处不胜寒”就一定要讲出是对当时社会背景、作者遭遇的影射？没有了自由理解的权利，诗词理解对学生而言，只能是死背答案，学生不感兴趣也就不足为怪了。教师引导过多，学生缺乏自主理解，这样就会导致本该丰富多彩的诗词世界变得干瘪、枯燥。

二、小学语文古诗词教学的创新方法

从上述分析可以看出，改变古诗词教学的方法可谓迫在眉睫。有人总是说，要尽最大的努力提高学生的语文素养，其实语文素养应是语文知识与能力的融合，应是思想情感与审美情趣的融合，而不仅仅是背诵、做题。古诗词作为传统文化的精华，对培养学生的语文素养十分重要，那么应采取什么对策使古诗教学课堂更有魅力呢？笔者认为，可以从以下四个方面入手。

1. 启发想象，品味意境

学习古诗词，最主要的就是读懂诗人在诗词中营造的意境。毫不夸张地说，意境是诗词的灵魂，鉴赏诗词的过程就是品味诗词意境的过程，所以引导学生品味意境是鉴赏诗词的关键，也是古诗词教学的关键。

诗歌创造的形象不能直接作用于欣赏者，只有欣赏者自己用丰富的想象，才能去感受和再现诗歌中所塑造的艺术形象。所以，使学生进入意境的最好方法就是要求学生充分调动想象和联想，将自己设想为作者本人，从作者当时的立场设身处地地考虑感受，使诗中描写的形象和景象一一浮现于脑海中，再现当时的情景。如果再加上学生自己平日对生活的感性体验，那么此时学生眼前就不单是视觉的画面，而是融合了他们的感情和情绪的场景，他们的脑海中就会增加许多诗词中并未提到的物象。至此，学生才可以说进入了诗的意境。在笔者看来，只有当学生自己的脑海中形成了对这些古诗词的独特理解，他们才能离诗人的世界更近，才更能体会诗人创作作品时的独特心境。而在这个过程中，作为教师完全没必要进行太多的干涉，属于他们自己的理解更为重要。

2. 比较阅读，激活思维

一首古诗或一首词，它们从来不是单独存在的个体。“有比较才有鉴别”，利用比较阅读法设计古诗词课堂教学，可以激发学生学习的积极主动性，活跃学生的思维，让学生能举一反三，学会思考，学会学习。

比较阅读的方法很多，可以将以前积累的诗词与课内所学诗词做比较，也可将课内学习和课外自由阅读联系起来，让学生尝试用课内学到的审美方法去鉴赏新的作品。特别是小学高年级的古诗词教学中，教师常常会精讲一篇古诗，随后会让学生运用所积累的方法自主地学习同一类型的另一首古诗。比如，在教学贺知章的《咏柳》时，教师就可以向学生提问：描写春天景色的诗词还有哪些呢？写柳树的诗词还有哪些？运用了比喻手法的诗词又有哪些？教师可以通过引导学生进行比较阅读，来激活他们的思维，让他们对诗词内容有更加全面的理解。

这种“比较”的过程，其实就是想象和联想的过程，这个过程一方面发挥了学生的想象力，另一方面锻炼并提高了学生的思维能力。与此同时，在交流的过程中，还提高了学生的表达能力，为学生的写作打下良好的基础，这就将学习与运用很好地联系在一起了，在学生学习的各个步骤都起着重要作用。

3. 欣赏朗诵，理解背诵

每个阶段的学生都有他们的独特性。小学阶段的学生，虽然思维正处于发展的阶段，记忆力却处在最强的阶段。

因此，在小学语文古诗词教学中，教师要求学生加强对于古诗词的背诵和朗读。但是，这不是机械的朗读、背诵，而是要让学生在朗诵古诗词的同时，注入自己的情感。因为注入了情感，学生才可以更好地理解作者写作的心态，使得学生在古诗词学习过程中对古诗词的理解更加深刻，并真正了解古诗词的文化。

除此之外，笔者认为，教师还应该注重学生对于古诗词的积累，而背诵往往就是学生积累古诗词的最好方法。因此，欣赏朗诵，理解背诵，能够使学生在学习小学语文古诗词的同时，了解作者的思想感情。小学阶段的古诗词，多数是七言绝句和五言绝句，每一句应该怎么读，需要教师给予指导。教师的示范朗诵对学生理解古诗词具有很大的帮助，重视朗诵是诗词教学的根本，而古诗词都有严格的韵律，教师根据其韵脚、平仄、轻重缓急来指导朗读，不仅可以使诗词读起来琅琅上口，还可以促进背诵，在小学生学习古诗词的过程中起着重要作用。

4. 开展活动，陶冶情操

要让学生真正进入古诗词的世界，单靠课堂上的时间肯定是不够的。中华古诗词是我国民族文化的精髓，也是世界文化艺术宝库中一颗璀璨的明珠。这些经典的古诗词作为民族智慧与民族精神的载体，是人类精神文明最宝贵的财富，也是中华民族的灵魂与根本。这些祖国优秀文化，足以成为少年儿童一生的文化资源，对弘扬中华民族优秀传统文化精神将起到十分重要的促进作用。为此，教师可以用开展活动的方式，陶冶他们的情操，提高他们学习古诗的兴趣。比如，笔者就在班级开展“诵读古诗词，做中华好少年”活动，目的是引导学生诵读经典古诗词，让中华灿烂文化走进学生的心灵，培养学生对民族优秀文化和人文精神的热爱，拓展素质教育实施渠道，创班级之特色。在开展“诵读古诗词，做中华好少年”活动中，笔者所在的班级努力做到思想上重视，行动上积极，工作上扎实，确保活动顺利进行，把推进民族精神教育落到实处。这样的活动不仅让学生对学习更有兴趣，而且笔者也觉得自己在教学方法上获得了长足进步。

三、对教育与教学的思考

从古至今，古诗词滋养了无数读书郎，对儿童的心灵、情感的熏陶与升华，对个性、人格的健全与发展都起到了不可替代的作用。因此，在小学语文教学中，教师要重视古诗词的教学，在学习古诗的过程中，不仅要激发学生学习古诗的热情，学习诗人的遣词造句，同时要引导学生剖析其语言，品味古诗词，探索其真谛，汲取其营养，使学生在精神上充实和提升。虽然目前教师的教学还存在不少问题，但办法总是比问题更多，教师应在教学的过程中不断反思，总结经验和教训，带领学生们走进诗词的殿堂，体验诗词的独特意境，争取让现在的儿童也可以对古诗词保有浓厚的兴趣。

参考文献

[1] 张燕. 新课程标准与小学古诗教学 [J]. 成都大学学报，2007（9）：73-75，122.
[2] 施茂枝. 疏言 显象 悟意 化言：古诗词教学的基本思路 [J]. 语文建设，2006（1）：31-33.
[3] 中华人民共和国教育部. 义务教育语文新课程标准 [M]. 北京：北京师范大学出版社，2012.

（株洲市攸县宁家坪镇湖南坳中心小学）

语文教学，研读教材尤其重要

何二艳

摘　要：语文教学不是教教材，而是要在研读教材的基础上有选择地教学。研读教材要学会以读者之心与编者对话，以教师之心与作者对话，以儿童之心与学生对话。作者、编者、师者、学生四心相通，才有利于选择恰当的教学内容，落实语文素养。

关键词：研读教材；语文素养；教学的价值

在课堂教学前，研读教材尤其重要。研读教材就是老师与编者对话，与作者对话，与学生对话。与编者对话，掌握编者编写教材的意图，了解课标的理念和要求，把握教材的价值取向，才能合理、有效地使用教材，有目标地进行课堂教学；与作者对话，就是理解作者的思想，品味探究写作的过程，是老师将自己的感情倾注其中，使自己的想法与作者的想法一致；与学生对话，实际上是了解学生对文本的理解，学生对什么感兴趣，学生的基础怎样，需要提升什么等。

研读教材，应该静心读文，沉心思考，从编者的用意、教学的价值、教学的内容、学生的情况等几方面来理解，这样才算深入研读了教材。

一是以读者之心，与编者对话，揣摩编者的用意。

语文教材的选文跟其他读物不一样，是根据学生的实际水平挑选，依据一定的标准对文章精心挑选、恰当加工。文章选编进教材，其阅读价值也发生了变化，成了培养学生语文能力、发展语文素养的一个重要载体。老师在备课、解读文本和教学时，一定要从教学点出发，让学生产生怎样的情感，教学应该深刻还是浅薄，很大程度上取决于老师对教材的研读。所以，老师要全身心地研读教材。在研读文本时，如果在那么一瞬间有所触动，那么请珍惜这一瞬间，试着用精练而富有个性的语言总结出自己被触动、被震撼的原因，这些语言可能就是文本的中心。在抓住文章中心时，要兼顾教材的独特性与多样性。我在优课观摩时，曾听一老师教《颐和园》，他把文章的主旨确定为“美”，然后引导学生赏析颐和园景美——如长廊美、佛香阁美、昆明湖美。看起来中心明确，但又似乎缺少点儿什么。仔细想想，有些语言叩击着我们：“每一间横槛上都有五彩的画，画着人物、花草、风景”“昆明湖静得像一面镜子，绿得像一块碧玉”，课文中的语言也美。加上这样的理解，课堂内涵就深刻多了，文章的中心是多层次、多角度的。

二是以教师之心，与作者对话，发掘文本的教学价值。

语文教材不等同于教学内容，它是教师的教本，又是学生学习的范本。教材中的文章，是学生阅读的文章，它的价值就发生了变化，除了保留原有的阅读价值，同时又增加了一种教学价值，就是使学生获得言语的智慧——这是实现语文课程目标不可或缺的环节。因为“写什么”，人人看得见，“怎么写”，要琢磨，就需要老师在领悟作者意图的基础上，从教材中将语言因素发掘出来并引导学生在语文学习中逐步获得。发掘语言因素，一定要帮助学生掌握一些规律性的语言表达方式。记得《慈母情深》中的一段话，跟我们习惯的表达方式很不相同：“背直起来了，我的母亲。转过身来了，我的母亲。褐色的口罩上方，一双疲惫的眼睛吃惊地望着我，我的母亲的眼睛……”老师在解读这段话时，就要想想，作者为什么将“我的母亲”放在动作的后面，为什么要重复写三次，作者为什么这样写。反复研读课文，你就不难发现，这种“倒装”和“反复”的写法，是为了强调母亲的背及眼睛在恶劣的工作条件下的变化，这样的描写就像特写镜头，也像电影中的慢镜头，突出的是母亲的变化，读者对母亲的艰辛就有了更深的体会。文中还有类似的写法，“母亲说完，立刻又坐了下去，立刻又弯曲了背，立刻又将头俯在缝纫机板上了，立刻又陷入了手脚并用的机械忙碌状态……”，通过理解“立刻”的连用，加深了学生对慈母情深的体悟。老师只有在研读教材时发掘“倒装”和“反复”这一表达方法的教学价值，学生才有可能习得这种特殊的表达方法，也才能在感知文本思想美的同时，又能领悟到文本表达的形式美，进而才能迁移运用到自己的学习实践中，体现由学到悟、由悟向写迁移的学习过程。

三是以儿童之心与学生对话，选择恰当的教学内容。

老师解读教材可以非常深刻，也可以很独特，但时刻不能忘记我们面对的是6至12岁的小学生，他们有自己理解世界的方法。选择一篇文本进行教学的时候，老师需要再次经历“入乎其内，出乎其外”的过程，需要对教材作“二度开发”，需要站在学生的角度看教材。就一篇课文来说，学生感兴趣的是什么，学生已有的基础是什么，需要提升什么，学生会犯的错误又是什么，对学生来说哪些是有价值的东西，需要取舍哪些东西，等等，都需要全面考虑，需要照顾到学生的认知水平，这样才能真正筛选出需要老师精心教学的重要内容，才能深入浅出地帮助学生阅读教材。比如《幸福是什么》一文，用我们成人的眼光来解读，它是一篇道理清晰的童话故事，浅显易懂。但是，在一次同课异构中，有一位语文老师解读，他说这篇文章主题深刻，有一条明线，有一条暗线……这样一读，教师就会陷入文章的泥潭而难以自拔，看到的东西虽更深刻，却远离了小学生的学习内容。而我们站在小学生的角度来看这篇课文，更应该关注：第一个青年给人治病，病人恢复了健康，青年感到幸福；第二个青年走了很多地方，做过很多事，勤勤恳恳地工作，他的劳动没白费，对别人有用，所以他感到幸福；第三个青年在村子里耕地，麦子养活了许多人，他也感到幸福。文中这些具体的事例，把抽象的道理解释得淋漓尽致，并让我们懂得了要想获得幸福，就要通过辛勤劳动，为别人带来方便和好处，让别人感到幸福，自己也就幸福了。用儿童之心来解读文本才能与学生产生共鸣，才能达到我们想要的教学效果。

研读教材为课堂教学、为学生打开一个全新的世界，引领学生探究未知世界，又能在深度研学后重新学习和反思文本中的知识。所以说研读教材的过程，也是老师与文本对话的过程。在这个过程中努力做到作者、编者、师者、学生四心相通，才能真正把握教材，掌握要点，选择合适的教学内容和教学方法。

（株洲市攸县黄丰桥中学）

小学低学段汉字规范书写现状及对策研究

——以株洲Z小学二年级为例

周 窈

摘 要：针对小学低学段汉字规范书写存在的问题，笔者对株洲Z小学低学段书写现状进行调查。通过随机抽取学生和教师访谈，总结了株洲Z小学在低学段汉字规范书写的经验，最后对该校二年级学生期末书写情况进行统计。结果表明，该系列策略对小学低学段学生汉字的规范书写能力的提高是有效和可行的。

关键词：小学低学段；汉字书写；规范

一、小学低学段汉字规范书写现状

汉字是民族文化的见证，汉字的学习在语文学科中是十分重要的，把每一个汉字书写得规范、整洁是每个中国人必须具备的素养。规范书写即书写符合国家颁布的汉字使用规范标准的汉字，意味着学生在应用汉字的过程中要尊重汉字的基本含义和使用规范，必须使用国家通行的简化汉字，不得使用异体字、错别字等不规范汉字；也意味着学生的汉字书写过程要规范，应当在明确汉字基本结构的基础上做到笔画顺序正确、书写美观等。[1]

同时，新课标指出，在低学段的语文学习中要“掌握汉字的基本笔画和常见的偏旁部首，能按笔顺规则用硬笔写字，注意间架结构”[2]，不仅要求低学段学生书写正确，还要求他们重视汉字书写的规范和美观。同时，电脑阅卷日益普及，也对汉字的规范书写提出了更高的要求。

尽管如此，目前低学段小学生汉字的书写还普遍存在一些亟须解决的问题。周志刚在《小学写字教学现状调查——以沈阳市部分市内小学为例》中指出，如今低学段的书写质量并不高，书写潦草、错别字较多，很多孩子写出的汉字笔画不到位，没有注意间架结构，毫无美感。郭钮在《小学低年级识字教学现状及改进策略研究》中谈到，部分教师在进行写字教学时容易忽略汉字的间架结构和笔画规范等问题，写字教学没有得到足够的重视。机械的抄写、默写让学生更加觉得汉字书写枯燥和乏味，因此对汉字的书写兴趣并不高。

二、小学低学段汉字规范书写现状产生原因

（一）学校未予以重视

有效的写字教学是学生良好书写习惯养成的关键，而提高教学效果的重要方式便是科学有效的教研。而在进行集体教研时，教研组容易忽略对汉字书写这一方面的研讨，导致不少教师对进行规范的汉字书写教学并没有一个系统的思考。并且在日常的教学常规检查中，学校对学生书写质量也并未提出明确要求。

（二）教师书写基本功不扎实

在教师招聘环节，并没有对教师书写的基本功进行专项考核，因此刚入职场的青年教师书写水平参差不齐。而且许多教师对每一课的生字应该达到什么样的书写要求了解得并不全面，教师在进行写字教学时对笔画、间架结构等内容的教学也并不到位。

（三）家长缺乏对汉字书写的关注

家长的态度会影响孩子的态度，许多家长的注意力仅仅放在孩子作业的正确率上，忽略了培养孩

子养成良好的写字习惯，对孩子的规范书写并不关注。所以很多学生回家后以“完成任务”的态度来完成作业，书写只是应付，从而养成了不好的写字习惯。

（四）学生缺乏足够良好的书写习惯和浓厚的兴趣

许多学生缺乏良好的执笔习惯和坐姿习惯，导致书写水平不稳定。学生对书写的态度大多为：“老师让我练字，我就练字。”还有部分学生认为：“只有写得好的同学才能获得老师的奖励。”低学段的学生学习动机大多为外驱力，只要困难太多，他们就容易对学习任务敷衍了事。因此，部分学生对生字学习不扎实，书写的正确率很低。

三、株洲Z小学低学段规范汉字书写的对策

针对现在小学低学段汉字规范书写存在的问题，株洲Z小学结合本校实际采取了一系列举措。

（一）学校方面

1. 科学有效的教研

株洲Z小学低学段的教研组十分重视识字、写字教研。新教师在入职培训时，会对低年级写字教学进行专项培训，并且会给每一位新进教师配一本《新华写字字典》。教研组每周进行一次教研，针对下一周教学中的重难点进行梳理，讨论教学方法。关于写字教学，教研组会围绕生字的“结构、笔顺、笔画”等方面进行讨论研究。以教研组为单位组织典型课例研究，由单元主备人上课，副主备人进行课例分析，指导教师将每一课生字的教学落在实处。

2. 系统严格的教学常规

株洲Z小学语文教学主管对书写十分重视，并且对于语文教学常规的检查十分严格，不仅每月有作业检查，而且对教师批改学生书写作业有具体的要求。比如一年级的课堂抄写作业要有笔画练习，二年级的课堂抄写作业要有偏旁练习，要求教师严格按照笔画规范进行批改以及复批。每个学期期末会有优秀作业展评，表彰作业优秀的学生和认真批改作业的教师，提高学生和教师的积极性。

3. 建构汉字书写校本课程体系

株洲Z小学从笔画、偏旁到间架结构开设符合本校学情的写字课程。落实每天10分钟的随堂书写，教师备课时，梳理好笔顺规则和间架结构，引导学生自主观察、分析字形，利用多元评价激励学生，让学生在随堂书写中有针对性地训练，也利用下午三点半课程，专门指导学生进行汉字书写。同时，在课程中渗透中国的汉字文化，带领学生欣赏名家作品、字帖，或通过了解汉字背后的小故事提高学生对汉字书写的理解。在这样的写字课程中，学生对汉字书写的兴趣提高了。

4. 开展多元写字活动

活动是十分重要的隐形课程资源，低学段孩子的好胜心是很强的，适当的比赛活动能提高孩子对书写的积极性。株洲Z小学每学期围绕汉字书写开展了一系列活动。如，根据平时的教学常规检查，定期选拔“书写小明星”“写字大王”；每学期期末会进行“书写考级”，一方面对写字教学效果进行检测，评选出“书写小硕士”“书写小博士”，借此表彰在汉字书写上认真的学生，激发他们的好胜心，进而提高书写的水平。在课堂上，教师会在进行书写教学时创设一些游戏环节。比如在对间架结构容易混淆生字的教学时，教师可以玩“找不同”的游戏，让孩子进行区别。同样，教师也会在班级里组织一些书写比赛活动。在班级显眼处设计书写展示栏，将优秀的写字作品放在写字栏上展示。

（二）教师方面

1. 对写字教学十分重视

小学低学段写字的学习，主要通过语文课堂进行。株洲Z小学教师对于写字的学习十分重视。在采访一位只有2年工作经验的教师时，她谈道：“每课的生字，我都会板书到黑板上，并且会把易错的地方用彩色粉笔标记下来，让学生对照着黑板进行描红、抄写。”在采访一名有5年工作经验的教师时，她说道：“在学习书写生字之前，我会让学生先观察这个字有什么特点，比如结构、难写的

笔画，让孩子说一说。说完后，我再进行总结归纳，让孩子们跟着我一起书空。书空完毕后，再让孩子跟着我描出每个字的关键笔画，比如压线笔、主笔、易错的笔画等。最后，让学生自己临摹书写。”通过对两位教师的访谈，我们可以看出，不管经验丰富与否，株洲 Z 小学的教师都会让学生先看，再说，最后描红、临摹。

2. **对自身书写能力十分重视**

教师有很强的示范性，因此教师也要努力提高自身的书写水平。在和一位刚毕业的青年教师聊天时，他说：“我每周都会要求自己练习一页字，并且在讲课之前会把要教的生字先提前书写一遍，自己做到心中有数。”同时，株洲 Z 小学精心准备了写字视频课程，并鼓励教师利用空余时间多临帖练字，提高教师规范书写意识。学校每学期会对教师的练字书写情况进行评奖，激励教师不断提高自身的书写水平。

（三）家校联手，培养孩子好的书写习惯

教师在一开始进行写字教学时，就不断强调写字习惯的重要性，利用口诀让学生知道良好的写字习惯是什么，并且一直坚持在每次书写练习之前让学生复习口诀，强调写字习惯。在学生书写时，教师要及时指出学生在书写时出现的不良习惯，并要求学生立即改正。同时，把“书写习惯”加入书写评价里，给书写习惯也设定一定比重进行评价。在平时的学习中，在班级里开设一些关于写字习惯的比拼，利用游戏、比赛的形式加大孩子对写字习惯的重视。教师在和家长进行沟通时，也会将孩子的书写习惯予以反馈，利用家校配合，让孩子养成良好的书写习惯。

四、株洲 Z 小学低学段汉字规范书写现状

执行以上一系列措施后，株洲 Z 小学为了检测学生的书写情况，会在每学期期末进行“书写考级”，选择本学期的生字组成词语，学生在规定的时间内完成“书写考级”通关卷，从正确（70 分，一字一分）和美观（30 分）两个方面检查各班各年级的书写情况。我们选取了株洲 Z 小学二年级作为研究对象，对二年级下册期末“书写考级”情况进行分析。

（一）书写正确情况

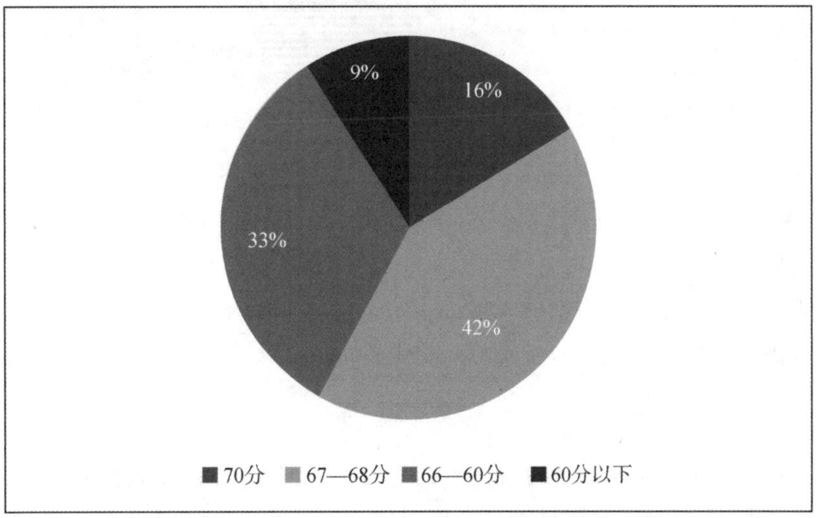

图 1　株洲 Z 小学二年级下册“书写考级”正确分得分情况

从图 1 可以看出，株洲 Z 小学二年级绝大多数学生生字掌握较扎实，全对人数占总人数的 16%，67 分至 68 分的占 42%，两者一共占总人数的 58%。60 分以下占比为 9%，可见只有少数学生对生字掌握不扎实。

（二）书写美观情况

从图 2 中可见，株洲 Z 小学二年级书写美观分满分占总人数的 50%，27 至 29 分占总人数的 43%，0 到 26 分占总人数的 7%。有 93% 的学生书写规范、整洁，可见株洲 Z 小学整体的书写质量比较高。

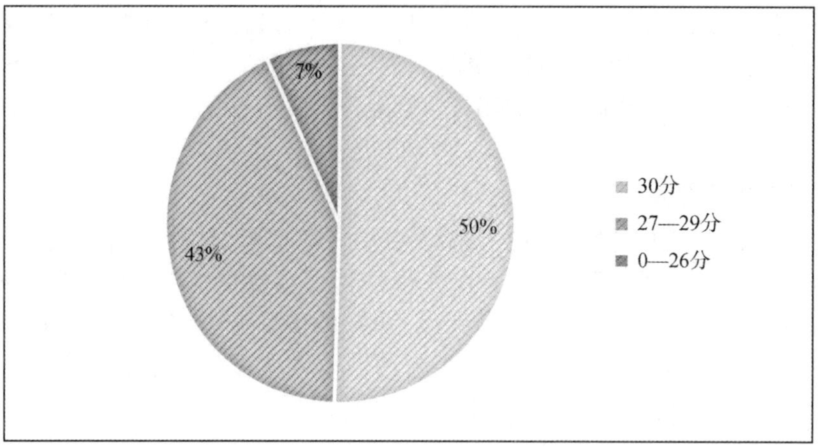

图 2　株洲 Z 小学二年级下册“书写考级”美观分得分情况

（三）书写习惯情况

为了统计学生的书写习惯，笔者随机抽取二年级每个班 10 名学生单独进行“书写考级”，并观察学生在“书写考级”中的书写习惯。能够做到正确握笔、作业纸摆放位置合适、坐姿端正，且在规定时间内能一直保持的记 6 星，其中一项没有做对或者不能坚持的减一颗星。考试结束后，统计得分情况如图 3 所示。

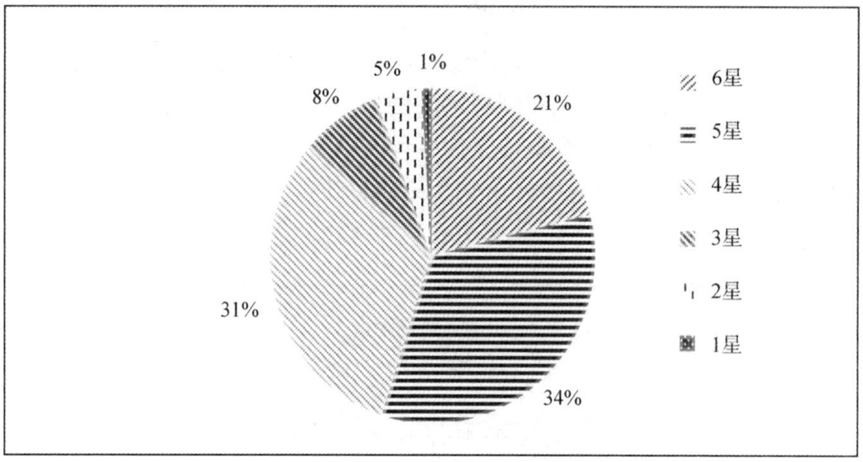

图 3　株洲 Z 小学二年级下册书写习惯得分情况

通过对样本的分析，我们可以发现，获得 4 星及以上的学生一共占比 86%，可见大部分学生有较为良好的书写习惯，这表明株洲 Z 小学对学生书写习惯的培养是比较到位的。

从统计结果来看，该校学生汉字书写规范，学生养成了书写习惯，全校的书写氛围浓厚。

五、结语

汉字是中华民族的瑰宝，按照规范要求认真写好汉字是教学的基本要求，也是学生性情、态度、审美、趣味养成的过程。[3]笔者通过对株洲 Z 小学汉字书写方面进行调查，发现该校在规范汉字书写方面有较为完整、可行性强的策略。期望该校在小学低学段汉字规范书写的策略可以帮助到更多的学校，让更多的学生可以写一手好字。

参考文献

[1] 高天悦. 小学生规范字书写现状及对策研究 [J]. 读写算，2021（6）：107-108.

[2] [3] 中华人民共和国教育部. 义务教育语文课程标准 [M]. 北京：北京师范大学出版社，2012：7.

（株洲市二中附属小学）

从日记里开出写作之花

胡　瑶

摘　要：多数学生都对写作文有恐慌、厌烦心理，对写日记却不甚排斥。那如何使日记成为滋养写作的肥沃土壤呢？首先，要消除恐惧心理，曲线抵达写作目的；其次，要拓宽写作素材，激发写作兴趣；再次，要家校共促，健康写作；最后，让学生自由安放心事，自适成长。

关键词：成长；兴趣；健康；写作；生活

课下闲聊，小宇跟我说："老师，你相信不？我四年级的时候，连看图写话都不会，现在竟然能写出作文！我也不知道这是为什么！"还有一次，我去冰冰家家访。冰冰的爷爷一见我就问："胡老师，冰冰的那篇写数学老师的文章你帮她修改了好多吧？"我回答说："是冰冰写得好，我只是稍微改了一点儿……"她爷爷惊喜万分："老师，你改得真好，我就说，我家冰冰的文章什么时候写得这么好了，跟你说了你恐怕都不信，我这几天看了又看，看了不下四十遍！我也说不出哪里好，就是觉得读起来特别好，你看那句子写得……"基于这样的小例子，想起自己一直坚持推行的日记，我头脑里突然涌出这样一句话：从日记里开出写作之花。

那如何使日记成为滋养写作的肥厚土壤呢？

一、消除恐惧心理，曲线抵达写作

多数学生对写作文都有恐慌、厌烦心理，对写日记却不甚排斥。于是，我设计了一个实验。我跟学生商量："你们是愿意每周写一篇大作文呢，还是愿意周一到周五每天写一篇日记？"多数学生毫不犹豫地大喊着要写日记。于是，在充分给他们写日记自由的同时，我通过日记仿写、日记小练笔、日记小创想等形式，不仅巧妙地将每单元后面的写作要求完成了，而且不少同学写的日记洋洋洒洒竟达到了上千字。

我们常说，有压力才有动力。然而，看似没有负担的自由行走反而更能快速到达目的地，这其中的关键点就是方法和技巧。邓小平说，不管黑猫白猫，能捉老鼠的就是好猫。写作也是一样，无论采取何种形式，只要能达到训练目的的就是好方法。所以，我们可以多花点儿心思抓住学生的兴趣点，以学生喜闻乐见的形式开展教学，以求曲线达到效果。所谓的寓教于乐，大概就是这样的吧。

二、拓宽写作素材，激发写作兴趣

学生怕写作文，往往是因为不知道写什么，不知怎么写。尽管我们一遍又一遍地重申："什么都可以写，比如写下自己的心情，描绘下你看到的风景，记一件你认为有趣、难忘的事，对新闻或对班里的小事发表评价……"但是，有一部分学生还是无从下笔，怎么办呢？

1. 赏析点评，示范引领

每次批改完当天的日记，我会抽出大约 20 分钟的时间，和同学们一起赏析点评有启发意义的日记，在分享点评中进行示范引领。

如，倪新越分享了自己的一次憋尿经历："随着时间的推移，我的拳头逐渐握紧，我的脚趾也用力地抓紧地面，我心里盼望着时间快点儿过去，甚至恨不得把一分钟缩短成一秒。终于，下课铃声响了，我赶紧起身，一步一步走向厕所，我甚至不敢走得快一点儿，生怕尿会喷涌而出……当我释放出来时，我感觉我整个人都到达了天堂，我从来没有一次像那时一样，觉得厕所真是一个无与伦比的好地方。"同学们一听，觉得真是有趣，再经老师一点拨，同学们恍然大悟，哦，原来只要如实将自己独特的感受写下来，就会显得文章有血有肉，趣味盎然！于是，班级出现了一大批细化感受的习作，而且写得都很不错。

上完一节科学体验课后，周敏杰在日记里写道：“星期五，又是个好日子，铃声响起归家的信号。我们就不再是固态到液态，再到固态的变化了，我们的心一下子开心到气化……”像这样将学科知识与生活感受结合起来的运用实例，非常别致新颖。同学们一边羡慕认同，一边也试着用自己敏锐的神经去感受，去捕捉，去应用。

渐渐地，同学们可写的话题越来越多：留意暖心的小举动，点评同学微小的进步，记录老师笑容里的深意，描述乡村的风俗，改进社会风气的一点儿建议，分析某人行为背后的心理……

2. 纳入奖评，激发兴趣

要使一项举措行之有效，就必须得有一系列具体的奖惩机制。为此，我和同学们一起制定了一项以奖为主、以奖促进的评比奖惩措施。从内容、质量、创新、字数、字迹等方面给日记评定等级，每个等级对应相应的学分，学分计入个人日常绩效，每周按累积的绩效学分的高低分级进行奖励。同时，每天被示范朗读的文章，会被发送到班级微信群。

另外，我力求每个学生都至少有一篇文章被公开朗读，被发送到微信群，以此激励每个学生的上进心。该制度推行一学期以来，学生形成了你追我赶的写日记势头。

有的学生眼看着自己的同桌、好友被老师选中了，唯有自己的愿望落空，于是非常着急，私下四处向同学朋友取经。有的学生自认为写作水平很差，但是却一再被选中，内心异常激动，在日记里一次次问我：“老师，我真有那么优秀吗？”不知不觉间，他们变得自信大胆了，对自己的要求也更高、更严格了。有的同学，家里没给零花钱，于是将勤奋写出更多优秀的好日记当成了用劳动为自己挣一点儿奖励的手段。这样，不仅自己的写作水平提高了，而且对于知识创造财富的深意，他们又有更深的理解了……

三、家校共促，健康写作

很多家长曾经私下跟我沟通，说孩子长大了，跟他们越来越陌生了，常常不知孩子到底在想什么；也有学生在日记里跟我倾诉，家长越来越“不可理喻”，双方常常说不到两句话就吵起来。比如，小宇跟我说，他在寒假里已经和他妈妈冷战将近两个月了。其实，我知道他们之间缺少的是真正的理解和沟通。

我想让日记成为亲子之间沟通的桥梁，同时，以亲子关系改进为契机推动情感教育，以情感教育启迪其情感智慧，从而为孩子们的写作注入新的能量，开辟新的方向。

一学期下来，虽然成效还不是特别显著，但一切确实如我所预期的那样在发展。

一方面，孩子的文章发送到班级群被家长阅读后，不少家长非常激动且深有感触，给我留言或私下交流，我和他们一起分析孩子心理，探讨教育理念，商讨解决矛盾的方法；另一方面，我又将父母的心思反馈给孩子。就这样，一天一天，父母子女之间的良性沟通正在逐渐建立，孩子的心理越来越阳光健康。我坚信，只有心理健康的孩子，才能写出健康的好文章，事实也确实如此。现在，班里有几个孩子的为人处世以及文风都少了一些偏激，多了阳光积极。

四、安放心事，自适成长

我一直认为，日记是安放心事、自适成长的秘密基地。我希望通过写日记让孩子找到一个倾诉自己情感的出口，能不断自我调适心情，能养成留心生活、记录生活的习惯，并不断提高自我反思的能力。最终，我们写作的目的是更自适地活着，活得美好而轻盈。美好的生活本身，是大写的写作。

现在有一部分同学跟我说：“老师，我觉得，日记成了开导自己的天使。”也有同学跟我说：“老师，我内心好像一直在寻找什么，至于是什么，我也不知道，但是记录的习惯让我渐渐看清了一点儿眉目和方向。”

我相信，坚持下去，他们的日记里，不仅能开出写作之花，还能开出生活之花。

（邵阳市新宁县金石镇焦家垅小学）

小学高年级语文习作教学评价探究

李丽丽

摘　要：在现代义务教育得到普及以及高质量发展的新时代背景下，小学语文课堂是小学教育的重要组成部分，而其中的习作教学是小学语文教学的难点。笔者在基层学校教学的几年中，常常发现很多学生“闻习作而丧胆”。因此，激发学生的习作兴趣，掌握习作教学评价方法尤为重要。

关键词：小学高年级；习作；教学评价

小学阶段是学生习作能力培养的关键时期，小学语文教师应该充分重视语文课堂的习作教学。良好的习作评价能够鼓励引导学生，是一种提高学生习作水平的发展性机制。在小学语文高年级的习作教学中，教师应明确习作教学评价的基本原则，探究合适的习作教学方法，激发学生的习作兴趣，提升学生的习作水平，增强学生的习作能力。

一、小学高年级语文习作教学评价的现状分析

受传统应试教育的影响，学校、家庭、社会过分关注学生的学业成绩。因此，在小学高年级习作教学中，只关注习作分数，忽视习作教学评价的现象十分普遍。小学高年级的习作教学评价成了一件任务繁重却收效低微的工作，大部分的习作教学评价都以语文任课教师的主观意识为单一的评价标准，造成了教师评价不用心、走过场，学生对待评价不关心、走形式，这都给小学高年级习作教学的科学化发展造成了一定的阻碍。

二、小学高年级语文习作教学评价时的基本原则

（一）参与度原则

在新时代的教育背景下，单一的评价方式已经无法满足小学高年级语文习作教学的要求，习作教学评价要尝试拓宽评价主体范围，教师不应当唯一的评价主体，应该建立教师评价、学生评价、同学互评、家长参评的多元化评价参与体系，不仅可以适应时代的变化，而且也会切实提高学生的习作水平。

1. 教师评价

习作教学评价中最常见的就是教师评价，以教师为评价主体，可以直接调动学生习作的积极性，激发学生的兴趣。但是教师的习作评价不能过于笼统，要有针对性，评价要具体。比如，“老师认为这不失为一篇佳作”和“你的作文以感动为贯穿全文的线索，从小事入手，环环相扣，逻辑严密”相比，定然是后者更受学生欢迎。同时，评价必须以表扬为主，树立学生写作的信心。

2. 学生自评

学生是教学的主体，在习作教学中，学生也应当成为习作教学评价的主体。让学生学会正确地自主评价，学会鉴赏文章、修改文章，是一篇好文章诞生的关键。学生只有在自主评价中一边修改一边反思，才能提高习作的效率和质量。

3. 同学互评

在习作教学中，教师可以将全班同学分成几个习作小组，组员将自己的文章交给小组进行逐一评价分析，大家纷纷提出自己的想法与建议，最后由作者本人结合实际情况进行修改，通过这种形式帮助学生修改出更好的文章，提高自己的习作水平。

4. 家长参评

家长作为学生成长的监护人，对学生在校外的学习生活有监督的作用，家长参与习作评价可以从不同的视角给予学生习作建议，帮助学生拓宽习作视野，积累生活素材。

（二）兴趣原则

都说“兴趣是最好的老师”，好的习作肯定不是被逼着写出来的。学生自发自觉喜欢写作，才能写出让人欣赏的作品。因此，激发学生的习作兴趣是习作成功的关键。

1. 正面表扬

正向评价有助于激发学生积极的心理状态，俗话说“一句表扬比一百句批评更管用”。教师要从不同的角度表扬学生，使学生具有成就感。比如，习作选材好、人物细节描写优秀、构思精巧、结构严谨、情感表达真实、字写得漂亮、修辞手法用得好等等。总的来说，表扬不仅表达了教师对学生的肯定，还能激发学生的习作兴趣，对学生未来的生活也大有裨益。

2. 观察生活

在习作课堂中常常会听到学生说“我不知道怎么写”这种排斥写作的话。学生没有生活素材的积累，自然也就无话可写。排斥写作、无话可写是无法激发习作兴趣的根本原因，而要解决这一问题，就要从观察生活入手，通过观察生活获得写作素材，有话可写，有兴趣写。教师要引导学生观察生活，首先要教给学生正确的观察方法，比如观察静态事物的形状、颜色、数量，观察动态事物的发展变化过程等。其次，教师也要培养学生良好的观察习惯，引导他们细心观察日常生活中的人、事、物，定期布置观察任务，定期写观察日记等。

三、开展小学高年级习作教学评价的具体方法探究

（一）评价内容具体化

评价内容是评价的表现形式，它是评价主体关于习作内容的建议和看法，它的直观性也会对学生产生直接的影响。习作评价需改变以往过于笼统和简单的问题，要把评价内容落到实处、落到细处。比如，学生A流水账式地写了一篇日记，教师就可以写上评语：“你的语言写得很通顺，但是读下来没有让人觉得印象深刻的点，建议你选择一两件事情重点详细地写，下次一定会写得更棒。”也可以对一次习作练习进行全方位的总结，比如，本次习作题目新颖的有多少人，分别是……；开头写得好的有多少人，分别是……；修辞用得好的有多少人，分别是……；等等。

评价内容是教师与学生进行心灵交流的直接途径，会让学生知道教师全面了解了他的习作内容，会给学生提供完善习作的思路，进一步对习作进行修改，从而使作品更上一层楼。

（二）评价标准体系化

根据2011年版《义务教育语文课程标准》的要求，高年级的习作重在通过多种评价，促使学生具体明确、文从字顺地表达自己的见闻、体验和想法。因此，适时地建立起习作评价标准体系显得十分重要，它不仅可以让教师在评价习作时进行参考对照，也提高了评价的客观性和科学性。笔者结合自己的教学经历，罗列了简单的习作评价标准，见表1。

表1 习作评价标准

项 目	要 求
习作主题	是否鲜明、准确，具备真情实感
习作内容	是否围绕主题写作；选材是否具备生活性；内容是否丰富有个性
习作结构	层次：是否体现了总—分、分—总、总—分—总的写作层次，自然段的过渡是否自然，首尾段是否呼应 顺序：是否按照顺叙、倒叙、插叙、时间顺序、空间顺序、逻辑顺序等进行写作

续表

项　目	要　求
习作语言	字：字的运用是否准确精练，有无错别字 词：词的运用是否恰当、优美 句：语句的运用是否通顺，是否运用了修辞手法
标点符号	标点符号的使用是否准确

（三）评价方式多样化

传统的习作评价方式多以终结性评价为主，也就是在作文本上进行等级、分数和评语等形式的评价，帮助学生了解自己的不足。这种终结性评价虽然可以简单粗暴地评价学生的习作，但是忽视了习作的过程、思路以及习作前学生的水平等。因此，教师要对习作评价方式进行创新，采用多样化的评价方式，培养学生的习作兴趣，促进习作水平的提升。

1. 班内展示优秀作文

在笔者的教学实践中，进行书面的作文评价后，通常会遴选出几篇典型的优秀作文，并及时在正式的课堂上指名学生本人朗读，树立学生的信心；也会在班级环创中选择一处地方作为“小作家成长天地”，将每次习作练习中的优秀作文粘贴在此处，鼓励学生；在一学期的末尾，还会将本学期所有的优秀作文整理并总结成册，打印成一本本小小的《××班优秀习作集》发给全班同学，这既可以保存荣誉，也起到了同学间相互促进的作用。

2. 校内外参加习作竞赛

提升自我最快的方式就是参加竞赛，而且小学高年级学生希望得到肯定的欲望十分强烈，参加竞赛是最好的肯定方式，也是最好的评价方式。

在校内，由教研组组织竞赛活动，再由语文教师推荐几名学生参加校内的习作竞赛，最好能定期组织，并且每次选择不同的学生参加竞赛，给学生尽可能多的锻炼机会，这也是对学生习作能力的一种肯定。

在校外，教师争取让学生参与镇（区）中心学校、教育局举办的作文竞赛，或者参加社会渠道的青少年作文竞赛，激发学生的习作热情，锻炼学生的习作能力。

四、结语

综上所述，教师应正确看待当前习作教学中存在的问题，明确基本的习作评价原则，掌握多样化的习作评价方式，做好对小学高年级语文习作评价的策略探究，指导学生在习作的道路上大胆前行，为小学语文教育目标的实现打下坚实的基础。

参考文献

[1] 田甜. 小学高年级习作教学开展多元评价的行动研究［D］. 贵阳：贵州师范大学，2020.
[2] 郭雪. 小学习作教学评价的原则［J］. 吉林教育，2020（10）：16.

（邵阳市洞口县山门镇岩塘完小）

点线结合，提高小学语文课堂教学有效性*

刘 娟

摘　要： 随着我国教育体系的不断发展和变革，新型的教学方法层出不穷，点线结合教学法应运而生。语文的学科性质是既有人文性，又有逻辑性，因此教师在教学中要注重点线结合。如何有效地将点线结合运用到小学语文课堂教学中，已成为当下研究的热点。本文针对点线结合运用到小学语文课堂教学中的有效策略进行了思考和讨论，以期为相关的工作提供参考。

关键词： 小学语文；课堂教学；点线结合；策略

语文是小学教学的重点课程，也是我们生活中用到的最多的课程。小学语文课程包含非常多的知识，读音、语法、修辞手法、现代文和古诗词等等，但是这些知识并不是杂乱无章的，我们需要分清主次，按照规律学习。点线结合，指的是在教学过程中需要有一条教学主线，利用教学主线，教师可以把握教学的整体方向，再利用各个切入点让学生理解教学内容，并能与教师进行教学互动的教学方式。将点线结合运用到小学语文教学中，能够帮助学生理解教学内容，提高教学效率，已成为被广泛接受的教学方式。因此，教师应该充分研读教材，设置教学主线，寻找合适的切入点，将点线结合运用到小学语文课堂教学中。

一、设置教学思维主线，寻找课堂切入点

在小学语文教学中，教师需要形成教学思维，把握教学的节奏。教师只有形成完整的教学思维，才能将教学知识以简单明了的形式呈现在学生面前，做到游刃有余。教学思维是否完整，将直接影响到课堂教学质量和学生听讲的效果。教师在形成完整的教学思维之后，需要找准教学思维和课堂教学的切入点，由此导入课堂教学，做到点线结合。

比如，在学习部编版小学语文五年级下册《月是故乡明》一课时，教师就可以利用多媒体设备播放费翔的歌曲《故乡的云》，并引导学生："同学们，现在我们听到的是著名歌手费翔的《故乡的云》，你能根据歌词中的描述来想象一下你的故乡吗？"然后学生开始认真地听起来，当听完之后，教师再引出所要学习的课文——《月是故乡明》。在这个过程中，教师利用多媒体播放歌曲，引导学生进行思考，将学生的注意力集中起来。教师将歌曲《故乡的云》作为切入点，引出课程《月是故乡明》，有利于活跃学生的思维，激发学生的学习兴趣，提高课堂教学的效率。

二、设置知识内容主线，切入提问点

在小学语文教学中，教师不能忘记传授知识的任务。问题教学法是教师通过引导和帮助让学生对教学内容产生疑问，再带着疑问去进行学习，弄懂问题的教学方法。在问题教学过程中，学生产生疑问，增强了学生的学习兴趣，学生能够更加深刻地理解文章表述的内容。因此，教师要以语文的知识内容为教学主线，寻找合适的问题作为切入点，让学生进行思考，并与教师进行互动，融入教学主线中，深刻理解教学内容，提高课堂教学效果。

比如，在教学部编版小学语文六年级下册《两小儿辩日》一课程时，教师就可以在适当的地方进行提问，引导学生思考。《两小儿辩日》主要是为了告诉我们，从不同的角度看待同一件事情，得出的结论是不一样的。教师可以这样提问："为什么第一个小儿说太阳很大，第二个小儿说太阳很小

---

* 论文已于2021年6月在《中国教师》上发表。

呢？”教师在关键的地方进行提问，可以激发学生的求知欲，让他们充分地进行思考，从而加深对课文的理解。

再如，在学习《石灰吟》时，教师可以先饱含情感地朗读一遍，并提出问题“千锤百炼和烈火焚烧是什么意思，它们跟石灰又有什么联系呢”，让学生对石灰的生产过程产生兴趣，从而更加有针对性地去理解诗词的意思。

三、设置情感主线，切入情感共鸣点

语文是一门人文性非常强的学科，可以成为教师对学生进行情感教育的载体。在语文教学的过程中，情感教学是一种非常重要的教学方式，教师引导学生揣摩作者的思想情感，有助于学生理解作者所要表达的内容，理解教学知识，提高教学的效果。同时，对学生进行情感教育，也是新课程标准的教学要求，符合小学生的心理特点和学习特点。小学语文教师进行情感教学时，要注重设置情感主线，找到合适的情感共鸣点作为教学切入点，引导学生体会作者的思想情感，帮助学生理解教学内容。

比如，在教学部编版小学语文四年级下册《黄继光》一课时，教师要从整体上把握好课本的情感，即敢于牺牲、大无畏的爱国主义精神。教师通过“让祖国人民听我们胜利的消息吧”“冲啊，为黄继光报仇”等语句，引导学生产生情感的共鸣，深刻理解黄继光当时为祖国奉献生命的决心，培养学生的爱国主义情怀。

再如，在教学部编版小学语文六年级上册《七律·长征》一课时，教师可以引导学生对这首诗进行深度品读，体会作者的思想感情。首先，教师要让学生明白，这首诗是毛泽东在红军长征即将结束时所作，胜利在望，毛泽东满怀豪情地创作了这首诗，因此在阅读这首诗的时候，就必须用自信豪迈的语气来阅读。“五岭逶迤腾细浪，……大渡桥横铁索寒”主要描写红军吃过的苦，朗读的时候要大声，表现出大无畏的感情；“三军过后尽开颜”，主要是对长征后的景象进行的想象，朗读的时候要充满喜悦，表现出对未来的憧憬和希望。教师在教学中要设置情感主线，在合适的地方引导学生产生共鸣，帮助学生理解教学内容，增强教学效果。

教师的教学方式将直接影响到课堂教学的有效性，点线结合是一种非常有效的教学方式，能够帮助学生理解教学内容，提高课堂教学效率。作为小学语文教师，我们应该通过设置教学思维主线，设置知识内容主线，设置情感主线，并寻找合适的切入点，做到点线结合，提高小学语文课堂教学的有效性。

参考文献

[1] 刘宗成. 论如何提高小学语文课堂教学有效性［J］. 散文百家·国学教育，2019（4）：109.

[2] 刘剑英. 探索提高小学语文课堂教学有效性的实施策略［J］. 中华辞赋，2019（5）：35-35.

[3] 张正颖. 浅析小学语文课堂教学有效性提升的途径［J］. 神州，2019（10）：91-91.

[4] 张文静. 小学语文合作学习有效性初探［C］//2019 年“互联网环境下的基础教育改革与创新”研讨会论文集. 2019.

[5] 张万生. 关于提高小学语文教学有效性的几点策略［J］. 新一代：理论版，2019（24）：144-144.

（汨罗市屈子祠镇范家园小学）

语文课堂朗读能力的培养策略探讨

邓 婵

摘 要： 随着我国素质教育的不断发展与推进，语文教学中的朗读教学越来越重要。朗读教学贯穿整个义务教育阶段，它是最基本，也是最重要的语文教学手段。朗读教学不仅肩负着提高识字与阅读能力的重任，而且在很大程度上对于学生准确把握课文内容、发展语感、陶冶情操等方面都具有积极的促进意义。因此，本文就如何在中小学语文课堂中对学生朗读能力的培养策略进行探究性分析，意在培养中小学生良好的朗读习惯，提高朗读能力。

关键词： 小学生；语文；朗读能力；培养策略

自古以来，语文教学都推崇读书要大声。清代著名散文家姚鼐认为，放声疾读，久之自悟。意在告诉我们大声地朗读能助我们体会文章的情感美。因此，培养学生朗读能力既能帮助学生感知文中所蕴含的情感，又能提高其语言表现力，更有助于学生的学习和发展。

一、以学生为主体，提高朗读趣味性

首先，学生是教学活动的主体。学习是学生主动获取知识的过程，在教学过程中，教师要充分尊重学生的主体地位，只有极大发挥学生的主体性，才能充分调动学生学习的积极性。教学中，教师也要充分发挥主导作用，为学生的学习和发展提供良好的条件和环境，让学生真正成为课堂教学的主人。

其次，“兴趣是最好的老师”。只有激发学生的兴趣，才能更好地进行朗读教学，因此，教师要学会运用灵活多变的教学方法激发学生的朗读欲望。如分角色朗读。在教学部编版三年级上册《总也倒不了的老屋》时就可以采用分角色朗读方式，年迈破旧的老屋一直重复：“好了，我到了倒下的时候！”但善良的他为了帮助小猫、母鸡、蜘蛛，一直坚守着。分角色朗读能帮助学生领会作者的创作意图及角色的内在情感，更能深入体会文本所表达的意思，再如，表演朗读。在部编版一年级上册《四季》的教学中，我设计了几个简单的动作，形象地展示出了草芽、荷叶、谷穗、雪人等事物的特点，引导学生边做动作边朗读，顿时就激起了学生的朗读欲望，也为学生理解课文内容打下了良好的基础。还有其他朗读的方式，如小组朗读、音乐配乐朗读等，都是为了培养和激发学生对朗读的兴趣，从而提升他们的朗读技巧。

二、以学生为中心，创设朗读教学情境

“知之者不如好之者，好之者不如乐之者。”在课堂教学中创设朗读教学情境，激发学生朗读兴趣，让学生乐学是很重要的。教学时可以借助图片、声音、视频等多种方式，给学生带来直观感受，引发学生内在的情感共鸣，从而领悟课文，进而更加准确生动地朗读课文，表达出课文中蕴含的情感。

在朗读教学情境的创设中，老师们一定要准确把握好以下原则：其一，根据学生的年龄特点，创设适合学生的朗读教学情境。如在学习部编版一年级上册《比尾巴》时，此时学生正处在具体形象思维阶段，在课堂教学中，我展示了猴子、兔子、公鸡、鸭子尾巴的图片并进行了对比，一下就引发了学生的疑问和思考，从而引出了课文中问句的朗读训练，既激发了学生的学习兴趣，又潜移默化地进行了朗读指导。其二，根据课文内容和教学目标来创设朗读教学情境。如在部编版三年级上册

《手术台就是阵地》课堂教学中，我播放了能表现当时战争的短视频，让学生感受当时战争形势的险峻和环境的恶劣，从而将情感代入卫生部长和白求恩的对话中，体会白求恩先生崇高的国际主义精神。指导朗读时要表现出白求恩与战士共生死的决心和不怕牺牲的精神。课堂上朗读教学情境的营造有助于学生感知课文内容，感受课文内涵和意境。

三、加强教师朗读素养，系统指导学生朗读

小学生正处于“染于苍则苍，染于黄则黄”的特殊阶段，有很强的向师性。“学为人师，身正为范”，老师的一举一动、一言一行都对学生产生着重要的影响，教学中老师声情并茂的范读就显得尤为重要，课堂中学生能受到潜移默化的朗读熏陶，因此，教师应注重提升自身的朗读能力，促使学生的朗读能力不断提升。

首先，老师要系统学习朗读知识，正确掌握重音、停顿、语调、语速等朗读技巧，做到范读时能够准确生动地把课文内容、情感传递给学生，让学生感受朗读语言的艺术美。

其次，老师在平常的课堂朗读教学时，既要做好朗读前的准备工作，如了解作者的生平、生活的年代，又要循序渐进地指导学生掌握不同文体的朗读技巧。（1）朗读古诗。古诗的节奏，五言诗一般为“二、二、一和二、一、二或二、三”，如“生当/作/人杰，死亦/为/鬼雄”；七言诗为“二、二、三和二、二、一、二或四、三”，如“春蚕/到死/丝方尽，蜡炬/成灰/泪始干”。学会在诗歌朗读中把握情感基调，体会古诗蕴藏的节奏美和音律美。（2）朗读散文。朗读节奏除标点符号停顿之外，还可以是两个或三个音节一拍，也可以根据课文灵活变动。（3）朗读小说。小说有故事情节、环境、人物，朗读时要抓住人物特征，读出人物个性，才能更好地理解小说的主题思想。学生要不断将朗读技巧在课文中付诸实践，才能提高朗读能力。

四、树立朗读自信心

在语文朗读教学中，学生的畏惧情绪成为朗读教学的绊脚石，原因在于一部分老师在指导朗读时只重视发音是否标准，缺乏对如何表现文章情感的指导，导致学生对语文朗读失去信心。还有部分学生觉得朗读过程过于夸张，从而不敢大声地朗读，怕引来别人注视的目光。

想要有效培养学生的朗读能力，教师需要帮助学生摆脱朗读恐惧情绪，提高学生的朗读兴趣。教育家第斯多惠曾提道：“教学的艺术并不侧重于传授，其侧重的是激励、唤醒和鼓舞。”基于此，多元化评价方式在课堂朗读教学过程中是不可缺少的。多鼓励学生进行朗读，多给予学生以正面积极的评价，要善于挖掘和发现学生的闪光点，让学生体验成功的喜悦，提高学生的朗读热情，老师的评价至关重要，既要做到维护学生自尊，又让学生认识到自己的不足，进而使学生的朗读能力得到有效的发展。

五、重视朗读，保证朗读时间

受到传统语文教学模式的影响，一节课中大部分时间都是师生通过问答方式理解课文，几乎没留时间给学生朗读课文，因此无法让学生感受到语言文字的优美及蕴含的丰富情感。而《义务教育语文课程标准》非常重视朗读教学，并在不同的学段都提出了明确的目标，所以在今后的语文课堂教学中，老师们一定要更加正确地认识到朗读的重要性，优化课堂教学结构，合理安排教学环节，40 分钟的语文课堂教学，学生朗读的时间至少要安排 5 至 10 分钟。在这段时间里，老师们要充分运用朗读教学方法，指导学生认真朗读课文，培养学生良好的语言朗读技巧，进而落实新课程标准对学生朗读能力提出的教学目标。

综上所述，培养和提高学生的语文朗读能力，既可以完成和执行新课程标准的教学任务，又可以成为我国中小学语文课堂教学中一个重要的环节。因此，教师们应该高度重视语文朗读技巧的教学，通过合理有效的方法指导和教学策略来培养和提高学生的语文朗读能力，强化和培养学生的语文朗读基本功，进而巩固和升华自身的语感，提高语文的核心素养，最终促进学生的全面发展。

参考文献

[1] 金晓燕. 关于我国小学六年语文课堂语言教学研究过程中培养学生文字阅读与语言表达能力的知识训练与能力培养问题探讨 [J]. 天才，2020 (14)：116.

[2] 桑小红. 关于我国小学六年语文课堂阅读教学研究过程中培养学生文字阅读与语言表达能力的知识训练与能力培养问题探讨 [J]. 信息科技教学信息，2020 (9)：93.

[3] 施雅萍. 小学语文课堂中学生阅读表达能力的训练与培养对策 [J]. 西部地区素质教育，2020 (4)：65.

（郴州市桂阳县茶红学校）

挖掘乡土资源，优化作文教学

吴柳燕　陈永兵

摘　要：在小学语文教学中，语文老师往往会觉得作文很难教，特别是在我们农村小学中，这种现象特别严重。对于刚刚学写作文的小学低年级学生来说，他们认为作文很难动笔。这是为什么呢？是我们语文老师的教学水平有限吗？还是我们的学生不会写作？小学低年级学生刚刚学写作文，作文的学习本来就处于起步阶段，难写在所难免。我们农村小学教师要想教好作文，可以从学生的写作素材与资源着手，特别是要挖掘乡土资源，从“乡土之景”“乡土之俗”“乡土之人”“乡土之情”等方面来充实学生的写作资源和素材，解决农村小学生写作中遇到的瓶颈。

关键词：挖掘；乡土资源；优化；作文教学

在小学语文作文教学中，我们往往听到一些作文难教、学生写作很难的声音，这是什么原因呢？我认为写作应该首先要有素材和写作资源，农村的孩子普遍比较匮乏写作素材资源，因此教师在教农村孩子写作时，首先要考虑的是写作素材与资源。而乡土资源是农村生活的重要资源，我们很有必要从中去挖掘这些资源来指导他们写作。

根据我们在农村小学的多年写作教学实践，可以从如下四个方面去引导学生挖掘乡土作文资源。

一、寻乡土之景

农村处处是风景，只是需要懂得欣赏的人。我们在作文教学中要巧寻乡土之景，好好利用这些乡土之景。“问渠那得清如许，为有源头活水来。”叶圣陶先生说过：“生活犹如源泉，文章犹如溪水，源泉丰富而不枯竭，溪水自然活泼流个不停。”农村小学作文教学必须强调开拓小学生作文源头，丰富生活，提高认识，获取感悟，力求提高作文素养，重点解决学生“写什么”“怎么写”的问题。乡土资源为我们的作文教学联系生活提供了有力的支持，为学生能力的开发提供了“土壤”。对于农村小孩子来说，他们生活在农村特定的环境中，长时间与广阔的农村资源融合在一起。在写作之前，教师就应当教会学生积累写作素材，这样学生写作才能够得心应手。在挖掘乡土之景时，我们要在“巧”字上下功夫，老师在平时要注意引导学生去观察身边的景物，积累写作的资源，养成良好的写作习惯。

拿我们现在工作的学校来说，学校处在资兴北部乡镇蓼江，这里地势平坦，资源丰富，有河流、田野等自然景观，还有不少的人文景观，如百灶居、大风寨等，它们各具特色。在周边乡镇还有曹里怀故居、流华湾风景区、回龙山风景区等。带学生走入乡土，引导学生观赏家乡的一草一木，深入观察家乡的风光景物。这些景观与我们平时的生活息息相关，是非常宝贵的乡土资源。在日常的小学语文作文教学中，教师要有意识地引导学生观察身边的事物，在熟悉的家乡中寻美，在取材中孕育美，在写作中表真情。让学生在观察、思考和训练中形成关注乡土的气氛，在写作的过程中感受到家乡的山水美，激起对家乡的热爱，从而更愿意用手中的笔来赞美家乡，造就写作上的良性循环。

有了细致观察，有了真情实感，所以大多数学生写出的习作都较先前生动活泼、富有情趣了。有这么一位学生在“巧”用家乡之景上比较突出——刘奕秀同学在《家乡的油菜花》中写道：“我的家乡有万亩的油菜花，每到油菜花开的时候，就有许许多多的游客慕名来到我们蓼江观赏油菜花，他们看到这一片片金黄色的地毯时，都忍不住跳到花海里去合影留念，看到他们灿烂的笑脸，听到他们喜悦的笑声……”小作者以诗意的笔触，描绘出了乡村万亩油菜花的美丽生动画面。

还有方巧英同学在《百灶居游记》中这样写道：“怀着十分喜悦的心情，我跟随着几个大人来到了我早听过的家乡景点百灶居进行户外活动体验。尽管我生在蓼江，长在蓼江，但我还没有到百灶居来体验过这里的生活，只是听大人们介绍过他们在百灶居的一些体验活动，今天，我终于实现了梦想。……百灶居给我留下最深的印象是我当小红军的活动，这里让我着实当了一回小红军……”他把自己的亲身体验融入了写作当中，文字中流露出他的快乐心情。

以上两位小学生在“巧”用乡土之景上下了功夫，他们平时注意观察了家乡的景物，把乡土资源融合到了自己的写作之中，因此作文就有素材、有内容可写了。

二、描乡土之俗

相对于城镇丰富多彩的文化生活而言，农村孩子的文化娱乐活动相对单一。但是，农村具有独特的乡土气息，所以，在农村学校小学作文教学实践中，教师要善于引导学生挖掘本土文化特质，寻找自己的优势所在。资兴农村有着丰富多彩的地域文化，也有着丰厚的历史积淀。资兴回龙山的瑶族文化节、三月三挖地菜、端午节“包粽子”、谷雨的茶等一些古老的、传统的民风民俗在广大农村仍在延续。例如在一次作文教学中，谢成军同学在《烤红薯·糯米粑·谷雨茶》中写道：“每到中秋和重阳佳节，家乡人最爱吃的是自己做的糯米粑。前些年，月饼对于地处偏僻的山村来说，还是稀罕之物。手头并不宽裕的农民，就用团团圆圆的糯米粑替代月饼，以示和美、吉祥、团聚。后来生活水平提高了，月饼下了乡。可我还是忘不了糯米粑的甜软爽口。其实糯米粑并不难做。用糯米掺上少许粳米（要不太黏），磨成粉，放适量开水搅和，然后用手在簸箕里搓揉，以不粘手为宜。待柔软了，捏下鸡蛋大那么一团，用两手掌揉揉，再压平，放上适量的花生米伴糖和芝麻，最后捏拢。揉揉拍拍就成了。油煎也好，水煮也罢，蒸熟也成，都是那么香甜可口，油煎、水煮的还可做干粮呢。”

在我们的小学语文作文教学中，教师可因地制宜，结合当地的一些风俗习惯和人文情怀进行作文教学，引导学生写一些有乡土风俗气息的文章。充分引导学生去发现他们周边的乡土文化，让他们找时间去体验他们的文化与生活，并重点挖掘当地的乡土气息，这样可以很好地积累写作素材，引导学生将乡土气息描绘出来，并运用到自己的写作实践当中。

三、绘乡土之人

教师在作文教学中，可以好好地挖掘乡土之人。每一个地方的人有不同的特点，我们要根据这些特点来选取一些写作素材，选出地方最具代表性的人物形象、特点、语言、文化等，将这些素材好好地整理，便是非常好的作文素材了。我们资兴北部乡镇有独特的人文气息，我们可以抓住这些特点，引导学生在家注意观察，留意人们的语言、动作、形象、社会交往等，将这些素材积累起来，以便用于自己的写作。

小学语文作文要善于选材，取有特色的材料，写有特色的作文，将地方最具特色的乡土之人展现出来。农村是带有泥土气息的，农民也有着无穷的智慧，他们用双手创造了灿烂的农业文明，创造了农村特艺特产，创出了自己独特的劳动方式、致富门路。我们资兴北乡地区的地势比较平坦，农业发展也比较快，现在很多农业生产都使用机械化，播种机、插秧机、收割机、耕田机等使用比较普遍；我们北部乡镇的语言也独具特色，与资兴其他地方的语言有较大的差别。只要认真观察，细心体验，身边的每一个农村人都可以写出一篇出色的文章。

例如陈同学的《话说北乡音》就是一篇非常好的乡土作文。他在作文中写道：“生我养我的故乡是资兴北部乡镇——蓼江镇，从一生下来，我就开始学习我们本土的乡音——北乡话。我们北乡话与普通话有很大的差别，长期生活在北乡的人都会说北乡话，这些话具有一种豪迈、大气的感觉。记得有一次，我的一个外地亲戚来到我家做客，他听到我们讲话很有意思，特别是有时我们在讲话时，语气比较重，说出的话有点儿激烈，他还以为我们在吵架呢！事后我告诉这位亲戚，说我们北乡话一直是这样的语调和语气，他才慢慢知晓。”这篇文章抓住了本土乡情乡音，较为微妙地写出了我们北乡语言的独特特点。

还有一位学生是这样描述乡土之人的：“在我的村里，有这么一个有手艺且年纪很大，背还有点儿驼的人。他最喜欢做根雕，一到周末或者放暑假的时候，我都会到他家里去看他做根雕。瞧他那认真的样子，我真的很佩服他。只见他眼睛眯着，认真地看着树根，双手抓住树根，左瞄瞄，右瞧瞧，每一处都要想很长时间，才能用他那独特的刀法去雕刻。他雕刻一个根雕，都要好长一段时间，每雕刻完一处，他都会兴奋地跳起来，看起来非常高兴！”

四、抒乡土之情

“举头望明月，低头思故乡。”古往今来，多少文人墨客吟出对故乡的思念。对故乡的认同是中华民族最美好的情感之一，无论是家乡的人物，还是家乡的风景与习俗，都包含着浓浓的乡情，乡情是心声的源泉，对于农村学生而言，这点尤其不可忽视。一个地方的发展，一个家族的兴隆，需要通过几代人的努力，是一部充满着许多传奇的故事书，让学生去走访，请老人来开讲座，使孩子们了解历史，不仅丰富了写作素材，更是进行热爱家乡的情感教育。

例如，方嘉同学在《远眺蓼江河》中这样写道：“有一天，我们村里几个小伙伴一起来到我家乡的高地——冒岭上游玩。这天的天气真好呀，从上面往蓼市街道看去，可以看到我们家乡的全景。田野、村庄、马路、河流等一览无余。但最令人瞩目的是蓼江河，我远远地看到，河流蜿蜒在一马平川的大地上，慢慢地流向远处。蓼江河是我们的母亲河，听大人们说，早些年时，河水清澈见底，能够看到鱼儿在水中自由自在地游玩。而现在，河水浑浊很多了，我不禁想到：我们该怎样保护好这条河流呢？我们的母亲河要怎样才能回到旧时的清澈见底呢？我想，我们应该好好去思考一下。”这段话写出了小作者从远眺蓼江河时，想到了环境保护。他把对家乡的热爱之情融入了作文之中，同时也把环境保护的情感渗透在作文之中，充分体现出了乡土之情。

学生通过写作，懂得了一种感恩之情，把情感自然而然地融入文字当中。

总之，我们在挖掘乡土资源的教学中，要根据不同的地方来收集不同的写作素材和写作资源。在作文教学之前就要融入浓厚的乡土气息，教师也要深入当地去调查了解当地的一些乡土资源，从而深度地挖掘这些教学资源。平时也要提醒学生多收集整理这些乡土资源，这样一旦要写作的时候，就可以把这些乡土资源搬出来，使作文写得生动活泼，真正体现出浓厚的乡土之情。

如今，乡土已日渐成为农村作文教学不可或缺的资源。我们在教小学生写作文时，要好好利用这些宝贵的资源，走向乡土，融入乡土，为我们农村的作文教学创出一片灿烂的天地。

参考文献

[1] 孙建平. 乡土资源是用之不竭的源泉［J］. 小学科学（教师版），2013（12）：76.
[2] 马淑珍. 我的乡土人文作文教学观：在挖掘乡土作文资源活动中提高作文教学有效性［J］. 时代教育（教育教学刊），2008（9）：232.
[3] 洪云. 解读生活内涵，优化作文教学［J］. 渤海大学学报（哲学社会科学版），2011（5）：114-116.
[4] 李海平. 小学作文教学之我见［J］. 考试周刊，2014（14）：69.

（资江市蓼江镇中心完小）

探析如何设计有价值的课堂提问

曹慧林

摘　要：课堂提问在教学过程中扮演着十分重要的角色，对学生的思维能力和语文素养的提升发展有着推波助澜的作用，对教学质量的提高也产生了重要的影响。笔者从小学语文实际课堂教学出发，对小学语文课堂的提问现状进行了了解与分析，对设计语文课堂有价值的提问进行了思考与探究。

关键词：有价值；课堂提问；实际课堂教学

在最近一段时间里，我在听同事的课堂教学时，发现了一些教学现象。现在不管城市还是农村，都安装了先进的多媒体教学设备，老师们就会把课堂的提问甚至是答案都做成课件，随着课堂的进程，用多媒体逐一播放。有的教师在课堂上会不断地发问，还重复学生的回答，课堂一直处在教师碎碎念的状态。还有的课堂出现了以排比进行设问作答、煽情式的教学，学生排队式的回答，使整堂课看上去师生对答如流，无缝衔接，但实际上，学生还是在套用老师给他们的固定句式，在重复早已设定好的答案。学生的回答完全没有自己的思考，更谈不上对文本的深入理解和感悟，这样的课堂，看似学生成了中心，实际上是老师的“提问”才是中心。这种课堂必须改变，改变就要从教师的设计提问开始。

一、小学语文课堂提问存在的问题

（一）无效问题填塞课堂

小学语文课文学习的内容是差不多的，因此有些老师在备课时会产生惯性，上课的模式几乎没有变化，语文课堂提问的句式也没有改变。例如：“你们想感受一下吗”“你们想知道吗”“这样写，作者是不是把自己的感情体现出来了呀”，这些问题学生听了之后毫无疑问会回答“想”“是”，这些回答是最简单的，因此也是最不需要经过思考分析来回答的。这种无效提问对学生的思维训练是没有帮助的，只会让学生越来越不爱动脑筋。老师上课的“惯性”也会潜移默化地教给学生，长此以往，教学效果会让人大失所望。

（二）课堂提问不符合学生年龄特点

有些老师认为教学过程要引发学生的思考，就要不断地发问，让学生一直保持思考分析的状态。有研究证明，小学和中学的教师平均每分钟会提1.5个文字问题，教师提问数量越多，对课堂内需要掌握的知识针对性就越不强。还有的老师对课程标准研读得还不够，例如，我在暑期听课时，一位老师对一个一年级的学生说：“你读这段文字读得十分流利清楚，可以再有感情地读给大伙听吗?”一年级的孩子还不知道什么是有感情，怎么样读才是有感情地读。因此老师对自己设计的问题要有针对性，才能收获良好的效果。

（三）提问方式不恰当

不是所有学生能解答出来的问题都对学生有益，在确定好了提问的内容后，提问的方式也是十分重要的。什么类型的问题就应该选择什么类型的提问方式，比如在学习说明文时，问学生“这句话运用了什么修辞手法”肯定是不恰当的，“这句话运用了什么说明方法”才符合说明文的提问方式。

二、设计有价值的课堂教学提问策略

（一）强化文字语言的运用

文字运用是语文学习的本体知识，因此有价值的提问必须为强化语言文字的运用而展开。在三年级下册《守株待兔》的授课中，老师出示了课件："宋人有耕者。"老师就问学生"者"是什么意思？学生回答："'者'在这句话里指'……的人'的意思"。老师又问"耕者"是什么意思？学生一下子回答出来，是指种田的人。这里老师就是要解释"者"字结构的这种词语的知识点。"者"字放在动词、形容词、动宾短语后，构成名词性短语，又称"者"字结构。接着老师在课件上出示：

耕者——种田的人

作者——

记者——

老者——

很显然，老师是用解释同类型词语的方式来复习巩固文言文中常用的"者"字结构的知识点，这是老师最常用的一种提问方式。听到这里，我想，如果我将这个提问做一个改变：同学们，下面的解释应该用什么词来对应呢？

种田的人——耕者

写文章的人——

从事新闻报道的人——

年老的人——

我把两部分进行调换，那么孩子就可以顺着第一个描述来解释生活当中"者"字的范例，顺着这样的形式进行表达训练。这样的调换和提问的重新设计，孩子就不仅仅停留在理解词语，而是通过自己的分析，对这样的词语的形式进行归类，再练习表达运用。通过这样的改变，我们会感觉到孩子在用语言，在学习课文的表达形式，运用语言表达对生活的观察。

（二）有意提高学生的表达能力

学生的表达能力的提高基于教师的有意识的训练。记得我在一次实习时听老师上四年级下册《海上日出》，老师向学生提了一个常规性的问题："课文写了哪几种情况下的海上日出的景象？"第一位学生当时是用"第一种情况，第二种情况，第三种情况"的句式十分认真地回答了老师的问题，并且十分清晰地描述了海上日出的景象。但老师还是进行了追问："不用'第一种情况，第二种情况，第三种情况'来表达。换一组连词来说说。"学生们听完后，想了一会儿，他们的回答便像各色各样的花儿一样冒了出来，有的用了"课文先写了……，然后写……，最后写……"来回答；还有的用两字词语把这三种情况同时概括了出来，例如，"课文先后写了……""课文依次写了……"。老师采用让学生"跳一跳去摘苹果"的有意识的训练，虽然是同一个问题，但孩子用不同的语言形式进行表达，让我们看见了学生语言能力的高层次的发展。因此，有价值的课堂提问，是老师要有意识地对问题进行思考和分析，就算这个问题学生已经回答出来了，我们还可以再次换一种问法，让学生也换一种答法，这样的课堂是丰富的，是焕发生机活力的。

（三）巧用生成

课堂上总会出现各种各样的临时生成，这是教师与学生思维碰撞的火花。而教师要好好把握课堂上出现的临时生成，从思维培养和学科知识统一的角度，进行有价值的课堂提问设计，这样一来学生的思路打开了，有些潜在、迷糊的问题也会迎刃而解。比如在三年级下册《守株待兔》的教学过程中，老师课件出示："兔走触株，折颈而死。"老师问："触"是什么意思？孩子根据课本可以马上回答："触"就是撞到的意思。但是教师并没有就此结束，而是引导孩子思考：为什么"触"在这里是指"撞到"的意思？在授课前，老师已经在课件上逐一展示了题目"守株待兔"的意思（守：守着。株：树桩。待：等待。兔：兔子。），并追问：老师解释题目用了什么方法？学生们畅所欲言，最后老师归纳，可以用扩词的方法理解词语。现代汉语双音节词多，在这里可以把一个字扩成双音节来理解，这对理解文言文是一个办法，但是“触”作撞到的意思没有用前面的方法，那么老师就要及时抓住临时生成的契机问学生：“前面学习了扩词理解文言文的方法，此时的‘触’为什么解释为‘撞到’而不解释为‘触摸，触碰’呢?”孩子们肯定会翻开书思考：我之前的答案到底对不对呢？此时孩子的脑袋正处于高速运转状态，老师就要不失时机地引导学生联系上下文读一读，问学生，你有什么发现？此刻老师的引导，引出了多个层面的对话。首先，学生和文本要对话，当学生有了想法和思考后，他的答案在同学和老师之间也会有对话。学生通过分析判断，知道“走”是“跑”的意思，“折颈”是指“脖子断了”，兔子是因为跑得太快，太急，撞到了树桩上，力度很大，把脖子折断，死掉了。“触摸，触碰”力度不够，“撞到”才是最合理的解释。这样的课堂，学生思维活了，课堂活了。老师巧用临时生成，追问处的分析，追出了活跃的大脑思维过程，这样的阅读对话交流过程就是思维训练的过程。

（四）鼓励试错

任何课堂的提问，学生都不可能百分百答对，甚至需要不断地试错才会更加接近理想的答案。在不断地试错纠正、探究问题答案的过程中，学生获得的不仅仅是问题的答案，还得到了认识与思维的发展。在上四年级下册《猫》这篇课文时，许多老师初步把握课文内容以后，都会问学生一个普遍的问题：“作家老舍笔下的猫，有什么特点呀?”这个问题是整体感知全文的提问，要学生对这篇课文进行全面的把握。通常学生都会用课文中的句子或者关键的词语来回答：“猫老实、古怪、贪玩，有时候高兴，有时候不高兴。”不能说孩子的回答不对，只是有些零散、散乱，不能体现老舍笔下猫的特点。那么老师在这个地方如何引导呢？还是要学生回到书本中去，引导学生关注课文后边的资料袋，让学生读完资料后说一说自己获取了哪些信息。在这个资料袋中，“语言大师”四个字最为明显，老师和孩子们都抓住了这个词语。老师对学生说：“既然他是语言大师，那么他写的《猫》自然有个明显的特点，肯定不会像我们说的那么零散。”于是老师让学生把这些特点放回课文中去。根据学生的发现，老师在黑板上将这些词语卡片分成三类：既老实，又贪玩，但是静止；高兴的时候会叫，不高兴的时候也会叫；它既胆小，又勇敢。那么，还剩下最后一个词：古怪。此时学生发现这只猫就是这么的多变，这么的矛盾，所以“古怪”就是猫的三个性格的总结。这不仅让孩子明白了“古怪”是猫的最大的性格特点，同时也把“古怪”这个难理解的词，通过对课文内容的再次研读而读明白了。这样让学生先初步地感知课文，提出自己对课文内容的看法，再鼓励他们试错，发现自己在解决问题上的不足，思维训练既进行了巩固，又得到了发展。

三、结束语

综合上述，教学有法，教无定法。在设计有价值的课堂提问的道路上，我们要深刻理解教学的内容，再从教学内容中去设计有价值的主线问题，或者是关键性问题，其余的问题都在主线问题下延展和追问。要想设计好有价值的课堂提问，就要深度研读教材，遵循“基于教科书，因文而异，突出重点”的原则。教师的提问应该是能激起学生的发展的提问，是能引发学生自主合作探究发现的提问，是能发展和巩固学生思维的提问。课堂提问不是简单地回答问题，而是让学生对知识形成另一种认识和接纳手段。提问的灵活性，决定了课堂的生动；提问的开放度，决定着学生思维的发展；提问的有效性，决定着教师教学的质量水平。正是基于对课程目标的深入领悟，基于统编教材的编写理念，所以我提出从发展思维、培养学习能力的角度来设计课堂有价值的提问。统编版语文教科书为学生提供了丰富的学习内容和多样的学习方式，决定了我们的语文课堂就如语文课程标准中所说，应该是开放、有活力的。要让课堂呈现出灵动生长的状况，起到关键性作用的，还是教师为达成教学目标而设计的有价值的提问。教师要依托语文教科书，在真实的语言运用情境中，激发学生的主体性，让学生在积极主动的参与中，观察语言现象，探究用语规律，提升运用语言的能力。

参考文献

[1] 周佑. 论提高小学语文课堂提问的有效性 [J]. 曲靖师范学院学报，2014（A1）：142-144.
[2] 王雪梅. 课堂提问的有效性及其策略研究 [D]. 兰州：西北师范大学，2006.
[3] 林清玲. 小学高年级语文课堂有效提问研究 [D]. 漳州：闽南师范大学，2014.

（郴州市永兴县鲤鱼塘镇干冲学校）

山区小学口语交际教学现状及对策

罗美琴

摘　要：桂东县地处井冈山革命老区，交通不便，信息闭塞，学生口语交际能力普遍较差。其主要原因有：不自信，害怕交流；普通话不标准，羞于交流；见识少，语言积累薄，无以交流；训练少，窘于交流。通过教学实践，笔者认为口语交际教学的策略有：(1) 树立信心，让学生敢说；(2) 规范语言，让学生能说；(3) 活用教材，让学生会说；(4) 结合阅读，让学生多说；(5) 开展活动，让学生乐说；(6) 延伸课堂，让学生善说。

关键字：山区；口语交际；现状；策略

一、口语交际教学的重要性

1. 时代的呼唤

现代社会信息万变，人们的社交活动日益频繁，生活节奏大大加快。为了迅速完成传递信息、交流思想的任务，人们交往的方式也随之改变：快捷的电话代替了缓慢的信函，充满人情味的交谈代替了死气沉沉的公文……较强的口语交际能力已成为每个人适应现代社会的最基本能力。因此，为了让学生将来更好地适应社会、更好地与人交流，使其成为真正的社会人，培养良好的口语交际能力已刻不容缓，势在必行。

2. 新课标的突出关注

《义务教育语文课程标准》中最突出的一点就是将过去的“听话、说话”改为“口语交际”，明确地提出了培养学生口语交际能力的目标：“具有日常口语交际的基本能力，学会倾听、表达与交流，初步学会运用口头语言文明地进行人际沟通和社会交往。”这一提法的改变及目标的确定，具有强烈的前瞻意识，既向教师和学生发出了新的挑战，又适应了时代发展的要求，体现了语文教学生活化的回归，成为课程改革的一个新亮点。

3. 山区小学生发展的需要

桂东县地处边远偏僻山区，交通不便，信息闭塞，观念保守，流动人口少，处处皆方言，严重阻碍了学生口语交际能力的发展。近年来，桂东到外地就学的人越来越多。送子女到外地就学，费用大大增加，而桂东的教育本身在全省就是一面旗帜，为什么还会有这种现象？这是因为大家都清楚地认识到，桂东的教育办得好，学生成绩好，但本地学生的一些难以通过成绩检测的素质比别的地方的学生差，比如不会与人交流。一些在外地工作的桂东人常说，会做不会说让桂东人的奋斗更艰辛。可见，口语交际能力的低下会阻碍学生的发展。这种现状亟须改变，而要改变这种状况，必须从小抓起。

二、山区小学生口语交际的现状与原因分析

笔者从事了20年的小学语文教学，深感学生的口语交际能力有待提高。在广大的农村，孩子是羞涩的，不敢与老师、陌生人交流，要用普通话交流更是难上加难。城里的孩子好一些，但情况还是不乐观。笔者分析了造成这种现状的主要原因。

不自信，害怕交流。一方水土养一方人，这话说得不错。桂东是全国贫困县，桂东人朴实、勤劳；同时又有一种普遍的心理——自卑。作为一种地域的普遍心理，这种自卑潜伏在心里，遇到诱发

因素就显示出来了。其体现在口语交际方面：有的学生与其他学生能交流，但害怕与老师、长辈交流；有的学生在本地能与人大胆交流，但是在外地则不能；有的学生用方言能与人交流，但用普通话不敢交流……这种心理严重影响着他们与人的交流，对于教师开展正常的口语交际教学工作也是不利的。

普通话不标准，羞于交流。我县外来人口少，处处皆方言，生活中讲普通话的机会几乎没有。所使用的方言与普通话差别也相当大，如“ɑ”与“ɑi”、“n”与“ng”、“l”与“r”不分，平翘舌音不分，声调发音不对，要纠正方言语音很困难。并且有一些教师在教学中不习惯使用普通话，直接用方言教学。这些都是造成山区小学生普通话不标准、不规范的重要原因。学生普通话说得少，听得少，没养成讲普通话的习惯，用普通话进行口语交际自然困难重重。

见识少，语言积累薄，无以交流。我县本就偏僻，广大农村更是分布在群山之中，这些孩子的见识少，话语内容自然少。

训练少，窘于交流。训练少，首先要反思的就是我们的口语交际教学。

在新课程改革之前，没有口语交际这一提法，是从听、说、读、写四方面来制定教学目标的。但在观念落后的山区，还存在“一切为了分数”的思想，片面强调学生的考试成绩，只对“读”和“写”下功夫，认为“听”和“说”不列入考试范围，无足轻重。于是教师在课堂上敷衍教学，有的干脆省略这一环节的教学。

新课程标准提出了“口语交际”这一教学目标。它与原来的说话教学不同，它更强调一种双向互动性。但不管怎么提，口语交际能力的检测仍是一个难题。我市的语文教学质量检测中，也出过口语交际的题目，如用导游的语气介绍自己的家乡等。其实，大家都知道，在卷子上用文字作答，考的还是写作，与真正的口语交际不同。不检测，就得不到重视，这是现实。

自新课改以来，笔者开始主持省级课题“运用现代信息技术提高山区口语交际能力”的课题研究。笔者在研究过程中发现，很多老师的口语交际课缺乏互动性，甚至成为教师的“演讲课”，或者几个优生的“说话课”。原因何在？教师的教学目标尚未明确，对口语交际的真正内涵没有把握，对口语交际教材不做灵活处理，以至于在教学中不能为学生创设良好而真实的口语交际情境，甚至口语交际内容远离学生生活，缺乏真实性和实用性，难以形成真正的互动。

三、山区口语交际教学的策略

1. 树立信心，让学生敢说

自信，是走向成功的伴侣，而桂东小学生口语交际能力的低下，最根本的原因就是自信心不足。因此，口语交际教学的首要策略就是树立信心。教师要建立新型的民主平等的师生关系，认真倾听学生的声音，多鼓励，少责备，多交流，少摆架子，让学生在和谐的氛围中成长，对学生在口语交际过程中的点滴进步，要给予充分肯定，同时，在肯定成绩和进步的基础上，也要用心引导，帮助学生改正不足。

2. 规范语言，让学生能说

“学讲普通话，逐步养成讲普通话的习惯”“能用普通话交谈。学会认真倾听，能就不理解的地方向人请教，就不同的意见与人商讨”，这是新课程标准口语交际的目标之一。可是桂东处处皆方言，人们的普通话水平低下，所以规范语言、推广普通话显得十分重要且任务艰巨。要提高学生的口语交际水平，首先得提高学生的普通话水平。在课堂上，教师得坚持用普通话教学，在校内，要营造用普通话交流的氛围。

3. 活用教材，让学生会说

湘教版小语教材有 6 至 8 个口语交际主题，现行部编版教材每册安排了 4 个口语交际主题，这些主题鲜活生动，形式多样，一事一训，一练一得，预留空间大，便于对学生进行系统训练。要充分利用这些口语交际教材，营造良好的交际氛围，形成多种互动方式，进行真正的交流，而不是简单的说话。

（1）生生互动。学生与学生之间在课堂上交换思想的过程。如湘教版第一册第一课就是口语交际“交朋友”，笔者执教这课时，用了十分钟时间让学生去交新朋友，并比比谁了解朋友的情况多。要了解情况，必须互相交流信息，如姓名、爱好、家庭住址等，互动就这样开始了。

（2）师生互动。师生之间的互动绝不是教师问、学生答的问答，也不能只停留在以教师为主导、以学生为主体的范围内，而应转换角色，开展平等交流。教师与学生融为一体，既是交际活动的组织者，又是活动的参与者。如在执教口语交际“教你学一招”时，一位同学成功表演了一个魔术以后，我就与同学们一起猜魔术的秘密，最后向表演者求教。

（3）群体互动。学生间的小组合作交流或者全班式的集体讨论，甚至包括走出课堂与社会交流。采用这种方式，学生的参与面更广，接触的人更多，探究问题更深入，对于学生的口语交际能力的培养有更明显的促进作用。

4．结合阅读，让学生多说

每册教材都安排了口语交际主题，仅靠这些口语交际课去训练学生的口语交际能力是远远不够的，小学语文教材中选用的课文无论从内容到形式，还是从思想含义到语言表达，都蕴含着丰厚的口语交际因素。所以，只要我们认真钻研教材，就能挖掘出许多有效的训练点，为学生提供口语交际训练的平台，比如以下这些训练。

填补空白。作者写文章，为突出中心，在进行详略安排上，有意留下一些艺术空白。在教学中，教师可引导学生交流填补，进行口语交际训练。

续补结尾。续补文章结尾能培养学生想象力，也是培养说的能力的好办法。如教《凡卡》一课时，让学生想象凡卡梦醒后面临着什么，有的说他面临折磨人的等待，有的说面临老板更粗暴的打骂……

辩论问题。抓住课文中有争论的问题，组织引导学生展开即兴辩论。辩论的形式本身就具有很强的互动性，所以既可以培养学生的思辨能力，又不失为一个口语训练的好机会。

演课本剧。有目的地选择以人物语言描写为主的课本剧进行排演是训练学生大胆创作、大胆交流的好形式。

扮演导游。写景的课文可以让学生扮演导游，以训练学生在不同情境中展开不同的口语交际。

角色互换。课堂上师生之间的角色互换、学生与课文角色的互换，让学生从中体会到不同角色的不同口语交际。

5．开展活动，让学生乐说

有针对性地开展一些相关活动，能有效地促进学生的口语交际训练，间接或直接地提高口语交际能力。在实践中，我主要开展了以下活动。

“课前五分钟”的说话活动。针对学生不敢与他人交际的心理，我在班里开展“课前五分钟”的说话活动。上新课之前，我一进教室就与学生聊天，聊的话题就是有感触的生活片段。记得一个冬天的周末，我回娘家，夜幕降临的时候，父亲才回来。他卷着裤脚，腿上沾满泥，脚冻得有些发颤，手里拿着一个桶，一进门就高兴地说：“今晚有一碗好菜了。”原来，为了我，他捉泥鳅去了。星期一回来上课时，我与学生聊了这件事，勾起了学生相同的生活经历，大家谈论起父母为自己付出的感人事例，聊得很轻松，也很投入。因为“课前五分钟”选择的话题来源于生活，学生非常感兴趣。开始是老师引导，到后来，学生养成了用心感悟生活的习惯，有了感悟又想与人交流，那五分钟总不够用。记得有一次，学了朱自清的《匆匆》，第二天有一个同学在说话活动中提出路队制度不好，说那天放学，他也想像朱自清一样与太阳赛跑，赶在太阳落山之前跑回家，可是不敢走出路队，只得随路队像乌龟一样慢慢走，心情很郁闷。一石激起千层浪，有的说路队让学生失去了很多放学路上的快乐，有的说如果不排路队乱窜的话，车来车往不安全……十分钟过去了，还在讨论，我顺势把这节课上成了口语交际课。受这个活动的影响，我班学生的写作能力不断提高，在正规刊物发表作品的就有好几人。

读书活动。充分利用班级图书角和学校图书馆，鼓励学生多读课外书，拓宽视野，增长知识，积累语言，为准确流畅的口语表达打下基础。如我带139班开展策划读书活动时，我写了一封致家长的信，取得了家长的支持与配合。每一天在学校总能看到同桌互相交流课外书的情景。这样做，一是培养了学生读书的习惯，二是丰富了学生的语言，无形中提高了学生的口语交际能力。

开展辩论会。辩论最能锻炼口才，是互动性非常强的口语交际活动，双方必须针对对方层出不穷的证据进行有理有据的反驳，还要不断调整自己的思路，因此在教材中有很多这样的编排。我们班多次开展了以“给同学过生日好不好”“小学生上网好不好”等为主题的辩论会。

此外，我还积极组织学生参加演讲比赛、主持人比赛等多种活动。这些活动让学生得到了锻炼和提高。

6. 延伸课堂，让学生善说

一切的学习都源于社会和生活，最终也是为社会生活服务的。只有让学生走出课堂，走进社会这个大课堂，才能真正培养自己敢说的胆识，检阅自己的口语交际水平。可以在课外引导学生学会交新朋友，收集自己需要的材料，独自购买自己的用品，与陌生人交谈，同时鼓励学生积极参与口语交际竞赛活动和实践活动，如每天与家人交流十分钟，找出招牌、标价中的错别字，家乡的环保调查，了解周边农村的致富项目——巴西菇或烤烟的种植，讨论看过的电影等等。在实践与运用中，进一步激发学生口语交际的兴趣，让学生学以致用，充分体会到口语交际给学习和生活带来的快乐。要知道，生活的外延有多大，口语交际的天空就有多大。

参考文献

[1] 中华人民共和国教育部. 义务教育语文新课程标准［M］. 北京：北京师范大学出版社，2012.

（郴州市桂东县教育局）

农村小学作文教学的现状分析与策略探究

向云华

摘　要： 作文教学是语文教学的重要组成部分，是提升小学生观察、思维和写作等综合能力的重要途径。然而在农村，受地域环境及个人阅历的限制，学生往往望文生畏，无从下手，加上部分教师教学观念滞后、模式陈旧等一系列因素，导致农村小学目前作文教学不容乐观。作为农村小学语文教师，探究如何提高学生的写作水平非常有必要。

关键词： 农村小学；作文教学；现状；策略；写作水平

习作是学生语文素养的综合体现，是学生认识自然、感知社会、交流情感的重要载体。作文教学也就自然成了小学语文教学的重点，更是难点所在。在现实中，农村的孩子与城市的孩子在写作水平和能力上存在着一定的差距。根据长期的观察和实践，本人发现农村的孩子虽生活在青山绿水中，能看到洁白的云朵、美丽的星空，能听到鸟叫虫鸣，能闻到山花烂漫时的清香，能感受到身心在自然中放飞的愉悦……但就是在习作时无话可说、无病呻吟，东一棒槌、西一榔头，抓不住重点，或者言之无物、不具体、空洞乏味。大多数孩子一到作文课，就谈文色变，厌文情绪十分严重。

针对这一状况，作为农村小学语文教师，为了提高农村小学生的写作水平和能力，应坚持一切从实际出发，以人为本，深入探究、分析农村小学作文教学中形成这种现状的原因，从而改进农村小学作文教学方法。

一、分析农村小学作文教学现状形成的原因

（一）教师方面的问题

1. 教师重视不够，指导不得法

一部分语文教师思想陈旧，经验至上，没有认真去研究作文教学，没有全面去解读《义务教育语文新课标》（以下简称“《新课标》”）中对各年段提出的写作要求，只是片面地了解一下本年段作文训练的目标，或是本篇习作要写什么就讲什么，所讲内容缺乏系统性、连续性，每次习作就是一次“单兵”训练，学生要想提高写作水平是难上加难。有的农村教师因自身素质有限，一到上作文课时就照本宣科，让学生照葫芦画瓢，把范文当成法宝、灵丹妙药，导致学生一旦离开范文就寸步难行。正如苏霍姆林斯基所指出的“学生不会写作文，最简单的原因就是教师自己不会写作文”。由于教师指导不得法，学生的思维被限定在一个框架之内，既束缚了学生的个性思维和写作欲望，又抑制了学生写作水平的提高。

2. 训练年级不衔接，读写不紧凑

习作本是一个循序渐进的过程，但各年级作文训练不衔接乃至脱节的现象比较严重。低年级只重视识字训练，忽视说话、写话能力的培养，变成为识字而识字，而非为说话、写话而识字，偏离了小学语文教学连贯性的轨道。到了中年级，有的教师就迫不及待拔高要求，忽视片段的练习，一下子就要求学生写短文，往往以学生写的字数多少来评价其写作水平。这种急于求成、“一口吃成胖子”的教法导致学生的思维没有得到全方位的训练。另外，在高年级作文教学中，教师对于作文能力的培养与阅读教学之间的内在联系并没有足够重视，在教学中没有体现语文的实践性和综合性，没有体现“读”为“写”服务，读写不紧凑，课堂所学的知识不能迁移运用到学生习作当中去，学生不能学以致用，直接导致写作水平停滞不前，怕写、厌写作文。

3. 训练量小，缺乏及时有效的评价

要想写好文章，需要多练笔，花大力气对文字反复“雕琢”。一般情况下，学校会每周安排两节作文课来训练（一节课指导，一节课练笔）。课上，基础好的学生勉强成文；若遇到后进生，寥寥几字，还得加班加点。在实际教学中，部分教师为了赶教学进度，加上身兼多职，精力有限，往往囫囵吞枣，胡子眉毛一把抓，敷衍了事，并且学生得等到下一次作文课时才可得到教师这个唯一“读者”的意见：一个分数，一个“阅”字或一些空洞、无实质性指导的评语。这样一来，练习的量太小，形式又单一，加上缺乏及时有效的评价，学生作文能力难以得到培养。久而久之，学生也习惯成自然，他们认为即使自己用心去写作文，老师也不会认真检查评改，于是也就随便应付了。长期下去，学生对老师的批改结果不重视，就很难获得师生双边意义上的沟通与共鸣共振，提高作文能力也就成了可望而不可即的事。

（二）学生方面的问题

1. 生活圈子小，缺少经验积累

随着社会经济的发展，现在大多农村家庭的青壮年劳动力都外出务工，家里只留下老人和孩子。学生大多都是留守儿童，他们的生活空间十分有限，除节假日之外，每天学习、生活环境基本局限于校园、家庭。学生的接触面狭隘，大多数信息都只是从电视或者网络、手机上获取，没有真正地去接触，缺少生活经验积累。这种学校、家庭两点一线的生活轨迹，自然就会让学生忽视了身边的美好、真实的感受、内心的感悟，久而久之，学生就如同井底之蛙，知识肤浅，写作素材极度匮乏。

2. 阅读面窄，知识贫乏

在农村，很多学校或多或少都有一间简陋的图书室，但里面课外书籍很少、内容较单一。据了解，农村中心校图书室一般只对中、高年级的学生开放，一周仅开放个把小时而已；片小、村小学校的图书室只是一个摆设，仅供上级检查。加上受家庭条件的限制或自身求知欲的低下，大部分孩子没有养成阅读的习惯。在学校，在老师的监督下，他们尚且还能阅读一些课本或课外书，一旦离开学校，学生的阅读面和阅读量都得不到保证，更不用说做读书笔记了。学生文本阅读量小，没有一定的积累，造成知识贫乏，缺少可写素材，导致作文中语言口语化，时不时还会冒出不少地方方言，有些内容纯粹是为了凑够字数而写，写文章如记流水账，没有真情实感，读起来索然无味。

3. 缺乏洞察力，不善挖掘

习作源于生活，就必须融入生活的点滴。在现实教学中，很多教师却忽视了对孩子观察能力的培养，没有让学生养成观察生活、感受生活、积累素材的习惯。学生一旦没有养成好的观察习惯，就无法从生活中获得写作素材，一到写作文时就无从下笔，只能唉声叹气、“皱眉头、咬笔头”。其实大自然的一草一木、身边的大事小事都可以成为我们的写作素材。教师应充分利用好大自然赐予我们的“礼物”，引导学生去挖掘、去开辟属于自己的习作天地。

二、改进农村小学作文教学方法的策略

针对以上农村小学语文作文教学中存在的突出问题，作为教师的我们应找对症结，对症下药，从实际出发，多管齐下、多措并举，努力提高学生的写作水平和能力。

（一）加强理念学习，认真落实课标要求

《新课标》从实际出发，借鉴先进的教育理念和成功的经验，对各学段的习作（写话）提出了明确的要求，作为一名语文老师，在教学中应当系统、全面地把握好各年级作文教学的训练目标，认真解读，领悟其意，自觉落实《新课标》写作要求，上好作文课。要强化低年级作文基础训练，积极培养学生说话、写话兴趣，引导学生写自己想说的话，写想象中的事物，做到有内容，语句连贯、完整。要重视中年级的片段练习，重视学生兴趣的培养和自信心的建立，注重发展学生的个性与兴趣，从情感、态度、价值观入手，弱化文体要求，鼓励自由表达。高年级以“培养能力，提高素质，发展个性”为目标，教会学生留心观察感知周围事物，把看到的、听到的、想到的或亲身经历的事情用恰当的语言文字表达出来，写出有个性的习作。总之，教师要遵循作文教学的阶段性、连续性和循

序渐进的原则，要遵循“从说到写”“从读到写”的原则，让学生的习作水平呈螺旋式上升，这样学生写起作文来就目标明确，易于动笔，乐于表达。

（二）拓宽阅读面，积累语言素材

“读书破万卷，下笔如有神”，只有储备大量的知识，学生才可能写出好作文。所以我们要拓宽学生的阅读面，加大学生的阅读量，让学生明白只有多读书，才能丰富见闻、积累语言素材。《新课标》要求“重视文本，重视积累熏陶和培养语感”。教师要善于利用好文本教材，引导学生从课文中学作文，在阅读教学中渗透作文方法的研究及写法的指导。“不动笔墨不读书”，教师要培养学生在阅读中养成做“读书笔记”的习惯，鼓励学生把文章中的好词佳句、精彩片段等摘抄下来，反复吟诵，内化于心，做好课内语言的积累。平日里我会经常让学生在阅读完一篇文章后，写札记、写心得、写读后感，要求不拔高，一两句话也可，借助多练笔加深他们对文本的解读，积累写作资料，提高写作能力。知识是无穷的，光做好课内积累是远远不够的，教师还要重视和加强对学生课外阅读的指导。为了避免读书的盲目性、单一性，教师要教给学生正确的读书方法，有目的地从大量的课外阅读书籍中汲取有益的内容，学以致用，厚积薄发。

（三）开展多项活动，培养写作兴趣

著名的教育家陶行知曾说过：“作文是生活的一部分，它离不开生活。”生活是写作的不竭源泉，没有生活的作文是苍白无力的。丰富多彩的实践活动正好给学生提供了参与生活、体味生活的机会，是促进学生写作的源头活水。所以教师应打破传统的作文教学模式，改变传统的死气沉沉的课堂氛围，不再闭门造车，而是有计划地组织学生开展各种趣味活动，让学生直接参与活动，在实践中体验生活，感悟生活。例如四年级的一篇习作“记一次劳动”，当时刚好是春耕时节，我结合实际，统一命题——种玉米，然后指导学生观察玉米什么时间选种，什么时间播种，什么时间生长管理（锄草、施肥等）及收获，并要求在观察过程中把看到的、听到的以日记的形式写下来。然后，在教学中我组织学生进行讨论：在劳动中，遇到了什么困难，是怎么克服的，想到了什么，从中学到了什么，最后再布置学生完成习作。学生有了一定的生活体验后，感到作文的难度大大降低，兴致大发，个个文思泉涌，妙笔生花。“看着玉米秆上那沉甸甸的玉米棒，我品尝到了劳动的滋味，那就是一个字——甜!”“冒着火辣辣的太阳，汗流浃背的我感受到了生活的不易，深深懂得了只有付出，才能换来丰收的果实”……这次活动，不仅让学生掌握了一门劳动技巧，还受到了情感熏陶，取得了不错的效果。总之，教师要让学生在活动中不知不觉地接受作文训练，激发写作欲望，写起文章来就再不会为“无米之炊”而苦恼。

（四）留心观察，勤于思考，多练笔

作文要有内容，就必须有写作材料，而写作材料来自我们的日常生活，来自我们周围的事物。小学语文《新课标》提出：“养成留心观察周围事物的习惯，有意识地丰富自己的见闻，珍视个人的独特感受，积累写作素材。”生活中的每个人、每件事都具有其独特性和典型性，“处处留心皆学问”，平时教师应引导学生做生活中的有心人，要善于留心生活中的平凡小事，从小事中发现生活的真善美，从而积累丰富的写作素材，为写作做好铺垫。

如在写“观察日记”这一习作时，为了让学生有内容可写，我有意识地为学生创设语言环境。写作前一个星期就让学生明确这次习作的要求，放手让其到生活中去搜集信息、积累素材，充分拟稿，并要求学生把每次观察的结果记录下来作为第一手材料。课上我结合本单元文本相机引导学生了解观察事物的方法，指导学生把观察到的事物说得生动、具体。如我以“观察一种植物——秋菊”为例，为了形象描写出秋菊婀娜多姿、绚丽多彩的美，我启发学生调动各种感官去认识事物、感知事物，用眼睛仔细观察秋菊的各个部分，如花、茎、叶、枝，指导学生对秋菊每个部分的形状、颜色、姿态做细致、全面的了解，并用鼻子闻一闻花儿散发出来的香味。为了赞颂秋菊不畏严寒的品质，启发学生发挥想象：秋菊在瑟瑟的秋风中是如何绽放的，你从秋菊花身上学到了什么，你联想到了生活中的哪些人，等等。我始终相信，只要我们为学生的写作提供有利条件和广阔空间，他们就不会“谈文色变”了，就会喜欢上写作、爱上写作。

（五）改变评价方式，以激励为主

不少教师在批改学生作文时往往一棒子打死，评语几乎同出一辙，如“已阅”“精彩极了”“糟糕透了”“有进步，希望继续努力”“字迹工整，态度端正”等，有的甚至只给学生一个硬邦邦的分数。或许教师已经花力气完成了批改作文的任务，但这样的评价太笼统，对学生的习作没有实质上的帮助。学生每写好一篇作文，都会希望能得到老师的认可和称赞。因此，恰当的评价对激励学生写作、培养学生的写作兴趣是十分重要的。教师在批改学生作文的过程中，应当根据学生写作水平的高低，给予不同的评价，更多地发现学生作文中的闪光点，哪怕是引用了一个好词、一个佳句也应该圈画标记出来，及时表扬。叶圣陶先生说过这样一句话：“批改不是挑剔，要多鼓励，多指出优点。”所以，教师在对学生的作文进行批改时，评价要以鼓励为主，一旦发现学生习作中存在问题，要及时指正，必要时与学生面对面地交谈，从而使其产生认识共鸣。教师要进一步挖掘出学生的创作潜能，激发学生的写作兴趣，让学生的自信心得到提升，使学生将习作视为快乐的事。

总之，作文教学是一门学问，要提高农村小学作文的教学质量，任重而道远。作为学生求知路上的引路人，小学语文教师要积极提高自身的语文素养，与时俱进，要充分利用好农村丰富的自然资源，因势利导，不断探索新的有效的教学方法，帮助学生早日走出学习困境，提高作文水平，改变人生道路。

参考文献

[1] 中华人民共和国教育部. 义务教育语文新课程标准［M］. 北京：北京师范大学出版社，2012.
[2] 何满云. 引导学生积累写作素材浅探［J］. 小学教学参考，2017（1）：78-79.
[3] 左北珍. 浅谈农村小学作文教学中存在的问题及对策分析［J］. 儿童大世界（教学研究），2016（2）：31.

（湘西州凤凰县教育和体育局）

小学语文课堂中融入劳动教育的策略研究

张优秀

摘　要：伴随着全面素质教育在我国的进一步推进以及相关教育部门对于学生教育的关注不断增加，对于中小学生教育走向全面化的教育要求，我们应从教育内容、教学方式等各方面展开积极的改革工作。小学语文课堂是改革的重点所在，在小学语文课堂上开展劳动教育，能够促进劳动教育在小学语文课堂当中的发展，引导劳动教育进入小学语文课堂当中，进一步实现小学语文课堂上劳动教育内容的呈现。当前语文学科在教学效果上仍存在一定问题，一方面，语文学科教师在教学过程中过分注重学生成绩，忽视了语文学科教育的综合性；另一方面，劳动教育在当前小学语文课堂当中缺少实施途径，很多教师实施的途径并不能达到良好的效果。两者在一定程度上影响到劳动教育在小学语文课堂上实施的效果。本文以此为出发点，展开针对性研究。

关键词：小学语文；劳动教育；教学策略

一、引言

在小学语文教学过程中融入劳动教育的实施方式，其实在课程改革开始的时候便已经执行，通过对小学语文课堂进行改革的方式，将劳动教育进一步带入小学语文教学过程当中，已经成为一种具备一定可行性的教学策略。针对当前劳动教育存在的问题以及劳动教育本身的实施效果，在不同课程中有效穿插劳动教育的基本内容，将劳动教育带入多种教育实施过程当中，实现劳动教育效果的进一步提升。

目前，劳动教育进入小学语文教学课堂，已经在诸多小学成功实践。小学语文作为一门综合性极强的科目，教学内容当中本就包含一定的劳动教育内容，通过小学语文课堂传递劳动教育知识，传播劳动理念，能够帮助学生树立正确的劳动意识，促进小学生的语文学习效果，从而实现全面培养人的素质教育目的。

二、劳动教育融入小学语文课堂的可行性分析

（一）语文教材内容与劳动教育接近

在小学语文的教学内容当中，很多教材的设计其实与劳动教育存在着很大程度上的关联。小学语文教材讲求综合性教育，对于学生的语文学科知识、语文阅读能力以及理解能力等等进行综合考查，在内容的选择上会呈现出多样化的趋势，这也让小学语文课堂上加入劳动教育具备了可行性。

在小学语文教材当中，很多教材其实包含有非常丰富的劳动教育的内容，这些内容往往以课文的形式呈现。在教材当中存在劳动教育的内容，表明了小学语文教师在教育的过程当中，应当根据当前小学语文的教育内容进行适当的劳动教育，同时表明了劳动教育与小学语文学科教育之间存在一定的联系。因此，在小学语文课堂当中实施劳动教育具有很大的可行性。

（二）语文课堂寻求综合性教育

语文学科是一门综合性极强的学科，教育者大多数时候都会根据当前的教学内容进行综合性教育。在语文课堂中，语文教师教育的内容不仅仅在于学科知识，更在于综合性的教育，包括学生的思想、价值观等。

劳动教育作为当前重要的教育内容，其实在教育形式上仍然是需要进一步研究的，因此，在教育

的过程当中，通过更好的教学策略将劳动教育带给学生，是当前的重点工作。根据语文学科的综合性，在语文课堂上，要将部分劳动教育的内容融入语文学科当中，促使学生在学习过程中了解劳动，增强劳动意识。

（三）劳动教育开展策略仍然有待研究

在小学阶段开展劳动教育，要求帮助学生建立起正确的劳动意识，在正确的劳动意识的引导下去实现劳动能力的强化，在全面培养人的素质教育背景下，实现劳动教育的教育目的。

从当前劳动教育的基本开展情况可见，虽然大部分小学都会设置劳动教育课程，选择劳动教育课本，开展一定的劳动教育活动，但是这些活动以及课程都比较少，给学生带来的影响其实是很小的。而将劳动教育融入小学语文课堂，在语文课堂上开展适当的劳动教育，能够让学生在学习语文的过程当中建立起劳动意识，对于劳动教育而言，是非常积极的尝试。

三、劳动教育融入小学语文课堂的教学策略研究

（一）深入研究教材

小学语文教材大部分课文的设置都会根据内容进行分类，不同的内容在不同的单元呈现，而每一个单元都会呈现出不同的主题。其中，关于劳动意识以及与劳动相关的内容众多，应当充分挖掘课文的内容，从课文入手，将劳动教育融入小学语文课堂。

在小学语文教材当中，其实有不少与劳动教育核心思想相结合的课文，教师应当充分利用这些内容，在小学语文课堂上传递一定的劳动教育知识。例如《邓小平爷爷植树》这篇课文，就是很有代表性的劳动教育素材。我们在教学过程中，可以从教材自身出发，课文描述的植树本身就是一种劳动行为，而这种劳动行为在课文当中也通过细节上的描述体现了出来。因此，教师可以从课文本身入手，对课文的内容进行挖掘，教导学生要热爱劳动，实现课堂上的劳动教育。

从这一案例入手展开研究，不难发现，在小学语文教学过程中，因为课文题材本身就涉及劳动，所以在教学过程当中，教师加入劳动教学内容会比较简单，往往只需要教师从课文本身出发适当挖掘劳动行为，就可以进行劳动教育。

（二）采用情境创设，培植学生的劳动意识

对于小学阶段的学生，不能采用抽象的方式进行劳动教育，抽象的教育带来的效果必然是不佳的，学生不能理解劳动教育的真正目的所在。因此，教师应当在小学语文课堂当中，通过特殊情境创建的方式，帮助学生建立起正确的学习情境，让学生去感受什么是劳动教育，成功培养学生的劳动意识。

语文课堂上，教师通过课文阅读的方式让学生理解文本，感悟文本当中蕴含的知识以及哲理。教师可以通过在课堂上创设一些特殊的阅读情境，引导学生进入教学情境当中，不断感悟劳动的相关内容，帮助学生培养劳动意识，实现劳动教育的目标。

例如，在《千人糕》一课中，教师可以搜集农民种水稻、种甘蔗、工厂加工等相关视频，制成教学课件，通过多媒体课件展示为学生创设阅读情境，帮助学生对“千人糕”的生产环节产生更深入、更全面的理解。通过这一环节，帮助学生感受到劳动者的不易，知晓任何物品都是经过多人努力得来的，让学生能够建立起对于每一件物品的珍惜，形成一种好的品质。教师在小学语文课堂当中创建的情境，能够让学生感受到什么是劳动意识，从而实现学生劳动意识的培养。

（三）挖掘课文内涵，增强学生的劳动认知

语文教材中不仅有大量的语文基础知识，同时蕴藏着大量优秀的品德情操教育。教师在语文教学中对学生实施劳动教育时，应该带领学生深入挖掘课文中的思想内涵，提升学生的情感感知能力，拓展学生的情感空间，实现语文教学、德育教育、劳动教育三者的有机结合，增强学生的劳动认知，让学生对劳动产生更深层次的体悟。

小学语文的每一篇课文都有中心思想，而不少课文的中心思想都涉及劳动教育的相关内容。实现小学语文课堂上劳动教育的开展，就应当有效结合课文内容，引导学生去感受课文的内涵，让学生在课堂上能够自己感悟，自己学习。

《吃水不忘挖井人》就是一个非常不错的劳动教育内容。在教育过程中，教师创设一个情境：没有水的生活将会怎么样？学生在这样的情境当中对课文内容进行思考，进一步理解课文当中隐藏的思想内核，了解什么是“饮水思源”，同时也让学生知道只有依靠自己的劳动才能真正实现幸福生活的哲理。在特殊的情境当中，学生的思考和理解会变得非常简单。

通过在这一课程当中劳动教育情境的创建，学生的认知会不断增长，也会自发进入劳动教育的课程当中，更好地接受劳动教育，整个劳动教育的实施会更加简单，带来的效果也会更加明显。从这一课程的教育效果上来看，通过劳动教育策略的开展，学生在课程中认识到了“饮水思源”，也感受到了劳动人民的淳朴，而教师则在这个过程当中将劳动教育理念深植其中，帮助学生建立起正确的劳动意识。

（四）开展实践教学，锻炼学生的劳动能力

通过教育教学来进行劳动教育，最佳的方式就是将劳动教育的内容带入生活实践当中，以实践活动来帮助学生建立起正确的劳动意识。打开教学思路，转变教学模式，将语文课堂教学场地从室内延展到室外，在语文教学中融入实践活动，为学生探求更多接受劳动教育的路径，促使学生在实践学习活动中，得到劳动能力的锻炼，同时进一步巩固学生的语文基础，实现学生语文素养与劳动能力同步发展的教学理想。

在小学语文教学中，教师可以利用其他的时间，例如劳动课程的时间，将语文课堂与劳动课堂结合起来，开展相关的活动。一边引导学生学习课文，感悟课文当中的内容；一边带动学生开展劳动实践，引导学生建立起正确的劳动意识，达到劳动教育的目的。通过这样的方式，语文教学效果能够得到进一步的提升，同时，学生的劳动意识也会在实践活动当中不断增强。

在小学语文《花钟》一文的教学过程当中，教师如何实施劳动教育？首先应当收集不同的花的图片以及花的种子，在课堂上引导学生认识不同的花，将花的种子交给学生，让学生在自己培育的过程当中去实践、去劳动。当学生将一朵花真正培育出来的时候，才能感受到自己劳动的意义，感受到劳动带来的快乐。同时，通过实践的方式，学生也能够真正理解课文中的内容，进一步深化语文课堂的学习效果。

四、总结

在小学语文课堂当中融入劳动教育的内容，其实不仅仅是开展劳动教育的一种方式，同时也是对于语文教学的一种提升。语文教学是综合性教学，教学过程当中本身需要加入部分劳动教育内容，在经过良好的教学策略引导之后，教师的教学效果会不断提升。在培养全面发展的人的教育大环境下，通过在语文教育中融入劳动教育的内容，提升小学阶段语文教育的综合性。

在小学语文课堂中实施劳动教育，要求教育者能够不断发掘语文教材，从教材入手，寻找劳动教育的内容，同时在教学策略上提升对于劳动教育的重视程度，开展一定的教学实践活动，促进学生的全面成长与发展。

参考文献

[1] 赵宸浩. 语文教材中的劳动教育渗透：基于部编版小学语文一年级上册教材的分析［J］. 求学，2021（35）：55-56.
[2] 胡晚梅. 小学语文教学中渗透劳动教育的方法［J］. 天津教育，2021（23）：122-123.
[3] 杨莜，梁博喆. 劳动教育在小学语文学科中的融合与渗透研究［J］. 天津教育，2021（21）：85-86.
[4] 张亚红. 劳动教育与语文教学的融合探究［J］. 课外语文，2021（18）：46-47.
[5] 刘佳. 小学语文学科渗透劳动教育三法［J］. 全国优秀作文选（教师教育），2021（3）：56.

（湘西州凤凰县山江学区）

浅谈如何激发农村小学留守儿童课外阅读的兴趣

范佳宁

摘　要： 有效激发农村留守儿童课外阅读兴趣，对其学习水平与个人全面发展均具有重要作用。鉴于此，本文对农村小学留守儿童课外阅读现状进行简要分析，对激发农村小学留守儿童课外阅读兴趣的方法展开重点阐述。

关键词： 课外阅读；农村小学；留守儿童；阅读兴趣

随着我国工业化、城市化的快速发展，农村劳动人口开始大规模地往城市迁徙，农村留守儿童数量显著增加，已成为一大社会问题。农村小学留守儿童年龄普遍较低，课外时间较为充足，但由于缺乏父母的精心教育，大多时间未得到有效利用，这不利于其个人的良好发展。课外阅读是一项有助于儿童心智发育的重要手段，对学生良好学习习惯和想象力的培养具有重要意义。目前，农村小学留守儿童因缺乏规范的课外阅读计划，加之图书资源有限，很少进行课外阅读。因此，如何激发、培养农村小学留守儿童课外阅读兴趣是本文探讨的重点。

一、农村小学留守儿童课外阅读现状分析

（一）自主阅读意识淡薄

小学生年龄较小，天性爱玩，自主阅读意识缺乏，且认识的汉字较少，课外阅读兴趣普遍不高。此外，电视、手机等现代科技产品的推广，导致一些儿童沉迷在网络世界中，不愿花时间和精力阅读课外书籍。除此之外，小学生认知能力有限，很难清楚地意识到课外阅读的重要性，且注意力集中时间有限，无课外阅读习惯，因此自主阅读意识较为淡薄。

（二）缺乏引导

目前，农村小学留守儿童由于家庭因素、学校因素及图书资源因素，课外阅读意识缺乏。大多农村留守儿童是由爷爷、奶奶照料，照护者一方面要忙于生活，另一方面其受教育水平有限，因此对孩子教育方面的指导不足。大多学校较为重视学生主科成绩，而忽略了课外阅读的重要性，因此学生很少或基本上不开展课外阅读。

（三）课外阅读资源短缺

农村教学资源、经济发展水平相对较为落后，再加上教师、家长对儿童课外阅读兴趣培养的不重视，小学生所获取的课外书籍较为有限，甚至无课外书籍，只有教学素材。而课外阅读书籍的缺乏，导致学生无法从书本上获取阅读的快乐，进而出现阅读兴趣淡薄、不重视课外阅读等问题。

二、激发农村小学留守儿童课外阅读兴趣的方法

（一）定期开展课外阅读主题班会

教师可每周开展一次课外阅读主题班会，引导学生思考需要阅读的读物类型，鼓励其发表个人对课外阅读的看法和感受，确保每位学生都能畅所欲言，充分发挥其谈论积极性，让其意识到课外阅读的作用和价值[1]。通过课外阅读主题班会讨论，还可让学生明确哪些书籍有益于成长，如《成语故事》《十万个为什么》《安徒生童话》《伊索寓言》《三毛流浪记》等，并能帮助学生明确自己的阅读喜好，便于其个性化发展。之后，引导学生结合个体实际情况，选择相应类型的书籍，制订科学的阅读计划，并让同学相互监督。

例如：对于一些好奇心比较强、喜欢冒险的孩子，可建议其阅读《汤姆·索亚历险记》《鲁滨逊漂流记》《乌丢丢奇遇》等冒险、解谜类书籍；对于一些喜欢思考、想象力丰富的孩子，可建议其阅读《我的友情要出租》《说谎的放牛娃》《神话故事》等具有启发性、充满奇幻色彩的书籍，以有效迎合学生阅读兴趣；同时，让学生根据自身阅读情况，制订每日大概要阅读多少章节内容的计划，并建立阅读小组，让小组成员检查彼此的阅读情况。

（二）利用课余时间鼓励学生讲述课外阅读收获

事先安排好课外阅读收获感言交流时间，让学生与学生之间相互分享课外阅读体验和成果。交流期间，可让学生举出自己认为比较好的书籍，并说出其吸引自己的点和阅读体会，并引导学生在黑板上写出比较精彩的句子和片段，之后，教师带领全班同学共同阅读及赏析，以提升学生课外阅读热情，使其深入感受课外阅读的魅力和趣味性[2]。

例如，笔者每周五都会专门腾出一节课的时间，组织学生开展课外阅读交流班会。为确保每个学生都能获得充足的发言机会，我将学生们按照每组6人的标准分成5组，之后让学生进行小组讨论。小组讨论期间，学生们发言均较为积极，并能完整地讲述自己所阅读的故事内容，学习氛围也非常愉悦、轻松。通过分享，学生们十分享受阅读带给他们的收获感和满足感，后期的课外阅读积极性也明显有所提升。

（三）定期举行课外阅读交流会

教师可根据学校实际情况，安排课外阅读交流时间，鼓励学生积极发表自己在课外阅读过程中的心得、体会及感受。课外阅读交流可加深学生对阅读内容的记忆，提高其阅读体验，并激发其表达和分享欲望，促进其个性化发展[3]。

例如，一位学生在分享《夏洛的网》时，说自己非常喜欢小猪威尔伯与蜘蛛夏洛的友谊，并详尽地描述了夏洛拯救威尔伯的过程，该学生对小小的夏洛竟能救出威尔伯感到好奇和震撼。另一位学生在分享《小王子》时，说自己非常喜欢小王子的自信、洒脱，并分享了以下几句感触比较深的语句：“如果你驯养我，那我的生命就充满阳光，你的脚步声会变得跟其他人的不一样。其他人的脚步声会让我迅速躲到地底下，而你的脚步声则像音乐一样，把我召唤出洞穴。”“当你抚平你的忧伤的时候，你就会是我永远的朋友，你要跟我一起笑。”

（四）开设班级课外阅读作品展览

在班级内建立一个课外阅读园地，划分为好书推荐、优美语句、读后感三个模块，让学生根据自己的阅读情况分享相关经验，鼓励其及时记录阅读中感触比较深或喜欢的语句，以保证其阅读的有效性和实用性，加深其阅读体验[4]。另外，还可让学生分成若干组，轮流负责课外阅读园地策划，保证人人参与，以增加学生课外阅读兴趣。除此之外，还可在教室后面建立一个班级公用书架，鼓励学生分享自己曾读过的书籍，以增加图书再利用率。

例如，笔者每周一都会让学生抄录自己上周课外阅读期间较为喜欢或感兴趣的句子，之后评选出最具有启发性、新颖性的句子，贴在教室后面的墙壁上；每周三，会让每个小组讲述一个比较有趣的童话故事，然后让学生进行打分，对于表现较为优异的小组，奖励一颗红星；每周五，我会和学生们分享自己比较感兴趣的句子或片段，和学生们共同讨论课外阅读感受和收获，使学生在潜移默化中形成良好的课外阅读习惯。

（五）拓展学生课外阅读渠道

可与当地县级或市级图书馆联系，邀请其参与到农村留守儿童课外阅读兴趣培养活动中，建立书籍定期借还制度，以增加学生阅读书籍的类型，拓展其视野。除此之外，还可建立小学课外书籍旧书捐赠网站，并和相关慈善机构建立合作关系，采用多种资源，拓宽农村留守儿童阅读渠道。

三、小结

总而言之，农村小学留守儿童是一个特殊群体，年龄普遍较小，缺乏家庭的科学教育，易形成不良习惯。课外阅读不仅可丰富儿童生活，拓展其视野，还可提升其想象力和逻辑思维能力，促进其认知发育和智力发育。因此，帮助农村小学留守儿童建立良好阅读习惯，对其个体全面发展具有重要作用。在校期间，教师应定期开展课外阅读主题班会，每周进行 1 次课外阅读交流会议，并建立课外阅读园地，联合当地政府与图书馆，丰富学生课外阅读资源，让学生充分感受到课外阅读的乐趣与魅力，使其养成良好阅读习惯。

参考文献

[1] 陈东玲. 语文素养提升下的小学语文课外阅读培育研究：评《新语文读本·小学卷》[J]. 语文建设，2020(2)：81.

[2] 胡绪，宋晓林. 生命哲学视域下的课外阅读：愿景、问题与优化策略 [J]. 当代教育科学，2019 (1)：75-78.

[3] 王雅倩，曹高辉，曹星月. 农村留守儿童课外阅读行为影响因素研究 [J]. 图书馆论坛，2020 (10)：120-130.

[4] 李萍. 小学生课外阅读的现状调研与对策思考 [J]. 教育探索，2019 (4)：44-47.

（郴州市汝城县芙蓉学校）

新课改视域之下培养小学生阅读习惯对策探析

蔡晓涵

摘　要：小学生应该把阅读当成一种自我实现和自我发展的有效手段，当下的实际情况却是很多教师对学生阅读的认识存在片面化倾向，学生阅读具有盲目性和随意性，阅读自主性不强，而导致这些现象的主要原因是学生认知能力的缺失和教师指导方法的失当。所以小学生良好阅读习惯的培养必须从激发阅读兴趣和加强阅读自主性入手，运用一些切合小学生实际情况的教学方法，让学生在一种快乐而轻松的学习环境中，潜移默化地养成良好的阅读习惯。

关键词：自我实现；自我发展；阅读习惯；阅读自主性

“播种行为，收获习惯，播种习惯，收获性格，播种性格，收获命运。”[1]由此可见，良好习惯的培养对于小学生来说是非常重要的。作为老师，理应致力于培养小学生的良好习惯，从而促进他们长期可持续发展。随着知识获取途径的不断更新，培养良好的学习习惯成了学校教育的核心。其中，良好的阅读习惯是基础，在新课程改革的形势下，愈加显得格外重要。

一、新课改理念对小学生的阅读要求

英国教育家洛克说：“事实上，所有的教育都是由于发展孩子的良好习惯。”[2]由此可见，良好习惯的养成有利于孩子更好地发展。而良好的阅读习惯不仅是学好语文的前提，更是未来发展的基础。

（一）阅读习惯是学好语文的前提

《小学语文课程标准解读》明确指出：“习惯是指由于反复练习并实现了自动化或思维特征的行为的稳定。儿童应该养成经常阅读的习惯，阅读作为自我实现和自我发展的有效手段。”

语文能力的生成离不开大量的阅读实践和持续的文化积淀，而阅读积累是贯穿语文学习整个过程当中的。要想做好生字词的识记、文本的阅读及情感的体会，阅读积累必不可少。首先，它有助于小学生形成良好的语感，对文字产生一定的敏感度，从而在言语实践中受到情感的启迪和感悟；其次，它易于养成良好的学习习惯，使学习变得更为高效，阅读积累虽然并不能使语文的学习效果短期见效，但随着语文知识难度的加深，终究会功到自然成，甚至可以激活学生的潜能，让学生从积累中获得顿悟，实现创新。

（二）阅读习惯是未来发展的基础

海南省是小学改革的实验区之一，在新课程改革后组织了考试。与往年相比，语言考试的内容和形式有不同程度的变化，对学生的综合能力、阅读能力和语言能力进行了更突出的考验。改革后的语文试卷题目类型分为现代文字阅读、诗歌阅读、实用文字阅读、语言运用与写作。在考试试题中，将阅读类型放在第一位，表明专家们非常重视学生的阅读能力。通过多年来的语言考试分析，这些阅读问题基本上取自课外。课外阅读更多的学生，自然洞察力更强，也能对文本进行更深入的解读。李云蕴在《中学生课外阅读指导探微》一文中指出：“近年来，语文阅读材料是从课外抽取出来的，这一主张趋向于课外阅读书籍，学生将会阅读倾斜。”[3]冯帆在《语文学习的源头活水——中学生课外阅读琐谈》中指出：近年来，测试主张似乎让读书多、会读书的考生，在语言阅读考试中有占便宜的倾向。[4]在年度语文考试题目中，名言警句题将有6分，写作与写作的形成分别达到60分以上的命题模式，老师则更加重视课外阅读教学，重视提高学生的理解能力、写作能力。有学者已经明确指出，只要出现了命题有关于阅读的考试，学生就会喜欢课外阅读。语文教师应该引导学生将课堂学习和课外阅读联系在一起，相互促进、共同发展。

二、小学生阅读习惯的现状及问题

为了了解小学生阅读的现状，我抽取了龙山县召市镇中心小学606班的学生，共进行了48份问卷调查，并对8名小学生进行访谈，得出以下结论。

（一）小学生阅读习惯的现状及问题

1. 小学生求知欲比较强，大部分喜爱文学故事类书籍

表1 小学生阅读兴趣统计表

阅读书籍的频率	经常阅读	偶尔阅读	基本不阅读
	62%	38%	0
经常阅读的读物	报纸	文学故事	漫画、脑筋急转弯
	5%	60%	35%
喜欢书籍的类型	全是文字	文字为主，少许插画	插画为主，少许文字
	10%	34%	56%

从表1来看，小学生还是有较强的求知欲。62%的小学生表示自己经常阅读，38%的学生表示自己偶尔阅读。他们在阅读书籍的选择上倾向于插图为主，少许文字的书籍，在书籍种类上倾向于漫画、脑筋急转弯类。

2. 大部分小学生在阅读时使用的方法不当

表2 小学生阅读方式统计表

阅读时的方式	认真阅读	挑感兴趣的地方读	快速阅读
	12%	24%	64%
遇到困难时采取的方式	直接忽视	向他人请教	查工具书
	65%	13%	22%
阅读完一本书后采取的方式	阅读完后就放下	写读书笔记	反复读
	76%	12%	12%

从表2来看，大部分同学选择快速阅读，24%的学生只会读自己感兴趣的地方，只有12%的学生会认真阅读。大部分同学阅读完一本书就意味着阅读结束，而少部分学生会写读书笔记和反复读。由于小学生的认知能力比较有限，阅读难免会遇到困难，从表2可以看出，大部分学生，会直接忽视这些困难，22%的学生会自己查工具书然后克服困难，而13%的学生会向他人寻求帮助。

3. 小学生的阅读时间和阅读书籍的数量都较少

表3 小学生阅读时间与阅读书籍数量统计表

阅读时间段	课间阅读	午间阅读	睡前阅读	周末
	10%	10%	36%	44%
每天阅读时间	无阅读	半小时之内	半小时以上，一小时以下	一小时以上
	0	87%	9%	4%
一学期阅读书籍数量	0本	1~3本	4~6本	7本以上
	0	70%	23%	7%

根据表3，在调查的48名小学生中，每个学生或多或少有一定的阅读量，大多数小学生选择在

晚上或睡觉前阅读，高达87%的小学生每天进行半小时阅读，70%的学生一学期可以阅读1~3本书，23%的小学生可以阅读4~6本书，7%的小学生可以阅读7本以上，但读书时间和读书数量与学生的阅读兴趣和知识欲望相比是不够的。

（二）关于小学生阅读能力的访谈及分析

由于阅读能力难以统一评估标准，为了把握这方面的情况，笔者在自己工作的龙山县召市镇中心小学对该校的语文教研员进行了单独访谈，访谈的主要内容包括以下几个方面：（1）您认为目前小学生的阅读能力在什么水平？表现有哪些方面？（2）您的学生在读书时遇到过什么问题？您在培养学生阅读能力方面有什么建议？您推荐什么类型的书籍给学生？

在讨论中，老师普遍认为，可以从课上、试卷上、课间3个方面评估学生的阅读能力。所以笔者根据访谈内容对龙山县召市镇中心小学学生的阅读能力进行了全面综合分析。小学生在阅读能力上令人满意的方面有：（1）在阅读文本时基本没有障碍；（2）能够流利地阅读文本；（3）可以联系上下文；（4）基本掌握阅读方法；（5）能够基本理解作品。不足之处是他们的思维被约束，只能理解表面意义。从试卷表现上看，小学生表现令人满意的方面有：（1）基本能够正确理解问题的意思并按照要求回答问题。（2）高年级学生可以初步区别文章类型。不足之处有以下几点：（1）缺乏阅读知识积累；（2）只能理解阅读材料的表面意义。从课外阅读来看，好的方面有以下几点：（1）能基本上按照老师的要求阅读课外书籍；（2）阅读书籍的种类较丰富。不足之处：（1）课外知识积累有限；（2）课外阅读质量不高；（3）课外阅读书籍数量少。

（三）小学生阅读习惯存在问题的原因分析

1. 传统的语文阅读降低了学生的阅读兴趣

有的家长过分干涉学生的选择，有的家长为了追求功利性，选择一些教材和难以读懂的文学名著。阅读此类书籍如果没有老师或家长的帮助与指导，不仅会打击学生阅读的信心，还不能激发他们的阅读兴趣，而且对小学生的认知能力提升也没有太多的帮助。同时，学生的学业负担较重。接受采访的8名六年级学生反映，他们面临着学习任务的压力，通常需要两个半小时才能完成作业。而且还要参加许多兴趣班，留给阅读的时间很少。此外，随着年龄的增长，通信、电话、聊天等使用电子产品的时间增长，现代媒体分散了学生的兴趣。

2. 小学生阅读目的不明确，出现了偏差

小学生阅读的主要目的应该是沉浸在阅读过程中，与英雄一起冒险，享受美丽的风景，通过书中的人物激励他们形成勇敢、善良、温柔和诚实等美好品格。小学生的阅读应以情感阅读为基础。情感阅读满足时，随着时间的推移、阅读量的增加，他们理解的语言、优美的句子会越来越多，那么实用阅读也自然而然实现了。不过，现在的老师和家长不清楚阅读目的，觉得阅读主体的实用性是小学生阅读的目的，将阅读与考试结果关联在一起，认为除教材和教材辅导书外，其他的书都是闲书。他们看不到情感阅读对培养学习知识的能力、丰富精神世界的重要影响。在现实生活中，大部分的小学生都在读教辅类书籍，而真正阅读儿童漫画书、科幻书的数量却很少，这些都会直接影响小学生的阅读愿望。

3. 老师与家长对小学生养成良好阅读习惯的重要性意识不强

《全日制义务教育语言课程标准》显然要求扩大学生阅读面，小学课外阅读总量不低于100万字，还提到了十几个阅读标准，对阅读质量要求很高。但调查显示，小学生阅读在时间上或阅读书籍数量上，没有达到教育部门对小学生课外阅读的要求，这种现象主要是因为教师和家长不了解阅读对孩子的重要性，自身没有阅读意识和习惯。然而在小学这个年龄段的学生，群体的心态和模仿意识强，当小学生看到他们周边的娱乐休闲环境都基于网络媒体时，将影响其选择，影响其阅读的积极性。而阅读意识相对较强，文化水平较高的家长的小孩往往阅读习惯比较好。

4. 小学生阅读意志比较薄弱

在对8名学生进行采访时了解到，他们读书时，经常中途放弃，可能是由于这本书超出其阅读能力的范围，但笔者认为主要原因是教师没有教授学生正确的阅读方法，导致他们在阅读过程中不知所

措。调查还发现，当学生遇到阅读困难时，高达 65% 的小学生会选择忽视，只有 22% 的学生会选择自己用书或互联网解决问题，如果没有师长的帮助，他们容易形成“三天打鱼，两天晒网”的阅读习惯。

三、培养小学生良好阅读习惯的对策

小学是阅读习惯培养的重要时期。良好的阅读习惯可以让小学生提升阅读能力，获取生活和生产的知识技能，陶冶情操，获得灵魂的滋养和精神的升华，从阅读中收获快乐。语文课堂是培养阅读习惯的重要途径。如何培养良好的阅读习惯，笔者认为，有如下几点。

（一）明确小学生阅读的目的，培养小学生积极的情绪体验能力

爱因斯坦说：“对于所有人来说，只有爱才是最好的老师，它远远超过责任感。”我们应该让学生认识到，阅读不是为了考试而服务的，而是让他们学会独立思考，进而形成正确的人生观。

心理学家弗雷德·理查森认为，积极的情绪是个人在创造有意义的事情的过程中经历的独特的即时反应。这是一个暂时的快乐，包括兴奋、满足、快乐、爱、美丽和自豪等等。在这种状态下，个人将更加大胆地尝试使用一些新的解决方案，找到新的策略来解决问题，并在另一个方向思考整个问题。因此，让学生在阅读过程中体验到积极的情绪是激发他们阅读兴趣的最直接方式。

1. 查阅书籍的背景资料，激发小学生的阅读热情

在读书之前，教师可和小学生一起了解作者的个人经历，写下这本书的背景，激发学生的阅读热情。笔者采访了一位语文老师，她提道：当要求学生阅读之前，她会先介绍所阅读书籍的基本背景。例如，要求五年级的学生阅读《小王子》时，她会简要介绍作者安托万·德·圣-埃克苏佩里，并要求学生在地图上找到作者飞行过的地区。以上种种行为都激发了小学生阅读《小王子》的兴趣。

2. 播放有声读物，激发学生阅读兴趣

在学生阅读之前，让他们先听伴随着音乐和歌曲的有声读物，这样会吸引孩子，大大激发孩子的兴趣。播放音频书不一定要非常正式，可以在上课时，也可以在回家的路上，在轻松的环境下，更容易吸引有兴趣阅读的小学生。

3. 避免分散的语言教学

在与六年级语文老师交谈时，谈及语言教学应注意细节，注意对单词和短语的理解，但老师说得太多会不利于小学生阅读的积极情绪体验。

（二）为小学生阅读创建和谐的氛围

1. 学校要为小学生创建一个安静优雅的阅读环境

学校是学生生活的重要场所，学校的文化环境将深刻影响到学生的阅读兴趣。因此，创造一个安静的阅读氛围是学校义不容辞的责任，如修建一所美丽的图书馆并收藏丰富多样的图书。图书馆不能只有教学书籍，还应拥有儿童书籍、冒险书籍和科幻小说等，书籍内容应积极向上。

2. 制定相关的阅读奖励措施

激发学生的阅读热情非常重要，适当的物质或精神奖励将大大提高学生的阅读积极性。例如以小学生借书的数量制定适当的奖励制度，如笔记本和糖果等物质奖励；也可以发放荣誉证书，如“阅读小学士”“阅读小硕士”和“阅读小老师”等，这些措施都有利于激发小学生的阅读兴趣和阅读欲望。不过，我们还要注意物质奖励的程度，不要最终导致学生为获得物质奖励而阅读，而是要真正刺激小学生阅读的内部动机。

3. 举办各式各样的阅读活动

学校或班级组织小学生们参与阅读比赛、辩论等阅读活动，不管是初期活动的筹备工作还是活动的过程，都要求每个小学生和教师积极参与。活动的目的在于激发阅读兴趣，让学生之间有更多的交流。让他们放松、高兴地阅读并乐意参加阅读活动。阅读活动不能带有太强的竞争意识，否则会使小学生的学业负担和心理负担变得非常沉重，不仅不能激发小学生的兴趣，反而容易让小学生对阅读产

生消极情绪。

4. **成立阅读小组**

最好在学生中成立一个阅读小组，重要的是要注意：同一小组的所有成员都应该相互沟通和信任。确定了阅读书籍，老师需要先阅读此书，准备课程，然后教授小学生阅读此书的方法。学生阅读完毕后，一起参与故事的讨论。在讨论的同时，孩子们可以进一步加深对故事的印象，也有利于树立正确的价值观。

（三）培养小学生阅读过程中的乐观主义精神

美国心理学家塞利格曼指出，乐观主义具有普遍性、持久性和稳定性三个特征。[6]形成乐观主义精神有利于个人面对困难时，勇于面对、开拓思维、运用各种方式解决遇到的困难。先天因素固然有一定的影响，然而更关键的是在童年时期的后天培养。

1. **根据小学生的认知能力提供合适的书籍**

小学生的智力和情感还处于发展阶段，积累的知识是有限的。小学生在阅读的时候，不可避免地会遇到困难，很容易形成无助感，导致阅读中断。因此，根据自我认知能力来阅读合适的书籍非常有必要。老师或家长应提供符合学龄特点的书籍，来满足小学生的阅读需要。

2. **教授小学生正确的阅读方法**

教授学生如何正确阅读也是举足轻重的。例如，阅读一本难以理解的书，首先应当通过适当的阅读来加深印象，再反复咀嚼消化，遇到阻碍的时候，可以浏览百科全书或者查阅报纸杂志等，还可以通过其他书籍，包括字典、词典或网络媒体等收集相关信息。

3. **言语鼓励，培养小学生的自信**

小学生在阅读时，尤其是低年级学生，教师要多用言语去激励他们，多给他们一些鼓励。当学生遇见困难时，鼓励学生解决困难，选择好的方法，坚持不懈，勇于尝试，这样一来，学生的阅读理解能力会逐步提高，知识也会得到积累。通过对学生的鼓励与帮助，对学生产生积极的影响，激发小学生阅读的自信，主动扫除阅读障碍，坚持阅读，以此提升阅读能力。当他们对阅读拥有自信后，自然而然地会自主阅读，爱上阅读，坚持阅读。

四、结论

阅读是获取知识的重要途径，良好的阅读习惯会使人受益终身。而小学阶段是培养良好阅读习惯的关键时期，在学生心智尚未成熟、人格尚未健全之时，良好的阅读习惯有利于他们获取更多知识，形成自主学习能力并且树立正确的价值观。所以，阅读习惯的培养应当成为小学阶段语文的总的教学目标。而良好阅读习惯的形成是一个长期过程，语文教师在这个过程中起着举足轻重的作用。小学语文教师在阅读教学中应当用兴趣作为引路石，带领学生走进知识的天地，并创建轻松愉悦的氛围，进而让阅读变成一种习惯，以此达到提高小学生语文发展水平的目的。

参考文献

[1] 王爱香. 播种行为收获习惯［J］. 新课程（上），2015（1）：108-109.
[2] 范丰梅. 培养孩子的学习习惯［J］. 家长，2014（7）：62-63.
[3] 李云蕴. 中学生课外阅读指导探微［J］. 新课程：教育学术，2011（9）：147-148.
[4] 冯帆. 语文学习的源头活水：中学生课外阅读琐谈［J］. 中学语文教学参考：教师版，1999（Z2）：117-118.
[5] 马利. 心理学家马丁·塞利格曼［J］. 心理咨询师，2014（3）：16-18.
[6] 中华人民共和国教育部. 义务教育语文课程标准：2011 年版［M］. 北京：师范大学出版社，2012.
[7] 叶圣陶. 叶圣陶语文教育论文集［M］. 北京：教育科学出版化，1980.
[8] 金明美. 小学阅读能力决定一生的成绩［M］. 北京：中国传媒大学出版社，2011.
[9] 陈倩. 小学生学习习惯的差异与策略研究［D］. 桂林：广西师范大学，2011.

（湘西州龙山县召市镇中心小学）

农村小学语文“生态化课堂”的构建及实施

刘峥嵘

摘　要：小学语文是义务教育阶段的基础学科，小学生通过学习掌握语文知识，培养良好情操，促进全面发展，可以为未来的学习、工作、生活打好基础。本文结合当前农村小学教育现状，通过分析当今农村小学语文课堂中的“非生态”现象，提出构建实施“生态化课堂”，以此加强农村小学语文课堂生动性，促进学生健康发展、师生关系和谐。

关键词：农村小学语文；教学；“生态化课堂”；构建实施

一、构建农村小学语文“生态化课堂”的意义

教育家叶澜认为，“要从生命的高度，用动态的观点看待课堂教学”“课堂教学是师生生命的、有意义的构成部分”。在语文课堂中，当教师把更多的时间、更多的思考、更多的想象交给学生，将会更大程度地激发学生的激情、智慧和灵性。“生态化课堂”，是一种突出学生主体，释放学生天性，突出教学相长，通过“情境”“体验”“合作”等方式，激活课堂上的每个生命，促进学生健康全面发展、师生和生生关系和谐的课堂。构建农村小学语文“生态化课堂”，符合新课改提倡的“以生为本”的教学理念，以教育生态学的整体、多样、开放、共生理念为指导，结合现代化课堂教学手段，把课堂知识与实际生活相结合、教学理念与自然生态相结合，激发师生在课堂上的主动性与创造性，促进农村小学语文课堂健康可持续发展。

二、农村小学语文“生态化”教学现状

当前，农村小学语文课堂“生态化”教学还未全面普及，“非生态”教学较为普遍。

（一）教学资源利用不够，教学与生活联系有限

农村有着丰富的教学资源，然而受传统应试教育的影响，当前农村小学语文教学的重点是课本知识的传授，部分教学内容与生活实际脱节，往往停留在“跟着课本走进自然”，而忽略了身边就是真实大自然这一优越条件，教学资源没有得到充分有效利用。长此以往，教学的内容将趋于窄化、弱化，也将造成学生对自然、对生命的视而不见。

（二）教学方法创新不够，课堂管理缺乏生趣

教师讲得多，教学方法单一，学生思考得少，多是机械学习、被动吸收，不利于提升学生的认知能力和思维水平。部分兼任班主任的语文教师出于管理的需要，课堂上也趋于严格，趣味性、生动性不足，学生容易产生消极的学习情绪。

（三）师生互动交流不够，教学评价比较单一

学生是课堂的主体，既是知识的学习者、接收者，更是课堂的参与者、体会者，应有主动发言权，而不是被动接收者。但是，如今的农村小学语文课堂通常以教师评价为主，评价主体单一，且对于结果的评价多以考试等级论高低，而忽视了小学生的好胜心、自尊心比较强的特性，导致教学效果不客观、不全面，也导致同学之间产生非良性竞争，损害课堂生态的平衡稳定。

（四）教研教学条件不够，教学水平仍需提高

农村小学语文课堂教研教学条件较为欠缺，教师自身语文素养、教学理念、专业技能、教学观念等方面存在不足，在教学设计环节、教学评价方法等方面，缺乏专业的教学指导，限制了农村小学语

文“生态化课堂”的开展。

三、构建实施农村小学语文“生态化课堂”策略

通过对农村小学语文教学“生态化”现状和存在的“非生态”现象进行分析，从思考解决课堂教学中存在的问题、提升教学实践效果出发，提出构建实施“生态化课堂”，以期能在一定程度上推动农村小学语文教育改革。

（一）把握教材内容，营造良好氛围，构建和谐共生的“生态化课堂”

1. 运用自然资源，打造开放课堂

农村地区有着丰富的自然教学资源，教学时可结合这些资源，以体验的方式调动学生的视、听、触、味、嗅等感官，让学生从自己的亲身探索体验与感悟中得到比书本上还要精彩的发现。比如，在部编版小学语文三年级上册《大自然的声音》教学中，课文景象皆为农村常见的树木、小溪、小鸟、青蛙等，很容易激发学生的亲近感和学习热情。教师利用课间带领学生们在校园附近的山坡上触摸树干与树叶、静听树上的鸟叫与虫鸣，感受大自然的“热闹”声音，逐步将学生脑海中呈现的课文书面语言转化成身边看得见、摸得着的具体自然事物，再组织学生小组内分享感受，以促进学生语言学习的内化，打开学生的内心世界的同时，更让学生了解了生命与自然的奥秘和精彩，引发对大自然、对生命的敬畏。

2. 结合生活实际，打造生动课堂

每个学生经历的生活，是教师构建“生态化课堂”的对象之一。构建小学语文“生态化课堂”，一个重要方面就是要融入师生在生活中的点滴、趣事。在教学过程中，学生对于自己相熟的事物、人物、生活往往会产生更多的兴趣去探索、钻研，教师要充分引导学生找出生活中与课本内容的相似点、联结点。比如，在部编版小学语文四年级上册《呼风唤雨的世纪》教学中，教师利用表格让学生探索实际生活中出现的“千里眼”“顺风耳”等现代科学技术，不仅寓教于乐地将课堂从“枯燥”转为“生动”，激发孩子更多的学习乐趣与科学探索的兴趣，还使学生感受到身边处处是语文，生活处处皆学问。

3. 融入人文思想，打造情境课堂

小学语文教学的一个重要目的，就是通过语文课堂继承、发扬中华民族五千年的传统文化和以人为本的人文思想，培养良好的品性，弘扬践行社会主义核心价值观。每一次教学，都应充分挖掘教材中的人文精神内涵，注重个人人格修养，以自身的品质和行为感触学生，在课本知识的讲授中突出人文理念的重要性。同时，可以通过想象等方式还原情境，借助小手工、手抄报、多媒体等手段再现情境。比如，在部编版小学语文五年级下册《青山处处埋忠骨》教学中，教师通过播放抗美援朝的战争短片，让学生在学习课本知识的过程中，仿佛置身激烈的战争之中，感受毛主席获悉爱子毛岸英光荣牺牲后极度悲痛的心情，近距离感知课本中毛主席的博大胸怀，增强学生爱党、爱国、爱人民的情感。

（二）明确教学目标，优化教学方法，构建灵活机智的“生态化课堂”

1. 科学制定教学目标，提高学生学习的能动性

教师应结合教学的要求、学生的知识基础等方面，从新课改提倡的知识、情感、技能三维目标出发，以提高学生的语文素养为目的，以夯实学生的成长根基为宗旨，科学、合理、系统地制定教学目标，并根据教、学的进展和实际情况，不断反思、改进和完善，动态调整教学目标。同时，还要根据学段、年级教学的不同内容完善教学目标。比如，在教学设计时结合单元主题与语文要素，低年段学生多注重基础知识的积累、学习技巧的培养和情感的表达，高年段学生则多侧重综合能力提升和价值观的培养等。

2. 树立良好教学理念，发挥学生学习的主体性

教师要牢固树立以生为本的教育观，打破传统课堂被动、单一的知识教授关系，不但要教知识、

教方法，更要教会学生学习、探索的技能，做一名合格的、优秀的成长导师。“生态化课堂”才能有效构建和实施。比如，在部编版小学语文五年级下册《草船借箭》教学中，教师设计“自主学习单”与“人物对话”两个抓手，串联课堂环节，引导学生主动思考。以分析人物形象为突破口的自主学习单，学生通过自主阅读、查找相关人物背景知识等活动，提高学生思辨能力；小组互助学习人物对话、角色扮演环节，每个学生主动“化身”为故事中的一员，跳出枯燥的单一个体参与学习的方式，学语言、用语言，感受名著的艺术魅力。通过引导学生主动探究、查找、阅读、思考、练习，让学生愿学、想学、主动学、创造性地学。教师要树立培养学生成为一名复合型人才的理念，激发学生学习的主动性。

3. 创新现代教学方法，培养学生学习的生成性

教学不应拘泥于条条框框，要以全面提升为目标，从单个文本到知识体系、从个体学习到团队互助、从教师主导到学生主体，不断创新教学方法，使课堂教学达到新的高度。比如，教师在课堂教学中应注重朗读教学与展示交流，通过学生自读、范文领读、角色扮演等朗读方式，培养学生爱读、会读、展示的习惯。在成果展示时，适当加入学生之间的互动点评，教师做好有效引导，提升学生阅读、表达能力，激发学生求知欲的同时，生成学生独有的知识学习提升体系。

（三）改善沟通环境，促进和谐发展，构建教学相长的“生态化课堂”

1. 倡导平等交流，建立融洽师生关系

构建小学语文“生态化课堂”，要倡导互相帮助、平等友爱的生态关系。语文是一个表达的课堂，农村小学有许多留守儿童，他们情感丰富但是表达能力不强，一次表扬是他们的“最高期望”，一次挫折失败则会给他们带来失败的情绪。作为班主任的语文老师要从学生的角度出发，严慈并济地鼓励关心每一个学生，不分“优等生”“差等生”，不因小事而轻易否定学生，充分保护学生的自尊心，树立学生的自信心，激励他们进步。

2. 鼓励良性碰撞，建立良好生生关系

学生都有争强好胜的心理，这对于学生的成长是一件好事。教师要善于引导，鼓励学生之间加强交流、合作，学会分享，相互探讨、促进、提高。课堂之中，教师要引导学生通过良性的争论、碰撞，发现并解决学习中的问题，形成良性的竞争关系，既可以达成既定教学目标，又能使学生从认识到交流，再到合作，最后共同进步。比如，部编版小学语文二年级下册阅读课《笋芽儿》的教学过程中有这样一个片段。

师：同学们，现在请你们从文中摘选喜欢的语句读给大家听，把快乐与大家分享，好吗？

生 1：“春雨姑娘在绿色的叶丛中弹奏着乐曲”这句话我觉得很有趣。

师：你读得真棒，为什么觉得有趣呢？

生 1：我觉得春雨姑娘非常有才华。

生 2：你说得真好，但我有补充意见。春雨姑娘还会弹奏乐曲，她还叫醒了笋芽儿。还有雷公公，他也叫醒了笋芽儿。“轰隆隆，轰隆隆，雷公公把藏了好久的大鼓重重地敲了起来。”

生 3：你们说的都有道理，我也想读一读。“妈妈见了，忙给笋芽儿穿上一件又一件衣服，还不停地唠叨：别着凉，千万别着凉。”这句话让我想起了我妈妈对我的关心和爱护，真让我感动……

师：同学们不仅读得好，评价也很到位，还说出了自己的感受，你们都很了不起，我们一起来把这些同学找到的优美语句读一读……

在整个教学片段中，教师敏锐地捕捉到学生的学习状态，鼓励学生多思多想，促进课堂和谐。在平等互动的生态课堂中，从对教材的浅显认识，到对文本的深度解读，从教学目标、教学过程，到师生、生生、生本、师本互动，各个环节都体现出“生长”的特点，在交流和碰撞中相互推进，促进师生共同成长。

3. 优化评价标准，建立和谐教学氛围

教师和学生都是“生态化课堂”的一部分，课堂教学评价切忌单一，要注重对教师和学生的双重评价。测试只是评价的一个小指标，教、学情况往往不是通过测试成绩来反映，应多关注教学的

“非成绩性”成果和学生的成长提高。比如，在课堂上，要多对学生在课堂上的专注度、听说读写上的参与度等情况进行及时反馈；在课后，通过批改作业进行评价，或对学生的其他科目进行综合全面评价，鼓励学生参与教学评价等，发现每一个学生的亮点，突出个性培养，促进师生共同发展。

（四）优化教研教学环境，搭建“生态化课堂”教师成长平台

1. 牢固树立“生态化课堂”教学理念

“生态化课堂”的构建与实施，是不断优化教学理念、提高教学水平的一项重要的教学举措，这是一个长期、连续的过程，首先需要的，就是教师要树牢“生态教育”的理念，并且将其作为生态文明建设的重要部分，以生为本，在教学过程中让学生的自然性、社会性得到充分释放，推动教育的可持续发展。

2. 定期开展“生态化课堂”教学培训

学校定期组织“生态化课堂”理论培训，结合实践组织教研活动。理论是实践的基础，通过专题培训，让每一位农村小学教师深刻、全面地了解“生态化课堂”理念，提高农村教师素质，让教学从“成绩驱动”走向“生态驱动”。同时，建议学校定期为教师组织公开课等教研活动，通过教师、专家相互交流讨论，共同成长进步，把“生态化课堂”理念内化于心。

3. 全面提升“生态化课堂”教学水平

教师要善于从专家讲座、学术交流、课堂练习等实践活动中，提高生态教学理念和教学水平，并将先进、科学的教学理念运用到小学语文“生态化课堂”构建与实施中，重视课堂合作交流，关注学生情感的表达和价值观的培养，并且时刻反思自己的教学效果，不断改进创新，做一名成长型教师。

四、结束语

构建农村小学语文“生态化课堂”是促进农村小学生积累知识、夯实基础、培养情感、健康成长、全面发展的重要举措。本文结合教育生态学原理，全面分析现状，并提出实施“生态化课堂”的教学策略，力求将教育生态学的理论运用到农村小学语文教育中、落实到课堂上，让教师创造性地教学、学生创新性地学习，促进师生共同成长，保障农村小学语文课堂持续健康发展。

参考文献

[1] 郭思乐. 教育走向生本［M］. 北京：人民教育出版社，2004.
[2] 吴晗清，孙目. 生态学视域下“生态课堂”的构建［J］. 教育理论与实践，2017（2）：3.
[3] 杜亚丽，陈旭远. 多维视域下的生态课堂理论诉求［J］. 东北师范大学学报（哲社版），2010（3）：157-162.
[4] 戴艳艳. 小学语文教学中存在的问题和解决策略［J］. 文学教育，2018（11）：149.
[5] 王文林. 小学语文生态课堂教学模式的构建［J］. 课程与教学，2017（16）：76.
[6] 黄晓玮. 小学语文生态课堂及建构策略研究［D］. 武汉：华中师范大学，2016.

（娄底市娄星区蛇形山镇南塘中学）

浅谈“1+X”拓展阅读

肖　珊

摘　要： 自2016年6月统编本语文教材逐步投入使用，迄今为止，对教育（尤其是小学和初中阶段教育）各方面都产生了巨大影响。统编教材强调学生的阅读实践能力，提出了“1+X”阅读模式。本文以小学语文教育为依托，阐述“1+X”拓展阅读的概念及重要意义，进一步提出它在教学中的具体运用策略。

关键词： 小学语文；“1+X”拓展阅读

阅读是学生获取知识的重要渠道，近年来它所受的关注居高不下，部编教材整体内容上也体现了相关要求，如提倡“读书为主”，主张建立“三位一体”阅读教学体制、“1+X”阅读模式等。温儒敏先生在探讨如何使用部编教材这一问题时，建议教师采取“1+X”的办法，即讲一篇课文，附加若干篇课外阅读的文章。这种科学的模式能够让学生有关联地去进行阅读，不仅能强化理解，对逻辑思维的发展也大有裨益。

一、“1+X”阅读模式概论

“1+X”阅读体系也可以称为群文阅读，是一种以点为中心的发散性模式，这个中心点就是“1”，通常是指某一篇文章或者某一个主题，“X”则是与之相关联的课外阅读材料。

“1+X”阅读模式在小学语文教学中的意义不可忽视。部编本教材未发行前，教师通常采用的传统阅读法存在明显的局限性。每学习一篇新的课文，就重复“教师讲述—做题—背诵”这一套模式，在“讲读”的过程中，教师主导性过强，学生对阅读产生厌倦感是必然结果。“1+X”阅读模式给予了学生适度的自由，尊重了学生的主体性，同时也保证了师生交流、互动的频次和强度，在一定程度上扩大了学生的课外阅读量。同时，“1+X”的模式对教师教学能力提出了更高的要求，教师必须充分熟悉教学内容，确定合理的教学目标，以此为依据去选用适当的教学策略。

二、“1+X”拓展阅读教学策略

（一）“1”的选择

作为整个辐射型阅读体系的中心点，“1”的重要性不言而喻。在选择阅读材料时，我们可操作的范围比较广泛，从大的方面来讲，它通常以两种不同形式出现。

1.“1”可以是某篇具体的文章

在具体选择时，要充分考虑文章价值，可参考的内容有：文章主题是否有教育价值，文章体裁是否有学习的必要性，文章中的表现手法是否可以借鉴等。

2.“1”可以是某个主题或价值体现

以三年级下册教材为例，第一单元确定的主题是“感受多彩春天”，课文中选取了各种动植物的形象，如燕子、荷花等，勾勒了春天各处一片生机盎然的景象，其教育价值可以体现为引导学生感受春天的美，同理，以“感受春天”这一主题作为“1”，将课内已有资料和课外拓展阅读相结合，进行类比式阅读教学，比较合理。

（二）“X”的选择

通常情况下，“X”的素材选择以“1”为前提，选择合适的切入点，设计“1+X”的教学，以下列举几个具备实操性的切入点。

1. **相同思想情感**

以三年级语文教材中的课文《荷花》为例，这篇文章是通过描写荷花，抒发对荷花和大自然的赞美，那么在“X”的选择上，可以寻找类似情感主旨的作品，如朱自清1923年创作的新诗《细雨》，同样也是通过写景抒发对春天来临的喜悦，这两篇文章都可以引导学生感受大自然的生机之美。

2. **相同体裁**

以文章体裁（或文学体裁）为切入点，首先要确认“1”属于哪一类，如散文、记叙文、说明文、议论文、诗歌等，“X”只需要和“1”保持文章体裁一致即可。

3. **相同作者**

如课文《燕子》的作者是郑振铎，他还写过很多文章，如《海燕》《猫》等，通过分析他的不同作品，学生可以充分感受其朴实细腻的文笔和偏写实主义的创作手法，最关键的是能够构建起一个以作家为中心的网状知识结构，加强这些作品的联系，避免孤立地、分裂地阅读。

4. **相同时代背景**

以陆蠡的《囚绿记》为例，此文写于抗战期间，当时上海沦陷，人民正处于日本帝国主义的压迫下。因此，确定“X”后，应尽量去找同为抗战时期创作的文学作品，如艾青的《黎明的通知》、巴金的《寒夜》等同样创作于新中国成立前的文学作品。通过阅读两篇或多篇在同一时代环境下创作的文章，能够巩固学生对特定时代特点的认识，将知识进行有规律的串联。

5. **相同表现手法**

在小学课文（尤其是散文）中经常出现的一种手法是借景抒情，课文《荷花》正是通过描写作者看到的夏日花盛的美景，进一步表达文章中心情感，散文中大多都使用了这种方法，如朱自清的《春》《荷塘月色》等。

在选择“X”的时候，要从多方面进行考量，除上述提到的几种参考方法，教师还应考虑到选取的课外阅读是否适合该年龄阶段的学生，如果难度过大，教师应适时适度地对文章进行简化，使其与学生的阅读水平适配（本文在举例说明时，暂未考量文章难度，以理论为主）。

（三）具体策略

如何将“1”和“X”正确运用到语文阅读教学中，是教师必须充分考虑的问题。要根据两者的适配度，选择契合度较高的教学策略，以下提供几种参考策略。

1. **比较型阅读**

顾名思义，将“1”与“X”进行某一方面的比较，引导学生发现不同点。

（1）当“1”与“X”作者相同时，可以比较其风格和写法的不同，如郑振铎的《燕子》与《猫》，描绘的是两种不同的动物形象，但是作者的侧重点不一样，《燕子》是一篇偏写景的散文，画面感很强，而《猫》更偏叙事，文字风格更生活化。教师以《猫》作为《燕子》一文的拓展阅读，可以先让学生感受两篇文章中塑造形象的不同，以小组讨论、合作填表的形式，分析总结出猫和燕子的特点，做出审美判断——你更喜欢哪个形象？由此进行二次分工，让学生搜集资料、讨论交流，分别分析两篇文章塑造形象所用的手法，知道《燕子》一文是通过描写燕子的造型美和动作美，塑造了活泼可爱的燕子形象，而《猫》是通过写小猫与一家人之间的故事，塑造了三只各有特色的小猫的形象。但要注意的是，如果作为三年级阅读教学的内容，《猫》的理解难度过大，如果要选取它作为“1+X”模式的一环，教师应对文章进行一定的处理，这就对教师的阅读和教学水平有了更高的要求。

（2）当“1”与“X”时代背景相同时，可以比较其思想情感和角度的不同。若不考虑其他不同，陆蠡的《囚绿记》和巴金的《寒夜》同样创作于新中国成立前，没有脱离当时时局动乱的特点，但《囚绿记》是从自己和常春藤的角度入手，赞颂伟大的民族气节，表现自己对光明的向往。《寒夜》是以战争中小人物的命运为切入点，写的是战争和腐朽的社会给人民带来的苦难。将这两篇文章进行对比阅读，学生可以从不同角度了解时代背景，理解更透彻、深入。教师在设计时，要注意《寒夜》是一部长篇小说，如果作为“1+X”的教学内容，应该只选择其中有代表性的片段，要控制好篇幅长度。

2. 同类型阅读

这种方法一般只对“1”和“X”的相同点进行分析，更适用于新内容的接触、学习。

(1)“1”和“X”文章体裁相同时，让学生了解文体特征。三年级课文《赵州桥》是一篇典型的说明文，从历史到外观对赵州桥进行了较为全面的描述，《蝙蝠与雷达》这篇文章同样属于说明文，将这两篇文章用“1+X”的模式进行教学，教师应该把重点放在引导学生观察，发现它们的共同特点，也就是说明文的体裁特征上，引出说明文这一新内容。

(2)“1”和“X”表现手法相同时，引导学生学习、运用。袁鹰的《白杨》和陈慧瑛的《梅花魂》两篇文章同样运用了借物喻人的手法，前者借白杨赞颂默默奉献的边疆建设者，后者借梅花赞美像梅花一样有气节的中国人。学生可以通过品读这两篇文章，学习借物喻人这一常见的表现手法，并将它运用到写作中去。

3. 阅读中的整合运用

随着阅读教学的进一步深入，这一阶段的教学重点从阅读感知转移到了运用。前两点策略都是立足于如何阅读，本策略在此基础上提升了教学难度，教师不仅要能够设计阅读中的“1+X”模式，更要思考语文教学中各领域的整合。

(1) 阅读与说话。在“1+X”模式教学中，教师要鼓励学生大胆发言，尝试发表自己的想法，给予学生更大的自主空间。

(2) 阅读与实际操作。在“1+X”的模式中，教师可以只确定“1”的内容，将“X”的选择交给学生，提高学生的参与度。如在教学《我不能失信》一课时，教师可以引导学生搜集并阅读关于诚信的文章，学生之间可以分享自己的“X”，这种交叉式的信息交流可以在同样的时间内让学生了解更多同一主题的课外材料。

(3) 阅读与写作。读写结合在小学阶段的教学中很常见，阅读与写作的联系一向紧密，尤其当教师在阅读教学环节引出了新的内容时，为了让学生更扎实、透彻地学会新知识，通常会在阅读结束后或中间加入写作环节。如学生在阅读《赵州桥》和《蝙蝠与雷达》后，教师提出了说明文这一概念，就可以让学生尝试先模仿文章，写一小段说明文，让他们对说明文这一体裁有更深的了解。

三、结语

顺应部编本语文教材的要求，教师要把阅读的自主权更大程度地归还给学生，“1+X”拓展阅读模式正好可以作为教师达到这一目标的有效手段。教师也应该清晰地认识到拓展阅读的重要性，把控好教学重心，掌握好课内阅读和课外拓展阅读的平衡。

参考文献

[1] 俞淑丹. 探讨小学语文在“1+X”体系下的拓展阅读教学 [J]. 考试周刊，2019 (49)：32-33.
[2] 朱海棠.“1+X”拓展阅读在小学语文教学中的探索与应用 [J]. 新智慧，2021 (8)：119-120.
[3] 栾翠连. 基于语文学科核心素养的“1+X”主题阅读指导的实践研究 [J]. 新课程，2021 (20)：46-47.
[4] 于保东. 语文核心素养视域下“1+X”群文阅读模式探究 [J]. 教学与管理，2018 (1)：67-68.
[5] 温儒敏.“部编本”语文教材的编写理念、特色与使用建议 [J]. 课程·教材·教法，2017 (11)：3-11.

(娄底市双峰县青树坪镇中心小学)

儿童绘本在低年级语文阅读教学中的实效探究

张仁华

摘　要：阅读是小学生获取知识的重要渠道，确保阅读教学工作的规范化开展对培养小学生综合能力以及核心素养有着重要作用。教师有必要将儿童绘本作为小学低年级学生的启示性阅读材料，通过有策略性、针对性、指导性的阅读，在提高学生认知能力和整体素质的前提下，确保高质量教学目标的实现，助力学生多元益智地成长。

关键词：小学低年级；语文阅读教学；儿童绘本；践行意义；践行策略

作为语文课程体系的重要组成部分，阅读教学工作的规范化开展不仅有助于培养学生语感，在强化学生综合能力方面也具有不可替代的作用，因此不断优化阅读教学模式，是素质教育体系深化改革下，教育工作者对提升学生阅读能力做出的重要战略改革。现阶段在阅读教学活动开展过程中，经调查，大部分教师仍未能秉承“以人为本”“素质教育”以及“因材施教”的现代化教学理念，各项教学工作的开展习惯性采取传统化的灌输式教学手段，久而久之，不仅削减了学生学习兴趣，而且学生综合能力的培养也受到了一定影响。因此，对教育教学模式进行不断创新，将“儿童绘本”合理应用于阅读教学，是拓宽学生视野以及提高他们的阅读能力、语文综合素养的有效途径。

一、儿童绘本的使用情况与现实问题

经过幼儿园阶段的学习，儿童绘本作为启蒙工具已被部分学生家长及幼儿园老师使用，甚至在家里和幼儿园随处可见。儿童绘本的普及率在不同地域、不同家庭达到基本相同，但是在拥有率、使用率、效用性上存在差异。笔者经历过乡村小学和城区小学低年级教学，明显发现从儿童绘本的选取与使用上，主要存在以下差异。

（一）儿童绘本的选取上

儿童绘本的选择，不同经济条件的家庭选择不同，主要是儿童绘本的数量不同，这一点在乡村和城区差别较大；不同知识层次的父母选择不同，主要是选择的绘本类别不同，有的父母偏向认知类，有的偏向教育类，有的偏向故事类，等等。

（二）儿童绘本的使用上

儿童绘本的使用频率受限于家长陪伴的时间，使用效果却受限于家长和幼儿园老师的个人素质。绘本的使用方式存在单一性，例如只单一选择读或者看，缺少家长和学生的互动、缺乏老师多媒体综合性的立体感官性教学。

因此，我们在面对不同起点的学生时，有必要利用好“人生第一本书”——儿童绘本来进行补弱。

二、儿童绘本在阅读教学中的践行意义

阅读教学是语文课程体系的重要组成部分，与其他阅读刊物相比，情节简单、内容丰富、故事有趣以及整体色彩感强是绘本的显著特点。由于低年级学生正处于身心发展的初始阶段，确保儿童绘本的合理应用具有如下显著优势。

（一）有利于激发学生阅读学习兴趣

由于低年级学生自身知识储备较为孱弱、字词识别量少、语言理解能力弱等，若在阅读教学中不

加甄别，只选用大量文字刊物，不仅难以调动学生的阅读积极性，甚至还极易导致他们产生抵触情绪，对后期教学工作的开展会造成极为不利的影响。反观以大面积图片配以简单文字的儿童绘本，将其合理化运用于阅读教学，学生在阅读时可通过观看图片来理解故事内容、了解故事情节发展，可以在有效吸引学生注意力的前提下激发他们的阅读欲望，让学生在阅读的同时产生一种愉悦感，以便为学生良好阅读习惯的有效培养创造条件。

（二）有利于培养学生的语文素养

对于低年级学生而言，在课程教学时，相比纯文字刊物，绘本故事大多围绕相关年龄段孩子的兴趣开展，虽然情节较为简单，却蕴含丰富的人生哲理，采用深入浅出的表达方式，在塑造学生人生观、世界观、价值观的同时，也为学生创造能力的有效性培养创造良好条件。通常来讲，绘本故事内容并不空洞，且通过绘本阅读识别图画含义在一定程度上也有利于帮助学生认识文字、积累丰富的文化内涵，与此同时，教师通过充分发挥自身教学活动组织者的职责，引导学生将绘本故事用自己的话术进行表述，由此在不断提高学生语言组织能力的同时，全面提高学生整体语言水平。

（三）有利于拓展语文课程教学资源

教学资源是开展课程教学活动的重要承载体，资源匮乏在影响教育教学成效的同时，也不利于学生的全面化发展，因此拓展语文课程教育教学资源也是新课改下语文教学改革的重中之重。经调查，目前在低年级语文阅读教学中，教育工作者习惯性拘泥于文本进行教学，学生知识储备量相对匮乏的同时，也无法深入理解课文蕴含的深层思想、感情、主旨。反观主题、体裁多样化的绘本，将其合理化应用于阅读教学，在扩充语文教学资源的前提下，教师还可从多个角度对学生进行全方位的教育，促进学生身心健康的同时，提高学生的认知水平。

三、儿童绘本在阅读教学中的实施策略

（一）依据学生实际情况选择合适绘本

在儿童绘本应用过程中，绘本阅读材料选择，从某方面来讲是影响课程整体教学质量和效率的重要因素。就目前来讲，为确保高质量教学目标的达成，在绘本选择时，教育工作者需注意如下两点：一是绘本内容需尽量通俗易懂。对于低年级学生而言，他们自身知识储备量较为匮乏，面对复杂的语言表达方式或内容，在理解过程中往往极易产生抵触情绪，对身心发展造成不良影响，因此教师在材料选择时，为增强学生学习自信心，需综合考虑学生情况，挑选适合他们身心发展特点的绘本进行教学。二是绘本需贴近学生生活实际。虽然绘本故事丰富有趣且富有内涵，但若是教师挑选了过于天马行空的绘本，学生难以理解，结果反而会影响后期教学工作的开展，因此，教师在挑选时还要结合学生实际生活，保证绘本表达的内容符合学生现阶段的认知以及心理特点，以确保学生能与故事主人翁产生情感共鸣。

（二）在教室内建立“绘本共享屋”

爱玩是小学低年级学生的天性，在阅读教学时，阅读经验不足以及兴趣弱化等问题的存在，在影响教育效能的同时，也不利于小学生良好阅读习惯的养成和阅读思维的培养。目前来讲，为改善当前阅读教学现状，小学教育工作者需保证前期准备工作的规范化开展，具体来讲，就是依据小学低年级学生的身心发展特点和阅读实际，建立统一的绘本选择标准，尽量挑选简单、有趣的文本来让小学生进行阅读。与此同时，为有效激发小学生的阅读欲望和主观能动性，小学教师还可通过在班级内开设一个“绘本共享屋”，放置一些情节简单、色彩鲜艳、形象可爱以及内容贴合生活的绘本，来吸引小学生进行阅读，此外，为了向“绘本共享屋”提供源源不断的“新鲜血液”，小学教师还可鼓励小学生从家中带来自己喜爱的绘本，由此，在不断拓展小学低年级学生阅读视野的同时，提高他们的阅读思维和阅读能力。

（三）合理运用多样化阅读教学手段

在应用儿童绘本时，应用手段是否科学、先进以及规范，是影响阅读教学质量以及学生语言能力

培养效率的重要因素。为确保高质量教学目标的实现，小学教师需在秉承现代化教学理念的前提下，对应用手段进行不断调整，以此来全面提升小学生的主观能动性。在阅读过程中，对于小学低年级学生，为帮助他们获得良好的阅读体验以及有效吸引他们的注意力，我尝试过在教学过程中采取一系列阅读教学方式，下面以绘本故事《三个和尚没水喝》为案例进行说明。

1. **集体屏幕阅读**

为保证学生注意力集中，利用学校多媒体先将绘本内容、插画通过大屏幕进行投影操作，通过对故事内容插图的讲解，让学生初步了解一个和尚挑水喝、两个和尚抬水喝、三个和尚没水喝的故事脉络，初步构架起眼、耳、脑三位互通，为后续的引导思维唱戏搭台。

2. **耳读**

为充分利用学生好动的性格，让学生集体闭上眼睛，然后播放录制的故事录音及配音，让学生在脑海中回忆、还原刚才看过的故事投影，通过记忆复习的方式，帮助学生转换阅读感官，将学生的好动、好奇心转化为听觉上的专注力，进一步加强注意力。

3. **口答**

现代教育教学强调心想、口说、手动三个教学目的。综合考虑小学低年级学生认知规律，设置启发性和发散性问题：为什么三个和尚没有水喝？假如再来一个和尚，大家会不会有水喝？从这个故事中学习到了什么？在适时的一问一答或者多答的过程中，达到目的性引导作用。

通过这个完整的眼、耳、口、脑环节的联动性启示，让学生知晓阅读的基本规律，在学习知识的同时，逐步养成阅读的良好习惯，保证阅读的长效记忆性；让老师在传授知识的同时，将阅读、学习的方法教授给学生，从而获得良好的教学效果。

四、结语

对于小学低年级学生而言，在阅读教学时，若教育工作者采用纯文字阅读材料，不仅不利于调动学生阅读兴趣，对其身心发展也是极其不利的。要想改善当前教育现状，将儿童绘本合理化应用于教学中，是提高学生语文素养的有效途径。为确保践行效益的最大化发挥，教育工作者除了要依据学生实际选择合适绘本、在教室内建立“绘本共享屋”以及合理运用多样化阅读教学手段外，适时开展课堂实践活动、与日常写作相结合，以及鼓励学生在家进行绘本阅读也是十分必要的。

参考文献

[1] 庄婷婷，张建东，徐海华. 绘本阅读在小学低年级语文教学中的应用思考［J］. 教育界：综合教育研究（上），2015（12）：103-104.

[2] 冀文娟，孔丽，蒋文娟. 关于绘本阅读在小学低年级语文教学工作中的引用探究［J］. 吉林教育，2015（11）：222-223.

[3] 王桂林，徐海洋，张建平. 浅谈绘本故事在小学低年级语文阅读中的教学策略［J］. 读与写（教育教学刊），2019（11）：134-135.

[4] 戴美娜，许娜亮，徐涛涛. 基于核心素养理念的小学语文绘本阅读教学初探［J］. 名师在线，2019（4）：42-43.

[5] 焦君霞，张文华，张建东. 小学低年级语文绘本阅读的教学策略研究［J］. 中国农村教育，2018（6）：59-60.

（娄底市涟源市新新学校）

一个焦点　两项抓手　三番比对

——从统编教材的编排捋课后习题，谋语文要素的落实

贺　慧

摘　要：语文要素是伴随统编教材出现的一个新名词。什么是“语文要素”？为什么要编排语文要素？怎样落实语文要素？本文将以小学语文统编版中、高学段教材为例，通过与课标、教材、课文进行三番比对，明晰语文要素，理解编者意图，依托单元语文要素、课后习题这两项抓手，定准教学目标，谋求策略，让核心素养在阅读实践中落地生根。

关键词：语文要素；课后习题；课程标准；教材；教学目标

谈及统编教材，语文要素是一个绕不开的话题。何为“语文要素”？为什么要编排语文要素？怎样落实语文要素？笔者将以统编版中、高学段教材为例，结合课后习题，试着通过解读与比对拨云见日。

一、一个焦点知要素

何为语文要素，统编小学语文教材执行主编陈先云先生认为，语文要素就是语文训练的基本元素，包括基本方法、基本能力、基本学习内容和学习习惯。统编教材从三年级开始，将不同类别、不同难度的语文要素科学有序地分布在课文导语、课后习题及语文园地“交流平台”等板块中，使之成为统编版教材的使用“指南”，对老师的教和学生的学有着非常重要的指导意义。尤其在现今“双减”政策的推行下，准确把握统编教材理念与意图，理解教材中的语文要素，更有助于老师们在教学中运用大语文观教好教材，整合课堂，实现提质减负。

二、三番比对明意图

据统计，统编教材中，高学段八册课本中一共提出了 68 个语文要素，教材为什么要按语文要素来编排？又是怎样安排的呢？让我们紧扣课后习题，三番比对来明确编者意图。

（一）与课标比对

以统编版五年级上册教材为例，整册书的语文要素与《义务教育语文课程标准》“学段目标与内容”中提及的是基本一致的（如表 1 所示）。

表 1　五年级上册教材与课标对比

语文要素（统编教材五年级上册）		《语文课程标准（2011 年版）》第三学段
第二单元	学习提高阅读速度的方法	阅读——默读有一定的速度，默读一般读物每分钟不少于 300 字
第一单元	初步了解课文借助具体事物抒发感情的方法	阅读——初步领悟文章的基本表达方法，体会表达效果
第七单元	初步体会课文中的静态描写和动态描写	
第四单元	结合资料，体会课文表达的思想感情	阅读——体会作者的思想感情
第六单元	体会作者描写的场景、细节中蕴含的感情	
第一单元	写一种事物，表达自己的感情	习作——懂得写作是为了自我表达和与人交流，珍视个人的独特感受
第六单元	用恰当的语言表达自己的看法和感受	

如第二单元的学习要素“学习提高阅读速度的方法”，就与课标第三学段的默读要求相匹配；第一单元“借助具体事物抒发感情的方法”、第七单元“体会静态描写和动态描写”，与第三学段“初步领悟文章的基本表达方法”“体会表达效果”目标相对应；第三学段“体会作者的思想感情”与第四、六单元目标一致；“懂得写作是为了自我表达和与人交流”“珍视个人的独特感受”的习作目标，在第一单元学习要素“写一种事物，表达自己的感情”、第六单元“用恰当的语言表达自己的看法和感受”上得以落实。

由此可知，语文要素是学生阅读、习作能力内容的分解，是课标中“阅读”“习作”在教材中的落实。这样，每个单元的学习目标更加清晰，更利于教学。

（二）与“教材”比对

和人教版教材相比，统编版教材有哪些变化，语文要素又是如何安排的呢？让我们来做一做比对。

1．语文要素更聚焦

四年级下册课文《乡下人家》在人教版和统编版教材中都有收录。人教版课文中原本一共有两个泡泡语提示，其中“我仿佛看见了‘雨后春笋’的画面”，并不是统编教材中该单元的语文要素，所以被删除了；“我真想去看看这道独特、迷人的风景”，在统编版教材中改为“我从这句话，体会到了课文表达的思想感情”。结合单元语文要素“抓住关键语句，初步体会课文表达的思想感情”来考量，编者的意图很明显，让要素更聚焦，将能力训练点落到实处。

2．读的要求更具体

再来看课后习题的设计。首先在读的方面，两个版本在课后习题中对于读的要求不一样。我们根据三年级上册的课后习题来比对（如表2所示）。

表2 人教版与统编版教材课后习题对比

	人教版	统编版
《美丽的小兴安岭》	我要读出对小兴安岭的喜爱之情，还要把喜欢的部分背下来	朗读课文，一边读一边想象课文描写的场景
《金色的草地》	我要多读几遍课文，把对草地和蒲公英喜爱的感情读出来	有感情地朗读课文，注意读好文中的长句子
《灰雀》	我们来分角色朗读课文	分角色朗读课文，读出对话的语气

可以看出，人教版课后习题对于“读”，更多的是提出“多读几遍，读出喜爱之情，把喜欢的部分背下来”等比较笼统的要求；而统编版课后习题编排对于读的要求更具体，如《灰雀》一课，不但提出了分角色朗读的要求，还提出了读出对话的语气的要求，使教学更有针对性。

3．语用的指向更明晰

统编版教材关注语用，相对于人教版指向也更明晰。如三年级上册《富饶的西沙群岛》，人教版课后习题只是“读一读、记一记”，语用指向模糊，而统编版课后第二题要求学生选择喜欢的部分介绍西沙群岛，尝试把课文语言转化为自己的语言进行表达，第三题出示了四幅图画，要求学生选择一幅图，用几句话写一写，这也是指向语用的表达训练题，可引导学生借助课文提供的典型段式进行读写联动，有效勾连本单元的习作要素“试着围绕一个意思写”。

在统编版教材中，读写紧密联系的课后习题有很多。如五年级上册《慈母情深》，单元语文要素“抓场景、细节表达看法和感受”与课后习题关联紧密，聚焦课文的典型段落、典型细节，“从鼻子一酸”的细节中引发学生的生活体验、情感体验，搭建了从课内延伸到课外，从阅读延伸到写作的语言实践路径。这篇课文在人教版是略读课文，课文导语和课后的阅读链接指向于体会文章是怎样表现母亲的深情，人文性更强。

通过与教材比对，可以得悉，统编版教材清晰地定位了每个单元的重点读写目标，课后练习题则对语文要素进行分解训练。有了这样明确的指导，我们就可以清楚地知道自己该教什么。

（三）与“课文”比对

我们还可以与课文比对。先看统编版教材同组课文，作为阅读策略单元，四年级上册第二单元围绕“提问”策略安排了4篇课文，分别承载着不同提问策略的学习要求，目的就是要解决从“不同角度”来提问，并将其进一步具体化。4篇课文的课后习题也各有侧重：围绕“提问”这一要素，《一个豆荚里的五粒豆》针对课文局部和整体大胆提问；《夜间飞行的秘密》从多角度提问，扩大提问范围；《呼风唤雨的世纪》意在整理问题清单，学习筛选问题；略读课文《蝴蝶的家》引导把问题进行分类，并尝试解决。

通过横向比对，我们认识到同一个要素在同一单元的不同梯度和层次的发展，教学中，就可以有重点地加以引导，逐步达成单元目标。

再来看要素之间的纵向联系，如“如何通过关键句，把握文章的主要观点”这一阅读训练要素，教材的设计安排也是循序渐进的（如图1所示）。

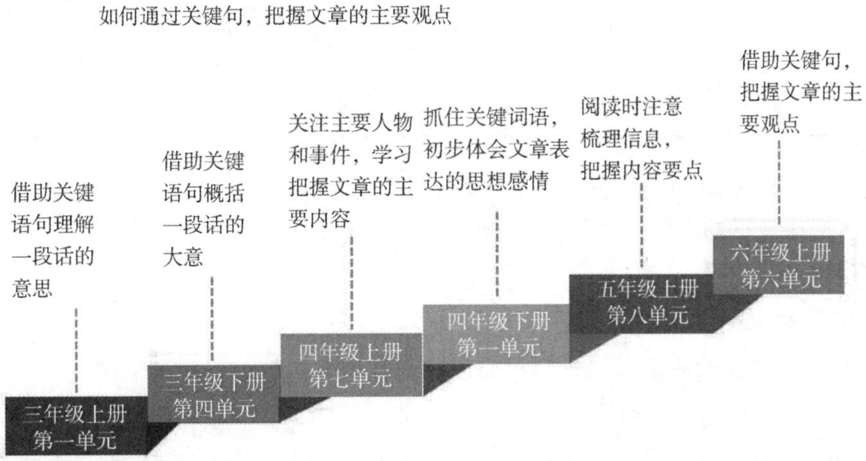

图1 “如何通过关键句，把握文章的主要观点”训练要素设计安排

三年级只要求通过关键句，理解、概括一段话的意思；四年级从“关键句”提升到“主要人物和事件”；五年级明确了对阅读信息的梳理要求，而六年级“借助关键句，把握文章的主要观点”则是在之前基础上的进一步提升。因此，我们在教学中要注意整体把握，前后勾连，做到既不拔高要求，又不降低目标，循序渐进地提升学生语文能力。

三、两项抓手定目标、谋策略

通过刚才的三番比对，我们进一步明晰了编者的意图以及课后习题的价值，在备课中就要认真解读教材，吃透编者意图，以课后习题和语文要素为抓手，定准学习目标，讲求策略，使教学更有针对性和实效性。

（一）紧扣抓手，目标安放有“度”

我们常把教学目标比作航标灯，因为它指引着教学的走向，决定着教学的效果。所以我们在设定教学目标时要结合语文要素及学生的认知特点，把课后习题置于教学目标中，体现焦点意识，也就是说目标要有聚焦度。

四年级上册《牛和鹅》一课，指向阅读的单元语文要素有两个：一是学习用批注的方法阅读；二是抓人物的动作、语言、神态，体会心情。课后习题第一题和第二题分别对应着这两个语文要素。

有位老师是这样设定《牛和鹅》的教学目标的。

（1）朗读课文，把握课文主要内容，理解金奎叔的话。

（2）了解批注及其角度。

（3）初步尝试用“关键词+感受”的批注方式阅读课文，体会“我”见到鹅和被鹅袭击时的心情，并能迁移方法学习“阅读链接”中的文章。

从目标的设定来看，都与课后习题有关联，其中第二项和第三项为核心目标，具有“焦点意识”。第一课时重点达成第二项目标，第二课时则以“关键词+感受”的细节品读方式，将批注方法的学习融入文本阅读理解中，体现“用批注的方法阅读”。同时，“能借助相关词句，体会人物的心情”，在继续落实第一个语文要素的基础上，融合落实第二个语文要素；将教学目标分解实施，实现“一课一得”，达到“得得相连”。

统编教材的很多篇目在以前的人教版中均有呈现，如六年级上册《只有一个地球》，这样的老课文用新教材怎么教？第一课时教些什么，教到什么程度？

教材编写意图的不同决定了教学方法的不同，我们要用新的思考去考量新的教学方向。

请看我校刘老师执教这篇课文第一课时设定的教学目标。

（1）通过预习、借助图片等方式，会写“莹、裹”等12个字，理解“慷慨、枯竭”等词语的意思。

（2）默读课文，能结合关键句，说出课文讲了哪几个方面的内容，发现观点之间的逻辑关系。

（3）借助图片及课外资源，通过研读品悟，理解“地球的美丽”和“自然资源有限”，产生对地球现状的忧思。

聚焦第二项目标，刘老师在初读环节花了足够的时间做好了一件事：找关键句，发现其位置的变化，抓关键句，把握课文主要内容，了解课文是从哪几个方面来写的，解决课后习题一；聚焦关键句，利用一组关联词，发现观点之间的逻辑关系，为落实课后习题二做好铺垫。像这样锁定语文要素“借助关键句，把握文章的主要观点”，精选教学内容，合理分解课后习题任务，再通过“读”达成教学目标，体现了目标的有效度。

（二）紧扣抓手，策略实施有“法”

我们在设定目标时要合理安排，让目标有度，而在教学策略上，也要有法。

1. 方法要“实”

仍以批注单元为例，作为单元首篇课文，《牛和鹅》如何发挥其教学价值，起到示范批注的作用呢？通过解读教材，不难发现，第2至5条批注，都是引导学生关注文本细节，提醒学生抓住细节描写去感受和体会。因此可以确定，用“关键词+感受”的细节品读方法，体会人物的心情，是批注阅读的起点，也是着力点，再利用“阅读链接”迁移运用，学生可仿可鉴。

2. 设计有“谱”

纵观批注单元课后习题的编排，也具有一定的梯度性。《牛和鹅》了解批注的方法，初步获得批注的能力，第二、三篇课文分别要求在“不理解的地方”“体会比较深的地方”作批注，承担巩固和运用的功能。我们可以利用教材提供变式练习，让学生在阅读实践中习得方法与能力。

回到前面的问题：什么是语文要素？为什么要编排语文要素？怎样落实语文要素？我们从“一个焦点、两项抓手、三番比对”中找到了答案。在平时的阅读教学中，我们要与课标、教材、课文进行三番比对，依托单元语文要素、课后习题这两项抓手，谋求适切的教学策略，有效达成教学目标，让语文要素精准落地，并最终得见学生的成长！

参考文献

［1］中华人民共和国教育部. 义务教育语文课程标准［M］. 北京：北京师范大学，2012.

（湘潭市湘潭县俗河镇百花小学）

小学生语文课外阅读兴趣和习惯培养的措施与方法

陈里桂

摘　要：在农村学校，很多小学生都存在语文课外阅读时间少、缺少良好的课外阅读习惯和兴趣等学习问题。在日常的语文教学中，因为学生没有广泛的课外阅读基础，课堂上顺利开展阅读教学和习作教学存在很大的困难，于是我在本班级开展了一系列课外阅读指导活动，旨在培养农村小学生语文课外阅读的良好习惯和兴趣。

关键词：课外阅读；习惯；兴趣

《义务教育语文课程标准》要求“培养学生广泛的阅读兴趣，扩大阅读面，增加阅读量，提倡少做题，多读书，好读书，读好书，读整本的书”“小学语文中高年级学段课外阅读总量不少于 100 万字”。在农村学校，很多小学生都存在语文课外阅读时间少、缺少良好的课外阅读兴趣和习惯等问题。为了培养农村小学中高年级学生语文课外阅读的兴趣和习惯，我在本班级开展了一系列阅读指导活动。

一、创设阅读氛围，激发阅读兴趣

（一）建立班级读书角

我要求每个学生至少带两本书籍来学校，全班共建班级读书角。本班共 40 名学生，大多数学生都带来了两本或两本以上的书籍，班级图书角的书籍达到了 112 本。我把学生带来的图书进行登记，贴好名字标签，再把图书整齐摆放在班级读书角处，每天安排值日生整理书架和清点书籍数量，还制定了“班级读书借阅规章制度”。班级规章要求每生每周借两次书籍，星期二借书，星期四归还；星期五借书，星期一归还。还想继续借阅的学生可以登记续借手续。班级读书角在学生自主管理下开始有条不紊地发挥作用。

（二）制定班级课外阅读积分制度

建立了班级读书角后，我通过制定“班级课外阅读积分制度”来激发学生课外阅读的兴趣。在班级阅读积分制度中，我设立了六个阅读积分项目，按照教师评价的等级不同，分别计不同的分值。这六个阅读积分项目分别是：（1）借阅次数积分项；（2）读书记录卡积分项；（3）读后仿写卡积分项；（4）撰写读后感积分项；（5）参加读书交流会积分项；（6）读后成果积分项。我以月为单位在班上总结和评价学生的积分情况，并给予相应的奖励。以学期为单位总结和评价学生的最后积分情况，并赠书奖励。“班级课外阅读积分制度”建立以后，学生们借阅书籍的积极性和兴趣提高了许多。大多数学生都能积极参与到阅读课外书籍、撰写读书笔记、写读后感、创作仿写卡等阅读活动中。班上的阅读成果不仅多起来了，而且越来越优异，全班形成了浓厚的课外阅读氛围。

（三）开展好书推荐活动

1. 教师推荐好书书目

建立班级读书角后，读书角中出现了《自己的作业自己写》《余生很贵，请勿浪费》《你若不勇敢，谁替你坚强》等书籍。学生带来的名著很少，好书很少，因为农村学生没有“读好书”的习惯。阅读内容会决定阅读品质，于是我在教室里张贴《教育部指定阅读书单目录》，鼓励学生节省零花钱购买好书阅读。期中后，学生带来新书更新班级读书角，这次读书角中出现了《三国演义》《水浒传》《小兵张嘎》《呼兰河传》等很多好书。每逢寒暑假，我还会在班上宣读“湖南省小学语文假期阅读活动”中的推荐书目，指导学生选好书阅读。

2. **结合教材“快乐读书吧”推荐好书**

小学部编版语文教材中“快乐读书吧”所推荐的书籍最适合学生课外阅读认知水平。我在教授五年级上册“民间故事”单元时，利用“快乐读书吧”，向学生推荐了《中国民间故事》《中外民间故事》等书籍。我在教授五年级下册“四大名著”单元时，结合“快乐读书吧”，给学生上四大名著导读课，激发学生对四大名著的浓厚阅读兴趣。语文教材中“快乐读书吧”所推荐的书籍，我一定会大力向学生推荐。

（四）开展阅读分享活动

班上每个月都会举办一次好书推荐阅读分享活动。好书推荐会活动的步骤有：（1）学生填好好书推荐表格，表格内容主要分为介绍书籍的基本信息和分享推荐理由两部分；（2）评选出优秀的好书推荐表格作者；（3）作者在班级好书推荐会上口头推荐书籍，介绍书籍的基本信息和推荐理由。（4）评选出3名当月“好书推荐之星”，并给予奖励；（5）开展好书推荐会后，鼓励学生撰写好书推荐征文；（6）评选出优秀的好书推荐征文，并张贴在教室。

二、加强阅读指导，提升阅读能力

（一）制定阅读计划，师生共读《三国演义》

在开展阅读活动过程中，我发现大多数农村学生都存在不爱阅读名著、不会阅读名著、不能读完整本名著等阅读问题，于是我有了“师生共读名著”的想法。首先，我布置每个学生购买一本青少年版的《三国演义》，然后和学生共同制订阅读计划。以班上《三国演义》版本相同数量最多的一本书为例，书共40回，制订每天阅读两回的阅读计划，计划20天完成整本书阅读，然后我与学生开始共读。我能为学生解答阅读中出现的疑惑和问题，能适当补充原著的人物和情节，让学生对原著充满阅读兴趣，为学生以后自主阅读原著做铺垫。

（二）绘故事情节图，加深阅读理解

学生阅读《三国演义》时，遇到了小说中人物形象多和难理解故事情节等阅读问题。我通过指导学生绘故事情节图来帮助学生加深阅读理解，提高学生阅读《三国演义》的信心和兴趣。首先，我在课堂上投影展示了我画的几个故事情节图，并利用直观的情节图讲“三国”故事，学生们听得津津有味，也对故事情节图充满了兴趣。然后，我每天布置绘一张故事情节图的阅读任务，每天推选一名学生用故事情节图讲一个“三国”故事。通过绘故事情节图等阅读方法，学生阅读《三国演义》越来越轻松了。

（三）指导撰写读书笔记，培养良好的阅读习惯

在阅读指导过程中，我通过每天布置一篇读书笔记来了解学生的阅读情况。我为学生设定了四个读书笔记内容：（1）评价故事中的人物及性格特点；（2）主要内容概括；（3）读后感受；（4）一段摘抄。学生阅读《三国演义》，每天坚持写读书笔记，我每天及时批改学生的读书笔记，把学生的读书笔记评价为A、B、C三个等级，每天表扬展示A等级同学的读书笔记，鼓励B等级的同学，单独指导C等级的同学。班上大部分学生在一个月内完成了《三国演义》的整本书阅读，每人还拥有了一本属于自己的读书笔记。

三、读写结合，提炼、巩固和升华阅读效果

（一）读后仿写，以读促写，以仿促写

在学生阅读的过程中，我鼓励学生摘抄自己喜欢的语句，然后再进行仿写。首先，我以人教版五年级下册第13课课文《他像一棵挺脱的树》中描写车夫祥子的一段肖像描写为例，要求学生试着仿写，大多数学生仿写出了精彩的段落。我以此为例，鼓励每个学生准备一个阅读仿写本，要求学生每周摘抄阅读中喜欢的一段文字，并完成一次仿写作业。我每周批改学生的仿写作业，评价出A、B、

C 三个等级，并及时在班上点评和总结。

（二）指导撰写读后感

人教版语文五年级下册第四单元的习作是“写读后感”。在教学这一单元后，我运用了各种方法指导学生写读后感，但学生交给我的读后感习作依然是空洞的，没有思想性。我反思学生写不好读后感的主要原因是学生不能读完整本书、读懂整本书、读透整本书。在班上开展《三国演义》课外阅读活动后，我鼓励学生再次认真撰写《三国演义》的读后感。在这次习作中，大多数的学生能够以自己独特的视角评价《三国演义》中的人物形象了，能够对《三国演义》中喜欢的情节和故事提出自己的看法和观点了。这次读后感习作让我深刻感受到了学生阅读整本书后思想的丰富与语文教学中读写结合的重要性，也更坚定了我帮助学生养成良好的课外阅读习惯和兴趣的信心和决心。

四、开展读后成果展评活动，激发阅读成就感

全班阅读完《三国演义》后，大多数学生依然沉浸在《三国演义》鲜明的人物形象和惊心动魄的故事情节中，为了再次了解学生的阅读情况、促进班集体交流读后感受、激发学生阅读成就感，我在班上开展了一系列阅读展评活动。

（一）《三国演义》读书笔记评比活动

在《三国演义》阅读活动中，部分学生撰写的读书笔记脱颖而出，成为同学们学习的典范。为了给学生树立良好的阅读榜样，为了激发学生认真撰写读书笔记的兴趣，我开展了《三国演义》读书笔记评比活动。首先由班干部评选出班级优秀的读书笔记本；然后教师在班上公开表扬和奖励；接下来我利用自习时间把优秀的读书笔记本展示在教室里，全班同学把手中的一根小棒放在自己最喜欢的一本读书笔记本上；最后全班评选出一、二、三等奖若干名。活动后，我组织学生交流感想和收获。该活动充分调动了学生认真撰写读书笔记的积极性。

（二）用《三国演义》故事图，讲“三国”故事比赛活动

为了激发学生对“三国”故事的兴趣，我在班上开展了讲“三国”故事比赛活动。首先，我要求学生选一个自己最喜欢和最熟悉的“三国”故事，绘好故事图；然后我对学生的图表进行挑选并指导学生修改；接下来学生用自己画的“三国”故事图讲“三国”故事；最后全班评选出一、二、三等奖若干名。经过了层层准备和选拔，学生讲出的“三国”故事生动有趣，活动再次激发了学生阅读的兴趣。

（三）《三国演义》手抄报比赛

我在班上开展《三国演义》手抄报比赛，旨在通过手抄报的形式鼓励学生大胆表现自己喜欢的“三国”人物和故事。虽然农村的学生绘画基本功不扎实，但学生们表现出了浓厚的创作兴趣，一幅幅独具特色的手抄报图文并茂，“三国”知识丰富有趣。然后我组织班干部评选出优秀的手抄报，张贴在班级的展览墙上。手抄报比赛不仅让学生找到了阅读成就感，也促进了学生之间的读后交流。

（四）《三国演义》知识抢答竞赛活动

学生最喜欢的是《三国演义》知识抢答竞赛活动，这次活动将学生课外阅读的热情推向了高潮。本次活动我采用小组实践活动的形式开展：（1）布置学生查阅和设计《三国演义》竞赛题；（2）将全班分为四小组，由每组组员推选出两名小组长担任小老师；（3）各小组分两轮竞赛，本小组的小老师读题时，本组成员不可以答题；（4）班上选出两名记分员，现场记录各小组抢答的分数；（5）最后通过抢答分数评选出“最优小组”和“表现突出个人奖”。竞赛过程中，遇到简单一点儿的题，学生们你争我抢；遇到较难的题，全班鸦雀无声，都在认真地思索。让我惊喜的是各小组合作交流设计的题型丰富多样、难易恰当。这次活动不仅提高了学生的阅读实践能力和综合素质，更激发了学生的课外阅读兴趣和激情。

五、结语

我国著名语言学家吕叔湘先生说过，他学习语文，三分得益于课内，七分得益于课外。杜甫说：

“读书破万卷，下笔如有神。”苏霍姆林斯基认为阅读是智力和思维发展的源泉，广泛大量的课外阅读可使学生获得知识底子、智力基础，乃至情感和审美基础。学生语文能力的提高实际上不是教师教出来的，而是在教师指导下，靠学生课外自学、自修而成。作为语文教师的我们，应该把握语文课程的工具性和人文性，应该借助课外阅读的开展和指导，提高学生的品德修养和审美情趣，积淀学生的人文底蕴，促进学生的全面发展。

参考文献

[1] 李玉霞. 探究培养小学生课外阅读兴趣的方法［J］. 天津教育，2021（3）：185-186.
[2] 杨荣. 提高农村小学生的课外阅读兴趣之我见［J］. 新课程，2020（43）：182.
[3] 赵成军. 浅淡如何培养小学语文高年级课外阅读兴趣［J］. 考试周刊，2020（22）：31-32.

（湘乡市毛田镇芬水中学）

如何给孩子们讲好先锋榜样故事

张 菁

摘 要：党的十八大以来，习近平总书记在不同的场合、不同的时间节点，对少年儿童的成长、成才提出了希望和要求，多次点赞先进典型和模范，号召大家学习先锋榜样。本文从为什么要给孩子们讲先锋榜样故事、怎样讲先锋榜样故事两个方面进行阐述。

关键词：讲故事；先锋榜样

一、为什么要讲先锋榜样故事

（一）党和国家对少年儿童的期望

党和国家对少年儿童的成长寄予深切的期望，习近平总书记多次在公开场合发表寄语、贺信，勉励少年儿童立志向、有梦想，爱学习、爱劳动、爱祖国，德智体美劳全面发展，长大后做对祖国建设有用的人才。如在2014年“六一”，习近平指出，要让社会主义核心价值观种子在少年儿童心中生根发芽，寄语全国少年儿童“记住要求、心有榜样、从小做起、接受帮助”[1]。他给陕西照金北梁红军小学学生回信时写道，希望你们多了解中国革命、建设、改革的历史知识，多向英雄模范人物学习，热爱党、热爱祖国、热爱人民，用实际行动把红色基因一代代传下去[2]。2019年，在中国少年先锋队建队70周年之际，习近平总书记发来贺信，勉励孩子们“从小学先锋、长大做先锋，努力成长为能够担当民族复兴大任的时代新人”[3]。2021年5月30日，习近平总书记在给江苏省淮安市新安小学少先队员的回信中提出新要求：“希望你们结合自身成长实际学好党史，以英雄模范人物为榜样，从小坚定听党话、跟党走的决心……”[4]

（二）少先队组织建设的要求

《中国少年先锋队章程》是少先队组织的章程，每个少先队员都需要遵守。我们的队名是中国少年先锋队，党以“先锋”为少先队命名，是希望少先队员们从小学习先锋榜样，长大能成为时代的先锋。我们队的目的：从小学先锋、长大做先锋。我们的队歌：“我们是共产主义接班人，继承革命先辈的光荣传统，爱祖国，爱人民……”由此可见，少先队组织要求少先队员在队组织中，学榜样、做榜样，长大后成为社会主义现代化建设的合格人才。

（三）少年儿童自身发展的需要

拔节孕穗期的少年儿童是我们的服务对象，这个阶段的学生正处在道德品质和价值观形成的关键时期，他们的心理需求趋向多元化，树立什么样的先锋榜样是师者需要思考的问题，时代化的、向上向善的榜样更能激发学生的需求。“凡心所向，素履以往。”先锋榜样的故事，可以激发起青少年的内在动力，引起情感上的共鸣，获得心理认同，潜移默化中内化为自己的精神品质，树立人生理想，扣好人生第一粒扣子。

二、怎样讲先锋榜样故事

（一）确定人物

要讲好先锋榜样故事，少先队辅导员首先需要明确讲哪些先锋榜样的故事、讲什么更有意义。可以从习近平总书记的一系列重要讲话与文章中选取他赞扬过、人们耳熟能详的先锋榜样，并将其分为“时代楷模”“人民公仆”“革命烈士”“抗日英雄”“历史名人”“国际友人”等不同类别；可以从中国共产党人的精神谱系中寻找具有代表性的先锋榜样，比如，红岩精神的代表人物江姐、艰苦创业精神的代表人物王进喜、改革开放精神的代表人物“铁榔头”郎平、新时代伟大奋斗精神的代表人物钟南山等；可以讲队员们身边的榜样，比如教师中的优秀共产党员、家长中的先进模范等。

（二）广收素材

在确定讲哪些先锋榜样的故事后，少先队辅导员应广泛搜集素材，从中选取人物最能打动人的事迹，提炼、构思最能体现先锋榜样精神的宣讲内容，在挖掘先锋榜样人物事迹时，要尽量结合少先队文化的内涵。

如笔者曾在《中国辅导员》上刊登了一篇国旗下讲话《稻花香里忆起您——袁隆平》，在袁爷爷的众多故事里，选取了三个比较典型的故事来向孩子们讲述。第一个故事是“袁二毛”（袁隆平爷爷乳名）从小立志学农，结合了第七次少代会习近平总书记对少年儿童的寄语，“从小学习做人，从小学习立志，从小学习创造”进行挖掘，引导学生思考袁爷爷是如何从小学习励志并为之奋斗终身的；第二个故事选取了袁隆平经过多次实验获得成功的科学精神以及在对世界人民吃饱饭的粮食问题上给出了我们中国人的答案的素材，结合了少先队的队礼精神——人民利益高于一切来进行讲述，结合了少先队文化内涵；第三个故事是关于袁隆平爷爷的两个梦想——禾下乘凉梦和杂交水稻覆盖了全球，以此来激发队员们的责任担当。

（三）语言童趣

少先队辅导员讲好先锋榜样故事，还要注重儿童化语言的运用，针对不同年龄段的队员，巧妙地运用适合他们年龄阶段的语言，让他们觉得内容“有意思”。既要避免由于过低预估队员们的知识体系和接受能力，而出现语言低幼化倾向，又要避免口号式的语言所产生的空洞说教的效果。

（四）规划讲稿

讲故事还要有一定的技巧，如体现在宣讲稿的统筹规划上，老师需要细致地考虑到对宣讲时间的要求和把控，细致地把控每一分钟讲的字数；细致地构架前后故事关系的逻辑性；细致安排宣讲中音乐、课件及情绪的应用，这样讲述者才能和文稿合二为一。

先锋是看得见的标杆，榜样是触得到的力量。寻找一个先锋榜样人物的故事不是一件难事，但把这个故事讲得有血有肉就不容易，尤其还要能引发听者的共鸣和思考，并能导之以行，那就更不容易了。宣讲是一门艺术，成就一个好的故事，真的需要用绣花的功夫，用心用情去琢磨、去提炼，用智用才去打磨，要用少先队员听得懂、记得住的方式讲好先锋榜样故事，让先锋榜样精神照耀童心，引导他们努力成长为社会主义事业的合格建设者和可靠接班人[6]。

参考文献

［1］习近平：让社会主义核心价值观种子在少年儿童心中生根发芽［N］. 人民日报，2014-05-31（01）.

［2］习近平：用实际行动把红色基因一代代传下去　做对国家对人民对社会有用的人［N］. 人民日报，2018-06-01（01）.

［3］习近平致信祝贺少先队建队70周年强调　从小学先锋长大做先锋　努力成长为能够担当民族复兴大任的时代新人［N］. 人民日报，2019-10-14（01）.

［4］习近平给江苏省淮安市新安小学少先队员的回信［N］. 文艺报，2021-06-02（01）.

［5］努力做共产主义事业接班人［N］. 中国青年报，2020-07-27（03）.

（湖南大学子弟小学）

浅谈微课在小学道德与法治课堂教学中的有效运用

——以《可爱的动物》为例

马阿妮

摘　要：基于一年级学生学情及我校道德与法治课堂教学的现状，在以往教育信息化实践的基础上，根据省级“利用微课，促进农村小学课堂教学有效性的实践研究”课题研究的理论指引，本文以《可爱的动物》为例，从整体设计说明、微课设计、课堂核心活动、反思与设想，浅谈微课在小学道德与法治课堂教学中的有效运用策略。

关键词：微课；道德与法治；课堂教学

一、整体设计说明

1. 课题及学情分析

本课是以教科版道德与法治（一年级下册）主题单元《亲亲大自然》为蓝本，以激发学生爱护动物的感情为依托，结合学校实际开发设计的一堂课。

人与自然和谐相处，对维护生物多样性和生态平衡，推进生态文明建设有重要的意义。但是近年来，一些虐杀、偷猎、食用野生动物的新闻频频见诸报端，刺痛了人们的眼睛。从一年级开始加强保护小动物的教育，让学生了解爱动物的基本方法，是我们每一位老师不可推卸的责任。

为此，我们开发了这个内容，通过跳一跳、猜一猜、说一说、学一学等倡导体验探究的学习活动，让他们从课前调查、小组讨论、指名汇报等活动形式中，有所感悟和收获，激发他们爱护动物的情感。

2. 教学目标及重难点

我们学校位于城市中心，招收的学生主要在城市生活，认识动物的平台以动物园为主。依据课程标准和遵循学生身心发展的规律，学校根据本校学生的学情特制定以下教学目标：让学生认识一些常见的动物，并了解爱护这些动物的基本方法；让学生初步了解动物园的游园规则，激发学生爱护动物的情感。其中，以知道常见动物的基本特征，初步了解爱护常见动物的方法为教学重点；以自觉遵守动物园的游园规则，激发学生爱护动物的情感为教学难点。

3. 适用微课的理由

小学一年级是孩子学习与成长的转折期，根据皮亚杰的认知发展阶段理论，儿童在 3~7 岁是前运算阶段，主要依靠表象、具体形象进行思维。在此阶段适当地运用微课教学，符合小学一年级学生身心发展的特点。

一年级学生对常见小动物的特征已经有了一定的了解，对不常见的小动物充满了好奇，对于认识动物充满了强烈的探索欲。但是课堂的时间是有限的，不可能在课堂上面面俱到，如何在有效的时间里达到更好的学习效果？我围绕这一内容设计了一个时长 2 分 30 秒的微课，帮助解决这一教学难点，为后续学习打下基础。

4. 整体设计思路

本节课主要包括四个主要环节。第一个环节是跳一跳，通过唱跳儿歌《数鸭子》导入课题，激发学生兴趣。第二个环节是猜一猜，从听动物声音、猜动物图片、动物模仿，让孩子了解动物的基本特征。第三个环节是说一说，根据自家饲养小动物的课前调查，组内讨论交流，然后指名分享，让孩子们知道爱护动物的基本方法。第四个环节是学一学，通过微课学习，了解动物园的游园规则，激发孩子们爱护动物的情感。

二、微课设计脚本

小朋友们，你们去过动物园吗？动物可是我们人类的好朋友呢！那去动物园游玩时，我们应该注意些什么呢？

（1）要有大人的陪同。如果你还是一个小朋友的话，那么去动物园一定要有大人的陪同，不要以为自己已经是小大人就独自去，那样很不安全。

（2）不要靠近动物。动物都有自己的隔离区域，不能翻越栅栏，不要脸贴、手扶隔离网，要和隔离网保持距离，以免被动物抓伤、咬伤。

（3）不可随便给动物喂食。到了动物园之后，有的人喜欢拿着自己的食物分享给小动物们吃，其实这种做法是十分错误的，因为很多动物在动物园里已经由专门的饲养员给喂饱了，如果再喂的话，会适得其反，很可能会伤到自己，也影响动物的健康。

（4）参观凶猛动物不能离开安全区域。参观野生动物园一定要按规定坐在车内观看，不要将头、手伸出车窗，更不可下车。

（5）在游玩时遇到危险可拨打“110”报警电话，如突然身体不舒服，可拨打“120”急救电话。

小朋友们，这些规则你知道了吗？遵守这些规则，你才能开开心心、安安全全地参观动物园！好了，亲爱的小朋友们，今天的微课堂就学到这儿了，咱们下次再见。

三、课堂核心活动

跳一跳环节激发了孩子们认识动物的兴趣，猜一猜环节帮助孩子们初步认识了动物，说一说环节让孩子们了解了保护动物的基本方法，这三个环节层层递进，孩子们保护动物的情感被充分激发出来，他们跃跃欲试，想要和动物们来一次亲密的接触，同时运用他们学到的知识保护它们。为了尊重孩子们的学习规律，满足孩子们保护动物的愿望，在课堂的尾声，我制定了微课，并组织学生观看，这既让孩子们实现了保护动物的愿望，进一步激发了他们保护动物的感情，又让孩子们了解了游园的规则，规范化了他们保护动物的方法。

师：小朋友们，除了家里饲养的小动物外，你还在哪里见到过这些动物呢？

生：动物园。

师：是的，在动物园游玩时，可以见到很多不常见的动物呢。那么在动物园游玩时，我们还应该注意些什么呢？下面请小朋友们看一个微课，了解一些动物园的游玩规则。

（1）微课堂学习。（2分30秒）

（2）师：小朋友们，通过刚才的学习，你知道了些什么？（1分30秒）

（3）小检测。（4分钟）

师：哇，小朋友们通过刚才的微课堂学习，了解了这么多的游园规则，真棒！掌声送给自己。那，老师想考考你，行吗？

首先，请看活动规则。

【课件出示】

请你来判断：仔细观察下面的图片，这些小朋友的做法对吗？

师：每个小朋友的课桌里都有这样的圆片，左手拿上红色，右手拿上绿色。（学生按要求手持圆片）如果你觉得小朋友的做法对，请高举绿色圆片，大声说“对”，如果你觉得小朋友的做法错，请高举红色圆片，大声说“错”。明白了吗？

情景一：小女孩喂食长颈鹿——不对。

情景二：小男孩站在围栏边看猴子——对。

情景三：小女孩把手伸进栏杆喂树袋熊——不对。

情景四：近距离喂食老虎——不对。

情景五：乱扔垃圾——不对。

情境六：在大人的陪同下游动物园——对。

情境七：虐待小狗——不对。

教师小结：小朋友们，以后在动物园，可要遵守这些规则哦，这样才能安安全全地游玩。

四、反思与设想

（一）改变了教学模式的单一性

一年级的学生对于崭新的学习环境充满了好奇，对课堂关注度很高。但是由于他们缺乏自我管理的能力，对于课堂关注的时间较短。以微课为载体，翻转了传统课堂上老师一讲到底的教学模式，营造了学生自主学习的环境，这样的教学方式更符合一年级学生的学情，在课堂上仿佛有一股无穷的魔力，让孩子们以新奇为起点，在自主体验中完成课堂教学，这样更能调动学生学习的积极性。

另外，微课有效地将课堂延伸到课外，将理论密切联系实际，将静态的教材资源动态化，将道法课从抽象转化为形象，将呆板化为生动，将学习紧密连接生活，有效地解决了传统道法课教学模式单一性的不足。

（二）提升了课堂效率

一年级学生对大量的知识性的讲授内容的接受能力是有限的。利用微课这种新颖直观的呈现方式，利用孩子们熟悉的场景进行情境建设，能让孩子们迅速掌握基本的动物园游园规则。

相对于传统教学，微课不仅短小精悍，还做好了知识的切割，带有知识点标签。同时，它短小的特征使学习者更容易保持注意力，因此也适于许多面临外部干扰因素的学习者进行碎片化的学习。

（三）利用微课亲近生活，提升学生创新能力

一年级的学生对于自己熟悉的知识有天然的亲切感。小学道德与法治课作为与生活联系紧密的一门生活实践类课程，在进行微课教学时贴近现实，走进生活，走入小学生的世界，以小学生的视角切入，更能够引起学生的自我认同感，更容易带动小学生的自我思考模式，将其带入并运用到平时的行为活动中，最终达到良好品德和法治观念的渗透。

微课在小学道德与法治课中的运用，是在充分尊重学生身心发展规律的条件下，努力通过生活中的新鲜事例来激发小学生对于道德与法治课的学习兴趣，不断提升教师自身创新能力的一次有力探索。

（常德市武陵区北正街小学）

雨湖区小学道德与法治学科教学质量提升的调研分析与对策

彭育红

摘　要：近年来，从国家与政府的层面上，道德与法治学科被提到了前所未有的高度，因此，如何提高小学道德与法治学科的教育教学质量，成为我们一线教学与教研人员的重要课题。本文基于湘潭市雨湖区小学的实际情况，探讨提升道德与法治学科教学质量的对策。

关键词：小学道德与法治；教学质量提升；调研分析；对策

2014年11月，党的十八届四中全会提出，把法治教育纳入国民教育体系。2016年，教育部将义务教育阶段的“品德与生活”“品德与社会”“思想品德”统一更名为“道德与法治”。

2019年3月18日，习近平总书记主持召开全国思想政治理论课教师座谈会，在会上强调：在大中小学循序渐进、螺旋上升地开设思想政治理论课非常必要；我们办中国特色社会主义教育，就是要理直气壮开好思政课；思想政治理论课是落实立德树人根本任务的关键课程。紧接着，2020年12月18日，中共中央宣传部、教育部颁布了《新时代学校思想政治理论课改革创新实施方案》。

近年来，从国家与政府的层面上，道德与法治学科被提到了前所未有的高度，因此，学科教学质量也引起了各地区各小学的高度重视，如何提高小学道德与法治学科的教育教学质量，成为我们一线教学与教研人员的重要课题。下面基于笔者在湘潭市雨湖区的实地调研情况，来谈谈本人的一些的认识与思考。

一、学科教学现状调研

（一）近几年的师资状况

雨湖区共有小学52所（含教学点和九年一贯制），2021年中小学生人数24568人。根据2018—2021年连续四年的区域学科调研统计，小学思政课教师师资情况如表1所示。

表1　雨湖区2018—2021年小学思政教师师资情况

时间	专任教师	书记、校长专任思政课	兼任教师	兼任学科
2018年	30人	11人	473人	98%为班主任、语文、数学、信息技术学科
2019年	34人	13人	475人	
2020年	32人	12人	502人	
2021年	31人	14人	456人	

专任教师平均年龄为46至50岁，兼任教师年龄结构为老中青均有。

（二）教师、学生及家长对于学科的认识状况

受应试教育的影响，小学道德与法治学科暂未列入考试范畴，在一些学校、老师的思想认识中，道德与法治学科仍然是一门副科，因此，一部分教师和家长并不重视道德与法治这门学科的价值。

（三）课程开设及教学落实状况

1. 课程开设情况

雨湖区各学校在课表上都认真落实了国家规定开设的课时量：低年级每周2至3节，中高年级每

周 2 节。

课堂教学实效性落实情况不容乐观。调研中发现，我区的道德与法治学科专任教师严重不足，兼职教师的道德与法治学科教学有效性堪忧。

调研发现：学生期待上道德与法治课，但老师却反映没时间和精力充分准备，40 分钟的课堂很难熬，有相当一部分小学道德与法治课堂变成了“短课”加阅读、作业、自由活动等。

2. 课程教学落实情况

（1）学科管理存在偏差。目前雨湖区大部分学校教师编制紧张，加上教师流动性较大，学校存在工作安排方面的实际困难，思政课主要由语文老师或班主任兼上，导致课堂被占用；有的学校由主管德育的校长或副校长兼任，而他们的行政工作时间具有不确定性，导致他们负责的课经常由其他老师代上，这样的安排使道德与法治课程的实施处在不正常的轨道中，在课程教学的衔接上存在很大的问题，这也给学科的建设、教师队伍的培养造成了一定的困难。鉴于此，道德与法治学科教学势必无法良好地开展，不能发挥出其自身深层次的价值，直接造成了道德与法治课教学质量的滞后性。

（2）教学效果不均衡。笔者通过教学视导、问卷调查等方式，了解到在雨湖区深度课改理念的引导下，合作探究的学习方式在城区学校某些学科可能已初显成效，但小学思政学科还需进一步加强创新指导，还没有得到真正意义上的有效实施，发挥学生学习主动性效果不明显，还没有做到通过合作探究的方式让学生的深度学习真正发生；部分农村学校老师还存在以传统方式讲授、照本宣科的情况。以上这些状况都可以折射出小学思政课教学存在城市农村不均衡、校校之间差异大、师师之间不均衡等问题。

（3）质量评价乏力。道德与法治学科，学生学业质量的检测不适合笔试，也不太适合过于量化的评价指标，因而，在现行评价体系还没完善的情况下，学科评价呈现出走过场、可有可无的现状。

（4）学科资源需求大。笔者通过对“任课教师希望得到哪些指导和帮助”的问卷调查中了解到，大部分老师希望多获得本学科操作性强、便捷的教学资源，如优质课视频、教师用书、教学设计、微课资源、教学课件，在一线教学的老师们希望有与教材配套的成套资源以供使用，解决本学科大面积兼任老师精力有限、专业不精的普遍性矛盾。

二、学科发展现有优势

（一）学科价值越来越受到重视

道德与法治学科的更名与统编教材的改版应用等一系列国家层面的高度重视，使得这个学科越来越受到实质性的关注，各级教育行政主管部门也致力于这个学科教学质量提升工作的改革创新、研究与探索。雨湖区教育局、雨湖区教研培训中心也在这方面做了大量的工作。

（1）高度重视此学科的教研及师资培训。如雨湖区自 2017 年以来的省级教师工作坊，以及 2018—2021 年三轮雨湖区教师全员工作坊之小学道德与法治学科坊研修，取得了很好的效果。

（2）以区域深度课改工作的推动促进了本学科的课堂教学深度改革。

（3）高度重视本学科校本教研工作的推动，尤其重视学科教研组的建设。

（二）学科团队专业实力较强

组建于 2017 年的雨湖区德育名师工作室，共有 10 名工作人员和 5 名志愿加入的一线学科骨干，在区教研员的带领下，兢兢业业致力于道德与法治学科的教学教研，团队成员除提升了自身学科素养，还充分发挥了骨干教师的辐射所用，大力推动了雨湖区道德与法治学科的有效教学，是雨湖区小学道德与法治学科教学质量提升的有力践行者。

2021 年，新一轮雨湖区中小学思政名师工作室的成立，又给这个学科的发展注入了新的动力与活力。

三、存在的问题及发展瓶颈

（一）专任教师严重不足

雨湖区小学道德与法治学科专任教师的配置、学科教学质量的落实、学科价值的发挥不平衡，特别是在农村学校，此学科的教学工作是由语数教师兼任，甚至语文老师还兼任班主任或几个学科的教学工作，教师精力有限，严重影响本学科教学的有效性，甚至在少数学校，道德与法治学科教学不得不变为“任务式”教学。

（二）教师学科素养不专业

道德与法治学科对于教师的专业性要求很高，尤其是政治素养及法治知识储备方面。道德与法治教学出现了授课形式固化、课程开放性不够、吸引力不强的问题。除学科骨干教师外，其余学科教师，特别是兼任教师，对于本学科的钻研不够，对于课程标准研究不透彻，对于教材挖掘不深入，部分内容无从下手，不知道怎么教，课堂教学中仍沿用原有的方式，思想、视野固守成规，甚至部分语文老师没有把道德与法治课与语文课教学区分开来，对学科性质把握不到位。

在学科调研中，我们发现，雨湖区道德与法治学科任教教师基本没有法律专业的，所以，老师们对于法治教育的知识储备严重不足，对于与儿童相关的国家法律法规甚少了解或是一知半解，这一缺陷也自然严重影响了学科的教学质量。

（三）对课程认识不到位

调研发现，部分任课教师对于本课程存在认识上的偏差，认为该学科是副科，因此上课随意性比较强，致使课堂没有亲和力、吸引力，教学实效性得不到提高。

部分中高年级学生对于本学科学习的认识也不到位，有的甚至不带教材上课，有的想利用道德与法治课放松一下学生紧张的神经，有的是利用本课堂消化其余学科的任务，因此，不能发挥学生的学习主动性，会出现一些令人担忧的现象：道德与法治课堂教学中，教师常为纪律发愁，学生不参与配合，教师常常演独角戏，直接影响了教学的针对性和有效性。

从家长层面看，社会和家庭对于本学科的认识也较肤浅，因而做不到很好地配合学校、老师协同育人。相当一部分家长对于本学科的重要性还没有认识，还是停留在高度关注语文、数学、外语等考试科目上，对于这门学科知之甚少，有时甚至造成学校和家庭在道德认识的教育上出现“两张皮”的情况，这也会直接影响到学科教学的效果。

四、雨湖区思政课改革创新思路与对策

基于连续五年的追踪学科调研数据分析和问题反思，雨湖区政府重点关注，雨湖区教育局精准施策，雨湖区教研培训中心精心指导，教研员和各学校积极落实，创新思路，聚焦于以下几个着力点，有针对性地推进思政学科质量提升工作，学科价值得到了较为明显的重视与发挥。

雨湖区开展此项工作的主体思路如下。

（1）政府重点关注，主管部门精准施策。

（2）以党建领航，校长书记带头上思政课。

（3）以工作坊研修引领区域学科发展新格局。

（4）以“精准送教送研”系列活动推进学科校本教研。

（5）以名师工作室平台带动学科教师专业成长。

（6）以学科原创资源库建设为思政课教师“减负”。

据此，雨湖区开展思政课改革工作的具体对策如下。

（一）加强责任落实，改进激励保障机制

1. 落实教育主管部门责任

教育主管部门把道德与法治课程建设摆上重要议程，抓住制约思政课建设的突出问题，在工作格

局、师资队伍、支持保障等方面采取有效措施。如着力配齐建强思政课专职教师队伍，建设专任为主、专兼结合、数量充足、素质优良的思政课教师队伍；鼓励学校支部书记、校长上思政课；开展书记、校长的课堂教学竞赛；将思政课教学纳入绩效考核评价；等等。

2. **落实学校责任**

各学校高度重视思政学科，坚持把从严管理和科学治理结合起来，学校支部书记、校长带头走进课堂，带头推动思政课建设，带头直接指导思政课教学；完善课程体系，解决好各类课程和思政课相互配合的问题。落实常规管理，切实开足开齐课程，严禁出现挤课占课现象，在教学评估中对于思政课的上课、教学质量做一个科学的评价，并在日常管理中予以落细落实，真正意义上让道德与法治课堂变成学生喜爱的课堂。

3. **落实教师责任**

多途径引导教师认识到本学科的重要性，弄明白“为什么要教、教什么、怎样教”的问题。坚决做到按课表上课、按课标上课、依党的教育方针育人。学校对教师课堂教学要有严格的监督，有科学的评价，通过教学巡察、专题视导、学生座谈等方式了解老师教学状况。

（二）聚焦课程改革，优化教学效果

1. **聚焦课题研究**

高度重视和鼓励各学校和一线教师开展学科课题研究，立足实际问题的研究与解决，注重课题立项的针对性、课题管理的规范性、课题研究的实效性，按照“立足教学抓科研，抓好科研促教学”的工作思路，切实加强科研投入，努力改善科研环境，加大奖励力度。如针对大部分教师的需求，通过课题的研究，建立优质的教学资源库，制作、整理优质的教学课件、教学设计、教学案例、微课、说课等等。把这些优质资源提供给一线老师，这样他们就不需要再花大量的时间去制作教学课件、花大量的时间去找教学设计等，能最大限度地节省老师们课前准备的时间，同时也能够起到指方向、明方法的作用，让一线老师明白教什么、怎么教的问题。

2. **聚焦课堂改革**

在雨湖区“为未来而学”深度课改的大背景下，着力于课堂教学改革，真正着眼于学生的未来。

首先，要开拓课堂教学视野，不再将思政课教学局限于一室、一书中，而要有大思政课程视野，真正去挖掘课程中与学生密切相关的素材，真正做到“生活处处是课堂”。

例如，在不拘泥于教材、挖掘生活素材方面，我们可以创新思政课堂形式，拓宽孩子的视野，带孩子们去室外进行探究，引导孩子们去社区做志愿服务，鼓励孩子们关心国家大事，培养孩子们的家国情怀。让孩子们明白，道德与法治的课堂不在教室，而在广阔天地间，让孩子们在社会生活中得到思想的成长。

其次，要创新课堂模式。除传统的讲授方式外，应该有自主学习、小组合作探究、活动化体验、走进大自然研学等不一样的思政课组织形式，多种模式、方法合理，不拘泥于某种固定模式，不墨守成规。

3. **聚焦评价体系**

新课程标准评价体系的建立对于发挥学生主体的独立性、主动性、积极性和创造性有着重要的作用。学科评价策略及标准要科学定位，具体可行，学生的考试成绩可作为评价依据，学生平时的表现也可作为评价标准，两者相结合，以适当的比例科学分配，是我们目前的基本构想。要实现此构想，明确目标和构建体系都是尤为重要的。

评价体系中，除了对于学生的评价外，还应该科学量化教师的教学，设立对于教师教学的评价维度，对于教师来说，既是督促也是鼓励。雨湖区教研部门对学科评价体系的建构已有深入的思考并正在实施当中，但针对区域实际情况的学科评价标准体系还应加快研究与完善。

（三）加强队伍建设，提升核心素养

1. **壮大队伍**

教育主管部门和各个学校都尽量考虑道德与法治学科教师的专任、专业化，以点带面，不断壮大

思政课教师队伍，特别是农村学校，应尽力适当配备专职教师、培养骨干教师。

2. **优化结构**

一是要优化年龄结构。在教师选拔、培养方面，充分考虑年龄结构。目前我区的学科骨干教师年龄多集中在50岁左右，逐年有针对性地招聘学科专业性强的人才，同时帮助年轻教师迅速成长，让雨湖区的道德与法治教师队伍年龄结构优化，呈现梯队式发展。

二是要调整专、兼任教师的比例。逐步让兼任教师向专任教师靠近，每年有计划地吸引一部分兼任教师转化为专任教师；学校队伍建设方面要有整体的规划，要明确培养目标，稳定兼任教师队伍，尽量减小流动。

3. **提升素质**

（1）高质量培训

要高质量、多形式地对老师进行新教材、新理念的培训，加强对课程的理解、课堂的把握。特别是对于教材中的法治主题内容的教学，要结合教材，聚焦难点与痛点，组织专业人员进行专题培训。

（2）示范引领

一是要创造机会、投入经费培养一批思想素养过硬、教学能力很强的学科骨干；二是要组织他们上观摩课、示范课、研讨课，探讨课堂，充分发挥他们的示范引领辐射作用；三是要鼓励城区学科骨干教师去农村学校支教；四是竞赛激励，通过各种现场课比赛、学科教师素养大赛、学科信息技术融合大赛等多形式的竞赛活动，提升老师的专业素养。

（四）推行家校协同，构建“大思政”格局

落实大德育理念，推行家长课堂。学校对学生家长进行培训，推行家长课堂，要通过多种方式让家长明白道德与法治教育的重要性，并对学校教学予以支持；可以进行定期培训，向家长宣传学科大环境、学科背景、学科价值及意义等；可以开展“法治知识大比拼”的亲子竞赛活动，让家长了解这门课程跟我们的生活息息相关；可以开展法治宣传日主题活动，让家长理解法治知识；也可以邀请家长进课堂，改变家长对于这门课程的偏见，从而达成家校协同教育，落实“小课堂，大思政”的大德育理念。

习近平总书记在全国教育大会上发表的重要讲话中提出的“九个坚持”，深刻回答了“培养什么人、怎样培养人、为谁培养人”这一根本问题。我们办中国特色社会主义教育，就是要理直气壮开好思政课；思政课的作用不可替代，在各地中小学，道德与法治学科是一门落实立德树人根本任务的关键课程。道德与法治学科教学质量的提升也必须高度重视。

基于湘潭市雨湖区小学道德与法治学科的教育教学现状，我认为：严格遵循国家课程标准、落实立德树人根本任务；以学生核心素养发展为导向，坚持习总书记提出的“八个统一”，基于部编版教材创新教学的前提下，认真解决道德与法治学科教育教学中存在的思想认识问题、课程建设问题以及师资培训问题是小学道德与法治学科教育教学质量提升的努力方向。

（湘潭市雨湖区教育研究培训中心）

教育戏剧与小学英语写作教学的有效融合之我见

陈丽利

摘　要：在小学英语教学中，写作教学至关重要，关系着小学英语书面表达能力的形成与发展。笔者发现学生在英语写作中存在着这样的问题：（1）学生对英语写作不感兴趣。（2）学生惧怕英语写作。（3）学生在写作中缺乏真实情感的表达。基于这样的问题，笔者尝试将教育戏剧融入小学英语写作教学，激发学生的写作兴趣，引导学生学会表达自己的真实情感。教育戏剧在基础教育中可以作为创意教育方法，渗透进英语课程，有效提升学生的综合语言运用能力。本文中，笔者将结合课堂实践与大家分享如何将教育戏剧与小学英语写作教学有效融合。

关键词：教育戏剧；小学英语写作；有效融合

教育戏剧指利用戏剧方式引导学生参与角色表演，展现戏剧内容，由此促使学生自主领略知识意义的教学方法。该教学方法包含丰富的生生对话、师生交流，可促使学生进入创造性思维状态。在教育戏剧课堂中，听与说的练习不断进行，学生以不同情绪、不同语调、不同情境创造并尝试应用语言，从而理解语言表达的情感，体会语言的内涵，获得写作的愉悦感。因此，笔者认为，将教育戏剧与小学英语写作有效融合，能够创设良好的写作环境，唤起学生的写作兴趣。下面，笔者将以湘少版英语教材为例，分析具体融合路径与方法。

一、巧编图文日记，激发写作兴趣

英语日记是小学英语写作的一种形式，但是因为学生的语言能力不足，很难进行自我表达。在平时教学中也存在着这样一种现象，老师无法激发学生的写作兴趣。

六年级上册“Unit11 Part E：Let's write a diary”是常见的日记模式，难以激发学生的写作兴趣，于是，教师引入绘本 *Diary of a Worm*。这是一本有趣的图文日记，记录和表达了小蚯蚓的观察与思考，其语言幽默诙谐，能得到孩子们的认同。学习了几篇“蚯蚓日记”后，教师引导学生观察日记的特点。学生纷纷表达出自己的想法：The pictures are very interesting；It's about their daily life；About their different feelings. 于是，教师开始引导学生进行创作。

首先，教师和学生玩了一个戏剧游戏——“节奏步行”。教师用手鼓拍打节奏，学生们随着节奏在座位旁随意行走，接着，教师给出停止的手势，并给出指令“be happy”，学生呈现高兴的样子，并保持静态，教师随即轻拍某学生肩膀，并说“Why are you happy?”学生说“I played game”。这样的游戏，让学生的情绪一下子飞扬起来，并激活已学的语言表达。为了进一步启动学生的想象力，教师即兴饰演了一只小鸟并说：“Today I was so happy. I went to the beach. I had a picnic with my friends.”接着，教师请大家两人一组练习，想象自己是一个有趣的动画形象，用简单的句子描述自己的心情。为了进一步打开大家的写作思路，教师引导学生整合节日话题的句子进行日记的创作。比如，在中秋节，我们可以想象自己是玉兔、月亮、嫦娥，用不同的人物身份来大胆地想象，进行创作。学生大胆地设想自己是仓鼠、病毒、糖果、面包、狐狸等。有一个学生的作品特别有意思，她设想自己是一只仓鼠：“I'm a clever hamster. I had a big problem today. My teacher asked me something about Christmas. On Saturday，I had an idea. I can ask my mum. I was very happy. I asked my mum：What is Christmas? Mom said：Christmas is a traditional festival of western countries.”

教师巧用戏剧活动，一步步激发学生的想象力，铺陈故事情绪，让学生为日记创作做好心理准备，接着，教师巧妙地借助节日话题，帮助学生弥补语言能力的不足。图文日记的创作，激发了学生的写作兴趣，提高了他们的语言综合运用能力、想象力与创造力。

二、巧设写作情境，激发写作灵感

在小学英语写作中，教师往往以命题形式让学生完成写作，但这种形式脱离了学生的实际生活，再加上没有创设适当的写作情境，缺乏写作过程的有效指导，学生的写作思维难以展开。而创设写作情境是提升英语写作能力的极佳途径，教师应从英语写作教学的实际出发，有创意地设计具体的场合、景象或境地，让学生置身其中观察思考或想象，引起学生的情感体验共鸣，进行英语写作训练。英语写作教学的核心是写作情境的创设，因此，突出情境是英语写作教学的特征。“情”是教师与学生的情感、兴趣、特长、志向、态度、价值观等；“境”是具体的、个别的、活生生的事物和形象，是可以看到、听到、触摸到的，或是多种感官同时感受到的。笔者现以湘少版教材六年级上 A 部分文本的课本剧改编为例，向大家阐述具体实施过程。

该单元 A 部分文本内容难懂且枯燥，学生很难有学习欲望，因此笔者尝试引导学生将其改编成有趣的课本剧，让学生在真实情感体验中，学习、理解并内化语言。学生的思维因长期被固化，难以开展课本剧的创作。为了激发写作灵感，教师出示太空博物馆的图片，引导学生回想或想象自己参观太空博物馆的经历。

教师：What can you see in the Space Museum？学生一：I can see the Star model. 学生二：I can see the Earth model. 学生三：I can see the Moon model.

接着，教师又出示地球在太空的影片，在课堂上为学生创设了电影的境景，引导学生学会观察地球在太空中的形态变化，感受地球的神秘。教师：What does our Earth look like？学生：It looks like a blue ball. It's amazing. 教师：What can you see on the earth？学生：I can see the yellow land. I can see the blue sea. I can see the stars，they are beautiful.

这样的情境创设，开阔了学生的视野；通过观察图片、视频，教师引导学生进行生动的联想，再加以师生交流，学生的写作灵感一下子被激发出来，创作出了以下有趣的对话。

Mum：Peter，our Earth looks so beautiful！Peter：Yes，it looks like a blue ball. Mum：Haha！Peter：I was interested in our Earth. Mum，can you tell me more？Mum：Maybe you can search for more with computer. Peter：That's a good idea.

教师创设的生动情境，激发了学生的写作兴趣，并通过生生交流、师生交流，唤起了他们的写作灵感。

三、巧用戏剧冲突，创编对话写作

对话作为英语学习的重要内容，在小学英语学习中显得尤为重要。创编英语对话，可以让学生学以致用，提升学生学习英语的综合能力。教师在训练小学生编写英语对话时，可以引导学生依托于教材中的文本故事情境，利用戏剧冲突，构建对话交际的语言环境，为编写对话做好准备。戏剧冲突是表现人与人之间矛盾关系和人的内心矛盾的特殊形式，它在矛盾冲突中体现人物个性，从而推动故事情节不断向前发展。戏剧冲突在作品中的表现方式是多样的，在故事中常见的有两种。第一种表现为某一人物与其他人物之间的冲突；第二种表现为人物自身的内心冲突。

湘少版教材五年级上“Unit 5：Can I have a pet”E 部分要求学生续写 D 部分文本故事，创编人物对话。笔者尝试利用戏剧活动，让学生在故事情境中感受到不同人物之间的强烈冲突，以及主人公的内心冲突，以此为突破口，打开学生创编对话的思路。

D 部分文本故事讲述的是主人公 Jane 买了一只宠物鹦鹉回家，而她妈妈非常不喜欢他，并且想要 Jane 将其送回宠物店。这个故事的冲突点有两个，第一是 Jane 与妈妈的冲突，是否要养宠物鹦鹉；第二是 Jane 自身的内心冲突，是否要将鹦鹉送回宠物店。笔者为了让学生感受到这两种戏剧冲突，巧用了多个戏剧范式。首先，通过戏剧范式“定格画面”，让学生通过肢体动作、表情搭建静态画面，这个画面要能够体现 Jane 与妈妈冲突的情感。学生的定格画面有：扮演妈妈生气的样子、扮演 Jane 伤心的样子以及扮演鹦鹉傲慢无礼的样子等。接着，教师用“思绪追踪”的戏剧活动，分析人物内心的想法。教师轻拍 Jane、妈妈、鹦鹉的扮演者的肩膀，并提出引导性问题，比如向“妈妈”提出疑问：“Are you angry? Why are you so angry?”台上的扮演者就能基于故事情境，给出真实对话。学生由此衍生出了很多有趣而真实的对话，鹦鹉的扮演者：“You are too ugly. I don't like you!”Jane's mother 的扮演者：“Jane, I don't like him. Take it back to the pet shop!”Jane 的扮演者：“No! Mum! I like him!”用教育戏剧范式，引导学生在拟真情境中表演并自发表达语言。接着，教师用教育戏剧范式“良心巷”，帮助 Jane 解决内心冲突，并完成续写。扮演 Jane 的同学站在中间，全班分为两列，一列赞成把鹦鹉送回宠物店，一列赞成把鹦鹉留在家里。于是，两列同学展开了激烈的辩论，他们的思维在碰撞中擦出了智慧的火花。学生们在课本的基础上延伸了更多的写作思路，丰富了对话写作的内容，还创新了有趣的语言。

Jane: My lovely parrot, follow me. “Mum, mum, you are beautiful. Beautiful!” Parrot: Mum, mum, you are beautiful. Beautiful! Jane: Mum, listen! Parrot: Mum, mum, you are beautiful. Beautiful! Jane: Mum, please keep him. Mum: Ok!

教师精心设计的戏剧活动，使学生感受到了人物之间的巧妙关系以及 Jane 内心丰富的想法，激发了他们的写作思路，为创编对话做好了充分的准备。学生的对话创作也不再局限于两个人的单一对话，而发展成了多人对话。这不仅发展了学生的对话写作能力，还提高了其语言综合运用能力。

四、趣编童话剧本，突破写作难点

在小学英语写作中，学生经常出现惧怕写作，或提笔无话可写，或在写作中出现大量的语法错误的现象，究其原因，是学生不善于运用语言表达，缺乏写作技巧以及写作兴趣。但是同时，小学生天性活泼好动，具有好奇心，教师在进行写作教学时挑选合理的教材作为模板，更能激发学生兴趣，让学生有话可写。

现以湘少版教材六年级上册“Unit 9: This bird is bigger than the first one”D 部分课文的童话剧创编为例，讲述笔者引导学生进行创作的过程。D 部分文本讲述的是 6 只形态各异的小鸟爱和同伴比较的故事。文本中的知识难点为比较级与最高级的运用，为了突破这一难点，教师引导学生先把文本改写成对话，从故事的讲述者变成故事的表演者。教师巧用了戏剧范式“Whoosh 剧场”。教师做故事的讲述者，每讲一句故事，学生便自愿上台即兴表演故事中的角色，直到听到“Whoosh”，学生才回到座位。这样的戏剧活动让更多的学生上台参与表演，在故事情境中，激活了他们的语言表达，学生们的语言更加丰富，更加有趣了。学生一：I was beautiful! 学生二：I was more beautiful than you! 学生三：I was the most beautiful bird in the forest。故事表演完后，教师引导学生思考从故事中学到了什么。有一个学生这样表达：“Baker's singing was louder, but smaller than Ben。”这就说明，每一个人都有自己的优势与弱势，要学会取长补短。通过这样的交流之后，教师就引导学生利用想象力创编属于自己的童话剧。想象是写作的基本方法，可以帮助学生开阔思路，虚构故事情节，丰富内容，更艺术地表达情感和主题。首先，教师要对剧中角色进行想象：（1）他们是动物、植物还是其他；（2）他们的名字是什么；（3）他们有什么突出特点适合使用比较级来描述；（4）他们生活的环境是什么样的。接着，教师帮助学生搭建写作框架。写作的时态可以仿照 D 部分文本，用过去时态描述故事。教师给出基本句型为“Once there were…cats/rabbits in the forest. They were…. I was…than you, but I was…than you. I was the…in the forest.”教师给出基本词汇，“taller, bigger, smaller, stronger, more beautiful, more clever…”。学生们选择了自己喜欢的事物进行创作，比如“three houses”“six cats”“six rulers”等。他们在创作中使用了丰富的词汇，使得写作更有趣味性了！比如，有一个学生创作了这样的一段对话。

Candy: Cake, you were too fat! I was more lovely than you.

Cake: I was fat, but I was more delicious than you!

仔细品味着孩子们的作品，笔者不禁感叹，他们的想象力太丰富了！

在整个童话剧的创编过程中，教师巧妙地利用想象力，基于文本的语言框架，帮助学生构建了有趣、生动的故事情节，并合理地使用比较级描述出了剧中不同人物的特点。学生从这次创作中，切身体会到了写作的愉悦感与成就感!

五、趣演故事角色，初创写作模式

在小学英语写作教学中，教师往往更重视语言训练，而忽略了写作背后语言的情感表达功能。英语卡片的制作，也属于一种创意写作。传统的卡片里的语言多是一些经常被使用过的书面表达语，无法传达出内心的真实情感。

现以湘少版六年级上“Unit 10：I don't feel well today” G部分慰问卡片制作为例，向大家讲述笔者是如何引导学生基于D部分文本故事情境来创作卡片的。

D部分故事讲述的是小恐龙Dino因为外出参加朋友生日派对而得了重感冒在家。Tim要他去医院，它却因为害怕吃药而拒绝去医院。在学生理解了故事大意之后，笔者巧用戏剧范式“教师入戏”，在角色扮演的过程中，与学生一起探讨应该如何去安慰生病在家的Dino。教师：Oh，I was sick. I felt tired. I can't go to school with my friends. I miss them. 学生饰演Tim：It's ok. You can rest in bed and take some medicine. You will be fine. 教师：I don't like medicine. No！No！No！学生：Dino，drink more hot water.（学生假装把药放到热水里）

教师饰演故事角色Dino，在故事中掌握剧情发展的可能性，为学生提供语言交流的机会。教师带有教学目的地参与演出，更好地激发了学生的学习兴趣，也使得语言的表达更加丰富了。表演完之后，教师这样引导学生：“If you are Dino's friend，what can you do? What can you say?”学生都纷纷交流了自己的想法。

学生一：Dino，I can play with you. Don't worry. You can drink more water.

学生二：Dino，I am your friend. I can sing for you. You can drink more hot milk. Don't drink cold water.

通过又一轮交流之后，学生已经有了自己的初步想法。接着，教师给出了写作框架。慰问卡的内容分为三个部分：第一部分为称呼，Dino；第二部分为安慰词，先描述自己知道Dino生病后的心情，“I felt sorry that you had a bad cold”，接着表明心意，希望能为Dino做些什么，“I can…”，然后建议Dino做什么，“You can…/You can't…”；第三部分为签名。学生们带着自己对Dino的心意，创作出了属于自己的独一无二的慰问卡。

教师巧妙地使用了戏剧范式“教师入戏”，帮助学生融入故事情境，体验故事角色的情感，并激发了其语言表达。为了让学生不惧怕写作，教师还为其搭建了语言框架。慰问卡的创作，极大地提升了学生的语言综合运用能力，使学生掌握了一种新的写作模式。

通过以上课堂实践案例，我们发现将教育戏剧融入小学英语写作教学，可以激发学生的写作兴趣，创新写作思维。在写作过程中，教师运用戏剧范式引导学生小组合作，本色演出，在表演中融通写作思路，通过肢体动作、声音、表情等表现，拓宽写作思路，聚焦个人体验，实现融会贯通，促进言语意识和言语能力的发展，进一步提升和完善学生的写作能力。同时，也激发了学生的创造力、想象力、思辨力，并帮助学生建立了积极的学习态度。因此，教师要巧妙利用教育戏剧活动，引导并组织英语写作教学，从文本出发，依据不同故事的特点，设计出适合学生能力水平的写作模式，促进其写作能力的发展。

参考文献

［1］林玫君. 儿童戏剧教育的理论与实务［M］. 上海：复旦大学出版社，2015.
［2］梁严军. 创设英语写作情境提高英语写作水平［J］. 中学生英语（教师版），2014（12）：4-5.
［3］陆怡. “教育戏剧”融入小学语文习作教学的有效策略［J］. 课外语文，2020（25）：128-129.

（长沙市岳麓区阳明小学）

基于外研社新标准教材的小学高年级英语作业分层设计的实践研究

侯少佳

摘　要：在目前的小学英语教学工作中，部分老师注重课堂的教学设计，而忽略了学生的作业设计这一个重要的环节。其实，学生作业设计可以进一步巩固课堂学习的知识。小学英语教师需要针对高年级的英语作业进行深入研究，将学生从被动学习的困境中拯救出来。培养学生的学习兴趣以及学习能力，结合分层的作业设计工作，可以提高学生的英语学习水平。本文主要结合外研社新标准教材内容，针对小学高年级英语作业分层设计进行实践讨论。

关键词：小学英语；英语作业；分层设计；实践

随着目前我们国家课程改革不断深入与发展，新的英语教学理念逐步深入教师的教学过程中。教师应结合学生的学习情况，注重学生的课外作业布置工作，从学生的角度进行教学、设计、思考，面向全体学生，注重学生的全面发展，注重素质教育工作。在英语作业的布置设计过程中，教师应通过分层设计这样的方式让每一位学生更好地掌握英语学习技巧以及能力。

一、小学高年级英语作业实施落实的综合意义

有效的英语作业设计是新课程改革的重要要求，英语教师基于学生对学习内容的记忆和理解，设计好英语作业，可以进一步提高学生的学习技能，改变学生的学习态度。教师研究英语作业设计的各个环节，结合新的作业设计模式，采用分层方式做好作业设计的细化工作，可以培养学生良好的学习习惯，促使其形成良好的学习方法。完成作业是语言学习非常重要的一个环节，因为在英语这门学科的学习过程中，需要养成良好的思维习惯，形成属于学生自己的知识体系，通过完成英语作业的方式来形成知识体系，提高自己的语言技能，对于学生来说有重要的实践意义。

在布置英语作业的时候，老师首先应该想一想，为什么要布置作业，布置作业的目的是什么。布置作业可以起到提升学生英语能力的重要作用，提高学生的语言学习效率，为下一阶段的学习做好准备，同时，也可以提高学生学习英语的积极性，让他们体会到学习的快乐，培养坚持不懈的精神以及支配时间的能力。做好作业设计工作，可以让学生在完成作业的过程中，进行自我学习进度、学习情况的反思。同时，家庭作业也可以让老师和家长紧密联系，及时了解学生在学习英语的过程中出现的问题，做好教学的优化设计工作，进一步提高教学改革的创新意义。

二、英语作业设计的现状分析

英语这一门语言类学科在作业设计方面仍然存在较多的问题，如果教师做不好作业的设计工作，就难以实现作业在整个教学工作中的重要作用。在我们国家教育改革发展的进程中，特别多学者和专家都投入到了作业设计的研究工作中，确实也有不错的新型作业设计方式，他们的设计成果值得所有的英语老师重点阅读和参考。这里主要针对目前英语作业设计的现状问题进行简单讨论。

（一）作业量、作业时间的设计不合理

从目前整个英语的教学过程来看，确实，在英语课后布置英语作业，已经是老师的一个习惯。但在整个作业的设计过程中，存在忽略作业量、作业完成时间和学生学习成绩之间的关系，无法让英语作业起到应有的效果，导致学生成绩下滑的问题。对于五六年级的学生们来说，每周至少需要有 2 至 4 项英语家庭作业，完成的时间需要控制在 60 到 180 分钟，但从目前的英语教学工作来看，作业布

置在这方面缺少设计。

老师仅仅是根据课堂的内容随意布置英语作业，没有注意作业量的大小、作业的完成时间以及实践的情况，导致周一的英语作业量非常大，周二、周三几乎没有什么作业这样的极端情况出现。适量、高质量的英语家庭作业，可以给学生带来积极的学习反馈。反之，过量且没有意义的家庭作业会给学生带来严重的消极影响，导致学生没有业余时间去进行集体活动，睡眠不足，影响身体健康，甚至为了完成作业而抄袭他人。

（二）对英语作业的类型分析较少

为了进一步提高英语作业设计的水平，老师应该对各种作业类型进行深入研究，但从目前国内的小学英语教学来看，由于作业的类型特别多，老师在布置作业的时候，没有做这方面的分析与研究工作。作业类型包括练习型、准备型、拓展型、创造型等等，需要综合本课所学内容综合设计，使学生能够将教学内容与自己的生活实践联系起来，进一步提高学习效果。当然，不同作业类型能够起到什么样的作用，应该在什么章节布置什么样的作业，是老师在教学设计的过程中应该重点思考的内容。

由于目前教师在这方面有所缺失，导致学生做作业仅仅是应付了事，不能够满足多方面发展的综合教育要求。对于英语作业，教师还是要多角度、多形式进行深入研究，内容包括学生的听说读写、英语字母、单词、句型对话学习、短文的构思输出等，具体类型包括机械性题目、复用性题目、智力型题目、活用活动以及综合训练等。做好这些分析工作，才能知道哪些类型适用于哪些章节，才能进一步提高整体教学效果。

（三）缺少作业分层设计工作

目前，小学英语老师存在缺少对作业分层方面的研究，导致作业的设计效果不能达到教育综合要求的问题。由于学生英语基础不同，学生的个体化差异比较明显，特别是不同学生的接受能力、学习能力有明显的差异，老师在英语教学设计过程中，没有按照学生的学习状况、心理特征进行分层教学；在布置作业的时候，也没有给不同层次的学生布置不同的作业。

不同学生的学习内容、作业内容应当有所区别。针对基础好的学生，应该注重于所学知识的综合应用；针对中等的学生，应该注重于英语学习的基本技能掌握；针对一些基础较弱的学生，应该注重于基础知识的掌握，比如单词、词汇、句型等，只有做好这些练习之后，他们才能进一步谈英语学习的后期发展。但由于老师在这方面缺乏相应的教学经验，忽略了分层教学的重要作用，在英语作业设计的时候，往往一概而论，缺乏个体差异性的分层作业设计。

三、小学高年级英语作业分层设计的实践研究

（一）结合学生个体化差异分层设计作业

要进行小学英语个性化作业设计，首先，老师应当了解学生的个体化差异，结合学生的学习情况、课堂的表现、智力因素、对现有知识的掌握程度等，将学生进行分层。简单地说，可以将学生分为优等生、中等生、学困生。优等生的基础知识比较扎实，具有学习主动性，对于英语学习具有浓厚的兴趣，整体课堂表现非常不错，学习成绩优异；中等生在学习英语的过程中有一定的进取性，但是由于各方面的原因，英语学习达不到非常优秀的高度，虽具有一定的能力和潜力，但需要老师进一步挖掘；学困生主要是一些学习自觉性较差、基础较差的同学，他们对英语学习不感兴趣，害怕吃苦，需要老师重点关注和监督，才能将自己的身心投入学习中。

针对这三类不同学生，教师应进行作业分层设计。具体来说，针对学困生，作业的内容应该以本章节、本单元的教学基础内容为主，包括单词、短语、课文、朗读的节奏等，待学生掌握了这些基础知识之后再考虑其后续发展；针对中等生，作业题目的设计要有一定的难度，在巩固基础知识的同时，还要将这些基础知识加以运用，才能进一步提高学生的英语学习能力，包括词汇、句型的活学活用；针对优等生，作业设计可以在中等生的基础之上进行拓展，练习难度也需要有所加大，主要针对语言的综合知识运用设计问题，重点培养学生的思维以及创新能力，让学生进一步掌握英语的学习技巧与方法，提高语言运用的综合水平。

比如，在外研版新标准一年级起点小学英语六年级上册第五模块第二单元“I want a Chinese pen friend”的教学过程中，老师可以这样布置作业：（1）抄写笔友信件一遍；（2）熟读课文句子；（3）根据文中句型，结合笔友间的个人信息交流，用中文记录下自己想要了解对方笔友的方面；（4）找一个同伴，你们两人共同按照 A、B 角色的形式完成信件交流；（5）根据文中句子的内容，结合自己的实际需求，续写一段信件内容，发挥自己的想象，用英文完成。

根据第五模块的教学要求，学生需要重点掌握的是英文书信表达、格式和关键信息句型，因此此模块的分层作业需要围绕这些方面展开设计。图 1 为作业单具体内容。

学科：英语

年级：六年级

单元课题：Module 5 Asking for a pen friend

作业功能定位：通过本单元的作业设计，进一步巩固学生的基础知识，能通过 e-mail 或 letter 结交笔友。通过不同类型的作业，全面提升学生的听说读写方面的语言综合素养。

作业目标：

1. 基础目标：学生能够根据本单元的作业设计，掌握新单词、新句型的书写。

2. 拓展目标：学生通过本单元的作业设计，掌握英文书信的格式，知道怎样通过写信交到新朋友。

作业时量：20 分钟

作业类型：选择填空题、分类题、创意题

作业结构：

Part A 必做题　以基本知识为主，有一定模仿性，目的在于巩固所学知识，使学生达到“会”的目的。

Part B 选做题　能够体现知识相互关联的题目，具有一定的创造性，旨在培养学生的技能和创新能力，使学生达到“活用”的目的。

Part A　基础作业（每题必做）

1.Copy the words and sentences. 抄写、翻译下列单词和句子。

pen pal 笔友　address 地址　foreign 外国的　pretty 漂亮的 pleased 高兴的 cousin 表兄弟姐妹 write to ...给某人写信　write in English 用英文写信　meet 遇见　visit 参观拜访　fantastic 很棒的

I want a Chinese pen friend.

Can I write to her? Of course.

2. Fill in the table.读一读p29第2题的信，将表格填写完整。

Name	Country	Can or can't	Want
Carol			
Tingting			
Brian			

Part B　挑战作业（至少选做一项）

1.Write a letter.根据所给句型，写一封请求交笔友的信。（摘星指数 ☆☆）

Asking for a pen friend in English.

Dear friend,

My name is ______. How are you ?
I'm from_________.
I like________________.
My favourite ______________.
I can_______. I can't _________.
Can you be my penfriend?

Best wishes ,
____

Name:____
Class:____

2.Write a letter. 写一封请求交笔友的信给一位外国小朋友，要求内容包含以下但不仅限于以下内容。（摘星指数 ☆☆☆）

Name:

Nationality（国籍）：

Appearance（外貌）：

Abilities（能力）：

Hobby（爱好）：

Likes：

Wants:

附：学生通过练习之后，教师批阅

家长反馈：
完成作业时间：
睡觉时间：

图 1　作业单具体内容

分层作业中，Part B 挑战作业里“写交友信”这一项采取合作交流的方式开展，优等生可以在完成的过程中帮助学困生和中等生了解一些写信的语言组织技巧，而信件美术设计可以让学困生和中等生发挥自己的创意和艺术天赋，增加其作业兴趣和自信心，最终达到此次作业的多重效果。学困生和中等生在写信的过程中可以提升自己的英文写信能力，学习掌握更多的书面表达技巧；优等生可以展示和锻炼自己的英文写作能力，加深英语思维意识，还能在交流信件的过程中检测自己现阶段的英语水平，继续提高英语写作能力。学生除了可以在写信的过程中运用本单元学习的关键句型巩固知识，锻炼自己的书面表达能力以外，还能通过信件传递朋友间的感情，增进友谊，同时，还可以在信件上做一些美术设计，让信件更具趣味性。这样的作业可以让学生实现多方面能力的发展，使得作业的功能更多。

图 2 为学生完成这项作业的优秀案例。

笔者和所在学校的英语老师们最近几年一直在分层作业单设计方面进行研究和实践摸索，致力于让不同层次的学生在作业完成的过程中能力都能得到一定的发展。

由简入难，循序渐进，针对不同类型的学生做好作业的分层设计工作，可以满足不同学生的学习需求，也可以进一步提高学生的英语学习水平。

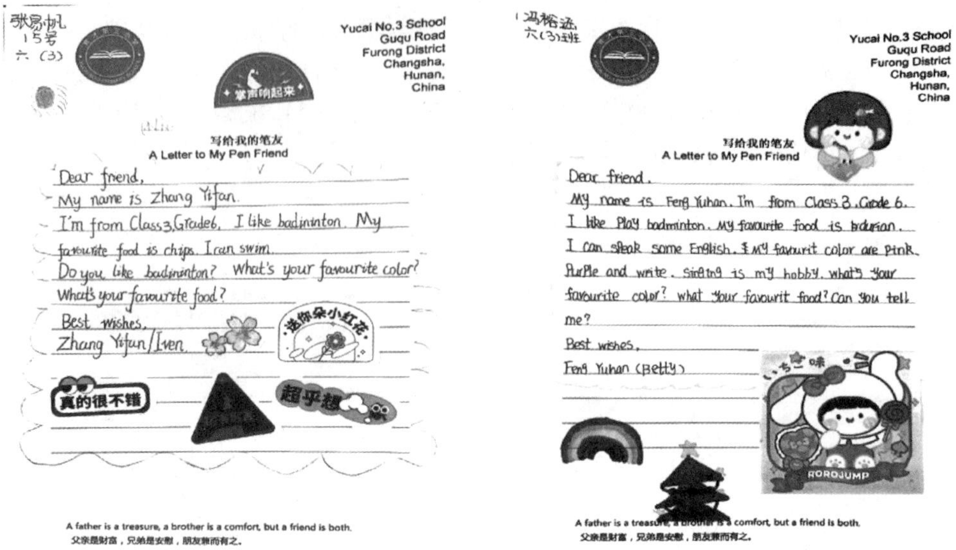

图 2 “写交友信”作业优秀案例

（二）分层互动，增加作业实效

老师在进行教学作业设计的同时，一定要注重分层互动，让学生可以在互动交流的过程中巩固英语学习内容。其实语言类的学习更注重于学生的语言表达、语言交流，只要学生可以积极参与类似的交流活动，英语水平就能在潜移默化中得到提升。考虑到不同层次的学生，将学生分成若干个学习小组进行课堂交流，在每个小组中穿插优等生、中等生、学困生，通过优等生帮助学困生、中等生的形式，可以进一步提高学生的学习水平。

比如在英语的教学过程中，我通过将班级学生分为四个人一组的学习小组。在每一个小组内部都有一位学习相对来说优秀的学生。由这位优秀的学生担任小组的组长，负责监督本小组的作业完成情况。通过这样的形式，优等生既可以帮助其他组员梳理英语学习知识结构，又可以分享自己在英语学习中的一些收获和感想。这就是一种不错的作业分层设计模式。

（三）做好分层的作业评审工作

针对多层设计的作业模式，老师在进行作业设计的过程中，也需要注重分层的评价工作，做好作业的审核工作，才能进一步了解学生的学习情况。结合学生的具体情况，在教学设计的过程中优化教学方案，进一步提高学生的学习积极性。分层评估的方式分为多项评估、多次评估、分层评估、亮点评估等。多项评估有利于学生积极发现问题，改正问题。在评估过程中，可以由老师对学生进行评估，也可以由学生相互进行评估。通过多项评估，学生可以认识到自己在英语学习过程中存在的问题。除此之外，也可以邀请学生的父母参与评估活动，家长可以及时反馈学生在家里面的种种表现，并做出正确的评估。

针对学生作业的情况，需要做好多次评估。对于大部分学生而言，短期内提高作业完成质量，有一定的难度。因此，通过多次评估的方式，可以让学生在完成作业的过程中不断成长、不断进步。老师的鼓励，可以进一步增加学生的自信心。通过对不同层次学生进行评估，学生可以获得不同层次的奖励，比如完成相对来说比较难的作业对于优等生来说是一种简单的进步，老师可以采取简单的奖励；对于学困生也需要采用同样的评估方式，老师应针对学生不同的进步水平，给予对应的奖励与鼓励。

总的来说，小学阶段是学生学习与成长的重要过程，只有做好小学英语的作业设计工作，结合分层设计的教学模式，才能进一步提高学生的英语学习能力，将因材施教的教学理念进一步落实。

参考文献

[1] 唐海峰. 小学高年级英语课外分层作业设计研究［J］. 求知导刊，2019（35）：58-59.
[2] 许俊红. 解析小学六年级英语课后分层作业的设计及实施［J］. 英语画刊（高级版），2017（23）：57.
[3] 王蕴奂. 初中英语作业分层设计实践研究［J］. 中学生英语·外语教学与研究，2019（16）：54-54.

（长沙市芙蓉区育才第三小学）

浅析词汇教学与Phonics有效结合的方法

吴志芳

摘　要：词汇是英语学习最基本的组成部分，鉴于它的重要性，探讨词汇学习的高效方法显得尤为重要。近年来，许多教师把注意力集中到Phonics上。Phonics是多数以英语为母语国家的幼儿园以及小学教学中最高效的教学方法之一，能够有效培养学生的词汇拼读和阅读能力。本文借助国外丰富的Phonics理论，结合自己的实际教学论述了Phonics在词汇教学中的应用。

关键词：Phonics；词汇教学；方法

词汇是英语学习的基础，英语新课标二级目标中明确指出，小学生应掌握15个话题中相关的600至700个单词。但对于学生来说，单词学习是枯燥乏味的。词汇成了让学生头疼、让老师束手无策的“拦路虎”。利用Phonics可以很好地解决这个问题，将Phonics与单词教学相结合，能够帮助学生有效地掌握词汇，将他们从死记硬背的沉重负担中解脱出来。纵览外研社出版的新标准（NSE）教材，不难发现课程本身包含了很多Phonics的素材，将这两者进行有机融合，能够培养学生“见词读音，听音写词”的能力，提高词汇学习的效率。

一、什么是Phonics?

国外很多学者对Phonics的概念提出了他们的见解。Johnson与Pearson认为Phonics是将字母和发音联系、使孩子们学会读不熟悉的文字的一种方法。Richard指出Phonics的主要目的在于让儿童了解字母与发音间的联系，从而形成自主拼读单词的能力。国内学者黄维在研究Phonics与单词教学的关系时指出，Phonics指学生能够利用发音规则，正确读写单词的方法。

结合国内外学者的研究，从词汇的角度来看，我认为Phonics的核心是字母以及字母组合在单词中的发音规律。

二、为什么要在词汇教学中采用Phonics教学法?

（一）Phonics经过了科学系统的论证，有助于提高学生的词汇认读和阅读能力

美国、英国、澳大利亚、加拿大、新西兰等以英语为母语的国家，非常推崇Phonics，并进行了系统的研究。这些研究都得到了相似的结论，即建议用Phonics教授孩子拼写和阅读。2006年，美国国家阅读委员会调查研究表明，系统的Phonics教学对幼儿园到六年级学生以及有阅读困难的学生都大有裨益。世界著名心理学家Marlynne Grant博士进行过一个实验，结果证明接受Phonics教学的二年级学生在词汇拼写能力上的学习进度，比没有学习Phonics的学生快21个月。中国的学生在基础阶段学习过汉语拼音，Phonics和汉语拼音拼读规律有不少相似的地方，学习Phonics可以有效地运用拼音的正向迁移作用，更好地促进学生对词汇的掌握，提高词汇拼写和认读能力。

（二）Phonics能让单词学习和记忆更高效

英语是拼音文字，它的最大特点是音形相关联。Phonics强调字母组合与单词读音相结合，具有音形结合的特点。美国斯坦福大学曾经对10万个常用单词进行研究，用计算机分析字母组合与音素之间的对应关系，发现有近85%的单词是符合一定发音规则的。据统计，小学阶段要求掌握的词汇中超过95%都符合一定的发音规则，所以学会Phonics，可以做到见词（尤其是单音节和双音节词）读音，听音写形，极大地提高单词学习效率。

三、Phonics 在小学英语词汇教学中的方法

机械的单词学习很枯燥，而儿童生性好奇多动，不适合单纯的理论学习，正确的方法可以达到事半功倍的效果。那么如何将 Phonics 与词汇教学相结合？我认为可以采用以下几种方法。

（一）歌谣说唱法（chant）

说唱歌谣是国外儿童教学中十分常用的一种方法，新标准的教材中也普遍采用了这种方法。很多模块的 Activity 1 都是朗朗上口的歌谣。充分地利用这些资源，将 Phonics 融入节奏欢快的歌谣，既能有效地激发儿童的学习兴趣和求知欲，又能帮助学生发现拼读规律，提高词汇认读能力。

案例一：在讲授字母组合 ee，ea，e 对应的发音/iː/时，我结合五年级上册内容，并将教材内容改编为：I like coffee. I like tea. I like Amy. She like me. 课堂教学时，我先提出问题：在这首歌谣中 ee，ea，e 发什么音呢？再让孩子两人合作练习歌谣。通过练习，孩子们很快就找出了规律，也能轻而易举地记住组合 ee，ea，e 的发音以及包含这些组合的单词。

除了充分利用文本将 Phonics 和说唱歌谣有机结合外，经过学习系统的理论和模仿原汁原味的视频，我改编了一些歌谣，让学生充分体验到学习的乐趣和成就感，从而提高单词学习效率。

案例二：Phonics 教学应该在低年级就慢慢渗透字母本身的读音以及其在单词中的发音，雨花区自然岭小学三年级的大部分孩子们之前没有接触过英语，简单的歌谣是学习词汇最行之有效的方法。

如：

a a /æ/ /æ/ /æ/ angry apple

b b /b/ /b/ /b/ big bear

p p /p/ /p/ /p/ pink pen

r r /r/ /r/ /r/ red rice

s s /s/ /s/ /s/ sunny summer

案例三：在讲授字母组合 ie 的发音/ai/时，我结合三年级下册 Module 9 Unit 2 Activity 1 的歌谣，改编如下：

Mike has a bike. I like the nice bike.

Mike has a kite. It’s a fine kite.

我把改编后的歌谣放到了 Module 9 Unit 1 导入部分，并由此导入新单词 line 的学习，孩子们很快就掌握了 line 的拼写和发音。课后不少孩子向我反馈，这样记单词“so easy”。孩子们有了积极的单词学习体验，有助于增强自我效能感，提高英语学习兴趣。

（二）正向迁移法

迁移也称学习迁移，是一种学习对另外一种学习的影响。根据性质和结果不同，可分为正向迁移和负向迁移。正向迁移是指原有知识或经验对新知识的学习起促进作用，负向迁移则相反。

Phonics 在单词教学中的迁移是建立在一定词汇量的基础之上，也就是从已知单词入手，根据字母或字母组合的发音拼写规则，学习新的单词，更为熟练地掌握这类组合的规律，既能减轻学生对新单词的记忆负担，又能提高单词自学能力。

案例四：三年级下册 Module 3 Unit 1 I like football 的 Activity 1 Listen and chant。

Lions are big，cats are small.

Monkeys are short，elephants are tall.

Pandas are fat. I like them all.

歌谣中的 small，tall，all 与本单元新授单词 football 和 basketball 中都有 all（发/ɔː l/），可以进行迁移教学。我是这样设计教学的：①说唱歌谣 Listen and chant；②将歌谣中有 all 的单词在 PPT 上一一显示，然后提出问题，small，tall，all 三个单词中 all 的发音是什么？很快学生发现规律，便大声地读出/ɔː l/。由此导入新单词 football 和 basketball；③学习新单词之后，再迁移到其他单词 fall，call，wall，hall。如果学生掌握了 all 这个组合的发音，遇到其他类似的单词时，只需要根据读音进行

替换，单词认读能力和迁移能力应运而生。

第二语言习得理论认为，母语是外语学习的重要背景和基础，是可开发利用的重要资源。英语辅音字母在单词中的读音与汉语拼音中的声母极为相似，老师可以教学生有效地利用拼音的声母实现辅音字母在单词中的拼读。

案例五：在讲授 b，p，t，d，k，g 这几个字母在单词中的发音时，我采用了以下几个步骤。第一步，在黑板上写出这几个字母，请孩子读出这些字母在拼音中的读音 b（bo），p（po），t（te），d（de），k（ke），g（ge）；第二步，我将这些拼音读音分成两部分 b（bo=b+o），p（po=p+o），t（t=t+e），d（d=d+e），k（k=k+e），g（g=g+e）；第三步，告诉孩子们变一个“魔术”，将这 6 个声母变成英语，魔术诀窍是去尾法；第四步，让孩子们读出这 6 个字母在单词中的发音，即 b 发/b/，p 发/p/，t 发/t/，d 发/d/，k 发/k/，g 发/g/；最后，以这些字母在单词中的读音巩固所学规律，如 b for bag，p for pen，t for tiger，d for desk，k for kite，g for good，不少孩子感叹，这样学习英语单词的发音和拼读真简单！

（三）系统教学法

Phonics 在词汇教学中的系统性，是英语本身的特点所决定的，国外的自然拼读提倡系统教学，但我们不能生搬硬套国外的经验，因为国外的孩子从出生就开始输入大量的儿歌童谣、日常对话，积累了丰富的语音音素。作为中国的老师，我们应该根据学生的学情，因材施教、循序渐进，扎实有效地开展教学。

Phonics 的系统教学分为两个部分：PPT 增量组合教学法和系统课程教学法。

1. PPT 增量组合教学法

PPT 增量组合教学遵循 PPT 原则，即开始是 Presentation，随之是 Practice，最后是 Production。增量组合是指在单词的音素组合中，学生逐一发出每个字母的字母音，直至把所有字母的字母音发完。

案例六：单词 ran 的教学过程。

（1）Presentation。

a. 用自制拼读卡展示字母 r 并发其字母音/r/。

b. 展示字母 a 并发其字母音/æ/。

c. 展示字母 n 并发其字母音/n/。

d. 向学生展示字母 a 和 n 的组合过程，并发/n/的音。

e. 向学生展示字母 r 和 an 的组合过程，并发/ran/的音。

展示环节一定要清楚、生动，让学生对字母和音素形成初步的了解。

（2）Practice。

a. Let’s spell，让学生拼读字母，并组合字母。

a+n

↓

r+an

↓

ran

b. Read the words，反复朗读，直到学生熟练为止。

在这一环节，学生通过练习活动，构建音形对应的初步理解，老师要引导、纠正、观察和评估学生对概念和所练习技巧的掌握程度。

（3）Production。

ran

↓

ban

↓

can

↓

fan

↓

pan

↓

man

让学生大声读出单词，老师只纠正发音，绝不能领读。这一环节要以学生为中心，学生通过拼读和认读等 Production 活动展示对所学知识的理解和运用能力，老师是观察者、监控者和评估者。

通过 PPT 增量组合系统教学法，老师在教学单词时可以轻松实现清晰、详细、全面的指导，促使学生高效、高能、愉快地从输入过渡到产出。

2. 系统课程教学法

词汇教学的最终目标是培养学生独立阅读的能力，所以系统教学不能仅从词汇角度展开，而应该从两个层面来分析：纵向维度和横向维度。

纵向维度是从英语启蒙的时间顺序来阐述，共有 4 个阶段，顺序如下：

听力储备（俗称“磨耳朵”，目的是培养音素意识）

↓

语音意识积累

↓

Phonics & Sight words

↓

Independent Reading

学好 Phonics 的前提是拥有良好的音素意识和语音意识，Phonics 在这 4 个阶段中起着承上启下的核心作用。

英国约克大学教育学硕士刘宝胤先生认为，从横向维度来说，Phonics 系统教学包含以下三种方式。

第 1 种：在英语综合课的词汇学习中融合性、渗透性地学习 Phonics。

这种方式是我在日常教学中最常用的方法。

第 2 种：通过独立、系统的 Phonics 课程帮助孩子提高识别单词的效率。

系统的课程应包含 6 个阶段。

第一阶段：建立字母或字母组合与自然发音之间的直接联系。

第二阶段：能拼读元音+辅音或辅音+元音，如：c–a ca，a–p ap。

第三阶段：能拼读辅音+元音+辅音，如 b–i–g big。

第四阶段：能拼读双音节或多音节单词，如 t–ea–ch–er teacher。

第五阶段：能听音拼词，即听到读音就能拼出该单词。

第六阶段：单词量大增，能独立阅读英语文章。

第 3 种：通过大量的英语分级读物，帮助孩子不断地练习、巩固和活化拼读技能。

如果仅采用其中的一种方式，远远达不到 Phonics 和词汇教学有机结合的目的，所以在日常教学中，除了在课堂上综合渗透 Phonics，我还利用早自习时间，给孩子们渗透系统的 Phonics 课程，与此同时，鼓励孩子们课后进行相应的英语分级阅读，让这 3 种方式相互支撑、共同发力，有效地提高孩子的单词识别能力和独立自主的英语阅读能力。

经过两个学期的 Phonics 单词教学，我在自己的教学实践中看到了初步的成效。学生的兴趣有了明显的提高，部分学生已经能够运用自然拼读有效地“解码”单词、记忆单词，孩子们从中获得了积极的学习体验，单词拼读和拼写能力得到了稳步的提升。在以后的教学中，我还需要不断地丰富和增强专业知识，在运用自然拼读法的过程中合理整合教材，使自己的教学水平迈上更高的台阶。

参考文献

［1］中华人民共和国教育部. 义务教育英语课程标准［M］. 北京：北京师范大学出版社，2012.

［2］外语教学与研究出版社. 义务教育教科书·英语（New Standard English）小学英语（三年级起点）五年级上册、五年级下册［M］. 北京：外语教学与研究出版社，2012.

［3］Johnson D，Pearson P D. Teaching Reading Vocabulary［M］. New York：Holt，Rinehart and Winston，1978.

［4］Richards J C，Platt J，Platt H. Longman dictionary of Language Teaching& Applied Linguistics［M］. Foreign Language Teaching and Research Press，2000：134.

［5］黄维. 让自然拼读法助力小学英语单词教学［J］. 外语教学与研究，2013（91）：110.

［6］Craig Wright，Julia Chang Wright. Uncle Craig's Phonics［M］. 外语教学与研究出版社，2015：7.

［7］Kaj Schwermer，Julia Chang，Craig Wright. Oxford Phonics World［M］. London：Oxford University Press，2013.

［8］刘宝胤. 构建科学、系统的自然拼读教学体系［J］. 英语学习（教师版），2016（8）：48-51.

（长沙市雨花区自然岭小学）

浅谈 PBL 项目式学习对小学低段英语教学的推动作用

鲁 妮

摘 要：PBL（Project-Based Learning，项目式学习）是一个全新的课程模式。对专业教师来说，项目式学习主要指的是整合性的专业课程教学形式。同时，项目式学习以项目管理为核心内容，并融入多种课程的内涵，创造了丰富、开放、多样的教学体验。在小学低段，学生喜欢多元化的英语课堂，教师在教学过程中应非常注重激发和提升学生学习英语的兴趣。项目式学习方式真正地做到了以学生为主体，能够有效地帮助学生提升学习兴趣及学习内驱力，提高学生的英语学习核心素养。

关键词：PBL 项目式学习；核心素养；学生主体；学习内驱力。

一、PBL 项目式学习实施的教育大环境

新课标明确指出，义务教育的第一教学阶段基础英语课程，从教育社会工具性教学视角出发而言，其主要担负着培养广大学生综合运用英文知识和人文社会科学素质的任务，即学生在经过了这个阶段的英语学习之后，能够进一步开阔视野，丰富日常英文阅读与学习经历，发展理解跨领域文化的学习意识，从而形成创新性学习思维，建立优秀的社会道德品质和正确的生命价值观，为自己的终身学习奠定扎实的教育理论基础。

另外，新课标还明确指出，教师在英语教学的过程中一定要更加重视素质教育，充分体现语言学习对学生成长的意义；要求老师积极地面向每个学习者，充分考虑每一个学习者群体不同个体的特征与差异。教师的整体教学设计需要体现语言学习的循序渐进性和可持续性，强调学习的过程，体现语言学习的理论实践与应用。

小学低学段学生年龄小，爱动、喜欢吃和玩、自控能力相对薄弱、课堂上的学习注意力比较难集中，又非常具有好奇心，教师在把握课堂节奏方面是比较有挑战性的。那么在这个过程中，教师如何做到让学生在动中学，把学生无目的的动、无意识的玩，变成在教师指导下的轻松愉悦的学习活动，从而激发学生的学习积极性呢？

二、PBL 项目式学习的概念及对教与学的影响

PBL 源自 1958 年美国医学院的一项做法，即将通过多学科会诊治疗的每一个病例作为一种项目，尝试解决现实情境中的非良构问题。其核心内容主要包含了两个部分：一是用于组织与促进活动的现实问题，二是最终产生解决现实问题的方案和产品。后来，社会建构主义和学习科学的发展为这些项目化教学方法提出了情境、结构、认知学徒制等学理上的理论基础，并使项目化教学在医疗、教学、管理、企业经营等领域中得到了推广。

PBL 对教育者来说，是一种全新的教育手段，即帮助学生在接下来的一段时间内通过一定的方式对真实、复杂的课堂问题和方法进行探究，并从中掌握所需要的知识和专业技能。同时，项目式学习也是一门将课程集成起来的新教学方式，它以项目管理为核心内容，融入多种课程的内涵，创造了丰富、开放、多样的教学体验。PBL 这种项目式的课堂学习充分体现尊重“以学生为主体”的课堂教学管理模式，能够有效地把“以知识为本”的传统课堂教学管理方式逐渐转变成为“以核心素养为本”的创新课堂教学，从“以讲授为中心”的传统课堂教学管理方式逐渐转变成为“以学习为中心”的教学课堂。在学校建立基于 PBL 项目式的英语学习教学实践研究过程中，教师需要将学校英

语教育学科的各个核心综合素养学习目标贯彻落实到具体的学科教学工作流程和学习方法上，帮助学生正确地解决“怎么学”的难点。同时，PBL项目式学习模式在实施过程中最重要的是以提出驱动性问题来促进学生学习的主动性和内驱力。

小学低段学生正值英语启蒙时期，结合他们的年龄特点，传统的“以讲授为中心”的填鸭式课堂模式很容易让他们觉得枯燥无味，从而产生对英语学习的倦怠感。学生英语启蒙阶段，教师最重要的一项工作就是激发学生的学习兴趣和积极性，让他们觉得原来学习英语这门第二语言是一件非常有意思，非常开心和有成就感的事情，从而获得持续学习的兴趣和动力。

三、PBL项目式学习在小学英语教学中的实践策略

1. 选择合适的知识进行恰当课程样态的项目化学习

PBL项目式学习不是单独的知识点的教与学，而是需要对知识进行系统的整合和调整，使之升级成一个系统性的循环。根据当下课改的环境，单元整合教学模式就比较适合PBL项目式学习，把知识掰开揉碎再进行重组，这就又是一个新的知识样态。

同时，根据其所涵盖的知识范畴和对学生整个课堂设置的影响，我们还可将PBL项目式学习的课堂样态分成四类，即微项目化学习、学科项目化学习、跨学科项目化学习、超学科项目化学习。从目前来看，在学校英语教学中采用最多的是微项目化学习、学科项目化学习、跨学科项目化学习。而超学科项目化学习则需要构建起一个跨越具体课程领域的新概念系统，如结构与功能、形式、因果关系等，具体实施起来对小学阶段的孩子而言挑战性太大，所以在教师的日常教学中使用的频率不高。

2. PBL项目式学习对教师的综合素养有着极高的要求

《师说》曰：“师者，所以传道受业解惑也。”叶圣陶先生曾提出：“凡为教，目的在达到不需要教。”

教育最终追求的目标，是让学习者变成心智自由的人。教与学需要关注学生的学习素养问题，其本质上是使学生在新情境中利用学习能力去解决新问题，以及利用认知迁移与创新能力去实现知识的创新。PBL项目式学习推动了学习者脑力的发展，通过认知、能力和态度的融合，可以帮助学习者变成心智自由的人。这对教师的综合素养有着极高的要求。教师设计项目的时候需要有强烈的目标意识、严谨的教学设计、清晰的教学目标，对目标中的核心知识和高阶认知策略有清晰的定位。教师需要尊重学生学习类型的多样性，考虑根据学生的不同学习类型设置相应的项目环节，力求设计的环节来源于真实的情境，体现小学生学习与生活的真正需求，让他们沉浸到真实的情境中去解决问题和产生新知，做到人人参与，人人有所得。教师也要争做“有理想信念、有道德情操、有扎实学识、有仁爱之心”的“四有”好老师，在教育项目执行过程中有正确的价值观，尊重学生，放下身段，和学生平等沟通，尊重学生身体发展规律，理解学生的成长，给予学生动手实践、相互探讨和试错的机会，指导学生完成自我认知的提升。

3. 评价体系的可视化与合理性

PBL项目式学习强调小组合作化学习及学生通过真实的实践活动来获得新知，如何对整个项目进行合理的评价也显得尤为重要。坚持评价体系的可视化与合理性有利于大集体的团结合作，各种评价细则都清晰明了，可以加强学生学习的主人翁意识，帮助教师把握整个团队的思想和思维动向，有利于团队建设。同时，教师应了解整个项目推动实践过程中所体现出的项目的优势和劣势，便于及时对项目的深度和质量进行调整和迭代，推动项目的顺利实施。

四、PBL项目“Yummy Food”案例分析

PBL项目式学习一直贯彻“以学生为主体”的课堂教学模式，使学生更主动地投入各项教学活动中去，主动去解决各种驱动性问题。在一个项目中，关键的是如何设置探究问题，比如核心问题是什么？驱动问题是什么？笔者在设计关于“Yummy Food”主题的PBL项目时，根据三年级学生的学习能力及知识结构特点，设计的核心问题是“如何设计出一份健康又吸引人的美味菜单”，驱动性问题是“如何在学校跳蚤市场上成功销售出你所设计的菜单，帮助人们健康饮食”。

首先，教师在教学目标的设置中需要仔细思考能够让学生学到一些什么样的核心知识。笔者在“Yummy Food”项目中对需要学习到的核心知识进行了学科融合。比如，英语学科，学生需要学习与食物、饮料、数字及价格相关的词汇，掌握相关数量介词短语及价格的表达，以及使用讨价还价的句型结构，同时，学生要能够把这些知识融入相应的情境中进行情境对话。美术学科，学生需要学会设计制作精美而又抓人眼球的小摊宣传海报及菜单页面。数学学科，学生需要学会计算价格，制作收益盈亏表等。

其次，教师需要预设可以锻炼学生哪些方面的核心能力。笔者在“Yummy Food”的项目中，预设学生将获得和进一步提升如下能力：自主探索启迪智慧的能力；读、写、说相互结合，知识的整理能力；逻辑思考的能力；团队协作的能力；艺术创作设计的能力；灵机应变及展示表达能力；（小组长）领导能力；多学科融合，知识迁移及创新能力；理财能力；等等。

再次，教师要结合项目内容与学生在实际操作过程中的具体收获和表现来制定评估项目成功的方式及合适的标准。笔者就此项目设计了个人成果和团队成果评价方式及标准。比如，个人成果中，学生需要掌握本项目中所教授的重点单词和句型，同时能够灵活运用。团队成果中，小组成员能够正确表达相应的词汇和句型，灵活应对相应的情景对话；能创设及预想交易时会发生的情景，同时调集所学知识进行整合；团队宣传海报到位；摊位准备就绪；推销宣传词到位；等等。

同时，教师需要根据小学低段学生的实际知识能力、心理特点、意识能力发展特点等，在项目实施过程中，带领学生一起完成此项活动，帮助和引导学生完成知识与能力构建，设定驱动子问题来帮助学生进行探索及推动阶段性成果的产生。在这个探索的过程中，教师可以引导和推动学生不断地修订与迭代驱动子问题及活动方式。

最后，项目落地收尾时，我们需要对成果进行及时评估、反思与迁移。笔者在本项目中就引导学生们进行了如下思考。

（1）参与项目过程中，你对自己最满意的表现是什么？

（2）项目进行过程中，你对团队的贡献表现在哪些方面？

（3）整个项目的开展过程中，你收获最多的是什么？

（4）参与项目的过程中，你有没有对自己及队友有新的发现？发现了什么？

（5）如果再给你一次机会做这个项目，你会有哪些改进？

（6）下一次，你想参与什么项目？

在“Yummy Food”整个项目的操作过程中，笔者能够明显地感受到学生们都是非常快乐的，他们能够自主地参与各个活动，快乐地和同伴们进行沟通，主动地和老师进行探讨。笔者也被学生的各种奇思妙想所感染，同时对他们有了更深的了解。师生之间的情谊更加深厚，将会为以后的课堂教学起到积极的推动和引导作用。笔者和学生都非常享受这种探究式的 PBL 项目式学习模式。整个项目过程中，笔者真正地做到了“以学习为中心”，充分尊重学生的个性特点，识别和发展他们的优势。学生在 PBL 项目式学习过程中获得了学习的快乐、成就感与幸福感，他们对学习的热情明显高涨了许多。并且，他们对于师生之间的沟通、同伴之间的交流也更加有信心，人际交往能力不断提升。

历史的巨轮向前滚动，社会的不断进步推动教育改革，教育改革又培养出一批又一批优秀的社会建设者，从而促进社会的不断发展和进步，如此循环往复，生生不息。教育本身就意味着一棵树摇动另外一棵树，一朵云推动另一朵云，一个灵魂唤醒另一个灵魂。在整个教育过程中，教师需要让学生获得存在感、成就感、幸福感，从而推动学习内驱力，让学生获得长久的快乐。当下我国根据实际国情制定了“双减”政策，更加注重对学生的综合素质教育。身为教师的我们，需要始终紧跟这个新时代的发展脚步，不断地认真学习与总结经验，为我国经济社会的发展进步不断培养全能型、高质量的人才。吾辈教师，当自强。

参考文献

[1] 陈咏梅，原牡丹. 普通高中项目式学习的实践策略分析［J］. 教学管理与教育研究，2018（14）：35-37.

[2] 夏雪梅. 项目化学习设计：学习素养视角下的国际与本土实践［J］. 地理教学，2021（8）：1.

（宁乡市碧桂园学校）

深度学习视域下小学英语教材分析与再构

朱思瑶　易爱平

摘　要：深度学习要求学习发生在真实情境中，以问题解决为导向，渗透价值评价，使学习者全身心投入，培育其高阶思维。因此，指向深度学习的教学材料应是可操作的实践材料，具有完整情境的学习材料，知识与价值共存的育人材料。通过分析原有教材，寻找缺失口；开发资源，补充教学情境；改造教材，开拓操作空间；深析教材，发掘育人价值，实现教学材料的再构，可以有效助推深度学习。

关键词：深度学习；小学英语；教材分析

自2016年《中国学生发展核心素养》总体框架正式发布，学生终身发展所需的必备品格和关键能力成为教育教学中最为关键的目标。如何让学生在教学中锤炼高尚品格，获取人生发展的关键能力，成为教育研究者和实践者不断探索的热门问题。与此同时，深度学习也因契合时代发展要求，对知识本质的有效探究而在全球范围内掀起研究热潮。深度学习重在对教与学过程的探究，而核心素养则指向学习结果，两者虽不尽相同，但关系密切。深度学习是培育学生核心素养的重要途径[1]，核心素养则是深度学习的直接结果[2]。因此，本文以深度学习视角审视小学英语教材分析与教学设计，旨在有效促成学生核心素养发展。

一、何为深度学习

深度学习是在教师引领下，学生围绕着具有挑战性的学习主题，全身心积极参与、体验成功、获得发展的有意义的学习过程[3]。深度学习的“深”不仅体现在信息加工方式的深层，更体现在学习结果的高级、思维与能力的高阶和学习者情感投入的深刻。它是对于知识本质和学习本质的追寻，强调对知识及知识产生过程的“再经历”，强调知识的整体理解和迁移运用。为此，深度学习应具备以下特征。

（一）真实情境的浸润

深度学习离不开真实的学习情境，学习者只有在真实的学习情境中才能有机会重历知识产生的过程，在这一压缩化的过程中理解知识，获得知识迁移能力和知识再生产能力。何为真实的学习情境呢？一是要能有效地联系学习者的实际生活，促成学习主体与环境的互动，实现知识学习的目的。二是要能合理反映知识产生和运用的境况，形成对知识的深度理解和抽象，让迁移成为可能。

（二）问题解决的导向

以问题解决为导向的深度学习，能让学生在结构不良的问题领域，通过活动与体验，亲历问题解决过程，探究问题解决途径，在此过程中建构个体知识，发展思维。问题解决导向是激起学习者全身心投入的重要途径，通过学习者的活动和体验，个体获得学习的意义感，达成掌握问题解决的核心策略和能力，有效地完成知识的转化过程，客观知识经由个体理解和整合运用产生个人色彩，个体知识由此建构，知识得以迁移和运用，深度学习得以发生。

（三）价值评价的渗透

深度学习不仅是知识学习的过程，也是价值观培育的温床，为价值观培养不断提供着实践场域[4]。布鲁姆将认知目标划分为记忆、理解、应用、分析、评价、创造，其中理解之后的学习被纳入深度学习，其中评价更是在认知金字塔的较高层次。因此，深度学习中总是渗透着价值观与价值评判，培养学习者良好的价值取向也成了深度学习的重要目标。

（四）高阶思维的贯穿

深度学习有别于孤立的、机械的、刻板的浅层学习，它更强调学习者对学习内容的整合、分析和评价，致力于学习结果的应用和创造。在深度学习中，学习材料是综合知识，学习者需要运用逻辑推理、批判思考等多种方式对材料进行加工和整合，从而解决真实情境中的问题。因此，深度学习的实现是以高阶思维的形成和使用为基础的。

（五）学习者的身心投入

在客观条件上，深度学习的发生需要情境、问题、价值观等资源，而在主观条件上，深度学习是学习者主动参与、身体力行的学习。它有别于被动学习和接受学习，要求学习者在问题和情境中自主活动，在价值评价中独立思辨，学习者的自主自觉是关键要素，这就要求学习者的身体和心灵高度且主动地投入。

二、深度学习视阈下的教学材料

深度学习因其对知识本质的透彻认识和对学习过程的有效探求而引发研究热潮，关于如何实现深度学习，早有学者从课堂情境、课堂教学、教学策略、评价体系、学习共同体建构等多个方面进行策略探讨。然而作为促成深度学习不可或缺的一部分——教学材料，却没有较为系统的研究。何种教学材料才能有效促成深度学习？如何分析和开发教学材料？这两个问题值得深思。

“深度学习的一个重要标志，就是能将外在的教学内容转化为学生内在的精神力量，而教学内容并不能直接转化为学生的精神力量，必先转化为学生能够进行思维操作和加工的教学材料，成为学生学习的对象。”[5]深度学习视阈下，教学材料要能有效地承载知识，能为知识由外及内的转化提供操作和加工空间，让外在教学内容转化为学习者的内化知识结构和内在精神力量。为此，这些教学材料就必须经由教师处理，使其具有深度学习的特性。

（一）可操作的实践材料

深度学习的教学材料首先必须是学生可操作的实践材料。深度学习通过亲历知识产生的过程使学习者深度理解知识，实现知识迁移，让知识成为“有价值”、可使用的知识。这种“亲历”也就意味着学生需要在课堂上进行活动与探索，此时教学材料就应是一种操作性的实践材料。学生借由这些材料，在教师的引导下探索问题，发现解决方式，建构知识。

（二）具有完整情境的学习材料

“亲历”和可操作意味着课程资源应在课堂上形成一种情境，这一情境一方面应该和学习者的真实生活相联系，让其觉得真实、不虚假，觉得探索是有意义的。另一方面，这一情境应包含有完整的问题探究过程或知识产生、运用的过程。让学习者能在这个情境中进行完整的知识建构探究，不需要不断切换情境，造成知识背景的混乱。所以深度学习的教学材料还应是具有或可以形成完整的、真实的情境的学习材料。

（三）知识与价值共存的育人材料

深度学习的结果不仅是个体知识的建构，更是个体精神力量的增强。精神力量的增强源自学习过程，源自对所学内容的审视、反思与批判。为此，指向深度学习的课程资源还应是具备良好的价值取向和价值评判作用的教学材料。教师借助这一材料，可以引导学生进行价值分析、价值再设计、价值实践和价值评价等一系列价值学习活动，形成合宜的价值观念。

三、指向深度学习的教材分析与再构

基于对深度学习视阈下教学材料特性的分析，如何分析、再构教材，促成深度学习也不言而喻。本文以人教 PEP（三年级起点）小学英语五年级下册第三单元“Read and Write”为例，探寻小学英语教学中指向深度学习的教材分析与再构策略（如图 1 所示）。

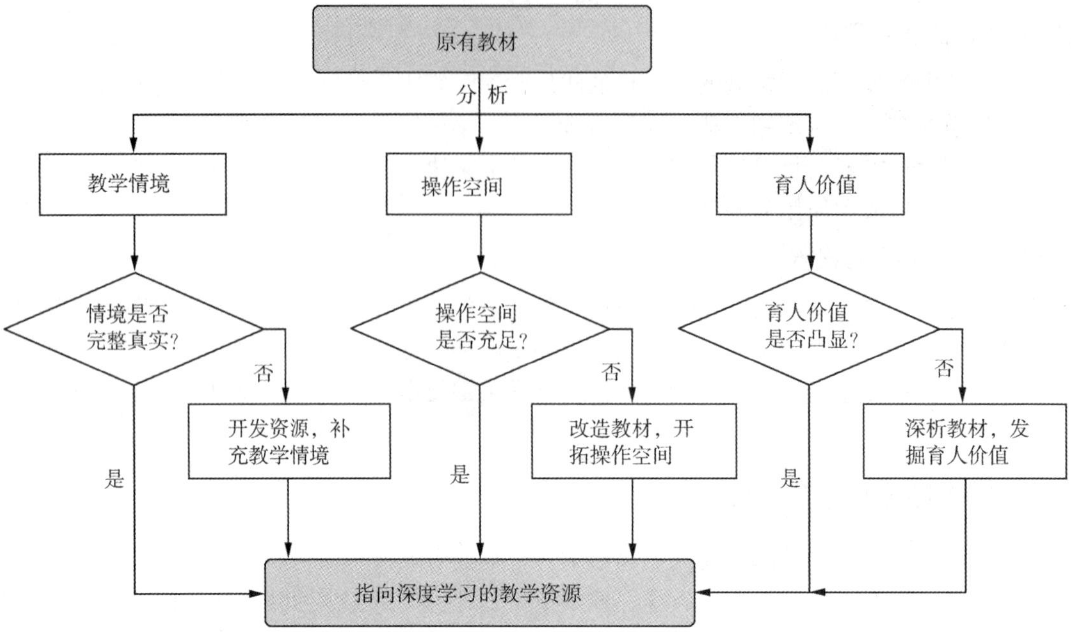

图1 指向深度学习的小学英语教材分析与再构模型

（一）分析原有教材，寻找缺口

资源开发的起点是分析教材，梳理教材的话题、语言要素和主题意义。由图1可知，在教材分析时，教师应基于教材设计的主题意义分析现有教学材料是否存在情境的不完整、学生活动操作空间的不充足、育人价值不凸显等问题。若存在，则找出这一缺口，进行后续的教学材料开发和再构。

该课本教材（如图2所示）在新知部分呈现的是一份英语派对的邀请函，而在练习部分则要求学生写一写，如果自己将举行生日派对，会做些什么事情。从单元教材设计来看，本单元教学主要指向月份的表达和用“will”表达计划事件。基于此，从教学情境、操作空间和育人价值三个方面进行分析。

1. 教学情境分析

该教材呈现出情境不完整、不统一的特点，新知呈现和练习部分分别创设了英语派对和生日派对两个情境，在一个课时内情境不统一。此外，英语派对的新知学习情境不够真实。学生明知Robin是虚拟人物，这个聚会也必然是虚拟的，面对此种虚拟情境，学生身心投入不足。

2. 操作空间考究

教材指向的学生操练是写三个英语短句。这一操练显然实践空间不足。三句话是独立存在的句子，缺乏语篇意义，学生写三句话只需要在教材所给的短语基础上加上“I will”，操作简单且机械，对于学生理解本课的主题，理解时间和计划的英语表达意义都无益。

3. 育人价值探析

教材采用简单的句式描述派对上发生的事情，对于为何要举行派对、派对的意义等都未进行铺陈。学生在教材中只能学习到脱离生活世界的静态语言知识（句子和单词等），对个人价值观的形成并无多少影响。

通过对教材三个方面的分析，可知该教材存在情境不完整、不真实，学生操作空间小，育人价值不凸显等问题，基于原有教材分析，教师找到了教材的缺失点，即后期教学资源再构的突破点。

（二）开发资源，补充教学情境

针对教材分析后发现的情境不真实和不完整问题，教师需借由资源开发进行弥补。如针对情境不真实问题，按照教学进度推算，本课上课时间约为五月底，六一儿童节即将到来。学校每年都会进行六一文艺汇演，这也是一个儿童节的派对。因此，教师可以用学生历年参与六一文艺汇演的照片或视

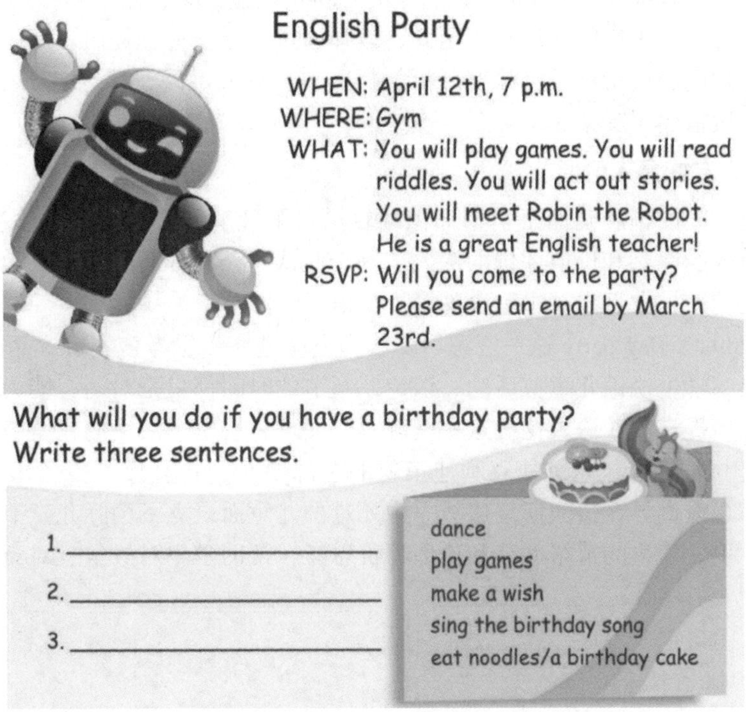

图 2　教材内容

频等引出 Children's Day party 这一情境，将教材中 English party 的邀请函转化为学生学习创作儿童节派对邀请函的学习材料。这一转化，让教材中的虚假情境转变为学习的材料，而教学情境则创设为儿童节派对这一真实且统一的生活情境。

当然，针对这一问题，教师也可有其他的破解方式。如教师可以编制听力或视频材料，呈现以下文本，补充教学情境。

Chen Jie：Hello，Sarah. Have you heard the English party on April 12th?

Sarah：Yes，I got an invitation.

Chen Jie：Will you come to the party?

Sarah：I'd like to. But April 12th is my father's birthday. We'll have a birthday party for my father. So I can't go to the English party.

Chen Jie：What a pity！Maybe you can come next time. What will you do for you father's birthday party?

……

借由此材料，将英语派对情境自然地过渡至生日派对情境，使教学材料的情境更加完整统一。

（三）改造教材，开拓操作空间

本课为读写课，学生以阅读促进深度学习，以写作提升思维品质。虽借由资源的开发，教学情境可以得到较好的补充和修正，但教师仍应该思考教学材料的操作空间问题，只有给予学生足够的阅读思考和写作尝试的空间，学生才能在体验、活动、操作的过程中自然习得语言。因此，教师可采用“TOP”教学模式，即 task-base learning，problem-base learning 和 outcome-base learning[6] 抛出“船锚”，让学生在问题空间内进行探究活动。

根据教材要求学生只需仿写三个“I will...”句子，操作空间过小。教师可以设计“Children's Day is coming！Please try to write an invitation to invite your parents”任务。为顺利完成此学习任务，学生需要在阅读的过程中逐步思考：How to write an invitation? What should be included in an invitation? How do you think of this invitation? What else can we write in an invitation?

思考这些问题，在逐步阅读的过程中，梳理出教材中给出的 English party 邀请函的结构“When，Where，What，How”，以及常用句“You will... /Will you come to the party?”等，为学生完成仿写任务做铺垫。同时，通过“How do you think of this invitation”这一反思性问题，学生批判分析教材文本，为接下来的写作提供了更广阔的思路。至此，教师通过改造教材，提出了新的学习任务，为学生开拓了操作空间；通过问题链帮助学生深度分析教材文本，完成了阅读输入，经由逐步阅读与分析，为学生生成和输出文段搭建了支架。

（四）深析内容，发掘育人价值

情境创设和操练空间的拓展确保了学生知识的较深水平理解和建构，但是深度学习的“深”还应体现在学生情感投入的深刻和价值评价的深入。基于此认识，教师还要对原有教材和新增教学资源等内容进行进一步的深析，发掘出其中蕴含的育人价值。

因此，使用Children's Day party这一资源后，教师还应进一步思考该资源是否对学生的价值观培育有意义。在课堂上，学生谈论儿童节活动、谈论儿童节的时间都只是对语言能力的培育，文化品格这一核心素养又该如何提升呢？深入挖掘这一资源可以发现，快乐、活泼的儿童节源自一个惨痛的事件，1942年6月，德国法西斯枪杀了捷克利迪策村的全部婴儿，并监禁了多名儿童。1949年，国际民主妇女联合会为悼念全世界在法西斯侵略战争中死难的儿童而设立了国际儿童节。教师可以剖露出儿童节的历史背景，引发学生的情绪冲突和价值评价思考，帮助学生对战争、对当下的生活形成正确价值观念。

四、结语

经由对教学材料的教学情境、操作空间和育人价值的分析与再构，课堂教学材料成为深度学习的良好教学资源。充分利用这一资源，学生可以更高水平地投入真实的课堂情境中，通过解决情境中的问题和任务培养高阶思维，提高思维品质，形成对知识的深度学习。继而通过深挖材料背后的育人价值，进行价值分析和评价实践，培育良好的价值观，实现深度学习价值层面的突破。从分析到再构，深度学习借由教学材料得以实现，学生核心素养在教学过程中自然生发。

参考文献

[1] 崔友兴. 基于核心素养培育的深度学习［J］. 课程·教材·教法，2019（2）：66-71.
[2] 杨玉琴，倪娟. 深度学习：指向核心素养的教学变革［J］. 当代教育科学，2017（8）：43-47.
[3] 郭华. 深度学习及其意义［J］. 课程·教材·教法，2016（11）：25-32.
[4] 张诗雅. 深度学习中的价值观培养：理念、模式与实践［J］. 课程·教材·教法，2017（2）：67-73.
[5] 郭华. 深度学习及其意义［J］. 课程·教材·教法，2016（11）：25-32.
[6] 郭元祥. 课堂教学改革的基础与方向：兼论深度教学［J］. 教育研究与实验，2015（6）：1-6.

（株洲市天元区新马小学）

"3s" 教学模式，提升小学英语核心素养

易 程

摘 要："3s" 教学模式，指的是 smile、speed 和 smart，也就是小学英语课堂教学中，教师需要注重学生的兴趣，加快教学节奏，并采取有效的措施启发学生的智慧。本文以提升小学生英语学科核心素养为导向，重点分析 "3s" 教学模式在小学英语课堂中的应用路径，希望能够为小学英语课堂教学提供一定的参考。

关键词："3s" 教学模式；小学英语；核心素养

作为一门外语，英语教学由于缺乏相应的语言环境，很多学生认为英语学习很难，而且对英语学习兴趣偏低。同时，在英语课堂教学中，很多学生不愿意张口说英语。对此，英语教师要积极探索 "3s" 教学模式在教学中的应用策略，有效提高小学英语教学质量，从而实现培养学生核心素养的目的。目前 "3s" 教学模式非常适合低年级学生的培养，因为它强调寓教于乐的精神，让教师和学生在课堂上能更加轻松地完成学习任务。[1]

一、smile，激发学生对英语学习的兴趣

为达到激发学生英语学习兴趣的目的，教师可以引导学生将学习内容从静态转变成动态，构建出一个趣味性的英语课堂，创设情境兴趣，从而发展个人兴趣。关于个人兴趣和情境兴趣之间的关系，有研究者认为，个人兴趣和情境兴趣在发展中是彼此影响、交互而不可分割的。情境兴趣在一定的条件下可以发展为相对持久的个人兴趣，它们在发展中是相互影响的。在学习活动中，情境兴趣对于引发学生的注意具有特别重要的作用，而个体兴趣则对于维持学生的注意力更为重要。一般说来，个人兴趣很难改变，情境兴趣容易改变而且一定程度上在教师的掌控之中。[2] 所以教师在教学中要充分利用这一有利要素。以词汇的学习为例，教师可以把一连串词组串联起来，创设情境，组织一个角色扮演的小游戏，让英语知识从静态到动态。学习水果时，教师可以创设去超市购买水果的情境，让学生模拟真实的场景，然后用英语进行沟通，学生 A："What would you like?" 学生 B："I'd like some pears。" 学生 A："Five yuan，please。" 学生 B："OK. Here you are. I'd like some apples。" 在学生学习词汇的过程中，结合具体的场景，让学生进行表演，使其产生情境兴趣，一方面可以把英语词汇学习变成动态的，另一方面可以培养学生的思维能力。

再比如学习句子时，教师可以让学生进行表演，让英语句子的学习更加有趣，同时可以巩固学生的记忆。以句子 "A cat can catch a mouse" 为例，教师可以先逐词进行讲解，然后让学生做出相应的动作，这个过程中，教师创设情境，让学生扮演猫和老鼠并做出相应的动作。借助于表演式的学习方法，不仅可以帮助学生更好地巩固讲授的句子，还能够激发学生的主观能动性，让枯燥的英语课堂变得更加有趣。[3]

教师还可以把学科横向联系起来。活动应有利于英语学科和其他学科的相互渗透与联系。在英语教学中利用琅琅上口的歌谣，如 PEP 人教版四年级英语下册 Unit 2 中学习 "It's time to..." 句型中可用 "Breakfast，breakfast，it's time for breakfast. Lunch，lunch，it's time for lunch" 这样的歌谣把英语学科和音乐学科融合，培养学生学习的核心素养。

二、speed，加快小学英语课堂的教学节奏

加快英语课堂的教学节奏，并不是将英语课堂内容堆积在一起，也并非在课堂上用很快的语速讲

课。快的教学节奏是结合学生的认知特征，采取多样化的教学手段，能够从不同的环节进行课堂训练，从而更好地吸引小学生的注意力，提高学生的学习效率。由于小学生注意力集中的时间比较有限，所以教师要注意教学节奏，让学生通过游戏与竞赛等方式，学习更多的英语知识。

在英语的复习课堂上，通常有很多个环节，需要对每一个环节进行科学的组合。第一步，课前，师生问好（Greeting）；第二步，唱一首歌（Sing a song）；第三步，也是课程的重点，日常用语（Everyday English），这个步骤涉及大量的知识点，而且覆盖面非常广，教学节奏比较快；第四步，造句（Make sentences），采取抢答或者做游戏的方式，进一步巩固学过的句型。组织学生进行课本剧表演，并进行词汇训练。借助于这种快速的节奏和多元化的复习活动，可以让学生的思路紧跟教师的脚步，从而提升复习巩固的有效性，同时巩固学生对知识点的记忆。

教师还可以用思维导图的方式将知识进行整合。思维导图不仅能激发学生自主复习的兴趣，还可以帮助学生梳理专题复习的知识点，形成结构化知识，掌握相关的重点和难点，最终进行创造性的输出。[4]这样的方式不仅加快了学习的速度，也提高了学习效率。如复习食物和饮料这一块，拓展知识点，在现有语境的基础上进行知识的延伸。如“What's your favourite food”可以拓展“What's your favourite drink? /favourite colour? /favorite number? /favourite animal”，把已经学过的食物和饮料的单词用思维导图的形式展示，如图1所示。

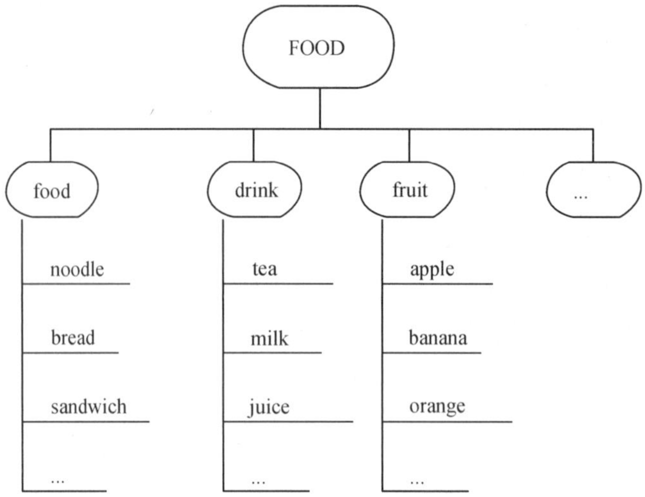

图1 食物和饮料单词思维导图

三、smart，启迪学生英语学习的智慧

为了有效地启迪学生智慧，教师可以利用赏识教育，以激励性的语言促进学生的智慧生成。为了有效运用激励话语，渗透赏识教育，实现智慧生成的目的，要求教师尊重学生、理解学生、信任学生。将这些教学方法运用到英语教育中，前提是教师充分了解学生，并具备扎实的专业基础。在素质教育逐步深化的背景下，学生不仅在学校接受英语教育，还会参与一些英语培训，这不仅帮助学生掌握了一定的英语技能，而且也培养了学生的英语评价能力。

教师评价用语要多元化，评价方式要与所学内容相融合，从英语学习的各个方面鼓励学生，赏识学生，鼓励学生多说、多交际，从而培养学生的语言能力以及各个方面的能力。评价应关注学生综合语言运用能力的发展过程，以及学生在学习过程中的情感态度、价值观念、学习策略等方面的发展和变化。如学生的声音大，可以说“You're brave”；学生的口语好，可以说“Your oral English is good”；学生的表演很传神，可以说“You are an actor/actress”。在三年级学习“How are you? I'm fine”这一课时，教师可把Fine、Good、Great、Very well作为评价用语，保持课堂评价和学习内容的一致性。

每个学生都是发展中的课题，每个学生在课堂上的表现也不尽相同。对于课上表现良好，而且积极主动的学生，教师需要给予适当的表扬；对于课堂上不活跃的学生，教师也应该给予一定的鼓励与表扬。针对回答不正确的学生，教师可以适当给予纠正，并能够利用合适的语音和语调说出激励话语，避免学生受挫。在英语课堂中，教师提问时有的学生会用英语回答，而有的学生会用汉语回答，当学生用汉语回答时，会出现其他学生哄堂大笑的现象。对此，教师要积极肯定用英语回答的学生。[5]针对不用英语回答的学生，教师可以说"You are a cute boy，but can you say it in English"。在教育过程中，当学生的回答并不是理想的答案时，教师仍需要积极应用赏识教育，培养学生的英语语言能力，积极肯定学生回答问题的行为，并鼓励学生改变自己，能够用英语回答问题。一方面可以保护学生的自尊心，另一方面能够鼓励学生积极说英语，锻炼学生语言能力，从而达到培养学生核心素养的目的。

四、结束语

综上所述，在课改深化的背景下，培养小学生的听说读写能力，要采取有效的教学方法，让学生能够从"让我学"到"我要学"转变。英语教学活动的开展，教师要积极探索"3s"教学模式的实践路径，从让学生获取感性认知着手，逐步培养学生形成良好的学习能力与习惯，为其今后的英语学习奠定良好的基础。基于此，教师要以培养学生的听说读写能力为目标进行教学实践探索，激发学生对英语学习的热情，让学生能够积极主动地参与学习活动，最终实现英语核心素养的培养。

参考文献

[1] 曹小柠. 核心素养下小学英语"3S"阅读课堂的实践探析 [J]. 家长，2021 (10)：99-101.
[2] 丁永祥. 小学英语学习兴趣和动机调查与分析 [D]. 上海：复旦大学，2012.
[3] 徐晓灵. 为学生英语能力的全面发展插上隐形翅膀：浅议在小学英语教学中学生核心素养的培养 [J]. 文理导航 (下旬)，2021 (8)：54-55.
[4] 蔡雪飞. 核心素养视域下小学英语毕业复习的思考与建议 [J]. 小学教学设计，2021 (9)：4-6.
[5] 王梦宇. 核心素养背景下的小学英语单元整体教学的有效对策分析 [J]. 文理导航 (下旬)，2021 (8)：59-60.

(岳阳市经济技术开发区金风桥小学)

浅谈“双减”背景下小学英语作业的优化、增效策略

张 兰

摘 要：在“双减”政策背景下，本文积极思考如何通过优化英语作业设计来实现减负增效，提出给作业“分层次”“添趣味”“生活化”三大增效策略。

关键词：双减；小学英语作业；优化；增效；策略

“双减”政策规定，全面压减作业总量和时长，减轻学生过重作业负担，“学校要确保小学一、二年级不布置家庭书面作业，可在校内适当安排巩固练习；小学三至六年级书面作业平均完成时间不超过60分钟”。同时要求教师提高作业设计质量，鼓励布置分层、弹性和个性化作业，并加强作业完成指导。我以往年本校英语特色作业设计为“小切口”，来优化和创新“双减”政策下英语作业的“大变革”，努力做到优化学生作业“量”的同时提“质”。下面，我将尝试从给作业“分层次”“添趣味”“生活化”这三个大方面来优化英语作业设计，激发学生做作业的热情，实现“双减”政策下学生作业的减负增效。

一、给作业“分层次”

针对学生能力有差异的客观事实，我们精心设计了不同层次、不同梯度的作业，让学生根据自身情况自主选择合适的作业，发现做作业的乐趣，并使他们的能力得到了更好的发展。下面从口语作业和书面作业来说明如何分层次设计作业。

（一）口语作业

1. 单词、句型方面

以往我要求学生做到先跟读模仿，再熟读并尝试背诵，“双减”后统一改为在校同学之间认读过关、熟读各单元的重点单词和对话（利用我校课后辅导服务时间），再由小组长逐个过关，最后老师抽查，确保学生真正掌握。同时，建议英语学习能力强的同学在课后增加绘本阅读，实现高频单词的认读和绘本内容的熟练朗读（教师推荐相关绘本）。

2. 单元主题口语演讲

以往是教师统一布置单元内容相关话题作业，最后学生在教室完成主题演讲。“双减”后我遵循因材施教的原则，针对不同程度的学生，分层次布置作业，真正做到让优秀学生“吃饱”，中等学生“吃好”，学习有困难的学生“吃得了”。在学生常规作业练习后，多留空间给他们提高口语能力，如布置完成单元拓展话题演讲，详细分为三个层次，学生可根据自身学习情况选择难易程度适合自己的作业去完成。

以下为分层作业的三种选择：

一星难度：读，学生能看稿，熟读文段内容即可。

二星难度：背，学生能流利背出文段。

三星难度：演，学生能独立演讲，加上适当的语音、语调及表情，有表现力。

（二）常规书面作业

常规书面作业我主要是从“预习”到“巩固”，最后再“拓展”这三部分形成一个完整的作业流程，分别是自主预习完成导学案—巩固基础完成练习册—拓展完成练习卷。

1. **导学案**

“双减”后由我校统筹安排并推进“导学案”的使用。旨在转变学生学习方式，培养学生自主学习能力。课前导学案的设计，让学生通过查找利用网上资源以及翻阅相关书籍等，自主完成该课题相关的内容，对即将学习的文本内容进行初步探究解疑。通过设计导学案，帮助学生完成自主预习，改变学生的学习方式，引导学生进行自主学习，实现课堂教学的优质高效。

2. **湘少版教材配套练习册**

我们一直坚持教师对知识点进行讲解后布置作业—学生认真完成—教师全批全改—精讲精练—深化知识面—强化思维能力的过程。“双减”后我们统一压缩作业总量，减轻学生作业负担。湘少版英语的配套练习册题量大、内容多，为了切实减轻学生作业负担，我校备课组内统一思想，挑选精华题目，落实针对性评讲。

二、给作业“添趣味”

好动爱玩是儿童的天性，因此作业设计要摆脱单调乏味、机械的练习，增强趣味性，激发学生完成作业的热情。“双减”后，我尝试通过设计不同形式的作业，让学生通过创作来完成自己的作业作品，让学生觉得自己并不是在写作业，而是在完成一件有趣的事情，实现“玩中学，学中用”。

“趣配音”是我推荐学生坚持训练口语的一种方式。通常我会在班级群分享配音链接，学生完成对应级别的配音内容，坚持配音打卡。此项作业一直是学生们比较喜欢且能主动完成的。他们通过跟读绘本故事，观看动画或电影片段再给人物配音，从起初的几个配音作品到后面的几百个作品，从量变逐步达到质变，语音语调更标准了。“双减”后，此项作业我们会一直保留并在学生寒暑假期间也会积极推荐练习和打卡。

三、让作业“生活化”

作业仅仅具有“趣味”是不够的，还应该更“生活化”，充满人情味，所以我们在作业设计过程中，强调以生为本，让学生的作业量下去的同时，让生活能力提上来，让所学真正能为学生所用。以我特有的英语“talk show”作业和英语视频作业为例来说明如何让作业“生活化”。

1. **英语** talk show

作为我所教班级已经发展和推广得比较成熟的一个英语科目品牌项目，我一直是不限形式、内容的。先班级海选，再推荐优秀视频作品推送学校审核，审核通过后由学校官方公众号向社会推出。“双减”后，这些优秀经验和做法我会继续沿用，同时我也在思考如何让 talk show 内容更生活化，让学生多把所学用于实际生活。

2. **湘少版英语视频作业**

以往我们布置课文朗读或背诵作业，通常就是让学生录好读书背诵视频，并上传至英语作业群，教师检查。“双减”后我校教师根据课文内容，选取与学生日常生活相关的句型表达或篇章对话，让学生通过介绍和实际操作相结合，把所学用在实际生活中，做到学以致用。

以上内容是“双减”新形势下作业设计的初步规划，我会根据各年段学生实际学情，在各备课组的集体研讨下规划确定好适合本年段的作业类型，确保形式多样、内容丰富。让我们在“双减”的指挥棒下共同摸索，一起前行。

（常德市经济技术开发区乾明路小学）

基于核心素养的英语配音APP在小学英语教学中的应用

周 晴

摘 要：“互联网+”时代，英语学科核心素养的建构推动着英语教师对课程内容的重新思考和对教学方式的进一步优化。如何在核心素养视觉下提高小学生的英语口语能力，是本文讨论的重点。在我的教学实践中，我尝试利用英语配音软件作为教学的辅助手段，将课外资源与课内学习相结合，从小学生英语学习兴趣的提升、思维习惯的培养和语音水平的提高三个方面着手，帮助学生提高英语口语能力，最终达成培养小学生英语学科核心素养的目的。

关键词：核心素养；英语配音；应用

英语学科的核心素养包含语言能力、思维品质、文化品格和学习能力四个维度，而口语表达能力是语言能力素养的重要体现形式之一。在新课标的要求下，小学英语课堂更应注重语言学习的实用性和趣味性，帮助学生脱离“哑巴英语”的困境，从而提升口语能力。因此小学生英语学习兴趣的培养和保持、听说能力的培养和提升在英语教学中显得尤为重要。而英语配音APP是具有移动性和娱乐性的优质学习资源，它能通过视觉和听觉激发学生的学习热情，提高小学生的语音面貌和口语表达流利程度。

一、为何采用英语配音的学习方式

（一）核心素养要求下小学英语口语发展的现状

（1）受传统教育方式的影响，小学英语课堂的授课方式大多以考点和教学大纲为核心，展开单词听写和课文背诵，课堂教学内容单一局限，枯燥乏味。教师容易忽略对口语的培养，学生对语言学科的学习陷入了死记硬背的误区，导致学生的口语交际意识很薄弱。

（2）小学高年级大部分学生对口语表达存在心理障碍，怕说错而不敢说，缺词汇而不会说，音不准而羞于说。这种“怕说错，不敢说”的心理状态给英语口语能力的培养带来了极大的障碍。

（3）教师自身语言条件的限制。我国英语教师受中文发声的影响，课堂上对学生的口语输入并不能完全保证100%是地道的表达。受语言条件的影响，有些老师甚至没有办法做到全英文教学，学生丧失英文学习环境，缺少原生态的英语输入。

（二）英语配音APP在口语教学中的优势及作用

英语配音课程是利用英语配音APP，通过原汁原味的电影、歌曲、动画等小视频，将课外资源与课内知识相结合，灵活运用“赏、析、模、演、配”五个教学步骤，结合“趣”展开教育教学活动。对小学生而言，将语言信息通过生动有趣的视频方式呈现出来，更适合他们对信息的理解和记忆。学生通过对视频的欣赏，对语言的模仿，对会话语篇的理解进行语言输入，最终通过配音的方式输出语言。这个过程极大丰富了学生的学习内容，提升了学生的学习兴趣，培养了学生的英语语言思维习惯、标准的语音语调以及跨文化意识，从而提高学生的口语能力。我将以“英语趣配音”为实例，阐述英语配音APP在口语教学中的优势及作用。

1.“英语趣配音”符合小学生的心理特征

有关研究表明，人类感官对信息的理解程度因刺激的方式不同而不同，其中视觉刺激的影响率占83%，听觉占11%，嗅觉占3.5%，触觉占1.5%，味觉占1%，而综合刺激各感官才能达到最佳的理解记忆效果。小学生，特别是低年级学生，形象思维占主导地位，他们乐于接受新鲜、有趣、活泼的学习方式，形象生动、具体鲜明的图像或视频是他们学习方式的首选。“英语趣配音”给孩子们提供了 1 至 3 分钟的短视频，学生采取给视频配音的方式来练习英语，它符合小学生的心理特征，对小学生有极大的吸引力，能逐步引导学生由应付作业变为主动参与活动，让英语的说与练变得更加有趣、主动和有效。

2.“英语趣配音”提高了学习英语的兴趣

列夫·托尔斯泰曾经说过，成功的教育所需要的不是强制，而是激发学生的兴趣。小学阶段是学生整个英语学习生涯的启蒙和基础阶段，这一阶段的重要任务在于激发并保持学生学习英语的兴趣。“英语趣配音”APP 每日会更新美剧、动漫、歌曲等视频资料，孩子们可以根据自己的兴趣，自主选择合适的视频、音乐等资料，采用配音的方式进行学习。自从在班级里推广“英语趣配音”APP 以来，孩子们的英语学习热情日渐高涨。我班的陆雨彤同学给 *Frozen* 里的一个视频片段配音，花了将近一个小时仍然乐在其中。我问她为何愿意花那么长的时间和精力去做这个配音作业，她说，配音视频里有她最喜爱的角色 Elsa，她想把英语说得和 Elsa 一样好听。她并不觉得配音作业是作业，而是一个好玩的事情。我相信，这就是孩子们学习的兴趣所在。兴趣是学习的最好老师，兴趣得以激发，孩子们对英语的热爱之情就一天比一天高涨，学中乐，乐中学。

3.“英语趣配音”丰富了英语学习的内容

在日常教学中，以考试的考点和教学大纲为主导的教学内容过于单一和局限，不利于学生开放式地学习英语。“英语趣配音”中涵盖了电影、歌曲、诗歌、绘本、人文地理等一系列丰富内容，还有地道、有趣、生动以及最贴近西方国家生活的主题会话。这样极大地弥补了教材内容的局限性，为学生学习英语提供了更为广泛而有效的学习材料，无形中推进了跨学科的综合课程的建设。

4.“英语趣配音”提高了英语语音水平

在实际教学中，教师无法在有限的课堂时间内检测并纠正每一个学生的语音。“英语趣配音”APP 是“拯救”语音语调不准的学生的“利器”。在英语学习中，模仿是最基本、最有效、最直接的语言学习方式。学生们在给英语视频配音时，反复地听读、模仿、纠音，在模仿与自查自纠的过程中形成标准的语音语调。我班的 Tyrone 同学以前说英语总是“卡带”，甚至带有最典型的“f”和“h”、“l”和“n”分不清的湖南腔调。利用“英语趣配音”APP 学习一段时间后，Tyrone 说英语时不仅告别了以往的“湖南味”，甚至有了点儿英伦腔，口语流利了，人也更加自信了。

5.“英语趣配音”培养了英语思维习惯

爱德华·萨丕尔在《语言论》一书中提出：语言的成长要充分依赖思维的发展。英语的学习不是简单地将单词进行拼凑，而是理解其语言文化背景以及其中的思维。小学是英语的启蒙阶段，小学生在学习语言的过程中有模仿性强、可塑性大的特点。因此，我们应该充分挖掘不同的英语学习材料，重视原生态的英语输入，培养学生快速用英语思维的习惯。我班的孟坤同学在课前回答“How are you today”的问题时，他居然用了 *Peppa Pig* 里的一句话，“I'm feeling very well. What about you”。若是以前，学生们只会照本宣科似的回答“I'm fine，thank you. And you”。语言文化意识的渗透也能促进学生英语思维习惯的养成。“英语趣配音”APP 海量的视频资源中有最地道的关于西方节日、饮食特点、服装特色等的介绍。如 Halloween 的来历，这个节日给西方人日常生活带来的变化，以及一些习惯性的表达，都让学生在学习语言时了解了西方文化，从而逐渐培养英语思维习惯。

6.“英语趣配音”提高了自主学习意识和能力

十年前，学生们的学习模式是一本教科书行走天下。“互联网+教育时代”的飞速发展，大力推动了教育教学的改革。“英语趣配音”可通过定期的“打卡”获得积分奖励，促使学生养成坚持学英语的好习惯，培养了学生自主学习英语的意识。学生们在课堂之外，利用“英语趣配音”APP 对学习资源进行有效收集、加工和利用，这也直接影响了学习的可持续性。我班的谢巧言同学，特别喜欢看纪录短片，并立志要做一个纪录短片的讲解员。我告诉她，只有经过长期坚持不懈的口语练习和文化知识的沉淀，才能当一名优秀的讲解员。于是她利用时间充裕的暑假，在“英语趣配音”APP 上搜索了大量的英语纪录短片，坚持每天配音“打卡”并分享至班级群。当她将自己整理的一本讲解手册作为假期学习成果向全班展示时，同学们都惊叹不已。

二、如何巧用英语配音APP提高口语能力

新课标明确要求，深化教育改革，首要是坚持素养导向。我们的目标是关注素养，而不只是关注知识点。知识点目标是阶段性小目标，核心目标还是学科核心素养的培养。在我的教学实践中，我使用“英语趣配音”和“E英语宝”APP作为教学的辅助手段（“英语趣配音”APP主要为课外拓展，“E英语宝”APP主要为课内巩固），在班上开设趣配音课程，提高学生口语交际能力的同时，加强学科内知识整合，推进跨学科学习，最终达到建设综合课程，提升核心素养的终极目标。

（一）创建英语趣配音班级

刚接触“英语趣配音”APP时，较多家长反馈，他们拿捏不准孩子的水平和英语视频的难度，部分家长甚至完全不懂英语，不知道哪个配音视频适合孩子去模仿。只有一两句台词的配音视频显得过于简单，挑战性和趣味性不足，不能满足大部分孩子的英语学习需求；而台词过多、语速过快的配音视频难度大，导致孩子在完成配音时耗时长，跟不上又配不好，容易产生挫败心理，导致孩子遇难而退，慢慢不敢配音，最终失去配音的兴趣。针对这种情况，我利用“英语趣配音”里面的创建班级功能，创建了英语趣配音班级，并根据学生们的知识水平和能力程度，每周筛选两个适合学生们配音的视频，推荐到班级作业中。创建趣配音班级的目的在于更好地管理学生的配音作品，减少学生用于筛选配音视频的时间，对学生的配音作业进行及时的跟进、批阅和反馈。

（二）巧妙布置趣配音作业

为了充分利用好“英语趣配音”APP，使其能在我的英语教学中、在学生们的英语学习中发挥最大的作用，巧妙地布置趣配音作业显得很重要。我主要从以下几个方面考虑：其一，有梯度地分层布置配音作业。新课程最核心的理念是以人为本，这就要求我们关注不同层次学生的发展，关注每一个学生的成长。所以，作业的布置要考虑学生各方面存在的差异性，因人导学。我推荐的两个视频题材和难度不一，学生可根据学习能力自主选择完成其一或全部完成，也可根据自己的兴趣爱好，自主选择其他配音题材。其二，布置作业的时间，因我校大部分学生为住校生，考虑到学生们周一到周五学习时间比较紧促，周末从心理上可以放松一下，英语作业就以配音为主，小学生对于没有机械抄写的作业感到特别开心，配音的兴趣就更浓郁。

（三）对配音作业进行及时有效的评价

《义务教育课程方案和课程标准》中要求在教学中应正确评价学生，从而激发学生的学习兴趣，促进学生正确认识自我，树立信心。及时有效地评价配音作业，可以及时发现并纠正学生存在的问题，对提高学生学习的积极性，促进同学之间相互学习有很大的帮助。我主要采用以下三种评价方式。

1. 师生互评

每个周末的配音作业，我会将我的配音作品分享到群里，供学生们欣赏，并鼓励其大胆评价。同时，我会在配音班级里对每个学生进行点评，在评论区里进行点赞，或者给予正能量的评论。学生们在自己的配音作品评论区里收到了老师给的赞、送的花或积极性的评论，会特别开心，下次的配音作业会完成得更加积极和认真。

2. 生生互评

除了老师对学生们的作品进行评价之外，我也鼓励学生们进行互评。首先，我会告知学生评价配音作业的原则：文明用语，点评到位。学生们可以从语音语调的模仿、语气情感是否到位、配音是否完整等方面去评价同学的作品。每个学生都可以在配音班级群里点开任何一个同学的配音作业，认真欣赏并做出评价。人性最深层的渴望就是得到认同与赞美。这种生生互评的方式，使得同学们对待配音作业的态度更加认真了。这个过程也能让同学们相互学习，相互竞争，相互鼓励。

3. **作品分享**

"英语趣配音" APP 分成听、说、分享三个阶段，分享是其中特别好的一个功能。学生们既可以分享到朋友圈，向自己的亲戚朋友"炫耀"自己流利的英语，同时还能分享给班上的所有同学欣赏。在教学实践中，我坚持利用课前 3 至 5 分钟，分享 3 个学生的配音作业。这 3 个学生，也许是本周完成得最优秀的，也许是本周取得了显著进步的，也许是完成不够好但是已经付出很大努力的。通过这种分享的方式，促使优秀的学生对待配音作业精益求精，鼓励潜能生更加积极主动地对待英语学习。实践证明，在课堂上分享配音作业，不仅可以欣赏同学的优秀作品，见证同学的努力与成长，与此同时，还能复习巩固配音里的知识内容。这样日积月累地"温故知新"，学生们的基础知识不断得到巩固，口语表达能力也日渐得以提升。

三、结语

在探讨与创建学生核心素养体制的时代背景下，我们作为与信息时代接轨的年轻教师，及时对课程内容进行重新思考，以及对教学方式进行进一步优化，及时对学生的学习方式作出改变和调整，是我们责无旁贷的使命。能在教学过程中恰当使用信息技术，选择适合学生学习的工具，对小学生的英语口语能力提升将起到极大促进作用。英语配音类 APP 符合小学生们的心理特征和认知水平，是学生们愿意听、愿意说、愿意分享的学习软件。它对提高学生学习英语的兴趣，提高学生的口语表达能力有极大的促进作用。但是，它毕竟只是一个学习软件，只能作为我们学习英语的辅助手段，它在我们英语学习中的应用还需要不断地挖掘和探索。作为一名英语教师，我们要始终以学生为主体，结合核心素养下学生的培养目标，对如何提高学生的综合语言能力进行不断的思考和创新。

参考文献

[1] 党美惠. 英语电影配音对小学生英语学习中的作用和影响 [J]. 读写算（教育教学研究），2014（21）：264-265.
[2] 沈晓蕾. 基于核心素养的小学英语阅读教学 [J]. 作文成功之路（教育教学研究），2017（4）：60-60.
[3] 李淑芬. 教师教学语言的语境策略 [J]. 语文学刊（基础教育版）. 2005（17）：80-82.
[4] 章兼中. 小学英语教育学 [M]. 福州：福建教育出版社，2016：113-116.
[6] 爱德华・萨丕尔. 语言论：言语研究导论 [M]. 陆卓元，译. 北京：商务印书馆，2007. 13-18.

（益阳平高学校）

关注学生多元成长，创新开发校本课程*

——以大同小学“同美体验”校本课程为例

龙继红

摘　要：作为国家课程的有益补充，近年来，校本课程开发风起云涌。校本课程能够从学生的兴趣、需要、情感、个性和特长出发，为学生创造丰富多彩的教育内容和教育情境，让学生通过实践活动、自主学习、合作交流、自我调适提高个性化学习能力，促进创新品格的形成，实现更全面的发展。

关键词：多元智能；校本课程

基于多元智能理论，长沙市芙蓉区大同小学开发的“同美体验”校本课程，以培养多元化人才为出发点，将校本课程开发与学校办学理念、课程特点及课程内容创新有机融合，不断凸显课程价值，有效推进课程实施，从而使课程目标设置、课程结构调整、学生选修管理等工作的开展更为科学。

一、明晰课程理念，厘清课程价值

校本课程理念、价值的确定，要充分考虑学校特定的办学理念、办学特色和学生多元发展的需求。

教育家苏霍姆林斯基说，理想的教育是培养真正的人，让每个人都能幸福地度过一生，是教育应该追求的恒久性、终极性价值；美国著名教育心理学家霍华德·加德纳提出“多元智能理论”，认为不同的人有不同的智能组合；美国著名心理学家亚伯拉罕·马斯洛提出“人类需求理论”，证实了不同生命需求之间存在着共性，而个体生命的共性需求与社会的整体发展诉求相生相成。这些与教育相关的理论，不断明晰着大同小学校本课程的实践理念。

在课程设计上，校本课程要充分考虑课程内容的多样性以及学生成长过程中的社会性，尊重个体生命潜在的成长变化规律。大同小学的“同美体验”校本课程，围绕“让每一个生命绽放独特魅力”的办学理念，关注学生发展的多元性，围绕学生成长特点和兴趣爱好开设 50 多门课程，诠释着“每一个学生都是一个独特的生命，每一种魅力都是一次生命的绽放”的教育本质。

校本课程要打破班级、学科壁垒，打造成长共同体。大同小学的“同美体验”校本课程，把兴趣爱好相同的人聚集在一起，引导他们通过协作达到共同学习、共同进步的目的。慢慢地，这一校本课程逐步成为学生沟通交流、开拓视野的重要平台，成为丰富学生学习经历、提升学生综合素养的重要载体。

校本课程要满足家长育人需求，提供优质教育资源。学生的成长会受到家庭影响，作为国家课程的延伸，校本课程应着力于区域性和个性化的基本要求，从家庭角度出发，考虑家长对学校教育的要求，进而提供优质教育资源，满足家长对学校教育的期待。大同小学“同美体验”校本课程的设计，广泛吸取了家长对学校教育的建议，通过开展各类认识和适应社会的活动，增强孩子的实践能力，使学生的个性彰显、魅力绽放。

二、突显课程特点，创新课程内容

校本课程建设既要重视内容的人文性，也要关注设计的系统性。校本课程和国家课程、地方课程

* 原文刊发于《湖南教育》2021 年 5 月 A 版。

一样，要有自己的课程理念、课程计划和评价标准，不仅要在创建中突显课程特点，更要创新课程内容，真正实现有目标、有计划地教学。

大同小学“同美体验”校本课程的建设以人为本，尊重每一个生命成长的独特性，在关心学生、爱护学生、尊重学生中结合学生的身心特点和成长规律，科学合理地设计了层级化、个性化课程，全方位实现了校本课程的系统性。

霍华德·加德纳认为，智力内涵所包括的语言智能、数学逻辑智能、空间智能、身体运动智能、音乐智能、人际智能、自我认知智能、自然认知智能，构成了智力者的8种能力；亚伯拉罕·马斯洛提出，人类有生理需求、安全需求、社交需求、尊重需求和自我实现需求。[1]在课程类别设计中，“同美体验”校本课程遵循了上述教育理论，开发了“生命与健康”“角色与责任”“交往与合作”“创造与审美”4类共计50多门特色鲜明的课程，充分尊重孩子的兴趣爱好。在大同小学6年12个学期中，校本课程把学生在小学教育阶段的成长串联一体，选修内容也随着学生个体成长螺旋式上升，为每个孩子在学习中发挥天赋提供了机会。

正如作家林语堂所说，学校应如同一片森林，学生应犹如猴子一般在其间自由跳跃，任意采摘各种营养丰富的果实。倘若一所学校的校本课程综合考虑了课程门类的丰富性、层级设计的系统性、学生研修的自主性等多个维度，为学生打造了一个更有活力的课程体系，那么学生自然会被激发出强烈的进取心、旺盛的求知欲以及多样化的个性特长，最终实现全面发展。

三、线上管理，科学评价

基础教育课程改革与发展是一个循序渐进的过程，校本课程的开发与实践亦是如此。大同小学在校本课程的开发与管理过程中，通过一系列尝试、反思与改进，明确了课程的发展方向。其一，始终关注儿童多元化的成长需求，对照《义务教育质量评价指南》，根据不同学段学生的心理特点，科学开设课程。其二，始终关注课程的专业性，通过校内教师专业培训、引入校外兼职教师等一系列途径，推动校本课程精品化。其三，始终关注时代发展，随着人工智能教育、创客教育、课程思政等内容进入小学教材，校本课程也开发相应内容，提升学生适应时代发展的能力。

虽然在科学技术迅速发展的当下，信息技术与课程管理深度融合，催生了新的教育教学规律，但在推进校本课程建设的具体实践中，学生需要什么、教师要上什么课、学校怎样管理，仍是传统而核心的3个命题。

在校本课程开设初期，大同小学通过线上问卷、座谈走访等形式了解教师、家长和学生对课程的期待和需求，并结合教师专业能力、学生需求等因素，合理安排各级课程，积极建构学生、教师、家长共同参与的课程评价体系。

大同小学“同美体验”课程多达50多门，如何满足1200多名学生个性化选课的需求？为此，学校自主开发了校本课程线上管理系统，融合信息技术评价管理机制，推动学校形成了开放的教育评价平台，推进家校育人不断融合。

在校本课程线上管理系统中，家长和学生能够全面了解课程门类、授课老师、学习内容等信息，学生可以根据喜好“看单点课”，家长可以和孩子共同选课，并在系统中记录6年小学研修过程的点点滴滴；教师可以及时了解学生的报名情况，快速便捷生成学生名单；学校管理层可以根据课程评价对课程进行动态管理，淘汰学生普遍不喜欢的课程，开发和完善受学生青睐的课程。

霍华德·加德纳认为，每个孩子都是一个潜在的天才儿童。随着校本课程信息化、智能化管理的实施，教师们发现，每个孩子都有自己的学习风格，教师应尊重学生的学习风格，发现学生的潜能，发挥学生所长。

参考文献

[1] 张立平. 多元智能视角下的校本课程开发 [D]. 上海：上海师范大学，2008.

（长沙市芙蓉区大同小学）

“五项行动”促最美师德绽放初探

陈喜琴

摘　要：近几年，随着育英学校教师队伍整体年龄的增大，老师们的职业倦怠感也逐渐出现。如何引领教师更好地发展，不断强化职业理想信念，让育英“构筑理想，追求卓越”的精神屹立不倒？学校依托“五项行动”，即“师德规范”行动、“师德评选”行动、“思政创新”行动、“智慧教育”行动、“爱心服务”行动，不断夯实师德师风基石，促进育英教师队伍建设良性发展，推进育英学校内涵品质深入发展。

关键词：五项行动；师德建设

长沙市育英学校是芙蓉区一所大校、老校、名校，学校始建于1950年，原系湖南省军区干部子弟学校。学校建校70多年来，一代代教职员工继承和发扬部队“自主自律”优良作风，团结奋进、开拓创新，学校校风、教风优良，社会满意度高。近几年来，随着学校教师队伍整体年龄逐渐增大，老师们的职业倦怠感也逐渐出现。为更好地引领教师职业发展，让“构筑理想，追求卓越”的育英精神成为全体教师的不懈追求，学校依托“五项行动”，即“师德规范”行动、“师德评选”行动、“思政创新”行动、“智慧教育”行动、“爱心服务”行动，不断增强教师职业理想信念，不断夯实师德师风基石，取得了有目共睹的成绩。

一、“师德规范”行动，凝聚教育精神

学校以习近平新时代中国特色社会主义思想为引领，以“做人民满意的好老师”为目标，以“热爱学生，教书育人”为核心，以“学为人师，行为世范”为准则，将提高教师思想政治素质和职业道德水平摆在首要位置，力行师德规范，通过全员全方位全过程师德养成，不断提升教师师德修养。

学校编写《育英教师师德规范手册》，组织全体教职工开展“芙蓉教师宣言”集体宣誓，签署师德承诺书，聆听专家师德专题报告，开展“育英故事分享会”和“强服务，扬师德，正行风”师德交流会，开展党风廉政警示教育，聘请师德师风监督员，进行教师师德信用考核，评选“育英最美教师”等，不断加强教师师德规范意识和行为。

2021年，学校党支部进行“学党史，感党恩”的学习教育，组织师生开展国旗下“党史故事讲述”活动、集体唱红歌活动、党员重温革命旧址活动、团员“红色传承”演讲比赛、少先队员“党史学习”辩论赛等，将社会主义核心价值观贯穿教书育人的全过程，推动育英教师成为先进思想文化的传播者、党执政的坚定支持者、学生健康成长的指导者，为加快推进学校教育现代化治理进程、办好人民满意的教育提供思想政治保障。

二、“师德评选”行动，树立教师榜样

为营造教师爱岗敬业、乐于奉献、追求卓越的精神氛围，塑造教师高尚的形象，传递教育正能量，学校先后开展“名师工作室”“魅力教师个人和团队”评选和建设活动。

1. 名师工作室建设

2017年以来，学校先后成立优秀教师校级工作室，如“莫永辉班主任工作室”“郭晓芳美术工作室”“王娟体育工作室”。2018年，芙蓉区“邓仕秀数学名师工作室”“郭晓芳美术名师工作室”“周方苗名校长工作室”落户育英学校。名师工作室每月定期开展学科研讨、教师培训等工作，形成见

贤思齐的校园积极氛围。

2. **最美教师评选**

学校连续四年开展"阳光魅力教师和团队"评选活动，活动中共表彰"魅力教师团队"10多个，"魅力教师个人"120余人次。2019年长沙市第五届"感动星城·十大魅力教师"评选中，郭晓芳老师脱颖而出，获此殊荣。"阳光魅力教师和团队"评选激发了教师个人及团队奉献教育、投身改革的积极热情，为老师们树立起身边可学习、可追赶的师德优秀榜样，引领更多的育英人不断为推进学校品牌深度建设而贡献力量。

三、"思政创新"行动，弘扬传统美德

学校积极探索"艺术+德育""音乐+思政"实践之道，创新思政教育形式，丰富思政教育内容，大力弘扬传统文化和传统美德，强化师生思想政治教育。

1. **"书道习得"主题教育**

2018年11月，学校举行"《习近平用典》校园书法作品展"暨"少年传承中华传统美德"主题教育活动，用"传统"表达"当下"，用"书法"习得"书道"。学校组织全体师生品读和书写《习近平用典》，将书法教学与学校德育有机融合，探索以书法为载体的立德树人之道，有力地推进了全校师生思想道德建设，传承了中华优秀文化，坚定了理想信念，增强了文化自信。

2. **"思政大课堂"主题活动**

学校以庆祝2019年"六一"国际儿童节为契机，结合伟大祖国70华诞来临之际这一特殊背景，开设"献礼祖国华诞·连通共享未来"思政大课堂，充分运用"思政+音乐"的理念。以丰富多彩、喜闻乐见、寓教于乐的教育活动带领全校师生集体回顾祖国自强不息的成长历程，点亮艰苦奋斗精神；重温中国共产党和新中国的苦难与辉煌，点燃爱党爱国情怀；展望建设中国特色社会主义的美好未来，牢记责任与使命。活动通过网络直播受到社会各界关注，切实推动思政课在学校落地生根。

四、"智慧教育"行动，展现教育情怀

学校开放育英名师名课优质教学资源，通过联校直播课堂、双师共享课堂、网络大课堂，实施教育精准帮扶，发挥育英名校名师助力城乡义务教育优质均衡一体化发展的作用。

1. **联校直播课堂**

宁乡白沙小学、山林小学、苏家小学缺乏美术、英语、音乐专任教师，2017年初，学校启动网络联校帮扶行动，每周开设学科"直播课堂"，育英优秀教师每周三、周五以稳定的联校开课节奏，将优秀教学资源输送到偏远地区。目前共计开出美术、英语、音乐直播课近400余节，赢得当地师生的一致好评。

2. **双师共享课堂**

育英教师主动录制"名师同步课堂"网上课程，通过湖南IPTV电视的传送，让省内偏远乡村留守儿童足不出户就能共享教育资源。目前，学校已开发育英名师线上语文、数学、英语、美术等课程300多节，课程点击量达到20多万次，双师课堂辐射至怀化溆浦、麻阳，永州宁远，益阳安化等偏远山区。2017年"双师共享课堂"受到教育专家的广泛认可，引起社会各界的广泛关注。

3. **湖南省网络大课堂**

2019年11月，由湖南省教育厅主办、湖南教育电视台承办的"我是接班人"网络大课堂启动，郭晓芳老师担任首席主讲名师兼总班主任。她利用网络联校"1+N"，采用"大课+小课"模式开展网络授课。目前累计超过6亿人次收看湖南省网络大课堂，人民日报、新华社、光明日报、中新社、学习强国、中国共产党新闻网、央广网等多家媒体予以报道。特别是2020年新冠肺炎疫情暴发期间，她制作播出的"抗疫"系列网课，育人效果凸显，社会各界反响热烈，被誉为最红"网络金课"。因其突出贡献，2020年郭晓芳老师被评选为"湖南好人"、湖南省教书育人楷模（提名奖）、全国未成年人思想道德建设先进工作者。

五、“爱心服务”行动，传递教育温暖

育英师生通过爱心捐赠、全程支教、送课下乡、志愿服务等活动，向社会传递教育的温度和美好。

1. 师生爱心捐赠

2019年，学校承办长沙市2019年“爱心捐赠零花钱，关爱困难小伙伴”主题活动，全校师生共募集爱心义卖款67802元，其中2万元捐赠到对口支援的溆浦县北斗溪镇九溪江中心小学，为当地孩子安装净水机，解决了饮水难题，受到当地师生的高度称赞。2020年，学校支部组织党员自愿捐款，以实际行动支持新冠疫情防控工作，党员累计捐款29200元，其中退休教师、老党员张利民个人捐款达1万元。

2. 教师主动支教

2016年起，学校先后派遣邓军、陈琳、刘婷婷、吴建纯、谭晓煜、姚琪、邓仕秀、袁美娜等党员教师至溆浦县北斗溪镇学校支教，该校语文、数学、英语、美术等学科教学质量飞速提升。2018年9月，学校派遣党员教师袁冬芳至新疆吐鲁番市第六小学支教，因其工作能力突出，被选聘为吐鲁番市数学教研员。她行走在吐鲁番市各中小学校课堂，倾情示范，手把手指导；她倡议的校际联盟行动，推动了当地学校教研捆绑发展；吐鲁番市无数教师在她的感召引领下走上了专业发展之路。2020年以来，学校先后派遣孔娟、周敏老师至麻阳县锦江第二小学支教。学校先后派遣多名教师至薄弱学校支教帮扶，支教成为辐射育英品牌的教师自觉。

3. 党员送教下乡

学校党总支精心组织党员送教送培下乡活动，强化党员队伍建设，牢记光荣使命，践行教育初心。2019年10月，支部组织“践诺重行，爱心服务”活动，7个党员送教小分队分赴宁乡、新晃、浏阳、溆浦、麻阳等地对口牵手薄弱学校开展教学帮扶；2020年11月，支部集结10个党员志愿服务小分队，携手学校名师、骨干教师共计40人分赴新晃、麻阳、溆浦、宁乡、浏阳5地10所乡村学校开展“爱心服务送温暖，立足岗位创佳绩”活动。活动充分展现了育英党员的风采，送教志愿服务深受当地好评。

“五项行动”的实施，有力推动了育英教师队伍建设的良性发展，推进了学校内涵品质的深入发展。近年来，学校涌现了一批师德高尚、业务精湛的优秀教师，学校教师队伍呈更优发展态势，教师67人次获区、市、省乃至全国综合荣誉奖励，如莫永辉等6名教师获区“班主任30年坚守奖”；肖奇志老师获长沙市“华天”优秀教师奖；郭晓芳老师获长沙市第五届“感动星城・十大魅力教师”、湖南省教书育人楷模（提名奖）、全国未成年人思想道德建设先进工作者。学校先后承办2017年湖南省“湖湘教育家大讲坛”活动、2018年湖南省德育工作“书道习得”主题教育观摩现场会、2019年“漫步未来・相遇智慧”长沙市第十三届小学校长年会。2020年11月20日，学校被评为第二届全国文明校园。

习总书记指出：一个人遇到好老师是人生的幸运，一个学校拥有好老师是学校的光荣，一个民族源源不断涌现出一批又一批好老师则是民族的希望。国家繁荣、民族振兴、教育发展，需要我们大力培养造就一支师德高尚、业务精湛、结构合理、充满活力的高素质专业化教师队伍，需要涌现一大批好老师。

育英学校深入贯彻全国教育大会精神，贯彻落实党的十九大报告提出的“加强师德师风建设，培养高素质教师队伍”工作要求，扎实推进“四有好老师”建设工程。学校因地制宜，充分利用现代技术优势，发挥教育信息化助力立德树人、促进城乡教育优质均衡发展、探索教育未来的作用，将学校教师职业倦怠与教师职业发展问题、教育教学改革与学校创新发展问题和学校师德师风建设工作紧密结合、有机融合，做出了一系列有意义的现实行动，较好地推动了教师队伍发展和学校品质发展，取得了较好的办学效果和社会效应。

参考文献

[1] 习近平. 做党和人民满意的好老师：同北京师范大学师生代表座谈时的讲话［N］. 人民日报，2014-09-10(02).

（长沙市芙蓉区育英学校）

以教师赋能引领教育蝶变

——农村小规模学校教师赋能的探索与实践

范 烨

摘 要：校长的治校能力关乎学校的整体发展，教师的发展关乎教师的自身发展及学校的发展，作为校长，如何为教师的发展赋能显得尤为重要。校长要懂得如何为教师赋能，而为教师赋能，唯有把课堂教学改革这件事情落到实处，才能真正实现教师的成长与“蝶变”，才能改变农村学校教育低质的现状。

关键词：教师；赋能；农村学校；课堂教学改革

一、现实之困：学校发展新形势凸显的“三个矛盾”

长沙高新区东方红小学平安校区（长沙高新区平安小学）是一所乡村小规模学校，现有6个教学班，学生154人，在职在岗教职工13人。面对教育均衡发展和农村基础教育发展的新形势，我校与大多数农村小规模小学一样，面临着发展现状与发展形势不相符合的现实之困。一是师资力量与教学需求之间的矛盾。学校有编教师年龄偏大，临聘教师人员流动性较大，教师结构不合理，有部分教师工作积极性不高，职业倦怠感较强，无法很好地满足教学需求。二是现实条件与教师追求之间的矛盾。教师对个人成长和自身发展抱有期待，但受到学校资源、力量、条件、机制等方面客观因素的限制，期待难以得到很好的满足。三是学生素质与家长要求之间的矛盾。相较城市学校而言，我校生源数量较少、基础较差、素质偏弱，但家长“望子成龙”的心态普遍，如何更好地提高学生素质也成为当务之急。

困则变，变则通。针对现实困境，我们一直在思考，如何打造好的教师团队？如何让教师快速成长？如何改变教师的教与学生的学？2019年，我们抓住长沙市高新区教育局安排平安小学与长沙市高新区东方红小学结为校联体的机会，在教育部名校长领航班周大战校长的引领下，以“办一所农村小学课改样板校”为目标，以教师赋能的课题研究为切入点，全面推行以教师的引领和专业成长为关键的课堂教学改革，以破解学校发展面临的现实困境。

二、破解之策：教育新探索实现的“三个赋能”

（一）内重谈心，外树榜样，实现思想赋能

党的教育方针是“立德树人”。贯彻教育方针的根本在教育改革，教育改革首先得变革教师，改变教师关键又在转变思想。为此，我们通过内外兼施为教师思想赋能。

1. 内重谈心，赋能教师态度转变

针对我校教师比较安于现状，不愿意尝试，甚至是排斥改变的心理，我们通过一对一、面对面“问诊把脉”，了解每位教师的现状，因人施策，激发教师发展内驱力，改变工作态度。对资深教师，我们采取激发他们的自我价值感的方式；对职初教师，我们给他们指明方向且加以方法引导，对临聘、编外教师，我们则给他们足够的安全感与归属感。通过对不同类型的教师分类施策进行思想引导，教师们的工作态度发生了改变，找到了工作的价值感，对职业生涯有了新期许。同时，我们还将长沙市高新区东方红小学“商量着做事，做自己的事”的管理文化带到了平安校区，既给老师们自主权，又发挥管理者的主动性。特别是在刚刚接手的那段时间，我花了大量的时间精力在和老师们交

流上，聊一次通一次，慢慢地，老师们的疑虑打消了，并找到了自己的职业方向，很多老师开始重新规划自己的职业生涯。比如一名中年老师，因家中 3 个孩子需要照料且父亲身体欠佳需要看护，特申请来到我校任教，她一度陷入了职业发展的倦怠期和停滞期。通过多次沟通与交流，我帮助该老师重新燃起了教育的热情，她积极钻研和实践课堂教学理念，在数学教学中脱颖而出，成为数学学科“乘风破浪组”的导师。在信息化 2.0 工程实施期间，她还带领全体教师顺利完成了所有项目并取得了优异成绩。

2. 外树榜样，赋能教师敬业精神

通过树典型、以点带面的形式在教师中形成比学赶超、看齐先进的氛围，帮助教师消除职业倦怠感。我校一名资深老师，年近退休，身患癌症多年，在学校师资紧缺、课务安排较困难时，勇挑重任，主动担任毕业班班主任和数学教学工作，坚持每天至少给 3 个家长通电话，沟通学生的情况，经常加班加点，有时候甚至睡在办公室。该老师还是一个特别善于学习的老师，50 岁的她率先践行东方红小学的课堂教学改革理念，主动学习信息化技术手段，并将它们运用于实际教学当中。我们将这位老师树为典型。将她身上的奉献精神与大局意识加以宣传，积极推选她为“最美乡村教师”，通过身边榜样的示范引领作用，激发全体教职工的爱岗敬业精神。

（二）帮扶借力，智能助力，实现“平台赋能”

一方面向校联体帮扶借力，另一方面以人工智能技术助力，将老师从传统的满堂灌、题海战术、唯分数论中释放出来，改变原有的教学方式，把课堂的权利还给学生。

1. 校联体帮扶，赋能教师专业成长

区教育局将打造的校联体“一校两址四统筹”，变“结对”为“联体”，变“帮扶”为“统筹”经验向全国推介，我们积极借力，寻求校联体在课堂教学改革上的专业指导和资源帮助，将自主发现式教学法运用于教学当中。通过开展暑期教师培训、派出教师送教帮扶，指导平安小学教师学习自主发现式教学法的实操，两个校区的教研实现深度融合。特别是争取到教研部主任到平安小学支教，教研部主任在担任两个校区教研工作的同时，把课余时间都用在了听课、评课上，也带动老师们不是在自己班上上课就是在别的教室听课，中午也经常牺牲休息时间来研课。很长一段时间，老师们在饭桌上、课余时间谈论的话题都是课堂教学改革如何推进，遇到的困惑如何解决等。一个学期下来，校本教研、随堂听课在平安校区常态开展，教研氛围浓厚。同时，教学模式的改变也给学生带来了好的转变，教师不再是课堂的中心，学生才是真正的主体，把课堂的权利还给了学生，教室里人人是中心，处处是黑板。每节课都以学生所提出的问题作为课堂教学的中心内容，给予学生时间和空间来展示、表达、质疑和探究，老师们也在传统教育观念转换、教育方式更新转变中得以蜕变成长，资深教师从传统的课堂渐渐走出来了，年轻教师迅速成长起来了。

2. 人工智能，赋能教学方式升级

受周大战校长主持的省级课题“基于人工智能教学行为分析的小学自主发现式课堂实践研究”启发，2020 年 10 月学校购置了人工智能 AI 系统，并运用于教育教学当中。AI 报告从教师表情、教学时间、教师行走路线、教师视线、学生参与度 5 个方面对教师教学行为进行规范和提出指导性建议。其中教师的表情分析提醒教师上课要具有亲和力，拉近与学生的距离；教师行走路线的分析情况提醒教师关注学生、走近学生；师生互动分析指导提醒教师在课堂上要注意师生互动的方式和频次，科学合理做好教学设计，充分调动学生学习积极性，改变学生的被动学习状态。通过 AI 智能分析报告，加强对影响课堂教育效果的几个关键维度的分析与反馈，为教师提升教学效果进行“科学评估”“精准画像”，帮助教师反思提升。同时，我们还充分利用智能分析报告反馈的信息，加强对校本教研的研讨，促进课堂教学质量的系统提升。一个学期下来，老师们通过人工智能系统观课议课，及时总结和调整教学方式，不仅改变了传统教学观念，提升了整体教学质量，也越来越愿意放手把机会给学生，在提升学生学习能力，促进学生在课堂中敢于表达、充分表达方面取得了很好的效果。

（三）合作共学，团队领学，实现“集体赋能”

通过课堂小组合作和导师团队指导，提升专业素养。

1. 开展小组合作，赋能教师课堂上深度发展

著名教育家佐藤学认为，所谓的“优质学校”和其学校改革的目的并不仅仅在于“上好课”，也在于实现每一个学生的学习权，给学生提供挑战高水准学习的机会。[1]学生培养发展模式推广也是我们研究的焦点之一。为培养具有独立思考精神和团队合作精神的智慧学习者，我们取消班级评价考核制度，建构了全新的学生学习共同体——合作学习小组，为更好地适应新的教学方法，还组织全体教师做了智慧小组评价体系的全方位培训。自主发现教学法更强调学生自主学习和合作学习，它致力于教与学的变革，致力于创新性人才的培养，并培养出具有独立思考精神和团队合作精神的学习共同体，可以最大限度地调动学生的学习积极性，提升学生学习效率。这也对教师提出了更高的要求，教师必须引导学生进行自我教育、自主学习和自我管理，在主动适应、积极参与中倒逼自我成长。通过这一全新共学模式，不仅让学生真正成为学习的主体，也让教师在全新课堂实践中实现深度发展。

2. 建立导师团队，赋能教师抱团式发展

对于学校来说，“赋能”就是给予教师自由发展的空间，给予教师自发实践的平台，给予教师自主成长的可能。学校大胆创新管理模式，打破传统学校教育管理框架的壁垒，实行扁平化管理，学校没有设年级组和教研组，同时创造性地将“先富带后富，先进带后进”的理念融入教师团队建设中来，为教师发展赋能。2019年，平安校区教师分别加入了校联体各导师团队，2020年9月平安校区又在每个学科团队遴选出一名优秀的教师做导师，由导师来组织本团队所有的研训工作，包括班级管理与学科教学，以此带动一个学科，带领一支团队，带出一种文化，为教师赋能。依托团队建设，形成了教师专业学习共同体，每个导师团队都有相应的组名、口号、小组文化等；依托团队开展各种业务上的比拼，包括基本功竞赛、教学比赛等；依托团队开展评优评先、职称评定、培训等；依托团队开展校本教研和研训活动，团队内互相听课、评课，共同研究探讨；依托团队开展“六全”活动，各导师组将“六全”活动与学校的课改有机融合。两个学期下来，教师们抱团发展、共同成长成效明显。两位导师带领的导师团队参加校联体组织的自主发现式课堂教学竞赛，并先后获一等奖。还有几位资深教师受导师团队影响带动，纷纷主动参与其中。特别是教了30年书，从没参加过比赛的唐老师，在参加校联体举行的团队教学竞赛中，自主发现式教学法、信息化教学手段运用自如，实现了自己的“蝶变”。

三、可喜之变：改革新成效带来的“三个转变”

改革从来都不是一件易事。教师赋能的实践不仅为促进教师成长开辟了一条新赛道，让每位老师成为学校发展动力十足的新引擎，还让孩子们在课堂中当主角，站“C位”，获得了进步和成长。从2019年推行改革至今，无论是教师队伍、学生成长还是社会各界反响，都有了可喜变化。

一是教师发展方面，从“师资少”到“名师多”。教师们无论是思想上还是行动上都得到了长足的进步，师资力量得到提升，很多老师脱颖而出，成为“名师”，比如，语文组导师所执教的课获评送教支教课堂教学竞赛特等奖；数学学科导师参加广东肇庆课堂教学研讨活动获一等奖，成功入选区教育局培训讲师团队。

二是学生成长方面，从“被动学”到“主动学”。课堂教学改革后，教师在课堂上以学生为教学主体，用问题驱动课堂，学生的学习兴趣得到了激发，从被动地学变为主动地学。通过提问、编题等思维训练，孩子们爱思考，善合作，敢质疑，敢创新，自主管理能力明显得到了提升。学校的教学质量也得到了提升，2020年期末测试中，有几个班级或学科的成绩甚至高于校联体。

三是社会反馈方面，从“看法多”到“点赞多”。经过一个多学期的课改实践，家长们看到孩子们在新课堂教学模式下素质有了明显提升，态度也从一开始的对课改颇有微词变为理解支持。外校校长团队两次到我校学习课改经验，感叹学校课改落地之快、见效成果之好。湖南都市频道还专题报道了我校的课改做法，取得了良好的社会反响。

人的成长最需要的是信任，你给予他多大的空间和舞台，他将还给你多大的惊喜！我们给教师以目标与助力，优化进取，让教师成为学校课程与资源的开拓者；给教师以指导与培养，教学相长，让教师成为学校品牌与质量的塑造者；给教师以舞台与空间，释放潜力，让教师成为学校创新与活力的实践者。这就是教师赋能给教师带来的华丽变身，给学校带来的教育“蝶变”！

参考文献

[1] 佐藤学. 学校的挑战：创建学习共同体［M］. 上海：华东师范大学出版社，2020：1.

（长沙高新区平安小学）

城镇小学校园文化建设的实践与思考

——以望城区中岭小学为例

宋　俊　吴安华

摘　要： 培植深厚的校园文化土壤，要找到支撑学校发展的强大动力。中岭小学从“岭”字出发，把“脊”作为学校主题文化，发掘学校长远发展之“脊”，建构“脊”文化理念系统，从环境文化建设、制度文化建设、行为文化建设三方面探索了“脊”文化的建设路径。

关键词： 校园文化；建设；“脊”文化

校园文化是以师生为主体，以校园为主要空间，以育人为主要导向，以校园精神文明为主要特征的一种群体文化，是社会整体文化的一部分。健康的校园文化，可以陶冶学生情操，启迪学生心智，促进学生全面发展，对提高师生员工的凝聚力，培养良好校风，培育“四有”新人都具有重要意义。重视校园文化建设，发挥其导向功能，可以使学校形成一个强大的育人磁场。本文以望城区中岭小学为例，谈谈城镇小学校园文化建设的实践与思考。

一、寻学校发展之“脊”

中岭小学坐落在长沙市望城区月亮岛街道，是区属城镇小学。学校周围名校林立，师生在思想上形成凝聚力，使学校在激烈的竞争中立稳脚跟，是学校近几年确立的长远发展目标。但仅靠常规方法、零碎的育人活动难以实现这一目标，必须全面统筹，培植深厚的校园文化土壤，找到支撑学校发展的“脊梁”。

岭，脊也，指山脊、山梁。中岭，从字面上理解为山脊、山梁之中间部位，蕴含“脊梁”之意。人文之美与自然之美在此结缘，多元的文化在此碰撞，百家学说在此争鸣、融合。在厚重的人文底蕴中，这片古老的土地孕育出欧阳询、雷锋、郭亮等贤者志士，他们的治学精神与心系天下的忧患意识，包含着对国家、对民族、对天下苍生的责任大义。于是，中岭小学从中发掘了学校长远发展之“脊”，把“脊”作为学校的主题文化，力争让教师的脊梁坚强有力，同时培养一批有责任、敢担当的“民族脊梁”，将个人理想与国家命运紧密结合在一起，以敢为人先的勇气、百折不挠的锐气，肩负起建设祖国的神圣使命。

二、建构“脊”文化理念

“脊”主题文化理念确定以后，我们从“脊”的字面意思“脊梁”进一步延伸，认为“脊”既有责任担当之义，又有勇攀高峰的卓越追求之义。由此，把“责立当下，任担未来”作为学校的校训，把“负责任、敢担当、求卓越”作为学校精神，目的是把责任感当成一种自发的情感及行为，让每一位师生形成自主发展的观念。从身边每一件小事做起，从当下做起，学会对个人的行为负责，对学校负责，树立起“天下兴亡，匹夫有责”的远大理想和强烈历史责任感。中岭小学教师始终牢记教书育人的责任和使命，坚持品德为先，明理求真守善，形成“重德启智，教学相长”的教风。学生重视修炼个人品格，努力学习科学文化知识，掌握好各项技能和本领，在“知行合一，品学优良”的育人目标达成过程中，形成“乐学善思，勤练合作”的学风。在“以人为本，和谐发展”的办学理念、“创优争先，师生至上”的管理理念下，形成“知恩明礼，自信阳光”的校风，期望最终达成“追求卓越自我，共建幸福校园”的办学愿景。

三、探索“脊”文化的建设路径

中岭小学立足学校实际，从文化理念、制度、环境、行为等多方面入手，多方共建，形成合力，推动“脊”文化建设。

（一）建设环境文化，营造良好氛围

环境文化是“脊”文化体系中不可或缺的重要组成部分。中岭校园建筑面积不大，但学校一直致力于在现有条件下为孩子们营造健康向上的文化氛围。走进校园，雷锋同志的雕像在阳光下熠熠生辉。学校每年开展“学雷锋日”“学雷锋月”等主题活动，真正让雷锋同志的助人为乐精神、全心全意为人民服务的担当精神在雷锋家乡望城遍地开花，以雷锋精神引领品格教育。陶行知先生“知责任，明责任，负责任”的格言石、“脊”文化石伫立在学校操场，使学生入校即知“责”，把“责任”时刻看在眼里，记在心里。

为了让每面墙壁都会说话，每个角落都能育人，学校专门打造了“艺术天地”艺术长廊、“金色梦想”阅读长廊。艺术长廊采用漫画风格的设计，浪漫唯美。孩子们在美术、音乐、古筝、舞蹈等课堂中的所得所获，在此得以集中展示，营造了较好的艺术氛围。阅读长廊是孩子们追求金色梦想的天地。主题阅读月活动、年级特色阅读活动、好书推荐、书香少年评比等丰富的活动成果展示，让孩子们懂得阅读、学习是一件多么快乐的事。他们乐学善思，与书籍、与大师进行思想碰撞，从书中汲取营养，学会责任担当，追求更加卓越的自己。未来，学校还将着力打造运动场体育文化、架空层校园主题文化——名人名言墙、教师风采荣誉墙、国防教育成果展、乒乓球特色教育展等，把学校的主题文化广而告之，让“脊”文化在学校的各项活动中得以落实践行。

（二）组织活动，落实行为文化建设

文化理念的落地生根离不开学生的实际践行，所以学校依托“脊”文化主题，从责任、自信、感恩三大层面开展系列活动。

1. 感恩教育

中岭小学设立“班主任节”，学生自主设计主题班会活动，向班主任表达感恩之情。寒暑假社会实践活动中，学生上街捡拾垃圾，向环卫工人送水和保暖、降暑用品，用自己的实际行动感恩那些默默奉献的普通劳动者。此外，还开展了重阳孝老敬亲、清明缅怀先烈等活动，用仪式感强化孩子们的感恩意识。“我是家务小能手”“今天我值日”等日常劳动教育，教会学生从身边做起，从小事入手，孝亲长、感师恩。

2. 自信教育

中岭小学始终坚持立德树人的根本任务，采取多种举措培育学生的自信心。充分发挥班主任的育人作用，依托主题班会和少先队员活动，引导学生正确认识自我。同时，利用学校“知心屋”开展心理团辅和个性化咨询服务，解决学生生活学习中的困惑，学会接受并不完美的自己。学校还开设形式多样的兴趣课程，为学生创造锻炼机会，充分发挥特长优势，增强自信心，使其成长为自信阳光的新时代好少年。

3. 责任教育

2021 年，在举国庆祝中国共产党诞生一百周年之际，学校开展了丰富多彩的党史学习教育活动，把爱国、爱党、爱学校的信念深植学生心中。国防特色教育采用理论学习和国防演练相结合的方式，让学生从小牢记“保卫国家，人人有责”，激励他们树立为中华民族的伟大复兴而努力学习的远大理想。今后学校还将继续探索，把工夫花在教育实效上，将责任培养写在育人旗帜上，营造以责任感为标志的学校文化，激励学生将今天形成的负责意识，发挥到未来的报效社会中去。

（三）以人为本，完善制度文化建设

1. 强化校风教风学风“三风”建设

中岭小学把“三风”的要求镶嵌在校园主文化墙及教室醒目位置，让师生每天都见到它，人人

熟知、理解，并按“三风”的要求去做。同时把学风和班级文化建设紧密结合，各班级制定形式多样的学习及合作制度，如蓝青师徒制度、鼓励大胆发言制度等，让“乐学善思，勤练合作”的学风深入每个孩子心中，又让这种乐学向上的积极氛围形成一个强大的磁场，影响一批批中岭学子。

2. 建立教师岗位责任制

教师的基本任务是全面贯彻党的教育方针，用现代科学文化知识武装学生，努力把他们培养成为德才兼备、素质全面、适应未来社会需要的社会主义建设者和接班人。为了让教师的岗位职责得以充分落实，中岭小学对教师岗位基本职责、不同岗位的特殊职责等都做了具体规定。学校深知，扎实的基本功及不断学习提高，才能让人民教师肩负起培养未来优秀人才的重任。因此，学校还从备课、听评课、研训等制度层面保证教师的技能过硬。同时，对不同岗位进行了细致的责任划分，让每个岗位都有人坚守，各守其岗，各司其职。

3. 形成以人为本的考核机制

中岭小学本着“创优争先，师生至上”的管理理念，在努力追求学校高质量发展的同时，始终坚持以人为本的理念，把师生的终身发展放在重要位置。坚持考核德行为先的原则，把敢挑大梁、勇担重任的教师放在重要岗位，把服务好师生作为考核干部的重要指标。教师考核不只考核教学成绩，更考核教师个人是否有高尚的道德情操，是否遵循教育发展规律因材施教，师生关系是否融洽等。学生的考核，兼顾发展性评价和过程性评价，既表彰乐学善思、勤练合作的学生，也表扬知行合一、品学优良的学生，最终达到和谐发展、追求卓越自我、共建幸福校园的目标。

加强校园文化建设有利于提高师生综合素质，增强学校核心竞争力。校园文化建设应重点做好环境文化、制度文化等建设，组织丰富多样的校园文化活动，激发师生发挥主体作用，让校园真正成为弘扬正能量的磁场。

参考文献

［1］闫继武. 加强校园文化建设管理的实践与探索［J］. 产业与科技论坛，2021（15）：261-262.

［2］黄磊. 民办高职院校“培根”校园文化建设工作浅析：以钟山职业技术学院为例［J］. 科教文汇，2021（20）：132-134.

（长沙市望城区中岭小学）

农民工随迁子女家庭教育现状及优化策略*

杨拥华 谢昭娟

摘 要：随着城市化建设的不断快速推进，农民工随迁家庭日益增多。从我校近年来生源情况统计结果中可以发现，随迁子女入学人数已经占据了我校学生总数的一半以上。调查显示，随迁农民工对家庭教育不重视的问题普遍存在，同时，随迁子女家庭亲子关系不和、人际关系紧张、目标引领失效、行为习惯不良和思想品德素质不高等问题较为严重。为此，本文从学校和家庭两个层面提出相应对策，旨在为随迁农民工家庭教育优化提供最具实效性的指导。

关键词：农民工随迁子女；家庭教育优化；对策研究

一、农民工随迁子女家庭教育现状

为了更好地了解我校农民工随迁子女家庭教育的现状，我校从一至六年级各年级选取4户学生家庭（其中2户为随迁子女家庭，另外2户为非随迁子女家庭），对24户有代表性的家庭开展面对面的家庭访谈，以及对全校农民工随迁子女学生和家长进行问卷调查。从访谈和问卷情况来看，农民工随迁子女家庭教育存在的突出问题具体表现为以下5点。

（一）亲子关系不和

在面对面访谈和问卷中，发现随迁子女家庭亲子关系不和，主要表现为：父母忙于生计，鲜少陪伴孩子，或者家长爱打牌、喝酒等，亲子陪伴质量低下，对孩子的成长不关注、放任自流，认为“树大自然直”（称为“放任型”家庭教育）；对孩子缺乏耐心，不愿意倾听孩子的心声，不能很好地控制自己的情绪，教育方式不是打就是骂（称为“棍棒型”家庭教育）；经常拒绝孩子买零食、玩具和出去游玩等合理请求，并强迫孩子做不愿意做的事情，对孩子期望过高，过于严格（称为“专制型”家庭教育）；孩子缺少陪伴，导致电视、手机游戏逐渐成为孩子长期的伙伴，也从不和老师联系沟通，对孩子的成长漠不关心（称为“冷漠型”家庭教育）；随迁子女家庭大多来自偏远地区，其中有些家庭还有着一些“重男轻女”的封建思想，表现出对男孩过分溺爱，对他们的不良行为包庇、纵容，以至于他们善恶不分、对错混淆、好逸恶劳（称为“溺爱型”家庭教育）。

（二）家庭人际关系紧张

随迁子女在人际关系表现中比非随迁子女差，其原因是家长不能为孩子树立良好的交往榜样。比如，有的家长要求自己的孩子不要说脏话，自己却常口吐脏字；要求孩子要孝敬老人，自己却经常顶撞老人；要求孩子与人和睦相处，自己却常常因为一点点小事而与人发生矛盾等。由于家庭教育的简单粗暴、缺乏耐心、放任自流，家长不以身作则，孩子表现出明显的缺乏自信、胆小害羞；不会使用礼貌用语，人际关系非常紧张；不能体会人与人之间的不同立场、观点与感觉，在与同伴相处时容易出现错误行为（如打人、骂人、拿别人的东西等），且不能正确对待自己的错误行为，屡屡犯错，甚至相同的错误一犯再犯等各种问题。

（三）目标引领失效

通过对本校农民工随迁子女的家庭教育情况调查研究，发现农民工家长文化程度普遍偏低，初中文化占近80%，高中和大专文化为17%，本科及以上仅有3%。从目标引领的效果看，91%的家长没

* 本文为湖南省教育学会“十三五”教育规划重点课题“农民工随迁子女家庭教育优化个案研究”（编号：A-134）的研究成果。

有对孩子进行目标引领，因为父母文化程度低，没有引领能力。当问及“是否经常与孩子探讨未来发展规划”时，40%的家庭经常聊，40%的家庭偶尔聊，20%的家庭没聊过，而这20%的家庭几乎都是随迁子女家庭，说明其没有引领意识；在问及“是否为孩子在家中创设良好的学习环境”这一问题时，随迁子女家庭普遍没有独立房间，兄弟姊妹同居一室，有的甚至一家人都住在一起，相互干扰，更不要说营造良好的学习氛围，以致孩子学习效率低下，学习效果不好。大多数随迁子女家长对于孩子的特长和兴趣所在发掘不够，没有营造良好的学习氛围，从未想过要为孩子将来的长期发展做些努力，也从未有过具体的人生规划。

（四）行为习惯不良

通过对本校农民工随迁子女的家庭教育情况调查研究，发现50%的随迁子女家长没有刻意培养孩子的行为习惯，遵从“树大自然直”的理念；30%的随迁子女家长面对孩子的不良行为习惯采取简单粗暴的责骂、殴打，用罚抄的手段来进行惩罚；20%的随迁子女家长知道孩子有不好的行为习惯，比如不良的学习习惯，包括不做作业、书写潦草等，可就是束手无策，或者将希望完全寄托于老师。这些不良的教育方法，导致孩子养成不良的行为习惯，无益于孩子的身心健康成长，且会对孩子行为习惯的养成造成不可逆的负面影响。

（五）思想品德素质不高

通过对访谈、问卷资料的分析及平时的学习生活中的表现可以发现，随迁子女学生身上总是有着这样那样的不良思想，而这些思想品德表现有的来自家长的言传身教，也有的来自不良的社会风气和手机网络对他们的负面影响。随迁子女家庭教育中，家长也存在一些困惑：不知要怎么培养孩子的感恩之心；有些孩子经常撒谎，不知道要如何教育更有效果。

二、农民工随迁子女家庭教育优化策略

作为小学一线教师，我深刻地感受到外来务工人员子女的教育重担落在了学校和每一位教师的身上。我们更应该以极大的热忱去关怀外来务工人员家庭，有责任、有义务对其进行家庭教育优化指导，提高他们的家庭教育能力，为此，建议从学校和家庭两方面着手进行家庭教育优化。

（一）增强随迁子女家庭教育意识

1. 克服工作时间限制，注重高质量亲子交流

亲子交流是将孩子的内心与外部世界联系起来的桥梁。在随迁子女家庭之中，由于家长劳动时间长，无暇与子女进行交流，久而久之，父母与子女之间出现隔阂便不可避免。因此，改变家庭环境成了解决进城务工人员子女的心理健康问题和优化家庭教育问题的首要前提。学校通过家长会建议随迁子女的家长们理性选择职业，如选择流动性小的工作，以保证子女受教育的连贯性，避免因为工作流动给孩子带来的心理不适应。同时，呼吁家长下班后多抽出时间陪伴子女，了解子女最近学习和生活的情况，对子女做出回应和相应指导。

2. 实践书香家庭，提升农民工随迁子女家庭的文化素养和家庭教育水平

我校开展了“书香家庭”评比活动，由教导主任组织，班主任实施具体方案，在家庭中开展，家长与学生直接参与。目的是使每个家庭成员养成良好的读书习惯，为孩子创设温馨的家庭学习环境。鼓励在家庭中形成以读书为乐、以书为伴的乐学氛围，在浓郁的书香氛围中，家长充实自己、丰富自己，以此来提升农民工随迁子女家庭的文化素养和家庭教育水平，让农民工随迁子女真正受益于书香家庭的活动。

3. 提高父亲在农民工随迁子女家庭教育中的参与度

通过270份电子问卷调查，我发现我校随迁子女家庭中，206户家庭是由母亲承担教育和照顾孩子的工作，而父亲更多地充当家庭经济支柱的角色。在我国传统观念“男主外、女主内”的影响下，这样的角色分工使得父亲极容易忽视自己在教育子女方面的责任。因此，在许多进城务工人员家庭教育中普遍存在着父亲缺位的现象，父亲与孩子的交流时间很少，这样会对子女的健康成长带来不利影

响。提高父亲在农民工随迁子女家庭教育中的参与度也有利于改善家庭氛围，达到改善学习环境的目的。

4. 评选“优秀家庭”，发挥榜样示范作用

家庭环境是否和谐，对子女的健康发展具有巨大的影响。和谐、融洽、民主的家庭，能促进孩子身心的健康发展；经常吵闹、有矛盾的家庭，则会阻碍孩子身心的健康发展。因此，学校可以通过评选“优秀家庭”“优秀家长”，介绍优秀家庭、优秀家长的先进事迹，分享优秀家庭的成功家庭教育经验，发挥榜样示范作用，从而实现家庭教育的优化。

（二）家校联合，为随迁子女家庭提供教育指导

家庭教育的效果很大程度上取决于家长的家庭教育能力和自身的素养，要提高家长的家庭教育能力，转变家庭教育观念，提升家长对孩子学习和教育的重视度，就要通过各种途径促使家长学习家庭教育相关知识，因此培训也就势在必行。

1. 提高教师专业水平，建立农民工随迁子女家庭教育指导团队

以我校为例，因学校有完备的场地、设施和完善的教育管理体系作保障，本就是育人的摇篮，也是联系学生和家长的重要桥梁，所以由学校承担、组织家长进行家庭教育培训工作最为有效。我校正在构建和完善学校、家庭、社会的组织结构模式，有机地结合教育体系，凝聚强大的育人合力，为农民工随迁子女家庭教育优化创造良好环境。

农民工随迁子女家庭教育优化指导需要教师具备系统的家庭教育知识，掌握专业的技巧和方法。家庭教育指导团队要突破教师职业局限，在研究学生的同时，还要研究家长，跳出技巧传授及技术性指导的层面，关注家长和学生的心理健康。比如学校聘请了专家对课题组进行专业细致的辅导，组织课题组成员进行专题研讨，定期开展课题研究，开展教师的校本培训，还提供条件，支持教师外出参观考察，参加各类家庭教育学术研讨活动等，促进教师的家庭教育优化指导的专业化发展。

2. 不定期分班召开主题家长会

以班级为单位组织召开主题家长会，通过家长学校专题培训，更新进城务工人员的家庭教育理念，扭转家长传统的“不打不成才”的观念与方法。通过培训，家长进一步认识到家庭是孩子成长的第一环境，是孩子认识世界、获取知识的第一所学校。提高家长的教育能力是优化家庭教育的当务之急，优化亲子关系是优化家庭教育的重要环节。通过召开主题家长会，家长能及时快速查找自己在家庭教育中存在的问题并对症下药，继而调整和改进随迁子女家庭教育优化的方法。

3. 定期对家长进行集中专题培训

由于老师起着家校纽带作用，培训时能快速地进行组织安排，集中优势资源进行培训。我校在培训的时候采用不同的形式，如聘请专家集中培训，或分低、中、高年级组织专题家庭教育培训；学校分年级贯彻落实《全国家庭教育指导大纲（修订）》，以班主任为团队的家庭教育指导师，根据不同年龄段的家庭教育指导重点，确立家庭教育指导阶段目标，并以此形成专题，充分发挥教育主阵地作用。学校通过各种方式引导家长逐渐形成正确的家庭教育观念，有计划地推进家庭教育知识的普及，让家长密切配合学校老师，优化孩子的监管，提升农民工随迁子女家庭教育优化成效。

4. 重视学生社团建设，丰富随迁子女课余文化生活

素质教育要求学生全面发展，学生社团日益成为学生展示自己、提高自己的重要平台。建议在学校已有社团的基础上，成立随迁子女喜爱的社团，如红领巾广播站、围棋社团、象棋社团、舞蹈社团、乐器社团、体育社团等。精彩纷呈的课外活动，丰富了随迁子女在校的课余生活，充实了他们的精神生活。

5. 建立详细档案，进行个案跟踪关心

建立档案，因材施教。学校建立了农民工随迁子女详细档案，从学生的家庭教育、生活、学习、性格特点等方面进行调查、分析、分类，找出适合每类学生成长成才的教育方式方法。针对特殊学生，进行个案跟踪，有针对性地因材施教。

只有家庭教育和学校教育有力地结合起来，家长和老师携起手来，我们的教育才会开花结果。现

今，农民工随迁子女的家庭教育需要优化的地方还不少，但随着我国社会的发展和家长自身文化水平的逐渐提高，随着学校和家长对家庭教育优化采取的一系列措施的落实，相信在未来，我校农民工随迁子女的家庭教育优化问题可以得到有效解决，给孩子们一个更加健康的成长环境。

参考文献

［1］吴磊，钟国芳. 赣南农村家庭教育调查研究［J］. 农业考古，2007（6）：370-373.
［2］熊猛，叶一舵. 中国城市农民工子女心理健康研究述评［J］. 心理科学进展，2011（12）：1798-1813.
［3］李燕芳，管益杰，楼春芳，等. 儿童发展中父母参与的研究综述［J］. 教育探索，2005（5）：54-56.

（长沙县榔梨街道金托小学）

"以劳育德"视域下小学劳动教育的校本研究

谢 雅

摘 要： 加强劳动观念教育与劳动技能教育是新形势下实现"五育并举"的重要组成部分。当前小学劳动教育存在劳动教育课程建设问题、劳动教育资源建设问题、劳动教育价值问题、劳动教育评价问题等。据此结合实情进行劳动教育资源的多样化、劳动教育课程的系统化、劳动教育评价的科学化等校本探索。将劳动教育与德育相结合，创新劳动教育的内容与形式，实现"以劳育德"。

关键词： 以劳育德；小学；劳动教育；德育；校本研究

2020 年 7 月，教育部印发的《大中小学劳动教育指导纲要（试行）》对劳动教育的内容、途径和实施要求做了具体规定。随着时代的进步与发展以及劳动教育政策的更新，对劳动教育以及德育的认识也发生了变化。进入新时代，教育工作者亟须以一种全新的视角来看待劳动教育，通过劳动教育与德育相结合的形式达到 1+1>2 的育人效果，重新认识劳动教育，从"以劳育德"视域重构我国基础教育劳动育人体系。

"以劳育德"必须以落实立德树人的根本任务，充分挖掘小学劳动教育中的德育元素，发挥劳动教育所蕴含的德育价值与功能。"以劳育德"是一个有机整体，它立足于劳动教育与德育，又高于独立的劳动教育与德育，作为一个整体的"以劳育德"教育力量在提升学生劳动素养的同时，将立德树人融入劳动教育过程始终，以促进学生道德的全面发展。[1]

一、"以劳育德"视域下小学劳动教育存在的问题

随着时代的发展，课程的不断改革，劳动教育作为新时代社会主义教育体系的组成部分，地位得到了提升。各级教育部门都开始重视劳动教育，劳动教育甚至成为热点。在这一时代背景下，小学劳动教育取得了一定的成绩，有的小学成为劳动教育的典型，其劳动课程已经形成体系，劳动教育成为特色。许多学校都开展了丰富多彩的劳动教育活动，但是，依然存在以下几方面的问题。

（一）劳动教育课程建设问题

课堂是教育的主阵地，没有劳动课时的保障，通过劳动教育达到育人目的的"以劳育德"理念只能是空谈。虽说教育政策对劳动教育提出了更多具体的要求，很多学校课程表上都有"综合实践活动"课，但没有明确说"劳技课"。多数学校都以卫生大扫除的形式开展劳动教育，但是系统的劳动知识、劳动技能、劳动情感、劳动价值观培育较少，劳动教育途径单一，劳动教育方式枯燥，育人效果不显著。低中高年级不同的年龄阶段呈现不同的劳动能力与情感特征，劳动教育的形式也应在遵循学生身心发展特点的基础上更加趣味化、丰富化，满足不同阶段学生的劳动需要。

劳动课程的开设是"以劳育德"得以进行的先决条件，只有开设了专门的劳动教育类相关课程，整体优化学校课程设置，将劳动教育纳入小学国家课程方案，形成具有综合性、实践性、开放性、针对性的劳动教育课程体系，"以劳育德"才能真正步入正轨。

（二）劳动教育资源建设问题

有许多开设劳动教育的学校，教学任务基本由班主任完成，没有专任的劳技课老师，劳动教育基本以学生打扫教室和校园卫生为主要内容。但是不同学段的小学生身心发展特点不一样，其对劳动教育的需求也不一样，所以，学校有必要配备专业的劳动教育老师和教材，没有教材的可以编写校本教材，合理安排劳动教育内容，挖掘不同类型的劳动场地资源以适应学生的兴趣与劳动需要。通过多元

化和本地化的劳动教育，让学生在道德知、情、意、行等各个方面得到全面发展，全面完成“以劳育德”任务。

其次，在互联网时代，家校社协同育人，家长和社会都有很多宝贵的资源。但是许多学校都没有有效利用好家长和社会的资源，没有为学校的劳动教育提供更多的动力。

（三）劳动教育价值问题

在家庭教育中，虽然说很多家长都看到了劳动教育的重要性。但是，现在的小学生都出生在 21 世纪，他们无法体会物质生活贫乏的艰辛，在家里过着衣来伸手，饭来张口的生活，缺少了亲自体验靠劳动活动的环境。这自然而然也导致了他们从小缺少劳动锻炼，家务活基本没干过，从没有洗过碗、扫过地，甚至上下学都有家长负责拿书包。孩子们在校劳动时，不会扫地、不会擦玻璃、不会摆，就是由于孩子从小缺乏劳动。父母虽说重视劳动，但也只是口头说说，并没有给予孩子足够的机会去真正劳动。家长其实内心中还是比较认同“唯有读书高”，没有认识到劳动教育的德育功能及其更深远的价值。

在学校教育中，许多劳动教育课程也仅仅停留在应付上级检查上，并没有进行实质的课程开展与教育。就算是开展了一些劳动教育活动，也不成体系。“以劳育德”，就是要求我们重新定位劳动教育。劳动教育除了培养必要的劳动知识与技能，它的德育作用更应该引起重视，其教学重点更应包括树立正确的劳动认知与劳动价值观，获得丰富的劳动情感，培养高尚的道德人格。劳动的道德价值也决定了其教育形式的多样性。但大部分的劳动教育依然只通过搞大扫除、搞班级卫生这种简单的形式来开展，缺乏系统的“知、情、意、行”全方位的教育，缺乏系统的劳动知识、劳动技能、劳动情感、劳动价值观培育。劳动教育途径单一，劳动教育方式枯燥，育人效果不显著。孩子们不知道何为劳动，以及劳动所能给他带来的改变，何谈“以劳育德”？

（四）劳动教育评价问题

科学有效的评价对“以劳育德”视域下劳动活动的开展具有重要的导向作用，系统完善的劳动教育评价体系，有利于规范劳动课程的设置，同时可以实现对“以劳育德”过程与“以劳育德”结果相结合的有效监管，是保障劳动教育活动，实现德育目标的重要途径。笔者结合自身实践及对同行的访谈可知，教师对学生的劳动评价较为简单，多是在学生劳动后对校园卫生情况进行大致点评，对表现特别突出或者个别态度极不端正的学生会提出表扬或批评。同时，由于缺乏完善的评价体系和考核标准，某些具体的评价指标难以量化，教师对学生的劳动行为指导与评价随意性较大，且多是以结果评价为主，只是考查学生是否有完成规定的劳动任务。

二、“以劳育德”视域下小学劳动教育的校本探索

（一）劳动教育资源多样化

随着社会文化的进步和家庭经济文化资本的提高，许多年轻父母已经认识到培养孩子综合素质的重要性，因此在劳动教育方面也给予了足够重视。通过家庭劳动教育与学校劳动教育相结合，可以共同促进学生道德知情意行的发展。小学生是独立的个体，可塑性强，家长可以在充分了解孩子的认知特点、个性兴趣的基础上，选择适合的劳动方式和劳动教育内容，有针对性地进行教育，例如做家务、创意小手工等，通过积极的引导与教育，帮助孩子不断加强自身道德修养，充分发挥家庭教育与学校教育相结合的正向助推作用，促进学生在劳动教育与德育方向的全面发展。

建宁实验小学在课程开发主体上重视家长的参与，认真听取家长的建议，鼓励亲子劳动；在评价主体上也增加了家长，积极参与班级活动的家长会帮助孩子积分等。与此同时，我们也积极利用社会资源，如，2020 年下学期借助与醴陵陶瓷谷的距离优势，学校组织全体师生来到陶瓷谷参与陶瓷的制作；2021 年组织学生到云龙云水方舟，体验不同职业角色，感受不同职业的乐趣；2021 年下学期学校与中车时代股份有限公司合作，组织“科技人才进校园”活动，带领学生了解“自动驾驶”，感受劳动与科技给人们带来的变化，点亮孩子心中的科技火种。

（二）劳动教育课程系列化

系统化的劳动教育课程是以劳动教育促进学生德育发展的重要渠道，也是“以劳育德”的核心路径与突破口。劳动教育以提升德育实效性为目标，依托劳动教育自身独特性，开创更多的特色教育模式。

1. 课程内容系统化

劳动教育课程应该结合不同年龄段学生身心发展规律和特点开展。[2]不同学段的劳动教育目标不同，与此相对应的教育内容及形式等也有所不同。小学低年级注重培养劳动意识和劳动安全意识，可以以个人生活起居为主要内容开展劳动教育，引导学生学会日常生活自理，让学生懂得人人都要劳动，感知劳动乐趣，爱惜劳动成果。小学中高年级需要学生初步养成热爱劳动、热爱生活的态度，可以以校园劳动和家庭劳动为主要内容开展劳动教育，适当参加校外公益劳动，让学生学会分担家务，体验劳动合作，体会劳动光荣，尊重普通劳动者。

在各门学科课程中，有机融入劳动教育内容，在语文、道德与法治等学科中重点加强学生劳动观、劳动态度、劳动安全、劳动法规知识的培养。纳入阐释勤劳、节俭、艰苦奋斗等中华民族优良传统的内容，[3]在校本课程研发中纳入歌颂劳动模范和辛勤劳动者的选文选材。

要想课程真正落实，首先应该有专门的教材与专任教师。如果上级部门没有配套教材，或者配套教材不适合学校的学情，可以由学校自己研发、编写适合学校学情的校本教材。江西科技学院附属小学根据自己学校的具体情况，编写了校本教材，通过“生活自理爱劳动”“家务劳动好帮手”“校园劳动我能行”等章节来提升孩子的劳动素养，以劳动涵养品德。其他学校可以根据学情编写因地制宜的校本教材。

笔者所在的建宁实验小学也因地制宜开展劳动教育，“德育+劳技”的特色劳技课程秉持以德为先的理念，紧密结合时节、传统文化等，将劳技与德育融会贯通，在劳动中渗透德育，在德育中感受劳动之美（如图1所示）。让孩子们在劳动中践行传统美德，在劳动中收获快乐。课程自开设以来，为落实传统文化教育，推出了中秋桂花香、重阳蒸花糕、腊八粥等主题活动，为落实感恩教育，推出献给父亲的茶、“煮夫”休息日等活动。孩子们在活动中动手制作一道道美食的同时，也让每一道美食多了一份文化之味、情感之味。

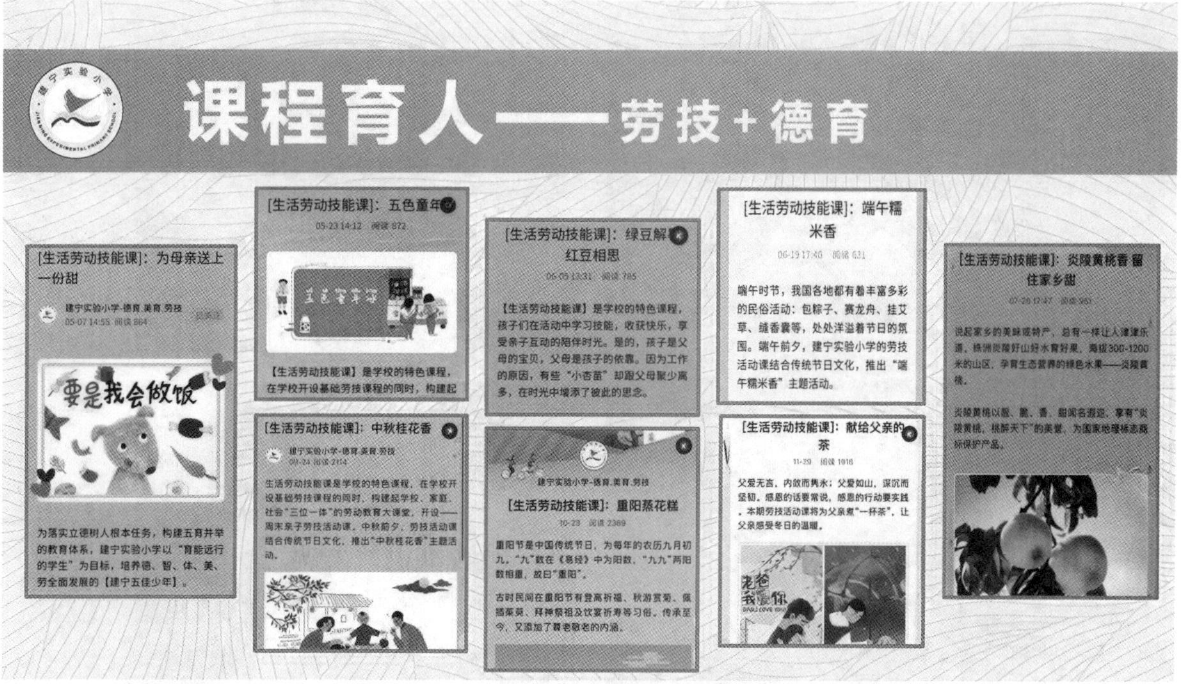

图1 “体育+劳技”特色劳动教育课程

2. 课程形式系统化

随着时代的发展，光靠传统的劳动教育方式和劳动课程教学是远远不够的，只有建立统筹一体的“显性课程+隐性课程”劳动教育课程体系才能行之有效。“显性课程”主要是指以劳动教育为主要教学内容的课程，如劳技课、劳动课和综合实践课，“隐性课程”主要以“劳动教育+”的形式将劳动教育有机融入语文、数学、科学、思想品德等各类课程中，有效发掘各类学科课程的劳动教育因素，以润物细无声的方式让学生感受到劳动教育的魅力，发现劳动教育的德育之美。

此外，“隐性课程”还可结合植树节、学雷锋纪念日、“五一”劳动节等节点，通过设立劳动日、劳动周、劳动月等形式，集中开展劳动教育主题实践活动，同时聚焦劳动活动中的德育因素，不断提高小学生的道德综合素养。

笔者所在的建宁实验小学在 2021 年元旦前夕，开展“‘小杏苗’生活成长记——包饺子”活动（如图 2 所示）。孩子们在活动中感受乐趣，获得了全面、健康的发展。通过这次活动的开展，孩子们不仅感受到了劳动的乐趣，增强了团队合作的意识，更是传承了中国传统文化。

图 2 “小杏苗”生活成长记——“包饺子”活动

（三）劳动教育评价科学化

“以劳育德”视域下的劳动教育应关注考核与评价劳动过程，劳动教育是否有助于学生正确认识自己的劳动活动，是否能够激发学生热爱劳动的情感，是否有助于树立正确的道德价值观念，达到预期德育效果。

1. 以劳育德，综合提升

劳动教育必须坚持以育人为导向，坚持立德树人根本任务，在“五育并举”中切实落实劳动教育，注重学生劳动素养知、情、意、行的全面发展。以学生的全面发展为目标，着力提升学生综合素质。

2. 关注过程，多元评价

借助互联网，我们可以创建劳动教育信息化评价系统，不仅可以运用大数据、云平台等现代信息技术手段，还可以利用微信、QQ 等便捷软件，开展劳动教育过程监测与纪实评价，全面客观记录学生课内外劳动过程和结果，充分发挥评价的育人导向和反馈改进功能。建宁实验小学就利用了 QQ 相册上传和保存记录作业，动态地掌握了学生的一部分劳动过程。

3. 重视实践，以评促学

重视劳动教育的实践作用，关注学生的劳动实践能力。同时，将劳动教育指标纳入学生综合素质评价体系，将劳动素养评价结果作为衡量学生全面发展情况的重要内容，作为评优评先的重要参考。建宁实验小学关注“德智体美劳”全面发展，每期评选“五佳少年”，劳动素养不达标的同学不能被评为“五佳少年”。

三、结语

“以劳育德”理念使德育与劳动教育形成一个整体的系统，为实现立德树人，发挥劳动教育的德育价值提供了研究思路与方向。“以劳育德”视域下的小学劳动教育使德育在潜移默化的劳动教育教学、劳动教育实践体验过程中转化为学生个体的道德价值取向。它需要政策的支持，需要各学校根据自身实情进行有效的校本探索，同时还需要家庭、社会的配合，达到“劳”与“德”知、情、意、行的统一。

参考文献

[1] 段俊华.“以劳育德”视域下黄冈市小学劳动教育问题及对策研究［D］. 黄冈：黄冈师范学院，2020.

[2] 教育部关于印发普通高中课程方案和语文等学科课程标准（2017 年版 2020 年修订）的通知［J］. 中华人民共和国教育部公报，2020（6）：10-781.

[3] 汤素娥. 习近平新时代劳动观研究［D］. 长沙：湖南大学，2019.

[4] 岳军祥，龙燕雨，张甜甜，郭艳. 新时代小学劳动教育实施现状文献综述［J］. 文教资料，2021（5）：161-162.

（株洲市天元区建宁实验小学）

从“心”出发，激“我”能量

——论儿童内在动力的厚积薄发

罗元媛

摘　要：时代飞速发展，我们的教育也不断面临新的变化，孩子们涌现出来的“拖延症”“厌学症”“玩手机成瘾”“心理疾病”等教育难题，让孩子们和家长们的盲从感和焦虑感越来越重，也让学校的教育面临着重大挑战。我们不断地在“求变”“求新”的路途中，寻找着最适合孩子们成长的方式。诚如诸多心理学著作所言，育人，先育心，从“心”出发，从“心”引导，儿童内在的动力才能得到激发，儿童的能量才能得以爆发。

关键词：教育心理学；放慢节奏；内在驱动力

“十年树木，百年树人”。人的教育，从来都不是一件轻易的事情。在飞速发展的时代中，在瞬息万变的现代生活里，面对稚嫩的孩童，我们更要不急不躁，不偏不倚，稳中求胜。在他们的成长中，给予他们充足的时间和细心的引导，才能达到“慢工出细活”的教育效果。

放慢节奏，我们才可以看见孩子们真实的内心和需求；放慢节奏，我们才可以在帮助孩子成长的过程中，根据孩子的心理变化而适时地调整方法；放慢节奏，才可以找到最适合孩子的努力方向；放慢节奏，才可以让更多的孩子们真切地体验到“成功”。而恰恰是这“成功”的体验，可以让孩子们有更强的内在驱动力，让他们在以后的学习和生活中更自律，更积极，从而让很多问题迎刃而解。

那具体该如何操作呢？

一、帮助孩子树立正确的努力方向

“对于一艘没有航向的船来说，任何方向的风都是逆风。”我们要坚定地相信，方向，比努力更重要。

1. 话语的正向引领

一群孩子在游乐场里玩耍，一个孩子抢了别的孩子手中的玩具，还把那个孩子推倒在地。这个孩子的奶奶说：“宝贝，不要让自己受伤了。”这个孩子从奶奶那儿所接受的信息是：我想要什么就一定要拿到，哪怕是野蛮地拼抢，也是对的，只要自己不受伤。

一个幼小的孩子，看着大人们玩手机，他也模仿大人在手机上指指画画，激活一个个系统。而大人们总是打趣道：“孩子真聪明，手机玩得贼溜！”于是，这个孩子开始沉迷于手机。

像这样“无意识”“随意玩笑”的话语暗示，在生活中比比皆是。“说者无心，听者有意”，大人对孩子的赞扬和鼓励，一定是要建立在一定基础上（正确的价值观、人生观等）的正面反馈，一定要了解到，话语暗示对于孩子的影响是潜移默化的，有着巨大的能量。

你想要孩子成为什么样的人，就应该在生活中找到教育契机，用话语暗示他往“正方向”走，他就会在你的话语引领下，慢慢朝着这个方向走下去。你想他成为一个诚实的人，就应该在看到他诚实的表现时，对他说：“宝贝，刚才你做的××事情，让我发现你是个诚实的孩子。”你想他做事情不拖沓，就应该在观察到他做事情利落时，及时地对他说：“宝贝，我发现你今天做××事速度有提高，你真棒！”

2. 榜样的能量引领

榜样所产生的能量，是深沉的、长远的。你希望孩子朝着哪个方向前进，就应该为他树立榜样。

我们可以先走在前列，让孩子慢慢跟随；也可以和他并肩而行。孩子在前进的道路上，有人指引和陪伴，他就不孤独，就不会偏航。

二、我们要帮助孩子树立自信心

现在的生活水平提高了，孩子们是家长捧在手心的宝贝。但实际情况往往是，家长们操心的事情越多，孩子的自理能力越差，自信心越弱。他们似乎已经习惯了“提线木偶”的角色，没有什么过多的思考与情感，只是机械地完成任务。

这就需要我们创造一个安全的环境，让孩子逐步建立自信心。在这个安全的环境里，他们能自主选择、自主行为；他们能在老师（或者父母）的陪伴和引领下，真切地感受到自己的行为是安全的，是可以调整并产生积极、正面影响的。当孩子们有了这个安全的环境，他们就会清晰地发现：自己是拥有能力的，自己是能行的！这种强烈的自我认可的感觉，会激发他内心向前的动力，而且，他们不仅可以直接感受到自己“能行”，在这个过程中，他们同样给旁边的人带来安全感，从而形成一种良性循环。

这种安全的环境究竟指的是什么呢？它指的是营造一种没有成败、没有评判、没有责备、没有羞辱、没有痛苦的环境氛围，把真切的“我能行的感受”通过活动，内化到个人的体验中。

例如，二年级的课堂，有个孩子听了一会儿课，就把纸拿出来，开始折飞机。讲台上的老师看见后，停下了讲课，说：“我发现，咱班的孩子上课听讲的专注力真不错！调整自己的能力也非常好！有的孩子，听着听着就走神折飞机了，他折着折着，发觉到自己这样做是不对的。于是，他就把纸飞机重新放回课桌里了。”这位老师一边讲，一边悄悄打量那个折飞机的孩子，发现那个孩子正在把折到一半的飞机塞回课桌。这位老师马上把话题接上：“孩子们，我们给这位同学鼓掌，表扬他在课堂上做出了正确的选择，好不好？”课堂里响起了热烈的掌声。折飞机的孩子体验到了“做出正确选择后的成功体验”，这种愉悦感和成就感，促使他在以后的课堂上，总会有意识地自我调整，做出正确的选择。

对于孩子们来说，让他们在有安全感的环境中真切感受到“我能行”，就像是给了干涸的枯井一汪清泉！这种正向的肯定、平和的指引可以激发孩子内在的激情和潜力，让他们对自己更有自信！经过正向引导而有自信心的孩子，在生活中更能做出正确的选择和判断。

三、帮助孩子找到价值感、归属感、责任感、成就感和幸福感

孩子是一个独立的个体，他们有寻找自身价值的需求。当他们在一个集体中体验到了这种价值的归属感，产生了“大家确实需要我”的责任感、成就感和幸福感之后，那么，他的生活就会变得更有价值和意义。

那如何让孩子明白并感受到“我的贡献是有价值的，大家确实需要我”呢？

首先，需要父母或者老师俯下身子，倾听孩子们内心真实的声音，让孩子们感受到“我很重要”；需要我们有一双善于发现的眼睛，让孩子们感受到“我很有价值”。

例如，课间一个男孩发现教室的地面有特别多的纸屑，就拿起一把扫帚开始清扫。直到铃声响，老师进来上课了，他依然在扫地。下课后，别的孩子告诉了班主任老师这件事。班主任老师问他：“上课了你还在教室后面扫地，影响大家上课了，你知道吗？”他说：“我看到教室里太脏了，觉得很不舒服，就想把地扫干净。”老师问：“如果下次还有这种情况发生，你有什么更好的建议给自己或者其他同学吗？”他说：“先扫一部分，留下的部分下课再扫。或者，老师，我建议同学们在上美术课的时候，把撕掉的纸先放在一个自制的纸盒里，上课不要乱扔，下课后再倒进垃圾桶。”班主任老师肯定了他的建议，并在班会课上让这个孩子把建议拿出来讨论，最后根据其他孩子的补充建议，拟定了“班级卫生，你我都行”的班规。孩子们在这个孩子的带领下，积极参与，积极行动，整个班级的卫生情况发生了前所未有的变化，非常高效！

认真倾听，善于发现，可以最大程度调动孩子的参与意识，让他们拥有强烈的价值感和归属感。我们要利用我们的耳朵、我们的眼睛，多多创设这样的条件和机会，让每个孩子都有这样的机会。

其次，每个孩子都拥有属于他个人的力量，并且会以这种或那种方式运用这种力量。如果不给他们机会积极地运用这种力量，他们就会以破坏性的方式运用它。为了避免破坏性力量的出现，就需要我们给予他们一个“受到鼓励但也要承担责任的环境”，让他们把个人的力量，以有用的方式做出贡献；要让他们体验到犯错误没关系，我们能从这些错误中学习，并能把正能量传播给身边的人，让自己和他人学会为自己的错误承担责任，并获得成就感和幸福感。

例如，课间休息有个孩子用雨伞将另一个孩子的头敲出了一个包，被同学们送到了老师的办公室。老师问这个打人的孩子：“老师想听你说，发生了什么事情。”这个打人的孩子说：“他抢了一个女生的课外书，我很生气。”老师是这么引导的：“你是想让抢书的孩子明白不能抢别人的书，是吗?”孩子点点头，老师继续引导：“你是一个很有正义感的孩子，老师很喜欢你的正义感。可是，你想想，你觉得大家是想和通过‘打人’的方式来弘扬正义感的人做朋友，还是想和又有正义感又和善的人做朋友?”打人的孩子深深地低下了头。老师接着说：“如果你选择了后者，那么大家就都能感受到你是为了大家好，为大家在做贡献；如果你选择了前者，可能大部分同学会认为你是一个很喜欢欺负别人的、爱打架的调皮捣蛋鬼。”打人的孩子承认了错误，老师顺势引导这个孩子带着被打的孩子去医务室进行观察、处理伤口等，让孩子亲身去体验“我从错误中学会了承担责任”。其他的孩子通过观察这个孩子的行为，就会感受到同样的价值力量，也会调整自己的行为。这个孩子就会更加真切地感受到“我的行为对大家产生了积极的影响”，这种积极的心理体验的积累，会让他以后在面对选择时，做出积极的选择，而不是消极的选择。

儿童的教育，就是在实践中，根据每个孩子的特点和需求不断地打磨调整，激发孩子的内在动力，让孩子们始终朝着正确的方向不断前行。

正如一艘航行在大海中的船，有了正确的方向，它才能不迷失航向；有了恰当的方法，它才能更顺风顺水；有了充足的动力，它才能航行得更加远！希望孩子们在我们的正确指引下，在我们平和耐心的陪伴下，走对路，走更远！

参考文献

[1] 简·尼克森，琳·洛特，斯蒂芬·格伦. 教室里的正面管教［M］. 梁帅，译. 北京：北京联合出版社，2014.
[2] 埃德蒙多·德·亚米契斯. 爱的教育［M］. 刘颖，译. 天津：天津人民出版社，2017.
[3] 刘永胜. “我能行”教育的思考与实践［M］. 北京：北京教育出版社，2004.

（株洲市天元区泰山学校）

记录单在小学科学探究活动中的作用

刘革亮

摘 要：记录单设计的合理性和科学性，既体现了教师对于科学课中不同类型实验内容的驾驭能力，也能为学生的探究活动提供科学的导向作用。一份优秀的记录单能很好地激发学生的探究兴趣，提高学生记录能力，还能从根本上提高科学课教学效率。因此教师应深入探究记录单，让合理有效的记录单服务于教师的教学和学生的学习。

关键词：年级特点；内容特点；个性化；创新意识

一份小小的记录单，承载着很多的功能，对培养学生科学探究兴趣、科学探究态度、科学探究精神都有重要的作用。记录单，作为科学实验教学的元素之一，具有极强的辅助作用。它不仅是学生记录数据和观察现象的一张纸，还是重要的教学工具。教师通过对记录单的批阅，可以真实地了解学生科学学习的过程和取得的成果。而记录单设计的合理性和科学性，既体现了教师对于科学课中不同类型实验内容的驾驭能力，也能为学生的探究活动提供科学的导向作用。

在《全日制义务教育科学（3~6 年级）课程标准（实验稿）》中，关于科学探究的具体内容标准中有“体验科学探究中的证据、逻辑推理及运用想象建立假设和理解的重要性；能利用简单表格、图形、统计等方式去整理有关资料；能选择自己擅长的方式（语言、文字、图表、模型等）表述研究过程和结果；能对自己或者小组提出的探究问题做出书面计划；能用简单器材做简单的观察实验，并作出实验记录；能用简单测量工具对物体进行定量观察，采集数据，并作出简单记录”等；在情感态度与价值观具体内容标准中有“尊重证据，能参与中长期科学探究活动”；在生命世界、物质世界、地球与宇宙的具体内容标准中则有更多要求。可见实验记录在小学科学课中的重要性。

在此，试谈谈我在科学教学过程中设计记录单的体会。

一、设计符合学生年龄特点的记录单

不同年级的学生发展水平不同，因此在具体的实验记录单制作中，我们应从学生的心理特点和认知水平入手。对照教材科学实验内容的要求，在符合学生年龄特征的基础上，制作出合适有效的记录单。

低年级的学生，知、情、意、行等方面都有一定的局限性。我在制作实验记录单时采用简单、图文并茂的设计方式。首先能让学生理解我所设计的记录要求，并能激发学生参与实验的兴趣，为培养学生良好的实验习惯起到一定的导向作用。如在三年级下册“金属热传递”的探究活动中，我设计了如下的实验记录表（表 1）。

表 1 金属热传递实验记录表

________年________月________日　记录人：________

实验器材：
我的猜想：
我是这样做的：

续表

火柴棒掉落时间（分钟）				
火柴棒编号	1	2	3	4
掉落时间				
观察到的现象：				
结论：				
疑问：				

高年级的学生，他们具有一定的实验操作能力，认知能力和思维能力有了明显的提高。在设计实验记录单的时候，应增加一些自由化的实验内容，比如多一些“我的设计”“我的发现”“我的疑惑”等，这些个性化的元素设计可以引发学生对实验本身的反思，培养学生独立钻研的良好习惯。如五年级下册“摆的研究”实验中，我设计了如下记录表（表2）。

表2　摆的研究记录表

________年________月________日　记录人：________

实验者：					
实验器材：					
我的猜想：					
我的设计（方法步骤）：					
实验数据记录					
条件/次数	摆长	钩码个数	时间	摆的次数	单摆周期
第一次					
第二次					
第三次					
第四次					
我的发现：					
我的结论：					
我的疑惑：					

二、设计不同教学内容特点的记录单

我认为，实验记录单和调查记录单的服务对象是每一个具体的科学实验或科学调查。记录单必须围绕内容有针对性地制定，应避免烦琐无用的类目出现，做到简洁、直观、科学地展示本次实验和调查的过程和结果，应有很强的针对性和导向性。如六年级下册探究“水的污染”，我制订了本地水资源污染情况调查表（表3），表的类目非常简单，但有很强的针对性。针对“我”的发现，谈谈“我”的感受，说出“我”的建议。

表3 本地水资源污染情况调查表

________年________月________日　调查人：________

我的发现：
我的感受：
我的建议：

科学探究活动应有条有理有序，因此我们设计探究记录单计也应合理有序。如在教学四年级下册“花开花落为哪般”一课时，设计观察花的记录单（表4），应该按观察花的顺序去设计，这样的引导作用不言而喻。

表4 观察花的记录单

________年________月________日　记录人：________

花的部位	数量	颜色	形状	手摸的感觉	气味	在纸上擦的结果
花托						
萼片						
花瓣						
花丝						
柱头						
花柱						
雄蕊						
雌蕊						
子房						

三、设计学生自主创新特色的记录单

科学世界是神奇的，我们认识科学世界应兼顾针对性与开放性的原则。教师应积极引导学生自主设计记录单，教师可以先给出示范性的问题类型，让学生根据自己的喜好和兴趣，自主设计记录单内容。这些自由化的设计更能激发学生科学探究的兴趣，让学生充分发散思维，发掘未知的科学世界。

皮亚杰的建构主义基本观点认为，儿童与环境的相互作用涉及两个基本过程：“同化”与“顺应”。对于小学科学教学而言，学生在课堂学习前后，认知结构的“同化”与“顺应”现象体现得尤为明显。因此必须了解学生对事物或现象的前后认知对比，掌握学生科学思维的转变过程，才能确定恰当的引导方式，并为我们的后续教学提供反思的依据和完善的方向。

记录单能真实有效地反映每个学生与众不同的体验，激发学生的探究兴趣，提高学生的记录能力，还能从根本上提高科学教学效率。

参考文献

[1] 中华人民共和国教育部. 全日制义务教育科学3~6年级课程标准：实验稿［M］. 北京：北京师范大学出版社，2002.

[2] 刘月香. 认知发展的科学实验记录单设计有感［J］. 教育管理与艺术，2014（3）：176-177.

（株洲市攸县宁家坪镇湖南坳中心小学）

中华传统文化与小学德育有机结合的有效途径

伍海华

摘　要：2018年10月，我主持申报了课题“中华传统文化与小学德育有机结合的实践研究”，获得邵阳市规划课题立项。三年来，我们课题组根据研究方案，组织开展了一系列研究活动，积极探索中华传统文化与小学德育有机结合的有效途径，如，经典诵读进班级，德育渗透进课堂，传统文化进活动，传统文化进教材，传统文化进评价，本土文化进课后服务，感恩教育进家庭，传统美德进社区等，均取得了良好的成效。下面，我从研究背景、研究途径和成效等方面进行分享。

关键词：传统文化；小学德育；有机结合；有效途径

一、研究背景

当前，广大家长对孩子的教育越来越重视。但是，不少家长溺爱孩子，以致孩子衣来伸手，饭来张口，手不能提，肩不能扛，依赖性强，生活自理能力差，感恩意识淡薄，自立自强精神欠缺。甚至有成绩优秀的学生考入大学后，离开父母的关照，生活就不能自理了。我国基础教育当前亟待解决的问题之一，就是如何教育学生成为一个习惯良好、知礼感恩、自立自强、人格健全的人。

而当前的德育工作，宣讲多，灌输多，效果不是很理想。即使是传统文化教育，也往往停留在背背诗词、搞搞活动、贴贴标语的表面工作，不够全面、持续和深入，没有充分发挥优秀传统文化在提升学生道德修养方面的巨大作用。

习近平总书记在中央党校80周年校庆讲话中指出：“中国传统文化博大精深，学习和掌握其中的各种思想精华，对树立正确的世界观、人生观、价值观很有益处。”2014年3月，教育部印发了《完善中华优秀传统文化教育指导纲要》，明确指出：着力引导青少年学生明辨是非、遵纪守法、坚韧豁达、奋发向上，自觉弘扬中华民族优秀道德思想，形成良好的道德品质和行为习惯。

小学阶段，是一个人思想萌芽、习惯养成的重要阶段。充分融合中华传统文化来做好小学生的德育工作，为国家培养合格的接班人，功在当下，利在未来。而目前，这方面成体系的全方位的研究成果还很少，有待大家深入探究。

二、研究途径及成效

我们课题组按照课例研修和主题活动双线推进的方式进行探究，促进学生语文素养和道德修养的双重提升。研究途径及成效主要表现在以下8个方面。

（一）经典诵读进班级

学校教导处安排全校各班每周星期三早读集中进行经典诵读训练，由各班语文老师认真组织。学校教导处和政教处负责定期督查，对组织得好的班级予以表扬，并在每个月的班级管理量化考核上予以加分。诵读内容由语文教研组按照小学低、中、高3个学段提供合适的材料供老师们选用，各班也可以自行选用有本班特色的诵读内容。语文教研组推荐的各学段经典诵读内容见表1。

表1　各学段经典诵读内容

年级	诵读内容
低年级	《千字文》《笠翁对韵》《三字经》

续表

年级	诵读内容
中年级	《弟子规》《幼学琼林》《增广贤文》
高年级	《论语》《孟子》及小学生必背古诗词70首

通过持续的诵读训练，学生的古诗文诵读水平明显提高，学生的古诗文积累变得更丰富，对古诗文的理解更深入，从中受到潜移默化的影响，行为习惯得到了改良。

（二）德育渗透进课堂

课堂是教育教学的主阵地，在课堂教学中渗透德育，是一种很好的育人方式。比如，我执教《狼牙山五壮士》一课时，通过品词析句来引导学生体会五壮士的壮举，在对课文句段的朗读品析中渗透爱国主义教育，这堂课效果良好，获评省级“优课”。另外，我们课题组围绕研究主题积极开展“校本主题研修”活动，主要通过课例研修的方式来推进。我们课题组成员组建了“综合组”，确立了“借助经典，有效育人”的小组研修主题，组员再根据小组研修主题，结合自身教学实际，确立个人的研修主题。我本人确立了“巧用故事和古诗，强化育人效果”的研修主题，然后进行研课磨课。在执教一年级下册道德与法治《干点家务活》一课时，我巧借“郑板桥临终教子”的经典故事和故事中“吃自己的饭，流自己的汗，自己的事自己干，靠天靠地靠祖宗，不算是好汉”的警示，强化了自立自强的德育效果，这堂课在学校道德与法治赛课中荣获一等奖。课题组何潘洁老师在新宁县2021年小学道德与法治课堂教学比赛中，执教《我是一张纸》，在引导学生认识纸的来历中，巧妙渗透环保教育，穿插有关节约的经典故事，弘扬勤俭节约的传统美德，反响很好，荣获一等奖。

当然，我们课题组的老师都有意识地在课堂教学中渗透德育，上了不少的观摩课，为全校老师如何在课堂教学中找准切入点渗透德育提供了有益的借鉴，起到了示范引领作用。

（三）传统文化进活动

1. 传统文化进日常活动

在日常活动方面，课前各班集体诵读经典，营造浓浓的文化氛围；大课间活动时间，全校学生学跳《弟子规》《三德歌》手语舞。经典的话语，动听的音乐，优美的舞姿，带给学生美的享受和思想情感上的陶冶。每周一的“国旗下的讲话”，我们时常引用革命先辈的典型事例和经典名句来教育学生。

2. 传统文化进专题活动

学校围绕研究主题，积极组织开展了“庆六一”经典诵读比赛、经典诵读小视频征集赛、书画比赛暨优秀作品展览、国学知识竞赛、红色歌曲合唱比赛等丰富多彩的活动，借助各项活动有力推动优秀传统文化进校园，让传统文化滋养学生的精神成长。

（四）传统文化进教材

2020年，我组织学校骨干教师精心编写了有关“中华优秀传统文化暨国学经典诵读”的校本教材。低年级着眼于经典诵读、经典解读、学典明理3个模块来构建教材单节内容，中高年级着眼于经典诵读、古文阅读、文化解读3个模块来构建教材单节内容。考虑到一二年级是小学的起始阶段，培养学生良好的学习生活习惯和教会学生基本的做人礼节是重点，所以，一年级侧重选编《弟子规》，二年级侧重选编《三字经》。每个章节基本上按照诵经典、释经典、明道理3方面内容来进行编写，简洁明了，便于老师指导教学，便于学生诵读学习。在明道理版块，我们根据低年级学生的心理特点，选编了一些跟诵经典内容相关的小故事，通过故事来渗透德育。

这套校本教材在县里的校本课程评比中荣获一等奖。通过国学经典校本教材的教学，全体学生的人文素养得到了提升。在经典的熏陶下，学生的行为习惯也大大改观，现在我们芙蓉学校的学生给人的印象就是讲文明、讲卫生、懂节约、懂感恩。

（五）传统文化进评价

学校教导处将经典诵读和优秀传统文化知识纳入教学质量综合评价范围，在学校每个学期的期末质量检测中设置有关经典诵读和国学常识的考查内容。通过把传统文化知识纳入学校教学质量评价体系，有效促进了全体师生学经典、用经典的积极性。同时，这一加大古诗文学习和考查力度的举措，也顺应了部编版语文教材的改革趋势，有助于夯实学生的语文基础，有助于在读经典、用经典中弘扬中华民族优良传统。

通过优秀传统文化的浸润和熏陶，学生的整体语文成绩明显提高，学生的人文素养也得到了提升。

（六）本土文化进课后服务

2021年上学期，我们县在城区学校开始实施课后服务工作。在课后服务课程设置上，我作为学校教导主任，从弘扬优秀传统文化和充分发挥优秀传统文化育人效果的角度出发，开设了书法、戏曲、太极、武术等传统文化活动类课程。特别是把本土的"岩鹰拳"（国家级非物质文化遗产）"祁剧"等传统文化艺术引入学校的课后服务活动课程。我们学校，每周星期五下午的课后服务时间，全体师生到操场学练"岩鹰拳"，既强身健体，又鼓舞斗志，还提升了全校师生的精气神。本土文化进课后服务，既弘扬了本土的优秀传统文化，也拓宽了传统文化的育人途径。

（七）感恩教育进家庭

"百善孝为先"，孝敬父母，知恩图报，是中华民族的传统美德。学校各班在组织学生诵读经典、积极参与专题活动的基础上，因势利导，家校互动，引导学生在家里弘扬这一传统美德。各班要求学生每天回家为父母倒一杯水，再道一声："爸爸（妈妈），您辛苦啦!""双减"政策下，书面家庭作业少了，但学校教导处要求各班坚持布置"做家务或学做家务"的实践性家庭作业，通过学做家务，孩子们体会到了父母的辛苦，懂得了感恩，学会了自理。不少家长反映，现在孩子回家能帮着做家务，越来越懂事了。

（八）传统美德进社区

学校每个学期都会在相关传统节日带领学生深入社区弘扬传统美德。比如，清明节，带领学生去本地摩诃岭烈士陵园扫墓，缅怀革命先烈，弘扬爱国传统；重阳节，组织少先队员走进社区敬老院，给孤寡老人送去温暖和祝福，弘扬爱老敬老的优良传统……

我们主要从以上八个方面积极探索中华传统文化与小学德育有机结合的有效途径，充分挖掘和发挥优秀传统文化的育人作用，将优秀传统文化融入学校德育工作的多个层面，用优秀传统文化滋养学生的精神成长，提高学生的思想道德修养。

立德树人，使命神圣，任重道远。我们将不负习总书记"不忘立德树人初心，牢记为党育人、为国育才使命"的嘱托，立足教育教学，积极探索实践，深入探寻中华传统文化与小学德育有机结合的有效途径，为中华民族的伟大复兴用心培养接班人。

参考文献

［1］刘福廷. 传统文化与小学德育工作的有机融合［J］. 考试与评价，2016（6）：75.

［2］李宁，刘晓辉. 论中华优秀传统文化传承与小学德育相结合［J］. 教书育人（教师新概念），2016（1）：4-5.

（邵阳市新宁县芙蓉学校）

整合资源，打造“作业辅导+N”课后服务课程体系

李林林

摘　要：邵东市城南小学坚持五育并举，因校制宜，从教育行为参与者、本土教育资源和教育教学活动三个方面整合资源，打造“作业辅导+N”课后服务课程体系。让学生拥有一个健全人格，养成一项运动爱好，培养一种艺术特长，获得一流实践能力。

关键词：课后服务；资源整合；“作业辅导+N”课程体系

课后服务是“一项促进学生健康成长，进一步增强教育服务能力，使人民群众具有更多获得感和幸福感的民生工程，”[1]有助于青少年德智体美劳全面发展。为贯彻落实《关于做好中小学生课后服务工作的指导意见》和“双减”政策的要求，“提升课后服务水平，满足学生多元化需求”[2]，努力办好人民满意教育，笔者所在的邵东市城南小学坚持五育并举，因校制宜，积极探索，大胆实践，综合施策。通过整合资源，研发课程；选课走班，发展特长；作业辅导，减负提效；多元评价，优化提升，着力打造“作业辅导+N”课后服务课程体系。

一、整合“人”的资源

1. 整合教师资源

教师是学校赖以生存的宝贵资源，是学校发展中的主体。没有教师的发展，就没有学校的发展，教师发展是学校发展的基础，教师是学校最重要的资源。

在开展课后服务之前，我们做了充分的调研，对每一位教师都进行了问卷调查，了解到每一位教师的家庭、专业和特长。我校共52名教师，其中有二胡、跆拳道、声乐、美术、信息技术等专业教师，这些教师的专业能力决定了学校艺术专业课程的发展方向；还有些老师擅长剪纸、跳绳、烹饪等，这些能力特长构建了开发特色课程的基础。为了更好地开展课后服务，我们还根据每一位教师的家庭情况，避开家务时间峰值，实行弹性时间编排，保障服务的连续性、完整性和可持续性。

2. 整合家长资源

作为学校教育的支持者与参与者，家长的参与程度将直接影响学校的教育质量，学校教育会因为家长的积极参与而变得卓有成效，课后服务亦如此。因此我们在进行课程设计时，就充分地考虑了家长的融入。

据调查统计，笔者所处的学校，家长从事专业技术工作的人员不是很多，但涉及的领域比较广，有医生、律师、消防员等。这些家长因为职业需要，都有自己专业领域的知识储备。疫情期间，我们邀请“医生家长”到学校来讲专业防疫、急救知识；普法周，我们邀请律师家长来学校剖析案例、讲解法律知识；安全教育周，我们请来了消防员家长，给孩子们演示消防救援、普及消防知识等。

3. 整合社区资源

新课程特别强调学校与社区的互动，强调学生的社会实践能力，挖掘社区的教育资源。社区拥有丰富的人文资源、活动资源、实践资源等，这些都可以成为我们开发和利用的教育资源，成为学生感受社会的第一个“练兵厂”。

笔者的学校处于邵东市城南社区。在新冠疫情防控期间，我们利用课后服务时间，邀请社区工作人员到学校来为孩子们科普防疫知识，也让孩子们走进社区，感受社区的专业医护人员和志愿者们的

抗疫日常。又如，我们利用邵东市创建省级文明城市的契机，让孩子们走进社区去了解“创文”的意义以及自己可以为“创文”做什么。我们不仅走进社区，还在学校和社区工作人员的引导下，到桐江河畔去了解河道污染的情况，到垃圾焚烧发电厂去看看怎样“变废为宝”，让“绿水青山就是金山银山”的理念植入每一个学生的心灵深处。

二、整合“地方”资源

1. 整合地方红色资源

一个人对祖国爱得越深，历史的责任感就越强烈，人生目标就越明确，人生信念就越坚定。加强红色教育学习是培育新的民族精神的现实需要。红色文化具有政治教育的价值功能，红色文化倡导的是崇高思想境界和革命道德情操，传播其理念、彰显其精神有利于红色革命精神深入人心。[3]

在课后服务课程体系，我们开发了“邵东英烈”课程，聚焦的是革命先烈刘惊涛的红色故事。

刘惊涛是一位就在孩子们身边的革命烈士，他在邵东市城区一小的前身“协济高等小学”读的小学，他开展革命活动的地方也在我们学校所处的两市塘街道这一带，所以孩子们还能从年长的老人那里了解到关于他的一些事迹。笔者带领学校课程开发团队多方搜集资料，一组赴团山烈士陵园寻找相关文字记录并在街道附近向年长的老人打听，另一组赴邵东县档案室、党校等处收集资料，资料搜集完毕后再进行编写，还将此故事录成音频，开发了文字和视听教材兼具的课程资源。

随后，我们利用课后服务时间围绕这一主题开展一系列实践活动：“寻找革命先烈的足迹”“革命歌曲大赛”“我为革命先烈写首诗”“身边的英雄”手抄报评比等。因为对烈士的成长、生活和英勇牺牲的事迹都有全面、深刻的了解，所以孩子们创作的一首首诗歌中都饱含着他们内心对革命烈士的崇敬、热爱之情，他们制作的一张张手抄报才能精彩纷呈、饱含深情。

我们的红色故事课程还被选入邵东市主题教育宣讲课程，笔者带着红色故事《农运先锋刘惊涛》先后到邵东市公安局、邵东市民政局等单位进行宣讲，扩大了此课程的社会影响。

2. 整合地方科创资源

邵东市从汉朝昭阳侯国中走来，历史悠久又朝气蓬勃。走俏全球的打火机、五金工具、皮具箱包、印刷包装、中药材等产业为邵东赢得了“百工之乡”“民营之都”的美誉，一代代邵东人积淀了“务实开拓，敢为人先”的邵东精神。

我们把邵东本土科创企业创亿达科技园的工作人员请到课后服务的课堂，给学生介绍教室里的电子白板是怎样研发和生产的。学生平时就很好奇，“电子白板老师”怎么可以那么知识渊博而又生动有趣呢？这回总算可以刨根究底了。孩子们在向技术人员请教的同时，也了解了这个企业由弱到强、由“地方小产业”到“知名科技企业”的奋斗史。在这个过程中，孩子不仅对一体机的工作原理、研发过程有了初步的了解，更重要的是这种“务实开拓，敢为人先”的邵东精神也深深地根植于孩子们的心中。

3. 整合地方风俗资源

两年前，我们组织老师编写了一套《传统节日的实践活动指导读本》。按高、中、低三个阶段，从节日的起源、意义、活动等方面引导孩子们走近并走进传统节日。每个节日的编写分为“节日知识我知道”“节日活动我参与”“节日收获我分享”三大版块。每个版块我们都注重将邵东独有的传统节日文化融入其中。

比如，在中段“春节”这一节日，我们在“节日活动我参与”这一版块，布置孩子们去体验制作猪血丸子。猪血丸子是邵东人最爱的美食，将猪肉剁碎，和着猪血和豆腐制作成丸子，晒干、熏制而成。味美且保存时间较长，颇受大家的喜欢。

我们将制作水平高的家长请进课后服务课堂进行指导，让学生亲自体验制作，待完成以后，我们还让孩子们将猪血丸子做成美味的菜肴，在学校美食节供大家品尝，将课后服务课程与学生生活连接起来。

三、整合“活动”资源

1. 德育活动

党的十九大报告强调：“要全面贯彻党的教育方针，落实立德树人根本任务，发展素质教育，推进教育公平。”

德育活动课程是相对于传统的以“说教”为主的学科课程而提出来的，它是指寓德育于活动之中，并以活动为实现德育之基本手段的一种课程形式。笔者所在的城南小学，每周都会开展主题德育活动，比如升旗仪式上的德育主题演讲，当下的航天英雄事迹的宣讲。在课后服务，我们可以围绕该主题开展丰富多彩的德育活动，如“我给航天英雄写封信”“我为航天英雄画张像”，等等，将德育活动纳入课后服务课程体系中来。

2. 学科活动

教育的目的是习得一种思维方式，学习活动是有效的载体，弥补学科不足，解决虚化、弱化的问题，开展学科活动也是课程标准的要求，是培养学生核心素养的重要渠道。

数学学科，我们可以根据某一堂课的教学内容进行实践活动的设计，像教学了长方形面积的计算，我们就在课后服务时让孩子们去试着测量并计算操场的面积；我们也可以把一个单元或者几个单元的知识综合起来设计一个综合运用实践活动，像面积计算学完了之后，我们就让孩子们用七巧板拼多种图形并算出自己拼出来的图形的面积等。

语文学科中的学习园地或者口语交际、科学学科的综合实验、思政学科的户外课等都可以衍生出很多类似的实践活动。我们可以将这些学科活动也纳入课后服务课程体系中来，同时可以将活动方案及活动过程记录下来，形成创造性的成果。

目前，城南小学正在有效利用教育机会，将课后服务与办学理念、办学特色、育人目标等结合，丰富课程内涵，打造了“作业辅导+N”的课后服务课程体系。周一“作业辅导+德育活动”，周二“作业辅导+艺术课程”，周三“作业辅导+校本课程”，周四“作业辅导+家长课堂”，周五“作业辅导+学科活动”。课程的丰富决定着学生生命的丰富，课程的卓越决定着学生生命的卓越。缤纷多彩的课后服务课程体系，为学生和家长提供更优质更贴心的服务，增强广大教师、学生和家长对教育的获得感和幸福感，也有助于将“双减”政策往纵深推进。

参考文献

[1] 李林林. 给校本课程打上“地域文化”的烙印［J］. 湖南教育，2020（12）：33-33.

[2] 习近平. 决胜全面建成小康社会 夺取新时代中国特色社会主义伟大胜利：在中国共产党第十九次全国代表大会上的报告［N］. 人民日报，2017-10-28（01）.

[3] 唐小春. 课后服务活动课程开发与实施策略探究［J］. 新课程，2021（24）：16.

（邵东市城南小学）

义务教育阶段县域推进中华优秀传统文化进校园的路径探究

——以桂阳县为例

胡汉富

摘　要：中华优秀传统文化是世界上最古老、最博大精深的文化之一，它融合了多民族文化的优质特性，糅合了丰富多彩的文化元素，熔铸了先人的智慧和灵感。如何让优秀传统文化在新时代得到好的继承与发扬，这一课题受到了广泛关注。学校是传承和弘扬中华优秀传统文化的主要阵地，首要的任务就是让优秀传统文化展现在校园的每个角落和渗透入教育教学中。本文立足于这一点，主要探索了在校园中推进优秀传统文化的现状分析和传播路径。

关键词：优秀传统文化；素养；现状；问题；路径

习近平总书记在党的十九大报告中明确指出："文化是一个国家、一个民族的灵魂。文化兴国运兴，文化强民族强。"中华传统文化积淀深厚、灿烂多姿，与社会主义核心价值观、中小学基本素养、创新精神等都具有紧密的联系。2017年1月，中共中央办公厅、国务院办公厅发布的《关于实施中华优秀传统文化传承发展工程的意见》指出，按照一体化、分学段、有序推进的原则，把中华优秀传统文化全方位融入思想道德教育、文化知识教育、艺术体育教育、社会实践教育各环节，贯穿于启蒙教育、基础教育、职业教育、高等教育、继续教育各领域，旨在让传统文化贯穿国民教育始终。中小学时期处于人生发展的关键阶段，提高学生优秀传统文化素养，是学生自身发展的需要，是民族复兴的需要，是时代召唤的需要，是传统文化走向世界的需要。因此，在国家政策大力鼓励和支持的背景下，在中小学校园推广优秀传统文化，俨然成为社会各界的共识。笔者针对桂阳县义务教育阶段学校推进优秀传统文化进校园情况进行了调查研究，根据了解的情况进行深入分析，坚持问题导向，对义务教育阶段推进优秀传统文化进校园的路径进行了深入探究。

一、桂阳推进优秀传统文化进校园现状

笔者通过进入学校实地调研，了解到县内义务教育学校对传统文化比较重视，都能认识到优秀传统文化对学生的成长具有重要意义。学校从自身实际出发选取国学经典、君子文化、书院文化、孝文化、诗文、琴、棋、书、画等传统文化中符合本校实际的内容，纳入学校课程，与德育工作有机结合，有目的、有计划地组织学生学习，分学段培养学生的传统文化素养。

（一）阵地建设有序推进

学校均已设置优秀传统文化宣传标语、宣传窗等各具特色的校园文化设施，通过阵地宣传，为学校在推进优秀传统文化进校方面营造了浓厚学习氛围；学校图书馆设置率达到100%，绝大多数学校创建了读书吧或阅览室；大部分乡镇学校在政策的支持下自筹自建了乡村学校少年宫，给学生提供一个学习传统文化的平台。

（二）教学内容丰富多样

学校根据自身的实际情况自主凸显某一领域的传统文化，比如仁义中心学校的君子文化，方元中心学校的书法、国学经典阅读，龙潭小学的书院文化、湘昆文化、陶艺文化，樟市中学的舞龙文化，太和中学的语言文字文化等。其中，仁义中心学校尝试依托湖南君子文化研究协会，利用研究协会的学术引导和教材资源推进君子文化教育。部分学校还对学习内容进行了层次划分，比如龙潭小学划分

了3个学段，分别为一至二年级、三至四年级、五至六年级，每一学段安排不同的传统文化学习内容。在课程时间设置方面，有的学校每周安排1节课学习，有的学校采用上午、下午各半小时阅读，有的学校以讲座形式宣传普及，有的学校利用课前候课、放学排队等边角时间进行传统文化教育。

（三）教学形式逐步成型

在传统教学组织形式的基础上，学校进行了新的尝试。以建立传统文化兴趣班为抓手，开展优秀传统文化教育，比如学校通过设立美术、舞蹈、武术、音乐、经典诵读兴趣班，帮助学生进行传统文化的系统学习。以比赛活动和评比活动的形式为推手，开展优秀文化教育，比如方元中心学校通过经典诵读比赛、绘画书法比赛、评选阳光少年等，对学生进行传统文化的熏陶，激发学生对传统文化的学习兴趣；仁义中心学校通过评选优秀学习集体、优秀少年君子、优秀君子教师等活动，推动君子文化进校园。

（四）师资队伍逐渐加强

一方面，挖掘本校师资，大胆使用具备传统文化知识功底的教师开展传统文化教育。另一方面，引进外援，缓解师资不足、专业性不强的问题。学校通过利用自身资源邀请外部书法、绘画、陶艺等专家或传承人来学校讲课，引领传统文化进校园。仁义中心学校聘请湘昆剧团的专业人士，既教授了学生湘昆剧艺，又使湘昆文化在校园传承。方元中心学校、仁义中心学校邀请桂阳县诗文协会的老师走进校园，亲临指导，推进诗歌文化进校园。

（五）文化引领初具成效

在校学生通过学习传统文化，自身的日常行为规范和精神面貌得到了较大的改善，特别是在文明礼貌、个人养成等方面产生了积极的效果。以我县龙潭小学为例，龙潭小学地处城乡接合部，2017年建成后开学招生，绝大多数学生都是进城务工人员子女或者留守儿童。他们存在精神面貌欠佳、个人穿着不得体、言谈举止不文雅、行为准则不规范等问题。经过学校统筹管理，要求学生上学、放学时整齐排队，高声朗诵传统诗词，培育社会主义核心价值观，如今在校学生的面貌焕然一新。

二、我县义务教育阶段推进优秀传统文化存在的问题

（一）传统文化教育的重要地位未凸显

中华优秀传统文化是中华民族赖以生存传承的基础，是中华民族的瑰宝。优秀传统文化的学习是一个人修身养性，具备优良素养和个人素质的基石。然而，在实际教学中，传统文化教育的地位难以彰显。第一，县级教育主管部门没有出台优秀传统文化进校园的指导性、可行性文件，欠缺优秀传统文化进校园的考核制度，对优秀传统文化进校园没有刚性要求，对优秀传统文化进校园的资金投入不足。第二，学校单纯追求升学率，忽视传统文化教育对整个国民素质乃至国家战略的重要性，甚至反对优秀传统文化进校园，对传统文化的学习不作硬性要求，即使有这方面安排的学校，比如士杰学校、龙潭小学、方元中心学校、仁义小学等，都是校领导凭着自己的兴趣和情怀在开展传统文化进校园活动，很多学校没有科学合理安排传统文化的学习时间。第三，学生虽然对传统文化具有浓厚兴趣，但并不喜欢单一枯燥的学习方式，鉴于升学压力和应试需要，很多学生也无法挤出太多时间去接触丰富的传统文化，导致对于优秀传统文化的精神内涵缺乏深入的了解。第四，部分家庭对传统文化的认识有所欠缺，体会不到传统文化的真正力量，理解不了传统文化的真实内涵，感性地认为学习传统文化消耗孩子的精力和时间，不仅加重孩子学习负担，还影响孩子的学习成绩，不利于应试，从而使传统文化教育边缘化，得不到家长的重视。第五，“巧妇难为无米之炊”，经费保证和后勤保障是传统文化走进校园的重要条件。像方元中心学校、仁义中心学校、龙潭小学等几个学校的校长对传统文化教育进入校园很有想法，确实想干出一番成绩，但因为经费问题，难以施展抱负，很多的点子只能停留在头脑里。当基础条件无法得到保障，所需经费无法得到保证时，传统文化进校园这道坎实在难以迈过。

（二）传统文化教学课程的设置不合理

有条件的学校相继开设了与传统文化相关的课程，但缺乏顶层设计和系统规划，优秀传统文化课

程内容设置随意且不实用。一些所谓文化“传承”式的讲座、活动开展犹如隔靴搔痒，走马观花。第一，课程形式受限。开展了传统文化进校园活动的学校，一般都是为了显示出学校的办学特点，而突出某一项传统文化教育教学。比如，仁义小学突出“君子文化”教育，方元中心学校突出“经典诵读”教育，太和中心学校突出语言文字教育等。这些做法虽然对传统文化进行了一定的宣传，但没有考虑到多角度、多领域去开发传统文化教育，没有结合学生实际需求增加相关的活动课程，小学阶段开展活动较多，而初中阶段开展较少，甚至很多学校开展此类活动只是为了应付上级检查而流于形式。第二，课程学时较少。受应试教育的挤压，义务教育阶段学校的课程设置仍偏重于应试学科的教育教学，突出的是升学率，以应试学科教育为主，传统文化课程学时在整个课程学时中所占比例偏低。第三，教学规划不足。中小学校在传统文化教育的教学过程中，从学校层面到班级层面都缺乏制度化和理论化的指导，导致教师对课程性质、目标、基本理念、实施策略等缺乏清晰认识和把握，对传统文化某一领域的教学往往只停留在感知层面，与达到以文（传统文化）树人、以文（传统文化）育人的效果还存在很大差距，教育的实际效果欠佳。

（三）传统文化教育教学的手段不实用

目前，传统文化教育教学偏重于知识点的灌输，要求学生死记硬背，单纯强调片面的传统文化知识，较少对传统文化蕴含的民族精神、道德情操、人文涵养进行深入挖掘和讲解，缺乏思想引领，缺少与时代融合。另外，教学形式过于单一，仅仅依靠传统的教学模式，灌输学习法难以满足学生的求知欲，忽略了学生的个体主动性，受众缺少感官体验，使得传统文化教学内容带给学生的体会不深刻，感染力不强，不能激发持续学习热情。

（四）传统文化教育的师资队伍不充实

就目前我县中小学教师队伍来看，传统文化教育专业教师资源紧缺，体现在两个方面。一是专业类教师少。很多学校的传统文化教育教师是由语文或其他学科教师临时兼任，这就导致师资本身传统文化素养不高，专业性不强，教师本人对传统文化的重视程度和传授方式直接影响教学效果。二是学校对师资队伍的相关培训力度不够。由于传统文化在义务教育中的边缘化地位，所以教师的培训和教学交流也往往以应试学科的培训交流为主，教师很难得到有关传统文化方面的教育教学技巧培训，在我们所调研了解的方元、仁义、龙潭等几所学校，教师几乎没有传统文化培训的任务和计划。三是自觉开展传统文化教育的教师不多。由于传统文化教育工作者缺乏，很多学校要么放弃传统文化教育教学，要么是偶尔组织和开展相关的传统文化教学活动，教师队伍青黄不接，导致传统文化教育教学力不从心的局面。

（五）传统文化教育的社会认同感不足

在校学生对传统文化的热爱程度普遍还是较高的，却不愿意接受呆板和灌输式的教学模式。国家层面并未对传统文化做出硬性要求和升学考核。所以家长、教师虽然认可传统文化的现实意义，但在应试教育大背景下，传统文化的生存空间始终受到强烈挤压。大多数家长不赞成也不愿意让自己的孩子耽误更多的时间和精力去学习优秀传统文化。

三、推进优秀传统文化进校园的路径探索

如何推进优秀传统文化进校园，其路径又是什么，是摆在我们面前的一道难题。我们要坚持问题导向，从实际问题出发，全面、多角度思考，多管齐下，合力推进优秀传统文化进校园。

（一）在政策引领方面，教育主管部门要发挥主导作用

教育主管部门对推进优秀传统文化进校园起着主导作用。教育主管部门的政策是风向标，引导和促进优秀传统文化进校园。主管部门对传统文化进校园应该保持清醒的头脑和高度的认识，以政策开路，引导发展。一是应强化政策规划作用。教育主管部门应切实承担起社会责任和历史责任，要高度重视传统文化的传承，从立德树人的基点出发，站在国家战略的高度，出台相关文件，做到有要求、有指导、有考核，以硬性要求的方式强力推进传统文化走进校园，让优秀传统文化走进学校，走进学生的生活，比如，县级主管部门可以设计一个传统文化进校园的指导意见，出台一个短期五年规划。

二是应注重营造氛围。主管部门应加大对传统文化内容的宣传，利用传统媒体与新型媒体相结合的方式，营造全社会学习传统文化的氛围。主管部门要指导学校优化校园内部环境，利用广播、校报、宣传栏等载体，使学生在潜移默化中受到传统文化的感染。三是应打造课程体系。挖掘优秀传统文化教学资源，丰富教学内容，并加强课程的顶层设计和系统规划，形成丰富、科学、实用、有效的课程体系，从课程的安排设计方面推进优秀传统文化高效传承。四是应落实多重保障。加强经费保障、后勤保障、人力保障，建立投入机制，为传统文化进校园保驾护航。教育主管部门不光要强力推进，也要做好经费保障、后勤保障、人力保障，确保师资培养、教材编写、教学活动等方面经费充足，保证传统文化教育能够在校园内有序、常态、积极地开展。

（二）在文化实践方面，学校应健全传统文化教育教学体系

传统文化教育关系到学生的成长、国家的未来，是学校教育的应有之意，对于学校教学十分重要，学校应该充分认识传统文化教育的重要性和必要性。学校必须提高认识，将传统文化教育落到实处，将优秀传统文化教育纳入学校教学总体规划中。一是应建立健全文化课程进入课堂的体制机制，根据时代发展需要以及学生发展需求合理设置课程，均衡传统文化课程与其他课程之间的比例，使教育资源能够得到整合优化。二是应建立健全传统文化师资队伍培养培训机制，想方设法提高师资队伍的传统文化理论水平以及教学水平。如，在招考选聘时，应当设置专业岗位，选聘具备传统文化素养的教师，为学生的传统文化教育服务，加强对优秀传统文化教育师资队伍的培训，通过学术会议、教学论坛、经验交流等方式使教师不断地充电；聘请一些具有专业传统文化知识储备的教师任职，教师之间相互学习，相互评比，以此壮大传统文化教育师资队伍，进而提高传统文化教育质量和效率。三是应建立健全传统文化教学方式方法经验交流机制，丰富教学形式，注重思想引领，结合现实，让课堂充满活力，让学习充满热情，让思想受到洗礼，让知识富有时代气息，促进学生快乐成长。四是应制订各种传统文化活动方案，积极开展多样化传统文化活动，认真切实担负起传统文化教学多样化的责任，发挥主观能动性，通过多样活动形式让学生受到传统文化的熏陶。建立健全相关的基础设施，在软实力上下功夫，在硬实力上做文章，为传统文化教育活动有序开展提供有力保障。制定切合实际的传统文化活动方案，以定期与不定期、课内与课外相结合的方式，充分找寻传统文化教育的契机。比如每月开展一次传统文化大讲堂活动，或在每年 9 月围绕“弘扬优秀传统文化，践行社会主义核心价值观”的主题开办迎新晚会，开展“经典诵读”比赛，开展文化礼仪知识抢答赛，开展各种民间工艺技能展示活动，包括剪纸、泡茶等。

（三）在体验文化方面，应丰富学生课内课外文化体验形式

青少年学生勤奋好学，孜孜不倦，不仅要认真学习各应试学科的知识，更要将我们中华民族的优秀传统文化融入学习和生活中，来指导学生的成长、成才之路。要树立正确的人生观、世界观、价值观，培养高尚、优雅的个人爱好，要以能出口成章、妙手书画为荣，要以助人为乐、诚信做人为傲。一是应加强对学生的引导，引导学生利用课余时间积极阅读传统文化的书籍，如《弟子规》《三字经》《百家姓》等等。从小接触传统文化知识，培养兴趣爱好。比如龙潭小学在教学楼大厅设立开放式阅览室，阅览室里摆放各种传统文化的书籍，课余时间学生能够自由翻看，这种模式可以全面推广。二是应利用好时间，引导学生善于利用时间学习，在日常生活中，在放松休息时，处处留意皆是学习，通过向身边同学学习、电视广播学习、网络学习、亲朋好友言传身教等加强优秀传统文化学习。积极参与学校和少年宫开展的传统文化活动，以体验带动爱好，以爱好促进学习。三是应争取家长支持，与家长积极沟通，让他们既认识到应试教育的重要性和必要性，又认识到传统文化的正面引领作用，家长要支持子女学习传统文化，舍得投资传统文化的学习。

（四）从民间参与方面，应创新民间传统文化组织融入渠道

建立教育部门主管、学校主抓、相关部门协助配合的有效机制，协调民间社团、文化企业等社会力量，确保优秀传统文化进校园有序推进。学校要充分利用民间组织的力量，要充分认识传统文化爱好者的热情，要主动搭建桥梁，主动牵针引线，定期邀请我县的诗词协会、书法协会、武术协会、湘昆剧团、春陵江镇陶瓷工艺等的专业人士走进校园，既能让民间组织、专业人士一展抱负，挥洒热

情，又能让学生切身感受，现场学习，培养兴趣，发散思维。将文化的传承落到实处，让新生代与老一辈能够接续传承，让熟练技艺与入门启蒙能够相辅相成。如樟市镇的舞龙文化，前几年由于舞龙师傅外出务工，缺少专业培训与传承，舞龙文化断层。在樟市中学校长的坚持下，学校将舞龙师傅聘请回来，教会了几位年轻老师及一批初一学生，为今后舞龙文化的传承打下基石。

现阶段我县校园优秀传统文化的教育还存在诸多问题，将优秀传统文化引入校园虽然拥有不少的途径，但在应试教育大背景下，忽视传统文化教育的重要性，加上课程设置不合理、师资不足等原因，推进传统文化进校园困难重重。要实现传统文化进入校园健康可持续发展，需要统一思想，提高传统文化教育意识，让教育主管部门、学校、学生、家长、社会等各司其职，形成合力，推进传统文化进校园，让传统文化在学校里发出更加灿烂的光芒，让优秀传统文化陶冶青少年的情操、播撒文化自信的种子。

参考文献

[1] 崔新建. 文化认同及其根源［J］. 北京师范大学学报（社会科学版），2004（4）：102-104.
[2] 丁泽辉. 社会主义核心价值观与中华优秀传统文化的关系［J］. 中外交流，2019（14）：55.
[3] 仲小燕. 论中华传统德性文化［J］. 思想政治课教学，2016（7）：8-11.
[4] 马燕. 优秀传统文化进校园的现状及策略［J］. 现代职业教育，2018（17）：13.
[5] 汤一介. 中国传统文化的特质［M］. 上海：上海教育出版社，2019.

（桂阳县敖泉镇中心学校）

仪式活动在小学思想政治教育中的运用研究

——以郴州市三十九完小为例

何佳泽

摘　要：校园仪式活动在小学思想政治教育中，具有传承优秀传统文化、丰富小学生的思想情感、培育小学生的行为规范、具化小学思想政治教育内容、创新小学思想政治教育方法、延展小学思想政治教育的时空等重要价值。本文根据校园仪式活动在运用过程中存在的小学生主体不突出、仪式活动意义不深刻、仪式活动设计形式化、仪式规范不完善等问题，尝试总结郴州市三十九完小举行仪式活动的经验，从原则和方法入手，提出优化和创新校园仪式活动的策略，在坚持主体性原则、多样性原则、统一性原则、创新性原则的基础上，运用仪式符号作用法、合理情境感染法、仪式规范制约法、发展仪式促进法等方法，以期助推校园仪式活动对小学思想政治教育的运用价值。

关键词：仪式活动；小学；思想政治教育

一、仪式活动运用于小学思想政治教育中的价值

仪式活动在人类长期的生活实践中，不仅具有重要意义，也内含着珍贵的育人作用。探析仪式活动在小学思想政治教育中的价值，有助于推动仪式活动在小学思想政治教育中的发展。

（一）仪式活动对于小学生的价值

1. 传承优秀传统文化

仪式活动具有帮助小学生学习并传承优秀传统文化的价值。继承和发扬传统文化，增强文化自信，是时代的使命。小学生刚进行文化知识的启蒙，对于传统文化的了解少之又少。而纪念型仪式活动，将优秀的传统仪式程序运用于小学仪式活动中，或将优秀的传统思想嵌入仪式活动设计，不仅可以弥补课堂对传统文化普及不深刻的缺陷，还能进一步增强学生的民族自豪感。比如端午节的校园仪式活动，包粽子和故事分享的环节可以巧妙地将屈原的故事、历史习俗、爱国情怀潜移默化地传递给小学生。在这类仪式活动的作用下，小学生可以自信地接下传承优秀传统文化的接力棒。

2. 丰富小学生思想情感

仪式活动能在一定程度上丰富小学生的思想情感。小学阶段是其思想情感发展的黄金时期，而思想情感影响思想认知的深化，因此培养小学生的思想情感至关重要。仪式活动由实物、音乐、场所等组成，通过其共同作用可以催生小学生丰富的思想情感。例如，在入队仪式活动中，一首庄严的国歌和斗志昂扬的少先队队歌，首先就将小学生带入热血激昂的情境中，爱国主义情感“悄悄发芽”；而后佩戴红领巾、讲少年先锋队历史的环节，会潜移默化地将爱国主义情感传递给新队员，爱国主义情感“渐渐发育”；最后小学生感触到的情感可以在宣誓中淋漓尽致地表达出来，爱国主义情感“茁壮成长”。总之，仪式活动的运用，不仅可以有效地丰富小学生的思想情感，其喜闻乐见的形式也能助长小学生对思想教育的喜爱之情。

3. 培育小学生行为规范

仪式活动具有培养小学生行为规范的价值。《小学生守则》规定，小学生要做到见到长辈或者老师主动问好；在公共场合不拥挤、不喧哗；遵守公共秩序等行为规范。正确的行为规范有助于小学生养成良好的习惯。然而，在自控力较差的小学阶段，想要培养良好的行为习惯，光靠说理是行不通的，只有将其付诸实践才能铭记于心。仪式活动则是行之有效的实践。譬如日常礼仪型仪式活动中，

经过循环反复的上下课仪式，小学生会自然而然地将尊敬师长的礼仪规范内化于心，外显于行。同时，仪式活动本身有严格的规范制度，比如要求仪式参与者不能随意走动喧哗，这与《小学生守则》中要求遵守公共秩序、不拥挤、不喧哗不谋而合，因此，周期性的仪式活动就是这一具体要求的反复性实践和检验。

（二）仪式活动对于小学思想政治教育的价值

1. 具化小学思想政治教育内容

仪式活动能在一定程度上具化小学思想政治教育的内容。皮亚杰的儿童认知发展理论认为，小学生处于具体运算阶段，即解决问题需要具体事物的帮助。[1]比如，爱国、诚信等社会主义核心价值观的内容是什么，应怎样做，小学生难以理解。而仪式活动将小学思想政治教育的内容具化为带有象征意义的实物、情境，可以有效地帮助小学生领会其内容。进行爱国主义教育时，仪式活动运用国旗这类极具标志性的实物，此时国旗不仅仅是一块布，更是爱国将士的奉献和国家的象征。老师饱含深情地解读国旗上的每一个符号，爱护国旗的行为会告诉小学生，爱国就是从拥护国家的象征和荣誉开始。有了具体的实物表义和行为引导，对于习惯直观感知的小学生来说，思想政治教育的内涵自然更易接受。

2. 创新小学思想政治教育方法

仪式活动含有创新小学思想政治教育方法的价值。在小学思想政治教育中，随着多元价值的冲击，老师们惯用的讲授法不能足够吸引小学生，优化小学思想政治教育的方法迫在眉睫。而仪式活动是独特的思想政治教育手段，带有更多创新小学思想政治教育方法的可能性。一方面，不同主题的仪式活动代表着不同的教育方法。例如小学中常见的“十佳少年”颁奖仪式活动，选出优秀的小学生作为十佳代表，激励其他小学生积极向上，这类活动属于榜样示范法；而运动会仪式这类活动则属于实际锻炼法。另一方面，同一仪式活动中可延伸出多种教学方法。比如在仪式活动中运用情境感染小学生的方法可理解为情境陶冶法；而运用象征物隐喻小学生的方法可理解为实物表意法；等等。总之，仪式活动有着萌芽多类教育方法的独特优势，可以顺应多变的教育环境，为小学思政教师的教学提供一定的帮助。

3. 延展小学思想政治教育时空

仪式活动的运用有效地延展了小学思想政治教育的时空。小学道德与法治课程标准强调，小学思想政治教育应具有开放性，其时间不限定于上课时间，课堂不限制于教室，应面向儿童的整个生活世界。[2]而校园仪式活动具有灵活的时空优势。一方面，小学生可以走出教室去到实际的场域，比如校园、纪念馆等，也可以在合适的时间节点接受有特殊意义的思想政治教育，比如劳动节、重阳节的教育。另一方面，仪式活动对小学生思想政治教育的影响可以超越时空。仪式活动从日常的生活时空中脱离出来，在带有一定意义的时间地点实施教育，当可塑性较强的小学生遇到相似的时空时，深刻的记忆会被唤醒，因而，思想政治教育的影响不会停留在教育之时、教育之地。

总之，仪式活动价值丰富，它是小学生担负起传承传统文化责任的帮手，是小学生情感的催化剂，是小学生行为的实践场。同时，在小学思想政治教育中，仪式活动能借助自身的特点提升思想政治内容的质量，丰富小学思想政治教育方法，提高小学思想政治教育的效力。

二、仪式活动在小学思想政治教育中的运用分析

仪式活动或隐或显的运用价值能促进小学思想政治教育发展。然而，仪式活动运用于小学思想政治教育的情况如何？其价值是否发挥？需要分析小学仪式活动的实施现状。

（一）小学常见仪式活动的实施状况探析

小学仪式活动丰富，但究竟仪式活动举行的实际状况如何？可以从最常见的开学仪式活动、入队仪式活动、升旗仪式活动着手分析。

1. 开学仪式活动的实施探析

开学仪式活动是新学期思想政治教育的第一课，它能赋予学生新的期望，帮助学生树立良好的学

习态度，也是展示学校特色的平台。不同学校可以融入各自的教育理念和文化历史，展开独特的设计。然而，根据大部分学者的实际追踪记录和小学开学仪式活动的开展纪实发现，众多小学虽坚持举行开学仪式活动，有意识地上好新学期第一课，设定的仪式活动目标也比较清晰，但这些开学仪式活动仿佛是没有灵魂的重复仪式，小学生毫无感触。该类开学仪式大多遵循以下仪式程序：第一步，老师或学生宣布开学仪式活动开始；第二步，升旗仪式；第三步，校领导发言；第四步，教师代表发言；第五步，学生代表发言；第六步，暑（寒）期优秀实践作业表彰；第七步，主持人宣布开学仪式活动结束。此类形式在不同主题的仪式活动中也能找到影子，但小学生却毫无兴趣，被动参与，受到的思想政治教育影响微乎其微。

2. 入队仪式活动的实施探析

入队仪式活动可以说是小学阶段的珍贵回忆之一，也是小学生接受党的思想洗礼的开端，因为他们将有一个新的身份——光荣的少先队员。庄严肃穆的入队仪式，可以提高小学生对少先队、党和国家的关注与尊敬。因此，大部分小学越来越重视入队仪式，但仍然存在一些问题，导致入队仪式活动开展的效果不佳，比如仪式活动的要求不够规范，包括不规范的动作和不统一的服装等。

3. 升旗仪式活动的实施探析

《中华人民共和国国旗法》要求，全日制的小学应当每周举行一次升旗仪式活动，除了假期之外。因此大部分的小学都会举行升旗仪式活动，并严格按照相关规定和基本程序进行。但周期举行的升旗仪式的爱国主义教育作用，随着越来越枯燥的内容和越来越不注重以生为本的心态逐渐消退。比如某小学升旗仪式活动中，领导发表了以下类似工作布置的发言："亲爱的同学们，老师们。随着大家的共同努力，我们学校发展得越来越好，文明校园的建设已见成效。下周，我们区将会举行文明学校检查，所以同学们要继续保持好，在学校要讲文明、懂礼貌，面对陌生的老师也要热情地打招呼，而老师也不能放松，抓紧最后的冲刺时间。接下来我将说一下具体的工作开展……"这类国旗下讲话，在小学升旗仪式活动中比较常见。不难看出，原本用于爱国主义教育的活动，变成了学校领导的工作会议，国旗下的讲话变成说教内容，缺少考虑以学生为本，导致小学生从越来越无聊的内容中逐渐脱离出来，最终，仪式活动在思想政治教育中的价值逐渐弱化。

当然，小学的仪式活动还有很多不同的主题，包括纪念类型的仪式活动、运动会的启动仪式活动、上下课仪式活动等等。大部分仪式活动都有明确的目标，并且各小学也积极地开展独具理念的仪式活动，但也存在上述不完美之处，仍需学校重视。

（二）仪式活动运用的主要问题分析

从以上三个常见的小学仪式活动实施现状中可以看到仪式活动运用的不足。为改善仪式活动在小学思想政治教育中的运用现状，促进仪式活动的价值发挥，本文将对仪式活动在小学思想政治教育中运用的主要问题展开分析。

1. 学生主体不突出

小学生是校园仪式活动的主体对象，因此在开展仪式活动时要从小学生的需求出发，然而在实际的仪式活动中，小学生的主体地位不够突出。比如在仪式活动的设计时，设计者鲜少关注小学生的思想和心理发展情况，或因其刻板地认为小学生认知不足，导致小学生的参与基本为零，没有表达自己意见的机会，国旗下讲话等应该让小学生思考的问题直接由老师代劳。另外，应试教育的影响导致举办者忽视仪式活动的举办目的是促进小学生的德育发展，对仪式活动敷衍了事，或者将仪式活动当成学校领导的说教场或会议场等，最后小学生一无所获。

2. 仪式意义不深刻

小学仪式活动背后所蕴含的深层意义是对小学生进行思想政治教育，引导、矫正和重塑小学生的知情行。然而，在一些小学的仪式活动中，存在对仪式活动的意义认识不够深刻的现象。比如，有的小学重视教学质量，只将仪式活动视为学校的行政事务之一，只在有必要的时候才办，没有对仪式活动本身的意义细细考究，认为仪式活动是浪费时间，因而仪式活动的内容和形式也逐渐枯燥简单；还有的小学想用活动宣传自身学校的特色，大力举办仪式活动，虽然非常受小学生的喜欢，但所表达的意义却经不住考验，最后小学生受到的思想教育效果甚微。

3. 仪式设计形式化

新奇的仪式活动设计更能吸引小学生参与到仪式活动中，然而目前的小学仪式活动设计却稍显形式化。比如内容形式的设计不够贴近小学生的生活实际，没把小学生的生活体验融入仪式活动的设计中，或者形式没有适时更新，或者内容形式的设计上很少运用一些具有创意和富有新时代特色的元素符号等。而这对于喜好分明，需要足够惊喜的小学生来说，显然是不够的，最终会使得小学生对仪式活动的兴趣逐渐削弱，仪式的目的很难达到。

4. 仪式规范不完善

小学生的自制力较差，没有形成一定的自我约束能力，但其可塑性强，因此良好的仪式规范能培养小学生良好的行为，也能确保更加有效的互动。实际上，小学仪式活动的规范需要进一步完善，比如部分小学仪式活动缺少完备的机制规范，仪式活动没有规定小学生的服装、发饰，等。在实施活动的过程中，不依据操演规范，小学生随意说话，乱走乱动，仪式活动结束之后，没有规定考评小学生在仪式活动中的收获和感想，等。从制度和实施方面看，小学仪式活动的规范还不完善，最终导致小学仪式活动草草开始，早早结束。

对小学仪式活动的运用实施进行系统的分析，我们发现小学仪式活动存在小学生主体不突出、仪式意义不深刻、仪式设计形式化、仪式规范不完善等根源问题，导致小学仪式活动运用于小学思想政治教育的价值逐渐消退。这一弊端值得小学德育工作者予以重视，以求正确发挥仪式活动在小学思想政治教育中的价值。

三、仪式活动在小学思想政治教育中运用的优化策略

正视仪式活动出现的问题，顺应时代的发展，可以从原则和方法入手，对仪式活动在小学思想政治教育中运用的问题和实施提出优化策略以及创新经验。

（一）创建仪式活动运用的科学原则

1. 主体性原则

创建仪式活动的主体性原则，可以坚持以马克思主义为指导思想，贯彻立德树人的大目标，时刻保证小学生的主体地位。第一，在仪式活动开展前，充分了解小学生的思想和心理发展状况，从小学生的生活实际寻找思想政治教育的素材。第二，在仪式开展中，加强教师与小学生的互动，让老师对于小学生的思想发展和政治认可情况有所了解，针对性地进行思想政治教育；运用轮流制形式给小学生足够的互动机会，避免老师台上讲，学生台下当观众的固化模式，帮助小学生在教育的黄金期树立自信心。第三，在结束后，从小学生的反馈中吸取合理建议，真正做到服务学生、关爱学生、一切为了学生的成长。比如三十九完小开展的学校教职工集体家访活动，深入学生的家庭社会生活，通过交流了解学生的思想状况，听取学生和家长对学校的意见，包括仪式活动的开展建议。

2. 多样性原则

创建仪式活动的多样性原则，需要顺应小学思想政治教育发展的动态性，以此保障仪式活动在小学思想政治教育中的合理运用。一是多符号的运用在不同的小学思想政治教育情境中灵活变化，以加长小学生的注意力时间，比如语言符号中可用严肃、幽默等不同的素材，动作符号中多设计不同的互动行为等。二是在不同的思想政治教育的任务中运用多样的仪式活动形式，比如在大队干部选举仪式中，郴州市三十九完小借鉴民主选举形式，由小学生主持，候选人发言，小学生自己在投票箱中投选出大众心中优秀的大队干部。三是多样的资源利用，顺应新时代小学思想政治教育的观念。改变学校是做小学生德育工作的全部阵地的观念，充分利用校内资源，同时也要利用校外资源，包括家庭和社会资源等。以郴州三十九完小为例，在举行清明节仪式活动时，该校积极利用社会资源，将学生带到郴州邓华上将生平业绩陈列馆和故居，举行系列仪式活动，旨在悼念伟人的同时，了解伟人的优秀品质和事迹。

3. 统一性原则

要遵循仪式活动的多样性原则，就要考虑其统一性原则，从确保小学思想政治教育目标的准确达成出发，使仪式活动有效地为小学思想政治教育服务。一方面，小学仪式活动的目标对象要始终与小学思想政治教育的目标对象统一。小学仪式活动的目标要坚持立德树人，并贯彻以人为本、以生为本的素质教育观，小学仪式活动的对象是小学生，所以小学仪式活动的目标设计要从小学生出发，考虑包括小学生的年龄特征、小学生有什么发展目标和培养小学生怎样的思想政治素养等在内的各种目标，防止因为参与者的多样化导致目标含糊不清，保证目标设定符合小学生的接受范围。另一方面，仪式活动的内容与形式要与小学思想政治教育的标准有衔接，要统一于立德树人的大目标，内容的选择不仅要符合小学思政理念和特色，也要体现小学思想政治教育的价值观，使得仪式活动与小学思想政治教育最终的目标是共同推进小学思想政治教育工作的开展。

4. 创新性原则

创新是发展的动力，在小学仪式活动中，创建创新性原则可以以促进小学思想政治教育的发展为目标。一方面，采用多教师多家长参与设计的新机制体制，根据小学生年龄分层设计，创新仪式活动在新时代育人领域的新作用，加强学校家庭合力在小学思想教育中的作用。另一方面，仪式不仅要有深厚的历史底蕴，内容形式也要与时俱进，根据小学思想政治教育对象、小学思想政治教育内容、仪式活动时空等具体进行形式内容的创新。比如，三十九完小的颁奖仪式活动与德智体美劳全面培养的理念结合，并利用网上民主投票，不仅对小学生提出了更新的要求，也创新了“三好学生”的评比形式，使仪式活动在小学思想政治教育中的作用实现创新。

（二）借助多种有效方法

1. 仪式符号作用法

仪式活动主要由言语符号、动作符号、实物符号等多种象征符号组成，这些象征符号直观、形象、生动，符合小学生的认知和审美水平。通过其展示，小学生能奇妙地进行情感互动并产生深刻的印象，即使在仪式结束之后，只要象征符号一出现，相似的情感就会发生并影响小学生的言行。因此，全面重视仪式活动的多种符号要素共同作用，有助于提升仪式活动的设计。

比如在郴州市三十九完小 2019 年的秋季开学典礼及一年级新生入学仪式活动中，其符号的应用则恰如其分（如图 1 所示）。学校设计了一个迎新门，同时铺上红地毯，配上学校组织的鼓号队奏乐，感观的冲击让小学生明显地意识到自己身份的转变。仪式中有新生代表和校长发言，通过语言符号的导向，小学生可以做好新学期新开始的心理预设。其次，在仪式活动中，还实施正衣冠、朱砂点痣、击鼓明志等开笔礼程序，在动作符号的作用下，强化学生志存高远、尊师重道、争做智美少年的意识。同时，借祖国七十周年庆，学校还举行了升旗仪式，用语言符号介绍升旗的意义和目的，随后，学生在庄重的氛围中感受国旗的含义、国歌的深意。三十九完小开学仪式的设计，从迎新门、发言内容、击鼓到国旗国歌，每个象征符号都实现了意义的传递，小学生不仅十分喜欢，还收获颇丰。

可以说，重视仪式符号作用的恰当运用不仅能提升仪式活动在小学思想政治教育中运用的效果，小学生也乐于接受。

图 1　郴州市三十九完小开学仪式剪影

2. 合理情境感染法

思想政治教育仪式中，小学生的思想、心理、精神的互动都是在仪式营造的特殊情境中发生的，情境的设计对于仪式达成小学思想政治教育的目标具有极其重要的意义。首先，合理营造出仪式活动的情境要在上述借用多种符号作用的基础上选用优质的象征意义符号，形成良好的氛围，强化小学生情绪感染。其次，小学生一般喜欢对亲近的事物或人表达最真实的情绪，所以仪式场景的设计，还可以加入小学生的社会关系、权力结构等内容，例如邀请小学生最亲近的家人参与，以此加强小学生的情感投入。

以郴州市三十九完小在2019年开展的纪念读书日仪式活动为例，此次仪式活动秉持一切为了孩子成长的理念，邀请家长陪孩子阅读（如图2所示）。首先，将仪式活动的场地设在宽阔的草地上，让孩子在父母的陪同下寻找书中的乐趣，以此增加其对阅读的喜爱。其次，场地中摆放了种类丰富的阅读书籍，让孩子们能够大饱眼福，提高对读书的兴趣；模型书上醒目的“爱读书、乐读书、善读书”的标语，让孩子们感受到读书的重要性。轻松的氛围，友爱的环境，学校文化和精神充斥在场景的细节中，内化为小学生智美向上的积极思想。

因此，仪式活动借助合理情境感染法不仅可以将学生与家长的关系拉近，引导学生找到自己的兴趣爱好，更可以将仪式活动在小学思想政治教育中的价值巧妙地发挥出来。

图2 郴州市三十九完小亲子共读仪式活动

3. **仪式规范制约法**

良好的规范对于仪式活动的举办者和小学生来说都有一定的约束作用，有助于提升仪式活动的小学思想政治教育的效果。从具体实施情况来看，小学仪式活动的整体步骤需规范。首先，明确小学仪式活动承载的思想政治教育目标，将每一步程序根据仪式活动的内容设计好；其次，在仪式正式举办前，向师生说明仪式目的，告知仪式的具体程序和规范要求，并且在开展中落实每一步程序。从制度方面来看，可以建立健全校园仪式制度，确保仪式活动顺利实施，走向规范化的轨道。政策可重视校园仪式活动制度建立，完善相关规章制度；学校可根据自身特色制定相应的仪式活动规范，保证有规矩可循，包括对仪式举办的日期、场地、着装要求以及每一程序都应有相应的规范，凸显出仪式的严肃性，让举办者从主观意识上重视起来。

比如郴州市三十九完小开展的“七彩阳光，金色童年——广播体操比赛”仪式活动（如图3所示）。这是该小学每一学年都举办的仪式活动。首先，确定此仪式活动的目标是提高广播体操质量，促进学校大课间的发展，丰富学生体育文化生活。其次，学校发布该仪式活动的具体要求，包括比赛时间、地点、环节得分等，小学生在老师的带领下，根据要求统一着校服，勤练校操，在一个个井然有序的环节中，进行体操和校操展示。一系列过程之后，小学生不仅能体会到团结的意义，还收获了练习的果实，更领会了个人遵守规范对于班集体的影响。

可以说，良好的仪式规范制约法是仪式活动稳步开展的保障，是小学生收获切实的思想政治教育效果的必不可少的保障。

图3　郴州市三十九完小广播体操仪式活动

4. **发展仪式促进法**

教育过程是非静态、繁杂的过程，建立健全发展机制，有助于举办者准确掌握小学生的思想动态，把握思政教育过程，及时调整实施方案，最终实现小学思想教育目标。首先，在评价反馈过程中，可在思考仪式活动的结果性评价的基础上，了解仪式活动的过程性评价。一方面，在仪式活动结束后主动了解小学生在参与仪式活动过程中的情感体验，以及对仪式活动中所传递的政治思想的认同情况，询问小学生的意见，接受其反馈，争取在仪式活动的周期进行中不断发现问题、解决问题；另一方面，仪式活动举办者要加强对仪式活动的总结反思，制定切实有效的改善发展措施。其次，在创新发展中，仪式活动要适时而新，随着网络的发展，扩大仪式活动的场域，达到新时代小学生的教育需求。

在此方面，郴州市三十九完小开展了少先队员代表大会，让少先队员作为全校学生的代表，为学校仪式活动的发展献言献策，积极表述建议。会议中，少先队员与学校德育部门的老师共同商议有关学校仪式活动的方案，总结之前仪式活动的问题并提出解决措施，争取仪式活动的开展既达到小学思想政治教育的目标，也符合小学生的发展要求和喜好。

可以说，重视发展仪式促进法，将有效促进仪式活动顺应新时代小学思想政治教育新要求，推动仪式活动长久发展。

时代在发展，教育在进步。小学思想政治教育的发展会随着时间的迁移对教育者提出更多的要求，所以仪式活动方法原则的优化要适时而新，不断地推陈出新，同时，在小学仪式活动的发展中，要紧扣小学思想政治教育的发展方向，保障仪式活动发挥在小学思想政治教育中运用的价值。

参考文献

[1] 程秀兰. 学前儿童发展心理学［M］. 西安：陕西师范大学出版社，2018：38.
[2] 教育部. 小学道德与法治课程标准：最新版［M］. 北京：人民教育出版社，2016.
[3] 洛蕾利斯·辛格霍夫. 我们为什么需要仪式：心灵的意义、力量与支撑［M］. 北京：中国人民大学出版社，2009.
[4] 维克多·特纳. 仪式过程：结构与反结构［M］. 黄剑波，等，译. 北京：中国人民大学出版社，2016.
[5] 卜朝宇. "互动仪式链"视域下高校思想政治教育中的仪式教育［J］. 智库时代，2019（49）：88-89.
[6] 马文杉. 论仪式教育在高校思想政治教育中的运用［J］. 吉林广播电视大学学报，2016（4）：115-117.
[7] 段慧丹，任园. 论仪式教育在高职院校思想政治教育中的运用［J］. 青年学报，2015（2）：86-88.
[8] 杨巧. 试论社会主义核心价值观教育中的仪式建构［J］. 教学与研究，2014（8）：81-87.
[9] 郭辉. 浅谈校园仪式的表现形式、文化内涵和德育价值［J］. 教师，2019（5）：25-27.

（郴州市北湖区鲁塘中心学校）

离异家庭儿童健康成长教育研究

方想玉

摘　要： 近年来，我国城市、农村离婚率普遍上升，直接导致孩子原有家庭环境发生巨大改变。家庭是孩子赖以生存的根本，家庭环境是影响孩子成长发展的重要因素。不同的家庭环境给孩子提供了不同的成长空间，进而给孩子带来不同的影响。家庭离异不仅给部分孩子带来伤害，还影响着孩子的性格、心理、智商与情商等多方面的发展。因此，本文针对家庭离异对孩子成长造成的主要影响、离异家庭环境下孩子的常规问题、产生问题的原因及其解决的相关对策进行了探讨，呼吁关注离异家庭孩子，为其营造和谐、良好、健康的成长环境。

关键词： 离异家庭；成长；儿童

一、引言

（一）家庭离异的时代背景

随着社会发展，过去中国固若金汤的传统婚姻观念逐渐发生改变，人们受到“自我”主义思潮的影响，张扬解放个性，再加上种种社会因素，我国离婚率显著上升。在新时代的中国，国民对婚姻具有更高的自主选择权。中国现行法律制定了一系列相关规定，保障离婚夫妻双方的权益并划分理应承担的责任和义务，促使夫妻离婚更具法律效力和社会公正性。在婚姻关系中，夫妻双方往往因为性格不合、观念分歧、经济纠纷、感情破裂等因素，婚姻难以维持。而家庭离异造成原有关系的改变，不仅牵涉成年人，还影响了家庭关系中的未成年人。父母离异给孩子成长生活、教育发展、心理态度等方面都带来了巨大影响，进而产生一系列社会问题。

（二）研究离异家庭对儿童教育影响的目的

夫妻关系解除，不仅说明双方法定婚姻结束，同时意味着一个家庭的破裂，意味着家庭关系中未成年人的成长环境将由此发生改变。孩子的家庭环境由原生家庭就此转变为单亲家庭、重组家庭，甚至还有部分孩子不被父母任何一方直接监管，转而由亲戚代为教育，孩子的内心因此产生巨大的心理变化。

少部分孩子理解父母的选择，且父母双方虽然离异，但仍共同努力为其积极创造良好和谐的家庭环境。即使父母离异，这些孩子仍旧受到健康的家庭教育，能够形成良好的性格心态，健康快乐地成长。这些孩子无疑是幸福的，可也是少数。

不可否认，绝大部分父母离异的孩子在整个社会中属于特殊群体。他们因为成年人对于婚姻关系的选择，被迫从原有家庭关系中剥离，被迫适应改变之后的家庭环境。他们难以接受父母离婚，对父母双方婚姻的破裂、家庭关系的改变产生茫然、恐惧、痛苦以及怨恨的消极情绪，这些不良情绪不利于他们的未来成长和发展。离异家庭的孩子无法获得亲人的关爱，家庭教育环境也有所局限，因而自我成长受到阻碍。部分父母在破裂婚姻关系中暴露出的种种问题和行径甚至会潜移默化地影响儿童之后的思想观念，使其性格心态发生转变，产生更为严重的心理问题。

离异家庭环境下的孩子同样是社会的重要组成部分，是国家未来发展的希望，他们能否健康成长是当下需要密切关注的问题。我们理应去关注这些孩子的心理情况和思想态度，了解他们在离异家庭环境下的生活现状。根据他们在生活中、情感上的需求，给予相关生活帮助和心理辅导。只有对他们目前已经爆发出的种种严峻问题进行研究探讨，才能采取相应对策，妥善处理，共同为这些孩子的健康成长创造更和谐的环境。

二、离异家庭环境下孩子的心理问题

（一）性格自卑和敏感，拒绝表达

父母刚离异时，孩子通常会觉得难以接受，开始发出抗拒的信号。在争吵协商也无可挽回的状况下，孩子未来的归属权是父母商榷的重点，孩子的情绪容易被忽视。对成年人来说，抚养权的归属是亲情、责任和爱的取舍，对孩子来说则是简单的失去，无论选择哪一方或者其他可能，都会令自身未来的生活发生翻天覆地的改变。意识到这一点，部分儿童心中开始变得茫然无措，对于家庭关系改变后的新生活产生陌生和恐惧感，充满被父母遗弃的消极情感。部分父母并未察觉到孩子的不良情绪，没有及时给予安慰和心理辅导，久而久之，这种心理变化逐渐在孩子的内心发酵，一些承受能力较弱的孩子变得不愿意与人分享自己的真实感受。

一方面，随着时间的流逝和父母离婚事件的尘埃落定，儿童不得不接受这种情况下的家庭环境改变，在看似稳定的状态下变得更加敏感。另一方面，父母双方在离婚之后缺少与孩子交流的时间，渐渐忽略孩子的内心世界，与孩子原本亲密无间的关系变得越来越疏远。

多数离异家庭的孩子会产生一种自卑感。尤其是在成长阶段，他们通过对比，发现自己的家庭关系相较于其他普通家庭不完整，会因为自己缺乏父母的关爱而从内心深处感觉到自卑，这种自卑感容易影响他们日后的生活。在与人相处时，一些儿童变得不爱表达，性格变得怯懦自卑，害怕其他人知道自己身处离异家庭，害怕面对其他人的目光，甚至觉得自己会被人瞧不起，从而逐渐变得孤独、不合群，对任何事情都失去信心，有时情绪不稳定，无法积极参与团体活动。如果问题较为严重的话，一些孩子甚至会拒绝与人交流来往，内心逐渐封闭。

（二）对父母产生愤懑、敌对情绪

家庭原本应该是孩子最美好的精神乐园，父母原本是最亲近孩子心灵的第一教育者。多数孩子深爱着父母并把他们当作自己的精神支柱，在他们未成年时，父母是他们坚强的后盾。因父母离异导致家庭关系破裂，孩子的生活环境和原有的情感寄托发生改变，极其容易让一些孩子陷入前所未有的心理混乱和矛盾之中，导致心理问题就此埋在了心底亦或彻底爆发。

虽然随着时代的不断发展，离婚率逐年提升，离婚已经是大众能够以平常心看待的普遍现象，但仍旧有孩子为父母离婚而感到羞耻，觉得内心沮丧。他们对于父母的选择无可奈何，却容易产生强烈的悲伤情绪。虽然有的孩子在父母离婚之后，仍旧拥有舒适、健康的家庭教育环境，但绝大部分的孩子生活境地并不如人意，他们会将一切的生活和心理上的不幸归结于直接关系人，部分性格偏激的孩子对父母的不满情绪会上升到愤怒和怨恨，即使是对父母表达出的关心也怀有敌意。

（三）内心渴望吸引父母关注

多数父母离异的孩子内心世界比健全家庭关系下成长的孩子的更为复杂。父母双方离异，对孩子的关注也逐渐减少。孩子得不到父母双方时刻的关爱和照顾，容易产生飘零感。他们渐渐通过某种独特行为引起父母的关注，他们会羡慕其他同伴被父母叮咛唠叨，渴望父母投注目光到自己身上。一部分孩子会努力获取优异的个人成绩，希望重新得到父母双方的表扬和肯定；还有一部分孩子则通过恶意做出不良行径，以自己独特的方式去获得父母的关注。他们的心理问题在日复一日的拒绝表达和感情闭塞中难以得到疏解，逐渐走上极端：一种是形成严格压抑自己，力争优异的顽固性格；一种是自暴自弃，破罐子破摔，再难回头。

（四）个性养成存在缺陷

一些家庭离异的孩子还容易出现较为严重的性格缺陷，自我个性的塑造和成长发展都受到影响。据科学调查，父母离异对年幼孩子的不良影响较年长孩子更大一点儿。年幼的孩子在心理层面不够成熟，人格尚且不够健全，正是需要好的指引者进行良好塑造的时候。在个性塑造上，家庭环境作为孩子接触到的第一个社会环境，父母作为孩子人生中第一任老师，这两者本是孩子发展的基础，但离婚导致的生活环境和家庭教育改变，会给年幼孩子产生深远的影响。

离异家庭不稳定的环境与缺失的家庭教育，有可能会造成孩子心理性格缺陷，如性格不稳重、人际交往障碍、易冲动、具有破坏性、严重防范他人等。

三、离异家庭孩子存在心理问题的成因

（一）家庭因素

1. 家长离婚的不良表现

（1）父母双方的争吵。

一些父母离婚前在家里经常会因为琐事和感情纠纷而爆发无休止的争吵和谩骂。在这种环境中长大的孩子，容易被父母恶劣的态度所影响，他们的情感态度和心理倾向会随着父母的过激行为在无意识中发生一定的改变。孩子每天在这样不安宁的家庭环境下生活，会产生一种希望父母早日离婚的消极情感，但当父母真的走上离婚的道路，他们又会因此内疚。有的夫妻在婚姻关系中对彼此恶语相向或者拳脚相加，也会给孩子造成很大的心理阴影，影响着孩子的性格态度和处事方式，还会导致孩子爱情观、婚姻价值观扭曲，甚至因此对情感产生厌恶。

（2）父母忽视孩子的心理。

父母双方离婚后，与孩子有了隔阂，有些孩子在成长阶段出现心理问题却无处倾诉；部分父母在离婚之后有了自己的新生活，对于孩子的心理问题缺少关注导致孩子的心理问题越来越严重。孩子可能会无法适应家庭环境的改变，而日趋沉默、内心孤独，整天闷闷不乐且缺少安全感，在压抑的生活下经受残忍的心灵折磨。部分孩子会令人捉摸不透，不愿意把自己真实的情绪轻易袒露。而父母双方的不在意和忽视会直接导致孩子的心理问题在不断积累下变得更加严峻，进而衍生出更多的不良情绪。而离异的父母大多更在意孩子的生活环境问题，其实孩子的心理问题更值得父母重视。

2. 特殊家庭结构导致不良问题

（1）单亲家庭的教育。

离异之后的单亲家庭环境引发新的教育问题。家庭环境的不健全会对孩子未来的成长产生巨大影响。家庭是一个小型社会，父母在其中扮演不同的角色，带有各自性别角色的色彩，比如父亲角色上是坚强阳刚的男性角色，而母亲则是温柔体贴的女性形象。这两种不同性格相互补充，对孩子的人格养成起着不同的作用，而单亲家庭的孩子因为父母性别角色的残缺，在心理发展上容易产生一定的偏差，价值观也可能受到一定的影响。

再加上之前是父母两个人共同照料家庭，现在父母离异，家庭中缺少一位重要成员，另一方为了孩子的未来，不得不更加努力工作，生活压力骤然增加。一个人的精力毕竟有限，对孩子的生活照料、教育不如之前，这些都会影响孩子的身心健康。

（2）他人代为教育。

负责抚养的一方由于工作和生活的双重压力，无法每日照顾孩子，为了避免孩子的生活无人照管，往往选择将孩子托付给自己的父母。这样一来，孩子的家庭环境由祖辈营造，祖辈常常觉得孩子因父母离异而不够幸福，出于补偿心理而无条件地满足孩子的要求，给孩子创造舒适的生活环境，对孩子百般娇惯。这样的教育方式无疑会使孩子养成自私任性、以自我为中心的性格。而孩子由于年纪尚幼，无法树立正确的价值取向，且长时间无法与父母双方进行交流，多少会受到祖辈陈旧的理念，甚至迷信的观念的影响。

除了祖辈，可能还会有其他亲戚代替父母监管孩子。父母没有时间教育孩子，由他人代为监管，孩子的被抛弃感更加强烈，觉得自己寄人篱下。而亲戚因为自身的家庭负担，往往会忽视这些孩子的心理感受，导致孩子对于父母的不负责满腹抱怨，对于亲戚的照顾不足不能释怀，对自己当下的生活处境充满了抗拒，渐渐形成暴躁易怒的性格。

（二）社会因素

1. 来自学校的影响

学校是儿童成长的重要场所，离异家庭的孩子在学校的状态值得家长和老师的关注。

离异家庭的孩子由于家庭环境的不同，觉得自己不如别人，而他们因自身性格问题而在学校团体中不受关注、不够合群，这也更加增强了他们的孤独感。

有些孩子表面上乐观豁达，但是内心极度敏感。学校经常开展亲子合作活动，这对于离异家庭下生活的孩子来说，也是无形的伤害。在学校这个人际来往密切的场所，离异家庭的孩子会觉得无法适应，从而开始逃避人际交往，拒绝与同学沟通相处，也拒绝老师的关心和心理疏导，任由自己的心理负担不断增加。

2. 来自网络的影响

如今互联网已经普及，它使人类生活更加便捷，使彼此交往更为紧密，但同时也减少了人与人之间直接的心灵交流。在离异家庭中，缺少联系的家长和孩子虽可以借助互联网再次建立起新的情感桥梁，但这一切都隔着一个巨大的网络世界。孩子可以选择袒露自己愿意表达的一面给他人，也可以选择将真实情感遮掩起来。离异家庭的孩子心思复杂，很难猜透，父母有时想要利用网络亲近孩子，渴望孩子对自己敞露心扉，但是很可能得到的只是修饰过的错误讯息，而孩子的心理问题仍旧被他掩埋在心底。

除了这一点，网络平台给父母离异的孩子创造了一种发泄方式和一个更大的情感空间，他们将自身的消极情绪在网上一一发泄。久而久之，他们不爱在真实的人际交往中表达自己的情感，却喜欢在网络世界中宣泄自己的情绪。适当的发泄可以令这些孩子在没有家长和老师干预的情况下学会自我疏导，但过量过度的自我宣泄会令他们依赖网络，真实的人际交流却越来越少，对网络之外的世界产生抵触情绪。

网络中的信息五花八门，良莠不齐。离异家庭的孩子还在成长阶段，长时间迷恋网络容易被不良信息侵蚀心灵。他们心灵脆弱，内心极度压抑，这些消极的情绪在网络消极信息的影响下，可能导致孩子出现行为问题。

四、离异家庭孩子教育问题的解决对策

（一）家长应培养儿童的幸福感

1. 离异前父母应做到良性疏导

父母在离异前，应对孩子之后的教养问题达成一致，尽量避免争吵，遇到相关问题要和平解决。无谓的争吵只会给孩子的未来蒙上一层挥之不去的阴影；离异后也不要在孩子面前表达过激言行，更不要给孩子传达灌输任何仇恨心理，孩子缺乏正确的判断能力，容易受到父母言行的影响。

2. 离异后父母应对儿童加强关注

即使离异，父母也要对孩子保持高度关注，不能弃之不顾。要给孩子足够的安全感，维持孩子的幸福感，让孩子在父母离婚之后仍旧能够感受到父母对自己的无限关爱。

而负责抚养的一方，不能施加给孩子过重的压力和过高期望，孩子不是工具，不能按照父母的想法成长，培养成为成年人眼中绝对优秀的模样，父母要给孩子充足的爱和成长空间，父母离婚之后也要积极协商如何创造良好的家庭教育环境，不能仅仅只是保障孩子的生活条件稳定。

随着家庭关系分裂，父母共同关爱的力量减弱，难免会给心理尚处于发展时期的儿童带来恐惧感，父母双方应在这段时期合理增强对孩子的关注，引导他们适应新的家庭生活。在重塑家庭环境及教育过程中，要留心儿童的内在变化，加强沟通，减少压力，让他们以自由、舒适的状态迎接新的家庭环境。

3. 抚养过程中父母应提升自身修养，树立榜样形象

为了孩子的成长发展，父母双方，无论是否属于日常生活中抚养教育的一方，都要不断提升自己

的修养，努力培养孩子健全的人格和积极乐观的心态。孩子的成长不能缺少父亲或母亲任何一方，父母绝不能由于原本家庭关系的破裂而缺席孩子的教育。离异后的父亲或母亲，都应在孩子面前展现强大、从容、积极向上的形象，给予孩子心理上的支撑，发挥榜样力量，引导孩子成为一个独立、坚强、勇敢的人。

（二）学校应为儿童创造良好的教育环境

1. 学校应规范心理健康教育制度

学校应重视儿童心理健康，组织相应的心理辅导人员，系统化记录单亲家庭信息台账。相关负责人员应切实制定儿童心理健康问题的应对措施，采取校园心理活动、沟通谈话等方法组织安排好离异家庭儿童教育工作，对他们的心理问题进行健康、正确的疏导。

2. 学校应多开展家庭教育主题活动

学校是儿童除家庭外最重要的成长乐园，是他们心中信赖与喜爱的自由天地。学校应发挥其重要作用，常态化地开展家庭教育主题活动，从亲情、感恩等主题内容出发，引导学生从细节处着眼，汇聚生活点滴，感悟父母日常所付出的关爱，在离异后的家庭生活中仍然感受到亲情的温暖。

3. 教师应以耐心、责任心担负“良师”角色

学校老师在与离异家庭孩子交流沟通的时候要更有耐心，因为他们的内心脆弱敏感，要常鼓励他们，给予他们温暖爱护。教师要时刻教育同学们对他人保持应有的尊重，不能嘲笑任何人，保护他人的自尊心，引导离异家庭孩子主动与其他同学交流，鼓励他们参与班级活动。

更重要的是，教师应在心中明确这类儿童的特殊性，时刻关注他们的心理变化，但要注意行为不应特殊化，要公平地对待每个孩子。特殊对待和强烈关注同样会给身处离异家庭环境下的儿童带来一些压力，所以教师的引导方法要适当、适度，如果过度关注，反而会适得其反，容易让原本寻常的情况变得特殊。对部分离异家庭的儿童而言，教师行为上对他们不强调特殊、不过分关注，私下里多关心，多沟通，才是对他们最有力的保护。

4. 教师应以热心、爱心承担“益友”角色

部分学生可能存在害怕与老师沟通的问题，对于老师的主动询问和交流，多笼统应答。教师应主动关注这些学生，积极消弭他们的恐惧心理。发挥教师的热情，转化自身角色，以朋友心态与孩子对话，倾听他们的内心需求，真正做到有效沟通。

除此之外，老师要与家长时常保持联系，关注孩子心理变化，及时和家长双方进行沟通，根据自己在校的观察和交流，对孩子的家庭教育方式提出改进意见，为家长教育孩子提供帮助。

（三）社会应为儿童营造和谐的成长氛围

1. 社会组织应加强青少年教育正向宣传

为了单亲家庭孩子的健康发展，社会应该重视舆论的正确引导，除了预防青少年犯罪，还应该正视离异家庭孩子的心理健康。减少社会对于离异家庭的负面评价，弱化离异家庭给孩子带来的不良影响，多弘扬青少年成长中积极、阳光的事例，给孩子们带来积极的促进作用，为孩子们营造健康的社会氛围，帮助孩子走出父母离异的阴影，重新找回自信。

2. 社会公民应规范言行，形成良好、正面的社会舆论

随着成长，儿童除了受到家庭、学校的影响，还会逐渐感受到来自社会舆论的影响。无论是亲戚还是邻居，都能对孩子形成一定的舆论压力，起到影响儿童心理的作用，作用好坏取决于公民讨论观点。公民应做到既不歧视离异家庭环境下的孩子，也不用同情怜悯的眼光看待他们。他们理应和其他孩子一样，只是需要大众用更多的耐心和关怀去对待。

社会公民应谈论积极的话题，形成良好舆论风向，结合社会的力量，为离异家庭的孩子创造健康的成长环境。

（四）儿童自身应树立健康的心态

1. 儿童应正视自己，养成积极心态

离异家庭环境下的孩子首先要正视自己，明白自己与他人并没有什么不同。部分儿童可能一时之间难以接受家庭的破裂，容易产生不良心理反应，但仍可在家长、老师、社会的正确引导下，直面新的家庭生活，充分认识到父母并不会缺席自己的成长，仍旧会关爱自己，自己依旧有健康、美好、快乐的人生，因此不能过于自卑敏感，也不能消极面对生活。离异是父母的选择，孩子绝不能把原因归结于自身，也不能因此怨恨父母。

儿童应在众多关爱下感受自身心态的变化，从而帮助自己走出困顿的消极圈。但其中有一些儿童，他们难以了解自身情绪和心理上的转化，无法正确调控自己，所以要主动与他人交流沟通，将自己心中的困惑及时告诉亲近的家人、老师或者朋友，学会表达，学会主动寻求父母和老师的帮助，借助更多人的力量舒缓自己的不良情绪。

2. 儿童应树立正确的成长价值观念

父母离异后，有的儿童认为父母给自己带来巨大伤害，新的家庭生活无法如从前般给自己带来亲情温暖，从而要求父母满足自身物质方面的诸多要求作为弥补；有的儿童则以调皮捣蛋、叛逆等不当方式引起父母关注，或者迫切想要获得成绩上、能力上的成就，认为只有如此，才能赢得更多关爱。这些情况都能体现出孩子们内心的不安与脆弱，因此孩子们应明确一点，父母离异仅是成人婚姻关系发生断裂，而亲情与爱无法被割裂。儿童不能以父母离婚就是亏欠自己为借口，去要求父母满足自身一切不合理的要求，也不能要求父母或其他长辈的过分溺爱，自己要学会独立、坚强、自信，相信父母双方仍会为自己骄傲，关爱自己。

除此之外，还有一部分儿童在周围言论的影响下，认为父母离异后，对自己的关心会减少，认为以后家庭生活中的小事都要依靠自己，导致行为上过分独立、早熟，但内心敏感。这些孩子应该走出封闭的内心，合理表露自身情感，将真实的内心想法表达出来，还可以多多参与集体活动，开阔自身视野，采用正确方式宣泄自己的情感。

五、结束语

当今社会越来越关注未成年的心理健康问题，离异家庭的孩子的自心健康问题引起大众广泛关注。随着对家庭教育研究的深入，家庭、社会、学校都在积极创设健康的成长环境，保障离异家庭孩子健康发展，帮助孩子找到正确的成长方向。我们有理由相信他们会在健康的环境下茁壮成长，会拥有更加美好的未来，成为祖国栋梁。

参考文献

[1]宗晨明. 离异家庭初中生自卑对孤独感的影响：安全感和家庭忽视的作用［D］. 石家庄：河北大学，2018.

[2]唐映红. 离异家庭儿童的心理特点及辅导措施［J］. 甘肃教育. 2016（21）：36.

[3]林晓. 如何保护离异家庭孩子的幸福感［N］. 北京科技报，2012-04-17（B1）.

[4]邓琪玲. 关注离异家庭健康成长［N］. 四川科技报，2010-03-18（B1）.

[5]杜雪娥. 如何教育离异家庭的孩子［N］. 宜春日报，2009-12-31（B1）.

[6]邓沙沙. 个案介入农村离异家庭儿童厌学问题研究［D］. 井冈山：井冈山大学，2019.

[7]孙云晓. 离异家庭在教育孩子时不妨"结合"［N］. 中国妇女报，2017-06-11（A2）.

[8]陈犀. 离异家庭小学生心理健康现状及管理策略的个案研究［D］. 重庆：重庆师范大学，2015.

[9]贾国红. 做离异家庭学生的老师，需要付出更多的爱［J］. 少年儿童研究所，2015（5）：63-64.

[10]骆萍. 我国农村离异家庭儿童道德教育研究［D］. 南昌：江西师范大学，2015.

（湖南省平江县木金乡中心小学）

小学班级管理对策研究

兰掀乾

摘　要：教师的班级管理水平的高低，在一定意义上决定着学校教育教学质量的好坏。受传统教育教学思维的影响，部分教师依然认为学生的管理权利掌握在自己手中。本文就当前小学班级管理情况进行调查研究，指出其中存在的问题，进行分析并提出解决的对策。笔者应用问卷调查法对岳阳县六所小学的班级规章制度的制定，班干部选举，学生参与学校、班级活动，学生遵守纪律等情况进行了调查，以此来了解班级管理的现状。经过问卷调查分析，并结合文献综述，笔者发现目前班级管理中存在着不民主、不平等的问题，如，班级规章制度的制定存在班主任一言堂的情况；班级凝聚力低，集体荣誉感不强，自主参加学校活动、班级活动的学生人数偏少；教师对学生的评价比较片面；等等。针对所发现的问题，笔者从制度制定、民主管理、实践活动等方面提出了相应的解决策略。

关键词：班级管理；凝聚力；选举制度；民主管理；实践活动

一、绪论

近年来，新基础教育改革的大旗高高飘扬，它强调课堂属于学生，强调要让每一个生命真正“活”起来，学生应拥有更多的权利等。话虽如此，但是传统教学方式仍深深影响着大部分教师，他们仍将管理学生的权利掌握在手中。在小学阶段，学生的年龄特征非常明显：年龄小、生活经验不足、心理不成熟、活泼好动、自我约束能力较差等，这些特征都是对教师班级管理能力的巨大考验。教育心理学家有过这样的研究，在班集体中，班干部的集体意识、协作意识、人际关系意识、合作能力都明显高于普通学生，因为教师给予他们更多的管理权利和责任，无形之中增强了他们的各种能力。这说明增强学生的主人翁意识，通过实践培养学生的班级管理和自我管理的能力，可以达到全体学生全面发展的教育目的。实践证明，一个班集体需要所有人的共同管理才能越来越好，而仅靠班主任和任课老师是无法充分管理班级的。

在小学教学期间，笔者经常听到很多班主任反映这样一个问题：明明自己上课或守在教室的时候，学生很自觉地学习或做与今天课程有关的准备，可是别的老师总在课后和他说他的班级学生太难管、纪律差，其实，自觉和听话只是学生们呈现给班主任们的假象。要让学生真正知道如何安排自己的学习和约束自己的行为，培养学生的自我管理能力是关键。想要达到这一目标，在小学生日常的管理和学习中，教师就应退居“二线”，以学生为主体，引导学生自己思考、组织、实施相关活动，主动参与班级日常管理事务，将“要我做”的观念转变为“我要做”，从而培养学生的自我教育能力。针对以上现象，笔者对 6 所小学的班级管理情况进行了研究，发现并分析了小学班级管理中存在的问题，并提出了相应的策略。希望本次研究引起学校、家长、教师等多方面的重视，各方通过共同努力，切实提高班级管理效率和小学生自我教育能力。

二、小学班级管理的现状

为切实了解目前小学班级管理的现状，笔者选取了汨罗市实验小学、城西小学、归义镇高泉小学、荣家路小学、罗城学校小学部、正则学校小学部等 6 所小学，采用了问卷调查法，每所小学均有抽取一到六年级学生作为研究对象。问卷根据学生的认知情况，对班级管理规章制度制定、班干部选举情况、学生是否积极参与班级和学校活动、学生是否遵守纪律等四个方面设计问题。在问卷相关工作准备好后，笔者在以上 6 所学校的 43 个教学班中，每班发放 4 份学生问卷，答题者包括 1 位班级干部和3位学生，共计发放172份。学生问卷共回收165份，回收率为95.9%，有效问卷为158份，有效率为91.9%。笔者通过对回收的问卷进行数据统计，以表格来直观地展现小学班级管理的现状。

1. **小学班级规章制度的建设现状**

考虑到小学生的认知，关于规章制度的建立，问卷中共有两个问题：你们班上是否有班规；班规是由谁建立的。班级管理规章制度制定情况见表1。

表1 班级管理规章制度制定情况

制定方式	人数（人）	占比（%）
班主任决定	90	56.96
全班商议，但决定权在班主任	45	28.48
学校统一制度班级制度	13	8.23
由学生自己商讨并实施	10	6.33

从表1中可以看出，部分学生参与了班级管理制度的制定，只有10位参与调查的学生表明自己班上的班级管理规章制度是由本班学生自己商讨并实施的，仅占全部调查人数的6.33%。绝大多数的学生没有参与到班级管理当中，班规或由班主任决定，或由学校统一规定，或者虽然由全班商量，具体怎么实施却由班主任决定，这种情况，越是低年级就越明显。这说明小学生往往习惯于服从老师的命令与安排，学生对于班级事务的参与度较低。

2. **班干部产生方式调查情况**

表2 班干部产生方式情况

产生方式	人数（人）	占比（%）
全班轮流担任	20	12.66
学生推荐	68	43.03
自荐	33	20.89
班主任选用	37	23.42

表2为班干部产生方式。从表中可以看出，大多数学生都会主动参与班级班干部选举，形式比较灵活，有全班轮流、学生推荐、自荐、班主任选用等，班主任能够放手由学生决定班干部，但还是有很多班主任采用直接任命的形式，部分教师虽选用民主选举方式，但很难顾及所有学生，这种情况约占到被调查学生的两成以上。尽管班委是由学生选举的，但如果学生们没有真正得到属于他们的权力，班委无法清楚自己的职责，教师仍直接管理班级，那么班委就形同虚设。

3. **学生在班级活动的参与情况**

表3 学生自主参与学校、班级活动

参与情况	人数（人）	占比（%）
同学们积极参加	23	14.56
老师指定同学参加	69	43.68
参与人数很少	54	34.18
不参加活动	12	7.6

表3为学生自主参与学校、班级活动情况。可以看出大部分学生有参加学校或班级活动的意愿，但是积极主动的人数较少，共计23人，约占总人数的14.56%；由班主任指定参加的占有近一半的比例，为69人；还有66位同学不参加或很少活动，约占41.78%，因此班主任需要关注这些学生，找

出他们参加活动不积极的原因。

4. **学生遵守班级班规的情况调查**

表4 班级纪律遵守情况

遵守情况	人数（人）	占比（%）
能自觉遵守	94	59.5
偶尔需要班干部提醒	35	22.15
经常需要别人提醒	19	12.03
需要老师监督	10	6.32

表4为班级纪律遵守情况统计。从表中可以看出，大部分学生能够自觉遵守纪律，一部分学生需要别人提醒，所以班主任需要开主题班会和相关座谈会来帮助学生深入理解班级规章制度及相关纪律，让自觉遵守纪律成为一种习惯。一部分学生的自我约束力较差，说明他们的自主管理意识较弱，对班集体没有责任心，教师应动员全体学生主动参与班级管理，参与度越高，学生的责任心和荣誉感就越强，自我要求就越高。如果所有学生都能参与班级管理，形成良好的自我管理氛围，那么教师不仅轻松，而且管理效率也会提高。

三、小学班级管理中存在的问题及原因分析

以上的问卷主要围绕班级管理规章制度制定，班干部产生的方式，学生自主参与学校、班级活动情况，班级纪律等方面进行调查，调查结果反映出小学班级管理存在有效性问题，从而造成了部分学生有规章不依、有活动不参与、有职责不履行的问题。带着这些问题，笔者对所调查学校的老师进行了访谈，参加访谈的老师共计45名，访谈主要围绕班级管理中存在的主要问题、班级干部产生的方式、班集体荣誉感及凝聚力、班级管理的评价方式等方面（见附录1）进行。访谈结束后，笔者根据访谈的内容进行了总结，发现造成小学班级管理问题的原因共有以下4个。

（一）班级管理中存在不民主、不平等现象

传统教育观念中，班主任和教师是班级管理工作的实施者，而学生则是被管理的对象，学生的主体地位无法体现，违背了素质教育中的以人为本的价值理念。若班主任以自己的意志来制定班规和班级发展目标，就不足以让全体学生自觉服从并遵守，甚至还会招来学生的不满和抵触。学生是班级管理的旁观者，教师制定的制度对他们来说是一种束缚。杜威的《民主主义与教育》告诉我们："旁观者就像一个身在监狱里注视着窗外下雨的囚徒，对他来说，窗外下不下雨都是一样的。参与者就像一个计划着第二天要去郊游的人，不停下雨会挫败他的郊游计划。"由此可见，不亲身参与到一件事情中，是无法体会参与者的心情与感受的，所以，在班级管理中，参与者和旁观者的心态是完全不同的。如果学生不亲自参与班级管理的各项事务，对于班级的发展目标、规划，各种活动的组织开展就会毫无兴趣，也缺乏主动参与的热情；如果学生不能积极配合，教师的一片热忱之心就会消散殆尽，班级发展也会止步不前。

（二）班干部选举制度不完善

如果教师无法接收到所有学生的意志，那班干部的存在就十分有必要了，良好的学习氛围离不开优秀的班干部队伍，因为班干部是代表全体学生的意志来管理班级日常事务的。因此，班干部的选举也要注重民主性。现在，很多班级的班干部由班主任直接任命或由成绩决定，这不足以体现民主和平等。班干部选举的意义在于学生选出自己心目中的"代理人"，由他们代替自己向班主任和教师来传达自己的所想、所思。现实却是很多班干部直接听从班主任的安排，他们不是全体学生的意志代表，而是班主任的命令宣布者，甚至有些班干部以"官"傍身，一副"小班主任"模样，趁机以强欺弱。如果学生的想法和建议不能通过班委传达给班主任或教师，那么班干部的存在也就没有意义了。

（三）班级松散，凝聚力低

目前，多数家庭都只有一个或两个孩子，所以每个学生在家都是父母的掌上明珠，家长的过分关注导致很多学生的自我中心意识强，不会考虑别人的想法，再加上每个孩子个性不同，有的性格内向，有的不善于与人交流，以上种种问题都给班级管理带来困难。一个新集体形成初期，成员之间不熟悉，没有安全感，这时班主任应起主导作用。一个好的班集体，每位成员都有强烈的归属感和集体荣誉感，学生、师生之间在心理上是相互依赖和信任的。班级需要有一个每位学生都愿意为之奉献自己的一份力量的共同目标。现在学习竞争激烈，班集体中的每个人都是彼此的竞争者，这导致学生之间信任感较低，只在成绩上一较高下。俗话说，人以群分，班级中，学生因为不同性格、爱好，甚至不同成绩而形成许多小团体，导致班级凝聚力较低。所以在班级管理中，班主任要十分注意引导学生进行正确而合理的竞争，告诉学生彼此不仅是对手，更是战友。学习固然重要，但如果不能确立共同的奋斗目标，师生并肩作战，彼此心灵相容，那班级管理也就显得空洞。

（四）评价片面化

评价标准单一。虽然近几年来国家一直提倡素质教育，要求教师关注学生的德智体美全面发展，但成绩决定一切的思想根深蒂固，部分教师仍以学习成绩的好坏来评价一个学生的好坏。李镇西老师的《爱心与教育》这本书中让笔者印象最深刻的就是他与万同的故事。万同是一名典型的后进生，成绩不好，爱撒谎打架，从教师的角度来说几乎找不到优点，可李镇西老师在近距离接触和观察万同之后，发现他是一个非常勇敢且具有正义感的学生，于是举荐他做了纪律监察员，这个孩子从此一步步变得优秀。由此可见，过于单一的评价方式会导致教师忽视学生身上其他的品质，而这对于学生确立自信心以及自我评价都会产生负面影响。

评价主体单一。目前，评价的主动权大多数还掌握在班主任的手中，比如家庭报告、通知评价书等，再公正的评价都会带有主观色彩，并不能真正衡量一个学生的好坏。小学阶段的学生具有很强的向师性，教师对一个学生的态度会影响到班级其他学生，如果由于班主任的评价不当，导致一个学生产生消极、不正确的自我定位，将阻碍学生的健康成长。

四、提升小学班级管理的建议

现阶段小学班级管理中存在的这些问题加大了班主任的管理难度。笔者针对上述问题，通过参考相关文献以及向有经验的教师取经，提出如下建议。

（一）全员共商，制定班规

班级管理离不开班规的制定，班规对于全班学生的言行具有普遍的约束和指导作用，班主任要将主动权交给学生，通过让学生制定班规锻炼学生的自我教育能力。班主任需要在此过程中加以引导，组织学生学习学校的相关校纪校规，涉及的内容要广泛，包括课堂纪律、学习习惯、个人行为举止、班级风气等。班主任应鼓励学生及时发现班级存在的问题，共商对策。制定的班规要符合本班实际情况，要简单明了、可操作性强，先分组交流，拟出草案，再在全班进行讨论修改，最后确定。每位学生都要参与班规的制定，这样不仅可以让学生深入了解班规的内涵，还有利于学生遵守维护班规。班规面前人人平等，制定好的班规，教师和全体学生都必须遵守，班主任和任课教师要起带头作用，维护班级公约。小学生具有向师性，跟着老师一起自觉遵守公约，每一个制定者都是监督者，这样学生就能够更加关心班集体的发展，自觉性更强，这有利于小学生自我教育能力的培养和班级民主管理。

（二）共同参与，完善班干部选举制度

班干部是班集体形象的缩影，是班级凝聚力的表现，是教师与学生沟通的桥梁，能够减轻班主任和教师的工作压力，所以，建设一支优秀的班干部队伍非常重要。班干部的选举要注重民主、公平、全员参与，每位学生在不同方面各有优势，关注每位学生的发展需求是班主任的责任，所以班主任应该让每位学生都有机会参与班干部选举。比如可以让所有的学生依据自身特长进行自我推荐、演讲或表演等，每个岗位设定几个人选，让学生自己竞争，保证学生的锻炼机会，鼓励学生如果落选也不用失望，继续学习，以期下次竞选。班干部的职位要多样，可以设立一些管理日常学习和生活的小岗

位，比如黑板、窗户清洁员，花草保护员，眼保健操监督员，等等。班干部选好之后，教师首先应让学生明确自己所担任岗位的职责，准确了解自己的工作内容，自觉完成工作任务；告诉学生在岗位上，工作要认真负责，要有责任感，要将班集体的利益放在首位，主动帮助班级同学。只要主体意识、责任感意识增强了，学生对自我就有了约束力，会更加自觉，自我管理能力也会提升。

（三）全员积极参与实践活动，增强班级凝聚力

一个成熟的班集体的形成，班级活动必不可少，它是增强班级凝聚力的重要手段。一个班级组成之初，教师需要组织丰富多彩的班级活动，让学生尽快熟悉彼此，融入集体，感受到自己是集体不可缺少的一部分。在参与班级活动的过程中，学生的才华和能力得到展示，这会让他们信心大增，也会让班集体充满活力。在活动中，要尊重每一位学生，教师要主动与学生交流，感受学生的情感变化，走进学生的内心深处，赢得学生的尊重，让教育也变得相对容易。班主任可以利用节日或重大事件组织班内活动，例如召开主题班会、讲故事比赛、辩论赛等活动，班主任可以设置奖励来激励全班同学参与，尤其是要鼓励那些平时相对内向或不爱参加活动的同学，让他们发现自己身上的闪光点。有条件的还可以组织校外实践活动，比如春游、参观大型工厂、远足等，这类活动可以培养学生的观察能力和交际能力，增长他们的课外知识。在教学活动中，比如在课堂上，教师可以让学生走上讲台充当小老师，成为课堂主体，发挥自己的语言组织和表达能力，既锻炼胆量，也给予学生信心，增强他们的自主意识，激发他们的学习兴趣和热情，促使他们主动思考探究，提高综合素质。在这些活动中，师生、生生情感融合，有利于提升班级管理的效能。

（四）民主管理，多元角度评价学生

素质教育倡导民主管理，即由教师帮助引导学生自主管理班级，而很多教师仍然习惯于传统班级管理方式，所以改变教师管理观念，提高管理素质是进行民主管理的必要措施。小学生正处于身心发展的关键阶段，性格好动、易感情用事，教师要做的是发展学生个性自由，明确主体意识，充分相信学生。一味地压制学生不仅不利于学生个性的发展，而且会造成学生排斥老师甚至不愿进入学校学习。李镇西老师说过："不要低估学生的能力，甚至一群调皮的学生可以在现场举办一场足球比赛，只要老师指导，任何学生都可以参与民主管理。"教师应在平时学习生活的方方面面给学生灌输民主管理的思想，引导学生找到适合自己的方法进行自我教育、自我奖惩。当然，民主并不代表放任，教师担当的是引导者的角色，尊重学生的决定，提出需改进之处。学生感受到来自教师的信任，便会信心大增，从而更有效地进行自我教育。

同时，对学生的多元评价也是民主管理的体现，教师要时刻记住，学生是发展中的人，是独特的人，对学生的关注要是多方面、多角度的，要学会捕捉学生的长处，挖掘潜力，多夸奖鼓励他们，增强他们的自信心，做到长善救失。正如李镇西老师在爱的教育中的做法，有的孩子物理成绩好，他便推荐学生向物理老师学习模型搭建，有的学生化学好，他便推荐学生跟着化学老师做实验，像这样找出学生所擅长的、喜爱的、感兴趣的事物，便会大大提高学生的学习效率，增强他们的信心，同时，学生感受到来自教师的尊重与关注，便会时刻监督自己更加自律，自我教育能力也随之提升。

五、研究结论与不足

本文在参考已有研究的基础上，通过文献研究法、问卷调查法、访谈法，得出以下结论。第一，小学生对教师的依赖性很强，很多学生需要教师的监督和指导，自主独立意识不强，自我教育能力不足。第二，班级规章制度的制定应体现学生的意志，班主任如果滥用决定权，班规就会流于形式，导致小学生对于班规的理解不深刻，不能切实落实；还会导致班干部无法清楚知道自己的责任与工作，学生民主管理意识不强。第三，教师评价不全面，需要大力提倡多元化评价。当然，由于笔者水平有限，再加上时间的关系，对于小学班级管理的研究还存在着一定的缺陷，如调查的学校主要是镇里的中心小学，对于村小，或者城区学校还缺乏认真的研究，因此造成了研究代表性不足的问题，挂一漏万，自不待言。

总之，班主任和教师要做到坚持全员参与班级管理，引导学生认识自我，充分信任学生，鼓励学

生参加自我教育实践活动，进行民主评价，重视班干部的选举，同时要努力学习，完善班级管理，让学生全面发展。

参考文献

[1] 格日乐. 小学生班级自主管理浅谈 [J]. 新课程 · 小学，2015 (10)：172.
[2] 马淑兰. 激发小学生自主教育积极性的策略浅谈 [J]. 未来英才，2016 (18)：16-17.
[3] 张林. 小学班级管理的现状分析及改进对策 [J]. 教学与管理，2017 (20)：80-81.
[4] 陈晓宁. 班级生活中学生自我教育能力的培养 [J]. 江苏教育，2019 (71)：19-21.
[5] 龚湘华. 小学生自主参与型班级管理实践研究 [D]. 长沙：湖南师范大学，2019.
[6] 鞠东胜. 自主管理：新时代班级管理的新要求 [J]. 江苏教育，2018 (79)：27-28.
[7] 蒋春辉. 当前小学班级管理实践中存在的问题及解决对策 [J]. 中国校外教育，2016 (20)：52-53.
[8] 陈莉欣，杜梦雅. 浅析小学班级管理的策略 [J]. 教育教学论坛，2017 (1)：279-280.
[9] 相西红，刘洁. 如何在小学班级管理中构建激励机制 [J]. 中国校外教育，2017 (10)：30-31.
[10] 以琴. 新课程环境下的小学班级管理探析 [J]. 文学教育 (上)，2016 (4)：154-155.
[11] 王燕丽. "以人为本" 理念在小学班级管理中的应用 [J]. 考试周刊，2016 (53)：185-185.
[12] 万兴莉. 育人育心：谈小学班级管理的策略 [J]. 新课程 (中)，2016 (10)：207-207.

(汨罗市成人教育中心)

附录1

小学班级管理存在的问题访谈提纲（教师问卷）

一、基本情况

学校名称：

学　科：　　　　　　　　学　历：

教　龄：　　　　　　　　是否班主任：

二、访谈提纲

1. 你认为班级管理的内容有哪些方面？

2. 你认为进行班级管理的资源（或力量）有哪些？

3. 请谈一下你对“班级管理者”内涵的理解。

4. 请谈一下你在班级管理时，是如何制定相关的班级规章制度的，学生是否深度参与。

5. 你在班级管理过程中，如何产生班干部？班干部们能不能在班级纪律执行上起到带头的作用？

6. 你们班上的学生是否积极参加学校的各项活动？

7. 你认为班上的学生是否有强烈的班级荣誉感？造成班级荣誉感不强的原因是什么？

8. 你对于班级管理中学生存在的有纪不依、班级荣誉感不强、不积极参加活动等问题有何建议？

9. 如何在班级制度建设中完善班级管理？

基于 STEAM 理念的小学低年级科学课程项目式活动设计研究

——以“小小快递员”为例

雷平青

摘 要：将 STEAM 教育理念融会于小学科学一线课堂，将其与传统课堂深度融合，能够有效突显现代化教育的高效及趣味性，助力培养创新、善思的新时代科学的发现者和创造者。笔者以低年级科学课程“小小快递员”为例，践行 STEAM 教育理念，在所设置的教学活动中强调学生对于活动的发现及创造，结合 STEAM 教育理念，基于多门学科参与课程设计，以提问—实验—评价为三维主线，以达到高质量的教学目标。

关键词：STEAM 教育理念；自主研究；实验操作；课堂评价

STEAM 课程，是指由科学（Science）、技术（Technology）、工程（Engineering）、艺术（Art）、数学（Mathematics）等学科共同构成的跨学科课程[1]，能够及时反映出课程的综合化、实践化、活动化是其作为一门新兴教学理念兴起之由。“小小快递员”一课是针对小学低年级学生开发的主题课程，以项目作为出发点和落脚点，融合科学、技术、工程、人文及数学的综合学科思想。本课程选取了贴合生活的例子为主题开展课堂活动，在学生简单了解相关材料特质及生活中商品交易基本流程的基础上，首先进行方案设计，再进行小组合作购买包装快递物品，经过测试后检验成果，将快递保护得最好的小组发言交流自己的方案，最后各组进行方案的改进。

通过本节课的学习，学生不仅了解了生活中常见的物品交易流程，而且能通过亲身体验的方式考虑不同材质的使用方法和作用，在探究过程中进行思考，以完成教学目标。

一、STEAM 教学目标设计

STEAM 课程具有整合性的特点，将零散的知识点整合在一起，从而找出其内在联系，以便于教学过程的顺利进行。明确教学目标可以更好地了解和融和知识点，是课程设计至关重要的一步。教学目标是在认知与技能、过程与方法、情感态度与价值观领域，对学生完成学习活动后可能获得成长的预期，它既是教学活动的起始点，也是其最终落脚点。笔者结合 STEAM 教学目标特点，以“小小快递员”一课为引，设计 STEAM 教学目标，如表 1 所示。

表 1 “小小快递员”STEAM 教学目标

STEAM 教学目标	S（科学）	T（技术）	E（工程）	A（艺术）	M（数学）
知识与技能	知道材料的不同选择及组合方式影响快递包装的缓冲、减震能力	了解简单工具的特点和使用方法	根据给出的材料设计方案保护面饼；能够发现方案的问题并进行优化改进	了解快递物流交易过程；对包装进行美化	熟练运用简单的数学运算，认识理解货币的运用
过程与方法		熟练掌握简单工具的运用，初步学会自主动手	通过项目的设计培养小组合作能力、缜密的思维能力和创造力		

续表

STEAM 教学目标	S（科学）	T（技术）	E（工程）	A（艺术）	M（数学）
情感态度与价值观	培养科学思维及科学意识，激发好奇心	感受科学技术在探究过程中起到的重要辅助作用	在合作的过程中培养合作精神和不怕困难的勇气，并能认真倾听他人的意见，激发创造精神	认识到美存在于生活的方方面面，学会欣赏美、发现美、创造美	意识到数学存在于生活中的方方面面，激发对数学的兴趣

二、以 STEAM 为基础的“小小快递员”课程设计

依据以上提到的 STEAM 课程设计六大环节，本文选择了“小小快递员”主题的小学低年级 STEAM 课程活动案例。选择这个案例的原因：一是融合性，本案例可以较好地融和各领域知识点，使整堂课能顺利又流畅地进行；二是实践性，本案例使用的均是生活中常见的材料，课程实施很方便，同时对儿童的生活能力也会产生一定的积极影响；三是设计性，本课的可操作性空间大，最终结果是开放性的，有利于儿童发散思维的培养。

根据小学低年级 STEAM 课程六大环节进行教学活动设计，学生在教学活动中分别感知材料特性、组成，进行自主设计包装、方案改进及效果评价，活动过程中两人一组，具体教学活动、教师行为、学生行为及课程中涉及的 STEAM 要素，如图 1 所示。

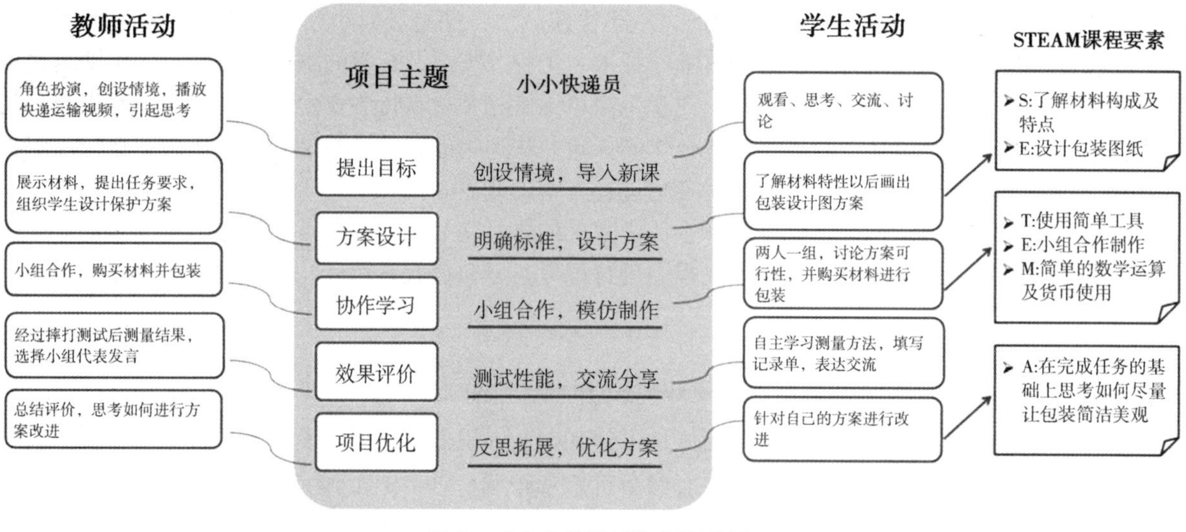

图 1 “小小快递员”课程设计

（一）教师及学生活动与项目活动设计步骤

（1）提出目标。教师进行快递员角色扮演，创设情境，并播放快递运输视频，引起学生思考。

（2）方案设计。教师展示实验所需材料，提出任务要求，组织学生设计快递保护方案。

（3）协作学习。分配学生小组并让学生进行小组合作，对购买材料并包装的实操过程做出引导；小组合作采用“组内异质、组间同质”的分组方式，这样分组是为了各组之间水平相当，公平竞争，每个小组成员也可以充分发挥自己的优势特长，有利于学生间的优势互补。

（4）效果评价。教师让教学助手进行学生作品的摔打测试，之后运用电子秤测量结果，选择小组代表发言。

（5）项目优化。让学生自己总结评价，并思考如何进行方案改进。

（二）学生活动与项目活动设计步骤对应

（1）提出目标。观看、思考、交流、讨论。

（2）方案设计。了解材料特性以后画出包装设计图方案。

（3）协作学习。两人一组，讨论方案可行性，并购买材料进行包装。

（4）效果评价。自主学习测量方法，填写记录单，表达交流。

（5）项目优化。针对自己的方案进行改进。

在课程中涉及的 STEAM 要素包括以下几方面，S：了解材料构成及特点；T：使用简单工具；E：设计包装图纸、小组合作制作；M：简单的数学运算及货币使用；A：在完成任务的基础上思考如何尽量让包装简洁美观。

三、课堂教学评价

教师及时有效地进行教学评价有利于更好地完成教学目标，促进学生能力发展，调动学生的积极性，达到 STEAM 课程关注学习过程及能力培养的目的。[2]

在本次课程活动设计中，教学评价分为 3 个部分，分别是教师评价、生生互评、教学反思。通过多角度多方位的评价方式观测学生学习结果和知识掌握应用能力，也对日后教学目标、教学内容、课程环节的设置提供改进思路。

表 1 为组间评价标准，为了调动学生积极性设置不同的奖项，即选出完成作品最快、质量最好及方案设计最完善的小组。

表 1　组间评价标准

奖项设置	标准
飞毛腿奖	完成速度最快组
最强大脑奖	剩余面饼最多组
小小发明家奖	方案设计最优组，图形结合，思路清晰

表 2 是小组成员互评表，为了了解每一个学生的具体情况，如角色分配、学习的积极性、学习态度等。

表 2　小组成员互评表

编号	题目	程度
1	在学习过程中，大部分时间他（她）都表现得非常积极	
2	他（她）的意见对我来说十分重要并有很大帮助	
3	对于自己的分内工作，他（她）能顺利完成	
4	我对他（她）的表现十分满意	
5	在共同活动中，他（她）经常督促我们共同的活动	
6	要是有机会，我还愿意和他（她）分到一个小组	

四、项目评价

STEAM 项目评价采用过程与结果相结合的评价方法，强调学生自主探究活动过程的学习，注重培养学生探究并解决问题与动手操作的能力，注重培养学生的合作意识。项目评价见表 3。

表3 项目评价表

学生姓名		教师姓名		
活动组别		活动时间		
学习检测成绩等级		优	一等	二等
过程评价	（1）确立项目（20分）			
	（2）项目规划（20分）			
	（3）探究过程（20分）			
结果评价	（4）项目实施（20分）			
	（5）项目评价（20分）			
总成绩				

注：优=20分，一等=15分，二等=5分。

本文以“小小快递员”一课为例，基于STEAM教学进行课程教学目标设计、教学设计、课程评价、项目评价。本文通过深度剖析课程资源，展示出STEAM综合教学的高效性及可实施性，旨在探讨一线课堂教学新模式，突显出STEAM教学理念之价值。

参考文献

[1] 项目活动中幼儿STEAM素养评价指标的构建策略：以“自制滴灌浇花器”为例［J］. 周起舞. 辽宁教育，2021（8）：74-77.
[2] 谢双雪. 教育技术在教育中的作用反思［J］. 教育观察，2020，9（11）：11-12，15.

（郴州市临武县汾市镇中心小学）

网络游戏与小学生心理健康调查研究*

肖　婷　张海霞　贺有娣

摘　要：随着网络的普及，网络游戏给学生带来许多影响。我们采取资料查询、个别访谈、问卷调查以及数据分析的方法，以湘乡市湘铝学校为例，了解了网络游戏对小学生心理健康产生的正、负面影响，并分析其产生的原因，为如何正确引导小学生防止网络游戏沉迷提出了一些建议。

关键词：网络；游戏；小学生；心理健康；调查研究

一、研究背景

网络游戏指通过信息网络传播和实现的互动娱乐形式，是一种网络与文化相结合的产业。[1]

心理健康的含义，目前尚无定论。有人认为，心理健康是指人们能够高效率而快乐地适应环境。这种心理健康可以理解为适应环境，获得满足感，并且愉快地生活。也有人认为，心理健康应是一种积极、丰富而持续的心理状态，人在这种状态下适应良好，具有生命的活力，能充分发展其身心的潜能，而绝非仅仅免于心理疾病而已。还有人认为，心理健康应显示出集体的效力、发动力和统一力，应表现出积极性、创造力、人格统一和个性化等等。[2]

目前，有关专家对网络游戏成瘾症病人的描述是这样的：对网络游戏操作出现时间失控，而且随着乐趣增强，欲罢不能，难以自拔。网络游戏带来的危害可以体现在很多方面，比如严重影响学生的身心健康，使学生免疫力下降，使得学生学习成绩下降，减少了与同伴交流的机会，不利于培养学生的社会生存能力，同时还可能引起一些社会问题，等等。因此，很多人都认为网络游戏是百弊而无一利的，但也有人认为它可以开阔视野，增加对外交流，促进学生个体的个性化发展，甚至能提升小学生的学业水平。

本文采用了抽样调查与分析方法，为家长、老师、小学生能正确对待网络游戏提供一定的参考依据。

二、调查研究对象与研究方法

（一）调查研究对象

此次调查的对象是湘乡市湘铝学校四、五、六年级学生，由于人数较多，通过分层抽样法，每年级各抽取了200人（合计600人）进行调查，收回有效问卷595份，其中男生311人，女生284人。问卷涉及不同的在校学生心理上对网络游戏的认识，具有一定的代表性。

（二）研究方法

1. 文献研究法

本次问卷从小学生玩网络游戏的状况、分析小学生对网络游戏痴迷的原因和网络游戏对小学生的心理影响3个方面进行设计。

2. 访谈法

本次调查同时辅以访谈法，主要针对四、五、六年级学生，随机抽取10名学生进行谈话，以及

* 此文为“网络游戏对小学生心理健康影响的调查研究”课题研究成果。

通过电话或者微信的方式与他们的家长进行交流。与学生交流时主要设置了以下问题：

（1）你喜欢网络吗？

（2）你最初上网的目的有哪些？

（3）你是在什么地方、什么时候、什么情况下开始上网的？

（4）你玩过什么网络游戏？你知道的网络游戏有哪些？

（5）你是怎样知道这些网络游戏的？怎样学会玩耍的？玩游戏的时候你的心情怎么样？

（6）游戏过后有不想停下来的感觉吗？你认为玩游戏的好处是什么？玩游戏的坏处是什么？你还能谈谈其他的感受吗？

（7）你会沉迷于游戏吗？

3. 问卷调查

在与学生和家长进行访谈的过程中，我们了解了学生对网络游戏的心理状态等情况，并制定了问卷。本次共发放问卷600份，调查采用无记名形式进行，当场发放、当场回收，中间环节少，反馈的信息直接、真实，全部收回，其中有效问卷595份，占总回收问卷的99%，有效率较高。

三、调查统计与分析

（一）小学生玩网络游戏的状况调查

表1　小学生玩网络游戏的状况调查统计

调查内容	选项	所占比例（%）
是否玩网络游戏	A. 经常玩	51.2
	B. 不玩	20.5
	C. 很少玩	28.3
每星期玩网络游戏次数	A. 0~3次	32.6
	B. 4~6次	39.6
	C. 7~10次	18.3
	D. 多于10次	9.6
一般连续玩网络戏多长时间	A. 30分钟	7.9
	B. 1~2小时	39.5
	C. 3~4小时	47.4
	D. 5小时以上	5.2
对网络游戏的痴迷程度	A. 非常	17.9
	B. 比较	35.5
	C. 一般	26.1
	D. 不	20.5
是否在课余时间谈论网络游戏	A. 经常	18.2
	B. 有时	29.2
	C. 偶尔	42.9
	D. 从不	9.7

续表

调查内容	选项	所占比例（%）
玩网络游戏每月消费	A. 20 元以下	51. 2
	B. 20~40 元	24. 3
	C. 40~60 元	15. 2
	D. 60 元以上	9. 2
你觉得自己是	A. 沉迷于玩网络游戏的	9. 5
	B. 经常玩网络游戏的	18. 7
	C. 一般玩网络游戏的	25. 7
	D. 很少玩网络游戏的	22. 9
	E. 几乎不玩网络游戏的	23. 1

表 1 为小学生玩网络游戏的状况调查统计。调查结果显示：51. 2% 的小学生经常玩网络游戏；27. 9% 的小学生每周玩网络游戏的次数超过 7 次；并且 52. 6% 的小学生一次玩网络游戏的时间持续 3 小时以上；53. 4% 的小学生痴迷网络游戏；18. 2% 的小学生课余时间经常谈论网络游戏；小学生玩网络游戏每月消费 20 元以下的占 51. 2%，每月消费 20~40 元的占 24. 3%，每月消费 40~60 元的占 15. 2%，每月消费 60 元以上的占 9. 2%；9. 5% 的小学生沉迷于网络游戏，18. 7% 的小学生经常玩网络游戏，25. 8% 的小学生一般玩网络游戏，22. 9% 的小学生很少玩网络游戏，23. 1% 的小学生几乎不玩网络游戏。从上面的统计我们可以看出，大部分小学生还是很少玩或不玩网络游戏的，但也有少部分的小学生沉迷于网络游戏。

（二）小学生对网络游戏痴迷的原因调查

表 2　小学生对网络游戏痴迷的原因调查统计

调查内容	选项	所占比例（%）
经常玩的网络游戏	A. 王者荣耀	16. 9
	B. 植物大战僵尸	11. 1
	C. 微信小游戏	31. 2
	D. 和平精英	18. 7
	E. 知识性游戏	12. 3
	F. 其他	9. 7
玩网络游戏的目的	A. 无聊，随便玩玩	35
	B. 有点儿瘾，想玩	21. 1
	C. 瘾很大，不得不去玩	9. 3
	D. 减轻学习压力	34. 7
沉迷网络游戏的原因	A. 学习没有上进心，寻找刺激	17. 9
	B. 发泄情绪的一种方法	35. 7
	C. 与社会管理有很大关系，例如有些网吧允许未成年人进入	41. 2
	D. 家庭教育不当	5. 3

续表

调查内容	选项	所占比例（%）
父母是否阻止玩网络游戏	A. 有	38.4
	B. 没有	15.3
	C. 有一点儿	46.3

表2为小学生对网络游戏痴迷原因的调查统计。调查结果显示：16.9%的小学生经常玩王者荣耀，11.1%的小学生经常玩植物大战僵尸，31.2%的小学生经常玩微信小游戏，18.7%的小学生经常玩和平精英，12.3%的小学生经常玩知识性游戏；对于小学生沉迷网络游戏的原因，有17.9%的小学生认为学习没有上进心，寻找刺激，有35.7%的小学生认为是发泄情绪的一种方法，有41.2%的小学生认为与社会管理有很大关系，例如有些网吧允许未成年人进入，有5.3%的小学生认为是家庭教育不当；很多小学生父母还是阻止其孩子玩网络游戏的，但也有少数家长没有阻止过小学生玩网络游戏。小学生痴迷于网络游戏，主要是因为小学生被网络游戏的虚拟世界所迷惑，小学生的自制力相对较弱，当玩游戏达到失控的程度时，小学生也就上瘾、沉迷了。

（三）网络游戏对小学生的影响情况调查

表3 网络游戏对小学生的影响情况调查统计

调查内容	选项	所占比例（%）
网络游戏对心理健康	A. 有影响	35.0
	B. 没有影响	20.3
	C. 有一点儿影响	44.6
网络游戏对生活	A. 有影响	39.7
	B. 没有影响	18.2
	C. 有一点儿影响	42.1
网络游戏对学业成绩	A. 有影响	47.2
	B. 没有影响	16.9
	C. 有一点儿影响	35.9
网络游戏对休息时间	A. 有影响	39.2
	B. 没有影响	49.7
	C. 有一点儿影响	11.1
对网络游戏持何种态度	A. 不支持	5.7
	B. 有条件支持	67.1
	C. 完全支持	27.2
对玩网络游戏的看法	A. 大势所趋	7.6
	B. 应适当指导	76.2
	C. 要严格控制	16.3
玩网络游戏可不可以扩大交际面	A. 可以	73.4
	B. 不可以	26.6
网络游戏对小学生心理健康影响利弊关系	A. 利大于弊	23.1
	B. 弊大于利	25.5
	C. 利弊相当	51.4

表3为网络游戏对小学生的影响情况调查统计。调查结果显示：35.1%的小学生认为网络游戏对心理健康有影响，20.3%的小学生认为网络游戏对心理健康没有影响，44.6%小学生认为网络游戏对心理健康有一点儿影响；39.7%的小学生认为网络游戏对生活有影响，18.2%的小学生认为网络游戏对生活没有影响，42.1%的小学生认为网络游戏对生活有一点儿影响；47.2%的小学生认为网络游戏对学业成绩有影响，16.9%的小学生认为网络游戏对学业成绩没有影响，35.9%的小学生认为网络游戏对学业成绩有一点儿影响；39.2%的小学生认为网络游戏对休息时间有影响，49.7%的小学生认为网络游戏对休息时间没有影响，11.1%的小学生认为网络游戏对休息时间有一点儿影响；大部分小学生对网络持有条件支持态度；大部分小学生认为玩网络游戏应适当进行指导；大部分小学生认为玩网络游戏可以扩大自己的交际面；一半的小学生认为网络游戏对小学生心理健康的影响利弊是相当的。

四、结论与分析

（一）小学生玩网络游戏的状况分析

由于网络的迅速发展，越来越多的小学生成为网络游戏的主要群体之一，沉迷于网络游戏的小学生不在少数。由于小学生认知水平的限制，他们往往容易沉迷于网络游戏，浪费大好时光，身心健康受到严重影响；网络上各种广告无孔不入，一些中小学生一不小心就进了黄色网站，所以网上的不良信息对小学生的学习、生活、思想道德品质也产生了很大的负面影响，导致了严重的网络道德失范，同时也诱发一系列社会问题。

（二）小学生对网络游戏痴迷的原因分析

现在的网络游戏都是根据小学生好奇、爱冒险的心理特点设计的，场面惊险刺激，游戏一关接着一关，吸引小学生玩下去，要想“通关”，就得连续“奋战”。游戏成瘾机制与烟、酒、毒品等有所不同，但在虚拟世界的信息刺激下，玩家普遍会感受到在现实世界体会不到的快感，随着乐趣不断增强，就会欲罢不能，久而久之便成瘾。另外，小学生虽然有一定的控制能力，但是现在他们普遍感到学习压力大，有着强烈的厌学情绪，一旦在现实生活中遭遇挫折，特别是当他们无法解决在学习生活中遇到的问题时，就会开始逃避，为了摆脱现实中的“弱者”地位，他们寻找能够满足成就感的替代品，而网络游戏恰恰能给他们作为“强者”的愉悦感。网络游戏可以使小学生找到自我、实现自我，网上聊天也给了小学生倾诉的空间和对象，小学生在这个虚拟的世界（网络游戏）里第一次获得快乐与满足后，便会希望重复获得，由于好奇心强、渴望友谊和交流，但又缺乏自控能力、信息的选择能力和分析批判能力，这种重复行为往往不能得到很好的控制，当达到失控的程度时，小学生们也就上瘾了。[3]小学生对各种游戏均有一定的兴趣，但大部分小学生选择了角色扮演和第一人称射击游戏，说明小学生希望通过游戏来寻找自我，体验自己做主的感觉，同时宣泄情绪，释放学习的压力。随着网络游戏的进一步发展，我们应该想到，还没有完全定性的小学生很容易跟着自己的潜意识走，从而沉迷于网络游戏。

（三）网络游戏对小学生心理健康的利弊分析

1. 小学生玩网络游戏的利处

（1）可以对外交流。小学生普遍存在的缺点就是缺乏信心，不敢与外界对话、交流。现在有了互联网，他们可以彻底克服这个心理障碍，并且在对外交流的过程当中，又开阔了自己的视野。网络也为获取教育资源提供了便捷的通道，不仅是老师，小学生也可以通过互联网登录各类教育网站，获取学习资讯。

（2）促进小学生个性化发展。网络可以消除心理障碍，小学生可以没有顾忌地向网友倾诉心事，减轻课业负担所造成的心理压力；可以在各个网络游戏的BBS里张贴自己对各种问题的看法和见解，一来可以锻炼文笔，二来可以获得成就感。网络上，对于某些事物或技术等感兴趣的人常聚集在一起进行讨论。参与这样的讨论，小学生可以提高自己某项业余爱好的水平，比如自己动手做主页正成为时尚，小学生可以把自己喜爱的图片资料传到个人主页上去，开一个讨论区，发一些帖子，和大家交流，在掌握电脑软件的运用的同时，还可以体验自己做版主的感觉，有利于小学生树立起学习的信心。

2. 小学生玩网络游戏的弊端

小学生玩网络游戏也存在着许多不好的方面，比如很容易造成网络游戏成瘾；荒废学业，影响身体和心理健康；容易使小学生形成网络游戏符号式思维，零碎的符号式机械思维会对小学生的逻辑思维能力产生不良影响；小学生的是非辨认能力还很差，经常接触黄色和暴力内容的网站或游戏，容易使小学生的性格扭曲，严重者会出现人格分裂或精神变态；网络游戏大多以“攻击”“战斗”“竞争”为主题，小学生长期玩这类游戏，容易使道德认知模糊，淡化虚拟游戏与现实生活的差异，误认为这种通过伤害他人而达成目的的方式是合理的。[4]目前，因为玩电子游戏而引发的道德失范、行为越轨甚至违法犯罪的问题正逐渐增多。还有，长期坐于电脑前玩游戏会导致自主神经紊乱，体内激素水平失衡，使免疫功能降低，引发各种疾病，如心血管疾病、胃肠神经官能病、紧张性头疼、焦虑、忧郁等，甚至可能导致死亡。爆破、枪杀等恐怖镜头频繁出现，导致许多小学生玩家常常情绪不稳定，失眠，有时发生知觉错乱现象，对极其重要的事物茫然无所知觉；对声音极度敏感，即便轻微的声音也会激动得心跳、冒汗；长期如此，还有可能导致神经衰弱症。另外，网络游戏大多是收费游戏，随着小学生上网时间的增多，上网费用也在不断增高，而且玩游戏所需的游戏卡也需要不断地更新、充值，这在无形中给小学生增加了经济负担。

五、预防小学生沉迷于网络游戏的建议

（一）家长和老师方面

家长和老师如果没有办法控制小学生从网上获取各种信息，小学生便容易患上“信息过度综合征”，典型症状是终日沉迷于网络游戏、网络聊天的虚拟世界，现实中则变得孤僻自闭，出现交流障碍。长时间上网会损害小学生的身体，影响小学生的发育，不良的垃圾信息还会严重损害小学生的心理健康。[6]那么怎样预防和矫正“信息过度综合征”呢？

1. 要加强和小学生的情感沟通

家长和老师应该多和小学生交流，并给小学生表达自己的机会，认真倾听他们的观点和心声，了解他们的心理状态，鼓励和支持他们多接触现实社会。家长和老师要懂得一些网络知识，这样才能和小学生顺畅地就网络问题进行讨论，有了共同语言，才有利于对孩子进行引导。

学校应该通过老师的言传和优秀的书籍给小学生提供高质量的信息，提高小学生的识别能力。学校应该营造良好的教育氛围，通过专题讲座、黑板报、班会活动、观看相关教育视频和案例分析，让学生从中得到启示，另外还可以通过组织手抄报、宣传标语、角色扮演等活动引发学生自我反省，自我教育。

家长和老师应该正确引导孩子，一起制订丰富的课余生活计划。家长应该多陪孩子参加一些户外体育活动，比如打羽毛球、乒乓球、骑自行车、游泳等，这样既可以增强孩子体质，又可以减少玩网络游戏的时间。在日常生活当中，家长也可以多与孩子玩一些亲子游戏，了解孩子的内心，不让孩子因为孤独而沉迷于网络游戏。如果孩子已经喜欢玩网络游戏了，也应该和孩子一起商讨玩游戏的时间以及游戏的项目，制定合理的作息时间表，对孩子的每一次进步及时给予适当的表扬和奖励。

2. 家长要适时转移孩子的注意力

小学生沉迷于网络游戏，最主要的原因是网络游戏的吸引力很大，如果家长根据孩子的兴趣爱好，正确引导孩子转移注意力，努力培养孩子其他方面的特长，做他喜欢做的事情，比如下棋、听音乐、跳舞、唱歌、做手工、绘画等，当学到一定程度时，让孩子去参加一些类似的比赛，让他们在比赛中获得成就感，从而远离网络游戏。

3. 及时干预管控

孩子一旦过度沉迷于网络游戏，甚至开始整夜不睡玩网络游戏，家长采取一些方法仍然没有收到很好的效果的话，在必要的情况下，家长可以通过控制手机、电脑，切断网络等方式来干预。这些方法可能比较偏激，但是短时间内的管控还是有一定效果的，不过也不能完全限制孩子的，让孩子没有

了自己的生活，也可以让孩子的在规定的时间内玩网络游戏。

（二）小学生方面

由于小学生好奇心强、渴望友谊和交流，但又缺乏自控能力、信息的选择能力和分析批判能力。[7]在这里对小学生科学合理地安排游戏与生活，提出以下几点建议。

（1）首先要明确上网的目的，网络是小学生学习娱乐的工具，用网络学习是小学生的主要目的，娱乐只是让小学生在学习的间隙轻松一下，不能本末倒置。

（2）虚心接受家长或老师的监督，最好把电脑放在家里的公共地点，如客厅，这样家长可对小学生使用电脑在时间上和内容上起到监督和控制的作用。

（3）合理安排上网时间，玩游戏尽量安排在周末和节假日，这样安排不影响学习，家长和老师也不会过分反对。

（4）不迷恋网络游戏，有时间多和同学出去运动，这样既锻炼了身体，又增进了友谊。

（三）网络方面

有些学生开始接触网络的目的并不是玩游戏，而是进行一些资料的查找或学习，一些关于游戏的弹窗广告或者链接吸引了孩子们的注意力，从而“一玩就不可收拾”。因此，这就需要加强网络监管，提供安全可靠的网络环境。对于网络方面，希望大家加强网络道德观念，对于网络上的一些不良现象，积极检举揭发。

六、结束语

调查结果表明，网络游戏对小学生的心理健康有利也有弊，有相当一部分小学生沉迷于网络游戏，荒废学业，不能自拔。本文简要分析了小学生玩网络游戏的状况、小学生痴迷于网络游戏的原因以及网络游戏对小学生心理健康的影响，提出一点儿建议，仅供家长、老师、小学生参考。

参考文献

[1] 宋奇慧. 文化部信息产业部关于网络游戏发展和管理的若干意见［R］. 北京：文化部文化市场司，2005-07-12.
[2] 马有度. 中国心理卫生学［M］. 四川：四川科技技术出版社，1987：35.
[3] 林崇德，侯山潜. 小学生心理与教育［M］. 安徽：安徽教育出版社，1982：66.
[4] 张春良. 在网路上狂奔［M］. 广州：南方出版社，2004：199-211.
[5] 王极盛，李春荣. 心理与健康［M］. 上海：科学普及出版社，1984：172-179.
[6] 古茂盛，赵恒泰. 心理卫生与健康［M］. 天津：天津人民出版社，1982：21.

（湘乡市湘铝学校）

指尖陀螺

——基于STEAM教育理念下的心理健康实践项目案例

谢 岭

摘　要：基于STEAM教育理念，我以指尖陀螺为载体，开发设计了心理健康教育与其他学科融合的STEAM项目，将积极心理学、多元智能理论、表达性艺术治疗融入指尖陀螺的设计、制作和游戏过程，在提升科学、技术、工程、艺术、数学素养与能力的同时，让孩学生子调节身心、缓解压力，学会欣赏别人、悦纳自己，增强自信，体验生活的乐趣。

关键词：学科融合；STEAM教育；心理健康实践

一、课程背景

六年级孩子正处于小升初的关键转折期，升学压力大。怎么缓解孩子们的压力呢？在一次给六年级孩子做心理咨询的过程中，我注意到，孩子一边跟我聊天，手上一边不停地转着一支笔。我一下子有了灵感，找到了一个跟转笔原理相似的工具——指尖陀螺。有研究表明，指尖陀螺旋转时所产生的视觉暂留效果和稳定感都能使人快速平静；它还能使人短暂转移注意力，从极度紧张的状态中抽离出来，在一定程度上起到减压的效果。那么，除了玩，我们还能不能将心理健康教育延伸到指尖陀螺的设计和制作过程中呢？我们以积极心理学为基础，对项目进行了设计。本课属于心理健康教育与其他学科融合的STEAM项目，课程主要内容包含了解陀螺的起源及发展、认识指尖陀螺、设计制作指尖陀螺、改进与反思4个部分。

二、学情分析

本项目针对六年级的学生开展。

（一）心理需求

六年级孩子正处于小升初的关键转折期，升学压力大，几乎一天到晚处于学习状态中，迫切需要调节身心、缓解压力。为了了解六年级孩子的心理压力水平，我们采用陈旭编制的学生学习压力问卷，对六年级两个班91名学生进行了前测。该问卷有62个项目，包含任务要求压力、竞争压力、挫折压力、期望压力和自我发展压力5个维度；经过数据统计与分析，我们发现，任务要求压力A的生均分为3.67，压力相对较大，处于一种焦虑紧张状态；竞争压力B的生均分为4.07，压力相对较大，易产生焦虑、不安、急躁，甚至嫉妒等情绪；挫折压力C的生均分为3.76，压力中等；期待压力D的生均分为4.13，相对较高，身边的人和本人加给自己的期望相对较大，或者超出自己的预期，所以感受到相对大的压力；自我发展压力E的生均分为3.52，压力相对较大，对自我发展较为关注。总均分F的生均分为3.88，大于临界值3.10。学生的总体学习压力偏高。

（二）能力基础

六年级孩子具备了较强的观察能力、动手操作能力以及一定的设计能力，已经初步学会绘制设计图；已初步学习简单机械的工作原理，掌握了简单的工具使用技能，能使用简单的工具制作模型；掌握了利用互联网搜集资料、运用思维导图整理资料的能力；具备了较强的小组合作探究能力；部分3D社团的孩子具备了进行简单3D设计及打印的能力。

（三）年龄特征

六年级孩子的想象力丰富，思维已从具体形象思维向抽象逻辑思维过渡，但仍习惯于模仿实际动作，仍具有较多的具体形象性。

三、实验器材

（一）核心部分

轴承、滚珠。

（二）主体部分

3D 打印作品或瓶盖等圆柱形替代品、热熔胶、热熔胶枪、铅坠、金属片、金属圈等。

（三）装饰部分

纽扣电池、二极管、小彩灯、彩色贴纸。

四、实验创新要点

（一）项目式学习方式

本项目遵循了 STEAM 教学的基本原则，解决真实的、有意义的问题；体现了 STEAM 教学理念，展示了多学科的融合与创新；网络与 3D 技术的助力，帮助学生更好地满足了探索的需要。学生经历前期研究—设计方案—制作模型—反思改进等环节，亲历指尖陀螺设计及制作的全过程，有效促进了技术意识、工程思维、创新意识、图样表达、物化能力等工程技术素养的形成与发展。

（二）传统文化的了解与传承

本项目由传统陀螺游戏引入，探寻陀螺的起源、发展及现代对于陀螺原理的应用，感受技术的进步，增强民族自豪感。

（三）新时代心理健康教育

关注学生心理健康，将促进学生身心协调发展作为目标之一，心理健康教育在项目实施过程中融贯始终，双线并行。学生在活动中不但能发展创造能力，提升科学素养和操作技能，还能缓解心理压力，学习自我心理调适的方法。

五、实验原理

指尖陀螺是一种可以在手指上空转的小玩具，它由一个双向或多向的对称体作为主体，在主体中间嵌入一个轴承组合而成，可平面转动。它的基本原理与传统陀螺相似，但把玩指尖陀螺仅需要用拇指与另外一根手指的捏力提供固定支点，再利用第三根手指指尖进行拨动便可使其旋转。本项目意在通过系列活动发展学生的创造能力，提升学生的科学素养和操作技能，缓解学生的心理压力，促进学生身心协调发展。

（一）科学原理

实验中包含的科学原理有轴承的滚动原理、平衡原理、惯性原理、简单电路原理。

（二）心理健康发展原理

1. 感统协调

指尖陀螺的制作和操控过程能促进人的手指活动，锻炼大脑对手指的平衡控制能力，有利于训练思维的灵活性；它的制作、接触和旋转都能增加感觉输入，对大脑形成刺激，降低外界事物的干扰作用。指尖陀螺旋转时所产生的视觉暂留，以及轻微摩擦而生的反复而单调的白噪音、旋转时的稳定感，都能使人快速平静；它能短暂转移注意力，将人从极度紧张的状态中抽离出来，在一定程度上缓解焦虑情绪，起到减压的效果。

2. 积极心理学

本项目以积极心理学为基础，学生在探索过程中，自己发现问题，探索问题的解决之道，满足好奇心，发挥自主性；在制作过程中，使用各种材料构筑出不同的造型、呈现出不同的主题，创新思维得到了充分的展现；在展示与评价过程中，通过评价的及时正向引导作用，让每个组的努力和创意都被看见，让每个设计的改进都有方向。

3. 多元智能理论

多元智能理论认为每个人都具有不同的智能组合，而小组合作就给了每个人的智能优势充分体现的机会。有的孩子进行组织和分工，有的孩子绘画设计，有的孩子挑选零件……在这个过程中，每个人都有事可做，每个人都被需要。

4. 表达性艺术治疗

孩子们通过作品，表达自己被压抑的兴趣爱好，表达对远方亲人的思念……这些作品不单闪耀着孩子的创新思维，更流露出孩子的情绪和情感，他们在这样的表达里得到了疗愈。

六、实验教学目标

（一）知识与技能

（1）掌握指尖陀螺旋转的科学原理，并能根据原理对指尖陀螺进行设计和改进。

（2）了解各实验器材功能，能根据需求选择合适的辅件并进行组装制作。

（二）过程与方法

（1）能发现问题，并找到解决问题的方法，逐步形成敢于创新、乐于尝试的创新意识。

（2）进一步培养学生的小组合作探究能力。

（三）情感态度与价值观

（1）了解陀螺的起源及发展，增强民族自豪感。

（2）在系列活动中释放、缓解压力，知道学习并不是生活中唯一重要的事情，享受生活的乐趣，促进身心协调发展。

七、实验教学内容

（一）Science，科学

经历一个完整的研究过程，了解指尖陀螺转动的原理，以及关于摩擦、惯性等相关知识。

（二）Technology，技术

从陀螺的历史了解技术的进步；从陀螺的材料、设计到陀螺原理的广泛应用了解技术的进化。

（三）Engineering，工程

在制作指尖陀螺的过程中认知材料的选择、指尖陀螺的设计和制作、指尖陀螺的使用。

（四）Art，艺术

通过指尖陀螺的设计（形状、外观等）、材料的组合、工艺以及装饰提高艺术素养、放松心情，学会体验生活的乐趣。

（五）Mathematics，数学

在实际的质量、长度、对称、比例的测量和交流中加深对测量单位的认识，掌握多种测量方法以及科学记录的方法。

八、实验教学过程及设计思路

（一）创设情境，明确任务

1. 创设情境，引发驱动性问题

（1）实物展示，激发兴趣。

（2）播放视频，请学生猜测指尖陀螺风靡世界、广受年轻人青睐的原因，引出其减压功能。

2. 通过教学，了解陀螺的历史及发展

观察陀螺从材质、构造到发射方式的变化，思索其中的共同点。

设计思路：好奇心是 24 项积极心理品质之一。上课伊始，我手上的指尖陀螺就吸引了孩子们的目光。我趁机通过视频向孩子们呈现各种各样的指尖陀螺以及它们在欧美国家的风靡程度，引出“减压神器”的话题。就在孩子们啧啧赞叹的时候，我告诉孩子们，中国才是陀螺的老家，并介绍了陀螺的起源和发展，孩子们的民族自豪感油然而生。从西到中，从古到今，孩子们的好奇心一层层被勾起：从绳抽陀螺到手捻陀螺，再到发射陀螺、指尖陀螺，陀螺变化了的是什么？不变的又是什么呢？带着问题，我们进入了下一环节的探索。

（二）搜集资料，学习探究

1. 搜集资料，形成思维导图

学生通过互联网搜集资料，了解陀螺旋转的科学原理，思考影响陀螺旋转速度、时长及稳定性的因素，并将搜集到的资料整理形成思维导图。

2. 观看“翻转课堂”短视频，了解各种辅件功能

设计思路：学生通过互联网搜集资料，了解跟陀螺有关的知识，并将搜集到的资料整理形成思维导图。在搜集资料的过程中，学生发现指尖陀螺的核心部件是轴承。轴承是什么？有什么作用，怎么用呢？针对学生的疑问，我们观看“翻转课堂”短视频，了解各种辅件功能。在这个过程中，资料是孩子自己搜集的，问题是孩子自己发现的，孩子的自主性得到了充分发挥，我们的课堂不再是“如我所愿”，而是“给你所需”。

（三）创新思路，设计方案

1. 设计分析，确定要素

基于前期的研究，请同学们进行头脑风暴：在制作陀螺时应考虑的要素有哪些？

我们经过讨论，确定了如下的几个要素：

（1）旋转速度——初始发射力量；

（2）旋转时长——增大惯性、减小摩擦力；

（3）旋转稳定性——材质的选择、主体装置的对称与平衡；

（4）小巧方便——外观精巧美观，可随身携带；

（5）安全性能——外形、材质。

2. 构思方案，绘制设计图

学生小组合作讨论，设计构思，并将自己的创意利用绘图表达出来。学生指尖陀螺设计图纸见图 1。

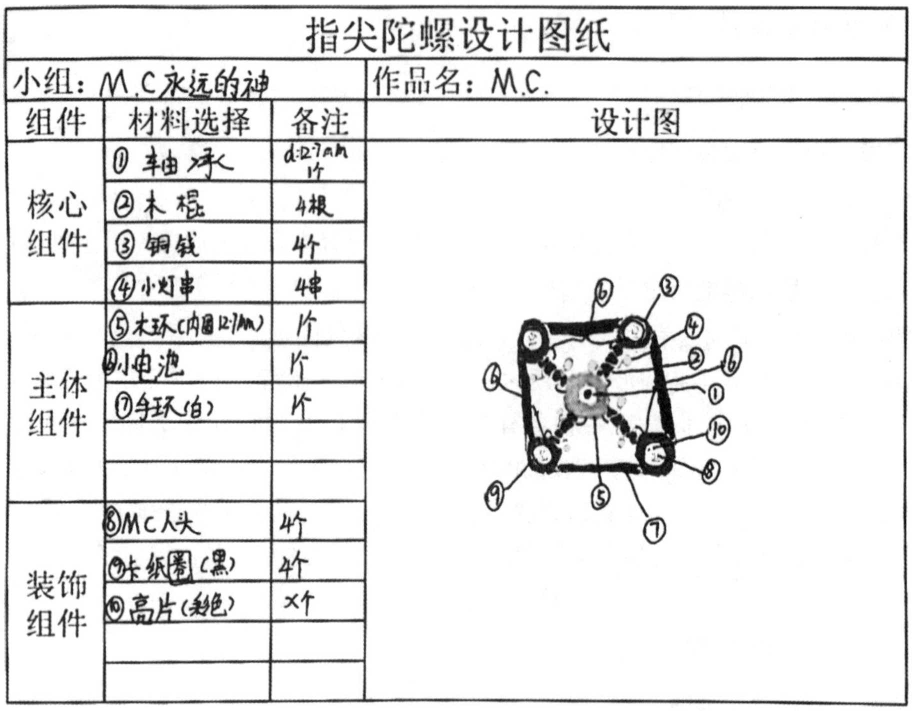

指尖陀螺设计图纸			
小组：M.C永远的神			作品名：M.C.
组件	材料选择	备注	设计图
核心组件	①轴承	d:12.7mm 1个	
	②木棍	4根	
	③铜钱	4个	
	④小灯串	4串	
主体组件	⑤木环(内圈12.7mm)	1个	
	⑥小电池	1个	
	⑦手环(白)	1个	
装饰组件	⑧MC人头	4个	
	⑨卡纸圈(黑)	4个	
	⑩亮片(彩色)	x个	

图 1　学生指尖陀螺设计图纸

3. **交流质疑，优化方案**

学生将设计图发到群中，并派代表上台讲解自己小组的设计方案。每个小组都可以从 3 个方面对其他小组的设计提出意见和建议：值得我们学习的优点；我们觉得还可以改进的地方；我们的改进意见。学生通过与他人交流设计方案，修改自己的设计图。

设计思路：学生通过小组合作，实现人际互动，展示各自的多元智能优势。设计图完成后，学生分小组上台进行自己的设计解说，每个小组都从 3 个方面来提出意见和建议。这样的评价能起到正向激励和方向引导的作用，让每个组的努力和创意都被看见，让每个设计的改进都有方向。

（四）制作模型，测试评估

（1）学生在教师指导下，根据设计图选择合适的材料，尝试应用。

（2）学生合作，动手制作模型。学生指尖陀螺成品模型见图 2。

图 2　学生指尖陀螺成品模型

设计思路：学生根据设计图选择合适的材料，动手制作模型，进行测试评估，并根据实验效果不断进行改进和完善，最终，他们使用垫片、螺母、积木、卡纸、回形针、橡皮等材料，构筑出不同的造型，呈现出不同的主题，创新思维得到了充分展现。

作品创意："篮球"作品来自一个热爱篮球的男孩。升上六年级后，妈妈不同意他再打篮球。在进行设计时，他提出想在指尖陀螺中融入篮球的元素，并先后使用卡纸、超轻彩泥进行构建，都没有成功，最后在老师的指导下用 3D 打印机打印出了作品。带翅膀的爱心桃，来自一个女生组。一个平时不爱说话的女生在草稿纸上涂出了这个图形，她的好朋友告诉大家，女孩的爸爸妈妈在苏州打工，她很想念他们。全组孩子分工合作，一起帮她将这个设计变成了现实。第三个作品是一个带铁笼子的新冠病毒，小设计师的妈妈在社区医院工作，疫情反扑，孩子很担心妈妈的安全，所以想用一个铁笼子把病毒关起来。

（3）测试评估

测试时，教师提示测试的 5 个维度：旋转速度、旋转时长、旋转稳定性、小巧方便、安全性能。学生根据 5 个维度，填写测试评估表格，并根据实验效果不断进行改进和完善。

（五）总结收获，大胆创想

1. 自我反思，总结收获

每组学生填写自我评价表，反思过程中的成功经验、失败原因，总结自我收获。学生指尖陀螺自我评价表见图 3。

<table>
<tr><th colspan="5">指尖陀螺自我评价表</th></tr>
<tr><td colspan="4">小组：指尖上的神（kami）.</td><td>作品名：历史的堕落.</td></tr>
<tr><td>评价维度</td><td>很好</td><td>一般</td><td>有待改进</td><td>我的收获</td></tr>
<tr><td>旋转速度</td><td></td><td></td><td>✓</td><td rowspan="6">小提示：可以从我们的成功经验、失败教训、创新亮点、能力成长等方面进行反思。
在这次的指尖陀螺的创造之中，我们失败过，成功过，为失败而失落过，为成功而兴奋过，也曾放弃过，但最后，我们振作起来，因为我们明白了一个道理，只有坚持才能获得胜利.只有坚持才能成功.</td></tr>
<tr><td>旋转时长</td><td></td><td></td><td>✓</td></tr>
<tr><td>旋转稳定性</td><td>✓</td><td></td><td></td></tr>
<tr><td>小巧方便</td><td>✓</td><td></td><td></td></tr>
<tr><td>安全性能</td><td>✓</td><td></td><td></td></tr>
<tr><td>整体评价</td><td></td><td>✓</td><td></td></tr>
</table>

图 3　学生指尖陀螺自我评价表

2. 放飞思维，大胆创想

在设计和制作的过程中，有学生提出，可以在外观和大小上进行创意变化，利用 3D 打印技术不仅可以制作指尖陀螺，还可以制成各种减压摆件，如旋转舞女等。有学生提出能否将陀螺旋转的机械能转化为电能，用来提供维持陀螺旋转的动力，延长陀螺旋转的时间，甚至可以用来给手机等小电器充电。还有学生提出通过陀螺表层颜色和图案设计，使它产生催眠的效果；利用陀螺的离心力，实现净水功能……学生的思维得到放飞，创造的闸门被打开。我告诉孩子们，随着他们知识的增加，这些都等待他们去探索。

设计思路：一个项目就是一颗种子，在这个项目里，孩子们有什么收获？陀螺的设计制作是他们自我评价的一个内容，而过程中的经验、教训、创意、成长也都是他们反思的方向。在项目中，他们收获了快乐与自信的力量，这力量将陪伴他们继续探索人生的奥秘，解决遇到的难题；他们不仅获得结果性知识，还习得蕴含在问题解决过程中的过程性知识，这种在参与体验中习得知识的方式，对学生今后的发展将产生深刻的影响。

九、实验效果评价

项目结束后，我们再次使用压力量表对学生进行了后测。任务要求压力 A 的生均分为 3.54；竞争压力 B 的生均分为 3.73；挫折压力 C 的生均分为 3.44；期待压力 D 的生均分为 3.56；自我发展压力 E 的生均分为 3.31；总均分 F 的生均分为 3.55。与前测进行数据对比分析，各项压力水平均有所降低。

该项目在真实情境中解决问题，有效激发了学生的创造热情，学生的参与度高，探究性强；教学模式多元化，融合了数学、科学、技术、工程、艺术学科的知识，拓展了孩子们获取知识的方式，打破了学科的壁垒，以活动引导孩子深入地展开学习，让学生在学习中发现问题、解决问题；网络和 3D 技术的助力，充分满足了学生的探究欲望；不同层次的学生经历工程设计的全过程，在合作与交流中进一步提升能力，在创作与评价中进一步舒缓压力，达到促进身心协调发展的目的。但就 5 个评价维度来看，学生的创新点聚焦在指尖陀螺的创意、外观和安全性能上，对旋转时长的影响因素研究不够深入，对稳定性和旋转速度也没有过高要求。在项目的后续实施中，我们将引导孩子进一步观察、测量、推测、验证，研究影响指尖陀螺旋转时长的因素，并针对性地进行尝试和改进。

参考文献

[1] 李刚，吕立杰. 从 STEM 教育走向 STEAM 教育：艺术（Arts）的角色分析［J］. 中国电化教育，2018（9）：31-39，47.

[2] 陈玉华. 基于 STEAM 理念的初中生问题解决能力培养策略［D］. 广州：广州大学，2018.

[3] 王雪. STREAM 教育理念下小学生创造能力的提升［D］. 济南：山东师范大学，2020.

[4] 胡卫平，首新，陈勇刚. 中小学 STEAM 教育体系的建构与实践［J］. 华东师范大学学报（教育科学版），2017（4）：31-39，134.

[5] 张辉蓉，唐佳欣，杨淏璇. 基于深度学习的中小学生 STEAM 学习质量评价指标体系构建［J］. 中国电化教育，2021（1）：102-109.

[6] 钟鹭. STEAM 理念融入科学课堂对学生创造力培养的实验探究［D］. 杭州：杭州师范大学，2020.

（湘潭市雨湖区风车坪建元学校）

推进阅读教学持续发展的探究和实践

朱校梧

摘　要： 双峰县的阅读教育进行到今天，取得的成效是显著的。如何在已有成绩的基础上得到长足的发展？笔者带领全镇教师积极探索阅读教学的新路径、新方法。我们在校本培训、阅读活动设计、阅读积累、阅读与时政和历史的融合、统编教材的适用和应对等五个方面大胆尝试，推进阅读教学持续发展，取得了一定的成效。

关键词： 阅读教学；尝试；创新；阅读活动；统编教材

双峰县的阅读教育持续推进，取得的成效是显著的。如何在已有成绩的基础上得到长足的发展？作为曾经的“阅读・梦飞翔”基金项目学校校长和如今的全镇阅读工作负责人，我认为除了在最基础的建章立制、稳定队伍、保证时间、保障书源、常规督查等方面下功夫外，还应该积极探索阅读教学的新路径、新方法，不断创新，大胆尝试，推进阅读教学持续发展。一路以来，根据实际情况，我们做过一些思考，也进行了一些尝试，取得了初步成效，现整理出来，和大家分享。

一、校本培训要有计划，有步骤，分层级

1．专题辅导培训

按“阅读・梦飞翔”基金提供的现有阅读操作流程，基本分三个学段：低年级、中年级、高年级（含初中）。每个学段的重点不一样，低年级主要是老师讲故事，辅以学生讲故事，学生概述故事；中高年级主要是学生看书再汇报的方式，只是层次和深度不一样：中年级是个衔接的过程，高年级是深入发展的阶段。根据实际情况来看，分学段培训的效果更好，授课者能根据实际举些实例，讲得透彻些，听课者也能根据自己的教学做出一些思考。例如，近三年的阅读培训，我镇都是分学段组织的，既不会因混合培训耽误老师时间，又能使培训有针对性，从而确保培训的实效性。

2．课堂观摩

业务培训仅讲理论，不进行课堂实践，效果是不会好的。每次培训都需要根据不同的侧重点，坚持问题导向，或是解决实际操作问题，或是推进一种新的教学方式，有针对性地安排一些课堂实操。通过观课、专家评课，让听课者反观自己的课堂教学，再做出相应的调整，取其精华，去其糟粕，创新教学方式和方法，找到更有效的路径。

3．教学比武

课堂教学比武，对赛课者来说，是个很好的展示和提升平台；对听课者来说，也是一个很好的学习、培训过程。这几个学期，我们每学期推出一种赛课形式，旨在提升整体阅读指导能力。这几年，我们先后组织了低年级教师讲故事比赛、中高年级阅读汇报指导课竞赛、阅读指导课竞赛、绘本教学拓展课比武、教师说书比赛、阅读与学科教学相融合教学比武等。每次比赛后，我都会要求参赛者根据评委的点评和自己的反思修改教案，再发给每个学校，让所有教师共享。这样，有现成的教案供老师们参考、使用，可以很大程度上减轻老师们的工作负担。

当然，我们还可以采取“请进来，走出去”的方式进行培训。希望通过有梯度的培训，反复打磨，让教师迅速成长，让阅读教师队伍越来越专业。

二、阅读活动面向全体，力求实效，持之以恒

设计阅读活动的目的在于提高学生的阅读兴趣，展示学生的阅读效果，提升学生的阅读能力。国

家提倡全民阅读，目的在于提高学生整体素养，因此学校的阅读活动在设计之初就应该考虑能够让学生广泛参与、全员参与，并且能够长久坚持，形成特色。同时，切忌为活动而搞活动，为应付检查而搞活动，应该以提升学生某种能力而活动，力求实效。以下是我们进行过的一些反馈很好的实践活动。

1. 同读一本书

2012年，我在梓门中心小学当校长时，推出过一个大众化的活动——同读一本书。最初，我们是以班级为单位同读一本书，后来发展到以年级为单位，开展同读一本书活动。每学期一次，历时一个月，学生全员参与。活动共分为五个环节：确定书目、教师导读、师生（亲子）共读、创编作品、汇报展示。最后的汇报展示邀请家长参加并互动。同读一本书活动期间，学生十分活跃，课间、午休，经常能看到孩子们或三五成群在绿荫下读书，或几人一组在操场某个角落排练剧本的身影。这个活动可以说是主题阅读的初期探究与实践。

2. 故事爸妈进课堂

这也是当时我在梓门中心小学推出的一个低年级阅读活动，目的是增进孩子与父母的情感，提高家长的参与力度和指导能力。每个学期安排一周作为故事爸妈进课堂开放周，家长通过老师的指导，做好精心准备，午读时间进教室给孩子们讲故事。这样做，既激发了学生的阅读兴趣，提升了家长培育辅导孩子的能力，也密切了家校联系。

3. 阅读打卡活动

这是2018年门桥镇中心小学彭艳平老师首创的一个班级活动，即学生将每天在家的阅读情况在个人阅读卡上进行记录，第二天交给老师检查。家长将学生阅读的照片、视频发到班级群（也可一起阅读），老师进行点评总结，促使学生养成每天坚持阅读的习惯。我了解后觉得很实用，就在全镇推广。这个活动，对于孩子阅读习惯的培养、家庭阅读氛围的形成、亲子关系的融洽，有积极的推动作用。

4. 思维导图的设计

2015年，门桥镇中心小学五年级学生李驰冲制作了一幅"《三国演义》人物关系图"，将书中人物都呈现在纸上，人物关系一目了然，让我们为之惊叹。当时，我没有很好地抓住机会进行拓展延伸。直到2018年，我去上达学校学习时看到两本思维导图的设计，再加上当时儿子班级群里推出的丰富多彩的复习类思维导图，我意识到我们错失了一个良机。思维导图的使用方法必须教给学生，无论是用于阅读，还是学生用于整理知识，都是必要的。于是，我迅速在全镇推动了思维导图的学习、制作。初中各科的复习，课文内容的梳理，写作要点归纳，孩子们的思维导图做得图文并茂，清晰明了，重点突出。这是每个孩子都可以动手操作的，只是做的质量高低有别罢了，但这无关紧要，人本来就是有差异的，只要动起来了，不断训练，不断提升就可以了。

5. 学校（班级）文化建设

文化宣传阵地利用得好，对学生能起到润物无声的效果。如果这些宣传阵地又是学生自己参与创建的，学生的内心肯定是欣喜的。所以，学校期初进行的校园、班级文化墙布置，让每个学生参与，分工负责，装扮校园，美化教室，孩子们很乐意。每面墙上展示的学生作品、班级约定、活动照片、"德育银行"等都有学生的心血，对于培养学生集体荣誉感、提高学生创作和审美能力是很有帮助的。

三、阅读积累强化记忆，重在坚持，厚积薄发

一个有文化底蕴的人，一定是满腹经纶、博闻强识的人。要达到这一境界，需要一个长期积淀的过程。记忆力是智力的重要组成部分，而专家研究发现，人的黄金记忆时间是在14岁前，基本就是中小学阶段。所以，为了提高学生智力，必须抓住关键时期激发学生的阅读兴趣，不断积累，不断内化，实现厚积薄发的目标。

1. **经典诵读，坚持“每周一诵”**

接手阅读工作，我就在全镇范围内提出了“每周一诵”的活动要求，要求全镇所有学校行动起来。学期初，由教导处或者同年级任课教师根据语文教材内容、学生年龄特点确定背诵篇目。每周将背诵内容展示在黑板一角或用多媒体呈现。每天利用晨读、午读、语文课前五分钟进行背诵和巩固，还可以组织相关的诵读竞赛、过关活动。目前，中心小学基本按年级编排到位，每学期有调整；铃山中学片每个学校都坚持得很好；大村中学正出台方案开始行动。久久为功，必有收获。

2. **读书笔记的有效使用**

一是好记性不如烂笔头，重点词句抄一抄，记一记，有助于学生形成视觉印象；二是通过不断练笔，学生的概括能力、写作表达能力等一定能有效提升。

四、阅读应该与时政思想、历史文化有机融合

教育必须为社会主义服务，必须坚持党的教育方针政策。引导学生读好书、多读书，教育学生做有家国情怀的人。阅读时，应该与时政思想、历史文化有机融合。

1. **特殊纪念日、传统节日的阅读**

一到传统节日、特殊纪念日，我们就会组织学生查找、阅读相关书籍和报纸，组织相关阅读实践活动，对学生进行爱国主义教育、传统文化教育，让学生了解历史，了解传统，不忘根不忘本，激发他们的民族自豪感和自信心。

2. **时政要事的关注**

通过书报、新闻视频、网络信息，让学生关注时政新闻、社会热点问题，提高学生的敏锐性、思辨力，做个与时俱进的人。

五、统编教材全面落实的应对之策

阅读是所有学科教学的重要组成部分，这一点在语文学科体现得最为显著。2019 年 9 月，一至九年级的语文、道德与法治、历史教材全部是改版后的统编教材。开学初，我把小学的相关教材粗略翻看了一遍，了解到语文相比以往的教材，阅读的分量更重，每一册都有主题分明、倡导课外阅读的“快乐读书吧”，每一册都有具体的阅读指标，如一年级的“和大人一起读”栏目，二年级的“我爱阅读”栏目，三至六年级上册的阅读策略单元等；教材更注重具体方法的引导，包括情感态度的培养，如一年级第一单元口语交际“我说你做”提示“大声说，让别人听得见。注意听别人说话”，第三单元口语交际“我们做朋友”提示“说话的时候，看着对方的眼睛”，二年级第三单元口语交际“做手工”提示“按照顺序说。注意听，记住主要信息”，第四单元口语交际“商量”中提示“要用商量的语气。把自己的想法说清楚”，五年级第一单元的口语交际“制定班级公约”里有提示“发言要控制时间；讨论后作小结，既总结大家的共同意见，也说明不同意见”。磨刀不误砍柴工，业务部门的培训要提前，最好在暑期；要广泛，最好是全员化培训，这样才能指导帮助教师快速理清思路，抓住重点。作为教师，必须做好以下四件事。

1. **通读教材，全面把握教材**

教师做到心中有数，有利于把握重点，有利于阅读活动的安排、阅读书目的推荐，有利于学生语文核心素养的培养。

2. **了解教材的编排特点，抓住单元侧重点**

在语文教学的过程中计划好阅读教学，在阅读教学的过程中联系语文教学，做到两者融为一体，互相促进。

3. **结合教材和实际，做好延伸和增补**

阅读讲究循序渐进，从一篇文章到整本书，由一本书到作者的一系列书，由一本书到同时期的书，由一本书到同主题的书，不断读下去，阅读量越来越大。尤其是高年级和中学，教师需要给学生一些提示和引导，让学生更广泛地接触书籍，结合社会现象、作者风格、时代背景等做些深入的了解

和思考，形成正确的人生观、价值观、世界观。

4. 教师需要阅读

为了适应教育改革的新形势，跟上时代和教材改革的步伐，以及应对学生阅读课上的提问，教师需要大量阅读。网络曾流传一篇文章——《最可怕的是一群不读书的老师在教书》，虽比较偏激，但也反映了一些现象，我们应该改变。给学生一杯水，教师应该有源源不断的活水。作为新时代的教师，让我们捧起书本，静心阅读，给学生一个潜移默化的影响。作为教育管理者，更需要阅读，才能真正引领教学，指导教学。

经过几年的探索和实践，梓门桥镇阅读教育工作取得了可喜的成绩。梓门桥镇扎实的阅读培训与教育大大提升了教师素质，为双峰县的阅读工作输送了大批人才，中心小学先后有3名优秀的阅读统筹老师被选进教研室担任阅读督导员和小学语文教研员，县城内的学校将近一半的阅读统筹老师来自梓门桥镇。阅读教育也提升了学生素质，铃山中学的中考质量近5年在全县获得3个第一、2个第二；全县组织的中小学生阅读素养大赛中，梓门桥镇的平均分值明显高于其他乡镇。"阅读·梦飞翔"基金与教研室组织的每年一度的阅读评估中，我镇中心小学作为开馆12年的老牌阅读项目学校，在全县一直位列优秀行列；开馆4年的梓桥中学和开馆3年的铃山中学，自开馆以来一直处于全县前列；星星学校、湾头学校、大兴学校、合心学校等先后获得县级优秀学校；中心学校镇域内均衡发展，连续3年获得全县阅读工作先进单位；中心小学、梓桥中学、铃山中学、中心学校先后在全县阅读总结表彰会上做经验介绍。全镇阅读工作的影响也越来越大，先后有四川仪陇、邵阳罗城、娄星蛇形及本县的沙塘、洪山、印塘、甘棠、石牛、永丰等乡镇组织团队来我镇交流学习。如今，全镇18所中小学全部建成阅读项目学校，正在阅读教育的路上迈步前行。

阅读，是世界上门槛最低的高贵举动，是农村孩子实现梦想最便捷的途径。阅读习惯的培养绝非一蹴而就，阅读能力的提升也绝非一日之功。这是一项需要长期坚持的工作，如何保持做这件事的持久动力，有效地推进工作，是每个阅读教育人要用心研究的事，我们一直在努力探究和实践中。

（娄底市双峰县梓门桥镇中心学校）

偏远农村小学信息化建设现状分析及发展建议

胡婷婷

摘　要：当今社会，信息化正在深刻地改变着教育，加快教育信息化的发展，提高办学水平，是学校现代化教育的必然趋势。由于受实际条件的限制，偏远农村教育信息化起步比较晚，在开展和实施的过程中，存在一些令人担忧的问题。本文以教字垭镇的三所小学为例，对农村小学教育信息化现状和发展过程中所出现的问题进行详细分析，有助于找出关键问题，为有关部门适时制定更为合理有效的政策，为确保偏远农村因地制宜加快发展教育信息化进程打下坚实基础。

关键词：农村小学；现状分析；硬件设施；师资素养；资源建设

一、引言

近年来，随着信息化 2.0 的到来，各地教育信息化都如火如荼地进行着，但是偏远农村学校，还存在着一些阻碍，使得信息化进程缓慢，不利于教育信息化的展开。为更好推进教育信息化，本文从硬件设施、师资素养、资源建设等方面调查研究农村学校教育信息化存在的短板，深入分析农村中小学教育信息化的现状，为农村学校整校推进信息化教育提供参考和思路。

二、调查研究

（一）研究对象

教字垭镇位于张家界市永定区西北部山区，由于地区贫穷，教育经费投入不足，该镇教育信息化进程缓慢，严重落后于城镇学校及城郊学校。这也是许多农村偏远落后学校教育信息化进程中的真实缩影。

近年来，为了改变教育落后的面貌，促进乡镇教育现代化进程，提高教学水平，政府加大了对乡村教育的投入，学校的软硬件设施正在逐步完善中，目前，该镇的几所小学均配备了 1 间多媒体教室、1 间学生电脑室和部分教师办公专用电脑。此次调查选取了镇上 3 所小学为研究对象，其中一所镇中心完小、两所村小，被调查学校基本情况统计见表 1。合计 29 个教学班，共有教职员工 84 人，其中在编教师 63 人、临聘教师 21 人。

表 1　被调查学校基本情况统计

调查学校	学校数	教师人数	管理员	学生人数
镇完小	1	47	1	694
村小 1	1	26	1	233
村小 2	1	11	1	74

（二）研究方法

1. 文献研究法

以信息化教育等相关理论为基础，查阅相关领域的文献资料及方针政策，对我国教育信息化建设的概念内涵、意义、发展过程进行科学的认识，了解目前我国信息化教育的发展现状。

2. **调查法**

为全面深入了解学校教育信息化现状和师生的想法，对教字垭镇3所小学的五、六年级学生进行问卷调查，抽取部分老师进行分层访谈，通过对调查数据进行研究分析，全面深入地研究农村学校在信息化教育发展中存在的问题。

3. **统计研究法**

为了对学校信息化教育建设和应用情况进行深入了解，在参考相关专家对教育信息化调查研究的相关成果后，发现教育信息化的内涵主要包括基础设施、师资队伍、应用管理3个方面，因此调查主要根据学校的实际情况，围绕这3个方面开展，摸清学校教育信息化建设的现状，从而找出关键问题进行分析、探索。

（三）调查情况

调查分为两类。一类是面向教师的分层访谈，根据老师们的不同职务，设计相对应的问题，便于从多个方面，更加准确、全面地了解学校信息化教育建设情况，包括教师基本情况、信息技术应用能力、信息技术相关学习培训情况、对多媒体教学的看法、对学校信息化建设的建议等。另一类面向学生的问卷调查，问卷内容包括学生基本情况、电子产品使用情况、计算机应用水平、对多媒体教学的看法。随机抽取3所学校五六年级各1个班进行了问卷调查。鉴于农村小学生的年龄特征和知识水平，此次问卷仅使用纸质稿进行实发，不采用网络问卷形式。发放学生问卷共计140份，问卷回收130份，回收率为93%，有效率为90%，有效问卷数为126份，被调查者中，男生所占比例为57.8%，女生所占比例为42.2%。

三、调查结果

（一）硬件设施配备及利用情况现状

1. **校内硬件设施建设情况**

镇完小和两所村小的硬件设施差别不大，都各有1间多媒体教室，多媒体教室中有1台希沃一体机和网络联校设备。镇完小有1间学生电脑室，有计算机40台。两所村小也各有1间电脑室，配有计算机20台。3所学校的普通学生教室无希沃一体机或者其他信息化设备。

学校主干网络为100兆，网络宽带接入校长室、教务处、总务处等行政管理办公室、教师办公室和电脑室；其他各功能室和学生教室还没有接入，未达到“班班通”，实现校园网络全覆盖。

2. **教师计算机普及情况**

学校行政管理人员基本上都配置了台式电脑，普通教师办公室一般8~10名教师，有2~3台可使用的台式电脑，仅满足教师最基本的办公和教学需求，由此可见，3所学校管理人员计算机普及率都较高，人机比几乎达到了1∶1，但专任教师计算机普及率低，镇完小学校专任教师人机比为7∶1；两所村小的专任教师人机比分别是10∶1、6∶1；3所学校教师拥有家庭计算机的有60人，拥有率将近77%，经常使用计算机的仅42%，使用率偏低。

3. **学生计算机普及情况**

三所学校五、六年级均开设了信息技术课程，其中镇完小信息技术课生机比为1.2∶1；村小信息技术课生机比为1∶1。但由于信息技术教师多由语、数教师兼任，教师对于信息化课程重视不够，因此电脑室的使用频率并不高，仅有11.9%的学生表示每周的信息技术课是在电脑室上的，27.78%的学生表示本学期从来没有在电脑室上过信息技术课。其中镇完小每周二、四开展少年宫信息技术兴趣班，相比于两所村小，使用电脑室的频率略高些。

除在校使用计算机外，约23%的学生家庭拥有计算机，11.9%的学生家庭拥有平板，其余大部分的学生上网主要还是依靠父母或爷爷奶奶的手机，信息化设备拥有率相对偏低，联网率更低。

（二）教师年龄及职称结构、教育信息化应用水平现状

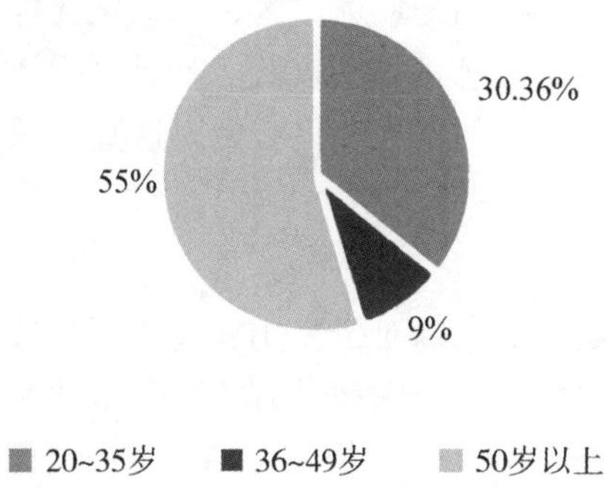

图 1 教字垭小学教师年龄分布图

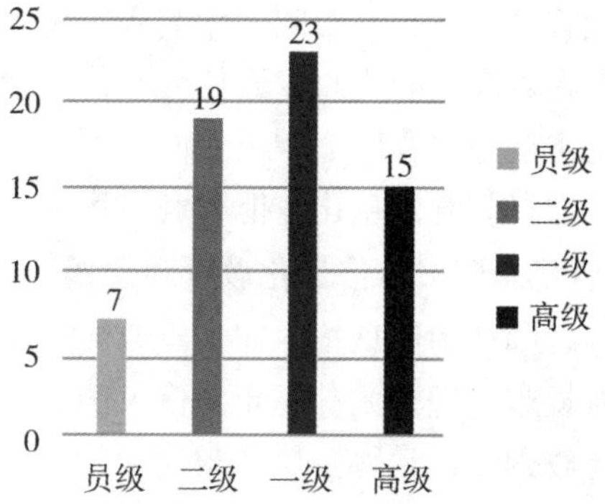

图 2 教字垭小学职称结构图

1. 年龄及职称结构分布

从年龄结构（见图 1）和职称比例（见图 2）来看，教师整体年龄偏大，且年龄断层很严重，学校主要以 50 岁以上的老教师为主，36~49 岁的中年教师仅占 9%，35 岁以下的年轻教师占 30.36%。

2. 教师信息化应用水平现状

总体上，教师对信息技术运用认识上比较重视，90% 的教师认为信息技术运用能力十分重要或比较重要。调查的 3 所学校教师中完全不会用电脑的占 12%，多为快要退休的老教师；会使用计算机来搜索资源，查找资料的教师人数占 88%；能使用计算机来办公的有 65.4%，不过仅停留在能熟练使用办公软件处理文档和使用 PPT 进行教学，对于信息技术与学科融合缺乏经验与理论知识，教学形式机械、呆板，缺少必要的师生互动交流，课程质量不高；学校中能较熟练地运用多媒体进行师生互动课堂教学的骨干教师仅占 10%，但因学校硬件设施不足，这部分教师平时使用多媒体教学的机会也不多，对于目前比较流行的班级优化大师、易课堂等软件掌握不够深入，无法用于教学实践。

3. 学生信息化应用水平现状

总体来看，学生的信息化应用水平不高。通过对数据进行分析，我们可以看到，通过课堂学习和自学所获得的信息知识比例分别为 38.88% 和 23.81%，不难发现学校的教育作用是不可或缺的，当然，学生的自学能力也起到举足轻重的作用。

不过从调查中可以看出，学生信息技术课程落实程度还不够。在信息技术课堂的问卷调查中，我列举了 5 个方面：学习信息课堂知识，做其他科作业，登录 QQ、微博等个人空间，玩游戏，娱乐（听歌、看视频等），可以看到“学习信息课堂知识”仅占 58.73%，其他娱乐项目占到 33.34%，可见学生听课效果并不佳，主要表现为男生喜欢打游戏，女生喜欢聊天、看电影等。

从操作水平上看，学生之间存在较大差异，只有 7.94% 的学生认为自己很厉害，还有 15.07% 的学生基本上不太会用电脑。学生平日里使用计算机也主要是进行“娱乐”，其次才是搜集资料进行学习，而对于搜集资料后合理转化运用的能力还有待提高。

（三）学校资源建设现状

学校教学资源库的建设和使用是学校教育信息化进程中不可或缺的因素。目前学校没有建立统一的、共享的信息化教学资源库，教学资源库仍以纸质为主，方式落后，只有学校教务处会保存部分优质的资料在办公电脑中。教师备课更多的是看教师参考用书，对各大教育资源平台了解不多，使用较少，如果需要使用课件、习题或者教学视频，大多数是自己网上下载或购买，质量良莠不齐。

学校目前没有自己的官方网站、公众号，近几年，学校活动的宣传方式主要以美篇、简报为主。由此可见，农村网络教育资源建设的步伐比较迟缓，优质免费的教育教学信息资源缺乏，制约着学校教育信息化发展。

四、存在的问题

根据调查结果并结合查阅的相关资料可以看出，在农村，特别是偏远山区，信息化教育程度并不高，并且存在着较大的阻碍，致使教育信息化发展滞后，教学信息化水平较低。笔者分析认为，造成这些现象的主要原因有以下3个方面：思想观念、硬件设施、教师素养。只有针对这些问题，探寻出解决方案，农村教育信息化才能顺利有序地发展。

1. 思想观念陈旧，信息化教育观念弱

大部分教师认为信息技术非常重要或者比较重要，但是多数老师对于使用多媒体进行教学或者办公方面，有畏难心理，尤其是年龄偏大的教师已经适应、习惯了传统的教学方式，觉得学习并运用多媒体教学比较困难，觉得多媒体教学运用于公开课，活跃气氛就行了，平时上课，“一块黑板”“一支粉笔”“一本书”足以应对，没有意识到多媒体教学对于现代教育的重要作用和意义。甚至部分年轻教师认为要备好一节课，需要找大量的图片等资料，进行编辑处理，还要找学校管理员借钥匙才能去多媒体上课，消耗大量时间和精力，还不如直接在教室用传统的授课模式。

另一方面，信息技术课程不受重视。我校信息技术课程多由语、数教师兼任，经常被占用来上语文、数学课，上信息技术课的时间较少。另外，担任信息技术教学的老师更多地把它作为一门技术，而不是作为一门学科去看待，不愿意在教学环节的实施、教育理论的学习上多下功夫，不重视教学计划的制订、教学过程的设计、学生作业的反馈等，因此不少学生认为信息技术课就是玩游戏、聊天、下载歌曲的娱乐课程。学生对信息技术应用观念的薄弱和不正常的思维认识，加之电脑配备数量有限，机房设备落后，让信息技术这门学科在学校中的存在感越发降低。

2. 硬件设施不到位

由于学校资金困难，没有资金添置教学设施设备，教字垭镇的3所小学均只有1间多媒体教室配有希沃一体机，教学班级无任何多媒体设备，因此教师日常教学无法常态化使用多媒体进行教学。教师以“一支笔、一张嘴、一块黑板”的单一传统授课模式为主，只有在进行教学比赛或者上教学研讨课时，上课教师才会带学生去多媒体教室使用一体机进行课堂展示，多媒体教学实际上是教师和学生偶尔去感受现代教育气氛的一种手段。教师无法常态化使用多媒体进行教学，不仅限制了学生接受知识的速度和深度，也制约了老师们对信息技术的学习和运用实践，当城区学校教师已经在课堂上使用希沃白板5制作生动有趣的小游戏与学生互动交流，运用班级优化大师管理班级，在贝壳网上进行在线备课时，农村学校还只能在上公开课时机械呆板地播放传统的课件，城乡教育水平差距拉大，学生流失较大。

3. 教师信息化教学素养有待提高

（1）教师年龄结构失衡

教师年龄普遍偏大，据统计，光是50岁以上的年长教师就占55%。虽然许多年长教师家中购置了电脑，但一般为自己的子女使用，自己鲜少使用，对于信息技术的使用缺乏钻研学习的精神，仅仅会一点儿皮毛，连打字都尚不熟练，更别提制作课件和音视频等教育教学资源了。

学校教师年龄断层严重。农村青年教师流动性大，青年教师工作年限满后，多向城区流动，学校几乎没有中层骨干教师，青年教师中80%为3年内刚入职的新进教师和刚毕业的临聘教师，他们有一定的信息技术应用能力，动手能力较强，能较熟练地使用PPT制作课件，但是教学经验不足，教学能力还比较欠缺，因此信息技术与课程融合的质量不高。

（2）信息化培训覆盖面小，欠落实

从教师问卷结果与教师的访谈中，笔者了解到，虽然教育局每年都会安排信息技术培训，但是名额有限，因此只能安排部分信息技术能力较强且爱学习的青年教师参与学习，而其他教师的培训机会很少。因为学校信息化设备短缺，教师们觉得就算学了，也只是纸上谈兵，无法使用，因此对于信息技术学习的热情不高，以去年的希沃白板5培训为例，老师们对希沃有所了解，也意识到互动式教学带来的便利，但因为教室没有希沃一体机，老师们对希沃的了解仅停留在表面，并没有真正在教学实际中应用，对于培训中的学习作业，年轻教师会试着操作，有一定的接触，而年长教师大多只是为完成任务而使用。

五、信息化建设和应用的发展建议

1. 切实改善学校的硬件设施

巧妇难为无米之炊，所以我们还是得从改善学校硬件设施和办学条件入手，加大对乡村教育经费的投入，重视人才的培养，从硬件与软件入手，只有拥有了足够师生使用的信息技术资源，师生们才会有机会去使用、学习、提高。政府部门可以加大对农村学校信息化建设的投入，建立专款专项制度，并严格监管，确保每笔经费都用到实处，设备质量过关，避免造成不必要的浪费。除此之外，还可以通过政策和官方途径向一些慈善基金会、企业、爱心人士寻求帮助，吸引捐助，为学校的硬件投入一份力。

2. 加强学校信息化管理团队建设

学校信息化发展进程中一个至关重要的因素便是管理团队的建设。管理团队在整个发展进程中起着牵头的重要作用，因此可以成立以校长牵头，以教务处、信息骨干教师为主的学校信息化管理团队，立足于学校的现状，实事求是、有针对性地制订学校信息化发展目标和信息化发展规划，构思并完善学校信息化发展的管理体制，有效开展校本研修，制订考核方案，以确保学校信息化能立足实际、靶向学习，整校推进、全员参与、健康高效地可持续发展下去。

3. 落实信息技术课程，重视信息化教育

教育信息化不仅体现在其他学科的教学融合中，更体现在信息技术课程本身。农村学生家庭电脑拥有程度较低，因此信息技术教学更显得尤为重要，它是孩子们接触信息技术的重要通道，因此学校要注重落实信息技术课程，并抓好课程教学质量。对于信息技术老师，要严格要求教师制订学期教学计划，结合农村孩子的学情充分备好课。从现实生活的角度出发，让学生基于自己熟悉的内容，利用游戏、问题等创建趣味课堂，让学生既感兴趣，又体会到信息技术知识的实用性，增强学习信息技术知识的兴趣，提高信息素养。

此外，利用好学校现有的希沃一体机和学生电脑，与乡村少年宫项目相结合，进行特色信息化教育。合理安排各年级各班使用多媒体教室和电脑室，尽可能地利用多媒体技术开展信息化兴趣小组和相关的教育教学活动，适时安排任务，有目的、有针对性地组织学生上网，让他们学会正确地搜索知识，并学会取舍、利用，这样可以减少小学生上网的无目的性，有效地防止小学生沉迷网络，给学生创造一个生动、活泼、健康的学习环境。

4. 更新教师思想观念

许多教师认为信息技术是只是信息技术老师的事情，没有意识到信息技术对教育教学带来的巨大影响，因此需要更新教师的思想观念，特别是年长教师。

一方面，学校应发挥引领作用，引导教师学习信息化教学的知识和技能，利用集中学习的方式开展讲座、一帮一、师徒结对等方式，帮助教师及时了解现代化教育信息和软件，对于比较容易上手且与教学工作有紧密联系的软件和小程序，引导教师们去积极应用，慢慢消除教师们的畏难情绪，在实践探析的过程中让教师真切体会到信息化所带来的便利和独具的魅力。

另一方面，将信息化教学纳入校本教研工作并参与考核。只有作为一项常规工作来抓，才会取得长久的、显著的成效，真正激发教师自主学习的内生动力，让老师们充分意识到信息化教学是现代教学发展的必然趋势，意识到信息技术与课程整合的重要性和迫切性，明白信息化教学是教师现阶段开展教学工作必备的技能，督促教师主动接触和运用信息化进行教学。

5. 强化培训，提高教师信息素养和业务水平

（1）针对教师年龄特征，分层培训。对于年长教师，降低难度要求，进行初级技能培训，比如希沃白板播放课件、课件库查找课件、简单的文字课件编辑、展台讲解等内容，使其能尽快使用并适应多媒体教学，感受到多媒体教学的便捷高效；对于青年骨干教师，积极加强其对希沃白板、班级优化大师、易课堂、贝壳网等信息应用的学习，使其更好地掌握信息技术应用软件，提高信息技术运用能力，提升信息化引领力，将他们培养为新媒体教学的带头人，带动学校整体信息化教学水平；对于刚入职的新教师，要让他们多参加教育教学活动，积累多媒体备课授课经验，逐步深入。

（2）多为教师创造学习的环境和条件，提高信息化教学水平。多多鼓励教师学习湖南基础教育资源网、教师发展网等教育平台上的优秀信息化教学资源，积极组织教师到城区学校跟班学习，及时了解城区学校的信息化教学信息，拓展教师知识视野，学习先进的教学经验；请信息化教学能力强的专家或教师来校内，为老师们进行统一、定时的示范以及培训指导。

（3）制订可持续的学习计划。信息化能力的提升是一个持续不断的学习过程，而不只是参加一个比赛、一次评比就能达到的短期行为。因此需要确立不同阶段的发展目标，教师根据自身的实际情况制订适合自己的学习计划，在学习的过程中，发现存在的问题，有针对性地查漏补缺，有步骤地去实现自己的学习目标，真正提高教学水平和信息化应用能力，提升信息教学素养。

6. 加强学校信息资源库的建设

为了更好地促进教学研究工作，丰富学校教学资源，可以建立学校网络教学资源库，实现教学资源的共享。如：开通学校百度网盘账号，由管理员对百度网盘的资料进行整理并建立相应规则，进行统一管理。教学资源库建设由全体教师共同完成，学校多年积累的优秀教师教案、课件、活动视频、成果等资料上传到资源库，每个老师都可以随时轻松提取，这不但有利于老师学习借鉴，也有利于长久、安全地保存这些珍贵的资料。

六、结束语

如今，信息技术与教育融合已经成为现代教育的主旋律，农村教育在整个教育中占据着重要的地位，因此农村教育现代化是目前教育均衡发展的重要一环。我们了解到，农村信息技术教育还面临着诸多困难，它的发展之路是艰难曲折的，但是从近几年农村学校环境和设施逐步改善，教育资源逐渐向农村倾斜来看，这条教育之路又是充满光明的。如何解决和改善农村中小学信息技术教育中存在的问题，不断提高教学效率、推动信息技术教育的发展是我们应该努力探讨的方向。

参考文献

[1] 李昌五. 中西部偏远山区农村中小学教育信息化实证调查与分析：以利川市毛坝乡为例［D］. 武汉：华中师范大学，2011.

[2] 王磊. 教育信息化评估指标体系及其基本要素研究［D］. 武汉：华中师范大学，2002.

[3] 邱建新. 教育信息化 2.0 背景下的高职教师专业素养提升研究［J］. 继续教育研究，2020（1）：31-33.

[4] 杜淑华. 大数据背景下农村学校资源库的建设与研究［J］. 甘肃教育，2019（6）：33.

（张家界市永定区教字垭镇中心学校）

论小学数学教学中“阅读与思考”的重要性

石　琳

摘　要：由于数学学科具有符号化、逻辑化、简明性、严谨性、抽象性等特点，数学阅读与思考是构建学生数学思维与能力的关键。本文以教育实践为例，阐述了引导学生主动思考、提升学生解决问题能力的方式方法，为小学数学教育提供借鉴与参考。

关键词：小学数学；阅读与思考

一、引言

随着我国教学体制的深化改革，最新版《义务教育数学课程标准》着重倡导自主性数学学习活动，要求培养学生的阅读能力。如何将阅读与思考整合，借由阅读强化学生知识输入，再通过思考实现知识的内化，构建学生完整的知识学习体系，是小学数学教师亟待解决的问题。本文通过分析总结教学实践经验，提出了一些加强学生阅读与思考的策略。

二、数学阅读与思考的重要性

（一）数学阅读概念及作用

数学学科不同于其他学科，具有高度的抽象性、严密的逻辑性、语言的符号化等特点，使得数学阅读不同于一般的阅读，不能简单地理解为“数学+阅读”。数学的学习往往以“问题”为核心，数学阅读就应该在阅读中理解、在阅读中质疑、在阅读中比较、在阅读中发现，最终通过问题的解决达到培养学生的数学思维的目的。新课改要求充分利用教材，培养阅读能力，阅读应该贯穿课前的预习、课中的解惑、课后的运用整个过程。例如，培养学生用数学阅读的方式阅读《田忌赛马》，不仅可以丰富学生的知识，还可以提高学生的兴趣，让他们知道赢的策略，再把策略用于生活实际问题。因此，数学阅读是提高学生数学思维的重要手段。

（二）数学思考的概念及作用

思考是指进行分析、综合、推理、判断等思维活动。本文认为数学思考应该是基于学生已有的知识结构，对现有的阅读材料的知识进行对比，一方面能发现新的知识点；另一方面能找出新旧知识的联系和区别，辨析易错易混点。例如，在人教版四年级上册“角的分类”一课中，学生通过学习思考，不仅将对锐角和钝角的认识上升到用度数范围来定义的层面，更能区分“钝角是大于90°的角”和“大于90°的角都是钝角”。

（三）数学阅读与思考的重要性

阅读与思考是一种有效的学习策略，小学数学教师应该善于引导学生将阅读与思考相结合，通过合理的阅读策略与思考方法，引发学生的数学思考，强化学生的数学应用意识以及自主学习能力。从近些年小学升初中的试题中可以看出，信息类的题目类型逐渐增多，这些题目类型更加倾向于对学生数学应用意识与应用能力的考核，对数学创新思维、创新能力提出了更高的要求。因此，学生不仅要具备扎实的理论知识，还应该拥有良好的阅读与思考能力，这样才能够顺利解决问题。《义务教育数学课程标准》强调要以促进学生主动学习为教学目标，引导学生面对实际问题，从解决实际问题的视角出发，去选择和运用数学知识，在这样的背景下，小学数学教师应该结合教材中的“阅读与思考”板块，借助多元化的教学策略培养学生的创新意识、应用意识，促进学生数学探究能力、实践能力的发展。

三、培养学生“阅读与思考”的策略

（一）阅读课本，培养学生主动思考的习惯

教材是小学生学习数学的根本，充分利用教材内容，促进学生阅读与思考的整合，培养学生良好的阅读习惯，提升学生阅读与思考的能力，在阅读的基础上引发学生主动思考问题，是小学数学教学的关键。小学数学教师可以引导学生结合课本插图、对话、表格、例题等，同时结合科学、合理的提问和引导，激活学生思维，进而让他们提炼其中的数学信息，找到数量关系等。比如“小数除法”一课的教学，教师先利用多媒体展示课本24页的图片，在引导学生观察图片的基础上，进行小组讨论，通过阅读课本内容，从图片中获得相关信息，再结合信息思考问题，从而锻炼学生的数学思维以及独立思考能力。数学课本中有很多“解决问题”练习，同时搭配了很多图片与注释，教师应该充分利用和挖掘这些内容，培养小学生的阅读习惯，在阅读的基础上引发学生思考，从而促进学生阅读与思考能力的综合发展。

（二）阅读材料，培养学生理解问题的能力

课本中关于“解决问题”的练习题材开放、信息量大、表达生动。小学数学教师在阅读与思考相关训练中，应先指导学生正确阅读，注意收集、整理、分析信息，找出各个信息的连接点，找出关键词，将这些零散的信息进行整合，让学生在提炼关键信息的过程中理解题意，进而找到解题的思路。比如差、和、增加到、至少、最多等词语，在小学解决问题中经常出现，这些就是解决问题的关键词语，小学生要学会准确找到这些词语，再具体问题具体分析。有的学生能找到关键词，但仍不知道如何解决问题，主要是因为他们不能真正理解关键词的含义。

如人教版二年级下册中有道题：“22个学生去划船，每条船最多坐4人，他们至少要租多少条船?”教学的关键在于帮助学生理解“最多”，即一条船可以坐4个或者4个以下的人，“至少”是必须坐下所有人的最少数量的船。解决这道题要计算出现剩余的情况，应该尽可能把余数解决掉，而解决的方法就是在原有“商”的基础上加一个“一”，因此，也叫作“进一法”，即22÷4＝5……2，剩下的2个人也需要一艘船，因此，在商的基础上再加“一”，就是5+1＝6，需要6艘船。

再如三年级下中有道题：“妈妈带了100元去买8元一盒的铅笔，最多可以买多少盒?”教学的关键在于帮助学生理解“最多”，即尽可能多地买铅笔。简而言之，就是计算中如果出现余数，那么余数无法再进行计算的时候，就可以采用“去尾法”，“去尾法”就是不用考虑余数，即100÷8＝12……4，也就是最多能够买12盒铅笔。

根据以上两个题目，我们可以看出题中出现“多”字不一定用加法，出现“少”字也不一定用减法。因此，教师应注意通过关键词的理解来引导学生理解题意，融入情境，再解决问题。

（三）融入情境，培养学生解决问题的能力

“解决问题”常常以生活中的实际问题为背景，注重具体问题具体分析，情境不同，问题就不同，运用的所学知识也不同。解决问题的过程中，教师应该以实际问题为情境，进行生活化、形象化的提问和引导，激活学生思维和兴趣，让学生结合自己的生活经验去分析问题，从而获得解决问题的方法。此类情景融入的教学方式，可以有效整合“阅读与思考”，提升学生的解题能力，实现学生知识的迁移，让学生懂得学以致用。

如教学“小数乘法”一课时，教师可以结合生活，为学生设计这样一道题：“一本数学书的厚度是1.1厘米，一本语文书的厚度是1.4厘米，如果将2本数学书和2本语文书摞在一起，它的厚度是多少?”这道题以学生生活中非常熟悉的课本为对象，学生在阅读题目之前，教师可以先让学生拿起手中的书，观察数学课本、语文课本的实际厚度，同桌之间合作，将2本数学书与2本语文书放在一起，观察其厚度，对这个厚度有一个直观的体会和估算，在这个基础上再阅读题目，学生对“1.1厘米”“1.4厘米”就会有更加具体的认知，再结合生活经验思考问题，学生就可以列出算式：1.1×2+

1. 4×2＝5（厘米）。最后，学生结合这个结果与刚才实际书本的厚度进行比较思考，验证其正确性，通过这样的方式强化学生阅读与思考的能力，促进小学生数学应用意识与能力发展。

如三年级下册有道题：“3 位老师带 50 名学生去参观植物园，票价分别为成人 10 元，学生 5 元，团体（10 人及以上）6 元，怎样买票最合适?”首先，学生需阅读并思考，从问题“怎样买票最合适”中可以知道买票方案有多种，需要比较得出最合适的方案。学生想到的方案基本为以下两种：将师生分为成人和学生两组进行购票，10×3+5×50＝280（元），将师生合成一个团体买团体票，6×（50+3）＝318（元）。从这里可以看出，学生阅读到了团体，但是思考不到位。教师应该引导学生再去思考“什么是团体”，这里的“团体”有两层意思，一是 10 人即一个团体，二是 10 人以上也可以组成一个团体，再引导学生思考“什么情况下师生分别购票是合算的”“什么情况下以团体购票合算”。很明显，在设计方案中只有老师按团体购票更合算，但是 3 个老师不能组成一个团体，这时候需要学生来凑成团体，如果把所有的学生，即 50 名学生和老师凑成团体，造成的结果是老师买团体票比成人票少花的钱少于学生买团体票比买学生票多花的钱，这是不合算的；只有老师买团体票比成人票少花的钱多于学生买团体票比买学生票多花的钱才是最合算的，所以得出第三种方案：10×6+43×5＝275（元）。这样的情境在我们的生活中随处可见，学生可通过生活中的经验来理解题目，又可以用题中的思路来指导生活中遇到的问题，真正达到数学与生活的密切联系。

四、结语

数学具有语言符号、逻辑严谨、简明抽象等特点，数学阅读与思考密不可分，教学过程中既要注重学生阅读方法、习惯的锻炼，又要注重学生思考的兴趣和能力培养，才能全面提升学生解决问题的能力。

培养学生解决数学问题的能力，关键在于：一是要深化学生对关键信息的认识和理解；二是要指导学生整理、分析关键信息，锻炼捕捉关键信息的能力；三是指导学生将问题融入生活情境，实现数学问题形象化、生活化，进而找到解决问题的方法。

数学教育要将阅读与思考紧密整合在一起，关注学生在解决问题过程中的思维培养与方法养成，以助力培养学生数学思维为宗旨。

参考文献

[1] 葛秋萍. 刍议小学数学教学中学生阅读能力的培养［J］. 小学生（中旬刊），2021（2）：59.
[2] 曹淑云. 小学数学阅读能力培养与提高策略［J］. 新课程，2021（3）：187.
[3] 李惠. 小学数学阅读教学的策略研究［J］. 家长，2021（2）：158-159.

（长沙市雨花区砂子塘吉联小学）

从数学教学走向数学育人

李宣霖

摘　要：师者，传道授业解惑。但实际教学往往窄化为“授业解惑”，学科教学深陷知识教学的泥潭，育人功能被严重忽视，导致青少年问题频发。本文从实际教学出发，试图从“榜样引领中发展个性品质”“错题解析中训练数学思维”与“游戏设计中建立数学观念”等三个方面，寻求数学育人之道。

关键词：学科育人；榜样；错题；游戏

韩愈曾说：“师者，所以传道受业解惑也。”“传道”为先，“受业解惑”并列其后。但实际教学中，往往窄化成“受业解惑”，学科教学深陷知识教学的泥潭，育人功能被严重忽视，导致青少年问题频发。本文从笔者自己的实际教学出发，试图从“榜样引领中发展个性品质”“错题解析中训练数学思维”与“游戏设计中建立数学观念”等三个方面，寻求数学育人之道。

一、榜样引领，从数学家的故事中发展个性品质

榜样如灯塔，指引我们前进。孱弱的张桂梅，有了《红岩》里江姐等英雄们的指引，几十年如一日扎根在云南丽江华坪女子中学，先后改变了1800多名女孩的命运，谱写了自己的人生华章。相对枯燥的数学学科，活泼好动的低年级孩子，该如何引导他们发现榜样，引领成长呢？

孩子是天生喜欢故事的。我们发现，数学教科书、《数学学法大视野》中，常常会对一些有特殊成就的数学家进行介绍，如果我们充分拓展，以此为契机，讲述数学史上感人肺腑的数学家故事，不仅可以调动小学生的学习兴趣，还可以激发他们的爱国热情，以伟人为榜样，从小立下“学好数学，为国争光”的志向。

华罗庚就是这样一个好榜样，出身贫寒的他，初中未毕业就被迫辍学在家，但他凭着超乎寻常的勤奋，靠着一支笔、一些纸，夜以继日地在父亲的杂货店里边干活边演算，仅用5年时间就自学完成高中和大学低年级的全部数学课程，最终进入清华大学数学系担任助教老师，从此游弋在数学的海洋里。华罗庚不仅在国际著名数学杂志上发表了数篇文章，为中国数学走向世界揭开了崭新的一页，还培养了一批青年数学家，如陈景润、万哲先等。更为可贵的是，他毅然放弃美国高校的优厚待遇，回到百废待兴的新中国。华罗庚爱国、勤奋、执着与专注的品质，正是小学生们可以受益终身的隐性财富。

因此，每当孩子们遇到困难想放弃的时候，上课开小差想偷懒的时候，思维特别活跃但不够沉静的时候……我总是鼓励他们向华爷爷一样的数学家学习，让他们小小年纪就有了数学家的潜质，遇到难题不放弃，积极思考的同时，还不断提升自制力与自我学习的能力等。当然，我们还可以向身边像数学家一样优秀的小伙伴学习。而孩子们总是让我们发现惊喜，通过向榜样学习他们的腰杆挺得更直了，眼神更专注了。榜样，带着意想不到的能量，穿越时空，成为孩子们内心深处的丰碑。

二、不怕出错，在错题攻关中训练数学思维

“错不起的学生，对不了！”全国著名数学特级教师华应龙老师总把这句话挂在嘴边。他把这种教学方式取名“化错”，要不怕错误，把错误当成金矿，他反复强调：“学习其实很简单，就是猜，猜错了再猜……”他写下《错误有时是创造的开始》一文，不断凝练自己的教育思想。在长期的实践和研究中，他触及了数学的灵魂——数学育人。他指出：“化错”不等于纠错，后者追求的是结

果，而“化错”是让学生静下心来，认识错处，梳理错因，寻找化解的方法，从中悟出道理、规律；“化错”的着眼点不在于差错本身，而是从中找到正确的方向；“化错”的目的是让学生积极参与；等等。试想，我们的老师，我们的孩子，如果也有这种“化错”的理念，他们对学习的兴趣怎能不浓厚起来呢？

一般说来，小学数学教学中常见的错误有知识性错误和认知性错误。前者又分为记忆性错误，如记错了乘法口诀而导致错误；注意力问题导致的错误，如做题时，常发生答案写错位置，数字出现错误，或是掉了小数点等错误；知识的负迁移导致的错误，比如小数乘法计算时，由于受到加法数位对齐的计算法则的影响，导致算错；干扰性信息导致的错误，脱式计算时，由于受到数字的干扰，受“凑整”的影响而进行了违背运算顺序的计算等。后者的错误有规律性错误与规则性错误两类。

知己知彼，百战不殆。明白了错题类型，作为教师，内心就会变得笃定；作为学生，也会懂得错题并不像妖怪那么可怕。首先，从思想上战胜自己的惰性与畏惧心理，从面对错题开始，让自己变得勇敢，能够充分表达、仔细分析自己的错因；其次是从技巧上习得解决错题的方法，并有信心在训练中改正错误，找到努力的方向。

在学习一年级“数的组成”时，我们要求小朋友用小木棒摆出数字 95，结果令人愕然，有几个小朋友竟然是这样摆的（如图 1 所示），他们完全忽略数位的存在，只剩下数字“9”和“5”。

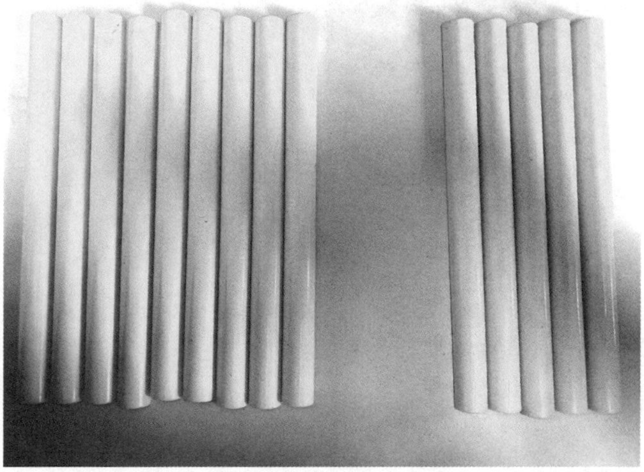

图 1　小朋友摆出的数字“9”和“5”

明白了错题的根源，我们没有惊慌，更没有责备，反而多了耐心，多了智慧。我们没有一味地高声讲解，而是借助学具，先帮助孩子建立“数位”的概念，真正了解数字“9”和数字“5”代表的含义。这样对症下药，小朋友们知其然且知其所以然，不仅摆出了正确的答案，而且获得了学习数学的自信与勇气，体验到了错题带来的美好。正如华老师所说，“错若化开，成长自来”，我们研究着错题，感受着“错”出来的精彩。犯“错”不要紧，只要真心改“错”，教师换心态，小朋友们改状态。可以说，教师从“教书”走向“育人”，学生也就从“接受知识”走向“生命的完整”，学会运用“整体原则”“运动变化原则”，走进崭新的数学世界。

三、玩转数学，在游戏挑战中建立数学观念

爱玩是孩子的天性，数学游戏不仅是数学教学的媒介，还是小朋友进行合作探究的抓手。我们努力构建规范公正的激励机制，设计高品质的数学游戏，引导小朋友们挑战自我，努力用数学的眼光去认识和处理周围事物，把数学关系变成一种思维模式，从而不断建立数学观念，感悟数学魅力。

比如教学“100 以内的加减法”这一单元时，考虑到低年级小朋友注意力不集中，理解能力较差，我们没有像以往一样“借助 ppt 讲解算理—通过练习题巩固计算”，而是设置了三个动手操作环节：“小朋友动手摆放小木棒—希沃白板游戏学习方法—纸质课堂导学单巩固方法”，力图让小朋友们在“做一做”“玩一玩”中轻松地掌握算理，突破难点。我们发现，小游戏中蕴含着大道理，用游

戏可以充分训练小朋友们的注意力，培养规则意识，还能引导他们感受游戏精神，品味“合作美”。

如一年级的“七巧板”教学中，7个不同的图形，可以拼出各种各样的长方形、正方形、三角形、平行四边形等，稍加变化还可以设计或拼出各种讨人喜爱的小狗、小猫、小松鼠等图案。从图形识别到动手拼图游戏，小朋友们神奇的想象力迅速打开，课堂上很快呈现出各种极具特色又美丽的图案，有的小朋友还勇敢地走上台，有声有色地为大家展示自己的拼图过程；还有些小朋友更为用心，为自己的拼图取上有创意的名字，甚至讲起了拼图背后的故事……行胜于言，“数学真美好，十个数字颠来倒，变化无穷最奇妙”，数学因为游戏也更加美妙了。

新时代呼唤这样的数学课堂：处处看见人的存在，伟大的数学家，可爱的小朋友；时时给予温暖，让人有勇气去面对困难，不怕出错；还能让人在学习数学的过程中不断发现美，感受美，创造美。这样的课堂，知识不是堆积物，而是“化学反应堆”；小朋友不是看客，而是创造者；教师看见了每一个孩子，更看见了数学育人的伟大价值。

参考文献

[1] 刘加霞，王秀梅. 读懂学科育人价值，提升教师学科育人能力 [J]. 中小学管理，2019 (10)：37-39.
[2] 王巍. 小学生数学错误的类型及对策 [J]. 课程·教材·教法，2014 (7)：83-86.
[3] 董林伟. 做数学：学科育人方式的实践创新 [J]. 数学通报，2021 (4)：22-24.
[4] 成尚荣. “化一”：华应龙教育思想与他的“思想实验” [J]. 中小学管理，2021 (3)：30-33.

（长沙市天心区红卫小学）

小学数学课堂教学中画图策略的应用和探究

廖金华

摘　要：小学数学对于培养学生逻辑思维能力具有重要价值，本文首先点明小学数学学习中画图有哪些价值，然后阐述如何培养学生画图意识，最后通过画图如何培养能力的问题来说明画图对于数学的意义。

关键词：小学数学；画图策略；教学

罗素曾指出，数学就是图形加逻辑。在数学中，图形是简洁抽象的语言表达形式，它准确、清晰，可以将抽象思维具象化，便于学习和交流。所以，教师在数学教学中，应当注重学生画图意识和能力的培养，让学生更加直观、清楚地理解数量和逻辑关系，有效发展自己的思考交流能力。[1]

一、小学数学中画图策略的意义与价值

联合国教科文组织于 1972 年 5 月在《学会生存——教育世界发展的今天和明天》一书中提出："通过图画进行交流，已经发展到空前的规模。"因此，当代学生必须学习和掌握画图这一个人们交流和解决问题时不可或缺的重要技能。而小学是教育的初始阶段，在该阶段对于学生的画图能力进行培养具有重要的教育意义。同时，从教学实际出发，画图策略对于数学学习也起着重要的作用，它可以体现教师的教学策略，提高学生的动手操作能力，培养学生的抽象思维意识。

要培养小学生的画图策略，就得让他们明白画图对于数学意味着什么，即画图的价值。首先，在小学数学中，画图是搭建知识框架的关键方式。数学知识中有很多抽象的概念，学生无法通过语言来理解，而画图是将抽象内容转化为直观感知的有效过程，运用形象的图样，来更好地理解题目中的抽象概念，将题意转化为简单易懂的信息，从而获得解题思路。其次，画图是帮助思维发展的重要方式。在小学数学中，我们经常运用到的线段图，它不仅可以帮助学生解决具体的数学问题，而且长时间使用画图策略，可以让学生习惯于运用数学的逻辑思维思考问题。画线段图策略作为典型的画图方式，大体上是一个将文字信息转化为图像信息，再由图像信息提取数学信息的过程。在这个过程中，学生需要通过观察、比较、想象、推理来进行画图。最后，画图是帮助解决问题的有效对策。在解决具体数学问题时，对于抽象的数量关系和需要空间思考能力的题目，画图可以将它们实质化，变成可以感受且直观的表达形式，这其实就是将"数"的问题转化为"形"，以实现"数形结合解决问题"。

二、如何通过画图培养学生数学方面的学习能力

画图意识对解决数学问题有着巨大的价值，那么，如何培养学生的画图意识呢？这主要看教师的引导能力。画图策略的运用不应该只局限于问题的解决上，还可以运用到数学知识的学习上，比如各种分数运算的算理，正比例、反比例的关系等，教师只需要细心寻找，就会发现数学学习处处都可以利用画图策略。比如在计算图形面积时，画图可以让它的长宽比例更清楚；在学习行程问题时，画图可以将题目中的条件表达得更直观；在解决一些应用题时，画图可以理清数量关系。

（一）画图策略鼓励学生表达能力

小学生的思考方式依然停留在具象思维的阶段，他们看问题的方式简单且直观，描述事物更偏向于使用语言描述，且表达能力不强，缺乏严密的逻辑性，教师就要针对这种状况，鼓励学生运用画图来对问题、概念等进行理解。这是教师培养学生画图意识的好机会，教师在教学过程中找准问题切入点，可以更好地塑造学生的画图技巧和画图意识。在解决具体问题的时候，我们可以应用画图技巧。比如，在数学五年级上册的“观察物体”这一章中，立体图和平面图是学习的难点。它的难不在于解答题目，而在于学生不知道如何表达立体图形。一般情况下，学生很难在脑海中构建平面和立体的关系，而且对于立体图，更是画不明白，容易陷入不知所措的境地。我们都知道，画立体图是需要一定技巧的，在学习过程中，教师应该多做示范，指导学生怎样画立体图形，当立体图形叠放到一起时又是怎样的画法，多教多练，学生就会获得画图的正确方法。画图是对于三视图理解和表达的第一步，知道怎么画了之后，学生在作图过程中就会形成一个空间立体思维过程，这个时候再来看三视图，就会简单很多。[2]

（二）画图策略开发学生思维能力

在数学的学习过程中，解决问题是很重要的，利用画图可以很好地开发学生思维，形成解题思路。在解决数学问题时，学生总是缺少抽象思维的能力，原因无非就两点：其一，读不懂题目的意思；其二，理不清题目中的条件数量关系。而画图对于理解题目，搞清题目关系有很大的帮助，由于图形更加直接形象，比繁杂的文字描述更便于引出题目线索。教师可以借助画图将抽象的数学概念形象化，恰当地让数量关系显露出来。比如经典行程问题：“甲乙两列火车从两地相对开出，5小时后在距离中点40千米处相遇。已知快车每小时行60千米，慢车每小时行多少千米?”在解答这类相遇问题时，一般学生都会先算出两地的路程，再求两车速度和，最后算慢车速度，但是因为慢车越过了中点40千米，容易造成学生理解错误，学生在解答时，很容易出错，或者解答方式烦琐。但是，如果将这个问题转变为线段图的形式（如图1所示），就会简单很多。

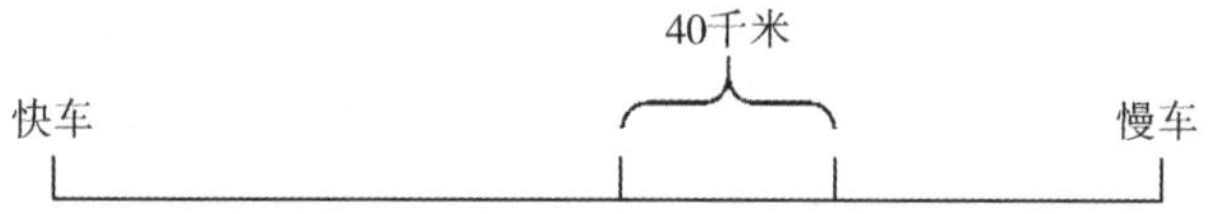

图1　线段图

图1中，我们可以用不同颜色的线表示快车和慢车的行走路线，由图可知，快车比慢车多走了80千米，再根据这个数量算出快车每小时比慢车多走16千米，最终得出慢车的速度是44千米。在小学数学中，这样的行程相遇问题有很多，可以说是学习的重难点。因为在这类问题中，数量关系比较隐晦，学生常被绕得云里雾里，很难找到思维的切入点，可是通过图形表达的方式，可以瞬间让问题简单很多，由此可见，画图确实是开发思维的好方法。

（三）画图策略理清数量关系

在数学学习中，学生难免要面对一些应用题，它既是检验学生对于理论知识灵活运用的一大标准，也是考试得分的关键所在。所以，正确解答应用题，在小学数学学习中十分重要。而这些应用题中，都有一定的数量关系作为题目的支撑来构造前提条件。小学生由于理解能力和感知能力较弱，遇到复杂的数量关系就容易犯难，这个时候，正确利用画图策略就可以很好地解决这个难题。在纸上画一画，写一写，题目中的已知条件、所求问题的相互关系就能用分析图表示出来。例如这个应用题：“新华小学买来了8张桌子和几把椅子，共花了817.6元。每张桌子价格78.5元，比每把椅子贵62.7元，买来椅子多少把?”这个题目，文字不多，却存在着大量数量关系，学生就可以通过以下分析图（如图2所示）来获得对于数量关系的清晰认知。

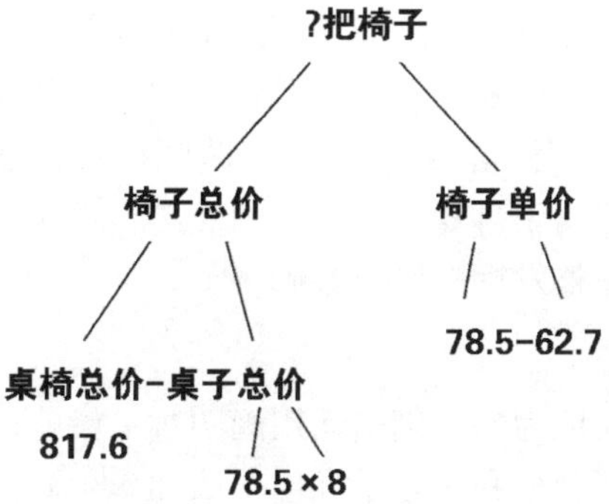

图 2 数量关系图

（四）画图策略完善学生解题能力

在小学数学的课堂中，我们不仅要做题，更要学会完善解题思路，将自己做题的过程讲解出来。讲解数学题可以提高小学生的学习积极主动性，属于高效学习的好方法，每次讲解就是对题目的一次理解、回顾和深入分析。但是很多学生做完题之后，没有清晰的思路，具体表现为：有些学生会做题，但是讲不出自己的思考过程；有的能说出来，但表达不完整，或者思路混乱。因此，借助画图，可以帮助他们完善解题思路，让解题过程更加清晰明了。比如趣味问题：“一队小朋友排队，从前往后数，小明是第 8 个，从后往前数，小明是第 7 个，问这个队一共多少人?”这种问题低段的学生确实很难找到自己的解题思路，但是如果将小明用三角形，其他小朋友用圆表示，根据题目意思画出来，就可以很直观地看出一队有多少人，解题思路基本不用讲，就跃然纸上了[3]。又如困扰学生已久的价格问题：“商店出售一种商品，若按现价降低 10%，则仍可赢利 200 元；若按现价降低 20%，则亏损 220 元。这种商品的进价是多少钱?”这样的问题，条件少但关系复杂，涉及不止一个未知量，初读完题后，很难找到解题的出发点，这个时候画图就可以帮助理清题意，找到多个已知条件之间的联系，让解题思路更加清晰（如图 3 所示）。

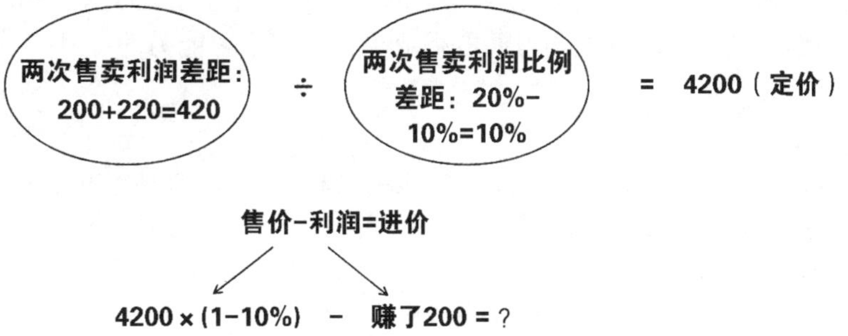

图 3 价格问题解题思路图

三、教师如何指导学生画图

（一）巧用策略，转换形象

综合来说，这些画图技巧注重的都是学生学习数学的能力，归纳来看，分为抽象转变成直观、利用图形形成逻辑思维两种能力。对于抽象化问题转变成直观问题，教师首先对于题目进行分析，将题目中的重要信息提炼出来，想办法对数学信息进行图像化，将它们转变为各种符号或者图样，比如圆点、线段、五角星等，然后促进学生思考，先画什么，再画什么，把具体的画图过程理清楚，这样就可以对抽象的条件有一个清晰的理解。这个教学过程是重要的，一方面，它可以帮助学生学会什么时候、怎样运用画图策略，另一方面，它可以让学生在潜移默化中拥有化抽象为直观的思维能力，从而学会正确思考问题。

（二）整理信息，梳理思路

图画好之后，就要利用它解决问题，教师应该在这个时候指导他们根据所画的图找出各种变量、各种条件之间的关系，以解决问题为出发点，探寻解题方向。由此，学生就形成了“想画图”“画好图”“用好图”的数学思维闭环，自然而然地，数学问题就在简单分析中获得了解决路径，做题也不再像从前一样困难。这一整个过程属于自身思维想法的交流，不仅对解决问题有助力，也体现了由浅入深的思考细节，为画图策略的完整发挥打好了基础。[4]

（三）创设情境，启发引导

教师需要发挥教育机制，不断地为学生创造运用画图这一策略解决问题的教学情境。画图策略的学习也不是一蹴而就的，需要教师合理利用教学环境，增加学生画图的机会。这个教学情境可以是一些使学生认知产生冲突的问题，也可以是日常生活中遇到的困难，当学生因为自我认知与解决问题间的矛盾而一筹莫展时，教师就可以启发诱导他们寻找解决问题的新方法，从而提出画图策略。

（四）点拨方法，形成技巧

教师在教学过程中会发现，学生是喜欢画图的，他们也有通过运用这一策略达到成功解决数学问题的意愿。但现实课堂中，学生会渐渐失去兴趣，甚至开始厌烦画图。学生没有掌握画图方法，导致他们解题时总是出错，是产生这一现象的根本原因。因此，教师需要向学生详细讲解有关画图的技巧，让学生在不断地练习中化技巧为技能。

然而培养学生的画图技能需要通过不断的积累，才能化量变为质变。教师在实际课堂教学中，需要充分利用各种促使学生掌握画图方法的机会。与此同时，教师也要把握好学生之间的差异性，处理好“扶与放”的时机。培养学生运用画图这一策略解决问题时，不仅需要为他们创造画图的机会，还要让他们体验画图的过程，最后感受到画图解决问题时的喜悦。

四、结束语

画图是在小学数学中一直使用的教学方式，它能够沿用至今并经久不衰是有一定原因的。画图不在于作画本身，而在于它能够帮助学生理解题意和分析思考，也许在往后的教学中，画图的载体会发生变化，但是这种教育思想将一直作用于小学数学的教学过程中。教师只有领会画图策略的学习内涵，才能更好地带领学生利用这个方式学习并取得成果，实现学习能力的提升。

参考文献

[1] 滕希桌. 浅谈小学数学画图策略解决问题［J］. 小作家选刊（教学交流），2016（19）：84.
[2] 徐宏. 小学数学有效运用画图策略解决问题的方法研究［J］. 考试与评价，2017（8）：88.
[3] 谭康清. 小学数学教学中运用画图策略提高解题能力［J］. 读写算：教育导刊，2015（22）：188.
[4] 符卫红，段安阳. 画图：解决问题的金钥匙：例谈运用画图策略解决数学问题［J］. 小学教学研究：理论版，2010（11）：44-45.

（长沙市天心区长郡天心实验学校）

简析小学数学课堂常规的培养策略

李畅玉

摘 要：有效的课堂是建立在一定的课堂常规上的。教师运用课堂常规教学，不但能为提高教学质量服务，还能从组织方法、教学技巧等方面对学生进行潜移默化的良好影响。因此，本文主要谈谈小学一年级学生数学课堂常规的培养策略。

关键词：一年级数学；课堂常规；培养策略

一、课堂常规的重要意义

课堂常规，顾名思义，就是课堂中的规矩，而“常”字有平常、经常、长期的意思，综合而论，课堂常规就是课堂中很平常的一种规则，但又需要长期、经常性地反复训练。课堂常规包括：课前准备、坐姿、发言、倾听、讨论、交流、合作等等。在学生的整个学习生涯中，知识大部分都是从课堂中获取的，因此，为了确保课堂的有效性，课堂常规的培养就显得尤其重要了。另外，实施课堂常规，不仅有助于建立正常的教学秩序、严密课堂组织，而且对加强学生的思想品德教育，培养学生良好的行为习惯、良好的组织纪律，建设精神文明等都有十分重要的作用。

二、课堂常规的基本内容

（1）课前准备：准备好本节课要用的所有学习用品，书本统一放在课桌左上角，为上课做好必要的物品准备。

（2）候课：预备铃响起时，要立即进入教室并且安静地等待老师进班上课，调整身心状态，营造上课的氛围。

（3）问好：师生相互问候，这是开启课堂的必要仪式。

（4）坐姿：抬头挺胸、身体坐直，手里不玩弄小物品。

（5）举手：右手自然举起，向上举直，不离开桌面。

（6）倾听：别人讲话时，要坐姿端正，专心致志地听。应学会边听边想，思考别人说的话的意思，能记住别人讲话的要点，同时注意不打断同学的发言，等别人讲完后，举手得到同意后再发表自己的观点。

（7）发言：声音响亮但不刺耳，得到老师同意后，大大方方地表达自己的观点。

（8）讨论：用正常交流的音量相互交流，不讨论与课堂无关的话题。

三、课堂常规的培养策略

（一）奖罚分明

课堂常规的建设不是一朝一夕的事情，而是长期的、反复进行的一项训练，因此，很多时候，不管是老师还是学生，都难免会对此产生疲惫感，进而影响上课的效率。为了有效地促进课堂常规的建设，并且为了让学生不会因反复的训练而产生疲惫或者懈怠心理，本人在课堂常规建设上一直坚守赏罚分明的措施，当然，主要以奖励为主。除口头表扬以外，为了体现奖励的仪式感，特意制作了奖励卡，从为何奖励，奖励什么，希望今后怎样入手，鼓励学生养成遵守课堂纪律的好习惯。例如，邀请卡，“因为你上课遵守纪律、积极发言，老师特邀你下课后到办公室一趟，有礼物等着你哦”；领读卡，“你晨读时朗朗的读书声彻底地征服了我，老师特聘你为下次晨读领读员，希望你带领班上同学好好学习，天天向上”；免罚卡，“因为你的出色表现，获得一张免罚金牌卡，可免罚一次哦！希望你继续努力，老师相信你会更加优秀”；选座卡，“为课堂上你极佳的表现，获得一次选座的机会，希望你再接再厉，加油”；纪律队长卡，“因为你课堂上遵守纪律，获得一次担任纪律小队长的机会，祝贺你！希望你继续保持”；免写作业卡，“因为你的努力学习，你获得了一次免写作业的机会，祝贺你！愿你继续努力，争取更大的进步”；等等。奖励卡主要从课堂常规的以下几个方面进行评价：课堂是否遵守纪律、发言时是否按要求、齐读或单读时声音是否响亮而不刺耳等。我通常在即将下课的时候特意留出一部分时间将奖励卡发给对应的学生，并将奖励给他们的原因告诉全部同学，希望其他同学能够以此为动力，争取下一节课有良好表现。

（二）一对一交流

本人一直认为，学生与老师之间的交流不仅仅只是课堂上的40分钟而已，有时候，感情的建立、知识的巩固、行为的评价往往都是课后进行的。课余时间对于学生以及老师而言，往往没有课堂上那种紧凑感，所以大家都处于一种相对放松的状态，在这种状态下，一对一的交流就有助于谈话的深入。例如，在课堂上因为要教学第9页的知识，所以我会说“请你翻到第9页”，在学生们边说，“我就翻到第9页”边动手翻书。在此过程中，我会等个几秒钟，给学生们翻开课本的时间，并且同时检查学生是否有未动手翻书的情况，如果发现一位，我会提醒他一次；第二次如果还有没有动手翻书的学生，我会记在心里，下课的时候，让他到办公室一趟，当面跟他说清楚，进行交流。当然，在整个课堂中，如果有学生表现特别优秀，比如当我要同学们齐读的时候，我能从全班40多位学生的读书声中听到他响亮的声音；当我让学生们翻开课本的时候，我能看到他认真翻书的身影；当我让学生看黑板时，我能看到他明亮的双眼。除了课堂上的当众表扬以外，下课以后，我也会找时间跟他简单地聊聊天，并且表扬他上课时的状态。每一次的课后交流，其实就是想告诉孩子，老师是在意他的、关注他的，因为我想没有人是不想被关注的。说不定，可能就是这一次小小的交流，让学生感受到被关注，让他觉得上课的时候，他也并不是一个人，一直会有一双无形的、温柔的眼睛时刻提醒着他：你可以表现得更棒，老师会一直陪着你、关注着你。

（三）要求性语言简洁准确，适当搭配肢体语言

你需要学生怎么做，如何做，做什么，就简洁明了、准确地把你的要求提出来。简洁的要求，不过是一秒或者几秒的关注就可接收到信息，学生也只需花费不到一秒或者几秒就可做到，因此，不拖拉的要求才能更好地让学生接受并执行。当然，当给你广阔天地，让你大展拳脚的时候，反而很难找到一条固定轨道可供依循，这就意味着对教师业务素质的要求越来越高，[1]因此，在课堂常规的培养过程中，老师们也需要选择另一种表达形式，例如肢体语言，因为有时候，无声胜有声。比如，当你要学生坐端正时，可能一开始，老师们往往会有口令的训练，如“1、2、3，快坐好”，或者“小嘴巴，不讲话”等，但慢慢地，老师可以加上一些肢体动作，比如想让学生坐好时，老师会以自己为示范，双手叠交放平，学生一看到老师的动作就知道是什么意思；再比如，有时候，课堂过于活跃，老师想让学生们不再讲话时，可以一指放嘴上，做出“嘘”的动作，学生一看到老师这个动作也就明白接下来需要做什么了。因此，在课堂常规的教学中，老师们的要求性语言尽量做到简洁、明了、准确，与此同时，也可适当地搭配肢体语言，让学生们从这种无声的氛围中感受你的目的。

（四）巧用评价性语言

任何一个人都希望得到别人的肯定，有时候老师简单的几句表扬就可以让学生们开心许久，那是一种被理解、被肯定、被支持、被关注的满足感、幸福感、骄傲感、成就感。当你要求学生“小眼睛，看黑板”时，如果学生做到了，可以表扬他们有一双灵敏的耳朵，帮助他认真倾听；当你让学生快速翻开课本第几页时，如果学生做到了，可以表扬他们有一双灵巧的手；当你让学生“1、2、3，快坐好”时，如果学生坐好了，可以表扬他们坐得像松柏一样挺拔；当你让学生开口读某个知识点时，如果他们做到了，可以表扬他们有一副喜鹊一样的好嗓子，听到他们的声音就让人心情愉悦。良言一语三冬暖，恶语伤人六月寒。有时候批评往往只会把学生推向更远的深渊，适当的鼓励、肯定、表扬会让你看到不一样的他们。另外，表扬他们的时候，一定要明确表扬的原因，表扬哪一个地

方、哪一件事情，只有这样，孩子们才能时刻提醒自己遵守课堂常规。

（五）时刻关注

课堂常规的训练不仅仅只是简单地喊几个口令而已，如果说当老师提出新要求的时候，学生并未做到，但老师又不指出并且继续上课的话，这是否等于告诉学生们，课堂常规不用遵守？其实许多老师往往会因为省事或者课程进度等原因，在上课的时候选择睁一只眼闭一只眼，想着学生吵一下就吵一下吧，我先讲完我的再说；学生没有按要求看黑板就没有按要求看黑板吧，我先写完我的再说。但其实磨刀不误砍柴工，适当地停下来是很有必要的。另外，每一次课堂常规提出来的时候，老师们也要用自己的“火眼金睛”去看一看，是不是同学们都做到了，时刻关注他们，而不是将课堂常规变成一种口令。或许，每一节课的常规训练一开始的时候会很累，很辛苦，但随着时间的推移，孩子们一次一次地演习，一次一次地巩固，我们的课堂常规教学会慢慢地从一种相对显性的状态转变成一种相对隐性的状态，这样，今后的课堂也会变得相对轻松许多。

课堂常规的训练不是一日之功，数学知识具有较强的科学性、严谨性，要使课堂教学过程成为一个灵动的、精彩的过程，这就要求教师注重课堂的常规管理，进而才能讲究教学艺术，调动学生的学习主动性，打造高效的小学数学课堂。[2]

参考文献

[1] 陈荣艺，叶建云. 名师教学艺术与课堂技巧 100 例：小学数学卷［M］. 上海：华东师范大学出版社，2014.
[2] 王建梅. 小学数学课堂的常规管理和教学艺术［J］. 名师在线，2019（8）：94-95.

（长沙市岳麓区靳江黄鹤小学）

计算错误≠粗心

龚艳萍

摘 要：恩格斯说："最好的学习是从差错中学习。"关于提升数学学习效率，我们说得最多的便是整理错题。不过，在各式各样的错题集锦中，却很难找到计算的痕迹，大家似乎都默认计算题没有收藏的价值，多算多练即可，没有达到思维训练的层面。在进行错误归因的时候，我们给孩子的反馈是："粗心大意，又错计算题。""粗心"二字说得越来越顺口，可细想，真的是这样吗？若用心分析学生错例，事实并非如此。一个计算错误的背后可能隐藏着学生在知识基础、方法技能以及情感态度方面的缺陷。更重要的是，可能还投射出教师在计算教学中存在的问题。我们不能总拿"粗心"当幌子，不了了之，教书育人需要直言面对和敢于担当。

关键词：计算；粗心；担当

学生的"粗心"在一定程度上是年龄阶段的标志性产物，所以在错误归因方面须慎重，才能有的放矢。就数学学习而言，错误的本质可能是对问题认识不够透彻。不难发现，数学教学特别讲究顺序，可以说顺序是数学学习的核心素养之一。遵循学生身心发展规律，按照数学知识本身的序列脚踏实地地往前走尤其重要。总而言之，要改变孩子的"粗心"，我们要循循善诱，从改变自身开始。

一、立足课堂，创设安全的"犯错"氛围

儿童的数学思维是直观的，也是极其发散的。运用这一点为孩子营造"头脑风暴"的学习氛围，课堂生成能更加生动自然，数学计算学习也会更具生命力，借此可以摘掉计算课枯燥无味的标签。首先，努力为学生创造一个非常安全的"犯错"情境，让每个孩子都有表达的机会，任何错误都可以体面呈现；其次，引导学生直面错误本身，充分调用已有的知识储备，通力合作解决问题，规避错误再次发生。如笔算100以内的加减法时，有的孩子因为相同数位没有对齐，导致结果错误。孩子眼疾手快、肯定能发现错误的原因，也能道出相同数位要对齐的真相。这时，教师可以适时追问："为什么要相同数位对齐？"引发学生思考，给予时间和空间，让学生组织好语言再汇报。能根据数的组成概念来回答的孩子获得热烈的掌声，看来大家都认同这一说法，这个孩子亦因为自己的想法得到认可而信心倍增。最后，渗透课堂"错误"的宝贵性，感谢有价值的错误在课堂上发生，数学课堂学习效率大大提升。

二、了解学生，解除"粗心"的思维定式

教书育人，最高效的方式便是深入研究学生。我们深知学生是发展中的人，是成长中独立的个体，那么，毋庸置疑，他们的成长学习与错误形影不离。不难发现，每届学生在计算方面形成的错误案例具有高度的相似性。试想，若能在一次又一次的探究过程中，收获一份又一份解决方案，然后装订成册，数学老师在教学之前全面学习，进行创造性实践，用心听取错误的声音，努力尝试读懂每个错误，让计算学习真实发生，定能突破计算教学中"粗心"的顽瘴痼疾，从根本上提升每一届学生的计算能力。

操作实践之后，教师可能会发现这样的回答："我刚刚一直在找铅笔，找了好久，没有找到，有点儿烦""我检查了很多遍，并没有发现错误"等等。有的孩子看到"15－9＝14"被老师圈起来了，便马上擦掉，写上"6"。这些都不是借口，从内心深处意识到问题所在才能找到解决计算错误频繁的方案。学生的差异性不允许教师用"粗心"概括所有问题。教师的检查方法要高效，对于明显的

计算失误要耐心询问原因，再次讲解。

三、拓展阅读，具备深度研究常规教学的能力

分析学生的“错误”时，碎片化的教学经验时常让我们心有余而力不足。彼时彼刻，若干问题不停在脑海中旋转：“为什么还是错的呢？哪里出现了问题？……”尼尔·盖曼说，在对的年纪读过的书，永远不会离我们远去，即使忘却细节，它也会一直盘旋在你我的心灵深处，有需要时，只要召唤，它便会浮现。正是如此，有针对性地扩展阅读，能帮助我们在第一时间获得数学教育信息，及时调整教学观念，与时俱进，激发学生创造潜能。更重要的是，高效阅读能帮助我们发现问题，知道问题所在，问题现身便能迎刃而解。通过大量阅读可知，所有的孩子都能学会计算，但不会在同一时间，也不会用同一种方法。有的孩子学习能力强，一点即通；而有的孩子需要十足耐心，静待花开。实践出真知，阅读无疑是一场自渡的旅行，自渡之后方有能力渡他人。

四、高效反思，缩短知道与做到之间的距离

经常能听到这样一句话：“道理我都懂，就是做不到。”在一线教育教学实践中，受各种因素影响，“知道”和“做到”之间确有一道难以跨越的鸿沟。上完课，教师的及时反思举足轻重。针对今天这节课呈现出来的问题，教师需要理清思路，及时得出操作性很强的策略，明天的课堂才能更加得心应手。有些问题若不重视，可能会一直困扰着课堂教学，消耗老师，使其身心俱疲。唯有行动起来，知行合一，方可跳出问题循环，实现高效教学，才能让教师身心愉悦。从课前学情分析得知，一般在上计算课之前，大部分孩子或多或少知道些计算方法，个别还计算得非常熟练。于是，在计算课的教学中，教师稍不留意便会被这些孩子带了节奏，因为他们上课活跃，表现力强，遮住了其他孩子的问题。若老师不能及时发现，那么对于后阶段的学习将产生不可弥补的缺憾。其实，每一节课都需要及时关注默默努力的孩子，若没有听到他的声音，则一定要看他的练习，若他们都理解掌握了，才能说明这节计算课上好了。

计算学习终须一个脚印一个脚印地走，若对学情进行了误判，感觉大多孩子都已知晓算法，便想当然地省略针对算理的探究，之后的计算练习往往会错误横生。由于忙着纠正孩子的“错误”，错过了很多充实自我的时间，因此越发不知学生为何在老师讲解若干次后还是一错再错，如此的错误循环使得师生皆苦不堪言。

将学生计算错误简单归因于“粗心”，不但反映出教师的教和学的方法问题，还反映出教师的自我认识的问题。所以，以后再发现学生计算出现错误时，大可不必强调“粗心”这个理由了，试着从孩子的内心出发，深入剖析导致错误产生的原因，呈现问题的“庐山真面目”，高效解决问题。教师若发现是自己的教育教学方面出现了漏洞，一定要敢于正面担当，紧接着，通过一次次的教学实践，寻觅解决困惑的途径和方法，从课堂 40 分钟寻找答案。

参考文献

[1] 华应龙. 做一个优秀的小学数学教师 [M]. 北京：教育科学出版社，2011.
[2] 张兴华. 我的教育人生 [M]. 南京：江苏凤凰教育出版社，2020.
[3] 吴正宪. 听吴正宪老师上课 [M]. 上海：华东师范大学出版社，2012.
[4] 魏书生. 好学生　好学法 [M]. 桂林：漓江出版社，2017.

（长沙市开福区清水塘实验学校）

"双减"政策下小学数学课外作业创新设计例谈

黄 红

摘 要："双减"政策要求"减轻义务教育阶段学生过重的作业负担"，在小学数学学科中落实"双减"政策要结合课标要求、学科特点和学生学情，通过精心设计各种类型的创新作业，减少学生作业的总量，提升作业设计的质量，以实现减负的同时，稳步提升教学质量，真正做到"减负提质"。

关键词："双减"政策；小学数学课外作业；创新设计

"双减"政策的出台引起了全社会的高度关注，全国各省、市教育行政部门纷纷就促进中小学生"减负提质"做出了具体的要求和指导，以保障义务教育阶段学生的作业负担得到切实减轻，使学生在减负的同时，实现学习质量的提升，为学生的全面发展提供必要的支持。"减轻学生过重的作业负担"，不是不留作业，而是要通过课后作业的创新设计，有效提升学生学习的针对性和有效性。具体来说，主要体现在以下五个方面。

一、口头表达性作业的创新设计

从某种程度上来说，数学是思维的体操，而语言是思维的外壳，只有引导学生更充分地了解数学语言，才能帮助学生更充分地理解和掌握数学知识，从而发展和激活他们的逻辑思维，进而为他们思维的发展和语言能力的有效提升提供必要的支持。以此为前提，在小学数学作业创新方面，可以以口头表达性作业的创新设计为突破口，让学生的数学能力、口头表达能力和综合能力同时得到全面提升。例如，在低年级的教学实际中，可以布置以"说"为主题的家庭作业——让学生把当天所学的知识和数学课上有趣的事情讲给家长听。在这种创新的口头作业的驱动下，学生的数学知识得以进一步巩固，学生的语言表达能力也得到锻炼。这种创新的作业不但激发了学生对数学学习的热情，增强了学生学习的积极性和主动性，使学生自觉自愿地投入数学学科的学习中来，还在潜移默化中促进了学生数学核心素养和综合能力的提升。

二、动手操作性作业的创新设计

针对小学生活泼好动、求知欲强的天性，创新设计的动手操作性作业，更符合小学生的身心发展特点和认知规律。动手操作性的作业，可以进一步激发学生的想象力，提升他们的动手能力和专注力。在动手实践的过程中，学生不仅能够体会到数学学习的快乐，还将对数学知识产生更为强烈的感知，使抽象的数学学科知识变得更加生动形象。

在实际操作中，我们可以充分利用各种数学学具来设计动手操作性作业。例如，可以在学习完5以内的加减法之后布置相对应的动手操作性作业——让学生在家里用小方块或者小圆形开展数一数、摆一摆等学习活动，让学生在有趣的活动中进一步明确自然数的大小，在动手操作的作业中加深对数的组成的理解和认知。又如，在教学完钟面知识之后，可以设计这样的动手实践作业——让学生在家里找出钟面，然后数一数刻度、拨一拨指针、说一说时间；还可以鼓励学生在练习本上画钟面，并涂上自己喜欢的颜色，然后把它剪下来，带到学校与其他同学进行交流。这样的设计可以让学生在动手操作的过程中充分学习数学知识，充分感受数学学习的快乐；这样的设计，让数学课与手工课、美术课等学科融合，起到事半功倍的效果，同时也充分提升了小学数学课外作业的创新性和实效性。

三、游戏类作业的创新设计

爱玩是孩子们的天性，我们在对小学数学作业进行创新设计时，可以充分利用这一天性，通过游戏作业的形式，让孩子们更主动地融入其中，更大程度上提升作业设计的有效性、针对性和趣味性。例如，在教完100以内的加减法后，可以设计“玩扑克牌”的作业：同学们和爸爸妈妈玩扑克牌游戏，大小王不要，然后每人各摸出一张牌，将两张牌的点数相加或者相减，并且在最短的时间内说出算式和答案。后期，我们还可以在游戏中融入混合运算，玩“24点”等游戏。通过这种玩游戏的作业形式，学生100以内加减法的口算能力将得到有效的训练和巩固，同时，学生的思维敏捷性也能够得到进一步的提高。这种在游戏中学习的作业方式，将最大限度地提升学生作业的趣味性、实效性，避免学生因作业枯燥而产生排斥心理，从而使学生的数学核心素养得到进一步提高。

四、生活类作业的创新设计

知识来源于生活，又应用于生活实践，因此，创新设计小学数学作业时，也要充分体现出作业的实用性，使作业能够充分融入生活，切实有效解决生活中的问题，让孩子们体会到学以致用的成就感。在设计生活类作业时，不能局限于课本，要确保教材内容和生活实际更充分地融合，在作业设计中体现出生活的真实感，解决生活中的相关问题，确保作业的实用性。例如，在对长度单位的相关内容进行作业设计时，可以布置测量生活中实际物体长度的作业，让学生对家中的家具或者父母的身高进行测量，这样，孩子们通过生活实践，不仅对相关的知识有了更深刻的认知和理解，还对学习产生了更加浓厚的兴趣，达到了事半功倍的学习成效。又如，在学习完百分数和比之后，可以让学生们到商场去寻找打折商品，并对商品的折扣进行计算，将生活中的打折销售与数学学科中的百分数建立联系，以进一步有效加深学生对于数学概念的理解和认知，增强学生的数学应用能力。

五、探究性作业的创新设计

培养学生独立思考和创造性解决问题的能力，是提升学生思维能力和综合素养的关键所在。因此，在“双减”政策下，数学作业的创新设计要注重培养学生的自主探究能力和主观能动性。在探究性作业的设计过程中，要尽可能地挖掘教材知识的潜在功能，同时对知识进行深入的探究、广泛的延伸和灵活的演变。引导学生在好奇的情境中进行探索，在问题的驱动之下针对相关知识进行研究，获得感悟，进而培养自己的思维能力、探究能力和再创造能力。比如，学习完小学一年级下册“人民币的认识”以后，我们可以布置多种形式的课外探究作业——说出新版人民币与旧版人民币的区别；针对人民币中为什么只有1、2、5三种币值开展相应的探究活动；与学生共同探讨辨别真假人民币的方法；交流1元钱在生活中的购买力的问题等。学生们在这样一系列的探究性作业的激发下，学习的积极性和主动性得到有效提高。像这样的自主探究、交流讨论和展示汇报等活动的开展，不仅使学生们对人民币有了更进一步的认识，而且激发了学生自主学习的意识，提高了他们自主学习的能力，使学生在实际场景中感受人民币的价值，有利于培养学生勤俭节约的习惯，引导学生体会数学学习的价值与意义。在这种自主探究、自主学习式的作业布置过程中，学生成了学习的主人，掌握了学习的主动权，做到了独立获取新知。

综上所述，在“双减”政策背景下，对小学数学课外作业进行创新设计，不仅要把握政策的相关要求，也要结合数学的学科特点以及学生的实际情况，在口述类作业、实操性作业、游戏类作业、生活类作业、探究性作业等方面进行创新设计，使学生在完成作业的过程中提高数学学科素养、全面提升综合素质，同时实现“减负”与“提质”。

参考文献

［1］张优幼. 基于学生认知的小学数学习题设置［J］. 教学与管理，2017（7）：43-45.

[2] 杨传冈. 基于开放题学习的小学“四基”学习价值、问题与对策 [J]. 中小学教师培训，2017（9）：48-51.
[3] 葛灵光. 小学数学作业创新设计例谈 [J]. 教学与管理（小学版），2019（3）：60-62.
[4] 徐良磊. 小学数学作业创新设计问题研究 [J]. 新校园（中旬版），2019（2）：105.

（长沙师范附属创远小学）

浅析“鸡兔同笼”问题中蕴含的数学思想方法

张寻寻

摘　要：新课程标准实施之后，人教版小学数学教材有了新的变化，除了在传统的四大领域内加强了数学思想方法的渗透之外，还特意在二至六年级教材的最后单元编排了“数学广角”，作为渗透数学思想方法的载体，把数学中最基本、最常用、最重要的数学思想方法以生动有趣、贴近生活实际、简单且易于理解的形式呈现出来。新课标指出，不再单纯地以知识和概念的习得及计算的掌握为目标，而是让学生在体验中通过观察、猜想、实践、验证、结论与交流等活动，初步体会数学思想方法的神奇力量和作用，并将习得的相关思想方法运用到解决实际问题当中去。

关键词：数学思想方法；鸡兔同笼

数学思想方法是对数学理论与实践的本质的认识，是数学学科的本质与精华所在。小学生对数学思想方法的初步感知，为其今后学习更高难度的数学知识奠定坚实的基础。

一、鸡兔同笼的背景

鸡兔同笼是我国古代著名的数学趣题之一，最早记录于《孙子算经》，原书中是这样描述的：“雉兔同笼，上有三十五头，下有九十四足，问雉兔各几何？”题目意思就是有若干只鸡和兔关在同一个笼子里，从上面数，有35个头，从下面数，有94只脚，求笼中各有几只鸡和兔。这原本是出现在奥数中的一个典型习题，由于其中蕴含着众多数学思想方法，现在被编排在人教版小学数学四年级下册。要想很好地解决鸡兔同笼这个问题，就需要从实际生活经验出发，寻找解决方法。借助鸡兔同笼这一载体，学习者可以感受到解题策略的多样化及其蕴涵的丰富多彩的数学思想方法。

二、鸡兔同笼中蕴含的数学思想方法

（一）化归思想

化归思想在小学数学中不仅是一种重要的解题思想，也是一种最基本的解题策略，更是一种有效的数学思维方式。我们在解题中所应用到的将未知化为已知、化繁为简、化难为易、化曲为直、化动为静、化抽象为具体等都是这一思想方法的运用。鸡兔同笼原题中的数据比较大，学生在解决问题时不知如何下手，因此根据化繁为简的思想，先把数据改编成较小的、易于探究的，比如可以简化原题为“笼子里有若干只鸡和兔。从上面数，有7个头，从下面数，有18只脚，那么鸡和兔各有几只”，当学生掌握了解决此类问题的思想方法后，教材中提供的题目会得到很好的解决。与鸡兔同笼类似的问题在生活中有很多，比如龟鹤问题、桌凳问题、做对多少题目等。相关问题都可以采用化归思想，将之归于鸡兔同笼问题，再解决。

（二）枚举思想

枚举思想是一种既朴素又实用的解决问题的思想方法。用枚举思想解决问题就是要对问题可能出现的所有情况，一个不漏地进行列举检验，并借助表格、图标等简单明了、便于记录的形式将其进行整理，从而找到问题的答案。学生在刚接触鸡兔同笼问题时，一般很难理解列式计算。不过在数据很小的时候，学生往往会选择用更简便的枚举思想（即一一列举法）来解决问题。例如前面讲到的鸡兔同笼问题，就利用枚举思想并借助了列表来记录（见表1）。

表 1 鸡兔同笼问题枚举

鸡（只）	1	2	3	4	5
兔（只）	6	5	4	3	2
脚（只）	26	24	22	20	18

通过枚举法可以迅速而准确地得到鸡兔的只数。一般来说，利用枚举法解决问题时，通常按从大到小或从小到大依次枚举，这样可以做到既不重复也不遗漏。当然，还有学生会根据经验从最接近的数值开始试，不断地优化枚举的方法，这样可以节约很多时间。通过枚举，学生可以迅速而准确地找到所需要的答案，但它的局限性也很容易暴露——当数据比较大时，枚举就显得不那么适用了。

（三）数形结合思想

华罗庚先生说过："数缺形时少直观，形少数时难入微，数形结合百般好，隔离分家万事休。"数形结合就是通过数（数量关系）与形（空间形式）的相互转化、相互作用来解决数学问题的一种思想方法，使得抽象的数学概念或复杂的数量关系变得直观化、形象化、简单化。[1] 如在利用数形结合解决鸡兔同笼问题时，可以用表示头，用|表示脚，先画 7 个头，如果每个头下都画上 2 只脚（如图 1 所示）。

图 1

数一数，共有 14 只脚，比题中给出的脚数少了 4 只，因此再 2 只脚、2 只脚地添，添 2 次后，会发现脚刚好 18 只（如图 2 所示），这样便得出笼中有 2 只兔和 5 只鸡。

图 2

当然，也可以先在每个头下画上 4 只脚（如图 3 所示）。

图 3

结果比题中给出的脚数多了 10 只脚，再 2 只脚、2 只脚地划去，当划掉 5 次后，脚的只数刚好是 18 只（如图 4 所示），也可以得出笼中有 5 只鸡和 2 只兔。

图 4

不管是先画两只脚，还是先画四只脚，两种方法都能得到相同答案，相互验证。数形结合虽然具备数的精确性和形的直观性这双重优势，但它的局限性和枚举法有点儿类似——数据较大时不适用。

（四）假设思想

假设思想在小学数学的学习与探究中是一种重要的数学思想方法。假设法就是先假定一种情况或结果，然后通过推理、证明来解决问题的思想方法。合理运用假设法，有利于问题的解决和培养学生的逻辑思维。用假设法解决鸡兔同笼这一问题时主要有两种思路，首先可以假设笼子里全部都是鸡或者全部都是兔，再计算题目中与假设情况下总脚数之差，最后再推理出鸡和兔各有多少只。如假设 7 只全部都是鸡，那么兔有 $(18-7\times2)\div(4-2)=2$（只），鸡有 $7-2=5$（只）。如果假设 7 只全部都是兔，那么鸡有 $(7\times4-18)\div(4-2)=5$（只），兔有 $7-5=2$（只）。运用假设法解题是教学的难点，特别是对所求出来的量是鸡还是兔，学生理解起来有困难，因此可以先通过上述的画图法在直观操作活动中建立思维的表象，再进一步抽象，这样有助于学生真正理解假设法。同时，抬脚法也是应用假设的思想。

（五）方程思想

方程思想在小学数学高年级的学习中是非常重要且有价值的一种解题思想。用方程解决问题就是根据问题中的已知数和未知数建立等量关系，然后根据等量关系建立一个等式。在鸡兔同笼的问题中，可以将鸡或兔中任意一种假设为 X 只，然后根据鸡的脚+兔的脚=18（只）。比如，设兔有 X 只，兔的脚的只数就是 4X，那么鸡有（7−X）只，鸡的脚的只数就是 2（7−X），可列方程：4X+2（7−X）=18，解得 X=2，于是鸡有 7−2=5（只）。同样，设鸡有 X 只，那么兔有（7−X）只，可列方程：2X+4（7−X）=18，解得 X=5，于是兔有 7−5=2（只）。用方程解题思路比较简单，先建立等量关系式，再根据等量关系式列出方程即可解决问题，具有一般性，教学中要突出方程解法的优越性，不断渗透方程思想。越到高年级，方程思想的优越性就越强。

总之，通过鸡兔同笼这个经典问题，让学生在实践探究中发现其中蕴含的这些有趣且实用的数学思想方法，积累丰富多彩的数学活动经验，再将学习到的这些数学思想方法运用到解决实际问题中去。

参考文献

[1] 周淑红. 小学数学核心素养培养研究［D］. 哈尔滨：哈尔滨师范大学，2017.
[2] 满慧. 小学数学思想方法教学的研究与实践［D］. 南京：南京师范大学，2011.
[3] 牟天伟，朱维宗，秦桂花. 小学数学广角教学研究［M］. 北京：北京理工大学出版社，2018.

（浏阳市洞阳镇工业园实验小学）

找准教学起点，演绎精彩课堂

谭梦霞

摘　要：小学数学的学习是一个怎样的过程呢？答案显而易见，那就是以学生已有的知识、经验为根底，学生在主动探究、小组协作等活动中自主建构知识的一个过程。基于此，教师为了有计划性、有针对性地进行教学，需要了解并把握学生的认知起点、现实起点、活动起点和方法起点，在教学过程中有效地解决出现的问题，避免忽视和随意性。

关键词：教学起点；知识经验；课堂教学

教育心理学家奥苏伯尔说过："假如让我把全部教育心理学仅仅归结为一条原理的话，那么，我将一言以蔽之曰：影响学习的唯一最重要的因素，就是学习者已经知道了什么。要探明这点，并应据此进行教学"。因此，我不由得思考：如何找准教学起点，从而演绎精彩课堂呢？结合本人日常的乡村教学实践和研究，我总结为这几个方面。

一、读懂学生的认知起点，点燃探究火花

为了让我们的教学设计有的放矢，教师需要了解并认真读懂学生已有的珍贵数学学习资源，如已有的知识经验[1]、认知基础、生活积累以及可能对新知产生的误解等，这些都构成了学生学习数学的基础。若教师在教学前直接将学生都归类为"零起点"，那么，他们对教师的教学设计会有兴趣吗？课堂上还能实现与学生交流、共研的目的吗？答案是否定的。

教师如何了解并获得学生的认知起点？[2]通过什么方法或途径来准确把握学生真实的思考脉络呢？首先，教师要依据学生的现实情况，通过课前调查、分析学生书面作业、学生课前预习情况等途径，了解学生的"已知"，做到心中有"数"，并根据教学经验充分预测学生的"未知"。教师有了对学生的"已知"和"未知"的了解，在教学中让学生尝试"跳一跳，摘桃子"，从而让学生从"旧知"顺利迁移到"新知"的学习中。教师找准了适合学生的认知水平、符合学生心理特征的教学内容和教学方法，在此基础上，再采取恰如其分的提示、细致入微的点拨和简明精要的提炼等一连贯的措施来帮助他们理解知识，点燃学生的探究之火，后续的教学活动自然水到渠成。

例如，我们在研讨三角形三边关系时就有这样两种不同的教学风格。

第一节课中，教师以"比谁围成的三角形又快又多"的比赛为导入，吸引学生的注意力。（每人的学具袋里有 5 种不同颜色的小木棍，有的可能围成三角形，有的不能围成三角形。）从而提出猜想，使学生关注到两边之和与第三边的关系。教师本以为这样的设计能够引发学生的认知冲突，从而找到解决问题的突破口，但在课堂上，教师通过多次提醒，学生认为围不成三角形的原因仅仅是因为一边太长，或者另一条边太短了，还是久久不能回答到"点"上（两边之和），课堂氛围逐渐变得沉闷，学生不敢发言，生怕出错，教师也开始有点儿急躁不安；学生终于提出猜想后，教师又立马让学生动手求证，动手摆的过程用了 15 分钟，后续的课堂练习量严重不足，这堂课的教学效果有很大的提升空间。

反思一下：在教学设计时，教师能真正地了解学情，读懂学生的认知起点，是否会出现不一样的教学效果呢？学生的探究之情是否就被点燃了呢？

同样的一节课，教师利用小狗吃骨头的趣味情境作为导入：点 C 处贴"骨头"的图片，点 A 处

贴小狗图片，小狗非常想吃肉骨头，摆在它面前的有两条路线，一条是①+②，另一条是③（教师边说边在AB、BC、AC上板书①、②、③，在图下面板书“①+②？③”），请学生猜一猜小狗会选择哪条路线？因趣味性强，教师不仅激起了学生的学习兴趣，还成功唤醒学生已有的生活经历（走最近的那条路）。这只是学生日常生活中的一种非常朴素的生活经历，虽然在他们已有的认知中还没有构建“两点之间直线最短”这个知识，更加不知道“三角形任意两边之和大于第三边”，但是学生却轻而易举地就得出了①+②>③的结论。由这个不等式，教师引导学生进行大胆的猜想：两边之和大于第三边。接下来的活动，就放手让学生自己动手操作，从而验证猜想。

因教师读懂了学生的认知起点，所以设计的导入环节才能激起学生的探究火花，学生才能很快就提出猜想，这既节约了时间成本，又充分调动了学生学习数学的兴趣，也为后续的学习打下了基础，同时，为层层递进的课堂练习挤出了宝贵的时间。

二、顺应学生的现实起点，重在以点带面

由于班上的学生各方面差异性大[3]，尤其是乡村学生的现实起点更是不尽相同，所以，顺应学生的现实起点，才能在组织教学时做到心中有“数”。大范围的课前调查可能更适合乡村学校的小规模班级，那么，一般规模班级则不妨尝试用个别测试或个别交流的方式，帮助教师快速了解学生的现实起点，在教学活动中顺应学生的现实起点，从而达到“以点带面”的效果。

如在设计分数的初步认识一课时，经过研讨，我们确定逻辑起点建立在学生已经学会了平均分的基础上，那么，乡村学生的已有知识基础是否已经达到了这个逻辑起点呢？他们的现实起点又会是什么？

于是，课前，我利用问卷星设计了几个问题，抽样调查了班上的一些学生。

第一个问题：“老师手上有一块蛋糕，我想将手中的这块蛋糕平均分给2个人，你会怎样分？他们每人会分得多少呢？”出现的答案有“半块蛋糕”“$\frac{1}{2}$”等。

第二个问题：“现在，我想请同学们帮我将这块蛋糕平均分给4个人，你打算怎样分呢？这时候，每个人又将分得多少呢？”出现的答案有“半个的半个”“$\frac{1}{4}$”等，有少数学生已很难用语言表述答案。追问回答$\frac{1}{4}$的学生：“你们认为每人分得谁的$\frac{1}{4}$？”出现的答案有“半个的$\frac{1}{4}$”“一小块的$\frac{1}{4}$”“一个蛋糕的$\frac{1}{4}$”等。然后，我让学生拿出本子尝试写一写“$\frac{1}{4}$”，和同桌读一读。

第三个问题：“如果把蛋糕分成一大一小两块，能用$\frac{1}{2}$表示其中一块的大小吗？”大多数学生都认为不能。

通过这个抽样调查，我获得了以下信息：（1）部分学生已经初步接触了分数，有了平均分的基础，对分数的理解就不会那么难了；（2）大多数学生对于本册书分数所表示的意义，即部分与整体的关系还不了解；（3）大多数学生基本掌握了分数的书写和读法。

教师除了在课前个别测试或抽样调查之外，还可以通过单元测验、摸底测试等形式[4]，充分摸清学生已有知识根底，顺应学生不同的现实起点，以点带面，并据此采取不同的教学方法来提高教学效率。

三、研究学生的活动起点，把握动态生成

我经常思考，课堂教学究竟是一个怎样的过程呢？叶澜教授说：“课堂应是向未知方向挺进的旅程，随时都有可能发现意外的通道和美丽的图景，而不是一切都必须遵循固定线路而没有激情的行

程。”所以，教师要想准确把握课堂动态的生成。首先，需要静下心去钻研教材、吃透教材，做到心中有底，然后多方式、多角度研究学生，认真研究学生的活动起点，从而充分了解学生、打下应变生成的基础。教师还需要通过课堂教学积累一定的教学经验，通过采取灵活机动地调整提问、重组教学环节和改变信息呈现方式等途径，及时地对学习过程中学生反馈上来的信息做出准确的处理，有条不紊地把握动态生成。

例如在构思单价、数量和总价的数量关系的教学设计时，我通过课前调查发现学生有单独购物经验，对价格问题比较感兴趣，但是，在了解学生课前预习状况时发现一部分学生不能准确地用数学语言表达什么是单价、数量和总价，还有一小部分学生觉得这个知识太抽象了，存在畏难心理。于是，为了让他们在活动中了解数学知识的实际运用，我设计了一个购物小游戏作为导入。在课前，我了解到每个学生的活动起点有所差异，于是，针对性地将他们分为四人一组。先让他们轮流发言，再在小组内探讨、交流，学生在自主学习的过程中逐渐体会到了知识间的内在联系，并且顺利建立了抽象思维模型。

又如在执教三角形的面积时，我将这节课设计为活动探索课，于是，将全班分成五个小组展开教学。我提问：“今天，请自主完成三角形面积计算公式的推导，你们打算怎么办?”我看到大部分学生一头雾水地望着我，于是，我赶紧调整了一下提问方式：“孩子们，请在头脑中回忆一下有关面积计算公式推导的方法，你们能否从中得出一点儿启发呢？再调动头脑中的工具库——平行四边形面积计算公式来帮忙吧!”看到学生豁然开朗的表情，我抓紧时机让大家利用准备好的学具，和小组同伴一起剪一剪、拼一拼、摆一摆和议一议。在学生学习活动的过程中，我观察到有部分小组成员看到别的小组都完成了学习任务，便急得像热锅上的蚂蚁，不知道怎么动手了，于是，我就耐心地引导他们运用剪拼的方法，自主探究。最后，经过小组同伴们的共同努力，他们豁然开朗，兴奋地汇报此次探究成果：剪成两个相同的三角形，再利用这两个三角形拼成的平行四边形有以下共同点[5]：两个相同三角形的面积之和与拼成的平行四边形的面积相等；三角形的底是拼成的平行四边形的底，高是拼成的平行四边形的高。由此，学生开心地得出结论：三角形面积=平行四边形的面积÷2。

丰富多彩的课堂活动，让教师的课堂多了几分趣味性。而正是他们这种活生生的知识经验、思考，带给了教师更多的教学灵感。所以，针对学生在课堂上呈现出的差异性，我们不能选择无视，而应该注重学生活动的起点，找准一个适合新知教学的切入点，运用教育智慧及时调整并重组教学环节，从而更好地帮助学生有条不紊地提炼与升华原有的认知和经验，把握课堂知识的动态生成。

四、找准方法起点，理解知识更透彻

小学数学的认知主要是通过学生从“活动中学”、从“经验中学”的一个“做数学”的过程[6]，于是，教师“引导者”的角色就是通过设计针对性的活动帮助学生直观地理解抽象的数学概念。教师应针对不同年龄段的学生，因材施教，应用不同的引导方法，正确找准方法起点，从而帮助学生透彻地理解知识。

适合小学生的引导方法又有哪些呢？教师经过一个循序渐进的进程，逐渐在学习活动中通过操作法、图示法、线段图法和表格法等办法，协助学生一步步理解并掌握数学概念。例如根据一年级的年龄特征，100以内的数的认识及加、减法运算这个知识点可能有点儿抽象，那么，运用具体实物来操作的方法就能恰如其分地帮助他们理解知识。如何突破二年级的重难点——理解乘、除法的意义及运算呢？教师可以尝试用图形或小圆点来表征、认识乘除法，并在这个过程中引导学生逐步运用图示法理解并运用乘除法的意义来解决实际问题；虽然，二年级上册开始接触了线段图法，但是，教材正式引入该法是在二年级下册。通过引导学生运用画图策略分析数量之间的关系从而更好地理解“比多比少”，而“乘法意义”的实际问题对学生来说比较抽象，这时，可以使用线段图法将题意简单明了地表示出来，从而快速地解决问题。那么，表格法呢？初次使用表格法，是在二年级上册解决搭配问题时。

（一）教学片段一

1. 吃早餐

教师用 PPT 出示美味的早餐：牛奶、面包、包子、豆浆和油条，发问：只选一种饮品和一种食品，不能多选，你会怎样搭配这些食物呢？

学生你一言我一语，分析得头头是道，然而，教师仔细观察后发现，有的孩子一找就找全了，有的却怎么也找不全，这是怎么回事呢？

找得又快又全的学生走到讲台前说一说自己是如何搭配的，以及怎样搭配才能找全不落下，他从乱到全的有序思考得到了全班同学的赞扬。

学生总结：

（1）以饮品为标准：牛奶，可配 3 种，豆浆，又可配 3 种，共 $3\times2=6$ 种。

（2）以食品包子为例：包子，可配 2 种饮品，剩下的 2 种食品同样可分别搭配 2 种，共 $2\times3=6$ 种。

你发现其中的规律了吗？

2. 搭配衣服

早餐过后，小美准备出门了，你能帮她搭配衣服吗？（PPT 出示漂亮的衣服：上衣和裤子各 3 件。）

教师组织学生小组合作解决问题。

（1）在组内交流自己的做法，自己先摆一摆衣服图片，再把每一种搭配方案用自己喜欢的方式呈现出来，老师期待你们 5 分钟后的精彩汇报。

（2）组内交流。

（3）小组代表汇报：①选定粉色上衣，可分别搭配 3 条裤子；②选蓝色上衣去搭配裤子时，同样有 3 种搭配办法；同理可得，选黄色上衣也有 3 种搭配办法，所以搭配方示共 $3\times3=9$ 种。

（4）还有个别小组跳过摆一摆的过程，而是采取了画图法和连线法等。

（5）拓展思维：若再增加 1 件红色的上衣呢？搭配方案又会有啥变化呢？你发现了其中的规律吗？

3. 找路线

小美换上漂亮的衣服出发去少年宫了。可从她家到少年宫有好几条路线，该选哪条路线呢？你能帮帮她吗？

师：咱们一起来分析一下路线，从小美家到人民公园有 4 条路，从人民公园到少年宫也有 3 条路，那么，从小美家到少年宫会有多少种路线图呢？你会用什么方法帮她规划路线呢？

这节课以小美去少年宫玩为主线，设计了“小美吃早餐”“帮小美搭配衣服”“小美去少年宫的路线”等环节，一系列的活动设计非常贴近学生的生活实际，学生兴趣很高，但是有一半的学生在解决问题环节还是有点儿不知所措，原因是什么呢？反思一下：这是因为教师在教学前没有很好地找到这节课的方法起点，没有清楚地列出具体的搭配方案。

（二）教学片段二

1. 故事导入

瞧！小刺猬、小鸭和小鸡 3 个好朋友结伴去企鹅博士家玩，可是天公不作美，下起雨来，小鸭和小鸡快速拿出随身携带的雨伞，可是，小刺猬却没带伞，你们能帮他想想办法吗？

教师根据学生给出的答案，呈现了以下 3 种组合（如图 1 所示）。

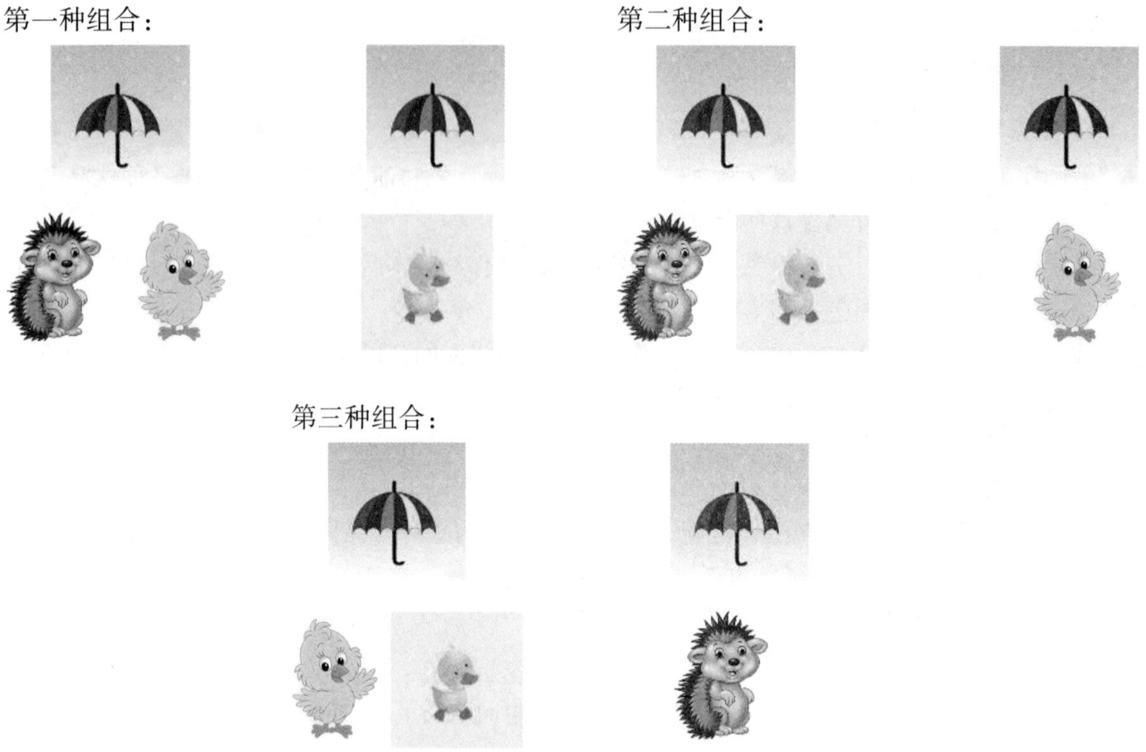

图1　小刺猬、小鸭和小鸡使用雨伞组合

师：3只小动物将3种组合一一尝试了一下，可它们却选择了第3种组合，谁能告诉我原因？

生：你看，小刺猬身上这么多刺，小鸭、小鸡和他挨在一起就被刺疼了，所以只能选择第3种组合了。

2. 解开密码锁，进行排列活动

如何解开密码锁呢？温馨提醒：①若用数字1、2、3摆两位数，你能摆出多少个；②请将这些数按照从小到大排列；③密码就是最大的两位数。

教师组织学生拿出学具袋里的数字卡片，边独立思考边动手摆一摆，同时记录在表格中（见表1），再将自己的结果和小组成员交流，组长收集并整理各成员的结果，然后大家一起按从小到大的顺序将数字排列起来，很快就找到了最大的两位数，即密码。

表1　数字1、2、3组成的两位数

十位	个位
1	2
1	3
2	1
2	3
3	1
3	2

师：同学们真是太聪明了，摆得又快又好，你们的秘诀是什么呢？

生：我们是按照一定的顺序（从小到大或者从大到小）去摆，表格法就很好地帮助我们及时记录且不会重复、漏掉。

3. 握手环节，再次用表格法解决问题

师：感谢大家的帮助，小动物们顺利开启了企鹅博士家的密码锁，一个个无比激动地相互握起手来，小鸭子边握手边思考：“咱们彼此握一次手，一共握了几次手呢？”

学生小组内展开活动，其中3位同学模仿小动物握手，剩下的那个同学数握手的次数，并及时记录在表格中，从而得出结论：3人一共握了3次手。

有学生脸上露出疑惑的表情，举手提问：刚刚开密码锁时用了3个数字，握手时是3个学生，都是“3”，却有不同的结论，这是什么原因呢？

学生析疑：两个数字可以通过交换个位和十位上的数，从而组成2个两位数，而两个人交换握手也只能算一次。

4. 练习题

教师PPT出示：有3个数4、6、9，任取其中2个数进行求和，有多少个可能的结果呢？小组合作填写表格并汇报展示。

出现4+6=10，6+4=10时，学生质疑：这两个算式的结果相同，是不是只能算一种情况呢？

讨论得到结论：得数有3种可能。

教学片段二中，教师设计巧妙，让学生在活动情境中感受有序排列、合理组合的快乐，逐步学会全面思考问题的方法。为了进一步拓展学生的思维，教师设计了“摆数”“握手”等有点儿难度的活动，并再次渗透表格法，帮助他们解决问题。教师只有找准了起点，才能帮助学生将知识理解得更透彻。

基于此，教师如何设计有效、可行的教学进程显得尤为重要，其中，认真钻研学生学习方法起点是关键。所以，教师在教学前需要研读教材、课标以及学生的年龄特征，精确掌握学生的学习方法起点，从而选择有针对性的学习方法来更好地引导，帮助学生理解知识。

总之，作为一名乡村的年轻教师，课前，认真“备学生”：备学生已有的知识经验基础，对学生认知、现实和活动起点做到心中有“数”，找准学生学习的方法起点；课中，教师一步步引导、帮助学生顺利找到适合自己的“最近发展区”，并积极主动地投入学习中，在潜移默化中提高了课堂教学的有效性。那么，课堂上的“意外”也就顺理成章地被演绎为精彩了！

参考文献

[1] 陈敏. 小学数学基本活动经验的积累［C］//2017年“基于核心素养的课堂教学改革”研讨会论文集. 2017：30-37.
[2] 屈巧英. 了解学生，找准学习起点［J］. 陕西：教育教学出版社，2010（Z1）：5-7.
[3] 程桂华. 尊重学生学习起点差异，促进课堂教学动态生成［J］. 中小学数学（小学版），2013（6）：12-15.
[4] 屈文装. 小学数学基本活动经验的课堂教学调查研究［D］. 武汉：湖北师范大学，2018：3-5.
[5] 周利红. 基于学生学习起点的“面积”概念教学［J］. 吉林教育，2014（11）：21-24.

（株洲市渌口区龙船镇花石小学）

小学数学课堂中“问题链”的思考与设计

申　煜

摘　要：提问是课堂对话的关键，是课堂教学与互动的核心。小学数学课堂有效提问对培养和发展儿童数学核心素养具有重要意义。问题链设计是对教学理念的进一步教学设计，使教学更具针对性和可操作性。教师根据对学生现有知识和能力的认知，设计真实问题，激发学习需求，使学生在自主探索的过程中产生对数学知识本质的思考，向深入数学学习迈进。问题之间应该有一定的层次结构和逻辑关系。在问题链的引导下，学生通过自主探索，实现未知向已知的转变，促进学生由表及里、由浅入深地自主建构学习概念，达成深度学习目标。

关键词：小学数学；课堂提问；问题链

核心素养视域下的数学课堂以教师为引导，突出学生自主学习的主体地位，它不再是简单地一股脑地把知识灌输进学生的大脑里，而是通过学生的自主学习、质疑探究论证等活动，把知识内化。

问题链设计是对教学理念的进一步教学设计，使教学更具针对性和可操作性。为了达到一定的教学目标，根据学生已有的知识和经验，针对学生学习过程中已经发生和可能发生的困惑，从而设计的一系列层次分明、逻辑性强的教学问题。[1]良好的课堂提问指导对小学数学的有效教学起着至关重要作用，对培养和发展儿童数学核心素养具有重要意义。

一、问题链：“真问题”和“深问题”

根据维果茨基的“最近发展区”理论，学生的发展分为两个水平：一个是学生的现有水平，即当他们独立时可以达到的解决问题的水平；二是学生可能的发展水平，即通过教学获得的潜能。两者之间的差异就是最近发展区。教师根据对学生现有知识和能力的认知，设计真实问题，激发学习需求，使学生在自主探索的过程中激发对数学知识本质的思考，使学生向更深入的数学学习迈进。

苏教版数学五年级下册“真分数与假分数”一课是“分数的意义”例6的教学，在此之前，学生已经接触过真分数和假分数，只是未明确定义：分子比分母小的分数叫作真分数；分子比分母大或者分子和分母相等的分数叫作假分数。学生真的对什么是真分数假分数一无所知吗？其实不然，在上课之前，笔者和孩子们进行了谈话，大部分同学能判断出真分数和假分数，有一小部分同学甚至能准确说出相关的定义。概念教学课堂是解决“是什么”和“什么是”的问题，那么这课接下来怎么上？在短暂的课前谈话后，师生进行了如下对话。

师：你们还想深入学习什么？还有什么困惑？

生1：我想知道真分数和假分数各代表什么。

生2：它们有什么关系？

生3：真分数和假分数是怎么来的？

生4：假分数是不是分数？如果是，为什么叫假分数？

生5：它们有什么用？

生6：假分数假在哪里？

就如何激发学生的学习兴趣而言，上述设计显然是非常成功的。然而，笔者仍想提出这样一个问题：虽然“假分数在哪里”的确可以被视为学生的真实问题，但如何在帮助学生学会判断“真与假”的同时，促进学生理解的深化？事实上，我相信很多学生在发现“假分数在哪里”后，都会有这样一个问题：既然分子大于或等于分母的分数不能算是真分数，为何不直接剔除呢？

我们不仅要认真思考什么是学生的“真正问题”，更要突出能够促进学生理解深化的“深层问题”！错误分数被视为“错误”的原因是基于分数的原始定义；然而，由于虚假分数的重要作用，这里需要的不是将其从分数中删除，而是扩大分数的含义和范围（从“分数”和“部分与整体之间的关系”的定义到分数“比率”的定义）。这是“加深了解”的主要含义。

二、问题链：问题之间的内在逻辑联系

数学这门学科和其他学科相比，有一个重要的特点就是非常强调逻辑性，它的正确性、合理性和严谨性就体现了强大的逻辑性。因此，数学教学的首要任务是通过观察、比较、分析、综合、抽象、概括、判断和推理，培养学生严谨的逻辑思维。教学是师生对话的过程，是思维碰撞的过程，是师生思想交流的过程。课堂提问是师生交流的载体。

课堂提问是一门艺术。课堂教学效果和课堂教学质量在很大程度上取决于问题设计的水平。好的问题链教学不仅要注重“知识连接”，更要提倡“方法连接”，不仅要注重知识之间的逻辑顺序，还要注重学生的认知结构和对数学方法的体验与理解。

苏教版数学四年级上册“可能性”一课的例1设计了简单的摸球游戏：口袋里有1个红球和1个黄球，小组合作，从口袋里任意摸出1个球，摸后放回，一共摸10次，记录每次摸出球的颜色。每当装着1个黄球和1个红球的口袋一拿出来，笔者心里就会想，好了，接下来又要用小组摸球的方法引出“可能”“一定”和“不可能”3种可能性了。但是这位老师接下来是这么做的。

师：我们不摸球，动脑思考。如果从中任意摸一个球，摸到的结果会是什么样的？说说你是怎么想的？

师：不摸，你们怎么知道呢？

师：如果真让你摸一次，你能确定摸到什么颜色的球吗？

师：“可能”是不确定的，那“可能”的反义词是什么？在这样的袋子里，不可能摸到什么颜色的球？

师：谁能用一句话概括，不可能摸到什么球？

师：对于这个结论，大家同意吗？需要动手摸一下来确定吗？

师：可见，“不可能”是确定的。继续思考，如果一定要摸到红球，袋子里该怎么装球呢？

师：（小结）“不可能”和“一定”都是对确定现象的描述。

老师们知道，摸球不是一种简单的游戏活动，而是学生学习“可能性”的数学活动。通过摸球演示，为学生进行深入的数学研究提供材料，加深理解和体验，帮助学生验证一些数学猜想。大多数教师的教学思想是让学生触摸口袋里的球。通过多次触球，学生可以顺利得出结论——如果你多次触摸口袋里的球，你可能会触摸到一个红色的球或一个黄色的球。然而，这种可能性并不是从这种操作中得出的，也就是说，它不是对多次摸球结果的总结，而是从推理中得出的，即在摸球之前对结果的预测。

因为事实上，你有可能10次中有9次都摸到红球，甚至有可能10次摸的都是黄球，摸球的结果与我们的预测是有偏差的。但是，教师通过一个一个问题串起来的问题链完美地避开了这种情况，摸球中的“可能性”应该是摸球前的预测，而不是多次摸球结果的概括。[2]在预测过程中，将可能性的教学按照“可能”—“不可能”的顺序合理安排下来，紧接着的模拟装球，将“一定”与“不可能”联系在一起。

在教师设计的问题链中，这些问题从学生现有的认知基础出发，根据教学目标，将教学内容编成一组相互关联的问题，使前一个问题成为后一个问题的铺垫，后一个问题是前一个问题的延续或总结，使每一个问题都成为学生思维的阶梯，一系列问题形成具有一定梯度和逻辑结构的问题链，使学生对可能性有深入的数学思考，而问题之间的跨度是合理的，这样一来，学生在面对困难和有挑战性的学习任务时，会感觉到自己是学习的主体，然后积极参与学习活动。

三、问题链：问题的设计要有层次性

“从具体到抽象，从已知到未知，从简单到复杂，从现象到本质”遵循了思维的六层次，即识

记、理解、应用、分析、评价、创造。也就是说，我们的课堂提问，可以根据布卢姆的思维六层次来设计。

根据《布卢姆教育目标分类学》，认知领域的教育目标分为六大层次：识记、理解、应用、分析、评价、创造。其中前三个为初级要求，而后三个则为高级要求。要设计层次化的数学问题，首先必须理解对应层次目标的概念和意义，并据此进行问题设计，按照从低层次到高层次的顺序进行数学教学，帮助学生获取信息，提高思维水平，从而达到数学教学目标。而我们的课堂提问，大多集中在前三种——记忆、理解和运用，对于后三种——分析、评价和创造比较少关注。

记忆类的问题，属于低层次认知水平，但并不是完全不需要，只是不能整节课都以记忆类问题为主。以“分米与毫米”这节课为例，可以在课前导入时这样提问，“我们已经学习了几个长度单位？分别是什么”。理解类的问题比较多，比如，“你能给三角形分类吗”就属于理解中的“分类”。“米与厘米之间的关系是什么”“将这四个单位按大小排排序”这些问题属于理解中的“比较”。练习基本都属于应用类问题，但应用类问题又可以分为两种层次，一种是在类似情境中迁移为，近迁移，一种则在不同情境中迁移，为远迁移。我们应该多提一点儿远迁移的问题，让学生更为灵活地掌握知识，而不仅仅是重复操练。譬如，当学生已经知道四个长度单位是两两之间十进制换算，我们不仅可以出相邻单位之间的换算问题，还可以出不相邻单位之间的换算问题。

分析，即将整体进行拆分，比较整体与部分之间的关系、部分与部分之间的关系。“一根2分米长的羊毛绳，将它围成一个长方形，长7厘米，宽3厘米。它的周长是多少？现在把它变成一个正方形，这两个图形的什么在变？什么没变？”这个问题就是分析类，学生要分析长方形和正方形的组成要素，并在这个基础上进行重组。评价常常是综合性的，难度更大。譬如，在认识这些单位的大小关系以后，让学生评价“小明的一天”这篇日记中单位的运用是否正确，不正确的话，应该是什么。创造性问题在课堂上比较少，却是最能激发孩子思维的，比如让四位同学分别戴上“70厘米”“5分米”“1/2米”“600毫米”的头套，随机站位，分小组让学生判断大小顺序是否正确，并按大小顺序调整正确站位。最快的小组分享判断理由和方法，然后可以再次出题。

因此，在课堂教学中，我们要设计有层次性的问题，从低级到高级的序列开展提问，让学生的思维深度参与，让学习真正发生。

总之，问题链的设计起着重要的指导作用。它不仅可以精炼学习过程，而且可以改变学生的学习方法。因此，教师不仅要充分考虑预设中的各种因素，而且要充分发挥其主观能动性，充分发挥其在实施过程中的作用。提问不仅是一种智慧，也是一种能力。好的问题能使学生抓住重点，给出相应的理解方法和回答。教师在教学中需要提问，要注意提问的对象、深度、步骤和形式，使小学生在探究学习过程中更好地成长。

参考文献

[1] 苏彩娥. 问题串在小学数学教学中的应用研究［J］. 新课程，2021（8）：69.
[2] 周妮. 对苏教版小学数学“可能性”的教学思考［J］. 数学学习与研究，2016（20）：103.
[3] 刘窗洲. 高中数学渐进式问题串的设计与实施［J］. 中学数学教学参考，2021（12）：6-8.

（邵东市城区第四完全小学）

“上瘾”在数学教学中的尝试

——“双减”背景下提升数学教学质量初探

彭 静

摘 要：“双减”对促进学生全面发展、健康成长，有效缓解家长焦虑情绪，构建教育良好生态具有重大战略意义。如何在落实“双减”工作要求的同时保证教学质量，是需要一线教师在实践中不断摸索、研究的一项课题。

“上瘾”作为一个工具，分为四个阶段，分别是触发、行动、多变的酬赏和投入。尝试将这一工具与后进生转化相结合，寻找二者之间的交集，让后进学生对学习上瘾，从数学教学的角度提升其学习力。

关键词：上瘾；课堂教学；教无定法

一次偶然的机会，我遇到了一本由尼尔·埃亚尔与瑞安·胡佛合著的书——《上瘾》。在我们周围，“上瘾”这一现象十分常见，如对手机上瘾、对游戏上瘾、对打牌上瘾等。“上瘾”这个词似乎带有贬义的色彩，但也有人健身上瘾、做美食上瘾、阅读上瘾。所以，上瘾这个词语本身并不带任何色彩，褒贬色彩取决于上瘾的内容。抱着好奇，我读完了全书，这本书主要是从心理学的角度分析怎样让人“上瘾”，作者将“上瘾”视为一个工具，将其分为4个阶段，分别是触发、行动、多变的酬赏和投入。作为一名教师，对职业的敏感让我产生了一个想法，借用书中的观点，让学生对“学习上瘾”，似乎也并非不可能。

去年，我接手了一个特殊的六年级班级，学生都是从各个县、区的农村学校转来的插班生，两节课下来，我发现孩子们的基础知识太过薄弱，很多孩子面对简单的方程完全动不了笔，已学图形的面积计算公式已经遗忘，甚至有的孩子连乘法口诀都背不完整……为了对学生的基础有一个更清楚的了解，我进行了一次“入学测试”，测试内容为五年级下册数学书上的练习。虽然不能唯分数论，但成绩一出来，我还是感到了前所未有的挑战：全班50人，优秀5人，良好7人，中等12人，及格6人，不及格20人！有6人分数在20分以下，其中3个孩子的得分是个位数。马上面临小学毕业，这样的基础，不管从信心还是兴趣的方面考虑，显然对孩子后续的学习是极为不利的。我结合以前的经验以及新学的“工具”，开展了一系列的转化后进生的工作，具体总结如下。

一、触发与思想的交流

“上瘾”的第一阶段是触发，用在学习上，我想，是要让学生尝试着对学习产生兴趣，愿意听听课、做些基本的练习。学习本来就不是一件轻松的事，特别是这群六年级的孩子，因为基础比较差，长时间处于后进生的层次，在兴趣和信心方面已受到多次打击，因此，我的首要任务是打开他们的心结，让他们重燃学习的信心。

“每个人都希望被接纳、被认同、被喜爱”。我抓住孩子们刚到一所新学校，面对新老师、新同学这一契机，开展了一场主题班会，主要谈了以下几个方面的内容：来到新学校，同学之间都不知道彼此的过去，老师也不会在乎每个人的过去，这对每个学生来说，都是一次新的起点；小学数学的内容不多，也不难，就算以前落下了一些内容，以六年级孩子的智商，最多两三个月就能全部补回来；我是一位经验丰富的老师，在数学教学方面有很多方法，一定可以把大家原来没听懂、不会做的内容都教会。这一场谈话后，我看到很多孩子眼里有了光。对于“吹嘘”自己这件事，我必须做出点儿实绩才能让学生信服。为了尽快看到效果，我选了3个在及格边缘的孩子作为我的首批“重点培养对象”，“课堂关注+课后辅导+不断地鼓励”的方法，对这几个孩子进行重点采用培养。比如，课堂上我会将一些比较简单的问题留给他们，在他们回答正确后大加赞赏，这几个孩子从最初的不敢说，发展到后来的主动举手发言；课后我要求他们主动找我问一个当天课堂上的问题，不管他们提出什么样的问题，我也一定会变着法地肯定他们上课认真听了。三周后的一次单元练习中，全班大部分孩子都有进步，而我的三个“重点培养对象”进步也不小，其中两个孩子晋级为优秀等级，另一个孩子良好，他们望着自己的试卷，不敢相信，其中一个叫刘恩畅的孩子抱着我哭着说：“彭老师，我的试卷上从来没有出现过90分。”

这一系列的前期准备工作，不仅是对孩子们自尊心的保护，也是为了让他们卸下心理的防御，点燃他们心中的火种。每个人都是有上进心的，如果说之前的谈话属于“外部触发”，那么，当他们看到自己的进步，进而产生了想要学习的欲望便属于“内部触发”。

二、行动与“师徒结队”

一旦激发了学习的动力，就比较顺利地进入到第二阶段——行动。但因为学生的基础太差，当他们想学、想听、想做的时候，会发现由于知识的断层而听不懂，要做的时候做不出，要想进一步学习，势必要将之前的基础补上来。如果仅靠学生自己去努力，枯燥的过程容易使学生丧失好不容量培养的信心，因此这个阶段，他们需要外部力量的帮助，而光靠老师一个人的力量也很难实现，于是我用到了“师徒结队”的方法，一个师父带一个徒弟，全班50个孩子都与另一个同学结成了“学习伙伴”。第一个学期刚开始，孩子们彼此之间还不是特别熟悉，所以师父和徒弟的搭配是我根据每个孩子的学习能力和性格特点组合的；到第二个学期，就由孩子们自主组队了。在“师徒”正式结队前，我与每位“师父”进行了一次单独聊天：首先，能成为“师父”，这是对学生能力的一种肯定；其次，在辅导徒弟的过程中，看似耽误了一些时间，但也是在加深对知识的巩固和理解，不仅帮助他人、获得友谊，也提升自己；接着，我与“师父”一起，分析自己“徒弟”的优点和不足，根据每位“徒弟”的学习情况与性格特点，单独制订辅导计划。师父的培训，是为了增加学生对“师父”这一身份的认同，也加深对接下来要辅导“徒弟”这一“任务”的理解。

因为有了学习伙伴，孩子们的学习有了共同进步的力量。郑毓信教授指出：“我们应该帮助学生由教师（或书本）指导下进行学习转向更自觉地学习，包括善于通过同学间的合作与互动进行学习，从而真正成为学习的主人。”

三、多变的酬赏与“捆绑考核”

所谓“捆绑考核”，相当于“上瘾”的第三阶段——多变的酬赏。具体做法是根据师徒两人的上课专注度（听课习惯、回答问题）、作业（书写、格式、正确率）、竞赛活动等，进行定性和定量相结合的评价，评选出“最佳搭档”“最强师父”“满意徒弟”，每个奖项评3人，共9人可得奖。获评的孩子可以到我这里“抽奖”，奖项有“和爸妈的亲子时光”“我爱美食”“阅读分享”“免作业卡”“好友邀请卡”“电影之旅”等孩子们喜欢的内容。孩子们表示，虽然有时候需要父母配合的奖励，如“和爸妈的亲子时光”无法兑现，但结果已经不是最重要的了，他们最期待的是这项荣誉。从心理学的角度讲，每个人都希望自己的努力被看见，只有被肯定，才会愿意继续投入时间和精力去做一件事，所以这时的孩子心里想的并不是奖品，而是希望被看见、被肯定，而这份荣誉还是和学习伙伴共同努力获得的，所以更加珍贵。于是除了对师徒结对的成果进行评价，我又增加了另一类“考核”的项目：“师父”为一组，评选5名“学习之星”；徒弟为一组，评选5名“进步之星”。这两项奖的获奖名单尽量不重复。因为奖项比较多，评价方法不唯一，孩子们都有机会获评。对于获奖的同学，孩子们都会真诚给予掌声祝贺，同学们之间还会相互“取经”，这种“猎物酬赏”带来的良性竞争，让孩子们都十分投入学习的过程，并期待每两周一次的考核评比。当学生开始有了期待，是否就是“上瘾”的开始?

当然，作为数学教师的我也拥有双重身份，我也是王博生同学的“师父”，因为这个孩子性格特别孤僻和自卑，一开始他不愿意与任何同学交流，当我在班上宣布我将成为他的“师父”时，听到其他孩子羡慕的呼声，我捕捉到他的抿嘴一笑。而在后面的学习中，他的学习更有劲头，从一开始连数字都写不好，到后来学校举行的计算小能手竞赛中，他拿到仅有的三个一等奖中的一个！他越来越自信，看到课间他与其他孩子一起嬉笑，我也倍感温暖。

要让学生对学习这件事情“上瘾”，还需要有源源不断的新鲜事物吸引他们，在作业形式这一方面我也下足了功夫，有时是书面作业，有时是实践作业，有时是手工作业。如果是书面作业，基础较好的孩子 10 分钟之内便可完成，基础不够好的孩子，我鼓励他们选择性地做其中一部分，而实际上所有的孩子都能完成这些作业，因为他们会主动寻找“师父”帮忙。六年级的实践作业我们做过“生活中的百分数”，让孩子们到生活中寻找百分数，初步感知百分数的意义；利用糖和水勾兑不同比例的糖水，为“按比例分配”这一内容提供感性认知；“操场中的数学”，利用圆、比例尺等知识绘制操场平面图；进行过学科整合，将科学实验与数学中的“有趣的杠杆原理”有机结合；等等。手工作业如自制圆柱，让学生更深刻地理解圆柱的侧面展开图以及各部分之间的联系；将单元的知识要点绘制成思维导图，这也是很多孩子喜欢的一种作业形式……我也会经常将我阅读的数学书籍如《万物皆数》《微积分的力量》，脑科学书籍如《刻意练习》《怪诞脑科学》《认知天性》等绘制成思维导图，和学生一起分享，并就其中涉及的学习方法进行实验和交流，在这样的过程中，学生感受到知识的神奇和学习的乐趣。将“触发”与“社交的酬赏”相结合，学习变成一件有挑战也有意思的事情，学生学习的自主性和热情越来越高涨。

四、投入与课堂的教学

上述的 3 个过程中，孩子们从“尝试”到“喜欢”到“期待”，持续保持着学习的兴趣，想要让学生持久地投入学习之中，当然离不开数学本身的魅力，离不开数学课堂这一主阵地。我主要从以下 3 个方面着手提升课堂的效果。

1. 精心设计习题，提高运算能力

运算能力是数学课标提出的十大核心素养之一，它是数学的根基，也是培养学生数感的一种途径。而越到高年级，一个问题的解决往往涉及较多的运算过程，如果学生过不了计算这一关，长时间地被困在计算的过程中，对于数学学习的兴趣也会大打折扣。所以，每天 3 分钟练习 6 道计算题是我给学生的课前练习。虽然量不多，但这些计算的练习也不能陷入机械重复的“怪圈”，我都是根据学生认知规律和知识技能掌握的情况进行精心设计，并在当天根据学生完成的情况、出现的主要问题等及时反馈和讲解，做到当日练、当日结。

2. 注重数学思想的渗透

“数学是知识与思想方法的有机结合，没有不包含数学思想的数学知识，也没有游离在数学知识之外的数学思想。”让学生在学习基础知识和技能的同时，渗透、归纳、提炼出数学思想和方法，不仅可使学生从数学思想方法的高度把握知识的本质和内在规律，还可使学生感悟到数学思想方法对于学习数学的重要性。以推理这一数学基本思想方法为例，推理分为两种形式：合情推理和演绎推理，小学阶段特别是低年级主要以合情推理（归纳推理和类比推理）为主，而到了六年级，我会有意识地创设情境，渗透演绎推理的思想，比如，在学习“分数除法”时，面对“除以一个数等于乘这个数的倒数”，我们从除法的意义、联系实际问题、商不变的性质等多个角度进行推理验证；学习“比例的基本性质”时，除了通过大量的举例、归纳、验证“内项积等于外项积”这一结论外，我们还利用代数的思想，从演绎推理的角度去解释比例的基本性质……以至于到后来，很多孩子也会从数学思想与方法的角度提出问题，从最初的简单接受到后来喜欢追问“为什么”“还有没有其他办法验证”等。这正是学生在真思考、有创造力的体现，也是学生投入学习的一种状态。

3. 沟通联系，促进结构化思考

数学知识之间有着密切的联系，结构化是数学知识的重要特点。在备课环节，我会考虑知识的生长点和发展点，让学生在已有知识的基础上生长出新的知识，比如在学习分数乘法时，我将“求一个数的几倍”作为“求一个数的几分之几”的生长点，将二者进行沟通与联系，让学生在分析的过程中自主建立整数乘法与分数乘法之间的联系，从而建立起基本模型——“单位1（标准量）×分率=对应数量”，而接下来六年级的有关分数乘法、分数除法、百分数问题、按比分配等问题，都以这一基本模型作为生长点展开学习。心系“联系”这根弦，脚踏“贯通”这条路，不仅有利于促进学生对知识的理解和掌握，也有利于对知识的融会贯通、迁移运用，更能培养学生从整体的角度去思考问题，形成结构性的思考意识。

这一年的尝试，主要是针对这个班的具体学情，结合“上瘾”这一工具所采取的一些措施，整体看来，经过一年的学习，这个班级的绝大部分学生不仅在学习成绩和数学素养方面有了大幅度的提高，更重要的是，学生的整体精神面貌改观，学习主动性和自信心都大大增强。《上瘾》这本书本来是讲对于企业而言，如何开发出让消费者“上瘾”的一种工具，作为教师，我们从数学课堂、教书育人的角度寻找这二者之间的“交集”，让我们的孩子们能够对于学习、探索世界、寻找内心这些方面主动尝试，让这个工具应用到更加有效的地方。

叶圣陶先生说：“教学有法，教无定法，贵在得法。”对于教师而言，我们需要不断学习，汲取新的知识和观念，了解学生的真需求，直面学生的真困难，才能更好地发挥教师作为学生学习的引导者的最大价值。

参考文献

[1] 尼尔·埃亚尔，瑞安·胡佛. 上瘾［M］. 钟莉婷，杨晓红，译. 北京：中信出版社，2017（5）.

（株洲市二中附属小学）

浅谈小学数学教学中的美育

易思罡

摘　要：随着我国教育事业的快速发展，美育的实施范围越来越广，在小学数学教学活动中的地位也不断提高。美育重要性的突显，使得各个阶段、各个学科的教师都需要进行教学思想的更新与教学方法的丰富。小学阶段的教育，对于学生的个人学习思想形成与发展具有启蒙作用。将美育与小学教育进行结合，有利于小学教育的成功改革。数学作为小学教育体系中不可缺少的一员，自然是美育发展的主要阵地。本文通过浅谈小学数学教学中的美育内容，让教师有意识地培育学生的美感，让学生发现美、追求美、创造美，达到真善美的和谐统一，从而促进学生的全面发展。

关键词：小学数学；教学活动；美育

美育以培养和提高人的审美素质，促进人的全面发展为主要目的，通过多种多样具有美感的教育手段和途径而进行的教育活动。数学中的简洁美、数字美、和谐美等等，为在数学教学中渗透美育提供了极大的可能，教师要用联系的眼光去观察数学，从美的角度去感受它、把握它，努力从小学数学教材中提炼美育因素，并积极地渗透于数学教学中，以激发学生学习数学的兴趣，产生对数学的感情，从中感受到数学美，加强学科渗透，提升学生的审美意识。同时，在对学生进行美育的过程中，必须以美的事物为载体和基础，在小学数学教育的过程之中，只要与美的事物相关的各种信息都可以作为课堂教学的内容，因此小学数学中的美育教育在内容上较为丰富。

一、小学数学教学中的外在美

外在美与数学本身存在一定的区别，首先，对于小学数学教师来说，必须树立良好的形象，在实际的课堂教育过程中充分地运用各种教学手段，保障语言的生动性以及形象性，并树立正确的老师形象，以和蔼可亲的态度来加强与学生之间的联系。其次，还需要注重教学活动的节奏性，保障板书的简洁性以及优美性，并营造较为轻松和谐的氛围。比如在教学认识长方体和正方体时，教师板书时可以根据透视学原理作图，并让学生体验作图，感受美术技能的实用性，强化数学和美术知识的联系，这些都可以有效地提高学生对美的体验，同时也能够积极地推动教学模式的革新。

外在美在小学数学教学以及学习的过程中发挥着重要的作用，并且，对于数学符号、公式以及较为枯燥的概念来说，不同的美好形象不仅能够提高学生的记忆力，还能够活跃课堂氛围，加强学生与老师之间的联系，充分落实我国的素质教育，突破传统的教学模式，保障学生和老师之间平等的关系。

但是如果在小学数学教育的过程之中只注重外在美而忽略了独特内容的融入，就难以充分地发挥小学数学的实际意义，同时也难以揭示小学数学的真实内涵，与其他学科相比，小学数学的美育过程有一定的差异。

二、小学数学教学中的内在美

“内在美”是相对于“外在美”而言的，数学本身也存在着异常丰富的“内在美”，即我们平常所说的数学美。

1．统一美

统一美与其他的美学形式存在一定的一致性，在促进数学发展的过程中，每一个人都积极地探索以及追求数学的统一性并寻求统一的解决办法。笛卡尔研究的过程中，受到了统一思想的影响以及启发，将数与几何相联系，了解不同学派的实际内容，并积极地构建不同的结构概念，描述数学之中的基本问题。

在小学数学教学活动过程之中，统一美体现在阿拉伯数字的内在本质上，通过加、减、乘、除之间的相互转化来消除不同的矛盾。如在教学认识乘法时，先让学生进行累加的计算，感受加法的烦琐，从而引出便捷的乘法内容，让学生在学习的过程中感受到数字计算的统一美。

2. 简洁美

简洁美作为数学活动的重要特征，被许多数学家认可和推崇，爱因斯坦提出，在数学教学活动过程中必须以简单性为基础，通过简单性来寻求真理，同时指出，简单新颖是寻求真理的唯一途径。爱因斯坦不仅深刻地揭示了逻辑的重要性，同时还提出了在物理以及数学学习的过程中必须以逻辑的简单性为基础和核心。

数学中的符号、概念以及各种公式是简洁美的最好体现，比如平面三角形可以组成形态各异的图形，然后通过计算三角形的面积可以算出变化后的图形的实际面积。

3. 对称美

对称美主要以不同形态以及对象之间整体或部分的对等性为基础，对称美能够给予人更多规律上的愉悦感，因此，古希腊学者用圆周运动来对天体的运动进行有效的解释。许多哲学家以及社会学家在对立体图形进行研究的过程中强调，圆形在所有的立体图形中最具有美感，能够带给人感官上的美好体验。

在小学数学中存在许多对称图形，矩形、平行四边形以及等腰三角形等都具有对称美。

4. 和谐美

古希腊学者毕达哥拉斯提出了“美是和谐”这一重要的数学命题以及美学命题，他认为，这一特性主要源自数学中的和谐比例。比如，黄金分割比例与人们的审美标准十分契合。

5. 新颖性

创新以及新颖性是数学活动的重要特点。培根曾提出，如果一个有美感的东西在实际调和的过程中存在一定的奇异性，那么每一个重大的进步都能够突破现有的创新发展模式，同时还能够带来思想上的大解放。比如，因为人们无法解答二次方程的不同平方换算标准，所以诞生了许多不同的计算方式，同时，奇异数的出现也打破了万物皆数的重要理论，这些都对社会的发展有着重要的作用以及意义。

在小学数学中，不同的思想方法具有一定的新颖性以及独特性，能够超越常规有效解决问题。比如圆的面积公式在推导过程中能够带给人一种耳目一新的感觉，鸡兔同笼问题的解答过程也在超越常规。

数学家也曾站在不同的角度对数学美进行了相应的论述，并提出了各自的观点以及建议。尽管数学中许多问题的解决途径以及解决方式存在矛盾与分歧，但是大部分的数学学者明确强调，数学带有一定的内在美以及外在美，同时还提出了许多独到见解。这些都与人们对数学的深刻认识有着直接的联系，但十分遗憾的是，并不是所有的人都能够直接体会这种内在美。

对数学的内在美进行分析的过程中，无法进行有效的界定，因为美并不是客观的，必须以主观的判断为基础，同时还需要站在艺术家的角度进行积极的分析。

三、小学数学教学中的形式美

“形式美”介于外在美与内在美之间，如果直接按照数学的构造模式来对不同的数学方式进行分析，那么就难以保障形式美的丰满性，同时也无法真正地提高小学生的数学学习效率。

对于数学中的不同符号来说，如果难以对其进行深刻的分析，就无法揭示不同符号的内在美，但是如果能够将不同的数学符号与故事进行有效的联系，那么就能够充分地发挥不同符号的作用及价值，让学生充分地体会各种符号的内在美，从而结合自身的实际情况，掌握高效的数学学习方法，真正实现化腐朽为神奇。小学数学教师在对不同的数学课堂进行设置的过程中，应积极地营造各种不同的情景，让学生能够在不知不觉之中掌握数学学习的方法。另外，许多优秀的老师十分注重让学生进行不同学习方法的归纳，要求学生积极地掌握各种数学知识，突破传统的教学模式，充分地发挥学生的作用以及价值。

不难看出，小学数学在美育内容的选择过程之中，除了需要进行外在美的宣传之外，还需要以数学的内在美为核心，充分发挥数学教学的作用以及价值，以保障学生能够更好地体会数学的真实内涵。

总之，要发现美、追求美，达到真善美的和谐统一，培养出热爱生活并能创造美的生活的一代新人，小学数学教学中如何发挥数学的美育功能，这是我们每一位数学教师应该思考的问题。

参考文献

[1] 陈正平. 美育维度下的小学数学教学探析［J］. 小学生（教学实践），2015（2）：57.
[2] 王喜军. 如何将美的教育渗透在小学数学教学中［J］. 吉林教育，2016（40）：118.
[3] 丁红橙. 快感课堂：体验数学美感［J］. 新课程（综合版），2015（7）：50.

（新邵县大新镇中心小学）

聚焦项目化学习　构建创造性课堂

——浅谈项目化学习课堂在小学数学教学中的应用

易　纯

摘　要：随着时代和社会的不断发展，我国的教育事业正处于蓬勃发展的时期，同时，这也给教育工作者带来了更多的机遇和挑战，教师不断更新教育理念，很大程度上推动着我国的教育事业向前发展。小学数学是一门实践性很强的学科，它能与生活事物、其他学科知识进行很好的融合。在学生是课堂的主体这一理念的指导下，项目化学习课堂应运而生，它可以极大地调动学生的积极性，让学生在探索的过程中通过实践与分析掌握数学知识的本质，使学生在感受、思考、比较和归纳中，提升数学思维，培养数学能力，进而实现深度学习。可以这么说，项目化学习将普遍运用于将来的小学数学教育教学中。

关键词：项目化学习课堂；小学数学；创造性；策略

引　言

项目化学习课堂是一种以学生为主体的教育教学方式，它是在新课改的背景下产生的，学生在教师的合理设计、引导下进行自主探究，在获取知识的同时，获得能力的培养，最终实现全面发展。当前，小学数学教学得到了社会各界的广泛关注及认可，并在一线教育工作者的实施、总结、改进的过程中不断完善，未来，项目化学习将会成为一种最常见的教育手段。

一、传统教育与项目化学习课堂的区别

传统教学方式主要以讲授为主，教师通过“灌输”的方式将知识传输给学生，学生对于知识的学习方式是刻板地记忆，没有经历知识推导的过程，致使数学思维能力得不到培养，主要通过重复、机械的训练方式进行学习，学习效率低。

项目化学习课堂与传统教学方式相反，项目化学习是以跨学科学习为目标，设计驱动性的问题，让学生通过自主探究的方式解决问题并提升自身素养的一种教学方式。教师作为课堂主导者，只起到引导作用，学生通过合作探究、动手实践的方式，按照提出问题、分析问题、解决问题的思维模式自主探究知识，这种方法不仅可以激发学生的学习兴趣，促进学生能力的培养，符合新课标的教育理念，还能促使教师的教学水平得到提升。因此，将项目化学习课堂的教学模式应用到小学数学的教学中是非常必要的。

二、项目化学习课堂在小学数学教学中的价值分析

（一）激发学生的学习兴趣

对于小学阶段的学生来说，数学学习能够很好地调动他们在学习过程中的思维，数学这门学科需要学生进行深入的思考，那么如何提升学生学习兴趣？开展与学生生活息息相关、具有动手实践性的项目化学习课堂就能激发学生学习数学的兴趣。学生带着一定的任务进行探究，只要项目题材具有趣味性和直观性，他们就会根据自己的思维方式进行思考，这给予了他们足够的自主探究空间，学生学会使用自己喜欢的方式进行探究，这可以使他们在小学数学教学和项目化学习课堂相结合的基础上体会到学习数学的乐趣。

（二）提升学生的综合素养

将项目化学习融入数学教学中，可以很大程度提升学生的综合素养。教师在进行项目化学习的教学时，会让学生以小组的形式参与进来。学生在小组合作完成项目的过程中，通过小组实践和讨论环节，强化了沟通交流的能力、动手实践的能力、灵活思考的能力和解决问题的能力。教师还可以将其他学科内容融入项目教学中，促使学生在学习数学知识的同时全面发展。

（三）创建创造性课堂

项目化学习课堂不仅能让学生掌握课堂知识，发掘学生的抽象思维能力，使学生产生更丰富的想象空间，还能够在很大程度上发掘学生的创意，教师在设计项目内容和方式的时候，应为学生预留足够的空间，让学生使用创新思维、方法解决项目主线问题。这既锻炼了学生分析问题、解决问题的能力，又促进了学生综合实力的提升。

三、项目化学习课堂在小学数学教学中的实践策略

（一）教材与生活情景融合，制定课堂项目主题

项目化学习课堂在小学数学教学中进行应用时，教师应当将教材与生活相融合，学生才能更好地融入课堂。在此基础上，教师应引导学生进行课堂项目主题的制定，当学生参与到项目主题的制定中之后，就能够在课堂上更有参与感，有更好的项目化课堂的学习体验。

例如，在学习认识人民币时，教师应当引导学生在充分学习教材的基础上，对书本的内容进行更加深刻的理解，当学生真正了解这个知识点的全部内容之后，教师就可以引导学生开展项目化学习的课堂，带领学生一起制定一个学习任务。比如教师根据认识人民币这个课程去设定一个“超市大甩卖”的项目化课堂主题，学生在这个项目活动中进行角色扮演。无论是扮演售货员还是顾客，都能让学生更多地认识人民币，以达到项目化教学模式与小学数学课堂相结合的教学效果。与此同时，学生还能够理解不同面值的人民币应该怎样兑换，在认识人民币的基础上去解决购买商品的实际问题，从而提升自身的综合素养。

（二）根据项目主题进行教学实施

教师可以带领学生在项目化学习的主题基础上去优化整个课堂的教学设计，引导学生一起根据项目主题“超市大甩卖”去展开小组分工。不同的小组分配不同的任务，学生带着自己小组的任务去学习，在学习的时候就会更加认真、仔细，能够达到更好的数学教学效果。

例如，教师给学生提出一些问题：在教材中都出现了哪些面值的人民币？在购买物品的过程中出现了一些复杂的兑换情况时应该怎样进行计算？这些问题看似非常简单，却能够引导学生更好地融入项目化主题学习中。学生对于教师提出的问题进行思考之后，会在项目活动的时候将重点内容划出并整理，在整理的过程中，学生还会回想起教师所提出的问题，将这些问题作为整理的参考，对所学的数学知识点有一个全面、深入的了解。之后，教师可以带领学生根据自己小组的任务做一幅思维导图，学生将这个项目化主题中蕴含的知识点做成一幅思维导图后，这种形式能够使学生的思路更加清晰。同时，教师在提问时也要注重所提问题之间的关联性，让每个小组的学生感受到其中的联系。

（三）对学生的项目化学习过程进行评价

教师在营造有创造性的项目化学习课堂时，除了上述提到的一些教学步骤之外，还应当重视对学生在项目化学习中的表现进行评价。可以让学生结合小组的任务将他们的思维导图分小组进行展示，教师和其他学生对他们的展示内容进行评价，这种多元化的教学评价和教学模式能够提升学生的学习兴趣。

教师在进行评价时，不应该只以学生的数学考试成绩或者数学课后作业、测试成绩作为标准，而是应该结合学生的课堂表现和在项目化学习中所学到的学习方法等进行多元化的评价。这也体现出了项目化学习课堂的优势。教师要充分地理解项目化学习课堂的内涵，将这种教学思路和教学模式应用到不同的学科和课堂，才能够展现出更好的教学效果。

总而言之，项目化学习是一种优秀的教育方式，它不仅能够使学生掌握知识更加牢固、学习兴趣更加浓烈，还能锻炼学生的思维能力，这种能力对于数学来说是非常重要的，因此在进行数学教学时，教师应当充分地利用项目化学习课堂的教学模式，使学生拥有更大的想象空间，也能使他们的眼界得到开阔。除此之外，教师在进行项目主题的制定和教学设计的实施时，要考虑到学生自身的兴趣爱好和实际的学习情况，实现因材施教，这样才能达到全面发展的教育目的，同时也要对学生在整个学习过程中的表现进行多元化的评价，促使其喜爱数学、喜爱思考，从而使学生收获更高效的学习。

参考文献

[1] 莫萦竹. 基于项目化学习的数学实践活动教学策略：以演讲教学为例［J］. 文理导航（上旬），2021（7）：13-14.

[2] 褚树荣. 素养需要实践：数学项目化学习刍议［J］. 中学数学教学，2021（4）：17-22.

[3] 费靖静，杨葛莉. 基于大单元视野下项目化学习的课程设计：以统编数学教材八年级上册第五单元为例［J］. 数学教学与研究，2021（12）：124-126.

[4] 兰衍局. 一个项目玩一节课：小学数学微项目化学习的实践与反思［J］. 小学教学参考，2021（17）：1-7，105.

[5] 蔡艳. 小学数学综合性学习的项目化实施之我见［J］. 第二课堂（D），2021（5）：77-78.

（华容县插旗镇中心小学）

寓教于乐，提高小学数学教学有效性*

李旭萍

摘　要：近年来，我国对教育事业的重视程度不断提高，并且，在党和国家的大力扶持下，教育事业也获得显著突破。在此背景下，为与时代发展步伐保持一致，很多教师开始对自身教学方法和教学理念进行优化创新。在小学阶段，数学这门课程难度较高，因此教师对此学科的关注度比较高。但是，因小学阶段学生年龄还比较小，个体身心方面存在较大差异性，因此，教师在对学生实施教学引导时，应当实施具有针对性的教学，为提高数学教学有效性奠定基石。

关键词：寓教于乐；小学数学；有效性

新课程改革对课堂教学提出了新标准和新要求，要求教师在教授知识和培养学生技能的同时，还要注重增强学生主观能动性和自主学习意识，从而使学生在遇到不同数学问题时可以游刃有余。对于以上这些要求，落实到具体教学工作时，教师可运用寓教于乐的教学理念，提高数学课堂教学效果和质量，并完成数学教学任务。

一、寓教于乐在小学数学教学中的作用

（一）激发学生学习兴趣

小学生因年龄比较小，主观能动性比较差，自控能力也比较弱。但同时小学生对新鲜事物具有较高的好奇心和求知欲，可以吸引学生注意力的事物又有很多，因此，在实际课堂学习过程中，学生经常会受到外界因素影响而无法集中注意力。[1]对于小学阶段的学生来讲，数学本身就是一门比较深奥难懂的课程，教师如果无法为学生提供恰当合理的学习方法，无形之中就会给予学生巨大的精神压力，甚至还会使部分学生厌烦学习数学。而寓教于乐的教学理念就可较好地解决学生学习数学过程中存在的问题，为原本枯燥乏味的数学课堂融入趣味性元素，使学生在潜移默化的过程中受到影响，注意力更加集中，学习兴趣也随之提高。

（二）减轻教师教学压力

寓教于乐的教学方法对于学生来讲，是一种比较新颖的教学方法，也可为数学课堂开拓另外一片天地。在小学数学课堂中融入寓教于乐理念，不仅可有效活跃数学课堂氛围，还能较好地提高课堂教学有效性，也能较好地促进教师完成教学任务和教育目标。新课程标准明确指出，在对小学生实施教学时，不仅要注重向学生传授理论知识和技能，还要对学生健全人格等方面进行培养和引导，提高学生个人素质和综合能力。寓教于乐理念是借助日常实际生活的多种资源来丰富数学课堂，并以最真实的日常生活实例来对学生实施理论性知识和道德素养知识的引导。

二、寓教于乐提高小学数学教学有效性的具体方案

（一）营造数学学习氛围，实施寓教于乐教学

简单分析“寓教于乐”，就是将教育有效融入快乐的氛围中，其实就是将教育内容通过艺术和美的方式进行呈现。[2]而高效的数学课堂教学，教师一般会用到两种元素，一种是知识交流，另外一种是情感交流。其中情感交流对于开展数学教学来讲是关键元素，注重实施情感教育引导可以较好地调

* 论文于 2021 年 9 月发表在《中国教师》上。

动学生的学习兴趣，使数学课堂氛围变得更加生动活泼，学生自主探究意识也能被较好地激活。自然而然，数学学习兴趣也会越来越浓厚。所以，落实到具体教学过程中，教师应当及时根据学生的实际发展需求和学习内容营造愉悦的课堂氛围。并且，教师还要及时更新自身教学观念、教学面貌等，促使学生被教师的情绪所带动。另外，对于一些比较调皮的学生，教师也要秉持教育引导的心态去对待，具有足够的耐心为每位学生指引方向。比如，在学习小数乘法这部分知识时，主要目的是让学生可以通过自主探究的方式掌握小数乘法计算方法，从而有效解决实际生活中遇到的小数问题。在教师讲解小数乘法知识时，学生可能会对小数乘整数的意义存在疑惑，针对此情况，教师应当增进与学生之间的互动交流，以引导的方式为学生解答疑惑和提出具体解决方案。同时，这也能使学生充分感受到教师的热情。可见，为学生营造轻松和谐的学习氛围，对于提高数学课堂教学质量和效率具有重要作用和意义。

（二）巧用现代信息技术，实施寓教于乐教学

首先，在对小学生开展数学教学时，因小学生年龄比较小，认知水平还比较低，思维能力方面也受到相应局限。[3]在实际学习过程中经常应用单一思维来思考问题，导致实际教学效果并不理想。因此，教师在实际教学过程中应当巧用多媒体设备，将数学教材中比较抽象深奥的知识点进行转化，并通过多媒体直观呈现，促进学生理解和认识。其次，因小学生具有活泼好动的天性，教师也可根据现阶段学生身心发展特点和喜好，将动画与数学内容进行有效结合，这样既可以较好地吸引学生注意力，也能针对性地提高数学教学的有效性。

例如，在学习小数加减法这部分知识时，教师应当改变之前传统的提纲式教学方法，与现代化教育教学发展步伐保持一致，只有这样，才能充分落实新课程标准对教育教学提出的要求。实际调查分析显示，现阶段大部分小学生在理解掌握本节知识后，对于一些比较简单的小数加减法计算，仍然不能迅速准确地得出计算结果。因此，教师在讲解本节新知识前，就应当通过互联网资源合理拓宽教学内容，制作出便于学生理解的PPT教学课件。此方式既可较好地将之前抽象深奥的概念性知识进行转换，也能让学生理解什么是小数加法、什么是小数减法，并通过实践探究活动，有效提升课堂趣味性，从而较好地提高数学教学效果。

总而言之，在小学数学课堂中融入寓教于乐的教学理念后，不仅可较好地激发学生学习兴趣，也能减轻学生学习压力和教师教学压力，使学生不再排斥数学这门课程。同时，教师也能较好地发挥自身教育引导者的作用，在教学过程中增强与学生之间的互动沟通交流，构建亦师亦友的和谐师生关系。此外，教师还会创新课堂教学方法，应用游戏教学方法来提高学生学习积极性，促使学生更扎实地理解和掌握数学知识。

参考文献

[1] 周建明. 寓教于乐：提高小学数学教学有效性 [J]. 新一代：理论版，2020 (6)：163-163.
[2] 黄忠华. 寓教于乐，提高小学数学教学有效性 [J]. 当代家庭教育，2020 (20)：156-156.
[3] 梁新君. 寓教于乐，提高小学数学教学有效性 [J]. 学周刊，2020 (3)：110.

（郴州市北湖区万华岩中心学校）

以问拟策，以练激能

——有效培养小学生运算能力的策略研究

陈琴琴

摘　要：从“计算能力”到“运算能力”，虽只一字之差，却蕴含着计算教学所肩负的责任与意义的转变。作为数学关键能力之一，运算能力不再单一地指向“会计算”，而是倾向正确运算、理解算理、方法合理的一种综合能力。通过科学的教学实践，期望探索正确的方式深刻理解算理，从而凸显运算的本质；通过丰富的练习设计，改变师生的观念，进而达到提升运算能力的目的。

关键词：运算能力；算理理解；运算练习设计

经过学习与实践，我们逐步认可：运算能力不等同于“计算能力”，不再是单纯的“能计算”“会计算”。运算能力是一种综合能力的体现，是运算技能与逻辑思维能力等的一种独特的结合，其主要表现为正确运算、理解算理、方法合理。也就是说，能正确计算只是培养运算能力的基础，除此之外，还要理解计算过程中方法后面隐含的算理，最终达到能灵活选择计算策略解决问题的目的。

一、以测观能：学生运算能力的现状

运算能力作为数学关键能力之一，我们一直在日常课堂教学中努力渗透和培养。但从学生总体所反映的情况来看，虽有培养和显现的教学行为，却不够扎实，具体表现为缺乏对数据的整体观察。

300÷11○600÷22

正确答案：=　　正确率：43.4%

图 1

我们来分析一下图 1 这题得分率低的原因。考点是商不变性质，通过观察被除数和除数的前后变化即可得到二者相等的结论。而所有错的孩子使用的方法均一致，即通过计算，将计算结果进行比较，商相等，比余数，余数大的结果就大。错误的原因可能有二：一是商不变性质没有掌握；二是根本没有将题目和商不变性质建立起联系。

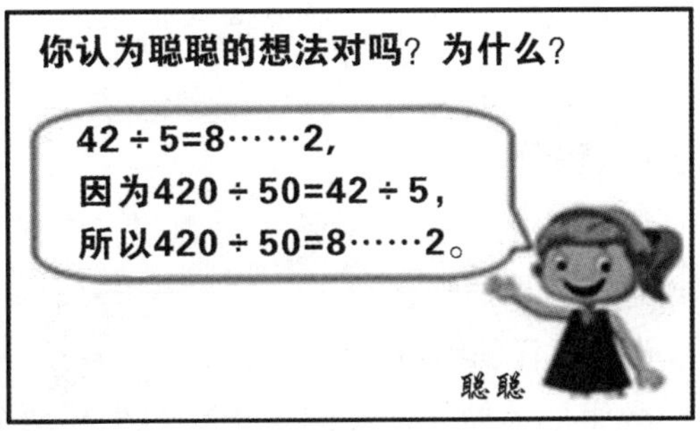

正确率83.8%

图 2

图 2 孩子们运用了商不变性质，甚至进行了展开，说明对于商不变性质掌握得还不错，可以看出，他们在解决图 1 题目时并不是不知道商不变性质，而是没有和商不变性质建立联系，拿到就算。“拿到就算”的背后反映的是孩子们计算前缺乏对于题目和数据的整体观察和思考，而观察和思考恰

恰是灵活选择算法的前提。

二、以问拟策：以问题为导向，实施有效策略

在数学课堂上，我们一般在笔算教学中才会重点讲解算理。而笔算的教学更多的是要依赖口算算理的学习，它是口算过程的记录和体现。所以笔者认为，算理的理解应该从口算开始重视和加强，分解算理的难点，从而为笔算打好基础。

如在三年级下册除数是一位数的除法教学中，笔算除法例1、例2是本单元教学过程中的难点。学生的难点有二：一是格式上的难，第一次出现商是两位数的笔算除法，学生往往难以一次性得到结果；二是算理上的难，能算出结果，但没有清晰的算理，不能将算理和笔算过程较好地进行匹配。前面虽已完成口算除法例1～例3的教学，但并没有为笔算做好足够的铺垫。因而在整合前面3个口算例题教学之后，我们增加了"口算42÷3"的教学。

（1）出示例题：42÷3＝？

师：如果把算式理解为42根小棒，平均分给3个人，每人分到几根？请认真思考并分一分。

（2）动手操作：请同学们分一分小棒，研究42÷3的分法。

（3）渗透算理

师：请一组同桌上来，一边分小棒一边介绍你们的想法。

生1：先把3捆（每捆10根）小棒平均分给3个人，每人1捆，剩下一捆拆开来和2根组成12根分给3个人，每人4根。

师：他们的分法你看懂了吗？有什么问题想问？

生2：为什么要把1捆拆开来？

生3：因为这一捆不够分。

生4：因为1除以3除不了。

生5：拆开了才能再分。

生6：就是说，一捆分给3个人的话，每人分不到一捆，所以拆成10根和个位上2根一起分。

师：那怎么用算式表示我们分的过程呢？

生：30÷3＝10，12÷3＝4，10+4＝14。

笔算的算理不是随着笔算的产生而产生的，而是始于口算，再直观体现于笔算。将算理的教学前置于口算教学中，可以分散难点，逐步渗透和强化算理。

三、以练激能：提升运算能力策略

练习是提升运算能力的必要手段。但机械、单一的练习容易让孩子对计算产生排斥，笔者提倡设计带有不同功能和形式的运算练习，并且以练习形式的改变助推教师评价方式的改变，达到以练激能，更好地提升孩子的运算能力。

（一）设计专项性练习，培养数据观察意识

整体观察数据的意识是灵活选择计算策略的基础，仅凭"先观察，后计算"的口号是不够的，需要设计专项性的练习来"迫使"孩子进行数据的观察。

如在四年级学习了运算定律后可以设计这样的练习：

在下面数字选择两个或两个以上的数组成能简便计算的式子（至少写两个），数字：59，1200，8，41，25。

如在五年级学习了小数乘除法后设计这样的练习：

如图3所示，第一块地和第二块地的面积之和，比第三块地大多少平方米？

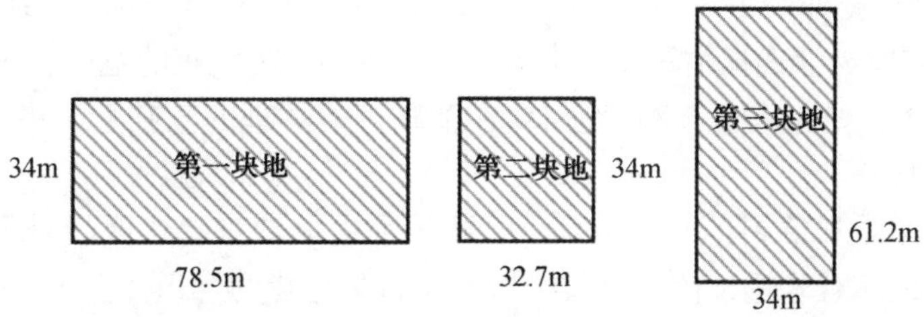

图 3

四年级学生从做简便计算到写能简算的式子，除了要扎实掌握运算定律，更需要专注于数据本身，观察数据的特点；五年级在对比中发现观察数据在计算中的重要性。在练习中穿插培养孩子数据观察的“专项性练习”，引导他们在忙碌的计算中停下笔来静静地思考“怎样计算才是最合适的”，逐步推进由“拿到就算”向“先看后算”的转变。

（二）设计过程性练习，培养灵活应用意识

在日常的批改中，我们常常会这样批改：简便计算会关注计算的过程、方法，而对于其余的口算、笔算只看结果是否正确。显然，结果很重要，但我们更要关注过程，过程在运算能力的培养中同样重要。

三年级学习了口算除法后设计这样的题型（如图 4 所示）。

（　　）÷2=8　　　　（　　）÷2=20　　　　（　　）÷5=10　　　　（　　）÷5=5

图 4

四年级学习笔算三位数乘两位数后设计这样的练习：

计算“145×67”，数字“4”×“7”表示的实际大小是（　　）。

A. 2.8　　B. 28　　C. 280　　D. 2800

三年级的孩子如果能逆向推算出两步所能解决的口算问题，四年级的孩子如果能将“4”×“7”的含义清晰表达，都是进一步深入算理并在此基础上灵活应用算理的表现。如果教师只是为了得到上述题目的结果，看看结果是否正确就一批而过，就会与这些精彩的想法失之交臂。

以这种“过程性的练习”引导孩子，改变教师以计算结果作为评判计算教学好坏的唯一标准的观念。当老师善于关注过程、评价过程，也就能关注孩子的思维，不仅能更多地抓住引导的机会，也能改变孩子对于计算枯燥、只要算出结果的看法。

（三）设计多元化练习，培养方法选择意识

在关注过程性练习、引导性练习的同时，也要改单一练习为多元化练习。指向多种方法的选择，指向多种能力的培养……多角度的练习形式，才能给予孩子多角度的培养。

如五年级学习小数乘法后设计这样的练习：

（1）已知 2.7×□.6 是一个一位数乘一位数的小数算式，那么下面四个数中有可能是它的得数的是（　　）

A. 15.12　　B. 6.2　　C. 1.02　　D. 27.92

或这样的练习：

（2）用下面的示意图（如图 5 所示）来表示“3.4×1.5”的结果，那么数字“3”×“0.5”表示的是（　　）号长方形。

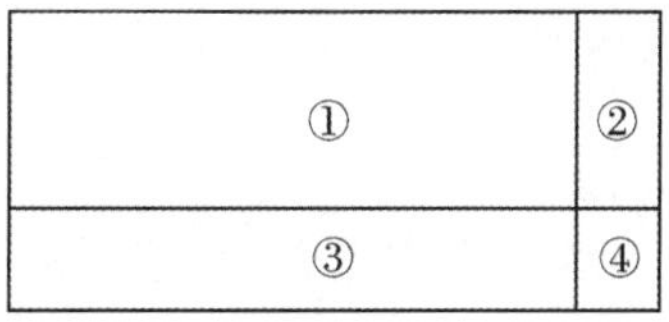

图 5

A. ① B. ② C. ③ D. ④

要完成第（1）题需要灵活选择估算2.7×0.6和2.7×9.6，确定积的范围，进而排除选项C和D，用积的小数位数来排除B；要完成第（2）题需要在清晰理解算理的基础上，将算理和图形的面积意义相结合才能做出准确判断。

让这样的习题变为课堂和练习的“常客”，倡导孩子去灵活选择，改变计算只是一种技能的观念。有思维、有挑战，也就有乐趣，孩子也就慢慢有了自主选择的意识。

如果把计算教学看成是一次登山，我们需要明确目标及登山的意义（明确算理），需要具备登山的技能（掌握算法），需要规划好登山的路线（合理选择），老师要为孩子的整个“登山之行”提供全方位的帮助，不可偏废，才能在保证孩子安全（正确计算）的前提下，让孩子享受登山的乐趣（提升能力）。

参考文献

[1] 曹培英. 跨越断层，走出误区：“数学课程标准”核心词的解读与实践研究［M］. 上海：上海教育出版社，2018.

（郴州市安仁县龙海镇中心小学）

核心素养视角下小学数学课堂教学方式改革探究

王　晶

摘　要：传统小学数学课堂教学方式严重束缚了学生的创新意识和数学思维能力的发展，不利于学生掌握和应用数学知识。因此，在核心素养视角下，教师必须转变教学方式，改革教学内容，延伸小学数学教学的深度和广度，促进小学数学教育的进一步发展。

关键词：核心素养；小学；数学；教学方式

新课改对小学数学教育教学工作提出了更高的要求，强调学生的素质教育和学科核心素养的培育，希望通过改革小学数学课堂教学方式，实现小学生数学思维、自主学习能力、创新意识等方面的综合培育，力图促进小学生的全面发展。

一、秉持真实原则，创设有效情境

小学数学教学目的在于让学生学会知识的迁移应用，将学习到的理论知识应用在实践中，解决现实生活中的问题。因此，在实际教学中，教师所创设的数学情境应秉持真实性的原则，融入真实的主题，用真实的客观条件来创造真实的情境，这样才能充分发挥情境教学的价值。[1]学生进入教师打造的真实情境中，熟悉的情境减少了学生和数学的距离感，学生在真实环境下发现问题、分析问题、解决问题，极大地锻炼了学生的数学思维和数学应用能力。在这一过程中，学生的数学核心素养得到发展。

比如，在长度单位这部分内容教学时，教学内容主要是认识尺子上的刻度和单位，并学会尺子的使用方法，自主测量物体。传统教学模式下，教师喜欢用简单直接的方法带领学生认识尺子，并讲解尺子的使用方法。这样的教学方式不利于启发学生的数学思维，压制了学生的创新性，导致课堂效果不佳。在新课改下，教师可以创设真实的教学情境，来引导学生逐步掌握这一教学内容，具体方式如下。首先，教师可以要求学生回忆自己接触最多的与长度有关的事物。学生思考过后，说出了自己的答案。有的学生说自己的文具盒长25厘米，这时教师就可以继续提问：厘米这个单位是怎么来的呢？学生的思路跟着教师，也对厘米这个长度单位产生疑惑。接着教师就可以带领学生认识尺子，学习尺子上的刻度，让学生找一找1厘米的长度，并让学生用手感觉1厘米的长度。

在学生对尺子的刻度有了全面的了解后，教师可以设置问题情境，询问学生："现在有一把坏了的尺子，它2厘米之前的刻度被磨掉了，要用这把尺子量一量小纸条的长度，应该怎么量呢？"引发学生思考和讨论，尝试不同的方法来用残缺的尺子量纸条。该问题情境的创设秉持着真实的原则，实际生活中经常遇到损坏的东西继续使用的场景。但是对于学生来说，的确是问题的升级，具有一定的难度。通过这样的教学方式，学生能够灵活运用数学知识来解决实际问题，培养了学生的数学核心素养。同时，学生的数学学习兴趣大大提升，有利于实现良好的教学效果。

二、推崇多样方法，激发学生兴趣

在核心素养视角下，小学数学课堂教学方式应是多样化的。如果一直使用同一种教学方式，不仅会使教学效果大打折扣，而且还会降低学生的学习兴趣。因此，教师要不断调整和优化自身的教学方法，用丰富多样的教学策略激发学生的数学学习积极性和主动性，促进课堂参与度的提升。[2]

比如，在教学"时分秒"时，教师需转变以往单一的教学方法，树立多样化的教学论，营造多样化的教学格局，让学生在不同的教学策略引导下开展时分秒内容的学习。这样学生始终保持着对数学课堂的新鲜感和好奇心，期待数学课的到来。

方法一：小组合作学习法。教师将学生分成人数相等的小组，以小组为单位观察秒针、分针和时针的变化情况。教师可以设置本次小组学习的探究主题为秒针、分针和时针的关系，并引导学生先探究时钟上的刻度是什么意思。通过由表及里、由简到难的阶梯式教学法，让学生全面掌握时分秒的关系。在小组学习过程中，每个学生都积极发表自己的看法和见解，营造了浓郁的学习氛围，同时，学生在小组的共同努力下知道了秒针和分针的关系，为接下来的时针和刻度学习打下良好的基础，实现了教学的可持续性。

方法二：自主学习法。通过任务驱动教学法来激发学生的自主学习意识，实现理想的学习效果。在实际小学数学课堂教学中，教师可以要求学生用自己已有的知识来记录自己一天的生活，学会写生活日记，将自己这一天玩耍、吃饭、学习的时间等记录下来。等到上课时翻看，可以准确地感觉到分钟、小时的关系。该种学习方法完全由学生自主完成，大大提升了学生的时间观念，促进学生认知水平的提升。此外，学生从时分秒数学理论知识的学习转变为实际应用层次。

三、拓宽教学内容，增强学科体验

要想充分培养学生的数学核心素养，必须拓宽教学内容，让学生接触到更广阔的数学世界。这样有利于开阔学生的数学眼界，锻炼学生的学科核心素养。[3]根据新课改的要求，教师要立足于教材又高于教材，改变原来的教材至上的理念，挖掘教材中可利用的元素，积极创新，将其他数学资源融合起来，拓宽数学教学的深度和广度。

比如，在教学“位置与方向”时，教师可以引入一些动漫资源来增强课堂教学的趣味性和生动性，激发学生的学习兴趣和热情，从而提高学生的数学学习体验感。以《熊出没》动漫为例，教师可以创设动漫情境：光头强邀请熊大和熊二参加滑雪比赛，开始的时候都在起点线上，半个小时后，3个人的位置发生了改变。然后带领学生一起来看动漫影片，找一找光头强在熊大的哪个方向，熊大又在熊二的哪个方向。影片结束后，可以让学生将3人的位置画下来，标注好谁是谁，并在空白处写好注释，谁在谁的哪个方向。这样将绘画引入数学教学中，有利于提升学生的空间想象力。同时，学生还可以进行讨论和交流，推动数学体验达到更深层次。此外，教师还可以组织学生进行角色扮演，在演绎时要求学生依次说出自己的方位。游戏的教学方式能达到理想的教学效果，促进学生对数学知识的深度学习，让每一个学生都获得高度的数学体验感，这样学生对教学内容就有了更深的记忆和理解。

四、实施过程评价，提升培养效果

在新课改背景下，数学核心素养的培养不能局限于多样化的课堂教学方式，还应注重教学过程中的评价激励机制。传统小学数学教学方式过于单一，将测试和考试结果作为唯一的评价标准，不利于学生综合数学能力的提升。因此，教师应积极完善数学学习评价机制，从全方位、多角度对学生的学习行为和学习过程进行评价。比如，数学评价考核应包括作业、笔记、发言、考试、实践等方面。更多地关注学生的学习过程和学习成效，充分发挥评价的积极作用，保证学生数学学习的持续性和高效性。

以作业情况评价为例，部分成绩不好的学生积极完成了作业，虽然准确率不高，但这种态度是值得学习和提倡的。因此，教师应以赞扬的态度来评价，进而激发这部分学生的数学学习积极性，增强其自信心。这就是评价激励机制中的学习态度评价，看到学生的闪光点，激励和肯定学生。此外，在实际课堂教学时，一些学生可能会给出意想不到的解答思路，这时教师可以用一两分钟来夸赞学生，让学生感受到成就感和自豪感，进而更加积极主动地思考和创新，同时，将学生的解答纳入评价机制中。教师还可以实现多主体评价，促进评价体系的有效性提升。

五、结束语

综上所述，在小学数学课堂教学中，教师应转变落后的教学观念，采用多样化的教学方式。通过创设贴合教学内容的情境，激发学生的数学学习兴趣，培育和锻炼学生的数学核心素养。并利用全方位、多角度的数学评价体系，提升数学教学质量和水平，促进数学教学的全面发展。

参考文献

[1] 俞勇. 核心素养视角下小学数学课堂教学方式改革探析［J］. 新智慧，2020（1）：98-98.
[2] 唐思祺. 核心素养视角下小学数学课堂的教学方式探析［J］. 山西青年，2020（8）：154.
[3] 粘振利. 核心素养视角下小学数学教学模式新探［J］. 文理导航，2020（18）：99.

（永顺县芙蓉镇列夕九年制学校）

浅谈低年级数学语言表达训练

江　思

摘　要：数学语言表达能力的培养，是教师在课堂教学中根据学科特点落实素质教育要求，努力探索和实践的重要课题之一。数学语言表达能力，直接影响着学生分析问题和解决问题的能力的提高及数学逻辑思维的发展，因此，加强数学语言表达能力的训练，必须从低年级抓起，这对提高学生的整体数学素质具有举足轻重的作用。

关键词：观察；思考；理解；语言表达

一、利用课本插图，创设语言情境

培养学生数学语言表达能力，教师要根据学生的年龄特点，重视直观教学，在课堂内为他们创设良好的语言情境，让学生从观察、想象中受到启发，用语言表述各种数学现象和问题。同时在训练中规范数学用语，增加学生的数学词汇，提高表达能力。

现行数学教材中编有大量的插图，这些插图为我们进行直观教学、创设语言情境提供了极好的素材。我们应当珍惜这些插图，充分运用它来引导学生观察、思考、发现、理解。如在教 5 的组成时，我们可以利用 5 位解放军叔叔骑马的主题图，先教学对 5 的认识，然后利用练习中的插图询问学生：4 只白兔 1 只黑兔合起来一共有几只兔子？白兔比黑兔多几只？黑兔比白兔少几只？5 只兔子跑了一只还剩几只？问答完成后，让学生复述。由于有了良好的语言情境，学生一方面领悟到“合”与“剩”、“多”与“少”的含义，弄清楚了 5 的组成与分解，另一方面也培养了观察、思考能力以及语言表达能力。

在进行数学概念的教学时，利用课本中联系生活实际的插图，可以有效突破数学教学中的重难点，且可以锻炼学生的语言表达能力。小学生思维简单，让他们直接观察插图，然后进行语言表达的训练，最终达到在熟悉的生活场景里捕捉抽象知识的目的。如，三年级上册“秒的认识”的教学插图，倒数新年的钟声，过马路时的红绿灯，1 分钟跳绳多少个，跑 100 米需要几秒，让学生感受一秒究竟有多久，知道秒在生活中的运用，体验数学和生活的联系，让学生在课堂中大胆地用语言表达 1 秒钟、几秒钟能做的事情。课本中还有各种各样的表盘实物图，能有效引导学生观察各种各样的钟表，特别是从机械钟表的表盘中认识秒针，直观地看到秒针走一小格就是 1 秒，走一圈就是 60 秒，也就是 1 分。通过课本上丰富的插图，教师适当地创设不同的语言情境，以及联系生活实际，从各个不同的层面，让学生对秒进行感知，从而准确地用数学语言表达出来。

二、利用演示操作，训练语言表达能力

数学语言表达的条理性、逻辑性是建立在观察事物周密性的基础上的。因此，我们要教给学生细致观察的方法，让他们在观察中发现问题和解决问题。在教学中重视教具和学具的运用，多演示、勤操作，从中获得感知，增强语言表达能力。演示操作前，教师要求学生通过猜想及想象，用简洁的语言表达出可能的过程和结论；演示操作中，教师通过讲解来启发学生，让他们理解深层的知识；演示操作后，要求学生用自己的语言精练表达演示操作过程及所得出的结果。如在学习 20 以内数的加、减法时，我准备了 8 朵红花和 8 朵黄花，先在磁性板左边放 3 朵红花、5 朵黄花，然后开始演示，要求学生进一步用语言表达操作过程，最后让学生根据语言表达的内容摆教具，这样既轻松地完成了教学任务，又能让学生在实际训练中得到感知。又如，在教学 20 以内数的退位减法（13 减 5）时，我

先让学生准备 13 根小棒，用橡皮筋把其中的 10 根扎成一捆，而后进行引导和提问，让学生在一次次动手实践和老师的提问中，领悟到退位减法的算理，同时，学生也通过自己的演练操作，在回答的过程中，从实践出发，尝试用更精准的数学语言来表达。

三、利用数学语言中的严密性，深化表达能力

一些数学术语以及文字试题的叙述，都具有高度的精确性和严密性的逻辑性，因此，要让学生充分理解并学会运用，绝非一件容易的事情。如“乘”“乘以”“除”“去除”“除以”“被某数除”等数学术语，这是学生在学习中理解的障碍。要扫除这些障碍，只有通过反复训练，多角度表述，方能分清是非，获得正确的表达意思。以 15÷3 为例，它可以读作 15 除以 3，也可以说成 15 被 3 除，又可以说成 3 除 15，还可以说成用 3 去除 15。通过这样的训练，学生不但弄清了这些数学术语的含义，而且也为今后学习文字试题打下了良好的基础。因此，数学语言中的严密性是教师在教学中值得加强训练的重要环节，这对强化学生语言表达能力起着极其重要的桥梁作用。

四、利用编题，强化语言表达训练

现行教材编排了不少补充条件或补充问题的练习，甚至自编应用题也占一定的比例。这对于发展学生个性，促进思维发展，提高学生语言表达能力，无疑是一种行之有效的途径。

自编应用题的教学，是培养学生创造性思维，发展学生智能的重要手段，也是强化学生语言表达能力的最佳方法。这就需要教师克服畏难厌烦情绪，平时注意多加培养，由易到难、由浅入深地强化训练。如从变题材、变角度、变语言、变已知数出现顺序等入手，鼓励学生标新立异，发展个性。例如学了“求一个数的几倍是多少”的应用题后，我让学生看线段图编题，要求通过变情境、变叙述的方式编出与别人不同的题目。学生的创造性被激发出来，编出了很多出乎教师意料的题目。

通过这样的培养训练，学生不但学会了知识，掌握了数学语言表达的精确性，同时也发展了学生的思维品质和个性，这正是当前素质教育的需要，对于学生学会学习、学会做人、学会解决问题等多种素质的提高是大有益处的。

因此，可以说数学语言表达是学习数学的基础，数学语言表达能力的培养从小学低年级抓起是不无道理的。

参考文献

[1] 张月红，在数学教育中如何激发学生的学习热情［J］. 周刊学，2016（7）：66.

（娄底市双峰县花门镇杉林学校）

小学数学课堂深度追问的教学策略探究

胡晓娟

摘　要：小学数学课堂深度追问涉及教师的教学智慧和临场发挥的敏捷度。研究课堂深度追问的教学策略，对提高教师教学水平有较高的价值。恰当的追问不仅能够促使学生参与课堂，进行思考，还能调动学生的学习积极性，促进学生的思维发展。

关键词：小学数学；深度追问；教学策略

在小学数学教学过程中，追问是一种经常被忽视但效果显著的教学方法，可以在培养学生思维能力的基础上，进一步培养学生思维的深度和敏捷性。当然，课堂追问需要技巧和深度，通过“首问、追问、再问、补问”的反复过程，鼓励学生由外到内地深入思考，彻底突破思维局限，形成较强的数学思维能力。本文分析了这种教学艺术，探讨了它在小学数学教学中的应用。

一、小学数学课堂深度追问的意义

首先，追问问题可以让学生了解自己的思维过程。在小学数学课堂上适当地提问可以让学生思考，让他们了解自己真实的思维过程。教师要结合教学内容和学生的认知水平，在学生答完问题后及时追问，让学生在阐述自己想法的过程中呈现出最真实的思维状态。其次，追问可以调动学生的思维。小学数学规律性明显，逻辑简单，最好的学习状态是学生以自己的热情和好奇心主动探索。为此，教师可以通过探究的方式帮助学生积极思考、深入思考。此外，追问可以培养学生的反思能力。在课堂教学过程中，教师可以从消极的角度提出问题，引导学生区分或争论，然后让学生模仿教师的角色回答问题，为学生提供一个表达自我、提高能力的舞台，强化学生的纠错过程，提高其反思能力。

二、小学数学课堂深度追问的教学策略

（一）在解题错误处追问

学生的错误，是一种很好的教育资源。对于普遍性错误或易混淆的问题，教师要利用课堂有针对性地选择常见又典型的错例，与学生一起分析、交流，引导学生从错中求知，从错中探究。因此，在解完一个习题后，有必要对解题正误做进一步的思考，并有效追问，从而提高学生思维的逻辑性与严密性，通过“集体会诊”，达到既治病又预防的目的。从长期的教学实践来看，学生常见的错误类型大致可以分为：概念不清类、知识负迁移类、粗心大意类。

如“用分数解决问题”：小明读一本漫画书，第一天读了全书的40%，再读15页，刚好读了全书的一半，这本漫画书共有多少页？解：设这本漫画书共有X页。$X-40\%X=15$，$X=25$。答：这本漫画书共有25页。教师在巡视过程中发现了学生的错误解法后，先启发学生画出线段图，再进行思考，看看这道题的解答是否正确。接着，教师启发学生用数形结合的思想回答问题，提问：你是怎样想到用方程解的？生：这本书的总页数是“1”，并且单位“1”的量是未知的。追问1：在你所列的方程中，X、40%X分别表示什么？生：X表示这本漫画书的总页数，40%X表示第一天读的页数。追问2：15页是没读的页数吗？生：不是，是再读15页，刚好是全书的一半。追问3：“一半”可以用什么数表示？生：1/2或50%。追问4：你列的方程是根据相等的关系式列的吗？生：（迟疑）不是。师：那你能根据刚才的分析找到错误的原因并订正吗？订正后，教师引导学生对该题型进行错误原因总结：（1）假设主体不明确，不管什么类型的应用题，首先要通读题目，理解题意，找出要求

的未知量；（2）等量关系不准确，这类问题出现错误，原因大多在于不理解题目的含义，往往被某些词语误导。因此我们应从设立未知数出发，根据题意，把问题表示为含有未知量的等式关系（建立数学模型）。学生很快订正了此题。教师在循序渐进的追问中引导学生一步步找出错误的根源，分析错误的原因，激发了学生的学习兴趣，从而有效避免思维的片面性，提升思维的深刻性。

（二）在解题思路上追问

由于个体有差异，有的学生在解决问题的过程中，思路打不开，束手无策，或者有的学生虽然解决了问题，但仍然浑浑噩噩难以理清解题思路。这就要求教师充分发挥主导作用，指导学生重视解题思路的回顾与梳理，进行有效追问，以便概括解题思路，使解题途径清晰化，过程条理化。通过上文的错题归类，教师应该对症下药：（1）通过练习提升学生对概念的认知；（2）通过情景教学加强学生的知识迁移能力；（3）通过错题本提高学生的细心程度。

如在教学圆柱的侧面积时，出示题目：李师傅用铁皮制成一个底面周长为 15.7 分米，高 20 分米的圆柱形通风管和一个底面周长也是 15.7 分米，高 20 分米的长方体通风管。你认为这两种通风管所用的铁皮相等吗？为什么？教师先让学生独立思考：两种通风管所用铁皮就是求圆柱形通风管和长方体通风管的哪一部分（侧面积），然后让做对的学生回答解法，接着进行个别提问。追问 1：已知圆柱形通风管的底面周长和高，怎么求侧面积？生 1：用底面周长乘高计算得出。生 2：将圆柱的侧面展开得到的长方形，长方形的长就是圆柱的底面周长，宽就是圆柱的高，长方形的面积就是圆柱的侧面积。追问 2：已知长方体的底面周长和高，怎么求侧面积？生：将长方体的侧面展开得到相同的长方形，也用底面周长乘高计算得出。追问 3：你发现了什么？生：圆柱的侧面积计算公式对长方体来说也适用，都用底面周长×高来计算。通过发散追问，利用“连接点”设计问题，因为数学知识内在联系紧密，很多的新知识都建立在旧知识的基础上，而我们的新知识也是旧知识的延伸和发展，充分利用新旧知识的连接点，促进学生由此及彼，把未知转化为已知。学生的解题思路更清晰了，不仅知其然而且知其所以然，以后再遇到同类型的题，便可以有条理地解决了，真正体现了面向全体学生的新课程理念。

（三）在多种解法中追问

很多数学问题有多种解法，教师要根据实际情况，从不同角度追问，启发诱导学生得到新的解题思路和解题方法，沟通解与解之间的内在联系，选出最佳解题方案，从而训练学生思维的灵活性。

例：某班有学生 50 人，男生是女生的 2/3，女生有多少人？学生独立解决后，教师留给学生一定的时间思考是否还有其他解法，然后全班进行交流。提问：从男生是女生的 2/3，你们想到用什么方法解决这道题？生 1：用方程的方法解，设女生有 X 人，则男生有 2/3X 人，再根据“男生人数+女生人数=全班人数”列方程 X+2/3X=50 或（1+2/3）X=50，从而求出女生有 30 人。追问 1：从男生是女生的 2/3，你们还能想到其他方法吗？生：用归一的方法解，50÷（2+3）×3=30（人）。追问 2：最早想到的方法不一定是最简单的，从男生是女生的 2/3，你们还能想到其他方法吗？生：2/3 相当于 2∶3，设女生有 X 人，则男生有（50−X）人，用正比例解决问题，（50−X）∶X=2∶3。追问 3：没有最好，只有更好，从男生是女生的 2/3，你们还能想到其他方法吗？生 1：用按比例分配的方法解：50×3/（3+2）=30（人）。生 2：用分数的方法解，50÷（1+2/3）=30（人）。通过准确精炼的语言抓住题中关键信息“男生是女生的 2/3”，不断提问，并且每次提问要留足时间思考。多种解题方式的呈现，成功激发学生的好奇心、探索欲望、创造欲望和竞争欲望，从而培养学生的思维能力。

三、结语

通过多次的追问，教师引导学生对数学知识有了一个清晰的认识，透过问题表层，充分挖掘其内在的关系，把握了解决问题的关键，明确解决问题的联系和规律，进而培养学生灵活、广阔的思维品质。

参考文献

[1] 李春英. 浅谈深度化学习的小学数学课堂教学策略［J］. 数学学习与研究，2021（13）：137-138.

[2] 王霞. 浅析小学数学课堂深度学习的教学策略［J］. 读写算，2021（12）：103-104.

[3] 马小检. “深度”拓展思维，“学习”体验求知：小学数学课堂深度学习的教学策略［J］. 教育界，2021（14）：44-45.

[4] 隋超. 构建有深度的小学数学课堂：浅谈小学三年级数学的教学策略［J］. 天天爱科学（教学研究），2021（3）：13.

（娄底市新化县上渡街道新商学校）

小学数学教学中如何激发潜能生的学习兴趣

罗 满 吴志强

摘 要：全面培养潜能生的学习兴趣，是数学教师的重要工作内容之一，也是落实素质教育的一项重要举措。在数学教学中，数学教师需要分析数学潜能生缺乏学习兴趣的原因，然后针对性地制定出提高潜能生学习兴趣的教学对策，从而进一步促进潜能生成绩的提升。

关键词：学习兴趣；潜能生；小学数学

数学是一门必考科目，数学潜能生的成绩比较差，一方面因其数学概念掌握不牢；另一方面因其对数学的学习兴趣比较低，认为数学学习难度较高，且未能掌握正确的数学学习方法，导致数学成绩不理想。而在考试中，数学分值占比非常高，为了提升学生的综合成绩，避免潜能生的数学成绩拖后腿，数学教师要担负起提高潜能生学习兴趣的重任，并制定出有效的教学方法，帮助潜能生更好地学习数学。

一、影响潜能生学习兴趣的原因

数学潜能生，是指在数学学习方面存在困难，比如学习习惯不好、学习积极主动性比较低的学生。受到这些因素的影响，数学潜能生在数学学习过程中存在消极的心理和懈怠的态度，认为学习数学浪费时间。长此以往，潜能生学习数学的难度就越来越大，成绩越发不理想，形成一个恶性循环。研究显示，数学潜能生数学学习障碍主要表现在两个方面，一方面是心理障碍，也就是个人主观意愿方面，主要指学生的学习动机与兴趣等；另一方面是知识障碍，主要指的是学生未能牢固掌握学过的知识，而且解题能力与思考能力比较弱。下面将对数学潜能生形成原因进行全面的分析。

（一）对数学概念的掌握不牢固

数学学习是一个长期的过程，潜能生的理解能力相对比较弱，而且数学思维能力也比较弱，如果学生的基础没打好，就会感到数学学习越来越难，对数学学习越来越没有自信心，学习数学的动力也越来越少。

（二）数学潜能生存在厌学情绪

在数学中有很多的概念与定理，需要学生进行重复的训练与总结，强化解题能力，而这将会耗费大量的时间和精力。而对于潜能生来讲，大量的背诵任务和练习任务加重了他们的学习压力，同时，让他们在自己不擅长的领域中耗费时间，极易导致厌学情绪，最终完全放弃学习数学。比如，教师在教学中提问，思维敏捷的学生能够抢先答出答案，而“潜能生”思维跟不上，但是很多教师没有关注到“潜能生”掉队的情况，导致他们产生厌学情绪。

（三）未能掌握科学的学习方法

在实践教学中，有很多数学潜能生也有极强的上进心，他们也渴望得到教师的认可，并尝试通过自己的努力提升数学成绩。与此同时，有一部分潜能生会主动购买学习资料，尝试通过题海战术提升自己的成绩，但是效果一般。笔者在教学实践中，看到有不少的潜能生努力背诵数学概念和记忆数学定理，他们虽然在数学学习中付出了时间与精力，但是数学成绩并没有提升，这主要是因为学习方法不够科学，导致学习效果不太好，因此成绩一直得不到提升。

二、培养潜能生学习兴趣的教学对策

（一）加强对概念的教学，巩固基础理论知识

概念能够充分地反映出客观事物的本质属性，是学生思维的基本形式，因此，教师需要注重概念的教学，挖掘并利用学生的生活经验。[1] 由于潜能生的概念掌握不牢固，因此教师需要针对性地加强概念教学，帮助他们巩固基础的理论知识。以“认识负数”的教学为例，在教学过程中，教师可以设计课堂提问，并鼓励潜能生积极参与课堂提问。首先，教师可以列举出三个生活实例来表示相反意义的量。

（1）公交车开到中心广场站时，上了5个人，到人民路下了6个人；

（2）某学校五年级第一学期转进来5个学生，在六年级转出了3个学生；

（3）小明的爷爷3月份给了小明10元，小明4月份给了妈妈5元。

其次，引导潜能生进行实践尝试。布置课堂学习任务，让他们用自己的方式记录上述生活实例中的数据，从而更加直接地理解教师所表达的意思。

潜能生A：中心广场站，上车人数是5人，到人民路站下车人数是6人。

潜能生B：绘制如下表格（见表1）。

表1　某学校班级学生转进转出表

年级	人数
五年级	转进5个
六年级	转出3个

潜能生C：绘制如下表格（见表2）。

表2　小明资产变化情况表

小明资产变化情况	钱数
三月份	+10
四月份	-5

结合生活中的实际案例，引出正数与负数的概念，让潜能生初步了解正数与负数的内涵，即负数用于表示相反意义的量，了解数字符号的科学性与简洁性。在潜能生根据自己的理解回答问题之后，教师需要进行课堂总结：在刚才几位同学的表述中，用到了“+10”和“-5”这样的数字，那么大家认识这样的数字吗？这些数字应该怎么读呢？学生举手回答“+10前边的符号是正号，读作‘正十’”“-5前边的符号是负号，读作‘负五’”。通过设置生活化课堂提问的方式，加深潜能生对概念的理解，从而巩固潜能生的数学基础。

（二）激发积极主动性，培养潜能生学习兴趣

趣味教学法能够快速地吸引学生的注意力，符合小学生的心理特点，可以有效地提高课堂教学的效率。爱玩是学生的天性，趣味教学游戏能够吸引学生的注意力，激发学生参与学习的热情，使学生快速地进入学习状态，从而加深学生参与课堂学习的程度。因此，在小学数学实际教学中，教师应该对教学内容进行认真的分析与研究，通过趣味游戏和教学内容的有效整合，迅速吸引学生的注意力，在游戏的过程中引导学生掌握数学知识，培养学生的思维能力，提高数学课堂教学的效率。

出于好奇心，学生总会对新课程学习内容抱有极大的期待。良好的开始是成功的一半，当学生的好奇心被激发，教师可以利用趣味性的导语，导入课堂教学内容。这需要教师能够在备课过程中，精心设计各种具有趣味性的导语，从而激发学生对课程内容的学习兴趣，也为趣味课堂的营造提供条件。在导入新课时，教师可以将和课程有关的童话故事、谜语或者数学常识与课程内容有机融合，达到提高潜能生学习兴趣的目的。

以平面图形教学为例，教师可以引导学生观察课桌、窗户等周边事物，让学生能够利用所学的知识，思考平面图形的范围。再以年月日知识的学习为例，可以利用脑筋急转弯的方式导入新课：一个十米的水井里有一只青蛙，它一次能跳5米，但是要下滑4米，请问它跳几次能跳出去。利用这种问题，引发学生积极思考，找到问题的答案。这样的方式一方面更加贴近学生的实际生活，另一方面也可以完成新课导入，从而有效地提高潜能生的学习兴趣。

（三）掌握科学学习方法，提高学生学习兴趣

课前预习，是一种非常有效的学习方法，通过提前学习，学生能够初步把握数学教学内容，同时可以激发学习数学的积极性，帮助学生掌握学习技能，提前发现课程学习中的重难点知识，提出自己的问题，并在课堂教学活动中探究问题的答案。在教学活动中，能够高度关注这一部分内容，跟随教师的思路进行探索[2]，始终保持一种良好的学习状态。因此。为了提高潜能生的学习兴趣，教师需要高度重视课前预习的重要性，并结合新课标教育理念的相关要求，利用课前预习，帮助潜能生初步把握数学教学内容，为提高学生的学习兴趣奠定良好基础。

以数一数与乘法这一知识点内容为例，为了保证教学效果，教师的首要任务是要求学生完成预习任务，注重引导学生在预习中提出自己的问题，思考乘法与除法之间的关联。除此之外，教师还需要让学生通过预习，提出自己的问题，并在课堂教学中提出来，大家相互探究与互动，最终达到提高潜能生学习兴趣的目的，培养他们发现问题的能力。在数学课堂教学过程中，学生需要思考自己预习中的问题与教师讲解内容的冲突，然后提出自己的思考与见解，分析问题的可行性。这一方面可以强化学生的发散性思维，另一方面有助于提升课前预习的效率，加深学生对知识的理解。

三、结束语

综上所述，在素质教育深化背景下，小学数学教师要贯彻落实教学改革发展与劳动教育的指导意见，创新教学方法，关注每一位学生的成长，提高小学数学的教学质量。

参考文献

[1] 司建芳. 小学数学潜能生学习习惯养成转化的教学实践分析［J］. 考试周刊，2021（34）：76-77.
[2] 许会. 农村初中数学潜能生学习现状与对策的研究［J］. 新课程，2021（14）：18.

（新化县思源实验学校）

在问题情境中培养学生的思维能力

张新珏 贺 建

2019—2020 年赴港交流期间，我走进驻校跟课程主任交流，问及学校数学教学中存在哪些困惑时，课程主任提出的第一个问题是：为什么我校的学生到了三年级，就开始不愿意学数学了，成绩下滑也很快？这引发了我的思考。

从三年级开始，学生“梯次掉队”的现象很常见，究其原因也很多，比方说，孩子大了，贪玩，越来越不爱学习；孩子有惰性，不愿意思考；数学知识太难了，学不懂；老师的教学枯燥无味，调动不了学生的兴趣……其中我觉得很重要的一个原因是越往高年级走，数学对学生的思维能力要求越高，而当孩子思维能力达不到要求时，他们学起来就会感到很吃力，不懂的知识长期积累，渐渐地就会厌学。

数学是思维的体操，数学教学的主要任务不仅是让学生积累知识，更重要的是培养学生思维能力。“学起于思，思源于疑。”疑问是探究知识的起点，也是激发思维的支点。在数学教学中，巧设问题情境，能激发学生的认知冲突，让学生处在一个心求通、口欲言的状态，以问促思，能发展学生思维，培养良好思维质量。

下面我结合在赴港交流期间指导的几个教学案例，谈一谈常见的几种创设问题情境，培养思维能力的方法。

一、“学生生活”问题情境，能唤醒学生的思维

“数学来源于生活，又服务于生活。”在数学教学中，利用学生已有的生活经验和日常生活中的具体事例来创设问题情境，启动学生原有生活经验，唤起原有知识结构，与新知识结合，能激发学生学习内驱力，产生思维同化，唤醒学生思维。

片段一：认识香港的纸币

在驻校共备二年级“香港的货币”第一课——认识香港流通的纸币时，为了从重温硬币的知识自然过渡到认识纸币，我们将教材中的一个情境改编成一个生活购物的问题情境，顿时激发了学生的兴趣。

师：新年快到了，佩儿为自己挑了一个喜欢的新年礼物——书包，需要 99 元，她用了 99 个 1 元硬币付款，你会这样付款吗？

很多学生不约而同地大笑起来，有孩子说：我才不会这样付款呢，99 个硬币，这么多，这么重，数都要数好一阵子，太麻烦了。

师：那你会怎样付款呢？

生 1：我会用 9 个 10 元硬币和 9 个 1 元硬币。

师：这样你就只要带多少个硬币？对，18 个，多省事呀，不错的方法。

生 2：我还可以让硬币带得更少，我用 9 个 10 元硬币、1 个 5 元硬币、2 个 2 元硬币，一共带 12 个硬币就行了。

师：他的方法怎么样？

学生纷纷点头，表示赞同，这个孩子也非常兴奋，很有成就感。

师：从 18 个硬币到只要带 12 个硬币，付款方式越来越简便，太棒了。还有简便的方法吗？

生 3：带 10 个 10 元的硬币，让他找一元钱都可以了。

师：你的方法很独特，这样就只需要带 10 个硬币了。现金付款的方式还能更简单吗？

生4：带一张100元的纸币就行了，也让他找1元。

师：就带一张100元纸币？多简单啊！可以吗？（生：可以）生活中我们是不是经常会这样做？看来大家的生活经验都很丰富。

师：是的，香港的货币除了大家已认识的硬币外，还有纸币，这节课我们就一起来认识香港的纸币。

“买一个书包99元，你会不会像佩儿一样用99个1元硬币付款？怎样付款最简便”，一个贴近学生生活的问题激发了学生的兴趣，打开了学生的思维，付款方法在思维的交流与碰撞中得到了不断优化；而且从知识层面来讲，这个问题既重温了“怎样付款最简便”的知识，又顺其自然地引出了新课的课题。

二、“趣味性”问题情境，能激活学生的思维

“兴趣是最好的老师。”相比其他学科，数学学科具有逻辑性强、知识比较抽象等特点，学生普遍觉得难学。而创设趣味性强的问题情境，能营造轻松愉悦的学习氛围，让学生迅速进入最佳学习状态，引发学生积极思考，激活学生的思维。我们常采用的创设趣味性问题情境的方式有：讲故事、玩游戏、画图等。

如在驻校共备二年级“香港的货币——简单的换算”一课时，有这样一道题：2张50元的纸币可换得几个2元硬币（如图1所示）。

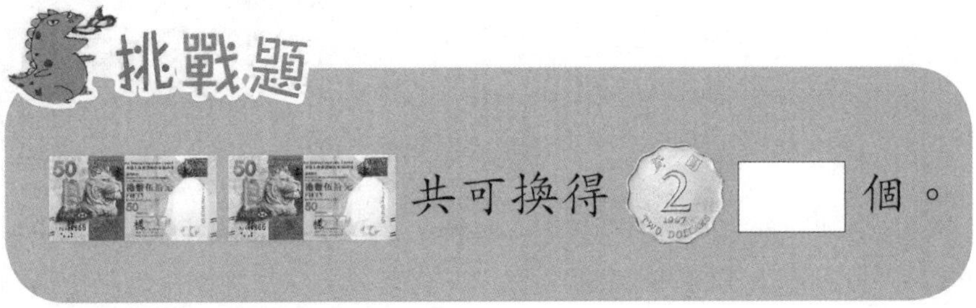

图1

50元和2元币值相差很大，对二年级孩子来说难以理解，但二年级孩子喜欢画图，思维方式以直观形象为主，借助这一特点，老师先用提问引导，能不能用画树形图的方法来解决这一道题，再让学生独立思考，用绘制树形图的方式把解答过程表示出来。

顿时，学生思维被打开了，图2和图3所示这两位同学采用的是顺向思维，从大币值的50元或100元入手，顺着推50元或100元能分成多少个2元；也有同学（如图4所示）采用的是逆向思维，先把小币值的2元凑整，反过来推多少个2元可以凑成一个50元。

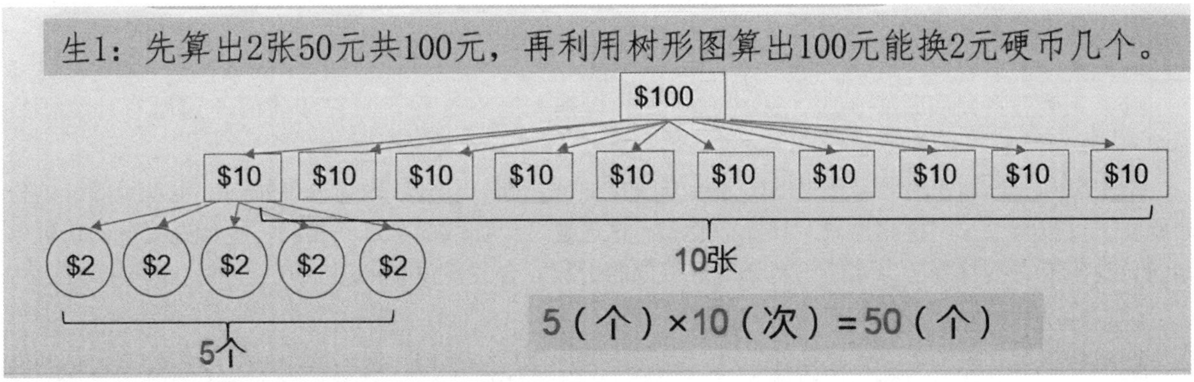

图2

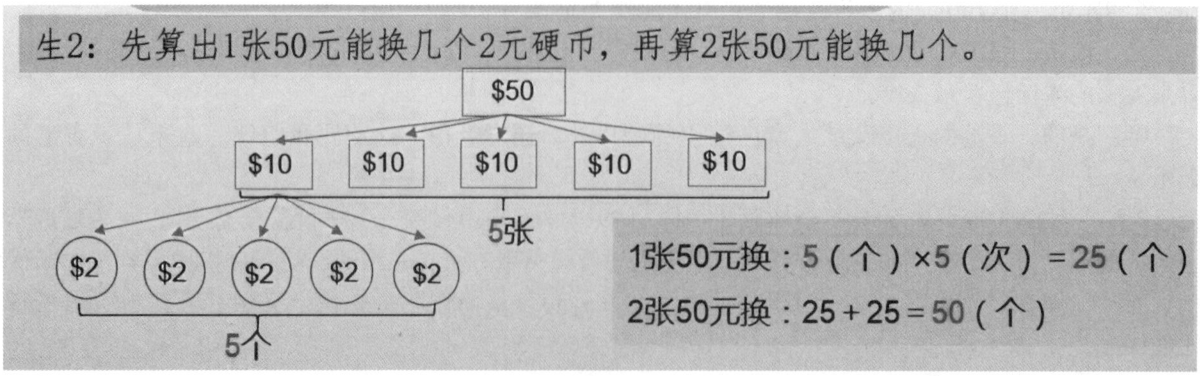

图 3

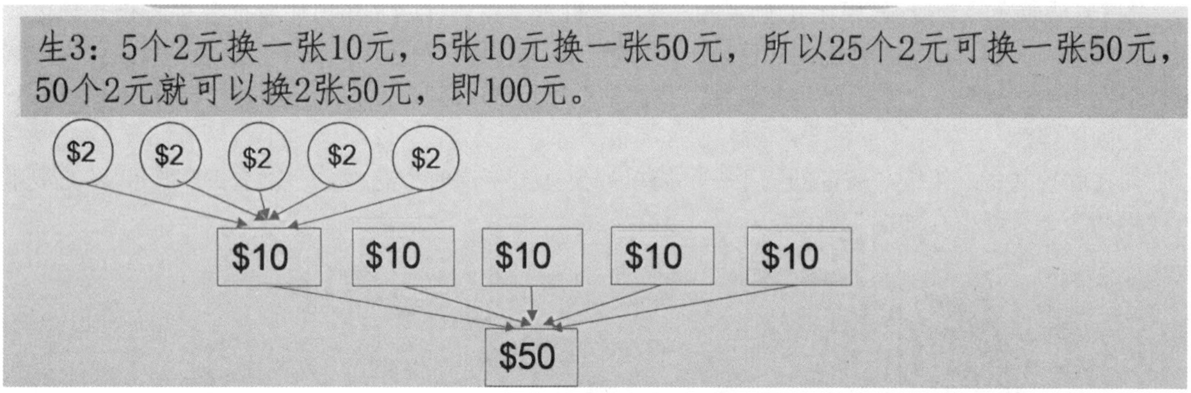

图 4

思路不同，呈现的方法也就不同，但结果是一样的。让学生通过画图直观表示出换钱的过程，不仅提高了学生的学习兴趣，还让他们明晰解题思路，掌握解题方法，在动手动脑中渐渐激活思维。

三、“悬念性”问题情境，能启动学生的思维

如果问题是探索的素材，那么悬念就是探索的动力和“调味剂”。悬念最能打动人，在数学教学中，我们可以根据教学内容，精心创设富有悬念的问题情境，来引起学生的认知冲突。让学生在新旧知识的碰撞中产生思维的火花，激发探究新知的欲望，启动学生的思维。

例如“异分母分数加减法”一课，导入时我创设了一个“快乐抢答”的情境，将 6 道计算题一道一道出示，学生知道答案可以直接站起来抢答。学生兴致很高，前 5 道题都是同分母分数加减法，学生基本上能异口同声地说出答案，非常得意。当我出示第 6 题“$\frac{2}{3}+\frac{2}{5}=?$”后，答案不一致了，有的说“$\frac{2}{8}$”，有的说“$\frac{4}{8}=\frac{1}{2}$”，有的说“不对，分母不同不能够相加”。

师：正确答案到底是多少呢？这一道题为什么把大家给难住了？它和前面 5 道题有什么不一样吗？

学生发现，前面 5 道题是学过的同分母分数相加减，同分母分数因为分母相同，也就是等分的份数相同，可以将分子直接相加减，分母不变；而这道题两个加数的分母不相同，也就是等分的份数不相同，是不能直接将分子合并的，而分母是等分的份数，合并更没有道理。

师：像这样的异分母分数加减法又怎样计算呢？

问题提出后，学生进入了冷静的思考，因知识的局限性，他们一时无法想到解决的办法，认知处于愤悱状态，我抓住机会，适时进行点播引导：“能不能用我们学过的知识想办法把它算出来呢？”问题一提出，学生的思维马上启动了，有的想到了研究同分母分数加法时使用的画图法，有的想到了直接转化成同分母分数再进行计算，一个个跃跃欲试，迫切希望找到问题的答案。在这故设悬念的问

题引导下，学生思路越来越清，方法越来越明，问题最终得到了解决。

四、“阶梯性”问题情境，能打开学生的思维

当学生遇到一个复杂的问题，难以解决时，教师可以在学生原有的认知水平上，把一个复杂问题分解成若干个相互联系的简单问题或步骤，并巧妙进行排序，引导学生通过分步解决小问题，达到解决难题的目的。这种阶梯性问题情境，能帮助学生打开思维，分散问题难度，理清解题思路。

如例题：姐姐储蓄了 369 元，姐姐比哥哥少储蓄 142 元，妹妹比哥哥少储蓄 78 元。妹妹储蓄了多少元?

“已知 A 比 B 多，求 A 或求 B”，这种比较类型的应用题，是低年级教学中的难点，学生往往分不清什么时候用加法，什么时候用减法，可是这道题还有两次比较，更是难上加难。教这道题时，我们可以先出示两个条件“姐姐储蓄了 369 元”“姐姐比哥哥少储蓄 142 元”。

教师问：根据这两个条件，你能求出什么？怎样求?

当学生解决了这一步，算出了哥哥储蓄的钱数后，教师再问：如果再给你一个条件“妹妹比哥哥少储蓄 78 元”，你又能求出什么呢？怎样求?

当学生根据“哥哥储蓄 511 元”和“妹妹比哥哥少储蓄 78 元”两个条件，求出妹妹储蓄多少钱后，老师再出示例题，问：这道题你会吗？能否列一个综合算式来解答?

就这样，通过引导学生分步解答，让学生逐步厘清解题思路，掌握解答这种难题的技巧。

五、“开放性”问题情境，能发散学生思维

思维的灵活性是学好数学的关键，创设“一题多解”“一题多变”等开放性的问题情境，让学生在动手操作、自主探索、合作交流的过程中，充分展现自己的独特见解，发散自己的思维，培养思维的灵活性和创造力。

如香港教材五年级上册“大数量的估计”，教学目标是让学生掌握不同的估计方法，形成经验。在驻校参加这节课的共同备课时，我提出创设一个开放性的问题情境，让学生自主探究估计的方法，而不是通过一个一个的例题，把不同的估计方法教给学生。我们研读教材后，决定从“估一篇文章的字数”入手，让学生独立思考可以怎样估计？把估计的方法在作业纸上表示出来。为了呈现不同的估算方法，杨老师精心挑选了一篇有 2 段 17 行字的文章，第一段有 6 行，最后一行只有 1 个字，第二段有 7 行，最后一行只有不到半行的字，第三段有 3 行，最后一行的字多于半行。

师：刚才老师读了一篇文章，这篇文章大约有多少字呢？请大家来估一估。

生：400/500/600/1000。

师：你是怎样估算的？请大家把自己的估算方法在作业纸上表示出来。

老师将这篇文章和一张学习单发给学生，让他们进行独立研究；3 分钟之后，让用了不同估算方法的同学在班上进行汇报。

生 1：我是这样估算的，先数一行有 33 个字，再数一共有 16 行，所以大约有 33×16，约 600 个字。

生 2：我也是先数一行有 33 个字，但我只算了 15 行，因为第 6 行只有一个字，我把它放在开头空格的地方，所以只有 15 行，33×15，约 500 个字。

生 3：我也是先数一行有 33 个字，但我只算了 14 行。我不仅把第 6 行放在开头空格处，我还把第 13 行和第 16 行合并成一行，因为它们都只有半行，这样就只有 14 行了。33×14，约 450 个字。

生 4：我先数一段有多少个字，然后再乘以 3。

生 5：还可以 3 行 3 行地数，因为一行 33 个字，那 3 行就是约 100 个字，3 行 3 行地数，有几个 3 行就有几个 100 个字。

从“先数一行，再数有多少行”，到“先数一段，再数有几段”，到“先看 100 字有几行，再看有多少个 100 字”，在交流和思维的碰撞中，学生的思路被打开了，不再局限于用某一种方法去解决一个问题，体会到了解决问题的方法的多样性。

当学生呈现出不同的估计方法后，老师并没有就此止步，而是追问：这么多的估计方法，你觉得哪种方法最好呢？为什么？

生 1：我喜欢第 3 种方法，因为一行一行地数，再数有多少行，把不足一行的合并了，这样得到的结果和准确结果最接近。

生 2：我喜欢第 4 种方法，因为只要数一段有多少字，再数几段就行了，数起来简单。

生 3：我喜欢第 3 种方法，因为是整百整百地数，这样得到的结果是整百数。

师：如果我们要使估计的结果最接近准确数，我们就要方法几，如果我们要使计算简单，可以选方法几，如果我们要使结果是整百数，我们可以选方法几。

老师放开手，让学生谈谈自己喜欢的方法，在选择喜欢的方法时，学生明白了其实每一种方法都有它的优势，估计方法没有对与错，只有合适与不合适，我们要根据具体情况选择合适的方法。在这节课中，我们惊喜地看到，老师提出一个开放性的问题，给学生充足的时间和空间进行思考，能发散学生的思维，学生会还课堂一片精彩。

问题是数学教学的灵魂，也是拓展学生思维的源动力。创设问题情境的方式有很多，但无论哪种方式，都要确保有效。问题情境要有启发性，能“一石激起千层浪”；要有针对性，紧扣教材的重点难点；要有挑战性，让学生有思考的兴趣；要问在思维的拐角处，帮助学生跳一跳就能摘到果子。只有有效的问题情境，才能最大效能地促进学生思维的发展。

（湘潭市湖南师范大学附属九华步步高小学）

幼教特教编

幼儿园教师工作满意度调查研究

——以湘阴县文星镇幼儿园为例

周 窑

摘 要：我国的基础教育包含三个学段，其中幼儿教育就在其中。幼儿园教师工作满意度与教师身心健康的维护、教师队伍的稳定以及学生的成长发展和教学质量的提高有密切的关系。因此，对某一地区幼儿园教师工作满意度的研究是非常有针对性的。本文的目的是获得关于湘阴县文星镇幼儿园教师工作满意程度的信息，分析信息，找出问题，提出解决问题的方法。

关键词：幼儿园教师；教师工作满意度；问题与对策

一、幼儿园教师工作满意度现状及存在的问题

本次研究以湘阴县文星镇五所幼儿园的教师为研究对象，采用西北师范大学吕国光老师编制的《教师工作满意度问卷》以及王颖、张杰[1]2017 年自编的问卷，并根据调查对象的情况做了一些修改，调查幼儿园教师对人际关系、工作环境、工作本身、自我实现、晋升进修、工作报酬以及园长管理这 7 个维度的满意程度，整理分析资料。本次研究共发放问卷 105 份，回收 100 份，有效率为 95.2%。

（一）幼儿园教师对人际关系的满意度高

针对幼儿园教师对人际关系的满意度所做的调查，结果见表 1。

表 1 人际关系各项目满意度百分比

项目	非常不满意（%）	不满意（%）	满意（%）	非常满意（%）
愿意向同事发表自己的看法	0	4	55	41
与大部分同事关系和谐	2	8	48	42
同事会对我的工作提出一些恰当的意见	4	5	42	49
在我遇到困难时，同事愿意帮忙	2	6	46	46
同事之间充满竞争，缺乏合作	42	52	6	0

由表 1 可以看出：幼儿园教师对人际关系的评价都非常高，96% 的幼儿园教师“愿意向同事发表自己的看法”；90% 的幼儿园教师与大部分同事关系和谐；91% 的幼儿园教师觉得同事会对其工作提出恰当的意见；92% 的幼儿园教师对“在我遇到困难时，同事愿意帮忙”这个项目表示满意。可见，幼儿园教师之间的合作超过竞争，教师与教师之间利益冲突比较少，大部分幼儿园教师对园内的人际关系是比较满意的。但是有极少数幼儿园教师认为“同事之间经常竞争，缺乏合作”，这说明同事之间也可能存在矛盾，对这些幼儿园教师应该给予关注。

（二）幼儿园教师工作量大，社会认可度低

对幼儿园工作本身各项目的满意度调查结果见表 2。

表 2　工作本身各项目满意度百分比

项目	非常不满意（%）	不满意（%）	满意（%）	非常满意（%）
对幼儿园教师这份工作感兴趣	6	43	34	17
我对工作安排感到满意	15	25	29	31
我对平时的工作量感到满意	25	20	22	33

从上表中的数据可以看出，只有 51% 的幼儿园教师对幼儿园教师这份工作感兴趣；对工作安排感到满意这一选项，只有 60% 的幼儿园教师赞成；只有 55% 的幼儿园教师对平时的工作量感到满意。笔者在调查过程中发现，部分幼儿园部分班级学生人数过多，导致幼儿园教师工作量趋于饱和。这说明还是有部分幼儿园教师在工作过程中对自己的工作安排以及工作量不太满意。

表 3 是幼儿园教师对工作环境的满意度情况。

表 3　工作环境各项目满意度百分比

项目	非常不满意（%）	不满意（%）	满意（%）	非常满意（%）
办公的地方环境良好	3	7	30	60
班级的环境布置令我感到满意	2	6	54	38
社会对我工作的认可度高	22	43	15	20

从上表可以看出，90% 的幼儿园教师认为办公的地方环境良好；对班级环境布置的感受这一项目，有 92% 的教师表示满意。相较于对办公环境、班级环境的高认同率，只有 35% 的教师认为工作受到了社会认可，这说明幼儿园教师的社会地位不高。

幼儿园教师对工作本身和工作环境的感受与对幼儿园教师工作的满意度密切相关，因此，要注重工作本身与社会对幼儿园职业的认同感。从上面的数据可以看出，大多数幼儿园教师觉得工作量大。除此之外，社会对幼儿园教师职业的不认可，可能导致幼儿园教师工作压力很大。

（三）幼儿园教师和家长缺乏沟通，合作少

表 4 是幼儿园教师对自我实现各项目满意度的调查结果。

表 4　自我实现各项目满意度百分比

项目	非常不满意（%）	不满意（%）	满意（%）	非常满意（%）
从事幼教工作能使我的能力得到发挥	12	18	44	26
幼儿的显著进步令我满意	7	20	41	32
我与家长共同为幼儿的成长而合作	31	35	25	9
我能从与家长的沟通中获得愉悦感	28	32	18	22
我的教学内容能获得家长的认同	25	34	31	20

由表 4 可知，就幼儿园教师本身来说，对于“从事幼教工作能使我的能力得到发挥”这一项目，有 70% 的教师同意；73% 的幼儿园教师认为“幼儿的显著进步令我满意”；34% 的幼儿园教师认为与家长共同为幼儿的成长而合作；只有 40% 的幼儿园教师觉得自己能从与家长的沟通中获得愉悦感；除此之外，对于“幼儿园教师认为教学内容能获得家长的认同”这一项目，有 51% 的幼儿园教师赞同，这表明幼儿园教师与家长之间缺乏沟通和合作。

教师与家长对幼儿的成长有重要的作用。但是从上面的数据来看，教师与家长沟通并不顺畅，合作少，并且对于幼儿在园内的学习内容，教师与家长的看法也存在差异。为了幼儿的成长，教师与家长应该加强彼此的沟通，保证家园合作更加有效地进行。

（四）幼儿园教师工作报酬低，生活压力大

表5是幼儿园教师对工作报酬各项目满意度的调查结果。

表5　工作报酬各项目满意度百分比

项目	非常不满意（%）	不满意（%）	满意（%）	非常满意（%）
我对目前幼儿园教师的福利制度感到满意	40	31	15	14
与我的付出相比，我对自己的工作待遇感到满意	24	46	21	9
我认为自己的工资结构合理	40	32	15	13
如今越来越高的物价没有使我感到生活压力大	51	22	17	10

从表5可以看出，大部分幼儿园教师对工作报酬的满意度低。只有29%的幼儿园教师对福利制度感到满意；30%的教师认为自己的付出与所获得的报酬是相匹配的；对于“我认为自己的工资结构合理”这一项目，只有28%的幼儿园教师赞同。除此之外，只有27%的幼儿园教师认为如今越来越高的物价没有使其感到生活压力大。以上数据都可以看出幼儿园教师对自己的工作报酬的满意度低。

收入越高，对工作的热情也会越高。幼儿园教师工作量大，但是获得的报酬与付出不匹配，导致幼儿园教师工作满意度大大降低。由数据可知，绝大部分幼儿园教师不满意工作报酬，并且已经感受到了高物价低收入给生活带来的压力，所以提高幼儿园教师的工作报酬刻不容缓。

（五）幼儿园园长管理缺乏民主，教师感觉不到关心

针对幼儿园教师对园长管理的满意度情况所做的调查，调查的结果见表6。

表6　园长管理各项目度满意百分比

项目	非常不满意（%）	不满意（%）	满意（%）	非常满意（%）
我觉得园长能对教师的辛苦感同身受	34	11	32	23
我觉得园长能够帮助教师解决问题	27	14	36	23
我觉得园长能够公平处理教师纠纷	31	13	23	33
我发现园长奖罚都能够依照事实处理	29	28	17	26
园内相关的重要决策，园长会征求教师的意见	12	28	37	23
我觉得园长和教师能够良好沟通	26	27	33	14

从表6可以看出，55%的幼儿园教师认为园长能对教师的辛苦感同身受；对“我觉得园长能够帮助教师解决问题”这个项目，有59%的教师同意；而“我觉得园长能够公平处理教师纠纷”，只有56%的老师同意。除此之外，53%的幼儿园教师觉得园长奖罚都能够依照事实办理；60%的幼儿园教师认为进行重大决策时园长会征求教师的意见；47%的幼儿园教师认同“我觉得园长和教师能够良好沟通”。这说明，幼儿园教师与园长之间还是存在一定矛盾的。

表7是幼儿园教师对晋升进修各项目满意度的调查结果。

表 7　晋升进修各项目满意度百分比

项目	非常不满意（%）	不满意（%）	满意（%）	非常满意（%）
幼儿园的晋升制度令我感到满意	13	30	34	23
职称评定难度不大并且较公平	10	45	33	12
幼儿园重视教师的个人发展，经常为教师提供进修机会	15	25	28	32

从表 7 数据可以看出，对“幼儿园的晋升制度令我感到满意”这一项目表示满意的幼儿园教师有 57%；对“幼儿园重视教师的个人发展，经常为教师提供进修机会”满意的幼儿园教师有 60%。但是，只有 55% 的幼儿园教师认为职称评定难度不大并且比较公平。由此可见，幼儿园教师对晋升进修的机制并不完全认同，同时认为职称评定的难度大，并且还有部分幼儿园教师渴望更多的进修机会。

园长以人为本的管理理念能够使幼儿园教师有主人翁意识，在工作中获得足够的自主性。从数据可知，园长的管理方式有一定的问题，与幼儿园教师之间沟通过少，在决策过程中没有及时地听取幼儿园教师的相关意见。除此之外，幼儿园教师的晋升进修机会与园长有着密不可分的关系，晋升进修不仅能提高幼儿园教师的工作满意度，还能让他们不断完善自己。但是，从上面的数据来看，幼儿园教师普遍认为晋升进修的难度大。因此，园长应该采取多种方法与幼儿园教师加强沟通，重视教师的意见，并且利用可以利用的资源，给予幼儿园教师更多学习的机会。

二、幼儿园教师工作满意度现状存在的问题及原因分析

从调查的数据来看，湘阴县 5 所幼儿园的教师对人际关系的满意度高；对工作环境的满意度高；对工作本身、自我实现、园长管理、晋升进修的满意度中等；对工作报酬的满意度较低。从总体上看，幼儿园教师的工作满意度处于中等水平，以下是幼儿园教师工作满意度存在的问题及原因分析。

（一）师资力量供需不平衡，人们的理念过于传统

工作压力与幼儿园教师工作生活满意度呈负相关。[2] 从调查数据可知，虽然幼儿园教师对工作本身的满意度处于中等水平，但是经过笔者的观察与体验，发现在实际情况中，幼儿园教师的工作量与工作安排是不合理的，导致幼儿园教师工作压力大。以下是幼儿园教师工作压力大的原因分析。

首先，幼儿园教师人数少，工作量大。在调查中，只有 55% 的幼儿园教师认同“我对平时的工作量感到满意”这一项目。幼儿园缺乏足够的幼儿教师，班级人数过多，幼儿得不到充分的照顾，再加上班级内总会有自理能力不强，比较调皮的幼儿，给教师带来工作上的压力。

其次，在人们观念传统中，幼儿园教师社会地位不高。在调查的数据中，有 65% 的教师认为自己的地位没有受到社会的认可。在人们传统的认知里，幼儿园教师门槛低，主要任务是看孩子。人们大多认为小学教育为学生的学习打基础，初中是学生步入高中的关键期，大学的学习则将学生送入社会。但是，大多数人没有意识到学前教育对幼儿良好行为习惯的养成也起着不可代替的作用，认为学前教育是不太重要的，因此，他们对幼儿园教师这个职业的认同感不强。

最后，幼儿园教师控制情绪能力较弱。过度的工作会使幼儿园教师过度紧张，脾气变得暴躁，对工作失去热情。幼儿园教师不懂得控制自己的情绪，将坏情绪积压在心底，不能采取合理的方式宣泄，产生惧怕上班等消极情绪。

（二）幼儿园教师与家长认知存在差异，合作表面化且层次低

幼儿园教师的工作满意度不仅受到学校的影响，而且与幼儿家长密切相关。幼儿在园内的学习生活是幼儿园教师关注的重点，也是家长关注的核心，因此，家长的行为会对幼儿园教师产生影响。从实际调查的数据来看，家长与幼儿园教师双方不能互相理解。原因分析如下。

首先，双方的认知有差异。一方面，幼儿园教师没有升学率和学生的考试成绩作为显性的评价指标，不少家长认为幼儿园教师只需要照顾幼儿吃饭、管幼儿玩，工作内容很轻松。在实际的调查数据中，对于“我的教学内容能获得家长的认同”这一项目，只有51%的幼儿园教师赞同，说明很多幼儿园教师认为自己在工作中的付出得不到家长的认可。另一方面，有些幼儿园教师太过权威，没把自己放在正确的位置上，认为自己比家长专业而不愿意与家长进行沟通；还有一部分教师则没有掌握沟通的技巧，害怕与家长进行沟通；只有40%的幼儿园教师觉得自己能从与家长的沟通中获得愉悦感。

其次，教师与家长合作表面化。双方合作的方式有很多，但是合作的效果却不是很好。只有34%的幼儿园教师认为与家长共同为幼儿的成长而合作。双方总是喜欢选择简单方便的合作方式，家长信箱等方式使用率不高，并没有促进教师与家长的合作。许多家长工作很忙，缺少和教师沟通的时间，只能在放学接孩子的时候匆忙问一下孩子的在园情况。家长信箱没有发挥作用，教师与家长的合作越来越趋向表面化和形式化。

最后，教师与家长合作层次低。大部分家长由于工作忙等种种原因，很少为幼儿园的发展贡献自己的建议，也没来幼儿园听过公开课，由此可见，教师与家长的合作层次低。大部分家长与教师联系是为了问询幼儿在园的情况，双方的关系远远达不到合作的层次。此外，在召开家长会时，教师一般是主导者，家长很少向教师提出自己的想法和建议。教师则为了减少麻烦，很少在课堂中进行创新，安于现状，教师与家长双方都没有真正理解合作的含义，所以造成双方合作层次低。

（三）政策法规贯彻实施存在缺陷，薪酬制度不完善

教师的合理收入是幼儿园教育持续、稳定发展的前提条件之一，也是教师维持稳定生活的重要保障。[3]如今，生活的成本越来越高，从上面收集的资料来看，幼儿园教师因为越来越高的物价而感受到了生活压力，认为自己的付出与得到的工作报酬不匹配。虽然国家一直对学前教育行业投入巨大的财力物力，但是幼儿园教师待遇低，一直是学前教育有待解决的难题。[3]对幼儿园教师工作收入低的原因分析如下。

首先，工资政策贯彻不到位。一方面，虽然我国相关法律法规明确规定教师的平均工资不能低于或者高于国家公务员，但是由于地区的不同，如何确定公务员的平均工资、如何解决达不到公务员平均工资的问题仍困难重重。教师工资政策缺少细节的描述，使政策难以实施。另一方面，由于地方不同，经济的发展水平不同，相关的法律法规执行不到位，有关部门监管不到位，幼儿园教师的工作收入无法得到保障。

其次，薪酬结构单一。对于“我认为自己的工资结构合理”这一项目，只有28%的幼儿园教师赞同。虽然有关法律法规规定了教师的工资包括基本工资和绩效工资，但是实际上，有部分幼儿园采取的仍然是基本工资政策，不少幼儿园教师抱怨，这种工资政策不能从根本上激发教师的工作动力。

最后，幼儿园激励制度不完善。只有29%的幼儿园教师对幼儿教师的福利制度感到满意。幼儿园管理者在管理过程中容易忽略幼儿园教师对心理、生活质量的需求。幼儿园教师与小学、初中教师相比，付出的脑力和体力更多。幼儿园教师对幼儿园做出了贡献，却得不到幼儿园管理者相应的回报，工作付出与工作回报之间存在差距，使幼儿园教师觉得实际与理想的差距过大。

（四）园长管理理念传统，忽视教师的学习成长

园长负责整个幼儿园的工作，没有科学民主的领导方式，势必会影响幼儿园教师的工作状态，除此之外，园长的管理也影响着幼儿园教师的工作满意度。有研究表明：“民主型领导者所领导的群体工作的质量与工作满意度更高。”[5]因此，园长应该营造民主、公平的氛围。对幼儿园园长管理不合理的原因分析如下。

首先，幼儿园园长的管理理念不合理。只有50%的幼儿园教师认为进行重大决策时园长会征求教师的意见。在现有的幼儿园管理系统内，园长是管理者，幼儿园教师则是服从者，园长总是在命令、监督着幼儿园教师[6]，一些园长甚至认为幼儿园教师应该无条件地听从园长的命令。园长的专断独行，使幼儿园教师无法自主，园长与幼儿园教师无法形成和谐的工作关系。

其次，幼儿园园长制定的规章制度不合理。调查研究发现，大部分园长有着丰富的教学经验，但

是缺乏科学有效的管理知识，园长制定的有关幼儿园的规章制度不一定是合乎情理的，尤其在对教师的奖惩、晋职等方面规章制度的制定上存在一定的欠缺，使教师觉得在工作中受到了不公平的待遇，从只有 56% 的教师赞成“我觉得园长能够公平处理教师纠纷”这一项就可以看出。

最后，园长忽视了幼儿园教师的个体幸福。有的幼儿园园长秉承着“无私奉献”的教师观，并且经常告诉幼儿园教师在工作时一切为了孩子，为了孩子的一切，这种观点虽体现了学生中心观，但在一定程度上忽视了幼儿园教师的个体幸福感。幼儿园教师也是人，也拥有与其他人相同的追求，不应该因为从事幼儿园教师这个职业就摒弃自身的现实需求。

三、提高幼儿园教师工作满意度建议与对策

想要解决掉上面的问题，需要采取多方面的措施。针对笔者所研究的幼儿园，建议采取以下的一些相关建议与对策。

（一）加大师资培养力度，提高社会地位

首先，加大师资培养力度，缓解幼儿园教师需求与供给之间的矛盾。一方面，鼓励国内本科院校、专科院校开设学前教育专业，增加招生的人数，以此缓解幼儿教师需求与供给之间的矛盾。另一方面，幼儿园应该与医院、职业院校开展合作，培养专职的保育员，以此减轻幼儿园教师的工作量和工作压力。

其次，形成幼儿园教师的社会支持网络，提高其社会地位。公众舆论有助于幼儿园教师在社会中建立信任，让公众信任和尊重幼儿园教师。社区可以开展公众模拟幼儿园教师上课等活动，让社区以及媒体对幼儿园教师的工作进行积极宣传，提高人们对幼儿园教师工作复杂性的认识，让人们了解他们在做什么。

最后，幼儿园教师要注重调节自我情绪，不断提升内在发展诉求。第一，坚定的职业信念是强大的内在力量，可以引导幼儿园教师面对大量的工作时不放弃。第二，转移注意力，学会用兴趣来化解不好的情绪，如画画、看电影等。第三，幼儿园教师要让自己走在学习的道路上，只有不断地学习才能使自身的能力得到提高，使自己能更好地控制自己的内心。

（二）幼儿园教师与家长加强沟通，构建良好的家园合作关系

如今，教师与家长的合作越发受到重视，但是在合作的过程中，双方容易产生矛盾。比如，家长与幼儿园教师沟通的过程中容易出现冲突；而幼儿园教师需要帮助家长了解幼儿在园内的学习以及生活情况，使家庭成为教育幼儿的重要力量。

首先，教师和家长换位思考，加强沟通。幼儿园作为一个教育场所，虽然对幼儿的教育很重要，但是，它有自身的局限性。家长与幼儿园教师的态度是相互影响的，因此，应鼓励教师与家长多沟通[5]。一方面，幼儿园教师可以学习一些与人沟通的小技巧，主动承担起与家长沟通交流的责任，让家长明白自己的用心。另一方面，家长不仅要主动地去了解孩子的情况，还要了解并且理解幼儿园教师的想法，就算不同意见，也应该多互相理解、多沟通，这样才有利于孩子健康成长。

其次，开展一系列家园活动，使家园合作更有效。一方面，幼儿园可以在节假日多多开展亲子活动，尽量让每一位家长都参与其中。活动旨在使父母了解孩子在幼儿园中的情况，体会到教师的不易，也使教师能更好地理解家长，促进双方的沟通合作。另一方面，幼儿园应该使家长积极参与幼儿园的管理。让家长了解幼儿园工作的各个方面，在不影响幼儿园正常运营的情况下，让家长参与到幼儿园的建设管理中，包括幼儿户外活动应该注意的事项、幼儿的饮食卫生等。

最后，充分利用家长资源。教师可以结合家长的职业特点，将其工作经验引入幼儿的学习活动当中。[7]比如，有的家长是环卫工人，那么可以邀请家长来幼儿园告诉幼儿生活中要保护环境；有的家长在公安局上班，则可以邀请家长来幼儿园进行安全教育。这样做不仅扩大了孩子的知识面，也让家长体验到了家园合作的乐趣。

（三）提高幼儿园教师的工作待遇，建立完善的激励制度

幼儿园教师工作报酬的提高不仅与社会的立法和各部门的监督有关，也与幼儿园的制度有关。因

此提高幼儿园教师对工作报酬的满意度，要从以下三个方面做起。

首先，进一步完善学前教育法制建设，完善监督管理体制。一方面，要使学前教育的老师得到社会的尊重，最重要的就是使学前教育的法制建设进一步完善。教育部已经开展学前教育法起草工作，目前已经初步形成了草案文本。保障幼儿园教师的合法权益，需要社会立法工作的进一步推进。另一方面，进一步健全监督与管理体制。政府充实管理力量，由教育部门领头，公安、民政、财政、市场监管等相关部门各司其职，协同监管指导，共同推进学前教育的发展。

其次，幼儿园要不断完善薪酬机制，建立绩效考核体系。幼儿园不应再采取单一的薪酬制度，应使教师的工作报酬结构合理化。除此之外，还要建立绩效考核体系。第一，考核标准和考核指标的制定要科学严谨，遵循幼儿园教师在工作中的客观规律；第二，要设立考核监督人员，确保考核的公平公正；第三，积极地邀请各位老师参与到考核标准和考核指标的制定中心中，广泛听取教师的意见和建议，教师在参与之后，会对绩效考核的结果更加赞同。

最后，幼儿园要建立并优化薪酬制度。不断引进优秀的现代化薪酬制度，除了基本的工资外，教师的工作报酬也应与绩效挂钩，这样，教师的工作报酬取决于其工作能力，能让教师感受到公平感。另一方面，幼儿园也要建立完善的激励制度。物质与精神奖励齐头并进，肯定幼儿园教师在工作中做出的贡献，提高教师的工作积极性。

（四）转变管理理念，构建和谐氛围

幼儿园园长作为一个特殊的职位，需要有一定的专业核心素养。而幼儿园园长的任务之一，就是充分捕捉员工的思想动态，关心教职工的生活，因此，园长与幼儿园教师之间应该构建良好和谐的关系。

首先，园长要转变管理理念。幼儿园管理人员采用民主的管理方式，幼儿园教师才会有自主感。除此之外，园长还应该在管理中给予幼儿园教师提出意见和进行决策的机会和权力，如开展意见交流会或者提供意见箱，充分发挥幼儿园教师的主人翁地位，鼓励教师建言献策，参与到幼儿园的管理中。

其次，园长要建立健全规章制度，给教师提供更多进修机会。人是具有社会性的，为了更加有效地完成工作，应该建立相应的制度。一是严格执行教师资格准入制度，教师需接受入职教育；二是建立有效的奖惩制度，切实转变教师工作态度，提高教师工作积极性；三是利用本园、姐妹园等一切资源，提供更多学习进修的机会。除此之外，园长应积极地与教育培训机构进行沟通，使每一位教师都有参加学习培训的机会。

最后，园长应注重幼儿园教师的个人需求。由马斯洛的需要层次理论可以知道，对于幼儿园教师应该多给予关心，满足其情感和归属的需要。关注幼儿园教师的身心健康，在幼儿园教师生活中遇到重大困难时，园长要及时地询问，这些关怀会让教师有心理上的安慰。除此之外，园长要善于发现教师身上的闪光点，用激励和欣赏的眼光去鼓励教师。

参考文献

［1］王颖，张杰. 民办幼儿园教师工作满意度调查研究：以廊坊市为例［J］. 长春教育学院学报，2017（7）：27-30.

［2］包钰. 幼儿教师工作满意度的实证研究：以安徽池州为例［J］. 陕西学前师范学院学报，2017（1）：109-115.

［3］李海华. 宁波市幼儿教师工作满意度研究［D］. 宁波：宁波大学，2014.

［4］郭显梅，周方，张玉梅. 领导风格与幼儿教师幸福感的关系及其影响因素［J］. 陕西学前师范学院学报，2019（5）：120-127.

［5］刘晓颖. 幼儿园家园合作现状调查［D］. 大连：辽宁师范大学，2015.

［6］潘宇. 幼儿园家园合作现状与对策研究［D］. 大连：辽宁师范大学，2015.

［7］邱晶. 幼儿园园长专业素养现状的调查研究［D］. 长沙：湖南师范大学，2015.

（岳阳市汨罗市白塘镇中心小学）

浅谈幼儿园沙水游戏的有效开展

屈伶伶　陈鑫兰

摘　要： 教育家陶行知先生在生活教育实践中提道："在生活里找教育，为生活而教育。"幼儿的学习源于生活体验。沙和水都是生活中常见的自然材料，玩沙、玩水、沙水结合的游戏深受幼儿喜爱。玩沙游戏中加入水的元素，会增加游戏的趣味性和幼儿的探究欲望，丰富的辅助材料有利于幼儿合作行为的发生。因此，本文从幼儿的兴趣出发，探寻幼儿园沙水游戏的有效开展策略。

关键词： 幼儿园；沙水游戏；开展

陶行知先生在"生活教育"理论中提出"教学做合一"，要求一线教师的教育要在"做"中开展，幼儿在"做"中学习，借鉴陶行知的教育理论对一线的幼儿教育教学工作具有很强的指导意义。沙和水是日常生活中随处可见的资源，也是幼儿游戏的天然材料，开展沙水游戏可以满足幼儿的天性，促进幼儿发展。

一、"思"材料的运用，激活孩子游戏的灵感

在玩沙游戏中，教师在材料的运用上，要有自己的讲究和策略，跟随幼儿的步伐，根据幼儿的能力和兴趣，分层次性、阶段性地投放。

（一）沙水结合，快乐联想

陶行知先生说过："我们要解放孩子的空间，让他们去接触大自然中的花草、树木、青山、绿水、日月、星辰。"幼儿生活中常见的沙子就是大自然赋予孩子的礼物。午后的沙水时间到了，只见孩子们把干巴巴的沙子进行了一番拍打。突然，云朵小朋友接了一桶水倒进了沙里，湿湿的沙子更容易搭建了，幼儿也通过感官的刺激了解物体的性质，如了解到干沙和湿沙的不同点。沙土流动、可塑的特点引发了幼儿的奇妙想象和游戏欲望，蕴藏着游戏的契机。如何将沙水池的水引进沙里，孩子们开始深思起来。想用桶接，取水费力又费时，那怎么办呢？幼儿对沙水结合时的沙水塑造有了渴望。

（二）平凡管道，趣味无穷

沙水池的工具琳琅满目，孩子们会被色彩缤纷的造型工具所吸引，但难免会忽略颜色不鲜明的管道。正因孩子对水的需求以及中班的孩子具有的挑战、探索和合作的能力，让幼儿自主寻找身边能够运水的材料，从易到难地进行组合搭建。

起初，用桶接水、用长长的管道接水等不同方法的尝试，瞬间让幼儿喜欢上了搭建管道游戏，因为管道长且能运水，从游戏中，孩子能找到了挑战的趣味；如今，怎样把水管拼搭在一起，是他们进行游戏的动力。

在游戏中，随着幼儿能力的增强，笔者他们利用身边已有的资源，运用不同的工具把管道支撑起来。因此，幼儿再次在园里寻找了一些辅助材料，如轮胎、树桩、有高度的器械、水桶，并通过不同的材料把管道搭建起来。

二、"思"幼儿的兴趣，游戏助推自主探索

在实践中，教师以"追随幼儿"为游戏的理念，尝试通过对中班年龄段孩子玩沙的特点进行分析，追随幼儿的需要投放材料，及时回应，形成合作探究式的师生互动，推进幼儿沙水游戏水平的提高。

（一）捕捉幼儿兴趣，助推探索欲望

游戏中，幼儿的兴趣和老师的观察是幼儿学习最有效的途径。在活动中，教师应站稳十分钟，做一名耐心的观察者。如游戏中，突然发生意外。“快把水龙头关掉，漏水了。”果果说。“我来帮你一起接水管，我用树桩帮你架住。”昱衡说，“你的管道没接好，我来重新接。”怎么管道总是漏水？为什么水流不下去？问题接踵而来。这时，笔者进行了追问，管道为什么会漏水呢？怎么样才能使管道平稳流水？幼儿你一句我一句地探讨了起来。昱衡把上管道压在了下管道下面，很快，水就冲进了沙子，沙子一下被冲出了大坑。精彩的瞬间就在这里展开了，在旁边游戏的小朋友快速地拿起铲子向前挖了起来，于是新的探究又开始了。

笔者觉得教师必要时还是需要基于幼儿经验的需要而生发课程，要学会倾听幼儿，少说，多看；追随孩子的问题，有效回应孩子的问题，活动中可以给孩子与同伴相互交流、讨论的空间，从游戏中生发孩子的合作精神。

（二）自主探究为主，助推游戏阶梯发展

自主探究是幼儿根据已有经验自发、主动地对外界事物作出的一系列尝试、摸索、探究的行为，幼儿通过自主探究探索世界、获得知识，提高探究的能力，培养积极的态度。

在第五次的玩沙活动中，孩子们再次兴致勃勃地拿起管道搭了起来，这一次萌萌也参与了进去，只见她和雅雅相互协作，一个扶住管道，一个取辅助材料进行搭建，水很快地流了过去，孩子们便在水冲击出的沙坑中挖水道。孩子们不停地向前挖起了水道，有的挖得很长，还有的小朋友则一直在原地，水一直不能向前流。这时，笔者悄悄地走了过去，以同伴合作的关系参与其中，进入与幼儿一起游戏的角色。在活动中，笔者没有过多地发声，只是拿了一个工具让孩子看我挖，挖一下，让孩子说说自己的发现；挖三下，提问，小朋友你们知道老师为什么挖得这么快吗？话音刚落，云朵说：“噢，我知道了，好像跟搭水管一样。挖水道时，要慢慢挖深，因为水是往低处流的。”顺应云朵小朋友的话，笔者让孩子们拿起工具和老师共同挖水道，突然，身边传来了“真的，真的”的声音，还有孩子说，“要慢慢向前挖深”。顿时，小朋友一起合作挖出了长长的水道。从“接管道”游戏转换为“挖长长的水道”游戏，通过教师适时的介入、助推，孩子在大胆的猜测中，探索发现了“水往低处流，在挖的过程中需要越挖越深”的道理。

三、“思”同伴的评价，分享家园共育理念

（一）相互评价，共同进步的重要性

当幼儿分出不同的水道时，也经常围在一起相互评价。“呀，这水道的水可真好看，不过再挖得长一点儿就更好看了。”“水道旁的沙还能做山呀，如果可以把堆在边上的沙变成光滑的山，估计会干净点儿。”通过同伴的自主评价，孩子们挖水道的经验更加丰富了，随之，他们在挖的过程中加入了新的元素技能。而作为老师，笔者会在一旁倾听，适当给予肯定、引导，给孩子一个畅所欲言的空间，从而培养幼儿的交流和语言表达能力。

（二）培养家庭共育理念

1. 认知意义，帮助家长转变观念

在家长会上，笔者把孩子玩沙水游戏的情景直观地用视频和图片展示出来，借用玩沙话题深入地与家长交流，让家长知道玩沙能使孩子手眼协调，思维能力、合作能力和探究能力等多方面能力得到发展，深入浅出地让家长了解到孩子玩沙的意义。

2. 家园联手，普及相关玩沙知识

在家园共育的过程中，教师应给孩子们建立探索的氛围空间，并使用信息手段让孩子去观看有关水往低处流、材料空间的利用等视频；同时使用记事本，记录幼儿玩沙中存在的不足与优势，分析幼儿后期的玩沙水平是否有提升。利用周末，让家长带领幼儿运用玩沙工具进行挖泥的动作发展，进一步提升幼儿挖沙的力度。

一沙一世界，一水一天地。沙粒虽小，却蕴藏无数的游戏契机。在玩沙游戏中，幼儿将获得科学认知，促进语言发展，增进人际交往，协调肢体动作，进行艺术创作。沙与水的流动性和可塑性，从本质上满足了幼儿内心的需求，激发了他们主动学习、探索的积极性，最重要的是，让他们懂得了团队的合作。

参考文献

［1］李季湄，冯晓霞.《3~6 岁儿童学习与发展指南》解读［M］. 北京：人民教育出版社，2013.
［2］教育部基础教育司.《幼儿园教育指导纲要（试行）》解读［M］. 南京：江苏教育出版社，2002.
［3］朱小芳. 浅谈如何培养幼儿沙画学习的自主性［J］. 读与写，2016（10）：274.
［4］许雅清. 幼儿园沙水游戏的组织与指导［J］. 家教世界·现代幼教，2017（3X）：37-39.
［5］朱宝. 在户外沙水游戏中实现高质量的师幼互动［J］. 考试周刊，2017（70）：172.

（郴州市苏仙区直属机关幼儿园）

浅谈4~5岁幼儿的冲突行为及教师干预策略

唐佳妮

摘 要：在幼儿的人际交往过程中，冲突是一种不可避免的现象，是幼儿日常生活的一部分，而4~5岁为冲突行为的多发期。本文就4~5岁幼儿冲突行为的主要行为表现、引发冲突的主要原因以及教师如何有效应对幼儿的冲突行为，即教师的干预策略进行了初步研究。作为幼儿教师，对于幼儿发生的冲突行为，需引起重视并从多方面采取适当的干预策略，解决幼儿的冲突行为，培养幼儿的良好行为习惯以及独立解决冲突的能力，促进幼儿健康和谐发展。

关键词：4~5岁幼儿；冲突行为；教师；干预策略

一提起冲突，很多人都把它视为人际交往中的一种消极行为，因为它会使原本稳固良好的人际关系产生裂痕、隔阂，是影响人际交往的不和谐因素。而实质上，冲突对于促进幼儿的社会性发展有着独特的意义与价值。4~5岁是幼儿各方面发展的关键期，也是冲突行为的高发时期。在幼儿的一日活动中，时常会由于各种原因发生各种形式的冲突，合理地解决冲突，有助于促进幼儿和谐发展。本文就4~5岁幼儿的冲突行为以及教师如何对幼儿冲突行为进行干预以促进幼儿发展进行探讨。

一、幼儿冲突行为概述

（一）关于幼儿冲突行为的界定

1．冲突的概念

冲突是人际交往过程中常见的现象，是经常会发生的。它大抵是指双方由于对同一事件的理解、态度、看法等有分歧而产生的矛盾，冲突也可能是因为一个小小的动作或一句话而引起的。冲突的核心是相互对立，冲突双方一定存在意见的对立或不一致。

2．幼儿的冲突行为

关于幼儿冲突行为，皮亚杰提出的“社会认知冲突理论”认为：幼儿之间由于观点不同而争论，导致社会认知上的冲突，在解决冲突时，幼儿不仅要考虑自己，还要考虑其同伴的观点，冲突解决的过程实质上就是幼儿认知结构改变的过程，也是使幼儿去自我中心化的过程。

在幼儿的发展过程中，冲突行为是普遍存在，同时也不可避免的现象，主要是指学龄前儿童在与他人的社会交往中，当出现与其期望、观念或需求等有差异，无法接受的情况时，双方发生情绪、语言、行为等方面的冲突。

（二）幼儿冲突行为的类型

幼儿的冲突行为根据与其发生冲突的对象区别可分为亲子冲突、师幼冲突和同伴冲突三类。

1．亲子冲突

亲子冲突是指父母与孩子之间在日常生活中的不一致，亲子双方会发生认知、行为、情绪上的矛盾或对立。在幼儿时期，亲子冲突主要表现为幼儿对于家长命令的不满、不服从，例如在离园环节，妈妈来接孩子回家，孩子正在不紧不慢地收拾书包，把书本、衣服、玩具等整齐地装进书包，妈妈赶时间，看到孩子慢悠悠的，着急了，一把将所有物品都塞进书包，拉着孩子就走。孩子很生气，将书包抢过来丢在了地上。从此例亲子冲突可以看出，幼儿期亲子冲突产生的原因主要在于幼儿自我独立意识萌芽，语言、情绪情感和认知的发展与父母的文化涵养、家庭氛围等方面有矛盾。

2. 师幼冲突

师幼冲突是指幼儿教师与幼儿由于在年龄、心理、角色、目标、价值观等方面的差异而产生的公开对立的互动，旨在制止对方达到目的，从而实现自己的目的。例如一幼儿在教师组织活动的时候在教室里走来走去，教师看到了很生气，双手抓着他的肩膀，限制他的行动，并严肃地进行责问：为什么这么做？幼儿只是看着教师，不做回答。教师更加严厉地与其谈话，最后幼儿用力地推开教师，回到了座位。从此例师幼冲突大致可以看出，幼儿行为“失范”是引起师幼冲突的关键，大多数的师幼冲突都是在幼儿的行为表现违反了教师的规则，教师需要维护规则时发生，且多伴有消极的情绪反应。

3. 同伴冲突

本文中所探讨的冲突行为以及教师对冲突行为的干预策略主要针对发生在幼儿同伴间的冲突行为。在幼儿的同伴交往过程中，随着年龄的增加、个体的差异等原因，同伴间会由于各种原因而发生冲突，这也是幼儿园集体生活中的高频率事件。幼儿与同伴间发生的冲突行为也是幼儿冲突行为中占比最大的。

关于同伴冲突，我们可以简单定义为：发生在幼儿与同伴之间的相互矛盾、对立的行为，通常是由于各种原因而发生的各种形式的矛盾。例如同伴间由于在某一件事情上的观点不一致而发生的言语上的争论；在进行区域活动的时候，幼儿由于争抢同一个玩具而发生的行为上的冲突；在进行集体活动，如排队、如厕的时候，个别幼儿对于其他幼儿出现违反规则的行为不满而进行干预导致的冲突。我们可以发现，当幼儿发生同伴冲突时，尽管本身是不愉快的，但它也是一种社会互动形式，能够促进幼儿的社会性发展。

二、4~5 岁幼儿冲突的主要行为表现及显著特征

（一）4~5 岁幼儿冲突的主要行为表现

在付丽丽老师发表的论文《幼儿同伴冲突的行为表现及对策》中，根据幼儿冲突行为的具体表现以及冲突引起的结果，将幼儿冲突行为分为积极性冲突、中性冲突和消极性冲突。

1. 积极性冲突

积极性冲突是指幼儿以维护社会规则、游戏规则或者个人尊严为目的而引发的冲突，主要有语言冲突和行为冲突两种。本人在教学实践中发现，积极性冲突多为幼儿受正萌发的正义感驱动，对不守规则的同伴进行指责，即批评错误的行为、维护正确的规则。

案例 1：

2020 年 5 月 12 日星期二，课间操时间。

幼儿排队下楼梯准备去操场做课间操，后来的男孩子 A 没有遵守排队秩序，插队，硬挤进已经排好队的幼儿中间。这时候，男孩 B 看到了，便开始用语言指责男孩 A 插队，并让男孩 A 排到队伍的后面去，而男孩 A 并没有听从男孩 B 的话，仍插在队伍中。这时，男孩 B 有点儿生气了，上前把男孩 A 拉了出去，两人发生了冲突。

这个案例中，男孩 B 为了维护排队要遵守先来后到的规则，从而与男孩 A 发生了冲突。在上述案例中，如果在男孩 B 用语言说服男孩 A 后，男孩 A 接受了批评，到队伍的后面去排队，那么冲突就只限于语言层面。而案例中的男孩 A 并没有改正自己的错误，因而导致了行为冲突的发生。

2. 中性冲突

中性冲突是指在具体的情境中，并没有明显的语言冲突或行为冲突发生，而是以一种自我委屈或自我发泄的形式表现出来的冲突。中性冲突的发生多受幼儿近期的心情和情绪状况的影响。

案例2：

2020年6月8日星期一上午，美术手工活动：五角星。

这次的手工活动是让幼儿学习按照步骤图来折纸，然后用剪刀剪去多余部分，最后变成一个五角星。在示范环节，教师要求全班幼儿跟着自己的动作和出示的步骤图折纸。这个时候，女孩C没有跟着教师一起折，也没有看步骤图，而是自己低头拿着纸折叠，最后她剪出来的形状不是五角星，而是不规则的图形。这时男孩D看见了，便拿过女孩C手中的纸说："错了，你折的不是五角星，你真笨，五角星都不会折。"女孩C听后，又把纸拿了回来，趴在了桌上，没有再说话。

上述案例中，女孩C与男孩D并没有明显的语言冲突和行为冲突，只是女孩C听了男孩D的话后不高兴了，属于冲突内化。

3. **消极性冲突**

消极性冲突指幼儿破坏和中止他人的活动以达到自身目的，并可能对他人身心造成伤害的冲突。一般消极性冲突多含有欺负的行为，像抢夺玩具等，多表现为行为冲突。

案例3：

2020年6月19日星期五下午，区域活动：我是建构家。

幼儿在自由进行区域活动，由于玩具材料的争夺发生了冲突。男孩E的玩具掉了几个在地上，男孩F则马上俯身去捡，并称玩具是他的。男孩E当然不肯，一把将玩具抢了过去，男孩F不罢休，想抢过男孩E手中的玩具，二人僵持，最终男孩E向老师告状。

从男孩F的角度出发，他抢夺男孩E的玩具，企图获得他人的物品，并发生了语言冲突和行为冲突，属于消极性冲突。

（二）4~5岁幼儿冲突行为的显著特征

根据对相关文献资料的查阅以及本人在实践过程中对幼儿的观察分析，发现4~5岁幼儿的冲突行为具有以下几点显著特征。

1. **持续时间短，发生频率高**

虽然4~5岁幼儿发生冲突行为的开始、结束不同，冲突时间也长短不一，但其短暂性是可以确定的，其持续时间基本维持在1分钟之内且发生冲突行为的频率高，次数频繁。这与幼儿的身心特点相关，幼儿的注意力不易集中，容易被其他事物分散。

2. **存在性别差异**

综合研究以及自身实践表明，在4~5岁幼儿冲突行为中，同性孩子之间发生冲突行为的频率明显高于异性之间发生的冲突。在同性之间的冲突中，女孩之间的冲突明显少于男孩之间的冲突，且女孩之间发生的冲突行为多为语言冲突，而男孩之间多为行为的冲突。这是由于男孩比女孩更具有攻击性，与男女生所受到的性别教育和社会对性别的不同要求有关。

3. **冲突多"对事不对人"**

幼儿间引发冲突大多是因为一件具体的事情，比如"你抢我的玩具""你撞到我了"等，很少是因为彼此间的不和谐而故意挑起争端。这是源于4~5岁幼儿思维的特点：简单直接。如案例1中的男孩B，看到男孩A插队后，为维护规则与其发生语言和行为上的冲突。男孩B只是针对男孩A插队这一事件，而并非与男孩A不和。

4. **冲突起因绝大多数为物品的争执**

4~5岁幼儿具有初步的自我意识，但不完善。当同伴侵占自己的物品和空间时，会表现出生气、愤怒等，在争夺所有权的过程中，便会发生同伴冲突。且4~5岁幼儿相对于3~4岁幼儿而言，语言能力已有了一定的发展，所以冲突行为中常伴有争吵，这些都与他们此阶段的能力发展及所积累的社会经验有关。如案例3中的男孩E和男孩F，便是由于玩具的争夺而发生冲突。

5. **以在区域游戏中发生的冲突行为为主**

4~5 岁年龄段的幼儿处于既对社会认知有一定认识，了解一些基本的社会规则，但又还不能完全达到“去自我中心化”。区域活动的开放性特点为幼儿自主性发展提供了施展空间，在区域活动中，同伴之间相互接触的机会更多，因此幼儿间发生冲突行为的频率也随之变高了。

幼儿在角色区域、建构区域、美工区域、自然区域等区域活动中，以建构区域发生冲突行为最多。建构活动区相对于其他区域而言，材料种类和数量比较丰富，多种多样的玩具材料是幼儿最感兴趣的。因此，很多时候，幼儿间会因对材料的占有和空间位置等引发冲突，如案例 3 中两位男孩之间的冲突便是在建构区活动时发生的。

三、4~5 岁幼儿发生冲突行为的主要成因

（一）情绪情感发展不稳定，易冲动

幼儿的身心发展均不成熟，且有着明显的年龄差异。4~5 岁幼儿较 3~4 岁幼儿来说，情绪情感仍然具有易冲动性和不稳定性，经常由于很微小的事件而发生冲突。而幼儿在 4~5 岁年龄阶段也会逐渐形成一些高级的社会情感，如道德感，常常因为自己在行动中遵守了老师的要求而产生快感，并且，他们不仅关心自己的行为是否符合道德标准，而且开始关心别人的行为是否符合道德标准，当发现别人的行为违反了标准时，就可能出现告状等行为。

（二）仍以“自我为中心”为主

皮亚杰曾强调幼儿时期的“自我中心”，这是幼儿社会性发展过程中必然会有的现象。4~5 岁幼儿已经有了独立思考的能力，他们会有一些自己的想法，但是不会换位思考。他们在任何情况下都以自己为主，只考虑到自己的意愿和需求，不顾虑他人的感受。

案例 4：

2020 年 10 月 14 日星期三，离园活动时间。

教师开放了建构区和美工区两个区域角，让幼儿在晚餐后自由选择区域进行离园活动。男孩 G 较快地吃完饭后，选择了在建构区玩玩具，他把玩具篮中的积木全部拿出来放在自己的面前玩。过了一会儿，又有几名幼儿吃完饭，选择此区域活动。这时男孩 H 也要玩积木，却发现积木已全部被男孩 G 拿走。然后男孩 H 拿了 G 面前的几个积木玩，男孩 G 看到，马上抢了回来，说：“这是我的玩具！”男孩 H 说：“可是你把全部的积木都拿走了，我都没有了！”男孩 G 没有理会，继续玩自己的，最后男孩 H 向老师检举男孩 G 拿了全部的积木。在这个案例中，男孩 G 把玩具篮中的积木全部都拿来给自己玩，并没有考虑到其他的幼儿，是“自我为中心”的表现。

（三）语言运用能力和社会交往技能的缺乏

4~5 岁幼儿虽然已经能够与他人进行简单的社会交往，但是对语言的表达与运用及社会交往互动的能力水平还相对较弱。在与他人的相处过程中，幼儿还不能够完整清楚地表达自己的愿望，当与他人的意见出现不一致时，不能很好地协调自己与对方的观点从而达到双赢。例如，在观看动画或者图片的时候，前面有人挡住了自己的视线，幼儿会直接把前面的人推开好让自己能够看得到，从而引发冲突。这就是幼儿不会用语言与他人进行友好的沟通，无法采用合理的方式解决问题的体现，是语言运用能力和社会交往技能缺乏的体现。

（四）不恰当的家庭教养方式

我国学者将家庭教养方式大抵分为三种类型：专制型（保护型）、放任型（溺爱型）和民主型。专制型的家庭教养方式，表现为家长要求幼儿绝对服从自己，希望对幼儿所有行为永远加以保护和监督，在这类教养方式下成长的幼儿缺乏独立性和自主性，并在幼儿冲突行为中通常是作为承受者一方。放任型的家庭教养方式表现为家长对于孩子放任、溺爱。这种方式下成长的幼儿“自我为中心”

意识尤为强烈，如果他们的需求得不到满足，就会有较大的情绪波动甚至采取暴力行动。这类幼儿常为冲突行为的发起者。而在民主型教养方式下成长的幼儿的社会性发展则较为全面，与人交往和谐。他们往往懂得相互尊重、与他人合作并关心他人，这类幼儿冲突行为的发生频率较低。

（五）幼儿园提供的物质材料无法满足幼儿需求

前面关于 4~5 岁幼儿冲突行为的显著特征中有阐述，幼儿间发生冲突行为，多是为了物品、玩具等有限材料的争夺。现在很多幼儿园都存在活动区材料数量少、种类单调、陈旧等问题。当物质材料无法满足幼儿的需求，不能达到让每一位幼儿都进行操作的最佳状态时，幼儿便会出现因物品的抢夺而引发的情绪、语言甚至行为上的冲突。例如，在幼儿园的各类玩具中，总会有最“受欢迎”的那一类，如果这一类的玩具数量少而想玩的幼儿人数多，那么就容易引发冲突。

四、教师对于幼儿冲突行为的干预策略

（一）创设良好的幼儿园活动环境

1. 合理安排班级人数

幼儿园班额过大不仅会影响幼儿受教育的质量，也会增加幼儿发生冲突的频率，不利于幼儿的安全和健康。因此，幼儿园要合理安排班级人数，既不能过多也不能过少，既要便于管理，也应当有利于幼儿身心健康与社会交往。根据国家规定，小班（3~4 岁）人数为 20 至 25 名，中班（4~5 岁）人数为 20 至 30 名，大班（5~6 岁）人数为 30 至 35 名。幼儿园各年龄班应当按照国家规定的人数核定标准，最多不能超过规定班额的 5 人。

2. 提供充足的游戏材料

“环境是重要的教育资源”，幼儿园的环境创设要符合幼儿年龄特点，富有童趣，并且也要与教育相适应，让幼儿无论走到幼儿园的哪一个地方，都能受到良好的熏陶与教育。教师可以利用本土资源，丰富幼儿的操作材料。幼儿收集大自然中的自然材料，如树叶、泥土等；家长和幼儿一同制作手工材料，如创意纸盒等都是非常好的教育资源。除此，还应该向幼儿提供数量充足的游戏材料，满足幼儿的需求，从而避免幼儿发生争夺玩具的冲突行为。同时，游戏材料的选择上要减少具有攻击性的玩具，如弹弓、木棍、手枪等。

（二）加强与家长的沟通，实现家园共育

幼儿之间发生的冲突行为与幼儿的家庭教育有很大关系。幼儿获得社会交往的方式经验有很多是由于观察家长的日常行为而学习模仿来的，如家长在人际交往中常有不文明用语或采取暴力方式解决问题，潜移默化下，其孩子在与同伴的交往中也会有攻击性行为的出现。因此，在幼儿教育问题上，教师应该加强与家长的沟通。例如，在幼儿发生冲突并有攻击性行为后，教师可以及时与家长反映情况，并向家长了解幼儿不在幼儿园时的社会表现，双方共同商量对策；对于专制型和放任型的家庭教养方式，教师应该以恰当的沟通方式与家长进行交流，让家长明白不正确的教养方式下成长的幼儿发展也将受到极大的不良影响。

（三）应对幼儿冲突行为的有效干预策略

1. 观察了解幼儿，提高敏锐度，减少幼儿冲突的发生

作为幼儿教师，应该经常观察班级幼儿并做好记录。做好幼儿观察记录，有助于增进教师对班级幼儿的了解，包括幼儿生理和心理上的需求、幼儿的情绪状况、气质类型等。了解幼儿，提高敏锐度，能有效防止幼儿冲突行为的发生。对于幼儿冲突问题发生的动机和起因，教师也要有一定程度的了解，以便及时采取合理的干预措施。例如，教师在调整幼儿座位时，可以让容易与人发生冲突的幼儿分开坐，这样可以减少幼儿冲突的机会。

2. 有计划地对幼儿进行规则教育，培养幼儿良好的行为习惯

4~5 岁幼儿的规则意识已经萌芽，有计划地进行规则教育来强化幼儿的规则意识，有助于实现幼儿良好行为习惯的养成，从而减少幼儿冲突的发生。在幼儿园的日常生活中，教师可以采用多种方

式来对幼儿进行有计划的规则教育。教师的示范作用很重要，在有计划地对幼儿进行规则教育时，教师要对幼儿进行良好交往技能的示范教育。过程中，教师要渗透良好的交往方式以及规则意识，对友好解决冲突的幼儿进行表扬及强调；在幼儿活动时，教师要进行积极的引导，鼓励幼儿以亲社会行为来解决冲突。

3. 有效组织教育教学活动，提高幼儿语言运用和社会交往的能力

幼儿教师在设计教育教学活动的时候，首先要考虑是否符合幼儿的年龄阶段，幼儿是否对该活动感兴趣，活动是否能促进幼儿在该领域有所发展等。教师可以采用多种方式，如讲述、谈话、游戏等来组织活动。如果是讲述故事或谈话活动，教师可以讲述一些具有教育意义的故事，在教学过程中，应尽量多设计自由说话的环节。教师可以抛出一些问题，让幼儿发表自己的看法，与同伴相互交流、相互讨论。这不仅可以促进幼儿与同伴间友好关系的发展，也能让他们在争论中得出办法，从而提高幼儿自我解决问题的能力。幼儿最能接受的教育方式，就是在游戏中学习，因此教师可以以游戏的形式组织教育活动，例如角色游戏、表演游戏，让幼儿在游戏中学会理解他人，学会站在他人的角度思考问题，增进情感。

4. 冲突发生时做到适时有效地干预，及时引导和总结

“观察在先，行动在后”。在幼儿发生冲突行为后，教师要做的，首先是读懂幼儿的心理，了解冲突的原因，再采取适宜的行动。教师在处理幼儿冲突的过程中，更多的应该是一个引导者的角色，让幼儿自己探索解决方法，从而培养幼儿解决问题的能力。

案例 5：

2020 年 11 月 16 日星期一下午，角色游戏：门诊区。

女孩 L、男孩 M 和女孩 N 准备去门诊区进行角色扮演游戏，女孩 L 自封为“病人”，并让男孩 M 当“医生”，女孩 N 当“护士”。这时，男孩 P 也进入门诊区，说自己也想参与游戏，并想当“医生”的角色。女孩 L 不同意，让 P 当病人。男孩 P 生气地走出了门诊区，跑过来对我说：“老师，我想当医生，他们不让我当医生，让我当病人。”我听了男孩 P 的叙述，并不打算干预，我让 P 去和他们商量或者想个办法。于是男孩 P 又回到了门诊区，我在一旁继续观察。门诊区的三个人已经开始角色扮演了，男孩 P 对 M 提出剪刀石头布的建议，谁赢谁当医生。M 答应了，三局过后，M 赢了，然后 L 说：“好了，M 赢了，他是医生，你不能当医生。”男孩 P 听后，情绪变得激动，哭诉着说：“我再也不想跟你们玩了！”说完又走出了门诊区。在一旁观察的我，见状便过去安抚 P 的情绪，说：“你不能当医生，你还可以当医院里别的角色呀。你还想当什么？”P 没有回答我，我便换了种策略，对他说：“老师想去医院‘看病’，你愿意陪我吗？”这时 P 慢慢点了点头。之后我以“病人”的身份参与到了他们的游戏中，男孩 M 给我“看病”，女孩 N 给我“打针”，在这个过程中，我们很愉快，并且我不忘观察男孩 P 的情绪变化。我发现 P 全程很认真地看着我，陪着我“看病”，表情也很愉悦，说明他对“病人”有了兴趣。所以，在我“看完病”之后，我询问幼儿 L、M、N 三人是否欢迎别的“病人”，三人表示很欢迎。我又询问一旁的男孩 P：“你想当‘病人’吗？”这时，P 笑着点了点头。然后我走出了门诊区，门诊区中的四名幼儿也开始很愉快地进行角色扮演游戏。

在游戏之后，我当着班级所有幼儿表扬了门诊区的四名幼儿，表扬他们能够遵守门诊区的游戏规则，在各自的“岗位”上认真地“工作”，同时表扬了男孩 P 在不能扮演医生之后，扮演了病人，同样很开心地游戏了。这起因角色的分配引发的冲突不但有效地解决了，还促进了四人之间的情感。

总之，对于幼儿的冲突行为，成人必须引起高度的重视，尤其以幼儿教师为主。在幼儿 4~5 岁这个各方面成长的重要时期，教师的积极引导，起着绝对的关键作用。因此，教师首先要树立正确的冲突观，在处理幼儿冲突行为时，教师要采取适时适当的干预策略，减少冲突带来的消极影响，合理利用冲突来培养幼儿的人际交往能力和社会问题处理能力，从而促进幼儿身心健康及社会性的发展。

参考文献

[1] 刘晓静. 幼儿同伴冲突行为研究［D］. 南京：南京师范大学，2002：13.
[2] 胥兴春. 应对幼儿冲突的策略与技术［J］. 学前教育研究，2006（6）：24-27.
[3] 刘晶波. 师幼互动行为研究［M］. 南京：南京师范大学出版社，1999.
[4] 吴晗睿. 幼儿教师对幼儿冲突的干预行为研究［D］. 北京：中央民族大学，2009.
[5] 蒋秋芳. 中班幼儿同伴冲突以及应对策略研究［D］. 南京：南京师范大学，2007：27.
[6] 刑少颖. 幼儿纠纷现象的调查与分析［J］. 学前教育研究，1997（2）.
[7] 霍延丹. 幼儿同伴冲突中教师干预行为研究：以鞍山市M幼儿园为例［D］. 鞍山：鞍山师范学院，2014.
[8] 赵美凤. 让幼儿间的冲突成为资源［J］. 山东教育，2005（3）：61.
[9] 付丽丽. 李国强. 幼儿同伴冲突的行为表现及对策［J］. 呼伦贝尔学院学报，2009，17（6）：91-94.
[10] 张文新. 儿童社会性发展［M］. 北京：北京师范大学出版社，1999.
[11] 皮亚杰. 教育科学与儿童心理学［M］. 傅统先，译. 北京：文化教育出版社，1981.
[12] 张榕芳. 4~5岁幼儿气质、父母教养方式及其与社会性发展的关系［D］. 桂林：广西师范大学，2001.

（桂阳县北关完小）

规划·行动·审思*

——浅谈幼儿园班级主题环境创设三部曲

侯 俪

摘 要：环境作为“第三位老师”，对幼儿的成长、主题活动的开展有着潜移默化的影响。当下，幼儿园班级主题环境创设存在随意性大、系统性不强等问题。基于此，我院开展了相关研究，提出了幼儿园班级主题环境创设三部曲：规划—行动—审思。在规划中从幼儿兴趣与需求、主题活动价值、确定内容与空间规划出发，确立环境创设方案；在行动中坚持幼儿主体与教师支持，引发、支持幼儿开展主题活动，激发幼儿的学习动机；在反思中回顾与思考，提高班级主题环境质量，从而将单一的环境创设转化为动态的、潜移默化的环境课程，全面而系统地支持幼儿的学习与发展。

关键词：幼儿园；班级主题环境；创设

幼儿园班级主题环境创设是依据某主题的学习进程，创设与之相应的良好环境，支持幼儿的学习与发展，帮助幼儿建构与主题相关的、多方面的有益经验。那么，怎样基于儿童视角创设班级主题环境、激发幼儿内在的学习动机、让环境支持主题课程开展呢？基于上述问题，我院积极探索，初步形成了幼儿园班级主题环境创设的三部曲。

一、规划先行——将方案“做细”

古人云：“凡事预则立，不预则废。”幼儿园班级主题环境创设需要从规划做起，良好的规划是施工蓝图，只有做好规划，才能“按图索骥”，有章可循。具体的班级主题环境创设规划制定过程，也是教师不断深入思考环境和活动之间关系的过程，有利于教师深入理解二者之间的关系，避免盲目行动。这样的规划设计过程并不只是教师的独角戏，孩子也积极参与其中。从某种意义上讲，孩子是环境的主人，他们参与其中，有利于设计出更贴近他们发展需求的环境，也为后续开展相应的活动打下良好的基础。

（一）分析幼儿特点与需求

1. 分析幼儿的年龄特点

幼儿是学习的主体，班级主题环境创设的出发点和落脚点都必须是儿童。因此，在做具体的班级主题环境创设规划时，教师首先要了解儿童，分析幼儿的年龄特点，从儿童出发。[1]不同年龄段幼儿的生理、心理发展状况是不同的。教师要参照《3~6 岁儿童学习与发展指南》、儿童心理学等书籍，再基于日常对幼儿的观察，综合分析该阶段幼儿的身心发展特点和典型表现，才能找准班级主题环境创设定位。表 1 以大班为例进行环境创设说明。

表 1 大班幼儿典型表现分析与环境创设列举

领域	幼儿典型表现（列举）	环境创设（列举）
健康	大班幼儿的脑部重量接近成人重量的 90%，脑结构已相当成熟，但仍不够平衡，兴奋强于抑制	大班幼儿脑部结构的发育已接近成人，但是不能像成人一样较好地控制自己的行为，需要创设操作性强的环境

* 论文于 2021 年 1 月在《动漫界. 幼教 365》发表。

续表

领域	幼儿典型表现（列举）	环境创设（列举）
语言	可以完整地复述较长的故事，可看图编故事，还可以围绕一个主题编故事。语言清楚、连贯、生动形象	可以投放照片或幼儿自制图书开展讲述
社会	喜欢尝试扮演不同群体的角色，如领导者、谈判者、追随者等，发起的基本上是有组织、有规则、有分工和有“小组领袖”的合作游戏	可投放多种角色扮演材料，引导幼儿由“平行”角色关系向“从属”角色改变
科学	对事物的内隐特征或结构表现出探究兴趣；在联系实物的基础上，会进行加减运算	可投放一些能拆卸拼装的材料，满足幼儿的探究欲；提供不同面值的钱币，让幼儿在游戏中感知理解数的组成
艺术	对艺术创造活动更感兴趣，乐意用各种工具、材料进行美术创作	多提供低结构材料、半成品，来激发幼儿创造的欲望

2. 调查了解幼儿需求

教师精心设计的教育环境如果缺乏幼儿的参与，是没有教育价值的，只有幼儿真正参与进来，喜欢游戏，环境才有价值。因此，教师在规划班级主题环境的时候，应该积极与幼儿互动，以他们为“师”，真正了解他们的需求，然后尽量去满足。

我们曾对四所幼儿园的幼儿进行访谈，就班级整体环境以及每个场所分别询问，倾听了解他们对环境创设的想法。访谈结果显示，幼儿有许多独特的想法。例如，幼儿普遍喜欢班级的美工、建构、科学区，原因是材料丰富、好玩，说明孩子喜欢操作性强的环境；大多数幼儿都提到了能方便如厕、干净无异味，建议放些绿植或稍装饰会更美观，由此看出，幼儿对环境创设有着自己的观点和想法。因此在主题活动实施前，教师应让幼儿围绕该主题发表自己的观点，通过访谈、调查等多种方式，深入了解他们的兴趣需求和已有经验，做好科学构思和统筹安排。

（二）分析主题活动价值

对主题活动进行价值分析，有利于教师明晰活动对幼儿发展的意义，能获得哪些方面的发展。这样教师在布置环境时会时刻注意，保证整个环境都为实现主题活动价值服务。例如，大班主题活动“生活中的交通”主题价值：通过游戏、故事、社会实践等多种形式，帮助幼儿从不同层面认识、了解不同的现代交通工具，体验科技进步给人类生活带来的深远影响；同时，帮助幼儿了解基本的交通规则并学会遵守，掌握自我保护的基本方法。正确把握活动价值后，所有的教学活动与环境创设都要围绕这个价值来展开。

（三）分析活动环境需求，制订内容规划

1. 厘清主题实施线索

根据活动价值，结合幼儿的兴趣需求，梳理出主题实施线索，利于厘清环境创设的基本脉络。如大班主题活动“生活中的交通”，教师结合幼儿的兴趣点，梳理出“认识交通工具”“交通规则和标志”“自我保护”三条实施线索，开展活动。

2. 预设或生成相关教育活动

根据梳理出的线索脉络，预设或生成相关教育活动，进一步细化活动内容。如针对“认识交通工具”，教师可开展语言活动“我是三军总司令”、科学活动“现代交通工具”、体育游戏“拖拉机”、建构游戏“特殊功能车辆展”等。

3. 整体规划相应环境

最后，整体规划出环境创设，制订环境创设的预设规划方案，为正式创设环境提供参考，以支撑活动开展。当然，这个方案是为环境创设提供一个前期准备和参照，不是静态不变的，教师可随时进行动态调整。

图 1 是以大班主题《生活中的交通》为例制订的环创规划思路。

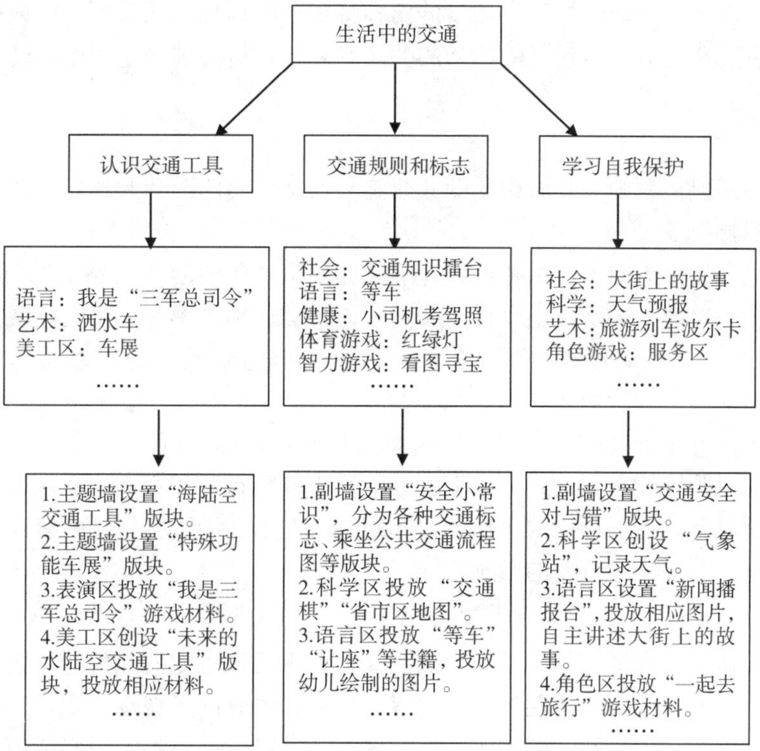

图 1　《生活中的交通》主题环境创设规划思路图

（四）分析班级创设条件，进行空间规划

1. 满足集体、小组和个别活动的需要

空间规划时应兼顾集体、小组和个别需要，将幼儿在园一日生活的每个环节都列入空间规划的范围。这就需要一个能够容纳班级所有人的大的区域，以满足集体活动需求。教师可以在走廊等空间设置小组活动空间，便于同伴之间的交流与合作；还可以利用小角落、小帐篷创设一些相对隐秘的区域或独处空间，支持幼儿进行个别活动。[2]

2. “交通”顺畅

规划空间时，教师要特别考虑通道。宽阔笔直、不间断的通道便于幼儿的快速奔跑；曲折、有障碍的通道能提醒幼儿小心谨慎地通过。设计通道的理想状态是在两者之间保持适度平衡，确保“交通路线”便捷顺畅。

3. 动静分离

在多个区域活动同时开展时，常常会表现出相互矛盾、干扰的状况。为保证能同一时间在各区域内顺利进行活动，应该将动态与静态活动分类规划、分离设置，确保彼此互不影响。

4. 因地制宜

不同的活动区应该设置在活动室的哪个位置，才能最大限度地发挥活动的教育价值呢？需按照因地制宜的原则，寻找最佳位置，如图书区应设置在光线明亮而又安静的窗边，美工区设置在靠近水源的地方等。另外，关联密切的活动区应相邻设置。

二、行动在后——将过程“做实”

（一）主题墙

主题墙能够集中反映主题活动的开展，教师可以用图文的方式将主题活动的整体架构、逻辑线索以及活动开展中幼儿创作的图片作品和互动体验等进行呈现，以体现幼儿的学习过程。

1. 主题前留白

主题开展之初，教师根据环创规划中预设的内容将主题墙划分为几大版块，或根据幼儿的兴趣需求创设问题情境，引发幼儿对即将展开的活动的关注。总之，将大部分空间留给幼儿，触发幼儿与空白环境互动的愿望。

2. 主题中留痕

随着主题活动的开展，教师要及时引导幼儿收集与活动相关的图片和材料，并及时展示在主题墙上，留下学习的“痕迹”。

一是以幼儿为主、教师为辅，有图片、照片等。如中班主题活动“马路上”，幼儿对各种各样的交通标志产生了浓厚的兴趣，教师在主题墙上张贴了许多交通标志图片，供大家观察了解，并创设了“我设计的标志”栏目，展示幼儿结合生活情境自主设计的安全标志。这种基于幼儿的想法、兴趣点的留痕很有价值，能支持、鼓励幼儿继续深入学习。

二是以幼儿为主，有调查表、记录单、主题海报等形式。如大班主题活动“春夏秋冬”中，幼儿将想要探索了解的问题用绘画的方式记录下来，然后查询资料、相互交流、探索答案，并将自己的探索成果张贴在主题墙上。这种形式的留痕能引起幼儿对整个活动进行回顾，有助于幼儿自我建构和同伴之间的交流分享，也是一个重要的激励方式。[3]

3. 主题后衔接

主题环境展现了幼儿正在经历的主题学习内容，也客观反映了他们独特的主题学习发展脉络。当两个主题交接时，可以保留上一个主题的相关内容，随着新主题的发展逐步取代上一个主题留下的痕迹。因为任何教育环境都应该让幼儿处于既陌生又熟悉的氛围中，熟悉的因素能带来安全感，陌生的因素能激发幼儿的好奇心和探索欲望。

（二）活动区

活动区是集体教育活动的延伸和补充。活动区的材料投放不仅要围绕主题活动的内容，也要紧随主题活动进程和幼儿的需求做出灵活调整。

1. 更换材料，不变玩法

更换新的材料，但具体的玩法保持不变，主要目的是更进一步支持和促进幼儿学习。例如，小班主题“可爱的小动物”科学区的认知学习版块，前期创设了“动物花花衣”的游戏情境，教师提供了小动物和相对应的皮毛图片，帮助幼儿了解动物外在特征，丰富幼儿对动物的认知。随着主题活动的开展，教师将原有的动物图片更换为动物外形轮廓图片，材料的改变为幼儿带来了全新的探索方向，吸引他们继续以饱满的兴趣去探索“动物世界”。

2. 更改玩法，不变材料

班级活动区材料要能吸引幼儿的兴趣，并非需要频频更换，有时也可以通过改变玩法的形式拓展和丰富幼儿的新经验。例如，在大班运动区，教师前期投放了各种绳子，让幼儿学习跳绳。一段时间后，教师将幼儿跳绳的多种玩法拍摄成照片，张贴在墙面，供幼儿相互模仿学习，进一步激发了幼儿对“花样跳绳”的学习兴趣。

3. 追随兴趣，投放材料

材料投放的目的是满足幼儿的学习兴趣。因此，我们在活动中要及时关注幼儿的兴趣，积极投放适宜的材料，支持幼儿探索学习。例如，教师在科学区投放了“光影游戏”材料，让幼儿自主探索光和影子的关系。随着游戏的发展，幼儿产生了表演皮影剧《西游记》的想法。教师根据幼儿的个体需求，及时在美工区、角色扮演区投放相关材料予以支持。这是对幼儿创造性行为的一种肯定和鼓励，更是尊重幼儿的表现和支持幼儿的有效途径。

4. 组合材料，创新玩法

单调、枯燥、一成不变的材料会使孩子失去兴趣。只有不断呈现新的事物，才能激发幼儿不断探索的欲望。因此，教师可以通过组合原有材料，赋予材料新的意义和价值，进一步丰富幼儿的游戏体验。例如，可以将体育区的“小推车”与角色区的“商品、角色服装”、美工区自制的“交通标志”等材料组合到一起，生成“小推车送货物”的新情境，最大限度地发挥材料的教育潜力，做到物尽其用。

5. **材料留白，自主决策**

活动区具有自主、自由的特点，因此教师要给幼儿自主决策的空间，才能让幼儿保持长久的学习兴趣。教师在投放材料时，可有意投放一些半成品或不完整的材料，当幼儿在玩游戏时发现材料不完整，就会萌生解决办法，从而有效地促进幼儿创造能力及自主解决问题能力的提升。[4]

（三）空中吊饰

吊饰悬挂在空中，不仅能营造活动氛围，而且能起到分隔活动区域、美化空间的作用。吊饰的高度决定了它不是用来操作的，更多的是为了观察和展示，调动幼儿参与活动的积极性。吊饰主要有两种方式，一是展示主题活动过程，即体现幼儿学习过程的活动照片，如专注操作、共同合作、相互交流、创意表现等内容；二是主题活动呈现结果，即体现幼儿学习结果的作品，如写画、制作、建构、记录等。这样的环境能给幼儿带来成功的体验，激发其自信心与成就感。

三、审思跟随——将反思“做深”

班级主题环境创设好以后，不代表环境创设就结束了。教师应像反思教学活动一样反思创设的主题环境，只有通过深刻的反思才能不断提高教授环境创设的能力。

1. **从幼儿角度审思**

人类发展生态学家戴埃将幼儿对环境的反应归为三种方式，教师可通过观察来判断幼儿对环境的反应属于哪种方式，从而了解所创设的主题环境是否成功。表 2 为幼儿对环境的反应方式及分析。

表 2　幼儿对环境的反应方式及分析

幼儿对环境反应的方式	对应分析
修饰：幼儿在环境中活动，并通过修改某个活动区而影响教室内某个部分的环境	说明幼儿对班级环境感兴趣，愿意与之互动，幼儿会对环境提出修改意见，说明环境中存在不足
建构：幼儿参与到环境中，幼儿在该环境中能够自己建构自己的知识，幼儿的建构活动能影响行为情境	说明幼儿积极与班级环境互动，在与环境互动的过程中获得发展，表明环境创设比较成功
不参与：幼儿对创设的环境不感兴趣，不到教师布置的活动区活动	说明环境对幼儿没有吸引力

另外，还可以通过询问幼儿的方式获取他们对环境的态度。比如，“你喜欢这个主题墙吗”“能看懂吗”“最喜欢哪个区角”……幼儿的反馈能帮助教师全面审思环境创设的适宜性。

2. **从教师角度审思**

教师可以从主题环境创设规划和行动两方面，从问题入手分别反思亮点与不足。能帮助教师系统地回顾和思考，指引下一步的行动。表 3 为班级主题环境创设规划与行动反思维度。

表 3　班级主题环境创设规划与行动反思维度

环创规划科学性分析	环创行动适宜性分析
1. 是否贴近幼儿？ 2. 是否契合主题？ 3. 是否合理布局	1. 在环境创设中，“忙”的是教师还是幼儿？ 2. 在创设的环境中，允许幼儿干些什么？ 3. 创设的环境对幼儿发展有作用吗

3. **从课程角度审思**

环境是幼儿园课程的重要组成部分，有着服务于幼儿园课程的功能。因此，教师要将环境创设纳入幼儿园课程管理中，变环境创设为环境课程，真正做到环境创设与主题课程同步。可从两方面反思：是否将环境创设纳入了主题课程的计划、实施与评价？创设的环境是否能支持、呼应、反映课程的开展？从而发现环境创设的适宜与不适宜性，真正让环境创设体现课程开展的轨迹，记录、彰显幼儿的学习与发展。

总之，规划、行动、审思是班级主题环境创设的 3 个环节，缺一不可。我们要变师本立场为儿童立场，变环境创设为环境课程，让环境真正成为儿童的环境，让儿童成为环境的主人。

参考文献

[1] 李季湄，冯晓霞. 幼儿园环境创设［M］. 北京：北京师范大学出版社，2015.
[2] 冯芳. 幼儿园环境创设［M］. 北京：北京师范大学出版社，2015.
[3] 吕颖. 幼儿学习环境的创设［M］. 北京：北京师范大学出版社，2014.
[4] 刘武赟，费佳丽. 基于儿童视角的幼儿园主题环境创设［J］. 家教世界，2016（2）：78-80.

（湖南省人民政府直属机关第一幼儿院）

关键反应训练对7岁孤独症儿童主动性求助行为的个案研究

刘 霞

摘 要：为探究关键反应训练对孤独症儿童主动求助训练的干预成效，以一名7岁独症儿童为研究对象，采用跨情境实验设计进行研究，本研究共经历3个阶段：基线期（A）、干预期（B）、维持期（M）。数据表明，个案的目标行为在三个不同情境中干预期和维持期出现的次数显著高于基线期。因此得出结论：关键反应训练对7岁孤独症儿童的主动性求助行为具有明显的促进效果。

关键词：关键反应训练；孤独症儿童；主动性求助

一、引言

（一）问题提出

在最新的《精神疾病诊断与统计手册》中，诊断孤独症谱系障碍从三个领域变为两个领域：重复、局限的行为和社交沟通障碍。[1] 据此可知，社交技能障碍是孤独症儿童的核心障碍，由于社交困难，他们难以与他人建立良好的社会关系，难以用适当的社会互动方式表达他们的需求。这种缺陷对孤独症儿童的生活造成了严重的影响。因此，为更好地让孤独症儿童融入社会，需对其进行社会技能方面的干预。

近年，应用于孤独症儿童的干预方法有11种之多。关键反应训练是经研究证实的有效干预方法之一，这种方法的优势在于强调在自然情境中进行干预。相关资料表明，国外已将关键反应训练运用在多个自然情境中，且干预效果明显。而我国对关键反应训练的研究还停留在理论层次，实证研究屈指可数。

综合以上背景，再结合研究者对个案现阶段的发展状况和需求分析，拟将社交技能中的“主动性求助行为”设为本研究的目标行为，以探讨关键反应训练对孤独症儿童主动性求助行为干预的成效。

（二）研究目的

本研究通过设计符合现阶段儿童身心发展状况的干预方案，将研究目的设为以下几点。

（1）关键反应训练中提升动机对孤独症儿童主动性求助行为的影响。

（2）多重线索反应对孤独症儿童注意力的影响。

（3）强化尝试与自然强化对孤独症儿童主动性求助行为的影响。

（三）研究意义

（1）提升孤独症儿童主动性求助社交技能，扩展其他社交领域。

（2）为孤独症干预人员及儿童家长运用关键反应训练进行干预提供具有可行性的参考方案。

二、核心概念界定

1. 关键反应训练

关键反应训练指对孤独症儿童核心的沟通和社交技能领域进行干预。对关键性领域的干预，同时也会牵动其他非关键性领域的发展，因此对关键性领域技能的获得将能够提升孤独症儿童的总体能力。

2. **孤独症**

最新版的美国《精神疾病诊断及统计手册》已将孤独症的核心症状归结为社交障碍，沟通困难和有限的、重复和刻板的行为[2]。

3. **主动性求助**

主动性求助是指根据自身需要，由自己内在的动力去请求帮助。本研究的主动性求助行为指个案能够通过眼神、肢体、手势等获得相应的帮助。

三、研究设计

（一）研究对象

为确保实验中的自变量与因变量有一个良好的因果关系，被试的选择需符合以下几点：a. 年龄在6~9岁之间的孤独症患者。b. 有社交技能障碍，并严重影响其生活和发展。c. 半年内未参加过社交沟通方面的治疗。d. 各项生理功能正常，且在干预近期未运用过药物治疗。

据以上标准，确定个案为一名7岁孤独症儿童，以下为个案基本情况。

1. **个案及家庭情况**

个案小江，男，现7岁10个月，3岁左右被医院确诊为孤独症。现就读于某普通小学一年级。家中有5口人，分别为个案的爸爸、妈妈、外公、外婆和个案自己。爸爸妈妈均接受过良好教育，爸爸为高级建筑师，妈妈为小学老师，个案主要由妈妈负责照顾。

2. **个案感兴趣的活动和物品**

根据增强物调查表确定个案最喜欢的前五样增强物为：饼干、秋千、手绢、肉、米饭。

3. **个案社交技能领域得分情况**

运用《孤独症儿童社交技能评定表》，得到个案在不同领域的得分如表1所示。

表1 社交技能得分表

领域	得分	总分
1. 社会趋向	10分	40分
2. 社会认知	9分	40分
3. 社会沟通	2分	48分
4. 社会参与	1分	36分
5. 自我调控	14分	36分

根据上表可得到孤独症儿童在每个领域的得分与总分的比为：社会趋向25%，社会认知22.5%，社会沟通4%，社会参与3%，自我调控39%。由此可知个案的社会沟通相对于其他领域能力较差。

（二）研究方法

本实验采用单一被试实验法进行研究，对单个研究对象进行持续性的评量，构建自变量与因变量的关系，进而把控被试行为变化[3]。

1. **自变量**

自变量为关键反应训练法。

2. **因变量**

因变量为社交技能中的主动性求助行为，包括眼神看向主教、手指向所需物品，拉主教的手、衣角或说“帮忙”等，每有一次求助性行为就记一个“+”号。

3. **无关变量**

无关变量为干预时间、干预地点、干预者、干预实施忠诚度，如表2所示。

表 2　无关变量控制表

	情境一	情境二	情境三
1. 干预时间	周一至周三 上午 8：00—8：20	周一至周三 下午 2：20—2：40	周一至周三 上午 10：30—10：50
2. 测评时间	周一至周三 上午 8：20—8：30	周一至周三 下午 2：40—2：50	周一至周三 上午 10：50—11：00
3. 干预地点	个案学校		
4. 干预者	研究者本人		
5. 干预忠实度	遵守关键反应训练的七大操作性原则。 在前件（A）阶段：（1）吸引孩子注意力； （2）清晰且适当的指令； （3）新旧技能交替； （4）分享控制权 在结果（C）阶段：（5）及时且适当强化； （6）强化尝试； （7）自然强化		

（三）研究工具

（1）《儿童兴趣活动及强化物调查表》，由儿童家长及任课老师填写。

（2）《孤独症儿童社交技能评定量表》，在干预前后，对个案的社会交往技能展开评定。

（3）《社交技能行为观察记录表》，在干预的前后，观察并记录个案目标行为表现。

（4）《干预效果回访表》，对个案家长及老师进行访谈，验证干预的社会效度。

（5）《干预实施忠诚度检测表》，对干预者在教学过程中对关键反应训练的操作是否恰当进行评估。

（四）研究过程

研究过程如图 1 所示。

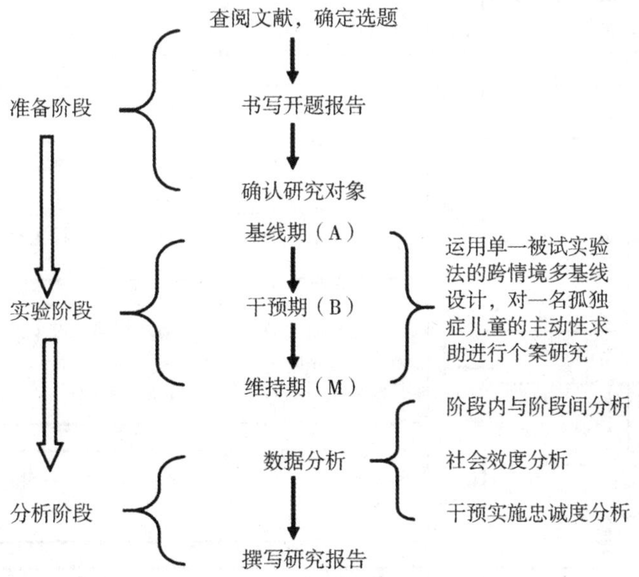

图 1　研究过程

（五）教学方案设计

1．情境一

利用秋千作为增强物，引导儿童主动性求助的行为。教学流程设计如图 2 所示。

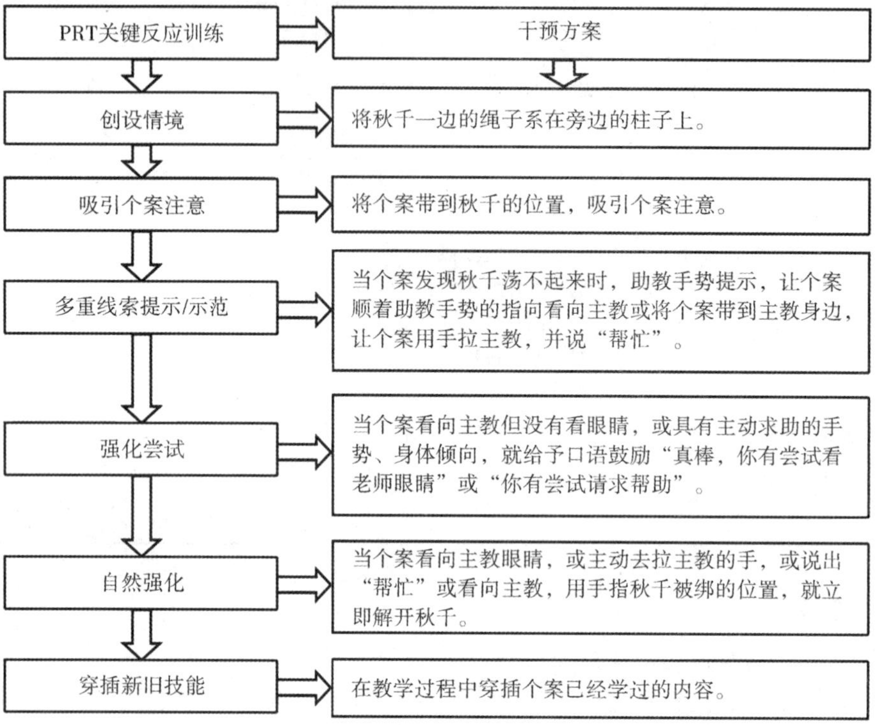

图 2　情境一教学方案设计

2．情境二

利用手绢作为增强物，引导儿童的主动性求助行为。教学流程设计如图 3 所示。

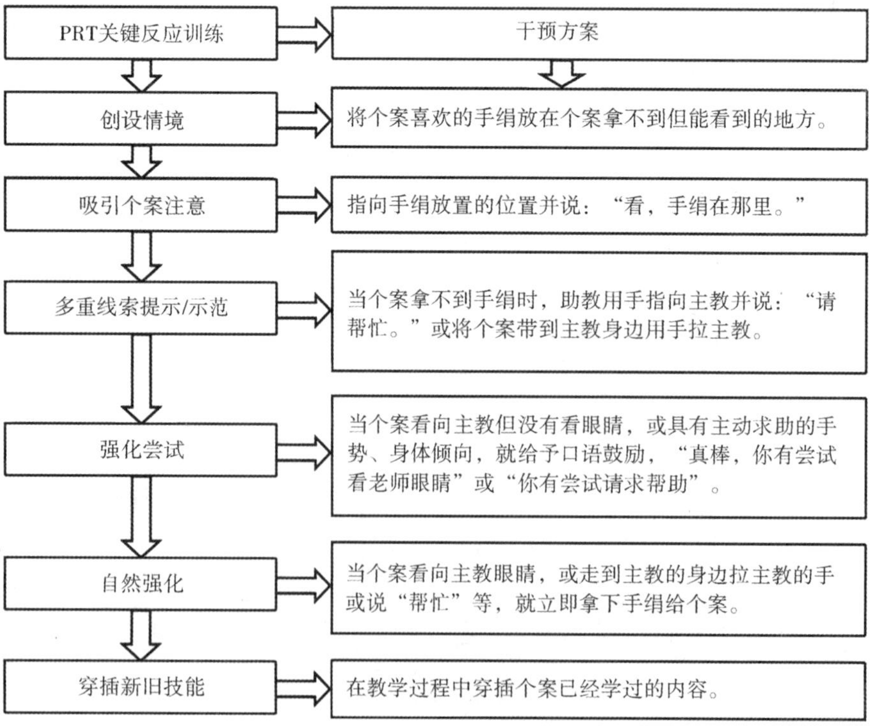

图 3　情境二教学方案设计

3. 情境三

利用饼干作为增强物，引导儿童的主动性求助行为。教学流程设计如图 4 所示。

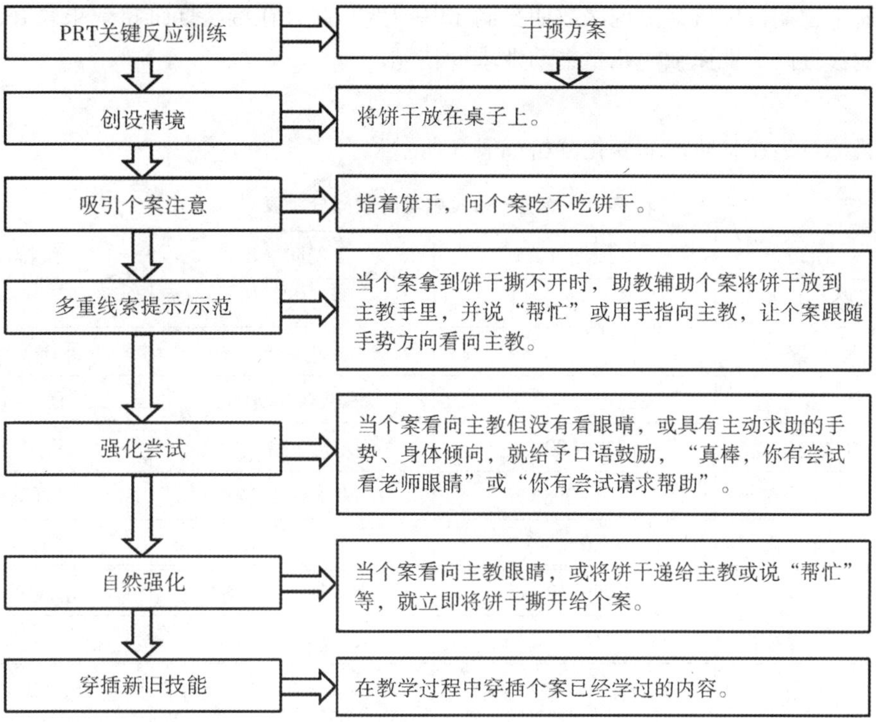

图 4　情境三教学方案设计

四、研究结果的分析与讨论

将目标行为在 3 个情境下的数据绘制成折线图，如图 5 所示。

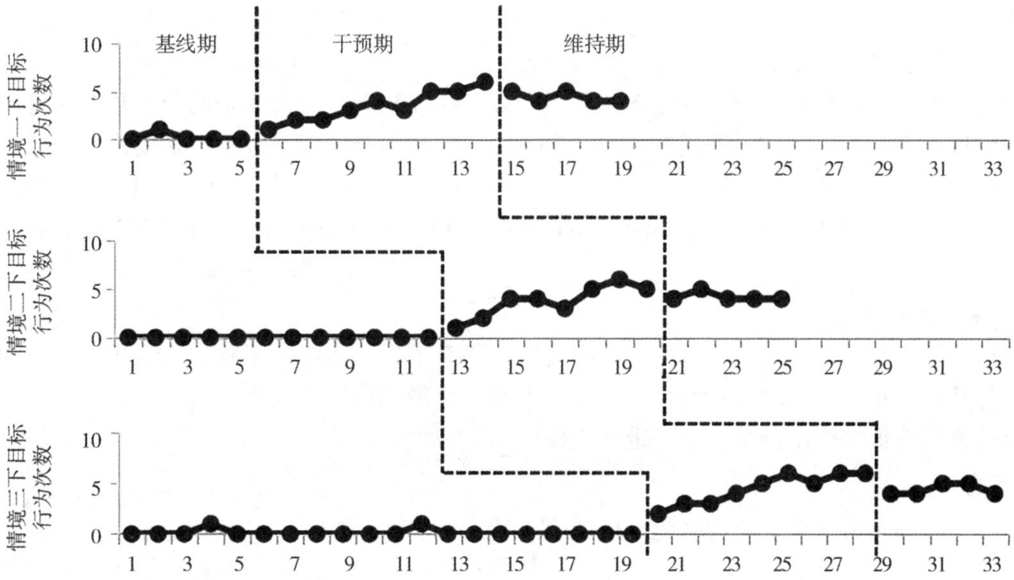

图 5　数据分析折线图

（一）视觉分析

本实验的目标行为是“主动性求助行为”，3个情境下每个阶段目标行为变化如图5所示，横轴代表实验进行天数，纵轴代表目标行为出现的次数。干预效果可借由干预期目标行为出现次数与基线期进行比较，若干预期目标行为出现次数明显高于基线期，并且在维持期维持效果较好，则表明通过关键反应训练能够提高7岁孤独症儿童主动性求助技能。

1. 情境一

情境一下目标行为在各阶段的变化分析如表3所示。

表3 情境一阶段内与阶段间分析表

<table>
<tr><td>阶段内变化</td><td>阶段</td><td colspan="2">基线期（A）</td><td colspan="2">介入期（B）</td><td colspan="2">维持期（M）</td></tr>
<tr><td></td><td>阶段长度</td><td colspan="2">5</td><td colspan="2">9</td><td colspan="2">5</td></tr>
<tr><td></td><td>趋向路径</td><td colspan="2">\ （-）</td><td colspan="2">/ （+）</td><td colspan="2">\ （-）</td></tr>
<tr><td></td><td>趋向稳定性</td><td colspan="2">稳定（80%）</td><td colspan="2">稳定（88.90%）</td><td colspan="2">稳定（100%）</td></tr>
<tr><td></td><td>水准稳定性</td><td colspan="2">稳定（80%）</td><td colspan="2">不稳定（33.33%）</td><td colspan="2">稳定（100%）</td></tr>
<tr><td></td><td>水准范围</td><td colspan="2">（0~0.8）</td><td colspan="2">（2.84~4.04）</td><td colspan="2">（3.8~5）</td></tr>
<tr><td></td><td>水准变化</td><td colspan="2">0—0（=）</td><td colspan="2">6—1（+5）</td><td colspan="2">5—4（-1）</td></tr>
<tr><td>阶段向变化</td><td>阶段</td><td colspan="2">基线期—介入期</td><td colspan="2">介入期—维持期</td><td colspan="2">基线期—维持期</td></tr>
<tr><td></td><td>项目改变数目</td><td colspan="2">1</td><td colspan="2">1</td><td colspan="2">2</td></tr>
<tr><td></td><td>趋向路径</td><td>\ （-）</td><td>/ （+）</td><td>/ （+）</td><td>\ （-）</td><td>\ （-）</td><td>/ （+）</td></tr>
<tr><td></td><td>趋向稳定性</td><td colspan="2">稳定到稳定</td><td colspan="2">稳定到稳定</td><td colspan="2">稳定到稳定</td></tr>
<tr><td></td><td>水准变化</td><td colspan="2">+1（0—1）</td><td colspan="2">-1（6—5）</td><td colspan="2">+4（0—4）</td></tr>
<tr><td></td><td>垂直百分比</td><td colspan="2">11.11%</td><td colspan="2">100%</td><td colspan="2">0</td></tr>
</table>

（1）基线期（A）。

在基线期对目标行为的评量中，目标行为出现次数接近0，趋向稳定性与水准稳定性皆为稳定，进入干预期。

（2）干预期（B）。

在情境一下对主动性求助行为进行教学介入，教学持续9天，每天6个回合，从图5可知主动性求助次数呈现上升状态。第1天进行教学时，个案在第6个回合出现了主动性求助语言，随后目标行为呈上升趋势，在第6天时，目标行为相比前一天下降了一次，但随后立即又呈现上升趋势。该阶段的趋向路径预估为正向上升，趋向稳定性为88.90%，稳定。证明关键反应训练能够促进目标行为发生。

（3）维持期（M）。

由数据可知，在撤出干预后，目标行为出现次数稍有下降，表明个案在撤出干预后，行为有下降倾向，但与基线期相比，主动性求助行为有明显提高，且最后稳定在较好的水平上，说明此干预对个案的目标行为具有促进作用，且具有一定的维持效果。

2. 情境二

情境二下目标行为在各阶段的变化分析如表4所示。

表4 情境二阶段内与阶段间分析表

阶段内变化	阶段	基线期（A）		介入期（B）		维持期（M）	
	阶段长度	12		8		5	
	趋向路径	—（=）		／（+）		＼（-1）	
	趋向稳定性	稳定（100%）		不稳定（25%）		稳定（80%）	
	水准稳定性	稳定 100%		不稳定（25%）		稳定（80%）	
	水准范围	（0~0.6）		（3.15~4.35）		（3.6~4.8）	
	水准变化	=（0—0）		+4（5—1）		=（4—4）	
阶段间变化	阶段	基线期—介入期		介入期—维持期		基线期—维持期	
	项目改变数目	1		1		2	
	趋向路径	—（=）	／（+）	／（+）	＼（-）	—（=）	＼（-）
	趋向稳定性变化	稳定到多变		多变到稳定		稳定到稳定	
	水准变化	+1（0—1）		-1（5—4）		+4（0—4）	
	重叠百分比	0		100%		0	

（1）基线期（A）。

参照图5与表4，个案在基线期趋向稳定性呈100%，稳定，水准稳定性稳定，水准变化为0。由此可知，个案在基线期的目标行为维持在较低水平状态，可进入干预期实施干预。

（2）干预期（B）。

阶段内目标行为的趋向路径预估为上升，与基线期重叠为0。表明干预期目标行为出现次数增加，干预具有显著的效果。

（3）维持期（M）。

趋向路径呈下降趋势，趋向稳定性为稳定，水准变化无变化。阶段间，趋向稳定性变化从多变到稳定，水准变化为-1，重叠百分率为100%。表明撤出干预后目标行为出现次数有下降倾向，个案在维持期目标行为有下降倾向，但与基线期相比，目标行为仍维持在较好的水平。

3. **情境三**

情境三下目标行为在各阶段的变化分析如表5所示。

表5 情境三阶段内与阶段间分析表

阶段内变化	阶段	基线期（A）	介入期（B）	维持期（M）
	阶段长度	20	9	5
	趋向路径	—（=）	／（+）	＼（+）
	趋向稳定性	稳定（90%）	稳定（88.90%）	稳定（100%）
	水准稳定性	稳定（90%）	不稳定	稳定（60%）
	水准范围	（0~0.7）	（3.8~5.0）	（3.8~5.0）
	水准变化	=（0—0）	+4（6—2）	=（4—4）

阶段间变化	阶段	基线期—介入期		介入期—维持期		基线期—维持期	
	项目改变数目	1		1		2	
	趋向路径	—（=）	／（+）	／（+）	＼（+）	—（=）	／（+）
	趋向稳定性	稳定到多变		多变到多变		稳定到多变	
	水准变化	+2（0—2）		-2（6—4）		+4（0—4）	
	重叠百分比	0		100%		0	

（1）基线期（A）。

阶段内趋向路径预估稳定，水准稳定性稳定。表明此阶段目标行为处于稳定水平，可进行接下来的干预。

（2）干预期（B）。

阶段内趋向路径上升，阶段间与基线期比较，趋向稳定性变化为稳定到多变，重叠百分比为0。由此可见，介入期目标行为变化显著，目标行为次数上升。

（3）维持期（M）。

阶段内趋向路径预估呈上升趋势，阶段间与介入期比较趋向稳定性由多变到多变，水准变化-2，重叠百分比为100%。数据显示，撤除干预后，目标行为出现次数有所减少，但皆维持在较高水平。表明目标行为具有一定的维持效果。

（二）讨论

由以上数据分析可知，经干预后，个案的主动性求助行为次数有明显提升，以下就对影响个案主动性求助行为发生次数的因素进行讨论。

1. 关键反应训练中增加动机是提升孤独症儿童主动性求助的关键要素

本实验教学成功的关键一步，是研究者在制订教学方案前对个案进行了增强物的调查，在教学方案设计中，运用可行的增强物增加个案动机，激发学习兴趣，使得教学事半功倍。

2. 运用多重线索进行提示或示范对个案的注意力有积极影响

研究表明，15~18个月的婴幼儿已经能随着他人的指向、头部朝向、注视方向、手势和姿势等线索达成与他人的共同注意。[4]

对孤独症儿童而言，他们缺乏共同注意力，具有注意力缺陷等特征。在本研究中运用多重线索进行提示和示范，一方面可减少个案的行为反应过于单调刻板，一方面可逐渐扩大儿童的注意力，使其注意力缺陷得到一定的改善，主动性求助行为多样化。

3. 自然强化与强化尝试能够促进孤独症儿童主动性求助行为的发生

通过本研究发现，强化尝试和自然强化其本身的作用，对个案的主动性求助行为都具有一定的促进和巩固效果。

4. 在干预过程中保持个案对增强物的饥饿状态

在情境一下目标行为出现过1次，在情境三下目标行为出现过3次。情境一下目标行为出现是因为个案无意识地转头看向主教，目光正好与主教目光对视；情境三下目标行为出现是由于个案早上没有吃早饭，肚子很饿，所以看到饼干的时候想要快点儿吃到饼干。由此可知，个案对于增强物的渴望度会直接影响教学效果。因此，在每次教学前应让个案保持对增强物的饥饿状态。

五、研究结论与建议

（一）研究结论

1. 关键反应训练对孤独症儿童主动性求助行为的干预具有积极的效果

本实验采用单一受试研究法，经过3个月的关键反应训练及数据的搜集和分析后，可知个案的主动性求助行为在 3 个情境下均有增加，且都具有一定的维持效果。

2. **干预结束后主动性求助行为的次数有下降趋势，但仍具有一定的维持效应**

通过对数据结果的分析可知，撤出干预之后，主动性求助行为出现次数均有下降，但经过个案的调试后，主动性求助行为会维持在相对稳定的水平。

（二）建议

第一，完善关键反应训练的相关研究。

关键反应训练对孤独症儿童社交技能有良好的促进效果，但目前为止，关键反应训练在国内的研究非常有限，望在以后有更多的学者运用关键反应训练进行研究，为后人提供更多的参考资料。

第二，在选择目标行为进行干预时，要对儿童现阶段能力进行详细评估，根据评估结果选择在当前环境下儿童急需获得的能力。

在选择目标行为进行干预时，不能凭借主观意识去选择，而应根据儿童现阶段发展特点、发展需求和儿童现有能力进行选择。

第三，在进行干预的过程中，家长也是很好的老师。

关键反应训练强调在自然情境下进行干预，而学校生活与家庭生活是儿童主要的生活环境，因此在康复与干预的过程中，不仅老师应该全力以赴，家长的参与对儿童的康复也起着至关重要的作用，因此老师在对儿童进行干预的同时，也应对家长进行相应的康复训练培训。

第四，从个案实际需求和现阶段状况出发，

在进行干预教学的过程中，应关注到儿童身边各方面的影响因素，包括生理、心理、环境、教育等因素。对孤独症儿童来说，身边的各个因素都会影响他的发展，因此在进行教育康复的过程中，不能仅仅关注教学本身，而应考虑各个因素对儿童的发展是否有影响。

参考文献

[1] 李丹. 孤独症干预的关键性技能训练法［M］. 北京：北京大学出版社，2014.

[2] 段云峰，吴晓丽，金锋. 自闭症的病因和治疗方法研究进展［J］. 中国科学：生命科学，2015（9）：820-844.

[3] 何建芳. 自闭症儿童早期语言康复课程管理现状与对策研究：以吉林特殊教育实验学校为例［D］. 延吉：延边大学，2016：13-14.

[4] 吕梦，杨广学. 自闭症 PRT 干预模式评析［J］. 中国特殊教育，2012（10）：38-42.

（长沙市培智特殊教育学校）

社会故事对孤独症儿童社交能力的影响研究

高鹏宇

摘　要：本研究的目的在于通过编制和被试需求相符的社会故事，对被试的社会交往行为进行社会故事的教学干预，通过对被试儿童在干预前和干预后的评估结果进行分析，得出社会故事法对孤独症儿童社交能力的提升有促进作用。

关键词：孤独症儿童；社会故事；社交能力；研究

一、引言

（一）研究背景

孤独症谱系障碍是当今社会较为普遍和高发的发展性障碍之一。孤独症儿童表现出的高度的异质性、奇特刻板的行为特征、异于普通儿童的智力水平、令人费解的沟通与思维形式、捉摸不定的社会交往缺陷，给其家庭带来了巨大的挑战。除此之外，面对人数日益增长的孤独症儿童，我国孤独症儿童教育干预人员缺乏，干预方法单一的问题也越来越突出。

基于此，本研究通过研究社会故事对孤独症儿童社交能力的影响，希望通过社会故事教学提高孤独症儿童的社交能力，为提高孤独症儿童的社交能力找到更好的训练方法。

（二）研究意义

本研究通过社会故事来干预孤独症儿童的社会交往行为，从而提高其社交能力，能够丰富国内关于孤独症儿童教育干预研究的内容，并为我国进一步深入研究孤独症的康复教育提供参考。

一方面通过采用社会故事法来对孤独症儿童的社交能力进行干预，可以帮助孤独症儿童更好地掌握社交技能，提高其社交能力；另一方面能为用社会故事法给孤独症儿童做干预的教育工作者提供一些借鉴。

二、核心概念

（一）孤独症

孤独症是一组由大脑神经病变引起的神经系统广泛发育障碍，其主要的临床特征有社会交往障碍、语言障碍、兴趣范围狭窄以及刻板行为，起病于3岁之前，其核心障碍为社会交往障碍。[1]

（二）社会故事法

社会故事法是指由专业治疗师、教师或父母为孤独症儿童编写的小故事，对所发生的事件的时间、地点和参与人员等信息进行具体描述，对人们在事件情境中通常会怎么做、有什么想法或感觉等进行说明并强调指出重要的社会线索，使用其能理解的语言说明与此情景相适应的行为方式。[2]

（三）社交能力

社交能力即社会交往能力，是指能觉察他人情绪意向，有效地理解他人和善于同他人交际的能力。[3]

三、研究设计

（一）研究目的

本研究的目的是通过社会故事法来改善孤独症儿童的社交行为，提高其社交能力。社交能力涉及的方面和范围较为广泛，本文中选取其中 3 个最基本的社交技能作为孤独症儿童社交能力的反应指标，通过比较干预前后使用礼貌用语、摇头表示拒绝和请求帮助行为的变化来反应孤独症儿童社交能力的变化。

（二）研究对象

小 Z，男，11 岁 9 个月，障碍类型为重度孤独症，父母受教育程度均为初中，家庭环境良好，目前就读于 L 市某特殊教育学校五年级。

小 Z 有一定的理解能力，认知能力低于同龄普通儿童，情绪问题严重，沟通障碍较为严重，刻板行为严重，但接受性良好。

（三）研究方法

1. 个案研究法

个案研究法指经由对个案的深入分析以解决相关问题的一种研究方法。[4]

2. 文献法

文献法主要指搜集、鉴别、整理文献，并通过对文献的研究形成对事实的科学认识的方法。[5]

（四）研究工具

本研究的研究工具分为两种：一种是评估工具，本研究采用的评估工具是孤独症儿童发展本位行为评量系统和目标行为观察表；另一种是教学材料，教学材料是由研究者根据被试情况编写的社会故事书和制作的社会故事绘本。

1. 评估工具

孤独症儿童发展本位评量系统是由重庆师范大学编著，其中包含沟通、社会情绪、认知、适应发展和动作发展五大领域，本研究采用其中沟通和社会情绪领域的分量表对被试社交能力进行评估。

在研究过程中，需要对被试的目标行为进行观察，记录好目标行为出现的频数，有助于分析社会故事法的实施成效，用来记录被试目标行为出现频数的表就是目标行为观察表。具体评估结果和观察结果见附录 1。

2. 教学教材

（1）社会故事书。

本研究所采用的社会故事书是研究者严格按照卡罗尔·格雷教授提出的句式和原则编写的，而且符合被试的客观情况。基于被试的目标行为，研究者编写了《打招呼》《我不要》和《帮帮我》三个社会故事。具体社会故事内容见附录 2。

（2）社会故事绘本。

研究者基于文字版本的社会故事，利用平时拍下的被试的照片，在下面配上社会故事的文字内容，制作了与文字版本的社会故事相应的社会故事绘本（如图 1、图 2 所示）。

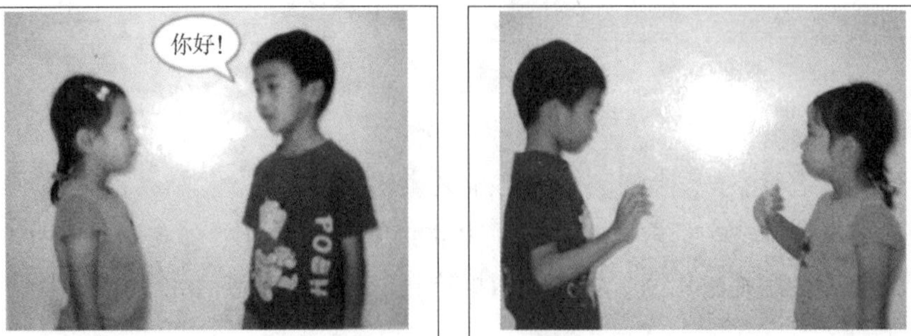

遇到认识的同学时我会说：“你好。” 下午放学时，小朋友们要互相说：“再见。”

图 1 《打招呼》绘本的部分画面

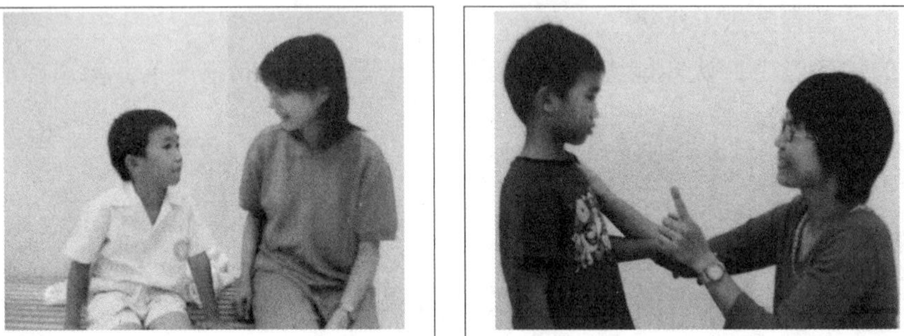

我会向他点头并说：“谢谢，我不要。” 我会拉旁边人的手并说：“帮帮我。”

图 2 《我不要》和《帮帮我》绘本的部分画面

四、研究过程

（一）评估

本研究使用的评估工具为孤独症儿童发展本位评量系统，研究者采用其中沟通和社会情绪领域的分量表对被试社交能力进行评估。此外，研究者还使用目标行为观察表来记录被试在干预前后目标行为出现的频数。本研究对被试进行干预前和干预后两次评估，通过对干预前后的评估结果和观察结果的比较来反映对被试进行社会故事干预的成效。

（二）确定目标行为

研究者经过评估和对被试儿童的观察，根据其现有的水平选定的目标行为是能正确使用礼貌用语和能正确表达需求两方面。其中能正确使用礼貌用语指被试能在适当的情境下与人打招呼；正确表达需求包括正确表达“不要”和能用适当的方式寻求帮助。

根据被试现有的语言水平和其日常生活环境，本文对其目标行为进行了如下界定（见表 1），以为研究提供客观评价标准。

表 1 目标行为和标准界定表

目标行为	标准界定
打招呼	在学校遇到老师和同学可以主动问好，可以说“你好”“再见”
表示拒绝	对自己不想要的能够摇头并说“我不要”表示拒绝
寻求帮助	对自己想要却拿不到的东西可以主动拉别人的手来寻求帮助

（三）制订教学计划

本研究干预期为 2018 年 4 月一整个月，经过干预前，评估以及研究者的观察，研究者制订了如下教学计划（见表 2）。

表 2 教学计划表

	教学计划
阶段一	被试能够初步掌握社会故事书和社会故事绘本的内容： （1）被试能够独立阅读社会故事书 （2）被试能够理解“你好”“再见”两个词的含义 （3）被试能够理解“摇头”和“我不要”的含义 （4）被试能够理解“帮帮我”的含义 （5）被试能够根据社会故事绘本中的图片和研究者的提示讲出社会故事的主要内容
阶段二	被试能够对社会故事里面的内容加以应用： （1）被试在角色扮演中能够模仿研究者用“你好”“再见”与同学打招呼；被试在角色扮演中能够模仿研究者用摇头并说“我不要”的方式向同学表示拒绝；被试在角色扮演中能够模仿研究者通过主动拉同学的手或说“帮帮我”的方式来寻求帮助 （2）被试能够在研究者创设的情境中用“你好”“再见”两个词来打招呼；被试能够用摇头并说“我不要”的方式来表示拒绝；被试能够通过主动拉别人的手或说“帮帮我”的方式来寻求帮助

（四）实施教学

1. 教学环境

被试周一至周五就读于 L 市某特殊教育学校，所以作息时间稳定。

对被试进行社会故事教学的地点是个训室，对被试进行教学时不会受到外界干扰。

在进行教学时，研究者与被试的座位呈直角方向，这样有助于研究者在教学时能更好地对被试进行观察，更好地抓住被试的变化，以改变教学节奏来调动被试积极性，可以帮助被试更好地理解社会故事。

2. 训练时间安排

因为被试在学校需要上课，根据被试的客观情况，研究者只在周一至周五对被试进行社会故事教学。

具体教学时间安排为：早上 8：10—8：30 和下午 16：10—16：30 进行《打招呼》的社会故事的教学，中午 12：30—13：50 为《我不要》和《帮帮我》的社会故事教学。

在为期一个月的干预期内，研究者对被试每天分 3 次进行社会教学，每个教学内容的教学时长为 40 分钟，研究者对被试一共进行了 60 次社会故事教学。

3. 训练内容

对被试儿童进行干预的训练内容包括阅读社会故事书、阅读社会故事绘本。在社会故事干预的过程中，对被试社会故事的教学要经历一个由研究者教读、被试跟读，到被试在研究者的监督下独自阅读社会故事的过程。社会故事绘本则是研究者在社会故事书的基础上结合被试在此类社交情境中的照片所编制，这样被试能够更容易理解社交情境，其教学过程同社会故事书的教学过程一样。

五、研究结果

（一）“打招呼”目标行为的介入成效

在研究过程中，研究者通过观察发现，干预前被试很少与他人打招呼，偶尔会通过挥手的手势来与人打招呼，不会独立主动地与老师同学和熟人打招呼，只有在家长提示下才会与老师同学和熟人打招呼说“你好”“再见”，并且没有眼神接触。

干预后被试出现“打招呼”的目标行为的次数增多，并且会与熟识的人、同学和老师主动挥手并说“××好”“××再见”，并且能与对方有眼神接触。

（二）“表示拒绝”目标行为的介入成效

经过观察，研究者发现，被试几乎不会通过合理的方式来拒绝自己不想要的东西，在遇到自己不想要的东西时，被试往往会通过哭闹的方式来逃避。

干预后，被试可以在提示下通过说“我不要”来拒绝自己不想要的东西。例如吃饭时能在外婆口语提示下对着外婆说“不要”来拒绝吃青菜；上体育课时，被试在外婆的提示下说“不要”来拒绝老师分配的篮球；在进行社会故事的教学时，被试会在研究者的提示下摇头并说“不要”，来表示拒绝研究者递来的小白兔。

（三）“寻求帮助”目标行为的介入成效

在研究过程中，研究者观察发现，干预前被试几乎不会主动向他人寻求帮助，被试“寻求帮助”的目标行为出现的频数很少，往往通过大哭大闹的方式来逃避困难。

干预后，被试能够在提示下通过拉别人的手或说“帮帮我”来寻求帮助。例如被试在家里写作业遇到难题时会在外婆的提示下说“帮帮我”来寻求外婆帮助解决难题；会在外婆的提示下对外婆说“帮帮我”来让外婆调出喜欢的电视节目；会去拉同学、老师或研究者的手来寻求帮助，并在研究者或老师的提示下说出“帮帮我”，让同学、老师或研究者帮忙把书从书架上拿下来。

六、综合讨论

（一）社会故事对孤独症儿童社交能力的整体干预成效

社会故事对被试的干预为被试建立了新的沟通方式。在干预后，被试可以独立主动地挥手并使用“你好”“再见”等词与老师同学打招呼，能够在提示下通过拉别人的手或说“帮帮我”来寻求帮助，通过摇头并说“不要”来表示拒绝，被试“打招呼”“寻求帮助”“表示拒绝”等目标行为出现的次数逐渐增加。

社会故事的干预减少了被试的问题行为。在干预后，被试能够在提示下通过拉别人的手或说“帮帮我”来寻求帮助，通过摇头并说“不要”来表示拒绝。被试用哭闹的方式来逃避问题的行为减少了。

研究者通过社会故事对被试进行干预，帮助被试建立了新的沟通方式，并减少了被试的问题行为，发展和促进了被试的社交行为，对被试社交能力的提升有促进作用。

（二）情境练习影响目标行为的干预成效

操作是获得经验的最直接途径，情境练习是进行操作的重要方式。研究者对被试《打招呼》的社会故事的教学是在被试上学和放学之前进行的，对场景进行了很好的利用，教学过后，被试会在上学和放学的过程中经历打招呼的情境，这能够对被试所学《打招呼》的社会故事的内容进行巩固。而《我不要》和《帮帮我》的社会故事则没有场景可利用，所以社会故事对被试“打招呼”的目标行为的干预效果比“表示拒绝”和“寻求帮助”的目标行为的干预效果好。

情境练习能够帮助被试获取经验，有利于理解和巩固所学社会故事，能够提升社会故事对被试目标行为的干预成效。

（三）沟通对象影响目标行为的表现

学校每天都会安排教师值班，值班教师主要负责早上迎接学生到校和下午安排学生离校。周三和周五的值班教师为被试的代课教师，被试比较熟悉，并且在被试对值班教师打招呼时，值班教师也会热情回应，因此被试在这两天出现“打招呼”的目标行为的次数较高；而其他日期的值班教师为被试不熟悉的教师，并且对被试的回应也相对较为冷淡，因此被试“打招呼”的目标行为出现的次数则相对较少。

由此可看出，熟识的沟通对象和积极的反馈对被试目标行为的表现有促进和提升的作用，陌生的沟通对象和消极的反馈则会抑制被试目标行为的表现。

（四）社会故事对孤独症儿童问题行为的影响

从研究结果可以看出，在干预前，被试在遇到困难和需要表示拒绝时，通常会采用哭闹的方式来逃避，而在干预后，被试能够在提示下通过拉别人的手或说“帮帮我”来寻求帮助，通过摇头并说

“不要”来表示拒绝，哭闹的问题行为大大减少了。由此可看出，社会故事教学能够有效减少孤独症儿童的问题行为。

七、研究反思与建议

（一）研究反思

1. 社会故事干预的局限

本研究中编写了《打招呼》《我不要》和《帮帮我》3个社会故事。由于研究对象的思维还处于具体的形象思维水平，概括能力较低，要求社会故事中与目标行为对应的社会情境需要具体描绘出来。由于研究者编制的社会故事中的内容描绘得不够具体，部分语言不够简洁，很多具体的社会情境不能够描绘出来，导致被试在遇到相似的社交情境时无法正确处理。

本研究对儿童实施干预的时长是1个月，由于各种客观原因，研究者在周一至周五对被试进行干预，周六周日不干预，出现了时间间隔，影响到了整个干预的效果，使得对被试的干预没有达到预期效果。

2. 强化物的影响

研究者在进行强化物评估时，只对实物强化物进行了评估，没有对社会性强化物进行评估，并且贸然将实物强化物换成了社会性强化物，导致社会性强化对被试的强化作用并不明显，影响了整个研究的干预效果。

（二）建议

通过本次研究，研究者有以下几点建议。

（1）把社会故事法运用到对孤独症儿童的教学中。由本研究可看出，社会故事法对提升孤独症儿童的社交能力有显著成效，而研究者查找社会故事法的参考文献时，发现清一色的都是个案研究，所以研究者建议将社会故事法用于对孤独症儿童的教学中，这样才能更好地发挥其价值。

（2）在提升孤独症儿童社交能力的同时，也要考虑儿童的社交动机。社交动机与社交行为是相辅相成的，社交动机是发起社交活动的前提。所以，教学者在干预孤独症儿童的社交行为时也要想办法引起儿童的社交动机，这能够引起儿童主动进行社交活动的欲望，提升对其社交行为的干预效果。

（3）研究者在研究时要延长对孤独症儿童进行社会故事教学的干预时间。孤独症儿童的进步是很慢的，需要很长时间才可能看到教学成效；并且由于周末和节假日都会影响干预的成效，因此需要更长时间的干预和观察；另外，社会故事的教学本就是一个漫长的过程，需要长时间的干预才能看到效果。

参考文献

[1] 杨林. 社会故事对自闭症儿童同伴交往能力的影响研究［D］. 杭州：杭州师范大学，2016.

[2] 陈西梅. 社会故事影响自闭症儿童亲社会行为的成效研究［D］. 重庆：重庆师范大学，2012.

[3] 张庆. 基于社会故事绘本的孤独症儿童社交技能干预研究［D］. 杭州：浙江工业大学，2016.

[4] 伍桂辉. 学龄前高功能自闭症儿童社交能力改善的个案研究［D］. 桂林：广西师范大学，2017.

[5] 刘毅. 个案研究法及其在心理学中的发展［J］. 上海教育科研，2002（7）：41-43.

（长沙市特殊教育学校望城校区）

附录1

被试干预前后评估结果表

	干预前		干预后	
	分数	达成率	分数	达成率
非语言沟通（25分）	5	20%	8	32%
听者语言（21分）	5	24%	6	29%
说者——回答问题（30分）	2	6%	5	16%
说者——主动表达（14分）	0	0	4	29%
交互式语言（13分）	0	0	3	23%
情绪行为（25分）	1	4%	6	25%
游戏行为（50分）	5	10%	9	18%
社会技能人际互动（20分）	4	20%	8	40%
社交技能—问题解决（11分）	0	0	4	36%

被试干预前后目标行为观察表

目标行为	观察时间													
	干预前（次数）							干预后（次数）						
	1	2	3	4	5	6	7	1	2	3	4	5	6	7
打招呼	0	0	1	0	1	0	1	4	3	4	3	4	3	4
表示拒绝	0	0	0	1	0	0	0	3	4	3	2	3	2	3
寻求帮助	0	1	0	1	0	0	0	2	3	2	2	2	3	2

附录2

打招呼

1. 人们都喜欢有礼貌的小朋友。
2. 有礼貌的小朋友会和同学打招呼。
3. 遇到认识的同学时我会说："你好。"
4. 当同学和我说"你好"时，我也会和他说"你好"。
5. 这样同学会很高兴。
6. 早上去上学，我会和同学说："你好。"
7. 有同学和我说"你好"时，我也会和他说"你好"。
8. 下午放学时，小朋友们要互相说"再见"。
9. 遇到认识的同学时我会说："再见。"
10. 当同学和我说"再见"时，我也会和他说"再见"。
11. 我要做一个有礼貌的小朋友，老师和同学们都会喜欢我。

我不要

1. 小朋友之间有时会互相分享物品。
2. 别的小朋友会和我分享物品，我也会和别的小朋友分享物品。
3. 有时候，别的小朋友会和我分享物品。
4. 如果我喜欢这件物品，我会向他点头并说："谢谢，我要。"
5. 这样我就会得到这件物品。
6. 如果我不喜欢这件物品，我会向他点头并说："谢谢，我不要。"
7. 这样我就不会得到这件物品。
8. 这样我会很开心。

帮帮我

1. 人们在生活中会遇到各种困难。
2. 人们在遇到困难时会向别人寻求帮助。
3. 困难就是一个人完成不了的事情。
4. 当我遇到困难时，我会拉旁边人的手并说："帮我。"
5. 有时候，东西太重我拿不动。
6. 我会拉旁边人的手并说："帮我。"
7. 有时候，东西太远我拿不到。
8. 我会拉旁边人的手并说："帮我。"
9. 有时候，东西太高我够不着。
10. 我会拉旁边人的手并说："帮我。"
11. 我会对帮助我的人说"谢谢"。
12. 这样做，帮助我的人会很高兴。

语言输入对于孤独症儿童命名能力的影响研究

罗 薇

摘 要：语言障碍是孤独症儿童的一个主要症状，会导致孤独症儿童无法与他人进行社交活动和交流沟通，还会导致他们的认知能力和理解能力低于正常儿童。

为了解如何提高孤独症儿童的命名能力，通过一个月对个案的干预结果收集的数据进行视觉分析和C统计，得出语言输入对于孤独症儿童的命名能力具有显著的立即效果、维持效果和良好的社会效果。语言输入能够在孤独症儿童的命名能力方面提供一个新的干预方法，增加孤独症儿童命名的能力。所以我们在制订儿童的干预计划时，可以根据儿童的情况，考虑是否采取语言输入这一种方式。

关键词：语言障碍；孤独症；命名能力；语言输入

一、绪论

（一）研究背景

1. 语言障碍对孤独症儿童造成的影响

在孤独症患者中，语言障碍普遍存在，是造成社交和互动障碍的一个重要原因，孤独症的严重程度和语言能力呈明显的负相关。[1]由于语言障碍，孤独症儿童不能正常与他人进行交流沟通，导致他们不能正常地进行社会交往，缺乏社会技能，对孤独症儿童的身心、认知能力和理解能力都存在着巨大的影响。[2]

2. 早期干预对孤独症儿童的价值

进行早诊断、早治疗干预对孤独症儿童的发展是非常重要的，越早进行临床诊断和干预，对孤独症儿童的干预效果就会越好。只有及时进行早期发现和早期干预才能够最大限度地开发幼儿的潜能，这也是早期干预十分重要的原因。

3. 贯彻“语言行为里程碑评估及安置程序”的要求

“语言行为里程碑评估及安置程序”（Verbal Behavior Milestones and Placement Program，VB-MAPP），是根据斯金纳的《言语行为》而进行开发的一个针对孤独症儿童和其他语言发育迟缓儿童的语言评估系统。应用言语行为分析来提高孤独症儿童的语言能力，首先要准确地评估儿童当前的语言能力，然后得出孤独症儿童自身独特的能力和学习的强、弱项，从而为其制订个别化教育计划。

语言作为一种交流的工具，不仅包含语音、语意、语境，还有信息的转换、接收、输出、输入等。训练孤独症儿童习得基本的语言操作技能包括：命名、提要求、仿说、听者反应、模仿、简单对话等。掌握以上基本的语言操作元素，对于没有语言能力的孤独症患者而言，会出现阶段性的促进语言发展的显著效果。

（二）研究目的

本研究是想探究语言输入对于孤独症儿童命名能力的影响，探寻如何提高孤独症儿童的命名能力，以及如何提高孤独症儿童的语言能力。

（三）研究意义

1. 理论意义

从目前国内外的相关文献来看，国外有关孤独症儿童的语言干预与干预研究较多，国内较少。语言行为法训练作为一种旨在提升儿童语言能力的方法，在国外的运用和有关研究做得比较多，但国内有关文献较少，针对孤独症儿童有关命名能力的相关文献也较少。本文是在前人研究的基础上，结合国内外有关的语言干预研究，研究如何能够提高孤独症儿童的命名能力、如何增加语言教学的有效性以及语言输入对于孤独症儿童命名能力的影响。本文深入地研究有关孤独症儿童的语言干预，希望能够为我国的教育者在语言干预研究上提供参考意义，为今后孤独症儿童语言技能干预研究提供干预模式和方法上的参考。

2. **实践意义**

国内教育工作者对于孤独症儿童语言干预较多，但在发展语言功能的语言行为法的实践应用方面存在不足。如何提高孤独症儿童语言训练的干预效果是个非常值得研究的问题，本研究科学地评估了一名孤独症儿童的语言能力后，制订了有效的干预计划，并在干预过程中不断探究如何提高孤独症儿童的语言能力，不断探寻影响孤独症儿童命名能力的因素，以提高孤独症儿童的命名能力，这是本研究的实践意义。

二、文献综述

（一）语言行为法相关研究

语言行为指任何涉及说话、手语、图片交换、指、写、打字及手势等的沟通，也包括哭或者展现其他问题的行为。语言行为法把语言看作一种可以塑造和强化的行为，我们不仅要关注孩子在说什么，更需要关注他为什么要使用语言。[4][5]语言行为（verbal Behavior）最早是由斯金纳在他的重要著作《语言行为》中提出。在这本书中，作者认为，语言分析必须从行为功能的观点来着眼，沟通及控制是语言行为分析中的两大要素。和之前相关研究的不同之处在于，他将语言作为一种行为来进行研究，而之前的研究基本都是针对语言本身的研究。[6]

语言行为方法作为应用行为分析的一个分支，是行为干预中的一种。它采用了应用行为分析的基本原理，即刺激—反应—强化。[7]比如向被试提供了一种或多种刺激，随后被试根据刺激做出一定的反应，如果反应正确，那么研究者就会给予增强，如果被试行为不当，那么研究者则不提供增强，采用的是“ABC关联”的方式来消除或者塑造行为。[8]A（Antecedents）指前事刺激，是行为发生前的情境；B（Behavior）指行为，是刺激后发生的行为；C（Consequences）指后果，是被目标行为发生后的情境，它对行为未来发生的频率有强化或削弱作用。比如，要求一个孩子跺脚（A），孩子跺脚了（B），那么孩子就会得到一颗糖果（C）。这种模式主要采用行为塑造的原理，以正强化为主，促进孤独症儿童各项能力的发展。语言行为方法也采用这种指令、反应和结果的原理，只是采取的方法不同。[9]

要为孤独症儿童制订一份适合的语言教学计划，首先需要了解他当前的基本能力。制定干预项目的重要依据是评估的优势和劣势。[10]语言问题是孤独症儿童的主要问题之一，这种问题会严重影响到儿童的正常生活，所以，早期训练的关键就是语言。[11]VB-MAPP主要针对的是孤独症的语言训练，会在孤独症语言康复中发挥很重要的作用，研究的对象及内容具有针对性。[12]

（二）孤独症的命名能力研究

斯金纳概述了语言的功能分类，其中语言操作是根据它们对社会伙伴的影响来定义的。命名是最重要的言语操作之一，通俗地说，是指给物体、活动、事件或这些刺激的属性贴标签。命名是通过用一种感觉模式（例如听觉和视觉）观察刺激引起的，并由各种形式的社会关注（例如表扬、认可、正在进行的互动）保持。

在孩子的世界里，有很多他最终必须学会命名的非语言刺激。照料者的名字、玩具、日常生活用品等常常组成孩了掌握的第一批命名（如“妈妈”“爸爸”“椅子”“桌子”“书”“鞋子”“汽车”“勺子”“球”或“床”）。非语言刺激表现为多种形式。例如，它们可能是静态的（名词）、瞬时的（动词）物品间的关系（介词）、物品特性（形容词）或活动的特性（副词）等等。非语言刺激可以像一只鞋子那样简单，也可以像癌细胞那样复杂。一种刺激的形态可能有多种非语言的特性，而语言行为则可能受这些多重特性的控制，像在命名“红色的消防车在小桌子下面”那样。非语言刺激可以是可观察的，也可以是不可观察的（像疼痛）。既可以是微妙的，也可以是明显的（像霓虹灯）。考虑到非语言刺激的多变性和普遍性，也就不难理解命名是语言学习中一个重要的主题了。[13]

（三）语言输入的意义研究

对于学习者来说，语言的习得是他自身积极主动建构的结果，[14]他主动选择、同化、顺应输入的信息，使新输入的材料与已有的信息相互作用，重新建构，形成新的结构。[15]因此，输入向吸收的转化过程不仅涉及过滤，同时也是学习者主动建构的过程；吸收包含的不仅是过滤后的材料，而且是新旧信息相互作用后的全新的结构。[16]语言输入实际上是学习者的主动建构；学习者不是被动地接受输入，而是通过原有语言知识系统与新的语言输入间的相互作用构建他的语言能力。

语言的学习分为3个过程：输入、吸收和输出。[17]输入是语言学习的基础，如果没有输入的话就没有吸收和输出。[18]如果离开了输入，那么输出就是无源之水。输出是目的，如果不能输出，那么输入也没有了意义。所以输入和输出是相互联系、相互补充、缺一不可的。但输入和输出又是可以相互转化的。[19]

（四）文献述评

语言障碍对于孤独症儿童具有非常大的影响，不但使他们的日常生活和社交活动都具有不便，还会影响到他们一生的发展。因此，我们应该对孤独症儿童进行早期干预，使得他们的障碍程度能够改善或者不再增大。语言行为法是语言训练的一种方法，能够帮助儿童提高语言能力，在孤独症儿童的语言康复训练中，起到了非常重要的作用。要想提高儿童的命名能力，就要根据儿童的情况，制订一份合适的早期干预计划，进行语言训练。如何提高孤独症儿童的命名能力成了一个研究问题，本文就以语言输入的方式研究语言输入对于孤独症儿童命名能力是否具有影响。

有关语言输入对于孤独症语言能力是否具有影响的相关文献很少，我们应该以多种角度去看待孤独症儿童的干预问题，多尝试以不同的方法去进行训练，去提高儿童的能力。

正确评估儿童的能力，可用VB-MAPP进行评估，评估出儿童的优势和劣势，根据评估的结果，制订一份适合儿童的早期干预计划，计划应该发展他的优势，弥补他的劣势。在制订干预计划后，如果干预效果不明显，应该及时地调整干预内容和方法，所以我们应尽可能多地发现各种能够提高儿童能力的干预方法。

三、研究设计

（一）研究对象

本研究的个案是来自长沙市某特殊学校学前班的一名6岁的孤独症儿童小A，个案智力测试为言语智商存在缺陷，有语言障碍，命名能力低，在视觉配对和听者反应能力方面较好，研究对象的具体信息见表1。

表1 个案的基本信息

研究对象基本资料	
基本信息	小A，男，2014年1月18日出生，测试时年龄6岁7个月。经医院诊断为孤独症，2019年9月进入长沙市某特殊教育学校学前部
VB-MAPP评估结果	在本次VB-MAPP里程碑评估中得分为41.5分（总分为170分），就总体的语言发育来说，目前相当于正常孩子0~18个月（第一阶段）水平。其中，听者反应、视觉配对、动作模仿相对来说是孩子的优势，提要求、命名、仿说的能力弱
命名能力	测试结果为1分，该项目评估孩子是否能命名人、物体、身体各部位或图片、名词或动词。在仿说或模仿辅助下，能对2个物品进行命名
听者反应能力	测试结果为6.5分，能从每次展示的6种物品的随意组合中选择正确的物品，共能选择40个不同的物品或图片。能在指令下执行10个特殊的形体动作

续表

研究对象基本资料	
视觉配对能力	测试结果为9分，在10张图片或者10个物品的随机组合之中，可以对同类但不同样的进行配对，可以共达25组

（二）研究内容

本篇论文主要在以下几个方面进行研究。

第一，对孤独症儿童进行科学的语言评估，制订有效的教学计划。对这名孤独症儿童进行语言评估，采用VB-MAPP里程碑进行评估，这个评估中包含了170个重要的学习和语言里程碑，评估的技能有很多，其中包括提要求、命名、听者反应等等。孤独症儿童命名能力低，需要进行命名能力训练。研究开始前，需要前期大量地收集关于孤独症儿童语言干预的有关资料和文献，阅读相关的研究，为对孤独症儿童进行语言干预做准备。

第二，怎样提高孤独症儿童的命名能力？命名是语言的一种类型，命名对语言的发展具有非常重要的意义，所以常常将命名训练作为单独的一个训练内容。本研究对孤独症儿童早期的语言进行干预，在干预过程中做出假设，假设语言输入是对孤独症儿童的命名能力具有影响的，在假设的前提下进行实验设计，研究语言输入对孤独症儿童命名能力的影响。

第三，对研究数据进行分析，讨论研究结果，提出想法和建议。采用视觉分析和C统计的方式进行数据分析，对语言输入是否对孤独症儿童命名能力具有影响，有什么样的影响做出结论，根据研究结果做出总结，并提出一些其他想法。

（三）研究方法

1. 个案法

通过选取合适的个案，在一定时间内，对个案进行相关干预，对每次干预的结果进行记录。在记录完成后，将收集的数据进行整理分析，进行视觉分析和C统计，根据阶段间分析和阶段内分析及C统计的结果，分析语言输入对孤独症儿童的命名能力是否具有影响，从而进一步了解影响孤独症儿童命名能力的因素，了解语言输入对于提高孤独症儿童的能力是否具有研究意义。

2. 实验法

本研究采用单一被试实验法，在基线期，采用自编的表格进行记录；在干预期内介入语言输入，来探讨语言输入对于孤独症儿童命名能力的影响；在维持期，研究干预后的效果和维持效果，再判断干预是否具有积极意义。

四、研究过程框架

（一）研究框架

本研究的自变量为针对孤独症儿童的语言干预命名的训练过程中设计的语言输入，研究者根据被试的干预目标设置语言输入的内容。因变量为研究对象的命名能力，控制变量为干预者、干预地点、干预时间。其中，干预由研究者进行，干预地点在研究对象常用的个训教室，每次的干预时间为20~35 min。研究设计如图1所示。

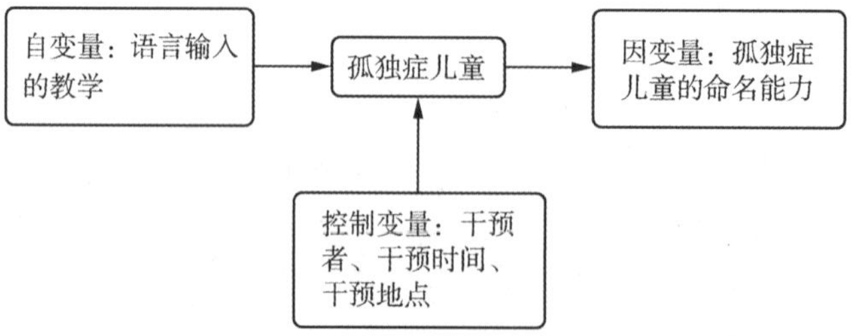

图1 孤独症儿童命名能力研究设计

（二）实验设计

本研究采用的被试实验设计（A1-B-A2），实验过程分为基线期（A1）、干预期（B）和维持期（A2），具体实施过程如下。

基线期：不对个案的命名能力进行干预，以提问的形式检验个案的命名能力，具体方法为研究者出示卡片，个案在5秒内进行回答。5秒内正确回答记为正，超过5秒或回答错误记为负。一组为四个物品，每个物品有同类不同样的五张图片，采用交替的方式进行提问，一个物品不连续问两次，采用研究者自编的行为观察记录表来记录个案的命名能力水平，基线期总共为5天。

干预期：对个案进行干预，总共为20天，分为两个组，一组各10天。每组物品有4个，每个物品有同类不同样的5张图片，每组采取两种不同的语言输入方式。第一种语言输入方式为听者反应，是在听到指令后，能够指出对应的物品，每次干预时间为25~30min。第二种是视觉配对，当研究者给出一张卡片并说出卡片的名称时，被试将卡片进行配对，每次干预时间为25~30min。在每次干预结束后，会对被试进行语言输入后的内容进行命名检测，记录方式同基线期。

维持期：研究者不再对个案进行任何干预，但仍对个案的命名能力进行观察记录，记录命名的内容为干预期的干预内容，为期5天，记录方式同基线期。

（三）目标行为

本研究将命名能力分为以下两个可观察的目标行为：

目标行为1：当研究者拿出卡片问被试“这是什么”时，被试能在5秒内正确回答出卡片内容。

目标行为2：当研究者拿出卡片问被试“这是什么”时，被试不能正确回答出卡片内容或者不能独立回答出卡片内容。

记录内容是目标行为1和目标行为2出现的次数，当目标行为1出现时为正，目标行为2出现时为负。

（四）数据收集与分析

对于在研究中收集到的数据资料，将采用自编的行为观察记录表对目标行为1和目标行为2的出现次数进行编码和记录。之后对收集的数据进行视觉分析和C统计。

五、结果与讨论

本实验采用单一被试实验设计，对一名6岁的孤独症儿童进行命名干预，干预时间共30天左右，探究介入语言输入对于命名能力的提升是否具有积极的影响，将收集到的数据运用视觉分析和C统计，对孤独症儿童命名能力的研究结果进行数据分析，并进行社会效度的分析。

（一）阶段内视觉分析

如图2所示，个案在基线期的命名正确率呈稳定较低水平状态。基线期持续了共5天，期间不介入任何干预，收集个案命名的正确率，当个案对命名的正确率达到一定的稳定状态后，进入干预期。干预期共持续20天，分为两组，每组各10天，每组分为两个阶段，首先进行听者反应，然后进行视觉配对。在干预期内，呈现稳定上升的状态，当正确率进入一个稳定状态后进入维持期。维持期持续共5天，收集对干预期进行的两个组命名的正确率。采用同样的记录方式收集数据，在维持期时，显示的状态低于干预期，但又明显高于基线期，说明干预具有效果，且维持期呈现上升状态。表2为被命名能力阶段内视觉分析摘要表。

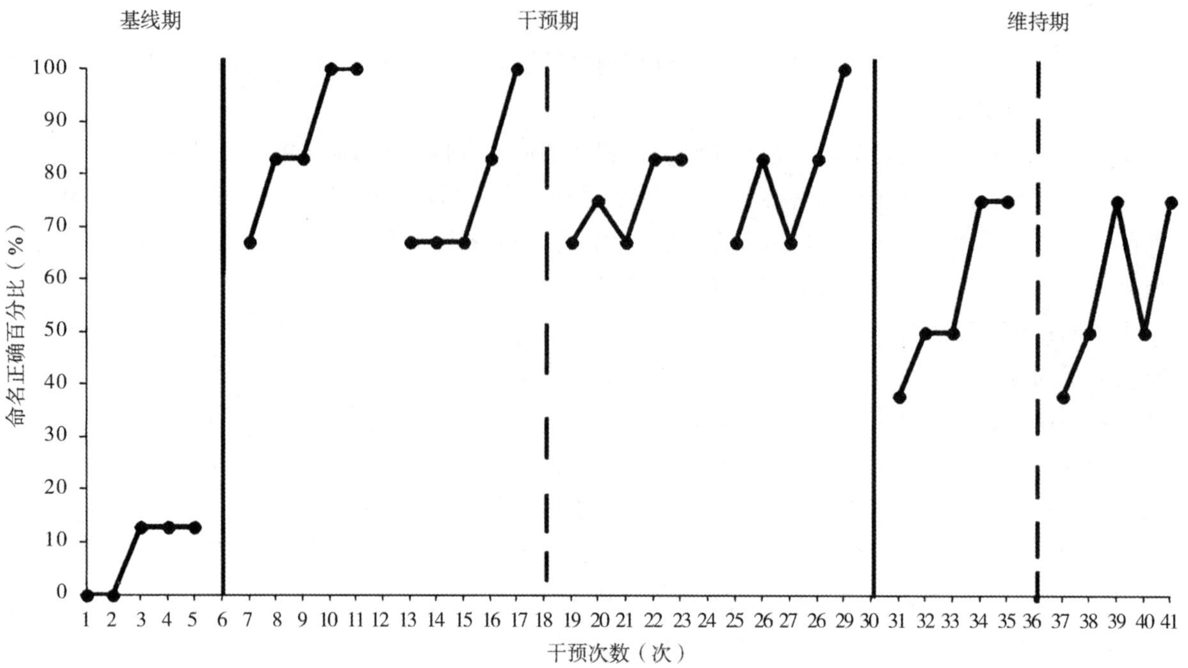

图 2　孤独症儿童命名能力阶段内视觉分析

表 2　被试命名能力阶段内视觉分析摘要表

阶段顺序	基线期	干预期	维持期
阶段长度	5	20	10
趋势预估	–	/	/
平均水准	7.8	79.6	57.6
水准范围	0~13	67~100	38~75
水准变化	0→13（+13）	67→100（+33）	38→75（+37）
水准稳定性	不稳定	不稳定	不稳定
C 统计	\	0.18	0.06
Z 值	\	0.85	0.2

注 1：阶段长度指各实验阶段内数据点数。

注 2：趋势预估指数据路径的斜度，采用中分法取得阶段内趋势。

注 3：平均水准指所有数据点值相加之总和除以数据点总数得出的平均数。

注 4：水准范围指阶段数据点值变化的范围，即同一阶段内最高数值与最低数值之间。

注 5：水准变化指阶段数据点值变化的幅度，即同一阶段内最后数值与第一数值的差，若数值为正，表示教学有效。

注 6：水准稳定度指数据点中各数据点的数值变化，85%的数据点落在平均水平上下各 15%范围内即为稳定。

由图 2 和表 2 可知，在基线期共进行 5 次数据收集，趋势预估呈现稳定状态，可进入干预期，被试平均水准低，水准范围在 0~13，平均水准为 7.8，说明在基线期时，被试的命名能力低，需要进行语言输入的干预。

在干预期内，共进行了 20 次数据的收集，被试趋向预估呈现稳定的上升趋势。平均水准在 79.6，水准范围在 67~100 之间，增加了 33，表示水准有明显的提高，在此干预期内平均水准、水准范围、水准变化值和水准稳定性数据均显示被试的干预效果明显，说明介入语言输入后，被试命名能力有所提高。结合 C 统计结果：（C=0.18，Z=0.85，P>0.05），未达到显著水平，可能是由于数据变化幅度导致的。

在维持期共进行了 10 次数据收集，平均水准为 57.6，在维持期的数据显示不如干预期的效果明显，但相对于基线期有明显的提高，数据的水准范围在38到75之间，数据水准上升了37，在维持期内，被试的状态得到了较好的提高和维持，被试的趋势走向呈上升的状态，说明干预有效果。

被试在基线期命名能力的平均水准为7.8，进入干预期后，被试的平均水准高达79.6，之后在维持期，撤销语言输入后，被试的平均水准有了下降的趋势，但效果仍明显高于基线期的平均水准，这说明语言输入的介入让被试的命名能力有了明显的提高，具有良好的立即效果，在维持期内，也呈现一个稳定上升的趋势，干预具有良好的维持效果，能够提高儿童的命名能力。

（二）阶段间视觉分析

表3为被试命名能力阶段间视觉分析摘要表。

表3　被试命名能力阶段间视觉分析摘要表

阶段顺序	基线期—干预期	干预期—维持期
趋向变化	－（＝）／（+）	／（+）／（+）
效果	正向	正向
水准变化	13→67 （+54）	100→38 （-62）
重叠百分比	0	40%
C统计	0.83	0.23
Z值	4.33	1.33

注1：趋向变化与效果是指比较相邻两个阶段趋势线走向的变化。

注2：水准变化是指通过相邻两个阶段中，前一阶段的最后一数据点值与后一阶段的第一个数据点值之间的落差，了解其变化情况，判断干预的即时效果。

注3：重叠百分比是指相邻两个阶段数据之间相似的量化值的百分比或程度，所得数值越小则重叠率越低，表明教学方案对目标行为的作用越大。

由图2和表3可知，从基线期到干预期的趋向变化与效果呈整体上升的正向趋势，水准变化由基线期达成13到干预期达成67，达成上升了54，干预期与基线期的重叠百分率为0，C统计结果为：（C=0.83，Z=4.33，P<0.01），达到非常显著水平，表明干预有立即效果，说明介入语言输入后，被试的命名能力得到了提高。

从干预期到基线期的数据趋势呈阶段性上升，水准变化由干预期达成100到维持期达成38，达成下降了62，重叠百分比为40%，C统计结果为：（C=0.23，Z=1.33，P>0.05），未达到显著水平。表明在撤销语言输入的介入后，维持期的效果没有干预期好，但相较于基线期，仍保持在较高的水准，并且得到了提升，表明干预有一定的维持效果，说明语言输入的介入对于孤独症儿童命名能力的提高有积极的意义。

六、建议

通过本研究的数据结果分析，我提出以下几点建议，希望能对孤独症儿童的成长和发展起到帮助。

（一）根据孤独症儿童情况选择语言输入的方法

语言输入可以增加儿童对语言中材料的感知和理解，语言输入和输出是相互转换的。进行语言输入，可以加强命名的能力，多进行语言输入可以帮助儿童更好地输出。语言输出才能使得学习者得到语言的全面发展，理解性地输入是为了更好地输出，这是我们进行语言输入干预的目的。

研究结果显示，对孤独症儿童进行命名能力训练效果不明显或者停滞不前时，可采用语言输入的方式进行干预，增强他的命名能力，如果儿童的视觉配对和听者反应能力相对较好，可用视觉配对和听者反应去补偿他的命名能力，增加他对语言材料的理解和感知，从而更好地正确命名。

（二）根据孤独症儿童的自身情况制定干预内容

教师制定的干预内容应该根据孤独症儿童的评估结果和能力而定，教育者应该不断发展儿童的优势，弥补他的劣势。每个孤独症儿童的能力不一，所以每个儿童的干预内容都是不一样的，同样，干预的方法也会不一样，并不是一种干预方法会适用于所有儿童。每个孤独症儿童的自身情况都有所不同，应该根据幼儿的自身情况设置不同的干预内容，我们应该寻找适合幼儿的干预方法，针对性地进行干预，更好地帮助孤独症儿童发展。

制订个别化干预计划对孤独症儿童有着非常重要的影响，这种做法既提高了教育质量，也在一定程度上促进了特殊教育事业的发展，它规定了学生要达到的教育目标，保证了儿童的教育质量；对教师来说，可以更加了解幼儿的情况，保证了教学质量；对于家长来说，也可以根据IEP计划进行巩固和加强儿童的学习内容，促成家校合作。

（三）教师应该根据干预效果及时调整干预方法

当教师在实施计划一段时间后发现干预的效果并不明显时，教师应该及时地调整干预的内容，在原有的干预计划上及时调整和修改。干预计划的难易程度不是一成不变的，而是需要随着孤独症儿童的水平而不断调整的。

（四）促进家校合作，形成教育合力

家校之间的有效合作，可以促进家庭教育和学校教育之间的合作互动，可以促进孩子更好地成长。在很多孤独症儿童的案例之中，我们可以发现，学校与家庭的有些合作干预对孤独症儿童的发展起到了很好的促进作用，[20]教师与家长之间应该保持良好的合作关系，树立正确的家校合作观念，积极沟通交流。良好的家校合作关系能够促进孤独症儿童心理和身体的健康发展，将来，家校合作也会成为必然趋势。

参考文献

[1] Bavin E L，Kidd E，Prendergast L，etal. Severity of autism is related to children's language processing［J］. Autism Research，2014（6）：687-694.

[2] 赵维维. 基于ABA法的听觉统合训练对自闭症谱系障碍患儿社交能力及语言发育水平的影响［J］. 临床护理杂志，2020（5）：45-47.

[3] 周翔，陈强，陈红，等. 300例孤独症儿童语言能力评估结果分析［J］. 中国康复理论与实践，2013（4）：384-386.

[4] 巴伯拉，拉斯穆森. 语言行为方法：如何教育自闭症和相关障碍儿童［M］. 美国展望教育中心，译. 北京：华夏出版社，2013：3-7.

[5] Lovass. Behavioral treatment and normal educational and intellectual functioning in young autistic children［J］. Journal of Consulting and Clinical Psychology，1987（1）：3-6.

[6] Joshua B Plavnick，Summer J Ferreri. Collateral effects of mand training for children with autism［J］. Research in Autism Spectrum Disorders，2012（6）：1366-1376.

[7] JosephVedora and Laura Meunier，Harry Mackay. Teaching Intraverbal Behavior to Children with Autism：A Comparison of Textual and Echoic Prompts［J］. The Analysis of Verbal Behavior，2009（25）：79-86.

[8] Mark Dixon Jonathan C，Baker Katherine Ann Sadowski. Applying Skinner's Analysis of Verbal Behavior to Persons With Dementia［J］. Behavior Therapy，2011（42）：120-125.

[9] 牛瑞花，徐胜. 语言行为方法在自闭症儿童干预中应用研究综述［J］. 绥化学院学报，2016（4）：69-72.

[10] 刘阳，刘玉驰，刘平，等. 基于VB-MAPP评价ESDM干预孤独症儿童语言行为的疗效观察［J］. 黑龙江科学，2021（4）：40-41.

[11] 万国斌. 孤独症谱系障碍的临床诊断及其影响因素［J］. 中国儿童保健杂志，2015（9）：897-899.

[12] 曹露，许芸芸，吴谦梅，等. 关于语言评估工具VB-MAPP的探究［J］. 才智，2019（4）：249.

[13] Mark L Sundberg. 语言行为里程碑评估及安置程序［M］. 黄伟合，李丹，译. 北京：北京大学医学出版社，2014：144-145.

[14] Ellis Rod. Instructed Second LanguageAcquisition［M］. Oxford：Basil Blackwell Ltd，1990：3-4.

[15] Ellis Rod . The Study of Second Language Acquisition [M]. Oxford: Oxford University Press, 1994 .
[16] 詹朋朋. 语言输入：学习者的主动建构 [J]. 外语界, 2001 (3): 23-26.
[17] 黎彦, 梁智. 语言输出的作用及其对外语教学的启示 [J]. 柳州师专学报, 2005 (1): 71-74.
[18] 刘福生. 浅论"语言输出" [J]. 西南民族大学学报, 2004 (2): 363-364.
[19] 马娜娜. 关于语言输出理论的研究、探讨和启示 [J]. 长沙通信职业技术学院学报, 2010 (2): 104-107.
[20] 黄琳. 浅谈家校合作对自闭症儿童发展的影响及策略 [J]. 佳木斯职业学院学报, 2020 (6): 262-263.

(长沙市特殊教育学校)

非教学情境中对孤独症儿童密集性提要求干预的研究

向 艳

摘 要：本文旨在研究在非教学情境中进行密集性提要求训练对孤独症儿童提要求数量的影响。研究选取了2名低学龄段的孤独症儿童进行干预，采用跨被试的多基线实验设计方法探究密集性提要求训练对学生主动提要求的影响。通过实验，发现2名研究对象在一定的干预期后主动提要求的次数、正确数明显增加，并且扩充了提要求的句型。

关键词：非教学情境；孤独症；密集性干预

一、研究设计

（一）研究对象与环境

本研究是在非教学环境中对一年级孤独症儿童的提要求进行密集性干预，选取长沙市特殊教育学校启智部一年级2名孤独症儿童作为干预对象。具体信息见表1。

表1 两名孤独症儿童的基本信息

	A（洋洋）	B（安安）
性别	女	男
就读学校	公立特殊教育学校	公立特殊教育学校
就读年级	小学一年级	小学一年级
年龄（岁）	8岁3个月	10岁
主要症状	医学诊断为孤独症。个案后不高兴的时候会说“轮船”“菩萨保佑”，偶尔会兴奋，笑的时候控制不住自己的情绪，一直大笑。 通过pep-3评估得知，她在认知、语言表达及理解、大肌肉方面呈中度发展水平；在小肌肉、模仿、情感表达、社交互动、语言行为特征、非语言行为特征等方面受损较严重	医学诊断为孤独症。个案在任务有难度、老师进行重复纠错或者教师、家长语气严厉时情绪会比较激动，会有躺在地上哭闹、打自己的头、打别人、用身体撞奶奶等行为。 通过pep-3评估得知，他在认知、语言表达及理解、大小肌肉、模仿、社交互动、非语言行为特征等方面呈中度发展水平；在情感表达、语言行为特征方面则受损较严重
服药情况	未服	未服
家中排行	独生女	独生子
主要照料者	父母	爷爷奶奶（父亲过世，母亲离家）
家庭状况	小康	贫困

（二）因变量

本研究的因变量是在非教学环境中主动提要求的次数。非教学环境是在教室里面创设了一个自由游戏的空间，教室里铺了一块180cm×120cm的泡沫垫，泡沫垫上面摆放了食物、泡泡瓶、摇摇马、按摩球等学生的强化物；两个学生为一组，在教室内自由游戏、自由活动；另一个环境是午餐时间，研究对象的午餐是在教室进行，由于研究对象 A 不在学校吃午餐，所以午餐时间无法对研究对象 A 进行干预。当实验数据连续 3 天达到 80%、连续两天达到 90% 或者一天达到 100% 则达到标准。

提要求句型主要涉及“让一下”“帮帮我”“给我×××”“我要×××”“我要×××可以吗”“可以×××吗”等类型。教师设置障碍或者提供强化物，当研究对象想要某样物品或者想做某件事情时，研究对象能用以上几个类型的句子提出要求。提要求训练具体的句型见表 2。

表 2　提要求训练具体的句型

序号	句型
1	让一下
2	帮我×××/帮帮我
3	给我×××
4	我要吃×××
5	我要玩×××
6	我要看×××
7	（向老师）我要吃×××可以吗
8	（向老师）我要玩×××可以吗
9	（向老师）我要看×××可以吗
10	（向老师）可以玩×××吗
11	（向老师）可以吃×××吗
12	（向老师）可以看×××吗

（三）自变量

本研究的自变量是密集的提要求训练，教师每天在非教学情境中给学生提供 50 次的机会进行练习。我们采用学习单元进行提要求的教学，学习单元是指当学生在上课时，老师或实验人员给出了一个明确的先行词，学生得到了一个回答的机会，然后是相应的结果。学习单元是对正确的反应立即进行强化，以加强准确的反应；对不正确的学生反应进行纠正，学生必须重复准确的发音，纠正学生错误或缺失的反应时，纠正的反应不能得到增强，即当学生出现正确反应时及时强化，出现错误反应时及时纠错，纠错采用辅助手段进行，纠错次数不超过 3 次。

（四）观察者一致性（IOA）

为保证研究数据的信度，除研究者在干预过程中对正确反应数进行记录，还要有另一名观察者通过观看干预视频的方式进行观察，对学生的反应进行记录。观察者观看了 30% 的干预视频，通过逐一尝试比较 IOA 得出，研究对象 A 的 IOA 为 97%，研究对象 B 的 IOA 为 94%。

（五）简单实验设计

本研究采用跨被试多探测实验设计，在两人小组自由游戏活动中分别对 2 名孤独症儿童进行干预，干预过程中均采用学习单元教学方法进行提要求训练。

（1）对研究对象 A 的提要求情况进行前测，了解自由活动中研究对象 A 主动提要求的情况；

（2）采用学习单元的方法对非教学情境中研究对象 A 的提要求进行干预，此时研究对象不进行干预，维持在基线状态；

（3）当研究对象 A 达到稳定或达到预定标准时，对研究对象 A 继续进行训练，对研究对象 B 进行提要求前测；

（4）根据前测的情况对研究对象 B 进行干预；

（5）当 2 名研究对象已达稳定或达到预定标准时，分别对他们进行后测，根据后测的情况再决定是否需要继续进行干预。

（六）数据收集方法

在非教学环境中采用直接观察的方法对学生的反应情况进行记录，当学生用准确的句型提要求则记录为“+”，学生用错误的句型或者没有提要求、伸手抢物品时则记录为“-”。干预前测、干预过程中及干预后测等，运用自制的学习单元活动记录表对研究对象的一步指令真实反映情况进行观察、记录，根据学生的正确反应数计算出百分比。在前测过程中了解研究对象在非教学情境中准确主动提要求获得想要物品的数量，通过后测的对比，了解密集性提要求对孤独症儿童学习提要求技能是否有效果。

二、研究结果与分析

（一）研究对象A的干预结果与分析

在干预过程中，教师对学生提要求的正确反应数进行收集并记录。本研究首先对研究对象A进行干预，根据前测情况，研究对象A在非教学情境50次提要求机会的准确数比较低，需要大量的训练；干预期的训练主要是在创设的自由活动的室内及集体班的课间进行练习，研究对象A只需运用表2中的任意一个句型提要求，都可以获得她想要的物品。根据对研究对象A的观察记录，得出统计结果。研究对象A提要求正确反应数的变化见图1。由图1可知，研究对象A在非教学情境下进行提要求训练整体呈现上升趋势，虽训练过程中的正确数有下降的情况，但整体的情况是不断进步的。在第12次干预中，研究对象A的提要求正确反应数连续两天达到90%及以上，达到预设标准。

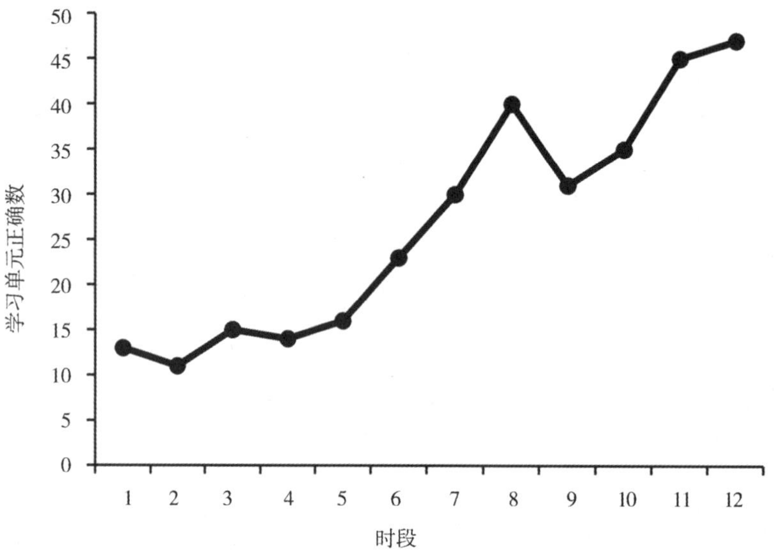

图1 研究对象A提要求正确反应数的变化

（二）研究对象B的干预结果与分析

在研究对象A数据稳定时对研究对象B进行干预。研究对象B的干预是在创设的自由活动室内及午餐时间进行练习，教师每天提供50次提要求的机会，研究对象B只需运用表2中的任意一个句型提要求，都可以获得他想要的物品。根据对研究对象B的观察记录，得出统计结果。研究对象B提要求正确反应数的变化见图2。由图2可知，研究对象B的正确反应数呈现不断上升的趋势，从第9次到第11次的正确反应率连续3天达到80%及以上，达到预设标准。

（三）两名研究对象的前后测结果与分析

本研究在非教学环境中对研究对象在干预前和干预后主动提要求的情况进行多次测试，测试中提供30次提要求的机会，在学生没有主动提要求或者是用错误的句型提要求时不进行纠错，以此了解学生在自然状态中提要求的情况。

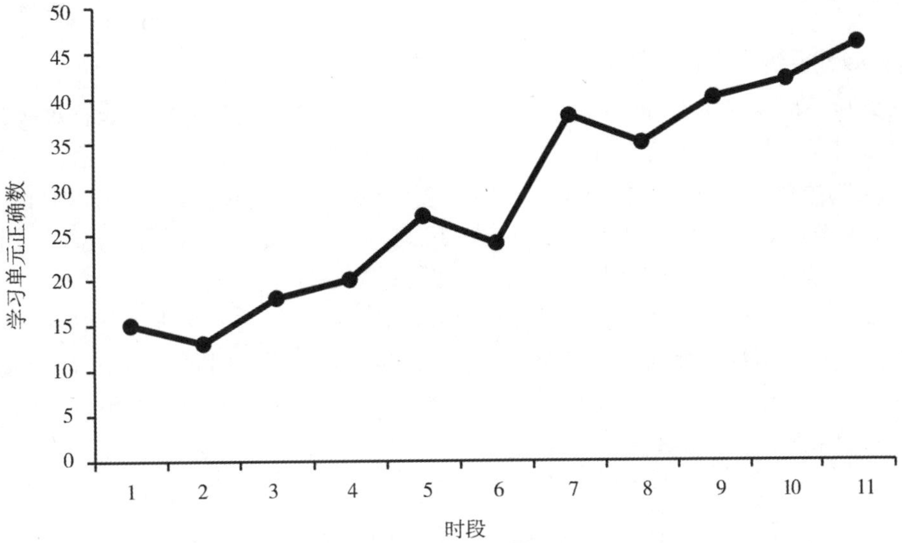

图 2　研究对象 B 提要求正确反应数的变化

首先对研究对象 A 在非教学情境提要求的情况进行测试，在 2~3 人自由游戏及课间活动中，教师连续 3 天提供提要求的机会，研究对象 A 在每天 30 次提要求的机会中正确提要求的数量平均为 5 次，经过一段时间的训练后，研究对象 A 正确提要求的数量平均为 27 次，有了非常大的提高。

在研究对象 A 的基线期达到一个稳定的趋势时，此时对研究对象 B 在 2 人自由游戏活动和午餐时间进行干预前测，研究对象 B 在每天 30 次提要求的机会中正确提要求的数量平均为 10 次，经过一段时间的干预后，研究对象 B 正确提要求的数量平均为 26 次，提高较明显。具体情况见图 3。

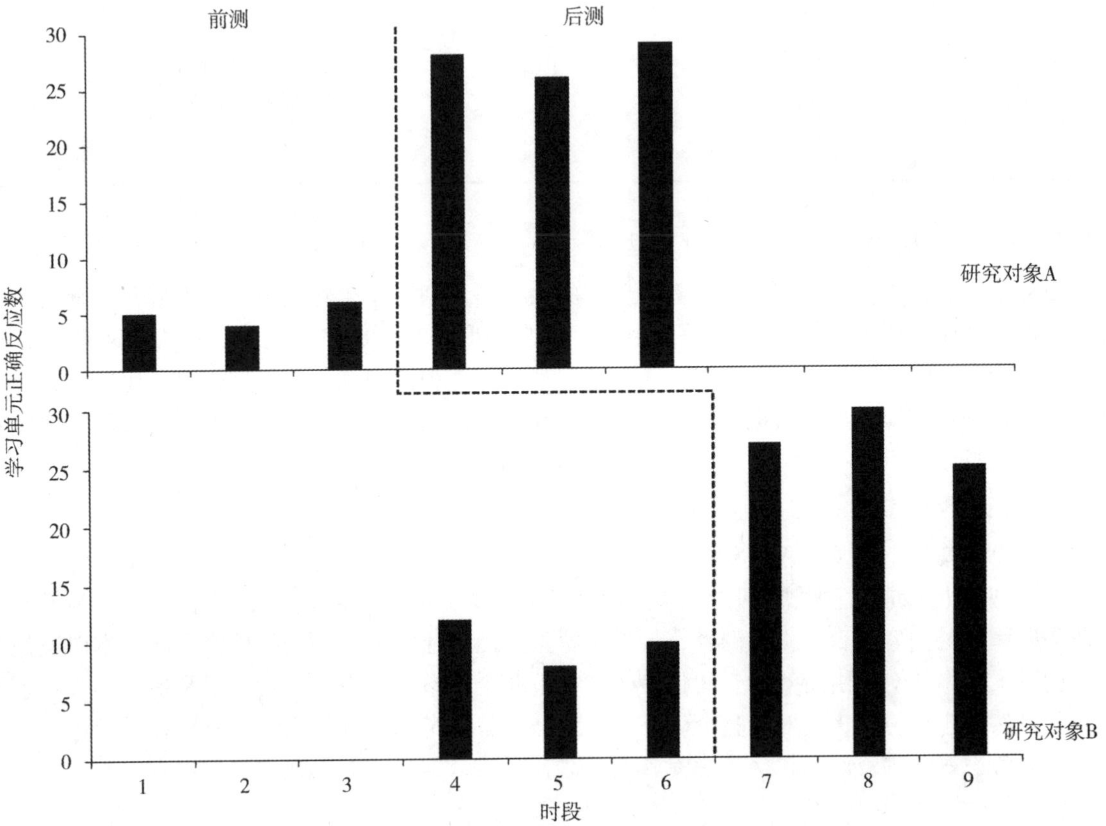

图 3　两名研究对象提要求反应前测和后测的正确反应数

三、讨论

（一）能有效地促进学生在非教学环境中主动提要求

从研究结果与分析数据我们可以看出，通过在非教学环境中练习提要求，能有效地促进学生主动提要求。A在前测中会主动提要求，但是几乎都是错误的句型，如“把我吧”“给洋洋把吃吧”“帮拿我吧”等，甚至在没有拿到她想要的物品时偶尔会出现哭闹的情况。经过一段时间的干预后，首先，两位研究对象在提要求的准确数上面呈整体上升的趋势，其次，提要求的句型得到了扩充，特别是研究对象A在后测中几乎能准确运用设定的12个句型提要求。

在前测过程中以及初始的干预中，如果教师拿着某样物品没有马上给研究对象B，他较容易出现大力拍打自己的头部、拍打老师的手等行为；当老师挡住不让他出去时，他会用力地去撞老师或者大力地推开老师的手并冲出教室，并会在教室外面大喊大叫。经过一段时间的干预后，在干预的后期及后测中，研究对象B则较少地出现拍打自己、冲撞老师等问题行为，他能够准确地提要求，虽然他的句型扩充得较少，但是他主动提要求的次数以及准确度呈直线上升趋势。详情见表3。

表3　两名研究对象在干预前后提要求使用的句型对比

被试	干预前	干预后
A	可以吃××吗 （向老师）我要×××可以吗	（向老师）让一下 帮我××× 我要××× （向老师）我要×××可以吗 （向老师）可以玩×××吗
B	我要×××可以吗	让开一下可以吗 我要×××可以吗 我要×××

（二）需充分利用资源扩展提要求的句型

虽说从本研究的前后测数据对比来看，后测的数据显示两名学生在提要求的准确数上面有了明显的提高，但是学生提要求的句型还是比较局限，特别是研究对象B仅扩展了3种提要求句型，且更多是用“我要×××可以吗”这一个句型，这个句型是他在个训课中练习的句型，语言比较单一、不够丰富。所以教师还需要增加每天提要求的机会，并在个训课及课间多提供不同的机会，增加研究对象B提要求的句型。

（三）研究不足

首先，由于学校工作及课程的安排，学生很难有自由玩耍的时间，其次，学生的集体课和小组课的授课模式基本上都是以主教老师讲授为主，学生在课堂上面更多的是整节课坐在椅子上听老师讲述，动手操作性的内容很少，作为助教，很难在课堂中提供让学生提要求的机会。所以本研究是在个训室中创设了一个相对自由游戏的空间，让两名学生在个训室中自由玩玩具。但是这个环境对于学生来说不是自然的生活情境，这对于整个研究的结果是具有一定的干扰作用的。所以在以后进行各项研究时要充分考虑好各种资源，包括环境资源是否适合开展，这样才能保证实验数据真实有效。

参考文献

[1] Pistoljevic N, Greer R D. The effects of daily intensive tact instruction on preschool students' emission of pure tacts and mands in non-instructional setting.［J］. Journal of Early & Intensive Behavior Intervention, 2006（1）: 103-120.

[2] Delgado J A P, Oblak M. The effects of daily intensive tact instruction on the emission of pure mands and tacts in non-instructional settings by three preschool children with developmental delays. [J]. Journal of Early & Intensive Behavior Intervention, 2007 (2): 392-411.

(长沙市特殊教育学校)

运用代币制解决学前特殊儿童问题行为的实践研究*

韦 晴 谢 欢 石若兰 谌雪丽

摘 要：目前，有效解决特殊儿童的问题行为是特殊教育教师的迫切需要。本研究采用课堂观察的方法，探讨在小组活动中，教师如何运用代币制来解决4名学前特殊儿童的问题行为。研究结果表明：运用代币制能够有效地减少学前特殊儿童的问题行为；运用代币制能有效地增加学前特殊儿童好的行为；幼儿真正理解代币规则和教师严格遵循代币规则是保证代币制有效性的两个重要方面。运用代币制解决学前特殊儿童问题行为具有积极的实践意义，也具有一定的社会效度。

关键词：代币制；问题行为；实践研究

一、问题提出

目前，特殊教育学校的教师往往需要解决学生的不同问题行为，这些问题行为产生的原因是不同的，特殊教育教师需要具体问题具体分析地去处理学生的问题行为。在这一过程中，教师需要寻求合理和恰当的方法。代币制被特教教师较为广泛地运用到教学中，例如一对一教学、小组活动和集体课等。特教教师使用代币制的目的主要是强化学生好的行为，消退学生的问题行为。

在教学中，特殊儿童会产生各种各样的问题行为，例如，攻击行为、尖叫行为、自伤行为等。这些问题行为会对特殊儿童自身、同伴和教师造成不利的影响。问题行为产生时，特殊儿童本身难以参与学习，有可能会干扰同伴的活动，同时也会阻碍教师教学工作的顺利展开。刘欣等人[1]研究中的一名9岁孤独症儿童个案在课堂教学中有严重的注意力分散行为，这些行为对其课堂学习及教师正常上课造成较大的干扰。马彦[2]通过对一名14岁中度智力残疾儿童在学校的行为进行观察，发现该名儿童的问题行为严重影响其课堂学习和人际关系。由此可见，要努力探索如何在学校现有的课程设置基础上，尤其是有同伴参与的小组活动或集体课中有效地改善学生不良的行为，充分调动学生参与活动的动机，从而提高教学效果，这是当前教师的迫切需求。

代币制是儿童以良好的行为或表现来获得代币，然后用这些代币去换取儿童喜欢的权利、活动或具体实物。代币制包含了强化和惩罚的原理。当以良好的行为获得代币时，就是强化；当出现不良行为，被剥夺一定的代币时，就是惩罚[3]。代币制的基本原理是斯金纳的操作性条件反射，即以代币作为条件强化物，把奖励的结果用虚拟的货币量化[4]。儿童完成了规定事项后，就可以得到规定数量的代币作为奖励，儿童可以用累积的代币换取自己喜欢的东西或实现自己的愿望。这种方法可用于团体或者个人行为矫正，可以在班级管理中起示范作用，并减轻教师负担[5]。杜卫华等人[6]使用代币制减少了一名9岁儿童的注意力缺陷、随意离开座位等一系列严重的课堂干扰行为。霍莉[7]在有13名3~5岁幼儿的班级中使用了代币制，与之前常规的课堂管理方法相比，幼儿的良好行为有所增加，且问题行为有所减少。由此可见，代币制能够用于解决特殊儿童的问题行为，帮助学生更好地学习，保证课堂教学的顺利开展。

综上所述，本研究采用课堂观察的方法，研究在小组活动中如何运用代币制来解决学前特殊儿童的问题行为，分析运用代币制能否有效地增加特殊儿童好的行为即课堂参与行为的发生，也分析运用代币制能否有效地减少特殊儿童问题行为即非课堂参与行为的发生，进一步探讨教师是否遵循了代币

---

* 论文2021年10月发表于《绥化学院学报》。

规则以保证代币制使用的有效性。

二、研究方法

本研究所采用的课堂观察方法是指观察者带着明确的目的，凭借自身感官及观察量表，直接从课堂情境中收集资料，并依据资料做相应的研究的一种教育科学研究方法[8]。本研究共开展两次美工小组活动，每次小组活动均由一名主课老师和一名辅课老师负责。

（一）研究对象的选取

研究对象的选择包括以下条件：①幼儿具有明确的喜好之物；②幼儿具有理解代币规则的认知水平，即知道“表现好”会获得代币，“表现不好”会扣除代币，同时也能够联结代币与强化物之间的关系，知道当代币移动到一定的位置时，可换取相应的奖励；③幼儿在小组活动中具有一定的问题行为。

本研究选取了 5 名幼儿作为研究对象，其中男生有 3 人，女生有 2 人，智力障碍有 2 人，孤独症患儿有 3 人。以上幼儿的年龄均为 5~6 岁。通过《语言行为里程碑评估及安置形式》（简称 VB-MAPP）[10]的评估，幼儿的分数处在 77~130 之间，其中 2 名幼儿处在二阶水平（18~30 个月），3 名幼儿处在三阶水平（30~48 个月），均具备较好的认知水平。每次小组活动选取 4 名幼儿参与课堂，其中幼儿张、黄、肖均参加了 2 次小组活动（见表 1）。

表 1　研究对象的基本信息

幼儿	性别	年龄（岁）	障碍类型	VB-MAPP 评估分数	参与小组活动
肖	男	6	智力障碍	82	小组活动 1 和 2
黄	男	6	孤独症	125	小组活动 1 和 2
伍	男	6	孤独症	121.5	小组活动 2
张	女	6	智力障碍	130	小组活动 1 和 2
陈	女	5	孤独症	77	小组活动 1

（二）代币规则和代币板的制定

本研究根据研究对象的认知水平制定了代币规则，包括以下 3 点：①当幼儿表现课堂参与行为时，代币前进 1 格；②当幼儿表现非课堂参与行为时，代币后退 1 格（在后退 1 格前给予幼儿 1 次警告机会）；③当幼儿代币处于 1、2 位置时，不能获得奖励；当幼儿代币处于 3、4、5 位置时，能获得相应等级的奖励。

本研究设计的代币板主要考虑以下四个条件。第一，根据代币规则制定整体框架，即有 4 个小单元，单元与单元之间有清晰的界限划分；每个单元均有 5 个位置点，其中位置 1 和 2 不粘贴强化物图片，位置 3、4 和 5 分别粘贴数量为 1 个、2 个和 3 个的强化物图片；每个单元最左侧分别粘贴 4 名幼儿的上半身照片，规定代币的前进方向均是从左至右的水平方式。第二，根据教学主题规划代币板的整体背景，小组活动 1 依照“小鱼的新衣”的主题设计了海洋的背景，小组活动 2 也依照“神奇的云朵”的主题设计了天空的背景。第三，根据幼儿的兴趣制作代币，小组活动 1 选取动画片《海底总动员》中的小鱼，小组活动 2 选取动画片《超级飞侠》中的小飞侠作为代币图案；同时，每位幼儿可以从中选择自己喜欢的图案作为自己的代币。第四，根据幼儿的喜好之物统一设置兑换的物品，小组活动 1 和 2 分别选择了幼儿喜欢的饼干和巧克力豆作为强化物。

（三）资料的收集与分析

本研究根据研究内容制定了观察量表“幼儿行为和教师策略记录表”，观察内容包括幼儿的行为和教师的策略，采用文字的方式进行记录。幼儿的行为包括课堂参与行为（如打招呼、眼睛看老师、参与游戏等）和非课堂参与行为（如离座、注意力分散、哭闹等）。教师的策略包括表扬、代币前进 1 格、第一次警告（代币不动）、第二次警告（代币后退 1 格）、辅助以及无反应等方面。观察量表采用固定时距的方式，以1分钟为1个记录点，将一节课分为30个记录点。在小组活动中，1名观察者观察1名幼儿的行为以及与其相关联的主课老师和辅课老师的策略。同时，本研究对两节小组活动均进行了录制，后期通过观看视频的方式对观察数据进行核对，保证数据的准确性。

根据所收集到的观察数据，本研究使用Excel对数据进行编码。编码完成后，研究者计算出每位幼儿的课堂参与行为的百分比，即幼儿课堂参与行为发生次数÷总次数×100%，百分比在70%以上则定义为高参与度。接着，计算幼儿的非课堂参与行为的百分比，即100%-幼儿的课堂参与行为的百分比。同时，本研究也根据幼儿行为和教师策略的关系分析老师遵循代币规则的情况。

三、研究结果

本研究结果将从幼儿的行为（课堂参与行为和非课堂参与行为）和教师是否遵循代币规则两个方面进行阐述。

（一）幼儿行为的数据分析

幼儿行为的数据分析是对两次小组活动中的幼儿课堂参与行为的百分比与幼儿非课堂参与行为的百分比进行分析。

1. 小组活动1：幼儿行为的数据分析

在小组活动1中，幼儿的课堂参与行为百分比分别为92.59%、70.37%、81.48%和88.89%，均大于70%，说明幼儿有较高的参与度。幼儿的非课堂参与行为百分比分别为7.41%、29.63%、18.52%和11.11%，均小于30%，说明幼儿的问题行为较少（见图1）。

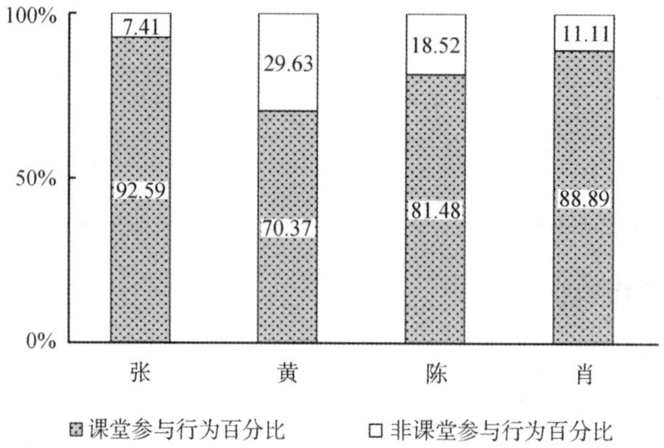

图1 小组活动1：幼儿行为的数据柱状图

2. 小组活动2：幼儿行为的数据分析

在小组活动2中，幼儿的课堂参与行为百分比分别为92.59%、81.48%、85.19%和100%，均大于80%，说明幼儿有较高的参与度。幼儿的非课堂参与行为百分比分别为7.41%、18.52%、14.81%和0，均小于20%，说明幼儿的问题行为较少（见图2）。

通过以上的数据分析发现，在小组活动中，运用代币制能有效地增加学前特殊儿童课堂参与行为的发生，同时，也可以有效地减少学前特殊儿童非课堂参与行为的发生。

（二）教师遵循代币规则的情况分析

本研究根据3条主要的代币规则分析幼儿行为和教师策略的关系，探讨教师是否遵循代币规则。

1. 规则一：当幼儿表现课堂参与行为时，代币前进一格

在两次小组活动中，教师基本遵循了这一代币规则，即强化规则。在每个教学环节结束时，教师根据幼儿是否达成该环节的教学目标决定是否给予幼儿代币前进1格的奖励。例如，幼儿完成涂色的任务后，得到了代币前进一格的奖励。在一整节课中，幼儿若做出相应的教学目标行为，则可得到3~5次的代币前进奖励，但也出现了一次教师未遵循此规则的情况。在小组活动1中，教师对“幼

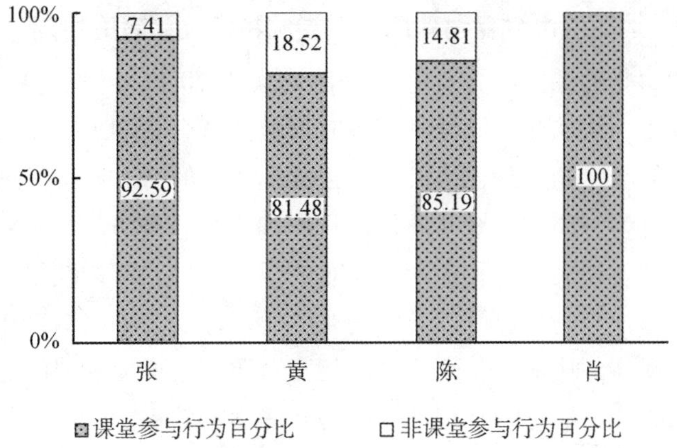

图 2　小组活动 2：幼儿行为的数据柱状图

儿张”的教学目标行为（剪纸条）和社会性行为（帮助同伴）同时给予了代币前进两格的奖励。原因是教师出于奖励“幼儿张”良好的社会性行为，多奖励其代币前进 1 格。值得关注的是，这一行为虽违背了代币规则，但是在教学中对幼儿有激励作用，这对于今后进一步完善代币规则有一定的参考意义。

2. **规则二：当幼儿表现非课堂参与行为时，代币后退 1 格（在后退 1 格前给予幼儿 1 次警告机会）**

在两次小组活动中，教师也基本遵循了这一代币规则，即惩罚规则。教师均未使用到代币后退 1 格的策略，仅对幼儿的一些非课堂参与行为进行了警告。例如，教师针对“幼儿黄”注意力分散的行为给予了 1 次警告。但也出现了两次教师未遵循此规则的情况。在小组活动 1 中，教师给予了“幼儿黄”的注意力分散行为两次警告，但未将其代币后退 1 格。由于两次警告存在着一定时间跨度，教师忘记了已警告两次，故未将代币后退 1 格。在小组活动 2 中，针对“幼儿张”未依指令将教具放回原位的行为，教师给予了一次警告，但紧接着教师又对“幼儿张”完成任务的行为奖励其代币前进 1 格。原因是教师出于对“幼儿张”的良好行为的激励，而忽视了之前的警告。因此，在处理幼儿的问题行为时，教师需严格遵循代币规则，以保证代币制的有效性。

3. **规则三：当幼儿代币处于 1 或 2 位置时，不能获得奖励；当幼儿代币处于 3、4 或 5 位置时，能获得相应奖励**

在两次小组活动中，教师也基本遵循了这一代币规则，即兑换规则。教学完成后，幼儿的代币均处在位置 4 或 5，教师根据兑换规则分别给予幼儿数量为 2 个或 3 个强化物的奖励。但是在兑换过程中也存在着一些问题，如在小组活动 1 中，教师在教学未全部完成时就进行了代币兑换，导致在之后的约 2 分钟教学活动中，幼儿对教师指令的配合度不高。可见，教师需要在教学全部完成后再进行代币兑换。

通过以上分析发现，教师在小组活动中基本遵循了代币规则，保证了代币制的有效性。同时，也发现在小组活动中使用代币制可调动幼儿课堂参与的积极性。

四、研究结论

（一）在小组活动中，运用代币制能够有效地减少学前特殊儿童的问题行为

在两次小组活动中，幼儿的非课堂参与行为百分比均小于 30%，可见运用代币制能有效地减少学前特殊儿童问题行为的发生。针对教学中幼儿出现的问题行为，教师主要采用警告的方式进行，同时也告知幼儿什么是正确的行为。只有当幼儿连续出现两次问题行为，教师才将幼儿的代币向后退 1 格，而不是当幼儿一出现问题行为就将幼儿的代币向后退 1 格，这样可以给幼儿一次对自我行为进行修正的机会，让幼儿有机会用内化的方式调整自我行为。

（二）在小组活动中，运用代币制能有效地增加学前特殊儿童好的行为

在两次小组活动中，幼儿的课堂参与行为百分比均大于70%，可见运用代币制能有效地增加学前特殊儿童好的行为的发生。当幼儿完成教学任务时，教师就会立即表扬幼儿，并让幼儿的代币向前进1格。幼儿代币的前进与否与幼儿是否达成教学目标是相关的，有利于促进幼儿积极地参与到教学活动中，表现出更多好的行为。同时，幼儿的代币只有前进到位置3、4或5才会获得奖励，而且前进的格数越多，获得的奖励就越大，有利于激发幼儿的学习动机，以期获得最大的奖励。根据幼儿的喜好确定代币制中所使用的强化物，也可以激发幼儿的学习动机。小组活动中所使用的代币制是将4名幼儿的代币情况同时呈现在一块板上，幼儿之间相互对照，会形成一定的比赛关系，这从某种程度上会激励幼儿努力做得和同伴一样好，有利于提高幼儿的学习效率。

（三）在小组活动中，幼儿真正理解代币规则和教师严格遵循代币规则是保证代币制有效性的两个重要方面

在小组活动中，幼儿能够真正地理解代币规则是开展代币制的基础条件。只有当幼儿知道代币前进、代币不动以及代币后退背后所承载的东西，教师对其使用强化、警告以及惩罚才是有作用的，也才能够增加幼儿良好的行为和减少幼儿不良行为。通过实践发现，能够理解代币规则的幼儿的认知能力是比较好的，也具备了在一对一教学中使用代币制的丰富经历。在操作过程中，代币板采用何种内容与形式均是为了让幼儿真正地理解代币规则。同时，教师严格遵循代币规则也是保证代币制有效的重要条件。教师对幼儿行为采用一致的策略，才能让幼儿知道“好行为会获得表扬”，激励幼儿表现出更多好的行为，那么相应的问题行为就会减少。若教师对幼儿行为的反应是变化的，那么幼儿难以形成良好的规则意识，也就不利于代币制的有效实施。因此，教师严格遵循代币规则是非常必要的。

五、讨论

本研究丰富了特殊教育学校学前代币制使用的形式，为以后小组活动中代币制的使用提供了经验支持和参考意义，同时为丰富小组活动中学前特殊儿童问题行为解决策略、提高学前特殊儿童课堂参与度提供了实践支持。此外，本研究也获得了良好的社会成效，得到了幼儿家长的认可与支持。据幼儿家长反应，幼儿在小组活动中掌握了代币规则后，在家里也能遵循相关的代币规则。例如，幼儿完成家务劳动后能主动要求获得自己喜欢的物品。

本研究在实践过程中也存在着一些不足和疑惑，需要在今后进行改进和解决。首先，幼儿要具备良好的认知水平才能理解代币规则，但是在特殊教育学校中，多数幼儿的认知是比较弱的，在小组活动中难以对其开展代币制的实践，那么在整个班级乃至全校推广代币制是有一定难度的。建议在未来实践中，学校逐渐形成一套系统的代币制使用流程，从一对一或一对二的个别化教学，到一对三或二对四的小组活动，再到超过5名幼儿的集体课，不断增加实践的经验，总结归纳成理论。其次，本研究运用代币制时所使用的强化物均是食物，虽然都是幼儿喜欢的，但是强化物比较单一，且每位幼儿的强化物都是一样的。建议研究者在之后的实践中仔细考虑强化物的内容和形式。强化物除了是食物，也可以是活动或某项权利。同时，幼儿的强化物可以是不一样的，进一步体现个别化。

参考文献

[1] 刘欣，向友余，左雅洁. 代币制干预自闭症儿童课堂注意力分散行为的研究［J］. 现代特殊教育，2019（22）：73-78.

[2] 马彦. 代币制促进中度智障学生良好行为习惯养成的个案研究［J］. 中国现代教育装备，2018（6）：53-55.

[3] 李芳，李丹. 特殊儿童应用行为分析［M］. 北京：北京大学出版社，2011：129.

[4] 冯雅静. 自我监控策略提升自闭症儿童学业任务专注度和正确率的实验研究［J］. 中国特殊教育，2017（9）：27-34.

[5] 张悦. 代币制和反应代价对改善智障儿童问题行为成效之研究 [J]. 课程教育研究，2012 (21)：15-16.
[6] 杜卫华，周晖. 代币制增进注意缺陷多动障碍学童注意力的个案研究 [J]. 中国健康心理学杂志，2008 (5)：583-585.
[7] Filcheck H A. Evaluation of a whole-class token economy to manage disruptive behavior in preschool classrooms [D]. WV：West Virginia University，2003.
[8] 王磊. 我们在课堂：特殊教育课堂观察与评研实践的研究 [M]. 北京：中国轻工业出版社，2015：39-40.
[9] 马克·桑德博格. 语言行为里程碑评估及安置计划：第 2 版 [M]. 黄伟合，等，译. 北京：北京大学医学出版社，2017.

（长沙市特殊教育学校）